**Das Kulturerbe deutschsprachiger Juden**

# Europäisch-jüdische Studien
# Beiträge

---

Herausgegeben vom Moses Mendelssohn Zentrum
für europäisch-jüdische Studien, Potsdam,
in Kooperation mit dem Zentrum Jüdische Studien
Berlin-Brandenburg

Redaktion: Werner Treß

# Band 9

# Das Kulturerbe deutschsprachiger Juden

---

Eine Spurensuche in den Ursprungs-, Transit- und Emigrationsländern

Herausgegeben von
Elke-Vera Kotowski

Gefördert mit Unterstützung des Beauftragten der Bundesregierung für Kultur und Medien.

ISBN 978-3-11-055395-6
e-ISBN (PDF) 978-3-11-030579-1
e-ISBN (EPUB) 978-3-11-039543-3
ISSN 2192-9602

**Library of Congress Cataloging-in-Publication Data**
A CIP catalog record for this book has been applied for at the Library of Congress.

**Bibliografische Information der Deutschen Nationalbibliothek**
Die Deutsche Nationalbibliothek verzeichnet diese Publikation in der
Deutschen Nationalbibliografie; detaillierte bibliografische Daten
sind im Internet über http://dnb.dnb.de abrufbar.

© 2017 Walter de Gruyter GmbH, Berlin/München/Boston
Dieser Band ist text- und seitenidentisch mit der 2015 erschienenen gebundenen Ausgabe.
Satz: Michael Peschke, Berlin
Druck und Bindung: CPI books GmbH, Leck
♾ Gedruckt auf säurefreiem Papier
Printed in Germany

www.degruyter.com

# Inhalt

Elke-Vera Kotowski
*Weit von wo?* **Der Kulturtransfer jüdischer Emigration aus dem deutschsprachigen Raum**
Eine Einführung in die vorliegende Publikation —— 1

## Identitätszuschreibungen, Identitätsfindungen, Identitätswandel

Michael A. Meyer
**Entwicklung und Modifikationen der jüdischen Identität in Deutschland vom 18. Jahrhundert bis in die Gegenwart** —— 21

Iwan-Michelangelo D'Aprile
**„den kürzesten und sichersten Weg nach dem europäischen Lande, wo es weder Christen noch Juden giebt"**
Deutsch-jüdische Freundschaften im Zeichen der Aufklärung —— 32

Christian Dietrich
**Eine deutsch-jüdische Symbiose?**
Das zionistische Interesse für Fichte und Sombart, Moritz Goldsteins Überlegungen zur deutsch-jüdischen Kultur und die Schwierigkeiten mit dem Bindestrich —— 43

Klaus Hödl
**„Widerstreitende Gedächtnisse"**
Das Bemühen um ein jüdisch–deutsches Selbstverständnis —— 56

## Literatur als Heimat und Schreiben als identitätsstiftendes Motiv

Anna Dorothea Ludewig
**„Der deutsche Geist, dieser gütigste und mächtigste Zauberer unter der Sonne"**
Karl Emil Franzos und das deutsch-jüdische Kulturerbe in der Bukowina —— 73

Thomas Brechenmacher / Michael Wolffsohn
**Sprache und Heimat, Heimat und Hölle** —— 84

Liliane Weissberg
**Der Staat und die Dichter**
Hannah Arendts Reflexionen über eine verborgene Tradition —— **100**

Helmut Peitsch
**Antifaschistisches Verständnis der eigenen jüdischen Herkunft in Texten von DDR-SchriftstellerInnen** —— **117**

Mandy Seidler
**Selbstbewusst, sarkastisch, streitbar**
Die Vielstimmigkeit der deutschsprachigen jüdischen Gegenwartsliteratur —— **143**

## Das „Jüdische" und/oder das „Deutsche" in Kunst, Wirtschaft und Wissenschaft

Jascha Nemtsov
**„Ich bin Deutscher, und ich bin Jude, eines so sehr und so völlig wie das andere"**
200 Jahre deutsch-jüdischen musikalischen Schaffens —— **157**

Martin Münzel
**Tradition – Integration – Transfer?**
Zur Geschichte deutsch-jüdischer Unternehmer in Zwischenkriegszeit und Emigration —— **168**

Werner Treß
**Rabbiner und Forscher**
Beispiele gelehrten Lebens im Kontext des deutsch-jüdischen Kulturerbes —— **185**

Ute Deichmann
**Kultur und Identität in der Wissenschaft**
Der Beitrag jüdischer Forscher zur internationalen Bedeutung deutscher Naturwissenschaft – ein jüdischer Beitrag? —— **205**

Christine Holste
**Jüdische Architektur und Identität – einige Bemerkungen zur neueren Diskussion** —— **222**

Joachim Rott
**Albert Mosse – preußischer Jurist und Rechtsberater
der japanischen Regierung** —— 235

Doris Maja Krüger
**Leo Löwenthal und die jüdische Renaissance in der
Weimarer Republik** —— 249

Eva-Maria Ziege
**Erich Fromm und die Entwicklung der Psychoanalyse in Mexiko** —— 263

**Ursprungs-, Transit- und Emigrationsländer deutsprachiger Jüdinnen und Juden**

Stefanie Schüler-Springorum
**Borderliners**
Identitäten in einer Grenzregion —— 273

Anna Carolin Augustin
**Jenseits von Deutschland – Diesseits von Afrika**
„Deutsch-jüdisches Kulturerbe" in Südafrika —— 288

Sebastian Schirrmeister
**Vier Zeitungsartikel und ein Präzedenzfall**
Spuren des deutschen Theaters in Palästina —— 310

Chana Schütz
**„Gründlich, pünktlich, Mittagsschläfer"**
Das Erbe der deutschen Juden in Israel —— 321

Felicitas Grützmann
**Jüdische Bibliophilie und deutscher Ordnungssinn**
Der Beitrag deutsch-jüdischer Emigranten zum Aufbau eines Archiv- und
Bibliothekswesens in Palästina/Israel —— 328

Moshe Zimmermann
**Deutsche Denk- und Organisationsmuster im israelischen Sport** —— 337

Ines Sonder
**Vom Geist der Steine**
Deutsch-jüdisches Kulturerbe in der Architektur und Stadtplanung
Israels —— 349

Liliana Ruth Feierstein
**Im Land von *Vitzliputzli***
Aspekte der Geschichte deutschsprachiger Juden in Lateinamerika —— 359

Michael Zeuske
**Conversos, Polacos, Daitsche**
Juden auf Kuba —— 374

Alfredo Schwarcz
**Deutsch-jüdische Präsenz in Argentinien —— 396**

Pedro Moreira
**Juden aus dem deutschsprachigen Kulturraum in Brasilien**
Ein Überblick —— 410

Matthias Albert Koch
***A nova moda* und Berliner Ballen**
Transitstation Portugal —— 436

Walter Homolka
**Neuanfang und Rückbesinnung**
Das liberale Judentum in Deutschland nach der Schoa —— 453

## *Was übrig blieb* ... Beispiele des Erkennens, Erfassens und Bewahrens kulturellen Erbes

Katharina Hoba / Elke-Vera Kotowski
**Ein geerbtes Stück Heimat**
Der Umgang nachfolgender Generationen mit den Dingen des
deutsch-jüdischen Exils —— 473

Julius H. Schoeps
**Das Stigma der Heimatlosigkeit**
Vom Umgang mit dem deutsch-jüdischen Erbe —— 489

Frank Mecklenburg
**Als deutsch-jüdisch noch deutsch war**
Die digitalisierten Sammlungen des Leo Baeck Institut Archivs bis 1933 —— **500**

Sebastian Panwitz
**Die Judaica im Sonderarchiv Moskau** —— **511**

Barbara Welker
**Das Archiv der Stiftung Neue Synagoge Berlin – Centrum Judaicum** —— **520**

Ralf Dose
**Was bleibt, muss uns doch reichen?**
Von der Suche nach einem kulturellen Erbe —— **534**

Sebastian Panwitz
**Der historische Quellenwert von Vereinsdrucksachen** —— **560**

Gabrielle Rossmer Gropman / Sonya Gropman
**Die jüdische Mahlzeit – Verbindung von Generationen**
Die Geschichte der Juden in Deutschland und ihre Essgewohnheiten —— **570**

Frank Stern
**Mainstreaming Erinnerung**
Vom Filmexil zur Schoa im aktuellen Spielfilm —— **583**

Elke-Vera Kotowski
**Kulturelle Identität und die Metapher von den gepackten Koffern**
Ein Rückblick und eine Vorschau —— **593**

# Anhang

**Archive, Bibliotheken, Forschungseinrichtungen, Museen etc.** —— **605**

**Bibliographie (Auswahl)** —— **765**

**Bildnachweis** —— **791**

**Autorinnen und Autoren** —— **792**

**Personenregister** —— **800**

Elke-Vera Kotowski
# *Weit von wo?* Der Kulturtransfer jüdischer Emigration aus dem deutschsprachigen Raum

Eine Einführung in die vorliegende Publikation

> *Wenn ein Mensch – und eine Gesellschaft – nur das zu erinnern im Stande ist, was als Vergangenheit innerhalb der Bezugsrahmen einer jeweiligen Gegenwart rekonstruierbar ist, dann wird genau das vergessen, was in einer solchen Gegenwart keine Bezugsrahmen mehr hat.*
>
> *(Jan Assmann)*[1]

Den Spuren deutschsprachiger Juden nachzugehen, bedeutet in mehr als 60 Ländern die Suche aufzunehmen. Zunächst in den Ländern, in denen die deutschsprachigen Juden bis zu Beginn des 20. Jahrhunderts lebten. Beim Blick auf eine aktuelle Landkarte zeigen sich dabei bereits erste Hürden, denn viele Landesgrenzen sind verschoben, manche Staaten gar verschwunden, beispielsweise so bedeutende Zentren eines deutschsprachigen Judentums wie die Bukowina, die Provinz Posen oder das einstige Großreich Österreich-Ungarn. Es lässt sich heute nur noch erahnen, welch kultureller Geist in vielen bürgerlichen jüdischen Haushalten in Berlin, Breslau, Czernowitz, Lemberg, Prag oder Wien wehte.

Selbst als die Lage für Juden im Einflussbereich der NS-Diktatur immer bedrohlicher wurde, fiel ihnen der Weggang aus der Heimat schwer. Viel konnte nicht mitgenommen werden vom alten Leben, umso wichtiger waren daher Gegenstände, die daran erinnerten, die in der Fremde und angesichts einer ungewissen Zukunft so etwas wie eine kulturelle Heimat herstellen konnten. Die ersten Stationen des Exils waren nicht selten Durchgangsstationen in Transitstaaten, da in den gewählten Immigrationsländern Einwanderungsverbote verhängt wurden. Für Bolivien, die Dominikanische Republik, Kuba oder Schanghai konnten einfacher Visa beschafft werden als für die USA oder Argentinien, wohin die meisten Emigranten strebten.

Waren sie dann endlich angekommen im neuen, nicht freiwillig gewählten Leben, hieß es, sich einzurichten, sich mit den vorgefundenen Begebenheiten zu arrangieren und sich ein Stück Heimat zu schaffen. Die Aufnahmeländer brei-

---

1 Das Zitat bezieht sich auf die Untersuchungen von Maurice Halbwachs [Halbwachs, Maurice: Das kollektive Gedächtnis. Frankfurt a.M. 1967]. Assmann, Jan: Das kulturelle Gedächtnis. Schrift, Erinnerung und politische Identität in frühen Hochkulturen. 2. Auflage. München 1997. S. 36.

teten den Neuankömmlingen die Arme unterschiedlich weit aus. Dies führte dazu, dass die Integration in die verschiedenen Gesellschaften unterschiedlich intensiv erfolgte. Häufig sammelten sich deutschsprachige Juden in bestimmten Stadtteilen, in denen sie wohnten, arbeiteten und ihre kulturellen Traditionen aus der alten Heimat pflegten, beispielsweise im New Yorker Stadtteil Washington Heights oder in Belgrano, dem nördlichen Buenos Aires.

Vor etwa zehn Jahren schrieb der in Buenos Aires lebende Schriftsteller Robert(o) Schopflocher (*1923), der als Vierzehnjähriger seine Geburtsstadt Fürth verlassen musste, ein Gedicht, in dem er gesteht: „Seit über sechzig Jahren / in Argentinien, / aber beim Wort ‚Baum' / fällt mir zunächst und noch immer / die Dorflinde Rannas ein, / in der Fränkischen Schweiz, / gelegentlich auch eine Eiche / oder ein deutscher Tannenbaum [...]"[2]

Obwohl der über Neunzigjährige nunmehr ein Dreivierteljahrhundert in Argentinien lebt, sind es noch immer der „deutsche" Wald, die „deutsche" Literatur, Wissenschaft und Kunst, durch die er sich geprägt und geleitet fühlt.

„Schiller, Goethe und die Romantik, / Jugendstil, Bauhaus und Expressionismus, / prägten mir ihren Siegel auf, / nicht weniger wie der deutsche Wald, / der deutsche Professor / oder der jüdische Religionsunterricht ..."

Zeilen wie diese zeugen von einer tiefen Verbundenheit zu einer Kultur, die bis in das erste Drittel des 20. Jahrhunderts in starkem Maße von einem jüdischen Bürgertum, sei es in Metropolen wie Berlin, Prag oder Wien, aber auch in der Provinz, in Eisenstadt, Fürth oder Posen, gepflegt, aber auch geprägt wurde.

Das von Robert Schopflocher mit dem Titel „Geständnis" versehene Gedicht drückt die Gespaltenheit der Gefühle eindrucksvoll aus. Die Kultur seines Geburtslandes hat Emigranten wie Schopflocher geprägt und sie bedeutete auch im Exil ein Stück Heimat – trotz der Erfahrungen der Schoa und der menschenverachtenden NS-Politik in deutschem Namen. Aus dem Exil ist längst eine neue Heimat geworden, aber – und mit diesen Worten endet das Gedicht – „wo liegt es nun, mein Vaterland?"

Die kulturelle Heimat und deren Erbe drücken sich in den unterschiedlichsten Formen aus. In der vorliegenden Publikation werden verschiedene Ausprägungen dieser Phänomene beschrieben. Das Erkenntnisinteresse dieser Publikation und des ihm zugrundeliegenden Projektes[3] ist, den Spuren jenes kulturellen

---

2 Schopflocher, Robert: Geständnis. In: Schopflocher, Robert: Hintergedanken. Gedichte aus zwei Jahrzehnten. Nürnberg 2012.
3 2011 startete das Moses Mendelssohn Zentrum unter Leitung der Verfasserin ein vom Bundesbeauftragten für Kultur und Medien gefördertes Projekt unter dem Titel „Kultur und Identität. Deutsch-jüdisches Kulturerbe im In- und Ausland". Teammitglieder waren Talin Bahcivanoglu, Christian Dietrich, Felicitas Grützmann, Alisa Jachnowitsch, Julia Jokel, Matthias Albert Koch,

Erbes nachzugehen, im Sinne einer Fortführung von Traditionen, die aus den Ursprungsländern in die Emigration überführt wurden. Die Verfasserin ist sich durchaus darüber bewusst, dass der Begriff des „kulturellen Erbes" in diesem Zusammenhang ein problematischer ist, hier jedoch als Terminus operandum verwandt wird.

## „Tradition ist die Bewahrung des Feuers und nicht die Anbetung der Asche" (Gustav Mahler)

Das Erkennen, Erfassen und Bewahren des kulturellen Erbes, das bis heute in der Emigration von deutschsprachigen Juden gelebt und gepflegt wird und das hier wie dort nicht wirklich im kollektiven Bewusstsein verankert ist, ist Gegenstand der vorliegenden Auseinandersetzungen. Anzumerken ist jedoch, dass der Begriff „Kulturerbe" hier nicht allein auf Bestände in Archiven, Bibliotheken und Museen angewendet wird, sondern eben auch auf persönliche Erinnerungen und Überlieferungen (seien es handwerkliche Fertigkeiten, ein breiter Bildungskanon oder traditionelle Bräuche), die von kulturellen und religiösen Traditionen aus den Ursprungsländern zeugen. Unter „deutsch-jüdischem Kulturerbe" wird daher die Gesamtheit aller Lebensäußerungen verstanden, in denen sich jene Identitätszuschreibungen im weitesten Sinne manifestieren. Sie repräsentieren – im Einzelnen, wie im kollektiven Zusammenhang – Aspekte des kulturellen Gedächtnisses, welches sich in den verschiedenen historischen Phasen und Formen des christlich-jüdischen bzw. deutsch-jüdischen Zusammenlebens gebildet hat. Darunter werden alle authentischen Phänomene subsumiert, die durch eine Form der einseitigen oder wechselseitigen Beeinflussung der deutschen und der jüdischen Kultur charakterisiert sind, unabhängig von einer Bewertung des potentiellen Grades des Assimilations- bzw. Akkulturationsprozesses der Juden in Deutschland seit dem 18. Jahrhundert. Materielles Erbe, wie Kunst-, Alltags- oder sakrale Gegenstände, die über ihre stoffliche Komponente hinaus eine ideelle Bedeutung aufweisen, sind ebenso relevant wie das immaterielle Erbe, das sich in kulturellen Techniken, Praxen, Kenntnissen und performativen Akten äußert. Es liegt dabei kein statisches Konzept von Kulturerbe zugrunde, das

---

Dana Theresa Müller, Sebastian Schirrmeister. (Mehr zum Thema „Kultur und Identität. Deutsch-jüdisches Kulturerbe im In- und Ausland" unter www.germanjewishculturalheritage.com sowie auf der eigens dafür eingerichteten Internetseite der Deutschen Welle www.dw.de/themen/deutsch-juedisches-kulturerbe/s-31843, die deutsch-, englisch- und russischsprachig abgerufen werden kann.)

sich nur darum bemüht, die Artefakte einer historisch abgeschlossenen Phase zu systematisieren. Vielmehr findet ein relationaler, prozessorientierter Begriff von Kultur Verwendung, der das Soziale jenseits funktional-strukturalistischer beziehungsweise simplifizierend materialistischer Zugänge konzeptualisiert und sich auch um ein Verständnis für symbolische Inhalte, Rituale und Handlungen bemüht. Die Transformationsprozesse und Beeinflussungen durch Assimilationsvorgänge, welche das deutsch-jüdische Kulturerbe in den verschiedenen Exilheimaten durchlaufen hat, sollen ebenso Berücksichtigung finden. Geographisch beschränkt sich dies nicht auf die territorialen Grenzen Deutschlands, sondern blickt auf alle Orte des Zusammentreffens deutscher und jüdischer Kultur. Die hier vorliegenden Darstellungen streben keine abschließende Beantwortung der Frage nach der jüdischen Identität an, sondern erfassen alle Phänomene, die nach kulturellen oder religiösen Aspekten die Selbst- oder Fremdzuschreibung „Jüdisch" erfahren haben. Verschiedene Konzepte des Jüdischen bzw. des Deutsch-Jüdischen koexistieren in diesem Sammelband und die Heterogenität der verschiedenen Definitionen wird in den verschiedenen Darstellungen abgebildet.[4]

# „Schicket euch in die Sitten und in die Verfassung des Landes, in welches ihr versetzt seyd; aber haltet auch standhaft bey der Religion eurer Väter" (Moses Mendelssohn)

Hier sei die Frage in den Raum gestellt: Was ist deutsch, was ist jüdisch und was ist deutsch-jüdisch? Ist der Bindestrich zwischen diesen beiden Adjektiven trennend oder verbindend? Die vorliegende Publikation greift diese Fragen immer wieder auf, ohne – und das sei gleich vorweg genommen – eine hinreichende und vor allem ein-eindeutige Antwort darauf bieten zu können oder zu wollen. Vielmehr geht es darum, zu hinterfragen, zu erkennen, zu erinnern und nicht zu vergessen: Nicht zu vergessen das Unfassbare, das einem Teil der Deutschen bzw. dem deutschsprachigen Kulturkreis Angehörender widerfuhr, nur weil sie nach Definition und den Maßstäben einer NS-Ideologie als nicht-deutsch deklariert wurden und damit fortan nicht mehr der „deutschen Kultur" angehören sollten. 80 Jahre nach Beginn der zwölfjährigen NS-Herrschaft, die in deutschem Namen

---

4 Auf diese Sprachregelung einigte sich das Projektteam. Die Verfasserin dankt Dana Theresa Müller, die diesen Text in der vorliegenden Form zusammengefasst hat.

definierte, wer oder was „deutsch" sei, tun sich auch die nachfolgenden Generationen noch immer schwer, Worte, Definitionen und Erklärungen zu finden, um das Unfassbare fassbar und verstehbar zu machen. Eine Schwierigkeit ist dabei zweifellos der Umgang mit dem Begriff „deutsch-jüdisch" – wo wir wieder bei der Eingangsfrage wären. Um mit einem Beispiel zu sprechen: War Heinrich Heine (1797–1856) deutsch oder jüdisch oder deutsch-jüdisch? Ist seine Literatur – die noch immer zum „deutschen" Bildungskanon gehört – eine deutsche, eine jüdische oder eine deutsch-jüdische? Die gleiche Frage stellt sich bei weiteren Autoren wie Franz Kafka (1883–1924) oder Kurt Tucholsky (1890–1935)? Wie steht es mit der Malerei von Max Liebermann (1847–1935) oder der Musik von Felix Mendelssohn Bartholdy (1809–1847)? Handelt es sich dabei um deutsche Malerei und Musik oder um jüdische? Eines ist sicher, der Großvater von Felix Mendelssohn Bartholdy war gesetzestreuer Jude, denn Moses Mendelssohn (1729–1786), der große Philosoph und europäische Aufklärer, bekannte sich zu seiner Religion und lebte bis ans Ende seines Lebens treu nach den Gesetzen der Väter. Aber war er deshalb kein Deutscher (in Sinne einer nationalen Zuschreibung, auch wenn es zu seinen Lebzeiten bekanntlich noch kein vereintes „Deutschland" gab)? Sein Enkel Felix, aber auch schon zwei der vier Kinder Moses Mendelssohns konvertierten zum Christentum und sagten sich damit von den Gesetzen der Väter, sprich dem Judentum, los. Warum bringen wir heute aber noch immer Personen wie die Genannten ins Spiel, wenn wir mit den Begriffen „jüdisch" oder „deutsch-jüdisch" operieren? Es scheint, als hätte sich die Lingua tertii Imperii[5] im kollektiven Bewusstsein tief verankert.

Knapp 70 Jahre vor diesem in seinen Dimensionen unfassbaren Zivilisationsbruch schrieb ein aus Deutschland stammender Rabbiner aus Chicago: „Wie im Mittelalter die Sonne jüdischer Wissenschaft erhaben und herrlich in Spanien leuchtete […] so steht nun diese Sonne am deutschen Himmel und sendet von da aus ihr wohlthätiges Licht zu allen Juden und jüdischen Gemeinschaften, die unter den modernen Culturvölkern zu finden sind. Deutschland ist an die Stelle Sefard's getreten."[6] Diese 1865 von Bernhard Felsenthal (1822–1908) geäußerte Bemerkung sollte sich nur ein Menschenalter später in sein Gegenteil verkehren und die Sonne sich über Deutschland und ganz Europa verfinstern.

---

5 LTI (Lingua Tertii Imperii), die Sprache des Dritten Reiches. Der Romanist und Sprachwissenschaftler Victor Klemperer (1881–1960), der 1912 zum Protestantismus konvertierte, zeichnete in Tagebuchform die sich in der NS-Zeit verändernde Lebenswirklichkeit als „Jude" auf. Siehe Klemperer, Victor: LTI. Notizbuch eines Philologen. Berlin 1947.
6 Felsenthal, Bernhard: Jüdisches Schulwesen in Amerika. Ein Vortrag, gehalten am 13. Dezember 1865 in der Ramah-Loge zu Chicago von Bernhard Felsenthal Prediger der Zionsgemeinde daselbst (Chicago 1866). S. 36. Zitiert nach: Brinkmann, Tobias: Migration und Transnationalität. Paderborn 2012. S. 9.

Mit dem Machtantritt der Nationalsozialisten begann 1933 die systematische Diskriminierung, Ausgrenzung und Verfolgung der europäischen Juden, die die Vertreibung der sefardischen Juden von der iberischen Halbinsel knapp 440 Jahre zuvor weit in den Schatten stellen sollte. Der Exodus der deutschen Juden begann bereits kurze Zeit nach Hitlers Machtübernahme und den daran unmittelbar anschließenden drakonischen Maßnahmen wie dem Boykott jüdischer Geschäfte am 1. April 1933 oder den landesweiten Bücherverbrennungen im Mai 1933.

In den ersten Monaten des „Dritten Reiches" verließen etwa 38.000 Menschen das Land, das entsprach etwa 8 % des deutschen Judentums.[7] Ein Großteil von ihnen waren Beamte im höheren Dienst (Ordinarien, Professoren, Regierungsräte), die aufgrund des harmlos klingenden „Gesetzes zur Wiederherstellung des Berufsbeamtentums" vom 7. April 1933 „ihres Amtes enthoben" wurden. Am gleichen Tag trat ebenso das Gesetz über die Zulassung zur Rechtsanwaltschaft in Kraft, das jüdischen Rechtsanwälten die Arbeitsgrundlage entzog. Bis 1937 hatten etwa 130.000 Juden Deutschland verlassen, viele davon noch immer in der Hoffnung, dass es nur ein vorübergehendes Exil sei, der Spuk der Nazi-Horden bald ein Ende haben würde und die Rückkehr in die Heimat wenig später erfolgen könne. Zum Ende des Jahres 1938 mussten jedoch auch die letzten Optimisten einsehen, dass der NS-Wahn weite Kreise der deutschen Bevölkerung befallen hatte. Nach dem Novemberpogrom setzte die bis dahin größte Auswanderungswelle ein, bis Jahresende verließen allein 40.000 deutsche Juden Hals über Kopf das Land, 1939 folgten annähernd 80.000 Flüchtlinge. Nach Kriegsausbruch wurde die Auswanderung dann weiter erschwert. Die diplomatischen Vertretungen schlossen, wodurch die Beantragung von Visa im Deutschen Reich unmöglich wurde. Zudem kamen die Transportgelegenheiten weitestgehend zum Erliegen, Auswanderungshäfen nach Übersee wie Triest oder Lissabon konnten kaum mehr erreicht werden. 1940 gelang es nur noch etwa 15.000 Juden Deutschland zu verlassen, 1941 halbierte sich die Zahl. Zwischen 1942 und 1945 waren es insgesamt nur noch etwa 8.500 Menschen, die der Deportation durch die Flucht ins Ausland entkommen konnten.[8]

---

[7] Im darauffolgenden Jahr ging die Zahl auf etwa 23.000 Emigranten zurück, ebenso 1935. Die Einführung der Nürnberger Gesetze im September 1935 wirkte sich erst in der ersten Hälfte des Jahres 1936 aus. In der zweiten Hälfte des Jahres, in dem das Nazi-Regime der Welt während der Olympischen Spiele in Berlin Sand in die Augen streute, glaubten auch die deutschen Juden, dass der antisemitische Aktionismus zum Stillstand gekommen sei und die Auswanderungswelle ebbte demzufolge ab. Vgl. Krohn, Claus-Dieter, von zur Mühlen, Patrik, Paul, Gerhard u. Winckler, Lutz: Handbuch der deutschsprachigen Emigration 1933–1945. Darmstadt 1998.
[8] Die Emigrationszahlen, die in der Literatur angegeben werden, schwanken. Die hier verwendeten Zahlen beruhen auf den Einschätzungen von Strauss, Herbert A.: Jewish Emigration from

Die Hauptaufnahmeländer der aus Deutschland stammenden Juden waren die USA (ca. 90.000 im Großraum New York, Los Angeles, Chicago), Großbritannien (ca. 52.000 in London, Manchester, Leeds, Birmingham) und Palästina (ca. 60.000). Weitere Immigrationsländer der insgesamt etwa 280.000–300.000 deutsch-jüdischen Exilanten waren Lateinamerika (ca. 90.000, davon ging der größte Teil nach Argentinien [ca. 30.000], gefolgt von Brasilien [ca. 18.000], Chile [ca. 12.000], Bolivien [ca. 9.000] und den Staaten Mittelamerikas [ca. 21.000]), Australien und Neuseeland (ca. 10.000), Südafrika (ca. 5.500) und Japan (ca. 4.000). Nach Kriegsausbruch mussten diejenigen, die zuvor in den europäischen Nachbarländern Zuflucht gesucht hatten, um den NS-Häschern zu entkommen, auf äußerst riskante Weise das sich stetig ausbreitende Einflussgebiet des Deutschen Reiches verlassen. Zu den wenigen noch möglichen Zufluchtsorten, die ohne Einreisevisum erreicht werden konnten, gehörten Kuba (ca. 6.000 Flüchtlinge) und Schanghai (ca. 18.000).

Mit dem Exodus der intellektuellen Eliten aus Deutschland ging ein kaum zu kompensierender Kulturverlust einher. Allein 7.600 Gelehrte, Schriftsteller, Künstler und Publizisten, verließen Deutschland kurz nach Hitlers Machtübernahme. Und mit ihnen gingen nicht nur kluge und kreative Köpfe, sondern auch ganze Forschungsbereiche inklusive Bibliotheken und Archive ins Ausland, wie beispielsweise das heutige Warburg Institute London oder das Institut für Sozialforschung unter Führung von Max Horkheimer (1895–1973) und Theodor W. Adorno (1903–1969), besser bekannt als „Frankfurter Schule", das die Antisemitismusforschung in den USA maßgeblich etablierte.

Einer der wohl bekanntesten Exilanten war Albert Einstein (1879–1955), der bereits seit 1932 zwischen Princeton und Berlin pendelte, jedoch unmittelbar nach Hitlers Machtübernahme nicht wieder nach Deutschland zurückkehrte. Am 28. März 1933 kündigte er in einem Schreiben an die Preußische Akademie der Wissenschaften seine dortige Mitgliedschaft, da die „in Deutschland gegenwärtig herrschenden Zustände"[9] dies notwendig machten. Er kam damit seinem Rauswurf zuvor, denn wie er, der 19 Jahre lang der Akademie der Wissenschaften angehört hatte, wurden viele namhafte Wissenschaftler, die zuvor maßgeblich an der innovativen Forschung made in Germany mitgewirkt hatten, unter ihnen

---

Germany – Nazi Policies and Jewish Responses (I). Leo Baeck Institute Year Book, 25. Oxford 1980. S. 313–361.

9 Brief von Albert Einstein an die Preußische Akademie der Wissenschaften, [Antwerpen] 28. III. 33. [Quellennachweis: Akademie der Wissenschaften Berlin], zitiert aus der Abbildung in dem Ausstellungskatalog: Albert Einstein und Theodor Lessing. Parallelen. Berührungen. Begleitband zur Ausstellung des Historischen Museums Hannover. Red. Wolf-Dieter Mechler. Hannover 2005 (Schriften des Historischen Museums 25). S. 43.

auch viele Nobelpreisträger (u.a. Paul Ehrlich, James Franck, Fritz Haber, Gustav Hertz, Otto Meyerhof, Otto Wallach, Otto Warburg, Richard Willstätter) 1933 aus dem Mitgliederverzeichnis gestrichen.

**Abb. 1:** „Herzliche Grüsse aus dem Exil!" Diese Zeilen schrieb Elsa Einstein im April 1933 auf ein Foto (das sie und ihren Mann Albert Einstein vor einem Haus im belgischen Badeort Le Coq-sur-mer zeigt, der ersten Station nach ihrer Emigration) und sandte es als Postkarte an eine Freundin in Deutschland.

Besonders in den USA stellte die geistige Elite aus Europa eine große Bereicherung innerhalb der Kultur- und Wissenschaftslandschaft dar, die man an Universitäten wie Princeton oder Harvard fortan nicht missen wollte. Aber auch der wissenschaftliche Nachwuchs, der seine Schulausbildung noch an deutschen Gymnasien erworben hatte, strebte nun an die amerikanischen Hochschulen. Beispielsweise die Brüder Heinz Alfred (*1923) und Walter (*1924) Kissinger aus Fürth, die 1938 mit ihren Eltern nach New York emigrierten und in dem vornehmlich deutsch-jüdisch geprägten Washington Heights (ein auch „Frankfurt-on-the Hudson" oder „Viertes Reich" genanntes Viertel im Norden Manhattans) ihre Karrieren starteten. Beide Brüder studierten nach ihrem Militärdienst in der US Army in Harvard. Der Jüngere, Walter, wurde ein überaus erfolgreicher Geschäftsmann, der Ältere, der sich fortan Henry nannte, ein bis heute weltweit bekannter republikanischer Politiker, der zwischen 1973 und 1977 amerikanischer Außenminister war und 1973 den Friedensnobelpreis erhielt. Das Beispiel der Kissingers wie auch vieler anderer Einwanderergeschichten zeigt, dass die USA als „Land der unbegrenzten Möglichkeiten" – übrigens eine Redewendung, die bereits um 1900 von dem deutsch-jüdischen Unternehmer Ludwig Max Goldberger (1848–1913) geprägt wurde – und klassisches Einwanderungsland durchaus allen Migrationsgruppen den sozialen Aufstieg ermöglichten. Als Dank dafür war dem Land der Patriotismus der deutsch-jüdischen Immigranten gewiss. Die Identifikation mit den Prinzipien von Freiheit und Selbstverantwortung und dem erst später von John F. Kennedy formulierten

> Frag nicht den Staat, was er für dich tun kann, sondern, was du für den Staat tun kannst" führte dazu, dass ein vollständiges Aufgehen der Emigranten in der amerikanischen Gesellschaft erfolgte. In nicht wenigen Briefen an die verstreute Verwandtschaft in Buenos Aires, Kapstadt oder Jerusalem betonten die Verfasser überaus häufig: „Wir sind schon richtige Amerikaner geworden!"[10]

Diese Aussage konnten aber viele Adressaten, ob in Argentinien oder Südafrika, nicht immer teilen. Denn anders als die USA waren viele Exilländer weit weniger bereit Immigranten in die bestehende Gesellschaft vollständig zu integrieren. Dies führte nicht selten dazu, dass trotz der Erfahrungen der Vertreibung und des Wissens um die Schoa die Kultur des Herkunftslandes für viele ein Stück Heimat im Exil blieb.

Längst nicht allen Emigranten gelang es, im Exil in ihren alten Berufen Fuß zu fassen.[11] Ungleich schwieriger als beispielsweise für Mathematiker, Physiker oder Mediziner war es für Rechtsanwälte oder Staatsbedienstete. Das gleiche galt für Kulturschaffende, insbesondere die, die ihr Medium in der Sprache gefunden hatten, wie Schriftsteller oder Journalisten. Ebenso konnten Musiker, Schauspieler oder Tänzer nur selten an ihre alten Erfolge anknüpfen. In Hollywood oder am Broadway mussten sie sich in die lange Schlange der arbeitsuchenden Künstler einreihen und wenn sie beispielsweise eine Nebenrolle ergattern konnten, hatten sie nicht selten – so makaber es klingt –, wie im Falle von Ernst Deutsch (1890–1969) oder Alexander Granach (1890–1945), als Schauspieler in die Rolle des Nazis zu schlüpfen.

---

**10** Dieses Zitat stammt aus einer Briefsammlung der Familie Loewenstein. Seit ihrer Flucht aus Deutschland (1938) tauschten die Familienmitglieder in New York und Buenos Aires regelmäßig Briefe aus. Freundlicherweise zur Verfügung gestellt von Liliana Loewenstein, Buenos Aires.
**11** Siehe dazu Benz, Wolfgang (Hrsg.): Das Exil der kleinen Leute. Alltagserfahrung deutscher Juden in der Emigration. München 1991.

**Abb. 2:** Impressionen während der Steuben-Parade 2010 in New York.

Allerdings gab es durchaus auch Erfolgsgeschichten. Dank des Pioniergeistes eines Levi Strauss in den USA oder der Weitsicht eines Barons Hirsch in Argentinien importierten die Immigranten aus Europa handwerkliches Geschick, intellektuelles Vermögen und einen überlebensnotwendigen Pragmatismus. Und nicht nur auf kulturellem, politischem oder ökonomischem Gebiet traten die deutschsprachigen Juden hervor. Innerhalb der religiösen Strömungen knüpften sie in der neuen Welt an Traditionen aus der alten Heimat an, sei es an die des Reformjudentums oder der Neo-Orthodoxie. Die Zionisten unter den Emigranten, die Palästina als Exil gewählt hatten, wollten aufgrund der Erfahrungen in Europa am Aufbau eines eigenen jüdischen Staates, so wie ihn Theodor Herzl (1860–1904) seit den 1890er Jahren in seinen Schriften vorstellte, mitwirken. Aber sowohl die Einen, die als Zionisten kamen, wie die Anderen, die als Ausgeworfene an der Levante strandeten, importierten bewusst oder unbewusst die Kultur nach Eretz Israel, durch die sie sozialisiert waren. Als „Jeckes" wurden die deutschen Juden von den Sabres und übrigen Einwanderern teils verachtet, teils belächelt. Aber noch heute – ob in Naharija, Haifa oder Tel Aviv – werden die kulturellen Traditionen des ehemals deutsch-jüdischen Bürgertums zuweilen intensiver gepflegt als im Herkunftsland. Stef Wertheimer (*1926), einer der bekanntesten Industriellen Israels, hat gleich ein ganzes „Museum für deutschsprachiges Judentum" in seinem Industriepark in Tefen eingerichtet. 1992 übernahm er die Sammlung des Pädagogen Israel Shiloni (ursprünglich Hans Herbert Hammerstein, 1901–1996), der 1971 in Naharija damit begonnen hatte, ein „Museum für die Kultur der deutschen Juden" zu gründen. Der Philanthrop und Mäzen Wertheimer, der selbst 1936 mit seinen Eltern aus Kippenheim nach Palästina kam, hat ein Faible für Kunst und somit stehen zudem über einhundert Skulpturen israelischer Künstler in seinem Open Museum Tefen.

Der vorliegende Band umfasst 41 Beiträge von Historikerinnen, Kulturwissenschaftlerinnen, Literaturwissenschaftlerinnen, Soziologinnen und ihren jeweiligen Fachkollegen, die sich jeweils von ihrem Erkenntnisinteresse leiten ließen, den Spuren deutsch-jüdischer Kultur- und Geistesgeschichte nachzugehen. Die Gliederung des Bandes ergab sich aus den Themenschwerpunkten der Beiträge und umfasst fünf Abteilungen: 1. Identitätszuschreibungen, Identitätsfindungen, Identitätswandel; 2. Literatur als Heimat und Schreiben als identitätsstiftendes Motiv; 3. Das „Jüdische" und/oder das „Deutsche" in Wirtschaft, Wissenschaft und Kunst; 4. Ursprungs-, Transit- und Emigrationsländer deutschsprachiger Jüdinnen und Juden; 5. Was übrig blieb... Beispiele des Erkennens, Erfassens und Bewahrens kulturellen Erbes.

In der ersten Abteilung, in der es um Identitätszuschreibungen (durch die nichtjüdische Mehrheitsgesellschaft), Identitätsfindungen (beispielsweise durch die Formulierung „deutsche Staatsbürger jüdischen Glaubens) und Identitätswandel (im Zuge des aufkommenden Antisemitismus und sich entwickelnden Zionismus Ende des 19. Jahrhunderts) geht, eröffnet *Michael A. Meyer,* Professor für Jüdische Geschichte am Hebrew Union College, Jewish Institute of Religion, in Cincinnati, den Diskurs mit den *Entwicklungen und Modifikationen der jüdischen Identität in Deutschland vom 18. Jahrhundert bis in die Gegenwart* und bietet damit einen Einstieg und Überblick in die Thematik. *Iwan-Michelangelo D'Aprile,* Professor für Europäische Aufklärung an der Universität Potsdam, gibt mit seinem Beitrag *„den kürzesten und sichersten Weg nach dem europäischen Lande, wo es weder Christen noch Juden giebt". Deutsch-jüdische Freundschaften im Zeichen der Aufklärung* einen Einblick in die frühe Beziehungsgeschichte zwischen Juden und Christen im Zeitalter der europäischen Aufklärung und zeigt dies exemplarisch anhand des berühmten Freundschaftspaares Gotthold Ephraim Lessing (1729–1781) und Moses Mendelssohn (1729–1786). *Christian Dietrich,* Historiker und wissenschaftlicher Mitarbeiter am Lehrstuhl für deutsch-jüdische Literatur- und Kulturgeschichte, Exil und Migration an der Universität Viadrina, Frankfurt/Oder, betrachtet unter dem Titel *Eine deutsch-jüdische Symbiose? Das zionistische Interesse für Fichte und Sombart, Moritz Goldsteins Überlegungen zur deutsch-*

*jüdischen Kultur und die Schwierigkeiten mit dem Bindestrich* die innerjüdische Debatten um die Frage der kulturellen Identität der deutschen Juden und deren Selbstverortung. Bis in die Gegenwart hinein bleibt der Begriff „deutsch-jüdisch" nicht nur im kulturellen Kontext prekär, da er je nach Betrachtungshorizont unterschiedlich definiert wird. Waren Jüdinnen und Juden Teil des kulturellen Kollektivs, das heißt gestaltend tätig, also Kulturträger wie Kulturpräger, oder doch nur akkulturiert, im Sinne einer bloßen Teilhabe an der deutschen Kultur? Dieser Frage geht *Klaus Hödl*, Historiker und Mitbegründer des Centrums für Jüdische Studien an der Universität Graz, in seinem Beitrag *„Widerstreitende Gedächtnisse." Das Bemühen um ein jüdisch-deutsches Selbstverständnis* nach.

Im zweiten Themenabschnitt *Literatur als Heimat und Schreiben als identitätsstiftendes Motiv* widmen sich Literaturwissenschaftlerinnen und Literaturwissenschaftler wie auch Historiker der Sprache, deren Bedeutung und deren Verwendung vor und nach der Schoa. *Anna-Dorothea Ludewig*, Literaturwissenschaftlerin und wissenschaftliche Mitarbeiterin am Moses Mendelssohn Zentrum für europäisch-jüdische Studien in Potsdam, eröffnet diesen Themenkomplex mit einem Repräsentanten des deutsch-jüdischen Bildungsbürgertums des ausgehenden 19. Jahrhunderts. Unter dem Titel *„Der deutsche Geist, dieser gütigste und mächtigste Zauberer unter der Sonne". Karl Emil Franzos und das deutsch-jüdische Kulturerbe in der Bukowina* präsentiert sie diesen Vermittler zwischen den Welten, die für ihn Czernowitz, Wien und Berlin darstellten. Trotz der Erfahrungen des Holocaust und trotz der Sprache der Täter, so die These von *Thomas Brechenmacher*, Professor für Neuere Geschichte an der Universität Potsdam, und *Michael Wolffsohn*, Professor em. für Deutsche Geschichte an der Bundeswehrhochschule München, in ihrem Beitrag *Sprache und Heimat, Heimat und Hölle*, blieb für viele Jüdinnen und Juden, insbesondere Dichterinnen und Dichter, Deutsch die Sprache, in der sie im Exil ein Stück Heimat konservierten, aber auch Zeugenschaft über Vertreibung und Vernichtung ablegten. Hannah Arendt (1906–1975), der es rechtzeitig gelungen war, Deutschland zu verlassen, setzte sich im Exil nicht allein mit der unmittelbaren Aufarbeitung der NS-Geschichte auseinander, sondern fragte sich zudem, ob es eine Tradition jüdischer Literatur deutscher Sprache gäbe. In ihrem Beitrag *Der Staat und die Dichter: Hannah Arendts Reflexionen über eine verborgene Tradition* greift *Liliane Weissberg*, Literaturwissenschaftlerin und Professorin für deutsche und vergleichende Literatur an der University of Pennsylvania, diese Frage auf. Inwieweit nach der Schoa eine literarische Auseinandersetzung in der DDR stattfand, betrachtet *Helmut Peitsch*, Literaturwissenschaftler und Professor em. für Neuere deutsche Literatur/19. u. 20. Jahrhundert an der Universität Potsdam, in seinem Beitrag *Antifaschistisches Verständnis der eigenen jüdischen Herkunft in Texten von DDR-SchriftstellerInnen*. Was die literarische Auseinandersetzung der „zweiten" und „dritten" Generation von Schoa-Überlebenden anbelangt, so stellt *Mandy Seidler*, Literaturwissenschaftlerin und zurzeit Doktorandin am Walther Rathenau Kolleg in Potsdam, in ihrem Beitrag *Selbstbewusst, sarkastisch, streitbar. Die Vielstimmigkeit der deutschsprachigen jüdischen Gegenwartsliteratur* fest, das sich diese keiner Erzähltradition zugehörig fühlen, sondern neue Selbstdefinitionen entwickelt.

In der dritten Abteilung *Das „Jüdische" und/oder das „Deutsche" in Wirtschaft, Wissenschaft und Kunst* widmen sich Wissenschaftlerinnen und Wissenschaftler aus unterschiedlichen Fachrichtungen der Frage, inwieweit von „typisch jüdischen" oder „typisch deutschen" Attributen in akademischen, kreativen wie ökonomischen Disziplinen gesprochen werden kann und wenn ja, in welchen Ausdrucksformen. Zunächst schafft *Jascha Nemtsov*, Pianist und Professor für Jüdische Musik an der Hochschule für Musik Franz Liszt in Weimar, einen Überblick über 200 Jahre Musiktradition. Unter dem Titel *„Ich bin Deutscher, und ich bin Jude, eines so sehr und so völlig wie das andere". 200 Jahre deutsch-jüdischen musikalischen Schaffens* beschreibt er insbesondere die Synagogalmusik im deutschsprachigen Raum. Dem bislang wenig beachteten Feld der deutsch-jüdischen Unternehmer- und Unternehmenskultur seit dem 19. Jahrhundert widmet sich *Martin Münzel*, Historiker und wissenschaftlicher Mitarbeiter der unabhängigen Historikerkomission zur Aufarbeitung der Geschichte des Reichsarbeitsministeriums im Nationalsozialismus an der Humboldt Universität Berlin, in seinem Beitrag *Tradition – Integration – Transfer? Zur Geschichte deutsch-jüdischer Unternehmer in Zwischenkriegszeit und Emigration*. *Werner Treß*, Historiker und wissenschaftlicher Mitarbeiter am Zentrum Jüdische Studien Berlin-Brandenburg in Berlin sowie am Moses Mendelssohn Zentrum für europäisch-jüdische Studien in Potsdam, nimmt in seinem Beitrag *Rabbiner und Forscher. Beispiele gelehrten Lebens im Kontext des deutsch-jüdischen Kulturerbes* vornehmlich deutsch-jüdische Gelehrte des 19. Jahrhunderts und deren Einfluss in den jeweiligen Auswanderungsländern in den Forschungsfokus. *Ute Deichmann*, Leiterin des Jaques Loeb Centre for the History and Philosophy of the Life Sciences an der Ben Gurion University of the Negev in Beer Sheva, greift den wissenschaftshistorischen Diskurs auf, indem sie den Fokus auf die Naturwissenschaften legt und sich in ihrem Beitrag *Kultur und Identität in der Wissenschaft. Der Beitrag jüdischer Forscher zur internationalen Bedeutung deutscher Naturwissenschaft – ein jüdischer Beitrag?* erneut die Frage stellt, inwieweit von einer jüdischen und/oder deutschen Wissenschaft oder jüdischen Wissenschaftlern gesprochen werden kann. Dieser Frage geht auch *Christine Holste* (Kulturwissenschaftlerin und Architektursoziologin in Berlin) für den Bereich der Architektur nach. In ihrem Beitrag *Jüdische Architektur und Identität – einige Bemerkungen zur neueren Diskussion* fokussiert sie insbesondere die Synagogenarchitektur nach 1945. Die Ausstrahlung der deutschen Bürokratie des Wilhelminischen Kaiserreichs bis in den Fernen Osten zeichnet *Joachim Rott*, Jurist in Bonn, in seinem Beitrag *Albert Mosse – preußischer Jurist und Rechtsberater der japanischen Regierung* über ein Mitglied der einflussreichen Mosse-Familie nach. Während Albert Mosse (1846–1925) den im Kaiserreich aufkommenden Antisemitismus weitestgehend ausblendete, beschäftigten sich deutsche Juden zunehmend mit der Frage der eigenen religiösen wie säkularen Standortbestimmung innerhalb des Judentums. Am Beispiel des Literatursoziologen Leo Löwenthal (1900–1993) verweist *Doris Maja Krüger* in ihrem Beitrag *Leo Löwenthal und die jüdische Renaissance in der Weimarer Republik* auf jenes Dilemma gebildeter, areligiöser und patriotischer deutscher Juden zwischen dem Ersten und Zweiten Weltkrieg und deren Rezeption jüdischer Traditionen. Im letzten Beitrag dieser Abteilung, der auch eine Überleitung zum folgenden Länderschwerpunkt darstellt, erinnert *Eva-Maria Ziege*, Professorin für Soziologie an der Universität Bayreuth, an die wissenschaftlichen Studien über Autorität und Familie von *Erich Fromm und die Entwicklung der Psychoanalyse in Mexiko*.

Der vierte Themenbereich widmet sich den Ursprungs-, Transit- und Emigrationsländern deutschsprachiger Juden und deren akademischem, kulturellem, ökonomischem und sozialen Wirken in den Herkunfts- und Exilländern. Den Auftakt bildet der Beitrag von *Stefanie Schüler-Springorum*, Historikerin und Direktorin des Zentrums für Antisemitismusforschung an der Technischen Universität in Berlin über Königsberg, das neben Berlin einst das Zentrum der deutschjüdischen Aufklärung war und eine Nahtstelle zwischen Ost- und Westjudentum darstellte *(Borderliners. Identitäten in einer Grenzregion)*. Unter dem Titel *Jenseits von Deutschland – Diesseits von Afrika. Deutsch-jüdisches Kulturerbe in Südafrika* erinnert *Anna Carolin Augustin*, Literaturwissenschaftlerin und Doktorandin am Walther Rathenau Kolleg, an die Verdienste deutsch-jüdischer Exilanten insbesondere im Bereich der Wirtschaft und der Stärkung und Erweiterung des Kunst- und Kulturlebens in Südafrika. Ein bislang wenig in den Fokus gesetztes Thema ist hier die Position der jüdischen Immigranten zur Apartheid. Der Einfluss jüdischer Migranten aus dem deutschsprachigen Raum im Bereich der Kultur, insbesondere des Theaters, ist auch in Israel nicht zu leugnen. Unter dem Titel *Vier Zeitungsartikel und ein Präzedenzfall. Spuren des deutschen Theaters in Palästina* folgt *Sebastian Schirrmeister*, Historiker und wissenschaftlicher Mitarbeiter am Institut für Germanistik II / Walter A. Berendsohn Forschungsstelle für deutsche Exilliteratur an der Universität Hamburg, jener Theatertradition à la Bert Brecht (1898–1956) und Max Reinhardt (1873–1943), die durch den Schauspieler, Dramatiker und Regisseur Friedrich Lobe (1889–1958) nach Eretz Israel transferiert und etabliert wurde. Aber nicht nur die Kunst, auch die ‚deutschen Tugenden' hinterließen Spuren in Israel, selbst als in den Gründungsjahren des Staates versucht wurde, den Einfluss deutschsprachiger Juden einzudämmen. In ihrem

Beitrag „*Gründlich, pünktlich, Mittagsschläfer*". *Das Erbe der deutschen Juden in Israel* stellt *Chana Schütz*, Kunsthistorikerin und stellvertretende Direktorin der Stiftung Neue Synagoge – Centrum Judaicum in Berlin, die „Jeckes" vor, jene halb abschätzig, halb anerkennend gebrauchte Bezeichnung für die aus Deutschland nach Palästina/Israel Immigrierten. Exemplarisch für die ‚deutsche Ordnungsliebe' erinnert *Felicitas Grützmann*, studentische Mitarbeiterin am vorliegenden Sammelband, an die Pioniere des bis heute gültigen israelischen Archiv- und Bibliothekswesens *(Jüdische Bibliophilie und deutscher Ordnungssinn. Der Beitrag deutsch-jüdischer Emigranten zum Aufbau eines Archiv- und Bibliothekswesens in Palästina/Israel)*. Und auch *Moshe Zimmermann*, Historiker und Professor für deutsche Geschichte an der Hebrew University Jerusalem, verweist auf jene deutschen Traditionen, die u.a. im Vereinswesen und hier besonders im Sport ihren Niederschlag fanden. Er erinnert in seinem Beitrag *Deutsche Denk- und Organisationsmuster im israelischen Sport* an die Adaption der Ideen von Turnvater Jahn beim Aufbau der Wehrertüchtigung in der Israelischen Armee. Aber vor dem Aufbau einer Verteidigungsarmee mussten im Verlauf der Aliyot (Einwanderungswellen nach Palästina) Städte geplant und Wohnraum geschaffen werden. Hierfür waren Architekten und Stadtplaner vonnöten – nicht wenige von ihnen kamen aus Deutschland und transferierten ihre dort gemachten Erfahrungen in die Levante. *Ines Sonder*, Kunsthistorikerin und wissenschaftliche Mitarbeiterin am Moses Mendelssohn Zentrum für europäisch-jüdische Studien in Potsdam, erinnert in ihrem Beitrag *Vom Geist der Steine. Deutsch-jüdisches Kulturerbe in der Architektur und Stadtplanung Israels* an jene Pionierinnen und Pioniere des Bauwesens.

Aber nicht nur in Israel lassen sich Spuren erkennen, die Jüdinnen und Juden aus dem deutschsprachigen Raum in ihren Emigrationsländern hinterließen. *Liliana Feierstein*, Erziehungswissenschaftlerin und wissenschaftliche Mitarbeiterin am Seminario Rabínico Latinoamericano „Marshall T. Meyer" in Buenos Aires, reflektiert in ihrem Beitrag *Im Land von Vitzliputzli. Zwei oder drei Fragen, Gedanken und Augenblicke der Geschichte deutschsprachiger Juden in Lateinamerika* und zeigt in einem sehr persönlichen Streifzug das weite Spektrum der kulturellen Beiträge und Einflüsse deutschsprachiger Juden in Südamerika. *Michael Zeuske*, Historiker und Professor für Iberische und Lateinamerikanische Geschichte an der Universität Köln, widmet sich exemplarisch der jüdischen Migration nach Kuba und schlägt einen weiten Bogen zwischen den ersten jüdischen Einwanderern der Karibikinsel im späten 17. Jahrhundert und den Revolutionären an der Seite Castros *(Conversos, Polakos, Daitsche. Juden auf Kuba)*. Während die Zahl der Juden in der Karibik recht überschaubar war und viele deutsch-jüdische Emigranten Kuba lediglich als Transitstation nutzten, war und blieb Argentinien das lateinamerikanische Land, in dem die größte Gruppe deutschsprachiger

Juden Zuflucht suchte. *Alfredo Schwarcz*, Sohn deutsch-jüdischer Emigranten und von Hause aus Psychologe, verfasste eine beeindruckende Studie über die deutschsprachigen Juden in Argentinien und fasst in seinem hier vorliegenden Beitrag *Deutsch-jüdische Präsenz in Argentinien* seine Forschungsergebnisse zusammen. Ein weiteres bedeutendes Einwanderungsland für deutschsprachige Juden war Brasilien. Pedro Moreira, Architekt in Rio de Janeiro und Berlin, befasst sich mit der Immigration deutscher Juden zwischen 1824 und 1969 und liefert in seinem Beitrag *Juden aus dem deutschsprachigen Kulturraum in Brasilien* einen ausführlichen Überblick. *Matthias Albert Koch*, studentischer Mitarbeiter am vorliegenden Sammelband, spürt in seinem Beitrag *A nova moda und Berliner Ballen. Transitstation Portugal* den Einflüssen nach, die die Emigranten, in einem der bedeutendsten Transitorte des Exils, Lissabon, hinterlassen haben. *Walter Homolka*, Rabbiner und Direktor des Abraham Geiger Kollegs in Potsdam, verweist in seinem Beitrag *Neuanfang und Rückbesinnung. Das liberale Judentum in Deutschland nach der Schoa* auf den bedeutenden Einfluss, den das liberale deutsche Judentum einerseits im Exil hinterlassen hat und andererseits gegenwärtig, sozusagen als Reimport, in Deutschland ausübt.

Im letzten Abschnitt des Bandes, der mit *Was übrig blieb... Beispiele des Erkennens, Erfassens und Bewahrens kulturellen Erbes* überschrieben ist, widmen sich die Autorinnen und Autoren der Frage des gegenwärtigen Umgangs mit kultureller Erinnerung und deren materiellen Zeugnissen. Die Herausgeberin des Bandes, *Elke-Vera Kotowski*, und *Katharina Hoba*, ehemalige Absolventin des Studiengangs Jüdische Studien an der Universität Potsdam, stellen eine Projektskizze vor, die unter dem Titel *Ein geerbtes Stück Heimat. Der Umgang nachfolgender Generationen mit den Dingen des deutsch-jüdischen Exils* die Auseinandersetzung der Kinder und Kindeskinder deutschsprachiger Juden und deren Heimatbezug in den Fokus setzt. *Julius H. Schoeps*, Direktor des Moses Mendelssohn Zentrums, greift dieses Thema mit seinem Beitrag *Das Stigma der Heimatlosigkeit. Vom Umgang mit dem deutsch-jüdischen Erbe* auf und verweist auf den wachsenden Verlust jener materiellen Werte der Emigrantengeneration. Frank Mecklenburg, Archivar am Leo Baeck Institut in New York und genauer Kenner der deutschsprachigen Emigrantenszene in den USA, beleuchtet in seinem Beitrag *„Als deutschjüdisch noch deutsch war". Die digitalisierten Sammlungen des LBI-Archivs bis 1933* die im Leo Baeck Institut New York vorhandenen Bestände der deutschen Juden vor der NS-Zeit. *Sebastian Panwitz*, Berliner Historiker, stellt jenem Bestand die *Judaica im Sonderarchiv Moskau* gegenüber. Als dritte im Bunde der Archivpräsentationen stellt *Barbara Welker*, Archivarin am Centrum Judaicum in Berlin, das dortige *Archiv der Stiftung Neue Synagoge Berlin – Centrum Judaicum* vor. *Ralf Dose*, Mitglied der Magnus Hirschfeld Gesellschaft, zeigt in seinem Beitrag *Was bleibt, muss uns doch reichen? Von der Suche nach einem kulturellen Erbe* anhand seiner Recherchen über den Sexualwissenschaftler Magnus Hirschfeld die Wege und Richtungen auf, die einzuschlagen sind, um historischen und familiären Spuren folgen zu können. Sebastian Panwitz ergänzt in seinem Beitrag *Der historische Quellenwert von Vereinsdrucksachen* die Spurensuche nach verschollenen Belegen und Hinweisen bei der oft mühsamen Recherche insbesondere von Personendaten. Die Bedeutung des Essens nicht allein als Anlass des familiären Zusammenkommens, sondern auch als kulturhistorisches Phänomen und kulturelles Erbe beschreiben Gabrielle Rossmer Gropman und Sonya Gropman, Vertreterinnen der zweiten und dritten Generation deutsch-jüdischer Immigration in die USA, in ihrem mit Fotografien von Gerichten und geerbten Utensilien illustrierten Beitrag *Die jüdischen Mahlzeit. Eine Esskultur verbindet Generationen*. Frank Stern, Historiker und Kenner des Genres Film als historische Quelle, widmet sich in seinem Beitrag *Mainstreaming Erinnerung: Vom Filmexil zur Schoa im aktuellen Spielfilm* der cineastischen Umsetzung des Erinnerungsdiskures. Abschließend stellt die Herausgeberin mit ihrem Beitrag *Kulturelle Identität und die Metapher von den gepackten Koffern. Ein Rückblick und eine Vorschau* die Frage in den Raum, inwieweit die aktuelle jüdische Gemeinschaft in Deutschland den Blick auf das deutsch-jüdische Kulturerbe richtet und wie sie sich gegenwärtig selbst verortet.

Im Anhang des Bandes wird eine Auswahl von Institutionen (Archive, Bibliotheken, Forschungseinrichtungen, Museen, private und wissenschaftliche Einrichtungen) aufgeführt, die sich im deutschsprachigen Raum, aber auch weltweit (hier vorwiegend in den Ländern mit bedeutender deutschsprachiger jüdischer Präsenz) befinden und die zur Thematik arbeiten und/oder sammeln. In der Zukunft sollen die Angaben zu diesen Einrichtungen sukzessive ergänzt und erweitert werden. Es ist geplant, eine weltweite Vernetzung dieser Einrichtungen voranzutreiben, um all jene, die sich mit dieser Thematik beschäftigen, oder jene, die im Besitz historischer Quellen sind, seien es Nachlässe in Form von Briefen, Memoiren, Tagebüchern oder anderwärtige Überlieferungen, zusammenzubringen, damit das kulturelle Erbe des deutschsprachigen Judentums, ob in den Herkunfts-, Transit oder Emigrationsländern, weder verloren geht noch unerkannt bleibt, ganz im Sinne des *Erkennens, Erfassens und Bewahrens*.

An dieser Stelle möchte die Herausgeberin all jenen danken, die zum Gelingen der vorliegenden Publikation beigetragen haben, zunächst natürlich den Beiträgerinnen und Beiträgern, die durch ihre Texte ein breites Themenspektrum eröffnet haben, des Weiteren sei den Korrekturleserinnen und -lesern Cordula Hubert, Patrick Küppers und Barbara Barthelmes herzlich für die vielen notwendigen Vereinheitlichungen und Anpassungen in den Texten und Fußnoten gedankt. Zu danken ist in diesem Zusammenhang Julia Brauch vom Verlag de Gruyter für ihre unendliche Geduld, da der Band doch eine längere Finalisierungsphase benötigt hat als gedacht.

Der größte Dank gilt jedoch dem studentischen Team, das über mehrere Semester das Projekt „Deutsch-Jüdisches Kulturerbe/German Jewish Cultural Heritage" begleitet, die gleichnamige Tagung mitorganisiert, eine Homepage erarbeitet, viele Anfragen aus nah und fern beantwortet und schließlich am vorliegenden Band mitgewirkt hat. Ein ganz besonderer Dank gilt den Mitstreiterinnen der ersten Stunde, Dana Theresa Müller und Alisa Jachnowitsch sowie Matthias Albert Koch und Felicitas Grützmann, des weiteren Julia Jockel, Sebastian Schirrmeister, Christian Dietrich, Talin Bahcivanoglu und Antonella Sudasassi. Einige von ihnen haben längst ihr Studium oder ihre Promotion abgeschlossen, sind aber weiterhin dem Forschungsfeld treu geblieben oder haben gar neue Fragestellungen und Forschungsthemen entwickelt.

Last but not least sei der Bundesbeauftragten für Kultur und Medien, Frau Staatsministerin Monika Grütters gedankt, deren Ministerium 2011 das Projekt „Deutsch-Jüdisches Kulturerbe" unterstützt und somit auch den vorliegenden Band ermöglicht hat.

—
**Identitätszuschreibungen, Identitätsfindungen,
Identitätswandel**

Michael A. Meyer
# Entwicklung und Modifikationen der jüdischen Identität in Deutschland vom 18. Jahrhundert bis in die Gegenwart

Nur wenige Themen in der jüdischen Geschichte sind so facettenreich, so komplex und so faszinierend wie das Studium jüdischer Identität im modernen Deutschland.[1] Man kann sich weder adäquat mit ihm auseinandersetzen, indem man es rein theoretisch betrachtet, noch, indem man lediglich charakteristische Beispiele ansammelt. Man muss beides tun, und genau das werde ich hier versuchen. Ich werde damit beginnen, die vielfachen Dimensionen aufzuzeigen, die bei jeder Auseinandersetzung mit jüdischer Identität im modernen Deutschland berücksichtigt werden müssen. Sodann werde ich chronologisch fortfahren, indem ich einige, wenn auch beileibe nicht alle ihrer Permutationen vom Anfang der jüdischen Moderne bis heute beschreibe und analysiere. Eine so große Strecke in so kurzer Zeit zurückzulegen, ist natürlich eine Herausforderung, vielleicht sogar ein zu ehrgeiziges Unterfangen. Aber ich will es dennoch in Angriff nehmen.

Die Geschichte jüdischer Identität im modernen Deutschland ist großenteils die Geschichte ihres fluktuierenden Charakters und ihrer Beziehung zu einer ähnlich dynamischen *deutschen* Identität, die sowohl unter Juden wie unter Nicht-Juden existiert. Man ist allgemein zu der Auffassung gekommen, dass es keine unveränderliche jüdische Identität und keine unveränderliche deutsche Identität gibt. Jede für sich ist dynamisch wie auch die Beziehung zwischen ihnen. Die Tendenz und das Vermögen zur Wandlung innerhalb beider Kategorien verdienen besonderen Nachdruck. Zu verschiedenen Zeiten und in

---

[1] Zu Studien, die sich mit jüdischer Identität in Deutschland auseinandersetzen, gehören: Grab, Walter (Hrsg.): Jüdische Integration und Identität in Deutschland und Österreich 1848–1918. Tel Aviv 1984; Pickus, Keith H.: German Jewish Identity in the Kaiserreich. In: Jewish History 9 (1995). S. 73–91; Berghahn, Klaus L. (Hrsg.): The German-Jewish Dialogue Reconsidered. New York 1996; Moyn, Samuel: German Jewry and the Question of Identity. Historiography and Theory. In: Leo Baeck Institute Year Book (LBIYB) 41 (1996). S. 291–308; Mendes-Flohr, Paul: German Jews. A Dual Identity. New Haven 1999; Hess, Jonathan M.: Middlebrow Literature and the Making of German-Jewish Identity. Stanford 2010; Meyer, Michael A.: Die Anfänge des modernen Judentums. Jüdische Identität in Deutschland 1749–1824, übersetzt von Ernst-Peter Wieckenberg. München 2011; in Bezug auf Frankreich vgl. Berkovitz, Jay R.: The Shaping of Jewish Identity in Nineteenth-Century France. Detroit 1989; in Bezug auf jüdische Identität in verschiedenen nationalen Kontexten vgl. Meyer, Michael A.: Jüdische Identität in der Moderne, übersetzt von Anne Ruth Frank-Strauss. Frankfurt am Main 1992, und Cohen, Steven M. u. Gabriel Horenczyk (Hrsg.): National Variations in Jewish Identity. Implications for Jewish Education. Albany 1999.

unterschiedlichem Ausmaß sind diese beiden Identitäten aufeinander geprallt, haben sich überschnitten und wurden in einer Vielfalt von hybriden Formen miteinander verbunden. Man betrachtete sie als im Wettstreit miteinander oder als gegenseitige Ergänzung. Für die deutschen Juden haben sich ihre jüdischen Identitäten in relativer Intensität und Substanz unterschieden, nämlich gemäß ihres Geschlechts, gemäß ihres Standortes, ob Dorf, Metropole, Synagoge, Zuhause oder Universität, und gemäß ihres Berufes, ob Rabbiner, Lehrer, Geschäftsmann oder Intellektueller. Sie schwanken dabei von glühender Bejahung an einem Ende des Spektrums zu unterschiedlichen Ausmaßen von Ambivalenz, Gleichgültigkeit, Selbsthass und Apostasie.

Während individuelle Identitäten durch die Affirmationen „Ich bin Jude" und „Ich bin Deutscher" artikuliert werden, werden kollektive jüdische Identitäten durch Definitionen des Ganzen zum Ausdruck gebracht, dem sich das Individuum zugehörig glaubt. Im modernen Deutschland haben Religionsgemeinschaft, Schicksalsgemeinschaft, Leidensgemeinschaft, Stammesgemeinschaft und Nationalität zu diesen Definitionen gehört. So wie moderne jüdische Identität im Allgemeinen machte jüdische Identität in Deutschland einen Schrumpfungsprozess durch, um attraktiven neuen Identitäten Platz einzuräumen; nicht nur der deutschen, sondern auch der europäischen sowie manchmal der kosmopolitischen und sozialistischen und natürlich der anverwandten Triade von Bürger, Wirtschaftsbürger und Bildungsbürger. Die verbleibende, zunehmend beschränkte, segmentierte jüdische Identität konnte mit der Zeit unbedeutend werden oder sich einer erneuernden und stärkenden Verwandlung unterziehen: durch rituelle Modernisierung, durch Betonung eines reineren Monotheismus und einer anspruchsvollen jüdischen Ethik und durch die Bekräftigung der religiösen Mission des Judentums innerhalb der westlichen Zivilisation. Sie konnte sogar, besonders unter Druck von außen, ihren Erosionskurs umkehren und minimal zu einem Trotzjudentum führen, maximal zu einer jüdischen Renaissance.

Während jüdische Identität eine Vielfalt an Modifikationen erlebte, unterzog sich ihr deutsches Gegenstück ebenfalls Veränderungen, die allerdings zunehmend einen Exklusivcharakter annahmen. Wie weithin bekannt ist, wurde das Aufklärungsideal von Bildung, das einst zum Kern der Identität des deutschen Bildungsbürgertums gehört hatte, sogar noch vor der Machtübernahme der Nazis in den Hintergrund gedrängt.[2]

---

[2] Die klassische Betrachtung dieses Themas findet sich bei Mosse, George L.: German Jews beyond Judaism. Bloomington 1985, aber vgl. auch Katz, Jacob: German Culture and the Jews. In: The Jewish Response to German Culture. From the Enlightenment to the Second World War. Hrsg. von Jehuda Reinharz u. Walter Schatzberg. Hanover 1985. S. 85–99.

Identität stützt sich nicht allein auf ein gegenwärtiges Fundament. Sie benötigt auch eine Beziehung zur Vergangenheit und zur Zukunft. Nach der Frage „Wer bin ich?" kommt „Wo komme ich her?" Und schließlich: „Wer möchte ich sein?" Die verschiedenen religiösen Reformatoren schöpften alle aus der gesamten jüdischen Vergangenheit; nicht einer gänzlich „erfundenen" Vergangenheit, aber einer ausgewählten, gefilterten und differentiell gewichteten, benutzbaren Vergangenheit, auf der eine moderne jüdische Identität gebaut werden konnte.[3] Gleichermaßen verließen sich jüdische Denker, wie zum Beispiel Samuel Hirsch und Hermann Cohen, auf eine ins Auge gefasste utopische oder messianische Zukunft, welche die jüdische Identität in der Gegenwart rechtfertigte.

Für die deutschen Juden gab es drei Quellen für jüdische Identität: ihre Geburt und persönliche Geschichte, ihre eigenen Entscheidungen und die Identität, die ihnen von der Gesellschaft, in der sie lebten, zugeschrieben wurde. Die Zuschreibung von außen, sofern diese antagonistisch war, wird seit Kurzem als eine Art von Kolonialismus angesehen.[4] Es lässt sich schwer feststellen, ob die Wechselhaftigkeit jüdischer Identitäten in Deutschland hauptsächlich das Produkt freier Entschlüsse war, d.h. das Produkt einer erwünschten Befreiung von den geistigen Relikten des Mittelalters, die aufgrund einer Verinnerlichung von kulturellen Werten möglich wurde, die viele Juden als überlegen betrachteten. Oder war die Unbeständigkeit eher die unsichere Antwort auf eine von außen zugeschriebene Identität, die einem sozialen oder politischen Aufstieg im Weg stand? Ich bin überzeugt davon, dass es sich in den meisten Fällen und in verschiedenem Ausmaß um eine Kombination beider handelte.

Während des 18. Jahrhunderts und bis ins 19. Jahrhundert bewahrten die meisten Juden in den deutschen Landen die traditionelle Identität, die sie seit dem Mittelalter gekennzeichnet hatte. Sie lebten vielleicht in Preußen oder Bayern, aber sie identifizierten sich mit den Aschkenasim, der Gruppierung von Juden, die ihre Ursprünge in Deutschland hatte, sich jedoch vom Elsass bis nach Osteuropa ausbreitete. Fast alle Juden in diesem weiten Gebiet lebten in kleinen Städten oder Dörfern, ihre Kinder gingen auf jüdische Schulen, und sie sprachen zu Hause die eine oder andere Art Jiddisch. Nur an einigen Orten, besonders in Berlin und Königsberg, begann der Kontakt mit der Kultur der Aufklärung eine bis dato fast allumfassende, jüdische Identität zu untergraben. Anders als in Frankreich, welches sich zu einem Nationalstaat entwickelt hatte und als erster Staat den Juden politische Gleichberechtigung gewährte, waren die neuen jüdi-

---

3 Shulamit Volkov schreibt über das Projekt, eine Tradition zu erfinden, aber sie erkennt gleichzeitig die Existenz eines „sorting and selection process" an, vgl. Ihr Germans, Jews, and Antisemites. Trials in Emancipation. Cambridge 2006. S. 276–286.
4 Zum Beispiel bei Heschel, Susannah: Abraham Geiger and the Jewish Jesus. Chicago 1998.

schen Identifikationen in diesen Städten zunächst nicht politischen, sondern kulturellen Charakters. Moses Mendelssohn gab zu, dass er sich nicht mit einem preußischen Staat identifizieren konnte, der Juden diskriminierte. Stattdessen identifizierten er und andere jüdische Aufklärer (die *maskilim*) sich mit einer breiteren Entität: dem modernen Europa, wie es von seinen aufgeklärten Philosophen und Literaten repräsentiert wurde. Diachronisch betrachtet, konzentrierte sich ihre Identität stärker auf eine allmählich vor ihren Augen entstehende Zukunft als auf die Vergangenheit oder Gegenwart. Die Geschichte wurde in der Tat als das Problem angesehen, da sie den Juden vom Nicht-Juden trennte. Sie erinnerte an die Jahrhunderte separater Existenz, die Verfolgungen, den Geldverleih, sogar die wiederholte Anschuldigung des Christusmordes. Glücklicherweise hob die Aufklärung historische Kontinuität als die Grundlage für zeitgenössische Kultur nicht hervor. Ihre Zwillingsideale waren bemerkenswert ahistorisch. Aufklärung gründete sich auf *Vernunft*, derer sich jedermann bedienen konnte und die einen allgemeinen Glauben an natürliche Religion untermauerte. Die Entfaltung von *Tugend* sowie ihre umfassendere, ein wenig später auftretende Begleiterscheinung, ihre Verkörperung in Form von *Bildung*, waren Errungenschaften, die nur die Mühe des Individuums erforderten und von persönlicher und kollektiver Geschichte unabhängig waren. Mendelssohn und andere wollten der nichtjüdischen Welt diese Eigenschaften präsentieren, indem sie diese manchmal von dem einzigartig Jüdischen trennten, welches, im Falle Mendelssohns, auf Religionsgesetze beschränkt war.

Es wurde jedoch schnell offensichtlich, dass die Verinnerlichung der neuen aufklärerischen Werte innerhalb des deutschen Judentums unterschiedlich erfolgte. Manche Juden kamen nicht mit ihnen in Berührung, blieben gleichgültig oder lehnten sie ab. Ihrer Ansicht nach war es der Rabbiner der alten Schule, der Autorität repräsentierte, nicht der *maskil*. Andere begrüßten die Befreiung von kommunalen Kontrollen, die der Zentralstaat mit sich gebracht hatte. Sie lehnten religiöse Autorität ab und tauschten Religion gegen ein Bestreben nach wirtschaftlichem Aufstieg ein.Wieder andere fanden in der europäischen Aufklärung einen attraktiven Glauben, der eine Reihe neuer und überlegener Ideale bot. Zuweilen versuchte diese letzte Gruppe diesen Glauben innerhalb eines neuerdachten Judentums zu verankern, das dem gemeinsamen biblischen Erbe mehr Stellenwert verlieh als dem rabbinischen. Während sich die jüdische Gemeinde zunehmend in solch antagonistische Gruppen aufteilte, machte jüdische Identität eine zweite Minderung durch. Zusätzlich zu der Tatsache, dass sich die *maskilim* weniger mit dem Judentum und stärker mit der Kultur der Aufklärung identifizierten, identifizierten sich nun verschieden orientierte Gruppierungen innerhalb des deutschen Judentums auf leidenschaftliche Weise nur mit ihrer eigenen Gruppe. Die Identifikation mit der Gesamtheit der jüdischen Gemeinde wurde geschwächt. Manche Juden fragten nicht nur: „Wer bin ich als Jude?", sondern auch: „Was für ein Jude bin ich nicht?" In den frühen Jahrzehnten des 19. Jahrhunderts stellte sich die zweigeteilte Frage: War es möglich, dass es mehrfache, fundamental gegensätzliche Interpretationen des jüdischen Glaubens geben konnte, und konnte es verschiedene jüdische Identitäten oder Subidentitäten innerhalb der jüdischen Gemeinschaft geben? Die Schwierigkeit, sich mit so einer beunruhigenden Situation auseinanderzusetzen, veranlasste manche deutschen Juden, dem Judentum ganz und gar den Rücken zu kehren.[5]

Im Laufe der Zeit nahm der Akkulturationsprozess an Umfang zu. Immer mehr Juden bemühten sich Deutsch zu lernen, wobei sie ihr Hochdeutsch ironischerweise von den meisten anderen Deutschen absonderte, in deren Sprache ihr Herkunftsort mitschwang.[6] In manchen Fällen erzeugte der Drang danach, deutsch zu erscheinen, lächerliche Resultate. Nicht nur Antisemiten machten sich über diese sprachlichen Anstrengungen lustig, wie es besonders in dem populären Theaterstück *Unser Verkehr* geschah. Auch aufgeklärte Juden selber gaben diese fieberhaften Versuche der Lächerlichkeit preis, zum Beispiel in dem jiddischen Stück *RebHenokh, oder vos tut me damit*. Da die meisten Nicht-Juden auch weiterhin bezweifelten, dass sich Juden vollständig mit ihrer deutschen Umgebung identifizieren konnten, boten die Befreiungskriege 1813–1815 eine willkommene Gelegenheit. Wie es auch hundert Jahre später, 1914, immer noch der Fall war, glaubten die deutschen Juden, dass sie am besten auf dem Schlachtfeld beweisen konnten, dass sie sich aus vollem Herzen als Deutsche fühlten. Ihr Scheitern, den Nicht-Juden diesen Beweis zu erbringen, deutet in beiden Fällen auf ein anhaltendes Merkmal der deutschen Identität der Juden in Deutschland hin: Obwohl die deutschen Juden strebten, ihre deutsche Identität zu verfestigen, weigerten sich weite Teile der Nicht-Juden, diese Identität anzuerkennen.

Während der mittleren Jahrzehnte des 19. Jahrhunderts erweiterte die deutsch-jüdische Gemeinde auf verschiedene Art und Weise ihre Vorstellung von jüdischer Identität. Jüdische Philosophen schrieben dicke Bände, die zeigen sollten, dass Judaismus, im Gegensatz zu Hegels Auffassung, nicht durch den historischen Prozess „aufgehoben" wurde. Er wurde nicht durch das Christentum oder Philosophie ersetzt, war keine, wie Schleiermacher gesagt hatte, unver-

---

5 Vgl. Bendavid, Lazarus: Etwas zur Characteristick der Juden. Leipzig 1793; Meyer, Michael A.: The Orthodox and the Enlightened. An Unpublished Analysis of Berlin Jewry's Spiritual Condition in the Early Nineteenth Century. In: LBIYB 25 (1980). S. 101–130; Lowenstein, Steven M.: The Berlin Jewish Community. Enlightenment, Family and,Crisis. 1770–1830. New York 1994. S. 193–194.
6 Toury, Jacob: Die Sprache als Problem der jüdischen Einordnung in den deutschen Kulturraum. In: Gegenseitige Einflüsse deutscher und jüdischer Kultur von der Epoche der Aufklärung bis zur Weimarer Republik. Hrsg. von Walter Grab. Tel Aviv 1982. S.75–96.

gängliche Mumie aus der Vergangenheit, sondern enthielt eine religiöse und ethische Aussage, die auf die Zukunft zeigte. Die neuen Ausgestaltungen einer religiösen jüdischen Identität – Neo-Orthodoxie, positiv-historisches Judentum, liberales und reformiertes Judentum – sie alle stellten ein essenzielles Judentum dar, auf welchem seine Anhänger ihre jüdische Identität aufbauen konnten. Sie alle räumten deutschen Identifikationen neben den jüdischen Platz ein, im Falle von Samson Raphael Hirsch berücksichtigte er sie innerhalb der traditionellen jüdischen Kategorie von *derecherez*. Es war die Neo-Orthodoxie, die auch eine Antwort auf die Frage nach einer weiteren jüdischen Identifikation entwickelte, die über die Grenzen der eigenen Richtung hinausging. Nun wurde argumentiert, dass, obwohl nur die Orthodoxen vollständig jüdisch waren, man doch denjenigen Individuen, von denen man sich religiös unterschied oder die gar nicht religiös waren zumindest ein vermindertes Maß an jüdischer Authentizität zugestehen konnte.[7]

Für die Juden, die aufgrund einer säkularen Weltanschauung und der Einhaltung weniger religiöser Bräuche als nicht-religiös galten, wurden die Quellen jüdischer Identität zunehmend historisch. Während jüdische Theologen die Grundsätze des Judentums konzipierten, boten jüdische Historiker und Romanschriftsteller eine veränderte jüdische Vergangenheit dar, die der Inspiration dienen sollte. Die Romantik, die den Juden anfangs suspekt war, da sie, anders als die Aufklärung, Unterschiede anstatt Gemeinsamkeiten hervorhob, wurde nun ein Instrument zur Stärkung jüdischer Identität. Heinrich Graetz' *Geschichte der Juden* bezweckte, ebenso sehr eine Identifikation mit jüdischem Leiden und Geist herbeizuführen als es ein Versuch war, die jüdische Geschichte zu rekonstruieren. *Wissenschaft des Judentums* verfolgte sicherlich verschiedene Absichten, aber eine davon war zweifellos, Respekt für jüdische kulturelle Erfolge zu erwecken. Gleichermaßen dienten die besonders von deutschen Rabbinern verfassten, historischen Romane und die populären, nostalgischen Erzählungen der Autoren der Ghettogeschichten nicht nur der Unterhaltung, sondern auch dazu, innere Verbindungen mit höchst unterschiedlichen jüdischen Milieus herzustellen.

Im Verlauf dieser Jahre verlagerte sich der Schwerpunkt jüdischer Identität von der Synagoge auf das Heim, von der religiösen Sphäre auf die soziale und zum Teil von Männern auf Frauen. Die Reformbewegung hatte sicherlich Frauen in der Synagoge ein großes Ausmaß an Gleichberechtigung gegeben, aber mit Ausnahme der Hohen Feiertage gingen immer weniger Juden regelmäßig in die Synagoge. Die Synagoge war nicht länger die Hauptquelle jüdischer Identität, sogar was die meisten jüdischen Männer anbelangte. Auch jüdische Erziehung

---

7 Ferziger, Adam S.: Exclusion and Hierarchy. Orthodoxy, Nonobservance, and the Emergence of Modern Jewish Identity. Philadelphia 2005.

war es nicht mehr, da nun Kinder von jüdischen Schulen abgingen und stattdessen säkulare Einrichtungen besuchten, die ihnen die besten Chancen auf beruflichen Erfolg boten.In zunehmendem Maße waren es das häusliche Umfeld und die sozialen Kreise, in denen sich Jüdischkeit entfaltete und die gemischte Ehen auf ein Minimum reduzierten. Jüdische Identität folgte dem Modell des Christentums und modifizierte eine bisher männerorientierte Religion, die sich auf die extensive Studie religiöser Texte und gemeinsame Gebete konzentrierte, hingehend zu der eher sentimentalen und persönlichen Spiritualität, die besonders Frauen zugeschrieben wurde. Auf diese Weise glichen sich die Juden zum einen einem Merkmal des Bürgertums an, mit dem sie sich zunehmend identifizierten, zum anderen dem Christentum, dem das Judentum ähnlicher geworden war.[8]

Was jedoch das innere Leben der deutschen Juden im 19. Jahrhundert hauptsächlich charakterisierte, ist ihre Säkularisierung.[9] Nicht sehr viele erklärten sich zu Atheisten, aber jüdische Identität, selbstdefiniert als eine Konfession, spielte einfach eine geringere Rolle in ihrem Leben. Manche tauschten jüdische Identität gegen eine sozialistische aus. Die meisten aber konzentrierten sich darauf, ihre wirtschaftliche Lage und ihre politische Emanzipation zu verbessern. Für sie war der Held der Zeit nicht Heinrich Heine, den viele Juden zumindest anfangs als Heiden verschrien hatten und den sie erst zu schätzen lernten, nachdem er unter den Nicht-Juden Ruhm erlangt hatte und im Geiste zum Judentum zurückgekehrt war. Stattdessen war es Gabriel Riesser, für den Deutschtum und Judentum nahezu eins waren. Nicht nur jüdische Bedürfnisse, sondern hauptsächlich deutsche Ideale, so argumentierte Riesser auf elegante Weise, forderten die Emanzipation der Juden. Doch Optimismus über die jüdische Zukunft in Deutschland war nicht allgemein verbreitet. Man sollte nicht vergessen, dass viele Juden in den Jahren vor der Emanzipation willens waren, Deutschland zu verlassen und ihre jüdische Identität mitzunehmen, sich aber nach und nach ihrer deutschen zu entledigen.

---

**8** Wassermann, Henry: Jews and Judaism in the Gartenlaube. In: LBIYB 23 (1978). S. 51–52; Kaplan, Marion A.: The Making of the Jewish Middle Class. Women, Family, and Identity in Imperial Germany. New York 1991; Hyman, Paula: Gender and Assimilation in Modern Jewish History. The Roles and Representation of Women. Seattle 1995; Lässig, Simone: Jüdische Wege ins Bürgertum. Kulturelles Kapital und sozialer Aufstieg im 19. Jahrhundert. Göttingen 2004; Baader, Benjamin Maria: Gender, Judaism, and Bourgeois Culture in Germany, 1800–1870. Bloomington 2006; Meyer, Michael A.: Women in the Thought and Practice of the European Jewish Reform Movement. In: Gender and Jewish History. Hrsg. von Marion A. Kaplan u. Deborah Dash Moore. Bloomington 2011.
**9** Dieser Prozess begann natürlich in Deutschland und andernorts in Zentral- und Westeuropa schon früher. Vgl. Feiner, Shmuel: The Origins of Jewish Secularization in Eighteenth-Century Europe. Übersetzt von Chaya Naor. Philadelphia 2011.

Im Kaiserreich bewegte sich die jüdische Identität der meisten deutschen Juden noch weiter auf die Peripherie zu. Die Gesellschaft, in der sie lebten, verlor immer mehr an Religiosität, wohingegen sie doch ihre jüdische Identität über ihre Religion definiert hatten. Aus verschiedenen Gründen hielten die meisten dennoch an ihrer Identität fest, ob nun aufgrund familiärer Pietät oder weil ein zunehmend reaktionäres Christentum wenig Reiz auf sie ausübte. Es war der erneute Anstieg antijüdischer Stimmung, der nicht lange nach dem Erringen der Emanzipation überall in Deutschland erfolgte, der hauptsächlich für eine Belebung jüdischer Identität verantwortlich war. Obwohl er als ein Abwehrverein gegen Antisemitismus gegründet worden war, wurde der *Centralverein deutscher Staatsbürger jüdischen Glaubens* im Laufe der Zeit zu einem selbsternannten Gesinnungsverein, dem Ort für eine jüdische Identifikation auf breiterer Ebene. Er ging über Religion hinaus, und nach Aussage eines seiner Leiter, Eugen Fuchs, umfasste er auch Selbstbestimmung als eine Gemeinschaft, die ebenfalls eine Stammeseigenart besaß, eine Stammesgeschichte und ein Gefühl der Zusammengehörigkeit mit Juden außerhalb von Deutschland. Sein Nachfolger Ludwig Holländer fügte die Bestimmung „Schicksalsgemeinschaft" hinzu.[10]

Hermann Cohen ging noch weiter, indem er die Juden als eine Nationalität definierte.[11] In der Tat unterschied sich für ihn das Judentum nicht auf der Ebene nationaler Identität am wenigsten von Deutschtum, sondern im Bereich der Religion, die vorher das Kennzeichen jüdischer Besonderheit gewesen war. Seiner Ansicht nach konvergierten der jüdische ethische Monotheismus und der deutsche Geist, so wie er besonders von Kant repräsentiert wurde, auf einem einzigen Pfad, und dieser führte zu einem messianischen Ziel. Sogar Franz Rosenzweig, der Cohen in manch anderer Hinsicht kritisch gegenüber stand, konnte die zwei Identitäten in einem einzigen Wort vereinen: Deutschjudentum.[12] Aber für den Schriftsteller Jakob Wassermann blieb die Beziehung zwischen den beiden problematisch. Er schrieb: „Die Juden, die Deutschen, diese Trennung der Begriffe wollte mir nicht in den Sinn nicht aus dem Sinn, es war die peinvollste Überlegung, darüber mit mir selbst ins klare zu kommen."[13]

---

**10** Fuchs, Eugen: Um Deutschtum und Judentum. Gesammelte Reden und Aufsätze (1894–1919). Frankfurt am Main 1919. S. 352–353; Barkai, Avraham: Between Deutschtum & Judentum. Ideological Controversies within the Centralverein. In: In Search of Jewish Community. Jewish Identities in Germany and Austria. 1918–1933. Hrsg. von Michael Brenner u. Derek J. Penslar. Bloomington 1998. S. 74–91.
**11** Strauß, Bruno (Hrsg.): Hermann Cohens Jüdische Schriften. Berlin 1924. S. 336.
**12** Zitiert nach Mendes-Flohr, Paul: German Jews: A Dual Identity. New Haven 1999 (siehe Anm. 1). S. 75.
**13** Wassermann, Jakob: Mein Weg als Deutscher und Jude. Berlin 1921. S. 46.

Die meisten deutschen Juden im Kaiserreich und während der Weimarer Jahre identifizierten sich vollständig auch weiterhin nur mit ihrer eigenen Gruppe. Liberale und orthodoxe Juden, mit ihren widerstreitenden Interpretationen des Judentums, standen sich in bitterlich umkämpften Kommunalwahlen gegenüber. Die Zionisten distanzierten sich von beiden Fraktionen und traten für ihre nationalistische Interpretation der jüdischen Gesamtheit ein. Die Beziehung aller drei Fraktionen zu den Ostjuden in ihrer Mitte war höchst ambivalent: ein Gefühl der Verpflichtung, in manchen Fällen sogar Bewunderung für die anscheinende Authentizität ihrer Jüdischkeit, aber auch die Einhaltung sozialer Distanz. Sicherlich keine vollständige Identifikation.

Mit dem Beginn der Weimarer Jahre begann die enge Allianz zwischen Judentum und liberaler Bürgerlichkeit zu zerbröckeln. Sie wurde von der aufkommenden Zionistenbewegung dafür angegriffen, dass sie es versäumt hatte, den weiten Umfang jüdischer Identität hinlänglich anzuerkennen. Zu den Kritikern gehörten auch radikale Intellektuelle, wie Walter Benjamin, und Satiriker, wie Kurt Tucholsky, der den deutschen Juden für ihren krassen Materialismus gnadenlos das Fell gerbte. Zur gleichen Zeit begann eine Minderheit deutscher Juden erneut ihre jüdische Identität zu bereichern, indem sie ihren historischen Wurzeln nachgingen; man bedenke das Jüdische Lehrhaus in Frankfurt und die anderen religiösen und kulturellen Erscheinungsformen einer sich intensivierenden jüdischen Renaissance.[14]

Obwohl zwei zentrale Figuren in dieser Renaissance, Franz Rosenzweig und Martin Buber, eine jüdische Identität repräsentierten, die sich zumindest teilweise auf Religiosität gründete, waren die meisten deutschen Juden der Weimarer Zeit im Wesentlichen säkular. Somit stimmte die Selbstbenennung des *Centralvereins* als „deutsche Staatsbürger jüdischen Glaubens" nicht damit überein, wer sie wirklich waren. Ludwig Holländer gab sogar zu, dass die meisten Mitglieder des *Centralvereins* wahrscheinlich Atheisten waren und dass der Begriff „Glauben" nur angenommen worden war, um eine einfachere Integration in die deutsche Gesellschaft sicherzustellen. Es war, zumindest teilweise, eine „Un-Glaubensgesellschaft".[15] Bloße Verteidigung gegen Antisemitismus war jedoch ein unzureichendes Fundament für jüdische Identität. Deshalb schrieb Holländer 1929: „Im Geistigen liegt die Bedeutung des Judentums, und *nur wegen des Geistigen und Sittlichen* wollen wir das Judentum erhalten."[16] Einige Jahre später

---

14 Aschheim, Steven E.: German Jews Beyond Bildung and Liberalism: The Radical Jewish Revival in the Weimar Republic, in Berghahn, German-Jewish Dialogue (wie Anm. 1); Brenner, Michael: Jüdische Kultur in der Weimarer Republik, übersetzt von Holger Fliessbach. München 2000.
15 Holländer, Ludwig: Deutsch-jüdische Probleme der Gegenwart. Berlin 1929. S. 1314.
16 Holländer, Deutsch-jüdische (wie Anm. 15). S. 25. Hervorhebung im Original.

legte Rabbi Max Wiener die Existenz einer ganz anderen Basis für jüdische Identität nahe, die zweifellos viele deutsche Juden dieser Zeit charakterisierte: für viele deutsche Juden, so meinte er, sei ihre jüdische Identität nicht eine Sache des Geistes oder gar der Sitte, sondern der „Stimmung", des „jüdischen Gefühls", was er auf drei ansonsten sehr verschiedene Individuen zurückführte: Heinrich Heine, Moses Hess und sogar Gabriel Riesser. Tatsächlich hatte die emotionale Komponente im deutschen Judentum nie gänzlich gefehlt. Sogar der Rationalist Abraham Geiger hatte 1869 gesagt, „das gute jüdische Herz ist das einigende Band", das nie zerstört würde.[17]

Die Nazizeit verlängerte diese Renaissance zunächst. Da sie nun von außen als Juden gebrandmarkt wurden, begannen viele, die sich bisher kaum als solche identifiziert hatten, das Judentum in den populären Bildungskursen für Erwachsene zu erkunden, die im ganzen Land angeboten wurden. Für sie hatte sich die Verbindung zwischen Deutschtum und Judentum aufgelöst. Mit dem Zusammenbruch des Liberalismus gewannen die Zionisten an Zuwachs. Andere warteten einfach auf die Wiederdurchsetzung des früheren Deutschlands, mit dem sie sich so glühend identifiziert hatten. Es wurde bald offensichtlich, dass die jüdische Renaissance unter dem Nationalsozialismus schnell ein Ende nehmen würde. Mit Beginn der späten 1930er Jahre wurde Jüdischkeit auf eine einzige Frage reduziert: Wie schnell kann ich Deutschland verlassen, und wohin kann ich gehen? Jene, denen es vergönnt war, das Land verlassen, die Flüchtlinge in Amerika, Palästina, Südamerika und anderswo, bewahrten ihre deutsch-jüdische Identität zunächst durch die vertrauten Gottesdienste, Studiengruppen, Organisationen und Zeitungen. Die Intellektuellen unter ihnen vermittelten die Früchte deutsch-jüdischer Kultur.[18]

Über die neue jüdische Gemeinde in Nachkriegsdeutschland möchte ich nur ein paar Beobachtungen machen und sie in eine historische Perspektive einordnen.[19] Erstens steht außer Frage, dass es eine riesige Lücke zwischen jüdischer

---

[17] Geiger, Ludwig (Hrsg.): Abraham Geiger's Nachgelassene Schriften 1. Berlin 1875. S. 443.
[18] Vgl. zum Beispiel Aschheim, Steven E.: Beyond the Border. The German-Jewish Legacy Abroad. Princeton 2007; Meyer, Michael A.: The German-Jewish Legacy in America. Paul-Vorlesung Indiana University in Indianapolis, http://www.indiana.edu/~jsp/research/paulProgram.shtml (3.9.2014).
[19] Die Literatur zum deutschen Judentum nach dem Holocaust wächst schnell an. Unter den relevanten, jüngsten Studien sind Fleischmann, Lea: Identity Problems of Postwar Generation Jews in Germany. A Historical Perspective. In: Insiders and Outsiders. Jewish and Gentile Culture in Germany and Austria. Hrsg. von Dagmar C. G. Lorenz u. Gabriele Weinberger. Detroit 1994. S. 308–312; Schoeps, Julius [u.a.] (Hrsg.): Ein neues Judentum in Deutschland? Fremd- und Eigenbilder der russisch-jüdischen Einwanderer. Potsdam 1999; Peck, Jeffrey M.: Being Jewish in the New Germany. New Brunswick 2006; Tauchert, Stephanie: Jüdische Identitäten in Deutschland.

Vergangenheit und jüdischer Gegenwart im heutigen Deutschland gibt. Nicht nur sind die deutschen Juden heute in Bezug auf Abstammung und Kultur hauptsächlich osteuropäisch, und daher kann sich die Mehrheit nicht leicht an ein gänzlich andersartiges historisches Vermächtnis anschließen. Außerdem hat sich die Beziehung zwischen den deutschen und jüdischen Identitäten von Juden in Deutschland drastisch verlagert. Bis zu Hitlers Machtübernahme wollten die deutschen Juden ihre jüdische Identität mit der deutschen vereinen, öfter, indem sie sich ihr unterordneten. Beeinflusst von der Geringschätzung jüdischer Kultur und Religion vonseiten nicht-jüdischer Intellektueller, standen manche deutschen Juden ihrem jüdischen Erbe zwiespältig gegenüber und bewunderten den deutschen Kulturgeist fast fraglos. Heutzutage ist es umgekehrt: Nicht-Juden begeistern sich für jüdische Kultur und ermutigen die Juden, dasselbe zu tun. Für die Juden ist das Judentum nicht mehr das Problem, sondern eher das Deutschtum. Identifiziert man sich als Jude, der zufällig in Deutschland lebt, oder impliziert oder erfordert die reine Tatsache, dass man hier lebt, eine Identifikation mit dem Land und seiner Kultur? Vielleicht substituiert man eine europäische jüdische Identität, wie es ganz am Anfang der modernen deutsch-jüdischen Geschichte geschehen war, oder identifiziert sich als jüdisch und sieht sich gleichzeitig als Angehörige der immer enger verbundenen globalen Gemeinschaft? Diese gehören zu den verwirrenden Fragen, die sich den deutschen Juden heute stellen.

Ich möchte nun mit Theodor Lessing abschließen, dem jüdischen Philosophen, der schon 1933 von den Nazis ermordet wurde. Viele Jahre lang war er hyperkritisch zugleich den osteuropäischen und den deutschen Juden gegenüber. Aber in einer Schrift mit dem Titel *Deutschland und seine Juden*, die kurz vor seinem Tod veröffentlicht wurde, zitiert er den bekannten Imperativ des griechischen Dichters Pindar: „Werde der du bist."[20] Und er fügte hinzu: „Das gilt für Jeden. Tscheche fühle Dich Tscheche. Slowake sei stolz als Slowake. Deutscher bleibe Deutsch... Und Jude sei Jude." Lessing mag erkannt haben, dass die Suche nach einer bedeutsamen Identität in gewissem Sinne für jede und jeden schon immer eine Suche nach sich selbst gewesen ist und es auch so bleibt.

---

Das Selbstverständnis von Juden in der Bundesrepublik und der DDR 1950–2000. Berlin 2007; Bodemann, Y. Michal u. Micha Brumlik (Hrsg.): Juden in Deutschland – Deutschland in den Juden. Neue Perspektiven. Göttingen 2010.

20 Lessing, Theodor: Deutschland und seine Juden. Prag 1933. S. 21. Eine kürzlich veröffentlichte, populäre Darstellung seines Lebens und Gedankenguts ist Kotowski, Elke-Vera: Theodor Lessing (1872–1933). Philosoph – Feuilletonist – Volksbilder. Berlin 2009, sowie Kotowski, Elke-Vera (Hrsg.): Ich warf eine einsame Flaschenpost in das unermessliche Dunkel. Theodor Lessing 1872–1933 [Begleitband zur gleichnamigen Ausstellung]. Hildesheim 2008.

Iwan-Michelangelo D'Aprile
# „den kürzesten und sichersten Weg nach dem europäischen Lande, wo es weder Christen noch Juden giebt"

Deutsch-jüdische Freundschaften im Zeichen der Aufklärung

Freundschaft und Geselligkeit hatten für die Herausbildung dessen, was man europäische Aufklärung nennt, eine nicht hoch genug einzuschätzende Bedeutung. So hat Jürgen Habermas in seiner klassischen Studie zum *Strukturwandel der Öffentlichkeit* gezeigt, inwiefern in den städtischen Salons und Geselligkeitsformen dialogische und potentiell protodemokratische Kommunikationspraktiken eingeübt wurden, die dann die Basis auch für theoretische Aufklärungsprogramme wurden: etwa in Immanuel Kants Definition der Aufklärung als freiem und öffentlichen Vernunftgebrauch.[1] In der Freundschaft als einer besonderen Form der Geselligkeit wurde ein alternatives Sozialitätsmodell praktiziert, in dem gegenüber den höfisch-absolutistischen oder konfessionellen Zwängen ein freier und „natürlicher" Umgang gelebt werden sollte. Hier wurde das Gegenüber „um seiner selbst willen" geschätzt und es sollten die empfindsamen Tugenden der Liebe, Sympathie und Empathie vorherrschen.[2] Der antiabsolutistische Impuls dieses Sozialitätsmodells kommt darin zum Ausdruck, dass die „Fraternité" neben Freiheit und Gleichheit zum dritten großen Ideal der Französischen Revolution wurde.

Nicht nur für das deutsch-jüdische Kulturerbe, sondern für die deutschsprachige Aufklärung insgesamt hatte keine andere Freundschaft eine vergleichbare Bedeutung wie die zwischen Moses Mendelssohn und Gotthold Ephraim Lessing. Zuletzt hat Conrad Wiedemann nachdrücklich auf die aktuellen erinnerungspolitischen Potentiale dieser Freundschaft hingewiesen.[3] Schon im 18. Jahrhundert wurde diese

---

1 Habermas, Jürgen: Strukturwandel der Öffentlichkeit. Untersuchungen zu einer Kategorie der bürgerlichen Gesellschaft. 2. Aufl. Frankfurt a. M. 1990 [zuerst 1962]; François, Etienne (Hrsg.): Geselligkeit, Vereinswesen und bürgerliche Gesellschaft in Frankreich, Deutschland und der Schweiz 1750–1850. Göttingen 1987.
2 D'Aprile, Iwan u. Winfried Siebers: Das 18. Jahrhundert. Zeitalter der Aufklärung. Berlin 2008. S. 88–96.
3 Wiedemann, Conrad: Das Nathan-Projekt. Die Begegnung von Lessing und Mendelssohn als Urszene moderner Urbanität. Veranstaltung in der Berlin-Brandenburgischen Akademie der Wissenschaften am 8. Februar 2013; ders.: Ein Denkmal für Lessing und Mendelssohn. In: Moses Mendelssohn. Hrsg. von Heinz Ludwig Arnold u. Cord-Friedrich Berghahn. München 2011 (Text und Kritik Sonderband). S. 169–179.

als ein außerordentliches Beispiel wahrgenommen und zum Modell für viele weitere deutsch-jüdische Freundschaften. Im Folgenden soll an Hand der Zusammenarbeit zwischen Mendelssohn und Lessing gezeigt werden, inwiefern die beiden von Anfang an mit ihrer Freundschaft öffentlich ein alternatives Aufklärungsprogramm propagierten, das über nicht nur im friderizianischen Preußen einzigartig war. Anschließend werden die weitreichenden Folgen dieses Programms für die Herausbildung einer städtischen Aufklärungs- und Öffentlichkeitskultur skizziert.

Moses Mendelssohn und Gotthold Ephraim Lessing, beide im Jahr 1729 geboren, gehörten zu den vielen Zuwanderern, die nach 1740 ins friderizianische Berlin kamen und dazu beitrugen, dass die Stadt um 1750 die Einwohnergrenze von 100.000 überschritt. Mendelssohn wanderte bereits als 14-Jähriger ohne seine Familie aus Dessau nach Berlin ein. Lessing warein 19-jähriger aufstrebender Intellektueller und angehender Journalist, als er 1748 aus Leipzig nach Berlin kam. Gegen Ende 1753 kam es zur ersten Begegnung, bis zum Weggang Lessings aus Berlin im Oktober 1755 sahen sich die beiden beinahe täglich und arbeiteten gemeinsam an ihren Veröffentlichungen. Auch anschließend blieben Mendelssohn und Lessing durch gemeinsame Projekte und eine lebenslange Korrespondenz verbunden und sahen sich, wann immer es möglich war: so bei Lessings kurzer Rückkehr nach Berlin im Jahr 1765 oder bei einem Besuch Mendelssohns in Wolfenbüttel 1777.

Mit ihrer immer auch öffentlich vertretenen Freundschaft traten sie vor allem für die Beförderung religiöser Toleranz und der Rechte der jüdischen Minderheit ein. Eine wichtige Vermittlerrolle spielte hierbei Aron Salomon Gumpertz, der als Privatsekretär des Marquis d'Argens sowohl Zugang zu den höfischen Kreisen in Potsdam hatte als auch in den städtischen Intellektuellenzirkeln vernetzt war. Gumpertz war mutmaßlich Lessings reales Vorbild für die Rolle des positiven Helden in seinem Theaterstück *Die Juden* von 1749 und er war es auch, der die erste Begegnung mit Mendelssohn vermittelte. Mit Lessings *Juden* und Gumpertz' in Zusammenarbeit mit Lessing entstandenem *Schreiben eines Juden an einen Philosophen* von 1753, in dem Gumpertz rechtliche Verbesserungen für die Juden in Preußen nach dem Vorbild Hollands und Englands einforderte, wurde ein Reformdiskurs angestoßen, der bis in die Emanzipationsdebatten der 1780er Jahre reicht:[4] beginnend mit Lessings literarischem Denkmal für Moses Mendelssohn in dem Schlüsseldrama *Nathan der Weise* über Christian Dohms *Über die Bürgerliche Verbesserung der Juden* (1781), Moses Mendelssohns und Markus Herz' Übersetzung von Manasseh ben Israels *Rettung der Juden* (1782)

---

4 Vgl. Wiedemann: Denkmal. S. 171 f.; Freudenthal, Gad: Aaron Salomon Gumpertz, Gotthold Ephraim Lessing, and the First Call for an Improvement of the Civil Rights of Jews in Germany (1753). In: Associations of Jewish Studies Review 29 (2005). S. 299–353.

bis hin zu Mendelssohns eigenem religionspolitischem Hauptwerk *Jerusalem. Oder über religiöse Macht und Judentum* (1783). Alle diese Werke muss man im Kontext der zahlreichen öffentlichen Auseinandersetzungen und Anfeindungen durch christliche Fundamentalisten wie Johann David Michaelis oder Eiferer wie Johann Caspar Lavater lesen.[5] Mendelssohn, Lessing und viele weitere engagierten sich so für die Aufklärung auf einem Gebiet, auf dem sich Friedrich II. als aufgeklärter Monarch nie hervorgetan hat.[6]

Aber auch über die Fragen religiöser Toleranz hinaus lässt sich in Mendelssohns und Lessings Zusammenarbeit erkennen, wie sie programmatisch ein städtisches Gegen- oder zumindest Ergänzungsmodell zur höfisch-absolutistischen Aufklärung entwickelten, das gerade in seinen hofkritischen Aspekten in Preußen eher selten war – Lessing explizit, Mendelssohn wegen seines prekären Status vorsichtiger.[7] Dies lässt sich bereits an ihrem ersten gemeinsamen Werk, der Satire *Pope, ein Metaphysiker!* erkennen, die sie auf eine Preisfrage der Akademie der Wissenschaften verfasst haben.[8] Die Satire steht in unmittelbarem Zusammenhang mit dem sogenannten „Akakia-Streit" zwischen Voltaire und Friedrich, in dessen Verlauf Friedrich Voltaires Satire *Akakia* über den Akademie-Präsidenten Maupertuis schließlich verbrennen ließ und Voltaire aus Preußen flüchtete. In diesem Streit trat der konzeptionelle Widerspruch der Akademie offen zu Tage: einerseits verkörperte sie eine Repräsentationsinstitution für Friedrichs Selbststilisierung als „roi philosophe", andererseits gehörte zum aufklärerischen Wissenschaftsbegriff ein herrschaftsfreier Diskurs, der allein der von Machtfragen unabhängigen Erkenntnis dienen sollte.[9]

---

5 Vgl. dazu schon Lessings Antwort auf Michaelis' Kritik an den „Juden" in: Werke und Briefe. Bd. 1: Werke 1743–1750. Hrsg. von Jürgen Stenzel. Frankfurt a.M. 1989, S. 489–497. Michaelis gehörte dann auch zu den Hauptkritikern von Dohms „Bürgerlicher Verbesserung".

6 Vgl. pointiert Schenk, Tobias: „...den hier muß ein jeder nach seiner Fasson selich werden"? Zur Rolle der Juden im Denken Friedrichs des Großen. In: Friederisiko. Friedrich der Große. Die Essays. Hrsg. von der Generaldirektion der Stiftung Preußische Schlösser und Gärten Berlin-Brandenburg. München 2012. S. 160–173.

7 Vgl. zu Lessings Kritik an Friedrich-Verherrlichung und Preußen-Patriotismus: D'Aprile, Iwan: Hof und Stadt in Lessings „Minna von Barnhelm". In: Hofkultur und aufgeklärte Öffentlichkeit. Potsdam im 18. Jahrhundert im europäischen Kontext. Hrsg. von dems. u. Günther Lottes. Berlin 2006, S. 157–168.

8 Vgl. dazu den Kommentar von Conrad Wiedemann in: Lessing: Werke und Briefe. Bd. 3: Werke 1754–1757. Hrsg. von Conrad Wiedemann, Frankfurt a.M. 2003, S. 338–364.

9 Das Preisgeld betrug 50 Dukaten. Die Stellungnahmen der Akakia-Debatte sind dargestellt bei: Goldenbaum, Ursula: Das Publikum als Garant der Freiheit der Gelehrtenrepublik. Die öffentliche Debatte über den Jugement de l'Académie Royale des Sciences es Belles Lettres sur une lettre prétendue de M. de Leibnitz 1752–1753. In: dies: Appell an das Publikum. Die öffentliche Debatte in der deutschen Aufklärung 1687–1796. Berlin 2004. Bd. 1. S. 509–652.

Mendelssohn und Lessing, der in dieser Zeit mit Voltaires Sekretär Richier de Louvain bekannt war und Voltaires historische Schriften übersetzte, bezogen mit ihrer Satire unmissverständlich Stellung für die von Friedrich und Maupertuis verfolgte Partei um Voltaire und den Mathematiker Samuel König.[10] Am Ende haben sie ihre Satire nicht bei der Akademie eingereicht, da dies insbesondere für Mendelssohn viel zu riskant gewesen wäre. Stattdessen hat Lessing den Text 1754 anonym veröffentlicht. Sein Brief an Mendelssohn vom 18. Februar 1755, in dem er dieses Vorgehen erklärt, zeugt von der Vorsicht, die beide walten lassen mussten: „Ich wollte Ihnen meine Ursachen nach der Länge anführen, warum ich, Ihnen die Wahrheit zu gestehen, die bewußte Preisschrift mit Fleiß zurückgehalten habe. Ihr Verweigern, sich nicht dabey zu nennen, war die vornehmste. Gesetzt nun, daß wir aus dieser gelehrten Lotterie das größte Loos gezogen hätten: was meinen Sie wohl, daß allsdann geschehen wäre? Sie hätten *wollen* verborgen bleiben, und ich hätte es *müssen* bleiben. Wenn sich alsdenn niemand genennt hätte, so hätten wir unsre Schrift nicht einmahl dürfen drucken lassen, oder wir wären doch zuletzt verrathen worden. Ist es also nicht besser, daß wir den uneigennützigen Weltweisen spielen, und unsre Entdeckungen ohne 50 Dukaten überlassen?"[11]

Auch ihr zweites großes Projekt ist im Zusammenhang mit akademischen Preisfragen und der Hofkritik zu sehen. Auf Anregung Lessings übersetzte Mendelssohn Jean-Jacques Rousseaus Preisschrift Über die Entstehung der Ungleichheit unter den Menschen, die dieser 1755 auf eine Ausschreibung der Akademie in Dijon verfasst hatte. Die Frage lautete: „Quelle est l'origine de l'inégalité par miles hommes, et si elle autorisée par la Loy naturelle?" Mendelssohns Arbeit ist die erste deutsche Übersetzung dieser Schrift überhaupt und steht am Anfang einer breiten Rousseau-Rezeption in Deutschland. Rousseau wurde mit dieser Preisschrift und seiner geschichtlichen Herleitung von Ungleichheit als gesellschaftlich produziertem Phänomen nicht nur zum wichtigsten republikanischen Kritiker der vermeintlich „natürlichen" Ungleichheiten der Ständegesellschaft. Zugleich protestierte er wie schon in seiner Erstlingsschrift, der von Lessing sofort begeistert rezensierten Preisschrift von 1750 über die Frage, ob die Wissenschaften und Künste zur Verbesserung der Moral beigetragen hätten („Si le rétablissement des Sciences et des Arts a contribué à épurer les moeurs?"), gegen die absolutistische Selbstbeweihräucherung in den Akademien. So wurde in der *Academie Française* beinahe jede Preisfrage den glorreichen Fortschritten Frankreichs unter Ludwig „dem Großen" gewidmet: gefragt wurde etwa nach den

---

10 Des Herrn von Voltaire kleinere historische Schriften. Übers. u. hrsg. von Gotthold Ephraim Lessing. Rostock 1752.
11 Lessing an Mendelssohn am 18.2.1755. Mendelssohn, Moses: Gesammelte Schriften. Jubiläumsausgabe (JubA). Stuttgart-Bad Canstatt 1971ff. Bd. 11. S. 14.

Fortschritte in der Astronomie (1725), der Malerei (1727) der Navigation (1729), der Tragödie (1731), der Gartenbaukunst (1731), der Bildhauerei (1733), der französischen Sprache (1736), der Erfindungskunst (1736), der Beredsamkeit (1738) oder der Komödie (1743). Gegen so viel absolutistische Fortschrittsideologie richtet sich Rousseaus Zivilisationskritik.

Mendelssohn gab seiner Übersetzung von Rousseaus Schrift, die in einer umfassend kommentierten Neuausgabe von Ursula Goldenbaum neu zugänglich gemacht worden ist, ein *Sendschreiben an den Herrn Magister Leßing* bei, in dem er seine eigene Einschätzung von Rousseaus explosiver Schrift verfasste.[12] Auch wenn Mendelssohn im wesentlichen Voltaires Kritik an Rousseau teilt, dessen polemischen Brief an Rousseau er ebenfalls übersetzt und seiner Publikation beigab,[13] lässt er keinen Zweifel an der philosophischen Modernität Rousseaus. Lediglich Rousseaus pauschale Verurteilung jeglicher Zivilisation als Depravationsprozess schießt für Mendelssohn über das Ziel hinaus:

> Hätte Rousseau, statt einer allgemeinen Verurtheilung aller menschlichen Gesellschaften, nur wider gewisse verderbliche Staatsverfassungen geeifert: hätte er [...] die Schande der Verstellung, der Arglist, der Schmeicheley, der Unterdrückung und noch unzähliger andrer Laster aufgedeckt, die mit diesen Staatsverfassungen verbunden sind: So würden alle rechtschaffenen Gemüther seine Ausführung mit eben so viel Lob krönen, als seinen Vortrag.[14]

Gegen Rousseaus Geselligkeitskritik und dessen Verherrlichung der Einsamkeit weist Mendelssohn darauf hin, dass es erst die Soziabilität sei, die große Persönlichkeiten hervorbringe: „Hat die Geselligkeit einen Socrates gezogen: warum sollte sie untauglich seyn, uns mit mehr solchen göttlichen Exempeln zu seegnen. O! Wenn kein Land dasjenige darbiethet, was Rousseau, in seinem Vaterlande zu finden, wünschet; so wollte ich mich begnügen, in einem solchen gebohren zu sein, wo ich Socrates zum Muster, und Leßing zum Freunde haben könnte!"[15]

Auch die Revolutionierung und Etablierung einer schon im Gattungsnamen als spezifisch „bürgerlichen" und antihöfischen literarischen Gattung, dem „Bürgerlichen Trauerspiel", geht auf Lessing und Mendelssohn zurück. Ein gemeinsamer Theaterbesuch der beiden Mittzwanziger zu Beginn des Jahres 1755 hatte

---

12 Rousseau, Jean-Jacques: Abhandlung von dem Ursprung der Ungleichheit unter den Menschen. Aus dem Französischen von Moses Mendelssohn. Neu hrsg., mit einer Einführung u. Erläuterungen von Ursula Goldenbaum, Weimar 2000. Vgl. auch Berghahn, Cord-Friedrich: Mendelssohn übersetzt Rousseau und erklärt ihn Lessing. Strategien kulturkritischen Schreibens in der europäischen Aufklärung. In: Moses Mendelssohn (wie Anm. 3). S. 26–44.
13 Sendschreiben Voltairens an den Verfasser, in: Rousseau: Abhandlungen (wie Anm. 12). S. 267–274.
14 Sendschreiben an den Herrn Magister Leßing in Leipzig, ebd., S. 233–250, S. 247.
15 Ebd., S. 250.

weitreichende Folgen. Die beiden sahen ein französisches Rührstück, bei dem die Tränen des Publikums in Strömen flossen. Als Mendelssohn Lessing fragte, was er von der Aufführung halte, antwortete dieser, dass es keine Kunst sei, „alte Weiber zum Heulen zu bringen". Als Mendelssohn einwendete, dass es nicht so leicht sei, im Theater derart starke Emotionen hervorzurufen, wettete Lessing, es werde ihm innerhalb von sechs Wochen gelingen, ein solches Rührstück zu verfassen. Schon am nächsten Tag, so geht die Anekdote, zog Lessing sich in eine Potsdamer Dachstube zurück, um an dem Werk zu arbeiten. Mit dem Ergebnis dieser Arbeit, dem Drama „Miss Sara Sampson", hat Lessing die neue Gattung des „Bürgerlichen Trauerspiels" in Deutschland begründet und Theatergeschichte geschrieben. Seit der Uraufführung des Dramas am 7. Juni 1755 in Frankfurt an der Oder hat diese neue Gattung einen beispiellosen Siegeszug angetreten und bis weit über das 18. Jahrhundert hinaus die Theaterlandschaft geprägt. Erstmals wurde mit der Sphäre des Privaten und Häuslichen die bürgerliche Welt zum Gegenstand des Theaters gemacht: Figuren wie das gefallene Dienstmädchen, fehlgeleitete Kaufmannssöhne oder verführte Bürgertöchter bevölkerten fortan als tragische Helden die Bühne. Die Rolle der Bösewichter hingegen blieb verkommenen und finsteren Höflingen vorbehalten.[16]

Nach Lessings Weggang aus Berlin nahm mehr und mehr Friedrich Nicolai dessen Position als Mendelssohns Gesprächspartner ein. Zusammen mit dem jungen aufstrebenden Verleger gaben Mendelssohn und Lessing die beiden großen Literaturzeitschriften, die *Bibliothek der schönen Wissenschaften und freuen Künste* (1756–1758) und die *Briefe, die neueste Literatur betreffend* (1759–1765), heraus. Mendelssohn, dessen Interessen eigentlich eher auf dem Gebiet der Philosophie lagen, berichtet an Lessing, dass seine Freundschaft zu Nicolai inzwischen dazu geführt habe, dass er nun zum Literaturkritiker geworden sei:

> Ich bin der grübelnden Metaphysik auf einige Zeit untreu geworden. Ich besuche Hrn. Nicolai sehr oft in seinem Garten [...] Wir lesen Gedichte, Herr Nicolai liest mir seine eignen Ausarbeitungen vor, ich sitze auf meinem kritischen Richterstuhl, bewundre, lache, billige, tadle, bis der Abend herein bricht. Dann denken wir noch einmal an Sie, und gehen, mit unsrer heutigen Verrichtung zufrieden, von einander. Ich bekomme einen ziemlichen Ansatz zum Belesprit. Wer weiß, ob ich nicht gar einst Verse mache? Madame Metaphysik mag es mir verzeihen. Sie behauptet, die Freundschaft gründe sich auf eine Gleichheit der Neigungen, und ich finde, daß sich umgekehrt, die Gleichheit der Neigungen auch auf die Freundschaft gründen könne. Ihre und Nicolais Freundschaft hat es dahin gebracht, daß ich dieser ehrwürdigen Matrone einen Theil meiner Liebe entzogen, und ihn den schönen Wissenschaften geschenkt habe. Unser Freund hat mich sogar zum Mitarbeiter an seiner Bibliothek gewählt, aber ich fürchte, er wird unglücklich gewählt haben.[17]

---

16 Vgl. D'Aprile u. Siebers: Das 18. Jahrhundert (wie Anm. 2). S. 141–156.
17 Mendelssohn an Lessing 2.8.1756. JubA 11. S. 55.

Nicolai wiederum berichtet seinen Briefpartnern in der deutschen Gelehrtenrepublik freimütig von seinem neuen Freund Mendelssohn, der „eines der grösten Genies" sei, „die Deutschland ie gehabt", vor allem aber inzwischen sein bester Freund: „Er hat das beste Herz, wie glüklich wäre ich, wenn ich immer um ihn sein könnte, ich habe nie einen innigern Freund gehabt".[18]

Das publizistische Dreigestirn Mendelssohn, Lessing und Nicolai wurde als eine Verbindung eines neuen Intellektuellentypus wahrgenommen, der nicht in den absolutistischen Bildungseinrichtungen Akademie oder Universität ausgebildet wurde, sondern als unabhängige Autodidakten eine freiere und kritischere Intellektualität in den gelehrten Diskurs eingebracht hätten. Als in der *Mittwochsgesellschaft* in den 1790er Jahren die Notwendigkeit einer Universitätsreform diskutiert wurde, erinnerte man sich, dass der ursprüngliche Anstoß dafür im Berlin der 1750er Jahre zu suchen sei.[19] So macht der Probst Abraham Teller in seiner Stellungnahme darauf aufmerksam, dass man mit dem „Entstehen der Berlinischen Bibliothek und der Literaturbriefe" zuerst „einen ordentlichen Groll gegen die Universitäten faßte", weil mit Lessing, Mendelssohn und Nicolai herausragende Schriftsteller hervortraten, die alle damaligen Gelehrten übertrafen, obwohl sie nicht auf Universitäten unterrichtet worden waren: „...da hieß es nun gleich: was brauchen wir weiter Universitäten! Diese alle sind ohne dieselben geworden, was sie sind – ja es würde ihnen auf Universitäten weit eher der Geist abgestumpft und die Feder gelähmt worden sein".[20] Nicolai selbst, der am 10. Juli 1795 unmittelbar auf Tellers Beitrag antwortete, verwahrte sich in seiner Stellungnahme gegen den Vorwurf, dass er den „Groll" auf die Universitäten mit verursacht habe. Gerade weil er und sein Freund Moses Mendelssohn keine Universität besuchen konnten, wüssten sie deren Wert als Bildungseinrichtung zu schätzen: „Überdieß hilft vivavox gar sehr. Ich kann dieß am besten bezeugen. Ich habe bloß auf Schulen mündlichen Unterricht genossen, und erinnere mich sehr wohl, wie schwer es mir nachher geworden, mich durch eigenen Fleiß fortzuhelfen." Wenn überhaupt aus seinem damaligen Kreis etwas gegen die Universitäten vorgebracht worden sei, dann vor allem durch Thomas Abbt – und dies bezeichnenderweise, weil er sie als einziger von innen erlebt habe:

---

18 Nicolai an Johann Peter Uz, 26.3.1759. JubA 23. S. 2f.
19 Vgl. dazu D'Aprile, Iwan: Friedrich Nicolai und die zivilgesellschaftliche Aneignung von Bildung und Wissenschaft um 1800, in: Friedrich Nicolai (1733–1811). Hrsg. von Stefanie Stockhorst, Knut Kiesant u. Hans-Gert Roloff. Berlin 2011. S. 139–158.
20 Stölzel, Albrecht: Die Berliner Mittwochsgesellschaft über Aufhebung oder Reform der Universitäten (1795). In: Forschungen zur Brandenburgischen und Preußischen Geschichte. Bd. 2. Leipzig 1889. S. 201–222, S. 209.

> Übrigens hatte, so viel ich mich erinnere, Lessing in den Litteraturbriefen nichts über Universitäten geschrieben [...] Was Moses und ich, die wir nicht auf Universitäten gewesen waren, über Universitäten möchten gesagt haben, wird auch nicht viel und nur beiläufig seyn. Derjenige, der am derbsten über Mißbräuche der Universitäten schrieb, war Abbt, selbst ein Universitätsprofessor, und dies that er vermuthlich deswegen, weil er diese Mißbräuche täglich vor sich sah.[21]

So wie Mendelssohn in Nicolai, so fand Lessing später in Braunschweig-Wolfenbüttel in dem Projektemacher und Lebenskünstler Karl Julius Lange (1755–1813) einen neuen Freund. Lange, der ursprünglich Alexander Daveson hieß, wurde um 1800 einer der aktivsten Journalisten. Er war ein wichtiger Mitarbeiter in Hardenbergs Pressebüro und gründete 1806 den *Telegraphen*. Dieser und nicht Kleists *Berliner Abendblätter*, wie es die nationalisierende Legendenbildung wollte, war die erste Berliner Tageszeitung überhaupt.[22] Vor dieser Karriere gehörte Lange zum engsten Freundeskreis von Lessing und war auch als einziger neben Lessings Stieftochter an dessen Sterbebett anwesend. Lessing hatte Lange bei sich aufgenommen, nachdem dieser wegen angeblichen Lotteriebetrugs sowohl vom Herzog von Braunschweig-Wolfenbüttel als auch von der Braunschweiger jüdischen Gemeinde verfolgt wurde. In einem Brief vom 19. Dezember 1780 bat Lessing Mendelssohn um Hilfe für den zu ihm geflüchteten Lange und schrieb über ihn:

> Eigentlich heißt er Alexander Daveson, dieser Emigrant; und daß ihm unsre Leute, auf Verhetzung der Ihrigen, sehr häßlich mitgespielt haben, das kann ich ihm bezeugen. Er will von Ihnen nichts, lieber Moses, als daß sie ihm den kürzesten und sichersten Weg nach dem Europäischen Lande vorschlagen, wo es weder Christen noch Juden giebt. Ich verliere ihn ungern; aber sobald er glücklich da angelangt ist, bin ich der erste, der ihm folgt.[23]

Vor allem aber haben sich die Schüler und Anhänger von Mendelssohn und Lessing deren öffentlich propagierte Freundschaft im Zeichen der Aufklärung zum Vorbild genommen. Ein besonders einschlägiges Beispiel unter vielen war etwa die Freundschaft zwischen Karl Philipp Moritz und dem aus Litauen nach Berlin zugewanderten jüdischen Freidenker Salomon Maimon.[24] Karl Philipp Moritz (1756–1793), aus Hannover über Potsdam 1780 als Schullehrer nach Berlin gekommen, verkehrte von Beginn seines Berliner Aufenthaltes an ständig in

---

21 Stölzel: Mittwochsgesellschaft (wie Anm. 20). S. 213.
22 Hofmeister-Hunger, Andrea: Pressepolitik und Staatsreform. Die Institutionalisierung staatlicher Öffentlichkeitsarbeit bei Karl August von Hardenberg. Göttingen 1994. S. 164–175 u. 233–244.
23 Lessing: Werke und Briefe. Bd. 12. S. 369 f.
24 Zu Maimon vgl. Schulte, Christoph: Die jüdische Aufklärung. München 2002.

Mendelssohns Haus sowie den Salons von Markus und Henriette Herz.[25] Mendelssohn war in dieser Zeit einer der wichtigsten Förderer von Moritz: mit ihm besprach Moritz seine Arbeiten, und Mendelssohn war es auch, der für Moritz' *Magazin zur Erfahrungsseelenkunde*, einer Zeitschrift, die den Beginn der empirischen Psychologie in Deutschland einläutete, den Titel gefunden hat.[26] Welche herausragende Bedeutung Mendelssohn für Moritz hatte, wird nach dem Tod Mendelssohns besonders deutlich. In einem emotionalen Nachruf in der *Vossischen Zeitung* gab Moritz deutlich wie kein anderer Friedrich Heinrich Jacobi die Schuld am Tod des Mentors, weil jener mit dem öffentlich gegen Lessing vorgetragenen Spinozismus-Verdacht – womit Jacobi Atheismus unterstellte – bewusst den bereits kranken Mendelssohn habe treffen wollen. So wie im Jahr 1769 Johann Caspar Lavater mit seinem öffentlichen Konversionsaufruf Mendelssohn schweren antijüdischen Angriffen ausgesetzt habe, so sei Mendelssohn schließlich im Einsatz für seinen Freund Lessing erlegen. Am 24. Januar 1786 schrieb Moritz: Mendelssohn wurde „ein Opfer der Freundschaft für seinen Lessing und starb als ein Märtyrer seiner Vertheidigung der unterdrückten Rechte der Vernunft gegen Fanatismus und Aberglauben – Lavaters Zudringlichkeit gab seinem Leben den ersten Stoß, Jakobi vollendete das Werk."[27]

In seinen *Denkwürdigkeiten, aufgezeichnet zur Beförderung des Edlen und Schönen* hat Moritz Mendelssohn dann ein Denkmal gesetzt, in dem er das „Leben des Weisen" zum Muster für die Kraft der Vernunft auch innerhalb der „drückendsten Verhältnisse" erklärte. Mendelssohn habe „durch seine Geburt nicht die mindesten Ansprüche auf Ehre und Glück" gehabt und sei in einen Stand geboren worden, „von welchem Mühseligkeit und Armuth unzertrennlich sind."[28] Vor allem aber hebt Moritz die freie und lebendige Geselligkeit im Haus Mendelssohns hervor, die wesentlich auf Moses zurückzuführen sei:

> Wenn dann manchmal die Freude am Tisch laut ward, und allerlei kleine Spiele und Scherze auf die Bahn gebracht wurden, so verschmähte [Moses Mendelssohn] nicht, sich in diese frohe gesellschaftliche Unterhaltung wieder zu mischen, und manche kleine Spiele des Witzes selbst mitzumachen; die durch seinen Beitritt gleichsam veredelt zu werden und eine Art von Würde zu erhalten schienen.

---

25 Herz, Henriette: Ihr Leben und ihre Erinnerungen. Hrsg. von I. Fürst. Berlin 1850. S. 101.
26 D'Aprile, Iwan-M.: Die schöne Republik. Ästhetische Moderne in Berlin im ausgehenden 18. Jahrhundert. Tübingen 2006. S. 40.
27 Abgedruckt und kommentiert mit weiteren Dokumenten von Nehren, Birgit: Eine Dokumentation zum Streit über den Tod Moses Mendelssohns. In: Aufklärung 7 (1992). Heft 1. S. 93–116.
28 Abgedruckt in: Moses Mendelssohn (wie Anm. 3). S. 11–15.

Die größte Bedeutung habe Mendelssohn für ihn so nicht nur als Lehrer, sondern auch als Vorbild an intellektueller Redlichkeit gehabt:

> Alle seine Gespräche, ja man könnte sagen, jedes Wort von ihm war lehrreich und unterrichtend; weil er kein einziges Wort überflüßig oder am unrechten Orte sagte [...] Daher flößte alles, was er sprach, eine Art von Ehrfurcht ein, und der Schwätzer mußte vor ihm verstummen. [...] In seiner Gegenwart war einem wohl – man fühlte sich schon durch seinen Anblick erhoben und ermuntert – und nie ist vielleicht einer ungebessert von ihm gegangen.

Zusammen mit Salomon Maimon setzte Moritz das Mendelssohn-Lessing'sche Freundschaftsmodell im Zeichen der Aufklärung unmittelbar fort. Maimon, der wie Moritz selbst als radikaler Sonderling aus der Unterschicht galt und sonst beinahe nirgendwo Zutritt hatte, wurde zu Moritz' engstem Freund.[29] Moritz übertrug Maimon die Redaktion des *Magazins zur Erfahrungsseelenkunde* und gab auch dessen *Lebensbeschreibung* heraus. In der Vorrede weist Moritz darauf hin, dass die Lebensbeschreibung als eine der ersten vorurteilsfreien Darstellungen einer jüdischen Immigrationsgeschichte von besonderer Bedeutung sei:

> Was aber diesem Buche [...] einen besonderen Wert gibt, ist eine unparteiische und vorurteilsfreie Darstellung des Judentums, von der man wohl mit Grunde behaupten kann, dass sie die erste in ihrer Art ist und deswegen, besonders zu den jetzigen Zeiten, wo die Bildung und Aufklärung der jüdischen Nation ein eigener Gegenstand des Nachdenkens geworden ist, vorzügliche Aufmerksamkeit verdient.[30]

Vor allem aber betont Moritz den Modellcharakter von Maimons Lebensbeschreibung für eine konkrete Emanzipationsgeschichte, in der ein Individuum gegen alle Widerstände an der Kraft der Vernunft festhält: „Diese Lebensbeschreibung bedarf keiner Anpreisung, um gelesen zu werden. Sie wird für einen jeden anziehend seyn, dem es nicht gleichgültig ist, wie die Denkkraft, auch unter den drückendsten Umständen, sich in einem menschlichen Geiste entwickeln kann, und wie der ächte Trieb nach Wissenschaft sich durch Hindernisse nicht abschrecken läßt, die unübersteiglich scheinen."[31] Es sind solche individuellen Fallgeschichten, die nach Moritz mehr zur Aufklärung beitragen können als allgemeine moralische Lehrbücher und abstrakte Tugendregeln. Moritz erhebt damit die gelebte

---

29 Moritz' Freund und Biograph Karl Friedrich Klischnig schreibt in seinen *Erinnerungen aus den zehn letzten Lebensjahren meines Freundes Anton Reiser*: „Herr Salomon Maimon, den er wegen seines großen Scharfsinns außerordentlich schätzte, und ich waren fast die einzigen, die er gern bei sich sah." Berlin 1794. S. 207f.
30 Salomon Maimons Lebensgeschichte, von ihm selbst erzählt und herausgegeben von Karl Philipp Moritz. Neu hrsg. von Zwi Batscha. Frankfurt a.M. 1984. S. 7.
31 Salomon Maimons Lebensgeschichte (wie Anm. 30). S. 7.

Aufklärung in der je konkreten Alltagspraxis und nicht zuletzt in den deutschjüdischen Freundschaften des 18. Jahrhunderts explizit zum Programm für Aufklärung überhaupt.[32]

Mendelssohn und Lessing, Maimon und Moritz wussten, dass Intellektuellenfreundschaften allein nicht eine institutionelle und rechtliche Gleichstellung der Bürger eines Staates ersetzen können. Aber zugleich gaben sie gerade durch die öffentliche Demonstration ihrer Freundschaften einen Anstoß, diese Verhältnisse zu verändern. Zunächst sorgten sie für die Öffnung der Berliner zivilgesellschaftlichen Institutionen wie Vereine, Zirkel und Salons für jüdische Mitbürger und brachten diese damit durchaus auf ein englisches oder holländisches Niveau – so wie von Aaron Salomon Gumpertz 1753 anvisiert. In der höchstrangigen Berliner Aufklärungsgesellschaft, der *Mittwochsgesellschaft*, war Moses Mendelssohn Ehrenmitglied. Die 1797 gegründete *Gesellschaft der Freunde der Humanität* hatte dann als erste große städtische Gelehrtengesellschaft mit Lazarus Bendavid einen jüdischen Vorsitzenden.[33] Und wie zuletzt Julius H. Schoeps in seiner großen Biographie David Friedländers gezeigt hat, hatte noch das Emanzipationsedikt von 1812 mit der erstmaligen rechtlichen Gleichstellung der Juden in dem ersten jüdischen Berliner Stadtverordneten David Friedländer und Wilhelm von Humboldt ein deutsch-jüdisches Freundespaar zu Hauptprotagonisten, das im Hause Mendelssohns intellektuell sozialisiert worden war, wo Humboldt und Friedländer ständig zu Gast gewesen waren.[34] Die Freundschaft zwischen Mendelssohn und Lessing stand am Anfang der Emanzipation der Berliner Stadtkultur insgesamt wie auch derjenigen der jüdischen Minderheit.

---

**32** D'Aprile, Iwan: „Das Alltägliche individualisiren" – Karl Philipp Moritz' urbanes Ästhetikprogramm. In: Karl Philipp Moritz in Berlin 1789–1793. Hrsg. von Ute Tintemann u. Christof Wingertszahn. Hannover-Laatzen 2005. S. 141–158.
**33** Motschmann, Uta: Schule des Geistes, des Geschmacks und der Geselligkeit. Die Gesellschaft der Freunde der Humanität (1797–1861). Hannover-Laatzen 2009.
**34** Schoeps, Julius H.: David Friedländer. Freund und Schüler Moses Mendelssohns. Hildesheim, Zürich, New York 2012; Keyserling, Meyer: Moses Mendelssohn. Leipzig 1862. S. 427.

Christian Dietrich
# Eine deutsch-jüdische Symbiose?

Das zionistische Interesse für Fichte und Sombart, Moritz Goldsteins Überlegungen zur deutsch-jüdischen Kultur und die Schwierigkeiten mit dem Bindestrich

Der Bindestrich zwischen „deutsch" und „jüdisch" ist nicht unproblematisch. Zu viele Fragen provoziert er, die wichtigsten lauten folgendermaßen: Trennt er die Adjektive „deutsch" und „jüdisch" oder verbindet er sie? Wenn er sie verbindet, was unterschied die Adjektive zuvor? Was koppelt der Bindestrich im Detail, wenn mit „deutsch" Nationalität, mit „jüdisch" aber Konfession gemeint ist? Der Bindestrich ist nicht neu, die Diskussion darüber auch nicht. Sie wurde schon vor hundert Jahren geführt und ist doch heute – nach dem Nationalsozialismus – eine notwendig andere als damals. Christoph Schulte bringt das in seinen einleitenden Bemerkungen zum Sammelband *Deutschtum und Judentum. Ein Disput unter Juden aus Deutschland* eindrücklich auf den Punkt: „Die Juden, welche sich auf die Rede von Deutschtum einließen, wollten in ihrer großen Mehrheit eingeschlossen werden und dazugehören. Ohne Erfolg. Selbst die deutschen Staatsbürger unter ihnen wurden, mit zuletzt mörderischer Konsequenz, von der deutschen Mehrheit ausgegrenzt."[1]

Diskriminierung gehörte schon vor 1933 zum Alltag der deutschen Juden. Der Antisemitismus war, um es mit den Worten Shulamit Volkovs zu sagen, schon im deutschen Kaiserreich zum kulturellen Code geworden.[2] Dass aber der Nationalsozialismus aus der Diskriminierung Verfolgung und schließlich Vernichtung machte, erschwert die Diskussion um das Deutsch-Jüdische; und doch bezeichnet die Formel etwas, das in Worte zu fassen sein müsste. So gehört es zu den Überraschungen und zugleich zu den bedrückenden Erlebnissen, die einem auf der Reise nach Israel wiederfahren, wenn man sich in Tel Aviver oder Jerusalemer Antiquariaten umsieht. Hinter den üblichen Regalen voller Groschenromane finden sich nicht selten die großen Schiller-Werksausgaben in fünfzehn Bänden flankiert von Goethes Gedichten, die bei Minerva Leipzig erschienen. Martin Bubers *Ich und Du* steht neben Heinrich Heines *Sämtliche Werke in zwölf Bänden*,

---

1 Schulte, Christoph: Nicht nur zur Einleitung. Deutschtum und Judentum. Ein Disput unter Juden aus Deutschland. In: Schulte, Christoph (Hrsg.): Deutschtum und Judentum. Ein Disput unter Juden aus Deutschland. Stuttgart 1993. S. 6f.
2 Volkov, Shulamit: Antisemitismus als kultureller Code. In: Volkov, Shulamit: Antisemitismus als kultureller Code. Zehn Essays. 2. Aufl. München 2000 (Beck'sche Reihe 1349). S. 13–36.

alle Ausgaben sind gebunden, alle in Leinen. Dass sie eine Geschichte zu erzählen haben, merkt man ihnen an. Hier geht es nicht nur um Literaturgeschichte, hier ist die Rezeptionsgeschichte wichtiger; und es geht um den Weg, den die Bücher zurücklegten.

Die Rekonstruktion dieses Weges verweist wiederum auf etwas anderes. Hier, vor dem Bücherregal, bekommt man einen Eindruck von jenen historischen Auseinandersetzungen um kulturelle Fragen im späten Kaiserreich und der Weimarer Republik, eine Vorstellung von einer historischen deutsch-jüdischen Symbiose, von den Diskussionen, die darüber geführt wurden, und den kulturellen Dimensionen, die sie zeitigte. Auf den folgenden Seiten soll es um die Darstellung einer historischen Diskussion gehen, in der die deutsch-jüdische Symbiose Thema gewesen ist. Zwei Einschätzungen werden bemüht, um die Zusammengehörigkeit der Adjektive „deutsch" und „jüdisch" zu illustrieren: eine zionistische und eine eher liberal-akkulturierte Interpretation. Zum einen ist dies die Fichterezeption unter den deutschen Kulturzionisten sowie das zionistische Interesse an Werner Sombart, zum anderen die Debatte nach der Veröffentlichung von Moritz Goldsteins Artikel im *Kunstwart* und die Reaktionen von Seiten des *Centralvereins deutscher Staatsbürger jüdischen Glaubens*. Dabei versetzen uns die historischen Beispiele in eine Zeit, in der die Auseinandersetzungen zwischen akkulturierten deutschen Juden, die ihre Zukunft in Deutschland sahen, und jenen akkulturierten deutschen Juden, die sich offen zionistisch äußerten, mit harten Bandagen geführt wurden. Die folgenden Beispiele sind folglich nicht frei von diesen Kämpfen und doch veranschaulichen sie die Probleme, die wir noch heute mit dem Bindestrich haben. Ziel dieser Ausführungen oder Überlegungen ist daher nicht die Operationalisierung des Begriffes „Deutsch-Jüdisch" herauszuarbeiten, sondern die Erinnerung an die historischen Schwierigkeiten bei der Begriffsfindung. Diese beginnt an dieser Stelle mit der zionistischen Begeisterung für Gottlieb Fichte und Werner Sombart. Was aber interessierte die deutschen Zionisten an einem Philosophen des deutschen Idealismus und an einem national-völkischen Soziologieprofessor?

## Sombart-Rezeption

Werner Sombart beschäftigte die jüdische Presse vor allem in den Jahren 1911 und 1912. Das lag weniger an der der Rezeption seiner Schrift *Die Juden und das Wirtschaftsleben*, die 1911 bei Duncker & Humblot in Leipzig erschien, sondern vielmehr an der sehr überschaubaren, weil nur 91 Seiten zählenden Broschüre *Die Zukunft der Juden* von 1912. In ihr formuliert Sombart den Gedanken, die Juden seien auch nach Jahrhunderten der Diaspora noch ein Volk – 1912 eine abwegige Vermutung für die Mehrzahl der deutschen Juden:

> Denn das ist nun die Wahl, vor die das Judenvolk gestellt ist, nicht: ob es untertauchen, restlos verschwinden wolle in seiner Umgebung, woran ein hartes Schicksal, das aber vielleicht voller Segen gekommen ist, es hindert, oder ob es als Volk weiter leben solle; sondern nur dieses: ob es seine Eigenart in alle Winde zerflattern lassen, ob es sich selbst wegwerfen und sich und seine große Vergangenheit verleugnen wolle (ohne doch aufzuhören, Jude zu sein und als Jude von allen anderem empfunden zu werden), oder ob es sich auf sich selbst besinnen wolle und entschlossen sei: mit seinem Willen und seiner brennenden Leidenschaft der ganzen Welt zum Trotz auch in alle Zukunft als selbstständiger Volkskörper sich zu erhalten.[3]

Dass das Gerede vom „selbstständigen Volkskörper" angesichts der offensichtlichen Zuschreibung seitens der Mehrheitsgesellschaft nicht widerspruchsfrei ist, versteht sich. Dennoch nehmen die Zionisten die Vorstellung von der Erhaltung des „selbstständige[n] Volkskörper[s]" gern auf. Bereits 1903 galt Sombart in der zionistischen *Die Welt* als Wissenschaftler, der mit „vollster Objektivität, ohne die geringste Voreingenommenheit, die seinem Wesen auch so fern als möglich liegt, [...] sich an das Problem der Judenfrage gewagt"[4] habe. Acht Jahre später und während seiner Vorlesungsreihe, die Sombart öffentlich stattfinden ließ und die die Grundlage seiner späteren Publikationen bildete, pries die zionistische Presse, allen voran die *Jüdische Rundschau*, seine Reden an. Der Besuch sei mehr als nur lohnenswert. Dass dies auch gegen den innerjüdischen Gegenspieler, den Centralverein, gewendet war, benennt der Autor Lazar Felix Pinkus eindeutig:

> Aber gleichwohl bedeutete der Abend für viele der Anwesenden wohl eine kleine Revolution ihrer im ‚Zentralverein' und anderswo erworbenen Kenntnisse vom Deutschtum jüdischen Glaubens, als sie da einen ernst zu nehmenden Professor immerfort vom jüdischen Volk reden hörten, als ob das eine Selbstverständlichkeit sei. Und den anderen war es eine Befriedigung, endlich einmal systematisch ausgesprochen zu hören, was sonst nur in antisemitischer Verzerrung zu hören ist, und wovon ein ‚liberaler' Jude gern zu schweigen pflegt.[5]

Die zionistische Presse schätzte Sombart nicht nur wegen seiner offenen Verwendung des jüdischen Volksbegriffes, auch wird ihm durch seine Stellung als ordentlicher Professor an einer preußischen Hochschule Sachlichkeit zugeschrie-

---

3 Sombart, Werner: Die Zukunft der Juden. Leipzig 1912. S. 53.
4 Pinkus, Lazar Felix: Werner Sombarts Stellung zur Judenfrage. In: Die Welt, Jg. 7/ 20 (15. Mai 1903). S. 7.
5 Anonymos: Die Bedeutung der Juden für das moderne Wirtschaftsleben. In: Jüdische Rundschau, Jg. 16/47, (19. November 1909). S. 522.

ben. Auf die vom Centralverein deutscher Staatsbürger jüdischen Glaubens immer wieder gestellte Frage, was die deutschen Juden mit ihren Glaubensgenossen in Frankreich gemein hätten, gab Sombart Antwort, indem er sie, die Juden westlich und östlich des Rheins, zu einem Volk machte. Das steigerte seine Attraktivität für die Zionisten, die so ihrer Taktik nachgehen konnten, innerjüdische Fragen offen zu thematisieren, um für zionistische Einstellungen zu werben.

Der Plan sollte aufgehen, denn Sombart mobilisierte eine breite Öffentlichkeit. Die Zionisten fanden in ihm einen Gewährsmann, dessen ethnisch stark aufgeladener Begriff von den Juden und dessen Stellung als ordentlicher Professor in Preußen ihn zum idealen Sprachrohr eigener Interessen werden ließ. In Sombart sahen sie einen Wissenschaftler, der vermeintlich frei von Antisemitismus war – über den sich Sombart übrigens häufig ablehnend äußerte und dessen Vorstellungen er aber dennoch reproduzierte –, der über das Verbindende im Judentum sprach, und sie fanden ihn zu einer Zeit, in der der Centralverein die Loyalität gegenüber dem Deutschen Reich und die nationale Zugehörigkeit zum deutschen Volk besonders betonte. In der Ausgabe der *Jüdischen Rundschau* vom 17. November 1911 erschienen gleich zwei Artikel, die nach einer Abendveranstaltung mit Sombart entstanden. Sie charakterisieren ihn als einen „ernste[n] Vertreter der exakten Wissenschaft, ein[en] [...] scharfe[n] und klare[n] Denker"[6], der abseits von Antisemitismus und Assimilationspolitik einen dritten, „authentisch-jüdischen" Weg formuliere:

> Und ein Höhepunkt seines Vortrages war es, als er bei Besprechung der Blutsdifferenzen zwischen den Juden und ihren Wirtsvölkern die ‚Vogel-Strauß-Politik' derjenigen Kreise verurteilte, die von irgendwelchen blutsmäßigen Unterschieden hier nichts wissen wollen, feststehende, wissenschaftlich erwiesene Tatsachen einfach deshalb mit einer Handbewegung abtun wollen, weil sie ihnen unbequem sind und jeden einen verkappten Antisemiten schelten, der auf diese Momente hinweist.[7]

Hier ist nicht ganz eindeutig, ob das Verhältnis zwischen Sombart und den deutschen Zionisten wirklich nur strategisch motiviert war.[8] Klar ist, dass die offene

---

6 Goslar, Hans: Werner Sombart über die Zukunft der Juden. In: Jüdische Rundschau, Jg. 16/46 (17. November 1911). S. 543.
7 Goslar, Hans: Werner Sombart (wie Anm. 6). S. 535.
8 So etwa, wenn in der Jüdischen Rundschau das zweiseitige Protokoll eines Sombart-Vortrages abgedruckt wird, in dem es heißt: „Ein Teil der jüdischen schlechten Eigenschaften [...] ist der Mangel an Respekt vor Menschen und Dingen, das Zersetzende in ihrer Kritik usw. Das alles ist nicht eigentlich in den jüdisch fühlenden Kreisen zu finden, sondern in den aus dem Judentum durch die Entwicklung herausgeschleuderten Kreise des Golusjudentums, um mich zionistisch auszudrücken."Anonymos: Letzter Vortrag Professor Sombarts. In: Jüdische Rundschau, Jg. 16/50 (15. Dezember 1911). S. 590.

Parteinahme für Sombart primär als Kritik am Centralverein verstanden werden muss. Der aber reagierte öffentlich erst im folgenden Jahr, zunächst mit einer kleinen Mitteilung in der unbedeutenden Rubrik „Briefkasten" auf den letzten Seiten des eigenen Organs, in der Sombarts Wissenschaftlichkeit in Frage gestellt wird. Er inszeniere sich als eine wissenschaftliche Autorität, „die großen Reklamezettel an den Litfaßsäulen ‚Judenpolitik', erinnern an die Zeit und Art Ahlwardts, der in derselben Weise seine Vorträge über ‚Judenflinten' ankündigte."[9] Auch inhaltlich sei Sombart nicht weit vom Antisemitismus entfernt, er sei Gegner der Gleichberechtigung und in Fragen der jüdischen Religion eher kenntnislos.

Viel entscheidender ist aber das Gegenkonzept, das der Centralverein anbietet.

Dem Volksbegriff stellt der Centralverein eine andere Vorstellung von der Gesamtheit der deutschen Juden entgegen. „Das Judentum mag eine *besonders starke soziale* und religiöse Gruppe [...] sein, aber sie ist nicht mehr als das. Wir haben *jahrzehntelang* in unserer Kindheit und Jugend nichts anderes gewußt, als das wir Deutsche sind, an deutscher Dichtung und deutscher Kunst, an deutscher Kultur und deutscher Gesinnung haben wir uns vollzogen."[10]

Dichtung, Kunst, Kultur und Gesinnung teilten die deutschen Juden mit ihren Mitbürgern. Der Einigungsprozess sei längst abgeschlossen, Jahrzehnte liege sein Ursprung zurück. Seither seien die Unterschiede zwischen Juden und Christen nicht größer als zwischen Preußen und Sachsen. Sie seien reduziert auf regionale oder geringe soziale Differenzen. „Die nationale Verschmelzung verträgt sich mit den sozialen Gruppierungen, unsere Differenzierung ist kaum größer als die anderer deutscher Gruppen, Stämme und Stände, und wenn sie es wäre, verschlüge es auch nichts."[11]

Der langjährige Vorsitzende des Centralvereins, Eugen Fuchs, nennt dem historischen Narrativ folgend die deutschen Stämme, die erst geeint werden mussten, und dabei erscheint die Gruppe der Juden in Deutschland als einer dieser Stämme. So sei auch das Judentum in Deutschland in der Lage, sich zu integrieren. Die deutschen Juden gehörten dazu und hörten doch nicht plötzlich auf Juden zu sein. Eher das Gegenteil sei der Fall. So wie Stände, die durch einen gewissen Normen- und Wertekanon zusammengehalten würden, die der Definition von Max Weber gemäß eine gemeinsame Lebensform oder ein soziales Prestige eine, bzw. die an gemeinsame Traditionen gebunden seien, und die Stämme, deren Mitglieder eine gemeinsame Abstammung teilten, seien auch die Juden

---
9 M.H.: Die Sombartschen Vorträge. In: Im deutschen Reich, Jg. 18/2 (Februar 1912). S. 105.
10 Fuchs, Eugen Die Zukunft der Juden. In: Im deutschen Reich, Jg. 18/6 (Juni 1912). S. 267f. Hervorhebungen im Original.
11 Fuchs, Eugen: Die Zukunft der Juden (wie Anm. 10). S. 268.

eine Gruppe unter vielen, die bestimmte, nicht zu leugnende Eigenschaften aufwiesen. Die Zionisten hielten dagegen.

## Moritz Goldsteins *Deutsch-jüdischer Parnaß*

Noch klarer als bei der Positionierung zu Sombart werden die Unterschiede zwischen Zionisten und Liberalen bei der Besprechung von Moritz Goldsteins Text *Deutsch-jüdischer Parnaß*, der im ersten Märzheft des Jahres 1912 des *Kunstwarts* abgedruckt wurde. Groß war die Empörung, die Goldstein mit seiner These von der „Vorherrschaft der Juden" in der deutschen Kultur, Literatur, in der Presse, Musik und im Theater auslöste. Als Reaktion auf den Text erhielt die Zeitung einen Leserbrief von Ernst Lissauer. Lissauer spricht darin vom Verlust des Volkscharakters der deutschen Juden und geht von einer Deutsch-Jüdischen Verbindung aus. „Ich bestreite, daß die Juden, die im Ghetto noch ein Volk waren, heute noch ein Volk sind: alle Kriterien dafür mangeln. Es fehlen die gemeinsame Sprache, die gemeinsamen Sitten, der gemeinsame Boden, das gemeinsame Klima, die gemeinsamen Gesetze."[12]

Heftige Worte gegen den Zionismus. Um sie zu verstehen, lohnt ein Blick in den Goldstein'schen Text, der die Aufregung erklären kann. An der einen Front ständen die „deutsch-christlich-germanischen Dummköpfe", an der anderen jene

> Juden, die nicht merkten, die unentwegt deutsche Kultur machen, die so tun als ob, und sich einreden, man erkennt sie nicht. Das sind unsere wahren Feinde; sie gilt es, von den allzu sichtbaren Posten zu verdrängen, wo sie die Judenschaft repräsentieren als ein falscher Typ Jude, sie gilt es, mundtot zu machen und allmählich auszurotten, damit wir anderen Juden wieder unseres Lebens froh werden können in dem einzigen, worin ein Mann sich stolz und frei fühlen kann: Im offenen Kampf gegen einen ebenbürtigen Gegner.[13]

Kein Wunder, dass Goldstein mit diesen Sätzen einen Streit vom Zaun brach, der damit begann, dass die zionistische *Jüdische Rundschau* das vermeintliche Tabu, nicht offen über den Zionismus schreiben zu können, nach der Sombart-Debatte ein zweites Mal zu durchbrechen vorgab. In ihrer Ausgabe vom 15. März warb sie

---

**12** Lissauer, Ernst: Deutschtum und Judentum. In: Kunstwart XXV/Heft 13. In: Deutsch-jüdischer Parnaß. Rekonstruktion einer Debatte. Hrsg. von Julius Schoeps, Karl E. Grözinger, Willi Jasper u. Gert Mattenklott. Bodenheim, Berlin, Wien 2002 (Menora. Jahrbuch für deutsch-jüdische Geschichte 13). S. 61–71.
**13** Goldstein, Moritz: Deutsch-jüdischer Parnaß. In: Deutsch-jüdischer Parnaß (wie Anm. 12). S. 58.

für Goldsteins Aufsatz unter Verweis auf Theodor Herzls Forderung, „die Judenfrage in der europäischen Öffentlichkeit"[14] zu diskutieren. Ein umfassenderer Text findet sich in der Ausgabe des 16. August.

Der mit *Kulturkonflikt* betitelte Text regt dazu an, den Aufsatz von Goldstein und die daraufhin ausgebrochene Debatte im *Kunstwart* nachzulesen. Und obwohl das Thema und der Verlauf der Diskussion, ob das deutsche Kulturleben von Juden in „Verwaltung" genommen wurde, alle Juden etwas anginge, reagiere die jüdische Presse wie im Fall Sombart wieder nur, indem sie sich „in allen Tonarten darüber ausgeschwiegen hat"[15]. Wieder benutzten die Zionisten einen Stellvertreter, um eigene Standpunkte in die Öffentlichkeit zu tragen. Der Herausgeber schätze die jüdische Art, charakterisiert die Jüdische Rundschau den Herausgeber, weil er selbst national eingestellt sei und daher den „nationalen Besitzstand" anderer Völker, die Juden seien eines davon, aus eigener Überzeugung respektieren muss. Wie bereits bei Sombart ist die Gemeinsamkeit der Juden hier eine Angelegenheit des Blutes: „Wo es sich aber darum handelt, die Kulturkreise zwischen Judentum und Deutschtum abzugrenzen, da werden wir [...] bei verständigen Nichtjuden mehr Verständnis und Achtung finden, als bei denen, die unseres Blutes sind und sich nach unserer wohlbegründeten Ueberzeugung auf dem falschen Wege befinden."[16]

Für den Centralverein, der längst schon, wie im oben zitierten Referat von Eugen Fuchs verdeutlicht, Judentum und Deutschtum miteinander zu verbinden glaubt und von einer „nationalen Verschmelzung" spricht, musste die vorgetragene Abgrenzung eines jüdischen Kulturkreises von einem deutschen unverständlich bleiben. Genau dies bemängelt auch Julius Goldstein in seiner langen Kritik am „Deutsch-jüdischen Parnass", die in der Oktoberausgabe von *Im deutschen Reich* abgedruckt ist. Moritz Goldstein könne man nicht übel nehmen, dass die Angriffe der Antisemiten ihn so tief treffen, weil sie seine Zugehörigkeit zur deutschen Kulturlandschaft abstreiten, in diesem Fall könne man seinen Artikel gut nachvollziehen; da es aber nicht dabei bleibe, dass Goldstein mit den verschiedenen Strömungen im Judentum abrechnete, sei sein Essay zu kritisieren. Das tue der Autor zunächst historisch, indem er die Verbindungen und Leistun-

---

14 Anonymos: Neue Bücher. In: Jüdische Rundschau, Jg. 17/11 (15. März 1912). S. 97.
15 Anonymos: Kulturkampf. In: Jüdische Rundschau Jg. 17/33 (16. August 1912). S. 209. Auch Eugen Fuchs wird bei einer Rede am 20. November 1912 in Kattowitz, die sich als Protokoll in der Januarausgabe der Vereinszeitung findet, auf Gemeinsamkeiten zwischen der Sombart- und der Kunstwartdebatte hinweisen. Anonymos: Vereinsnachrichten. In: Im deutschen Reich Jg. 19/1 (Januar 1913). S. 22–27.
16 Anonymos: Vereinsnachrichten (wie Anm. 15).

gen von Juden im deutschen Geistesleben würdige, und stelle trotz der vielen Auszeichnungen, die Juden zuteil werden, fest:

> Trotz alledem: der deutsche produktive Jude befindet sich in einer peinlichen Lage. Er muß Doppeltes und Dreifaches leisten, wenn seine Leistungen vor der judenfeindlichen Öffentlichkeit bestehen sollen, und auch dann ist er nicht sicher vor einer abfälligen Bemerkung, die dem Juden gilt. [...] Weil unsere Gegner uns als undeutsch verschreien, weil sie nicht anerkennen, daß wir Juden auf Grund unserer tausendjährigen Kulturgemeinschaft als Deutsche zu gelten haben, deshalb wollen wir es ihnen zugeben, sollen wir feige und schwächlich vor ihren Angriffen zurückweichen und schließlich glauben, was sie behaupten?[17]

Aus den Anstrengungen nach immer höheren kulturellen Leistungen leitet der Autor eine entscheidende, rhetorisch gestellte Frage ab, die den weiteren Text bestimmt. Dabei besteht Julius Goldstein auf der langen deutsch-jüdischen Kulturgemeinschaft, die nur Antisemiten leugnen würden. Wenn jetzt auch noch der Zionismus in Gestalt von Moritz Goldstein die deutsch-jüdische Symbiose abstreite, dann sei das wieder ein Zeichen dafür, dass es zwischen Zionismus und Antisemitismus Ähnlichkeiten gebe.

> Der antisemitische wie der jüdische Nationalismus sind, wenigstens in ihren edleren Vertretern, beides Schößlinge der deutschen Romantik. [...] Sie wollte die mittelalterliche Art der Verbindung von Christentum und Deutschtum wiederherstellen, während die antisemitische Romantik die Gegenwart in ihren radikalsten Verkündern ein vorchristliches, von jüdischer Religiosität noch unberührtes Germanentum wiederherstellen möchte. In gleicher Weise glaubt unsere nationaljüdische Romantik, das deutsche Judentum wieder entdeutschen zu können.[18]

So wie der Antisemitismus an der Illusion hänge, einen Zustand des Unberührten, rein Germanischen wiederherzustellen, bemühe sich der Zionismus um die Wiederherstellung eines reinen Judentums. Beides seien Tendenzen der Spaltung, die einen vermeintlichen Urzustand rekonstruieren wollen. Wenn Moritz Goldstein von der reinen jüdischen Kultur spricht, dann könnten nicht die deutschen Juden ihre Träger sein. In Betracht kämen eigentlich nur die Ostjuden, weil sie frei von ihrer Umgebung tradierte Kulturkonzepte bewahrt hätten:

> Der Ostjude kann das Rezept, das Moritz Goldstein gibt, befolgen: sich nur als Jude zu bekennen und nichts weiter sein zu wollen als Kultur- und Nationaljude, denn er lebt in einer kulturlosen Umgebung und wurzelt noch in einer wenn auch noch so verkümmerten

---

[17] Goldstein, Julius: Kritische Betrachtungen zu Moritz Goldsteins Deutsch-jüdischer Parnass. In: Im deutschen Reich Jg. 18/11. (Oktober 1912). S. 440f.
[18] Goldstein, Julius: Kritische Betrachtungen (wie Anm. 17). S. 446.

jüdischen Kultur mittelalterlicher Herkunft. Wir Westjuden hingegen sind und können nichts anderes sein als Kulturdeutsche bzw. Kulturfranzosen, Kulturengländer, nicht aus äußerer Assimilationssucht, sondern weil die Vorsehung unser inneres und äußeres Schicksal mit dem der westeuropäischen Kulturnationen unauflöslich verknüpft hat.[19]

Es gebe keine Auflösung von jüdischer und Mehrheitskultur. Das betreffe nicht nur die deutschen Juden, sondern auch die anderen Kulturnationen in Europa. Was die deutschen Juden mit ihren europäischen Glaubensbrüdern gemein hätten, sei nicht das Volksbewusstsein, das in den Ausführungen Julius Goldsteins stark gegenwartsbestimmt ist und sich unterteilt in Kultur- und Nationenbewusstsein. Beides entstehe erst als Verhältnis zwischen Minderheit und der Mehrheitsgesellschaft. Was zu bewahren sei, das ist – wie in der Sombart-Rede von Eugen Fuchs – der Stammescharakter der Juden.

> Es ist heute so viel die Rede von der Erhaltung unserer Eigenart: die einzige, die im weltgeschichtlichen Sinne wert ist, erhalten und nicht nur erhalten, sondern zu neuem Leben erweckt und gestärkt zu werden, ist die sittlich-religiöse Eigenart unseres Stammes. [...] Um dieser willen kämpfen wir letzten Endes den Kampf der Gleichberechtigung [...] Wir führen diesen Kampf auch als Deutsche für ein edleres und höheres Deutschtum.[20]

Stammescharakter schließe, so Julius Goldstein, die Zugehörigkeit zur deutschen Nation nicht aus. Bezeichneten Nationenbewusstsein und Kulturbewusstsein gegenwärtige Zugehörigkeiten, beziehe sich das Stammesbewusstsein auf etwas Tradiertes, das Wissen, aus einer bestimmten Gruppe zu kommen. Was Julius Goldstein hier meint, das kann man am Beispiel der Familie verdeutlichen: Jede Familie eint eine besondere Geschichte, trotzdem fühlt sie sich einem nationalen Kollektiv zugehörig.

Dass man den Kampf um das Recht, in diesem Fall gegen die Diskriminierung und für die verfassungsrechtlich garantierte Gleichstellung, auch als Deutscher führen kann, weil sie von Julius Goldstein als ein Kampf für die Ordnung und Toleranz verstanden wird, lässt den Begriff des Stammes eher zurücktreten. Die Ähnlichkeit zwischen Antisemitismus und Zionismus, die Julius Goldstein thematisiert, nimmt auch Felix Goldmann wahr, der in der letzten Ausgabe des Vereinszeitung des Jahres 1912 skizziert, wie stark sich Antisemiten im Strudel der Kunstwartdebatte plötzlich zu Wort melden und wie ähnlich der Ton ihrer Artikel denen der zionistischen Propaganda sei. Dabei vergisst er nicht, die Schlussfolgerungen Julius Goldsteins zu wiederholen: „Wir selbstbewußten Juden lassen uns nicht beirren. *Wir halten treu an unserer jüdischen, der ethisch-sittlichen und reli-*

---

**19** Goldstein, Julius: Kritische Betrachtungen (wie Anm. 17). S. 448.
**20** Goldstein, Julius: Kritische Betrachtungen (wie Anm. 17). S. 450.

*giösen Eigenart fest und sind doch stolz darauf, deutsch zu empfinden, zu denken und zu handeln.*"[21]

Hier handelt es sich um eine Weiterentwicklung des Terminus vom „Deutsch-Jüdischen", denn auch in diesem Zitat erstreckt sich die „jüdische Eigenart" auf soziale und religiöse Merkmale, sie verbietet oder verhindert nicht, im Nationalen aufzugehen. Das Gegenteil ist der Fall. Das Nationale bestimmt Wahrnehmung und Bewertung, es erstreckt sich auf Empfindung, Denken, Handeln und somit auf die gesamte Person. Dabei ist der Einfluss des Nationalen persönlich gewollt und hoch geschätzt. Die „selbstbewußten Juden [...] sind stolz darauf". Das hat zwei Implikationen. Zum einen liegt in dieser Aussage eine bewusste Verbindung zu dem, was im Duktus der Zeit „Deutschtum" genannt wurde. Ein Jahr später, im März 1913, publiziert Julius Goldstein erneut in *Im deutschen Reich*. Gleichsam als Schluss der Debatte um den Platz der deutschen Juden in der deutschen Kultur greift die Zeitung das Thema erneut auf. Moritz Goldstein soll einen Eröffnungsartikel schreiben, auf den Julius Goldstein antworten kann.[22] Was er schreibt, ist nicht frei von nationaljüdischen Argumenten, denn Moritz Goldstein unterscheidet scharf zwischen deutschen und jüdischen Kulturgütern wenn er sagt: „Versteht man: die Juden – und nicht die Deutschen – verwalten den geistigen Besitz Deutschlands, so ist er falsch; versteht man hingegen: die Juden verwalten den geistigen Besitz der Deutschen und nicht der Juden: so ist er absolut richtig, und niemand kann das geringste dagegen einwenden."[23]

Hier werden zwei unterschiedliche Kulturkreise und -räume geschaffen, die sich nicht zwangsläufig überschneiden. Staatsbürgerschaft und Nationalität fallen im Zitat auseinander. Darum geht es, wenn Moritz Goldstein Abstufungen zwischen dem „geistigen Besitz Deutschlands" und dem „geistigen Besitz der Deutschen" macht. Bezeichnet das erste eine interkulturelle Mischung, etwa mit polnischen, sorbischen und auch jüdischen Fragmenten, und setzt sich in der Vorstellung des Autors aus vielen verschiedenen Strömungen zusammen, so zeigt die Bezeichnung „Besitz der Deutschen und nicht der Juden" wiederum die Separation von Deutschen und Juden an, die bereits aus den vorangegangenen Artikeln herauszulesen war. Der Kulturbesitz der Juden speist sich in der weiteren Argumentation aus der Existenz eines jüdischen Volkes.

---

21 Goldmann, Felix: Der Ausgang der „Kunstwartdebatte"! In: Im deutschen Reich Jg. 18/12 (Dezember 1912). S. 540. Hervorhebung im Original.
22 Goldstein, Moritz: Professor Dr. Julius Goldsteins Kritik meines Kunstwart-Aufsatzes. In: Im deutschen Reich Jg. 19/3 (März 1913). S. 97–101.
23 Goldstein, Moritz: Professor Dr. Julius Goldsteins Kritik (wie Anm. 22). S. 99.

„Wird ein jüdisches Volk da sein, so wird auch ein jüdisches Geistesleben da sein, das ist die ganze Lehre. Was ist darüber zu diskutieren?"[24] Julius Goldstein weiß, was daran diskutabel sein könnte. Wie in seinem ersten Text verweist er auf die Widersprüchlichkeit des vorangegangenen Artikels, indem die Begriffe von Kulturbewusstsein und Nationalbewusstsein wieder angeführt werden. Was macht Moritz Goldstein als Juden aus, wenn er seine Religion schon hinter sich gelassen hat, deutsch fühlt und sich die deutschen Geistesgüter angeeignet hat, fragt Julius Goldstein polemisch und veranschaulicht, dass im Artikel von Moritz Goldstein nicht klar ist, woraus sich das Nationaljudentum ergebe. Aus Stammesbewusstsein – so wie Julius Goldstein es versteht – jedenfalls nicht. Das müsste Interesse an der Religion zeigen, sich Traditionen positiv verpflichtet fühlen. Auch hier ist eindeutig: Judentum und Deutschtum sind nicht auf einer Ebene miteinander zu vergleichen. Selbst wenn die deutschen Juden eine Gruppe sind, vereinigen sie sich doch mit den anderen Gruppen unter dem Dach deutscher Nationalität. Dass Stammes- und Nationalgefühl zusammengehören, zeigt Julius Goldstein, indem er seinen Gegenspieler bloßstellt.

> Aber das Leiden scheint noch nach einer anderen Richtung ganz besonders hoffnungslos zu sein, denn der Nationaljude Dr. M. G. besitzt nämlich – ein ‚kräftiges deutsches Nationalgefühl', das er selbst ‚so stark wie irgendeiner empfindet'. Wieviel Seelen wohnen wohl in seiner Brust? Ein von jüdischer Religiosität losgelöster *Nationaljude*, mit *deutschen Nationalgefühl und deutschen Kulturbewußtsein!*?[25]

„Deutsch-Jüdisch", das umschließt an dieser Stelle Kulturbewusstsein, Nationalgefühl und Kunstverständnis. Dass dies auch für jene zutrifft, die gemäß der eigenen Argumentation nicht viel mit deutschem Nationalgefühl zu tun haben, soll der letzte Abschnitt zeigen. Es ist kein Zufall, dass mit Sombart ein überaus deutscher Professor als Gewährsmann der Zionisten herhalten musste, die sich fest auf dem Boden der deutschen Geisteskultur befanden.[26] Aber im Fall Sombart kann das gegenseitige Verhältnis noch taktisch genannt werden. Anders ist dies bei der Rezeption von Fichtes *Reden an die deutsche Nation*, für die sich die führenden deutschsprachigen Kulturzionisten begeistern konnten.

---

24 Goldstein, Moritz: Professor Dr. Julius Goldsteins Kritik (wie Anm. 22). S. 100.
25 Goldstein, Julius: Erwiderung. In: Im deutschen Reich Jg. 19/3 (März 1913). S. 104. Hervorhebung im Original.
26 Was auch daran ersichtlich ist, dass im selben Zeitraum Forderungen laut wurden sich wieder Hebräischkenntnisse anzueignen. Löwenstein, Fritz: Warum lernen wir Hebräisch? In: Jüdische Rundschau Jg. 17/6 (9. Februar 1912). S. 43.

## Fichtes *Reden an die deutsche Nation*

Manfred Voigts wies in seiner Schrift über *Johann Gottlieb Fichte als Prophet der Kultur-Zionisten* auf das Interesse und die Rezeption Fichtes bei den jungen deutschen Zionisten hin.[27] Die Begeisterung für Fichte wird deutlich in einem Artikel der *Jüdischen Rundschau* vom 14. Juli 1911. Der Autor Fritz Abraham schreibt: „Dieser Geist, der dem alten Israel nicht fremd war und aus dem auch Herzls ‚Judenstaat' geboren wurde. Der Satz, den Fichte aus der Weltgeschichte vor 1813 ableitet, galt auch für dieses große Freiheitsjahr der Deutschen, er wird gelten in alle Ewigkeit auch für unser Judentum. ‚Die Begeisterung siegt immer und notwendig über den, der nicht begeistert ist.'"[28]

Neben Abraham entzückte der Satz auch andere Kulturzionisten. 1910 setzte das Interesse für Fichte schlagartig ein. Voigts geht dabei von mehreren Gründen aus. Sicherlich trafen der philosophische Aktionismus und die Radikalität Fichtes bei den jungen Zionisten auf fruchtbaren Boden. Nicht unerheblich für die zionistische Freude wird die Definition des Nationalen gewesen sein, die Fichte lieferte und die sich vom Nationalverständnis der Eltern unterschied. „Die ‚metaphysische Atmosphäre' bei Fichte war für die jungen Juden entscheidend, aus ihr entwickelte sich jenes Szenario, das sich auf ihre eigene Situation übertragen ließ."[29] Die Situation war eine der gewollten „Entwurzelung". Heraus aus den traditionellen Denkstilen der Eltern, hin zu einer Einheit von Philosophie und Politik und damit zur Durchsetzung der zionistischen Idee. Sie studierten die *Reden an die deutsche Nation* neu und überlasen die antisemitischen Stellen. Warum sie das taten, spricht einer von ihnen aus, der damals dabei war: Robert Weltsch.

> Die neue Generation, die sich dem Zionismus anschloß, blieb im Rahmen der faktischen Assimilation. [...] Ja, gerade dieser Typ des Zionisten vertrat eine besonders radikale Theorie des Nationalismus, weil eben der Umbruch tiefer und daher bewußter war. Sie erhielt ihre Grundnote von Kurt Blumenfelds Postulat der ‚Entwurzelung' – ein gutes Beispiel dafür, welche Macht die Ideologie besitzt. Aber die jungen Menschen, die in Wirklichkeit völlig in der deutschen Kultur lebten und gar keine andere hatten, mußten die Problematik bewältigen durch Wandlung des Bewußtseins.[30]

---

[27] Voigts, Manfred: „Wir sollen alle kleine Fichtes werden!" Johann Gottlieb Fichte als Prophet der Kultur-Zionisten. Bodenheim, Berlin, Wien 2003.
[28] Abraham, Fritz: Johann Gottlieb Fichte. In: Jüdische Rundschau Jg. 16/28 (14. Juli 1911). S. 318.
[29] Voigts, Manfred: „Wir sollen alle kleine Fichtes werden!" (wie Anm. 27). S. 121.
[30] Weltsch, Robert: Deutscher Zionismus in der Rückschau. In: Weltsch, Robert: Die deutsche Judenfrage. Ein kritischer Rückblick. Königstein/Ts. 1981. S. 120.

Um sich dem zu nähern, was die jungen Zionisten als „echtes Judentum" empfanden, griffen sie auf Fichte, einen Vertreter des sehr deutschen Idealismus, zurück. Martin Buber, Nahum Goldmann und der eben erwähnte Robert Weltsch nahmen Anteil an der deutschen Kultur, um sich von ihr trennen zu können. Eine überaus paradoxe Situation.

## Fazit

Was aber können wir aus der Rückschau lernen? Sicher, dass es mit der Definition des „Deutsch-Jüdischen" noch nie einfach war. Nicht minder, dass die politischen Strömungen im deutschen Judentum sich auf eine gemeinsame Vorstellung nicht einigen konnten. Aber selbst wenn die deutschen Juden sich nicht einig werden konnten, es bleibt der Beigeschmack im Jerusalemer Antiquariat. Die Privatbibliotheken, die ehemals in Charlottenburg standen, stehen jetzt in Jerusalem und Tel Aviv, in Buenos Aires und New York. Wenn die Bücher in aller Welt verstreut sind, dann muss neben dem Gefühl des menschlichen auch das des kulturellen Verlustes bleiben.

Klaus Hödl
# „Widerstreitende Gedächtnisse"

Das Bemühen um ein jüdisch-deutsches Selbstverständnis

Erinnerung und Gedächtnis[1] nehmen in den deutschen (und österreichischen) Kulturwissenschaften eine zentrale Stellung ein. Aleida Assmann meint sogar, dass Gedächtnis zum „Leitbegriff" für diese geworden sei.[2] Das hat nicht zuletzt mit der Verantwortung der deutschen (und österreichischen) Bevölkerung für die Schoa zu tun.[3] Abgesehen davon und nebst einigen anderen Gründen ist die herausragende Rolle von Erinnerung und Gedächtnis in den gegenwärtigen Kulturwissenschaften in gewisser Weise auch ihrer „Tradition" geschuldet. Seit ihren zaghaften Anfängen im frühen 20. Jahrhundert haben sie sich mit Fragen der Tradierung erinnerungsrelevanter Inhalte auseinander gesetzt. In diesem Zusammenhang sind vor allem jüdische Intellektuelle wie Aby Warburg und Walter Benjamin zu nennen, die die Geisteswissenschaften als Kulturwissenschaften neu konzipieren wollten und sich dabei auch mit Gedächtnis beschäftigten.[4] Während Ersterer in seinem unvollendet gebliebenen Werk *Mnemosyne* die wichtigsten Bilder, die eine Art Erinnerungsgemeinschaft von Europa und Asien anzeigen, zusammenfassen wollte,[5] ging Benjamin den Auswirkungen

---

[1] Zu Erinnerung und Gedächtnis ist eine reichhaltige Literatur erschienen, vor allem von Jan Assmann, Aleida Assmann und Harald Welzer (dazu siehe Welzer, Harald: Das kommunikative Gedächtnis. Eine Theorie der Erinnerung. München 2002; Assmann, Jan: Das kulturelle Gedächtnis. Schrift, Erinnerung und politische Identität in frühen Hochkulturen. München 1999; Assmann, Jan: Religion und kulturelles Gedächtnis. München 2000). An dieser Stelle soll nicht auf die unterschiedlichen Erinnerungs- und Gedächtnisformen, auf die gewöhnlich verwiesen wird, eingegangen, sondern eine grobe Unterscheidung zwischen ihnen getroffen werden: Erinnern wird als ein bewusster Akt in der Gegenwart bezeichnet, während Gedächtnis Erinnerungsinhalte aufbewahrt und abrufbar macht.
[2] Assmann, Aleida: Einführung in die Kulturwissenschaft. Grundbegriffe, Themen, Fragestellungen. Berlin 2006. S. 179.
[3] Assmann: Gedächtnis (wie Anm. 1). S. 11.
[4] Assmann, Aleida: „Cultural Studies and Historical Memories". In: The Contemporary Study of Culture. Hrsg. von Bundesministerium für Wissenschaft und Verkehr u. Internationales Forschungszentrum Kulturwissenschaften. Wien 1999. S. 92. Siehe auch Kittsteiner, Heinz Dieter: Vorwort. Was sind Kulturwissenschaften? 13 Antworten. In: Kittsteiner, Heinz Dieter: Was sind Kulturwissenschaften? 13 Antworten. München 2004. S. 10.
[5] Rose, Louis: The Survival of Images. Art Historians, Psychoanalysts, and the Ancients. Detroit 2001. S. 63; Erl, Astrid: Kollektives Gedächtnis und Erinnerungskulturen. In: Konzepte der Kulturwissenschaften. Hrsg. von Ansgar Nünning u. Vera Nünning. Stuttgart 2003. S. 163.

der Moderne auf menschliche Erfahrungen und deren Überlieferung nach, damit auch dem Erinnern und der Konstituierung von Gedächtnis.[6] In diesem Kontext könnten noch andere jüdische Geistesgrößen, darunter vor allem auch Sigmund Freud, erwähnt werden.[7]

Gedächtnis, und darauf hat nicht zuletzt Jan Assmann mit Nachdruck verwiesen, ist unmittelbar mit Kultur und Identität verbunden. Kultur kann als die „Summe derjenigen Einrichtungen, deren Tradierung die Identität eines Kollektivs durch die Zeit herstellt",[8] verstanden werden. Dabei geht es selbstredend nicht um die Überlieferung des gesamten angehäuften Erfahrungsbestandes, sondern um ausgewählte Aspekte des Vergangenen. Woran und vor allem auch wie man sich erinnert, wird durch den interessegeleiteten Gegenwartskontext bestimmt. Erinnerung und Gedächtnis zielen demnach nicht auf eine möglichst getreue Rekonstruktion zeitlich zurückliegender Ereignisse und Erlebnisse ab, sondern auf die Stärkung des Bildes, das ein Kollektiv von sich besitzt, und die Realisierung von Zukunftsentwürfen.

Kollektives Erinnern und das Überantworten von spezifischen Aspekten der Vergangenheit an das Gedächtnis sind aktive Handlungen. Sie reflektieren und wirken auf das Selbstverständnis einer Gemeinschaft. Aufgrund ihrer Heterogenität gibt es in jeder Gesellschaft einen Gedächtnispluralismus. Kleingruppen können spezifische Gedächtnisinhalte bevorzugen, die wiederum mit partikularen Identitäten im Zusammenhang stehen. Eine eigene jüdische Identität ist somit auch mit gesonderten Gedächtnisbezügen verbunden, während gemeinsame Gedächtnisfacetten von Juden und Nichtjuden auf eine gesellschaftliche Kohärenz verweisen. Zwischen Juden und Nichtjuden in Deutschland lassen sich unterschiedliche Gedächtnismomente nicht nur im Hinblick auf die Schoa nachweisen, worauf u.a. Dan Diner aufmerksam gemacht hat,[9] sondern auch auf anderen Gebieten.[10]

Der Umstand, dass Juden sich zumindest teilweise an gesonderten Gedächtnisinhalten orientieren und damit auch eine in Ausschnitten eigene Identität

---

[6] Pethes, Nicolas: Kulturwissenschaftliche Gedächtnistheorien zur Einführung. Hamburg 2008. S. 131.
[7] Marchart, Oliver: Cultural Studies. Konstanz 2008. S. 13.
[8] Pethes: Gedächtnistheorien (wie Anm. 6). S. 71.
[9] Diner, Dan: Ereignis und Erinnerung. Über Variationen historischen Gedächtnisses. In: Schoa. Formen der Erinnerung. Geschichte, Philosophie, Literatur, Kunst. Hrsg. von Nicolas Berg, Jess Jochimsen u. Bernd Stiegler. München 1996. S. 13–30.
[10] Siehe dazu Brenner, Michael: Orchideenfach, Modeerscheinung oder ein ganz normales Thema? Zur Vermittlung von Jüdischer Geschichte und Kultur an deutschen Universitäten. In: Jüdische Geschichte. Alte Herausforderungen, neue Ansätze. Hrsg. von Eli Bar-Chen u. Anthony D. Kauders. München 2003. S. 18.

artikulieren, zeigt deren eigenständige Positionierung im Gesellschaftsgefüge an. Sie findet ihren Ausdruck u.a. in der Beschreibung des Verhältnisses von Juden zu ihrer sozialen Umgebung. Es wird gemeinhin nicht in einen Begriff gefasst, der Juden als in der allgemeinen Gemeinschaft aufgehend darstellt, bzw. charakterisieren sie sich zumeist auch selbst nicht in dieser Weise. Vielmehr werden sie – wiederum lediglich unter bestimmten Gesichtspunkten – als ein distinkter Teil der allgemeinen Bevölkerung wahrgenommen, dem eine sog. Mehrheitsgesellschaft gegenübersteht, wie ein gegenwärtig häufig verwendeter Begriff lautet. Und als eine Gruppe, die sich von der Mehrheitsgesellschaft in gewissen kollektiven Identitätsaspekten und Gedächtnisinhalten, d.h. auch kulturell, abhebt, wird Juden ebenso eine partiell eigene Geschichte zugeschrieben, die sich mit jener der allgemeinen Gesellschaft nur teilweise deckt, bzw. reklamieren sie eine solche für sich.[11] Ein historiographisches Beispiel, das Juden als eine gesonderte soziale Entität umschreibt, die nur vereinzelte Anknüpfungspunkte an die allgemeine Geschichte besitzt, stellt das voluminöse, über 1300 Seiten umfassende Werk *Geschichte des Westens* von Heinrich August Winkler aus dem Jahr 2009 dar.[12] Sie gelten darin als eine *Minderheit*, die an der Kultur und dem historischen Prozess der allgemeinen Gesellschaft nur bedingt teilhat.[13]

## Juden als Minderheit

Die Bezeichnung der Juden als Minderheit ist weit verbreitet und scheint nicht weiter kontrovers zu sein. Nichtsdestoweniger ist sie äußerst problematisch und muss hinterfragt werden. Denn gemäß welchen Kriterien bildeten sie in Zentraleuropa eine Minderheit? Sicher in Bezug auf ihren demographischen Anteil an der Gesamtgesellschaft. Sie stellten aber keine Minderheit im Hinblick auf ihren

---

[11] Obwohl generell zwischen Gedächtnis und Historiographie eine klare Unterscheidung getroffen wird, kann aus den obigen Ausführungen auch geschlossen werden, dass sie einander beeinflussen. Zu diesem Punkt siehe auch Diner: Ereignis (wie Anm. 9). S. 17. Zum Verhältnis zwischen einer jüdischen und der allgemeinen Geschichte siehe Brenner, Michael: Propheten des Vergangenen. Jüdische Geschichtsschreibung im 19. und 20. Jahrhundert. München 2006. Im Weiteren Gross, Raphael u. Weiss, Yfaat: Jüdische Geschichte als Allgemeine Geschichte, Göttingen 2006.
[12] Winkler, Heinrich August: Geschichte des Westens I. Von den Anfängen in der Antike bis zum 20. Jahrhundert. München 2009.
[13] Zum Buch von Heinrich August Winkler siehe auch Blanning, Tim: Was ist mit der Kultur passiert?. In: Frankfurter Allgemeine Zeitung 245 (22. 10. 2009). S. 35.

Anteil in einzelnen Berufsfeldern dar,[14] und vor allem nicht, wenn ihre Mitwirkung auf bestimmten kulturellen Gebieten im Zentrum der Betrachtung steht. Ein paradigmatisches Beispiel bildet die sog. Silberne Ära der Wiener Operette, die auf das Wirken von Johann Strauss Jr. (1825–1899) folgte und in der der Anteil der Juden unter den Komponisten und Librettisten überwältigend war. Wie der (nichtjüdische) Komponist Ralph Bernatzky in seinem Tagebuch festhält, seien „of the Viennese operetta composers, e.g. Straus, Kálmán, Fall, Granichstaedten, Eisler, Erwin, Krausz ... etc. ... only Léhar and I ... Christian. Among the librettists there are none whom I know. Similarly, there are very few non-Jews among the actors and the actresses, singers and dancers, not to mention directors."[15]

Minderheit ist demnach ein relativer und relationaler Begriff. Unabhängig von der Frage nach seiner Angemessenheit zur Beschreibung der Juden hat seine Verwendung ganz konkrete Auswirkungen auf die Gestaltung und Darstellung des jüdisch-nichtjüdischen Beziehungsgeflechts. Zum Ersten wird mit ihm implizit eine negativ konnotierte Differenz der Juden zur Mehrheitsbevölkerung, die als normativ gesetzt wird, statuiert. Legitime Unterschiede, die in spezifischen Identifizierungen zum Ausdruck kommen, werden zu Ursachen einer subtilen Stigmatisierung, die Philip Roth in seinem Roman *Deception* beispielhaft beschreibt. Darin sagt der amerikanische Protagonist des Werkes zu seiner britischen Liebhaberin: „In England, whenever I'm in a public place, a restaurant, a party, the theater, and someone happens to mention the word ‚Jew‘, I notice that the voice always drops just a little."[16]

Zum Zweiten liegt in der Beschreibung der Juden als Minderheit ein Grund dafür, dass deren Verhältnis zu Nichtjuden von Teilen der Historikerzunft und anderen WissenschaftlerInnen immer noch als Assimilation/Akkulturation dargestellt wird. Dabei wird von der auf den ersten Blick vielleicht berechtigt erscheinenden Annahme ausgegangen, dass eine kleinere Gruppe sich an die Kultur der Mehrheit anpasst. Eine solche Perspektive widerspricht jedoch nicht nur gängigen Kulturtheorien,[17] sondern erschwert und verzerrt auch die Analyse kulturel-

---

14 Richarz, Monika: Berufliche und soziale Struktur. In: Deutsch-jüdische Geschichte in der Neuzeit. Bd. 3: 1871–1918. Hrsg. von Steven Lowenstein, Paul Mendes-Flohr, Peter Pulzer, Monika Richarz. 2. Aufl. München 2000, S. 39–68.
15 Zitiert in: Trampuz, Sara u. Dosch, Wolfgang: „Ein singendes, klingendes Märchen". The Glorification of Vienna in Works by Jewish Composers and Librettists of Opera. In: Vienna. Jews and the City of Music 1870–1938. Hrsg. von Leon Botstein u. Werner Hanak. Hofheim 2004. S. 107.
16 Mit dieser Äußerung in Philipp Roths Buch setzt sich der New-York-Times-Kolumnist Roger Cohen in einem seiner Artikel auseinander: Cohen, Roger: Jews in a Whisper. In: International Herald Tribune (20.–21. 8. 2011). S. 7.
17 Hödl, Klaus: Wiener Juden – Jüdische Wiener. Identität, Gedächtnis und Performanz im 19. Jahrhundert. Innsbruck 2006. S. 28–35.

ler Prozesse. Wie lässt sich mit diesem Ansatz beispielsweise der große Anteil jüdischer Musiker und Komponisten auf dem Gebiet des Wiener Volksliedes bzw. des Wienerliedes im späten 19. und frühen 20. Jahrhundert erklären? Kamen sie wirklich alle aus einem jüdisch-kulturellen Milieu, dessen Einflüsse sie erst ablegen mussten, bevor sie in der lokalen Wiener Kultur produktiv tätig wurden? Oder waren sie nicht schon von vornherein Partizipierende an dieser Kultur und konnten in ihr tätig werden, eben weil diese so heterogen war und Juden einen Platz in ihr hatten? Finden jedoch das Narrativ der jüdischen Anpassung und der Begriff der jüdischen Minderheit weiterhin Verwendung, dann müssen die kulturellen Leistungen der Juden, die von der allgemeinen Gesellschaft rezipiert werden, als *Beiträge* bezeichnet werden. Damit ist ein weiterer problematischer und folgenreicher Terminus gegeben.

Gleich wie beim Begriff der Akkulturation wird bei dem des „jüdischen Beitrags" implizit davon ausgegangen, dass Juden sich gewissermaßen außerhalb der allgemeinen Gesellschaft befinden. Von ihrer Position aus steuern sie sodann etwas, das klar als jüdisch definiert werden kann, zur allgemeinen Kultur bei. Aber was genau ist das Jüdische? Und worin liegt das Nichtjüdische, dem etwas übermittelt wird? Eine Antwort darauf mag für streng religiös ausgerichtete Menschen oder essentialistisch denkende Personen im Zeitalter der Genetik[18] nicht weiter schwierig sein, verfängt aber bei einer kulturanalytisch angelegten Arbeit nicht. Zudem zeigen Untersuchungen nicht zuletzt auf dem Gebiet der *postcolonial studies*, dass es bei einer Interaktion von Gruppen, selbst wenn sie in einem hierarchischen Machtverhältnis zueinander stehen, keine bloß einseitige Anpassung eines Kollektivs an die andere Kultur gibt, sondern dass sie im Miteinander etwas Neues hervorbringen. Ein Begriff, der das Verhältnis von Juden und Nichtjuden angemessener beschreibt als die binäre Kategorisierung von Minderheit und Mehrheit und der in der wissenschaftlichen Literatur auch zunehmend in Gebrauch kommt, lautet „Teilhabe"[19] oder auch „Inklusion"[20]. Mit ihm werden Juden als integraler Bestandteil der allgemeinen Gesellschaft beschrieben, der an ihren kulturellen Vorgängen gestaltend partizipiert.[21]

---

[18] Siehe beispielsweise Kleiman, Yaakov: DNA & Tradition. The Genetic Link to the Ancient Hebrews. Englewood 2004.
[19] Meyer, Michael A.: Streitfragen in der zeitgenössischen jüdischen Historiographie. In: Jüdische Geschichtsschreibung heute. Themen, Positionen, Kontroversen. Hrsg. von Michael Brenner u. David N. Myers. München 2002. S. 37.
[20] Bachinger, Eva Maria u. Schenk, Martin: Die Integrationslüge. Antworten in einer hysterisch geführten Auseinandersetzung. Wien 2012. S. 36.
[21] Ein Resultat eines solchen kulturellen Miteinanders bildet das sog. Fiakerlied, eines der bekanntesten und beliebtesten Wienerlieder. Es wurde von Gustav Pick (1832–1921), einem aus Ungarn stammenden und nach Wien migrierten Juden verfasst. Es artikuliert nicht nur in ganz

Ein illustratives Beispiel für die jeweiligen Folgen, die sich aus einer Beschreibung von Juden zum einen als different von der nichtjüdischen Bevölkerung und zum anderen als an den allgemeinen kulturellen Prozessen teilhabend ergeben, bildet das 1876 im rumänischen Jassy gegründete jiddische Theater. Unter dem Gesichtspunkt einer kulturellen Unterscheidbarkeit von Juden wird jiddisches Theater im historischen Rückblick als eine weithin (ost-)jüdische Institution gesehen, die von Juden betrieben und für Juden eingerichtet worden ist.[22] Aber was war an ihm tatsächlich „charakteristisch jüdisch"? Vielleicht die jiddische Sprache, eine Variante des Mittelhochdeutschen mit hebräischen und slawischen Einsprengseln, die Juden bis in die damalige Gegenwart weitgehend bewahrt hatten? Sicher nicht das Publikum, das sich aus Juden *und* Nichtjuden zusammensetzte, teilweise sogar mehrheitlich aus Nichtjuden bestand, während es – zumindest in seiner Frühphase – von einem beträchtlichen Teil der Judenschaft abgelehnt wurde.[23] Vielleicht waren es die Aufführungen, die – wiederum von den Arbeiten der Klassiker wie Sholem Alejchem (1859–1916), Shalom-Jankew Abramowitsch (Mendele Mojcher-Sforim, 1836–1917) und Jizchok Leib Perez (1852–1915) abgesehen – oftmals Übersetzungen von deutschen, französischen und englischen Werken darstellten?[24] Sie waren somit keine „jüdischen" Stücke per se, sondern Dramen oder Komödien, die auf Jiddisch vorgetragen und bisweilen auch in einen (ost-)jüdischen Kontext transponiert wurden. Dadurch wurden sie der Vorlage zwar entfremdet; aber ob sie dadurch auch zu „jüdischen Stücken" wurden, muss bezweifelt werden.

Die zweite Betrachtungsweise des jiddischen Theaters, die von der Annahme einer jüdischen Teilhabe an kulturellen Prozessen und von jüdisch–nichtjüdischen Kooperationsleistungen bei deren Gestaltung ausgeht, ist nicht nur mit keinen Definitionsproblemen, was jüdisch und nichtjüdisch sei, konfrontiert, sondern ermöglicht auch ein neues Verständnis von Aspekten der jüdischen Historie. Dies zeigt sich am Trauerspiel *Medea* von Franz Grillparzer (1791–1872),

---

exemplarischer Weise eine (stereotype) Wien-Stimmung, sondern drückt auch die Erfahrungen von Pick in der Donaumetropole aus. Das Fiakerlied hätte aber nie seine Popularität erlangt, wäre es nicht von Alexander Girardi (1850–1918), einem bekannten Schauspieler und Sänger, vorgetragen worden. Das Fiakerlied verdankte seinen Durchbruch dem Zusammenwirken des Juden Pick und des Nichtjuden Girardi.
**22** Siehe Bayerdörfer, Hans-Peter: Jüdisches Theater der Zwischenkriegszeit – östliche Wurzeln, westliche Ziele? Umrisse einer Kontroverse. In: Theater der Region – Theater Europas. Kongress der Gesellschaft für Theaterwissenschaft. Hrsg. von Andreas Kotte. Basel 1995. S. 25.
**23** Bezüglich Wiens siehe Dalinger, Brigitte: Verloschene Sterne. Geschichte des jüdischen Theaters in Wien. Wien 1998. S. 46.
**24** Siehe Sandrow, Nahma: God, Man, and Devil. Yiddish Plays in Translation. Syracuse 1999. S. 5–6.

das 1821 in Wien uraufgeführt und mehr als ein halbes Jahrhundert später von Jacob Gordin ins Jiddische übersetzt wurde. Es stieß beim Publikum der jiddischen Bühne auf große Resonanz und wurde deswegen sehr rasch zu einem festen Bestandteil seines Repertoirs. Nach der Jahrhundertwende wurde es in der jiddischen Version auch in Wien gespielt. Allgemein lässt sich festhalten, dass Grillparzers *Medea* nicht zur seichten Unterhaltungskultur gezählt wird. Menschen, die dem Amüsement frönen wollten und eine feucht-fröhliche Ablenkung von ihrem beschwerlichen Arbeitsalltag suchten, werden kaum auf den Biergarten verzichtet haben, um sich im Theater, der Stätte des Bildungsbürgertums, *Medea* anzuschauen. Aber genau das war mit der jiddischen Bühne der Fall, die vornehmlich von der „einfachen" jüdischen und nichtjüdischen Bevölkerung besucht wurde. Das heißt, dass über das jiddische Theater Grillparzer einem Teil der Bevölkerung, der für die sog. Hochkultur nicht als besonders empfänglich galt, nahe gebracht wurde. Es half mit, Grillparzer als österreichischen Schriftsteller nicht nur im kulturellen Bewusstsein der Gebildeten zu verankern. Aber daran ist weder etwas typisch Jüdisches noch typisch Unjüdisches, sondern dieses Ergebnis wurde im Miteinander erreicht. Juden wie Nichtjuden hatten daran teil.

## Gründe für die Aufgabe der Minderheitsbezeichnung

Wenn Juden nicht mehr als Minderheit bezeichnet und damit einhergehende Implikationen für die Historiographie vermieden werden, wird eine neue Perspektive auf die jüdische Geschichte möglich. Ein methodischer Ansatz, mit dem Juden als integraler Bestandteil der allgemeinen Gesellschaft positioniert werden, ist zwar nicht neu, hat sich allerdings noch nicht wirklich durchgesetzt. Wichtige Voraussetzungen dafür wurden bereits in den 1980er und darauffolgenden Jahren geschaffen. Einige davon werden im Folgenden kurz umrissen.

Eine wichtige Bedingung für die Neubetrachtung des gesellschaftlichen Status der Juden liegt in der Entwertung der sog. Opfergeschichtsschreibung, wonach die Geschichte der Juden in der Diaspora (vornehmlich) durch Unterdrückung und Verfolgung bestimmt gewesen sei.[25] In einer solchen Perspektive ist es

---

**25** Die Frage, wie sehr jüdische Geschichte durch Antijudaismus und Antisemitismus charakterisiert gewesen sei, hat die jüdische Historiographie seit dem frühen 19. Jahrhundert bestimmt. Das entsprechende Narrativ wurde paradigmatisch vom jüdischen Historiker Heinrich Graetz (1817–1891) in seiner elfbändigen Geschichte der Juden formuliert, siehe Brenner: Propheten (wie

nämlich kaum möglich, Juden als an der Gesellschaft und ihren Prozessen teilhabend zu betrachten. Die Distanzierung vom „Opfernarrativ" wurde durch Publikationen wie *Power and Powerlessness in Jewish History* aus dem Jahre 1986 vorangetrieben.[26] Ihr Verfasser, David Biale, zeigt darin eindrucksvoll, dass Juden in der Vergangenheit nicht nur unter Bedrängnissen zu leiden hatten, sondern dass sie auch, sofern sie sich dazu in der Lage befanden, Macht missbrauchten, zu Gewalt gegen Nichtjuden griffen und sie diskriminierten.[27] Ein Verzicht auf das „Opfernarrativ" heißt nicht, dass das strukturelle Ungleichgewicht in der Machtverteilung zwischen Juden und Nichtjuden geleugnet oder der Umstand ignoriert wird, dass in den allermeisten Fällen Juden die Opfer von Feindseligkeiten und vor allem von Ausschreitungen waren. Eine Öffnung für komplexere Darstellungsformen zeigt aber, dass eine lineare Geschichtsschreibung, die eine klare Täter-Opfer-Einteilung kennt, wenig fruchtet und falsch ist. Michael Brenner hat in einem vor einigen Jahren publizierten Text noch einmal bekräftigt, dass die Abkehr von der sog. Opfergeschichtsschreibung eine vordringliche Aufgabe der jüdischen Historiographie sei.[28]

Auch die Fokussierung auf alltagsgeschichtliche Themen hat auf die Neuperspektivierung der jüdischen Historiographie einen großen Einfluss. Eine Untersuchung des Alltagslebens zeigt in beispielhafter Weise, dass es eine Unmenge von Kontakten zwischen Juden und Nichtjuden gab, die nicht nur aus Feindseligkeiten bestand, sondern auch eine Vielzahl von Gemeinsamkeiten zum Ausdruck brachte. Als in den 1990er Jahren ein großes Forschungsprojekt über den jüdischen Alltag in Deutschland anlief, dessen Ergebnisse im Jahre 2003 in Form eines Sammelbandes von Marion Kaplan herausgegeben wurden,[29] musste sich eine Mitarbeiterin noch den Vorwurf gefallen lassen, dass ihre Arbeit vor dem Hintergrund der Schoa irrelevant sei. Nach dem Massenmord an den Juden dürften sich HistorikerInnen nicht mehr mit der jüdischen Alltagsnormalität beschäftigen. Eine Behauptung, die heutzutage und in dieser Form wahrscheinlich nicht mehr formuliert würde, und das nicht, weil die Schoa an Bedeutung verloren hat – das Gegenteil ist der Fall –, sondern weil sich zunehmend die Einsicht durchsetzt, dass es daneben noch andere Aspekte der jüdischen Geschichte

---

Anm. 8), S. 81ff. Einen radikalen Gegenentwurf dazu hat Salo Baron vorgelegt, siehe Baron, Salo: Ghetto and Emancipation. Shall We Revise the Traditional View?. In: The Menorah Journal 14:6 [1928]. S. 515–526.)
26 Biale, David: Power and Powerlessness in Jewish History, New York 1986.
27 Siehe auch Marcus, Ivan G.: A Jewish–Christian Symbiosis. The Culture of Early Ashkenaz. In: Cultures of the Jews. Hrsg. von David Biale. New York 2002. S. 449–516.
28 Brenner: Orchideenfach (wie Anm. 10). S. 17.
29 Kaplan, Marion (Hrsg.): Geschichte des jüdischen Alltags in Deutschland. Vom 17. Jahrhundert bis 1945. München 2003.

gibt. Einen paradigmatischen Gedächtnisort, der sich diesem Narrativ verschrieben hat, bildet das Münchner jüdische Museum. Sein Konzept kann an einem auf den ersten Blick etwas eigentümlich scheinenden Exponat, einem Bierkrug, abgelesen werden. Er wurde im Museum wegen seiner Inschrift „Reservelazarett – Israelitisches Krankenheim, Weihnachten 1917" ausgestellt. Das angeführte Israelitische Krankenhaus wurde 1911 als ein Hospital für Patienten jeglicher religiöser Zugehörigkeit eröffnet, und während des Ersten Weltkrieges fanden dort verwundete Soldaten Aufnahme.[30] Der Bierkrug symbolisiert somit ein jüdisch-nichtjüdisches Miteinander, für das Konfessionsgrenzen irrelevant waren.

Andere Faktoren, die das Konzept entwerten, wonach in der Geschichte Juden als Minderheit sich an die sog. deutsche Mehrheitsgesellschaft anpassten und zu dieser etwas „beitrugen", stellen sog. postmoderne Forschungsansätze dar. Bei deren Verwendung wird nicht der Frage nachgegangen, in welchem Maße Juden eine eigene Kultur innerhalb einer Mehrheitsgesellschaft besäßen, sondern darauf verwiesen, dass jede Gesellschaft/Kultur aus einer Vielzahl von kulturellen Systemen besteht, die sich in einer dynamischen Beziehung zueinander befinden und sich oftmals überlappen, sodass eine genaue Trennung des Jüdischen und Nichtjüdischen nur schwerlich, wenn überhaupt, möglich ist.[31]

Trotz dieser historiographischen Neuerungen, die Änderungen der Begrifflichkeit zur Beschreibung des jüdisch-nichtjüdischen Beziehungsgeflechtes nahelegen, scheint sich ein Teil der HistorikerInnen dieser zu verweigern und in vertrauten Positionen eingebunkert zu haben. Damit vergibt er sich nicht nur die Möglichkeit, geschichtliche Zusammenhänge neu zu bewerten und mit innovativen Fragestellungen an die Geschichte heranzugehen, sondern er stellt sich auch gegen die Ergebnisse kulturtheoretischer Arbeiten. Zudem könnte aus

---

**30** Fleckenstein, Jutta u. Purin, Bernhard: Jüdisches Museum München. München 2007. S. 58.
**31** Rosman, Moshe: How Jewish is Jewish History? Oxford 2007. S. 93. Der vom bereits erwähnten David Biale herausgegebene Sammelband Cultures of the Jews (wie Anm. 27) ist das mit Abstand beachtenswerteste Werk auf diesem Gebiet der jüdischen Historiographie. – An dieser Stelle soll noch auf ein weiteres Konzept hingewiesen werden, das die Auffassung, Juden müssten als different dargestellt werden, hinterfragt. Es wurde schon vor Jahrzehnten von Philosophen begründet und genießt heutzutage auch außerhalb der Geisteswissenschaften große Bedeutung. Dabei handelt es sich um das „concept of emergence", siehe Pepper, Steven C.: Emergence. http://www.ditext.com/pepper/emerge.html (3.9.2014); Meehl, Paul E/Sellars, Wilfried: The Concept of Emergence. http://www.ditext.com/sellars/ce.html (3.9.2014). Es besagt, dass in einem System verschiedene Elemente miteinander interagieren und daraus entstehende Probleme nicht verstanden werden können, wenn nur ihre einzelnen Komponenten untersucht werden. Siehe auch Brooks, David: Tools for Thinking. In: International Heralds Tribune (30.3.2011). S. 7. Bezogen auf Kultur heißt das, dass Juden Teil der allgemeinen Gesellschaft und Kultur sind und ihr Wirken nicht gesondert analysiert werden kann, sondern dass Juden als integraler Bestandteil des Systems verstanden werden müssen.

einem methodischen Ansatz, wonach Juden an der Gesellschaft und der Kultur teilhaben, eine größere Kohärenz bislang disparater historischer Narrative und damit vielleicht auch eine weitergehende Übereinstimmung der Gedächtnisse resultieren.

Das heißt nicht, dass eigenständige jüdische Museen überflüssig würden. Zumindest würden sie aber eine andere Funktion als ihre derzeitige übernehmen, die einerseits in der Darstellung und Erklärung des sog. Jüdischen besteht und andererseits auf eine Einschreibung von jüdischer in die allgemeine Geschichte abzielt, um auf jüdische historische Erfahrungen aufmerksam zu machen und sie nicht gänzlich dem Vergessen anheimfallen zu lassen. Eine Alternative zu diesen Intentionen musealer Vermittlungsarbeit zeigt sich an der Ausstellung *Hast du meine Alpen gesehen?*, die vom jüdischen Museum Hohenems und dem Wiener Jüdischen Museum entworfen wurde.[32] Darin wird auf die Rolle von Juden bei der Entwicklung des Alpinismus aufmerksam gemacht, die heutzutage vergessen scheint. Aufgrund der antisemitischen Geschichte des Alpenvereins sollte dies allerdings nicht wirklich verwundern.[33] Die Thematisierung von Alpinismus und Juden hievt diese nunmehr in eine Position, in der sie als Mitgestaltende eines wichtigen kulturellen Feldes gelten und einen zentralen Aspekt des österreichischen Selbstverständnisses mitbegründet haben.

## „Jüdische Differenz" und der Topos Alt-Wien

Wenn Juden nur mehr als Ko-Konstituierende von Gesellschaft bzw. Kultur gesehen werden und aufgrund des vagen, unbestimmten Gehaltes sowie dynamischen und prozesshaften Charakters von Kultur[34] das Jüdische nicht definiert werden kann, demnach auch Juden von Nichtjuden nicht unterschieden werden können, macht eine Auseinandersetzung mit dem Thema „Juden in der Populärkultur" wenig Sinn bzw. ist sogar unmöglich. Falls man sich trotzdem damit beschäftigt, läuft man Gefahr, einen der Vorteile kulturwissenschaftlichen Arbeitens, Essentialisierungen zu vermeiden, in sein Gegenteil zu verkehren: Mit der

---

32 Loewy, Hanno u. Milchram, Gerhard: Hast du meine Alpen gesehen? Eine jüdische Beziehungsgeschichte. Hohenems 2009.
33 Zu den Bemühungen, vorherrschende Narrative zu revidieren, gehören auch die Bestrebungen des Alpenvereins, sich seiner antisemitischen Geschichte zu stellen. Siehe Haus-Berg-Verbot. Erinnerungen an eine Judenvertreibung. In: Bergauf. Das Magazin des Oesterreichischen Alpenvereins seit 1875 66:4 (2011). S. 78–79.
34 Clifford, James: Introduction: Partial Truths. In: Writing Culture. The Poetics and Politics of Ethnography. Hrsg. von James Clifford und George E. Marcus. Los Angeles 1986. S. 18.

gänzlichen Dekonstruktion des Jüdischen bleibt nämlich nur mehr die (biologische) Herkunft der Juden als Merkmal ihres Jüdischseins. Einen Ausweg aus dieser Paradoxie könnte eine Verständigung über „jüdische Differenz" bieten, womit im gegenständlichen Fall die Artikulation einer eigenständigen kulturellen Deutungsperspektive durch Juden gemeint ist. Wie Kultur im Allgemeinen ist auch sie nicht fixierbar, stetig im Flusse und niemals ein Merkmal aller Juden.

Ein Beispiel, an dem die Mitgestaltung eines kulturellen Aspektes durch Juden wie auch die Bedeutung einer „jüdischen Differenz" veranschaulicht werden können, bildet der Topos *Alt-Wien*, der sich um die Wende vom 19. zum 20. Jahrhundert großer Popularität erfreute.[35] Alt-Wien war ein Begriff, der keinen klar umrissenen, eindeutigen semantischen Gehalt hatte. Er bezog sich auf die Vergangenheit der Stadt und konnte bisweilen bis ins Mittelalter zurückreichen.[36] Gewöhnlich evozierte er aber die Periode des Biedermeier, auf die sich die WienerInnen als eine vermeintlich bessere Zeit bezogen. Dabei standen vor allem eine altertümlich anheimelnde Architektur, enge, gewundene Straßen und ein trautes, inniges nachbarschaftliches Verhältnis der BewohnerInnen zueinander im Blickpunkt.[37] Alt-Wien stellte eine Gegenwelt zur zeitgenössischen Realität dar, die durch rasante Veränderungen charakterisiert war. Der Topos konnte auch eine antisemitische Note haben, entweder implizit, indem eine Zeit gepriesen wurde, als Juden kein Wohnrecht in Wien besaßen, oder explizit, indem eine Wohnidylle ohne jüdische Hausherren vorgestellt wurde.[38]

Obwohl die Wien-MigrantInnen kaum einen Bezug zur Geschichte der Stadt hatten, griffen sie ebenfalls auf Alt-Wien zurück, um die Vergangenheit nostalgisch zu verklären. Sie verwendeten den Begriff allerdings nicht mit einem vorgegebenen Inhalt, sondern deuteten ihn im Zuge seines Gebrauches in einer Weise, die am besten ihrem kulturellen Background entsprach. Ihr Verständnis des Topos unterschied sich demnach zumeist von jenem der eingesessenen Bevölkerung. Da alle Deutungen von Alt-Wien in sein allgemeines Verständnis einflossen, bestimmten die ZuwanderInnen, darunter natürlich auch die jüdischen, den Begriff mit. Sie erarbeiteten zusammen mit der in Wien ansässigen Bevölkerung die Facetten des Wien-Bildes, statt sich an diese anzupassen.

---

35 Zu diesem Themenbereich siehe Hödl, Klaus: The Quest for Amusement. Jewish Leisure Activities in Vienna Circa 1900. In: Jewish Culture and History. Vol. 13, issue 1 (2013). S. 1–17.
36 Békési, Sándor: Alt-Wien oder die Vergänglichkeit der Stadt. In: Alt-Wien. Die Stadt, die niemals war. Hrsg. von Wolfgang Kos u. Christian Rapp. 2. Aufl. Wien 2005, S. 26.
37 Kralik, Richard u. Schlitter, Hans: Wien. Geschichte der Kaiserstadt und ihrer Kultur. Wien 1912. S. 736.
38 Siehe dazu Klaffenböck, Arnold: „In jedem Treppenwinkel blüht hier ein Roman." Diskurse von Alt-Neu-Wien in der Unterhaltungsliteratur 1860–1938. In: Mythos Alt-Wien. Spannungsfelder urbaner Identitäten. Hrsg. von Monika Sommer u. Heidemarie Uhl. Innsbruck 2009. S. 131.

Im Folgenden werden drei verschiedene Formen einer jüdischen Mitgestaltung von Alt-Wien skizziert, die gleichzeitig auch die Relevanz einer „jüdischen Differenz" deutlich machen. Als erstes Beispiel kann auf Gabor Steiner (1858–1944), einen jüdischen Zuwanderer aus Temesvar, verwiesen werden. Er veranstaltete 1896 in seiner Funktion als Direktor des Vergnügungsparks „Venedig in Wien" ein Sommerfest mit dem Motto „Bilder aus Alt- und Neu-Wien".[39] Steiner gab nicht vor, was unter Alt-Wien genau zu verstehen sei, sondern schuf bloß die Voraussetzung, um den Begriff in performativer Weise mit Bedeutung zu füllen. Ob er dies als Jude tat, mag bezweifelt werden. Bei seiner Organisationsarbeit spielte sein Jüdischsein jedenfalls keine ersichtliche Rolle.[40] Deswegen kann in diesem Fall lediglich unter einer essentialistischen Perspektive von jüdischer Mitwirkung an einer semantischen Aufladung von Alt-Wien gesprochen/geschrieben werden. Es ist lediglich Steiners jüdische Herkunft, die als Beleg dafür dient.

Ein anderes Beispiel jüdischer Teilhabe am Alt-Wien-Verständnis stellt ein Purim-Ball dar, der 1903 vom Wiener „Brigittenauer Israelitischen Unterstützungsverein" veranstaltet wurde. Zu dessen Anlass erschienen einige jüdische Gäste in „Alt-Wiener Toilette".[41] Damit bemächtigten sie sich des Topos in einem jüdischen Kontext. Sie schrieben ihm im Rahmen einer jüdischen Feierlichkeit eine Bedeutung zu. Auf der Grundlage der vorhandenen Quellen gibt es leider keine spezifischen Hinweise auf eine ‚jüdische Differenz', sodass auch nicht klar wird, worin eine jüdische Deutungsvariante der sog. Altwiener Toilette lag. Durch deren Einbeziehung in eine jüdische Veranstaltung ist aber eine deutlichere Beziehung von Alt-Wien und Judentum gegeben als bei Gabor Steiner.

Im Gegensatz dazu kann bei der Bedeutungsprägung von Alt-Wien durch Oskar Marmorek (1863–1907), einen aus Galizien zugewanderten jüdischen Architekten, sehr wohl eine „jüdische Differenz" festgestellt werden. 1892 rekonstruierte er unter dem Titel „Alt-Wien" einen Teil des „Hohen Marktes", eines Platzes in der Wiener Innenstadt, für die „Internationale Ausstellung für Musik- und Theaterwesen in Wien".[42] Als Vorlage diente ihm ein Bauplan aus dem 17. Jahrhundert.[43] Marmorek gestaltete aber keine originalgetreue Kopie der Skizze, sondern „empfand" Alt-Wien nach.[44] Er spielte mit verschiedenen Stilen und schuf damit einen Platz, der in mancherlei Hinsicht vom historischen Aussehen des Hohen

---

39 Illustrirtes Wiener Extrablatt 228 (20.8.1896). S. 8.
40 Über Steiners Jüdischsein und seine jüdische Identität siehe Hödl: Quest (wie Anm. 35).
41 Die Wahrheit 12 (1903). S. 7.
42 Kristan, Arkus: Oskar Marmorek 1863–1909. Architekt und Zionist, Wien 1996, S. 178.
43 Storch, Ursula: Alt-Wien dreidimensional. Die Altstadt als Themenpark. In: Kos: Alt-Wien (wie Anm. 36). S. 160.
44 Kristan: Marmorek (wie Anm. 42). S. 160.

Marktes abwich. Die „niedlichen kleinen Häuschen mit ihren vorspringenden Erkern, [...] ihren in Blei gefassten Butzenscheiben, ihren Schutzheiligen und Haussprüchen" seien, wie der Wiener *Alterthums-Verein* kritisierte, nichts weiter als eine „kindliche Tändelei". In der *Wiener Bauindustrie-Zeitung* war zu lesen, dass Marmorek dem Hohen Markt eine „willkürliche Physiognomie" gab und ein „wahres Volapük von Barok (!) und Mittelalter, Spätrenaissance und Zopf nippsächlich improvisirte (!)".[45]

Marmorek visualisierte Alt-Wien in einer Weise, die mit der Vorlage aus dem 17. Jahrhundert kontrastierte. Alt-Wien schien für den jüdischen Architekten eine andere Bedeutung als für die Kritiker seiner Rekonstruktion zu haben. Er befleißigte sich einer architektonischen Gestaltung mit spätbarocken Elementen, die er bisweilen auch „josephinischen Stil" nannte.[46] Die Referenz auf den habsburgischen Monarchen Joseph II., unter dem die ersten Emanzipationsgesetze für einen Teil der Judenschaft in der Habsburgermonarchie erlassen wurden, dürfte dabei kein Zufall gewesen sein. Anders als für viele nichtjüdische WienerInnen war das 17. Jahrhundert für Marmorek, und mit großer Wahrscheinlichkeit auch für viele andere Juden, nicht lediglich die Zeit, als Wien aus der zweiten Türkenbelagerung siegreich hervorging, sondern es umfasste auch die Jahre, als Juden gewaltsam ihres Aufenthaltsrechtes in der Stadt beraubt wurden. Vor diesem Hintergrund verortete Marmorek Alt-Wien geschichtlich neu und brachte in dessen Rekonstruktion eine „jüdische Differenz" zum Ausdruck, die sich aus einem eigenständigen jüdischen Geschichtsbewusstsein ergab.

## Schlussbetrachtungen

Die überwiegende Mehrheit der Juden und Jüdinnen hat im Deutschland oder Österreich des 19. Jahrhunderts kein kulturell eigenständiges Leben geführt, sondern war Teil der Gesellschaft. In dieser Position haben JüdInnen zusammen mit anderen Teilen der Gesellschaft eine Modernisierung durchlaufen, wodurch es zwischen ihnen zu einer Annäherung kam. Von Akkulturation oder gar Assimilation darf in diesem Zusammenhang allerdings nicht gesprochen bzw. geschrieben werden.

Trotzdem verschwanden Unterscheidungen zwischen ihnen nicht. Diese waren aber nicht statisch, sondern wurden im interaktionalen Miteinander ausgehandelt. Eigenständige Gedächtnisstränge, die auf spezifischen Erfahrungen

---

[45] Kristan: Marmorek (wie Anm. 42). S. 179.
[46] Kristan: Marmorek (wie Anm. 42). S. 164.

beruhten, spielten dabei eine große Rolle. Eine „jüdische Differenz", vor allem auch die Notwendigkeit ihres Vorkommens, um überhaupt über Juden sprechen bzw. schreiben zu können, kam in deren Mitgestaltung des Topos Alt-Wien paradigmatisch zum Ausdruck.

## Literatur als Heimat und Schreiben als identitätsstiftendes Motiv

Anna Dorothea Ludewig
# „Der deutsche Geist, dieser gütigste und mächtigste Zauberer unter der Sonne"

Karl Emil Franzos und das deutsch-jüdische Kulturerbe in der Bukowina

Das Leben von Karl Emil Franzos (1847–1904) ist geprägt von dem Versuch, eine deutsch-jüdische Biographie zu konstruieren und sich gleichzeitig über sein Werk einzuschreiben in das deutsche Kulturerbe, zu dem er als jüdischer Deutscher und deutschsprachiger Literat in besonderem Maße beitragen wollte. Moritz Goldsteins provokante These, „Wir Juden verwalten den geistigen Besitz eines Volkes, das uns die Berechtigung und die Fähigkeit dazu abspricht"[1], die 1912, also einige Jahre nach Franzos' Tod, eine lebhafte Diskussion auslöste, benennt das soziale Klima, mit dem bereits Franzos konfrontiert war und gegen das er, wenn auch sehr viel zurückhaltender als Goldstein, anzukämpfen bemüht war. Im Rahmen dieses Beitrags soll die enge Verknüpfung zwischen Leben und Werk, zwischen „Deutschtum" und Jüdischkeit, zwischen Identität und Literatur aufgezeigt und hinterfragt werden. Im Vordergrund steht dabei sein Engagement für die deutsche Sprache und Kultur in der Bukowina, das schon fast als Obsession bezeichnet werden kann.

Karl Emil Franzos' Selbstverständnis war das eines deutschnationalen Juden; auch wenn er seinen österreichischen Pass zeitlebens behielt und das Projekt, die deutsche Staatsbürgerschaft anzunehmen, auch nur halbherzig und letztendlich ergebnislos betrieb, verstand er sich als Deutscher jüdischen Glaubens, der die Religion als Privatsache definierte, seine Nationalität aber als öffentliches Bekenntnis zelebrierte. Dabei war die formale Zugehörigkeit von vergleichsweise geringer Bedeutung, es ging ihm vielmehr um eine kulturelle Zugehörigkeit, um die Teilhabe an der deutschen Kulturnation. In Franzos' Schriften finden sich keine theoretischen Abhandlungen zum Nationsbegriff und zu der Vorstellung einer nationalen Identität, doch in seinem Werk wird immer wieder deutlich, dass sich eine solche Identität nur auf der Grundlage eines gemeinsamen Bildungskanons konstituieren kann. Der (deutschen) Sprache kommt dabei eine besondere Bedeutung zu, wegweisend waren hier Johann Gottlieb Fichtes Überlegungen zu Sprache und Nation: „Was dieselbe Sprache redet, das ist schon vor aller menschlicher Kunst vorher durch die bloße Natur mit einer Menge von unsichtbaren

---

[1] Goldstein, Moritz: Deutsch-jüdischer Parnaß. In: Der Kunstwart 25 (1912). S. 281–294, S. 283.

Banden aneinander geknüpft; es versteht sich untereinander, und ist fähig, sich immerfort klarer zu verständigen, es gehört zusammen, und ist natürlich Eins und ein unzertrennliches Ganzes."[2] Die Kulturnation, so schien es, eröffnete den (deutschen) Juden einen Weg in die sprichwörtliche Mitte der Gesellschaft, denn hier definierte sich „nationale Identität über kulturelle Gleichheit"[3]. Für Franzos kam noch hinzu, dass sich die Kulturnation über politische Grenzen hinweg auf „wesentliche Metropolen der deutschsprachigen Kultur"[4] erstreckte, wie die für ihn so prägenden Städte Czernowitz und Wien. Damit gab sich Franzos, und das wird in seinem Lebensweg überdeutlich, der „Illusion[,] durch Sprache und Kultur den Zustand des Außenseitertums überwinden zu können",[5] hin.

Karl Emil Franzos wurde im galizischen Czortkow geboren,[6] und bereits bei der Angabe seines Geburtsjahres beginnt sein persönlicher deutsch-jüdischer Weg, denn alle Dokumente, wie beispielsweise Reisepass und Maturazeugnis, geben den 25. Juli 1847 an, während er selbst seine Geburt auf den 28. Oktober 1848 datiert. Auch wenn andere Erklärungen durchaus möglich sind, scheint diese Verlegung in das Revolutionsjahr 1848 von nicht geringer Bedeutung zu sein und hat durchaus seine Wirkung entfaltet, so ist in der Sekundärliteratur der bedeutungsschwere Satz zu lesen: „Karl Emil was born as a true son of revolutionary circumstances"[7] – eine Deutung, auf die Franzos wohl spekuliert hatte.

Festzuhalten ist an dieser Stelle, dass Karl Emil Franzos in Galizien geboren wurde, von einer „deutschen Herkunft" kann, jedenfalls im geographischen Sinne, nicht gesprochen werden, auch wenn Franzos zeitlebens bemüht war, sich in jeder Hinsicht vom so genannten Ostjudentum, und damit insbesondere vom *Shtetl*-Leben, abzugrenzen. Vielmehr wird in seinen wenigen autobiographischen Texten immer wieder auf die Verankerung seiner Familie in der deutschen Kultur

---

2 Fichte, Johann Gottlieb: Reden an die deutsche Nation. In: Fichtes Werke. Hrsg. von Immanuel Fichte. Bd VII. Berlin 1846. S. 264.
3 Lepsius, M. Rainer: Nation und Nationalismus in Deutschland. In: Nationalismus in der Welt von heute. Hrsg. von Heinrich August Winkler. Göttingen 1982. S. 12–27, S. 19.
4 Lepsius: Nation (wie Anm. 3). S. 19.
5 Corbea-Hoisie, Andrei: Das Fremde in der Fremde. Zur Typologie einer Literatur des Deutschtums im Ausland. In: Akten des VIII. internationalen Germanisten-Kongresses. Bd. 10. München 1991. S. 171–178, S. 177.
6 Zur Biographie von Karl Emil Franzos vgl. auch Ludewig, Anna-Dorothea: Zwischen Czernowitz und Berlin. Deutsch-jüdische Identitätskonstruktionen im Leben und Werk von Karl Emil Franzos. Hildesheim [u.a.] 2008, insbes. Kapitel II u. III. Zum folgenden biographischen Abriss vgl. auchLudewig, Anna-Dorothea: Eine preußisch-jüdische Symbiose? Karl Emil Franzos in Berlin. In: Berlins 19. Jahrhundert. Ein Metropolen-Kompendium. Hrsg. von Roland Berbig, Iwan-M. D'Aprile, Helmut Peitsch u. Erhard Schütz. Berlin 2011. S. 63–73.
7 Steiner, Carl: Karl Emil Franzos, 1848–1904. Emancipator and Assimilationist. New York [u.a.] 1990. S. 10.

verwiesen: So beschreibt er bereits seinen Großvater, einen galizischen Kerzenfabrikanten, als „ungestümen Aufklärer"[8] und damit natürlich auch als Verehrer von Lessing und Mendelssohn; insbesondere seinen Vater, den Arzt Dr. Heinrich Franzos, bemüht er immer wieder als Sinn- und Vorbild einer gelungenen Akkulturationsgeschichte im Sinne von Aufklärung und Haskala. Der Vater habe an deutschen Universitäten studiert, sei als aktives Mitglied einer Burschenschaft in Erscheinung getreten und war angeblich „einer der ersten jüdischen Studenten, die das schwarz-rot-goldene Band getragen".[9] Seinem jüngsten Sohn Karl Emil gab er diese Liebe zur deutschen Sprache und Kultur weiter: „Ich war noch nicht drei Käse hoch als mir mein Vater bereits sagte: ‚Du bist deiner Nationalität nach kein Pole, kein Ruthene, kein Jude – du bist ein Deutscher.' Aber ebenso oft hat er mir schon damals gesagt: ‚Deinem Glauben nach bist du ein Jude.'"[10] Diese Leitsätze sind mit der Aufforderung verbunden, dem vom Vater begonnenen Weg zu folgen: „[A]uch du bist eines Deutschen Sohn und wirst einst in Deutschland leben."[11] Und Franzos bemühte sich zeitlebens, diesen Maximen zu entsprechen.

Heinrich Franzos starb früh, und Karl Emil wechselte, seinem Wunsch entsprechend, auf das deutschsprachige Gymnasium in Czernowitz[12]. Die bukowinische Hauptstadt am Pruth war, trotz der relativ geringen Entfernung von rund 100 Kilometern, eine vollkommen andere Welt als Czortkow. Denn Czernowitz war eine österreichische Stadt, die sich unter den Habsburgern zu einem regionalen Zentrum entwickelte. 1775 annektierte Österreich die Bukowina vom Osmanischen Reich, 1786 wurde sie zu einem Teil Galiziens erklärt, wobei die Bukowiner Bevölkerung immer stärker auf Eigenständigkeit drängte. Doch erst unter Kaiser Franz Joseph ging dieser Wunsch 1849 in Erfüllung, und die Bukowina wurde zu einem eigenständigen Herzogtum mit Czernowitz als Hauptstadt. Für den neuen Status hatte nicht zuletzt die jüdische Bevölkerung gekämpft; von ihr ging bis zum Ersten Weltkrieg auch eine Vielzahl der politischen und gesellschaftlichen Aktivitäten aus. Die Juden der Bukowina waren dem Kaiser durch besondere Dankbarkeit verpflichtet, denn für sie war die Bindung an das Mutterland Österreich ein wichtiger Teil ihrer Identität – in Czernowitz wurden sie zu einem wesentlichen Teil der wirtschaftlichen und intellektuellen Oberschicht. Diese Entwicklung spiegelt sich auch in dem von Karl Emil Franzos besuchten Gymna-

---

**8** Franzos, Karl Emil: Mein Erstlingswerk. „Die Juden von Barnow". In: Die Geschichte des Erstlingswerks. Selbstbiographische Aufsätze. Hrsg. von Karl Emil Franzos. Stuttgart, Berlin 1894. S. 213–240, S. 216.
**9** Franzos: Erstlingswerk (wie Anm. 8). S. 219.
**10** Franzos, Karl Emil: Der Pojaz. Eine Geschichte aus dem Osten [Vorwort]. Hamburg 2002 [Erstausgabe posthum 1905]. S. 6.
**11** Franzos: Erstlingswerk (wie Anm. 8). S. 222.
**12** Zum Thema Czernowitz vgl. Ludewig: Czernowitz (wie Anm. 6), insbes. Kapitel II.

sium wider. Diese Schule und ihr Direktor, der renommierte Altphilologe Stefan Wolf, waren für den jungen, vaterlosen Karl Emil Franzos in verschiedener Hinsicht prägend. 1809 als erste Lateinschule von Kaiser Franz gestiftet, hatte sich das Staatsgymnasium nicht nur zu einem Zentrum der deutsch-österreichischen Kultur, sondern auch des interkulturellen Miteinanders entwickelt, denn die Schüler – hier trafen sich unter anderem Ruthenen, Rumänen, Armenier, Polen und Österreicher – sollten ebenso in ihren Sprachen wie auch in ihren facettenreichen Konfessionen unterrichtet werden, so gab es armenisch-, griechisch- und römisch-katholischen, griechisch-orthodoxen (bzw. griechisch-orientalischen), protestantischen und jüdischen Religionsunterricht. Franzos war ein ausgezeichneter Schüler, der durch den Einfluss des Direktors, Stefan Wolf, eine besondere Vorliebe für die alten Sprachen entwickelte.[13] Wolf, von Franzos als „Bannerträger deutscher Kultur im Osten"[14] bezeichnet, betonte den integrativen Charakter der deutschen Kultur und Sprache, Letztere war für seine Schüler die *lingua franca* der Bukowina. So heißt es auch in den Erinnerungen eines ehemaligen Schülers: „Alle zusammen wetteiferten in ehrlicher Beflissenheit, das Deutsche – die gemeinsame Vortrags- und Unterrichtssprache – großen Vorbilden anzupassen. In den Schulaufsätzen meiner Mitschüler feierten Grammatik und Stil wahre Triumphe."[15] Insbesondere die jüdischen Schüler machten in diesem Rahmen die prägende Erfahrung, keine klassische Minderheit zu sein, denn durch den Facettenreichtum der Konfessionen war eine Mehrheitsbildung kaum möglich; zudem fühlten sich die städtischen Juden „überwiegend der deutschen Sprache und Kultur verbunden"[16] und wurden meist einfach als Deutsche wahrgenommen. Und auch über die Schule hinaus blieb das friedliche Miteinander gewahrt, ein Phänomen, das zu einer Mythisierung von Czernowitz geführt hat.[17] Ohne die Ein-

---

[13] Vgl. die Programme des k.k. Ober-Gymnasiums in Czernowitz in dem Herzogtum Bukowina für die Schuljahre 1865–1867. Czernowitz 1865–1867. Diese Programme weisen Franzos durchgehend als Klassenprimus aus und belegen eine mit Auszeichnung bestandene Maturitätsprüfung (1867).
[14] Geiger, Ludwig: Karl Emil Franzos. In: Die deutsche Literatur und die Juden. Hrsg. von Ludwig Geiger. Berlin 1910. S. 250–304, S. 252.
[15] Menczel, Philipp: Trügerische Lösungen. http://bukowina.info/Land.html (3.9.2014). Der Jurist, Journalist und Zionist Philipp Menczel (1872–1941) gehörte u.a. zu den Gründern des *Czernowitzer Tageblatts* und war Herausgeber der *Czernowitzer Allgemeinen Zeitung*. Sein Buch *Trügerische Lösungen* ist 1932 in der Deutschen Verlags-Anstalt (Stuttgart) erschienen.
[16] Weczerka, Hugo: Die „Francisco-Josephina" in Czernowitz. Eine Universität am Ostrand der Habsburgermonarchie. In: Gelebte Multikulturalität. Czernowitz und die Bukowina. Hrsg. von Victoria Popovici, Wolfgang Dahmen u. Johannes Kramer. Frankfurt a.M. [u.a.] 2010. S. 67–85, S. 70.
[17] Für die Mythisierung von Czernowitz gibt es in Literatur und Filmen zahlreiche Beispiele. Aktuell vgl. Heilingsetzer, Christoph: Eine versunkene Welt – der Mythos von Czernowitz. In: Die

zigartigkeit dieser Stadt in Frage stellen zu wollen, sei darauf hingewiesen, dass durch die Bevölkerungsvielfalt letztendlich „keine ethnische Gruppe die andere dominieren konnte"[18], wobei die Czernowitzer Juden innerhalb dieses komplexen Geflechts eine besondere Stellung einnahmen. So ist einem Reiseführer aus dem Jahr 1907 zu entnehmen, dass „die meisten Geschäfte von Freitag abends bis Samstag abends gesperrt sind"[19], es hatte sich also, nicht zuletzt aufgrund der hohen Dichte jüdischer Einzelhändler, der jüdische Wochenrhythmus durchgesetzt. An den staatlichen deutschen Schulen waren jüdische Schüler bereits 1865 mit 100 von 165 Schülern vertreten,[20] und im Gründungsjahr der Czernowitzer Universität (1875) gab es insgesamt 208 Studierende, davon waren 51 Juden – Tendenz steigend.[21] Vor diesem Hintergrund schrieb Franzos 1894 rückblickend, dass ihm Czernowitz wie der „Vorhof zum Paradies Deutschland"[22] erschienen sei – ein Satz, der nicht frei von Tragik ist, denn was Czernowitz versprach, konnte Deutschland, Berlin, für Franzos nicht halten. Zunächst aber unterstreicht diese Formulierung eine emotionale Bindung an Deutschland, die ihre Wurzeln in Czernowitz hat, mehr noch, Franzos' Verehrung galt eigentlich einem Bild von Deutschland, das nur über die Bukowina vermittelt werden konnte.

Nach seiner Matura (1867) entschied sich Franzos für ein Jura-Studium in Wien und Graz; Czernowitz kam als Studienort noch nicht in Frage. Seinen Neigungen entsprechend, entschied er sich aber gegen eine Tätigkeit als Rechtsanwalt und lebte, abgesehen von einem kurzen Aufenthalt in Budapest, ab 1871/1872 als Journalist und freier Schriftsteller in Wien. Es ist anzunehmen, dass Franzos Czernowitz nicht nur aufgrund mangelnder Ausbildungsmöglichkeiten verlassen hat, er wollte aus dem kleinstädtischen Rahmen ausbrechen und seinen Traum von einem Leben in Deutschland verwirklichen. In diesem Zusammenhang stellt sich die Frage, warum er diesen Traum nicht bereits zum Studium oder auch nach Abschluss seiner Ausbildung realisiert hat. Aber nicht zuletzt standen hier

---

Welt vom 12.1.2013. http://www.welt.de/reise/staedtereisen/article112703923/Eine-versunkene-Welt-der-Mythos-von-Czernowitz.html (3.9.2014).
**18** Hausleitner, Mariana: Von der Diskriminierung zur Vertreibung. Nichtrumänen in der Bukowina zwischen 1918 und 1944. In: An der Zeiten Ränder. Czernowitz und die Bukowina. Hrsg. von Cécile Cordon u. Helmut Kusdat. Wien 2002. S. 101–114, S. 101.
**19** Mittelmann, Hermann: Illustrierter Führer durch die Bukowina. Czernowitz 1907/1908. Neu hrsg. von Helmut Kusdat. Wien 2002. S. 78.
**20** Vgl. Corbea-Hoisie, Andrei: Czernowitzer Geschichten. Über eine städtische Kultur in Mittelosteuropa. Wien [u.a.] 2003. S. 34.
**21** Vgl. Riedl, Franz Hieronymus: Die Universität Czernowitz als völkerverbindende Institution 1875–1919. In: Alma Mater Francisco Josephina. Die deutschsprachige Nationalitäten-Universität in Czernowitz. Hrsg. von Rudolf Wagner. München 1979. S. 375–393, S. 382ff.
**22** Franzos: Erstlingswerk (wie Anm. 8). S. 228.

wohl finanzielle Gründe im Wege, da die Familie nach dem Tod des Vaters nur ein geringes Einkommen hatte und der einzige Sohn, Franzos' älterer Bruder war bereits 1857 verstorben, für die Mutter und die beiden unverheirateten Schwestern in Czernowitz zu sorgen hatte. Und Wien bot dem jungen Literaten mehr Anknüpfungspunkte für seine zunächst überwiegend journalistischen Tätigkeiten. Auch war die österreichische Hauptstadt als Ausgangspunkt seiner zahlreichen Reisen nach Osteuropa geeigneter als die preußische Metropole, und die daraus entstandenen Reisefeuilletons und Ghettogeschichten bildeten über Jahre die Haupteinnahmequelle von Karl Emil Franzos. Bemerkenswert ist in diesem Zusammenhang, dass Franzos durch sein Werk zeitlebens mit Czernowitz und der Bukowina verknüpft blieb, mit seinen Publikationen zu diesem Landstrich feierte er die größten schriftstellerischen und journalistischen Erfolge. Einem größeren Publikum wurde er durch eine Sammlung von Feuilletons bekannt, die 1876 unter dem bemerkenswerten Titel *Aus Halb-Asien. Culturbilder aus Galizien, der Bukowina, Südrußland und Rumänien* erschienen. „Halb-Asien" wurde zu einem „geflügelten Wort"[23] und Synonym für mangelnde Bildung und Kultur – eben nicht „Halb-Europa", sondern „Halb-Asien". Denn Franzos hatte schnell erkannt, dass sich Geschichten, seien es Novellen oder Reisebilder, aus dem „Osten" in der deutschsprachigen Presse gut verkaufen ließen, über viele Jahre hinweg belieferte er namhafte Zeitungen und Zeitschriften wie die *Neue Freie Presse* oder die *Gartenlaube* mit seinen Texten, für deren Authentizität er, „welcher die geschilderten Länder genau kennt und ihr Bestes will"[24], sich persönlich verbürgte.

Ein Schlüsseltext für das Verständnis von Franzos' Bukowina-Bild ist die Reisebeschreibung *Von Wien nach Czernowitz*, im Oktober 1875 in der *Neuen Freien Presse* erschienen, darin wird der Terminus „Halb-Asien" erstmals verwendet. Denn aus einer Frage nach der europäisch-asiatische Grenze entwickelt er eine *Culturstudie im Fluge*, so der Untertitel seines Beitrags, die sich mit kulturellen Grenzlinien befasst: „Dich grüß ich in Ehrfurcht, ragende Halle, dir beuge ich mein Haupt, dicker Zahlkellner von Prerau, der du der letzte Pfeiler europäischer Speisecultur bist für jeden, der den Krakauer Eilzug benutzt. Hier sind noch die Tischtücher weiß, die Gläser rein, die Speisen genießbar."[25] In Mähren endet also

---

**23** Vgl. bspw. Büchmann, Georg (Hrsg.): Geflügelte Worte. Der Citatenschatz des deutschen Volkes. Berlin 1903.
**24** Franzos, Karl Emil: Aus Halb-Asien: Culturbilder aus Galizien, der Bukowina, Südrußland und Rumänien [Vorwort]. Erste Auflage. Leipzig 1876. Das hier zitierte Vorwort hat keine Seitenangaben und ist nicht mit der Einleitung desselben Bandes zu verwechseln.
**25** Franzos, Karl Emil: Von Wien nach Czernowitz. In: Eine Auswahl aus den Werken. Zwei Teile in einem Band. I: Kultur- und Reisebilder. II: Literarhistorische Schriften und andere Feuilletons. Hrsg. von Anna-Dorothea Ludewig u. Julius H. Schoeps unter Mitarbeit von Sabrina Wagner. Hildesheim [u.a.] 2008. S. 81–91, S. 86.

Franzos' Europa, denn bereits Krakau kann seine Kriterien nicht mehr erfüllen: „Für reisende Geographen werden die Tischtücher von Interesse sein; sie finden darauf alle erdenklichen Grenzen in verschiedenen Soßen ausgeführt. Wen etwa der Abgang des Zuges an eingehenden Studien hindert, der mag sich trösten: er wird nach drei Monaten, wenn er wieder hier sitzt, dasselbe Tischtuch mit denselben Soßen wiederfinden."[26] In Lemberg steigt der Reisende in den Eilzug nach Czernowitz um und wird hier nicht nur mit kulinarisch-hygienischen Katastrophen, sondern auch einer besonderen Literaturauswahl konfrontiert: „Es werden nur zwei Sorten Literatur feilgeboten: Obszönitäten und Hetzschriften gegen Juden. Man hält eben auf Lager, was Absatz findet. Aber wie charakteristisch ist der kleine Broschürenschatz für die Verhältnisse in Halb-Asien!"[27] Aber die Fahrt neigt sich dem Ende zu, das Ziel, und damit auch die Erlösung von der „Unkultur", rückt näher:

> Prächtig liegt die Stadt [Czernowitz] auf ragender Höhe. Wer da einfährt, dem ist seltsam zu Muthe: er ist plötzlich wieder im Westen, wo Bildung, Gesittung und weißes Tischzeug zu finden sind. Und will er wissen, wer dies Wunder vollbracht, so lausche er der Sprache der Bewohner: sie ist die deutsche. [...] Der deutsche Geist, dieser gütigste und mächtigste Zauberer unter der Sonne, er – und er allein! – hat dies blühende Stücklein Europa hingestellt, mitten in die halb-asiatische Culturwüste! Ihm sei Preis und Dank![28]

Der ironische Unterton in diesem durchaus unterhaltsamen Feuilletonbeitrag sollte nicht darüber hinwegtäuschen, dass es dem Autor durchaus ernst war mit seiner Huldigung des „deutschen Geistes", an dessen interethnische und interkonfessionelle Mittlerfunktion er unbedingt glaubte. Czernowitz war für ihn keine Ausnahmeerscheinung, sondern ein Vorbild, ein Leitbild für Städte wie Krakau und Lemberg. Dass diese „Stadt voller Minderheiten"[29] ein ebenso komplexes wie fragiles Gebilde war, das seine Entstehung „bestimmten historischen, politischen, soziopsychologischen Bedingungen"[30] verdankte, thematisierte er nicht. Und so befasst sich auch der Anschlusstext wieder mit dem segensreichen Wirken der deutsche Kultur, denn die Eisenbahnreise durch „Halb-Asien" hatte die Eröffnung der neugegründeten Czernowitzer Universität zum Ziel, über die Franzos als Korrespondent für verschiedenen österreichische und deut-

---

26 Franzos: Von Wien nach Czernowitz (wie Anm. 25), S. 87.
27 Franzos: Von Wien nach Czernowitz (wie Anm. 25), S. 90.
28 Franzos: Von Wien nach Czernowitz (wie Anm. 25), S. 91.
29 Yavetz, Zvi: Czernowitz – eine Stadt voller Minderheiten. In: „Czernowitz bei Sadagora". Identitäten und kulturelles Gedächtnis im mitteleuropäischen Raum. Hrsg. von Andrei Corbea-Hoisie und Alexander Rubel. Konstanz/Iași 2006. S. 193–201.
30 Rychlo, Peter: Zum Problem der Synthese der Bukowiner Multikultur. In: „Czernowitz bei Sadagora" (wie Anm. 29). S. 183–192, S. 192.

sche Zeitungen und Zeitschriften berichtete.[31] In der Sammlung *Aus Halb-Asien* findet sich ein ausführlicher Bericht zu den bezeichnenderweise als „Culturfest" bezeichneten Feierlichkeiten, und in diesem Text zeigt sich Franzos' persönliches Verständnis des deutschen und damit auch des jüdischen Kulturerbes besonders deutlich. Die Universitätsgründung ist für ihn der Sieg einer „lichten und sieghaften Macht"[32], der erst durch die 100-jährige Zugehörigkeit der Bukowina zu Österreich möglich geworden ist. So feiert die Bevölkerung auch, dass seit 1775 „ihre Heimath aus einer Wüste zur geschützten und sorglich umhegten Provinz eines zivilisirten [sic!] Staates geworden"[33]. Franzos schildert in seinem Feuilleton ausführlich die Geschichte der Bukowina und lässt keinen Zweifel daran, dass sich dieser Landstrich erst „unter [dem] milden starken Einfluß germanischer Cultur zu seiner Blüte entfalten konnte",[34] und stützt diese These durch verschiedene Statistiken. Die von ihm angeführten Daten zur ethnisch-konfessionellen Bevölkerungszusammensetzung weisen eine bemerkenswerte Formulierung auf, wenn er von „Deutsche[n] jüdischer und christlicher Konfession"[35] schreibt, spiegelt sich doch in diesem scheinbar nüchternen Halbsatz das vielleicht einzigartige Selbstbewusstsein der Bukowiner Juden besonders deutlich. An dieser Stelle darf nicht vergessen werden, dass dieser Bericht in der *Neuen Freien Presse* und damit in einer der einflussreichsten Tageszeitungen Wiens erschienen ist; Franzos verstand es also durchaus, subtile Akzente zu setzen. Sein Loblied auf die „deutsche Mission im Osten" gipfelt in der Feststellung, dass „[d]er Jude in der Bukowina [...] sozial, politisch und moralisch ungleich, ja unglaublich höher[steht], als der polnische oder rumänische Jude, und ich habe Gelegenheit, da wieder einmal von ganzem Herzen mein Sprüchlein anzubringen: ‚Jedes Land hat die Juden, die es verdient…'"[36] Für diese Äußerung wurde Franzos scharf kritisiert, aber er blieb bei seiner Vorstellung von einer Wechselwirkung zwischen Integrations- und Akkulturationsbereitschaft. Deutlich später, wohl im Rahmen seiner Berliner Tätigkeit für das *Deutsche Central-Komitee für die russischen Juden*, präzisierte er diese Auffassung am Beispiel der russischen Juden, die „in derselben Art, wie auch ihre Glaubensgenossen im Westen, Engländer, Franzosen, Deutsche

---

31 Alle Artikel, die Franzos anlässlich der Universitätsgründung publiziert hat, finden sich bei Rychlo, Petro: Karl Emil Franzos und die Gründung der Universität in Czernowitz. In: Minikosmos Bukowina. Kulturleistungen eines Landstrichs. Hrsg. vom Bukowina Zentrum an der Nationalen Jurij-Fedkowitsch-Universität Czernowitz. Czernowitz 2006. S. 219–226, insbes. S. 221f.
32 Franzos, Karl Emil: Ein Culturfest. In: Eine Auswahl aus den Werken (wie Anm. 25). S. 105–133, S. 105.
33 Franzos, Ein Culturfest (wie Anm. 32). S. 105.
34 Franzos, Ein Culturfest (wie Anm. 32). S. 106.
35 Franzos, Ein Culturfest (wie Anm. 32). S. 108.
36 Franzos, Ein Culturfest (wie Anm. 32). S. 112.

jüdischen Glaubens geworden sind, *Russen jüdischen Glaubens* werden und wie jene treue Söhne ihres Vaterlandes. Nur damit ist ihnen, Rußland und der Cultur dauernd genützt"[37].

Gerade auch vor diesem Hintergrund verlor Franzos sein Ziel, eines Tages in Deutschland zu leben, nicht aus den Augen. Den geistig-kulturellen Schritt nach Deutschland hatte bereits der Schüler, vielleicht sogar das Kind Karl Emil Franzos vollzogen, der geographische Schritt folgte hingegen sehr viel später: Erst 1887 ließ sich Franzos in Berlin nieder, eine Entscheidung, die eng verbunden war mit der lang ersehnten Gründung einer eigenen literarischen Zeitschrift, der *Deutschen Dichtung*. Diese Zeitschrift sollte nun, gemeinsam mit dem Ortswechsel von Wien nach Berlin, die Grundlage für jene deutsch-jüdische Symbiose bilden, die Franzos sein Leben lang angestrebt hatte. Leider kann auf die *Deutsche Dichtung* an dieser Stelle nicht näher eingegangen werden, angemerkt sei nur, dass diese Zeitschrift von dem tiefen Wunsch getragen wurde, einen eigenen, einen dauerhaften Beitrag zur deutschen Literatur zu leisten und sich erneut zur deutschen Kulturnation zu bekennen.

Doch im Berlin der 1880er Jahre fand Franzos nun eine Situation vor, die mit seinen ohnehin hohen Erwartungen kaum übereinstimmte, denn er, der in Wien in erster Linie immer als deutscher Literat wahrgenommen worden war, wurde in Berlin nun in erster Linie als Jude gesehen. Seit seiner Kindheit in Czortkow war Franzos nicht mehr mit einer so deutlichen Trennung zwischen jüdischem und nichtjüdischem Leben konfrontiert worden. Auch wenn die Grenzen in Deutschland, in Berlin natürlich subtiler und weniger sichtbar verliefen als in Galizien, waren diese doch genauso unüberwindbar. Vor diesem Hintergrund war auch Franzos' literarisch-editorisches Schaffen in Deutschland deutlich eingeschränkt; seine Hoffnungen auf eine berufliche und private Weiterentwicklung haben sich sicher nicht erfüllt.

Um als Schriftsteller weiterhin tätig sein zu können, musste Franzos immer mehr auf jüdische Strukturen und Publikationsorgane zurückgreifen. So schrieb er nun beispielsweise für die *Allgemeine Zeitung des Judenthums* und für die Zeitschrift *Im Deutschen Reich*, die vom *Central-Verein deutscher Staatsbürger jüdischen Glaubens* herausgegeben wurde, und er bewegte sich im sozialen und kulturellen Umfeld der Berliner jüdischen Gemeinde. Auch seine Mitgliedschaft in verschiedenen jüdischen Vereinen, wie dem *Centralverein*, der *Gesellschaft der Freunde* und eben dem *Deutschen Central-Komitee für die russischen Juden*, dokumentiert diese Entwicklung. Seine Vortragsreihen zu Themen wie

---

37 Franzos, Karl Emil: Die Juden in Russland. Nach Zeugnissen christl. Russen. Handschriftlicher Entwurf, ohne Datum, Wienbibliothek im Rathaus, H.I.N. 114.472, S. 1f. Hervorhebung im Original. Franzos engagierte sich zwischen 1891 und 1895 beim Central-Komitee.

*Über osteuropäische Literatur, Gogol und Turgenjew* oder *Die deutsche Ghettonovelle* wurden gut honoriert, aber er stellte sich als Redner auch oft für wohltätige Zwecke zur Verfügung; in diesem Zusammenhang trat er u.a. bei der jährlichen Veranstaltung des Vereins *Berliner Presse* auf, der einen großen Sozialfonds unterhielt. Auch das Kuratorium der *Hochschule für die Wissenschaft des Judentums* wurde von Franzos bei den alljährlichen Sammlungen für unbemittelte Studenten unterstützt. Der *Jüdische Vortrags-Vereinsverband* führte ihn als Redner ebenso wie der *Deutsche Verband von Vereinen für öffentliche Vorträge* und der *Verein für jüdische Geschichte und Kultur*.

Dass Franzos in Berlin gezwungen war, sich beruflich und privat immer mehr in jüdischen Kreisen zu bewegen, war für ihn, der in Deutschland die Erfüllung seiner persönlichen deutsch-jüdischen Symbiose zu finden gehofft hatte, in besonderem Maße ernüchternd. Die Einsicht, dass Czernowitz eben nicht der „Vorhof", sondern bereits das, wenn auch noch so kleine, Paradies gewesen ist, muss ihn stark enttäuscht haben. Und auch seine Hoffnung, über sein Werk zu einem Teil des (jüdisch-)deutschen Kulturerbes zu werden, hat sich nicht vollständig erfüllt. Festzuhalten ist, dass er in seinem Werk ein wenig differenziertes Bild des orthodoxen und chassidischen Judentums vermittelt, das zeigt schon alleine die mangelnde Unterscheidung zwischen diesen beiden so unterschiedlichen jüdischen Strömungen.[38] Er hat bewusst gegen Fanatismus und Aberglauben polemisiert und das durchaus nicht nur in Bezug auf das Judentum. Aber natürlich fand Letzteres besondere Beachtung, und dass seine Äußerungen, die er eben nicht nur als Kenner von Land und Leuten, sondern auch als Jude tätigte, im schwelenden Antisemitismus nur zu gerne aufgegriffen und entsprechend verwendet wurden, hat ihn wenig gekümmert. Zu groß war sein Bedürfnis, als Deutscher unter Deutschen wahrgenommen zu werden, zu wichtig war ihm seine persönliche „Mission in Halb-Asien", die sein Werk abheben sollte von anderen Ghettogeschichten und Reisebildern. Diese Deutschnationalität um jeden Preis ist an Franzos haften geblieben, denn sie hat sein Werk so stark geprägt, dass die Rezeption nach der Schoa, so es sie überhaupt gab, einen bitteren Beigeschmack hatte. Denn es ist nicht vergessen, dass er – ob bewusst oder unbewusst – gerade in den Kulturbildern immer wieder antisemitischen Stereotypen Vorschub leistete. Schon fast tragisch ist die Nennung von Karl Emil Franzos in dem antisemitischen Nachschlagewerk *Jüdische Herkunft und Literaturwissenschaft*, die ihn als jüdischen Autor stigmatisiert hat, denn er wird dort als „von den Deutschen geschätzt" bezeichnet, da er „in den Kulturbildern ‚Aus Halb-Asien' und den

---

**38** Eine Ausnahme ist Franzos' später Roman *Der Pojaz* (vollendet 1893, erschienen posthum 1905), in dem er eine sehr viel differenziertere und emphatischere Haltung gegenüber dem osteuropäischen Judentum einnimmt.

Novellen ‚Die Juden von Barnow' wichtige Beiträge zur Erkenntnis der Ostjuden gab"[39].

Auch in Czernowitz selbst löste Franzos Kontroversen aus, so führte der Antrag, eine Straße nach ihm zu benennen, nach seinem Tod zu Diskussionen im Stadtrat. Nicht alle Mitglieder waren der Meinung, dass er sich um seine ehemalige Heimat verdient gemacht hätte, vielmehr empfanden sie seinen literarischen Umgang mit Czernowitz und der Bukowina, insbesondere die vielzitierte Wendung „Halb-Asien", als herabsetzend und beleidigend.[40] Weiterhin habe Franzos der Stadt „durch die Bekanntmachung von Theodor Mommsens Ansicht, der die Czernowitzer Universität als ‚k.k. Strafkolonie' bezeichnete"[41], geschadet. Dennoch erinnert die Franzosgasse an den so umstrittenen Autor, der damit selbst zu einem Teil des deutsch-jüdischen Kulturerbes in der Bukowina geworden ist. Und auch an dieser Stelle zeigt sich, dass Franzos' Leben und Werk untrennbar mit der Bukowina, mit Czernowitz verwoben ist. „Immer zurück zum Pruth"[42] formulierte Rose Ausländer sehr viel später und unter ganz anderen Umständen, aber in gewisser Weise gilt dieses Diktum auch für Karl Emil Franzos und steht in widersprüchlicher Ergänzung neben den bereits angesprochenen deutsch-jüdischen Leitsätzen seines Vaters. Die Erwähnung seiner Person in der Büchner-Preis-Rede Paul Celans knüpft daran an, denn die Suche des Dichters nach der „Gegend, aus der Reinhold Lenz und Karl Emil Franzos, die mir auf dem Weg hierher und bei Georg Büchner begegneten, kommen", führt schließlich zu der Suche nach dem „Ort meiner eigenen Herkunft"– denn sie waren beide Bukowiner, Czernowitzer Juden.[43]

Karl Emil Franzos starb am 28. Januar 1904 in Berlin und wurde in einem Ehrengrab auf dem jüdischen Friedhof Weißensee beigesetzt.

---

39 Bartels, Adolf: Jüdische Herkunft und Literaturwissenschaft. Leipzig 1925. S. 105.
40 Vgl. Lihaciu, Ion: Die Zeitschrift *Im Buchenwald*. Ein Spiegel der kulturellen Zustände in Czernowitz um 1890. In: „Czernowitz bei Sadagora" (wie Anm. 29). S. 215–243, S. 235.
41 Lihaciu: Die Zeitschrift *Im Buchenwald* (wie Anm. 40). S. 235.
42 Die Zeile stammt aus Rose Ausländers Gedicht „Pruth".
43 Celan, Paul: Büchner-Preis-Rede (1960). In: Büchner-Preis-Reden 1951–1971. Stuttgart 1972. S. 88–102, S. 101. Der Bezug auf Karl Emil Franzos ist in doppelter Hinsicht zu verstehen, denn Franzos war nicht nur Celans „Landsmann", sondern edierte auch die erste Werkausgabe Georg Büchners (erschienen 1879).

Thomas Brechenmacher/Michael Wolffsohn
# Sprache und Heimat, Heimat und Hölle[1]

Deutsch ist die Sprache des Holocaust. Sollen deutsche Exil-Juden weiter Deutsch sprechen? Welche Sprache konnten sie? Deutsch natürlich, was sonst? Jede andere wäre Kunst- oder Zweitsprache und damit bestenfalls die zweitbeste Denk- und Gefühlssprache gewesen. Deshalb klingt es etwas autosuggestiv, wenn Elias Canetti 1944 seinen „Aufzeichnungen" anvertraut: „Die Sprache meines Geistes wird die deutsche bleiben, und zwar gerade weil ich Jude bin."[2] Wer Canettis Werk kennt, besonders sein autobiografisches, der weiß, dass seine dominante Mutter systematisch Jüdisches aus dem Familienalltag verdrängt hatte. Auch Canetti verwechselte die jüdische Situation mit jüdischer Substanz. Wer wollte es ihm verdenken, wenn man an seine und der Juden Situation 1944 und danach denkt? Dem Sinnlosen wollte er Sinn geben, das millionenfache Opfer innerlich bewältigen, zumal ihm das Jüdische als Jüdisches nichts bedeutete – und er es außerdem falsch deutete. Abraham nannte er das „Urmodell des Gehorsams"[3]. Hatte er, nur als ein Beispiel, den Abschnitt überlesen, in dem Abraham mit Gott geradezu dreist feilschte, um die sündigen Einwohner von Sodom und Gomorrha zu retten? Canettis Ausführungen über Jüdisches sind ebenso apodiktisch wie oberflächlich. Die Welt des Nur-Jüdischen war ihm zu eng.[4] Was war an ihm noch jüdisch? Am ehesten, im Sinne Paul Celans, „ein umfassendes geistiges Prinzip"[5].

Auch für den deutsch-jüdischen „Literaturpapst" Marcel Reich-Ranicki, Jahrgang 1920, gilt: Sein Judentum ist seiner Situation geschuldet, es entbehrt genuin jüdischer Inhalte – was Reich-Ranicki nie abstritt. Seine Situation ist jüdisch, sein Sein die deutsche Literatur, sein „Kanon" derselben umfassend. Was der Leser seiner Autobiografie „Mein Leben" über Religion, besonders die jüdische, findet, ist allerdings eher dünn. „Das ist es, was ich an der mosaischen Religion nicht ertragen kann: Ihre Wirkung und Unfähigkeit, unzählige, seit Menschengedenken existierende, aber längst sinnlos gewordene Gebote und Vorschriften abzu-

---

1 Nachdruck des gleichnamigen Kapitels aus Wolffsohn, Michael u. Brechenmacher, Thomas: Deutschland, jüdisch Heimatland. Die Geschichte der deutschen Juden vom Kaiserreich bis heute. München, Zürich 2008. S. 231–251, mit freundlicher Genehmigung des Verlags Piper, München.
2 Zit. nach Stieg, Gerald: Canetti, Elias. In: Metzler Lexikon der deutsch-jüdischen Literatur. Jüdische Autorinnen und Autoren deutscher Sprache von der Aufklärung bis zur Gegenwart. Hrsg. von Andreas B. Kilcher. Stuttgart 2000 (Tb.-Ausg., Frankfurt/M. 2003). S. 99–102, S. 99.
3 Stieg: Canetti (wie Anm. 2). S. 102.
4 Stieg: Canetti (wie Anm. 2). S. 102.
5 Sparr, Thomas: Celan, Paul. In: Lexikon der deutsch-jüdischen Literatur (wie Anm. 2). S. 103–107, S. 103.

schaffen oder zumindest zu reformieren."⁶ Selbst für einen Proseminarschein würde eine so verkürzte und letztlich falsche Behauptung nicht ausreichen. Auf welch wackeligen Füßen sie steht, gesteht Reich-Ranicki einige Seiten weiter selbst: „Übrigens verdanke ich, was ich in meiner Jugend über das Judentum erfahren habe, paradoxerweise vor allem dem preußischen Gymnasium in den Jahren des Dritten Reichs."⁷ Fürwahr, eine solide Einführung in das Judentum! Auch begrifflich greift Reich-Ranicki daneben, denn Judentum ist weit mehr als „mosaisch", also im strikten Sinne auf die fünf Bücher Mose bezogen.

Fische leben im Wasser, Dichter und Schriftsteller in ihrer Sprache, deutschsprachige in der deutschen. Das ist die eine Seite der deutschen Sprache. Die andere: Es war die Sprache der Mörder. Ilse Aichinger sah das „nach Auschwitz", in der Bundesrepublik, immer mehr so.⁸ Und noch ein Blickwinkel: Es war, ist und bleibt die Sprache der Deutschen „wie du und ich", harmlos, alltäglich, menschlich, unmenschlich, nie für Kollektive verbindlich, letztlich nur individuell bestimmbar. Sind Sprache und Territorium miteinander unauflöslich verflochten? Sprachgeschichtlich waren sie es, sie haben sich entkoppelt. Wie sehr? Allgemein verbindliche Antworten wird man nicht geben können. Wenn wir über die Sprachheimat der deutsch-jüdischen Exilanten sprechen, müssen wir diese allgemeinen Fragen bedenken und können doch nur individuelle Antworten finden. Manchmal wirkt derselbe Gedanke, dasselbe deutsche Zitat bei unterschiedlichen Menschen unterschiedlich. Dazu ein Beispiel.

Selbst oberflächlich belesene deutsche Schüler aller Generationen und Regionen vereint seit dem 19. Jahrhundert das Wissen um dieses Attinghausen-Zitat aus Friedrich Schillers „Wilhelm Tell (Zweiter Aufzug, erste Szene):

> O lerne fühlen, welches Stamms du bist!
> Wirf nicht für eitlen Glanz und Flitterschein
> Die echte Perle deines Wertes hin –
> Das Haupt zu heißen eines freien Volks,
> Das dir aus Liebe nur sich herzlich weiht.
> Das treulich zu dir steht in Kampf und Tod –
> Das sei dein Stolz, des Adels rühme dich –
> Die angebornen Bande knüpfe fest,
> Ans Vaterland, ans teure, schließ dich an,
> Das halte fest mit deinem Herzen.
> Hier sind die starken Wurzeln deiner Kraft;

---

**6** Reich-Ranicki, Marcel: Mein Leben. Frankfurt a.M. 1999. S. 57. Zum Judentum allgemein hier S. 56ff.
**7** Reich-Ranicki: Leben (wie Anm. 6). S. 59f.
**8** Rosenberg, Nicole: Aichinger, Ilse. In: Lexikon der deutsch-jüdischen Literatur (wie Anm. 2). S. 7–10.

Dort in der fremden Welt stehst du allein,
Ein schwankes Rohr, das jeder Sturm zerknickt.

Für Horst (!)⁹ Schmidt ist in der ewigjungen, stolzlinken Zeitschrift „konkret" der Sachverhalt klar: „Die Wirkungsgeschichte Friedrich Schillers (...) wurde entscheidend von Nationalismus und völkischer Ideologie geprägt."¹⁰ Der Sachverhalt ist jedoch erheblich vielschichtiger. Ja, die Nationalsozialisten haben anfänglich „Wilhelm Tell" für ihre Zwecke benutzt. Sie merkten aber sehr bald, dass Schiller freiheitliche „Konterbande" enthielt. Am 3. Juni 1941 erließ Adolf Hitler über „Reichsleiter" Martin Bormann folgende Anweisung: „Der Führer wünscht, dass Schillers Schauspiel ‚Wilhelm Tell' nicht mehr aufgeführt wird und in der Schule nicht mehr behandelt wird."¹¹

Das war dem Bamberger Juden Justus Saalheimer sicher unbekannt. Der einstige „Königlich-Bayerische Ulan" des Ersten Weltkriegs, der noch bis zum 9. November 1938 „an Deutschland" geglaubt hatte, bis er von einem SA-Knüppelschläger anders belehrt wurde, zitierte diese Schiller-Worte gerne zu feierlichen Familienanlässen – „nach Auschwitz". Saalheimers Enkel Michael wurde mit jenem Schiller-Zitat erstmals am 26. Mai 1960, am Abend seiner „Bar-Mitzwa", der jüdischen „Konfirmation", konfrontiert. Opa und Oma waren extra aus Israel nach Berlin gekommen. Opa, immer sehr pädagogisch und, obwohl nicht besonders gebildet, deutsche Bildungsschätze gerne zitierend, erhob sich, sprach – natürlich deutsch – familienhistorisch-familiär, erinnerte an Bamberg, glückliche Jahre, unglückliche, lebensgefährliche Zeiten, Flucht, Rettung, neues Leben in „Palästina"/Israel, am Alten hängend, die neue Sprache kaum kennend, und zitierte eben jene Schiller-Passage.

---

**9** Der traditionelle deutsche Vorname „Horst" war bis Anfang der 1930er Jahre ein beliebter Allerweltsname und ist ab 1930 eng mit Aufstieg und Niedergang des Nationalsozialismus verbunden. Der von einem Kommunisten im Januar 1930 in Berlin wegen eines Streits um ein nicht ganz einwandfrei beleumundetes Mädchen ermordete SA-Sturmbannführer Horst Wessel wurde als Toter bekanntlich NS-„Märtyrer" und damit Kultfigur. Der Vorname „Horst" wurde ab 1930 unter Anhängern des Nationalsozialismus ein regelrechter Hit. Die „Horst"-Kurve stieg ab 1930, explodierte gerade ab 1933 – und sank (nach Stalingrad!) ab Anfang 1943 ins Tal der Vergessenheit, weil man vergessen, zumindest seine NS-Gesinnung als Namensgeber nicht mehr so öffentlich kundtun wollte. Vgl. dazu Wolffsohn, Michael u. Brechenmacher, Thomas: Die Deutschen und ihre Vornamen. 200 Jahre Politik und öffentliche Meinung. München, Zürich 1999. Hier Kapitel VII, besonders S. 208.
**10** http://www.konkret-verlage.de/kvv/txt.php?text=ansvaterlandansteure&jahr=2005&mon=05 (3.9.2014).
**11** Ruppelt, Georg: Hitler gegen Tell. http://www.mediaculture-online.de/fileadmin/bibliothek/ruppelt_tellverbot/ruppelt_tellverbot.html (8.3.2013).

Der literarisch unverbildete Dreizehnjährige konnte die Botschaft mühelos verstehen, wegen der eindeutigen Botschaft dessen, der sie übermittelte: Hier war, so wenig wie im „Tell", von einem konkreten deutschen „Vaterland" oder „Stamm" die Rede. Hier sprach ein Entwurzelter, der seinem Enkel sagen wollte: „Ich weiß, du fühlst dich hier in Deutschland wohl. Es ist wirklich ein neues Deutschland geworden. Trotzdem: Mach nicht den gleichen Fehler wie ich. Das hier ist nicht dein Land. Hier wird sich niemand für dich einsetzen. In der Not wird man dich fallen lassen."

Die „starken Wurzeln deiner Kraft", das waren für Opa am Abend nach dem „Bar-Mitzva-Gottesdienst" des Enkels ganz sicherlich jüdische, religiös-jüdische Wurzeln, weniger israelische – und mit Sicherheit keine deutschen. „Auch wenn du weiter in Deutschland lebst, halte dich an die jüdische Welt, an das jüdische Volk." Das war Opas Botschaft. „Völkisch"? Wenn, dann ganz anders. Für einen deutschen „Horst", zwischen 1930 und 1945 geboren, der „aus der Geschichte gelernt hat", konnte „Völkisches", gleich welches, nur Übelkeit auslösen. Für Opa war dieses „Völkische" die einzig „richtige Lehre aus der Geschichte". Wer hat recht? Jeder hat recht, jeder für sich. Erst wenn wir erkennen, dass jeder der beiden „sein" Völkisches nur so und nicht anders sehen und verstehen musste, können wir wieder zueinander finden.

Wir erkennen zugleich dies: Die deutsche Literatur und Sprache, und sei sie in Deutschland gesprochen, ist letztlich doch nur ein Ersatz für die endgültig verlorene Heimat Deutschland – so trostreich und versöhnend der Gedanke von der deutschen Literatur und Sprache als „Heimat", besonders von Marcel Reich-Ranicki individuell absolut glaubwürdig vorgetragen, auch sein mag. In der „Heimat" ist man eben auch körperlich „daheim", nicht nur geistig. Voraussetzung und Ziel von „Heimat" und Liebe gleichen einander: sie wollen Gegenwärtigkeit, Gegenwärtigkeit im körperlichen Sinne. Wenn jene Gegenwärtigkeit entfällt – beispielsweise durch Trennung oder gar Tod des lebend Geliebten – trauert der Hinterbliebene, der vom geliebten Menschen verlassen wurde oder die Heimat verlassen musste.

Exilerfahrung und die Heimat-Nostalgie der Exilierten sind weder typisch jüdisch noch typisch deutsch-jüdisch, sie sind allgemein. Die Ursachen des Exils, das Flucht aus der Hölle und selten ins Paradies war, waren sehr wohl typisch deutsch-jüdisch, denn sie wurden den deutschen Juden von Deutschland aufgezwungen. Das ist die Sicht von oben, das Allgemeine betreffend.

Individuell ist das jeweilige Schicksal immer am härtesten. Voll liebe-, humor- und kunstvoller Ironie, gepaart mit Bosheit, beschreibt der Philosoph Ludwig Marcuse in seiner Autobiografie „Mein zwanzigstes Jahrhundert" seine Exilerfahrung.[12] Wie alle litt auch Ludwig Marcuse, aber anders als viele der anderen berühmten Exilanten, Bertolt Brecht, Thomas und Heinrich Mann, Alfred Döblin, Lion Feuchtwanger, nahm er sich selbst nicht so wichtig – und wurde vielleicht deshalb mit der ungewollten Lebenssituation besser, scheinbar leichter fertig. Die Schwermütigkeit als Reaktion auf mangelnde Anteilnahme und Anerkennung mag ein Phänomen mehr selbstzentrierter Selbstdarsteller sein; Schriftsteller, Intellektuelle zählen öfter dazu. Sie litten tatsächlich mehr als Nicht-Intellektuelle an der neuen Wurzellosigkeit, über die manche, sich selbst beobachtend, nachdenkend verzweifelten. Waren nicht-intellektuelle Exilanten „glücklicher"? Das wohl nicht, aber sie nahmen ihre Unzufriedenheit, Traurigkeit, selbst ihre mit dem Exil verbundene wirtschaftliche Not zupackender an und versuchten den Alltag mit alltäglichen Mitteln zu bewältigen. Litt jemand in Justus Saalheimers Tel-Aviver Umgebung an Schlechtlaune oder Weltenschmerz, fragte der zur schalkhaften Derbheit neigende Ex-Bamberger, ob der oder die Betreffende an diesem Tag „den eigenen Toches" (Hintern) noch nicht gesehen habe.

Hermann Mayer, benannt nach „Hermann bzw. Armin, dem Cherusker", der 9. n.Chr. mit seinen Germanen die römischen Legionen des Varus im Teutoburger Wald geschlagen hatte, Hermann Mayer liebte Israel, er liebte Jerusalem. Sein Vater, der Berliner Buchhändler Ludwig Mayer, hatte am 1. April 1933, dem Tag des nationalsozialistischen Boykotts gegen „jüdische Geschäfte", erkannt, dass ihres Bleibens in Deutschland nicht mehr sein konnte, und war mit seiner Familie nach Jerusalem geflohen. Dort, in der Buchhandlung „Mayer Books", die Hermann und sein Bruder Rafi vom Vater übernommen haben, setzten sie dessen deutsch-bildungsbürgerliche Tradition, israelisch übergossen, fort. Israel sei wunderschön, fand Hermann, aber Heidelbeeren aus deutschen Wäldern und der Duft dieser Heidelbeeren fehlten ihm so sehr.[13] Diesen Duft und den Duft der deutschen Sprache atmeten die wenigen deutsch-jüdischen Rückkehrer, die aber als Rückkehrer in Israel und in der allgemeinen Diaspora wegen ihrer Rückkehr eher verachtet wurden.

Psychologisch verständlich ist Ilse Aichingers Befangenheit gegenüber der deutschen Sprache („Deutsch als Sprache der Mörder"). Doch sie bleibt an der Oberfläche des Phänomens „Sprache als Mittel der kriminellen Manipulation und nicht der Kommunikation", engt es national, deutsch ein. Das Problem ist aber grundsätzlich, universal. In diese Dimension dringt lyrisch Nelly Sachs (1891–1970) vor, die in Berlin geborene Trägerin des Literaturnobelpreises 1966.

---

[12] Marcuse, Ludwig: Mein zwanzigstes Jahrhundert. Auf dem Weg zu einer Autobiographie. München 1960.
[13] Begegnungen von Michael und Rita Wolffsohn mit Hermann und Rafi Mayer, erstmals August 1976, Jerusalem.

Vor Hitler nach Schweden geflohen, hat sie den Holocaust selbst nicht miterleben müssen und hat ihn trotzdem eindrucksvoll in Lyrik geformt. Sie ist in der Heimat der deutschen Sprache geblieben, aber geografisch nicht zurückgekehrt, in Stockholm gestorben. Sprache ist das Thema ihres 1948/49 geschriebenen Gedichts „Völker der Erde".

> Völker der Erde
> Ihr, die ihr euch mit der Kraft der unbekannten
> Gestirne umwickelt wie Garnrollen,
> die ihr näht und wieder auftrennt das Genähte,
> die ihr in die Sprachverwirrung steigt
> wie in Bienenkörbe,
> um im Süßen zu stechen
> und gestochen zu werden –
>
> Völker der Erde,
> zerstört nicht das Weltall der Worte,
> zerschneidet nicht mit den Messern des Hasses
> den Laut, der mit dem Atem zugleich geboren wurde.
>
> Völker der Erde,
> o dass nicht einer Tod meine, wenn er Leben sagt –
> und nicht einer Blut, wenn er Wiege spricht –
>
> Völker der Erde,
> lasset die Worte an ihrer Quelle,
> denn sie sind es, die die Horizonte
> in die wahren Himmel rücken können
> und mit ihrer abgewandten Seite
> wie eine Maske dahinter die Nacht gähnt
> die Sterne gebären helfen.[14]

Nelly Sachs' Lyrik gehört selbstverständlich in die Kategorie „Zeitzeugenschaft" des Holocaust. Sie erhebt Zeitzeugenschaft zu großer Literatur und verwandelt das Besondere, das Schicksal der Juden im Holocaust, zum Allgemeinen, zur Darstellung des Ungeheuerlichen, das Menschen Menschen antun. Sie widmet sich dem (Un-)Mensch-Sein, nicht nur dem jüdischen Sein und dessen Vernichtung. So wird die Vernichtung der Juden zur Vernichtung des Menschlichen im Menschen an sich.

Gerade im Vergleich zu Ilse Aichinger wird der Milieuunterschied erkennbar: hier Nelly Sachs, die Tochter aus bestem berlinisch-jüdischem, kosmopoli-

---

**14** Sachs, Nelly: Völker der Erde, zit. nach Gedichte fürs Gedächtnis. Zum Inwendig-Lernen und Auswendig-Sagen. Hrsg. von Ulla Hahn. 6. Aufl. Stuttgart 2000 u.ö. S. 216. – Sachs, Nelly: Fahrt ins Staublose. Die Gedichte, Frankfurt/M. 1961 u.a.

tischem Großbürgertum, dort die kleinbürgerlich österreichisch-bayerische Enge der „Halbjüdin" Ilse Aichinger, die von der außenbestimmten jüdischen Situation erfasst und nicht mit oder zu innerjüdischer Substanz erzogen worden war.

Beobachten wir hier dieses spannende Phänomen: das katholisch geprägte Umfeld als enger, begrenzender, sich der Weltfülle verschließender Rahmen, die globale Mini-Gemeinschaft der Juden als Großrahmen, als weltoffene Weltgemeinschaft. Erkennt deshalb Ilse Aichinger im Missbrauch der Sprache ein deutsches, Nelly Sachs ein Weltproblem? Die deutsche Jüdin Nelly Sachs, die Kaiserreich, Krieg und Weimarer Republik in Deutschland erlebt hatte, war und blieb Weltbürgerin. Durch Deutschland erkannte sie Welt – trotz Deutschland. Jüdisches „Überlebenstraining" hatte sie strukturell für die Welt geöffnet, jenseits ihrer persönlichen Hochbegabung.

Jedoch: Das „Jüdische" bei Nelly Sachs ist historisch, kulturell und soziologisch geworden, nicht aber theologisch, religiös. Es zeigt einmal mehr, dass religiös, existenziell, intellektuell und sprachlich Bedeutendes kaum noch innerhalb des schrumpfenden jüdisch-religiösen „Gettos" geschieht, gedacht, geformt wird. Daraus abgeleitet gibt es – wie schon seit dem 19. Jahrhundert – nur eine Prognose in die Zukunft: Die intellektuelle und sprachliche Brillanz von Juden stabilisiert nicht die Substanz der Juden als religiöse Juden. Die Säkularisierung frisst auch ihre jüdischen Kinder.

Also doch keine „Auferstehung"? Nelly Sachs ist die Dichterin der „Endlösung", nicht der Auferstehung. Und jüdische Auferstehung, wie wir sie meinen, bedeutet zuerst das Wiederentstehen einer jüdischen Gemeinschaft in Deutschland. Diese war vor und ist auch nach Auschwitz vornehmlich nichtreligiös. Damals hatten sich auch die gemeinschaftlichen Bande gelockert. Das ist „danach" – bisher – nicht der Fall.

Auch Else Lasker-Schüler (1869–1945) ist eine Dichterin des jüdischen Untergangs. Wie Nelly Sachs erwähnen wir sie in diesem Kapitel, weil trotz Verfolgung, Vertreibung und Vernichtung die deutsche Sprache und Kultur für sie eine, allerdings unzureichende, Heimat geblieben war. Im wahrsten Sinne des Wortes fühlte sie sich in Palästina todunglücklich. 1945 starb sie an einem Herzanfall in Jerusalem. Auf dem Ölberg wurde sie bestattet. Von dort springen am Tag der Auferstehung die Seelen zuerst in den Himmel, sagt die jüdisch-religiöse Tradition. Es wäre dieser zu Lebzeiten so Unglücklichen zu wünschen. Am jüdischsten, am zionistischsten aller jüdischen Orte, in Jerusalem, konnte sie, während Deutschland Millionen Juden abschlachtete, nicht von ihrer deutschen Heimat lassen.

Seit Anfang der 1940er-Jahre betrieb Else Lasker-Schüler in Jerusalem den „Kraal", einen Kreis mit regelmäßigen Vorträgen wechselnder Referenten – in deutscher Sprache.[15] „Kraal" – eine Siedlungszelle afrikanischer Nomaden – klingt wie „Gral". „Gral", das führte zurück nach Europa, zum Mythos vom Heiligen Gral, und das war nicht nur die Artussage, sondern auch „Parsival", und „Parsival" war – Richard Wagner, der bekennende und vom „Führer" unendlich verehrte Antisemit, der das berüchtigte Pamphlet über „Das Judentum in der Musik" geschrieben hatte.

Diese Vielschichtigkeit dürfte gewollt gewesen sein, denn sie entsprach dem Lebensgefühl der „Jeckes", der verlachten, bürgerlichen Gemeinde der deutschen Juden in Palästina/Israel, die sich tatsächlich als eine Art Verwandtschaft, Großfamilie fühlte und teilweise Wagner trotz Wagner liebte. Argumentativ und vor dem eigenen schlechten Gewissen konnte man sich dabei sogar urzionistisch rechtfertigen, denn der zweite Zionistenkongress war in Basel 1898, dem Wunsch des Zionistenvaters Theodor Herzl gemäß, mit der „Tannhäuser"-Ouvertüre feierlich eröffnet worden.[16]

In einem solchen „Kraal" unfreiwilliger deutsch-jüdischer „Wahlverwandtschaften" – und es gab sie überall, wohin es die von Hitler geschlagenen Jeckes hinverschlagen hatte – dachte man grenzenlos, weil man nicht an die meist engen Grenzen der eigenen Sprach(un)fähigkeit stieß. Hier konnte man endlich wieder sagen, was man wusste und wollte, nicht nur, was man konnte.

Nicht nur Wagner liebten so viele Jeckes, sie pflegten auch ihre Kaffeehaus-Kultur. Wo? Im Jerusalemer „Atara". Da traf man nicht nur Schalom Ben-Chorin. Im Tel-Aviver „Meersand" mit köstlichen Pralinen und Gebäck klopfte Opa Justus Saalheimer mit anderen Jeckes „wie alle Gojim" an ihren Stammtischen allwöchentlich seinen Skat. Das war durchaus ein Vergnügen („naches") nach Art der „Gojim", also „GojimNaches", abgekürzt „GN". Das brauchte man, um Kraft für den israelischen Alltag zu tanken. Kraft durch Sprache, die deutsche Sprache und quasi deutsches Ambiente wie im „Dalia", direkt an der Strandpromenade, wo Opa mit den alt gewordenen Altersgenossen noch in den 50er- und frühen 60er-Jahren mit seinem „Klub des Goldenen Alters" kaffeetafelnd tagte: Sehnsucht nach Deutschland, dem unmöglichen Zuhause, dem Nie-wieder-Zuhause.

„Zu Hause" – das war geografisch und nicht nur sprachlich – auch in Jerusalem, als ihr letzter Gedichtband „Mein blaues Klavier" erschien, für Else Lasker-Schüler offensichtlich immer noch Deutschland, das verrohte Deutschland in einer verrohten Welt. Über all dem schwebte der große deutsche Romantiker Novalis mit seinem Novalis-Blau, der „Farbe des Reinen, des Fernen, des

---

15 Bodenheimer, Alfred: Lasker-Schüler, Else. In: Lexikon der deutsch-jüdischen Literatur (wie Anm. 2), S. 379.
16 Vgl. Theisohn, Philipp: Die Urbarkeit der Zeichen. Zionismus und Literatur – eine andere Poetik der Moderne. Stuttgart, Weimar 2005. S. 112.

Göttlichen"[17]. Das Reine, das blaue Klavier, ist aber zerschlagen, „zerbrochen". „Es steht im Dunkel der Kellertür, / Seitdem die Welt verrohte."[18] Tiefste Tragödie: In Jerusalem denkt die Dichterin, wie ihr blaues Klavier „zerbrochen" und gebrochen, an ihr Musikinstrument „zu Hause", das nicht im Musik- oder Wohnzimmer steht, sondern „im Dunkel der Kellertür". Es steht, wo es nicht hingehört, wo sich sein Klang nicht entfalten kann – so wenig wie die Dichterin.

In Deutschland leben durfte sie nicht, im Land der Juden leben wollte sie nicht mehr. Die Dichterin, in loser Bindung an die religiös-jüdische Tradition „akkulturiert" aufgewachsen[19], nannte das „Irdische Jerusalem" in einer nachgelassenen Aufzeichnung „Heilige Stadt"[20] und sehnte sich nach dem „Himmlischen Jerusalem", weil sie des Irdischen an sich überdrüssig war. Dies war nicht mehr ihre Welt, sie nicht mehr von dieser ihr gottlos erscheinenden Welt, in der das Leben lag „wie in Särgen"[21]. Obwohl Hitlers Mörderbanden entflohen, fühlte sich Else Lasker-Schüler, wie viele andere deutsch- und andersjüdische Überlebende, letztlich doch ermordet.

Nach Deutschland kehrte auch Mascha Kaléko (1907–1975) nie mehr zurück. Sie stammte aus Galizien, ihr Geburtsort liegt circa 50 Kilometer westlich von Krakau. Nach Zwischenaufenthalten in Frankfurt und Marburg wurde sie ab 1918 eine „waschechte" Berliner Großstadtlyrikerin[22], die mit ihren Eltern zunächst im ostjüdischen, vorherrschend orthodoxen „Scheunenviertel" nahe dem Alexanderplatz wohnte. Ihre wundervolle, teils erotische Berlin-Lyrik hat mit Juden und Judentum, gar der keuschen Orthodoxie, rein gar nichts zu tun.

Großstadtliebe[23]

Man lernt sich irgendwo ganz flüchtig kennen
Und gibt sich irgendwann ein Rendezvous.
Ein Irgendwas, – `s ist nicht genau zu nennen –
Verführt dazu, sich gar nicht mehr zu trennen.
Beim zweiten Himbeereis sagt man sich 'du'.

---

[17] Hahn, Ulla: Kommentar zu Novalis „Wenn nicht mehr Zahlen und Figuren". In: Gedichte fürs Gedächtnis (wie Anm. 14). S. 199.
[18] Lasker-Schüler, Else: Mein blaues Klavier. In: Lasker-Schüler, Else: Sämtliche Gedichte. München 1966. S. 198f..
[19] Bodenheimer: Lasker-Schüler (wie Anm. 15). S. 375.
[20] Bodenheimer: Lasker-Schüler (wie Anm. 15). S. 379.
[21] „Das Leben liegt in aller Herzen/Wie in Särgen." Lasker-Schüler, Else: Weltende. In: Sämtliche Gedichte (wie Anm. 18). S. 88.
[22] Heuwinkel, Christiane: Kaléko, Mascha. In: Lexikon der deutsch-jüdischen Literatur (wie Anm. 2). S. 283.
[23] Kaléko, Mascha: Großstadtliebe. In: Mascha Kaléko: Das lyrische Stenogrammheft. Kleines Lesebuch für Große. Hamburg 1956.

Man hat sich lieb und ahnt im Grau der Tage
Das Leuchten froher Abendstunden schon.
Man teilt die Alltagssorgen und die Plage,
Man teilt die Freuden der Gehaltszulage,
... Das übrige besorgt das Telephon.

Man trifft sich im Gewühl der Großstadtstraßen.
Zu Hause geht es nicht. Man wohnt möbliert.
– Durch das Gewirr von Lärm und Autorasen,
– Vorbei am Klatsch der Tanten und der Basen
Geht man zuweilen still und unberührt.

Man küßt sich dann und wann auf stillen Bänken,
Beziehungsweise auf dem Paddelboot.
Erotik muß auf Sonntag sich beschränken.
... Wer denkt daran, an später noch zu denken?
Man spricht konkret und wird nur selten rot.

Man schenkt sich keine Rosen und Narzissen,
Und schickt auch keinen Pagen sich ins Haus.
– Hat man genug von Weekendfahrt und Küssen,
Läßtmans einander durch die Reichspost wissen
Per Stenographenschrift ein Wörtchen: 'aus'!

In die USA war Mascha Kaléko mit Mann und Sohn im September 1938 geflohen, 1959 zog sie mit ihrem Mann nach Jerusalem, wo sie so wenig wie Else Lasker-Schüler heimisch wurde, denn auch ihre Heimat war die deutsche Sprache geblieben, die sie durch ihre Exil-Welt trug. Ihre Sprachbegabung glich wohl der vieler Jeckes. Auch sie hatte ihre „Alltagssprache als Dichtungssprache verloren" – und ihr Publikum; selbst in der deutschsprachigen Exilzeitung „Aufbau" mäkelte der Herausgeber.[24] Sich selbst und ihre Mitexilanten ironisierend, aber doch resignativ bemerkte sie 1945: „Wenn unsereins se lengwitsch spricht, / So geht er wie auf Eiern."[25]

Emigranten-Monolog[26]

Ich hatte einst ein schönes Vaterland –
So sang schon der Flüchtling Heine.
Das seine stand am Rheine,
Das meine auf märkischem Sand.

---

24 Heuwinkel: Kaléko (wie Anm. 22). S. 284.
25 Kaléko, Mascha: Verse für Zeitgenossen. Cambridge/Mass. 1945, zitiert aus: Heuwinkel: Kaléko (wie Anm. 22). S. 284.
26 Kaléko, Mascha: Emigranten-Monolog. In: Kaléko, Mascha, Verse für Zeitgenossen. Reinbek bei Hamburg 1975.

> Wir alle hatten einst ein (siehe oben!)
> Das fraß die Pest, das ist im Sturm zerstoben.
> O Röslein auf der Heide,
> Dich brach die Kraftdurchfreude.
>
> Die Nachtigallen wurden stumm,
> Sahn sich nach sicherm Wohnsitz um.
> Und nur die Geier schreien
> Hoch über Gräberreihen.
>
> Das wird nie wieder, wie es war,
> Wenn es auch anders wird.
> Auch, wenn das liebe Glöcklein tönt,
> Auch wenn kein Schwert mehr klirrt.
>
> Mir ist zuweilen so, als ob
> Das Herz in mir zerbrach.
> Ich habe manchmal Heimweh.
> Ich weiß nur nicht, wonach...

Else Lasker-Schüler hatte gegen Ende das göttliche Sein nicht ausgeschlossen: „als ob der liebe Gott gestorben wäre", heißt es im Gedicht „Weltende".[27] „Als ob... wäre", ein irrealer Vergleichssatz, denn tatsächlich, im Realen, lebt Gott. Das drückt der Lasker-Schüler-Konjunktiv aus. Mascha Kaléko redet nicht einmal von Gott, gar vom „lieben Gott". Juden und Judentum bei ihr? Ja, ein Judentum ohne Gott. Seit ihrer Geburt in der Nähe des ostjüdisch-städtischen Krakau hat eher der Anti-Gott Teufel einen neuen Kosmos geschaffen. Am Anfang der modernen deutsch-jüdischen Geschichte ward Licht, das Licht der Aufklärung: Lessings „Nathan", dem jüdischen Freund Moses Mendelssohn nachempfunden und nachgebildet. Am Ende, an Mascha Kalékos Ende, war Nacht, die Dunkelheit des Grabes.

Die Lyrikerin Rose Ausländer, 1901 im vielkulturellen Czernowitz, Bukowina, geboren, 1921 in die USA emigriert, 1939 zurückgekehrt, dem Mordmeister aus Deutschland in der Heimat knapp entronnen, 1946 wieder in den USA. 1965 übersiedelte sie nach – Deutschland. 1988 starb sie in Düsseldorf.[28] „Heimat"? Das war die deutsche Sprache. Zu ihr, in sie kehrte sie zurück. Diese Rückkehr hatte ihren Preis. Das war die politische Geografie der deutschen Sprache. Ihr Name: Deutschland. Die Sprechenden: Deutsche. Unter denen gab es im Dritten Reich solche und solche. Zu welchen zählte das jeweilige Gegenüber? Die Einwände gegen Einwanderung oder Rückkehr waren historisch objektiv gewichtig und subjektiv gewaltig. Die Sprachgewalt war am stärksten, basierend auf „der ver-

---

[27] Lasker-Schüler: Weltende (wie Anm. 21).
[28] Billen, Josef: Ausländer, Rose. In: Lexikon der deutsch-jüdischen Literatur (wie Anm. 2), S. 23ff.

zweifelten Hoffnung/dass Dichten noch möglich sei"[29] – gegen Adornos berühmtes, schon erwähntes Diktum, nach Auschwitz könne kein Gedicht mehr geschrieben werden. Widersprochen hat ihm Rose Ausländer nicht, aber wieder gedichtet – um nach dem Überleben weiterleben zu können.

In Ehren[30]

Wir
die Verbannten mit der
Trauer Verwandten die
der Tod unsterblich gemacht

wir halten die neuen
und alten
Tränenverse in Ehren

Nur auf Deutsch konnte Rose Ausländer diese „Lyrik nach Auschwitz" und letztlich über Auschwitz schreiben, wie die Literaturnobelpreisträgerin Nelly Sachs, die aber eine andere Ortswahl nach Auschwitz getroffen hatte. Für Lyrik, Lebensmittelpunkt und Seelenheil gibt es keine Rezepte, nur individuelle Entscheidungen.

„Wir" – das ist in jenem Gedicht ein jüdisches Wir, vorgetragen in deutscher Sprache von einer in „der" kosmopolitischen Stadt, Czernowitz, geborenen Kosmopolitin, deren Italien-Sehnsucht so stark war wie die so vieler deutscher Dichter, allen voran Goethe und Schiller: „Immer träume ich zurück/ zu deinen Städten/Venedig Rom Florenz/Siena Neapel/ [...]/ Italien/mein Immerland."[31]

Ausländers „Immerland" war Italien, was war ihr Heimatland? Die deutsche Sprache. Auch in Österreich spricht man sie. War nicht die kleine „Rose" durch Geburt „Österreicherin"? Bis 1918 gehörte Czernowitz zur k.u.k.-Doppelmonarchie. Doch war Österreich „nach Auschwitz" wirklich besser, NS-ferner, als Deutschland? Dessen Sprachgemeinschaft, nicht „Volksgemeinschaft", auch nicht das „jüdische Volk", war Rose Ausländers Lebensgemeinschaft. Diese jüdische Gemeinschaft der Bundesrepublik war und ist aber in ihrer Mehrheit längst keine deutschsprachige Lebensgemeinschaft mehr. Mehr „deitsch" als deutsch wurde gesprochen und gedacht. Eine Anekdote aus dem wirklichen Leben verdeutliche jenes charmante „Deitsch": Max Wolffsohn, seit seiner Rückkehr aus Israel, 1954, wieder deutscher Deutschjude, arbeitete in der West-Berliner Gemeinde mit „Fischel" im Team einer Geld-Sammelaktion für Israel. „Nicht wahr, Herr Wolffsohn, wir arbeiten gut intim zusammen", lobte „Fischel".

---

29 Zitiert nach Billen: Ausländer (wie Anm. 28). S. 25.
30 Ausländer, Rose: In Ehren. In:Ausländer, Rose: Wieder ein Tag aus Glut und Wind. Gedichte 1980–1982. Frankfurt a.M. 1986.
31 Ausländer, Rose: Italien I.

Fischels Muttersprache war polnisch, er lebte in Deutschland und litt an der deutschen Sprache. Justus Saalheimers Muttersprache war deutsch, er lebte in Israel und litt am Hebräischen. Rose Ausländers Muttersprache war deutsch, und sie kehrte aus dem amerikanischen Exil nach Deutschland zurück, um nicht mehr unter der Umweltsprache zu leiden. „Ich kann auf Hebräisch nur sagen, was ich kann, und nicht, was ich will", meinte Opa Justus Saalheimer. Genau dem wollte Rose Ausländer entgehen, indem sie ins sprachliche Inland zurückkehrte. Die wenigsten Überlebenden folgten diesem Beispiel, weil es für sie nicht beispielhaft war. „Nach allem, was mir Deutschland angetan hat, lebe ich nicht mehr in Deutschland", verkündete 1961 der einst stolze Ulan Justus in Tel-Aviv. So dachte auch der hier schon genannte deutsch-jüdische Schriftsteller, Theaterpädagoge und Mitarbeiter von Max Reinhardt, Julius Bab, geboren 1883 in Berlin, gestorben 1955 im Bundesstaat New York, wo er, weitgehend sprachlos, regelrecht verkümmerte.[32] „In Goethe" hatte er seine „Heimat"[33], nicht mehr in Deutschland, das er 1951 und 1953 noch einmal besuchte.

Eine Art tragbare Heimat – das war die deutsche Sprache vielen der Exilanten geworden. Jüdischen Literaten und Literaturbegeisterten wie Julius Bab war nicht nur die Sprache an sich eine solche Heimat, sondern natürlich auch Goethe und die anderen Größen deutscher Literatur. Literaturferneren Exilanten wie Justus Saalheimer war in Israel, den Amerikas, Afrika oder wo auch immer ganz einfach die deutsche Sprache als Alltagssprache tragbare Heimat. Ihre territoriale Heimat wollte sie ab 1933 nicht mehr ertragen. Deutschland als Territorium im Alltag konnten sie nicht mehr ertragen, aber Deutsch als Heimat brauchten sie wie Luft zum Atmen. Wer hat richtig entschieden? Die Rückkehrer oder die Rückkehr-Verweigerer? Wer wollte das entscheiden?

Manche lernten die neue Landessprache perfekt oder nahezu perfekt, aber ihr Tonfall blieb deutsch. Wer hätte nicht das fürtherisch-deutsch tönende Amerikanisch Henry Kissingers im Ohr? In diesem Punkt ist dieser einzigartige Mann alles andere als einzig, er ist typisch. Ebenso wie Far Levi aus Leipzig, die ein grammatikalisch einwandfreies, vokabelreiches Hebräisch klassisch sächsisch aussprach. Ein Apfel war aus ihrem Mund immer ein „Dabuach" und kein „Tapuach".

Fischels polnisch-jüdische Welt war, wie Rose Ausländers Czernowitz, von Deutschland versenkt worden, „versunken". In ihrer Erinnerung nicht. Fischel konnte das nicht in deutsche Worte fassen, doch Rose Ausländer in „Mein Venedig", das nicht nur das wirkliche Venedig meinte, sondern versinkende und

---

32 Oswalt, Stefanie: Bab, Julius. In: Lexikon der deutsch-jüdischen Literatur (wie Anm. 2). S. 26ff.
33 Bab, Julius: Heimat in Goethe (1948). In:Bab, Julius, Über den Tag hinaus. Kritische Betrachtungen. Heidelberg, Darmstadt 1960. S. 74–77.

versunkene Welten: „Mein Venedig/versinkt nicht."[34] Sie lebt auch nach dem Untergang und schleudert trotzig, triumphierend diese Botschaft der Welt entgegen.

Hilde Domin (1912–2006) und ihr späterer Mann, der Kunsthistoriker Erwin Walter Palm, erkannten früher als andere deutsche Juden, was da kommen würde. Sie verließen die geografische, kulturelle und sprachliche Heimat bereits 1932. Ihre frühe Auswanderung benannte Domin einmal „als individuellen Akt einer dem Zwang zuvorkommenden Freiheit"[35]. Rom, London und seit 1940 die Dominikanische Republik. Hier, in Santo Domingo, und erst 1951, nach dem Tod ihrer Mutter, der sie in eine existenzielle Krise gestürzt hatte, begann die Übersetzerin und Architekturfotografin, studierte Juristin, Volkswirtin, Soziologin und Philosophin – bei Karl Mannheim und Karl Jaspers – zu schreiben.[36] „Ich befreie mich durch Sprache."[37] „Ich kam erst 1951 auf die Welt". [...] Als ich die Augen öffnete, verwaist und vertrieben, da stand ich auf und ging heim, in das Wort. 'Ich richtete mir ein Zimmer ein in der Luft/Unter den Akrobaten und Vögeln', von wo ich unvertreibbar bin. Das Wort aber war das deutsche Wort. Deswegen fuhr ich wieder über das Meer, dahin, wo das Wort lebt."[38] Das war 1954. „Das Wort lebt." Ein Schlüsselbild. Nicht wenige der deutsch-jüdischen Exilanten waren auch als geflohene Überlebende im Exil doppelt gestorben. Sie lebten als Tote, wie von Else Lasker-Schüler im „Blauen Klavier" und in „Weltende" leidvoll verdichtet, und auch ihre deutsche Sprache war gestorben. Es war das Deutsch von gestern, ohne heute, denn das Wort lebt, jede Sprache lebt, indem sie sich weiterentwickelt.

Das Leid der Verfolgten und Ermordeten, dann immer mehr Rückkehr und Versöhnung wurden ihre Themen. Ihre Rückkehr nach Deutschland, ihre Versöhnungsbereitschaft mit Land und Leuten und die Rückkehr in die, in ihre deutsche Sprache: „Für mich ist die Sprache das Unverlierbare, nachdem alles andere sich als verlierbar erwiesen hatte. Das letzte unabnehmbare Zuhause [...]. In den anderen Sprachen, die ich spreche, bin ich zu Gast. Die deutsche Sprache war der Halt. Ihr verdanken wir, dass wir die Identität mit uns selbst bewahren konnten. Der Sprache wegen bin ich auch zurückgekommen."[39] Die „Sprachodyssee" war beendet.[40]

---

34 Ausländer: Wieder ein Tag aus Glut und Wind (wie Anm. 30). S. 336.
35 Wiese, Christian: Domin, Hilde. In: Lexikon der deutsch-jüdischen Literatur (wie Anm. 2). S. 119.
36 Wiese: Domin (wie Anm. 35). S. 119f.
37 Heimat, in: Domin, Hilde: Aber die Hoffnung. Autobiographisches aus und über Deutschland. München 1982. Zitiert aus der Tb.-Ausgabe, Frankfurt/M. 1993. S. 27.
38 Wiese: Domin (wie Anm. 35). S. 120.
39 Domin: Heimat (wie Anm. 37). S. 12.
40 Domin: Leben als Sprachodyssee (1979). In: Domin: Aber die Hoffnung (wie Anm. 37). S. 21ff.

Durch und mit Deutsch, aber durch Deutsch auch Tod und Morden – Deutsch, besonders für Juden eine Sowohl-als-auch-Sprache.

Mit leichtem Gepäck[41]

Gewöhn dich nicht.
Du darfst dich nicht gewöhnen.
Eine Rose ist eine Rose.
Aber ein Heim
ist kein Heim.

Sag dem Schoßhund Gegenstand ab
der dich anwedelt
aus den Schaufenstern.
Er irrt. Du
riechst nicht nach Bleiben.

Ein Löffel ist besser als zwei.
Häng ihn dir um den Hals,
du darfst einen haben,
denn mit der Hand
schöpft sich das Heiße zu schwer.

Es liefe der Zucker dir durch die Finger,
wie der Trost,
wie der Wunsch,
an den Tag
da er dein wird.

Du darfst einen Löffel haben,
eine Rose,
vielleicht ein Herz
und, vielleicht,
ein Grab.

Bei der Sprache bleibt es nicht: „Zuhausesein, Hingehörendürfen, ist eben keine Frage der Kulisse. Oder auch des Wohlergehens. Es bedeutet, mitverantwortlich zu sein. Nicht nur Fremder zu sein. Sich einmischen können, nötigenfalls. Ein Mitspracherecht haben, das mitgeboren ist."[42] Geboren, lateinisch „natus" – zum Mitsprechen mitgeboren in der jeweiligen „Nation". Gästen gewährt man selten das Einmischungsrecht. Aber: „Die Rückkehr aus dem Exil ist vielleicht noch aufregender als das Verstoßenwerden."[43]

---

41 Domin, Hilde: Mit leichtem Gepäck. In:Domin, Hilde: Nur eine Rose als Stütze. Frankfurt a.M. 1959. Wiederabdruck in Domin, Hilde: Gesammelte Gedichte. Frankfurt a.M. 1987.
42 Domin: Heimat (wie Anm. 37). S. 13.
43 Domin, Hilde: Wohnen nach der Rückkehr. In: Domin: Aber die Hoffnung (wie Anm. 37). S. 40.

Für die meisten Überlebenden der Vernichtungslager konnte die Heimat nicht mehr körperliche Heimat, sondern nur noch Hölle sein. Jedes Wort, jeder Nachbar, jeder Mensch konnte direkt an „das" erinnern oder die bange Frage auslösen: Hat auch er, sie? Was getan und wem und wie? Ilse Blumenthal-Weiss, geboren 1899 in Berlin, zählt zwar nicht zu den bekannten deutsch-jüdischen Lyrikern, aber sie hat diesen schmerzhaften Weg von der Heimat über die Hölle in die neue Heimat – für sie die USA – in klare Worte gefasst: „In einer Welt, die nichts weiß von Schrecken und Mord und Grauen und Stacheldraht werde ich meine Erinnerung aufbrauchen [...]. Es wird mir guttun. Ich will, dass es mir gut tut. Ich muss ja wieder leben."[44] Heimat und Liebe sind miteinander verflochten. Nach maßlosem Leid musste sie woanders neu lieben und Heimat suchen, zumal ihre Liebsten, Mann und Sohn, ermordet worden waren. Sie hatte das KZ Westerbork in den Niederlanden und Theresienstadt überlebt. 1947 zog sie nach New York. Vierzig Jahre später starb sie in der neuen Heimat USA. War ihr Amerika „Heimat" geworden? Sie wusste, sie musste es wollen. Wurde es so? Für die meisten Emigranten nicht.

Auch für Ferdinand Bruckner, den heute vergessenen, doch bedeutenden Theatermann, nicht. Er kehrte 1951 nach Westberlin zurück, wo er 1958 starb. 1891 in Sofia geboren, hatte es ihn wie unzählige „Ostjuden" in den deutschen Westen, nach Berlin gezogen, wo er Dramatiker und Leiter des auch damals geschätzten „Renaissance Theaters" wurde. Natürlich hatte er sich, wie die meisten Literaten, von der in seinem Falle jüdischen Religion und auch Gemeinschaft losgesagt.[45] Wie so viele, trieb Hitler auch ihn in die jüdische Gemeinschaft zurück. Nach Hitler hielt ihn nichts und niemand zurück, nach Deutschland zurückzukehren, denn dieser Mann des deutschen Theaters brauchte deutsches Theater. Er fand es in Westberlin, im unvergessenen Schiller- und Schlosspark-Theater. Bruckner erlebte hier die Restauration seines alten, guten, vorhitlerischen Deutschland, seines Seins- und Lebensgrundes. Hier lag der Grund für seine Rückkehr in die Heimat, nach deren körperlicher Gegenwart er sich sehnte. Weil er zuvor im Exil und nicht in den Hitler-Höllen gewesen war, wollte und konnte er diesen Rückweg einschlagen. Die Überlebenden der Höllen wollten eher den Ausweg aus der entschieden zu körperlich gewordenen Heimat.

---

44 Schnelle, Cornelia: Blumenthal-Weiss, Ilse. In: Lexikon der deutsch-jüdischen Literatur (wie Anm. 2). S. 79–80, S. 80.
45 Bayerdörfer, Hans Peter: Bruckner, Ferdinand. In: Lexikon der deutsch-jüdischen Literatur (wie Anm. 2). S. 93–95, S. 93.

Liliane Weissberg
# Der Staat und die Dichter
Hannah Arendts Reflexionen über eine verborgene Tradition

## Politeia – Braucht ein Staat Dichter?

In einem idealen Staat – einem Staat also, der nicht existiert, der aber als Gedankenexperiment skizziert werden soll – will Platon weder für die Nachfolger Homers noch für Tragödien- oder Komödiendichter einen Ort einräumen. Immer und immer wieder – im zweiten, dritten, zehnten Buch seines Dialogs – führt Platon Argumente für diese Entscheidung an; Begründungen, die vielleicht insgesamt nicht konsistent sind, aber durch ihre Anzahl auf die Dringlichkeit verweisen, mit der Platon den Ausschluss der Dichter aus dem Staat verfolgt und auf die Gefahr verweist, welche ihre Anwesenheit für die Staatsgemeinschaft und die Erziehung der Bürger bedeuten könnte.

So erzähle man Kindern oft Märchen, schreibt er, aber diese könnten falsche Vorstellungen in ihre Seelen bringen, und daher tut Kontrolle Not. Man müsse „Aufsicht führen über die, welche Märchen und Sagen dichten, und welches Märchen sie gut gedichtet haben, dieses einführen, welches aber nicht, das ausschließen."[1] Er verlangt nach einer Zensur, die sich nicht so sehr nach dem guten Klang der Poesie richtet oder nach schön entworfenen Bildern wie nach der Wahrheit des Erzählten. Es gibt Grundzüge, von denen ein Dichter nicht abweichen dürfe, so wäre es auch falsch, Götter so erscheinen lassen, dass es deren Göttlichkeit beeinträchtige. Eine Erzählung muss der Erziehung der Kinder im Staat wie den Bürgern insgesamt zuträglich sein, Gut und Böse klar aufzeigen und die Gerechtigkeit fördern. Gerade die Dichtung bewege sich jedoch oft von der Wahrheit weg: „nicht als ob es nicht dichterisch wäre und dem Volk angenehm zu hören, sondern weil es je dichterischer und desto weniger darf gehört werden von Knaben und Männern, welche sollen frei gesinnt sein und die Knechtschaft mehr scheuen als den Tod".[2]

---

[1] Dank gebührt Helene Tieger und Bonnie Sgarro von der S. Levenson Library, Bard College, für die großzügige Bereitstellung der Bücher aus Hannah Arendts Privatbibliothek und die Erlaubnis für den Abdruck der Illustration und ebenso Peter Prokop von der Österreichischen Nationalbibliothek, Wien (Günter Anders Archiv), für die Erlaubnis zum Abdruck der Illustration. Platon: Der Staat. In: Platon: Werke III. Übersetzt von Friedrich Schleiermacher. Hrsg. vom Zentralinstitut für Philosophie der Akademie der Wissenschaften der DDR, Leitung Johannes Irmscher. Berlin 1987. II: 377. S. 101
[2] Platon: Der Staat. III: 387. S. 110.

Dichter schlüpfen in Rollen, bekleiden sich mit Masken und sprechen als andere Personen. Sie verwandeln ein einfaches Narrativ in eine Sprachform mit Silbenmaß.[3] Vieles wird erfunden, besteht nur in der Dichtung „ganz in Darstellung",[4] dazu noch in einer künstlichen Form, die von der einfachen Erzählung von Ereignissen abweicht. „Und gewiß, sprach ich, auch an vielem anderen bemerke ich in diesem Staate, wie wir ihn vortrefflich angelegt haben, nicht am schwächsten aber behaupte ich dies, wenn ich an die Dichtkunst denke–", beginnt Platon zusammenfassend in seinem letzten Kapitel seines sokratischen Dialogs:

> An was doch? Frage er. – Daß wir auf keine Weise aufnehmen was von derselben darstellend ist. Denn daß diese ganz vorzüglich nicht aufzunehmen sei, das zeigt sich, wie mich dünkt, jetzt noch deutlicher, nachdem wir die verschiedenen Teile der Seele einzeln von einander gesondert haben. – Wie meinst du das? –Um es nur zu euch zu sagen – denn ihr werdet mich doch nicht angeben bei den Tragödiendichtern und den übrigen darstellenden insgesamt – mir scheint dergleichen alles ein Verderb zu sein für die Seelen der Zuhörer, so viele ihrer nicht das Heilmittel besitzen, daß sie wissen wie sich die Dinge in der Wirklichkeit verhalten.[5]

Das, was Friedrich Schleiermacher hier bei Platon als ein Problem der „Darstellung" übersetzt, betrifft die mimetische Eigenart der Dichtung wie auch deren sprachliche Ausschmückung. Für Platon ist es weniger ein Problem, dass der Dichtung nur nachträgliche Nachahmung zukommt, sondern vielmehr, dass sie darstellen kann ohne nachzuahmen. Einerseits kann nicht alles, was ist, nachgeahmt werden, andererseits kann Dichtung auch darstellen, was nicht ist, und damit steht sie der Wahrheit entgegen. Dies stellt für Platon ein epistemologisches wie ethisches Problem dar. Dichtung könnte den Bürgern des Staates nicht nur zeigen, was nicht ist, sondern auch, was nicht sein kann und nicht sein darf. Anders als die körperliche Ertüchtigung, die philosophische Suche nach Wahrheit oder das produzierende Handwerk, das den Bürgern des Staates ermöglicht, ihre Lebensumwelt zu gestalten, ist Dichtung nicht nur überflüssig, sondern vor allem auch irreführend und durch ihre nicht der Realität und Wahrheit entsprechenden Behauptungen gefährlich. Und Platon führt noch ein anderes Argument an. Jene künstlich verursachte emotionale Reaktionen wie Schrecken und Mitleid, die Aristoteles in seiner Tragödientheorie noch als Effekt eines Dramas verlangte, stehen einer zu wünschenden seelischen Harmonie entgegen. Dichtung kann daher letztendlich das Denken beeinträchtigen und die seelische Harmonie verhindern.

---

3 Platon: Der Staat. III: 393. S. 116.
4 Platon: Der Staat. III: 394. S. 117.
5 Platon: Der Staat. X: 595. S. 315.

Platon bezieht sich schließlich auf den „alten Streit" zwischen der Dichtung und der Philosophie.[6] Und obwohl er auf die Einzelheiten dieses alten Streits nicht weiter eingeht, wird seine eigene Position mehr als deutlich. Platon – oder besser, Sokrates, den er hier sprechen lässt und dokumentiert – steht auf der Seite der Philosophen, und es sind diese Philosophen, die Liebhaber der Wahr- und Weisheit, denen die dominante Rolle im idealen Staat zukommen soll. Die Wertschätzung, die Platon trotz allem noch Homer gegenüber aussprechen muss, richtet sich an eine Kunst, die Vergnügen bereitet. Der Ausschluss der Dichter aus dem idealen Staat soll dieses Vergnügen nicht in Frage stellen, nur falsche Schlüsse vermeiden helfen. Denn letztendlich besteht die Gefahr der Dichtung nicht darin, dass sie Falsches sprechen muss, sondern dass sie Falsches sprechen kann. Platon verlangt es also nach einer Sprache und einer Erzählung, die der Wahrheit nahe kommt, zum Guten erzieht und nicht vom Handeln im Staate ablenkt. Weder Homer noch andere Dichter waren Menschen der Tat.

Hannah Arendt war eine eifrige Leserin Platons. In Marburg und Freiburg studierte sie griechische Literatur und Philosophie und ihre Vorliebe für die antike Klassik wird nicht nur durch die reichen Zitate und Hinweise in ihren Werken deutlich oder durch Stellungnahmen wie: „Ich habe immer sehr die griechische Poesie geliebt."[7] Sie zeigt sich auch in ihren Lesenotizen und Marginalien ihrer Bücher. In Arendts Privatbibliothek befindet sich eine reiche Sekundärliteratur zu Platon, darunter Werke von Friedrich Ast, Ulrich von Willamowitz-Moellendorff und Ernest Baker, sowie Studien ihrer Lehrer Karl Jaspers und Martin Heidegger.[8] Zahlreich sind in dieser Bibliothek vor allem aber auch die Ausgaben der Werke

---

6 Platon: Der Staat. X:607. S. 328.
7 Arendt, Hannah, Fernsehgespräch mit Günter Gaus (1964). In: Arendt, Hannah: Ich will verstehen. Selbstauskünfte zu Leben und Werk. Hrsg. von Ursula Ludz. München 1996. S. 54.
8 Bekker, Immanuel: Immanuelis Bekkeri in Platonem a se editum Commentaria critica. Berlin 1823; Ast, Friedrich: Lexicon Platonicum. Darmstadt 1956 (1834–39); Wilamowitz-Möllendorff, Ulrich von: Platon. Berlin 1919; Szilasi, Wilhelm: Macht und Ohnmacht des Geistes. Interpretationen zu Platon: Philebos und Staat VI, Aristoteles: Nikomachische Ethik, Metaphysik IX und XII, Über die Seele III, Über die Interpretation C 1–5. Freiburg im Breisgau 1946; Heidegger, Martin: Platons Lehre von der Wahrheit. Bern 1947; Krüger, Gerhard: Einsicht und Leidenschaf.: Das Wesen des platonischen Denkens. Frankfurt a.M.1948; Jaspers, Karl: Die großen Philosophen. München 1957; Baker, Ernest: The Political Thought of Plato and Aristotle. New York 1959; Baker, Ernest: Greek Political Theory. Plato and His Predecessors. London 1960; Koyré, Alexandre: Introduction à la lecture de Platon, suivi de Entretiens sur Descartes. Paris 1962; Jaspers, Karl: Plato and Augustine (The Great Philosophers I). Übersetzt von Ralph Manheim. New York 1962; Cross, R.C.: Plato's Republic. A Philosophical Commentary. New York 1964; Finley, M.I.: Aspects of Antiquity. Discoveries and Controversies. New York 1968; Schmalzriedt, Egidius: Platon. Der Schriftsteller und die Wahrheit. München 1969.

Platons selbst.⁹ Dies gilt vor allem auch für die *Politeia*. Arendt las und annotierte den griechischen Text, die deutsche wie auch die englische Übersetzung. Dabei besaß Arendt Ausgaben griechisch-lateinischer Platon-Texte aus dem neunzehnten Jahrhundert, deutsche Vorkriegspublikationen, mit denen sie ihre in der Emigration verloren gegangenen Bücher ersetzte, sowie neuere englische Übersetzungen. Ihre Marginalia zur *Politeia* sind dabei besonders in der griechischen und englischen Fassung zahlreich, und während die Anmerkungen zum griechischen Text vor allem begriffliche Verständnisfragen beinhalten, reihen sich bei dem englischen Text, den sie noch in den sechziger Jahren durcharbeitete, die Ausrufe- und vor allem Fragezeichen.

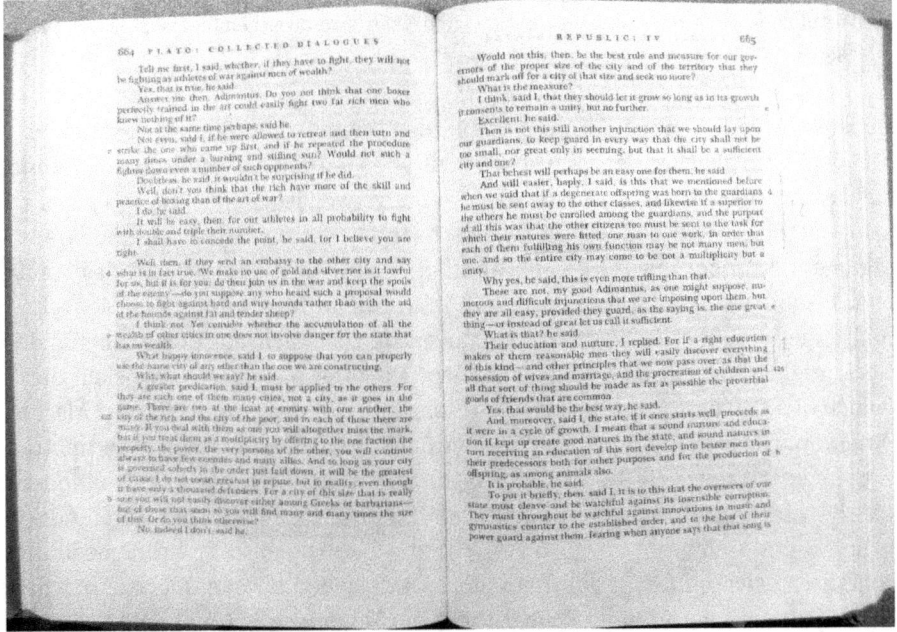

**Abb. 1:** Plato, The Collected Dialogues: Including the Letters. hrg. v. Edith Hamilton und Huntington Cairns. New York: Pantheon Books, 1961. Hannah Arendt Archiv, Bard College.

---

**9** Platonis dialogi: Graece et Latine. 3 Bde. Berlin 1816–1818 (III,1); Platons Staat. Übersetzt u. hrsg. von Otto Apelt. Leipzig 1920; Platons Staatsschriften. Griechisch und Deutsch. Hrsg. u. übersetzt von Wilhelm Andreae. Jena 1923; Platon, Sämtliche Werke in zwei Bänden. Übersetzt v. Friedrich Schleiermacher. Wien 1925; Eine Auswahl aus Platons Schriften. Übersetzt von Friedrich Schleiermacher u. hrsg. von Ludwig Goldscheider. Wien 1927; The Works of Plato, hrsg. von Irwin Edman. New York 1937; The Collected Dialogues of Plato, Including the Letters. Übersetzt von Lane Cooper et al. u. hrsg. von Edith Hamilton u. Huntington Cairns. New York 1961.

Und bereits in einer Eintragung in ihr *Denktagebuch* vom August 1952, das eine der vielen Lektüren des Buches durch Arendt dokumentiert, schreibt sie – vorsichtig in Klammern gesetzt – ihre eigene Erläuterung zu Platons Bemerkungen über den Ausschluss der Dichter aus dem Staat nieder:

> (Es ist schwer, bei Platos Ausführungen über die Dichter, besonderes aber im 10. Buch der Πολιτεία bei den Ausführungen über Homer – der ja sein Lieblingsdichter war –, sich des Eindrucks zu erwehren, hier ist der Philosoph einfach auf den Dichter neidisch. Die Fadenscheinigkeit der Argumentation – dass Homer keinen wirklichen Krieg geführt und keiner wirklichen Stadt Gesetze gegeben habe – ist umso frappanter, als Plato diesen Einwand als gegen ihn selbst gerichtet am Ende des 9. Buches bereits beantwortet, und zwar in einer Weise, die wahrhaftig auch des Homer würdig gewesen wäre [...] Ganz deutlich wird dieser Neid da, wo er davon spricht, dass Homer Hellas erzogen haben soll –606E--, und noch deutlicher, wo er von der παλαιά διαφορά und ἐναντίωσις zwischen Philosophie und Dichtkunst spricht—607C.)[10]

Dabei ist Arendt ähnlich darum bemüht, die Theorie eines Staates zu zeichnen, und geht vom gleichen Ausgangspunkt aus wie Platon: der Gesellschaft. „Es entsteht also, sprach ich, eine Stadt, wie ich glaube, weil jeder einzelne von uns sich selbst nicht genügt, sondern gar vieles bedarf",[11] schreibt Platon, und Arendt argumentiert nicht nur für das notwendige soziale Eingebundensein des Menschens, sondern auch für eine Pluralität, in der die Differenz unter den Menschen mit eingeschrieben ist. Wie Platon konzentriert sie sich auf einen Begriff der Gerechtigkeit, der für ihre politische Theorie zentral bleibt. Sie entwickelt diese jedoch nicht an dem Bild eines idealen Staates, sondern an der Kritik historischer Situation. „Geschichte" wird hierbei allerdings nicht als eine Aneinanderreihung vergangener Ereignisse oder Fakten verstanden, sondern als Konstruktionen, welche die Entstehung augenblicklicher politischer Situationen verständlich machen und dabei, *ex negativo*, gleichzeitig implizit in ihrer Kritik bedeuten sollen, wie sich ein Staat alternativ entwickelt haben könnte oder auszusehen hätte. Dabei erfolgt Arendts Rückgriff auf die Vergangenheit nicht als Geste der Rekonstruktion, sondern als eine Art Beispielsfindung für theoretische Modelle. Rückwärts schauend schreibt Arendt ihre eigene Form der utopischen Erzählung.

Man könnte argumentieren, dass Platons *Politeia* in seiner dramatischen Dialogform, der Beschreibung des noch nicht Existenten und der Anführung von Parabeln – wie dem Höhlengleichnis im siebten Buch seines Textes – gerade selbst dem nicht ausweichen kann, was er im idealen Staat verbieten möchte:

---

[10] Arendt, Hannah: Denktagebuch. 2 Bde. Hrsg. von Ursula Ludz und Ingeborg Nordmann. München 2002. Bd. I: S. 237–238.
[11] Arendt: Denktagebuch (wie Anm. 10). Bd. II, 369: S. 93.

dichterische Darstellung. In ihrer Beschreibung historischer Staatsformen wie Hitlers Drittem Reich, Stalins Sowjetunion oder der kolonialen Gründung Südafrikas in den *Elementen und Ursprüngen totaler Herrschaft* (amerikanische Erstausgabe 1951, deutsche Erstausgabe 1955) wählt Arendt hingegen die dichterische Darstellung bewusst. Denn gerade in ihrem Verständnis von Dichtung zeigt sich Arendt im deutlichen Gegensatz zu Platon. Sieht dieser Dichter wegen ihrer Erfindungskunst von der Wahrheit entfernt, so können Dichter nach Arendt gerade durch ihre dichterischen Mittel der Wahrheit näher kommen, ja Wahrheit sprechen. Sie sind daher nicht nur für einen Staat erwünscht, sondern notwendig. Dies ist nicht nur eine Umdeutung der Validität von *mimesis* wie der Bedeutung sprachlicher und erzählerischer Mittel. Während Platon in der Präsenz von Dichtern eine Einschränkung der Handelsfähigkeit der Bürger sah, sieht Arendt Dichtung selbst als eine Art von „Handlung". Dieser Begriff der Handlung richtet sich nun weniger gegen die Dichter als gegen die Philosophen; gerade also gegen diejenigen, die für Platon staatstragend sind. Denn während Arendt ihnen die Formulierung von Wahrheit zwar nicht abspricht, so kommt ihnen doch oft eine Weltlosigkeit zu. Ihr Denken ist von einem praktischen, politischen Handeln entfernt, wie es der Staat verlangen muss. Nicht der Philosoph ist hier ein guter Bürger, sondern der politisch Handelnde.

## Der neue Streit

Platon verweist auf den alten Streit zwischen der Dichtung und der Philosophie. Arendt hingegen besteht auf einem anderen Gegensatz, nämlich dem zwischen der Philosophie und politischen Theorie. So weist sie beispielsweise die Bezeichnung „Philosophin" auch für sich selbst zurück, als Günter Gaus sie 1964 in einen „Kreis der Philosophen" eingliedern möchte:

> Ja, ich fürchte, ich muß erst einmal protestieren. Ich gehöre nicht in den Kreis der Philosophen. Mein Beruf – wenn man davon überhaupt sprechen kann – ist politische Theorie. Ich fühle mich keineswegs als Philosophin. Ich glaube auch nicht, daß ich in den Kreis der Philosophen aufgenommen worden bin, wie Sie freundlicherweise meinen [...] Ich habe meiner Meinung nach der Philosophie doch endgültig Valet gesagt. Ich habe Philosophie studiert, wie Sie wissen, aber das besagt ja noch nicht, daß ich dabei geblieben bin.[12]

Diese „politische Theorie" – und Arendt vermeidet hier und anderswo den Begriff einer „politischen Philosophie", der ihr als historisch zu vorbelastet erscheint –

---

12 Arendt: Fernsehgespräch (wie Anm. 7). S. 44.

steht der Philosophie grundsätzlich entgegen. „Wenn ich über diese Dinge spreche, akademisch oder nicht akademisch", fährt Arendt im gleichen Interview fort,

> so erwähne ich immer, daß es zwischen Philosophie und Politik eine Spannung gibt. Nämlich zwischen dem Menschen, insofern er ein philosophierendes, und dem Menschen, insofern er ein handelndes Wesen ist – eine Spannung, die es bei der Naturphilosophie nicht gibt. Der Philosoph steht der Natur gegenüber wie alle anderen Menschen auch. Wen er darüber denkt, spricht er im Namen der ganzen Menschheit. Aber er steht nicht neutral der Politik gegenüber. Seit Plato nicht![13]

Doch auch der neue Streit ist keineswegs so neu; Arendt führt ihn selbst wiederum auf Platon zurück. Sie setzt das Auseinandertreten der Disziplinen in einem mit Sokrates' Prozess und seinem Todesurteil an, gerade dem Ereignis, das sie als Ausgangspunkt der *Politeia* betrachtet:

> Der Abgrund zwischen Philosophie und Politik öffnete sich historisch mit dem Prozess und der Verurteilung des Sokrates, welche in der Geschichte des politischen Denkens einen ähnlichen Wendepunkt darstellt wie der Prozess und die Verurteilung Jesu in der Geschichte der Religion.[14]

So schreibt sie in dem 1990 posthum erschienen Aufsatz „Socrates" von Sokrates' Entscheidung, dem Staat gegenüber konsequent zu handeln, selbst wenn es hieße, ein Todesurteil zu akzeptieren, denn das Athen dieser Zeit hatte kein Verständnis für Sokrates' Position. Sokrates konnte seine Gegner nicht überzeugen und damit versagte er, nach Platon, im Gebrauch der politischen Rede. Die Konsequenz, die Platon aus dieser Entscheidung zieht, ist allerdings eine andere, nämlich die Annahme universaler Werte, die den Staat bestimmen sollten, und bestand auf einer Unterscheidung zwischen Wahrheit und politisch motivierter Meinung, die Arendt als durchaus unsokratische Konsequenz beschreibt.[15] Nach Platon war es somit die Aufgabe des Philosophen, sich solcher Meinungen zu enthalten und die Bürger zur Wahrhaftigkeit zu erziehen.

Nach Arendt gibt es in der Nachfolge Platons vor allem nur einen großen Philosophen, welcher der politischen Theorie gegenüber nicht feindlich gesinnt war und sich mit Fragen des politischen Handelns beschäftigt hatte: Immanuel Kant. So ist es auch Kant, dem sie immer wieder Arbeiten und Vorlesungen widmen sollte und den sie in ihrer bisweilen eigenwilligen Lektüre seiner Werke zu einem

---

13 Arendt: Fernsehgespräch (wie Anm. 7). S. 45.
14 Arendt, Hannah: Socrates: In: Arendt, Hannah: The Promise of Politics. Hrsg. von Jerome Kohn. New York 2005. S. 5–39, S. 6. Übersetzung durch die Autorin.
15 Arendt: Socrates (wie Anm. 14). S. 6–7.

Vorläufer ihres eigenen politischen Denkens stilisierte.[16] Für Arendt übersetzt sich dieser „Abgrund" zwischen Philosophie und politischer Theorie aber auch in eine Zäsur ihrer eigenen Biografie. Für ihren persönlichen Werdegang zeigen sich die Philosophie und die politische Theorie als eine Folge. Die junge Arendt studiert Philosophie wie auch die antiken griechischen Texte, um die Welt verstehen zu lernen. Es sind die politischen Ereignisse der frühen dreißiger Jahre in Deutschland, welche für sie die Veränderung bringen. Die Welt verstehen zu wollen schien für Arendt auf einmal ein scheinbar unschuldiges Projekt, das sich als gefährlich erweisen sollte. Denn dem nur denkenden Philosophen drohte die Weltlosigkeit. Es liegt nahe, dass Arendt die politischen Entscheidungen Martin Heideggers aus einem solchen Weltverlust heraus begründet sah, denn hier war der einstige Lehrer, der sich dem Denken verpflichtet hatte, aber keine richtigen politischen Entscheidungen treffen konnte. Arendt hingegen setzte nach ihrem Studium den Begriff des Handelns ins Zentrum ihrer Arbeit, sowohl im praktischen Sinne – Arendt arbeitete 1933 noch in Berlin für Kurt Blumenfelds zionistische Organisation, dann seit ihrer Emigration im gleichen Jahr für die zionistische Organisation von Paris aus. Der Begriff des Handelns steht aber gerade auch im Mittelpunkt ihrer Werke, die nach einer Genealogie und nach den Beweggründen politischen Handelns fragen. Doch die Jahre nach dem Abschluss ihrer Dissertation zeigen nicht nur einen Wechsel des Schwerpunktes in Arendts Denken. *Der Liebesbegriff bei Augustin. Versuch einer philosophischen Interpretation* (1929) ist unter der Aufsicht von Karl Jaspers entstanden und die Abschlussarbeit einer bei Heidegger geschulten Philosophin.[17] Ihr nächstes, noch in Berlin begonnenes, aber in Paris vollendetes Buch über Rahel Varnhagen, *Rahel Varnhagen. Lebensgeschichte einer deutschen Jüdin aus der Romantik* (1959)[18] schreibt sie weder als Philosophin noch von einer akademischen Position aus, sondern eher als Nachlassverwalterin eines Erbes, als Entdeckerin und Archäologin einer jüdischen Tradition, welche auch ihr selbst, Arendt, die Handlungsposition – *agency* – einer deutschen Jüdin gibt. Diese Position verdeutlicht Arendt in ihren sogenannten jüdischen Schriften aus der Pariser Zeit wie auch in den Aufsätzen für

---

16 Siehe etwa Arendt, Hannah: Das Urteilen. Texte zu Kants politischer Philosophie. Übersetzt von Ursula Ludz. München 1998.
17 Arendt, Hannah: Der Liebesbegriff bei Augustin. Versuch einer philosophischen Interpretation. Berlin 2003 (1929).
18 Arendt, Hannah: Rahel Varnhagen. Die Lebensgeschichte einer deutschen Jüdin aus der Romantik. München 1959. Eine englische Übersetzung erschien 1957. Siehe auch die kritische Ausgabe von Arendt, Hannah: Rahel Varnhagen. The Life of a Jewess. Übersetzt von Richard u. Clara Winston. Hrsg. von Liliane Weissberg. Baltimore 1997.

den *Aufbau* oder für *Commentary* aus New York.[19] „Handelnd" nimmt Arendt die Position der Jüdin ein. Dabei ist sie nicht nur eine Emigrantin aus Deutschland wie in ihrem Aufsatz „Wir Flüchtlinge" (1943), dem ersten Text, den Arendt in englischer Sprache veröffentlichte und bei dem sie sich selbstbewusst als Autorin in die erste Person Plural in eine Gruppe miteinschließt und – hier ironisch – über das Passive („Flüchtlinge") und Aktive („Neueinwanderer") der Selbsteinschätzungen reflektiert,[20] kurz nachdem Arendt bereits diese erste Person Plural hinsichtlich ihrer eigenen Flucht mit ihrem zweiten Ehemann Heinrich Blücher und ihrer Rettung anwenden kann. „SIND GERETTET" lautet somit ihr Telegramm an ihren ersten, bereits glücklich emigrierten Ehemann Günther Stern, der dieses Dokument wiederum aufbewahrt, so dass es mit ihm 1950 nach Europa zurückkehrt.

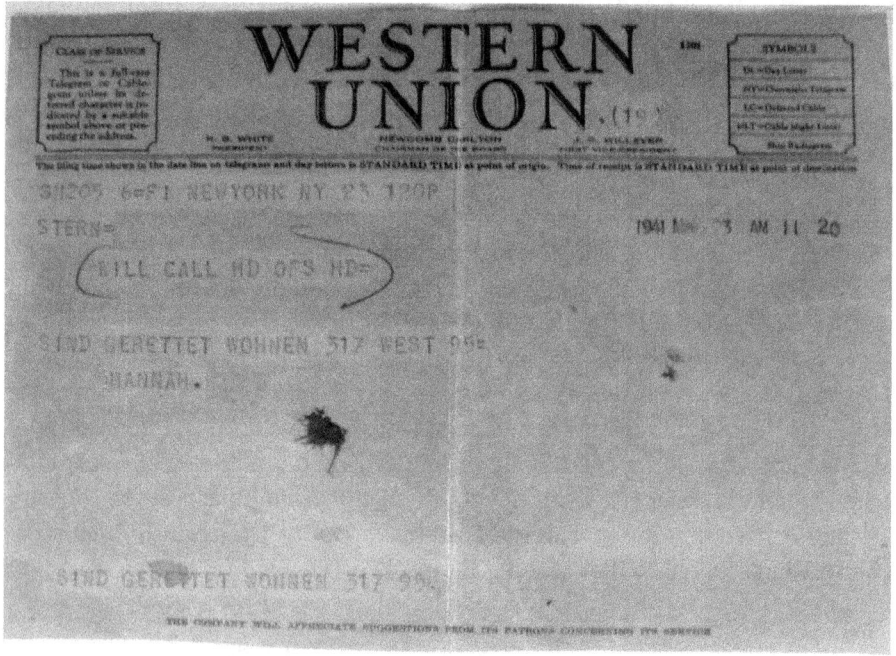

**Abb.2:** Telegramm, Hannah Arendt und Heinrich Blücher an Günther Stern (Anders), New York, 23. Mai 1941. Günther Anders Archiv, Nationalbibliothek Wien].

---

[19] Arendt, Hannah: The Jewish Writings. Hrsg. von Jerome Kohn u. Ron H. Feldman. New York 2007.

[20] Arendt, Hannah: We Refugees (1943). In: The Jewish Writings (wie Anm. 19). S. 264–274. In deutscher Fassung in: Arendt, Hannah: Zur Zeit. Politische Essays. Übersetzt von Eike Geisel. Hrsg. von Marie Luise Knott. Berlin 1986. S. 7–21.

Das Studium der Philosophie oder politischen Theorie ist eine Frage der Wahl, selbst wenn es Arendt zunächst so erschien, als müsse sie „Philosophie studieren" oder „ins Wasser" gehen, zu sehr erschien es ihr dringlich, „verstehen" zu müssen.[21] Jüdin zu sein hingegen ist nicht nur durch die aktuellen politischen Verhältnisse gegeben, sondern kann nur akzeptiert oder geleugnet werden. Es gehört zu dem, was Arendt ist, nicht was sie tut, doch es beinflusst, ja begründet ihr Handeln, indem es zu ihrer eigenen Wahrheit gehört und ihre Position markiert. Denn Jüdin zu sein ist für Arendt keine Frage von biologisch-genealogischer Herkunft oder von Religion. Es markiert eine Volkszugehörigkeit, die sich von einem Nationendenken des 19. Jahrhunderts unterscheidet, und innerhalb eines europäischen Staates eine gegebene gesellschaftliche Situation.

Bereits in *Rahel Varnhagen* übernimmt Arendt eine Unterscheidung, die Max Weber in seinen soziologischen Schriften formulierte, nämlich die zwischen Paria und Parvenü. Paria beschreibt diejenigen, denen im Staat eine soziale Außenseitergruppe zukommt. Für Arendt sind die Juden Parias in Deutschland wie in anderen europäischen Staaten und waren schon immer solche gewesen. Ein Parvenü ist ein Paria, der versucht, sein Pariasein aufzugeben, sich an die dominierende Gesellschaft anzupassen und einer sozial höheren Klasse anzugehören. So wurden Juden zwar mit der Emanzipation und als Folge der Aufklärungsbewegungen Bürger der Staaten, in denen sie lebten, aber sie standen dennoch gesellschaftlich außerhalb. Die Zugehörigkeit zu einem Staat unterscheidet sich damit etwa von der Zugehörigkeit zum „deutschen Volk". Wohlhabende deutsche Juden gehörten nicht automatisch zu den ökonomisch besser gestellten Gesellschaftsschichten, zu denen viele nicht nur durch Bildung, sondern auch durch Konversion und eine Zurückweisung ihrer jüdischen Geschichte Eintritt suchten.

Arendt zufolge war der Versuch deutscher Juden, sich zu assimilieren, ein falscher Weg gewesen. Es war eine Selbstverleugnung, die nicht nur zu keiner größeren Anerkennung führte, sondern die auch gerade die Position verhinderte, die Juden möglich war: die des bewussten Parias. Als ein bewusster Anderer hätten Juden zu einer wahren Pluralität beitragen können, als kritischer Außenseiter wäre es ihnen möglich, Gesellschaft wie Staat zu kommentieren. Platons Dichter wurden zu Außenseitern außerhalb des Staates, da sie nicht die Wahrheit sprechen konnten. Arendts Juden waren die Außenseiter im Staate, die nicht immer ihre Rolle eingenommen hatten, Wahrheit zu sprechen. Es war ihr Fehler, dass sie sich mit der versuchten Zurückweisung einer Außenseiterposition um die Möglichkeit gebracht hatten, politisch zu handeln. Es ist der Mangel an politischer Tradition, die Arendt europäischen Juden vorwirft, und diese Tradition hätte von ihrer Seite vielleicht ihr jüngstes Schicksal verhindern können.

---

21 Arendt: Fernsehgespräch (wie Anm. 7). S. 53.

## Dichter und Paria

1944, drei Jahre nach ihrem Eintreffen in den Vereinigten Staaten und noch während des Zweiten Weltkrieges, als sich die unglaublich erscheinenden Nachrichten über das Schicksal der europäischen Juden häufen, schreibt Arendt ihren eigenen utopischen Text. In der Suche nach einer alternativen Geschichte entdeckt sie gerade für sich eine „verborgene" jüdische Tradition. Diese Tradition ist nun zweierlei: eine der bewussten Parias, der politisch handelnden Juden, die aber auch gleichzeitig vor allem eine Tradition der Dichter ist. Es ist auch eine alternative, von der Aufklärung geprägte Tradition. Arendt beschreibt in ihrem Aufsatz eine Reihe von Personen, die sie als jüdisch bestimmt, die allerdings nicht in „jüdischen" Sprachen – etwa hebräisch oder jiddisch – schreiben. Ihr Werk steht zwar untereinander kaum in Verbindung, aber es bildet eine geheime Tradition einfach dadurch, dass es sich um ein Werk handelt, welches die Position bewusster Parias zeigt. „Bei der Aufspaltung eines in Wahrheit einheitlichen jüdischen Volkskörpers mußten diejenigen am schlechtesten wegkommen, die in den Ländern der Emanzipation weder der Versuchung einer törichten Mimikry noch der einer Parvenukarriere nachgegeben [haben]", schreibt Arendt dort, stattdessen hatten sie versucht, die frohe Botschaft der Emanzipation so ernst zu nehmen, wie sie nie gemeint gewesen war, und als Juden sich als Menschen zu verstehen. Dies „Missverständnis" leitete jenen großartigen Prozess ein, in welchem Juden, denen politische Freiheit und unmittelbare Volksnähe versagt war, sich als Menschen, als Einzelindividuen, in leidenschaftlicher Opposition zu ihrer jüdischen wie nichtjüdischen Umwelt selbst befreiten und in der Einbildungskraft von Kopf und Herz gleichsam auf eigene Faust Volksnähe realisierten. Die für diese Leistung erforderliche Überspannung von Leidenschaft und Einbildungskraft ergab den eigentlichen Nährboden jüdischer Genialität, die in den Gipfeln ihrer Produktivität dem jüdischen Volk sein altes Heimatrecht unter den abendländischen Völkern neu bestätigtigen konnte."[22]

Arendts Auswahl ist vor allem auf deutschsprachige Autoren beschränkt, obwohl sie ebenfalls einen französischen Politologen, Bernard Lazare, und einen anglo-amerikanischen Filmemacher, Charlie Chaplin, hinzuzieht, den sie wie viele amerikanische Zuschauer dieser Zeit zum Juden erklärt.[23] Und als Folge ihrer Zusammenführung von Autorposition und literarischem Text identifiziert sie Chaplin mit seinem Tramp oder Franz Kafka mit seiner Romanfigur K. Der Autor

---

22 Arendt, Hannah: Die verborgene Tradition. In: Arendt, Hannah: Die verborgene Tradition. Acht Essays. Frankfurt a.M. 1976. S.46–73, S. 46–47.
23 Hinsichtlich Arendts Diskussion von Charlie Chaplin siehe Weissberg, Liliane: Hannah Arendt, Charlie Chaplin und die verborgene Tradition. Graz 2009.

versichert die Position des bewussten Parias seiner Charaktere und diese sprechen wiederum für ihre Autoren. Platons Bedenken, dass Autoren Masken tragen und die Rollen ihrer Gestalten annehmen können, ist für Arendt nicht relevant.

Ebenso wie sie ihre eigenen Texte ganz bewusst als solche versteht, die Metaphern formulieren, die dem Verständnis helfen sollen; die erzählten Lebensgeschichten – etwa die Rahel Varnhagens oder Benjamin Disraelis oder Cecil Rhodes in den *Elementen und Ursprüngen* – bieten Beispiele für eine politische Theorie, ebenso wie auch die literarischen Texte, die Arendt in ihrem Aufsatz vorstellt, zur politischen Theorie werden und ihre Autoren nicht nur zu bewussten Parias, sondern auch als Politologen verstanden werden können.

Ein erstes Beispiel bildet Heinrich Heine mit seinen *Hebräischen Melodien* (1851). Heine schreibt deutsch und wählt einen „volksmäßigen Hintergrund" für seine Gedichte.[24] Gleichzeitig führt er die „Prinzessin Sabbat" und den „Rabbi Faibusch" als Personen ein und benutzt jiddische Worte wie „Schlemihl". Tatsächlich gehört der Name Faibusch nicht nur einem Vorbeter der Amsterdamer Synagoge, er ist eine Entstellung des griechischen Namens Phoibos. Indem „Der Apollogott" im gleichnamigen Gedicht zum Rabbiner gerät und jiddische Worte in die deutsche Sprache Eingang finden, schafft Heine eine kulturelle Symbiose besonderer Art. Er tut es nach Arendt in vollkommener Unschuld, einer Unschuld, die sie seiner Paria-Position zuschreibt:

> So sicher Heines Lieder vom Volke der Juden und von sich selbst als ihrem Dichterkönig nichts mit dem Bild zu tun haben, das die Ausnahmejuden des Reichtums und der Bildung von sich zu entwerfen pflegten, so sicher ist es in seiner ganzen fröhlichen und unbekümmerten Frechheit volkstümlich. Der Paria, der außerhalb der Rangordnungen der Gesellschaft steht und keine Lust hat, in sie aufgenommen zu werden, wendet sich sorglosen Herzens dem zu, was das Volk, das Gesellschaft nicht kennt, liebt, erfreut, bekümmert und ergötzt; wendet sich ab von den Gaben der Welt und erlabt sich an den Früchten der Erde.[25]

Es mag hier vielleicht seltsam erscheinen, dem Ironiker Heine eine Unbekümmertheit und Unschuld zuzusprechen, die Arendt hier gleichzeitig als Zeichen einer Volkstümlichkeit sieht. Es ist eine ähnliche Unschuld und Volkstümlichkeit, die sie Charlie Chaplins Tramp zuspricht, dessen „Dichtung" im Film sich allerdings auf die sprachlose Pantomime beschränkt. Es ist im Kontext ihrer Diskussion des Werkes von Heine, jenem „größte[n] Charakter" unter den zeitgenössischen Dichtern,[26] dass Arendt die Parallele zwischen Dichter und Paria formuliert:

---

24 Arendt: Tradition (wie Anm. 22). S. 48.
25 Arendt: Tradition (wie Anm. 22). S. 50.
26 Arendt: Tradition (wie Anm. 22). S. 54.

> Heine hat in der Gestalt des Schlemihl die ursprüngliche Affinität des Paria zum Dichterischen, das sich auch außerhalb der Gesellschaft hält und in ihr nie eigentlich zu Hause ist, festgehalten und damit dem jüdischen Volk sein Heimatrecht zumindest in der Welt der europäischen Kultur neu und zeitgemäß bestätigt.[27]

Arendts zweites Beispiel, der Journalist und Literaturkritiker Bernard Lazare, ist kein Dichter, aber ein Paria, ein Jude im Paris der Zeit des Dreyfus-Prozesses. In seiner Studie *L'Antisémitisme. Son histoire et ses causes* (1894) prägte er den Begriff des „bewussten Parias", den Arendt für ihre politische Theorie übernehmen sollte. Arendt gab für den Schocken Verlag, für den sie einige Zeit in New York arbeiten sollte, eine Sammlung seiner Schriften in englischer Sprache heraus.[28] Nach Lazare sollte der Jude als bewusster Paria zu einem Rebell gegen die Gesellschaftsordnung werden, zu einem Vertreter eines unterdrückten und benachteiligten Volkes, das nach seinen Rechten verlangt. Nach Heine, Lazare und Chaplin wählt Arendt Franz Kafka als viertes und letztes Beispiel in diesem Aufsatz; einen Autor, dessen Werk sie fortwährend beschäftigt hatte und dem sie auch einen Aufsatz, schlicht betitelt „Franz Kafka", widmen sollte.[29] Sie beschäftigte sich intensiv mit dem 1934 veröffentlichten Aufsatz Walter Benjamins zu Kafka,[30] der ihre Rezeption von Benjamin wie Kafka zu beeinflussen schien,[31] und setzte sich während ihrer Arbeit für den Schocken-Verlag ebenfalls für eine Ausgabe seiner Werke ein.[32] „Heines Schlemihl und Lazares bewußter Paria waren als Juden konzipiert und selbst Chaplins Suspektem haftete die jüdische Herkunft deutlichst an", schreibt Arendt. „Dies ändert sich, wenn wir dem Paria in seiner nächsten und vorläufig letzten Gestalt begegnen, in der Dichtung von Kafka, in welcher er zweimal auftritt, das erste Mal in seiner frühen Novelle ‚Beschreibung eines Kampfes' (1903–1907) und das zweite Mal in seinem späten, unvollendetem

---

[27] Arendt: Tradition (wie Anm. 22). S. 55.
[28] Lazard, Bernard: Job's Dungheap. Essays on Jewish Nationalism and Social Revolution. Übersetzt von Harry Lorin Binsse. Hrsg. von Hannah Arendt. New York 1948.
[29] Arendt, Hannah: Franz Kafka. In: Arendt: Tradition (wie Anm. 22). S. 88–107.
[30] Arendt veröffentlichte Walter Benjamins Aufsatz „Franz Kafka. Zur zehnten Wiederkehr seines Todestages" auch in der englischen Übersetzung von Harry Zohn in dem von ihr herausgegebenen Band: Benjamin, Walter: Illuminations. New York 1969.
[31] Siehe Weissberg, Liliane: Ein Mensch in finsteren Zeiten. Hannah Arendt liest Walter Benjamin. In: Affinität wider Willen? Hannah Arendt, Theodor W. Adorno und die Frankfurter Schule. Hrsg. von Liliane Weissberg. Frankfurt a.M. 2011 (Jahrbuch zur Geschichte und Wirkung des Holocaust 2011), besonders aber auch Gottlieb, Susannah Young-Ah: Introduction. In: Arendt, Hannah: Reflections on Literature and Culture. Hrsg. v. Susannah Young-Ah Gottlieb. Stanford 2007. S. xi–xxxi, bes. S. xviii–xxii.
[32] Kafka, Franz: Parables in German and English. New York 1946 (Schocken Library 7).

Roman ‚Das Schloß' (1922–1924)".³³ In ihrem Aufsatz zur „verborgenen Tradition" konzentriert sich Arendt auf Kafkas posthum erschienenen Roman *Das Schloß*. Dessen Protagonist K. „kommt von nirgendwo her", er besitzt keine Eigenschaften mehr, die ihn als Juden identifizieren könnten. Kafkas Texte beschreiben eine Gesellschaft, die aus „Niemanden" besteht, wie er selbst in der „Beschreibung eines Kampfes" ausführt, und K. unterscheidet sich von ihnen nur darin, dass er nachdenkt und wissen will. Denn die Gesellschaft spielt eine Wirklichkeit vor und möchte K. – den Paria – nicht nur davon überzeugen, dass er ein Außenseiter ist, sondern dass er unwirklich ist:

Der Konflikt zwischen Gesellschaft und Paria geht also keineswegs nur um die Frage, ob die Gesellschaft sich gerecht oder ungerecht zu ihm verhalten hat, sondern darum, ob dem von ihr Ausgeschlossenen oder dem gegen sie Opponierenden überhaupt noch irgendeine Realität zukommt. Denn dies ist die größte Wunde, welche die Gesellschaft von eh und je dem Paria, welcher der Jude in ihr war, schlagen konnte, ihn nämlich zweifeln und verzweifeln zu lassen an seiner eigenen Wirklichkeit, ihn auch in seinen eigenen Augen zu dem „Niemand" zu stempeln, der er für die gute Gesellschaft war.³⁴

Howard Caygill hat jüngst gezeigt, wie sehr Arendts Konzept von Kafka und K. als solcher Paria durch die Ausgaben Max Brods und die von ihm bestimmte Publikationsfolge der Werke bestimmt ist;³⁵ David Suchoff wiederum weist in seiner Studie *Kafka's Jewish Languages* auf viele implizite Referenzen zum Judentum hin sowie auf viele explizite hebräische oder jiddische Formulierungen, die vor allem durch Brod aus seinen Schriften entfernt wurden.³⁶ Arendt bezieht sich in ihrer Diskussion daher nicht einfach auf Kafkas Text, sondern auf ein bestimmtes überliefertes Konstrukt, als den nun abstrakt von den bestimmten Zuordnungsbezeichnungen gereinigten Paria per se. Somit sind Arendts vier Beispiele von bewussten Parias sowohl eine Konstellation von Fallstudien wie eine historische Folge von der Spätromantik (Heine) bis zur Vorkriegszeit (Kafka). Ob diesen Beispielen inhärente Stimmigkeit zukommt oder man an Heines Unschuld, Lazares Literatur, Chaplins Judentum, Kafkas Universalität zweifeln mag, ist dabei vielleicht gar nicht so entscheidend. Wichtiger ist vielleicht Arendts These, dass Dichter mit ihren literarischen Texten Wege des Protests aufzeigen sowie der Möglichkeit des Zusammenlebens. Es sind diese Dichter, die als Parias politische Theorien geben und gleichzeitig

---

33 Arendt: Tradition (wie Anm. 22). S. 62.
34 Arendt: Tradition (wie Anm. 22). S. 63.
35 Caygill, Howard: The Fate of the Paria. Arendt and Kafka's „Nature Theatre of Oklahoma". In: College Literature 38, 1 (2011). S. 1–14.
36 Suchoff, David: Kafka's Jewish Languages. The Hidden Openness of Tradition. Philadelphia 2011.

in ihren Texten die Handlungsmöglichkeiten eines Parias zeigen können. Damit stellt Arendt nicht nur die Frage, ob ein Staat Dichter braucht, sondern ob die politische Theorie Dichter braucht – und beantwortet sie positiv.

## Die Dichter und der Staat

Jahrzehnte nach der Abfassung ihres Aufsatzes zur „verborgenen Tradition" notierte Arendt in ihrem *Denktagebuch*: „Was Denken und Dichten verbindet, ist die Metapher. In der Philosophie nennt man Begriff, was in der Dichtung Metapher heißt. Das Denken schöpft aus dem Sichtbaren seine ‚Begriffe', um das Unsichtbare zu bezeichnen."[37] Und etwas später fährt Arendt fort: „Alles Denken ‚überträgt', [ist] metaphorisch."[38] Allerdings ist es gerade die Einbildungskraft, und damit die resultierenden Bilder der Dichter, die Verständnis ermöglichen und Menschen verbinden können: „Da nun aber nicht die selbst-gebundene Vernunft, sondern nur die Einbildungskraft es möglich macht, ‚an der Stelle jedes anderen zu denken', ist es nicht die Vernunft, sondern die Einbildungskraft, die das Band zwischen den Menschen bildet".[39]

Damit ist die Dichtung, der Platon noch mit Neid begegnete, nicht unbedingt nur der Philosophie nähergerückt. Denn Denken ist eigentlich nicht nur Sache der Philosophie. Es ist gerade auch die sich auf Handlung konzentrierende politische Theorie, die denken und dichten muss und, im Gegensatz zu Platon, von der Notwendigkeit des Dichtens weiß.[40] Dies bedeutet hier nicht nur, den Dichtern das Sprechen einer Wahrheit zuzuordnen, sondern gerade die Bedeutung der Einbildungskraft zu verstehen. Bezieht sich Platon in seiner Suche nach Wahrheit auf das Verhältnis zwischen Wort und Objekt, so deutet Arendt hier auf die Bedeutung der Beziehungen der Menschen – Bürger – untereinander hin, die von der Einbildungskraft getragen werden und für den Staat entscheidend sind. Es ist das „inter" oder „in-between" der Menschen untereinander, auf dem das Verständnis der Gesellschaft genauso beruht wie Arendts Konzept der Pluralität. Diese Einbildungskraft ist dabei nicht nur für das Leben im Staat wichtig, sondern auch für jedes Konzept eines Staates, das vorzustellen sei. Grundsätzlich

---

37 Arendt: Denktagebuch (wie Anm. 10). II: S. 728.
38 Arendt: Denktagebuch (wie Anm. 10). II: S. 728.
39 Arendt: Denktagebuch (wie Anm. 10). II: S. 728.
40 Siehe zum Beispiel Heuer, Wolfgang: Verstehen als Sichtbarmachen von Erfahrungen. In: Dichterisch Denken. Hannah Arendt und die Künste. Hrsg. von Wolfgang Heuer u. Irmela von der Lühe. Göttingen 2007. S. 197–212.

wird sie bereits durch die Natur der Sprache selbst gefördert, die an sich schon reich an Metaphern und Bildern ist.

Somit sieht Arendt nicht nur eine notwendige Rolle für Dichter im Staat, sondern vergleicht – implizit wie explizit – auch ihre eigene Position als Politikwissenschaftlerin mit der eines Dichters. So weist Arendt wiederholt jede Kritik, die auf die Überprüfbarkeit ihrer historischen Entwürfe abzielt, mit der Antwort zurück, Fakten dieser Art interessierten sie nicht.[41] Es geht ihr gerade um jene „Überzeugung", die Sokrates versuchte und an der er aber scheiterte.

Kritiker zählten nicht nur zahlreiche „Irrtümer" in ihrem Hauptwerk, den *Elementen und Ursprüngen totaler Herrschaft*; Jacob Robinsons Studie *And the Crooked Shall be Made Straight. The Eichmann Trial, the Jewish Catastrophe, and Hannah Arendt's Narrative*, die Arendts Bericht über den Eichmann-Prozess, *Eichmann in Jerusalem* (1963), korrigieren möchte, geriet sogar länger als der ursprüngliche Arendt-Text.[42] Arendt erwiderte diese und andere Vorwürfe niemals wirklich mit Korrekturen ihrer Texte, selbst wenn sie zugab, etwas vielleicht nicht richtig wiedergegeben zu haben.[43] Das Verstehen geht bei Arendt jedem Wissen voraus und gerade das Aufnehmen der Fakten der Ereignisse des Dritten Reiches und des Holocausts, die den Hintergrund für die *Elemente und Ursprünge totaler Herrschaft* wie das Eichmann-Buch bilden, zeigen, dass diese eher eine Irrealität erzeugen, die dem Verstehen hinderlich sein kann.[44]

Politologinnen wie Seyla Benhabib und Lisa Disch weisen auf die Bedeutung des Erzählens in Arendts Werk hin, sei es Infragestellung universaler Wahrheiten oder Bezug auf die Grenzen der Philosophie.[45] Dabei spielt die narrative Geste eine ebenso große Rolle wie die Wahl der Beispiele, bei denen es sich oft um frei

---

**41** Siehe Annette Vosswinkels Studie u.a. über den Geschichtsbegriff Arendts: Hannah Arendt. Zwischen deutscher Philosophie und jüdischer Politik. Berlin 2004.
**42** Robinson, Jacob: And the Crooked Shall be Made Straight. The Eichmann Trial, the Jewish Catastrophe, and Hannah Arendt's Narrative. New York 1965.
**43** Siehe zum Beispiel die Ausführungen bei Weissberg: Arendt (wie Anm. 23), oder Weissberg, Juliane: Die verlorene Unschuld. Hannah Arendt als Politologin. In: „Nach Amerika nämlich!" Jüdische Migrationen in die Amerikas im 19. und 20. Jahrhundert. Hrsg. von Ulla Kriebernegg, Gerald Lamprecht, Roberta Maierhofer u. Andrea Strutz. Göttingen 2012. S. 69–89.
**44** Siehe etwa Arendt, Hannah: „Wahrheit und Politik" (1964). In: Zwischen Vergangenheit und Zukunft. Übungen im politischen Denken I. Hrsg. v. Ursula Ludz. München 2000. S. 55.
**45** Benhabib, Seyla: Hannah Arendt. Die melancholische Denkerin der Moderne. Übersetzt von Karin Wördemann. Erweiterte Fassung Frankfurt a.M. 2006; Disch, Lisa Jane: Hannah Arendt and the Limits of Philosophy. Ithaca 1994. Siehe auch Hill, Melvyn A.: The Fictions of Mankind and the Stories of Men: In Arendt. The Recovery of the Public World. Hrsg. von Melvyn A. Hill. New York 1979. S. 275–300.

interpretierte Lebensgeschichten handelt.[46] Die Personen, auf deren Werk verwiesen wird, sind ebenso häufig Dichter wie Staatsmänner, und Arendts eigener Text nimmt häufig Gedichte und Parabeln auf, verweist auf Dramen oder literarische Essays.[47] Es überrascht deshalb vielleicht nicht, wenn sich in Arendts Nachlass auch eigene Gedichte finden. Und vielleicht auch nicht, dass sie Heideggers politischen Opportunismus und Weltvergessenheit zwar durch seine Berufung zum Philosophen verstehen, aber schließlich in einer dichterischen Sprache begegnen möchte, der Parabel von Heidegger, dem Fuchs. Und sie zeichnet damit auch das genaue Gegenbild zu ihrem idealen Staat:

> Es war einmal ein Fuchs, dem gebrach es so sehr an Schläue, daß er nicht nur in Fallen ständig geriet, sondern auch den Unterschied zwischen einer Falle und einer Nicht-Falle nicht wahrnehmen konnte. Dieser Fuchs hatte noch ein Gebrechen, mit seinem Fell war etwas nicht in Ordnung, so daß er des natürlichen Schutzes gegen die Unbilden des Fuchsen-Lebens ganz und gar ermangelte. Nachdem dieser Fuchs sich seine ganze Jugend in den Fallen anderer Leute herumgetrieben hatte und von seinem Fell sozusagen nicht ein letztes Stück mehr über war, beschloß er sich von den Füchsen recht und ganz zurückzuziehen und ging an die Errichtung des Fuchsbaus. In seiner haarsträubenden Unkenntnis über Fallen und Nicht-Fallen und seiner unglaublichen Erfahrenheit mit Fallen kam er auf einen unter Füchsen ganz neuen und unerhörten Gedanken: Er baute sich eine Falle als Fuchsbau, setzte sich in sie, gab sie für einen normalen Bau aus (nicht aus Schläue, sondern weil er schon immer die Fallen der anderen für Baue gehalten hatte), beschloß aber auf seine Weise schlau zu werden, und seine selbst verfertigte Falle, die nur für ihn paßte, zur Falle für andere auszugestalten. Dies zeugte wieder von großer Unkenntnis des Fallenwesens: in seiner Falle konnte niemand recht sein; weil er ja selbst drin saß. Dies ärgerte ihn; schließlich man weiß doch [sic!], daß alle Füchse gelegentlich trotz aller Schläue in Fallen gehen. Warum soll es eine Fuchsenfalle, noch dazu vom in Fallen am erfahrendsten aller Füchse hergerichtet, nicht mit den Fallen der Menschen und Jäger aufnehmen können? Offenbar, weil die Falle sich als solche nicht klar genug zu erkennen gab. Also verfiel unser Fuchs auf den Einfall, seine Falle am schönsten auszuschmücken, und schnell klare Zeichen zu befestigen, die ganz deutlich sagten: Kommt alle her, hier ist eine Falle, die schönste Falle der Welt. Von da an war es ganz klar, daß in diese Falle sich kein Fuchs unabsichtlicherweise hätte verirren können. Dennoch kamen viele. Denn diese Falle diente ja unserem Fuchse als Bau. Wollte man ihn im Bau, wo er zu Hause war, besuchen, mußte man in seine Falle gehen. Aus der konnte freilich jeder herausspazieren außer ihm selbst. Sie war ihm wortwörtlich auf den Leib geschnitten. Der fallenbewohnende Fuchs aber sagte stolz: so viele gehen in meine Falle, ich bin der beste aller Füchse geworden. Und auch daran war etwas Wahres: niemand kennt das Fallenwesen besser, als wer zeitlebens in einer Falle sitzt.[48]

---

46 Arendt, Hannah: Menschen in finsteren Zeiten. Übersetzt v. Ursula Ludz, Meino Büning, Wolfgang von Einsiedel u. Hellmut Jaesrich. Hrsg. v. Ursula Ludz. Erweiterte Ausgabe München 2001.
47 Siehe auch Arendt, Hannah: Von den Dichtern erwarten wir Wahrheit. Hrsg. von Barbara Hahn u. Marie Luise Knott. Berlin 2007.
48 Arendt, Hannah: Heidegger, der Fuchs (Juli 1953). In: Hannah Arendt und Martin Heidegger, Briefe 1925–1975 und andere Zeugnisse. Hrsg. v. Ursula Ludz. Frankfurt a.M. 1999. S. 382–383.

Helmut Peitsch
# Antifaschistisches Verständnis der eigenen jüdischen Herkunft in Texten von DDR-SchriftstellerInnen

Überhaupt die Frage zu stellen, ob die DDR einen Beitrag zum Kulturerbe deutschsprachiger Juden hinterlassen hat, widerspricht der verbreiteten Gewissheit, dies sei nicht der Fall, im Gegenteil, wie der Bericht der Enquete-Kommission „Aufarbeitung von Geschichte und Folgen der SED-Diktatur in Deutschland" im Schlusssatz der ungezeichneten Einleitung eines 1996 von der Bundeszentrale für politische Bildung herausgegebenen Bandes *Nationalsozialismus und Judenverfolgung in DDR-Medien* zitiert wurde: „Zu den folgenreichsten Langzeitwirkungen [...] gehört die Störung bzw. Zerstörung des jüdischen Identititätsbewußtseins".[1]

Von der Nach-Wende-Forschung wird fast unisono der Vorwurf gegen den kommunistischen Antifaschismus erhoben, Entschuldung der Deutschen und Tabuisierung des Holocaust bedeutet zu haben.[2] Es gibt eine von Psychologen über Historiker zu Literaturwissenschaftlern reichende Übereinstimmung, dass die Verfolgung und Vernichtung der europäischen Juden in der SBZ/DDR „tabuisiert",[3] „vollständig vergessen" „abgewehrt" und „vermieden" wurde,[4]

---

[1] Bundeszentrale für politische Bildung (Hrsg.): Nationalsozialismus und Judenverfolgung in DDR-Medien. 2. Aufl. Bonn 1997 [zuerst: 1996]. S. 9.

[2] Vgl. aber auch Schiller, Dieter: Alltag, Widerstand und jüdisches Schicksal. In: Schwieriges Erbe. Der Umgang mit Nationalsozialismus und Antisemitismus in Österreich, der DDR und der Bundesrepublik Deutschland. Hrsg. von Werner Bergmann u.a. Frankfurt a.M., New York 1995. S. 393–407, der behauptet, die Judenvernichtung sei zwar „nicht verdrängt, aber doch überlagert" (S. 395) worden; ähnlich Heukenkamp, Ursula: Jüdische Figuren in der Nachkriegsliteratur der SBZ und DDR. In: Erinnerung. Zur Gegenwart des Holocaust in Deutschland-West und Deutschland-Ost. Hrsg. von Bernhard Moltmann u.a. Frankfurt 1993. S. 189–203. Eke, Norbert Otto: Konfigurationen der Shoah in der Literatur der DDR. In: Shoah in der deutschsprachigen Literatur. Hrsg. von Norbert Otto Eke u. Hartmut Steinecke. Berlin 2006. S. 85–106, spricht durchgängig von „Vernutzung"; Lühe, Irmela von der: Verdrängung und Konfrontation – die Nachkriegsliteratur. In: Die zweite Geschichte des Nationalsozialismus. Überwindung – Deutung – Erinnerung. Hrsg. von Peter Reichel u.a. München 2009. S. 243–260, 252, bestimmt den literarischen Antifaschismus, gerade auch der Remigranten, in der DDR als „Weigerung, sich für die nationalsozialistische Vergangenheit und damit auch für ihre ‚Aufarbeitung' irgend zuständig zu fühlen".

[3] Maaz, Hans-Joachim: Zur psychischen Verarbeitung des Holocaust in der DDR. In: Moltmann u.a. (Hrsg.): Erinnerung (wie Anm. 2). S. 163–168, S.164.

[4] Domansky, Elisabeth: Die gespaltene Erinnerung. In: Kunst und Literatur nach Auschwitz. Hrsg. von Manuel Köppen. Berlin 1993. S. 178–196, S. 188, 192.

„evaded",⁵ „den[ied]",⁶ einem „Ausschluss" aus der Erinnerung, „exclusion",⁷ einer „amnesia" unterlag,⁸ kurz, „keinerlei Auseinandersetzung mit dem Holocaust",⁹ „nirgendwo als ein psychischer Prozeß stattgefunden" hat.¹⁰

Schon 1988 setzte M. Rainer Lepsius eine als Internalisierung bezeichnete Beziehung der BRD zur NS-Vergangenheit, die dadurch „Bezugsereignis für die politische Moral" geworden sei, dass „Auschwitz [...] zum zentralen Begriff für die moralische Reflexion" „wurde",¹¹ einer als Externalisierung gedeuteten antikapitalistischen Universalisierung des Faschismus in der DDR normativ entgegen. Unter Berufung auf Lepsius kann ein Historiker dann von einem „geschichtslosen Antifaschismus" sprechen, „der auf einen ökonomistischen Faschismusbegriff Bezug nimmt und auf diesem Wege aus der erinnerungspolitischen Dimension der Probleme von individueller Verantwortung und Schuld entläßt".¹² Und der Einwand, den Tilman Fichter 1988 auf der ersten und letzten Sitzung der Historischen Kommission der SPD mit SED-Kollegen den Gästen machte, kann heute als Allgemeingut vermeintlichen Wissens gelten: „daß die verbale Gleichsetzung des Faschismus in Italien und Spanien und des Nationalsozialismus in Deutschland letztlich die Funktion des Antisemitismus und auch des Holocaust in der neueren Geschichte verschleiert. [...] wo ist der qualitative Unterschied zwischen der Relativierung des Nationalsozialismus von links [...] und von rechts, [....] der parteikommunistischen Linken [...] wie auch [...] Herrn Nolte?"¹³

Als autoritative Quelle oft zitiert wird ein völlig auf Belege verzichtender Beitrag Olaf Groehlers zu dem mit Ulrich Herbert 1992 vorgelegten Buch *Zweierlei*

---

**5** Ankum, Katharina von: Victims, Memory, History. Antifascism and the Question of National Identity in East German Narratives after 1990. In: History and Memory 7 (1995) Nr. 1. S. 41–69, S. 63.
**6** Hell, Julia: Anna Seghers and the Problem of a National Narrative after Auschwitz. In: GDR Bulletin 19 (1993) Nr. 2. S. 1–7, S. 6.
**7** Rabinbach, Anson: The Jewish Question in the German Question. In: Reworking the Past. Hitler, the Holocaust, and the Historians' Debate. Hrsg. von Peter Baldwin. Boston 1990. S. 45–73, S. 51.
**8** Markovits, Andrei S.: Coping with the Past. The West German Labor Movement and the Left. In: Baldwin (Hrsg.): Reworking (wie Anm. 7). S. 262–275, S. 265.
**9** Domansky: Erinnerung (wie Anm. 4). S. 179f.
**10** Maaz: Verarbeitung (wie Anm. 3). S. 163.
**11** Lepsius, M. Rainer: Das Erbe des Nationalsozialismus und die politische Kultur der Nachfolgestaaten des ‚Großdeutschen Reiches'. In: Kultur und Gesellschaft. Verhandlungen des 24. Deutschen Soziologentages in Zürich 1988. Hrsg. von M. Haller u.a. Frankfurt a.M., New York 1989. S. 247–264, S. 259.
**12** Grzywatz, Berthold: Zeitgeschichtsforschung und Geschichte der NS-Verfolgten in der deutschen Nachkriegspolitik. In: Zeitschrift für Geschichtswissenschaft 48 (2000). S. 1012–1036, S. 1035.
**13** Miller, Susanne u. Malte Ristau (Hrsg.): Erben deutscher Geschichte. DDR-BRD. Protokolle einer historischen Begegnung. Reinbek 1988. S. 167f.

*Bewältigung,* dessen meistzitierte Stelle lautet: „zu Beginn der 50er Jahre unterblieb ein entscheidender [...] Schritt: Die innere, moralische Auseinandersetzung jedes einzelnen mit seinem eigenen Verhalten, das nicht strafrechtlich oder verwaltungstechnisch zu bewältigen war, fand nicht statt. Millionen Bürgern der DDR wurde es auf diese Weise erspart, sich mit ihrer eigenen Geschichte im Nazi-Regime auseinandersetzen zu müssen."[14] Aber auch in den Interpretationen der „Lebenserzählungen" ostdeutscher Holocaust-Überlebender im Potsdamer Archiv der Erinnerung führt die Absicht, „über die augenscheinliche pädagogische Intention bestimmter Erinnerungsformen hinaus deren biographische Funktionen zu ergründen",[15] zu dem, wenngleich ausdrücklich dementierten, Resultat, „sie als bewußte Verschleierung oder Ergebnis eines selektiven Gedächtnisses abzutun".[16] Der Interpret ist an einer anderen als der erzählten Geschichte interessiert, wenn er von vornherein bekundet, dass „Darstellungen politischer Motivationen" verbergen, „welche persönlichen Erfahrungen dieser Entscheidung vorgelagert waren",[17] insbesondere wo der Begriff der „Identität" normativ so verwendet wird, dass von dem Überlebenden verlangt wird, „seine[r] jüdische[n] Herkunft [...] den gebührenden Platz in seiner Biographie einzuräumen".[18]

Eine vermeintliche Gewissheit, welcher Platz der jüdischen Herkunft gebühre, kann prinzipiell ein Interesse daran ausschließen, welchen Platz deutschsprachige Juden, die nach 1945 in ihr zur sowjetischen Besatzungszone und DDR gewordenes Herkunftsland zurückkehrten, ihrer jüdischen Herkunft gaben, indem sie sich als Antifaschisten engagierten. Die heute in der Bundesrepublik herrschende Ansicht von einem Ausschluss oder einer Marginalisierung der Ermordung der europäischen Juden aus bzw. in der öffentlichen Erinnerung in der DDR hat der britische Historiker Bill Niven „a negative foundational myth" genannt, „since its function consists in legitimizing the exclusion of the commu-

---

14 Groehler, Olaf: Antifaschismus – vom Umgang mit einem Begriff. In: Zweierlei Bewältigung. Vier Beiträge über den Umgang mit der NS-Vergangenheit in den beiden deutschen Staaten. Hrsg. von Olaf Groehler u. Ulrich Herbert. Hamburg 1992. S. 29–40, S. 31.
15 Miltenberger, Sonja: Kommunist – Deutscher – Jude. Eine politische Biographie. In: Archiv der Erinnerung. Interviews mit Überlebenden der Shoah. Hrsg. von Cathy Gelbin, Eva Lezzi u.a. Bd. 1. Potsdam 1998. S. 231–264, S. 232.
16 Miltenberger: Kommunist (wie Anm. 15). S. 232f.; vgl. eine ähnliche Interviewinterpretationsmethode bei Hartewig, Karin: Zurückgekehrt. Die Geschichte der jüdischen Kommunisten in der DDR. Köln u.a. 2000. S. 114, die politische Äußerungen als „erratische Floskeln" „unverbunden" mit „persönlichen Erfahrungen" wertet, wenn sie den Interviewten unterstellt, dass von Erfahrungen „abzusehen [...] als [...] höhere[...] Stufe politischen Bewußtseins betrachtet" würde.
17 Miltenberger: Kommunist (wie Anm. 15): S. 244.
18 Miltenberger: Kommunist (wie Anm. 15). S. 263

nist heritage from the foundation of the new German state".[19] Diese „exclusion" geschieht nicht nur als politisch-moralischer Vorwurf an jüdische Remigranten, sie hätten sich von der DDR-Führung missbrauchen lassen, wie ihn Michael Wolffsohn gegen Anna Seghers, Arnold Zweig, Alexander Abusch, Stephan Hermlin und Stefan Heym erhebt: „Die jüdische Herkunft war hier und da eine brauchbare politische Waffe"[20]. Der Ausschluss des kommunistischen Erbes geschieht auch als Einschränkung der Legitimität der – so deutet Karin Hartewig den Antifaschismus in die SBZ/DDR remigrierter deutscher Juden – „Option einer linken Assimilation"[21] auf „Gegenthese[n] zur sonst vorherrschenden ökonomistischen Faschismusanalyse",[22] die „die Vernichtung der Juden als Nebenschauplatz der nationalsozialistischen Verfolgungspraxis betrachtet" habe.[23]

Die anfangs gestellte Frage nach einem Kulturerbe deutschsprachiger Juden aus der DDR ist also eine doppelte, nämlich ob ein säkulares, aber nicht nationales Verständnis der eigenen jüdischen Herkunft als jüdisch und ob es als Teil eines antifaschistischen Selbstverständnisses von Kommunisten heute für die Bundesrepublik als ein zu tradierendes Erbe akzeptabel ist.[24]

Im Folgenden werden in der SBZ/DDR veröffentliche Texte jüdischer Remigranten zur Relektüre vorgeschlagen, die in den drei Genres Autobiographik, Essayistik und Reisebeschreibung die Ermordung der europäischen Juden thematisiert und ihr antifaschistisches Engagement begründet haben – Genres, die bisher noch weniger Beachtung gefunden haben als die Gedichte, Dramen, Erzählungen und Romane, die entweder schon in der DDR als Lesebuch-Texte kanonisiert waren, wie F. C. Weiskopfs *Die Geschwister von Ravensbrück*, Lion

---

**19** Niven, Bill: Remembering Nazi Anti-Semitism in the GDR. In: Memorialization in Germany since 1945. Hrsg. vonBill Niven u. Chloe Paver. Basingstoke 2009. S. 205–213, S. 256.
**20** Wolffsohn, Michael: Die Deutschland-Akte – Juden und Deutsche in Ost und West – Tatsachen und Legenden. München 1995. S. 125.
**21** Hartewig: Zurückgekehrt (wie Anm. 16). S. 12.
**22** Hartewig: Zurückgekehrt (wie Anm. 16). S. 473.
**23** Hartewig: Zurückgekehrt (wie Anm. 16). S. 474.
**24** Vgl. die vor 1989/90 erschienenen Darstellungen: Richarz, Monika: Juden in der Bundesrepublik Deutschland und in der Deutschen Demokratischen Republik seit 1945. In: Jüdisches Leben in Deutschland seit 1945. Hrsg. von Micha Brumlik u.a. Frankfurt a.M. 1986. S. 13–30, S. 20: „Der religiöse und der nationale Aspekt des Judentums waren beide letztlich nicht mit der Parteilinie vereinbar. Diese Tatsache wurde entscheidend für die Nachkriegsgeschichte der Juden in der DDR." Ähnlich Schoeps, Julius H. (Hrsg.): Juden in der DDR. Geschichte – Probleme – Perspektiven. [Leiden] 1988 (Arbeitsmaterialien zur Geistesgeschichte 4). Deutlich anders Burgauer, Erica: Jüdische Identität in der DDR. In: Burgauer, Erica: Zwischen Erinnerung und Verdrängung – Juden in Deutschland nach 1945. Reinbek 1993. S. 202–208.

Feuchtwangers *Die Geschwister Oppermann* oder Hermlins *Abendlicht*,[25] oder die von LiteraturwissenschaftlerInnen seit den neunziger Jahren für einen Kanon vorgeschlagen worden sind.[26]

Die Wahl nicht-fiktionaler Genres legt Widerspruch ein gegen eine scheinbare Relativierung der Ausschluss- und Marginalisierungsthese, die Peter Maser vor der Enquete-Kommission einräumte: „Allerdings wurde auch das Gedenken an den Massenmord am jüdischen Volk von der SED-Führung in den künstlerisch-poetischen Raum abgedrängt",[27] um dann die „Abdrängung" in die „Poesie" als Verhinderung von historisch-politischer Analyse zu erklären und zu werten. Diese „Abdrängungs"-These wird schon widerlegt durch die 1086 Titel umfassende Bibliographie, die 2010 die ehemalige Leiterin der Bibliothek der Jüdischen Gemeinde in der Oranienburger Straße zu Berlin, Renate Kirchner, veröffentlicht hat: Von den aufgeführten Büchern zu Nationalsozialismus und Verfolgung, zu Antisemitismus, zu Religion, Philosophie und Kultus, zur Geschichte, auch in anderen Ländern, und zu Israel erschienen in den 1940er Jahren jährlich im Durchschnitt 10, in den 1950er 15, in den 1960er 20, in den 1970er 30 und in den 1980er 40, so dass sich der relative Anteil an der Buchproduktion insgesamt erhöhte, denn die jährliche Gesamttitelzahl stieg seit den 1960er Jahren nicht mehr.[28]

Gegen einen Vorläufer dieser Bibliographie, die von dem ZK-Arbeitskreis Kirchenfragen erstellte Dokumentation *Die jüdischen Gemeinden in der DDR*, erhebt Hartewig den Vorwurf: „Die selbsternannten Erben machten sich an die Sichtung einer vernachlässigten Erbschaft", um über die Deutung, Erbe sei „ein Akt des ‚Sichbemächtigens'",[29] Heinrich Simons 1987 formulierte Position als antifaschistische „Falle der politischen Loyalität" in Frage zu stellen:[30] „‚Jude, jüdisches Schicksal und Antifaschismus sind eine feste Einheit im Bewußtsein der Bürger der DDR.'"[31]

---

**25** Krauß, Matthias: Völkermord statt Holocaust. Jude und Judenbild im Literaturunterricht der DDR. Leipzig 2007. S. 194f.
**26** Vgl. insbesondere Schneider, Ulrike: Jean Améry und Fred Wander. Erinnerung und Poetologie in der deutsch-deutschen Nachkriegszeit. Berlin, Boston 2012.
**27** Zitiert nach Joseph, Detlef: Die DDR und die Juden. Eine kritische Untersuchung. Berlin 2010. S. 63; vgl. die Wiederholung dieser Formel bei Schmid, Harald: Antifaschismus und Judenverfolgung. Die „Reichskristallnacht" als politischer Gedenktag in der DDR. Göttingen 2004. S. 17.
**28** Kirchner, Renate: Jüdisches in Publikationen aus DDR-Verlagen 1945–1990. Eine Bibliographie. In: Joseph, Detlef: DDR (wie Anm. 27), S. 264–399, S. 395–397.
**29** Hartewig: Zurückgekehrt (wie Anm. 16). S. 578.
**30** Hartewig: Zurückgekehrt (wie Anm. 16). S. 538; vgl. hierzu auch Hartewig, Karin: Die Loyalitätsfalle – Jüdische Kommunisten in der DDR. In: Zwischen Politik und Kultur – Juden in der DDR. Hrsg. von Moshe Zuckermann. Göttingen 2002. S. 48–62.
**31** Hartewig: Zurückgekehrt (wie Anm. 16). S. 578.

In seiner 1945 in New York auf Deutsch erschienenen Autobiographie *Kehr wieder über die Berge* stellte Walther Victor eine Konstellation von Aufbruch, Unterwegssein und bevorstehendem Ankommen in Nachkriegsdeutschland her, die das eigene Überleben durch Flucht und die eigene Abwesenheit vom Kampf und Leiden der Arbeiter in Nazi-Deutschland als schuldhaft wertete und die eigene Rückkehr als Wiedergutmachung entwarf – in einem Sinne, auf den das Titelzitat aus einem Gedicht John Henry Mackays verweist: „Kehre wieder über die Berge, Mutter der Freiheit, Revolution!",[32] die individuelle Wiederkehr als Beitrag zur Wiederkehr der 1918/19 verspielten Chance einer gesellschaftlichen Veränderung. Der Sozialdemokrat Victor erläuterte den Titel, indem er betonte, dass der zur SPD zurückgekehrte zeitweilige KPD-Vorsitzende Paul Levi mit dem Mackay-Zitat seine letzte Rede schloss, die 1931 vor dem Aufstieg der Nazis warnte: „Es war der Stolz einer revolutionären Klasse und Tradition [...], geadelt noch im äußeren Unterliegen von der selbstverständlichen Gewißheit eines inneren Sieges, einer Zukunft, die ihm, die uns Recht geben würde".[33]

Der Autobiograph, der sich als „Klassenflüchtling von Jugend auf" aus kapitalistischem und orthodox-jüdischem Elternhaus darstellte,[34] betonte, dass er sich seit dem 21. Lebensjahr zwar „stets als konfessionslos bezeichnet" habe: „Aber ich habe insbesondere nach Beginn der mörderischen Judenverfolgungen durch Hitler nie ein Hehl aus meiner jüdischen Abstammung gemacht".[35] Doch die „Welt, die meine Heimat wurde", sei ihm die Arbeiterbewegung zunächst in Hamburg, dann Zwickau gewesen: „Mein Geburtshaus stand in einer Stadt, die ich verließ, als ich sechs Jahre war, und die ich nie wieder besuchte. Meine Familie stammte aus Posen, das ‚Ausland' wurde, mein Elternhaus löste sich auf".[36] „Wo immer das Exil mich hin verschlug", „ich war zu Hause", wo Sozialdemokraten zu finden waren.[37]

Durchzogen wird Victors Darstellung des Exils von – auf Marx- und Engels-Zitate über die deutsche Emigration ins Paris des 19. Jahrhunderts gestützten – negativen Bewertungen von „Tatenlosigkeit", „[S]elbstgerecht[igkeit]", „Überheblichkeit", „Emigranten-Hysterie", „Klatsch [...] und [...] Niedertracht",[38] die sich „vom sicheren Port aus bemühte[n], jedem in Deutschland Verrat

---

[32] Victor, Walther: Kehre wieder über die Berge. Eine Autobiographie. Berlin, Weimar 1982 [zuerst: 1945]. S. 187.
[33] Victor: Berge (wie Anm. 32). S. 185.
[34] Victor: Berge (wie Anm. 32). S. 165.
[35] Victor: Berge (wie Anm. 32). S. 31.
[36] Victor: Berge (wie Anm. 32). S. 140.
[37] Victor: Berge (wie Anm. 32). S. 303.
[38] Victor: Berge (wie Anm. 32). S. 169, 103, 139, 271, 293.

vorzuwerfen".[39] Zugrunde lag diesen Urteilen Victors Überzeugung: „Es gab nur einen Rechtstitel [...] für einen zukünftigen Platz in einem wiederauferstehenden, befreiten Deutschland, und der war lediglich dadurch zu erwerben, daß man die Leiden und Bedrückungen, die Gefahren und Torturen geteilt hatte, die die breiten Massen zu tragen hatten [...]. Wer davonging, schloß sich aus, ob er nun aus Feigheit ging oder weil er keine Bindungen spürte oder – weil ihm kein anderer Weg blieb, wollte er überleben."[40] Indem Victor auch das eigene Exil als Entwürdigung beurteilte: „den eingeborenen Anspruch auf das Land, [das...] Heimatrecht, aufzugeben, kampflos zu weichen, die Stätte denen zu überlassen, die sie entweihten und verschandelten",[41] polemisierte er sowohl gegen „Emigranten aus Veranlagung'", die „jede innere Bindung an das Land, dem sie entflohen, fort[warfen]'",[42] als auch gegen „Leute, die nie einer Arbeiterpartei oder Gewerkschaft angehört hatten" und „ein persönlicher Unfall, den sie z.B. durch ihre Eigenschaft als Juden erlitten hatten, nicht nur in Hitlergegner [verwandelte], was jedermann begreiflich finden würde, sondern in Gralshüter der antifascistischen [sic] [...] Idee, die sich berufen fühlten, die Haltung von Veteranen des Klassenkampfs zu kritisieren".[43]

Dem Exil entgegengesetzt wurde „eine Tatbereitschaft, die auf die Befriedigung durch sichtbare, selbsterlebte und selbstgenossene Erfolge vielleicht auf immer zu verzichten vermochte und doch nicht nachließ".[44] Für diesen „sozialistischen Aktivismus", wie er ihn in Paul Levi „am besten" „verkörpert" sah,[45] benutzte Victor zwei Motive Heinrich Heines, die auf Heimkehr verweisen. „Es gehörte eine Art religiöser Festigkeit dazu, dieser Aufgabe gerecht zu werden, sich abzufinden damit, daß man vielleicht ein ‚verlorener Posten in dem Freiheitskriege', nur Sauerteig war für späteres, unausbleibliches Werden."[46] Wenn in „Enfant perdu" das Wissen, „nie komm' ich gesund nach Haus", zum ‚Kämpfen' „ohne Hoffnung, daß ich siege", gehört,[47] so bieten die „Heimkehr"-Gedichte im „Buch der Lieder" Variationen unglücklicher Liebe – die Rückkehr in die Stadt der Liebe führt zu einer verheirateten Geliebten mit einem oder mehreren

---

39 Victor: Berge (wie Anm. 32). S. 279.
40 Victor: Berge (wie Anm. 32). S. 293.
41 Victor: Berge (wie Anm. 32). S. 287.
42 Victor: Berge (wie Anm. 32). S. 288.
43 Victor: Berge (wie Anm. 32). S. 138.
44 Victor: Berge (wie Anm. 32). S. 169.
45 Victor: Berge (wie Anm. 32). S. 189.
46 Victor: Berge (wie Anm. 32). S. 169.
47 Victor, Walther: Marx und Heine. Tatsache und Spekulation in der Darstellung ihrer Beziehungen. Berlin 1953. S. 117.

Kindern, in eine von der Geliebten verlassene Stadt oder gar eine Totenstadt;[48] dieser entspricht die Heimführung der Geliebten ins „trübe Haus", die „schaurige Klause",[49] wie umgekehrt der Heimkehrer der Geliebten gesteht: „nur ich selber bins nicht wieder, Bin verändert heimgekehret".[50] Wenn in der „Nordsee" Poseidon dem lyrischen Ich, das, solange dem Schiff Fahrtwind fehlte, um zur Heimat zu tragen, „das Lied vom Odysseus" las und dem nun „selber bangt vor der Heimkehr", versichert: „Fürchte dich nicht, Poetlein! [...] Denn du, Poetlein, hast nie mich erzürnt", erscheint dies als „grober Seemannswitz".[51] ‚Witzig' behandelte auch Victor die bei Erscheinen der Autobiographie noch offene, im New Yorker Exil durchaus brisante Frage seines Verhältnisses zur SPD; von unglücklichen Lieben zum „Typ jener Grete" („Immer wieder, von Zeit zu Zeit, war es leuchtendes, sonnenblondes Haar, das mich verführte") kam Victor auf die Partei, der er „treu geblieben" sei:[52] „Sie hat mich sträflich vernachlässigt und um meine besten Jahre betrogen. Wo ich um sie eiferte und um Gehör flehte, sah sie sich brüsk nach anderen um. Dem, der ihr sein Bestes gab, spielte sie die Rolle der unverstandenen, mißhandelten Frau vor. Es war mit einem Wort eine unglückliche Liebe, wie sie den, dem sie geschieht, nur reicher und reifer macht."[53]

„Auch ich bin schuldig", hieß es im Oktober 1947 in der Überschrift eines Artikels im *Aufbau*, der Zeitschrift des Kulturbunds zur demokratischen Erneuerung Deutschlands; vorabgedruckt wurde Walther Victors Erläuterung der Widmung seiner ersten Buchpublikation im Nachkriegsdeutschland. Victor bekannte hier nicht nur „[d]as Gefühl persönlicher intellektueller Haftbarkeit für das Weltgeschehen", sondern auch „ein [...] Bewußtsein der eigenen Kurzsichtigkeiten, Versäumnisse, Unterlassungen, der eigenen Mängel und Fehlleistungen und ein[en] ebenso starke[n] Drang, sie nicht nur zu bekennen, sondern auch abzudienen und durch sinnvoll nützliches Tun zu kompensieren".[54] Der ehemalige Redakteur von sozialdemokratischen Zeitungen in Hamburg und Zwickau, der 1935 in die Schweiz geflohen und nach der Ausweisung (1938) über Luxemburg und Frankreich 1940 nach New York gelangt war, wurde den Lesern als Pressechef der Landesregierung Sachsen vorgestellt; er selbst nannte seinen „einzigen Maßstab" die „Folge-

---

**48** Heine, Heinrich: Sämtliche Schriften. Hrsg. von Klaus Briegleb. Bd.1. München, Wien 1976. S. 110, 128, 117, 140.
**49** Heine: Schriften (wie Anm. 48). S. 49; vgl. auch S. 118, 119.
**50** Heine: Schriften (wie Anm. 48). S. 145.
**51** Heine: Schriften (wie Anm. 48). S. 185/186.
**52** Victor: Berge (wie Anm. 32). S. 131.
**53** Victor: Berge (wie Anm. 32). S. 131.
**54** Victor, Walther: Auch ich bin schuldig. Widmung eines Buches. In: Aufbau 3 (1947) Heft 10. S. 240–248, S. 240.

rungen, die der Einzelne aus dem Erleben der letzten Jahre gezogen hat":[55] „eine bessere Welt zu schaffen, eine Welt, in der sich niemals zu wiederholen vermag, was wir erlebten".[56]

Zwanzig Jahre später, am 25. Todestag seiner Mutter, die in Theresienstadt „am 4.9.1942 umgebracht und in einem Massengrab verscharrt" wurde,[57] fragte sich Victor in einer zu seinen Lebzeiten unveröffentlicht gebliebenen autobiographischen Aufzeichnung – auch in Erinnerung an die Selbstmorde seiner Schwester im Schweizer Exil und seines Vaters, „als die letzten in Breslau lebenden Juden, während man die Kanonen der sowjetischen Befreier schon hörte, abtransportiert werden sollten": „Habe ich genug getan, um eine Welt mitzuschaffen, in der solche Dinge sich nicht wiederholen können?"[58]

Victors Darstellung seiner Heimkehr als Anspruch, wiedergutzumachen, nämlich als Schriftsteller zur Verhinderung einer Wiederholung von Faschismus und Krieg beizutragen, soll im Folgenden untersucht werden im Vergleich mit anderen Schriftstellern jüdischer Herkunft, die in anderen Genres antifaschistisch in der SBZ/DDR öffentlich zu wirken suchten.

Victors Position unterschied sich in den ersten Nachkriegsjahren von dem Beitrag zur Debatte über die Schuldfrage, die in Reden und Aufsätzen von Remigranten wie Alexander Abusch, Anna Seghers, Stephan Hermlin oder Arnold Zweig geleistet wurde.

Schon vor dem 8. Mai 1945 formulierten kommunistische Autoren wie Abusch, Hermlin und Seghers sowie Sympathisanten der KPD wie Zweig die Erwartung, dass die Auseinandersetzung mit der Ermordung der europäischen Juden einen langen Zeitraum bestimmen werde. Und von den Verlautbarungen der Sowjetischen Militäradministration in Deutschland (SMAD) über die von KPD und SED bis zum Kulturbund zur demokratischen Erneuerung Deutschlands – für die Jahre 1945 bis 1948 lässt sich in der Tat nachweisen, dass der Rassismus an erster Stelle in der Auseinandersetzung mit dem Faschismus stand. Die SMAD druckte 1945 in hoher Auflage Konstantin Simonows Reportage über die Ankunft der Roten Armee in Maidanek *Ich sah das Vernichtungslager*, die in den folgenden Jahren auch zusammen mit Wassilij Grossmanns *Die Hölle von Treblinka* herausgebracht wurde; die SMAD gab z.B. auch Bela Fogarasis Broschüre *Die Zerstörung der Kultur in Deutschland*

---

55 Pons, Arthur: Biographische Skizze. In: Victor, Walther: Mit Herzblut und Flederwisch. Notizen aus bewegter Zeit. Berlin 1969 [zuerst: 1965]. S. 235–247, S. 245.
56 Pons: Skizze (wie Anm. 55). S. 246.
57 Victor, Walther: Und wo hast du dich so lange herumgetrieben? Gedanken und Erinnerungen herausgegeben von Werner Voigt. In: Galerie. Revue culturelle et pédagogique 23 (2005). S. 259–288, 587–614; 24 (2006). S. 375–402, 542–570, S. 566.
58 Victor: Und wo? (wie Anm. 57). S. 567.

*unter der Herrschaft des Faschismus* heraus, in der die „Rassenlehre" als „die politische und die geistige Hauptwaffe des Nazismus" bezeichnet wurde:[59] „Bei der demokratischen Umerziehung des deutschen Volkes muß dem Kampfe gegen den Rassismus eine besonders große Rolle zufallen."[60] Aus der Duldung des „Dahinmorden[s] von Millionen friedlicher Menschen in Todesfabriken, Konzentrationslagern und Gaskammern"[61] ergab sich die Frage an die deutsche Tradition; denn es wäre dem Faschismus nicht gelungen, „das deutsche Volk [...] gegen die Gebote der Menschlichkeit unempfindsam, taub und blind [zu] machen [...], wenn sich der Hitlerismus nicht auf bestimmte Überlieferungen in der deutschen Geschichte hätte stützen können", darunter die schon von „Lessing, Goethe, Heine" bemerkten „Schwächen des deutschen Charakters – Neigung zu knechtischer Unterwürfigkeit, Bereitschaft zu sklavischer Anbetung der Obrigkeit".[62]

Die passive Duldung oder aktive Unterstützung der Ermordung der europäischen Juden war die entscheidende Begründung für die von allen bisher genannten antifaschistischen deutschen Schriftstellern jüdischer Herkunft vertretene Konzeption einer „differenzierten Schuld" aller Deutschen.[63] In den Reden und Aufsätzen der Schriftsteller wurde der Rassismus in verschiedenen Dimensionen thematisiert, nämlich als NS-Propaganda, als traditionelle deutsche, historisch überlieferte Ideologie und als soziale Psychologie. Anna Seghers bezog sich in einem Antwortbrief an Jürgen Kuczynski, der ihr im Mai 1945 aus Berlin berichtet hatte, auf Georg Lukács' Aufsatz *Schicksalswende* – den sie seinen „Maidanek-Artikel" nannte, denn er war 1944 drei Monate nach der „Erkennungsszene" von Maidanek erschienen: „Der ganze Hitlerismus, seine Beziehung zur Welt, seine Verbundenheit mit allen Schichten des deutschen Volkes erscheinen auf einem Ort, in einem ‚Betrieb' zusammengefaßt."[64] Seghers' Paraphrase hielt fest, welche Bedeutung sie wie Lukács dem „Abschlachten der Juden" zuschrieb: „wir haben immer geahnt, was der Hitler-Faschismus ist, jetzt aber wissen wir es."[65] Der Adressat, der in den Reden

---

**59** Fogarasi, Bela: Die Zerstörung der Kultur in Deutschland unter der Herrschaft des Faschismus. Berlin 1946. S. 19.
**60** Fogarasi: Zerstörung (wie Anm. 59). S.30.
**61** Fogarasi: Zerstörung (wie Anm. 59). S.3.
**62** Fogarasi: Zerstörung (wie Anm. 59). S.11.
**63** Hermlin, Stephan: Karl Jaspers: „Die Schuldfrage". In: Stephan Hermlin u. Hans Mayer: Ansichten über einige Bücher und Schriftsteller. Erw. bearb. Aufl. Berlin 1948. S. 147–152, S. 147.
**64** Lukács, Georg: Schicksalswende. In: Lukács, Georg: Schicksalswende. Beiträge zu einer neuen deutschen Ideologie. Berlin 1948 [zuerst: 1944]. S. 333–358, S. 344.
**65** Seghers, Anna: Briefe 1924–1952. Hrsg. von Christiane Zehl Romero u. Almut Giesecke. Berlin 2008. S. 161; der Druck von Kucynskis Brief wird von den Herausgeberinnen unverständlicher Weise ebensowenig vermerkt wie wenigstens ein Nachdruck von Lukács' Aufsatz, vgl. Seghers, Anna u. Jürgen Kuczynski: Briefwechsel II. „Der Arzt glaubte die Krankheit geheilt...". In: Deutsche

und Essays von Hermlin, Seghers oder Zweig angerufen wurde, konnte sich so einerseits als Opfer einer Täuschung, eines Betrugs begreifen, musste sich anderseits als Täter seines Denkens und Handelns verantworten. Bei allen AutorInnen stand der Rassismus im Zentrum, weil sie die Nazi-Ideologie und -Psychologie primär als Herrenmenschentum kritisierten. Ein gemeinsamer Schlüsselbegriff war deshalb: Scham.

Im Oktober 1945 fasste Hermlin, noch in der Schweiz, die Scham als ein Entsetzen vor sich selbst, seiner eigenen aktiven, duldenden oder letztlich nicht verhindernden Beteiligung und verknüpfte Scham als „Annahme der Schuld in ihrem ganzen Ausmaß" mit dem Bild der Krankheit und Genesung: „Der deutsche Organismus wird ohne das Gegengift des Entsetzens nicht mehr gesund werden."[66] In Palästina schrieb Zweig über die Scham, die ausgelöst werde, „wenn Schauerliches erfahren wird", als den Beginn der „eigenen Abrechnung" mit der Vergangenheit.[67] Im mexikanischen Exil, in der Zeitschrift „Freies Deutschland", zitierte Seghers 1945 Marx' Bestimmung der Scham als revolutionäres Gefühl. Der Kontext des Marx-Zitats war ein durchaus aktueller: „Jetzt zerbricht sich die Welt den Kopf über die psychologischen und historischen und politischen Rätsel hinter den Massenmorden in den Todeslagern."[68] Seghers leitete das Zitat ein: „Und Marx, der darauf gedrungen hat, daß man die Misere noch schmerzlicher machen muß, indem man sie endlich den Deutschen bewußt macht, hat zu diesem Erbe den Leitsatz gegeben: ‚Scham ist eine Art Zorn, der in sich gekehrte. Und wenn eine ganze Nation sich wirklich schämte, so wäre sie der Löwe, der sich zum Sprung in sich zurückzieht.'"[69] Seghers zitierte nicht nur den Wortlaut exakt, sondern sie bezog sich sogar auf den engeren Kontext dieser Bestimmung von Scham. Sie fällt in dem Brief, der 1844 in den *Deutsch-Französischen Jahrbüchern* gedruckt wurde, als Marx schildert, wie ihn auf einer Reise durch Holland „die Urteile der Ausländer über die preußische Regierung" ‚beschämen'.[70] Unmittelbar vor dem von Seghers zitierten Satz bringt Marx die ihm aufgezwungene Anerkennung der Zurückgebliebenheit Deutschlands hinter den Gesellschaften des Westens auf den Begriff Scham: die Scham „ist wirklich der Sieg der französischen Revolution über den deutschen Patriotismus, durch den sie 1813 besiegt wurde".[71]

---

Volkszeitung/die tat, 25.11.1988. S. 15; Lukács, Georg: Schicksalswende. In: Lukács, Georg: Marxismus und Stalinismus. Politische Aufsätze. Ausgewählte Schriften IV. Reinbek 1970. S. 50–68.
66 Hermlin, Stephan: *Äußerungen 1944–1982*. Hrsg. von Ulrich Dietzel. Berlin, Weimar 1983. S. 16.
67 Zweig, Arnold: Essays. Bd. 2: Krieg und Frieden. Frankfurt a.M. 1987 [zuerst: 1967]. S. 201.
68 Seghers, Anna: *Über Kunstwerk und Wirklichkeit*. Hrsg.v. Sigrid Bock. Bd. 2: Erlebnis und Gestaltung. Berlin 1971. S. 69.
69 Seghers: Kunstwerk (wie Anm. 68). S.68f.
70 Marx, Karl: Briefe aus den „Deutsch-Französischen Jahrbüchern". In: Marx, Karl u. Friedrich Engels: Werke. Bd. 1. Berlin 1970. S. 337–346, S. 337.
71 Marx: Briefe (wie Anm. 70). S. 337.

Im sich schämenden Deutschen „siegt" die bürgerliche Demokratie über den feudalabsolutistischen Patriotismus, d.h. zwingt zur Distanzierung vom Nationalismus und zur Identifizierung mit der Demokratie, die dem Nationalisten als ausländisch gilt. Noch die 1948 im SED-eigenen Dietz-Verlag erscheinende Broschüre zur Auseinandersetzung mit dem Antisemitismus, Siegbert Kahns *Antisemitismus und Rassenhetze*, betonte den Zusammenhang von Demokratie und Überwindung des Antisemitismus: „Da das deutsche Volk eine echte Demokratie noch nicht kennengelernt hat, so hat es auch eine vorbehaltlose Gleichberechtigung der Juden in Deutschland noch nicht gegeben."[72]

Die Scham, die im antifaschistischen Diskurs artikuliert wurde, bezog sich auf die spezifisch deutsche, von der Geschichte in der Psychologie der Massen wie der Ideologie verankerte Negation der Gleichheit der Menschen und Völker, die in der Ermordung der europäischen Juden ihren verbrecherischsten Ausdruck gefunden hatte; die Teilhabe an, Duldung oder Nicht-Verhinderung von diesem Verbrechen begründete eine differenzierte Schuld aller Deutschen.

Seghers folgerte im Juni 1945 in ihrem bereits zitierten Antwortbrief an Kuczynski aus Lukács' Deutung von Maidanek, „daß es jetzt von jedem einzelnen Menschen allein abhängt, ob er mit dem schrecklichen Erbe seiner historischen Vergangenheit brechen kann und will", und sie benutzte Krankheitsmetaphorik, um die Schwierigkeit der Distanzierung und Gegenidentifizierung in der Selbstreinigung zu betonen und hieraus die Langfristigkeit der Auseinandersetzung abzuleiten: „Der Arzt glaubte die Krankheit geheilt, sie hatte sich aber nur tiefer in den Körper zurückgezogen."[73] Dieses (angebliche) Zitat aus dem Französischen sollte Anna Seghers dann – nur konsequent – in ihren Reden auf den Schriftstellerkongressen der fünfziger Jahre wiederholen, auf dem III. 1952 genauso wie auf dem IV. 1956.[74] Arnold Zweig benutzte die Krankheitsmetaphorik, wenn es ihm darum ging, „einen Rückfall aus[zu]schließen".[75] Die Überzeugung von der Tiefe der Wirksamkeit des Rassismus in der Psyche der Bevölkerung wie in der deutschen Tradition veranlasste kommunistische Autoren, davor zu warnen, die ideologische Auseinandersetzung mit der Nazi-Rassentheorie einzustellen. In einigen der zitierten Reden und Aufsätze wurde nicht nur auf Lukács' „Schicksalswende", sondern auch auf Abuschs noch in Mexiko entstandenes Buch „Der Irrweg einer Nation" Bezug genommen, das 1946 im Aufbau Verlag erschien. Gerade weil Abusch schon 1952

---

72 Kahn, Siegbert: Antisemitismus und Rassenhetze. Eine Übersicht über ihre Entwicklung in Deutschland. Berlin 1948. S. 88f.
73 Seghers: Briefe (wie Anm. 65). S. 162.
74 Anna Seghers: Über Kunstwerk und Wirklichkeit. Hrsg. von Sigrid Bock. Bd. 1: Die Tendenz in der reinen Kunst. Berlin 1970. S. 81, 98.
75 Zweig: Essays (wie Anm. 67). S. 262.

explizit das Ende „eine[r] Literatur der nationalen Selbstkritik" proklamierte – die die „ersten drei Jahre [...] nach 1945" charakterisiert habe, dann aber zu einer „hemmenden Tendenz" geworden sei[76] – ist seine frühere Arbeit um so interessanter, insbesondere weil auch in den späteren Auflagen von *Der Irrweg einer Nation* das Kapitel „Hitler, Traum und Wirklichkeit der Bestialität" durchaus nicht fehlte.[77] Es schließt nach drei Absätzen, die mit den Worten „Es bleibt" gleichlautend beginnen und festhalten, was „im Gedächtnis der anderen Völker" bleiben werde, Todesfabriken, wissenschaftlich-technisch organisiert, ökonomisch verwertend, ideologisch auf „Herrenrasse" begründet: „betrieben von Menschen, die aus dem gleichen Volk hervorgingen, das ein Goethe einst gelehrt, ‚Glück und Unglück anderer Völker wie sein eigenes zu empfinden'. Maidanek, Oswiecim, Mauthausen, Buchenwald, Belsen-Bergen, Dachau und die anderen Vernichtungslager verschmelzen zu einem Bild, unauslöschbar aus Deutschlands Geschichte."[78] Von der Feststellung, dass es die „erste Tat" des deutschen Volkes sein müsse, „die ganze Wahrheit zu erfassen: die Wahrheit über gestern, die Wahrheit über heute", gelangt Abusch zu einer Anrufung Goethes als aktuelles „Vermächtnis": „‚Licht! Mehr Licht!' verlangte der sterbende Goethe – in seinem Hause in Weimar, wenige Kilometer entfernt von dem Gelände, auf dem sich nach einem Jahrhundert die Menschenverbrennungsöfen von Buchenwald erhoben. Es ist, als ob sich der ganze innere Widerspruch der deutschen Entwicklung auf diesem schmalen Raum in Thüringen zusammengedrängt hätte: die Felder und Wälder, in denen Goethe spazierte, verwandelt in eine Stätte der entseelten Menschenfeindlichkeit, des Alles-ist-Erlaubt der Nazis. Es ist, als ob die letzten Worte Goethes gerade auf diesem Raum der deutschen Erde gesprochen werden mußten – ein Vermächtnis, das der Sterbende nicht ahnte."[79]

Wenn Abuschs Forderung historischer Aufklärung einerseits den Gegensatz zwischen Goethe und Buchenwald akzentuiert, so stellt er andererseits auch eine Verbindung her, die Goethe und seine Rezeption als Teil jener „Innerlichkeit'" fasst,[80] deren Fragwürdigkeit von Buchenwald und den anderen Lagern bewiesen worden sei; Abusch verweist auf das Beispiel Hans Carossas als typisch: „trotz seiner abstrakten Verbundenheit mit den Traditionen des klassischen Humanismus wurde Carossa [...] ein typisches Beispiel für die Wehrlosigkeit solcher geistigen Menschen, als der Nazismus sich ihrer bemächtigte".[81] Sogar für diejenigen Angehörigen der

---

76 Abusch, Alexander: Literatur und Wirklichkeit. Beiträge zu einer neuen deutschen Literaturgeschichte. Berlin 1952. S. 333.
77 Abusch, Alexander: Der Irrweg einer Nation. Berlin 1949 [2. Aufl. 1946, 3. 1947, 4. 1947, 5. 1949, 6. 1950, 7. 1951, 8. 1960, 9. 1972]. S. 247–254; 1960. S. 237–244.
78 Abusch: Irrweg (wie Anm. 77). S.253f.
79 Abusch: Irrweg (wie Anm. 77). S.254.
80 Abusch: Irrweg (wie Anm. 77). S.158.
81 Abusch: Literatur (wie Anm. 76). S. 76.

Intelligenz, die sich weniger „überwältigen" ließen als Carossa, formuliert Abusch kritisch das von der Goethe'schen Tradition geprägte Verhältnis zwischen Privatheit und Öffentlichkeit: Sie „blieben, da sie nie ein selbständiges kritisches Bewußtsein in politischen Fragen entwickelt hatten, auch unter Hitler ‚unpolitische', aber tüchtige und in ihrem Fach gründliche Diener seines Regimes (‚Deutsch sein, heißt gründlich sein' – egal wofür). Oder soweit solche Intellektuelle ein lebendiges humanistisches Bewußtsein besaßen, zogen sie sich vor dem mörderisch waltenden Antihumanismus in ihr ‚Inneres Reich der Deutschen' zurück, scheuten den politischen Widerstand und paßten sich dem Zwangsleben unter der Diktatur an."[82]

Der deutschen Tradition eines „knechtselig[en]" „Innenleben[s]"[83] setzt Abusch als „Lehre" aus der „Vergangenheit"[84] das „Öffnen der deutschen Fenster zu einem freien Ausblick auf die demokratischen kulturellen Errungenschaften aller Völker"[85] entgegen, gerade auch des Westens. Er zitiert Lincoln und Roosevelt,[86] um das für die deutsche „Selbstkritik"[87] zentrale Verhältnis von Privatem und Öffentlichen in der Demokratie zu beleuchten.

Obwohl Abusch das Verhältnis von Weimar und Buchenwald in den Mittelpunkt stellt, zeigt seine Reihe von Ortsnamen, dass die Vernichtungslager im Osten, vor allem Maidanek und Birkenau, nicht nur nicht vergessen waren,[88] sondern die Sicht auf Buchenwald bestimmen. In Alfred Kantorowicz' Zeitschrift *Ost und West* wurde das Goethejahr durch einen Artikel *Weimar und Auschwitz* eröffnet, der forderte, „die Auschwitz-Mentalität erkennbar zu machen, die nicht mit Hitler begann und nicht mit ihm endete".[89] In ihm geht es wie in Abuschs Buch primär um Rassismus. In dieser Hinsicht entsprechen beide der bis 1948 in der SBZ auch von der SMAD und der KPD/SED vertretenen Einschätzung des Faschismus. Noch 1948 kam bei Dietz außer der erwähnten Broschüre von Siegbert Kahn eine weitere von dem Buchenwald-Überlebenden Stefan Heymann zum faschistischen Antisemitismus heraus, in der die Ermordung der europäischen Juden in den Vernichtungslagern das Bild vom Faschismus bestimmte: *Marxismus und Rassismus*.[90]

Im selben Jahr wie Heymanns und Kahns Abrisse der Geschichte des deutschen Antisemitismus erschien der Essayband *Schicksalswende*, mit dessen Titelaufsatz Georg Lukács 1944 auf die „Enthüllung der Wahrheit über das Lubliner Lager"

---

82 Abusch: Irrweg (wie Anm. 77). S.257.
83 Abusch: Literatur (wie Anm. 76). S.50.
84 Abusch: Irrweg (wie Anm. 77). S.311.
85 Abusch: Irrweg (wie Anm. 77). S.300.
86 Abusch: Irrweg (wie Anm. 77). S. 259, 269.
87 Abusch: Irrweg (wie Anm. 77). S. 273.
88 Abusch: Irrweg (wie Anm. 77). S. 303.
89 Scheer, Maximilian: Weimar und Auschwitz. In: Ost und West 3 (1949) H. 1. S. 15–21, S. 16.
90 Heymann, Stefan: Marxismus und Rassismus. Berlin 1948.

Maidanek reagiert hatte:[91] „Im Lubliner Lager gipfeln Entwicklungstendenzen, die auch früher schon in Deutschland herrschten. [...] Es ist menschlich verständlich, daß mancher anständige Deutsche heute bei einer Selbstprüfung die Züge in sich betont, die ihn intellektuell und moralisch vom Hitlerismus trennen. Aber eine Selbstprüfung, die so vollzogen wird, geht nicht bis ans Ende [...] Hitler ist ebenso das letzte Wort der deutschen Entwicklung seit der Niederlage der Achtundvierziger Revolution, wie das Lubliner Todeskombinat das letzte Wort des Hitlerismus ist. Die Hitlerherrschaft ist für Deutschland keine krankhafte Episode, die ohne weiteres überwunden und vergessen werden könnte. Nur das Ausrotten aller ihrer Wurzeln ist die einzig mögliche Überwindung."[92]

*Auschwitz ist unvergessen* lautete der Titel einer 1949 von Stephan Hermlin publizierten Reisebeschreibung, die schloss: „Vergeblich bemüht sich das Gras, die Blocks von Birkenau zu überwachsen. [...] Wir vergessen nicht! Wir vergessen nicht!",[93] und die Reisebeschreibung, die Kurt Barthel 1950 in der *Jungen Welt*, der Tageszeitung der FDJ, veröffentlichte, gab mit ihrer Darstellung von Auschwitz eine Begründung der Remigration des Verfassers. Über den Weg des heute nur noch als Gerücht, als Gegenstand Brecht'scher Satire auf den Sekretär des Schriftstellerverbands „Kuba" nach dem 17. Juni[94] bekannten Barthel aus dem britischen Exil zurück nach Deutschland berichtete sein Freund Max Oppenheimer: „Er zweifelte manchmal, ob er ihn gehen sollte. Das Wissen um Auschwitz hatte ihm das kalte Grausen beigebracht. So erfolgte seine Abreise mit einem der letzten Transporte nach Berlin überraschend und plötzlich".[95]

Kuba beschreibt das Gedenkstätte gewordene Lager in vier der insgesamt zehn Folgen, die unter dem Titel *Von Düsseldorf nach Warschau* im Organ der FDJ erschienen. Am Schluss kehrt der reisende Erzähler zum Ausgangspunkt in der britischen Zone zurück – in der Imagination unmittelbar aus Auschwitz, wo er über weite Strecken des Textes und damit des Wegs durch das Lager die Perspektive, den Ton seines polnischen Begleiters, einer „beizende[n] und tödliche[n] Ironie" übernommen hat:[96] „Und wenn die falschen Freunde der deutschen Ostflüchtlinge am Bückeberg ein Kreuz errichten und an diesem Kreuz Erde aus den

---

91 Lukács: Schicksalswende (wie Anm. 64). S. 340.
92 Lukács: Schicksalswende (wie Anm. 64). S. 349f.
93 Hermlin: Äußerungen (wie Anm. 66). S. 89.
94 Vgl. Brecht, Bertolt: Die Lösung. In: Brecht, Bertolt: Gesammelte Werke in 20 Bänden. Bd. 10: Gedichte 3. Frankfurt a.M. 1967. S. 1009f.
95 AdK, Bestand Kurt Barthel, 671. S. 6f.
96 Kuba [d.i. Kurt Barthel]: Von Düsseldorf nach Warschau. In: Junge Welt, Berlin, 15.8.1950. S. 5; hier 18.8.1950. S. 5; 22.8.1950. S. 5; 29.8.1950. S. 5; 1.9.1950. S. 3; 18.8.1950.

Provinzen des Ostens dazulegen, dann können wir etwas dazulegen: [...] Eine Handvoll Asche aus Auschwitz."[97]

Die Einführung des Tadek genannten Führers durch Auschwitz etabliert mit der Perspektive des Erzählers, der sich als Reisender mit dem später als Tadeusz Borowski[98] bekannt gemachten Begleiter identifiziert, eine kritische Beziehung zum Adressaten: „Nach Kattowice waren wir gekommen, um Oswiecim zu sehen. Auschwitz – jaa... Tadek weiß Bescheid, hat ja hier gewohnt. Ehemalige Gefangene von Auschwitz/Birkenau haben, wenn die Rede auf jene Zeit kommt, alle etwas Gemeinsames in der Art ihres Ausdruckes. Es sind Menschen, die jenseits des Lebens waren, Gestorbene [sic] die von – drüben berichten und diese Berichte sind voller beizender und tödlicher Ironie."[99] Barthels Beschreibung wird durchzogen von ironischen Zitaten eines vorausgesetzten Adressatenbewusstseins, das sich in den Werten von Wohlstand, Ordnung und Sauberkeit, von gutem Geschmack und goldenem Humor als deutsch begreift: „Ja, unter den Nazis ging es uns doch besser",[100] „Ordnung herrschte bei den Nazis",[101] „so sauber, so deutsch",[102] der „Geschmack der guten deutschen Stube",[103] ein „köstliche[r] Humor, nicht wahr, Tante Amalie",[104] den „sich die Bürger von Erfurt auch heute noch gefallen lassen".[105]

Der Erzähler erweist ironisch den Reisenden als angewiesen auf die Kontrastierung der gegenwärtigen Wahrnehmung – „alles so hübsch", „so sauber und adrett" „wie" Gebäude überall „in Deutschland" – mit der vergangenen Wirklichkeit durch den ehemaligen Gefangenen: „Wir betreten den Vorplatz des Lagers. Betrachten ein in die Erde versenktes Gebäude. Es hat eine viereckige Feueresse und ist sauber und adrett gemauert. ‚Wohl ein Zentralwaschhaus?' ‚Das kleine Krematorium, jaa.'"[106]

Bevor der Erzähler in dieser Weise falsche Deutungen des im Stamm- als „Musterlager" Wahrnehmbaren entweder durch den Begleiter im Dialog oder durch eigene Ironie zu korrigieren beginnt, hat er aber mit einem Eingangsbild eine Wertungsebene eingeführt, auf die sich alle Enthüllungen zurückbeziehen: „Auschwitz ist ein polnisches Provinzstädtchen, es liegt inmitten sumpfigen Wei-

---

97 Kuba: Düsseldorf (wie Anm. 96). 1.9.1950.
98 Vgl. Kuba: Düsseldorf (wie Anm. 96). 1.9.1950.
99 Kuba: Düsseldorf (wie Anm. 96). 18.8.1950.
100 Kuba: Düsseldorf (wie Anm. 96). 22.8.1950.
101 Kuba: Düsseldorf (wie Anm. 96). 22.8.1950.
102 Kuba: Düsseldorf (wie Anm. 96). 18.8.1950.
103 Kuba: Düsseldorf (wie Anm. 96). 22.8.1950.
104 Kuba: Düsseldorf (wie Anm. 96). 22.8.1950.
105 Kuba: Düsseldorf (wie Anm. 96). 29.8.1950.
106 Kuba: Düsseldorf (wie Anm. 96). 18.8.1950.

delandes und war für einige wenige Jahre der Mittelpunkt Europas. Vom Bahnhof führt ein Schienenstrang nach Birkenau. Dieser Schienenstrang war nicht an die Schienenstränge Europas, sondern alle Schienenstränge Europas waren an diesen angeschlossen."[107]

Dieses Bild wird nach dem Gang durch das Stammlager wiederaufgenommen, nachdem der Schein von Turmspitzen, Inschriften, „Limonadenkioske[n]", „Bäumchen" und „Schwarzwaldholzhäuschen" entlarvt ist und auch in den „jetzt [eingerichteten] Museumssäle[n]" betont worden ist, wie sehr es an dem Begleiter liege, wenn gelte: „Aber einiges sieht man doch".[108] Tadek nämlich berichtet zu den Bergen schlechter Schuhe und Wäschestücke, was der Erzähler an den Adressaten ironisch weitergibt: „die Schuhe, die etwas taugten, wurden für das deutsche Winterhilfswerk eisenbahnzugweise nach Deutschland geschafft. Ja, unter den Nazis ging es uns doch besser. [...] Die guten [Wäschestücke] wurden eisenbahnzugweise, als Liebesgabe der SS, an die armen Leute nach Deutschland geschickt. Nie ist es uns so gut gegangen wie unter Hitler."[109]

Die Wiederaufnahme des Eingangsbildes beim Gang nach Birkenau endet mit dem Zitat eines Schilds über den Gebrauch eines nicht existierenden Bechers für nicht existierendes Wasser an der Rampe: „da war nur dieses Schild und ist noch dort und spricht zu einer Nachwelt, die das alles nicht begreifen kann".[110] Die Unbegreifbarkeit des – ironisch auf den Adressaten bezogenen – „goldenen Humors unserer deutschen Jungen in Schwarz" steht in Spannung zu der Deutung, die dem Bild eingeschrieben ist: „Alle Gleise Europas waren angeschlossen an das Gleis, das nach Himmlerstadt führt. Kerzengerade führt es in die Barackenwelt hinein, drei Ausweichgleise treffen sich wieder in dem einen, noch einige Meter, ein einfacher Prellbock, und der Weg des bürgerlichen Europa ist zu Ende."[111] Ähnlich deutet Barthel das Scheitern der Versuche, sei es durch Natur, sei es durch Kunst, durch Pappeln oder durch Sprengung die Vernichtung zu „verdecken": „Aber nichts konnten sie verdecken".[112]

Die Passage von Barthels Reisebeschreibung, die am explizitesten die Offensichtlichkeit seiner Deutung von Auschwitz behauptet, ist zugleich diejenige, die am stärksten seine explizite Deutung in Frage stellt. Die „nackte" Wahrheit über Auschwitz liest der Reisende den Bildern im Museum ab – sie ist eine über den faschistischen Antisemitismus; in den Reflexionen des Erzählers aber ist Ausch-

---

107 Kuba: Düsseldorf (wie Anm. 96). 18.8.1950.
108 Kuba: Düsseldorf (wie Anm. 96). 18.8.1950.
109 Kuba: Düsseldorf (wie Anm. 96). 22.8.1950.
110 Kuba: Düsseldorf (wie Anm. 96). 29.8.1950.
111 Kuba: Düsseldorf (wie Anm. 96). 29.8.1950.
112 Kuba: Düsseldorf (wie Anm. 96). 1.9.1950.

witz primär ein Ort der Vernichtung von Polen, jüdischen, christlichen und kommunistischen.

In beiden Fällen benutzt Barthel das satirische Mittel der Verkehrung. In der Anpassung der gefangenen Künstler an den Geschmack der SS-Auftraggeber hebt er die Entlarvung wider Willen hervor. In den Mittelpunkt stellt er zunächst die pornographischen Bilder: So „fallen die Schleier der bürgerlichen Schamhaftigkeit und Wohlanständigkeit, und wie die untergehende bürgerliche deutsche Gesellschaft sich in den Augen der Welt in Auschwitz nackt darstellt, so stellt sich ihre Moral auf diesen für die SS gemalten Bildern nackt dar."[113] Dann aber bringt Barthel den „Geschmack" der „Mäzene" und der „deutschen guten Stube" als „identisch", „nur etwas ausgesprochener" in einer Leseranrede zusammen: „Da hängt das Original einer bei den Nazis sehr beliebten Karikatur. Ein dicker Jude betrachtet den Schornstein des beschriebenen Krematoriums und sagt zweifelnd: ,Da soll ich hindurchgehen'. Einen köstlichen Humor hatten unsere Jungen in schwarz, nicht wahr, Tante Amalie?"[114] Diese Leseranrede ist die eine von drei Stellen, an denen das Wort Jude benutzt wird (an den anderen betrifft es die „Glasvitrine" mit Kleidung, darunter „das gestreifte Gebettuch des orthodoxen Juden", und die ausgestellte „Lieferanforderung" für Zyklon B, nämlich „zwecks Judenumsiedlung".[115] Wenn Barthel der ironischen Leseranrede unmittelbar darauffolgend eine Geste pathetischer Identifikation entgegensetzt, wird expliziert, was an anderen Stellen nur eingeschlossen ist in umfassenden, aber vagen Benennungen der Opfer. Über die der Karikatur entgegengesetzten Porträts von Häftlingen im Museum heißt es: „Da blicken aber auch, wunderbar gezeichnet, die Häftlinge von den Wänden herab. Gesichter! Man möchte hingehen und sagen: ,Genosse'."[116] Die Anrede setzt die erste der drei Benennungen dominant, die Barthel in der Beschreibung der Gefangenen des Stammlagers gibt, wo er aber eine andere, nämliche in die Identifikation einschließende Beziehung zum Adressaten aufbaut: Hier lebten „unsere Genossen und die [...], die nie etwas mit Politik zu tun haben wollten und die – die hierhergekommen waren [sic] weil sie Polen oder Franzosen oder einfach Europäer gewesen waren".[117]

Sehr prägnant heißt die vereindeutigende Verkehrung von Absicht und Resultat in der letzten Folge der Reisebeschreibung: „Durch diese Gasöfen sollte die ganze polnische Nation gehen. [...] Ganz Polen aber geht durch Auschwitz/Birkenau und betrachtet sich die Stätte, wo eine ganze Nation buchstäblich zu

---

[113] Kuba: Düsseldorf (wie Anm. 96). 22.8.1950.
[114] Kuba: Düsseldorf (wie Anm. 96). 22.8.1950.
[115] Kuba: Düsseldorf (wie Anm. 96). 22.8.1950.
[116] Kuba: Düsseldorf (wie Anm. 96). 22.8.1950.
[117] Kuba: Düsseldorf (wie Anm. 96). 18.8.1950.

Seife und Düngemitteln verarbeitet werden sollte."[118] Barthels Formulierung entspricht der im ganzen Text erkennbaren Anerkennung der Tatsache, dass er als Reisender, als Tourist Auschwitz besucht hat; nach dem letzten Blick auf das „Eingangstor" mit „Jungen Pionieren", die die Besichtigung beendet haben, und mit ankommenden „[n]eue[n] Autobusse[n] von Besuchern" heißt der letzte Satz: „Auschwitz ist ein Fremdenverkehrsort ganz besonderer Art geworden."[119] Die Identität von Autor, Erzähler und Reisendem wird deshalb vor allem an den beiden Stellen des Textes unterstrichen, wo sich Barthel auf eine keineswegs ironische Weise an die – durch Duzen als jugendlich erkennbaren – Adressaten der Reisebeschreibung wendet: Der Autor fordert die Leser der *Jungen Welt* auf, ihm die Zeugnisse seines Besuchs in Auschwitz abzuverlangen, wenn sie ihm begegnen. Er hat sowohl „ein Stück" „Anzugsteifleinen", in das „Haar" der Ermordeten „eingewebt" ist,[120] mitgenommen als auch „ein bißchen" Asche:[121] „Ich trage [...] davon bei mir. Wenn ihr mich trefft, fragt mich".[122]

Barthel beschreibt das Andenken, das er – seine Adressaten im ‚Wir' einschließend – am Ende der Reisebeschreibung zu dem Kreuz auf dem Bückeberg als „etwas dazulegen" will, „das all diese falschen Tränen und Sentiments null und nichtig macht", als „das Teuerste, das Entsetzlichste, das Heiligste, das wir in unserem Besitz haben".[123] Im Bericht, wie er das Andenken sammelt, treten Wahrnehmung und Deutung im Bild der verkehrten Natur, die zum „Nachgraben" zwingt, auseinander: Als die „produzierte – Asche" zu viel für den Fluss geworden sei, „legte man einen Sumpf damit trocken. Dort wächst jetzt Klee und allerlei, ich bin trockenen Fußes über den Sumpf gelaufen. Und ich habe mit einem Spaten nachgegraben, Asche und immer wieder Asche, scharfkantige, brüchige, weißlichgraue Menschenschlacke mit vergilbten Zähnen dazwischen. Wenn ihr mich irgendwo trefft, sollt ihr mich danach fragen, ich kann's euch zeigen. Ich trage immer ein bißchen davon mit mir herum."[124]

Die letzte Folge von Barthels Reisebeschreibung erschien am 1.9.1950, dem – wie eine Vorbemerkung der Redaktion der *Jungen Welt* auf derselben Seite hervorhob – 11. Jahrestag des „faschistischen Überfall[s] auf Polen". Für dessen „Mahnung" benutzte die Redaktion dasselbe inklusive „wir" wie Barthel: „Die Schuld, die wir gegenüber Polen und der Welt tragen, birgt eine Verpflichtung:

---

118 Kuba: Düsseldorf (wie Anm. 96). 1.9.1950.
119 Kuba: Düsseldorf (wie Anm. 96). 1.9.1950.
120 Kuba: Düsseldorf (wie Anm. 96). 22.8.1950.
121 Kuba: Düsseldorf (wie Anm. 96). 29.8.1950.
122 Kuba: Düsseldorf (wie Anm. 96). 22.8.1950.
123 Kuba: Düsseldorf (wie Anm. 96). 1.9.1950.
124 Kuba: Düsseldorf (wie Anm. 96). 29.8.1950.

nie wieder dürfen wir uns in einen neuen Krieg gegen friedliche Völker, in einen neuen 1. September hetzen lassen."[125] Letztlich entscheidende Bedeutung erhält Auschwitz für den Zusammenhang von Schuld und Anerkennung der „Grenzlinie", die – so Barthel – „Polen [...] zwischen sich und dem Volk, von dem es ausradiert werden sollte, [...] gezogen" habe, für das 1950 von der DDR unterzeichnete Görlitzer Abkommen.[126]

Ein Nachfolger Barthels als Sekretär des Schriftstellerverbands, Walther Victor, schlug 1961 als Mitglied des Ausschusses für den Heinrich-Heine-Preis für Essayistik dem Staatssekretär im Ministerium für Kultur mit Erfolg einen auf der Vorschlagsliste nicht vorgesehenen Autor vor. Und zwar „den Publizisten Peter Edel", der ihm die Preiskriterien „erheblich besser zu erfüllen scheint" als die vorgeschlagenen Kandidaten: „Kaum ein Publizist der DDR hat wie Peter Edel die Sache der rassisch (wie Heine) Verfolgten vertreten. Er hat auch immer wieder über Heine geschrieben und verdient den Preis ohne Zweifel."[127] In einer Anlage erweiterte Victor diese Begründung: Edel habe „unermüdlich auch in seiner literarischen Berufsarbeit gegen jene Rassenverfolgung, vor allem eben den Judenhaß gekämpft, dem auf deutschem Boden Heinrich Heine und sein Werk in der Nazizeit zum Opfer gefallen sind."[128] Er habe „das Beispiel eines aus erlebter Not für eine bessere Welt Kämpfenden gegeben" durch einen „fortdauernden Aufklärungskampf [...] gegen die faschistische Barbarei": „Erschütternde Berichte hat er über die historischen Stätten der Verfolgung und Marterung, der Ausrottung von Antifaschisten und Juden verfaßt."[129] Victor hob damit Texte hervor, die bis heute der ohnehin äußerst geringen germanistischen Aufmerksamkeit für Peter Edel entgangen sind,[130] etwa seine Beschreibung einer Reise nach Auschwitz, die 1955 in der *Weltbühne* erschien: *Aus der Aschenerde – Blühen*.[131]

Mehr als zwanzig Jahre später beendet der Auschwitz-Überlebende Peter Edel sein autobiographisches Buch *Wenn es ans Leben geht* mit einer Reisebeschreibung. Die Rückkehr des ehemaligen Häftlings nach Auschwitz geschieht im Jahre 1972, zusammen mit „Filmleute[n] der DEFA und des DDR-Fernsehens, die Auschwitz nicht zu erfahren brauchten", und nicht nur als „jemand, der es genau kennt", sondern als „Autor eines Romans, dessen hier handelnder letzter Teil am

---

125 Kuba: Düsseldorf (wie Anm. 96). 1.9.1950.
126 Kuba: Düsseldorf (wie Anm. 96). 1.9.1950.
127 AdK, Bestand Victor, Mappe 61(1), Brief an Erich Wendt vom 20.10.1961.
128 Brief an Erich Wendt (wie Anm. 128). S. 3.
129 Brief an Erich Wendt (wie Anm. 128). S. 3f.
130 Vgl. als die Ausnahme Schmidt, Thomas: „Unsere Geschichte"? Probleme der Holocaust-Darstellung unter DDR-Bedingungen: Peter Edel, Fred Wander, Jurek Becker. Teil I. II. In: Monatshefte 98 (2006). S. 83–109, 403–425.
131 Edel, Peter: Aus der Aschenerde – Blühen. In: Die Weltbühne 10 (1955) H. 36. S. 1133–1138.

Originalschauplatz verfilmt werden soll":[132] *Die Bilder des Zeugen Schattmann. Ein Roman über deutsche Vergangenheit und Gegenwart.*[133] Diese Unterschiede werden in der – nach 1975 datierten und vor dem Erscheinungsjahr des Buchs 1979 – liegenden Erzählergegenwart zum Gegenstand der Reflexion. Für den Reisenden ist die Reise von 1972 eins von „[v]iele[n] Male[n]", eine von wiederholten Reisen als „Tourist", „Delegationsteilnehmer" oder „Sprecher auf internationalen Kundgebungen", aber die erste „Dienstreise" als Angehöriger eines Filmteams. Dennoch betont der Erzähler schon im ersten Absatz, dass „kaum jemand von hier fortgeht, wie er gekommen ist".[134]

Von Anfang an gelten die Wahrnehmungen des Reisenden seinen Mitreisenden, von denen es gleich einleitend heißt: „für die Jüngeren unter ihnen ist Auschwitz bislang ein Wort gewesen, ein vom Hörensagen bekanntes, ein schreckenerregendes gewiß, aber mehr – mehr wohl kaum".[135] Dies belegt eine Episode, die zwei Elektriker aus dem DDR-Filmteam betrifft: „Aus dem Türmchen auf der Baracke beugt sich ein Elektriker: ‚Hier kannste keenen Scheinwerfer anbringen', schreit er nach unten. ‚Fehlt auch 'ne Halterung fürs MG.' Der Kollege unten schreit zurück: ‚Muß aber eins hin! Mach hin, Junge, siehste nicht, wat da steht!' Und er weist auf die eisernen Buchstaben überm Gittertor: ARBEIT MACHT FREI. Und lacht."[136] Der Erzähler reflektiert die Szene zunächst durch Rückgriffe auf das vorangegangene Verhalten des Aufnahmeteams in der Gedenkstätte, dann durch den Versuch, sich in die Perspektive beruflichen Alltags zu versetzen, schließlich aber bezieht er einen anderen Zeugen der Szene ein, einen der Direktoren der Gedenkstätten, seinen „Kamerad[en] Szymanski".[137]

Die Erinnerung des Erzählers an fassungslose, stammelnde Reaktionen setzt sich fort in seinem Versuch zu verstehen und bestimmt noch seine Vorstellung, wie der polnische ehemalige Häftling das DDR-Team sieht. „Waren die beiden nicht unter denen, die ich an den Tagen zuvor durchs Lager geführt hatte? Auch den Dokumentarfilm, den die Sowjetsoldaten während der Befreiung hier gedreht – sie hatten ihn gesehen, gemeinsam mit dem gesamten Aufnahmestab, fassungslos konfrontiert mit einem Grauen, das von der Leinwand des Museumskinos auf sie einstürzte. Später, im Tageslicht, nervös eine Zigarette nach der anderen verpaffend, konnte mancher nur stammeln: ‚Die Kinder, auch so ville

---

132 Edel, Peter: Wenn es ans Leben geht. Meine Geschichte. T. 1.2. Berlin 1979. S. 387.
133 Edel, Peter: Die Bilder des Zeugen Schattmann. Ein Roman über deutsche Vergangenheit und Gegenwart. Berlin 1969.
134 Edel: Leben (wie Anm. 132). S. 386.
135 Edel: Leben (wie Anm. 132). S. 388.
136 Edel: Leben (wie Anm. 132). S. 418–420.
137 Edel: Leben (wie Anm. 132). S. 417.

Kinder, nicht älter als meine...' [...] ‚Wenn wir alleine hierhergekommen wären, ich meine ohne Sie', warf ein Jüngerer ein, ‚dann, wie soll ich's ausdrücken, dann wär's einem wahrscheinlich nicht so an die Nieren gegangen. Aber so, wo wir Sie ja nun schon bisken kennen, ist's was ganz anderes."[138]

Bei dem Versuch, die Perspektive des beruflichen Alltags zu übernehmen, wird diese Besonderheit fragwürdig: „egal, wohin man von Babelsberg aus verschlagen wird, man erfüllt seine Pflicht. So auch jetzt und hier auf dem Dach der Aufnahmebaracke, versucht es sich einzurichten, denn Arbeit ist Arbeit, und man kann nicht dauernd an die Kinderaugen auf der Leinwand denken [...] und nicht daran, daß man eigentlich keine Witze machen sollte, nur weil der Kollege Edel dabeisteht. Wichtig ist jetzt, daß am Turm eine Halterung für einen Scheinwerfer fehlt und daß die Requisite noch keine Maschinengewehrattrappe angeliefert hat [...], zumal die Szene [...] noch heute nacht abgedreht, das heißt ‚im Kasten' zu sein hat."[139] Gerade weil der Erzähler das Verhalten auf das Team, insbesondere auch den Leiter, unter dem Aspekt des Zwangs zur Planerfüllung verallgemeinert („kühl, nüchtern, sachlich, ab und an befehlshaberisch drängelnd", mit „Erfahrungen", „solch einen Fernsehvierteiler [...] über die Runden zu bringen": „und das will heißen: ‚sputen' und ‚spuren'!"),[140] fällt auf, dass er im letzten Schritt der Reflexion das Problem von der deutschen Weise zu arbeiten zur Unterscheidung von Wirklichkeit und Fiktion verschiebt, denn zu Beginn identifiziert der Erzähler den eigenen Blick mit dem des polnischen Direktors der Gedenkstätte: „wir, Szymanski und ich, denken indes an einen für uns nicht weniger wesentlichen Zeitenverlauf. Schließlich ist es das erstemal, daß hierorts ein deutscher Spielfilm gedreht wird, und wenn unser Filmteam auch aus der ‚gutnachbarlichen befreundeten Deutschen Demokratischen Republik' kommt, so ist es doch für polnische Menschen, namentlich für die älteren in unserer Mitte, ein eigenartiges Gefühl, mitzuerleben, wie wir da ein Stück Geschichte [...] abbilden. [...] zu gutem Sinn und Zweck, was freilich noch lange nicht besagt, daß es jedermann leichtfällt, sich bewußt zu machen, es handele sich bloß um Nachgestelltes. Sind aber keine Kulissen, keine Versatzstücke, diese Steine, Pfahlgassen, Blöcke, Mörderkammern, greifbar sind sie, fest gebaut."[141]

Edel lenkt das Problem des Verhaltens damit zurück zur Frage des Ortes, um die Priorität der Stimme des Zeugens über das am Ort Wahrnehmbare zu behaupten: „‚Wenn Steine reden könnten!' Oft hab ich's gehört aus nichtigeren Anlässen, hör es nun abermals und kann mich des Gedankens nicht erwehren: Phrasen,

---

[138] Edel: Leben (wie Anm. 132). S. 420.
[139] Edel: Leben (wie Anm. 132). S. 421.
[140] Edel: Leben (wie Anm. 132). S. 421.
[141] Edel: Leben (wie Anm. 132). S. 422.

Sprücheklopferei. Wäre ja gut, könnten sie wirklich reden. Wir können höchstens dafür sorgen, daß hinter den toten, stummen, fühllosen Wänden zuweilen die Ahnung eines Menschengesichts aufdämmert, der Nachhall eines Wortes hindurchdringt."[142]

Der Erzähler, der sich in ein ‚wir' einschließt, das hinter dem Wahrnehmbaren Individuen vernehmbar machen soll, wählt eine Form der Literarisierung: das Erzählen einer sinnbildlichen Geschichte. Denn Edels Liebe zu seiner späteren Ehefrau Helga wird als eine Verkörperung des Verhältnisses von jüdischen Verfolgten und proletarischen Widerstandskämpfern dargestellt (wodurch der Schwiegervater mehr sinnbildliche Bedeutung gewinnt als die Frau). Besonders betont wird der Zeitpunkt der Hochzeit von jüdischem Überlebenden und antifaschistischem Arbeiterkind:[143] drei Tage nach dem 17. Juni 1953.[144]

Die Erzählung wird eingeführt durch einen nächtlichen Gang durch das Lager – die Kontrastierung mit der Gedenkstätte bei Tag (und dem KZ): „hinter mir verebbt [der Aufnahmetrubel] gleich dem Licht der Scheinwerfer, das abnimmt, je weiter einen die Schritte die Lagerstraße hinaufführen, die man so oft inmitten von Menschenmengen entlanggegangen ist, aber eben niemals allein. So allein, wie jemand nur irgend sein kann, der nächtens eine ausgestorbene Stadt durchstreift, ein Pompeji der Neuzeit. Tagsüber ist dem Wanderer dies Ausgestorbensein kaum deutlich geworden im Strom der hin und her flutenden Delegationen, Besuchergruppen, Dolmetscher, tagsüber fühlte er sich nie derart verloren, übriggeblieben."[145] Die Erzählung, „[w]ie zwei so zusammenkommen, zwei Menschen so verschiedener Herkunft",[146] antwortet auf die nächtliche Vereinzelung: „Jetzt, im dunklen Haus von Auschwitz? Könnte ich es ertragen ohne dies Wissen, wofür wir kämpfen?"[147]

Auf der Ebene der Erzählergegenwart gibt es eine entsprechende „Nacht", die als eine vor der Reise erinnert wird: Den Überlebenden beschäftigt die Frage, ob er der „Ortschaft" „standhalten" werde,[148] die „Kraft" haben werde, „sich dem allen zu stellen"[149]. Die Antwort, die der Erzähler gibt, stellt – wie auf der Ebene der Reise – eine Beziehung zwischen dem Individuum und der Gesellschaft her, diesmal nicht sinnbildlich, sondern begrifflich: „Gesellschaftlicher Auftrag heißt

---

142 Edel: Leben (wie Anm. 132). S. 422.
143 Edel: Leben (wie Anm. 132). S. 428.
144 Edel: Leben (wie Anm. 132). S. 430.
145 Edel: Leben (wie Anm. 132). S. 424.
146 Edel: Leben (wie Anm. 132). S. 428.
147 Edel: Leben (wie Anm. 132). S. 429.
148 Edel: Leben (wie Anm. 132). S. 401.
149 Edel: Leben (wie Anm. 132). S. 417.

es und ist nicht zu lösen vom inneren Auftrag."[150] Auf diese Formel bringt der Erzähler „die nüchterne Überlegung, daß unter den Millionen Bürgern meines Landes nur noch wenige Tausende verblieben seien, die gleiches oder ähnliches wie ich erfahren hatten, immer weniger Menschen, die es aus eigenem Erleben nachfolgenden Generationen überliefern können".[151]

Aus dieser „Unlösbarkeit" des inneren vom gesellschaftlichen Auftrag folgt, dass immer wieder Stellungnahmen zu aktuellen Formen von Faschismus zu finden sind, Stellungnahmen, die aber auch stets ähnlich knapp ausfallen. So versichert er: „Darum heißt für mich über Auschwitz schreiben auch vom KZ-Stadion in Santiago de Chile schreiben",[152] oder er erwähnt die Militärdiktatur in Griechenland.[153] Trotz der Bekräftigung seiner in der Verfolgung gewonnenen Auffassung, dass „sogenannte Rassenfragen nichts als Klassenfragen sind",[154] veranlassen den Reisenden in Birkenau die „Schienen, die an dieser Endstation der ‚Endlösung' ins Nichts mündeten",[155] wie die Ausstellung im Block 8 des Stammlagers über Israel zu „grübeln".[156]

So steht am Schluss der Reisebeschreibung wie des ersten Teils des Buchs, dessen Untertitel statt einer Genrebezeichnung *Meine Geschichte* lautet, auf der einen Seite eine Einschränkung der programmatischen „Übereinstimmung" von gesellschaftlichem und innerem Auftrag, auf der anderen eine Bekräftigung – mit einem bitter-ironischen Zitat: „Alles bislang von mir Beschriebene kann nur zeigen, wie ‚ich' es sah und sehe. Maße mir nicht an, daß es stets mit dem übereinstimmen muß mit dem Denken und Fühlen anderer, selbst der Menschen nicht, die mit mir zusammenstanden, damals im Januar 1944, als die Auschwitzer Mordfabrik noch ‚intakt' war und – wie es in einem Schreiben des IG-Farbenkonzerns heißt – ‚die Freundschaft mit der SS sich als höchst segensreich' erwies."[157]

Zwei Autobiographinnen, die die Verfolgung im britischen bzw. palästinensischen Exil überlebten, die Kinder- und Jugendbuchautorin Auguste Lazar und die Zeichnerin und Radiererin Lea Grundig, veröffentlichen ihre Erinnerungen schon 1957 bzw. 1958,[158] was ihren gemeinsamen Freund Victor Klemperer am 24.1.1958 zur Eintragung in sein Tagebuch veranlasste: „Gusti schenkte mir ihre

---

150 Edel: Leben (wie Anm. 132). S. 400.
151 Edel: Leben (wie Anm. 132). S. 400.
152 Edel: Leben (wie Anm. 132). S. 414.
153 Edel: Leben (wie Anm. 132). S. 439.
154 Edel: Leben (wie Anm. 132). S. 441.
155 Edel: Leben (wie Anm. 132). S. 436f.
156 Edel: Leben (wie Anm. 132). S. 441.
157 Edel: Leben (wie Anm. 132). S. 450.
158 Das widerlegt die Behauptung von Hartewig: Zurückgekehrt (wie Anm. 16). S. 510, dass „Autobiographien jüdischer Kommunisten [...] erst in den 70er und 80er Jahren" erschienen.

eben erschienen ‚Arabesken'. [...] Auch Lea Grundig veröffentlicht jetzt Memoiren: sie, ihr Mann, Gusti – wann mein Curriculum?"[159] Im Unterschied zu Klemperer erzählen beide Frauen von ihrem Weg aus einem klein- oder großbürgerlichen, religiös orthodox oder liberal jüdischen Elternhaus zur KPD: „Die letzten Jahre der Weimarer Republik betrachte ich als die entscheidensten meines Lebens. In dieser Zeit löste ich mich von meiner bürgerlichen Vergangenheit los und machte die Sache der proletarischen Revolution zu meiner eigenen",[160] schreibt Lazar, und bei Grundig heißt es entsprechend über ihr Leben in Palästina: „Wir, denen die Flucht geglückt war aus dem Tale des Todes, das Europa für uns geworden, fühlten uns in der Sicherheit um so schmerzlicher verbunden mit den vielen, für die es keine Flucht geben konnte. [...] Man lebte eigentlich zwei Leben, das tagtägliche im engen, kleinen Raum und das andere, das uns mit unsichtbaren Fäden an ferne Lebende band. Wir, das hieß die Rote Armee, das hieß China, das hieß Partisanen, das hieß Getto, das hieß Treblinka, Maidanek, Auschwitz."[161]

Auf der Ebene der Erzählergegenwart – im Hinblick auf die Adressaten ihrer Erinnerungen in der DDR – verknüpfen beide Autorinnen ihren Weg zum Marxismus und ihr Überleben der Judenvernichtung mit der Herausforderung einer Haltung, die nichts gewusst haben und nichts wissen will; so beendet Lazar den Bericht von „meinem sicheren Kastendasein" in Dresden: „Doch von dem, was in den Arbeitervierteln vorging, bekam der Durchschnittsbürger wenig – viel zu wenig – zu hören und zu sehen. Oder hätte er mehr sehen können? Steckte er am Ende den Kopf unter die Flügel, wie der Vogel Strauß? *Wollte* er nichts hören und nichts sehen? Es ist eine ähnliche Frage wie die nach dem Wissen oder Nichtwissen des Durchschnittsdeutschen um die Konzentrationslager und Gaskammern der Nazis – eine schwerwiegende Frage, mit der ich mich oft herumquäle und auf die ich keine Antwort finde."[162] Grundig berichtet, wie sie „nach Jahren nach Auschwitz kam, dorthin, wo die Hölle organisiert worden war, maschinell und wirtschaftlich": „da sah ich auf dem hartgetretenen Boden, auf den zerstampften Grasnarben die Füße laufen, rennen, stocken, sich schleppen. Ich hörte und sah sie, die Tausende, Hunderttausende. Ihre Leiden, ihre Schreie, ihre Tränen und ihr Stöhnen können nie vergehen, wie nichts auf der Erde vergeht. Jene aber, die nichts hören, deren Ohren nur Lärm aufnehmen, Schall oder Töne – sie hörten

---

159 Klemperer, Victor: So sitze ich denn zwischen allen Stühlen. Bd. 2: Tagebücher 1933–1949. Hrsg. von Walter Nowojski. Berlin 1999. S. 672.
160 Lazar, Auguste: Arabesken. Aufzeichnungen aus bewegter Zeit. Berlin 1957. S. 69.
161 Grundig, Lea: Gesichte und Geschichte. Berlin 1958 [3. Aufl. 1958, 10. Aufl. 1978]. S. 260.
162 Lazar: Arabesken (wie Anm. 160). S.37.

auch damals nicht, sie hören heute nicht, sie sind die Helfershelfer der Verbrechen; sie, die Gleichgültigen."[163]

Sowohl bei Lazar als auch bei Grundig wird im Bericht über die Schicksale der Angehörigen in Verfolgung und Vernichtung die eigene jüdische Herkunft als „Zusammengehörigkeit mit meiner Familie" bekräftigt,[164] ohne den politischen Bruch mit der Klasse oder der Religion zurückzunehmen: „Der politische und weltanschauliche Gegensatz zwischen mir und meinen Wiener Geschwistern hatte unser Verhältnis nicht getrübt", schreibt Lazar, auch wenn ihr, noch bevor sie vom „Anschluss" berichtet, die „Welt", in der sie sich „bewegten", „jetzt beinahe gespenstisch" erschienen sei:[165] „Ein Bild hat sich mir tief eingeprägt. Vor einem Geschäft, dessen Schaufenster über und über mit roten Aufschriften beschmiert war: Jüd! Jüd! Jüd! Stand ein kleiner Junge mit einem Schulranzen auf dem Rücken. Die Farbe war noch feucht. Der Junge fuhr mit dem Zeigefinger hinein und malte unter jedes J, das er erreichen konnte, rote Tropfen. ‚Wie Blutstropfen', sagte er befriedigt vor sich hin."[166]

„Ich ging die Großeltern suchen",[167] berichtet Grundig von einer Reise nach Safed, wohin die Großeltern ausgewandert waren: „Meine alten Kinderträume steigen auf, und zugleich auch die Kinderträume meines Volkes, seine Legenden und Geschichten. [...] Aus wessen Mund ich es vernahm, ich weiß es nicht mehr, ich erinnere mich nur, daß dieser heilige, uralte Friedhof dem Paradies am nächsten liegt."[168] Bevor der Reisebericht endet: „Aber ich fand sie nicht. Stumm waren die Gräber. Sie nannten keine Namen",[169] wendet Grundig gegen die Nähe des Paradieses ein: „Safed ist nicht über der Welt, dem Paradies am nächsten. Das gilt nur für die Schläfer im Tale. Die noch in den Häusern Lebenden essen das karge und mühselige Brot aller Besitzlosen. Und die anderen schinden und schaben sie, wie überall, wo der Besitz noch das Maß aller Dinge ist."[170]

---

163 Grundig: Gesichte (wie Anm. 161). S. 261.
164 Lazar: Arabesken (wie Anm. 160). S. 248.
165 Lazar: Arabesken (wie Anm. 160). S. 247.
166 Lazar: Arabesken (wie Anm. 160). S. 252f.
167 Grundig: Gesichte (wie Anm. 161). S.278.
168 Grundig: Gesichte (wie Anm. 160). S. 276f.
169 Grundig: Gesichte (wie Anm. 160). S. 279.
170 Grundig: Gesichte (wie Anm. 160). S. 278.

Mandy Seidler
# Selbstbewusst, sarkastisch, streitbar
Die Vielstimmigkeit der deutschsprachigen jüdischen Gegenwartsliteratur

## Vorbemerkung

Der Vielstimmigkeit der deutschsprachigen jüdischen Literatur entsprechend ist die Selbstdefinition der Schriftsteller als „jüdische Schriftsteller", „deutsch-jüdische", „österreichisch-jüdische" oder „deutschsprachige jüdische Schriftsteller" nicht einheitlich bestimmbar. Diese Begriffsverwirrung verweist zugleich auf ein Dilemma, welches in der Vergangenheitserfahrung jüdischer Autoren zu finden ist. Während Doron Rabinovici eine Zuordnung als dezidert jüdischer Autor ablehnt: „Ich bin kein jüdischer Schriftsteller. Ich bin Jude und Schriftsteller", hält Sander Gilman dagegen, dass Hitler letztlich gesiegt hätte, wenn es keine deutsch-jüdischen Schriftsteller mehr geben würde. Der Vorschlag des Literaturwissenschaftlers Dieter Lamping „jüdische Literatur in deutscher Sprache" ist ebenso wenig überzeugend. Letztendlich sollte in dem jeweiligen Fall die Selbstbestimmung des Autors akzeptiert werden. Einer klaren Einordung, wer ein jüdischer Autor ist oder was genau deutschsprachige jüdische Literatur sein soll, würde keine begriffliche Definition gerecht werden, da sie sich gerade durch ihre Multiperspektivität auszeichnet. Die Verwendung der Bezeichnung „deutschsprachige jüdische Literatur" ist der pragmatischen Überlegung geschuldet, diejenigen Autoren darunter zu vereinen, die sich selbst als jüdisch bezeichnen, wesentliche Jahre ihres Lebens im deutschsprachigen Raum gelebt haben und in deutscher Sprache schreiben.

In Deutschland leben heute etwa 100.000 Juden als Mitglieder der jüdischen Gemeinden und nochmal ca. 90.000 ohne Gemeindezugehörigkeit,[1] in Österreich kommen schätzungsweise 15.000[2] Juden hinzu. Das enorme Wachstum der jüdischen Gemeinden ist vor allem den politischen Entwicklungen in Osteuropa zu verdanken. Mit dem Fall der Mauer und der Öffnung des Eisernen Vorhangs nahm die Mitgliederzahl vor allem durch den Zuzug osteuropäischer Juden rapide zu. Der Anteil der Zuwanderer aus der ehemaligen Sowjetunion beträgt

---

[1] http://www.remid.de/remid_info_zahlen.htm (4.9.2014).
[2] Muzicant, Ariel: *Österreich ist anders*. Gedanken zum Jubiläumsjahr aus jüdischer Sicht - Kommentar der anderen. In: Der Standard, 4.5.2005.

innerhalb der jüdischen Gemeinden ca. 89 %. Diese brachten ganz andere Erfahrungen in die jüdischen Gemeinden ein als die in Deutschland geborenen Juden: das Trauma des Stalinismus und den offenen Antisemitismus im heutigen Russland. Die Einwanderung verlangte von ihnen die Anpassung an ein Jüdischsein, dem eine ethnische Definition zugrunde liegt, das heißt ein Herkunftsnachweis entscheidet über ein authentisches Judentum. War die öffentliche Wahrnehmung deutschsprachiger jüdischer Schriftsteller bis Anfang der 1990er Jahre hauptsächlich durch die in Deutschland geborene Generation der Überlebenden und deren Kinder geprägt, so trägt seit dem Zusammenbruch der GUS-Staaten nun auch die neue Generation russisch-jüdischer Zuwanderer zusehends dazu bei.

Während die Generation der Überlebenden, die weiterhin publizieren, heute auf eine kaum noch wahrnehmbare Größe zusammengeschrumpft ist, wird das literarische Gesicht der gegenwärtigen deutschsprachigen jüdischen Literaturszene seit mehr als drei Jahrzehnten von neuen Schriftstellergenerationen geprägt. Seit Mitte der 1980er Jahre melden sich immer mehr deutschsprachige jüdische Autoren selbstbewusst und streitbar zu Wort. Mittels einer satirischen und selbstironischen Auseinandersetzung mit der Schoa knüpfen sie an die Tabubrüche von Jakov Lind oder Edgar Hilsenrath an. Die Schriftsteller der zweiten und dritten Generation versuchen Antworten auf die schwierige Frage zu finden, wie sich die nach der Schoa geborenen Juden in Deutschland und Österreich als Erben einer deutsch-jüdischen Kultur verstehen können, wenn diese nur noch rudimentär vorhanden ist. Dabei ist die Frage beziehungsweise die Suche nach Identität zentrales Thema in ihren Werken. Im Mittelpunkt stehen die psychischen Nachwirkungen im Leben von den Kindern und Enkelkindern der Schoa-Überlebenden. Vor allem Erzähler, aber auch Lyriker wie Robert Schindel (geb. 1944), Charles Lewinsky (geb. 1946), Rafael Seligmann (geb. 1947), Barbara Honigmann (geb. 1949), Esther Dischereit (geb. 1952), Robert Menasse (geb. 1954), Chaim Noll (geb. 1954), Matthias Hermann (geb. 1958), Maxim Biller (geb. 1960), Doron Rabinovici (geb. 1961), Vladimir Vertlib (geb. 1966) oder Eva Menasse (geb. 1970), um nur einige bekannte Namen zu nennen, setzen sich mit den Problemen und Aporien des Zusammenlebens von Juden und Nichtjuden in unserer Gegenwart auseinander. Auch heute greifen diese jüdischen Autoren auf entlarvenden Humor und (Selbst-)Ironie zurück, um einen Weg zu finden mit ihrem Schicksal, mit Vorurteilen gegenüber Juden und dem bis heute gestörten Dialog zwischen den lebenden Nachkommen der Täter und Opfer zurecht zu kommen.

Die Werke dieser Autoren zeichnen sich entgegen jeder Kategorisierung einer „typischen" „deutsch-jüdischen Literatur" nicht durch eine inhaltliche oder formale Einheit aus. Die Vielgestaltigkeit der literarischen Perspektiven mündet keineswegs in einer eigenen literarischen Schule. Zu different sind die literarischen Gestaltungsweisen, die ihrerseits aus völlig unterschiedlichen biografischen Hintergründen und Lebenswelten zu Texten gerinnen.

Was diese Autoren verbindet, ist ihr Bekenntnis zum eigenen Jüdischsein und eine damit einhergehende Auseinandersetzung mit dem Leben als Jude beziehungsweise Jüdin im deutschsprachigen Raum nach der Schoa, von der man selbst nur aufgrund vermittelter Kenntnis in Form von Zeugnissen, Schilderungen, Filmen und Berichten zurückgreifen kann. Im Zentrum der Romane stehen weniger religiöse Fragestellungen im engeren Sinne als vielmehr Bemühungen um den Versuch der „Wiedereroberung des Judentums aus dem Nichts."[3] Wie ist überhaupt eine Existenz nach der Schoa im Land der einstigen Mörder der eigenen Familie möglich und welche Rolle nehmen Religion und der Staat Israel in der Grundperspektive für Juden in der Diaspora heute ein?

## Erste, zweite und dritte Generation – eine Begriffsbestimmung

Der in Wien lebende Schriftsteller Robert Schindel gilt als steter Bewahrer des Gedächtnisses der Schoa. Ebenso wie Doron Rabinovici, Robert Menasse oder Maxim Biller ist er ein Teil der jüdischen Generation nach der Schoa, das heißt der zweiten Generation. Ihre Eltern wurden Opfer der nationalsozialistischen Judenverfolgung und -vernichtung und nehmen so den Status der ersten Generation der Überlebenden ein. Jene während des Zweiten Weltkrieges an Juden verübten Verbrechen stellten die Welt auf den Kopf und sind als Zivilisationsbruch unvergesslich in unser Denken eingeprägt. Die einschneidende Bedeutung dieses Völkermords wird durch die Begriffe erste und zweite Generation markiert. Das Ende des Zweiten Weltkrieges wird als Nullpunkt zum absoluten Bezugspunkt für die Überlebenden der Schoa. Mit der Schoa wurde eine neue jüdische Generation erzwungen. Die Juden, die überlebten, waren die Neugeborenen und bildeten damit in ihrem jüdischen Selbstverständnis die erste Generation der überlebenden Opfer. Ihr Trauma als Juden nach der Schoa verbindet sie als Schicksalsgemeinschaft. Der Erinnerungsdiskurs der zweiten und dritten Generation ist eine gebrochene Reflektion, da die Kinder der verfolgten Juden nur eine durch ihre Vorfahren vermittelte Kenntnis von der Schoa besitzen und sie nicht selbst erlebt haben. Ihr Schreiben kann nicht mehr beanspruchen, was die Literatur der Elterngeneration, der Überlebenden, prägte: Authentizität. Der von dem Schriftsteller

---

[3] Honigmann, Barbara: Gräber in London. In: Honigmann, Barbara: Damals, dann und danach. München 1999. S. 29.

Maxim Biller so benannte „Auschwitz-Bonus"[4] fehlt ihnen. Dadurch nähert sich das Schreiben der zweiten und dritten Generation den Schreibweisen der nichtjüdischen Nachkriegsautoren an. Der gravierende Unterschied jedoch liegt auch bei den nachfolgenden jüdischen beziehungsweise nichtjüdischen Generationen in der differenzierten Bezugnahme auf die Schoa und deren Bedeutung für die nachfolgenden Generationen.

Das Leben und Schreiben der gegenwärtigen deutschsprachigen jüdischen Autoren ist maßgeblich mit dem Generationenwechsel innerhalb der jüdischen Gemeinden und Institutionen verbunden. Durch den Zuzug jüdischer Intellektueller aus den ehemaligen GUS-Staaten vergrößerten sich nicht nur die Gemeinden, sondern auch das Spektrum der kulturellen und politischen Aktivitäten der zweiten Generation. Insbesondere in den Großstädten Berlin und Wien entwickelte sich eine neue jüdische Kulturszene mit jüdischen Zeitungen und Zeitschriften, Schulen, Buchhandlungen, Museen und Theater- und Musikgruppen. Das sich anfangs noch zaghaft entfaltende neue Selbstbewusstsein der zweiten Generation manifestierte sich auch in der Literatur.

Ab Mitte der 1980er Jahre beginnt eine „neue Phase der deutsch-jüdischen Literatur, die in den neunziger Jahren quantitativ wie qualitativ zu einer erstaunlichen Wiederbelebung fand"[5]. Die Generation, welche als erste Nachkommen jüdischer Überlebender nach der Schoa in Deutschland und Österreich aufwuchs, macht im Laufe ihres Erwachsenwerdens komplexe Prozesse der Auseinandersetzung mit ihrer Situierung innerhalb des deutschen beziehungsweise österreichischen (nichtjüdischen) Nachkriegsstaates durch. Die Auseinandersetzung mit der Vergangenheit der Eltern und der eigenen jüdischen Identität wurde viele Jahre aus Selbstverleugnung und Verunsicherung hinaus gezögert. Der Bezug zum eigenen Jüdischsein blieb den Kindern von Überlebenden ohne die Aufarbeitung der Vergangenheit verstellt. Während die Generation der Eltern als direkt Betroffene ihre Erfahrungen auf künstlerischer oder auch politischer Ebene zu verarbeiten suchte, blieb eine Auseinandersetzung mit den Kindern und dem weitergegeben Trauma in den Familien zumeist aus. Das teilweise als Scham über das eigene Überleben empfundene Schweigen und der Wille die Kinder nicht mit ihren Erfahrungen zu belasten führten bei diesen zu Verunsicherung und Abspaltung der eigenen jüdischen Identität. Deshalb suchten die Kinder der Überlebenden zum Teil eine Auseinandersetzung und damit Identifikation mit der deutschen bzw. der österreichischen Gesellschaft auf der politischen Ebene.

---

4 Biller, Maxim: Harlem Holocaust. Köln 1998, S.114.
5 Steinecke, Hartmut: Schreiben von der Schoa in der deutsch-jüdischen Literatur der ‚zweiten Generation'. In: Zeitschrift für deutsche Philologie, Literatur und Geschichte. Neue Perspektiven. Hrsg. von Michael Hofmann und Hartmut Steinecke. Berlin 2004 (Sonderheft zu Bd. 123). S. 248.

Man wehrte die eigene Geschichte und Besonderheit der jüdischen Identität ab um ein „normaler Linker" und damit Teil der nichtjüdischen Gesellschaft zu sein. „Es gab bei den 68ern eine Teilung in die Kinder der Täter/Mitläufer und in die der Juden/Opfer. 1968 haben sie versucht, miteinander ein Bündnis einzugehen, v.a. in Deutschland. ‚Vati, was hast du im Krieg gemacht?' Das hat uns jüdische Leute natürlich auch interessiert, wie gehen unsere Kommilitonen, die Nazi-Kinder quasi, mit ihren Nazi-Eltern um."[6]

„Der Zerfall der Linken und unser spezielles Zerwürfnis mit ihr brachte uns endlich in die Nähe von uns selbst. Zum ersten Mal begannen wir die Verstrickung unserer Beziehung zu den Eltern mit dem jüdischen Schicksal zu erforschen [...] Dabei war die politische Enttäuschung nur ein auslösendes Moment."[7] Das anfänglich antifaschistisch links orientierte Engagement der jungen Generation wurde nach dem offen zutage tretenden Antisemitismus in Form von Antizionismus während des Libanonkrieges von einer neuerlichen Auseinandersetzung mit den Erfahrungen der Eltern und der Bedeutung der Schoa für die heutige Gesellschaft abgelöst. Autoren wie der einstige Kommunist Robert Schindel wandten sich vom universell gedachten Identitätsentwurf der 68er-Generation ab und wendeten sich stattdessen der Besonderheit jüdischer Identität zu.[8]

Diese Umbrüche wirkten als Initialzündung für ein neues selbstbewusstes Auftreten der zweiten Generation. Es konnte nun nicht mehr auf eine politisch-motivierte Zugehörigkeit zurückgegriffen werden, wie es lange Zeit auch für Robert Schindel der Fall war. Die junge jüdische Generation musste individuell für sich definieren, wer man als Jude in Deutschland und Österreich sein wollte und wie man auf den nun offen zutage tretenden Antisemitismus, auch auf öffentlicher Politikerebene, reagieren sollte. Die Frage nach der deutsch-jüdischen Existenz stellte sich von nun an neu. Dabei steht die Entwicklung der selbstbewussten aktuellen deutschsprachigen jüdischen Literatur auch im Kontext der Reaktionen auf die Wiedervereinigung Deutschlands. Die Diskussionen um einen neuen Antisemitismus und die Angst vor dem Wiedererstarken eines wiedervereinigten deutschen Nationalismus beeinflussten sich dabei gegenseitig und trugen maßgeblich zur Produktion neuer deutschsprachiger jüdischer Literatur bei.

---

6 Gedächtnis und Erinnern. Robert Schindel im Gespräch mit Motoi Hatsumi, Naomi Ikeya, Minoru Iwasaki und Karin Ruprechter-Prenn. In: Trans. Internet-Zeitschrift für Kulturwissenschaften, Nr. 7, Mai 2001. http://www.inst.at/trans/7Nr/schindelinterview.htm (4.9.2014).
7 Beckermann, Ruth: Unzugehörig – Österreicher und Juden nach 1945. Wien 1989. S. 126.
8 Nach dem Sechs-Tage-Krieg von 1967 wendete sich fast die gesamte Neue Linke gegen Israel. Diese Entwicklung manifestierte sich teilweise in offenem Antisemitismus auch für in der BRD lebende Juden.

Die Schreibstrategien von Esther Dischereit und Maxim Biller oder auch Doron Rabinovici bezeugen einen neuen, einen radikalen und progressiven Ton. Sie entwickeln wie Rabinovici Schreibweisen, in denen insbesondere der Witz „ein dezidiert jüdisches Schreibverfahren des Gedenkens"[9], „eine ästhetische Strategie gegen das Vergessen"[10] sowie Strategien der Polemik und des Zynismus – eine Spezialität von Maxim Biller – eine zentrale Rolle spielen.

Das Themenspektrum der Autoren umfasst dabei Fragen nach der eigenen deutsch-jüdischen Identität, nach der Auseinandersetzung mit der Elterngeneration und damit zusammenhängend die Erinnerung an die Schoa. Zzentral ist dabei immer das Verhältnis von Juden und Nichtjuden, geprägt von vermittelter oder auch selbst erlebter Erfahrung von Antisemitismus und Philosemitismus. Für viele Autoren spielt zudem das Verhältnis zu Israel und in diesem Kontext der gefühlte Rechtfertigungsdruck für das Leben in der Diaspora eine wichtige Rolle, aber auch der selbstkritische Blick auf die eigene zum Teil imaginierte Opferrolle.

Die vielfältigen Themen der unterschiedlichen Autoren berühren dabei fast immer das Verhältnis zur nichtjüdischen Mehrheitsgesellschaft. Geprägt von den Erfahrungen der Eltern und Großeltern blicken die Protagonisten der Erzählungen distanziert und häufig voreingenommen auf die sie umgebende Gesellschaft. Trotzdem sie kulturell, gesellschaftlich und politisch integriert leben, fühlen sie sich als Juden der deutschen und österreichischen Gesellschaft selten wirklich zugehörig. Das Gefühl der Nichtzugehörigkeit ist indes kein neues. Bereits bei deutsch-jüdischen Schriftstellern der Spätmoderne wie Joseph Roth oder Franz Kafka stellte die Problematik der Identitätssuche abseits religiöser Fragestellungen das zentrale Thema ihrer Werke dar. Nach der Jahrhundertwende entwickelte sich bereits ein säkularisiertes, modernes Verständnis vom Judentum, welches die völlige Anpassung an die (deutsche) nichtjüdische Gesellschaft als illusionär anerkennt und welches mit der Selbstverleugnung jüdischer Identität bricht. Doch während die als positiv empfundene Formulierung eines nationalitätsungebundenen, weltbürgerlichen Judentums bei Roth, Kafka oder Kraus aus dem Leiden an Nichtzugehörigkeit zur nichtjüdischen Umgebung erwuchs, bekennen sich die Autoren der zweiten Generation ganz bewusst zu ihrem über die Grenzen einer nationalen Identität reichenden Selbstverständnis. Aus der Unmöglichkeit die deutsche oder österreichische Nation als wirkliche Heimat anerkennen zu können entwickeln sowohl Rabinovici als auch Schindel den Blick für Fragen von

---

**9** Gilman, Sander u. Steinecke, Hartmut (Hrsg.): Deutsch-jüdische Literatur der neunziger Jahre. Die Generation nach der Schoa. In: Beiträge des internationalen Symposions 26.–29. November 2000 im Literarischen Colloquium Berlin-Wannsee. Berlin 2002 (Beihefte zur Zeitschrift für deutsche Philologie 11). S. 139.
**10** Gilman u. Steinecke (Hrsg.): Literatur (wie Anm. 9). S. 133f.

Minderheiten im Allgemeinen. „Unser Thema berührt die Fragen aller Minderheiten überhaupt in unserer multikulturellen Zeit, das natürlich weltweit wichtiger geworden ist. Wir sind insofern in eine Rolle gekommen, in der wir etwas aussprechen, wonach ein Bedarf besteht."[11]

## Identität als Problem: Robert Schindels Roman *Gebürtig*

Der Wiener Robert Schindel war bis zum Erscheinen seines Romans *Gebürtig* im Jahre 1992 vorwiegend als Lyriker bekannt. Schon in seinen vier Gedichtbänden stehen die psychischen Nachwirkungen im Leben von Schoa-Nachkommen im Mittelpunkt. Schindel bekennt sich in seinem Gedicht *Ein Feuerchen im Hintennach* bewusst zu seinem Leben als Jude in Wien: „meine Wortheimat, mein Wien am Donaufluß"[12]. Die Frage, wie er als Jude im „Land der Mörder" seiner Familie auf Deutsch schreiben kann, klärt sich mit dem Begriff „Wortheimat". Wien ist die Heimat seiner Sprache und somit auch ein Teil seiner Identität. Dennoch gibt es dort noch das „Heim der aushäusigen Wörter" (29), „die eigentliche Sonderfläche" (31) seines Daseins. Die Seinigen sind dort „ausgehaust" (33) und strecken „sich zum Skelett" (35) im „Rumbulawald nächst Riga" (34). In den Konzentrationslagern im Rumbulawald bei Riga ist auch ein Zuhause für ihn, denn hier wurden Menschen jüdischen Glaubens umgebracht. Hier ist der schreckliche Ausgangspunkt für seine Identität, denn in den Konzentrationslagern ist seine Vergangenheit, seine Familie und sein Trauma begraben. Diese Toten sind ein Teil seines Selbst und verhindern letztlich ein endgültiges Ankommen im deutschsprachigen Wien, welches auch einst die Mörder seiner Familie ihre Heimat nannten. Die deutschsprachige jüdische Identität der zweiten Generation bleibt in ihrer Ambivalenz gefangen. Wie in diesem kurzen lyrischen Diskurs zu erkennen ist, stellt die Untersuchung der Identitätsproblematik in Schindels Werk eine fundamentale Problematik dar.

Auch in seinem Roman *Gebürtig* bleibt die Suche nach einem Platz in der Welt nach der Schoa ein existentielles Motiv. Die komplexen jüdischen, aber auch nichtjüdischen Figuren in *Gebürtig* verdeutlichen alle auf ihre individuelle Art

---

[11] Doron Rabinovici in dem Interview Wir sind die Angelus-Novus-Generation. In: Beilein, Matthias: 86 und die Folgen. Robert Schindel, Robert Menasse und Doron Rabinovici im literarischen Feld Österreichs. Berlin 2008. S. 319.
[12] Schindel, Robert: Ein Feuerchen im Hintennach. Gedichte 1986–1991. Frankfurt a.M. 1992. Strophe 6, Zeile 87.

die differenzierte Auseinandersetzung der heutigen Generation in Österreich und Deutschland mit der Schoa als konstitutives Identitätsmerkmal. Schindel lebt als Autor in Wien und entwickelt seinen Roman aus einer bewusst im deutschsprachigen Raum lokalisierten Perspektive. Sein eigenes kulturelles Verständnis als Autor ist somit den Schwierigkeiten der „negativen Symbiose" ausgesetzt. Unter den Forschungen zum deutsch-jüdischen Verhältnis nach 1945 hat das Konzept der „negativen Symbiose"[13] des Historikers Dan Diner erhebliche Beachtung erfahren. Diner nahm den Begriff der „negativen Symbiose", den 1946 erstmals Hannah Arendt in einem Brief an Karl Jaspers formulierte, wieder auf und entwickelte in seinem 1987 veröffentlichten Aufsatz die Vorstellung, dass Deutsche und Juden unauflöslich aneinander gebunden wären. Doch sind sie nicht im positiven Sinne einer Symbiose verbunden, sondern durch die Konsequenzen und das Leid der Schoa in einer „negativen Symbiose" „ineinander verkeilt".[14] Für Juden wie für Deutsche wurde der nationalsozialistische Genozid zum Ausgangspunkt ihres Selbstverständnisses und wird für viele Generationen der Ausgangspunkt ihres Selbstverständnisses bleiben. Die Frage der jüdischen Autoren der zweiten Generation nach den Möglichkeiten und Unmöglichkeiten eines Schreibens in einer unsicher gewordenen Kultur ist ein wichtiger Bestandteil ihrer Identitätsproblematik.

## Jüdische Identität heute: Zwischen Tradition, Traumatisierung und Neubestimmung

Als Juden der zweiten Generation leben Schriftsteller wie Robert Schindel und Doron Rabinovici noch heute an der Grenze zu den jüdischen Traditionen ihrer Eltern oder Großeltern. Zugleich gibt es Spuren der Verfolgungsgeschichte der Familien in ihrem bewussten oder unbewussten Erleben als jüdische Menschen. Welche Bedeutung solche Spuren in ihrem Lebensgefühl und in ihren Lebensentwürfen haben und welche Bedeutung Religion, Tradition, Israel, aber auch andere jüdische Werte und Inhalte in ihrer jüdischen Identität mehr als siebzig

---

[13] Diner, Dan: *Negative Symbiose. Deutsche und Juden nach Auschwitz*. In: Ist der Nationalsozialismus Geschichte? Zu Historisierung und Historikerstreit. Hrsg. von Dan Diner. Frankfurt a.M. 1987. S. 185–197.
[14] Kilcher, Andreas B.: Exterritorialitäten. Zur kulturellen Selbstreflexion der aktuellen deutsch-jüdischen Literatur. In: Deutsch-jüdische Literatur der neunziger Jahre. Hrsg. von Sander L. Gilman u. Hartmut Steinecke. Berlin 2002 (Beihefst zur Zeitschrift für deutsche Philologie). S. 131–146, S.132.

Jahre nach der Schoa einnehmen, wird in ihren Romanen thematisiert. Die durch die Verfolgung oder Emigration der Eltern bedingten Brüche in den Lebensgeschichten der zweiten Generation sind bedeutende, zumeist problematische Auswirkungen auf die eigene Lebensgestaltung und das Lebensgefühl. Fragen, die im Problemfeld Jüdische Identität der zweiten Generation auftauchen, beschäftigen sich mit dem Umgang der Verfolgungsgeschichte der Eltern, aber auch mit den religiösen oder politischen Traditionen der Eltern und wie diese in den eigenen Lebensentwurf integriert werden können. Der Wunsch und gleichzeitig der Mangel an positiven Anknüpfungspunkten, nach denen man die eigene jüdische Identität ausrichten und orientieren könnte, sind dabei immer wieder Dreh- und Angelpunkt. Die Übertragung des Traumas von den Eltern auf die Kinder stellt eine entscheidende Beeinflussung der eigenen Persönlichkeit und der sozialen Entwicklung der zweiten Generation dar. Diese generationenübergreifende Traumatisierung ist mit unbewussten Übertragungen verbunden. Das Leid der Eltern übte einen außerordentlichen Einfluss aus: Es veranlasste die Kinder ihre – von einer katastrophalen Erfahrung betroffenen – Eltern in Schutz zu nehmen, ihnen besonders treu zu bleiben. Dies verhinderte eine gesunde Ablösung. Sie spürten die Depression, das Grauen und die Angst der Eltern – aber kaum ihre eigenen Gefühle.[15] Eine neue Auseinandersetzung und innere Verortung über die eigene jüdische Identität schien daher unumgänglich und entscheidend. Die innere Notwendigkeit und das Bedürfnis nach einer solchen Auseinandersetzung sind vor allem bei Autoren wie Robert Schindel zu spüren, dessen Eltern auf keine religiöse Tradition mehr zurückgreifen konnten. Doch was bedeutet jüdische Identität für Robert Schindel? Eine Nationalität, eine Religion, eine Ethnizität, eine Glaubens- und Schicksalsgemeinschaft oder eine Gemeinschaft mit gemeinsamer Geschichte? Für ihn sind nur bestimmte Identitätsreferenzen von Bedeutung, um eine jüdische Identität zu konstruieren. Der für viele Juden fundamentale Staat Israel und die damit verbundene Rückführung der jüdischen Identität auf eine nationale Identität spielen für Schindel keine Rolle. Er fühlt sich als Jude, der „keine Anhänglichkeit an Israel habe"[16]. Die Generation der Juden nach der Schoa ist nicht maßgeblich eine rein religiöse oder zionistische Gemeinschaft, sondern bildet sich zu großen Teilen auch aus dem Gefühl einer Schicksalsgemeinschaft. Das „Judentum als Widerstand, das ist keine künstlerische Religi-

---

15 Keilson, Hans: Sequentielle Traumatisierung bei Kindern. In: Spuren der Verfolgung. Seelische Auswirkungen des Holocaust auf die Opfer und ihre Kinder. Hrsg. von Geoffrey Hardtmann. Gerlingen 1992. S. 69–79.
16 Schindel, Robert: Judentum als Erinnerung und Widerstand. In: Schindel, Robert: Gott schütz uns vor den guten Menschen. Jüdisches Gedächtnis – Auskunftsbüro der Angst. Frankfurt a.M. 1995. S. 31.

osität oder ein folkloristisches Tradieren der alten Bräuche, [es ist vielmehr] die Erinnerung, die Traditionen [...] Humanismus, Toleranz, Emanzipation, soziales Engagement [...] der Zusammenschluß mit den Beleidigten, Verjagten, Vernichteten und damit die schöpferische Wiederaneignung der eigenen Wurzeln."[17] Die Erinnerung und der Widerstand werden somit zu Formen der Identitätsstiftung. Die Möglichkeiten einer solchen Identitätsstiftung sind für ihn im Schreiben zu finden. Schindel spricht sich für ein dezidiert jüdisches Schreiben aus, welches ihm gleichzeitig als Medium für seine Identitätsfindung dient: „Für mich ist das Schreiben die eigentliche Heimat. Natürlich ist in dieses Schreiben so viel Wirklichkeit, Gegenwart und Vergangenheit eingedrungen und filtriert worden, dass dann dadurch bei mir auch die jüdische Identität eher verstärkt wurde."[18]

## Ausblick: Die neuen Themen der russisch-jüdisch-deutschen Schriftstellergeneration

Die Autoren der zweiten Generation wie Rabinovici, Schindel, Menasse, Biller oder Esther Dischereit sind die Kinder der Überlebenden, die mit ihrem literarischen Wirken einerseits die Intention verfolgen aus dem Schatten der Schoa heraustreten zu wollen und damit andererseits gleichzeitig gegen das Vergessen anzuschreiben. Einigen von ihnen geht es nicht nur um die kritische Auseinandersetzung mit der deutschen Mentalität (in der ein neuer Philosemitismus als Kehrseite des alten Antisemitismus erscheint), sondern auch darum, provokativ jüdische Tabus zu brechen. Die Frage nach den Möglichkeiten einer deutsch-jüdischen Identität wird immer wieder thematisiert. So erzählen die jüdischen Protagonisten in den Romanen der zweiten Generation bekennerhaft von ihrem Lebensweg und ihrer Wiederannäherung an die jüdische Religion und Tradition.

Inzwischen jedoch sind die meisten der Autorinnen und Autoren um die sechzig – und die zweite Generation ist nicht mehr die jüngere, sondern die ältere. Die Vertreter der dritten Generation, also die gegenwärtigen jungen deutschsprachigen jüdischen Literaten haben sich verändert und mit ihnen die Themen.

Im Mittelpunkt steht für Autoren wie Wladimir Kaminer, Olga Grjasnowa oder auch Lena Gorelik die Problematik einer dreigeteilten Identität. Das Selbstverständnis der neuen deutschsprachigen jüdischen Literatur wurde durch die dramatischen soziokulturellen Umbrüche, die durch die bis heute anhaltenden

---

17 Schindel: Judentum (wie Anm. 16). S. 32.
18 Kuschel, Andrea: Robert Schindel: „Schreiben ist meine eigentliche Heimat." In: Grauzone 13 (1997). S. 19–21.

Einwanderungswellen „russischer" Juden nach Deutschland entstanden sind, geprägt. Die Texte erzählen von der untergegangenen Sowjetunion, von dem Anpassungsdruck an die deutsche Mehrheitsgesellschaft, aber auch von den Aporien des Erwartungsbildes der jüdischen Gemeinden in Deutschland, da das eigene Jüdischsein bisher eher Ausdruck einer ethnischen und weniger einer religiösen Zugehörigkeit war. „Für mich persönlich ist Jüdischsein ein Gefühl. Dazu gehört diese bestimmte Art von Humor und der Lebenswahrnehmung. Ich freue mich, wenn ich jüdische Musik höre oder jüdische Literatur lese. Es ist für mich weniger etwas Religiöses."[19] Schon jetzt sind die Texte russisch-jüdischer Autoren ein großer Gewinn für die deutschsprachige Gegenwartsliteratur. Die Inter- oder Multikulturelle Literatur und auch sie setzen sich mit ihrer russisch-jüdisch-deutschen Identitätsproblematik und einem Transnationalismus, der für sie zur Realität gewordenen ist, in einer ironischen bis zum Teil komisch-absurden literarischen Schreibweise auseinander.

---

**19** Lena Gorelik in einem Interview. In: Welt-Online. 7.4.2007: http://www.welt.de/kultur/literarischewelt/article796711/Deutsch_mit_Pippi_Langstrumpf_gelernt.html (4.9.2014)

Das „Jüdische" und/oder das „Deutsche" in
Kunst, Wirtschaft und Wissenschaft

Jascha Nemtsov

# „Ich bin Deutscher, und ich bin Jude, eines so sehr und so völlig wie das andere"

## 200 Jahre deutsch-jüdischen musikalischen Schaffens

Auf einer Podiumsdiskussion vor einigen Jahren ging es um das Thema „musikalisches Leben der Juden in Deutschland in den 1930er Jahren". Einer der Kollegen wurde während der Diskussion etwas ungehalten und warf dem Autor des vorliegenden Beitrags vor, dessen Ansichten stünden dem nationalsozialsozialistischen Gedankengut nahe. Was ihn so erzürnt hat, war die Erwähnung von Musikwerken im „jüdischen Stil", die um diese Zeit vermehrt geschaffen wurden. In den Augen jenes Kollegen konnten die deutschen Juden keine jüdische Musik schreiben, weil ihre Kultur nichts Jüdisches enthielt. Sie seien lediglich aus Willkür als Juden bezeichnet worden, während sie tatsächlich aber nicht anders als die übrigen Deutschen waren. Ihr Judentum sei folglich eine nationalsozialistische Erfindung gewesen. Daher seien sie „unschuldige Opfer" gewesen – denn sie waren an einem Judentum nicht schuldig. Als der Verfasser dagegen betonte, dass die jüdische Identität damals für viele deutsche Juden bedeutsam war und immer bedeutsamer wurde, hätte selbiger in den Augen jenes Disskussionspartners damit die nationalsozialistische Gesinnung propagiert.

Derartige Ansichten waren symptomatisch für weite Teile der Nachkriegsgeneration – und nicht ausschließlich in Kreisen der deutschen Kultur- und Musikwissenschaftler. Während viele die jüdische Komponente der deutsch-jüdischen Kultur weitestgehend ignorierten, wurde viel darüber lamentiert, wie viele Genies der deutschen Kultur durch Exil und Holocaust beraubt wurden. Die deutschen Juden, die noch wenige Jahre zuvor von den Nationalsozialisten zu „nur Juden" deklariert worden waren, wurden nach 1945 sozusagen wieder „heim ins Reich" geholt. Als Reaktion auf die frühere Ausgrenzung wurde das Bild des – inzwischen fast vollständig vernichteten – deutschen Judentums von einem anderen Extrem bestimmt: Dieselben Menschen, die in der Nazi-Zeit als „nur Juden" galten, wurden nun als „nur Deutsche" betrachtet. Das Jüdische der deutsch-jüdischen Identität wurde ganz ausgeblendet oder zumindest marginalisiert.

Dieses Bild mag gut gemeint sein, war in der Tat aber genauso verzerrt wie das nationalsozialistische. Es wurde zudem sehr oft von einer bemerkenswerten Ignoranz im Hinblick auf „jüdische Kultur" geprägt. Ohne die jüdische Perspektive kann aber ein Teil der deutsch-jüdischen Kultur, zum Beispiel das Schaffen einiger jüdischer Dichter der deutschen Sprache wie etwa Franz Kafka oder Paul

Celan, nicht authentisch rezipiert werden. Diese jüdische Perspektive wurde aber jahrzehntelang fast vollkommen verdrängt oder auf wenige Banalitäten reduziert. Genauso sieht es aber auch mit der musikalischen Kultur des deutschen Judentums aus. Deren jüdischer Aspekt ist bis heute im Großen und Ganzen ein Desideratum. Kaum erforscht ist die Synagogenmusik der deutschen Tradition. Aber auch die jüdischen Themen in der Kunstmusik deutsch-jüdischer Komponisten wurden bislang größtenteils vernachlässigt.

Dies liegt in erster Linie daran, dass die Kultur des deutschen Judentums bislang überwiegend als ein Entweder–Oder-Phänomen interpretiert wurde. Die jüdischen Elemente wurden dabei isoliert und aus dem wissenschaftlichen Diskurs ausgeschlossen. Entweder wurde der Künstler als „deutsch" anerkannt, dann konnte aber nichts Jüdisches an seinen Werken festgestellt werden. Oder er musste als „jüdisch" betrachtet werden (wie etwa die zahlreichen Synagogenmusiker), in diesem Fall war sein Schaffen aber nicht mehr der Gegenstand der wissenschaftlichen Forschung. Es wäre endlich an der Zeit, die deutsch-jüdische Kultur als ein Sowohl–Als-auch-Phänomen zu verstehen, als eine Kultur, in der beide Traditionen voneinander nicht zu trennen sind und die nur in diesem Zusammenwirken verstanden werden kann. Der Schriftsteller Jakob Wassermann schrieb 1912: „Ich bin Deutscher, und ich bin Jude, eines so sehr und so völlig wie das andere, keines ist vom anderen zu lösen." Diese Aussage ist ein Schlüssel nicht nur zu den meisten deutsch-jüdischen Biografien, sondern auch zu einem beträchtlichen Teil des deutsch-jüdischen künstlerischen Schaffens, das dem Jüdischen genauso verpflichtet ist wie dem Deutschen.

Mit dem Emanzipationsedikt vor 200 Jahren begann innerhalb der Judenschaft eine Öffnung gegenüber der Umgebungskultur ebenso wie eine Öffnung der Mehrheitsgesellschaft gegenüber der jüdischen Minderheit. Damit habe sich jene – vielfach beschworene wie umstrittene – deutsch-jüdische Symbiose entwickelt. Diese wurde in den kulturhistorischen Arbeiten der Nachkriegszeit allerdings sehr unterschiedlich interpretiert. Während Gershom Scholem oder Martin Buber dabei lediglich ein „Gespräch" meinen, so bezeichnete das Gros der deutschen Historiker damit die einseitige Annäherung der deutschen Juden an die Kultur ihrer Umgebungsgesellschaft. Als vermeintliche Symbiose wird also die Assimilation oder, wenn die negative Konnotation dieses Wortes vermieden werden soll, die Akkulturation eines großen Teils des deutschen Judentums an die deutsche Kultur beschrieben.

Völlig übersehen wurde dabei oft die Tatsache, dass für die assimilierten deutschen Juden die jüdische Kultur dennoch eine wichtige, identitätsstiftende Bedeutung behielt. Es sei an dieser Stelle betont, dass es hier nicht um diejenigen jüdischen Menschen geht, die jegliche Verbindung zum Judentum verloren oder – wegen vermeintlicher gesellschaftlicher Vorteile – bewusst aufgelöst hatten und diese Trennung dann zumeist mit dem formalen Austritt aus der jüdischen Gemeinschaft und dem Übertritt zum Christentum besiegelten. Viele von ihnen hörten damit auf, jüdisch zu sein. Auch wenn die Zahl solcher Menschen beträchtlich war, versuchte doch die große Mehrheit der deutschen Juden, sich gleichzeitig in beiden Kulturen – der jüdischen und der deutschen – zurechtzufinden. Dabei wurde die jüdische Tradition unter dem Einfluss der Kultur der deutschen Umgebung unvermeidlich Veränderungen und Anpassungen unterzogen. Auf diesem Wege wurde eine transkulturelle Identität geschaffen, die Elemente beider Kulturen vereinigte.

Es war damals ein ganz ungewöhnliches Phänomen in der deutschen kulturellen Landschaft. Dieses Phänomen erschien der deutschen Gesellschaft daher fremd und unverständlich – und es erscheint gewissermaßen heute noch so. Zwar wird heutzutage die Transkulturalität allgemein als ein nicht mehr zu verdrängendes Merkmal einer modernen, dynamischen Zivilisation und eine Konsequenz der globalisierten Welt betrachtet. Auf der Alltagsebene wird sie aber bei weitem nicht immer akzeptiert. Im 19. und zu Beginn des 20. Jahrhunderts konnte eine transkulturelle Identität in allen öffentlichen Räumen nicht nur keine Akzeptanz finden, sie wurde vielmehr als Nonsens empfunden, der im krassen Widerspruch zu der herrschenden Idee des Nationalstaates mit seinem Kulturmonopol stand.

Da die jüdische „doppelte" Identität also mit den gesellschaftlichen Normen nicht konform war, wurde sie von der nichtjüdischen Umgebung verzerrt wahrgenommen. Für die Außenwelt waren die Juden entweder „zu jüdisch" und dann keine Deutschen – wenn sie ihr Judentum mehr oder weniger offen auslebten –, oder sie wurden überhaupt nicht als jüdisch wahrgenommen, sondern nur als Deutsche – da jüdische Traditionen nicht nach außen sichtbar gemacht wurden. Für Juden war es daher eine Art ständiger Balanceakt zwischen ihrer jüdischen Identität und ihrer deutschen Loyalität. Der 1912 geborene und 2011 kurz vor seinem 99. Geburtstag verstorbene Patriarch der deutsch-jüdischen Musiker, der Dirigent Kurt Sanderling, brachte diese prekäre Situation auf den Punkt, als er in einem Interview sagte: „Mein ganzes Leben in Deutschland war der verzweifelte Kampf, als Deutscher zu gelten, aber Jude zu sein."[1]

Die im 19. Jahrhundert herausgebildete neue deutsch-jüdische Identität hatte wesentliche Auswirkungen auch auf das musikalische Schaffen. Natürlich hatte es bereits vor der Zeit der jüdischen Emanzipation eine gewisse Zusammenwirkung der deutschen und der jüdischen Musiktradition gegeben. Diese funktionierte allerdings ausschließlich in Form einer Einbahnstraße. Die jüdische Musik war zwar durchaus für Elemente der deutschen Musikkultur empfänglich: schon im Mittelalter wurden jüdische synagogale Melodien mit Melodienfloskeln der

---

1 Exklusivgespräch mit Kurt Sanderling in: http://www.guywagner.net/sanderling.htm (4.9.2014).

deutschen Volkslieder versetzt. Für die nichtjüdische Umgebung war die jüdische Musik jedoch vollkommen verschlossen und quasi nichtexistent.

Erst im 19. Jahrhundert kann von einer musikalischen Synthese deutscher und jüdischer Traditionen gesprochen werden. Denn nicht nur wurden um diese Zeit nach wie vor deutsche Einflüsse in die Synagogenmusik aufgenommen. Auch die Synagogenmusik wurde nun ihrerseits zunehmend von Nichtjuden wahrgenommen, sie wurde zu einer eigenständigen Facette des deutschen Musiklebens und zu einem Teil der deutschsprachigen Kulturlandschaft. Der erste große Reformator der synagogalen Musik, der Wiener Kantor Solomon Sulzer (1804–1890), war in das Musikleben seiner Stadt bestens integriert, er war mit Franz Schubert und Franz Liszt befreundet, und der Tempel, in dem er amtierte, wurde öfters von Nichtjuden besucht, die seine Stimme und seine Musik hören wollten. Ähnlich war auch die Wirkung des Berliner Synagogenkomponisten und Chordirigenten Louis Lewandowski (1821–1894). Dessen Musik wurde etwa bei der Einweihung der Neuen Synagoge in der Oranienburger Straße von der gesamten Berliner Prominenz bewundert, und der anwesende Fürst Bismarck, damals Ministerpräsident von Preußen, zollte ihm persönlich seine Anerkennung. Danach wurde Lewandowski vom preußischen (später deutschen) Staat mit Auszeichnungen überhäuft und u.a. zum Königlich-Preußischen Musikdirektor und Professor ernannt – eine öffentliche Ehrung, die wenige Jahrzehnte zuvor für einen Synagogenmusiker noch völlig undenkbar gewesen wäre. Lewandowski schuf neben zahlreichen Werken synagogaler Musik auch einige Psalm-Vertonungen in deutscher Sprache, die dann vor allem im kirchenmusikalischen Bereich Verbreitung fanden und bis heute zum beliebten Repertoire vieler Kirchenchöre gehören.

Die Musik der deutsch-jüdischen Reformsynagoge stellt stilistisch einen Versuch dar, das traditionelle Jüdische mit dem zeitgenössischen Deutschen zu verbinden. Das war eine schwierige Suche, die nicht immer in künstlerisch überzeugenden Ergebnissen resultierte. Der Vater der jüdischen religiösen Reform, Israel Jacobsohn, praktizierte noch eine komplette Anlehnung an evangelische Kirchenmusik – eine Lösung, die die Reformanhänger nur für kurze Zeit befriedigen konnte. Sulzers *Schir Zion* präsentierte dann erstmals eine künstlerisch vollwertige Synthese, die jedoch eine zu starke Reduktion der jüdischen Tradition demonstrierte. Schließlich fand Louis Lewandowski mit seinen Sammlungen *Kol Rinnah u-Tefillah* sowie *Todah we-Zimrah* zu einem stilistischen Gleichgewicht der jüdischen und der deutschen Elemente, das eine außerordentliche Verbreitung und Popularität dieser Werke sicherte.

Seit Beginn des 19. Jahrhunderts traten immer mehr Komponisten jüdischer Abstammung in Erscheinung, die sich außerhalb der Welt der jüdischen Musik betätigten und somit Teil der deutschen musikalischen Kultur waren. Die berühmtesten deutschen Komponisten der 1830er und -40er Jahre – Felix Mendelssohn Bartholdy und Giacomo Meyerbeer – stammten beide aus jüdischen Elternhäusern. In den Werken jüdischer Komponisten des 19. Jahrhunderts sind allerdings keinerlei Spuren jüdischer Tradition zu finden. Grund dafür war nicht nur ihre Assimilation, sondern vor allem die allgemeine Einstellung gebildeter Musiker gegenüber traditioneller jüdischer Musik. Diese galt einerseits als etwas der europäischen Kultur und dem europäischen Menschen absolut Fremdes und dazu noch eher Minderwertiges. Auf der anderen Seite wurde der traditionellen jüdischen Musik oft pauschal jegliche Originalität abgesprochen; bis ins 20. Jahrhundert hinein galt zum Beispiel die jüdische Folklore als eine Art Flickenteppich aus musikalischen Bruchstücken der Lieder anderer Völker. Es ist selbstverständlich, dass beide Vorurteile eine ernsthafte Beschäftigung mit der jüdischen Musiktradition nicht gerade beförderten. Es war um diese Zeit noch vollkommen undenkbar, authentische jüdische Musik in klassischen Werken zu zitieren oder auch sich mit ihren stilistischen Eigenschaften in einer ähnlichen Art auseinanderzusetzen, wie Liszt es beispielsweise in seinen *Ungarischen Rhapsodien* in Bezug auf „Zigeunermusik" tat. Sogar in den Werken, die sich explizit auf jüdische Thematik bezogen, waren keine Anklänge jüdischer Musik zu finden.[2] Die äußerst seltenen Ausnahmen wie *Kol nidre* von Max Bruch bestätigen diese Regel.

Auch wenn die Werke deutsch-jüdischer Komponisten des 19. Jahrhunderts keine Bezüge zur jüdischen traditionellen Musik aufweisen, so waren deren persönlichen Lebenserfahrungen doch wesentlich von ihrer jüdischen Abstammung geprägt. Das galt auch für diejenigen von ihnen, die – wie etwa Felix Mendelssohn – assimiliert und getauft waren und der jüdischen Kultur scheinbar vollständig entfremdet wurden. Nicht nur die wiederholten antisemitischen Angriffe zwangen Mendelssohn, sich mit seiner jüdischen Identität auseinanderzusetzen. Die positive Seite seiner jüdischen Identität spielte ebenfalls eine wichtige Rolle, er war stolz auf die jüdischen Wurzeln seiner bedeutenden Familie.

Erst Anfang des 20. Jahrhunderts begannen jüdische Komponisten, sich für die Quellen jüdischer Musik zu interessieren. Diese Bewegung war Teil einer umfassenden jüdischen kulturellen Renaissance. Dem Beispiel anderer neofolkloristischer Strömungen folgend, die seit Mitte des 19. Jahrhunderts die europäische musikalische Landschaft prägten, versuchten einige jüdische Komponisten einen dezidiert jüdischen Stil in der Kunstmusik zu entwickelten. Wurde etwa für Bartók die alte ungarische Bauernfolklore zur Grundlage seines Stils und

---

[2] Ein beredtes Beispiel dafür ist die 1835 entstandene Oper *La juive* (Die Jüdin) von Jacques François Élie Fromental Halévy nach einem Libretto von Eugène Scribe. Halévy, selbst ein französischer Jude, der als Elias Lévy geboren wurde, widmet einen großen Teil seiner Oper der Darstellung des jüdischen Milieus und jüdischer Persönlichkeiten, die allerdings ausschließlich mit konventionellen europäischen Stilmitteln charakterisiert werden.

zur Quelle der Erneuerung seiner Musiksprache, so beschäftigten sich deutschjüdische Komponisten wie Juliusz Wolfsohn (1880–1944), Jakob Schönberg (1900–1956) oder Joachim Stutschewsky (1891–1982) auf ähnliche Art und Weise mit jiddischen Volksliedern und alten synagogalen Motiven. Einer der bedeutendsten deutsch-jüdischen Komponisten, Jakob Schönberg, schuf eine Reihe von Werken, die das traditionelle jüdische Melos in eine polyphone Musiksprache und barocke Kompositionsformen integrieren. So tragen die Sätze seiner *Chassidischen Suite* für Klavier (es gibt auch eine spätere Fassung für Orchester) doppelte Bezeichnungen: *Aria/Nigun* oder *Fuge/Horra*. Jakob Schönbergs Chassidische Suite, die 1937 in Berlin komponiert wurde, konnte –wie fast alle anderen Werke Schönbergs – nicht mehr in Druck erscheinen. Der Komponist konnte zwar der Verfolgung durch Flucht entgehen, sein Name und seine Musik gerieten jedoch – genauso wie die meisten jüdischen Komponisten nationaler Richtung – vollständig in Vergessenheit.

Es ist nicht möglich, alle deutsch-jüdischen Komponisten auch nur aufzuzählen, die sich in den 1930er Jahren zur jüdischen Musiktradition hingezogen fühlten. Darunter waren auch einige Namen, die heutzutage durchaus bekannt sind, die aber nicht unbedingt mit jüdischer Musik assoziiert werden, wie z.B. Paul Dessau, Stefan Wolpe oder Arnold Schönberg.

Leider wird die deutsch-jüdische musikalische Kultur während des Nationalsozialismus oft bemerkenswert tendenziös dargestellt. Oft wird dabei ein Bild der jüdischen Kulturschaffenden als willenloser Marionetten der Nationalsozialisten suggeriert. Auf der anderen Seite wird das wachsende Interesse jüdischer Kulturschaffenden an eigener nationaler Tradition in den 1930er Jahren mit der nationalsozialistischen Ideologie und Kulturpolitik gleichgesetzt. So ist bei Fred K. Prieberg über einen 1936 vom Jüdischen Kulturbund veranstalteten Kompositionswettbewerb zu lesen:

> Wie dies bei Kompositionswettbewerben fast die Regel ist, trug auch dieser nicht die erhofften Resultate ein; alle preisgekrönten Werke brachten es nicht zur Weltgeltung, das ‚Feierliche Vorspiel' von dem Berliner Seelig-Bass ebensowenig wie die ‚auf der anderen Seite' unermüdlich produzierten ‚feierlichen Vorspiele' zu NS-Ritualen.[3]

Diese haarsträubende Passage aus einem Standardwerk zur *Musik im NS-Staat* ist charakteristisch für die in weiten Teilen der heutigen Musikwissenschaft etablierte Einschätzung nationaler Tendenzen im jüdischen Musikleben: das zio-

---

[3] Prieberg, Fred K.: Musik im NS-Staat. Frankfurt 1982. S. 98.

nistisch inspirierte Werk von Werner Seelig-Bass (1908–1988)[4] ist demzufolge der gleichen Kategorie von Musik zuzurechnen wie die propagandistischen Machwerke der Nazi-Komponisten. Besonders befremdlich erscheint jedoch die abfällige Bemerkung über die musikalische Qualität der preisgekrönten Werke jüdischer Komponisten, die es alle „nicht zur Weltgeltung brachten". Es fragt sich, nach welchen Kriterien die Qualität von Werken beurteilt werden kann, die kaum oder überhaupt nicht verfügbar sind und die nie eine Chance bekamen, der Öffentlichkeit präsentiert zu werden. Vermutlich war es auch dem Autor des angeführten Zitats nicht möglich, auch noch ein einziges dieser Werke zu analysieren, geschweige denn zu hören.

Abgesehen davon, dass es den Initiatoren des Wettbewerbes damals sowieso nicht um die „Weltgeltung" ging, sondern um die Förderung des zeitgenössischen Musikschaffens im jüdischen Geist, wurde speziell das *Feierliche Vorspiel* von Seelig-Bass viele Jahre nach seiner hochgelobten Premiere in Berlin immerhin auch in New York, Washington und Johannesburg gespielt – und ebenfalls positiv aufgenommen. Wie könnte aber über ein anderes, ebenfalls mit dem Ersten Preis bedachtes Werk, das Oratorium *Vom jüdischen Schicksal* für vier Solisten, gemischten Chor und Orchester von Richard Fuchs geurteilt werden, das 1937 für die Uraufführung vollständig vorbereitet worden war und im letzten Moment wegen des Verbots durch den Reichskulturwalter Hans Hinkel abgesagt werden musste? Diese Komposition wurde bis heute nicht aufgeführt, das Manuskript befindet sich in einem Archiv in Neuseeland.

Und wie sollte man heute etwa die Musik eines jüdischen Komponisten aus Mannheim, Karl Hamburger, bewerten, der im Jahre 1934 eine Tanzszene für großes Orchester unter dem Titel *Esther* komponierte? Aus einer Zeitungsnotiz ist zu erfahren, dass dieses Werk auf Motiven der Kantillationen des Buches Esther in der süddeutschen Tradition basierte. In Form einer symphonischen Dichtung stellte der Komponist die wundersame Rettung des jüdischen Volkes dar. Dem Kritiker zufolge war dieses „ausgezeichnet instrumentierte" Werk in einer „romantischen Haltung" komponiert.[5] Trotz der ausdrücklichen Empfehlung des Autors dieses Zeitungsberichts wurde *Esther* nie aufgeführt, über den Komponisten waren gegenwärtig keinerlei biographische Daten zu ermitteln. Auch dieses Werk „brachte es nicht zur Weltgeltung".

Der größte Teil der unter schwierigsten Bedingungen vollbrachten kulturellen Leistungen der deutsch-jüdischen Künstler der Nazi-Zeit ist für immer verschwunden. Darunter sind nicht nur die Werke in den Kunst- und Kulturarten,

---

[4] Über Werner Seelig-Bass: Nemtsov, Jascha: Deutsch-jüdische Identität und Überlebenskampf. Jüdische Komponisten im Berlin der NSW-Zeit. Wiesbaden 2010. S. 268–327.
[5] Guttmann, Dr. Oskar: Tanzszene. In: Jüdische Rundschau Nr. 102/103 (21.12.1934). S. 20.

welche schon ihrer Natur nach vergänglich sind, wie zum Beispiel die reproduktiven Künste. Wir besitzen keine genaue Vorstellung von den Theater- und Opernaufführungen, den Konzert- und Kleinkunstaufführungen, den Vorträgen und Kabarettveranstaltungen der Jüdischen Kulturbünde. Höchstens die zeitgenössische jüdische Presse und einige Zeugenberichte können einen – wenn auch bei weitem nicht authentischen – Eindruck davon vermitteln. Aber auch Kunstwerke, die eher für die Nachwelt erhalten werden könnten, wie etwa Musikkompositionen, sind durch die tragischen Lebensumstände ihrer Schöpfer zum großen Teil verloren oder zerstört. Diejenigen Werke, die den Krieg und die Schoa überdauerten, sind ihrerseits kaum verfügbar. Da sie zu der Zeit ihres Entstehens unter den Bedingungen des Nazi-Regimes nicht publiziert werden konnten und nach dem Krieg kein Interesse mehr dafür bestand, befinden sie sich als Manuskripte in Archiven und im Privatbesitz in der ganzen Welt zerstreut. Die in der letzten Zeit gehobenen und der Öffentlichkeit zugänglich gemachten musikalischen Schätze stellen immer noch nur einen kleinen Teil dieser Werke dar. Solange es noch nicht gelungen ist, die durch die Zeitläufte verschütteten Künstlerbiografien zu rekonstruieren und die erhalten gebliebenen Werke auszuwerten, bleibt die Geschichte des jüdischen Kulturlebens jener Zeit ein Abstraktum und wird von willkürlichen Meinungen der damit befassten Wissenschaftler dominiert.

Der Autor eines Artikels im verdienstvollen Sammelband zum Jüdischen Kulturbund zieht beispielsweise konsequent Parallelen zwischen dem zionistischen Einfluss im jüdischen Musikleben und dem nationalsozialistischen Gedankengut. Seiner Meinung nach waren die Juden damals von der völkischen Ideologie „infiziert", man begegnete unter ihnen also einem „,seitenverkehrten Antisemitismus', der nicht weniger denunziatorisch nach Säuberungen rief".[6] Auch die Diskussionen über das Wesen und die Wege der jüdischen Musik waren demnach Folge der „unleugbaren Infektion mit dem Geist der Täter". Es stelle sich daher notwendig die Frage nach Kollaboration, wenn „hier und dort sich scheinbar Gleiches zu Gleichem gesellte". Während die Nazis etwa Lexika jüdischer Musiker zwecks deren Boykotts herausgaben, verbreiteten die Juden Verzeichnisse jüdischer Musikwerke. „Es scheint eine Ironie des ‚Zeitgeistes', dass Hinkels Vorstellungen denen der freilich kleinen zionistischen Gruppe nahekamen, die in Erwartung eines künftigen Staates Israel ‚völkische' und selbst ‚rassische' Solidarität unter den in Mehrheit assimilierten, kaum mehr talmudgläubigen, eben deutschen Juden hervorrufen, ihnen das Gefühl höherer, besserer Identität verschaffen wollten."[7] Angesichts dieses Vokabulars, das zum Teil den uralten anti-

---

[6] Prieberg, Fred K.: Musik unterm Davidstern. In: Geschlossene Vorstellung. Der Jüdische Kulturbund in Deutschland 1933–1941. Berlin 1992. S. 121.
[7] Prieberg: Musik (wie Anm. 6). S. 120.

semitischen Vorurteilen entspringt („talmudgläubig"!) und die tatsächlichen Verhältnisse grob falsifiziert („höhere, bessere Identität"), erübrigt sich eigentlich jeder Kommentar. Solche Ansichten zeugen unter anderem auch von der eklatanten Ignoranz ihrer Autoren auf dem Gebiet jüdischer Kultur.

Das heute verbreitete Bild einer von den Nazis „konstruierten" und gesteuerten jüdischen Kultur hält nicht stand, sobald man sich konkreten Künstlerschicksalen zuwendet. Diese Menschen wurden in ihrer Tätigkeit zwar durchaus durch äußere Lebensumstände beeinflusst – vor allem natürlich durch die nationalsozialistische Diskriminierung und Verfolgung; es besteht jedoch kein Zweifel daran, dass sie in ihrer künstlerischen Tätigkeit bis zuletzt innerlich frei waren.

Ihre Werke gingen zum Teil verloren, ihr vielseitiges Wirken wurde nach dem Krieg vollständig vergessen. Das Wort „vergessen" ist allerdings in diesem Zusammenhang wenig passend, denn vergessen kann man nur etwas, wovon man vorher Kenntnis hatte. Nach 1933 befand sich aber ein großer und wertvoller Teil der deutschen Kultur – die deutsch-jüdische Kultur – in einer künstlichen, gewaltsam erzwungenen Isolation. Diejenigen Deutschen, die davon als Juden Kenntnis haben durften, wurden ermordet oder vertrieben. Für alle anderen war und blieb die deutsch-jüdische Kultur der Nazi-Zeit schlichtweg nichtexistent. Neben dem Auslöschen jüdischer Präsenz in der deutschen Kultur während der Nazi-Zeit war auch das „Löschen" der Erinnerung an den jüdischen Beitrag eine wichtige Intention der nationalsozialistischen Politik, die in dieser Hinsicht durchaus erfolgreich war und dadurch bis heute einen gewissen Einfluss auf das Kulturleben ausübt.

Es ist ein mühsames, jedoch in höchstem Maße lohnendes Unterfangen, die verlorenen Schätze der deutsch-jüdischen musikalischen Kultur wieder zugänglich zu machen. Im August 2012 etwa wurde im Rahmen der Berliner Jüdischen Kulturtage eines der bedeutenden Werke synagogaler Musik der 1930er Jahre erstmals wieder aufgeführt: die *Freitagabendliturgie* von Jakob Dymont. Jakob (auch Jacob oder Jankel) Dymont wurde am 18. Juli 1880 im kleinen jüdischen Dorf Žeimis (heute Žeimiai in Litauen) geboren. Bereits im jugendlichen Alter interessierte er sich für Fremdsprachen und lernte Deutsch und Englisch, mit 15 Jahren verwirklichte er seinen Traum, nach Deutschland zu kommen. Er lebte seitdem in Berlin und machte sich schnell einen Namen als begabter Sänger. Gleichzeitig setzte er seine Studien in Musiktheorie, Sprachen und der Wissenschaft des Judentums fort. Er arbeitete als Übersetzer aus dem Hebräischen und bekam später eine Stelle als Leiter eines Knabenchors. Um 1910 wurde er als Chorleiter an der orthodoxen Berliner Gemeinde *Adass Jisroel* angestellt, wo er unter anderem mit dem herausragenden Kantor Salomo Pinkasowicz zusammenarbeitete. Dymont blieb in dieser Position bis zu seiner Flucht aus Deutschland 1938. 1936 wurde er außerdem Lehrer an dem neu gegründeten Beth-Hachasanim (Kantorenseminar) der Privaten Jüdischen Musikschule Holländer. Zu diesem Zeitpunkt war er als begabter Komponist und einer der ersten Autoren von modernen deutsch-jüdischen liturgischen Kompositionen bekannt. Seine Freitagabend- und Sabbatmorgen-Liturgien wurden 1934 bzw. 1936 in der Synagoge Rykestraße uraufgeführt und fanden eine sehr positive Resonanz. Dymont konnte 1938 zusammen mit seiner Frau Rosa und der hochbegabten Tochter Lily Deutschland verlassen (Lily Dymont war bereits 1927, im Alter von 16 Jahren, als Klaviersolistin mit den Berliner Philharmonikern aufgetreten, später machte sie eine Konzertkarriere in den USA). Jakob Dymont lebte dann in New York, wo er sich der Ausbildung jüdischer Kantoren widmete, er starb 1956.

Seit Anfang der 1930er Jahre förderte die Jüdische Gemeinde zu Berlin die Entstehung und Aufführung mehrerer großformatiger liturgischer Werke deutsch-jüdischer Komponisten. 1932 wurden in Berlin die Freitagabend-Liturgien von Leo Kopf und Heinrich Schalit uraufgeführt. In den folgenden Jahren wurden neben den Kompositionen der in Amerika lebenden Autoren Ernest Bloch und Jacob Weinberg auch neue Werke von Hugo Adler, Max Ettinger und Oskar Guttmann präsentiert. Sogar noch 1939 wurde eine neu entstandene Freitagabend-Liturgie des Kantors der Synagoge Rykestraße, Leo Ahlbeck (1880–?), einstudiert und aufgeführt. Der Hintergrund dieses außergewöhnlichen Engagements für moderne jüdische Synagogenmusik waren die Bestrebungen, eine Alternative zum etablierten Repertoire zu kreieren. Seit Mitte des 19. Jahrhunderts bestand dieses Repertoire in Berlin zum großen Teil aus den Werken von Louis Lewandowski. Bereits in den 1920er Jahren wurden aber Stimmen laut, die diese Dominanz in Frage stellten. Die Kritiker betrachteten Lewandowskis Musiksprache als Ausdruck des Assimilationsgeistes und verlangten nach einer „Reform der Reform": eine Abkehr von dem „süßlichen" romantischen Stil des 19. Jahrhunderts und Rückkehr zu den ursprünglichen Quellen der jüdischen liturgischen Musik. Generell wurde das „bedenkliche Missverhältnis zwischen der Größe und Erhabenheit der Texte und der Flachheit und Banalität der dazugehörigen Musik" bemängelt.[8] Auch wenn derartige harte Urteile aus heutiger Perspektive überzogen erscheinen, reflektierten sie eine grundlegende Änderung des Zeitgeschmacks und das Bedürfnis nach einer Erneuerung.

Die Premiere der Freitagabend-Liturgie für Kantor und Männerchor von Jakob Dymont fand am 16. Februar 1934 in der Synagoge Rykestraße statt. Der Solist war Oberkantor Leo Ahlbeck, der verstärkte Chor der Synagoge wurde von Kurt Burchard (1877–1942, Auschwitz) geleitet. Die Komposition gründet auf Elementen der osteuropäischen jüdischen Musik, zu denen der traditionelle *Nussach*

---

[8] Jüdisch-liberale Zeitung 2.3.1934. Zeitungsausschnitt im Archiv Jakob Dymont, Centrum Judaicum Berlin.

(überlieferte Motive in bestimmten Modi) sowie der rezitativische Stil der Soli des Kantors gehören. Die Harmonien basieren einerseits ebenfalls auf traditionellen jüdischen Modi, andererseits klingen sie durch die Abkehr vom europäischen Dur-Moll-System ungewöhnlich modern. „Diese musikalische Neufassung durch Dymont entspricht der Würde und der Heiligkeit des Gebetstextes", betonte ein Kritiker.[9] Der jüdischen Presse jener Zeit ist zu entnehmen, dass Dymonts Freitagabendliturgie in den Jahren nach ihrer Uraufführung in der Synagoge Rykestraße „festen Fuß gefasst hat".[10] Die erste Wiederaufführung dieser bedeutenden Komposition seit den 1930er Jahren wurde 2012 gemeinsam durch die Berliner Jüdischen Kulturtage und das Abraham Geiger Kolleg präsentiert. Das Kantorenseminar des Abraham Geiger Kollegs spielt im heutigen Deutschland eine besondere Rolle bei der Restaurierung und Weiterentwicklung der Synagogenmusik. Die musikalische Gestaltung des Gottesdienstes in den Synagogen in Deutschland ist eine besondere Herausforderung, handelt es sich doch bei den jüdischen Gemeinden in Deutschland um eine sehr komplexe Identität, die nicht nur deutsche und jüdische Elemente einschließt, sondern auch osteuropäische, vor allem russische. Das Repertoire, das die jungen jüdischen Kantoren, Absolventen des Abraham Geiger Kollegs, in die Gemeinden bringen, verbindet daher Traditionen unterschiedlicher Provenienz: neben der „klassischen" Musik der deutsch-jüdischen Reformbewegung des 19. Jahrhunderts und ausgewählten Werken amerikanischer Autoren des 20. Jahrhunderts ist es vor allem der osteuropäische Chasanuth-Stil.

---

**9** Altmann, Ludwig: Eine neue musikalische Freitagabend-Liturgie. In: Central-Verein-Zeitung Nr. 7 (15.2.1934). S. 5.
**10** Burchard, Kurt: Dymonts Schabbat-Vormittags-Liturgie. In: Israelitisches Familienblatt Hamburg 1936. Zeitungsausschnitt o.D. im Archiv Jakob Dymont, Centrum Judaicum Berlin.

Martin Münzel
# Tradition – Integration – Transfer?
## Zur Geschichte deutsch-jüdischer Unternehmer in Zwischenkriegszeit und Emigration

Will man sich der historischen Rolle deutsch-jüdischer Unternehmer in den 1920er, 1930er und 1940er Jahren des 20. Jahrhunderts widmen, kann man es sich ebenso leicht wie schwer machen. Leicht würde es fallen, sich solchen Darstellungen anzuschließen, in denen jüdische Unternehmerpersönlichkeiten mit der Absicht aufgelistet werden, den „jüdischen Beitrag" zur wirtschaftlichen Entwicklung in Deutschland gezielt positiv herauszustellen. Dabei würden einem Berliner Namen wie die des Textilunternehmers James Simon, des Steinkohlenindustriellen Eduard Arnhold, von Emil und Walther Rathenau von der AEG, der Verlegerfamilie Ullstein und von Bankiers wie Eugen Gutmann von der Dresdner Bank, Carl Fürstenberg von der Berliner Handels-Gesellschaft, den Bleichröders oder den Mendelssohns in den Sinn kommen. Nicht zu Unrecht ist jedoch auf die Problematik solch apologetisch gefärbter Aufzählungen und der Anknüpfung an schon vor 1933 geprägte Argumentationsmuster hingewiesen worden[1] und es stellt sich die Frage, ob nicht eine differenziertere Perspektive der Thematik besser gerecht wird.

Indes scheint das Unternehmertum, anders als Musik, Literatur, Theater, Film oder auch die Wissenschaften, dem Oberthema „deutsch-jüdisches Kulturerbe" in gewisser Weise entgegenzustehen. Dies vor allem dann, wenn man die Bedeutung von Persönlichkeiten der Banken-, Industrie- und Handelswelt nicht allein auf ihre – unbestrittenen, aber eben erst durch Leistung und Erfolg als *Unternehmer* möglich gewordenen – mäzenatischen Verdienste verengen will. Allerdings kann man, wenn man dem Wirtschaftshistoriker Werner Abelshauser folgt, die Verbindung zwischen Wirtschaft und Kultur schon darin sehen, dass beide aus derselben Wurzel stammen: „Ohne die wirtschaftliche Grundbedingung des Menschen, d.h. den Anreiz, mit knappen Ressourcen ökonomisch

---

**1** Barkai, Abraham: Die Juden als sozio-ökonomische Minderheitsgruppe in der Weimarer Republik. In: Juden in der Weimarer Republik. Skizzen und Porträts. Hrsg. von Walter Grabu. Julius H. Schoeps. 2. Aufl. Darmstadt 1998. 33–346, S. 342; Ahlheim, Hannah: „Deutsche, kauft nicht bei Juden!" Antisemitismus und politischer Boykott in Deutschland 1924 bis 1935. Göttingen 2011. S. 114–132.

umzugehen, ist Kultur als der Inbegriff der Emanzipation des Menschen aus dem Naturzustand kaum denkbar."[2]

Ziel ist es im Folgenden entlang der Frage nach Traditionslinien, Integrationsprozessen und Aspekten des Emigrationstransfers einen Ausschnitt aus der Geschichte des deutsch-jüdischen Unternehmertums zu beleuchten und dabei zu zeigen, dass das im Titel gesetzte Fragezeichen seine Berechtigung hat. Nach einer kurzen Skizzierung der wirtschaftlichen Stellung der jüdischen Bevölkerungsminderheit in Deutschland seit dem 19. Jahrhundert und der Einbettung krisenhafter sozioökonomischer Einflüsse und Erfolgsfaktoren konzentriert sich der Beitrag auf die unternehmerische Integration im Zuge fortschreitender Funktionalisierungsprozesse und richtet den Fokus schließlich, mit dem Schwerpunkt USA, auf die Unternehmer als verfolgte Emigranten.

Es erscheint plausibel, hier nicht alleine einen religiösen Begriff des Jüdischen zugrundezulegen, sondern auch Unternehmer jüdischer Herkunft mit einzubeziehen. Einerseits hat die sozialhistorische Forschung immer wieder darauf hingewiesen, dass innerhalb des deutschen Unternehmertums soziale Strukturen und kulturelle Milieus vielfach auch die Loslösung von religiösen Bindungen überdauerten. Auch noch in das 20. Jahrhundert hinein wurde die Ausprägung wirtschaftlicher Netzwerke und geschäftlicher Kooperationen davon mit beeinflusst, dass Unternehmerfamilien mit jüdischem bzw. nichtjüdischem Hintergrund häufig weiterhin untereinander verwandtschaftlich verflochten waren und sich die Heiratskreise nur langsam öffneten.[3] Andererseits geht es auch um die faktischen Auswirkungen antisemitischer Diskriminierungen und schließlich der nationalsozialistischen „Judenpolitik", von denen Unternehmer jüdischer Religion und jüdischer Herkunft gleichermaßen betroffen waren, auch wenn in der weiteren Darstellung gerade die in dieser Hinsicht egalisierenden Effekte der Wirtschafts- und Unternehmensentwicklung betont werden.

## Traditionslinien

Die bürgerrechtliche Emanzipation der deutschen Juden verband sich im 19. Jahrhundert mit einer stark aufwärts gerichteten gesellschaftlichen Mobilität und einem sozioökonomischen Aufstieg, der in vielen Studien dargestellt worden

---

[2] Abelshauser, Werner: Kulturkampf. Der deutsche Weg in die Neue Wirtschaft und die amerikanische Herausforderung. Berlin 2003. S. 2f.
[3] Mosse, Werner E.: The German-Jewish Economic Élite 1820–1935. A Socio-cultural Profile. Oxford 1989. Kap. 4. S. 93–133 und Kap. 5. S. 134–160; Pulzer, Peter G. J.: Jews and the German State. The Political History of a Minority, 1848–1933. Oxford/Cambridge/Mass. 1992. S. 7–9.

ist.⁴ Die rasche Verbesserung ihrer sozialen Stellung und die Gewinnung eines sichtbaren Bildungsvorsprungs wurden seit dem Ende des 18. Jahrhunderts von einem Prozess begleitet, der aus unsicheren ökonomischen Verhältnissen oder tiefer Armut zu insgesamt wachsendem Wohlstand führte. Nicht zuletzt war es das Wirtschaftsleben, in dem vor dem Hintergrund der Handelsliberalisierung und des Abbaus ständischer und zünftiger Schranken der Erfolg der jüdischen Minorität sichtbar wurde. Dass die Landwirtschaft, in der 1895 wie 1933 nur 1,7 % der jüdischen Erwerbstätigen beschäftigt waren, ihre Rolle als Leitsektor verlor, zeigte die fortschrittliche berufliche Orientierung der jüdischen Erwerbstätigen. Gleichzeitig waren 1933 61,3 % der Juden, aber nur 18,4 % der Gesamtbevölkerung in den Sektoren Handel und Verkehr tätig, in denen an die Stelle des jüdischen Hausierers, Tagelöhners und Kleinhändlers mehr und mehr Kaufleute, Großhändler und Bankiers getreten waren. Im Übrigen blieb bis zum Ende der Weimarer Republik gut die Hälfte der jüdischen Beschäftigten selbstständig, während der Anteil der Angestellten und Beamten unter ihnen überproportional und derjenige der Arbeiter weit unterproportional war.

Trotz dieser positiven Tendenzen haben bereits zeitgenössische Beobachter spätestens für den Beginn der Zwischenkriegszeit von der Überlagerung durch Krisensymptome gesprochen. Auch in der Forschung wird konstatiert, dass der jüdische Bevölkerungsteil nicht nur in demografischer Hinsicht, sondern auch auf ökonomischem Gebiet im Rückzug begriffen gewesen sei.

Erstens wurden Beharrungskräfte im deutsch-jüdischen Wirtschaftsverhalten in negativer Weise mit Trägheitstendenzen, mangelnder Elastizität und Unflexibilität in Verbindung gebracht.⁵ Ungeachtet ökonomischer Strukturverände-

---

4 Aus der umfangreichen Literatur zur sozialen und beruflichen Struktur der jüdischen Bevölkerung im 19. und im ersten Drittel des 20. Jahrhunderts sind neben der zeitgenössischen Literatur u.a. relevant: Lässig, Simone: Jüdische Wege ins Bürgertum. Kulturelles Kapital und sozialer Aufstieg im 19. Jahrhundert. Göttingen 2004; Richarz, Monika: Die Entwicklung der jüdischen Bevölkerung. In: Umstrittene Integration 1871–1918. Hrsg. von Steven M. Lowenstein u.a. München 1997. S. 13–38; Richarz, Monika: Berufliche und soziale Struktur. In: Lowenstein u.a. (Hrsg.): Umstrittene Integration. S. 39–68; Barkai, Avraham: Jüdische Minderheit und Industrialisierung. Demographie, Berufe und Einkommen der Juden in Westdeutschland 1850–1914. Tübingen 1988; Bennathan, Esra: Die demographische und wirtschaftliche Struktur der Juden. In: Entscheidungsjahr 1932. Zur Judenfrage in der Endphase der Weimarer Republik. Hrsg. von Werner E. Mosse unter Mitwirkung von Arnold Paucker. 2. Aufl. Tübingen 1966. S. 87–131.
5 Barkai: Juden (wie Anm. 1); Mommsen, Hans: Zur Frage des Einflusses deutscher Juden auf die deutsche Wirtschaft in der Zeit der Weimarer Republik. In: Gutachten des Instituts für Zeitgeschichte Bd. II. Stuttgart 1966. S. 348–369; Niewyk, Donald L.: The Impact of Inflation and Depression on the German Jews. In: Leo Baeck Institute Yearbook 28 (1983). S. 19–36; Marcus, Alfred: Die wirtschaftliche Krise des deutschen Juden. Eine soziologische Untersuchung. Berlin o.J. (1931).

rungen hätten sich viele jüdische Unternehmer der Weimarer Republik von eher konservativen wirtschaftlichen Einstellungen leiten und rückwärtsgerichteten Geschäftsstrategien beeinflussen lassen. Inflation und Depression hätten dann weiter dazu beigetragen, die krisenhaften Prozesse zu beschleunigen, die bereits vor dem Ersten Weltkrieg eingesetzt hätten.

Zweitens ist die These vertreten worden, dass vor allem seit der Reichsgründungszeit die Herausbildung großer Kapitalgesellschaften und der Übergang vom „personal enterprise" zum „managerial enterprise" familiäre Dynastiebildungen innerhalb der Unternehmen zurückgedrängt hätten und davon jüdische Unternehmerfamilien verstärkt betroffen gewesen seien.[6] Vermutet wurde darüber hinaus, dass die „entpersönlichten" Hierarchien der Großunternehmen mit ihrer „bürokratisch-organisatorische[n] Tätigkeit [...] und mechanisierten Selbstbeschränkung" den eher auf Individualismus und Selbstständigkeit ausgerichteten spezifischen Fähigkeiten und Neigungen jüdischer Beschäftigter entgegenständen.[7]

Drittens ist darauf hingewiesen worden, dass auch latenter oder offener Antisemitismus schon vor 1933 jüdische Geschäftsinhaber und Unternehmer getroffen habe. So hat etwa Hannah Ahlheim gezeigt, wie stark bereits vor der Initiierung offener Hetzboykotts auch stillschweigende antisemitisch motivierte Übereinkünfte und Boykottaktionen Exklusionsmechanismen entfalteten. Auch wenn sich deren Folgen nur schwer quantifizieren ließen, hätten sie das gesellschaftliche Klima für jüdische Geschäftsleute doch verändert.[8] Besonders öffentlichkeitswirksam war im Übrigen die Verknüpfung antikapitalistischer und antisemitischer Attacken im Zusammenhang mit spektakulären Wirtschaftsskandalen. So wurden in den 1920er und frühen 1930er Jahren die Vorgänge um die Brüder Barmat und Sklarek oder den Leiter des Schultheiss-Brauereikonzerns Ludwig Katzenellenbogen zur Diskriminierung jüdischer Unternehmer instrumentalisiert.[9]

---

6 Ziegler, Dieter: Die wirtschaftsbürgerliche Elite im 20. Jahrhundert: eine Bilanz. In: Großbürger und Unternehmer. Die deutsche Wirtschaftselite im 20. Jahrhundert. Hrsg. von Dieter Ziegler. Göttingen 2000. S. 17f.
7 Fraenkel, Ernst: Der Beitrag der deutschen Juden auf wirtschaftlichem Gebiet. In: Judentum. Schicksal, Wesen und Gegenwart Bd. 2. Hrsg. von Franz Böhm u. Walter Dirks unter Mitarbeit von Walter Gottschalk. Wiesbaden 1965. S. 552–600, S. 599; Marcus: Krise (wie Anm. 5). S. 143–177; Zielenziger, Kurt: Juden in der deutschen Wirtschaft. Berlin 1930. S. 275–279; Ruppin, Arthur: Soziologie der Juden Bd. 2: Der Kampf der Juden um ihre Zukunft. Berlin 1931. S. 54f. u. 598f.
8 Ahlheim: „Deutsche" (wie Anm. 1); Zimmermann, Moshe: Die deutschen Juden 1914–1945. München 1997. S. 16.
9 Münzel, Martin: Die jüdischen Mitglieder der deutschen Wirtschaftselite 1927–1955. Verdrängung – Emigration – Rückkehr. Paderborn u.a. 2006. S. 107–110.

Dieses insgesamt schwierig zu bewertende Bild gewinnt an Ambivalenz, wenn man zusätzlich noch die wirtschaftliche Elite einbezieht. Es handelt sich bei ihr um eine relativ kleine exklusive Spitzengruppe und die jüdischen Mitglieder dieser Führungsschicht stellen keine für jüdische Wirtschaftstätige auch nur annähernd repräsentative Teilgruppe dar. Dennoch sind ihr beträchtlicher gesamtwirtschaftlicher und auch gesellschaftlicher Einfluss und die Tatsache zu bedenken, dass sie in der öffentlichen Wahrnehmung als Unternehmer besonders präsent waren.

Wie sich zeigen lässt, gelang gerade auf dieser Ebene vielfach eine erfolgreiche Anpassung an die neuen institutionellen Rahmenbedingungen innerhalb eines korporativ geprägten marktwirtschaftlichen Systems, das sich seit Beginn des Kaiserreichs herauszubilden begann.[10] Ein hervorstechendes Merkmal war angesichts der im Industrialisierungsprozess sichtbar werdenden neuen Erfordernisse der Kapitalmobilisierung die Entstehung zahlreicher Großunternehmen, vor allem Aktiengesellschaften. Hier traten professionelle Manager neben die klassischen Eigentümerunternehmer, während sich zugleich die eigentlich als Kontroll- und Beratungsorgane eingerichteten Aufsichtsräte zur Basis komplexer wirtschaftlich-personeller Netzwerke und zu zentralen Foren des Informationsaustausches entwickelten.

Jüdische Unternehmerfamilien konnten ihre Gesellschaften oftmals mit Erfolg in das neue wirtschaftliche Gefüge integrieren und die innerfamiliäre Kontinuität in der Unternehmensführung sichern. Und auch jenseits einer familialen Weitergabe wirtschaftlicher Leitungspositionen gelang qualifizierten jungen Managern und Unternehmern mit jüdischem Hintergrund in allen Segmenten der Wirtschaftselite ein beeindruckender Aufstieg.

Nachweisen lässt sich dies – rein quantitativ und aus der Perspektive auf die bald darauf einsetzende Verdrängung aus der Wirtschaftselite – anhand der größten deutschen Aktiengesellschaften in den Endjahren der Weimarer Republik.[11] Denn mindestens 11 % der Vorstandsmitglieder und nahezu ein Viertel der Aufsichtsratsmitglieder waren jüdischer Religion oder Herkunft, darunter die Vorsitzenden und stellvertretenden Vorsitzenden der Aufsichtsräte. Und sogar rund 40 % betrug der Anteil schließlich unter denjenigen, die als besonders renommierte und erfahrene „Netzwerkspezialisten" überdurchschnittlich viele Unternehmensmandate auf sich vereinigten und mit ihrer Reputation und ihrem

---

10 Mosse, Werner E.: Jews in the German Economy. The German-Jewish Economic Élite 1820–1935. Oxford 1987. S. 218–259; Barkai, Avraham: Bevölkerungsrückgang und wirtschaftliche Stagnation. In: Aufbruch und Zerstörung 1918–1945. Hrsg. von Avraham Barkai u. Paul Mendes-Flohr. München 1997. S. 47–49.
11 Für das Folgende Münzel: Mitglieder (wie Anm. 9). S. 166–179.

Sozialkapital die entscheidenden Knotenpunkte in der wirtschaftlich-unternehmerischen Führungsschicht besetzten.

Allerdings zeigen sich auch noch in den „anonymen" Unternehmenskomplexen der 1920er und frühen 1930er Jahren erhebliche branchenspezifische Unterschiede, die auf die vorindustriellen Traditionen jüdischer Wirtschaftstätigkeit zurückzuführen waren, die sowohl wirtschaftliche Umbrüche als auch den Abbau rechtlicher Schranken überdauert hatten. So fehlten jüdische Vorstandsmitglieder zum Beispiel weitgehend in den modernen Großunternehmen der Schwerindustrie, vor allem im Kohlebergbau, aber auch noch in der Eisen- und Metallgewinnung. Konträr hierzu schlug sich das Ausweichen jüdischer Unternehmer auf den Finanz- und Handelssektor insofern nieder, als die Führungsgremien der Handels- und Warenhauskonzerne sowie der großen Banken – Deutsche Bank, Darmstädter und Nationalbank, Dresdner Bank oder Commerzbank – besonders häufig mit jüdischen Unternehmern besetzt waren.

Besonders zeigten sich diese oben geschilderten Kontinuitätslinien auf dem Feld der Privatbanken.[12] Traditionelle Institute jüdischer Bankiersfamilien wie Sal. Oppenheim in Köln, Mendelssohn & Co. in Berlin, M. M. Warburg in Hamburg, Simon Hirschland in Essen und Bleichröder/Gebr. Arnhold in Dresden/Berlin vermochten sich auch im ersten Drittel des 20. Jahrhunderts gegen die rapide expandierenden großen Aktienbanken zu behaupten, indem sie unverzichtbare Nischenfunktionen einnahmen und sich durch vertrauensvolle, individuelle Beratung und Flexibilität auszeichneten. Dies nicht nur auf lokaler und regionaler Ebene, sondern gerade auch auf dem internationalen Markt, nachdem der Erste Weltkrieg tiefe Einschnitte in die freie Weltwirtschaft und wachsenden handelspolitischen Protektionismus nach sich gezogen hatte, und nach der überstandenen Inflation. In dieser Situation waren es in besonderem Maße die deutsch-jüdischen Privatbankiers, die an ihre über Verwandtschaftsbeziehungen abgestützten internationalen Geschäftskontakte anknüpfen konnten, Zugänge zu ausländischen Finanzmärkten öffneten, internationale Kredite und Anleihen vermittelten und zur Neubelebung des Außenhandels beitrugen. Nicht zuletzt zeigte sich ihre fortdauernde Relevanz darin, dass sie mit ihrem hohen gesellschaftlichen Ansehen und ihren Erfahrungen für die Kooptierung in die Aufsichtsräte von Großunternehmen prädestiniert waren.

---

12 Zur Bedeutung der Privatbankiers u.a. Ulrich, Keith: Aufstieg und Fall der Privatbankiers. Die wirtschaftliche Bedeutung von 1918 bis 1938. Frankfurt a.M. 1998; Wixforth, Harald u. Ziegler, Dieter: Deutsche Privatbanken und Privatbankiers im 20. Jahrhundert. In: Geschichte und Gesellschaft 23 (1997). S. 205–235; Köhler, Ingo: Die „Arisierung" der Privatbanken im Dritten Reich. Verdrängung, Ausschaltung und die Frage der Wiedergutmachung. München 2005.

## Integrations- und Desintegrationsprozesse

Über diese eher empirischen Erkenntnisse hinaus ergibt sich die Frage, inwieweit es überhaupt gerechtfertigt erscheint, von einem „jüdischen Unternehmertum" zu sprechen. Diese Fragestellung gewinnt an Relevanz, wenn man davon ausgeht, dass unternehmerisches Handeln nie allein von ökonomischer Zweckrationalität bestimmt wird, sondern sein Erfolg immer auch von der Einbettung in ein familiär-soziales Umfeld abhängt.[13] Es war (und ist) vor allem die familiäre und soziale Herkunft, die entscheidende unternehmerische Startvorteile wie Schul- und Berufsausbildung, Zugang zu finanziellen Ressourcen und Verwandtschaftsnetzwerke bot. Trotz säkularer und modernisierender Entwicklungen konnten sich hier auch noch in die Weimarer Republik hinein jüdische und nichtjüdische Hintergründe unterschiedlich auswirken.

Was die religiösen Ausprägungen anbelangt, so wurde zum Teil an der jüdischen Religion und Tradition festgehalten, etwa in der Familie der Frankfurter Bankiers von Goldschmidt-Rothschild, deren männliche Angehörige Jüdinnen heiraten mussten, wenn sie am Familienvermögen partizipieren wollten.[14] Auch der im Zuge der Inflation zum Multimillionär aufgestiegene Großindustrielle Jacob Michael hielt stets an seinem orthodoxen Judentum fest und ließ seinen Konzern am Sabbat schließen.[15] Verbunden mit einem ausgeprägten bürgerlichen Selbstbewusstsein wurde sogar die Annahme von Titeln und Nobilitierungen zurückgewiesen, wenn dies den Austritt aus dem Judentum voraussetzte. Carl Fürstenberg, der für seine Bonmots berühmte langjährige Leiter der Berliner Handels-Gesellschaft, entgegnete auf die Absicht Kaiser Wilhelms II., ihm den Titel eines Geheimen Kommerzienrats zu verleihen, es gäbe nur einen einzigen Titel, den er annehmen würde, nämlich den eines Konsistorialrats: „Da wäre ich unter den Juden der einzige. Geheime Kommerzienräte gibt's unter unsern Leuten genug."[16]

Bis in die 1930er Jahre hinein waren es auch Bankiers und Großindustrielle, die innerhalb der Jüdischen Gemeinde wichtige Positionen einnahmen: Mit seinem Gründer James Simon und dem ersten Vorsitzenden Eugen Landau, einem der gefragtesten „Wirtschaftsmittler" der Weimarer Republik, waren zwei

---

[13] Wegweisend hierzu Granovetter, Mark: Economic Action and Social Structure. The Problem of Embeddedness. In: American Journal of Sociology 91 (1985). S. 481–510.
[14] Anonym (i.e. Kurt von Reibnitz): Gestalten rings um Hindenburg. Führende Köpfe der Republik und die Berliner Gesellschaft von heute. Dresden 1928. S. 185–189.
[15] Pinner, Felix: Deutsche Wirtschaftsführer. 15. Aufl. Charlottenburg 1925. S. 240.
[16] Zit. nach Ganz, Hans: Karl Fürstenberg. In: Die Weltbühne 16 (1920), 2. Halbjahr (ND Königstein/Ts. 1978). S. 280. Augustine, Dolores L.: Die wilhelminische Wirtschaftselite. Sozialverhalten, soziales Selbstbewußtsein und Familie. Dissertation. Berlin 1991. S. 64–69.

Mitglieder der deutschen Wirtschaftselite im seit 1901 tätigen *Hilfsverein der deutschen Juden* aktiv; als Mitglied und Vorsitzender des Hauptvorstands der Jüdischen Gemeinde Berlins, Präsident der Vereinigten Synagogenvorstände und seit 1921 Hauptvorstandsmitglied des *Central-Vereins deutscher Staatsbürger jüdischen Glaubens* zählte das Vorstandsmitglied der Dresdner Bank Wilhelm Kleemann zu den prominentesten Vertretern des jüdischen Lebens; und auch andere unterstützten jüdische Krankenhäuser, Altenheime, Waisenhäuser und Schulen oder, wie der Zwickauer Warenhausunternehmer Salman Schocken, zionistische Aktivitäten.[17] Insgesamt jedoch handelte es sich hierbei zumindest innerhalb der wirtschaftlichen Elite eher um Ausnahmen.[18] Denn bei einem nicht geringen Teil der bedeutendsten aus jüdischen Familien stammenden Bankiers und Industriellen setzte mit Konversionen und Einheiraten in christliche Familien noch im 19. Jahrhundert der Prozess einer religiösen Ablösung vom Judentum ein, und selbst Verbindungen zu Adelskreisen waren keinesfalls ausgeschlossen. Allerdings konnte dies tiefe innerfamiliäre Konflikte ebenso nach sich ziehen wie den problematischen Verlust gewachsener Identitätsmodelle.[19] Beispiel eines solchen generationellen Umbruchs ist die Familie Wallich. Hermann Wallich, der für fast sechs Jahrzehnte zu den prägenden Persönlichkeiten der Deutschen Bank gehörte, war mit seiner eigenen frühen Absicht, zum Christentum zu konvertieren, an den Widerständen seiner jüdischen Verwandten gescheitert. Doch ließen er und seine Frau Anna ihre Kinder taufen und evangelisch erziehen. Es wäre töricht, so Wallich 1882, „Märtyrer einer Sache zu sein, für die man nicht mehr das volle Gefühl hat". Er wolle seinen „Kindern eine wirkliche Religion [...] geben, sie von einer Ausnahmestellung [...] befreien und sie aufgehen [...] lassen in der Allgemeinheit des Landes, in dem sie geboren waren".[20] Sein Sohn Paul Wallich aber, ab 1919 Leiter der Berliner Niederlassung der Privatbank J. Dreyfus & Co., blieb gegen seinen Willen Teil eines von sozialen Barrieren umgebenen jüdischen Netzwerks. Wie sehr Wallich nach Assimilierung strebte und die Kontakte zu seiner jüdischen Umwelt zu lösen versuchte, zeigte etwa seine langwierige Suche nach einer christlichen Ehefrau, die mit demütigenden Erfahrungen

---

**17** Matthes, Olaf: James Simon. Mäzen im Wilhelminischen Zeitalter. Berlin 2000. S. 118–133; Leo Baeck Institute New York, AR 799 (Wilhelm Kleemann Collection); David, Anthony: The Patron. A Life of Salman Schocken 1877–1959. New York 2003.
**18** Münzel: Mitglieder (wie Anm. 9). S. 86–89.
**19** Mosse: Élite (wie Anm. 3). S. 37–92.
**20** Wallich, Hermann: Aus meinem Leben. In: Wallich, Hermann und Paul. Zwei Generationen im deutschen Bankwesen 1833–1914. Frankfurt 1978. S. 132–134; Wallich, Hildegard: Erinnerungen aus meinem Leben. Altenkirchen 1970. S. 109f.

verbunden war und sogar zur Einschaltung eines professionellen Heiratsvermittlungsbüros führte.[21]

Nimmt man an dieser Stelle einen wieder stärker unternehmerischen Blickwinkel ein, dürfen zugleich die schon im Kaiserreich einsetzenden Trends einer funktional-ökonomischen Ausdifferenzierung und komplexen Vernetzung innerhalb der Wirtschaft nicht übersehen werden, die mögliche Trennlinien zwischen „jüdischem" und „nichtjüdischem" Unternehmertum immer unschärfer werden ließen. Alle Unternehmer, so ließe sich zugespitzt formulieren, waren gleichermaßen betriebswirtschaftlich-rationalen Handlungsmaximen und Sachzwängen unterworfen, immer wichtiger wurde eine Professionalisierung auf der Basis formalisierter Wissensaneignung und objektivierter Ausleseverfahren. Und fast schon symbolisch war es, wenn die Inhaber des Kölner Warenhausunternehmens Leonhard Tietz ihr Geschäft an den hohen jüdischen Feiertagen nur so lange geschlossen hielten, bis die Firma 1905 in eine Aktiengesellschaft umgewandelt wurde.[22] „Es gibt aber keine jüdische und keine christliche Finanz",[23] urteilte auch der Hamburger Bankier Max Warburg in den 1920er Jahren, und selbst Werner Sombart, dessen Versuche, das Wirtschaftsverhalten der jüdischen Minderheit zu erklären, ebenso einflussreich waren wie sie heute kritisch gesehen werden, konzedierte zur gleichen Zeit:

> In den neuen Männern vollzieht sich eine weltanschauliche Neuorientierung, die sie geeignet macht, höchste Leistungen im Rahmen der kapitalistischen Wirtschaft zu vollbringen. Lächerlich, heute noch – selbst in den äußerlich jüdisch oder christlich ‚fromm' gebliebenen Unternehmerkreisen – irgendwelche wesentliche Beeinflussung der Unternehmertätigkeit durch den alten Glauben anzunehmen. Dieser ist durchaus eine Sonntagsangelegenheit geworden. Das Alltagsleben wird vielmehr aus einer ganz und gar neuen Geisteshaltung heraus bestimmt.[24]

Für die Wirtschaftselite der Weimarer Republik kann die kollegiale Zusammenarbeit zwischen jüdischen und nichtjüdischen Bankiers und Industriellen in

---

21 Mosse, Werner: Problems and Limits of Assimilation. Hermann and Paul Wallich 1833–1938. In: Leo Baeck Institute Yearbook 33 (1988). S. 43–65; Mosse: Élite (wie Anm. 3). S. 150–160; Gebhardt, Miriam: Das Familiengedächtnis. Erinnerung im deutsch-jüdischen Bürgertum 1890 bis 1932. Stuttgart 1999. S. 33–45; Wallich: Leben (wie Anm. 20). S. 106–110.
22 Fuchs, Peter: 100 Jahre Kaufhof Köln. 1891–1991. Köln 1991. S. 76. Erlebniswelt Kaufhof. Ein Warenhaus in Deutschland. Hrsg. von Kaufhof Warenhaus AG. Köln 2001. S. 47.
23 Der heimliche Kaiser. Max Warburg als Kläger. In: Vossische Zeitung, 27, 16.1.1926.
24 Sombart, Werner: Der moderne Kapitalismus. Historisch-systematische Darstellung des gesamteuropäischen Wirtschaftslebens von seinen Anfängen bis zur Gegenwart. Bd. 3: Das Wirtschaftsleben im Zeitalter des Hochkapitalismus. 2 Halbbde. München/Leipzig 1927. S. 27 (im Original z. T. mit Hervorhebungen).

Unternehmensgremien, Kartellen und Interessengruppen als alltägliche Selbstverständlichkeit angesehen werden, die auch durch geschäftliche Konkurrenzverhältnisse, die durchaus gerade verbindende Wirkung hatten, nicht grundsätzlich infrage gestellt wurde.[25] Ihre Fortsetzung fanden diese Kohärenzeffekte der wirtschaftlichen Sphäre in Verbänden, Vereinen und Clubs, etwa dem „Club von Berlin" als vielleicht zentralstem Treffpunkt des oberen Wirtschaftsbürgertums oder dem „Verein Berliner Kaufleute und Industrieller" als einer der wichtigsten Interessenorganisationen der Berliner Unternehmerschaft, in der die unterschiedlichen religiösen Hintergründe ihrer Mitglieder hinter die Wirkungskraft konstituierender wirtschaftsbürgerlicher Leitbilder und Selbstverständnisse zurücktraten.[26] Endgültig gefestigt und ausgebaut wurde das „dauerhafte [...] Netz [...] von mehr oder weniger institutionalisierten Beziehungen gegenseitigen Kennens oder Anerkennens"[27] im Bourdieu'schen Sinne in den Salons von jüdischen wie nichtjüdischen Vertretern der Hochfinanz und der Industrie und bei gegenseitigen Einladungen zu Empfängen und Diners in Stadtvillen und Landhäusern.

Abgrenzungen erfolgten eher zwischen „Etablierten" und „Aufsteigern", zwischen den Repräsentanten alter Unternehmensdynastien und „Geschäftsaristokratien" und denjenigen, die als „Außenseiter" ohne wirtschaftsbürgerliche Traditionen und ausreichendes „kulturelles Kapital" Anerkennung innerhalb der wirtschaftlichen Führungsschicht suchten.

Wie in allen gesellschaftlichen Schichten wurden freilich auch innerhalb der Wirtschaftselite codeartig verwurzelte antisemitische Ansichten vertreten, doch nahm man von außen einwirkende antisemitische Aggressionen vor allem

---

25 Hier und für das Folgende ausführlich Münzel: Mitglieder (wie Anm. 9). S. 92–102. Vgl. auch die komplexen soziologischen Netzwerkanalysen Paul Windolfs, dessen Ansatz hier nicht diskutiert werden kann. Windolf kommt zu dem Ergebnis, dass innerhalb der deutschen Wirtschaftselite nach 1914 jüdische wie nichtjüdische Mitglieder ein eng verflochtenes Kontakt-Netzwerk im System des kooperativen Kapitalismus aufbauten. Beide Gruppen waren demnach ein integraler Bestandteil der Deutschland AG, ohne dass sich ein isoliertes jüdisches Netzwerk identifizieren lässt. Windolf, Paul: The German-Jewish Economic Elite (1900 to 1930). In: Zeitschrift für Unternehmensgeschichte 56 (2011). S. 135–162; Windolf, Paul: Das Netzwerk der jüdischen Wirtschaftselite – Deutschland 1914–1938. In: Inklusion und Exklusion. Analysen zur Sozialstruktur und sozialen Ungleichheit. Hrsg. von Rudolf Stichweh u. Paul Windolf. Wiesbaden 2009. S. 275–301.
26 Hierzu insgesamt Knackmuß, Ariane: Willkommen im Club? In: Die Geschichte des Clubs von Berlin und das Schicksal seiner jüdischen Mitglieder im Nationalsozialismus. Hrsg. von Marion Welsch. Berlin 2007; Biggeleben, Christof: Das „Bollwerk des Bürgertums". Die Berliner Kaufmannschaft 1870–1920. München 2006.
27 Bourdieu, Pierre: Ökonomisches Kapital, kulturelles Kapital, soziales Kapital. In: Soziale Ungleichheiten. Hrsg. von Reinhard Kreckel. Göttingen 1983. S. 190 (im Original z.T. mit Hervorhebungen).

als Angriffe gegen die wirtschaftsbürgerliche Spitze insgesamt wahr, denen es gemeinsam zu begegnen galt. Welche Differenz damit zu den breiteren Unternehmenshierarchien bestand, belegt die Erwiderung des Sprechers der Deutschen Bank, Oscar Wassermann, als dieser 1931 gebeten wurde, einen jungen jüdischen Volkswirtschaftler in seinem Unternehmen einzustellen: „In welcher Welt leben Sie? Ihnen sollte doch bekannt sein, daß ich vielleicht einen begabten jungen jüdischen Mann zum Direktor machen kann, daß aber die Berufsorganisation der Angestellten der Deutschen Bank streng antisemitisch ist und keinen Juden akzeptiert."[28]

## Transfer von Unternehmenskultur durch Emigration

Dass die Tragfähigkeit der hier knapp skizzierten Integrationskräfte innerhalb der wirtschaftlichen Elite des Deutschen Reiches auch skeptisch eingeschätzt werden muss, zeigt die Geschwindigkeit, mit der nach der historischen Zäsur des Jahres 1933 die insgesamt vorherrschenden Kontinuitäten zerstört wurden. Denn unmittelbar setzte eine Verdrängung ein, die nach zum Teil jahrzehntelangem unternehmerischen Wirken zahlreiche jüdische Mitglieder großer Gesellschaften traf; bis Mitte 1934 hatten im Schnitt über die Hälfte von ihnen ihre Mandate verloren.[29] Bis zur ihrer endgültigen wirtschaftlichen Ausschaltung 1938 schritt dieser Prozess kontinuierlich fort, und dies weitgehend ohne gesetzliche Grundlage. Wirksam wurden vielmehr die „maßnahmenstaatlichen", außerhalb aller rechtlichen Garantien stehenden Kräfte, wie sie Ernst Fraenkel in seiner klassischen Analyse des nationalsozialistischen „Doppelstaats" gekennzeichnet hat.[30] Im Kontrast hierzu profitierte die nichtjüdische Unternehmerschaft – trotz Eingriffen in die privatwirtschaftliche Autonomie – von den wirtschaftspolitischen Zielen des NS-Regimes und dem ökonomischen Aufschwung und fand sich schnell zu einem prinzipiellen Arrangement mit den neuen Machthabern bereit.

Auf die inzwischen intensiv untersuchten Umstände, Formen und Folgen des Gesamtprozesses der „Arisierung" der Wirtschaft als einer der größten Besitzwechsel in der deutschen Geschichte und die Vielzahl der beteiligten Entscheidungsträger, Interessengruppen und Profiteure kann hier nicht näher eingegan-

---

28 Zit. nach Blumenfeld, Kurt: Erlebte Judenfrage. Ein Vierteljahrhundert deutscher Zionismus. Stuttgart 1962. S. 165f.
29 Münzel: Mitglieder (wie Anm. 9). S. 179–182.
30 Fraenkel, Ernst: Der Doppelstaat. Frankfurt a.M./Köln 1974 (zuerst New York 1941).

gen werden. Welche Reaktionen kamen aber seitens der jüdischen Unternehmer und inwieweit kann von einem Transfer ihres Know-Hows über Deutschlands Grenzen hinweg gesprochen werden?

Unter dem Eindruck der massiven Diskriminierung und Verfolgung setzten sich verschiedene führende Banken- und Industrievertreter für jüdische Belange ein. So wurde Carl Melchior, Teilhaber des Bankhauses M. M. Warburg, Mitbegründer des mit den Problemen der wirtschaftlichen und sozialen Unterstützung befassten *Zentralauschusses der deutschen Juden für Hilfe und Aufbau* und arbeitete mit dem Oberrabiner Leo Baeck und anderen freiwilligen Mitarbeitern daran, die verschiedenen Strömungen innerhalb des deutschen Judentums zu einer gemeinsamen Arbeit zu vereinigen. „Ich habe siebzehn Jahre für die Gleichberechtigung Deutschlands gekämpft", so Melchior, „ich möchte jetzt bis an mein Lebensende für die Gleichberechtigung der Juden kämpfen".[31]

Besonderes Engagement zeigte auch der ehemalige Finanzstaatssekretär und Ullstein-Generaldirektor Hans Schäffer, der seine weitreichenden persönlichen Kontakte nutzte, um die Lage der jüdischen Bevölkerung zu verbessern.[32] Schäffer half in Fragen der Schaffung von Bildungs-, Ausbildungs- und Beschäftigungsmöglichkeiten für jüdische Jugendliche und Arbeitslose, bei der Erleichterung der Auswanderung und dem Vermögenstransfer ins Ausland. Zugleich wandte er sich persönlich in scharfen Worten an Politiker und Unternehmer und protestierte gegen die antisemitische Politik und Haltung Einzelner. Auch in Schweden, wo er sich seit Sommer 1933 aufhielt, verlor Schäffer die Lage der Juden nicht aus den Augen. Er korrespondierte weiterhin mit wirtschaftlichen und politischen Persönlichkeiten und bemühte sich, über seine weltweiten Verbindungen für jüdische Flüchtlinge Tätigkeitsfelder außerhalb Deutschlands zu vermitteln und Visa und Aufenthaltsgenehmigungen zu beschaffen.

Zu den herausragenden Verfechtern jüdischer Interessen zählte unter den Unternehmern schließlich Max Warburg, der Führungspositionen innerhalb der Jüdischen Gemeinde Hamburgs übernommen hatte und Direktor des von seinem Vater Moritz mitbegründeten *Hilfsvereins der deutschen Juden* geworden war.[33] Warburg wirkte im September 1933 an der Gründung der *Reichsvertretung*

---

**31** Melchior am 30. Januar 1933 gegenüber Max Warburg, zit. nach Warburg, Max M.: Aus meinen Aufzeichnungen. Glückstadt 1952. S. 51. Vgl. Schäffer, Hans: Meine Zusammenarbeit mit Carl Melchior. In: Carl Melchior. Ein Buch des Gedenkens und der Freundschaft. Tübingen 1967. S. 101–106.
**32** Wandel, Eckhard: Hans Schäffer. Steuermann in wirtschaftlichen und politischen Krisen. Stuttgart 1974. S. 242–266; Schäffer: Zusammenarbeit (wie Anm. 31). S. 103–106; Münzel: Mitglieder (wie Anm. 9). S. 243–245, 274.
**33** Siehe zu Max Warburg Hoffmann, Gabriele: Max M. Warburg. Hamburg 2009; Chernow, Ron: Die Warburgs. Odyssee einer Familie. Berlin 1996; sowie Barkai, Avraham: Max Warburg im Jahre 1933. Mißglückte Versuche zur Milderung der Judenverfolgung. In: Juden in Deutschland:

*der deutschen Juden* mit und unterstützte viele Emigranten durch Beratung und finanzielle Hilfe. Außerdem liefen die Zahlungen im Rahmen des im August 1933 geschlossenen *Haavara-Abkommens,* das die Transferierung von Besitztümern durch den Verkauf deutscher Waren nach Palästina ermöglichte, über die Privatbanken M. M. Warburg und A. E. Wassermann.[34]

In imponierender Weise setzte Warburg seine Bemühungen auch in der Emigration fort, nachdem er im August 1938 nach einer Reise in die USA in New York geblieben war. „Mein deutsches Leben war beendet", schrieb in seinen Erinnerungen,

> [i]ch war weder verbittert noch entmutigt. Es handelte sich für mich jetzt darum, eine Stätte zu finden, die es mir ermöglichen würde, denselben Zielen zu dienen wie bisher. Es war beinahe selbstverständlich, daß ich Amerika wählte. Ich hatte dort meine Familie – und was vielleicht ebenso schwer wog, ich fand dort Grundziele des Lebens und der Politik vor, die mir die Hoffnung gaben, daß ich, wenn auch nur in bescheidener Weise, erfolgreich würde arbeiten können.[35]

Verarmt und ohne größere Möglichkeiten, sich weiter unternehmerisch zu betätigen, setzte sich Warburg umso aktiver mit seinem prominenten Namen und den Verbindungen seiner Familie zugunsten jüdischer Flüchtlinge ein. Er war Vorsitzender der im August 1939 initiierten und seit 1941 tätigen *American Federation of Jews from Central Europe,* die als zentrale Hilfsorganisation für insbesondere aus Deutschland kommende Emigranten fungierte und als Dachverband die Arbeit bestehender Institutionen koordinierte. Er unterstützte das von seinem Bruder Felix mitbegründete *American Jewish Joint Distribution Committee,* das *American Jewish Committee* und weitere Hilfsorganisationen.

Wie für Max Warburg wurden die Vereinigten Staaten auch für die übrigen aus Deutschland kommenden Emigranten zum Hauptzielland. Sie standen damit in einer Tradition, die bis in die 1820er Jahre zurückreichte und im Zuge derer die deutschen Einwanderer gerade die wirtschaftlichen Strukturen der USA mitgeformt hatten. In auffälliger Weise hatten dabei die Juden unter ihnen generationenübergreifend auch in der Neuen Welt die Konzentration auf bevorzugt

---

Emanzipation, Integration, Verfolgung und Vernichtung. 25 Jahre Institut für die Geschichte der deutschen Juden Hamburg. Hrsg. von Peter Freimark, Alice Jankowski u. Ina S. Lorenz. Hamburg 1991. S. 390–405.

**34** Auch der Leiter der Berliner Niederlassung der Bamberger Wassermann-Bank, Sigmund Wassermann, war Vorstandsmitglied der *Reichsvertretung,* sein Bruder Oscar, bis 1933 Vorstandsmitglied der Deutschen Bank, engagierte sich für jüdische und zionistische Belange und Organisationen. Barkai, Avraham: Oscar Wassermann und die Deutsche Bank. Bankier in schwieriger Zeit. München 2005. S. 51–81.

**35** Warburg: Aufzeichnungen (wie Anm. 31). S. 158.

selbstständige Tätigkeiten im Handels- und Finanzbereich sowie in der Bekleidungsbranche fortgeführt.[36] Trotz der Nachwirkungen der Großen Depression erschienen die USA aus Unternehmerperspektive auch jetzt, in den 1930er und 1940er Jahren, weit attraktiver als etwa das durch noch vergleichsweise rückständige Industriestrukturen geprägte Palästina, das bis 1936 das vorrangige Ziel der deutschen Emigranten blieb.

Jenseits des Atlantiks sahen sich die ungezählten Groß-, Klein- und Kleinstunternehmer unter den schätzungsweise 132.000[37] deutsch-jüdischen Flüchtlingen der Jahre 1933–1945 allerdings auch mit neuartigen Bedingungen konfrontiert. Zunächst kam es in religiöser Hinsicht zu einem Aufeinandertreffen verschiedener Selbstverständnisse und Ausformungen des Jüdischen. Nach der deutsch-jüdischen Einwanderung im 19. Jahrhundert hatten sich selbstständige religiöse Strukturen und Institutionen entwickelt und war es unter Fortbestehen vieler Verbindungen nach Deutschland – zumindest bis 1914 – zur Ausbildung einer „dualen Ethnizität" gekommen.[38] Im Übrigen hatten viele Unternehmer, an ihrer Spitze der 1865 nach New York ausgewanderte Leiter des Bankhauses Kuhn, Loeb & Co. Jacob Schiff, auch im jüdischen Leben führende Positionen eingenommen.

Offen bleiben muss hier jedoch, ob amerikanisch-jüdische Emigranten-Hilfsinstitutionen auch systematische Unterstützung boten, die gezielt auf Unternehmer ausgerichtet war. Und ebenso muss es weiteren Forschungen überlassen bleiben, die Rolle des gemeinsamen jüdischen Hintergrunds für die mögliche Herausbildung solidarischer Netzwerke als wesentlichem Bestandteil unternehmerischen Erfolgs im Zufluchtsland zu analysieren.

Vermuten lässt sich zumindest, dass dabei auch andere Faktoren mit einbezogen werden müssen, zumal angesichts der Tatsache, dass sich viele der Flüchtlinge gar nicht mit dem Judentum identifizierten. Insbesondere das kollektiv erlittene Emigrantenschicksal mit Enteignung, Verfolgung und Flucht mochte den Zusammenhalt der aus Deutschland kommenden Unternehmer gestärkt und ver-

---

**36** Barkai, Avraham: Branching Out. German-Jewish Immigration to the United States 1820–1914. New York, London 1994. S. 78–88, 225–228.
**37** Strauss, Herbert A.: Jewish Emigration from Germany. Nazi Policies and Jewish Responses (II). In: Leo Baeck Institute Yearbook 26 (1981). S. 358–362; Davie, Maurice R.: Refugees in America. Report of the Committee for the Study of Recent Immigration from Europe. New York, London 1947. S. 23.
**38** Cohen, Naomi W.: Encounter with Emancipation. The German Jews in the United States 1830–1914. Philadelphia 1984. S. 58–63. Schließlich stellte der Erste Weltkrieg mit dem Kriegseintritt der USA im April 1917 den Wendepunkt für die Entstehung einer vereinten, wenn auch nicht vollständig vereinigten amerikanisch-jüdischen Gemeinschaft dar. Barkai: Branching Out (wie Anm. 36). S. 228–231.

bindende Wirkung entfaltet haben. Ebenso ihr bis Ende 1942 mit Beschäftigungsrestriktionen und Einschränkungen verbundener Status als „enemy aliens" und – auch mit Antisemitismus verbundene – Vorwürfe der amerikanischen Öffentlichkeit, die Flüchtlinge stellten eine unliebsame wirtschaftliche Konkurrenz für die Bevölkerung und angestammte Unternehmer dar.[39]

Am einflussreichsten wirkte sich aber vielleicht die gemeinsame unternehmerische Vergangenheit aus, vor allem in Flüchtlingsmetropolen wie London oder New York City, wo man an viele frühere persönliche Kontakte aus dem deutschen Wirtschaftsleben anknüpfen konnte. So war es kein Einzelfall, als der frühere Berliner Verleger Karl Ullstein bei der Suche nach einem Finanzier für seine 1945 in New York gegründete Druckmaschinen-Exportgesellschaft bei der New York Hanseatic Corporation fündig wurde, einer Finanzierungsgesellschaft, die im Besitz der ehemaligen Teilhaber der Essener Privatbank Simon Hirschland war. „Diese Leute", so urteilte Ullstein, „sind in ihrer Art Geschäfte zu führen so solide wie es Mendelssohn[s] einst gewesen sind".[40]

Unabhängig davon war in jedem Fall nur ein Bruchteil der Unternehmeremigranten so gut auf eine berufliche Neuetablierung im Ausland vorbereitet wie etwa die geografisch besonders mobilen Privatbankiers, die schon von ihrer in der Regel internationalen Ausbildung her über wertvolle Sprachkenntnisse, Kontakte und Erfahrungen verfügten und oftmals von familiären Beziehungen zu Banken in Finanzzentren wie New York, London, Paris und Amsterdam profitierten. In der Regel waren Unternehmer nach ihrer erzwungenen Auswanderung mit einem für sie unvertrauten Umfeld und neuartigen Wirtschaftsbedingungen konfrontiert; durch den Vermögensentzug im NS-Staat bedingte fehlende Finanzressourcen, unzureichendes „soziales Kapital", hohes Alter und mangelnde Kenntnisse der Sprache, der Landesverhältnisse, des Marktes und der Geschäftsmethoden konnten sich als schwer überwindbare Hindernisse erweisen. In über einem Drittel von 130 für New York untersuchten Fällen kam es daher zu einer unternehmerisch-beruflichen Umorientierung; zugleich gelang es aber der Hälfte der erfassten Unternehmer, wieder in der gleichen Branche unternehmerisch tätig zu werden, unter den jüngsten von ihnen sogar nahezu zwei Drittel. Dabei war der Grad der gelungenen Anpassung an die neuen Verhältnisse zum Beispiel unter Verlegern zwar kaum geringer als unter Bankiers, die sich allerdings eher finanziell abgesichert zur Ruhe setzen konnten.[41]

---

[39] Davie: Refugees (wie Anm. 37). S. 122f.
[40] Karl an Antonie Ullstein, 28.9.1946 (hier das Zitat), 2.2.1947. Korrespondenz Karl Ullstein. Privatbesitz Marion von Rautenstrauch, Köln.
[41] Münzel, Martin: Flucht, Transfers und Pioniere. Zur Emigration deutscher Bankiers und Verleger nach New York City 1933 bis 1945. In: Zeitschrift für Unternehmensgeschichte 57 (2012). S.

Damit eröffnet sich schließlich der Blick auf die geflohenen deutsch-jüdischen Unternehmer als Repräsentanten einer spezifischen Wirtschafts- und Unternehmenskultur. Gelang es ihnen, innovative Technologien oder Geschäftspraktiken zu transferieren oder Impulse auf Management-, Produktions- oder Marketingmethoden auszuüben? Diese Frage kann für die 1930er und 1940er Jahre zum jetzigen Zeitpunkt kaum beantwortet werden, doch zeigen die Ergebnisse zeitgenössischer US-Untersuchungen[42], wie fruchtbar es wäre, in Spiegelung der Diskussion um die „Amerikanisierung" den deutschen Einflüssen auf das US-Wirtschaftssystem nachzugehen. Zumindest mittelfristig kam es demnach zu einer erfolgreichen Markteinführung neuer Erzeugnisse, Verfahren und Patente durch die Emigranten und der gewinnbringenden Anwendung spezifischer Fachkenntnisse. Häufig wurde dabei auch der europäische Im- und Exporthandel in den USA fortgesetzt.

Noch am ehesten sind solche gelungenen Transfers bisher am Beispiel der speziellen Gruppe der Verleger aufgezeigt worden, die in den USA mit ihren Erfolgen im Bereich der Wissenschaftsverlage oder der Taschenbücher maßgeblich zur Internationalisierung und Dynamisierung des Verlagswesens beitrugen.[43] Naheliegend mag auch noch der Fall des aus München geflohenen Brauereiexperten Hermann Schülein erscheinen, der, nicht zuletzt mit Marketingaktionen wie der Wahl der „Miss Rheingold", im Großraum New York das legendäre „Rheingold"-Bier populär machte.[44] Weniger eindeutig wird ein deutscher Einfluss dagegen auf Feldern wie dem Bankwesen nachzuweisen sein, wo die Traditionen des Universalbanksystems oder der engen Verbindung zwischen Banken und Industrie in das US-Finanzsystem eingeflossen sein mochten.

---

181–202. Die Ergebnisse entstammen einem vom Verfasser durchgeführten und von der Gerda Henkel Stiftung geförderten Forschungsprojekt zur Emigration deutsch-jüdischer Unternehmer anch New York City 1933–1945..

42 Davie: Refugees (wie Anm. 37); Robison, Sophia M.: Refugees at Work. New York 1942; Saenger, Gerhart: Today's Refugees, Tomorrow's Citizens. A Story of Americanization. New York, London 1941.

43 Abel, Richard u. Graham, Gordon (Hrsg.): Immigrant Publishers. The Impact of Expatriate Publishers in Britain and America in the 20th Century. New Brunswick/London 2009; Fischer, Ernst: Die deutschsprachige Verlegeremigration in den USA nach 1933. In: Spalek, John M.,Feilchenfeldt, Konrad/Hawrylchak u. Sandra H. (Hrsg.): Deutschsprachige Exilliteratur seit 1933. Bd. 3: USA, Teil 3. Bern/München 2002. S. 272–306.

44 Hierzu Münzel, Martin u. Schreiber, Beate: Hermann Schülein. Unter: http://www.immigrantentrepreneurship.org/entry.php?rec=200 (01.10.2014).

## Fazit

Die Erforschung der Rolle deutsch-jüdischer Unternehmer in Zwischenkriegszeit und Emigration steht, wie der hier weit gespannte Bogen deutlich machen sollte, vor der Herausforderung, den Blick auf traditionelle Einflüsse, integrative Prozesse und den internationalen Transfer mit Perspektiven auf das Selbstverständnis der Unternehmer als Juden, als Wirtschaftsakteure und als Emigranten zu verbinden.

Diese Herausforderung ist angesichts der prekären Quellenlage umso größer. Autobiografisches Material zu Persönlichkeiten aus Bankwesen, Industrie und Handel ist generell rarer als dasjenige zu Schriftstellern, Künstlern, Intellektuellen oder Politikern, und insbesondere Quellen, die zur Zeit der Verfolgung und Emigration Auskunft geben könnten, sind selten. Es fehlt an zentralen Nachlasssammlungen und einem größeren einheitlichen Fundus an Selbstzeugnissen; viele Unterlagen und Materialien, Briefe und Manuskripte befinden sich weit verstreut in Privatbesitz und zum Großteil im Ausland.

Dass es aber dennoch gerade in jüngster Zeit Versuche gibt, den eigentlichen Impulsen nachzugehen, die – jüdische und nichtjüdische – Unternehmer und ihre Nachkommen außerhalb Deutschlands ausübten, zeigt etwa die *German-American Business Biography*. Dieses am Deutschen Historischen Institut in Washington entstehende, auch online-gestützte mehrbändige Sammelwerk wird für die Zeit seit 1720 zahlreiche Beiträge enthalten, in denen entlang einzelner Biografien der entscheidende Einfluss deutschstämmiger Unternehmer beim Aufstieg der USA zu wirtschaftlichen Supermacht untersucht wird.[45]

Die übergeordnete Fragestellung nach dem „deutsch-jüdischen Kulturerbe" auch auf die Unternehmer zu beziehen, bleibt, wie gezeigt werden sollte, schwierig. Einfache Antworten werden sich kaum finden lassen, doch bleibt es Aufgabe der Forschung, angesichts der massenhaften Vertreibung zahlloser deutsch-jüdischer Unternehmer aus dem sie prägenden und durch sie geprägten Wirkungsfeld der Gefahr zu begegnen, dass diese unserem historischen Bewusstsein entschwinden.

---

45 Berghoff, Hartmut u. Spiekermann, Uwe: Immigrant Entrepreneurship. The German-American Business Biography, 1720 to the Present. A GHI Research Project. In: Bulletin of the German Historical Institute 47 (Fall 2010). S. 69–82; http://www.ghi-dc.org/index.php?option=com_content&view=article&id=964&Itemid=856 (8.9.2014).

Werner Treß
# Rabbiner und Forscher

Beispiele gelehrten Lebens im Kontext des deutsch-jüdischen Kulturerbes

Es war „die größte Ansammlung an umgesiedelter Intelligenz, Begabung und Gelehrsamkeit, welche die Welt jemals gesehen hat".[1] Mit diesen Worten beschrieb der 1923 in Berlin unter dem Namen Peter Joachim Fröhlich geborene und 1939 emigrierte US-amerikanische Historiker Peter Gay das Massenphänomen des Exils der Kulturschaffenden und Intellektuellen, die nach 1933 aus dem deutschsprachigen Raum aufgrund rassischer und politischer Verfolgung fliehen mussten. Neben den Künstlern waren auch zahlreiche Wissenschaftler betroffen, die insbesondere den deutschen Universitäten bis 1933 zu internationaler Geltung verholfen hatten.

Die Auswanderung jüdischer Gelehrter aus dem deutschsprachigen Raum begann jedoch nicht erst mit dem Machtantritt der Nationalsozialisten, sondern lässt sich mindestens bis ins frühe 19. Jahrhundert zurückverfolgen. Auch war der Anteil der Wissenschaftler, wie der Intellektuellen überhaupt, als statistischer Wert gemessen am Gesamtphänomen der deutsch-jüdischen Emigrationsgeschichte ein durchaus geringer. Gleichwohl ist der durch die Vertreibungen nach 1933 ausgelöste Emigrationsschub mit Blick auf die Intellektuellen im von Peter Gay beschriebenen Sinne historisch beispiellos. Auch sind die kulturellen und zivilisatorischen Prägungen, die nicht nur von Nobelpreisträgern wie Albert Einstein, Ernst Boris Chain oder Max Born, sondern auch von Denkern wie Leo Strauss, Hans Kelsen oder Hannah Arendt in den Ländern ihres Exils bewirkt wurden, durch ihren geringen quantitativen Anteil am Gesamtaufkommen der deutsch-jüdischen Emigration keineswegs relativierbar – ist doch allein das Phänomen der deutsch-jüdischen Wissenschaftler im Exil nach 1933 für sich genommen schon so reichhaltig, dass sich bei jeder ansatzweisen Vertiefung einer Biographie sogleich eine Vielzahl weiterer Bezüge auftut. Nimmt man etwa die letzte Wirkungsstätte der gerade erwähnten Hannah Arendt, die *New School for Social Research* in New York, innerhalb der 1933 eine *University in Exile* gegründet wurde, so stößt man sogleich auf so namhafte Sozialforscher und Psychoanalytiker wie Wilhelm Reich, Max Wertheimer, Erich Fromm, Marie Jahoda oder die Philosophen Karl Löwith und Hans Jonas.

---

1 Gay, Peter: Die Republik der Außenseiter. Geist und Kultur in der Weimarer Zeit. Frankfurt a.M. 1970. S. 14.

Nur dem geistigen Vermächtnis der bisher genannten Forscherinnen und Forscher gerecht zu werden, wäre im Rahmen des vorliegenden Betrags indes schon ein unmögliches Unterfangen. Hinzu kommt, dass speziell zum Thema der Wissenschaftler im Kontext der deutsch-jüdischen Emigration nach 1933 bereits eine Reihe einschlägiger Dokumentationen, biographischer Handbücher, Sammelbände und wissenschaftlicher Monografien vorliegen,[2] deren Ergebnisse sich an dieser Stelle bestenfalls epigonenhaft zusammenfassen ließen.

Aus diesen Gründen sei im Folgenden der thematische Schwerpunkt auf jene bisher weniger beachtete Phase der Emigration deutsch-jüdischer Gelehrter gelegt, die, wie eingangs erwähnt, vor den zeitlichen Horizont des Umbruchs 1933 zurückreicht und vor allem das lange 19. Jahrhundert betrifft. Auch hier ist die Anzahl der Biographien, die herangezogen werden könnten, wenn auch nicht vergleichbar mit der nach 1933, doch immer noch so groß, dass im Folgenden nur wenige Schlaglichter auf das geworfen werden können, was gelehrtes jüdisches Leben im Kontext des deutsch-jüdischen Kulturerbes in globaler Perspektive ausmacht.

Unter den Faktoren, die jüdische Gelehrte dazu bewogen, den deutschsprachigen Kulturraum, dem sie sich meist bis an ihr Lebensende tief verbunden fühlten, zu verlassen und sich eine neue Heimat zu suchen, lassen sich für die Zeit vor 1933 drei Beweggründe hervorheben. Erstens flohen sie auch damals schon vor politischer Verfolgung, sie suchten zweitens in anderen Teilen der Welt nach einer besseren Lebensperspektive, als sie sich ihnen im judenfeindlichen Klima Deutschlands bzw. der k.u.k. Monarchie darbot, oder sie folgten drittens einem konkreten Angebot, etwa einer Berufung an eine Universität oder einer Einladung durch einen bereits zuvor emigrierten Freund oder Verwandten. Nicht selten kamen mehrere dieser Motive zusammen.

Die der tatsächlichen Entscheidung zur Emigration vorausgehenden Auswanderungsdiskurse, in denen diese Motive entweder im familiären Kontext oder in gelehrten Kreisen Gesprächsthema waren und im Verlaufe der Jahrzehnte einen immer breiteren Raum einnahmen, waren im deutschsprachigen Raum schon im frühen 19. Jahrhundert anzutreffen. Eduard Gans (1798–1839) etwa, dessen jah-

---

2 Siehe u.a. International Biographical Dictionary of Central European Emigrés 1933–1945, Volume II. The Arts, Sciences, and Literature [2 Teilbände]. München, New York, London, Paris 1883; Hassler, Marianne u. Wertheimer, Jürgen (Hrsg.): Der Exodus aus Nazideutschland und die Folgen. Jüdische Wissenschaftler im Exil. Tübingen 1997; Strauss, Herbert A., Buddensieg, Tilmann u. Düwell, Kurt (Hrsg.): Emigration. Deutsche Wissenschaftler nach 1933. Entlassung und Vertreibung. Berlin 1987 (enthält die Reprints der von der Notgemeinschaft Deutscher Wissenschaftler im Ausland herausgegebenen „List of Displaced German Scholars" von 1936 und 1937); Ash, Mitchell G. u. Söllner, Alfons (Hrsg.): Forced Migration and Scientific Change. Emigré German-speaking Scientists and Scholars after 1933. New York 1996.

relanges Ringen, in Preußen auf eine Professur berufen zu werden, ohne dafür seinen jüdischen Glauben aufgeben zu müssen, vom Preußischen König persönlich abgeschmettert worden war, diskutierte im Kreise seiner Freunde über die Möglichkeit einer Emigration in die USA. Diese Diskurse gediehen so weit, dass bereits Ende 1821 seitens des *Vereins für Cultur und Wissenschaft der Juden* mit dem christlichen Kaufmann William Davis Robinson in Philadelphia und dem jüdischen Philanthropen Mordechai Immanuel Noah in New York Kontakt aufgenommen wurde, weil beide in den USA für jüdische Auswanderer größere Stücke Land zum Erwerb anboten. Je nachdem, welches Angebot sich als das bessere erwies, sollte entweder an den Flüssen Mississippi, Missouri oder weiter nördlich auf Grand Island nahe der Niagarafälle eine Art jüdische Gelehrtenrepublik gegründet werden, deren Hauptstadt den Namen *Ganstown* tragen sollte.[3] Diese Pläne gab Eduard Gans jedoch spätestens auf, als er 1825 nach langem inneren Ringen schließlich doch zum Christentum übertrat und schließlich Jura-Professor in Berlin wurde.

## Von Dessau und Hoppstädten nach Philadelphia und New York
### Wie deutsche Rabbiner das liberale, konservative und orthodoxe Judentum in den USA und im British Empire prägten

Konkreter, wenn auch nicht ganz so ambitioniert, wurden die Auswanderungspläne beim 1815 in Thalfang bei Trier geborenen Samuel Hirsch, der sich wie Eduard Gans intensiv mit der Philosophie Hegels beschäftigt, in seinem Hauptwerk *Religionsphilosophie der Juden* jedoch auch von ihr distanziert hatte. Schon als Rabbiner auf Probe in Dessau (1839–1841) gab Hirsch sich als Anhänger einer Reform des Judentums zu erkennen. Von 1843 bis 1866 wirkte er noch über zwei Dekaden als Großrabbiner des Großherzogtums Luxemburg, bevor er 1866 einer Berufung zum Rabbiner an die Keneseth Jisrael-Reformgemeinde in Philadelphia folgte und in die USA ausreiste. In Philadelphia trat Hirsch die Nachfolge des 1809 im mittelfränkischen Diespeck geborenen Rabbiners David Einhorn an, der, nachdem er schon Stellen als Rabbiner in Wallhausen (Bayern), in Hoppstädten (Fürstentum Birkenfeld), Mecklenburg-Schwerin und im ungarischen Pest versehen hatte, 1855 als Anhänger der liberalen Ideen Abraham Geigers zunächst an die Har Sinaj-Gemeinde in Baltimore berufen worden war. Aus Baltimore

---

[3] Vgl. Reissner, Hanns Günther: Eduard Gans. Ein Leben im Vormärz. Tübingen 1965. S. 82–102.

wurde er jedoch vertrieben, weil er gegen die Sklaverei gepredigt hatte, so dass er bis 1866 als Rabbiner an die erwähnte Reformgemeinde in Philadelphia kam. Anschließend war Einhorn bis zu seinem Tod 1879 Rabbiner an der Adat Jisrael-Gemeinde in New York.[4]

Ebenfalls in New York und im Sinne des Reformjudentums wurde ab 1857 als Rabbiner an der Emanu-El-Gemeinde Samuel Adler tätig. 1804 in Worms geboren, hatte er dort zunächst von 1836 bis 1842, dann bis 1857 in Alzey (Rheinhessen) als Rabbiner gewirkt, bevor er dem Ruf nach New York folgte.[5]

Alle drei erwähnten Rabbiner, Samuel Hirsch, David Einhorn und Samuel Adler wurden zu maßgeblichen Förderern der jüdischen Reformbewegung in den USA, deren Ideen sie nicht nur aus Deutschland mitbrachten, sondern in ihren neuen amerikanischen Gemeinden anfangs auch noch in deutscher Sprache verkündeten.[6] Samuel Hirsch veröffentlichte kurz nach Beginn seiner Tätigkeit in den USA ein kleines Büchlein, das „Zum Gebrauche der Schüler der Reformgemeinde Keneth Jisrael zu Philadelphia" vorgesehen war und den Titel *Das Nothwendigste aus der Formen-Lehre der hebräischen Sprache* trug. Im Vorwort vom 24. Dezember 1866 schreibt er: „Reformgemeinden haben dasselbe, wenn nicht noch ein größeres Interesse, das Hebräische unserer Jugend nicht fremd werden zu lassen."[7] Indem hier Deutsch als Ausgangssprache zum Erlernen und Bewahren des Hebräischen gewählt wurde, zeigt sich, dass offenbar nicht nur beim Rabbiner, sondern bei der gesamten ersten Generation der Reformgemeinde in Philadelphia noch hauptsächlich Deutsch gesprochen wurde. Gleiches galt vermutlich auch für die meisten anderen Reformgemeinden in den USA, denn als sein Vorgänger in Philadelphia David Einhorn 1879 in New York verstarb, hielt Samuel Hirsch am 6. November 1879 in dessen Beth-El Gemeinde in New York die Gedächtnisrede – in deutscher Sprache. In Erinnerung an Einhorns Zeit als Rabbiner in Deutschland trug Hirsch darin eine Anekdote vor, indem er zugleich auf die Relevanz hinwies, die die noch in Deutschland erfahrene Bildung für das Gedeihen des jüdischen Lebens in den USA hatte:

> Sein [Einhorns] erstes Amt war daher in einer Gegend, aus der ich selbst stamme, aber dem einzigen Fürstenthume in Deutschland, wo die Regierung sich verpflichtet hielt, die Synagoge

---

4 Vgl. Encyclopaedia Judaica. Das Judentum in Geschichte und Gegenwart, Bd. 6. Leipzig 1930. Sp. 350.
5 Vgl. Encyclopaedia Judaica, Bd. 1 (1928). Sp. 889.
6 Siehe hierzu auch das Kapitel „The Heritage of German Progressive Judaism" in: Meyer, Michael A. u. Plaut, W. Gunther: The Reform Judaism Reader. North American Documents. New York 2001. S. 1–20.
7 Hirsch, Samuel: Das Nothwendigste aus der Formenlehre der hebräischen Sprache. Philadelphia 1867. S. III.

als solche anzuerkennen und zu fördern; Ortschaften, in welche die Fragen, die das Judenthum in Bewegung setzten, nicht eingedrungen waren, wo die einzige Aufgabe war, tüchtige Religionsschulen zu gründen. Und was er dort, vielleicht unter Thränen gesäet, hat er später mit Freuden geerntet. Er sagte mir selbst vor mehreren Jahren, daß die prominentesten und gesinnungstüchtigsten Mitglieder seiner New Yorker Gemeinde zum großen Theile die seien, welche in jenen Birkenfelder Religionsschulen die Grundlagen ihrer religiösen Bildung erhielten.[8]

Jedoch wurde nicht nur das liberale Reformjudentum in den USA geistig und personell aus dem deutschsprachigen Raum beeinflusst. Auch die Geschichte des konservativen Judentums in den USA ließe sich nicht darstellen, ohne den 1806 im westfälischen Neuenkirchen/Rheine geborenen Rabbiner Isaac Leeser zu erwähnen. Leeser war jedoch nicht in Deutschland zum Rabbiner ausgebildet und dann in die USA berufen worden, sondern schon 1824 im Alter noch nicht einmal 18 Jahren nach Richmond (Virginia) ausgewandert, wohin er seinem Onkel folgte und zunächst kaufmännisch tätig war. 1829 wurde er Prediger an der Mikweh Israel Gemeinde und 1857 schließlich Rabbiner an der Beth-El-Emeth-Gemeinde in Philadelphia. Seine Verdienste für das jüdische Leben in den USA, das vom Zeitpunkt seiner Ankunft von etwa 15.000 bis auf etwa 200.000 Personen in seinem Todesjahr 1868 anwuchs, waren vielfältig und in jeder Hinsicht als Pioniertaten anzusehen. Er führte die englischsprachige Predigt ein, 1843 gründete er mit *The Occident and American Jewish Advocate* eine erste Monatsschrift für die amerikanischen Juden, 1845 veröffentlichte er in fünf Bänden den zuvor von ihm ins Englische übersetzten Pentateuch. Ebenso übersetzte er die Gebete des portugiesischen/sefardischen und aschkenasischen Ritus ins Englische. 1867 gehörte er schließlich zu den Mitbegründern des *Maimonides College* in Philadelphia, dem ersten Rabbinerseminar in den USA, deren erster Präsident er wurde.[9] Indem Leeser, obwohl deutschsprachig aufgewachsen, seine für das gesamte amerikanische Judentum maßgeblichen Übersetzungsarbeiten ins Englische vornahm, zeigt sich, dass er in Philadelphia schon Aufbauarbeit in der jüdischen Gemeinde geleistet hatte, bevor ab den späten 1840er Jahren der zweite, vornehmlich deutschsprachig geprägte Einwanderungsschub, zu dem David Einhorn, Samuel Hirsch und Samuel Adler gehörten, Amerika erreichte.

---

**8** Hirsch, Samuel: Rev. Dr. David Einhorn, Rabbiner der Beth-El Gemeinde, New York. Gedächtniß-Rede, Gehalten vor seinem Sarge in der Synagoge obiger Gemeinde, den 6ten November, 1879. Und dem Inhalte nach wiederholt, den 8ten November, 1879 in der Keneseth Israel Synagoge in Philadelphia. Philadelphia 1879. S. 4.
**9** Vgl. Encyclopaedia Judaica, Bd. 10 [1934]. Sp. 731. Zu Isaac Leeser siehe auch: Seller, Maxine S.: Isaac Leeser. A Jewish Christian Dialogue in Antebellum Philadelphia. In: Pennsylvania History 35/3 (1968). S. 231–142; Sussman, Lance J.: Isaac Leeser and the Making of American Judaism. Detroit 1995.

Insofern hatte Leeser in den USA für das konservative Judentum schon eine feste Verwurzelung geschaffen, bevor dann 1886 mit dem *Jewish Theological Seminary* in New York ein weiteres, dem konservativen Judentum verpflichtetes Rabbinerseminar eröffnet wurde. Und das Modell für dieses Rabbinerseminar und seine Lehre kam wiederum aus Deutschland, nämlich vom 1854 gegründeten Jüdisch-theologischen Seminar in Breslau, dessen Gründungsdirektor Zacharias Frankel war, der, obwohl er nicht in die USA auswanderte, als Vordenker der für das konservative Judentum grundlegenden positiv historischen Schule gilt.[10]

Neben dem liberalen bzw. Reformjudentum und dem konservativen Judentum hat als dritte Hauptströmung zudem das neo-orthodoxe Judentum mit seinem Begründer Samson Raphael Hirsch entscheidende Impulse aus dem deutschsprachigen Raum erhalten. Nicht nur seine programmatische Konzeption, sondern auch seine internationale Verbreitung ist seit dem 19. Jahrhundert von aus Deutschland stammenden Rabbinern mitgeprägt worden. So wurde der 1803 in Hannover geborene Nathan Marcus Adler, nachdem er seit 1829 als Nachfolger seines Vaters Landesrabbiner im Königreich Hannover gewesen war, 1845 zum Chief Rabbi des British Empire nach London berufen. Noch 1844 hatte Adler den Protest gegen die Reformbestrebungen der Braunschweiger Rabbinerkonferenz mit unterstützt. Als Oberhaupt der Juden im British Empire versuchte Nathan Marcus Adler nun die sich dort ebenfalls im Widerstreit befindlichen Strömungen innerhalb des Judentums in Sinne der Neo-Orthodoxie zusammenzuhalten.[11] In London gründete er 1845 das *Jews College*, dessen Leitung bereits 1862–1964 sein Sohn Hermann Adler innehatte, der 1891 seinem im Jahr zuvor verstorbenen Vater in das Amt des Chief Rabbi nachfolgte und der ebenfalls ein Vertreter der Neo-Orthodoxie nach der Lehre von Samson Raphael Hirsch war.[12] Nathan Marcus Adler kann zugleich als Begründer einer deutsch-jüdisch-britischen Gelehrtenfamilie gelten. Seinen weiteren Söhne waren der gleichnamige Mathematiker und Begründer der englischen Mathematischen Gesellschaft Marcus Nathan Adler (1837–1911) und der Jurist und Hebraica-Sammler Elkan Nathan Adler (1861–1946).

---

10 Zu Zacharias Frankel siehe Brämer, Andreas: Rabbiner Zacharias Frankel. Wissenschaft des Judentums und konservative Reform im 19. Jahrhundert. Hildesheim, Zürich, New York 2000.
11 Encyclopaedia Judaica, Bd. 1 [1928]. Sp. 881f.
12 Encyclopaedia Judaica, Bd. 1 [1928]. Sp. 875f.

## „Hurra, Barrikaden, Pulver und Blei"
### Der Weg Abraham Jacobis vom 1848er-Revolutionär zum Begründer der Kinderheilkunde in den USA

Wie erwähnt, wurde die zweite bedeutende Einwanderungswelle in die USA durch die ökonomischen und politischen Verwerfungen auf dem europäischen Kontinent im Kontext des Jahres 1848 ausgelöst. Ein Großteil der Emigranten kam aus den deutschsprachigen Gebieten – darunter auch zahlreiche Juden[13] – und aus dem von einer großen Hungerkatastrophe heimgesuchten Irland. Bereits die Auswanderung des Reform-Rabbiners David Einhorn über die Stationen Baltimore und Philadelphia nach New York war zumindest mittelbar durch die Revolution von 1848/49 verursacht, war doch die Pester Reformgemeinde, in der Einhorn als Rabbiner gewirkt hatte, von den Behörden der k.u.k. Monarchie geschlossen worden, weil man die jüdischen Reformgemeinden verdächtigte, die revolutionäre Bewegung unterstützt zu haben.

Ebenfalls durch politische Verfolgung bewirkt war die Auswanderung des Begründers der Kinderheilkunde in den USA Abraham Jacobi. 1830 in Hartum bei Minden geboren, wurde Jacobi nach seinem Studium in Greifswald, Göttingen und Bonn im April 1851 mit einer Arbeit unter dem Titel *Cogitationes de Vita Rerum Naturalium* im Fach Medizin promoviert. Während des Studiums begann er sich 1848 für die demokratischen Ideale der Revolution zu engagieren.[14] An der Universität Göttingen trat er einem demokratischen Turnbund bei, in dem er sich u.a mit Johannes Miquel und Wilhelm Pieper anfreundete. Im gleichen Zeitraum verkehrte er auch in einem revolutionären Kreis in seiner Heimatstadt Minden, wo er den aus Düsseldorf dorthin geflohenen Revolutionär Louis Kugelmann und seine spätere Frau Fanny Meyer kennen lernte. Mit Miquel, Pieper und Kugelmann stieß er wenig später zum *Bund der Kommunisten* und kam unter anderem mit Karl Marx und Friedrich Engels in Kontakt. Im Mai 1851 wurde er deshalb in Berlin, wohin er gereist war, um sein medizinisches Staatsexamen zu absolvieren, verhaftet. Kurz zuvor hatte Fanny Meyer, in die er sich inzwischen verliebt hatte, ihm noch geschrieben: „Hurra, Barrikaden, Pulver und Blei – Blut ist rot – rot ist die Liebe – die Liebe ist glücklich – dann sind alle Menschen glücklich und

---

13 Vgl. Korn, Bertram W.: Jewish 48'ers in America, in: American Jewish Archives. June 1949. S. 3–20.
14 Vgl. im Folgenden bis zur Auswanderung in die USA Herzig, Arno: Abraham Jacobi. Die Entwicklung zum sozialistischen und revolutionären Demokraten. Briefe, Dokumente, Presseartikel (1848–1853). Minden 1980. S. 23–54.

wir tot."[15] Ganz so tödlich sollte es für Jacobi nicht ausgehen. Dennoch folgten für ihn nun zwei Jahre verschärfte Haft mit zahlreichen Verhören.[16] Schließlich wurde er angeklagt und im November 1852 beim so genannten Kölner Kommunistenprozess freigesprochen.[17] Es folgten ein weiterer Prozess und noch einmal sechs Monate Haft in Minden, bis Jacobi im Juni 1853 endlich frei kam.

Schon während der Haft muss er sich entschlossen haben auszuwandern, denn schon wenige Wochen später stand Jacobi in London bei Karl Marx vor der Tür. Marx konnte ihn jedoch nur kurz aufnehmen, weil er – wie so oft – knapp bei Kasse war; er schickte Jacobi weiter zu Friedrich Engels nach Manchester. Während sich Marx in seinem Begleitbrief, den er Jacobi an Engels mitgegeben hatte, noch positiv über den Intellekt des „Kommunistenprozeß-Jacobi"[18] geäußert hatte, konnte Engels mit ihm offenbar wenig anfangen – „Wer zum Henker ist dieser Jakoby?"[19] – und beschied auch dem dringenden Anliegen Jacobis, in England eine Arztpraxis zu eröffnen, nur geringe Chancen. An Marx schrieb er am 24. August 1853: „Der Kerl ist doch trop mou und macht selbst auf die Philister den Eindruck eines hilflosen Menschen. Ich glaube nicht, daß er je Praxis kriegt, so sehr er danach schmachtet."[20] Das waren nicht gerade anerkennende Worte über jemanden, der sich als Arzt in der Praxis durchaus noch bewähren sollte und der für die abstrakten politischen Ideen von Marx und Engels gerade zwei Jahre in preußischen Gefängnissen zugebracht hatte. Engels unterschätzte Jacobi. Am Tag bevor Engels das Zitierte an Marx sandte, hatte Jacobi nämlich bereits an Marx geschrieben und ihm seine Entscheidung mitgeteilt, weiter nach Amerika auszuwandern: „Ich denke, im Laufe der nächsten Woche nach New York zu reisen. In diesem Augenblick habe ich nach Liverpool geschrieben, um mir freie Überfahrt zu verschaffen."[21] Nach 43 Tagen auf See landete Abraham Jacobi im Oktober 1853 in der neuen Welt, und das ohne, wie die Auswandererge-

---

**15** Fanny Meyer an Abraham Jacobi vom 29.4.1851, zitiert nach Herzig: Abraham Jacobi (wie Anm. 14). S. 109.
**16** Vgl. Jacobi, Abraham: Memoiren aus preußischen Gefängnissen. In: Jacobi, Abraham: Aufsätze, Vorträge und Reden. New York 1893. S. 1–46.
**17** Vgl. Herzig: Abraham Jacobi (wie Anm. 14). S. 49f.
**18** Karl Marx an Friedrich Engels vom 8.7.1853, zitiert nach: Herzig: Abraham Jacobi (wie Anm. 14). S. 9.
**19** Friedrich Engels an Karl Marx vom 9.7.1853, zitiert nach Herzig: Abraham Jacobi (wie Anm. 14). S. 9.
**20** Friedrich Engels an Karl Marx vom 24.8.1853, zitiert nach: Herzig: Abraham Jacobi (wie Anm. 14). S. 52.
**21** Abraham Jacobi an Karl Marx vom 23.8.1853, zitiert nach: Herzig: Abraham Jacobi (wie Anm. 14). S. 119.

nerationen nach ihm, gleichsam als erstes die Freiheitsstatue gesehen zu haben. Die wurde nämlich erst 32 Jahre später eingeweiht.

Sein erstes Quartier in New York fand Jacobi in der Lower East Side, die man im 19. Jahrhundert auch Little Germany nannte. Mit Karl Marx und der frühen Arbeiterbewegung blieb Jacobi auch hier in Verbindung. Er schrieb Artikel in der von Adolf Cluß und Joseph Weydemeyer herausgegebenen Zeitung *Reform* und hielt Vorträge im *Allgemeinen Arbeiterbund*. 1857 beteiligte sich Jacobi an der Gründung des *New York Communist Club*, wo er unter anderem mit den ebenfalls aus Deutschland stammenden Marxisten Friedrich Sorge und Albert Komp zusammenarbeitete.[22] Jacobis Kontakt zu den kommunistischen Kreisen New Yorks und auch zu Karl Marx schlief im Verlauf der 1860er Jahre ein. Ein ebenfalls aus Deutschland geflohener 1848er Revolutionär, mit dem Abraham Jacobi bis zu dessen Tod eng befreundet war, der jedoch weniger in die marxistische Richtung tendierte, war Carl Schurz, der es in den USA zum Bürgerkriegsgeneral, Senator und schließlich sogar bis zum Innenminister brachte.

Schon mit seiner Ankunft in New York hatte Jacobi den Schwerpunkt seines Engagements gegen das soziale Elend seiner Zeit immer mehr von der politischen auf eine sozialmedizinische Tätigkeit verlagert, indem er in New York zunächst eine Praxis als Armenarzt eröffnete.

Schon die extrem hohe Säuglings- und Kindersterblichkeit nicht nur im New York des 19. Jahrhunderts lässt erahnen, dass die Herausforderungen für den Arzt Abraham Jacobi, der heute als Begründer der Kinderheilkunde und Sozialmedizin in den USA gilt, unerschöpflich waren. Ab 1857 arbeitete Jacobi im *German Hospital*. Es folgten Tätigkeiten an weiteren Krankenhäusern, so u.a. am *Jews Hospital* (ab 1866 *Mount Sinai Hospital*), *Bellevue Hospital* und im Kinderkrankenhaus auf Randall's Island, wobei er jeweils die pädiatrischen Kliniken maßgeblich mit aufbaute.

Zur praktischen ärztlichen Tätigkeit kam – nicht zuletzt durch die medizinischen Publikationen Jacobis, die schon in den 1850er Jahren in Fachkreisen Beachtung fanden –, die Forschung und Lehre hinzu. Von 1861 bis 1902 wirkte er über 40 Jahre als Professor u.a. am *New York Medical College*, der *City University of New York* und ab 1870 an der *Columbia University*. Seine wissenschaftlichen Publikationen, darunter *Contributions to Midwifery, and Diseases of Women and Children* (mit E. Noeggerath, 1859), *Dentition and its Derangements* (1862), *A Treatise on Diphtheria* (1880) und sein Lehrbuch *Therapeutics of Infancy and Childhood* (1895), das auch in Deutschland erschien, waren für die Pädiatrie als junge Teildisziplin in der Medizin wegweisend. Diese und die für ein breiteres Publi-

---

22 Vgl. Benson, Al u. Kennedy, Walter Donald: Lincoln's Marxists. Gretna 2011. S. 193; Miller, Julie: Abandoned. Foundlings in Nineteenth-Century New York City. New York 2008. S. 176–199.

kum veröffentlichten Arbeiten wie *Infant Diet* (1874) zeigen zugleich den sozialmedizinischen Ansatz auf, den Jacobi etwa bei Fragen der Ernährung und der Bekämpfung lebensbedrohlicher Krankheiten bei Säuglingen und Kindern verfolgte. Dazu gehörte, dass Jacobi die akademische Lehre in der Universität direkt mit der praktischen Arbeit in der Klinik verknüpfte. Er gilt als der Begründer des „bedside teaching", der direkten Lehre am Krankenbett.[23]

Nicht zuletzt in diesem Ansatz einer für das 19. Jahrhundert noch nicht selbstverständlichen wissenschaftlichen Praxis lassen sich möglicherweise auch Bezüge zur jüdischen Identität Jacobis erkennen. Beim Krankenbesuch (Bikur Cholim) handelt es sich nämlich um eine gleich mehrfach in Tora und Talmud fundierte heilige Glaubenspflicht (Mizwa), die u.a. auch den Krankenbesuch bei Nicht-Juden bzw. von Wohlhabenden oder Gelehrten bei erkrankten Armen einschließt und sich daher zu einem festen Bestandteil der jüdischen Glaubensethik entwickelt hat.[24] Jacobis weitergehende Tätigkeiten für das jüdische Waisenhaus *Hebrew Orphan Asylum* in New York und für das aus dem *Jews Hospital* hervorgegangene *Mount Sinai Hospital* waren ebenfalls Referenzen an seine jüdische Identität. Betrachtet man übrigens die Entwicklung des Medical Bord am *Mount Sinai Hospital*, so ist noch für das Jahr 1903 feststellbar, dass nicht nur Abraham Jacobi, sondern ein Großteil der leitenden Ärzte einen deutsch-jüdischen Hintergrund hatte.[25]

Aus seiner hohen Reputation als Chefarzt und Universitätsprofessor, die sich Jacobi bis ins späte 19. Jahrhundert erarbeitet hatte, erwuchsen schließlich auch die Ämter und Ehrungen, die ihm angetragen wurden. 1882 wurde er Vorsitzender der *New York State Medical Society*, 1885 Vorsitzender der *New York Academy of Medicine* und 1912 – im Alter von 82 Jahren – sogar Präsident der *American Medical Association*. Anlässlich seines 70. Geburtstages erschien im Jahr 1900 im New Yorker Verlag *The Knickerbocker Press* eine 500-seitige Anthologie für Abraham Jacobi, die den auf seine deutsche Herkunft verweisenden Titel „*Festschrift*"[26] trug. Neben zahlreichen Aufsätzen bedeutender amerikanischer Mediziner wurde Jacobi darin auch durch einige seiner Fachkollegen aus Deutschland mit deutschsprachigen Beiträgen geehrt.

Als Abraham Jacobi am 10. Juli 1919 in Bolton Landing im Bundesstaat New York verstarb, hatte er in den USA über ein halbes Jahrhundert als Wissenschaft-

---

23 Vgl. Walzer Leavitt, Judith u. Numbers, Ronald L. (Hrsg.): Sickness & Health in Amerika. Readings in the History of Medicine and Public Health. Madison 1997. S. 208.
24 Vgl. www.juedische-pflegegeschichte.de (14.10.2014).
25 Mount Sinai Archives, The Mount Sinai Hospital Medical Board, Medical Board 1903.
26 Gerster, Arpad G. (Chairman): „Festschrift". In Honor of Abraham Jacobi, M.D., LL.D. To Commemorate the Seventieth Anniversary of his Birth. New York 1900.

ler und Arzt gewirkt. In dieser Zeit hatte er auch einige Schicksalsschläge hinnehmen müssen. Er verlor zwei Ehefrauen im Kindbettfieber – 1856 Fanny Jacobi (geb. Meyer), die ihm nach Amerika gefolgt war, und 1871 Kate Rosalie Jacobi (geb. Dessafo) – und sieben seiner acht Kinder verstarben im Säuglingsalter bzw. im Alter von sieben Jahren. Seine dritte Ehefrau, die Ärztin und Frauenrechtlerin Mary Corinna Putnam Jacobi, die als erste Frau am École de Medecine in Paris zum Studium zugelassen worden war und es mit Auszeichnung absolviert hatte, erlag 1906 einer Krebserkrankung.[27] Noch im Jahr vor seinem Tod verlor Jacobi bei einem Wohnungsbrand den größten Teil seiner persönlichen Briefe und Aufzeichnungen. Dabei wurde auch das einzige Exemplar des fast fertiggestellten Manuskriptes seiner Autobiographie zerstört.

Bis heute wird das Andenken an Abraham Jacobi in New York und den USA geehrt. 1955 wurde im Stadtteil Bronx mit dem *Jacobi Medical Center* ein Krankenhaus nach ihm benannt. In der Bibliothek des *Mount Sinai Hospital* erinnert eine Büste an Jacobi und seit 1963 verleiht die *American Medical Association* zusammen mit der *American Academy of Pediatrics* den *Abraham Jacobi Memorial Award* an verdiente Forscher im Bereich der Kinderheilkunde.

## „Ich bin ein echter Eskimo"
### Franz Boas, Begründer der modernen Ethnologie in den USA

Ein Neffe Abraham Jacobis war der Ethnologe, Anthropologe und Polarforscher Franz Boas, der 1858 in Minden zur Welt kam. Boas' Mutter Sophie war die ältere Schwester von Abraham Jacobis erster Ehefrau Fanny Meyer und hatte in jungen Jahren deren revolutionäre Begeisterung ebenfalls geteilt. Sein Vater Meier Boas entstammte einer alteingesessenen jüdischen Kaufmannsfamilie in Westfalen.

Ab 1877 studierte Franz Boas in Heidelberg, Bonn und Kiel Mathematik, Physik und Geographie. An der Universität Kiel wurde er 1881 beim Mineralogen und Physiker Gustav Karsten, der zu Themen der Meeresphysik forschte, mit der Arbeit *Beiträge zur Erkenntnis der Farbe des Wassers* promoviert. Neben Karsten zählte insbesondere der Geograph Theobald Fischer zu seinen akademischen Lehrern, so dass mehr noch als sein Dissertationsthema die Begeisterung für geographische Forschungsfragen einen Ausgangspunkt für seine späteren Polarexpeditionen bildete. Schon als Schüler war Boas ein eifriger Leser der Polarforschungsliteratur. Der eigentliche Auslöser seiner Leidenschaft für groß ange-

---

[27] Zu Mary Putnam Jacobi siehe: Bittel, Carla: Mary Putnam Jacobi and the Politics of Medicine in Nineteenth-Century America. Chapel Hill 2009.

legte Forschungsexpeditionen war jedoch das für die Jahre 1882 und 1883 vom Polarforscher Carl Weyprecht initiierte *Internationale Polarjahr*. Weyprecht, der schon 1881 verstarb, hatte bereits in den frühen 1870er Jahren selbst zwei Nordpolexpeditionen durchgeführt und in der Folgezeit angeregt, eine internationale Kooperation zur systematischen Erforschung des Nordpols zu organisieren. Als das Programm des *Internationalen Polarjahres* begann Gestalt anzunehmen, war Franz Boas fest entschlossen, daran teilzunehmen. Er musste jedoch erst noch seinen Wehrdienst beenden, so dass im Sommer 1882 schon eine erste deutsche Forschungsexpedition an den Nordpol gestartet war, bevor Boas im Herbst 1882 endlich nach Berlin ziehen konnte, um sich an der dortigen Universität und am *Berliner Naturkundemuseum* intensiv auf seine eigene Polarexpedition vorzubereiten.

Für die Finanzierung gelang es ihm, den Berliner Verleger Rudolf Mosse als Mäzen zu gewinnen. Boas erklärte sich im Gegenzug dazu bereit, im von Mosse herausgegebenen *Berliner Tageblatt* exklusiv über seine Expedition zu berichten. Der Mediziner und Anthropologe Rudolf Virchow, der Ethnologe Adolf Bastian und der Geophysiker und Polarforscher Georg von Neumeyer, der als Leiter sowohl der *Internationalen* wie auch der *Deutschen Polar-Kommission* den deutschen Beitrag zum *Internationalen Polarjahr* koordinierte, unterstützten und berieten Boas in wissenschaftlicher und organisatorischer Hinsicht.[28] Darüber hinaus bemühte er sich, soweit es in der kurzen Zeit möglich war, Dänisch und Inuktitut, die Sprache der Inuit, zu erlernen.

Am 20. Juni 1883 bestieg Boas zusammen mit dem Butler seiner Familie, Wilhelm Weike, in Hamburg das Schiff *Germania*, das nach Baffinland im Kanadisch-Arktischen Archipel auslief, um dort zugleich die Mitglieder der im Vorjahr gestarteten deutschen Polarexpedition abzuholen.

Schon vom Grundansatz her unterschied sich Boas' Forschungsvorhaben von der Durchführung der elfköpfigen nun zurückkehrenden deutschen Vorgängerexpedition. Während sich Letztere nämlich hauptsächlich am Kingawa-Fjord in einem eigens für sie eingerichteten Stationshaus und in Walfängerstationen aufgehalten hatte und – ganz der kolonialen Mentalität jener Zeit folgend – mit den Inuit nur im Kontakt stand, um diese als Bedienstete für sich arbeiten zu lassen,[29] war Boas von Anfang an entschlossen, gänzlich in das natürliche Leben der Arktis einzutauchen. Das aber hieß in der Konsequenz, das Baffinland möglichst aus der Sicht der dort seit jeher und dauerhaft ansässigen Inuit zu erforschen, also

---

28 Vgl. Müller-Wille, Ludger: Franz Boas und seine Forschungen bei den Inuit. Beginn einer arktischen Ethnologie. In: Rodekamp, Volker (Hrsg.): Franz Boas 1858–1942. Ein amerikanischer Anthropologe aus Minden. Bielefeld 1994. S. 28.
29 Vgl. Müller-Wille: Franz Boas (wie Anm. 28). S. 27.

mit ihnen zusammen zu leben und ihren Alltag zu teilen. Ludger Müller-Wille, dem maßgebliche Studien zur ersten Polarexpedition Boas zu verdanken sind, schreibt: „Während seiner Feldforschungen ging es daher Boas gerade darum, Daten sowohl zu den natürlichen Umweltbedingungen als auch zur sozialen, wirtschaftlichen und räumlichen Organisation der Inuit zu sammeln, ein breit angelegtes und umfangreiches Forschungsprogramm für eine Person".[30]

Daraus wird deutlich, dass es Boas nicht mehr nur um ein rein physiogeographisches Erkenntnisinteresse ging, sondern dass anthropologische und völkerkundliche Themen eine immer stärkere Rolle spielten. Für seine an den Mensch-Umwelt-Beziehungen orientierte Forschungsmethode prägte Franz Boas den Begriff der „teilnehmenden Beobachtung". Er selbst schrieb dazu:

> Wenn wir uns entscheiden, unsere Klassifikationen auf fremde Kulturen anzuwenden, können wir Formen miteinander verbinden, die nicht zusammengehören. Gerade die Strenge der Definition kann zu einem Missverständnis der wesentlichen Probleme führen. Wenn es unsere ernsthafte Absicht ist, die Gedanken eines Volkes zu verstehen, muss die ganze Analyse der Erfahrung auf dessen Begriffen begründet werden, nicht auf unseren.[31]

Indem Boas sich weitgehend der Lebensweise der Inuit anpasste, ihre Sprache und Kultur erlernte, war es ihm viel besser möglich, in systematischen Interviews das Expertenwissen der Urbevölkerung tiefer zu ergründen, z.B. bei Vermessungen und Kartierungen von den Ortsnamen der Inuit auszugehen, Karten durch sie zeichnen zu lassen, ihre „Siedlungsweise und Wanderungsbewegungen, Jagdausübung und räumliche Nutzung von Ressourcen"[32] kennenzulernen, des Weiteren präzisere Kenntnisse über ihre „Sprache, Geschichte, Mythen, Riten, religiösen Ausdrucksweisen und wirtschaftlichen Tätigkeiten"[33] zu erlangen. Was dieser Forschungsansatz in der Alltagspraxis bedeutete, brachte Boas in seinem Reisetagebuch auf den Punkt, in dem er am 15. Februar 1884 notierte: „Ich bin jetzt eine echter Eskimo. Ich lebe, wie sie leben, jage mit ihnen und gehöre zu den Männern in Anarnitung."[34]

Ähnlich wie bei der Methode des „bedside teaching" seines Onkels Abraham Jacobi, der die akademische Lehre in der Medizin mit dem Krankenbesuch verknüpfte, kann auch bei Franz Boas die Frage gestellt werden, ob seine Methode

---

30 Müller-Wille: Franz Boas (wie Anm. 28). S. 31.
31 Boas, Franz, Recent Anthroplogie [posthum], in: Science, 98 (1943). S. 311–337, S. 314, zitiert nach: Schott, Rüdiger: Kultur und Sprache. Franz Boas als Begründer der anthropologischen Linguistik. In: Rodekamp (wie Anm. 28). S. 55–85, S. 61f.
32 Müller-Wille: Franz Boas (wie Anm. 28). S. 34.
33 Müller-Wille: Franz Boas (wie Anm. 28). S. 34.
34 Zitiert nach Müller-Wille: Franz Boas (wie Anm. 28). S. 33 („Anarnitung" ist der Name eines Winterlagers der Inuit).

der „teilnehmenden Beobachtung" in einem Zusammenhang mit seiner jüdischen Identität zu sehen ist. Wenn dem so ist, dann handelte es sich hierbei jedoch weniger um einen Aspekt der jüdischen Glaubensethik, sondern vielmehr um eine Referenz auf die von Diskriminierungen geprägte gesellschaftliche Situation, von der auch Franz Boas, solange er noch als deutscher Jude die frühe wilhelminische Ära erlebte, betroffen war. Dies mag dazu beigetragen haben, dass er als Expeditionsforscher eben nicht a priori vom Standpunkt einer kulturellen oder gar vermeintlich rassischen Überlegenheit gegenüber anderen Völkern ausging, sondern möglicherweise gerade aus der Erfahrung heraus, selbst als Fremder oder Bürger zweiter Klasse wahrgenommen zu werden, umso mehr in der Lage und auch bereit war, sich in die Perspektive für ihn fremder Menschen hineinzuversetzen, um, wie Boas es ausdrückte, „die Gedanken eines Volkes" aus „dessen Begriffen" heraus zu verstehen.

Auf dem Rückweg von seiner Expedition besuchte Franz Boas im Herbst 1884 in New York seinen Onkel Abraham Jacobi und seine Verlobte Marie Krackowitzer, die er bereits 1881 bei einem Urlaub in Harz kennengelernt hatte und die er 1887, nach seiner Emigration, heiraten sollte. Marie war die Tochter des österreichischen Arztes und Revolutionärs Ernst Krackowitzer, der, weil er infolge seiner Betätigung während der 1848er Revolution steckbrieflich gesucht wurde, bereits 1850 in die USA emigriert war und dort nach Ankunft von Abraham Jacobi ebenfalls zu dessen engsten Freunden zählte. Auch wenn der New-York-Aufenthalt und die Sehnsucht nach seiner Verlobten die spätere Entscheidung von Franz Boas, ebenfalls in die USA zu emigrieren bereits beflügelt haben mag, kehrte er zunächst nach Deutschland zurück.[35] Er arbeitete übergangsweise als wissenschaftlicher Assistent am Berliner *Museum für Naturkunde*, wo er für die Erschließung der Eskimo- und Nordamerika-Sammlung zuständig war.[36] An der Berliner *Friedrich-Wilhelms-Universität* konnte er sich im Juni 1886 mit der Arbeit *Die Eisverhältnisse des arktischen Ozeans* habilitieren und wurde zum Privatdozenten ernannt.

Die berufliche Perspektivlosigkeit, der er sich in Deutschland als Jude ausgesetzt sah, war ihm während seines Habilitationsverfahrens jedoch deutlich signalisiert worden, indem der Berliner Geographieprofessor Heinrich Kiepert seine Arbeit mit einem Negativgutachten torpediert hatte. Von seiner zweiten

---

**35** Vgl. Kasten, Erich: Franz Boas. Ein engagierter Wissenschaftler in der Auseinandersetzung mit seiner Zeit. In: Dürr, Michael, Kasten, Erich u. Renner, Egon (Hrsg.): Franz Boas. Ethnologe, Anthropologe, Sprachwissenschaftler. Ein Wegbereiter der modernen Wissenschaft vom Menschen. Berlin 1992. S. 7–37, S. 13.
**36** Vgl. Kasten, Erich: Franz Boas. Ein engagierter Wissenschaftler in der Auseinandersetzung mit seiner Zeit. In: Dürr, Kasten, Renner (Hrsg.): Franz Boas (wie Anm. 35). S. 14.

Expedition nach Nordkanada, die er noch 1886 antrat, kehrte er nicht mehr nach Deutschland zurück, sondern verband diese Reise mit der endgültigen Emigration in die USA. Die Ergebnisse seiner ersten Polarexkursionen waren indes mit den Darstellungen in seiner geographischen Habilitationsschrift längst nicht erschöpft. Es folgten weitere Publikationen, die zum Großteil schon in englischer Sprache erschienen und zugleich seine Hinwendung zu ethnologischen, anthropologischen und sprachwissenschaftlichen Forschungsthemen markieren, so z.B. *The Language of the Bilhoola in British Columbia* (1886). Große Bekanntheit erlangte dann sein 1888 veröffentlichtes Werk *The Central Eskimo*, worin er die Ergebnisse vor allem seiner Expedition nach Baffinland einem breiteren Publikum bekannt machte. Bis heute sind dieses Werk und die zahlreichen weiteren Publikationen von Franz Boas über die indigenen Völker Nordamerikas nicht zuletzt für diese selbst eine unverzichtbare Erkenntnisquelle über das Leben, die Kultur und Sprache ihrer Vorfahren im späten 19. Jahrhundert. So kommt es, dass in Boas' Werken nicht nur ein Teil des Erbes deutsch-jüdischer Wissensgeschichte im Ausland auszumachen ist, sondern darin zugleich das Kulturerbe eines Volkes wie das der Inuit bewahrt wird.

Obwohl sich auch in den USA seine beruflichen Perspektiven zunächst etwas schwierig gestalteten und Boas' *Tätigkeiten u.a. beim Wissenschaftsmagazin Science*, beim *Field Columbian Museum* in Chicago oder als Lehrbeauftragter an der Clark University in Worcester eher improvisiert waren, konnte er in New York schließlich reüssieren, indem er 1896 als Special Assistant for the Ethnological and Somatological Collections am *Museum for Natural History* angestellt wurde.[37] Im selben Jahr begann auch seine Lehrtätigkeit an der *Columbia University* in New York, an der er 1899 schließlich zum ordentlichen Professor für Anthropologie berufen wurde. Am *Museum for Natural History* ging Boas sogleich daran, zusammen mit dem Anthropologen Frederic Ward Putnam ein groß angelegtes Expeditions- und Forschungsprojekt in die Wege zu leiten: Die *Jesup North Pacific Expedition*[38], die von 1897 bis 1902 andauern sollte und deren Leitung Boas übertragen wurde.

Das Ziel des von verschiedenen Expeditionsteams durchgeführten Forschungsvorhabens bestand darin, die ethnologischen, kulturgeschichtlichen und sprachlichen Zusammenhänge zwischen den diesseits und jenseits der Beringstraße in Nordostsibirien, Alaska und Kanada lebenden Völkern zu erkunden und zu dokumentieren. Vor allem sollte belegt werden, dass die ursprüngliche indigene Besiedlung Nordamerikas von Asien her erfolgt war. Die umfas-

---

37 Vgl. Kasten: Franz Boas (wie Anm. 35). S. 21.
38 Die Expedition wurde benannt nach dem Mäzen und Direktor des *Museum for Natural History* Morris K. Jesup.

senden zwischen 1898 und 1930 von Boas und seinem internationalen Team in zwölf Bänden publizierten Ergebnisse der *Jesup North Pacific Expedition* können *hier nicht dargestellt werden*.[39] Allein das überlieferte fotografische Material und die zahlreichen Artefakte, die sich bis heute in den Sammlungen des *Museum for Natural History* in New York befinden, sind auch für Laien sehr eindrucksvoll, weil sie den zum damaligen Zeitpunkt noch von äußeren Einflüssen der modernen Zivilisation weitgehend unberührten Zustand der indigenen Völker Nordostsibiriens und Nordamerikas dokumentieren.[40]

Interessant für die vorliegende Darstellung ist nicht zuletzt die Beteiligung jüdischer Forscher, die in den von Boas zusammengestellten Expeditionsteams vor allem die Erkundung auf der nordostsibirischen Seite übernahmen. Dabei handelte es sich unter anderem um den 1865 in Ovruch (heute Ukraine) geborenen Wladimir Germanowitsch Bogoras und den 1855 in Wilna (heute Litauen) geborenen Waldemar Jochelson. Beide hatten sich während ihres Studiums – Bogoras als Jurastudent in St. Petersburg und Jochelson als Student des Rabbinerseminars in Wilna – der sozialistisch-revolutionären Gruppe *Narodnaja Wolja* angeschlossen, waren inhaftiert und von den russischen Behörden nach Nordostsibirien verbannt worden, wo sich beide kennenlernten. Beide hatten in der Verbannung begonnen, sich wissenschaftlich mit der Völkerkunde Nordostsibiriens zu beschäftigen, und waren trotz ihres politischen Status als Verbannte in die *Kaiserliche Russische Geographische Gesellschaft* aufgenommen worden, bevor sie von Boas für die Teilnahme an der *Jesup North Pacific Expedition* gewonnen wurden. Jochelson und Borgoras avancierten beide nach der russischen Revolution zu Professoren an der Petersburger Universität, wo sie das *Institut für die Völker des Nordens* begründeten und als Kuratoren am Petersburger *Museum für Anthropologie und Ethnographie* (heute Kunstkammer) arbeiteten. Anders als Bogoras arbeiteten, der in der Sowjetunion blieb und dort 1936 verstarb, emigrierte Jochelson 1922 in die USA, wo er an die Kontakte im Kontext der *Jesup North Pacific Expedition* anknüpfen konnte und in New York für das *Museum for Natural History* arbeitete. Jochelson, der sich nicht zuletzt durch seine Sprachstu-

---

**39** Einen Überblick über den Verlauf des Projektes und den auf zwölf Bände angelegte Editionsplan findet sich in: Boas, Franz: The Jesup North Pacific Expedition. Proceedings of the International Congress of Americanists, 13th Session, New York 1902. S. 91–100, die Aufstellung der Expeditionsteams und des Editionsplans: S. 93f.; siehe auch: Freed, Stanley A., Freed, Ruth S. u. Williamson, Laila: Capitalist Philanthropy and Russian Revolutionaries. The Jesup North Pacific Expedition (1897–1902). In: American Anthropologist, 90 (1988). S. 7–24.
**40** 100 Jahre nach Beginn der Expedition führte das *Museum for Natural History* eine Fotoausstellung durch, zu der folgender Katalog erschien: Kendall, Laurell, Mathé, Barbara u. Ross Miller, Thomas (Hrsg.): Drawing Shadows to Stone. The Photography of the Jesup North Pacific Expedition, 1897–1902. Seattle, London, New York 1997.

dien über die indigenen Völker Nordostsibiriens verdient gemacht hatte und der mehrere Sprachen fließend beherrschte, starb 1937 in New York.

Zu den Expeditionsteilnehmern auf der nordostsibirischen Seite gehörte auch der 1874 in Köln geborene Anthropologe und Ostasienforscher Berthold Laufer, der väterlicherseits aus einer in der Provinz Posen ansässigen jüdischen Familie stammte. Vermittelt durch Franz Boas emigrierte er bereits 1898 in die USA, wo er nach der Expedition ebenfalls zunächst am *Museum for Natural History*, als Dozent an der *Columbia University* und später am *Field Museum of Natural History* in Chicago arbeitete. Laufer nahm sich 1934 das Leben.

Als Begründer der modernen Ethnologie und Anthropologie in den USA musste Boas sich in den ersten Jahrzehnten nach seiner Emigration in mehreren Fachkontroversen immer wieder gegen die so genannten Evolutionisten der Washingtoner Schule behaupten. Deren für lange Zeit noch vorherrschende Stellung, die u.a. im *Bureau of American Ethnology* bzw. in der *Anthropological Society of Washington* organisiert war und zu deren Vertretern einflussreiche Museumskuratoren wie Otis T. Mason oder vom Autodidakten zum Professor avancierte Völkerkundler wie John W. Powell gehörten, waren gut vernetzt und zudem eng mit der Lobby der so genannten *White Anglo-Saxon Protestants* (WASP) assoziiert. Sie verteidigten insbesondere die Auffassung, dass die unterschiedlichen kulturellen Entwicklungsstufen einzelner Völker in einer Korrelation zu ihrer Rassenzugehörigkeit stünden. Die Vertreter der sich in New York seit den späten 1880er Jahren um Boas formierenden Ethnologie als einer modernen wissenschaftlichen Disziplin lehnten die Theorien der Washingtoner Schule als wissenschaftlich unhaltbar ab.[41] Dafür wurden sie nicht zuletzt auch deshalb, weil sie wie Franz Boas nicht selten einen jüdischen Hintergrund hatten, von den Vertretern der Washingtoner Schule angefeindet und an ihrem beruflichen Fortkommen gehindert.

Mit Gründung der *American Anthropological Association*, an der Boas maßgeblich beteiligt war, wurde der Hegemonie der Washingtoner Schule 1902 ein weltanschaulich unabhängiger wissenschaftlicher Verband entgegengesetzt. Mit Publikationen, wie *The Problem of the American Negro* (1921) oder seinem Sammelwerk *Race, Language, and Culture* (1940) versuchte Boas dem auch in den USA verbreiteten Rassismus mit wissenschaftlichen Argumenten den Boden zu entziehen. Und obgleich Boas sich in den USA u.a. durch die von ihm angeregten Gründungen der *Germanistic Society of America* (1904) oder angesichts der Notsituation in Deutschland nach dem Ersten Weltkrieg durch die *Emergency Society for German and Austrian Science and Art* immer wieder für deutsche Belange ein-

---

[41] Zur Auseinandersetzung von Boas mit der Washingtoner Schule siehe u.a.: Hyatt, Marshall: Franz Boas, Social Activist. The Dynamics of Ethnicity. New York 1990. S. 43f.

setzte, blieb ihm auch aufgrund seiner eigenen als Jude in Deutschland gemachten Erfahrungen nicht verborgen, dass auch in seiner alten Heimat der Rassismus und sein pseudowissenschaftlicher Ausleger in Gestalt der Rassenforschung immer weiter um sich griffen.

Knapp zwei Jahre bevor mit den Nationalsozialisten der Rassismus in Deutschland an die Macht gelangen sollte, hielt Franz Boas an seiner alten Universität in Kiel anlässlich der 50. Jubilarsfeier seiner Dissertation am 30. Juli 1931 einen Vortrag mit dem Titel *Rasse und Kultur*. Darin widerlegte er aufs Neue die Prämissen der sich auch an den Hochschulen ausbreitenden Rassentheorien und fasste seine Ausführungen in den folgenden prägnanten und zugleich mahnenden Worten zusammen:

> Für jedes Gemeinwesen lauert eine Gefahr in der Bildung scharf geschlossener Gemeinschaften, weil diese unweigerlich heftige Antagonismen hervorrufen. Die Identifikation von Rasse und Kultur beruht auf zwei grundlegenden Denkfehlern. Einmal werden die Beobachtungen über individuelle Erblichkeit auf Völkergruppen übertragen, ohne daß man bedenkt, daß jede Volksgruppe aus unendlich vielen untereinander stark verschiedenen Erblinien besteht, die sich zudem in verschiedenen Völkern wiederfinden. Ferner wird die geographische Verteilung verschiedener Kulturen, die mehr oder weniger mit der Verteilung der Volkstypen zusammenfällt, als ein geistiger Ausdruck der Typen aufgefasst, ohne daß der Versuch gemacht wird, einen inneren Zusammenhang nachzuweisen. Eine genaue Prüfung beweist, daß der Zusammenhang nur scheinbar ist, da dieselben Typen unter verschiedenen Verhältnissen auch verschiedenes Verhalten aufweisen, während verschiedene Typen unter gleichen Verhältnissen gleich reagieren. Die Anpassungsfähigkeit verschiedener Typen an dieselben Kulturbedingungen darf meines Erachtens nach als ein Axiom aufgestellt werden. Das Verhalten eines Volkes wird nicht wesentlich durch seine biologische Abstammung bestimmt, sondern durch seine kulturelle Tradition. Die Erkenntnis dieser Grundsätze wird der Welt und besonders Deutschland viele Schwierigkeiten ersparen.[42]

Dass es für die Möglichkeiten einer verbreiteten Einsicht in eine solche Erkenntnis in Deutschland 1931 wahrscheinlich schon zu spät war, zeigt sich nicht zuletzt daran, dass der Verlag von Gustav Fischer, der die Kieler Rede von Boas 1932 als Broschüre veröffentlichte, sich nicht entblödete, auf ihrer Rückseite mit der von Eugen Fischer herausgegebenen Schriftenreihe *Deutsche Rassenkunde* zu werben. Doch wurde Boas auch nach der NS-Machtübernahme nicht müde, die politische Wirkmächtigkeit des Rassismus mit den Mitteln der Wissenschaft zu bekämpfen. Am 4. Oktober 1933 schrieb er an den ebenfalls aus Deutschland stammenden Vorsitzenden des *American Jewish Joint Distribution Committee*

---

[42] Boas, Franz: Rasse und Kultur. Rede, gehalten am 30ten Juli 1931 in der Aula der Christian-Albrechts-Universität in Kiel bei Gelegenheit des 50jährigen Doktorjubiläums des Verfassers. Jena 1932. S. 19.

(JDC) Paul Baerwald: „Die einzige Art und Weise den rassistischen Fimmel anzugreifen, der die Welt heutzutage mitreißt, ist seine angeblich wissenschaftliche Basis zu untergraben."[43]

Wie sehr ihn die sich überschlagenden Nachrichten aus Deutschland während der nationalsozialistischen Machtdurchsetzungsphase empörten, zeigt vor allem der *Offene Brief*, den Boas am 27. März 1933 in seiner Eigenschaft als Professor der *Columbia University* an den Reichspräsidenten Hindenburg richtete. Darin heißt es:

> Ich bin jüdischer Abstammung, aber im Fühlen und Denken bin ich Deutscher. Was verdanke ich meinem Elternhause? Pflichtgefühl, Treue und den Drang die Wahrheit ehrlich zu suchen. Wenn das eines Deutschen unwürdig ist, wenn Unfläterei, Gemeinheit, Unduldsamkeit, Ungerechtigkeit, Lüge heutzutage als deutsch angesehen werden, wer mag dann noch Deutscher sein? Ich habe mich immer mit Stolz einen Deutschen genannt, heute ist es fast so weit gekommen, dass ich sagen muss, ich schäme mich ein Deutscher zu sein.[44]

Hatte Boas vor 1933 noch vielen seiner in Deutschland verbliebenen jüdischen Kollegen, die ihn um Rat bei einer geplanten Auswanderung in die USA ersuchten, meist von einem solchen Schritt abgeraten, so engagierte er sich jetzt dafür, dass die aus Deutschland vertriebenen Wissenschaftler in den USA eine Perspektive erhielten, ihre akademischen Laufbahnen fortzusetzen oder eigentlich erst zu beginnen.[45] So half Boas u.a. dem Hamburger Ethnologen Theodor Danzel, der 1933 als Professor an der dortigen Universität und 1934 als Mitarbeiter am Hamburger *Museum für Völkerkunde* entlassen worden war, weil er eine jüdische Großmutter hatte, nach seiner Emigration in die USA als Dozent an der *Columbia University* unterzukommen. Auf diese Weise konnte der Umstand, dass auch schon im 19. Jahrhundert einige jüdische Wissenschaftler aus Deutschland emigriert waren, mit dazu beitragen, dass für den eingangs erwähnten, ab 1933 einsetzenden großen Emigrationsschub an deutsch-jüdischen Wissenschaftlern zumindest in den USA schon akademische Strukturen vorhanden waren, die zuvor von Forschern wie Abraham Jacobi oder Franz Boas geschaffen worden waren.

Auch wenn Boas die Niederringung der NS-Herrschaft in Deutschland und Europa nicht mehr erlebte, blieb er gleichwohl zeitlebens optimistisch, dass sich die NS-Rassenideologie nicht endgültig würde durchsetzen können. In den letzten Zeilen seines erwähnten Briefes an Paul von Hindenburg hatte er

---

43 Zitiert nach Cole, Douglas: Franz Boas. Ein Wissenschaftler und Patriot zwischen zwei Ländern. In: Rodekamp (wie Anm. 28). S. 9–23, S. 21.
44 Offener Brief Franz Boas an Paul von Hindenburg vom 27.3.1933. Zitiert nach: Anhang. In: Rodekamp (wie Anm. 28). S. 94f.
45 Vgl. Cole: Franz Boas (wie Anm. 43). S. 20f.

geschrieben: „Und trotz alledem kann ich die Hoffnung nicht aufgeben, dass die Zeiterscheinungen, Fiebersymptome eines kranken Volkskörpers sind, der, obwohl aufs tiefste verwundet, genesen wird, dass eine Zeit kommen wird, in der das Deutschland, das ich kenne und liebe, wieder entstehen wird. Möchte der Tag der Genesung bald kommen."[46]

Im Amerika der 1930er Jahre brachte der inzwischen gealterte Franz Boas seinen antirassistischen Patriotismus nicht zuletzt dadurch zum Ausdruck, dass er sich in die Arbeit des *Deutsch-Amerikanischen Kulturverbandes* einbrachte, dessen Anliegen Boas in einer Rede am 25. Februar 1940 darin zusammenfasste, „den alten Kulturbesitz, den wir mitgebracht haben, organisch in das Leben unserer Völker einzugliedern."[47]

Am 21. September 1942 verstarb Franz Boas während eines Festessens an der *Columbia University*, das zu Ehren des aus Frankreich emigrierten Ethnologen Raul Rivet gegeben wurde, unerwartet an einem Schlaganfall. Der berühmte französisch-jüdische Ethnologe Claude Lévi-Strauss, dessen Denken u.a. von Boas beeinflusst wurde und der beim Festessen neben ihm gesessen hatte, erinnerte sich später, dass er mit Boas „den letzten unter den Geistesriesen, die das 19. Jahrhundert hat hervorbringen können und wie wir sie wahrscheinlich niemals wiedersehen werden", hatte dahinscheiden sehen – „mit der alten Pelzmütze auf dem Kopf, die von seinen Expeditionen von den Eskimos stammen musste."[48]

Zu den Schülern der kulturrelativistischen Schule der Ethnologie, Anthropologie und Linguistik, die Franz Boas in New York begründet hatte, zählen u.a. Margaret Mead, Edward Sapir, Alfred Kroeber und Herman Karl Haeberlin.

Eines der sechs Kinder, das aus der Ehe zwischen Franz Boas und Marie Krackowitzer hervorging war die 1902 in New York geborene Choreographin und Tanzlehrerin Franziska Boas, die 1933 die *Boas School of Dance* gründete und als eine Pionierin bei der fachlichen Entwicklung der Tanztherapie gilt. So waren auch Abraham Jacobi und Franz Boas Pioniere einer deutsch-jüdisch-amerikanischen Gelehrtenfamilie in den USA, Begründer zweier moderner wissenschaftlicher Disziplinen und Wegbereiter für die vielen Vertriebenen, die nach ihnen kamen.

---

**46** Offener Brief Franz Boas an Paul von Hindenburg vom 27.3.1933. Zitiert nach: Anhang. In: Rodekamp (wie Anm. 28). S. 95.
**47** Zitiert nach: Cole: Franz Boas (wie Anm. 43). S. 21.
**48** Lévi-Strauss, Claude: Das Nahe und das Ferne. Frankfurt a.M. 1996. S. 60. Vgl. auch Pöhl, Friedrich: Einleitung. In: Pöhl, Friedrich u. Tilg, Bernhard (Hrsg.): Franz Boas. Kultur, Sprache, Rasse. Wege einer antirassistischen Anthropologie. Wien, Berlin 2011. S. 1–26, hier S. 7.

Ute Deichmann
# Kultur und Identität in der Wissenschaft

Der Beitrag jüdischer Forscher zur internationalen Bedeutung deutscher Naturwissenschaft – ein jüdischer Beitrag?

## Einleitung

Im Oktober 2011 wurde der israelische Chemiker Dan Shechtman mit dem Nobelpreis für Chemie ausgezeichnet; dem vierten Nobelpreis für Chemie, der an israelische Wissenschaftler und Wissenschaftlerinnen vergeben wurde, eine außergewöhnlich hohe Zahl für ein kleines Land mit einer Einwohnerzahl von nur sieben Millionen und einer kurzen Geschichte von nur 63 Jahren. Shechtman war auch einer von fünf jüdischen Wissenschaftlern international, die im Jahre 2011 mit einem der insgesamt sieben Nobelpreise für Medizin, Chemie und Physik ausgezeichnet wurden. Da Leistungen auf dem Gebiet der Naturwissenschaften gemeinhin als international, über jeder Kultur und Religion stehend gelten, wird trotz dieser Phänomene die Frage nach einem möglichen Zusammenhang zwischen jüdischer Kultur und Religion mit wissenschaftlicher Leistung im Allgemeinen nicht gestellt.

Für die Literatur sieht dies bekanntlich anders aus, wie es das Beispiel des israelischen Schriftstellers S.Y. Agnon illustriert, dem 1966 der Literaturnobelpreis (zur Hälfte) verliehen wurde. Jüdische Kultur und Religion werden als integrale Bestandteile der Werke Agnons angesehen: „[He] fused modern Hebrew with the words of the prophets, combining in his works the life of the shtetl with the experiences of the early pioneers in Palestine, proving that religion, culture and nationalism could come together in a compelling narrative."[1] Danach sind Kultur und Religion im Fall von Agnon eine Voraussetzung für international gewürdigte schriftstellerische Arbeiten. Auch wenn der große Unterschied zwischen Literatur und Naturwissenschaften im Hinblick auf ihre Beziehung zu nationalen Traditionen und Religion auf keinen Fall verwischt werden soll, ist die Frage, ob es auch bei Letzteren Aspekte ihrer Praxis gibt, auf die sich z.B. religiöse Traditionen fördernd oder hemmend auswirken können, angesichts vieler Phänomene nahe liegend.

Eines dieser Phänomene ist die weit überproportionale Zahl von Nobelpreisen der Naturwissenschaft und Ökonomie an jüdische Wissenschaftler. Nobel-

---

[1] Pfeffer, Anshel: In Listing Himself as ‚Without Religion', Kaniuk Exhibits Lack of Imagination. In: Haaretz 7.10.2011.

preise sind, für sich genommen, oft kein guter Indikator zur Bewertung wissenschaftlicher Leistungen von Individuen. Auch bei den israelischen Schriftstellern steht z.B. Bialik in seiner Bedeutung nicht hinter S.Y. Agnon zurück. Dennoch können die Preise als statistische Indikatoren dienen. So zeigt sich, dass der hohe Prozentsatz jüdischer Nobelpreisträger in Naturwissenschaften und Medizin im Jahr 2011 kein Zufall war, sondern eine lange Tradition hat, die mit Chemikern und medizinischen Forschern in Deutschland begann.

Dieser Artikel untersucht den Zusammenhang zwischen Forschung, jüdischer Kultur und Religion auf einigen Gebieten der Naturwissenschaft in Deutschland bis 1933. Im ersten Teil wird ein kurzer Überblick über die Beiträge deutsch-jüdischer Naturwissenschaftler zur internationalen Bedeutung deutscher Wissenschaft gegeben, und es werden ihre unterschiedliche Beteiligung sowie ihr unterschiedlicher Erfolg und deren Hintergründe für verschiedene Wissenschaften analysiert.[2] Im zweiten Teil werden an zwei Beispielen typische Aspekte sowohl der Biographie als auch der fachlichen Ausrichtung und wissenschaftlichen Praxis von deutsch-jüdischen Naturwissenschaftlern bis 1933 beleuchtet. Das Attribut „jüdisch" wird in diesem Artikel nicht für überzeitliche ethnische, sondern für sozial und historisch erklärbare Phänomene verwendet. Der dritte Teil untersucht diese Fragen in größerem Zusammenhang und weist auf ihre mögliche Bedeutung für aktuelle Wissenschaft hin.

Diese Untersuchung geht davon aus, dass sich persönliche Hintergründe wie z.B. solche der Religion auch auf die moderne Naturwissenschaft auswirken können. Dabei stellt sie aber die von Robert Merton geforderte wissenschaftliche Universalität nicht in Frage und relativiert in keiner Weise die Validität wissenschaftlicher Forschungsergebnisse.[3] Es geht hier darum, Aussagen über persönliche Faktoren zu machen, die neben den bekannten sozialen und politischen gute

---

[2] Vgl. z.B. Preston, David L.: Science, Society, and the German Jew. 1870–1933. Urbana 1971; Deichmann, Ute: Biologen unter Hitler. Portrait einer Wissenschaft im NS-Staat. Frankfurt a.M. 1995; Deichmann, Ute: Flüchten, Mitmachen, Vergessen. Chemiker und Biochemiker im Nationalsozialismus. Weinheim 2001; Volkov, Shulamit: Das jüdische Projekt der Moderne. München 2001; Deichmann, Ute: Erfolg und Fachdisziplin. Juden in Chemie und Biomedizin in Deutschland bis 1933, Yearbook of the Simon Dubnow Institute, 3 (2004). S. 269–292; Charpa, Ulrich u. Deichmann, Ute (Hrsg.): Jews and Sciences in German Contexts. Case Studies from the 19th and 20th Centuries. Tübingen 2007.

[3] Universalismus, das Ideal, wissenschaftliche Leistungen nach rein sachlichen, nicht die Person des Forschers betreffende Kriterien zu beurteilen, gehört zu den nach dem Soziologen Robert K. Merton für jede Wissenschaft unabdingbaren vier Normen der Wissenschaft. Merton, Robert K.: The Normative Structure of Science, in: Merton, Robert, K.: The Sociology of Science. Theoretical and Empirical Investigations. Chicago 1942. S. 223–278).

Wissenschaft ermöglichen bzw. behindern und auf diese Weise die Bedeutung der deutsch-jüdischen Kultur auch in den Naturwissenschaften hervorzuheben.

## Jüdische Naturwissenschaftler auf verschiedenen Forschungsgebieten in Deutschland bis 1933

Der folgende Überblick beschränkt sich auf einige Fachgebiete, die im Rahmen dieses Artikels von Bedeutung sind.[4]

### Medizin und Biochemie

Jüdische Wissenschaftler in Deutschland waren seit dem späten 19. Jahrhundert nicht nur stark vertreten, sonders auch einflussreich auf Grenzgebieten der Biologie, Medizin und Chemie. Die Tatsache, dass die Medizin mit ihrer Möglichkeit zu freier Berufsausübung soziale Sicherheit versprach, war einer der Gründe dafür, dass Medizin ein attraktives Studienfach war und dass Juden nach ihrer formalen Gleichberechtigung 1871 überproportional stark in der Medizin vertreten waren. Diese Tendenz wurde dadurch verstärkt, dass das Medizinstudium einen hohen Stellenwert in der jüdischen Tradition hat; nach John Efron gibt es wenige Tätigkeiten, die so unmittelbar mit einer Gruppe von Menschen verbunden werden können wie die Medizin mit den Juden.[5] Der seit dem Mittelalter deutlich werdende Einfluss von Juden in Wissenschaft und Praxis der Medizin wurde vielfach beschrieben und analysiert.[6] In den jüdischen Gemeinden Deutschlands war ein Medizinstudium an säkularen Hochschulen lange vor der rechtlichen Emanzipation erwünscht und hoch angesehen. Ein solches Studium war trotz Diskriminierung der jüdischen Studenten und Behinderung der Ärzte bei der Ausübung ihres Berufs im Unterschied zum Studium anderer Fächer seit dem frühen 18. Jahrhundert an einigen deutschen Hochschulen möglich.

---

4 Weitere Disziplinen, an denen sich jüdische Wissenschaftler in Deutschland in großer Zahl und mit großem Erfolg beteiligten, waren die Mikrobiologie, Quantenmechanik und Mathematik.
5 Efron, John M.: Medicine and the German Jews. A History. New Haven, London 2001.
6 Siehe dazu z.B. Friedenwald, Harry: The Jews and Medicine. Baltimore 1944. Zur Beziehung von Juden, Judentum und Medizin in Deutschland siehe u.a. Kümmel, Werner: Jüdische Ärzte in Deutschland zwischen Emanzipation und „Ausschaltung". In: Richard Koch und die ärztliche Diagnose. Hrsg. von Gert Preiser. Hildesheim 1988. S. 15–47; Efron: Medicine (wie Anm. 5).

Das Medizinstudium war in vielen Fällen Ausgangspunkt für naturwissenschaftlich-medizinische Forschung wie Immunologie, Mikrobiologie und Biochemie. Zu den jüdischen Medizinstudenten, die später auf diesen Gebieten erfolgreich waren, gehören:
- der 1815 geborene Robert Remak, einer der ersten jüdischen (nichtgetauften) Hochschullehrer in Deutschland. Er trug entscheidend zur Formulierung der Zelltheorie und zur Entwicklungsbiologie bei.[7]
- der 1854 geborene Paul Ehrlich, der sich seine außerordentlichen Kenntnisse in der Organischen Chemie im Eigenstudium erwarb und als erster Forscher chemische Konzepte erfolgreich in der Medizin anwandte. Er wurde insbesondere durch die Begründung der Immunchemie bekannt, für die er sowohl neue experimentelle Techniken als auch theoretische Konzepte entwickelte.
- der 1859 geborene Jacques Loeb, der durch seine Arbeiten zur experimentellen Embryologie und physikalischen Chemie der Proteine bekannt wurde. Nach seiner Emigration in die USA im Jahre 1891 wurde er dort ein einflussreicher Pionier der experimentellen Biologie.[8]
- der 1875 geborene Leonor Michaelis, Begründer der quantitativen Enzymkinetik. Seine Biographie wird weiter unten kurz vorgestellt.
- bedeutende Vertreter der Dynamischen Biochemie, d.h. der Biochemie der Stoffwechselprozesse in der Zelle, wie Carl Neuberg, Otto Warburg[9], Otto Meyerhof, Rudolf Schönheimer und Fritz Lipmann.

Die Immunchemie and (Dynamische) Biochemie sind Beispiele für Forschungsgebiete, bei deren Etablierung und weiteren Entwicklung jüdische medizinische Wissenschaftler, die oft zusätzlich Chemie studiert hatten, eine zentrale Rolle spielten. In der Dynamischen Biochemie war Deutschland bis 1933 international führend.

## Chemie

Die Chemie war wie die Medizin eine Disziplin mit einem vergleichsweise hohen Anteil jüdischer Akademiker an Universitäten; hinzu kamen jüdische Chemiker

---

[7] Schmiedebach, Heinz-Peter: Robert Remak (1815–1865). Ein jüdischer Arzt im Spannungsfeld von Wissenschaft und Politik. Stuttgart 1995.
[8] Vgl. Deichmann, Ute: Chemistry and Engineering Life around 1900 – Research and Reflections by Jacques Loeb. In: Biological Theory, 4 (4) (2010). S. 323–332, und die dort angegebenen Literaturnachweise.
[9] Warburg war Sohn des jüdischen Physikers Emil Warburg, der zum Protestantismus konvertierte. Seine Mutter war nicht jüdisch.

in der Farbenindustrie, die in der zweiten Hälfte des 19. Jahrhunderts aufblühte.[10] Die Chemie war vor 1933 die Naturwissenschaft mit dem größten Anteil jüdischer Wissenschaftler. Insgesamt waren etwa 21 % der akademischen Chemiker jüdisch oder jüdischer Herkunft.[11] In der Biologie waren es dagegen nur ca. 8 %.[12] Für die Physik liegen keine genauen Zahlen vor; der Anteil scheint deutlich kleiner gewesen zu sein als in der Chemie.[13] Die Bezeichnung „jüdisch" wird hier einem weiten Sinn verwendet und schließt eine Reihe von Personen mit nur einem jüdischen Elternteil (auch wenn es sich um den Vater handelte) ein.

Die Chemie war wie die Medizin ein Fach, das von jüdischen Studenten mit großem Interesse an biologischen und biochemischen Fragen gewählt wurde, weil die Biologie als reine akademische Disziplin keine realistische Berufschance bot. So erinnerte sich der Biochemiker Erwin Chargaff: „Es war klar, daß man als Jude keine planmäßige Stelle an einer Universität bekommen konnte. Juden hat es gegeben als freie Ärzte, Advokaten und im Finanzgewerbe."[14] Chargaff studierte Chemie, denn „ich habe mir ausgerechnet, dass die Chemie die Wissenschaft ist, die am ehesten eine Anstellung ermöglichte, entweder im Lehrbetrieb, in der Forschung oder der Industrie. Das hat sich dann als wahr erwiesen."[15]

Jüdische Chemiker wie Adolf von Baeyer[16], Carl Liebermann, Victor Meyer, Otto Wallach und Richard Willstätter trugen im späten 19. und frühen 20. Jahrhundert stark zur Entwicklung der in Frankreich und Deutschland florieren-

---

**10** Travis, Anthony S.: The Rainbow Makers. The Origins of the Synthetic Dyestuffs Industry in Western Europe. Bethlehem 1993; Travis, Anthony S.: German-Jewish Chemists and Raphael Meldola: 1906 Jubilee Celebration for the Discovery of the first Aniline Dye. In: Charpa u. Deichmann (Hrsg.): Jews (wie Anm. 2). S. 51–75; Rocke, Alan J.: Pride and Prejudice in Chemistry. Kolbe, Hofmann, and German Anti-Semitism. In: The Interaction of Scientific and Jewish Cultures in Modern Times. Hrsg von Yakov Rabkin u. Ira Robinson. Lewiston 1995, S. 127–159; Reinhardt, Carsten u. Travis, Anthony: Heinrich Caro and the Creation of Modern Chemical Industry. Dordrecht 2000; Volkov, Shulamit: Soziale Ursachen des jüdischen Erfolgs. In: Volkov, Shulamit: Antisemitismus als kultureller Code. 2. Aufl. München 2000. S. 146–165; Deichmann: Flüchten(wie Anm. 2).
**11** Dieser Angabe liegt die Auswertung biographischer Daten von 531 überwiegend habilitierten Chemikern und Biochemikern zugrunde, die 1932 an Universitäten und Kaiser-Wilhelm-Instituten in Deutschland bzw. 1938 in Österreich oder an der Deutschen Universität in Prag tätig waren, siehe Deichmann: Erfolg (wie Anm. 2).
**12** Vgl. Deichmann: Erfolg (wie Anm. 2).
**13** Die Verluste durch Entlassung und Emigration unter Einschluss der vergleichsweise kleinen Zahl von Nichtjuden betrugen in der akademischen Chemie einschließlich der Biochemie 26 %. Wegen der Verwendung unterschiedlicher Kriterien variieren entsprechende Daten für die Physik zwischen 15,5 % und 25 %. Zu den Referenzen siehe Deichmann: Flüchten(wie Anm. 2). Kap. 3.
**14** Erwin Chargaff im Gespräch mit Ute Deichmann, New York, 27. Januar 1997.
**15** Erwin Chargaff im Gespräch mit Ute Deichmann, New York, 27. Januar 1997.
**16** Baeyer hatte eine jüdische Mutter, die allerdings bereits als Kind getauft wurde.

den Organischen Chemie bei. Seit etwa 1920 nahm der Anteil des nach wie vor hohen Prozentsatzes jüdischer Wissenschaftler in der Organischen Chemie (die etwa 14 % ausmachten) ab, und viele jüdische Chemiker wechselten zu dem vergleichsweise neuen Gebiet der Physikalischen Chemie. Dafür lassen sich intellektuelle wie auch institutionelle Gründe anführen: Lehrstühle der Physikalischen Chemie waren kleiner, so dass Berufungen wahrscheinlicher waren; außerdem war das neue Gebiet, das mehr mathematische Fähigkeiten erforderte, intellektuell attraktiv.[17] 1933 war etwa ein Drittel der deutschen Physikochemiker jüdisch oder jüdischer Herkunft, ein Prozentsatz, der, neueren Studien zufolge, auch für Mathematiker an Universitäten gilt.[18]

Viele jüdische Physikochemiker betrieben Forschung auf dem neuen Forschungsgebiet der Kolloidchemie. Diese Forschung war in der ersten Hälfte des 20. Jahrhunderts allerdings eher empirisch und anwendungsorientiert und verzeichnete im Vergleich zu anderen Gebieten chemischer und physikalischer Forschung keine nennenswerten wissenschaftlichen Erfolge.

## Fachgebiete, in denen jüdische Wissenschaftler nicht vertreten waren

Zu den Forschungsgebieten, auf denen jüdische Wissenschaftler in Deutschland nicht vertreten waren, gehören die Tier- und Pflanzenzüchtung sowie die Evolutionsbiologie. Aufgrund der jahrhundertelangen antisemitischen Restriktionen in bezug auf Landbesitz gab es keine jüdische Tradition in der Landwirtschaft und, als Folge, nur einen sehr kleinen Prozentsatz jüdischer Wissenschaftler in der angewandten Biologie und Landwirtschaftswissenschaft. Dieses Phänomen steht im Gegensatz zur oben beschriebenen starken Repräsentanz jüdischer Forscher in der angewandten Chemie und chemischen Industrie. Das Fehlen jüdischer Forscher in der angewandten Biologie lässt sich nicht oder nicht alleine durch Antisemitismus erklären, denn diesen gab es auch in der Chemie.

Die interessante Frage, warum jüdische Forscher bis Mitte des 20. Jahrhunderts kaum Forschung in der Evolutionsbiologie betrieben kann zum Teil mit dem oben erwähnten geringen Prozentsatz von Juden in der (nicht-experimentellen) Biologie im Allgemeinen erklärt werden. Jüdische Biologen, die aus der Medizin kamen, wie Jacques Loeb oder Robert Remak, hatten ihren Forschungsschwerpunkt in der experimentellen Biologie, und die Evolutionsbiologie war lange eine

---

[17] Charpa u. Deichmann (Hrsg.): Jews (wie Anm. 2). Introduction.
[18] Bergmann, Birgit, Epple, Moritz u. Ungar, Ruti (Hrsg.): Transcending Tradition. Jewish Mathematicians in German-Speaking Academic Culture, Berlin, Heidelberg 2012.

rein deskriptive Wissenschaft. Es ist anzunehmen, dass auch die Tatsache, dass die Evolutionsbiologie bis Mitte des 20. Jahrhunderts keine intellektuell vielversprechende Wissenschaft war, eine Rolle gespielt hat.

Zusammenfassend kann festgehalten werden, dass sowohl soziale und institutionelle als auch intellektuelle Gründe für die Beteiligung, speziellen Erfolge und auch die Nichtbeteiligung von Juden auf verschiedenen Forschungsgebieten verantwortlich waren. Neben der Medizin und Mathematik waren jüdische Wissenschaftler seit dem 19. Jahrhundert besonders erfolgreich auf Grenzgebieten der Biologie, Chemie und theoretischen Medizin, d.h. der experimentellen, nicht klinischen Medizin wie z.B. Immunologie. Sowohl exaktes empirisches Arbeiten als auch logisches Denken und ein breites Wissen über disziplinäre Grenzen hinweg trugen hier entscheidend zum Erfolg bei.

Die hier nur kurz angedeuteten Phänomene in bezug auf Judentum und Naturwissenschaften – Überrepräsentation, unterschiedliche Partizipation auf verschiedenen Forschungsgebieten – wurden von verschiedenen Autoren mit psychologischen, genetischen, sozialen und politischen Gründen erklärt: So führte der Soziologe Thorstein Veblen, der einer der ersten war, die auf dieses Phänomen aufmerksam machten, den überproportionalen wissenschaftlichen Erfolg jüdischer Wissenschaftler in Kontinentaleuropa auf einerseits psychologische Gründe wie Entfremdung von der Mehrheitsgesellschaft und damit verbundenen „kreativen Skeptizismus", andererseits auf ihre besondere erbliche Ausstattung zurück.[19] David Preston und Shulamit Volkov wiesen darauf hin, dass der in angesehenen Gebieten stärker verbreitete Antisemitismus dazu führte, dass jüdische Wissenschaftler eher in weniger angesehenen Randgebieten anzutreffen waren,[20] eine These, die später von Volkov selbst relativiert wurde.[21]

Ulrich Charpa und ich haben argumentiert, dass diese Gründe zwar wichtig und manchmal entscheidend waren, die Phänomene aber nicht ausreichend erklären können.[22] So ist es selten, dass sozial an den Rand gedrängte Minderheiten in einem hochentwickelten Staat, z.B. dem modernen Deutschland, als Gruppe herausragende Leistungen in der Wissenschaft hervorbringen. Wir verwiesen auf die Relevanz bestimmter Fähigkeiten und Werte, die von der jüdischen Kultur und Tradition begünstigt und oft auch in säkularen Familien beibehalten wurden und die im deutschen Kontext damals besonders fruchtbar waren.

---

19 Veblen, Thorstein: The Intellectual Pre-Eminence of Jews in Modern Europe. In: Political Science Quarterly, 39 (1939). S. 33–42.
20 Preston: Science (wie Anm. 2); Volkov: Ursachen (wie Anm. 10). S. 146–165.
21 Volkov, Shulamit: Juden als wissenschaftliche Mandarine. In: Volkov: Projekt (wieAnm. 2). S. 138–163.
22 Charpa u. Deichmann (Hrsg.): Jews (wie Anm. 2).

Dazu gehören die Tradition des Lernens generell, die Wertschätzung logischen Denkens und kritischen Fragens sowie die angesehene Rolle der Medizin. Ich vermute, dass die herausragenden jüdischen Leistungen auf einigen Forschungsgebieten, wie von Veblen angenommen, auch eine genetische Basis haben, und dass die unterschiedliche Umwelt und die verschiedenen Werte, denen Juden und Nichtjuden jahrhundertelang ausgesetzt waren, auch unterschiedliche intellektuelle Fähigkeiten begünstigt haben. Wie bei der Annahme des Einflusses sozialer Faktoren handelt es sich hier allerdings um plausible Vermutungen, wobei genetische Faktoren für sich genommen, wie bereits für soziale Faktoren erwähnt, die Phänomene nicht erklären können.

Wie schon angedeutet, sind auch gute Lehrer sowie geeignete institutionelle Ausstattungen notwendige Voraussetzungen für wissenschaftlichen Erfolg. Diese Voraussetzungen waren in Deutschland trotz vielfältiger antisemitischer Ausgrenzung an Universitäten vorhanden. Dies sei hier am Beispiel der Dynamischen Biochemie erläutert, einem intellektuell vielversprechenden neuen Forschungsgebiet. Herausragende Fähigkeiten jüdischer Wissenschaftler, ihre Kontakte untereinander sowie mit Kollegen in anderen Ländern, der hohe Standard der Chemie in Deutschland, die Existenz hervorragender Lehrer wie Emil Fischer und Paul Ehrlich sowie gute institutionelle Voraussetzungen an einer Reihe von Kaiser-Wilhelm-Instituten trugen dazu bei, dass dieses Forschungsgebiet zumindest in Deutschland stark von jüdischen Wissenschaftlern dominiert wurde. Aufgrund der internationalen Reputation der Dynamischen Biochemie und der Existenz sehr gut ausgestatteter Kaiser–Wilhelm-Institute, an denen im Unterschied zu Universitäten eine Reihe von jüdischen Biochemikern führende Positionen erhielt, lässt sich die Biochemie weder als unterstützendes Beispiel für das Konzept der kreativen Nische noch für das des Erfolgs durch Marginalisierung verwenden.

Der Molekularbiologe Sydney Brenner, Nobelpreisträger des Jahres 2002, der in einer jüdischen Immigrantengemeinde in Südafrika aufwuchs, bevor er nach England zog, wies in seiner Autobiographie auf die Bedeutung hin, die die jüdische Kultur für die Herausbildung seiner Fähigkeiten und Motivationen hatte:

> So I cultivated, probably out of necessity, but certainly combined with inclination, the idea that knowledge is out there, it's available. [...] I had, fortunately, grown up in a culture where learning was very important. The Jewish immigrants to South Africa had brought this culture with them. This culture never said „This sort of thing is nonsense.' So there was no stopping me. Of course my mother believed that if one could divert this learning to become a surgeon or a lawyer, that was even better [...] I decided to become a scientist because I thought it was something you could actually do.[23]

---

23 Brenner, Sydney: My Life in Science. As Told to Lewis Wolpert. London 2001. S. 7.

# Wissenschaft und jüdische Identität: Fritz Haber und Leonor Michaelis

## Fritz Haber, 1868–1934

Der Chemiker Fritz Haber verkörpert mehr als irgendein anderer Wissenschaftler die Hoffnungen, Karrieren, Erfolge und schließlich das Scheitern von Juden in der deutschen akademischen Welt.[24] Haber, als Sohn des jüdischen Farbengroßhändlers Fritz Haber am 9. Dezember 1868 in Breslau geboren, gehörte zu einer Generation jüdischer Wissenschaftler in Deutschland, die große Ambitionen entwickelte; Barrieren, die frühere Generationen am sozialen und akademischen Aufstieg hinderten, schienen überall zusammenzubrechen. Die weite Verbreitung des Reformjudentums hatte dazu geführt, dass viele Praktiken, die Juden von Nichtjuden trennten, aufgehoben wurden. Vor allem waren mit der Gründung des deutschen Reichs zumindest offiziell fast alle Restriktionen bzgl. Bürgerrechten, Berufswahl und Zugang zu akademischen Positionen abgeschafft worden. Wie seine Biographen ausführten, gab Habers jüdischer Hintergrund ihm den Ansporn zum Erfolg.[25] Und der Erfolg stellte sich, trotz aller Schwierigkeiten, in der Tat ein.

Haber studierte Chemie zunächst mit der Absicht, das väterliche Geschäft zu übernehmen, entschied sich aber im Jahre 1892, als ihn der Vater wegen eines geschäftlichen Missgeschicks entließ, mit großem Erfolg für eine akademische Laufbahn. In demselben Jahr konvertierte er zum Protestantismus. 1906 wurde er Professor an der TH Karlsruhe, 1911 an der Universität in Berlin, wo er 1911 auch zum Direktor des neu gegründeten Kaiser-Wilhelm-Instituts für Physikalische Chemie und Elektrochemie ernannt wurde.

Seine wissenschaftlichen Leistungen waren, seinem Biographen Daniel Charles zufolge, ein Resultat von „opportunity and circumstance, combined with

---

**24** Zu Leben und Werk Fritz Habers siehe Sachsse, Hans: Haber Fritz. 1868–1934. In: Chemie in unserer Zeit, 2 (1968). S. 145–148; Jaenicke, Johannes: Fritz Haber (1868–1934). Beiträge zu seiner Biographie. In: Fridericiana-Zeitschrift der Universität Karlsruhe, 35 (1984). S. 3–30; Stoltzenberg, Dietrich: Fritz Haber. Chemiker, Nobelpreisträger, Deutscher, Jude. Weinheim 1994; Frucht, Adolf-Henning u. Zepelin, Joachim: Die Tragik der verschmähten Liebe. Die Geschichte des deutsch-jüdischen Physikochemikers und preußischen Professors Fritz Haber, in: Mannheimer Forum 1994/95. Hrsg. von Ernst Peter Fischer. München 1995. S. 63–111; Szöllösi-Janze, Margit: Fritz Haber 1868–1934. Eine Biographie. München 1998; Charles, Daniel: Between Genius and Genocide. The Tragedy of Fritz Haber, Father of Chemical Warfare. London 2005.
**25** Stoltzenberg: Haber (wie Anm. 24); Szöllösi-Janze: Haber (wie Anm. 24); Charles: Genius (wie Anm. 24).

natural gifts and fierce drive".[26] Sein größter Erfolg, die Synthese von Ammoniak aus den Elementen Wasserstoff und Stickstoff unter hohem Druck und hoher Temperatur mit Hilfe bestimmter Katalysatoren im Jahre 1905, nach Charles eher ein „product of raw determination and technical skill than intellectual brilliance"[27], brachte ihm den Nobelpreis für Chemie des Jahres 1918 ein. Die Ammoniaksynthese, die als Grundlage des Haber-Bosch-Verfahrens von der BASF großtechnisch angewandt wurde, bildete nicht nur die Voraussetzung zur Synthese von Stickstoffdünger, sondern ermöglichte während des Ersten Weltkrieges auch die billige Massenproduktion von Nitraten zur Munitionsherstellung im rohstoffarmen Deutschland. Auf diese Weise wurde Haber, der aufgrund seines Alters nicht eingezogen wurde, sondern als Freiwilliger am Ersten Weltkrieg teilnahm, ein Nationalheld. Als Hauptinitiator des völkerrechtswidrigen Gaskriegs und Koordinator der Kampfstoffkriegsführung wurde er zum Hauptmann ernannt, eine Beförderung, um die er sich als junger Mann vergeblich bemüht hatte.

Auch nach dem Krieg setzte sich Haber stark für Belange der deutschen Wissenschaft ein. 1929 gelang es ihm als Vorsitzenden des *Verbandes Deutscher Chemischer Vereine,* mit dem Beitritt zur *Union Internationale de Chimie* die internationale Einbindung der deutschen Chemie wiederherzustellen, die mit dem alliierten Boykott gegen deutsche und österreichische Wissenschaftler 1918 abgebrochen worden war.[28] Auch die Gründung der Notgemeinschaft der deutschen Wissenschaft als Reaktion auf den alliierten Boykott durch Haber und den preußischen Staatsminister Dr. Friedrich Schmidt-Ott hatte weitreichende Auswirkungen: Die Notgemeinschaft, die 1936 in Deutsche Forschungsgemeinschaft umbenannt wurde, hat bis heute entscheidende Bedeutung für die Förderung wissenschaftlicher Forschung in Deutschland, insbesondere auf dem Gebiet der Naturwissenschaften.

1933 trat Haber, gezwungen fast alle seine Mitarbeiter zu entlassen, weil sie jüdisch waren – er selbst war als Frontkämpfer (noch) von der Entlassung ausgenommen – von allen akademischen und wirtschaftlichen Positionen zurück und emigrierte nach England. Verbittert starb er 1934 auf einer Reise in Basel.

---

26 Charles: Genius (wie Anm. 24).
27 Charles: Genius (wie Anm. 24).
28 Ruske, Walter: 100 Jahre Deutsche Chemische Gesellschaft. Weinheim 1967. S. 135. Im Verband Deutscher Chemischer Vereine schlossen sich 1928 die Bunsengesellschaft, der Verein deutscher Chemiker und die Deutsche Chemische Gesellschaft zusammen.

## Haber – ein deutsch-jüdischer Wissenschaftler

Sowohl Habers Erfolge als auch sein Scheitern weisen bei allem, das ihn individuell auszeichnete, einige typische Charakteristika der Biographie sowie der Forschung jüdischer Wissenschaftler in Deutschland auf. Wie die meisten deutsch-jüdischen Wissenschaftler hatte Haber, politisch gesehen, eine deutsche Identität. Darüber hinaus war er wie viele, aber wie das Beispiel Einstein zeigt, nicht alle seiner jüdischen Kollegen deutscher Patriot, was in seinem Motto „Im Krieg dem Vaterland, im Frieden der Menschheit" sowie seinem patriotischen Verhalten während des Ersten Weltkrieges und in der Weimarer Republik zum Ausdruck kommt. Die Stärke seiner deutschen Identität wurde Haber erst nach seinem Rücktritt im Mai 1933 schmerzhaft bewusst, wie er an seinen Kollegen Richard Willstätter schrieb: „Ich bin so bitter wie nie zuvor [...] Ich bin in einem Maße deutsch gewesen, das ich erst jetzt voll empfinde [...]."[29]

In sozialer und wissenschaftlicher Hinsicht wiesen Habers Laufbahn und Arbeit dabei Eigenschaften auf, die insbesondere bei deutsch-jüdischen Wissenschaftlern seiner Zeit verbreitet waren. Dazu gehört ein kommerzieller sozialer Hintergrund – nichtjüdische Kollegen stammten überwiegend aus der gebildeten Mittelschicht.[30] Wie oben erwähnt, war das Chemiestudium ein von jüdischen Studenten häufig gewählter Zugang zur akademischen Welt, und jüdische Chemiker arbeiteten auch in großer Zahl in der Industrie. Der Wechsel von Organischer zu Physikalischer Chemie, wie ihn Haber vollzog, war typisch für jüdische Wissenschaftler, die, wie oben erwähnt, 1932 mehr als ein Drittel der Physikalischen Chemiker an Universitäten und Kaiser -ilhelm-Instituten ausmachten. Habers breites Wissensspektrum über Disziplingrenzen hinweg, seine große Entschlossenheit und viele internationale und interdisziplinäre Kontakte waren ebenfalls typisch für jüdische Kollegen seiner Zeit. Natürlich waren die Charakteristika auch bei nichtjüdischen Kollegen anzutreffen, wenn auch in dieser Kombination seltener.

---

**29** Stern, Fritz: Freunde im Widerspruch. Haber und Einstein. In: Vierhaus R./Brocke, v.B. (Hrsg.): Forschung im Spannungsfeld von Politik und Gesellschaft – Geschicht und Struktur der Kaiser-Wilhelm-/Max-Planck-Gesellschaft. Stuttgart 1990. S. 547
**30** Soziale Hintergründe jüdischer Wissenschaftler wurden ausführlich untersucht in Richarz, Monika: Der Eintritt der Juden in die akademischen Berufe. Dissertation Freie Universität Berlin 1970; in vielen Beiträgen von Shulamit Volkov in Volkov: Ursachen (wie Anm. 10) und Volkov: Juden (wie Anm. 21); s. auch Meyer, Michael A. u.a. (Hrsg.): Deutsch-jüdische Geschichte in der Neuzeit. Bnd 3 und 4. München 1997.

## Leonor Michaelis, 1875–1949

Leonor Michaelis, der hier als zweites Beispiel herangezogen wird, war in vielerlei Hinsicht, darunter bzgl. seiner politischen Überzeugung sowie Einstellung in Bezug auf Machtpositionen das Gegenteil von Haber. Er repräsentiert hier die Gruppe der sehr erfolgreichen deutsch-jüdischen Biochemiker. Eine Besonderheit seiner bemerkenswerten Biographie ist sein fachübergreifendes Wissen, das sich auf die Biologie, Organische und Physikalische Chemie sowie Quantenmechanik und Mathematik erstreckte. Seine damit verbundene Fähigkeit, Brücken zwischen Forschungsgebieten zu bilden, ermöglichte es ihm, neue Antworten auf einschlägige Fragen zu geben und dauerhafte Erkenntnisse zu gewinnen.

Über seinen familiären Hintergrund ist wenig bekannt. In einem kurzen autobiographischen Bericht, den er kurz vor seinem Tod auf Bitten des Direktors des Rockefeller Instituts für Medizinische Forschung (in der dritten Person Singular) schrieb, heißt es dazu lapidar: Michaelis wuchs auf in „an environment, which was far removed from science".[31] Dennoch ist anzunehmen, dass seine Eltern – den Angaben der Enkelin Sylvia Cohn zufolge war sein Vater ein nicht sehr erfolgreicher Berliner Kaufmann – alles taten, um ihm eine gute Erziehung zu ermöglichen. Er besuchte die Köllnische Schule, ein humanistisches Gymnasium, wo er sich nicht nur in Naturwissenschaften – die Schule besaß, damals ungewöhnlich für ein solches Gymnasium, ein chemisches und physikalisches Laboratorium –, sondern auch in Latein und Griechisch als außerordentlich talentiert erwies. Nach dem Abitur entschied sich Michaelis aber für ein Studium der Naturwissenschaften, wobei er den Weg über die Medizin wählte, mit der bemerkenswerten Begründung: „With no one to advise him, and no idea of how pure science could provide a living, he chose the study of medicine as the best approach to science."[32]

Während seines Studiums führte er Forschungsprojekte im Laboratorium von Oscar Hertwig, einem der bedeutendsten Embryologen, aus, danach verbrachte er ein Jahr als Privatassistent bei Paul Ehrlich am Staatlichen Seruminstitut in Steglitz. Im Jahr 1903 wurde er Privatdozent, 1905 außerplanmäßiger Professor an der Berliner Universität, erhielt aber trotz sich schnell einstellender wissenschaftlicher Erfolge in Deutschland keine akademische Position. Als Bakteriologe am Berliner Krankenhaus Am Urban gelang ihm in einem von ihm selbst dort ein-

---

[31] Michaelis, Leonor: Autobiography, 1948. In: „Leonor Michaelis, 16 January 1875–8 October 1949. An Autobiography with Additions by D.A. Macinnes and S. Granick. New York 1958 (National Academy of Sciences, Biographical Memoirs XXXI). S. 282–293.
[32] Michaelis: Autobiography (wie Anm. 31). S. 283.

gerichteten kleinen Laboratorium 1913 sein erster wissenschaftlicher Durchbruch auf dem Gebiet der physikalischen Chemie der Proteine.[33]

Sein größter Erfolg lag auf dem Gebiet der Kinetik enzymatisch katalysierter Reaktionen, für die er, zusammen mit der Postdoktorandin Maud Menten, quantitativ das Konzept der Affinitätskonstante entwickelte, die in erster Näherung ein Maß für die Affinität eines Enzyms zu seinem Substrat ist.[34] Seine Theorie der Enzym-Substratkomplexbildung wurde eine Grundlage der medizinischen und biochemischen Enzymologie, und die Michaelis-Menten-Konstante findet sich auch heute in jedem Lehrbuch der Biochemie.

Die Tatsache, dass Michaelis trotz seiner international hoch angesehenen Forschung keinen Ruf an eine Universität erhielt, lag zum einen daran, dass die naturwissenschaftliche Ausrichtung seiner Forschung trotz ihrer Bedeutung für die theoretische Medizin nicht geschätzt war. Medizinische Fakultäten bevorzugten anwendungsorientierte Forschung. Zum anderen lag es daran, dass er, anders als Haber, ein nichtgetaufter Jude war, der liberale Ansichten vertrat und den Krieg ablehnte. Sein Kollege Otto Meyerhof, Nobelpreisträger des Jahres 1922, der ebenfalls nie einen Ruf an eine deutsche Universität erhielt, führte die „schändliche Behandlung", die ihm von seiner Fakultät (in Kiel) widerfahren war, die ihn „nicht für würdig erachtete", Nachfolger eines dort emeritierten Professors der Biochemie zu werden, darauf zurück, dass er „Demokrat und Jude" war. Seiner Meinung nach waren es Michaelis und er selbst, „die in minderwertigen Stellungen am meisten unter Antisemitismus und Fakultätsdünkel leiden."[35]

Der Nobelpreis machte Meyerhof finanziell unabhängig; die Kaiser-Wilhelm-Gesellschaft bot ihm daraufhin die Position eines Abteilungsleiters für Physiologie an, die er annahm. Michaelis nahm 1922 das Angebot einer Gastprofessur in Japan an und 1926 eine Dozentenstelle an der Johns Hopkins University in Baltimore. 1929 wurde er zum Mitglied des angesehenen Rockefeller Institute for Medical Research in New York berufen. Hier arbeitete er insbesondere auf dem Gebiet der biologischen Redoxreaktionen, wo er als erster, gegen den Widerstand fast aller Kollegen der Organischen Chemie, unter Heranziehung neuer Ergebnisse der Quantenmechanik eine experimentell begründete Theorie der Bildung organischer Radikale (schnell reagierende Moleküle mit ungepaarten Elektro-

---

[33] Michaelis hatte in Deutschland als erster, gleichzeitig mit Sören Sörensen in Dänemark, die Bedeutung der von Physikochemikern aufgestellten neuen Ionentheorie von Materie in Lösung für biologische Phänomene erkannt und trug entscheidend zur Aufklärung des Einflusses von Wasserstoffionen auf Eigenschaften von Proteinen und Enzymen bei.
[34] Michaelis, Leonor uu. Menten, Maud: Die Kinetik der Invertinwirkung. In: Biochemische Zeitschrift, 49 (1913). S. 333–369.
[35] Meyerhof an Loeb, 10.10.1921. Loeb Papers, Library of Congress, Manuscript Division.

nen) als Zwischenstufen aufstellte, die weitreichende theoretische und praktische Bedeutung erhielt.

## Michaelis, ein deutsch-jüdisch-amerikanischer Wissenschaftler

Auch bei Michaelis findet sich der für jüdische Wissenschaftler seiner Zeit typische kommerzielle soziale Hintergrund, er war einer der medizinischen Wissenschaftler, die der Chemie eine zentrale Rolle für die Klärung biologischer Fragen zuschrieben und deren Forschung einen hohen internationalen Standard hatte. Michaelis gehörte zu den wenigen deutschen Emigranten, die sich in ihren Gastländern schnell einlebten, aber er blieb der deutschen Kultur sehr verbunden. Insbesondere liebte er die Musik, wobei er ein sehr guter Pianist war, der gelegentlich öffentlich auftrat. Die Tatsache, dass er 1933, als er bereits viele Jahre lang in den USA lebte, aus dem Vorlesungsverzeichnis der Berliner Universität entfernt wurde, berührte ihn stark.

Wissenschaftlich verband er traditionelle Ansätze, z.B. die Organische Chemie in der Tradition Emil Fischers und Paul Ehrlichs, mit neuesten Erkenntnissen seiner Zeit, z.B. der Physikalischen Chemie und Quantenmechanik. Seine Arbeiten waren von großer Klarheit und methodischer Exaktheit. Nach Einschätzung seiner amerikanischen Kollegen war Michaelis „certainly the most influential scientist, during the past half century, in the introduction of the methods of physical chemistry into biology and medicine". Kollegen hoben auch seine Energie und Entschlossenheit hevor und betonten sein „wide knowledge in the fields of biology, medicine, chemistry, physics, and mathematics" ebenso wie die „clarity of his thoughts" und die Fähigkeit, „the most abstruse and intricate subjects" mit „brilliant simplicity and precision" auszudrücken.

Diese große Spannweite von Fähigkeiten und Wissen, ein kritischer und scharfer Verstand sowie große Entschlossenheit trugen entscheidend zur Entwicklung und Ausrichtung der Biochemie bei. Sie finden sich in ähnlicher Form auch bei einer Reihe von anderen deutsch-jüdischen Biochemikern, die eine zentrale Rolle in der dynamischen Biochemie bis 1933 in Deutschland, danach in Ländern der Emigration spielten.

## Ausblick: Die Bedeutung der Kultur deutsch-jüdischer Forschungspraxis für die internationale Bedeutung deutscher Naturwissenschaft

Dieser Abschnitt bezieht sich in erster Linie auf Wissenschaftler in der Chemie, Biologie und theoretischen Medizin, wobei zu vermuten ist, dass sich einige der Aussagen verallgemeinern ließen, wenn entsprechende Untersuchungen vorliegen würden. Die Arbeit dieser Wissenschaftler war in größerem Ausmaß als bei nichtjüdischen Kollegen durch schnelles Aufgreifen neuer Entwicklungen, reduktionistische Forschung, in der biologische und medizinische Phänomene, z.B. solche der Immunologie, mit Hilfe von Chemie und Mathematik erklärt wurden, große Entschlossenheit und ein breites, Disziplingrenzen überschreitendes Wissensspektrum gekennzeichnet. Dabei konnte das schnelle Aufgreifen neuer Entwicklungen nicht nur, wie im Fall von Michaelis, positive Folgen, sondern, wie an anderer Stelle für ein zunächst vielversprechendes Gebiet der Chemie, die Kolloidchemie, gezeigt wurde, auch jahrelange wissenschaftliche Stagnation zur Folge haben.[36] Ursachen für diese Charakteristika des wissenschaftlichen Arbeitens liegen, wie im ersten Teil diskutiert, in der jüdischen Tradition, Besonderheiten der sozialen Situation jüdischer Wissenschaftler in Deutschland sowie in ihrer starken internationalen Vernetzung.

In einer Untersuchung über nationale Forschungsstile kam der Wissenschaftshistoriker Jonathan Harwood zu dem Ergebnis, dass ein breites Wissen und eine Praxis, in der empirische Forschung mit fachübergreifendem theoretischem Verständnis einherging, häufig anzutreffende Forschungsstile unter deutschen Flüchtlingen der 1930er Jahre in den USA waren. Er bezeichnete diese Charakteristika als „deutschen Stil der Forschung": „The great majority of these scholars [the German professors in the U.S.] were engaged in empirical research but were nonetheless concerned to develop a theoretical understanding of their subject matter which integrated a relatively wider range of phenomena ".[37]

Es waren genau diese Forschungscharakteristika, die die Arbeit der erfolgreichen Gruppe deutsch-jüdischer Wissenschaftler kennzeichnete, die entscheidend zur Transformation der Physiologie, Immunologie und Biochemie in erfolg-

---

[36] Deichmann, Ute: „Molecular" versus „Colloidal". Controversies in Biology and Biochemistry, 1900–1940. In: Bulletin for the History of Chemistry, 32 (2007), S. 105–118.
[37] Harwood, Jonathan: National Styles in Academic Culture. Science in Germany and the United States between the World Wars. In: Transnational Intellectual Networks. Forms of Academic Knowledge and the Search for Cultural Identities. Hrsg. von Christophe Charle, Jürgen Schriewer u. Peter Wagner. Frankfurt a.M. 2004. S. 53–79.

reiche Grundlagenwissenschaften in den USA beitrugen, wie vom Biochemiker der Harvard Medical School Eugene Kennedy beschrieben:

> Before the Second World War biochemistry in the United States had a strong flavor of clinical chemistry. [...] American students had to go abroad to Germany or to England for training in what came to be called dynamic aspects of biochemistry. After the war, the flow of students was largely reversed. This transformation was in considerable part the result of new insights and new approaches brought to America by immigrant scientists.[38]

Da Spezifika jüdischer Tradition sowie sozialer Hintergründe maßgeblich zur Generierung der hier relevanten Forschungscharakteristika beitrugen, war der Beitrag jüdischer Forscher zur internationalen Bedeutung dieser biologisch-chemischen Forschungsgebiete in Deutschland und in Ländern der Emigration nicht nur ein deutscher, sondern auch ein jüdischer Beitrag. Er verweist auf die Bedeutung, die die deutsch-jüdische Kultur auch auf dem Gebiet der Naturwissenschaften gehabt hat.

Die Frage nach der deutsch-jüdischen Kultur in den Naturwissenschaften und deren Ursachen führt, in einem weiteren Kontext betrachtet, zur Frage nach den notwendigen Voraussetzungen für gute Wissenschaft. Neben talentierten und motivierten Wissenschaftlern gehören dazu gute Lehrer und Forschungsbedingungen. In Deutschland waren hervorragende Wissenschaftler Professoren an Universitäten, und es existierten sowohl an Universitäten als auch Kaiser-Wilhelm-Instituten ausgezeichnete Forschungsbedingungen, obwohl einer Reihe von herausragenden jüdischen Wissenschaftlern der Zugang zu Positionen bereits vor 1933 verwehrt war. Deutschland hatte vor 1933 eine international führende Position u.a. in der Chemie, Biochemie und Quantenmechanik Mit der Zerstörung der deutsch-jüdischen Kultur, die 1933 begann, wurde auch die deutsch-jüdische Wissenschaftskultur zerstört. Dies war ein entscheidender Grund dafür, dass Deutschland auf einigen Gebieten, darunter der Biochemie und Physik, seine international führende Rolle verlor.

Der israelische Biochemiker Aron Ciechanover, selbst Nobelpreisträger der Chemie (des Jahres 2004) machte in einem Kommentar zur Verleihung des Nobelpreises an Shechtman 2011 deutlich, dass die Beibehaltung eines hohen Standards der Wissenschaft großer Anstrengungen auch seitens der Politik bedarf:

> But beyond the feeling of joy there is a sense of gloom – the crisis in which the State of Israel finds itself. Shechtman is a rising star whose light will soon be extinguished. [...] It is not clear whether we will have additional winners in the future or, more important, whether

---

[38] Kennedy, Eugene P.: Hitler's Gift and the Era of Biosynthesis. In: Journal of Biological Chemistry, 276 (2001). S. 42619.

Israeli scientists will make groundbreaking achievements in the future as well. This question originates in the continuing deterioration of our systems of education and research.[39]

Der kurze Blick auf die Geschichte der deutsch-jüdischen Kultur in den Naturwisssenschaften soll auch dazu beitragen, über kulturelle, soziale und politische Bedingungen guter Wissenschaft heute nachzudenken.[40]

---

**39** Ciechanover, Aaron: Comment. In: Haaretz, 13.10.2011.
**40** Ich danke meinem Kollegen Ulrich Charpa für seine hilfreichen Kommentare.

Christine Holste
# Jüdische Architektur und Identität – einige Bemerkungen zur neueren Diskussion

Architektur als Bedeutungsträgerin kann sich gesellschaftlichen Zuschreibungen nicht entziehen. Ihre Wirkung beruht auf verschiedenen, miteinander kommunizierenden Symbolebenen. So kann sie zum Beispiel integrieren oder auch der gesellschaftlichen Segregation dienen: Der Architekt, meint der Schriftsteller Kazimierz Brandys und zieht damit die Parallele zu den altisraelischen Propheten, „warnt nicht durch lärmende Prognosen, sondern zeigt den Stand der Dinge."[1]

Zugleich ist seine Aufgabe die austarierende Vermittlung zwischen den Zeiten und Bauformen: „Nicht die Archäologen allein [...], die Architekten sind diejenigen, die das Gespräch der Vergangenheit mit der Zukunft, den Dialog der Toten mit den Lebenden formal bewältigen und in Architektur umsetzen müssen."[2] Der jüdische Avantgardearchitekt Josef Frank (1885–1967)[3] radikalisierte unter dem Eindruck der Zerstörungen des Ersten Weltkriegs die Frage nach seinen berufsspezifischen Aufgaben in diesem Sinn und verfasste 1931 einen programmatischen Essay mit dem Titel *Architektur als Symbol. Elemente deutschen neuen Bauens*. Frank wollte der geschichtspolemischen Zweckkunst der Moderne eine Auffassung entgegensetzen, die – allen Atavismen abhold – die *Architektur* seit ihren antiken Anfängen zur Trägerin und *Gestalterin kollektiver zeitpräsenter Symbole*, gleichsam zum „formgewordenen Schlagwort", erklärte[4].

Von einer genuin „jüdischen Architektur" war in diesem Essay freilich nicht die Rede, wohl aber von einem spezifischen Selbstbewusstsein, dem bis zur

---

[1] Zit. nach Bartetzko, Dieter: Architektur und Integration. Zu viel Istanbul, zu wenig Duisburg. In: FAZ, 9.12.2009; s. a. Ebach, Jürgen: Intellektuelle als Propheten – Propheten als Intellektuelle. In: Was ist ein Intellektueller. Rückblicke und Vorblicke. Hrsg. von Richard Faber. Würzburg 2012. S. 21–38.
[2] Oexle, Judith: Der Dresdner Altmarkt – drunter und drüber. In: Stadt Bauwelt 12, 29.3.1996. S. 653.
[3] Frank, Josef: Schriften/Writings. 2 Bände. Hrsg. von Tano Bojankin, Christopher Long u. Iris Meder. Wien 2012; schon 1910 war Josef Frank dem Deutschen Werkbund beigetreten. Zusammen mit Oskar Strnad begründete er die „Wiener Schule" der Architektur. Im Juni 1928 gehörte er neben Le Corbusier, Max Haefeli, Gerrit Rietveld, Siegfried Giedion und Hugo Häring zu der Gruppe Architekten, die auf Anregung von Hélène de Mandrot in La Sarraz zusammenkamen, um die Congrès Internationaux d'Architecture Moderne (CIAM) zu gründen. S. a. Spalt, Johannes u. Czech, Hermann: Josef Frank 1885–1967. Wien 1981.
[4] Hier zit. nach Frank, Josef: Architektur als Symbol. Elemente deutschen neuen Bauens. Wien 1981 (Nachdr. der Ausg. Wien 1931). S. 10, 15 und S. 11: „Das architektonische Symbol, einmal verständlich geworden, ist ein formgewordenes Schlagwort. Wir können deshalb den Stil einer Zeit eine Sammlung ihrer Symbole nennen." Josef Frank galt z.B. Fritz Langs Film *Metropolis* als Teil des zeitadäquaten Symbols der 20er Jahre (S. 13).

Gegenwart reichenden „vorderasiatisch ägyptischen Kulturkreis" anzugehören, der alles gegenwärtig Lebendige aufnehmen kann und seine eigene Veränderung beständig anstrebt. Zwei Jahre später, als sich der Österreichische Werkbund von seiner sozialistisch-jüdischen Richtung löste und zunehmend antisemitische Positionen vertrat, bewog dies Josef Frank und seine Frau, noch zur Jahreswende 1933/4 von Wien nach Stockholm zu emigrieren. Zwischen 1942 und 1946 lebten beide im New Yorker Exil, wo Josef Frank ein bedeutender Designer, Architekturschriftsteller und einer der bekanntesten Dozenten der New School for Social Research wurde.

Josef Franks *Architektur als Symbol* ist unter den Schriften der architektonischen Moderne sicher eine Ausnahme, wie die dem Weltkrieg entgegengestellten dynamischen Architekturvisionen des jüdischen Architekten Erich Mendelsohn (1887–1953), die seinem zwischen 1919 und 1921 realisierten Potsdamer Einstein-Turm vorausgingen, eher Ausnahme (weil Ausdruck einer hoch individuierten Künstlerpersönlichkeit) waren. Dagegen steht der allgemeine *Bruch der Moderne mit dem Kanon überlieferter Bauformen* – in Manifesten, Ausstellungen und ausgeführten Bauprojekten ausgiebig demonstriert – außer Zweifel. Wenn also seit Beginn des 20. Jahrhunderts die Moderne Funktionalität und Typisierung zunehmend auf ihre Fahnen setzte und die Verabschiedung von der Geschichte im Sinne einer *tabula rasa* als „Kultur des Vergessens" (Nietzsche)[5] proklamierte, haben wir uns heute – damit u.a. auf den Spuren Josef Franks – gerade im Bereich jüdischer Architektur mit dem Phänomen einer Zweiten Moderne und ihren wiederentdeckten imaginationsanregenden Begriffen von „Erinnerung" und „Gedächtnis" auseinanderzusetzen, die einhergeht mit herausragenden Beispielen neuer Baukunst, neuer Materialästhetik und einer außerordentlich differenzierten *Symbolsprache*[6]: Den Beginn markierte Daniel Libeskinds (geb. 1946 in Lodz) für Osnabrück entworfenes Felix-Nussbaum-Haus (1998, erweitert 2011)[7], gefolgt vom Berliner Jüdischen Museum (1989–1999), Libeskinds frühest ausgeführtem, heute international vielleicht bekanntestem Museumsbau der Stadt[8],

---

5 S. Friedrich Nietzsches Dionysos-Dithyramben, die Zweite unzeitgemäße Betrachtung und deren grundsätzliche Retraktation in Zur Genealogie der Moral; vgl. auch: Weinrich, Harald: Lethe Kunst und Kritik des Vergessens. München 1997. S. 160–168.
6 So auch das Thema der Konferenz „Geschichtsbilder in der Architektur 20./21. Jahrhundert" im Deutschen Architekturmuseum Frankfurt vom 8.11.–9.11.2012 unter der Leitung von Prof. Dr. Kai Kappel (Humboldt-Universität zu Berlin), Prof. Dr. Matthias Müller (Johannes Gutenberg-Universität Mainz) und Dr. habil. Wolfgang Voigt (Deutsches Architekturmuseum Frankfurt am Main).
7 Rodiek, Thorsten: Daniel Libeskind – Museum ohne Ausgang. Das Felix-Nussbaum-Haus des Kulturgeschichtlichen Museums in Osnabrück. Tübingen 1998.
8 Libeskind hat zentrale Stichworte (so die Topographie der Leere) und sein Verhältnis zur Stadt reflektiert in: Libeskind, Daniel: Kein Ort an seiner Stelle. Schriften zur Architektur – Visionen für

dann von Mario Bottas (geb. 1943 im Tessin) zwischen 1996 und 1998 in Tel Aviv errichteten Cymbalista Synagoge[9] (Abb. 1) und weiteren jüdischen Einrichtungen. In Deutschland zählt zu ihnen nicht zuletzt die Berliner Heinz-Galinski-Schule (1992–1995)[10] (Abb. 2) des in Polen geborenen israelischen Architekten Zvi Hecker (geb. 1931) und sein geometrisch austariertes Jüdisches Gemeindezentrum in Duisburg (1996–1999) mit seinem von Dani Karavan entworfenen „Garten der Erinnerung". Auch die 2011 fertiggestellte, auf dem Grundriss eines Ovals errichtete Speyerer Beith-Schalom Synagoge (2008–2011) des Architekten Alfred Jacoby (geb. 1950), als „Haus des Friedens" gelegen neben dem ersten mittelalterlichen Siedlungsplatz und Friedhof der Speyerer Juden, wäre hier zu erwähnen (Abb. 3): Speyer, Worms und Mainz gelten als die drei bedeutendsten frühmittelalterlichen jüdischen Gemeinden Deutschlands und wurden nach ihren hebräischen Initialen „kehilot Shum" die SchUM-Städte genannt[11], die zwar aufgrund integrationsfreundlicher Erlasse geistlicher Fürsten im Mittelalter die Identität jüdischer Gemeinden im Rheingebiet stärkten, gleichzeitig jedoch von der jüdischen Liturgie in Trauer wegen ihrer im Jahr 1096 von den Kreuzfahrern ermordeten Märtyrer erinnert werden. Bemerkenswert ist im Speyerer Fall, dass die ehemals katholische Hallenkirche St. Guido zum an den Synagogen-Neubau angrenzenden jüdischen Gemeindezentrum umgebaut wurde.[12] Die Liste der Beispiele ließe sich beliebig erweitern, wobei alle einschlägigen Bauten miteinander gemein haben, dass sie aus einem neuen Selbstbewusstsein heraus eine *zeichenhafte Symbolsprache* entwickeln, die architektonische, biblische und historische Bezüge herstellen will und gleichzeitig den Blick offen lässt für künftige Entwicklungen, für

---

Berlin. Basel 1995; zum Berliner Museumsbau s. Dorner, Elke: Daniel Libeskind Jüdisches Museum Berlin. Berlin 1999; s.a. Wagner, Kirsten: Räume gegen das Vergessen – Architektur als Medium der Erinnerung. In: Die verborgene Spur. Jüdische Wege durch die Moderne im Felix-Nussbaum-Haus Osnabrück. Ausstellung vom 7.12.2008–2009. Hrsg. v. Prof. Dr. Martin Deppner in Kooperation mit Karl Janke, mit Beitr. von Martin Roman Deppner u.a. Bramsche 2008. S. 48–73.
9 Botta, Mario: The Cymbalista Synagogue and Jewish Heritage Center. Mailand 2001.
10 Kristin Feireiss (Hrsg.): Zvi Hecker: Die Heinz-Galinski-Schule in Berlin, Tübingen Berlin 1995.
11 Benannt nach den Anfangsbuchstaben der hebräischen Namen Schpira – Warmaisa – Magenza: jede dieser Städte erlangte als Zentrum jüdischer Kultur überregionale Bedeutung: Speyer sorgte durch politische Einflussnahme für Privilegien und den Schutz der Juden, Worms war berühmt für seine Hochschule mit herausragenden Lehrern, Mainz war die Stadt der jüdischen Bankiers mit starker Finanzkraft; s.a. Michael Huyer: Mittelalterliche Judengemeinden am Rhein. Die SCHUM-Städte, hrsg. von der Landeszentrale für Politische Bildung Rheinland-Pfalz 2004.
12 Die Priester des katholischen Konvents hatten sich hier 1935 einen fast fensterlosen Kirchenraum erbaut, der sie im Gebet von der Ungesetzlichkeit der damaligen Außenwelt abschirmen sollte, s. die Broschüre: Einweihung der Synagoge Beith Schalom 9. November 2011. Hrsg. von der Jüdischen Kultusgemeinde der Rheinpfalz und Stadt Speyer. Speyer 2011. S. 22.

**Abb. 1:** *Cymbalista Synagoge* Universität Tel Aviv, Architekt: Mario Botta (1996–98). Der zweitürmige festungsartige Bau enthält Anspielungen auf den Tempel Salomons und symbolisiert architektonisch die Fundamente jüdischer Religion.

**Abb. 2:** *Heinz-Galinski-Schule* Berlin-Grunewald, Architekt: Zvi Hecker (1992–95). Das Schulgebäude wurde konzipiert als sich entfaltende Sonnenblume, Hecker verfolgte mit seiner Fragmentierung die Idee einer Schule als Stadt.

**Abb. 3:** *Beit-Schalom Neue Synagoge* Speyer, Architekt: Alfred Jacoby (2008–11) Um eine Ausrichtung nach Jerusalem zu erreichen, wurde der Baukörper aus der Achse des Gemeindehauses herausgedreht, die eingelassenen Schrifttafeln der Außenseite verweisen auf die Zehn Gebote.

**Abb. 4:** *Mahnmal Gleis 17 Berlin-Grunewald*, Architektenteam: Wandel Hoefer Lorch & Hirsch (1998). Das Monument der Betonmauer mit den Negativabdrücken menschlicher Körperformen wurde von Karol Broniatowski (1991) geschaffen, Kernelemente des Mahnmals sind die chronologisch geordneten und in Schotter gebetteten 186 Stahlgußobjekte. Direkt an der Bahnsteigkante sind Datum des Transports, Anzahl der Deportierten, Abgangsort und Bestimmungsort zu lesen.

Zuwanderer und nachwachsende Generationen, denen die Erfahrung des Holocaust immer ferner rückt.

Es sind nicht ausschließlich jüdische Architekten, die an dieser Entwicklung teilhaben: Wenn davon auszugehen ist, dass in Deutschland in den vergangenen 60 Jahren über 100 Synagogen bzw. andere jüdische Gemeindebauten entstanden sind[13], so steht beispielhaft für die neuere Entwicklung auch der Werdegang des Architektenbüros von Wandel/Hoefer/Lorch, dessen jüngster Entwurf eines Jüdischen Museums als integrativer Bestandteil der archäologischen Zone der Stadt Köln derzeit immer noch diskutiert wird[14]. Ihm vorausgegangen waren der mehrfach ausgezeichnete Bau der Münchner Hauptsynagoge Ohel Jakob (2004–2006) am Jakobsplatz und die schon 2001 auf einem schmalen Grundstück sich in Schichten schraubenförmig nach oben drehende Dresdener Synagoge (1997–2001, Wandel Hoefer Lorch+Hirsch) mit benachbartem jüdischen Gemeindezentrum. Das Büro ist deutschlandweit wohl inzwischen dasjenige, das sich am längsten und intensivsten mit der Erinnerung an den Holocaust auseinandergesetzt hat: Zu seinen Arbeiten zählen u.a. die in den 1990er Jahren entstandenen Mahnmale für den Frankfurter Börneplatz (1995), den Ort des ehemaligen Ghettos,[15] und für das „Gleis 17" am zeitweiligen Deportationsbahnhof in Berlin-Grunewald (1998, Abb. 4). Beide Arbeiten widmen sich ausdrücklich dem Auslöschen der während des Dritten Reiches verfolgten Juden und ihrer Kultur. In Dresden lokalisierte man die Synagoge zudem – wie ein Gesamtplan zeigt – auf dem Baugrund der in der Reichspogromnacht zerstörten Synagoge Gottfried Sempers, die dieser 1838 ein Jahr nach der gesetzlichen Emanzipation der sächsischen Juden als tempelartigen Zentralraum mit Kuppel und orientalisiertem Innenraum errichtet hatte.[16]

Die aufgeführten Projekte belegen, dass das Thema „Erinnerung und Verlust" und die Auseinandersetzung mit dem „Gedächtnis des Ortes" heute eng aufeinander bezogen sind. Sie reagieren damit auf die Situation des nachkriegsbeding-

---

**13** So die Einleitung von Knufinke, Ulrich: Synagogenarchitektur in Deutschland seit 1945. S. 1. (Bet Tfila – Forschungsstelle für jüdische Architektur in Europa, http://www.bet-tfila.org (9.9.2014) zitiert nach http://www.zentralratdjuden.de/de/topic/383.synagogen.html (1.10.2014).
**14** Kölner Stadt-Anzeiger 16.6.2013.
**15** Gedenkstätte am Neuen Börneplatz für die von Nationalsozialisten vernichtete dritte jüdische Gemeinde in Frankfurt am Main. Hrsg. vom Amt für Wissenschaft und Kunst, Stadt Frankfurt am Main. Redaktion: Klaus Klemp. Sigmaringen 1996.
**16** Die Architekturgeschichte hat wiederholt bedauert, dass Gottfried Semper keine Skizzen seines Dresdner Synagogenbaus hinterlassen hat und es auch keine schriftlichen Zeugnisse von ihm zu diesem Thema und Sempers Einwilligung gibt, ein „fremdes" Gotteshaus zu bauen. 1849 wurde Semper dank der Empfehlung des Dresdner Bankiers Oppenheim außerdem zu einem Wettbewerb der jüdischen Gemeinde in Paris eingeladen. Eine Zeichnung der Perspektivkonstruktion der Eingangspartie hat sich erhalten, doch zerschlug sich das Pariser Bauvorhaben.

ten Wiederaufbaus, der diese Thematik weitgehend verdrängt hatte, wie z.B. die lokalgeschichtlichen Studien über „Synagogen in Hessen. Was geschah seit 1945?" (1988)[17] oder die kürzlich vom Moses Mendelssohn Zentrum unter Elke-Vera Kotowski kuratierte Wanderausstellung zur systematischen Erforschung der 1938 gewaltsam zerstörten „Synagogen in Brandenburg" (2012) zeigten.

Parallel zum Bau des Münchner Synagogenensembles hat 2004 eine durch Edward van Voolen, dem Direktor des Jüdischen Museums Amsterdam, in Zusammenarbeit mit Angeli Sachs initiierte und kuratierte Wanderausstellung unter dem Motto „Jüdische Identität in der zeitgenössischen Architektur" einen Überblick über 16 der neuen jüdischen Erinnerungsbauten und ihr kulturelles Umfeld gegeben[18]. Der Ort Amsterdam war nicht zufällig gewählt: Seit dem ausgehenden 16. Jahrhundert – also mit dem Beginn des Goldenen Zeitalters Hollands – hatten sich selbstbewusste portugiesische und aschkenasische Gemeinden in Amsterdam gebildet, die Amsterdam jiddisch als „Mokum" (von dem hebr. Wort Makom = Ort) verstanden, zum Zeichen dafür, dass sie sich in dieser Stadt „zu Hause" fühlten. Unter der Fragestellung: „Kann Architektur der jüdischen Identität Form verleihen?" wurden einige der hier bereits vorgestellten und schon kanonisch gewordenen Gebäude (von D. Libeskind, M. Botta, Frank O. Gehry, A. Krischanitz, Z. Hecker, A. Mansfeld, M. Safdie, Wandel/Hoefer/Lorch u.a.) in Osnabrück, Warschau, Berlin, Wien, München und London gezeigt.

Die Ausstellung weitete den Blick dadurch, dass sie eine transkulturelle, von Israel über die USA, Österreich und Deutschland reichende, an Projekten und Akteuren orientierte Perspektive bot. Jüdische Identität wurde hier nicht allein über historische Fakten wie die Diaspora und die europaweite jüdische Emanzipationsbewegung bis zum Holocaust dokumentiert, sondern vielmehr über pluriverse Bauten namhafter Architekten und ihren Versuch, das nicht Darstellbare festzuhalten; von dem ehemals verbindlichen, auf dem jüdischen Festkalender beruhenden Zeitbegriff stetiger Wiederholung wurde – im Rückgriff auf den jüdi-

---

17 Altaras, Thea: Synagogen in Hessen – Was geschah seit 1945? Königstein im Taunus 1988. Es handelt sich um eine reflektierende Dokumentation von 221 hessischen Orten, deren Synagogenbauten die Pogromnacht 1938 und den Zweiten Weltkrieg überstanden. Die Autorin weist nach, dass 40 % der hessischen Synagogen in der Pogromnacht zerstört wurden, 16 % von ihnen wurden allerdings erst nach 1945 abgerissen, S. 6. Der Band enthält 223 architektonische Beschreibungen und Bauhistorien.
18 Jewish Identity in Contemporary Architecture. Jüdische Identität in der zeitgenössischen Architektur. Hrsg. von Angeli Sachs u. Edward van Voolen. Essays by Samuel D. Gruber, Michael Levin, Edward van Voolen, James E. Young and Contributions by Aaron Betsky u.a. München, Berlin, London, New York 2004; Gruber, Ruth Ellen: Virtually Jewish. Reinventing Jewish Culture in Europe. Berkeley 2002 konnte ich leider nicht mehr berücksichtigen.

schen Historiker Yosef Hayim Yerushalmi[19] – der Übergang zur modernen säkularen Zeitvorstellung betont[20] und mit ihm: die *Verwandlung von Zeit zum symbolhaltigen Raum*, sei es in Museum, Synagoge oder Schule.

Behutsam ging es den Kuratoren darum, neue Identifikationsorte zu markieren und Distanzen zur Vergangenheit nicht zu verdecken. Dennoch mag sich die Frage aufdrängen: Läßt sich die *Differenz dieser neuen selbstbewussten jüdischen Identitätskonstruktion* auf dem Gebiet der Architektur gegenüber der früheren genauer beschreiben?[21] Wie ist es z.B. zu erklären, dass ein Autor wie Samuel D. Gruber, den dynamischen Charakter des modernen Judentums betonend, 2004 schreibt: „Es gibt viele jüdische Architekten, aber im Prinzip keine ‚jüdische Architektur'", um dann auf die Frage: „Bringen jüdische Architekten etwas Besonderes in die Architektur oder auch von anderen Gebäuden ein?", selbst die Antwort zu geben: „Als Gruppe, nein"?[22]

Die Frage nach dem genuin jüdischen Bauen ist nicht neu: „Jüdische Architektur: das ist eine schwierige Wortverbindung", stellte bereits 1971 der in Berlin geborene deutsch-jüdische Architekturhistoriker Julius Posener fest.[23] Der von

---

[19] In: Zakhor. Jewish History and Jewish Memory. University of Washington Press 1982 (dt. Berlin 1982) war Yerushalmi der Dynamik der biblischen Aufforderung des Erinnerns und ihrer Funktionsweise nachgegangen. Zu Y.H. Yerushalmis Beziehung zu Deutschland s. Brenner, Michael: Yerushalmi en Allemagne – L' Allemagne en Yerushalmi. In: L'histoire et la mémoire de l'histoire. Hommage à Yosef Hahim Yerushalmi. Hrsg. von S.A. Goldberg. Paris 2012. S. 107–115. Über Werdegang und Werk des großen 2009 verstorbenen jüdischen Historikers s. die Gesprächsreihe: Yerushalmi, Yosef Hayim: Transmettre l'histoire juive. Entretiens avec Sylvie Anne Goldberg. Paris 2012.

[20] S. Voolen, Edward van: From Time to Place. Shaping Memory in Judaism. In: Sachs u. van Voolen (Hrsg.): Identity (wie Anm. 18). S. 12–20.

[21] Die Architektur bietet sich offenkundig besonders an, um jüdische Identitätsfragen zu thematisieren. Aus diesem Grunde hat sich die neuere Bauforschung für eine pragmatische Definition entschieden: Jüdische Architektur ist das, was von Juden oder für Juden geplant oder errichtet worden ist; so lautet beispielsweise die Arbeitshypothese des laufenden DFG-Projekts „Bauten jüdischer Gemeinschaften in Berlin bis 1945". Verantwortliche und Mitarbeiter dieses Projekts stammen aus drei beteiligten Institutionen: der Bet Tfila an der TU Braunschweig, dem Center for Jewish Art der Hebrew University of Jerusalem und der Stiftung Neue Synagoge Berlin – Centrum Judaicum. Das Centrum Judaicum in der Oranienburger Straße war am 12.6.2008 auch Tagungsort eines öffentlichen Seminars, s. den Sammelband: Beiträge zur jüdischen Architektur in Berlin. Hrsg. von von Aliza Cohen-Mushlin, Hermann Simon u. Harmen H. Thies. Petersberg 2009. Die laufende Schriftenreihe der Bet-Tfila-Publikationen ist dem Internet zu entnehmen, vgl. Anm. 13.

[22] Gruber, Samuel D.: Jewish Identity and Modern Synagogue Architecture. In: Jewish Identity in Contemporary Architecture (wie Anm. 18). S. 21.

[23] Posener, Julius: Jüdische Architekten in Berlin, in: Leistung und Schicksal. 300 Jahre Jüdische Gemeinde zu Berlin. Ausstellung im Berlin Museum vom 10.9. bis 10.11.1971. Berlin 1971. S. 64–67. Die Ausstellung unter der Schirmherrschaft des Bundespräsidenten Dr. Gustav Heine-

den Nationalsozialisten verfolgte Posener (1904–1996) – Hans Poelzig und Heinrich Tessenow waren seine Lehrer gewesen, das Berliner Büro Erich Mendelsohns, später Mendelsohns Windmühle in Rehaviah bildeten nur Etappen seines zwischen vielen Schauplätzen wechselnden Lebens – konnte aus dem Innern der Zunft, nicht nur als Historiker urteilen, weshalb seine Stimme besonderes Gewicht erhielt. Posener, der die Problematik jüdischer Baugeschichte im Fokus der Katastrophe von 1933 erlebt hatte, konstatierte ebenfalls:

> es gibt nichts spezifisch Jüdisches in der Architektur der jüdischen Architekten: oder, wenn es dergleichen geben sollte, so kann man es nicht in Worte fassen. Sie sind nicht besonders revolutionär, noch sind sie besonders konservativ. Sie sind ebenso konstruktiv gesonnen, ebenso der Dekoration zugewandt, ebenso sachlich, ebenso phantastisch wie ihre Zeitgenossen. Wenn man etwas sagen kann, so ist es [...] dies: dass es unter den, im Anfang [...] verhältnismäßig wenigen, die diese Laufbahn ergriffen, eine bemerkenswert große Anzahl Künstlerpersönlichkeiten gegeben hat.[24]

Noch vor der gewaltsamen Beendigung der Wirkungsmöglichkeiten jüdischer Architekten im Jahre 1933 und seiner Emigration nach Paris hatte Posener begonnen, in der französischen Avantgardezeitschrift *L'Architecture d'aujourd'hui* zu publizieren. Neben dem Aufbau seiner architekturschriftstellerischen Existenz in Paris ging es Posener darum, einer internationalen Öffentlichkeit deutschsprachige jüdische Künstler auf dem Gebiet der modernen Architektur vorzustellen: Erich Mendelsohn (1887–1953), Alfred Gellhorn (1885–1972), Richard J. Neutra (1892–1970), Walter Segal (1907–1985), Ernö Goldfinger (1902–1987) und Marcel Breuer (1902–1981) sind nur einige der von ihm vorgestellten Persönlichkeiten,

---

mann widmete sich unter anderem der Frage der Künste im Leben der jüdischen Gemeinde. Von Julius Posener existieren zwei Autobiographien: Posener, Julius: Fast so alt wie das Jahrhundert. Eine Autobiographie als Epochengemälde. Vom späten Kaiserreich über die kurzen Jahre der Republik in die Zeit des wechselvollen Exils. Am Ende die Heimkehr in das neue Berlin. Berlin 1990, ergänzt durch: Posener, Julius: In Deutschland 1945–1946. Berlin 2001 und sein posthum erschienenes Buch: Posener, Julius: Heimliche Erinnerungen. In Deutschland 1904–1933. Berlin 2004; Sein Hauptwerk: Posener, Julius: Berlin auf dem Wege zu einer neuen Architektur. Das Zeitalter Wilhelms II. 1890–1918. München 1979 (2. Aufl. 1995) enthält zahlreiche Hinweise auf die Mitwirkung jüdischer Auftraggeber im Städtebau. Der Nachlass des 1996 verstorbenen Julius Posener befindet sich heute in der Akademie der Künste Berlin.
**24** Posener: Jüdische Architekten (wie Anm. 23). S. 64. Posener zeichnet eine Traditionslinie in der Berliner Baukunst nach, die von dem Schinkel verpflichteten Friedrich Hitzig über den von der Jüdischen Gemeinde beauftragten nichtjüdischen Baumeister der Synagoge in der Oranienburger Straße, Eduard Knoblauch, bis zu dem Neuerer Alfred Messel mit seiner Pfeiler- und Glasarchitektur und Namen wie Alfred Breslauer und Oskar Kaufmann reicht. Posener erinnert in diesem Aufsatz auch an die städtebauliche Bedeutung jüdischer Bauherren, ein bis heute zu wenig beachtetes Thema.

deren Mitwirkung an der ersten künstlerischen Moderne schon damals eine breitere Resonanz fanden.²⁵

Als Historiker sah Posener das strukturelle Hindernis für eine selbstständige „jüdische" Architekturentwicklung weniger in internen religiösen Gründen (so wie etwa das jüdische Bilderverbot die Ausbildung der visuellen Künste erschwert und verzögert hatte), sondern in der von der Mehrheitsgesellschaft auferlegten Schranke, handwerklich tätig zu sein:

> Wir können nicht sicher sein, wer die großen Synagogen in Deutschland, Holland und Polen wirklich gebaut hat: es ist nicht gesagt, dass es Juden gewesen sind; und andere bedeutende Aufträge, als den für das Gotteshaus hätte ein jüdischer Baumeister innerhalb der Gemeinde kaum finden können (und außerhalb der Gemeinde gewiß nicht).²⁶

Und er folgert daraus: „Kein Zweifel: der jüdische Architekt übt eine Tätigkeit aus, für die ihm historisch-soziologisch die Voraussetzungen fehlen. Das hat ihn von Anfang an nicht daran gehindert, sie als Meister auszuüben."²⁷ Das von Posener hier nur angedeutete *Spannungsverhältnis zwischen der jeweiligen Mehrheitsgesellschaft und ihrem Umgang mit der jüdischen Minderheit* durchzieht nicht nur die religiöse Geschichte des Judentums, sondern auch seine Baugeschichte,

---

**25** S. die Bibliographie in: Posener, Julius: Was Architektur sein kann. Neuere Aufsätze. Basel, Berlin, Boston 1995. S. 233–249. Die 2008 verstorbene Myra Warhaftig galt als Expertin auf diesem Gebiet. Sie gründete auch den Verein *Gesellschaft zur Erforschung des Lebens und Wirkens deutschsprachiger jüdischer Architekten e.V.*, der bis heute über die von der Reichskulturkammer ausgeschlossenen Architekten forscht und über ein einmaliges Fotoarchiv auf der Basis von Familiennachlässen verfügt; s. Warhaftig, Myra: Deutsche jüdische Architekten vor und nach 1933 Das Lexikon. 500 Biographien. Berlin 2005.

**26** Posener: Jüdische Architekten (wie Anm. 23). S. 64; dieser Aspekt ist inzwischen detaillierter untersucht worden, s. Krinsky, Carol Herselle: Europas Synagogen. Wiesbaden 1985. S. 48: „Einflussreiche Personen und später die Zünfte kontrollierten die Ausbildung und Tätigkeit vieler Handwerker. Da Juden häufig nur Geldgeschäfte abwickeln und Waren aus zweiter Hand verkaufen durften, konnten sie im Allgemeinen weder bauen noch ihre eigenen Synagogen errichten. [...] Auch wenn uns die Beweise fehlen, dass Juden Synagogen entworfen und gebaut haben, so hat es im 15. Jahrhundert in Prag, Palermo und Krakau Zimmerleute gegeben, die Juden waren. Anscheinend gab es im 14. Jahrhundert in Nürnberg jüdische Maurer, denn im Jahre 1338 wird in den Aufzeichnungen ein gewisser Joseph als Maurer erwähnt. Im folgenden Jahrhundert wurde aber in dieser Stadt durch einen Erlaß allen Juden verboten, Bauarbeiten für Christen auszuführen [...] An anderen Orten sind jedoch einige wenige Juden als Erbauer von Synagogen belegt." Zu den spezifisch jüdischen Bauaufgaben gehören seit jeher dreierlei: die Synagoge als Versammlungsort der Frommen und als Schule, das Ritualbad Mikwe und der Friedhof. Im Rahmen dieses Beitrags musste ich mich auf das Thema der identitätsstiftenden Rolle der Synagoge beschränken.

**27** Posener: Jüdische Architekten (wie Anm. 23). S. 64.

womit wir zu den anfangs erwähnten gesellschaftlichen Zuschreibungen an die Architektur zurückgekehrt sind. Unhintergehbar für jede Betrachtung jüdischer Baugeschichte in Deutschland ist eine Haltung, die sich der Dogmatik mentaler Grenzziehungen verweigert. Der Architekturhistoriker Dieter Bartetzko hat deshalb – bezogen auf das Jahr 1933 und die Zerstörung von 412 Synagogen in der Reichspogromnacht – die selbstkritische Einsicht in den „freiwilligen, kontrollierten Somnambulismus" der Mehrheitsgesellschaft gefordert:

> materielle und ideelle Tilgung der Synagogen sind hauptverantwortlich dafür zu nennen, dass nach 1945 die Synagoge in der deutschsprachigen Kunst- und Architekturgeschichte lange Zeit nicht existent war. 12 Jahre diktierten und 30 Jahre freiwilligen Vergessens spiegeln sich im vorgeblich objektiven Bereich der (Kunst-)Wissenschaft als unwillentliches Unterschlagen einer Baukunst-Gattung, die fast 900 Jahre hindurch einen, wenn auch (zwangsläufig) untergeordneten, so doch festen Platz in der Architektur Deutschlands innehatte.[28]

Bartetzkos Verdienst ist es, der Geschichte der Synagogen in enger Beziehung zu den Werturteilen und Verdrängungen der Mehrheitsgesellschaft nachgegangen zu sein. So zeigt er, dass in der lange dominierenden deutschen Kunstgeschichtsschreibung der Beitrag der Juden zur Baukunst mit der Zerstörung des Zweiten Tempels endete und die späteren antiken Synagogen als bloße Nachahmungsarchitektur aufgefasst wurden. Doch die archäologischen Befunde in Palästina seit dem ausgehenden 19. Jahrhundert mit ihren seitdem ausgegrabenen Synagogen weisen in eine andere Richtung und zeigen beispielsweise in Tell Hum (Kapernaum) und Kefr Birim, dass sie von selbstbewussten jüdischen Auftraggebern stammten, die sich in der Wahl von Material und Dekoration in freier Form an den kaiserzeitlichen Repräsentationsbauten orientierten.[29]

Wer sich adäquat mit der Frage nach den genuinen Ursprüngen jüdischer Gemeindearchitektur auseinandersetzen will, wird sich der ganzen Komplexität ihrer Geschichte seit der ausgehenden Antike und ihrer immer noch virulenten Fragen (so z.B. derjenigen, ob in antiken Synagoge wie in Hammam Lif, unweit des ehemaligen Karthago, ein *möglicherweise gemeinsamer Gottesdienst von Juden und Christen* während der ersten zwei Jahrhunderte u. Z. stattgefunden hat oder ob man sich die Räume teilte[30]), bis zu den späteren mittelalterlichen dia-

---

[28] Bartetzko, Dieter: Eine verschollene Architektur. Über Synagogen in Deutschland. Frankfurt a.M. 1988. S. 15.
[29] Bartetzko: Eine verschollene Architektur (wie Anm. 28). S. 24ff.
[30] Bartetzko verweist auf eine in Hammam Lif aufgefundene Symbolik, die neben den klar identifizierbaren Motiven der jüdischen Religion wie Schofarhorn, Feststrauß und siebenarmigem Leuchter mit einer Darstellung zweier eine Fontäne rahmende Pfauen ein Tiermotiv aufgreift,

sporatypischen *Verflechtungen von Bauwillen und Bauzwängen* stellen müssen. Fest steht, dass sich schon in der Grundgestalt der antiken Synagoge jenes Charakteristikum findet, „das sie im mittelalterlichen Deutschland zum identitätsstiftenden und -bewahrenden Mittelpunkt der Gemeinden werden ließ: die Eigenschaft, gleichermaßen weltliches wie religiöses Zentrum des öffentlichen Lebens zu sein und damit als (Sakral-)Architektur das Wetteifern" mit den Gebäuden „anderer Religionen zwar nicht auszuschließen, aber doch [ein Stück weit, C.H.] überflüssig zu machen."[31]

Bartetzkos Bemerkungen über die identitätsstiftenden Merkmale dieser jüdischen Frühphase, die – im Konkurrenzverhältnis der Religionen – bis 550 u. Z. die Grundgebete ihres Gottesdienstes kanonisiert hatte, seien hier nochmals zitiert:

> Was jenseits dieser Souveränität und der hervorragenden Bauleistungen fasziniert, ist die Entschiedenheit, mit der die jüdischen Gemeinden sich dem Wort, dem Diskurs zuwenden. Dies, während ringsum die Neigung zu magischen Kulten, theatralisch-ekstatischen Ritualen und religiösen Zeremonien wächst. Während im Christentum dank hellenistisch gebildeter Gelehrter sich (trotz gelegentlicher Rückschläge) allmählich eine Kombination von magisch- (wenn auch) symbolischem Opferkult, Lehre und Gebet – und damit bildreiche Kunstformen – durchsetzt, scheint in den jüdischen Gemeinden die Hochschätzung des Wortes – des Gebets, der freien Rede, der Disputatio – fortwährend gestiegen zu sein. Sie forderte in Form nachträglicher Bilderstürme ihren Tribut von den geschmückten Synagogen. Sie befähigte aber auch die Glaubensgemeinschaft zu jener Flexibilität, alles, wie Richard Krautheimer sagt, *Gegebene, jede(n) beliebige(n) Raum*, zur Synagoge umwandeln zu können.[32]

Seit dieser Zeit waren die Gemeinden imstande, „ohne Identitätsverluste je nach Stand der Dinge hervorragende oder vollkommen unscheinbare Gotteshäuser zu errichten."[33]

Die Fakten mussten so detailliert dargestellt werden, weil der Antisemitismus des ausgehenden 19. und der sich vorbereitende Faschismus des 20. Jahrhunderts den Blick auf den baugeschichtlichen Beitrag jüdischer Gemeinden verstellt haben. Der erste Band des von Herlitz und Kirschner herausgegebenen Jüdischen Lexikons von 1927[34], das damals die säkulare Deutungshoheit für die zeitgemäße Neuordnung und Kanonisierung jüdischen Wissens innehatte, nahm

---

das jüdischen, aber auch frühchristlichen Ursprungs sein kann, so dass Unklarheit darüber besteht, ob es sich um eine Synagoge oder um eine frühchristliche Kirche handelt. Bartetzko: Eine verschollene Architektur (wie Anm. 28). S. 29.
**31** Bartetzko: Eine verschollene Architektur (wie Anm. 28). S. 24.
**32** Bartetzko: Eine verschollene Architektur (wie Anm. 28). Hervorhebung im Original. S. 31ff.
**33** Bartetzko: Eine verschollene Architektur (wie Anm. 28). S. 32.
**34** Jüdisches Lexikon. Ein enzyklopädisches Handbuch des Wissens in vier Bänden. Begr. von Dr. Georg von Herlitz u. Dr. Bruno Kirschner. Band 1. S. 455f. Autor des Artikels war Alfred Grotte

zwar das Stichwort „Architektur" auf, widmete ihm jedoch nicht mehr als dreißig Zeilen, die zusätzlich eine unentschiedene Gewichtung der Fakten enthalten: „Im Gegensatz zu den übrigen Kulturvölkern des Altertums haben die J. kein Bauwerk nationaler Eigenart hinterlassen; auch ist eine solche auf künstlerischem Gebiet nicht nachweisbar." Wenig später heißt es:

> *Hellenistisch* bis ins letzte Detail sind auch die antiken \*Synagogen in Galiläa, die nur im Grundriß und Aufbau eine aus dem Programm entwickelte neue Form zeigen; diese wird *neuerdings* [Hervorhebg. C.H.] als Vorbild für die ältesten Kirchenbauten angesehen. Nach Hasak ist die Basilikaform der Königlichen Halle am Tempel des Herodes das Urbild des gleichnamigen Kirchenschemas.[35]

Angesichts unseres Kenntnisstandes zu Beginn des 21. Jahrhundert lässt sich rückblickend und abschließend fragen: „Was wäre geschehen, wäre zu Zeiten der Weimarer Republik die Gewissheit – oder zumindest die Vermutung – verbreitet gewesen, dass die Baudenkmale christlicher Kultur, die Dome und Pfarrkirchen, gleichsam Filiationen, weiterentwickelte und umgeformte Abkömmlinge der spätantiken Synagogen sind beziehungsweise sein könnten? Wäre das Eintreten christlicher Institutionen in Deutschland entschiedener gewesen? Wären wenigstens einige deutsche Christen weniger anfällig gewesen für die antisemitischen Verleumdungskampagnen?"[36]

Es bleibt als Aufgabe, neben den eben skizzierten baugeschichtlichen Feldern sakraler Art (sowie der bisher zu wenig erforschten gemeindlichen Interpretation jüdischer sakraler Bauten![37]) der Bedeutung der säkularen jüdischen Architektur und ihrem Beitrag zur großstädtischen kulturellen Kohäsion seit dem 19. Jahrhundert verstärkte Aufmerksamkeit zuzuwenden. Julius Posener hat mit seinen Forschungen über die großen jüdischen Bauherren für die Epoche des Wilhelminismus den Anfang gesetzt.[38] Es gilt weiterhin, den gesellschaftsvergleichen-

---

aus Breslau, Verfasser einer Monographie mit dem Titel: Deutsche, böhmische und polnische Synagogentypen vom 11. bis Anfang des 19. Jahrhunderts. Berlin 1915.
**35** Jüdisches Lexikon: Architektur (wie Anm. 34). Hervorhebungen im Original, wo nicht anders angegeben. – Zur neueren Diskussion s. Lichtenberger, Achim: Die Baupolitik Herodes des Großen. Wiesbaden 1999 (Abhandlungen des deutschen Palästina-Vereins 26).
**36** Bartetzko: Eine verschollene Architektur (wie Anm. 28). S. 34f.
**37** Als glänzende Darstellung in dieser Richtung kann gelten: Fehl, Philipp P.: The Stadttempel of the Jews of Vienna. Childhood Recollections and History. In: Artibus et Historiae, 17 (IX) (1988). S. 89–126; dessen dokumentarischer Anhang enthält zudem: Erste Statuten des Stadttempels und Isaak Noah Mannheimers Vorwort zu einer Sammlung von Kanzelreden (im Besitz des Stadttempels, im Jahre 1835), in welchen er in einem der Tempelarchitektur vergleichbar erhabenen Stil die Absichten und Hoffnungen der Tempelgründer erläutert.
**38** Posener: Jüdische Architekten (wie Anm. 23). S. 66: „Die Zeit Wilhelms II. ist auch die Zeit der großen jüdischen Bauherren; und zwar ist es natürlich nicht so, dass Juden für Juden gebaut

den Blick zu öffnen und das Bewusstsein zu wecken für den spezifisch jüdischen städtebaulichen Beitrag zum urbanen Leben europäischer und amerikanischer Großstädte des 19. und 20. Jahrhunderts und den vielfältigen innovativen Impulsen für die heutige Welt dabei Rechnung zu tragen.³⁹

---

haben und Goyim für Goyim: jüdische Bauherren haben alle bedeutenden Architekten der Zeit mit Aufträgen bedacht. Man denke an Rathenau, der dadurch, dass er Peter Behrens zum Generalgestalter für die AEG bestellt hat, sich einen Platz in der Geschichte der neuen Architektur gesichert hat [...] Unter den Bauherren von Muthesius' Landhäusern sind viele jüdische Namen: Freudenberg, Bloch, Hirschowitz, Tuteur, Kuczinsky, um nur einige zu nennen." Vgl. Posener: Berlin (wie Anm. 23); s.a. Klemmer, Klemens: Jüdische Baumeister in Deutschland. Architekten vor der Shoah. Stuttgart 1998.
**39** Bedoire, Fredric: The Jewish Contribution to Modern Architecture 1830–1930. In Zusammenarbeit mit Paideia – the European Institute for Jewish Studies in Sweden – und Kungliga Konsthögskolan, Stockholm. Jersey City (N.J.) 2004.

Joachim Rott
# Albert Mosse – preußischer Jurist und Rechtsberater der japanischen Regierung

Er war ein echter, ein auserwählter Jurist. Und auch darin charakterisiert er ja seine Zeit. In dem Deutschland dieses Jahrhunderts ist der jüdische Jurist eine Erscheinung von eigenem Gepräge. Dieser und jener aus der jüdischen Jugend, der sich der Rechtswissenschaft zuwandte, hat wohl das getan, um damit irgendeinen Beruf zu ergreifen. Aber bei nicht wenigen, bei den meisten unter ihnen war es doch ein anderes noch, und ein anderes vor allem, das sie darin bestimmte. Nicht nur ein äußerer Beruf, sondern eine innere Berufung führte sie zur Verwaltung des Rechts hin. Die Sorge um das Recht war ihnen ein Stück ihrer Religion. Das Wort, das Ägidi am Grabe von Gabriel Rießer sprach, das Recht sei in ihm Gemüt geworden, dieses selbe darf von so manchem unter den jüdischen Juristen gesagt werden. Von Albert Mosse nicht zum wenigsten. Seine Persönlichkeit und sein Beruf lassen sich nicht voneinander trennen; ohne seinen Beruf hätte er seine Persönlichkeit nicht entfalten können, und wäre er nicht eben diese Persönlichkeit gewesen, so hätte er diesen seinen Beruf nicht gefunden. Darum war er als Jurist nie beugsam und immer wachsam.[1]

Mit diesen Worten würdigte Leo Baeck in einer Gedenkrede am 31. Oktober 1926 Albert Mosse, den langjährigen Vorsitzenden des Kuratoriums der Hochschule für die Wissenschaft des Judentums. Nach längerem Leiden war Albert Mosse am 30. Mai 1925 im Alter von 79 Jahren in Berlin gestorben. Von 1886 bis 1890 war der preußische Jurist einer der maßgeblichen deutschen Rechtsberater der japanischen Regierung, die entschieden hatte, sich bei der anstehenden Neuordnung der Staats- und Verwaltungsorganisation zunehmend am preußisch-deutschen Modell zu orientieren. Nach seinem vorzeitigen Ausscheiden aus dem Richterdienst war Mosse, der erste jüdische Oberlandesgerichtsrat in Preußen, 1907 von Königsberg nach Berlin übergesiedelt. Hier trat neben sein jüdisches Engagement sein kommunalpolitisches Wirken als unbesoldeter Stadtrat der preußischen Metropole.

## Herkunft und Prägung

Am 1. Oktober 1846 brachte die dreißigjährige Gattin des Arztes Marcus Mosse (1807–1865), Ulrike geb. Wolff (1816–1888), in Graetz im Landkreis Buk ihr siebtes Kind Albert Isaac zur Welt.[2] In der Kleinstadt der preußischen Provinz Posen

---
1 Baeck, Leo: Gedenkrede für Albert Mosse. 44. Bericht der Hochschule, Berlin 1927. S. 18ff.
2 Das Ehepaar hatte insgesamt 15 Kinder. Alberts Geschwister waren Salomon (1837–1903), Therese (1838–1913), Wolfgang (1840–1885), Leonore (1841–1909), Theodor (1842–1916), Rudolf (1843–1920), Anna (1848–1919), Paul (1849–1920), Elise (1850–1913), Esther Cornelia (1852–1852),

hatte sich der aus Friedland in der Niederlausitz stammende Vater 1835 nach seinem Medizinstudium in Berlin als Arzt niedergelassen. Der politisch und religiös liberale und assimilierte Jude war Mitglied – zeitweise auch der Vorsteher – der mehrheitlich orthodox ausgerichteten Israelitischen Korporation zu Graetz. Man achtete darauf, dass in Haus und Familie die jüdische Tradition respektiert und aufrechtgehalten wurde. Die wirtschaftlichen Verhältnisse, in denen Albert aufwuchs, waren bescheiden; für den Vater war es keineswegs einfach, die große Familie zu ernähren und zu unterhalten. Der junge Albert besuchte zunächst das Gymnasium im über 50 Kilometer entfernten Lissa. Später wechselte er auf das Gymnasium in Guben in der Niederlausitz, um dort – anders als seine älteren Brüder, die nach einigen Jahren auf dem Gymnasium eine Berufsausbildung begannen – das Abitur zu machen. In Guben wohnte er bei seiner Tante Henriette Levy, der älteren Schwester seines Vaters.[3]

Im April 1865 nahm Albert, der erste Student in der Geschwisterschar, in Berlin das Studium der Rechtswissenschaften auf.[4] Während seines zweiten Studiensemesters starb der Vater am 10. November 1865. Alberts ältere Brüder Salomon und Theodor, die in der preußischen Metropole ein Herrenbekleidungsgeschäft betrieben, unterstützten ihren Bruder von nun an finanziell. Während seiner Studien begegnete er Rudolf von Gneist (1816–1895), dem damals führenden preußischen Verfassungs- und Verwaltungsrechtler, Rechtspolitiker und Professor an der Berliner Universität. Er sollte sein Lehrer und lebenslanger Gönner und Ratgeber werden. Nach dreijährigem Studium, das er mit dem Wintersemester 1867/68 abgeschlossen hatte, absolvierte Albert Mosse 1868 die 1. Juristische Staatsprüfung mit der Spitzennote. Den anschließenden Vorbereitungsdienst im Bezirk des Berliner Kammergerichts – unterbrochen durch den Militärdienst als Kriegsfreiwilliger im Deutsch-französischen Krieg von 1870/71 – schloss der Gerichtsreferendar 1873 in der Großen Juristischen Staatsprüfung mit „gut" ab, womit er die Befähigung zum Richteramt erlangte; Ende 1873 wurde der Referendarius Mosse dann zu Assessor ernannt.[5]

1883 heiratete der Albert Mosse die 12 Jahre jüngere Caroline (Lina) Meyer (1859–1934), die 24-jährige Tochter aus einer der ersten jüdischen Familien der

---

Emil (1854–1911), Margarete (1855–1943), Clara (1856–1934) und Maximus (1857–1920). Zum Stammbaum der Familie Mosse vgl. Mosse, Albert u. Lina: Fast wie sein eigen Vaterland. Briefe aus Japan 1886–1889. München 1995. S. 534.
**3** Die Kaufmannsfamilie Levy wohnte im Werderviertel unweit des Gubener Stadtzentrums in der Herrnstraße 348. In: Schriftliche Mitteilung des Stadtarchivs Guben vom 20. März 2012.
**4** Laut Abgangszeugnis der Königlichen Friedrich Wilhelms Universität zu Berlin vom 21. April 1868. In: Archiv der Humboldt-Universität Berlin, Bestand Rektor und Senat.
**5** Justiz-Ministerial-Blatt für die Preußische Gesetzgebung und Rechtsprechung (JMBl), Nr. 47, 12.12.1873. S. 328.

preußischen Metropole. Ihr Vater war Siegmund Meyer, Rechtsanwalt und erster jüdischer Notar des Kaiserreichs, der viele Jahre als Vorstandsmitglied und ab 1883 als Vorsitzender der Jüdischen Gemeinde Berlin und als Mitglied der Stadtverordnetenversammlung der Reichshauptstadt wirkte.[6]

## Preußischer Richter

Das Selbstverständnis von Albert Mosse als preußischer Jurist – er war der einzige Sohn von Marcus Mosse, der in den Staatsdienst eingetreten war – und sein Berufsethos kommen in einem Schreiben an seinen jüngsten Bruder Maximus zum Ausdruck, dem er im Sommer 1887 anlässlich des Bestehens der großen Juristischen Staatsprüfung aus Japan Folgendes mit auf den Weg gab:

> Lasse Dich durch die Rücksicht auf größeren und früheren materiellen Erwerb nicht nach einer Richtung drängen, die nicht Deinen Neigungen entspricht. Und andererseits, – vergiß nicht, daß der preußische Assessor schon eine Stellung in der bürgerlichen Gesellschaft besitzt, die ihm Pflichten, aber auch Rechte bringt [...] Ob Du daher in der eigentlichen Beamtenkarriere bleibst oder zur Advokatur übergehst, oder irgendeinen anderen Beruf ergreifst, – bleibe immer dessen eingedenk, daß Du zu denen gehörst, welchen der Staat die Fähigkeit zur Bekleidung eines Richteramtes zugesprochen hat, und welche daher weder sich, noch anderen Etwas gestatten dürfen, was mit der Würde, die sie errungen, unvereinbar ist.[7]

1875 wurde der Gerichtsassessor Mosse zum Hilfsrichter in Spandau und ein Jahr später zum Kreisrichter beim Kreisgericht Spandau ernannt.[8] Erst wenige Jahre zuvor waren 1870 in Preußen die ersten jüdischen Assessoren zu Richtern ernannt worden.[9] 1877 wurde Mosse als Stadtrichter an das Stadtgericht Berlin versetzt[10] und noch im gleichen Jahr stieg er zum Amtsrichter in Berlin auf. Ende 1885 wechselte Mosse als Landrichter zum Landgericht I Berlin.

---

**6** Kraus, Elisabeth: Die Familie Mosse. München 1999. S. 210ff. Der Schwiegervater von Albert Mosse (und der seines jüngeren Bruders Emil), Justizrat Siegmund Meyer (1830–1903), war von 1877 bis 1883 Mitglied (Schriftführer) des Kuratoriums der Hochschule für die Wissenschaft des Judentums, dem Gremium, dem auch sein Schwiegersohn Albert Mosse ab 1907 angehörte.
**7** Brief vom 26. Juni 1887. In: Mosse: Briefe aus Japan (wie Anm. 2). S.18f. Albert und Maximus, der sich als Rechtsanwalt in Berlin niederließ, waren die beiden einzigen Juristen unter den Geschwistern.
**8** JMBl Nr. 39, 10.11.1976. S. 207.
**9** Vgl. Hamburger, Ernest: Juden im öffentlichen Leben Deutschlands. Regierungsmitglieder, Beamte und Parlamentarier in der monarchistischen Zeit 1848–1918. Tübingen 1968. S. 44.
**10** JMBl Nr. 16, 18.4.1879. S. 95.

Die Tätigkeit des Berliner Amtsrichters Albert Mosse fand zwischen 1882 und 1883 eine folgenreiche Ergänzung: Zur Untersuchung der jeweiligen verfassungsrechtlichen Systeme hielt sich in dieser Zeit eine japanische Regierungsdelegation mit Innenminister Itô[11] an der Spitze fast 10 Monate in Europa auf, hauptsächlich in Berlin und Wien. Insbesondere in den Vorlesungen von Rudolf von Gneist wollten sich die Gäste über das Verfassungssystem Preußens informieren. Dabei war für die anstehende Modernisierung der japanischen Rechtsordnung für den Bereich des Staats- und Verwaltungsrechts regierungsintern bereits die Vorentscheidung getroffen worden, sich dabei das preußische Verfassungssystem in Gestalt der preußischen Verfassung von 1850 als Vorbild zu nehmen. Nach anfänglichen Sympathien für das französische System unter der Herrschaft von Napoleon III. sollten nun Verfassungsrecht und Verfassungswirklichkeit des favorisierten preußischen Modells näher in den Blick genommen werden. Es war zum großen Teil Albert Mosse, der schon als Gerichtsassessor vor japanischen Diplomaten in Berlin über deutsches öffentliches Recht referiert hatte, der auf Bitten seines Lehrers Gneist die Vorlesungstätigkeit übernahm. Seine Vorlesungen beinhalteten eine ausführliche, wissenschaftlich fundierte und systematisch angelegte Darstellung des preußischen Verfassungs- und Verwaltungsrecht. Dabei legte Mosse auch besonderen Wert auf die Einbeziehung der rechtsgeschichtlichen Bezüge des preußisch-deutschen Systems. Die insgesamt 44 Vorlesungen von Mosse wurden von einem japanischen Sekretär protokolliert und später veröffentlicht. Vor dem Hintergrund der preußischen Verfassungsgeschichte stellte Mosse anhand der preußischen Verfassung von 1850 systematisch die einzelnen Elemente der Verfassung dar (Königliche Rechte, Rechte und Pflichten der Untertanen, Parlament, Gerichtssystem, Verwaltung). Rückblickend schilderte Mosse seine Vorlesungstätigkeit wie folgt:

> Abgesehen von Vorträgen, die ich auf seine Veranlassung für das diplomatische Examen über öffentliches Recht zu halten hatte, wurde mir die juristische Ausbildung der Mitglieder der Japanischen Gesandtschaft übertragen, und ebenso hatte ich unter der Leitung Gneist's dem nach Berlin gekommenen jap. Ministerpräsidenten Grafen Ito preußisches Verfassungs- und Verwaltungsrecht vorgetragen, das bei der staatlichen Neuordnung als Vorbild dienen sollte.[12]

---

**11** Itô Hirobumi (1841–1909) galt als Innenminister ab 1881 als eines der stärksten Regierungsmitglieder, das maßgeblich Aufbau und Neuordnung der Staatsorganisation beeinflusste. Mehrfach hatte er das Amt des Ministerpräsidenten inne und war zweimal Präsident des Geheimen Staatsrats. 1909 wurde er auf einer Reise in die Mandschurei von einem koreanischen Nationalisten erschossen. Mosse: Briefe aus Japan (wie Anm. 2). S. 519ff.
**12** Schreiben vom 15.1.1896. In: Schenck, Paul-Christian: Der deutsche Anteil an der Gestaltung des modernen japanischen Rechts- und Verfassungswesens. Deutsche Rechtsberater im Japan der Meiji-Zeit. Stuttgart 1997 (Beiträge zur Kolonial-und Überseegeschichte 68). S. 153 Anm. 55.

Bei ihrer Rückkehr konnte die Delegation auch sehr konkrete Ergebnisse vorweisen: Auf höchster politischer Ebene gab Preußen die Zusage, Juristen als Aufbauhelfer und Berater nach Japan zu entsenden, wobei damit vor allem Hoffnungen auf handelspolitische Vorteile verbunden waren.[13] Für eine solche Tätigkeit hatte sich Mosse nicht zuletzt durch seine Vorlesungen empfohlen und so sollte das Jahr 1886 für den 39-jährigen Landrichter eine bedeutsame Änderung seiner Lebensumstände, aber auch seiner beruflichen Laufbahn mit sich bringen.

Anfang 1886 konnte Mosse den Vertrag mit der japanischen Regierung – mit in jeder Hinsicht für ihn vorteilhaften Konditionen[14] – abschließen. Danach gehörte zu seinen Aufgaben „die Erstattung von Gutachten über staatsrechtliche und verwaltungsrechtliche Fragen aus den Ressorts des Unterrichtswesens, Finanzwesens, der inneren Verwaltung sowie überhaupt die Erledigung aller in dieses Gebiet gehörigen und ihm von den Staatsministern, respective von den betreffenden Ressortministern übertragenen Entwürfe und Arbeiten." Mosse wurde, wie von ihm beantragt, nach Befürwortung durch den preußischen Justizminister und nach Genehmigung des Kaisers, für die Dauer von drei Jahren und sechs Monaten vom Dienst beurlaubt.[15]

---

**13** Schenck: Der deutsche Anteil (wie Anm. 12). S. 163. Seit der Studienreise der japanischen Regierungsdelegation stieg die Zahl der deutschen Regierungsberater stark an. Neben Mosse gehörten zu den wichtigsten deutschen Aufbauhelfern in Japan zwischen 1880 und 1890 u.a.: Georg Michaelis (1857–1936), der 1917 kurzzeitig Reichskanzler und preußischer Ministerpräsident war, Karl Rathgen (1856–1921), Hermann Roesler (1834–1894), Karl Rudolph (1841–1915) und Otto Rudorff (1845–1922). Schenk: Der deutsche Anteil (wie Anm. 12). S. 333ff.
**14** Der für die Dauer von drei Jahren abgeschlossene Vertrag legte – neben der Erstattung der Reisekosten – ein Jahresgehalt von 7.200 Trade-Dollar fest (§5), garantierte eine „unmöblierte standesmäßige Wohnung in Tokio" und sicherte eine Gehaltsfortzahlung bei Krankheit bis zu drei Monaten (§6) zu. Der Text des Vertragsentwurfs in: Mosse: Briefe aus Japan (wie Anm. 2). S. 512f.
**15** Kraus: Die Familie Mosse (wie Anm. 6). S. 209. Die Art der Beurlaubung (ohne Dienstbezüge, aber bei voller Anerkennung des Auslandsaufenthalts für seine Pensionsberechtigung) wurde in dieser Form erstmalig praktiziert. Bis dahin war in der preußischen Justiz eine Beurlaubung für einen Dienst in ausländischen Staaten zwingend mit dem gleichzeitigen Ausscheiden aus dem Dienstverhältnis verbunden. Für die Abkehr von dieser Regelung hatte sich der liberale preußische Justizminister Heinrich Friedberg (1813–1895) stark gemacht. Er befürwortete die Beurlaubung von Mosse uneingeschränkt und führte dazu u.a. aus: „Für die deutschen Interessen würde es sehr erwünscht und vorteilhaft sein, wenn durch den Beirath eines praktisch bewährten deutschen Rechtskundigen im Japanischen Staats-Ministerium den deutschen Rechtsauffassungen Eingang verschafft wird."

## Rechtsberater in Japan

Über Paris reiste die junge Familie mit den beiden Töchtern Martha (*1884)[16] und Dorothea (*1885) und ihrer Berliner Kinderfrau nach Marseille. Dort begann Ende März 1886 ihre mehrwöchige Schiffsreise über Hongkong nach Yokohama und schließlich Tokio, wo Mosse im Juni seine Tätigkeit als „legal adviser" des Ministerpräsidenten aufnahm. Während der folgenden Sommerpause unternahm Mosse eine mehrwöchige Informationsreise durch mehrere japanische Provinzen.[17]

Ein Schwerpunkt von Mosses Beratertätigkeit lag auf dem Gebiet der angestrebten Reorganisation der verschiedenen kommunalen Verwaltungsebenen. Dazu wurden im japanischen Innenministerium erste Entwürfe einer Gemeinde-, Städte-, Kreis- und Provinzialordnung erarbeitet und Mosse zur Begutachtung zugeleitet. Auf seinen Vorschlag wurde im Januar 1887 eine fünfköpfige Kommission zur weiteren Ausarbeitung der Kommunalgesetzgebung eingesetzt. Den Vorsitz der Kommission übernahm der Innenminister selbst. Neben drei Vizeministern gehörte ihr Mosse als „einziger Fremder" an.[18] Wenige Wochen vor Aufnahme der Kommissionsarbeit im Juli 1887 berichtete Mosse:

> Ich habe meine Gemeindeordnung fertig und in den nächsten Tagen soll die Diskussion in der mit Herstellung der Verwaltungsgesetze betraute Kommission, deren Mitglied ich bin, anfangen. Die Arbeit auf einem mir nur theoretisch bekannten Gebiete, bei fast vollständiger Unkenntnis der Verhältnisse des Landes, über welche die japanischen Beamten Auskunft geben entweder nicht können oder nicht wollen, eine unmittelbare Informierung bei der Unkenntnis der Sprache aber ausgeschlossen ist, war eine keineswegs leichte. Ich habe wiederholt betont, daß ich keine Verantwortung dafür übernehmen kann, daß der Entwurf, dessen Grundzüge übrigens bereits vorher die Billigung der Kommission und des Kabinetts gefunden hatten, den Bedürfnissen des Landes entsprach, und daß ich die Verantwortung für das Gesetz der Kommission zuschieben müsse. Daß ich mich im Übrigen redlich bemüht

---

**16** Martha Mosse (1884–1977) hat 1963 auf 13 maschinengeschriebenen Seiten ihre Erinnerungen niedergeschrieben. Mosse, Martha: Erinnerungen. In: Leo Baeck Institute New York, ME 751. Martha Mosse, Dr. jur., war in den 1920er Jahren erste Polizeibeamtin des höheren Dienstes im Polizeipräsidium Berlin. Nach ihrer Entlassung war sie ab 1934 hauptberuflich für die Jüdische Gemeinde zu Berlin tätig.
**17** Kraus: Die Familie Mosse (wie Anm. 6). S. 214.
**18** Schreiben von Mosse an seine Mutter vom 21.2.1887. Dort heißt es: „Wir haben in täglichen Sitzung den von mir ausgearbeiteten Generalplan durchberathen; meine Vorschläge sind natürlich im Wesentlichen acceptiert. Jetzt wandert unser Plan in das Kabinett (Gesamtministerium) und wenn diese Klippe, die allerdings nicht ohne Gefahr ist, glücklich umschifft ist, sind wir geborgen, da die Kommission ermächtigt ist, auf Grund des Plans die nöthigen Einzelgesetze definitiv festzustellen. Viel, sehr viel Arbeit." In: Mosse: Briefe aus Japan (wie Anm. 2). S. 229.

habe, etwas Brauchbares zu Stande zu bringen, wird Jeder, der mich richtig kennt, und zu diesen gehört Ihr ja – ohne Weiteres glauben.[19]

Die Kommissionsberatungen gingen, nicht zuletzt dank der intensiven Vorarbeiten von Mosse, zügig voran, so dass Mosse noch im Juli 1887 brieflich vermelden konnte: „Meine Gemeindeordnung, nebenbei bemerkt, hat die Diskussion in der für sie eingesetzten Kommission ziemlich heil passiert und ist hier von mir endgültig redigiert worden, um nunmehr dem ‚Kabinett', d.h. Herrn Ito eingereicht zu werden."[20] Nach der Zustimmung im Kabinett und Behandlung im Senat wurden die Selbstverwaltungsordnungen für die Gemeinden und Städte publiziert und konnten 1889 in Kraft treten.[21] Wenige Tage nach der Publikation der Gesetze schrieb Mosse an seinen älteren Bruder Theodor:

> Der Inhalt der publizierten Gesetze ist sehr wenig auf meine Rechnung zu setzen, mein Verdienst aber, das ich voll und ganz in Anspruch nehme, besteht darin, daß ich in unendlicher Mühe und Ausdauer alle Schwierigkeiten überwunden und die maßgebenden Leute für die Durchführung gewonnen habe. Wer die hiesigen Verhältnisse kennt, wird meine Leistung würdigen. Es hat bisher noch keiner von den deutschen Beamten, die hier als Rathgeber der japanischen Regierung angestellt waren, irgend Etwas erreicht; insbesondere war die Arbeit der beiden Regierungsräthe, die hier drei Jahre fungierten, ohne allen sichtbaren Erfolg. Ich weiß sehr wohl, daß der meinige wesentlich darauf zurückzuführen ist, daß ich infolge meiner alten Beziehungen einen Einfluß und Rückhalt hatte, welcher den Anderen fehlte. Ich habe aber doch das freudige Bewußtsein, die Chancen richtig benutzt zu haben. Ob daraus ein persönlicher Vorteil für mich – insbesondere daheim – erblühen wird, ist mir vorläufig gleichgültig. Mir genügt jetzt die Freude an dem Erreichten und an der sicheren Aussicht weiterer Erfolge; denn die Herren müssen jetzt weiter und wir sind bereits munter am Werke.[22]

Ein weiteres Feld von Mosses Beratertätigkeit bezog sich auf die so genannte Vertragsrevision. Hier ging es um die Beseitigung von Vorrechten, wie die Konsulargerichtsbarkeit, die sich die wichtigsten Handelspartner Japans für ihre in Japan lebenden Staatsangehörigen vertraglich gesichert hatten. Auch daran arbeitete eine Regierungskommission, zu deren Mitgliedern später auch Mosse und Roesler[23] berufen wurden. Daneben erstellte Mosse auch zahlreiche Gut-

---

19 Schreiben vom 22.5.1887. In: Mosse: Briefe aus Japan (wie Anm. 2). S. 262f.
20 Schreiben vom 31.7. 1887. In: Mosse: Briefe aus Japan (wie Anm. 2). S. 285.
21 Schenck: Der deutsche Anteil (wie Anm. 12). S. 277f.
22 Schreiben vom 26.4.1888. In: Mosse: Briefe aus Japan (wie Anm. 2). S. 355f; Schenck: Der deutsche Anteil (wie Anm. 12). S. 278.
23 Hermann Roesler (1834–1894) war habilitierter Jurist und hielt sich von 1878 bis 1893 als juristischer Berater in Japan auf. Er hatte maßgeblichen Anteil an der Erarbeitung der Japanischen

achten zu Verfassungsfragen, deren Einfluss auf die Kodifikation der Verfassung nicht zu unterschätzen ist, von denen Mosse selbst allerdings nicht im Einzelnen berichtet hat.[24]

Mosse war sich der Problematik seiner Beraterarbeit nur zu bewusst, die sich daraus ergab, dass er sie auf einem ihm „nur theoretisch bekannten Gebiete, bei fast vollständiger Unkenntnis der Verhältnisse des Landes, über welche die japanischen Beamten Auskunft geben entweder nicht können oder nicht wollen" und bei „Unkenntnis der Sprache" zu leisten hatte.[25] Dennoch verschafften ihm die beruflichen Aktivitäten in Japan überwiegend Befriedigung. Dagegen empfand er die gesellschaftlichen und sozialen Kontakte, die sich zumeist mit den anderen deutschen Beratern abspielten, zunehmend als oberflächlich und wenig erfreulich. Die „Specialcollegen", äußerte sich Mosse, waren ihm „nicht gerade unsympathisch, aber es ist kein einziger, der auf dieselbe Seite gestimmt wäre, wie ich. Dass sie politisch alle auf einem anderen Standpunkte stehen, von Antisemitismus innerlich erfüllt sind, ist leider beinahe selbstverständlich. Wir verkehren mit Allen, – aber einen Verkehr wie wir ihn mit meinen drei Berliner Collegen hatten, vermisse ich".[26]

Im Vorfeld des Vertragsendes und einer möglichen Vertragsverlängerung hatte Mosse Ende 1888 seinen alten Berliner Lehrer Gneist um Rat gebeten. Mosse selbst zweifelte angesichts der „heimischen antisemitischen Strömungen" an einem Erfolg seiner ihm „ans Herz gewachsenen Karriere". Dennoch überwog die Freude beim Gedanken „an die Rückkehr in unserer geliebtes Stiefvaterland."[27] Gneist riet jedoch zu einer Vertragsverlängerung, verwies auf „die augenblickliche Lage unserer Justizverwaltung" und Mosses „Ancienitätsverhältnis" und führte aus, dass „die Lage des Anstellungswesens" derzeit noch ungünstiger sei

---

Verfassung. Wegen seiner Gegnerschaft zu Bismarck nahm der konvertierte Katholik unter den deutschen Beratern eine isolierte Rolle ein. Schenck: Der deutsche Anteil (wie Anm. 12). S. 177ff.

24 Schreiben von Mosse vom 21.2.1887 an seine Eltern: „Auf die Gestaltung der Verfassung, mit deren Ausarbeitung Inouye Ki – Chef der Bibliothek des Kaisers (Sinekure!) und Vertrauensmann von Ito – beauftragt ist, habe ich nur insofern Einfluß, als mir bestimmte Fragen, die freilich beinahe die ganze Verfassung betreffen, schriftlich vorgelegt werden, die ich schriftlichen Gutachten beantworte." In: Mosse: Briefe aus Japan (wie Anm. 2). S. 230f. Mosse war auch mit der Erstellung eines Wahlgesetzentwurfs für die 1890 zusammentretende Nationalversammlung beauftragt.

25 Schreiben vom 22.5.1887. In: Mosse: Briefe aus Japan (wie Anm. 2). S. 262f.

26 Schreiben vom 26.6.1887. In: Mosse, Werner E.: Albert Mosse. A Jewish Judge in Imperial Germany. In: Leo Baeck Institute (LBI) Year Book. Oxford 1983. S. 171.

27 Schreiben von Mosse an seinen Freund Eduard Arnold vom 22.11.1887. In: Kraus: Die Familie Mosse (wie Anm. 6). S. 226. Arnhold (1849–1925), Unternehmer und Kunstmäzen, wurde 1913 als erster und einziger Jude in das Preußische Herrenhaus berufen. Im gleichen Jahr stiftete er dem preußischen Staat die *Villa Massimo* in Rom.

als zu Beginn seiner Tätigkeit in Japan. Auch im Hinblick auf den Antisemitismus in Deutschland und die eingeschränkten Beförderungsmöglichkeit für jüdische Juristen riet er Mosse seinen Vertrag mit der japanischen Regierung zu verlängern.[28] Anfang 1889 erbat die japanische Regierung eine Verlängerung seines zum 31. März 1889 ablaufenden Vertrages, dessen Dauer schließlich um ein Jahr – somit bis zum 31. März 1890 – verlängert wurde. Am 21. Februar 1890 unterzeichnete Mosse schließlich einen neuen Drei-Jahres-Vertrag mit der japanischen Regierung, der spätestens zum 10. November 1890, also nach seiner Rückkehr aus dem Urlaub, in Kraft treten sollte. Mosse wurde eine vertragliche Rücktrittsklausel eingeräumt, von der er vor seiner Rückkehr nach Japan Gebrauch machen konnte.[29] Die Familie, die sich in Japan durch die Geburt der Söhne Walther und Hans vergrößert hatte, verließ Japan am 2. April 1890 mit dem Schiff und erreichte über Hongkong Mitte Mai Genua und schließlich im Frühsommer 1890 das heimische Berlin.

Zunächst hatte Mosse erwogen, in Erfüllung des geschlossenen Vertrages alleine nach Japan zu reisen und seine Frau mit den Kindern später nachkommen zu lassen. Der Arzt riet davon dringend ab, der Zustand seiner Frau lasse eine derart lange Reise mit den kleinen Kindern nicht zu. Hinzu kam ihre erneute Schwangerschaft.[30] Unter dem Datum des 15. Juli 1890 bat Mosse in einem Schreiben an den japanischen Ministerpräsidenten um seine Entlassung aus dem Vertrag, die „Collision der Pflichten" ließe keine andere Lösung zu. Mosse verband seine Bitte um Entlassung mit dem Angebot, der Kaiserlichen Regierung und der Gesandtschaft in Berlin für Dienste, wie Gutachten, Entwürfe und Vorträge zur Verfügung zu stehen.[31]

---

**28** Schreiben von Gneist an Mosse vom 11.11.1888. In: Mosse: Albert Mosse (wie Anm. 26). S. 172.
**29** Die Vermutung liegt nahe, dass Mosse den Verlängerungsvertrag lediglich prophylaktisch unterzeichnet hat, um sich im (eher unwahrscheinlichen) Falle unüberwindlicher Hindernisse beim beruflichen Wiedereinstieg in Deutschland diese Option offenzuhalten. In: Kraus: Die Familie Mosse (wie Anm. 6). S. 226. In diesem Sinne schrieb Albert Mosse am 6.10.1889 an seine Familie: „Übrigens halten wir für die Außenwelt hier daran fest, daß wir Ende März nächsten Jahres endgültig heimkehren." In: Mosse: Briefe aus Japan (wie Anm. 2). S. 490.
**30** Das 5. Kind Erich kam am 25.1.1891 in Berlin zur Welt.
**31** In den Schreiben heißt es u.a.: „So habe ich denn nach schwerem Kampfe und langem Zögern endlich doch dazu mich entschließen müssen, die Kaiserliche Regierung in Gemäßheit des mir gütig eingeräumten Rücktrittsrechts um meine Entlassung zu bitten. Wie schwer es mir geworden ist, aus einer Stellung zu scheiden, die mir zwar reiche Arbeit und manche Anfeindung, aber stets geistige Anregung und manchen sachlichen Erfolg gebracht hat, werden Ew. Exzellenz bei einer Vergleichung mit meiner hiesigen Stellung zu würdigen wissen." In: Mosse,: Albert Mosse (wie Anm. 26). S. 175.

## Zurück im „Stiefvaterland": Von Berlin nach Königsberg

Der Verbleib in Berlin – Mosse ging davon aus, erneut am Landgericht tätig zu sein – sollte nur wenige Monate dauern: Ende 1890 wurde der 44-jährige Mosse als erster ungetaufter Jude zum Oberlandesgerichtsrat ernannt und an das Oberlandesgericht Königsberg versetzt. Der deutsche Gesandte in Japan, Theodor von Holleben, hatte in einem ausführlichen Bericht vom 13.4.1890 an Reichskanzler Caprivi die Verdienste von Mosse als Berater der japanischen Regierung gewürdigt, seinen weiteren Verbleib in Japan befürwortet und eine besonderen Anerkennung dieser Verdienste durch die Beförderung zum Oberlandesgerichtsrat angeregt. Der Berufsdiplomat von Holleben (1838–1913) war von 1885–1891 Gesandter in Tokio. Zwischen ihm und Mosse entwickelte sich nach anfänglichen Schwierigkeiten ein Verhältnis von gegenseitiger Wertschätzung. Möglicherweise ging auch die Beförderung von Mosse zum Landgerichtsrat Ende 1888 auf ein positives Votum des Gesandten zurück.[32] Am ostpreußischen Oberlandesgericht wirkte Mosse 17 Jahre in ein und derselben Stellung. Trotz ausnahmslos positiver Beurteilungen und entsprechender Empfehlungen seiner Vorgesetzten an den Justizminister, etwa des Königsberger Oberlandesgerichtspräsidenten, scheiterten alle Versuche, an das Kammergericht in Berlin oder an das Reichsgericht berufen zu werden.[33] Ebenso hatte sich Mosse 1896 vergebens um eine Ratsstelle beim preußischen Oberverwaltungsgericht in Berlin beworben, eine Stellung, die seiner juristischen Vorliebe für das Verwaltungsrecht und die „Verwaltungsjurisdiction" und der familiären Verwurzelung in Berlin in besonderer Weise entsprochen hätte.

Vor diesem Hintergrund musste Mosse selbst die Ehrungen und Auszeichnungen, mit denen er in den ersten Jahren seiner Richtertätigkeit am ostpreu-

---

**32** JMBl Nr. 47, 27.12.1890. S. 353. In: Kraus: Die Familie Mosse (wie Anm. 6). S. 220. Noch im gleichen Jahr – preußischer Justizminister war Ludwig Hermann von Schelling (1824–1908) – wurde nach Mosse ein weiterer (ungetaufter) Jude zum Oberlandesgerichtsrat befördert: Siegfried Sommer (1859–1925). Sommer, ein Schulkamerad von Wilhelm II., war Richter an den Oberlandesgerichten Kassel und Frankfurt. Kurz vor seinem Tod wurde Sommer 1925 zum Senatspräsident in Frankfurt ernannt. Unter Schellings Nachfolger, Karl Heinrich Schönstedt (1833–1924), der bis 1905 amtierte, verschärfte sich die Benachteiligung jüdischer Richter in Preußen. Zur Praxis der Ernennung und Beförderung von Juden im preußischen Justizdienst ab 1870: Hamburger: Juden im öffentlichen Leben (wie Anm. 9). S. 44.
**33** So hatte beispielsweise Ernst von Holleben (1815–1908), möglicherweise ein Verwandter des Gesandten in Japan und seit 1887 Präsident des Oberlandesgerichts Königsberg, 1896 und 1897 in Schreiben an den Preußischen Justizminister die hervorragende Qualifikation von Mosse eingehend gewürdigt und dessen Beförderung zum Reichsgerichtsrat vorgeschlagen. In: Mosse: Albert Mosse (wie Anm. 26). S. 176.

ßischen Oberlandesgericht reichlich bedacht wurde, als Trostpreise empfunden haben: 1901 wurde er zum Geheimen Justizrat ernannt.[34] 1903 folgte die Verleihung der Ehrendoktorwürde durch die Juristische Fakultät der Universität Königsberg. Im darauffolgenden Jahr wurde Mosse auf Betreiben der Juristischen Fakultät zum Honorarprofessor ernannt.[35] An der Fakultät wirkte Mosse in der Folgezeit als Dozent für Handels- und Wechselrecht sowie für Zivilprozessrecht. Bereits in seiner frühen richterlichen Tätigkeit in Berlin hatte er sich in juristischen Fachkreisen einen Namen erworben, etwa durch Beiträge in juristischen Fachzeitschriften, später, nach seiner Rückkehr aus Japan, vor allem als Bearbeiter eines in Fachkreisen geschätzten Kommentars des Handelsgesetzbuchs *Litthauer-Mosse*.[36]

Albert Mosse hatte am eigenen Leib die Diskrepanz zwischen rechtlicher Gleichstellung[37] auf der einen Seite und Diskriminierung und Zurücksetzung andererseits erfahren und erlitten. Es entsprach nicht seinem Wesen, diese Erkenntnis und auch Verbitterung darüber über einen vertrauten Kreis hinaus zu tragen. 1910 erschien anlässlich der Jahrhundertfeier der Berliner Universität eine Festgabe der Deutschen Juristen-Zeitung an die Juristische Fakultät. Sie enthält auch folgende handschriftlichen Eintrag von Albert Mosse:[38]

> Als ich auf Veranlassung meines Lehrers Gneist in Japan tätig war, machte Feldmarschall Yamagata, damals Minister des Innern, zu dem ich infolge meiner Mitarbeit an dem Selbstverwaltungsgesetz besondere Beziehungen hatte, eine Informationsreise durch Europa. Bei seiner Rückkehr bezeichnete er mir als den wesentlichen Eindruck, den er von Deutschland empfangen habe, dass dort die Gesetze nicht nur gegeben, sondern wirklich beobachtet würden. Wohl dem Land, von dem dies gesagt werden kann!
>
> gez. Geh. JR. Prof. Dr. Mosse Oberlandesgerichtsrat a.D. Stadtrat von Berlin

---

34 JMBl Nr. 33, 20.9.1901. S. 228.
35 Die Ernennung zum Honorarprofessor in der Juristischen Fakultät der Universität Königsberg durch den preußischen Kulturminister mit Zustimmung des Kaisers erfolgte im August 1904. Die Fakultätsinitiativen zur Verleihung der Ehrenpromotion und zur Honorarprofessur gingen maßgeblich auf den seinerzeitigen Dekan der Juristischen Fakultät, Otto Gradenwitz (1860–1935), zurück. Gradenwitz, evangelisch getaufter Jude, war Rechtshistoriker und Ordinarius für Römisches Recht. Gredenwitz über Mosse: In: Hamburger: Juden im öffentlichen Leben (Anm. 9). S. 46.
36 Würdigung von Mosse: In: Deutsche Juristen-Zeitung (DJZ) 12 (1925). S. 954f.
37 Art. 4 und 12 der preußischen Verfassung vom 31. Januar 1850 und für ganz Deutschland Gesetz vom 3. Juli 1869: „Alle noch bestehenden, aus der Verschiedenheit des religiösen Bekenntnisses hergeleiteten Beschränkungen der bürgerlichen und staatsbürgerlichen Rechte werden hierdurch aufgehoben. Insbesondere soll die Befähigung zur Theilnahme an der Gemeinde- und Landesvertretung und zur Bekleidung öffentlicher Ämter vom religiösen Bekenntniß unabhängig sein."
38 Kopie befindet sich im Universitätsarchiv der Humboldt-Universität zu Berlin; Mosse, Werner E.: *Albert Mosse*. (wie Anm. 26), S. 183f.

Leo Baeck meinte aus diesem Worten, wenn auch – „sicherlich ungewollt" – „bittere Ironie" heraus zu hören.[39]

## Zurück in der Reichshauptstadt

Zum 1. Oktober 1907 wurde Mosse auf eigenes Ersuchen aus gesundheitlichen Gründen in den Ruhestand versetzt[40] und der 61-Jährige zog nach dem Ende seiner richterlichen Laufbahn mit der Familie zurück nach Berlin. Das im Vergleich zum preußischen Staat liberalere kommunalpolitische Klima der Reichshauptstadt und die Wertschätzung ihrer damaligen Oberbürgermeister Adolf Wermuth und – ab 1921 – Gustav Böß ermöglichten Albert Mosse in seiner neuen Lebensphase ein erfolgreiches und anerkanntes Wirken in der Verwaltung von Berlin. Versehen mit dem Bürgerrecht, das ihm der Berliner Magistrat auf Ersuchen der Stadtverordnetenversammlung verliehen hatte, wurde Mosse bereits wenige Wochen nach seiner Übersiedlung nach Berlin zum unbesoldeten Stadtrat gewählt. In diesem Amt, das er bis zu seinem Rücktritt im März 1919 inne hatte, hatte Mosse als Verkehrsdezernent und als der maßgebende juristische Berater der städtischen Behörden maßgeblichen Anteil an der Lösung schwieriger Verkehrsfragen im Zusammenhang der Schaffung der neuen Einheitsgemeinde Groß-Berlin. Nach zehnjähriger Tätigkeit als Stadtrat ernannte ihn die Reichshauptstadt 1917 zum Ehrenbürger.[41]

## Jüdisches Engagement

Nachdem er den preußischen Justizdienst verlassen hatte und nach Berlin übergesiedelt war, widmete sich der pensionierte Oberlandesgerichtsrat neben seinem vielfältigen Wirken in kommunalen Ämtern in Berlin in stärkerem Umfang als zuvor den überregionalen Belangen des Judentums.[42] Nicht zuletzt die persönlich

---

39 Baeck: Gedenkrede (wie Anm. 1). S. 27.
40 JMBl Nr. 34, 13.9.1907. Dort ist zu lesen: „die nachgesuchte ‚Dienstentlassung mit Pension' erteilt".
41 Mosse, Albert. In: Gedenkbuch der Ältesten der Stadt Berlin seit der Einführung der Städteordnung vom 19.11.1808. Nr. 148.
42 Bereits in seiner Zeit als Richter in Berlin vor seinem Aufenthalt in Japan war Mosse in jüdischen Angelegenheiten aktiv: Bis 1883 war er Mitglied der Repräsentantenversammlung der Jüdischen Gemeinde Berlin. Den Sitz legte er nieder, als er Caroline Meyer, die Tochter des damaligen Gemeindevorsitzenden heiratete. 1881/82 unterstützte Mosse maßgeblich eine Rettungsaktion

erfahrenen beruflichen Nachteile durch seine jüdische Herkunft und Religion mögen Mosse dazu gebracht haben, intensiver als vor seinem Japan-Aufenthalt für die jüdische Gemeinschaft zu wirken. So betätigte sich Albert Mosse in dem 1904 gegründeten *Verband der deutschen Juden* (VDJ). Seit 1907 gehörte er, wie zeitweise auch sein älterer Bruder Rudolf, dem Geschäftsführenden Ausschuss, dem Leitungsgremium des VDJ, an. 1909 wurde Albert Mosse zum stellvertretenden Vorsitzenden des VDJ gewählt.[43] Seit dem Jahr seiner Übersiedlung nach Berlin gehörte Mosse auch dem Kuratorium der Hochschule für die Wissenschaft des Judentums in Berlin an, 1911 als stellvertretender Vorsitzender; 1914 übernahm er den Vorsitz des Führungsgremiums. Krankheitsbedingt musste er dieses Amt 1923 abgeben. Die Hochschule würdigte ihren langjährigen Kuratoriumsvorsitzenden und Ehrenvorsitzenden anlässlich seines Todes u.a. mit folgenden Worten:

> Seine Zugehörigkeit zum Judentum beruhte nicht nur auf unerschütterlicher Treue und tiefer Pietät, sondern auch auf der Festigkeit seiner Überzeugungen. Die Aufgabe der Hochschule, die wissenschaftliche Erforschung und Vertiefung des Judentums, die Heranbildung von auf der Höhe der Zeit stehenden Rabbinern und Lehrern der Religion, entsprach seinen innersten Neigungen. So brachte er in die Verwaltung unserer Hochschule neben den außerordentlichen Gaben seines Geistes und einer reichen Lebenserfahrung auch tiefes Verständnis für ihrer Bedürfnisse mit.[44]

Noch einmal wurden die „japanischen Verdienste" Mosses 1921 anlässlich seines 75. Geburtstages gewürdigt. Mosses Verdienste als Regierungsberater – so der japanische Botschafter in Berlin in einem Glückwunschschreiben – habe seinen Namen „bei unserem Volke unvergeßlich gemacht".[45] Im Übrigen waren Albert Mosses letzte Lebensjahre überschattet vom Tod seines zweitjüngsten Sohnes Hans, ein persönliches Unglück, das er innerlich nicht überwinden konnte. Der angehende Jurist fiel im Sommer 1916 im Alter von 27 Jahren in der Schlacht bei Fleury vor Verdun. Hinzu kam der Tod von fünf seiner Geschwister in den Jahren 1916 bis 1920. Über dem Elternhaus, in dem als einziges der fünf Kinder noch die älteste Tochter Martha lebte, lag in diesen Jahren ein „Schatten von Trauer, Krankheit und Tod"[46]. Nach langem Leiden starb Albert Mosse am 30.5.1925.

---

jüdischer Kinder, die aus der galizischen Stadt Brody nach Berlin gebracht wurden, um sie vor den antijüdischen Pogromen im zaristischen Russland zu schützen. Die Kinder wurden im Erziehungshaus in Pankow aufgenommen. Vgl Mosse: Briefe aus Japan (wie Anm. 2). S. 15.
43 Zu Selbstverständnis, Struktur und Arbeitsweise des VDJ und den Verbandsaktivitäten von Albert Mosse: Kraus: Die Familie Mosse (wie Anm. 6). S. 384ff.
44 In: 43. Bericht der Hochschule für die Wissenschaft des Judentums in Berlin. Berlin 1926. S. 4.
45 Mosse: Briefe aus Japan (wie Anm. 2). S. 35.
46 Mosse, Erinnerungen (wie Anm. 16). S. 3.

Unweit des Grabes seiner Schwiegereltern Meyer wurde er auf dem Friedhof Schönhauser Allee beigesetzt. In derselben Grabstätte wurden auch seine 1934 verstorbene Ehefrau Caroline und der im Krieg gefallene Sohn Hans beerdigt.[47]

---

[47] Aus den Beerdigungsunterlagen geht hervor, dass Albert Mosse bis zu seinem Tod in Berlin, Lichtensteinerallee 2a gewohnt hat. Caroline Mosse, zuletzt wohnhaft in Berlin, Landgrafenstraße 6, starb am 14.7.1934. In: Schriftliche Mitteilung des Archivs der Stiftung Neue Synagoge – Centrum Judaicum vom 26.1.2012.

* Der Verfasser dankt folgenden Einrichtungen für ihre Unterstützung: Universitätsarchiv der Humboldt-Universität zu Berlin, Archiv der Stiftung Neue Synagoge Berlin – Centrum Judaicum, Bibliothek der Friedrich-Ebert-Stiftung, Archiv des Leo Baeck Instituts New York im Jüdischen Museum Berlin, Landesarchiv Berlin, Stadtarchiv Guben und Staatsbibliothek Bamberg.

Doris Maja Krüger
# Leo Löwenthal und die jüdische Renaissance in der Weimarer Republik

Ich bin geblieben, was ich war. Ich bin ein linker, theoretisch radikal eingestellter deutscher Jude, der amerikanischer Staatsbürger geworden ist und der zusammen mit einer Gruppe, mit der er gelebt und gearbeitet hat, die sogenannte kritische Theorie-Gruppe, versucht hat, das beste aus der westeuropäischen Tradition, der deutschen Tradition fortzusetzen und kritisch weiterzuführen.[1]

Immer wieder wurde Leo Löwenthal in Interviews und Gesprächen, die in den 1980er und zu Beginn der 1990er Jahre, als Theodor W. Adorno, Max Horkheimer, Herbert Marcuse und all die Anderen der „kritischen Theorie-Gruppe" bereits verstorben waren, vermehrt mit ihm geführt wurden, gefragt, was er denn nun eigentlich sei.[2] In seinen Antworten hierauf betonte er neben seiner deutschen Herkunft und seiner amerikanischen Staatsbürgerschaft stets sein Judentum. Hatte er die Existenz „jüdischer Motive" noch in den späten 1960er Jahren Martin Jay, dessen *Dialektische Phantasie* eines der Standardwerke zur Geschichte der Kritischen Theorie darstellt, versucht auszureden, so gestand er diesen zehn Jahre später in seinem autobiographischen Gespräch *Mitmachen wollte ich nie*, welches der Herausgeber seiner *Schriften* Helmut Dubiel mit ihm führte, einen „untergründige[n] Einfluß" zu.[3] Zwar sah Leo Löwenthal in seinem Judentum nur „ein Element"[4] seiner Person; er fühlte sich auch als Jude, aber doch nicht zentral als Jude, wie er Mitte der 1980er Jahre Peter Koslowski im Rahmen der ZDF-Porträtreihe *Zeitzeugen des Jahrhunderts* berichtete. Zudem begann er erst im hohen Alter diesem Bedeutung beizumessen und verstand sich auch dann noch immer am liebsten „als Neinsager in der Tradition von Hegels bestimmter

---
1 Leo Löwenthal im Alter von 91 Jahren. Zitiert nach: Jansen, Peter-Erwin: Vorwort. In: Das Utopische soll Funken schlagen... Zum hundertsten Geburtstag von Leo Löwenthal. Hrsg. von Jansen, Peter-Erwin. Frankfurt a.M. 2000. S. 4–7, S.4.
2 Ich bedanke mich herzlich bei Susanne Löwenthal und Peter-Erwin Jansen für die Abdruckgenehmigung bzw. Genehmigung zur Verwendung und Bearbeitung der Materialien und Dokumente aus dem Leo Löwenthal Archiv, Archivzentrum der Universitätsbibliothek Frankfurt am Main.
3 Löwenthal, Leo: Mitmachen wollte ich nie. Ein autobiographisches Gespräch mit Helmut Dubiel. Frankfurt a.M. 1980. S. 156.
4 „Ich will den Traum von der Utopie nicht aufgeben". Leo Löwenthal im Gespräch mit Hajo Funke. In: Funke, Hajo: Die andere Erinnerung. Gespräche mit jüdischen Wissenschaftlern im Exil. Frankfurt a.M. 1989. S. 168–185, S. 175.

Negation"⁵, als „Transzendental-Obdachlosen"⁶, der nirgends zu Hause und dem „die Position am Rande, die Marginalität, die wichtigste Kategorie"⁷ sei. Dennoch sollte der Einfluss dieses Elements nicht unterschätzt werden, führte es doch zu einer Identifikation Leo Löwenthals mit dem Judentum, die weit über seine (Mit-) Arbeit im dezidiert jüdischen bzw. zionistischen Milieu der Weimarer Republik, wie dem Kreis um den charismatischen Rabbiner Nehemias Anton Nobel, der *Beratungsstelle für ostjüdische Flüchtlinge*, dem *Freien Jüdischen Lehrhaus* und dem gemeinsam von ihm und Ernst Simon herausgegebenen *Jüdischen Wochenblatt*, hinausgehen und sein Leben lang andauern sollte.⁸ Wenn im Folgenden nachgezeichnet wird, wie es zur Ausbildung dieses Moments kam, wird zugleich der Versuch unternommen anhand desjenigen Kritischen Theoretikers, den der „Lichtkegel der öffentlichen Aufmerksamkeit [...] am Rande liegen lassen"⁹ hat, einen Einblick in die – nicht als deutsch-jüdische Symbiose misszuverstehende – Jüdische Renaissance in der Weimarer Republik zu geben.¹⁰

Der am 3. November 1900 in Frankfurt am Main geborene Leo Löwenthal wuchs in einem „weltlich[en], aufklärerisch[en] und antireligiös[en]"¹¹ Elternhaus auf, in dem man am höchsten jüdischen Feiertag Yom Kippur anstatt zu fasten besonders gut zu speisen pflegte. Sein Vater Victor Löwenthal hatte sich als einziges der neun Kinder eines streng orthodoxen Lehrers der im Frankfurter Ostend gelegenen jüdischen *Samson Raphael Hirsch Schule* und Leiters eines orthodoxen Knabenpensionats vom Judentum abgewandt und wurde nicht nur areligiös, sondern dezidiert antireligiös. Leo Löwenthal interpretierte dies als bewusste oder unbewusste Rache seines Vaters für das durch dessen Vater aufgezwungene Medizinstudium, denn im Unterschied zu dem von Victor Löwenthal ersehnten Beruf des Rechtsanwalts musste ein Arzt samstags nicht arbeiten. Wie viele Frankfurter Juden seiner Generation war Victor Löwenthal darauf bedacht sich schnell zu assimilieren und sich von dem orthodoxen Lebensstil seiner Eltern los-

---

5 Löwenthal, Leo: Literatursoziologie im Rückblick. In: Löwenthal Schriften Bd. 4. Judaica, Vorträge, Briefe. Frankfurt a.M. 1984. S. 88–105, S. 91.
6 Löwenthal, Leo: Erinnerungen an Theodor W. Adorno. In: Löwenthal Schriften Bd. 4 (wie Anm. 5). S. 74–87, S. 79.
7 Löwenthal: Literatursoziologie (wie Anm. 5). S. 91.
8 Vgl.: Heuberger, Rachel: Die Entdeckung der Jüdischen Wurzeln. In: Jansen (Hrsg.): Das Utopische (wie Anm. 1). S. 47–68.
9 Habermas, Jürgen: Leo Löwenthal. Ein Glückwunsch. In: Habermas, Jürgen: Philosophisch-politische Profile. Frankfurt a.M. 1987. S. 426–432, S. 426.
10 Zur Kritik am Bild des Weimarer Judentums als „Juden ohne Judentum" vgl.: Brenner, Michael: Jüdische Kultur in der Weimarer Republik. Aus dem Englischen von Holger Fliessbacht. München 2000. S. 11f.
11 Löwenthal: Mitmachen (wie Anm. 3). S. 16.

zusagen. Zwar bestand der Großteil des familiären Freundeskreises weiterhin aus Juden, sein Sohn Leo Löwenthal verfügte jedoch bis Ende der 1910er Jahre über keinerlei Kenntnisse über das Judentum, wie eine Anekdote aus seiner Schulzeit am Frankfurter *Goethe Gymnasium* veranschaulicht: „Ich entsinne mich auch noch an die Organisation des Religionsunterrichts in der Sexta, als der Klassenlehrer anordnete, die Protestanten gehen in diesen Teil des Klassenzimmers, die Katholiken in jenen und die Juden in den [...] Da blieb ich sitzen, denn ich wußte wirklich nicht, was ‚Religionsunterricht' war!"[12] Sein späterer Religionslehrer verzweifelte an dem von der Anti-Religiosität seines Vater geprägten Leo Löwenthal derart, dass er ihm recht bald nahe legte, besser nicht mehr seinen Unterricht zu besuchen. Dieser wiederum nahm dies dankend an und ging stattdessen lieber spazieren oder bereitete sich auf den Lateinunterricht vor.

Nachdem Leo Löwenthal im Frühjahr 1918 das Notabitur abgelegt hatte – er bedauerte dies sehr und bezeichnete sich deswegen häufig als halbgebildet –, musste er „helfen [...], den 1. Weltkrieg zu verlieren"[13]. Im Unterschied jedoch zum Gros seiner Mitschüler, die, wie für Söhne aus gutem Hause üblich, zur 63. Artillerie nach Mainz und zur 81. Infanterie nach Frankfurt eingezogen wurden, musste er von Juni bis November 1918 in einem ansonsten nur aus Arbeiter- und Bauernsöhnen bestehenden Hanauer Eisenbahnregiment dienen.[14] In einem Brief vom 1. Juli 1918 berichtete er seinen Eltern neben seiner Freude über das leider nur selten geöffnete Lesezimmer der Kaserne von dem Sadismus des Stubenältesten, „der einer von denen ist, die sich darüber freuen, wenn sie einen unter den Fingern haben, der im bürgerlichen Leben gesellschaftlich über ihnen steht".[15] Die Freude dieses „elende[n] Kerl[s]"[16] bestand einzig darin, dass es anderen auch nicht besser ging; ein Moment der Gleichmacherei, das sich in dem von Theodor W. Adorno, Max Horkheimer und Leo Löwenthal Anfang der 1940er Jahre gemeinsam verfassten zweiten *Element des Antisemitismus* wiederfinden sollte. Rückblickend berichtete Löwenthal über seine scheußlichen fünf Monate in Hanau: „Es war eine schlimme Zeit. Ich versuchte alles, um da herauszukommen. Ich habe mich freiwillig an die Front gemeldet, ich wollte lieber sterben. Es wurde abgelehnt. Ich habe mich darum beworben, Fahnenjunker zu werden, um als Offizier aus diesen Verhältnissen herauszukommen. Abgelehnt! Das alles

---

12 Löwenthal: Mitmachen (wie Anm. 3). S. 16.
13 Leo Löwenthal im Gespräch mit Paul Assall, welches am 1. Februar 1981 im 2. Programm des Südwestfunk Baden-Baden ausgestrahlt wurde.
14 Vgl.: Jansen, Peter-Erwin: Leo Löwenthal in Hanau. In: Neues Magazin für Hanauische Geschichte. Mitteilungen des Hanauer Geschichtsvereins 1844 e. V. Hanau 2005. S. 96–101.
15 Löwenthal, Leo: Feldpostbrief an die Eltern vom 1. Juli 1918. In: Jansen (Hrsg.): Das Utopische (wie Anm. 1). S. 29–31, S. 29f.
16 Löwenthal: Feldpostbrief (wie Anm. 15), S. 29.

war für mich – ich hoffe, ich übertreibe nicht – eine Art vorweggenommenes Konzentrationslager."[17]

Die Hoffnung vieler deutscher Juden, durch den gemeinsamen Kampf im Ersten Weltkrieg endgültig als Teil der deutschen Gesellschaft anerkannt zu werden, schlug um in eine grausame Desillusionierung. So begann auch Leo Löwenthal, geprägt von dem in seiner Hanauer Zeit am eigenen Leib erfahrenen Antiintellektualismus und Antisemitismus deutscher Proletarier und Bauern, an seinem „falschen Eindruck einer scheinbar völlig gelungenen Emanzipation"[18] zu zweifeln. Während ein Teil der deutschen Juden den Ausweg aus dieser Misere in einer noch stärkeren Betonung ihres Deutschtums suchte, sahen ihn andere wie Leo Löwenthal in der Hinwendung zu politischen bzw. religiösen Bewegungen wie dem Sozialismus und Zionismus. Löwenthal begann die assimilatorischen Bestrebungen vieler deutscher Juden zu verachten – nicht, weil sie „als Juden genauso Menschen sein wollten wie andere auch", sondern weil sie ihm „als Mitläufer des deutschen Nationalismus erschienen."[19] In diesem zionistischen, anti-assimilatorischen Impuls machte er retrospektiv das politische Motiv seiner Hinwendung zum Judentum aus. Durch eine bereits seit seiner Schulzeit bestehenden Freundschaft mit Luise Habricht, die Gouvernante im Hause eines Schulfreundes und zudem eine Freundin seiner Mutter war, sowie durch deren Freund, den Gießener Philosophen und zur neukantianischen Schule Hermann Cohens gehörenden Walter Kinkel, kam er, wenn auch zunächst nur indirekt, mit dem Judentum, insbesondere mit der jüdischen Religionsphilosophie, in Kontakt. Recht bald jedoch wandte er sich während des Studiums, wie viele junge Männer seiner Generation, die gegen ihr liberal-assimiliertes Elternhaus rebellierten, in einer „klassische[n] Illustration des Ödipus-Komplexes"[20] dem Judentum zu; gegen den Willen seines Vaters heiratete er sogar im Dezember 1923 Golde Ginsburg in Königsberg nach jüdischem Ritus und beschloss gemeinsam mit ihr für kurze Zeit einen orthodoxen Lebenswandel zu führen. In dieser Zeit hielten sie nicht nur die jüdischen Feiertage ein und gingen regelmäßig in die Synagoge, sie führten auch einen koscheren Haushalt.[21]

Aufgrund des Drucks seines Vaters hatte Leo Löwenthal im Wintersemester 1918/1919 begonnen Rechtswissenschaften an der Universität Frankfurt zu stu-

---

17 Löwenthal: Mitmachen (wie Anm. 3). S. 53.
18 Löwenthal: Mitmachen (wie Anm. 3). S. 31.
19 Löwenthal: Mitmachen (wie Anm. 3). S. 17.
20 Löwenthal: Mitmachen (wie Anm. 3). S. 15.
21 Vgl.: Löwenthal, Leo u. Kracauer, Siegfried: In steter Freundschaft. Briefwechsel. Hrsg. von Peter-Erwin Jansen u. Christian Schmidt. Mit einer Einleitung von Martin Jay. Springe 2003. Brief 14, Anm. 1. S. 52.

dieren, brach dieses jedoch im darauf folgenden Sommersemester mit seinem Wechsel an die Gießener Universität ab. Bereits in Frankfurt hatte er Lehrveranstaltungen in Philosophie, Germanistik, Kunst, Alter Geschichte, Ästhetik, Psychologie und Mathematik gehört. Dies setzte er zunächst in Gießen und mit Beginn des Sommersemesters 1920 in Heidelberg fort. Auf diese Zeit rückblickend, verglich er sich in Interviews häufig mit Goethes Faust; wie dieser wollte er erfahren, was die Welt im Innersten zusammenhält. Sein Vater war darüber jedoch nicht sonderlich erfreut, wie Leo Löwenthal Helmut Dubiel berichtete: „Mein Vater war dann später sehr unzufrieden mit mir, weil ich ohne festes Ziel studiert habe, ich bin von einer Fakultät in die anderen übergewechselt. Ich habe eigentlich alles studiert, außer Medizin. Das hat sicher mit dem gerade schon erwähnten Ödipuskomplex zu tun. Manchmal tut mir das leid. Ich denke, ich wäre ein recht wohlhabender Psychoanalytiker geworden."[22] 1923 promovierte er an der Wirtschafts- und Sozialwissenschaftlichen Fakultät der Universität Frankfurt mit einer Arbeit über *Die Sozietätsphilosophie Franz von Baaders*. Drei Jahre später erlangte er mit der Staatsexamensarbeit *Gewalt und Recht in der Staats- und Rechtsphilosophie Rousseaus und der deutschen idealistischen Philosophie* die Lehrbefähigung für das höhere Lehramt und unterrichtete im Anschluss daran bis zu seiner Festanstellung am Frankfurter *Institut für Sozialforschung* 1930 Deutsch, Geschichte und Philosophie an der *Liebigschule* und an der *Wöhlerschule* in Frankfurt. Zudem erhielt er in diesen vier Jahren ein Teilstipendium des *Instituts für Sozialforschung*, weswegen er bereits ab 1926, wenn auch zunächst nur nebenberuflich, für dieses tätig war.

Schon zu Schulzeiten kam Leo Löwenthal durch die bereits genannte Luise Habricht, die sich als „radikale Reformerin"[23] insbesondere für das Frauenwahlrecht einsetzte, in Kontakt mit pazifistischen Bewegungen und kuvertierte im Alter von 15 oder 16 Jahren für den linksliberalen bayrischen Landtagsabgeordneten und späteren Friedensnobelpreisträger Ludwig Quidde illegal Flugblätter. Während seines Studiums war er in sozialistischen und zionistischen Studentenorganisationen aktiv; gemeinsam mit Franz Neumann und Ernst Fraenkel sowie einigen anderen Studenten gründete er beispielsweise in seinem ersten Semester an der Frankfurter Universität im Winter 1918/1919 eine sozialistische Studentengruppe. Zudem war er Mitglied des dortigen Allgemeinen Studentenausschusses (AStA). Im darauffolgenden Jahr in Heidelberg arbeitete er insbesondere in der zionistischen Studentenverbindung *Ivria* des *Kartells Jüdischer Verbindungen* (K. I. V.) mit; dieses Kartell verstand sich als Gegenorganisation zum assimilatorischen *Kartell-Convent der Verbindungen deutscher Studenten*

---

22 Löwenthal: Mitmachen (wie Anm. 3). S. 50.
23 Löwenthal: Mitmachen (wie Anm. 3). S. 38.

*jüdischen Glaubens* (K. C.) – einer Art studentischen Vorfeldorganisation des *Centralvereins deutscher Staatsbürger jüdischen Glaubens* (C. V.). Für die *Ivria* hielt Leo Löwenthal nicht nur inhaltliche Vorträge, wie das in den *Frankfurter Jüdischen Jugendblättern* 1922 nachgedruckte Referat über Jakob Wassermanns *Mein Weg als Deutscher und Jude*, sondern war auch an der Werbung neuer Mitglieder beteiligt, wie eine *Werberede*[24], die er am 25. November 1920 in Heidelberg hielt, belegt.

Ausgehend von seinen im Ersten Weltkrieg gemachten Erfahrungen und der mit diesen einhergehenden Desillusionierung über die scheinbare Emanzipation der deutschen Juden, skizzierte Leo Löwenthal in dieser einstündigen Rede sein Verständnis von Zionismus als „Antithese zur sogenannten Assimilation"[25] und zeigte zudem auf, in welchem Verhältnis er diesen zum Jude-Sein sah. Zwar handle es sich beim Zionismus tatsächlich um ein historisches Phänomen, das durch „bestimmte Zeitzuständlichkeiten"[26] eine allgemeinere Bedeutung erhalten habe, jedoch bedeute dies noch lange nicht, wie häufig von seinen Gegnern behauptet, dass er gemeinsam mit diesen Zuständlichkeiten wieder verschwinde. Der Zionismus sei vielmehr als Problemstellung zu begreifen: Ein Zionist sei jemand, der sich dem Problem stellt Jude zu sein. Und auch wenn sich dieser seines Judentums erst durch die Konfrontation mit dem Antisemitismus bewusst werde, begänne er erst dann wirklich Jude zu sein, wenn er „losgelöst von dem Zwange des Aussens nach dem Sinne seines Judentums fragt."[27] Zionist- und Jude-Sein –,Sein' im emphatischen Sinne – waren demnach für Leo Löwenthal gleichbedeutend. Zwar stelle der Erste Weltkrieg als „große[r] Negierer"[28] das Problem Jude in einer nichtjüdischen Gesellschaft zu sein in konzentrierter Form, in einer Krise haben sich die deutsche Juden jedoch schon zuvor befunden. Demzufolge sah er in dem Ende des Ersten Weltkrieges erst den Anfang „einer wahren Selb-

---

[24] Zwar war die Rede als „Werberede" deklariert, dennoch war es nicht Löwenthals Anliegen seine Zuhörer zum Eintritt in den K.I.V. mit rhetorischen Tricks zu überreden; dies wäre, wie er einleitend betonte, seinen Zuhörern, dem *Kartell Jüdischer Verbindungen* und auch ihm selbst gegenüber Unrecht. Statt sie also um jeden Preis zu umwerben, sollten diese sich durch die von ihm aufgeworfenen Fragen auf sich selbst besinnen und dem K. I. V. nur dann beitreten, wenn sie sie in seinem Sinne beantworten könnten.

[25] Löwenthal, Leo: Werberede für eine zionistische Studentenorganisation. Gehalten im K. I. V. Heidelberg am 25. November 1920. In: Leo Löwenthal Archiv, Archivzentrum der Universitätsbibliothek Frankfurt am Main. LLA B9. S. 1–8, S. 4.

[26] Löwenthal: Werberede (wie Anm. 25). S. 4.

[27] Löwenthal: Werberede (wie Anm. 25). S. 4.

[28] Löwenthal: Werberede (wie Anm. 25). S. 5.

stbesinnung im schönen Sinne dieses Wortes. Sie ließ uns in uns selbst den Sinn finden."[29]

Dieses Besinnen auf sich selbst, auf das eigene Judentum, von dem Leo Löwenthal hier sprach, stellte den Beginn einer „Jüdischen Renaissance" dar, wie sie bereits 1901 von Martin Buber in seinem gleichnamigen Essay beschrieben wurde. War die Generation ihrer Großväter bzw. Väter noch der Meinung den scheinbar unvereinbaren Gegensatz von Judentum und moderner Kultur auf Kosten des Judentums auflösen zu können, indem sie es zu einem Relikt vergangener Zeiten erklärten, wurde zumindest für einen Teil[30] der im letzten Viertel des 19. Jahrhunderts geborenen Generation um Martin Buber, Franz Rosenzweig und Leo Löwenthal die Frage nach dem Wesen ihres Judentums immer dringlicher; umso mehr, da angesichts der „deutschen Staatsbürger jüdischen Unglaubens" (Sigmund Freud), die sich von ihren christlichen Mitbürgern nur noch dadurch unterschieden, dass diese samstags nicht länger in die Synagoge und jene sonntags nicht länger in die Kirche gingen, eine rein formale Zugehörigkeit zum Judentum keine hinreichende Grundlage mehr für ein jüdisches Selbstverständnis darzustellen schien. Angesichts der veränderten historischen Bedingungen jedoch war „eine Rückkehr zu den alten, im Volkstum wurzelnden Gefühls-Traditionen und zu deren sprachlichem, sittlichem, gedanklichem Ausdruck"[31] schlecht möglich gewesen und als solche wollte Martin Buber seine Jüdische Renaissance auch nicht verstanden wissen. Vielmehr sollten ausgewählte als authentisch verstandene Momente der jüdischen Tradition modernisiert werden – „ein Neuschaffen aus uraltem Material"[32], wie er es nannte. Indem dieses Neuschaffen jedoch über eine schlicht modernisierte Rekonstruktion hinausging, denn jüdische Traditionen wurde nicht nur wieder aufgefunden, sondern auch neu erfunden, wurde es „Teil jener Kraft, die stets das Alte will und stets das Neue schafft"[33], wie Michael Brenner in einer Paraphrase von Goethes Mephistopheles die jüdische

---

**29** Löwenthal: Werberede (wie Anm. 25). S. 6.
**30** Das Beispiel Gershom Scholems und seiner drei Brüder verdeutlicht, welche unterschiedlichen politischen wie religiösen Vorstellungen es selbst innerhalb einer Generation einer Familie gab. So saß Werner Scholem Mitte der 1920er Jahre für die KPD im Reichstag, während Reinhold Scholem die konservative Deutsche Volkspartei unterstützte. Auch war Gershom Scholem der einzige der vier, der mehr über sein Judentum erfahren wollte, wohingegen sich beispielsweise sein Bruder Erich Scholem als Teil des assimilierten bürgerlich-liberalen Judentums verstand, den der *Centralverein deutscher Staatsbürger jüdischen Glaubens* repräsentierte Vgl.: Brenner, Michael: Wie jüdisch waren Deutschlands Juden? Die Renaissance jüdischer Kultur während der Weimarer Republik. Bonn 2000. S. 11.
**31** Vgl.: Buber, Martin: Jüdische Renaissance. In: Ost und West 1 (1901). S. 7–10, S. 8.
**32** Buber: Renaissance (wie Anm. 31). S. 9.
**33** Brenner: Kultur (wie Anm. 10). S. 15.

Kultur in der Weimarer Republik charakterisierte. Als Teil eben jener „Kraft" sind auch der Kreis um den charismatischen Rabbiner Nehemias Anton Nobel und das *Freie Jüdische Lehrhaus* in Frankfurt zu sehen; beiden gehörte Leo Löwenthal an.

Der 1871 im ungarischen Nagy-Atad geborene Nehemias Anton Nobel vereinte in seiner Persönlichkeit all jene Widersprüche, in denen sich die deutschen Juden zu Beginn des 20. Jahrhunderts zwischen orthodoxem Judentum, deutschem Patriotismus und religiösem Zionismus befanden. Aufgewachsen als Sohn des Rabbiners der Klaussynagoge Josef Nobel in Halberstadt, wurde er im Geiste der *Thora im Derech Erez*, einer auf den neo-orthodoxen Rabbiner Samson Raphael Hirsch zurückgehenden Synthese von jüdischem Religionsgesetz und weltlicher Bildung, erzogen. Nachdem er das Abitur am Halberstädter *Königlichen Domgymnasium* abgelegt hatte, ging er nach Berlin um Philosophie und Literaturwissenschaft zu studieren. Zudem besuchte er zeitgleich das orthodoxe Rabbinerseminar Esriel Hildesheimers, an dem er 1895 das Rabbinerexamen absolvierte. Im Anschluss daran leistete er zunächst seinen einjährigen Militärdienst ab, arbeitete sodann vier Jahre als Lehrer und Prediger der Kölner *Talmud Torah Vereinigung* und promovierte an der Universität Bonn über *Schopenhauers Theorie des Schönen*. Nur wenige Monate nachdem er im August 1900 die Stelle als Rabbiner der Königsberger Gemeinde *Adass Isroel* angetreten hatte, zog es ihn nach Marburg, um bei Hermann Cohen Philosophie zu studieren. Trotz aller weltanschaulicher Differenzen entwickelte sich zwischen beiden eine innige Freundschaft, die bis zum Tode Cohens 1918 andauern und sich in der deutschen wie auch in der davon abweichenden hebräischen Inschrift Nobels für den Grabstein Cohens niederschlagen sollte. Bevor Nobel 1910 die Nachfolge des verstorbenen orthodoxen Rabbiners Markus Horovitz in der Frankfurter Synagoge am Börneplatz antrat und dieses Amt bis zu seinem Tod 1922 ausfüllte, war er als Rabbiner für den Verein *Adass Jeschurun* in Leipzig sowie für den Hamburger Synagogenverband, insbesondere für die Synagoge Kohlhöfen tätig.[34]

Zu Beginn des 20. Jahrhunderts versinnbildlichte Nobel die „sehnsuchtsvolle Synthese zwischen dem historischen Judentum und der modernen Kultur"[35]. Er empfand die sich scheinbar widersprechenden deutsch-jüdischen und religiöszionistischen Momente seiner Persönlichkeit als gegenseitige Bereicherung und war bestrebt das eine nicht auf Kosten des anderen zu leben. Als „Raw im alten Sinne"[36] setzte er sich gegen den Widerstand seiner orthodoxen Rabbinerkollegen

---

**34** Vgl.: Heuberger, Rachel: Rabbiner Nehemias Anton Nobel. Die jüdische Renaissance in Frankfurt am Main. Frankfurt a.M. 2005.
**35** Nobel, Nehemias Anton: Der Sabbat. In: Soziale Ethik im Judentum. Zur fünften Hauptversammlung in Hamburg 1913. Hrsg. vom Verband der Deutschen Juden. Frankfurt a.M. 1913. S. 112.
**36** Heuberger: Entdeckung (wie Anm. 8). S. 54.

für die Einführung des aktiven und passiven Wahlrechts für Frauen in der *Israelitischen Gemeinde Frankfurt* ein; zugleich hielt er an der klassisch humanistischen Bildung fest und verehrte Goethe nicht nur, sondern zitierte ihn auch in seinen Predigten. Er strahlte eine „ungeheure Faszination"[37] auf junge jüdische Männer aus bürgerlichem Hause aus, die sich auf der Suche nach dem Wesen ihres Judentums befanden. Von dieser „merkwürdigen Mischung aus mystischer Religiosität" und „philosophischer Eindringlichkeit"[38] zeigte sich auch Leo Löwenthal beeindruckt und fand durch Nobel seinen Zugang zum Judentum.

Ende der 1910er Jahre bildete sich um Nobel „eine Art kultische [...] Gemeinschaft"[39], der so genannte *Nobel-Kreis*, zu dem neben Leo Löwenthal insbesondere Martin Buber, Rudolf Hallo, Richard Koch, Siegfried Kracauer, Eugen Mayer, Max Michael, Joseph Prager, Franz Rosenzweig, Ernst Simon, Bruno Strauss, Eduard Strauss und Robert Weiss gehörten. Sie alle waren beeindruckt vom „faszinierenden Redner"[40] Nobel und teilten wohl den Eindruck, den Franz Rosenzweig 1921 in einem Brief an Gertrud Oppenheim wiedergab:

> Nobel, der wieder über alle Maßen herrlich gesprochen hat; schade, daß du das nie hörst, man kann es nicht beschreiben, auch seine Vorträge sind nicht entfernt das was so eine ‚Predigt' (die keine Predigt ist) ist. Was ist es denn? dafür fehlen mir alle Vergleiche. Man könnte nur das Allergrößte daneben nennen. Die Gedanken könnte schließlich ich auch haben, den Sprachstrom hat vielleicht mancher, aber es ist noch etwas dabei, etwas Allerletztes, eine Hingerissenheit des ganzen Menschen, man würde sich nicht wundern, wenn er plötzlich aufflöge und nicht mehr da wäre, es gibt keine Kühnheit, die er in solchen Augenblicken nicht wagen könnte, und kein Wort, das aus diesem Munde dann auch nicht wahr wäre.[41]

Anlässlich des 50. Geburtstags Nobels überreichten ihm seine Schüler *Die Gabe*, eine Festschrift, die Ausdruck ihrer enormen Bewunderung für ihn war und deren thematische Vielfalt zugleich die Vielfalt seiner Interessen widerspiegelte. Neben Siegfried Kracauers *Gedanken über Freundschaft* und Ernst Simons *Platon und die Tragödie* waren ihr auch Aufsätze wie Martin Bubers *Drei Predigten* und Leo Löwenthals Entwurf einer negativen Religionsphilosophie *Das Dämonische* beigefügt. Was Nobel seinen Schülern „als Jude bedeutet und als Jude gegeben

---

37 Heuberger: Rabbiner (wie Anm. 34). S. 14.
38 Löwenthal: Mitmachen (wie Anm. 3). S. 19f.
39 Löwenthal: Mitmachen (wie Anm. 3). S. 20.
40 Löwenthal: Mitmachen (wie Anm. 3). S. 20.
41 Franz Rosenzweig in einem Brief an Gertrud Oppenheim vom 5. Oktober 1921. In: Rosenzweig, Franz: Briefe. Unter Mitwirkung von Ernst Simon ausgewählt und herausgegeben von Edith Rosenzweig. Berlin 1935. S. 411.

hat"[42] und weswegen sie ihn bewunderten und verehrten, sollten nur wenige Monate später ihre Nachrufe auf ihn bezeugen. So schrieb beispielsweise Erich Fromm, dem der in der *Neuen Jüdischen Presse* am 2. Februar 1922 erschienene und mit „Achad ha talmidim" – „Einer der Schüler" – unterschriebene Nachruf zugerechnet wird, dass er an Nobel schätzte, dass „er lebte, was er sagte, und nur sagte, was er lebte. Er lehrte, daß das Wissen um die Wirklichkeit des Absoluten der Urgrund jüdischen Volkstums ist, und man sah ihm an, daß er dieses Wissen lebte."[43] Dies betonte auch Leo Löwenthal in seinem Nachruf auf *Rabbiner Dr. N. A. Nobel, verschieden am 24. Januar 1922*, den er für die Märzausgabe desselben Jahres der Zeitschrift des K. I. V. *Der jüdische Student* verfasste. Welchen Verlust der Tod Nobels insbesondere für ihn darstellte, kann man angesichts der folgenden Worte nur erahnen:

> Wir waren vorbereitet auf sein Ende, hat ein Schüler in einem Nachruf gesagt. Ich weiß nicht. Mich traf dieser Tod mit der Wucht und Unerwartetheit eines großen kosmischen Ereignisses, nein wie der Sturz eines ganzen Kosmos. Und mir offenbarte sich später – als das Denken den Platz wieder gewann über den wortlosen Schmerz – dieses erste Empfinden als ein Schlüssel zum Verständnis des Dahingegangenen.[44]

Der plötzliche Tod Nobels stellte für ihn nicht nur den intellektuellen Verlust des „jüdischen Menschen der Idee, der die reinste, keuscheste, wahrhafteste Gestalt des Menschen überhaupt ausprägt"[45], dar, es war auch ein menschlicher Verlust; der Verlust desjenigen Menschen, der für ihn „väterliche Gefühle"[46] hegte und der ihn auch bei seinem mehrmonatigen Kuraufenthalt in St. Blasien im Schwarzwald finanziell unterstützte, nachdem Löwenthal sich mit seinem Vater überworfen hatte. Mit Nobels Tod im Januar 1922 löste sich zwar der Kreis um ihn auf, eine Renaissance des Judentums war jedoch bereits in vollem Gange.

Konfrontiert mit dem Bewusstsein Jude zu sein und zugleich nichts bzw. nur kaum etwas darüber zu wissen, verspürten nicht nur Nobels Schüler, sondern zahlreiche deutsche Juden den Wunsch mehr über ihr Judentum zu erfahren. Diesem Bedürfnis nachzukommen sah Eduard Koch als die Aufgabe des

---

42 Löwenthal, Leo: Rabbiner Dr. N. A. Nobel, verschieden am 24. Januar 1922. In: Der jüdische Student. Zeitschrift des Kartells jüdischer Verbindungen. März 1922 (19. Jg., Nr. 2). Herausgegeben vom Präsidium des K. I. V. in Berlin. S. 87f., S. 87.
43 Achad ha talmidim: Rabbiner Nobel als Führer der Jugend. In: Neue Jüdische Presse. Frankfurter Israelitisches Familienblatt. 2.2.1922 (20. Jg., Nr. 5). S. 3.
44 Löwenthal: Rabbiner (wie Anm. 42). S. 87.
45 Löwenthal: Rabbiner (wie Anm. 42). S. 87.
46 Nobel, Nehemias Anton: Postkarte an Leo Löwenthal vom 10. Oktober 1921. In: Jansen: Das Utopische (wie Anm. 1). S. 69.

Frankfurter *Freien Jüdischen Lehrhauses* an, wie er wenige Jahre später in der von Martin Buber herausgegebenen Monatszeitschrift *Der Jude* schrieb:

> Wenn unser geschichtliches Leid aber wieder kommt, dann wollen wir wissen, warum wir leiden, wir wollen nicht wie Tiere sterben, sondern wie Menschen, die wissen, was gut und schlecht ist. Aber wir suchen nicht das Leid sondern den Frieden. Daß wir Juden sind, daß wir Fehler und Tugenden haben, ist uns genug von uns selber und anderen gesagt worden. Wir haben es zu oft gehört. Das Lehrhaus soll uns lehren, warum und wozu wir es sind.[47]

Das aus der 1919 vom liberalen Rabbiner Georg Salzberger und dem Syndikus der *Israelitischen Gemeinde Frankfurt* Eugen Mayer gegründeten *Gesellschaft für Jüdische Volksbildung e. V.* hervorgegangene und im Oktober 1920 in Frankfurt von Franz Rosenzweig eröffnete *Freie Jüdische Lehrhaus* unterschied sich in seiner theoretischen Konzeption des Lernens deutlich von seinen Vorläufern. Zwar bezog sich auch das Lehrhaus auf das *Beth ha Midrash* der talmudischen Zeit, allerdings stellte es keine bloß wörtliche Über- bzw. Umsetzung davon dar, sondern glich vielmehr einer an die Bedürfnisse der stark akkulturierten jüdischen Gemeinde angepassten modernisierten Übertragung. Anders als das Lernen im *Beth ha Midrash*, das auf Kenntnisse des Judentums setzte und von der Thora ausgehend ins Lebens führen sollte, hatte das von Franz Rosenzweig konzipierte *Neue Lernen* den entgegengesetzten Weg zu beschreiten; es wollte von dem Leben akkulturierter Juden ausgehend diese (zurück) zur Thora führen. Rosenzweig sah einzig in der systematischen (Wieder-)Aneignung jüdischen Wissens die Möglichkeit, jüdisches Leben neu zu beleben. Hauptanliegen des Lehrhauses war es demnach – und hierin ist auch der Unterschied des Lehrhauses zu anderen Einrichtungen jüdischer Erwachsenenbildung seiner Zeit, wie der *B'nai B'rith Loge* und dem *Verein für jüdische Geschichte und Literatur*, zu sehen – insbesondere in kleinen Arbeitsgemeinschaften die Studenten zu intensiver Mitarbeit zu ermutigen und ihnen so die „notwendigen Werkzeuge an die Hand [zu] geben, um wieder eine eigene kulturelle Identität auszubilden und ihr Gemeinschaftsgefühl zu stärken."[48] Der Zusatz „frei" des *Freien Jüdischen Lehrhauses* bezog sich dabei jedoch nicht nur darauf, für jeden unabhängig von Alter, sozialer Schicht etc. geöffnet zu sein, sondern auch für jedes Thema; selbst nicht-jüdische Themen wurden zugelassen, wenngleich das Erlernen der hebräischen Sprache sowie das Studium von Talmud und Tanach das Zentrum der Aktivitäten des Lehrhauses bilden sollten. „Frei" meinte indes nicht „frei von Gebühren".

Ein weiterer Unterschied zum *Beth ha Midrash* bestand darin, dass der Großteil der 64 Lehrer, die in den sechs Jahren des Bestehens des Lehrhauses (1920–

---

[47] Koch, Richard: Das Freie Jüdische Lehrhaus. In: Der Jude 1923 (7. Jg., Nr. 2). S. 116–120, S. 119.
[48] Brenner: Kultur (wie Anm. 10). S. 85.

1926) ca. 90 Vorlesungen und 180 Arbeitsgemeinschaften anboten,[49] Laien waren. Aufgewachsen in assimilierten Familien, hatten sie sich, oftmals sogar gegen den Willen ihrer Eltern, auf die Suche nach ihrem verloren geglaubten Judentum begeben und befanden sich hierbei nicht selten selbst noch am Anfang ihrer Suche. So kam es nicht nur vor, dass sich ein Rabbiner in den Reihen der Studenten neben jemanden wiederfand, der kaum über Kenntnisse des Judentums verfügte, sondern auch, dass ihm dieser als Lehrer gegenüberstand. Insofern war die Einbindung der drei Frankfurter Rabbiner Nehemias Anton Nobel, Georg Salzberger und Caesar Seligmann in das Programm des Lehrhauses wohl eher dem Versuch geschuldet, ein möglichst breites Publikum ans Lehrhaus zu ziehen; der Fokus der Arbeit sollte weiterhin auf den möglichst von Laien geleiteten Arbeitsgemeinschaften liegen. Zugleich stellte die Beteiligung der drei Rabbiner als Vertreter der verschiedenen Strömungen des Judentums ein Zeichen des undogmatischen Verhältnisses dar, das man am Lehrhaus bestrebt war zum Judentum zu pflegen. Nach Michael Brenner war die Zusammensetzung des Lehrkörpers des Lehrhauses sein „frappierendste[s] undogmatischen Merkmal".[50] So gehörten mit Ernst Simon, Richard Koch und Eduard Strauss nicht nur ein Pädagoge, ein Arzt und ein Chemiker neben Franz Rosenzweig und Martin Buber dem inneren Kreis des Lehrhauses an; alle drei übten auch, trotz ihrer Tätigkeit am Lehrhaus, ihren ursprünglichen Beruf weiterhin aus und waren, ähnlich wie das Gros der Lehrenden, keine „Berufsjuden". Retrospektiv liest sich die Liste der Lehrenden zudem weniger als eine Ansammlung von Laien als vielmehr wie das „Who's Who der deutschen Judenschaft";[51] neben den bereits genannten lehrten unter anderem auch Gershom Scholem, Schmuel Josef Agnon, Berta Pappenheim, Leo Strauss, Siegfried Kracauer, Erich Fromm und Leo Löwenthal am Lehrhaus.

Einige der im Kontext des Lehrhauses entstandenen Arbeiten wurden zeitnah in *Der Jude* (1922–1923) sowie in der von 1926 bis 1930 vierteljährlich von Martin Buber, Joseph Wittig und Viktor von Weizsäcker herausgegebenen Zeitschrift *Die Kreatur* (1926–1927) veröffentlicht;[52] andere hingegen fanden vereinzelt Eingang in die *(Gesammelten) Schriften* ihrer jeweiligen Autoren. So geht beispielsweise der eigens von Helmut Dubiel für den vierten Band der *Schriften* Leo Löwenthals zusammengestellte Text *Judentum und deutscher Geist* zum Teil auf Vorträge Löwenthals zurück, die dieser 1925 am *Freien Jüdischen Lehrhaus* im Rahmen der Vortragsreihe *Im Zwischenland. An der Grenze der jüdischen Geschichte* über Salomon Maimon, Karl Marx und Ferdinand Lassalle hielt. Des Weiteren flossen

---

**49** Vgl.: Glatzer, Nahum: The Frankfort Lehrhaus. In: Leo Baeck Year Book 1 (1956). S. 105–122.
**50** Brenner: Kultur (wie Anm. 10). S. 92.
**51** Brenner: Kultur (wie Anm. 10). S. 99.
**52** Vgl.: Glatzer: Frankfort (wie Anm. 49). S. 111.

in diese Zusammenstellung Vorträge ein, die er in anderen Einrichtungen der jüdischen Erwachsenenbildung, wie beispielsweise 1926 in der *Frankfurter-Loge* über Heinrich Heine, hielt. Nachdem Ludwig Feuchtwanger, der Bruder Lion Feuchtwangers und zugleich 1930 bis 1933 verantwortlicher Redakteur der *Bayerischen Israelitischen Gemeindezeitung*, den 1926 in zwei Teilen im *Gemeindeblatt der Israelitischen Gemeinde Frankfurt* nachgedruckten Vortrag Löwenthals über *Lassalle und Marx* las, lud er ihn zur Artikelserie *Judentum und deutscher Geist* in der *Bayerischen Israelitischen Gemeindezeitung* ein. Zusammen mit der Verschriftlichung eines Vortrages über Moses Mendelssohn, den Löwenthal wahrscheinlich vor der Frankfurter *Schopenhauer Gesellschaft* hielt und der ebenfalls im Frankfurter Gemeindeblatt erschienen ist, gingen auch diese Arbeiten in die Zusammenstellung Dubiels für die *Schriften* ein. Nicht veröffentlicht wurde hingegen der Vortrag *Buddha, seine Persönlichkeit und sein Einfluss auf das Leben der Gegenwart*, den Leo Löwenthal im Winter 1927/28 im Rahmen der Vorlesungsreihe *Religionsstifter, ihre Persönlichkeit und ihr Einfluss auf das Leben der Gegenwart* am *Freien Jüdischen Lehrhaus* hielt.[53]

Nach dem Vorbild des Frankfurter *Freien Jüdischen Lehrhauses* entstanden auch in Stuttgart, Köln, Wiesbaden, München und Breslau sowie einigen anderen Städten ab Mitte der 1920er Jahre Jüdische Lehrhäuser. Das Frankfurter Lehrhaus blieb jedoch der „Mittelpunkt jüdischer Erwachsenenbildung"[54], was sich nicht zuletzt in den Gastvorträgen der Frankfurter Dozenten an den anderen Lehrhäusern widerspiegelt; so wurden Martin Buber, Ernst Simon und Erich Fromm beispielsweise häufig ans Münchener Lehrhaus für Vorträge eingeladen. War der Erfolg des Frankfurter Lehrhauses in der Genialität Rosenzweigs und seiner Theorie des *Neuen Lernens* begründet, so ist in dieser Fokussierung auch die Ursache für dessen vorzeitige Schließung zu sehen. Zwar wurde der Lehrbetrieb offiziell erst mit dem Tod Rosenzweigs 1929 eingestellt, de facto „schlief das Programm doch schon 1926 ein"[55]. Etwa zeitgleich trat Leo Löwenthal als Stipendiat in das *Institut für Sozialforschung* ein und seine Verbindung zum Judentum begann sich zu lockern. Er sah diese Phase dennoch als „sehr bedeutend für die Entwicklung seiner Persönlichkeit"[56] an; seine Identifikation mit dem Judentum blieb sein Leben lang bestehen.

---

[53] Vgl.: Jansen, Peter-Erwin: Vorbemerkung Maimonides. In: Jansen (Hrsg.): Das Utopische (wie Anm. 1). S. 73f.; Jansen, Peter-Erwin: Leo Löwenthal – ein optimistischer Pessimist. In: Zeitschrift für kritische Theorie 15 (2002). S. 7–40, S. 15f.
[54] Brenner: Kultur (wie Anm. 10). S. 111.
[55] Schivelbusch, Wolfgang: Intellektuellendämmerung. Zur Lage der Frankfurter Intelligenz in den zwanziger Jahren. Frankfurt a.M. 1982. S. 39.
[56] Heuberger: Rabbiner (wie Anm. 34). S. 83.

Auffällig bleibt jedoch, dass Leo Löwenthal sowohl in den Interviews und Gesprächen, die mit ihm in den letzten beiden Jahrzehnten seines Lebens geführt wurden, als auch in seinen Arbeiten kaum zwischen sozialistischen, zionistischen und anti-assimilatorischen Ideen zu unterscheiden schien.[57] Insofern erscheint die Korrektur, die er in seinem autobiographischen Gespräch nur wenige Seiten, nachdem er seine „irgendwie politisch motivierte Rückkehr zum Judentum"[58] aus einem zionistischen, anti-assimilatorischen Impuls heraus erklärte, vornahm, folgerichtig:

> „Politisch" ist nicht der richtige Begriff dafür. Ich würde einfach sagen „oppositionell". Ich bin ein Rebell gewesen, und alles, was damals intellektuell oppositionell war, also, wie Benjamin sagt, auf der Seite der Verlierer im Weltprozeß, das zog mich magisch an. Ich war Sozialist, Anhänger der Psychoanalyse, Anhänger der Phänomenologie in neukantianischen Kreisen, ich nahm eine Stelle an, in der ich mit Ostjuden zu tun hatte, was zum Beispiel meinem und Adornos Vater äußerst peinlich war.[59] [...] Es war also eine geradezu synkretistische Ansammlung in meinem Hirn und in meinem Herzen von Bestrebungen, Richtungen und Philosophien, die im Gegensatz zum Bestehenden standen.[60]

---

**57** Vgl.: Söllner, Alfons: Der junge Leo Löwenthal. Vom neoorthodoxen Judentum zur aufgeklärten Geschichtsphilosophie. In: Bielefeld, Ulrich u.a.: Gesellschaft – Gewalt – Vertrauen. Jan Philipp Reemtsma zum 60. Geburtstag. Hamburg 2012. S. 304–330, S. 308.
**58** Löwenthal: Mitmachen (wie Anm. 3). S. 20.
**59** Vom 1. November 1922 bis 1. August 1923 arbeitete Leo Löwenthal als *Syndikus der Beratungstelle für ostjüdische Flüchtlinge* in Frankfurt, woraufhin er im Hause des Vaters Theodor W. Adornos, Oscar Wiesengrund, solange nicht willkommen geheißen wurde, „wie er eine Stellung habe, die mit Ostjuden etwas zu tun hat". Löwenthal: Erinnerungen (wie Anm. 6). S. 76.
**60** Löwenthal: Mitmachen (wie Anm. 3). S. 26.

Eva-Maria Ziege
# Erich Fromm und die Entwicklung der Psychoanalyse in Mexiko

Was Sigmund Freud für die Psychoanalyse in den USA war, das war Erich Fromm (1900–1980) für die Psychoanalyse in Mexiko. Von 1950 an wurde er zur schulbildenden Gründungsfigur einer Schule der Psychoanalyse, die mit der von Fromm ausgebildeten ersten Kohorte von Psychoanalytikern 1956 die landeseigene psychoanalytische Gesellschaft (Sociedad Mexicana de Psicoanálisis, SMPAC) gründete. 1963 war Fromm aktives Gründungsmitglied des Instituto Mexicano de Psicoanálisis (IMPAC).

Erich Fromm war nicht nur schulbildender Psychoanalytiker, sondern auch Sozialpsychologe. Neben seiner Tätigkeit als Begründer der mexikanischen Psychoanalyse, die eng verbunden war mit der Medizinischen Fakultät der Universidad Nacional Autónoma de México (UNAM), führte er seit 1956 mit einem Forschungsteam ein vom mexikanischen Gesundheitsministerium, dem Institute of Mental Health des U.S. Public Health Service und der Michigan State University unterstütztes empirisches Langzeitprojekt zum Gesellschaftscharakter in einem mexikanischen Dorf durch, das mit Formen der teilnehmenden Beobachtung und der Aktionsforschung arbeitete und von Anthropologen unterstützt und ergänzt wurde.[1] Begleitet von Initiativen zur Gesundheitsversorgung, zur Alphabetisierung und zum Schulsystem sowie für soziale Einrichtungen wie einem Jugendclub, einer Bibliothek und einem Filmprogramm, hat das Projekt *Social Character in a Mexican Village. A Socio-Psychoanalytic Study* eine bis heute wahrgenommene Wirkung auf die mexikanische Gesellschaft.[2]

Ursprünglich war Fromm Soziologe. 30 Jahre zuvor hatte er bei dem Heidelberger Soziologen Alfred Weber studiert, von dem er 1922 mit der ersten *Soziologie des Diaspora-Judentums* promoviert wurde, einer Kritik Werner Sombarts, die wesentlich mit der Soziologie Max Webers argumentierte. Gleichzeitig studierte Fromm als orthodoxer Jude mit dem chassidischen Gelehrten Salman Baruch Rabinkow den Talmud. Erst 1989 wurde seine Dissertation posthum unter dem

---

[1] Fromm, Erich u. Maccoby, Michael: Social Character in a Mexican Village. A Socio-Psychoanalytic Study. Englewood Cliffs 1970; deutsch u.d.T.: Psychoanalytische Charakterologie in Theorie und Praxis. Der Gesellschafts-Charakter eines mexikanischen Dorfes. In: Erich Fromm Gesamtausgabe. Bd. 3. Stuttgart 1981.
[2] Millán, Salvador u. Gojman, Sonia: The Legacy of Fromm in México. In: International Forum of Psychoanalysis 9, 3–4 (2000). S. 207–215, S. 209.

Titel *Das jüdische Gesetz. Soziologie des Diaspora-Judentums* aus dem Nachlass publiziert.[3]

Fromm wurde im Jahr 1900 geboren. Sein Urgroßvater war der berühmte „Würzburger Raw", Seligman Bär Bamberger. Als Jugendlicher bewegte er sich im Frankfurter Kreis um den als charismatisch beschriebenen Rabbiner Nehemia Anton Nobel, der ihm den Zugang zu Hermann Cohen erschloss. Vorübergehend war Fromm in der jüdischen Jugendbewegung des Frankfurter Blau-Weiß aktiv. Schon als junger Mann lehrte er an dem berühmten, von Franz Rosenzweig geleiteten Frankfurter Freien Jüdischen Lehrhaus, neben Martin Buber, Siegfried Kracauer, Gershom Scholem und anderen.

Das Studium begann Fromm in Frankfurt, dann wechselte er nach Heidelberg zu Alfred Weber. Im Lauf der 1920er Jahre, nicht zuletzt durch die Begegnung mit der Psychoanalytikerin und Psychotherapeutin Frieda Reichmann, die das berühmte jüdische Heidelberger Privatsanatorium, scherzhaft „Thorapeutikum" genannt, gründete, löste Fromm sich von der jüdischen Religion. Frieda Fromm-Reichmann wurde seine erste Ehefrau. 1929 gründeten sie das Frankfurter Institut für Psychoanalyse mit, das bis zur Vertreibung 1933 mit dem von Max Horkheimer geleiteten Frankfurter Institut für Sozialforschung (IfS) zusammenarbeitete.

Fromm wurde Freudianer und Marxist. Seit Ende der 1920er Jahre gewann er am IfS eine Schlüsselstellung für das, was seit einem berühmten Aufsatz Horkheimers von 1937 *Kritische Theorie* und seit der Nachkriegszeit *Frankfurter Schule* heißen sollte. Wie fast alle Angehörigen des IfS – dessen Ko-Direktor er zeitweilig war – ging er mit dem IfS nach New York ins Exil.[4]

„Die Arbeiten des Instituts für Sozialforschung", schrieb Walter Benjamin noch 1938, „konvergieren in einer Kritik des bürgerlichen Bewusstseins. Diese Kritik vollzieht sich nicht von außen, sondern als Selbstkritik. Sie haftet nicht an der Aktualität sondern richtet sich auf den Ursprung. Den weitesten Rahmen haben ihr die Arbeiten von Erich Fromm abgesteckt."[5] 1939 schied Fromm wegen persönlicher, vor allem aber inhaltlicher Differenzen aus dem IfS aus.

---

**3** Fromm, Erich: Zur Soziologie des Diaspora-Judentums (1922). In: Fromm, Erich: Nachgelassene Schriften. Bd. 2. Stuttgart 1989; vgl. dazu: Ziege, Eva-Maria: Die politische Theologie des jungen Erich Fromm. In: Zeitschrift für Religions- und Geistesgeschichte 58, 3 (2006). S. 263–266.
**4** Vgl. zur Biographie Funk, Rainer: Erich Fromm. Reinbek b. Hamburg 1983; Funk, Rainer: Von der jüdischen zur sozialpsychologischen Seelenlehre. Erich Fromms Weg von der einen über die andere Frankfurter Schule. In: Das Freie Jüdische Lehrhaus – eine andere Frankfurter Schule. Hrsg. von Raimund Sesterhenn. München, Zürich 1987. S. 91–108; Wiggershaus, Rolf: Die Frankfurter Schule. Geschichte – Theoretische Entwicklung – Politische Bedeutung. München 1988. S. 67–75; Kessler, Michael u. Funk, Rainer (Hrsg.): Erich Fromm und die Frankfurter Schule. Tübingen 1992.
**5** Benjamin, Walter: Ein deutsches Institut freier Forschung. In: Benjamin, Walter: Gesammelte Schriften, Bd. II. Frankfurt a.M. 1972. S. 518–526, S. 522.

Als Fromms Verdienst um die Kritische Theorie gelten gemeinhin die Integration der Psychoanalyse und die Entwicklung des Konzepts des Gesellschaftscharakters, insbesondere mit seinem Beitrag zu den *Studien über Autorität und Familie* (1936).[6] Nach einer ersten Analyse bei Frieda Fromm-Reichmann hatte er eine Lehranalyse am Berliner Psychoanalytischen Institut bei Hanns Sachs gemacht und blieb seitdem zeitlebens praktizierender Analytiker. Gleichzeitig widmete er sich metatheoretischen Arbeiten. Die erste dieser Publikationen war *Das Christusdogma* (1930), auf die hier aus Gründen des Umfangs jedoch nicht eingegangen werden kann.

In den USA löste Fromm sich nach einer etwa zehnjährigen Freudrezeption seit Mitte der 1930er Jahre wieder von der Freud'schen Orthodoxie. Diese Ablösung war begünstigt durch neue fachwissenschaftliche Kontakte in den USA, insbesondere zu Karen Horney und Harry Stack Sullivan, doch war sie schon in seinen früheren Arbeiten angelegt. Diese Abwendung von der orthodoxen Psychoanalyse führte schließlich zu seinem Ausschluss aus der International Psychoanalytic Association.

Die Kritik Fromms an Freud führte auch zum Bruch mit dem IfS. Er kritisierte die Libidotheorie und den phylogenetischen Universalismus Freuds.[7] Gegen Freuds Annahme, Triebansprüche bestenfalls bändigen zu können, betonte Fromm die Entwicklung des Ichs. Er verabschiedete sich von Freuds starker Betonung der frühkindlichen Phase und stellte den Sexismus der Ödipustheorie in Frage, nicht zuletzt aufgrund seiner Auseinandersetzung mit Johann Jakob Bachofen. Wenn, wie Fromm annahm, der Charakter des Individuums dessen je historisch-spezifischer Klassenlage geschuldet war und die patriarchalische Familie als psychologische Agentur der Gesellschaft funktionierte, dann musste auch der „Gesellschaftscharakter" soziologisch erklärt werden können, statt ihn (wie er Freud vorwarf) in einer gleichsam ewigen Dynamik der innerpsychischen Instanzen von Ich, Es und Über-Ich menschheitsgeschichtlich zu verabsolutieren.

Die Psychoanalyse Fromms wollte die Linderung des Leidensdrucks von Individuen – ein therapeutischer Gedanke mit der Hoffnung auf individuelles Glück, der für die Psychoanalyse Freuds vernachlässigbar war und von Horkheimer und Adorno als Ich-Psychologie abgelehnt wurde.[8] Statt der von Freud beschriebenen

---

6 Horkheimer, Max, Fromm, Erich, Marcuse, Herbert u.a.: Studien über Autorität und Familie. Forschungsberichte aus dem Institut für Sozialforschung. Paris 1936. 2. Aufl. Lüneburg 1987.
7 Vgl. Görlich, Bernard, Lorenzer, Alfred u. Schmidt, Alfred (Hrsg.): Der Stachel Freud. Beiträge und Dokumente zur Kulturismus-Kritik. Frankfurt a.M. 1980, dort bes. Görlich, Bernhard: Die Kulturismus-Revisionismus-Debatte. Anmerkungen zur Problemgeschichte der Kontroverse um Freud. S. 13–89, S. 78ff.
8 Vgl. aber Freud, Sigmund: Die endliche und die unendliche Analyse (1937). In: Freud, Sigmund: Gesammelte Werke. Bd. XVI. Frankfurt a.M. 1987. S. 59–99, S. 69f.

Triebdynamik, deren Resultat der Charakter sei, führten die (von ihnen als Revisionisten bezeichneten) neofreudianischen Freud-Kritiker wie Fromm das Milieu ein.⁹ An die Stelle der Dialektik, die Freud ihrer Ansicht nach erfasst hatte, mit der die Kultur die menschlichen Bedürfnisse „sowohl zur Strecke als auch zur Entfaltung" bringe, setzte der Revisionismus eine „weniger tragische Betrachtungsweise der Beziehung des Menschen zur Gesellschaft. Ändert die moderne Zivilisation, so fordern sie, und der Mensch wird imstande sein, seine harmonische Natur zu entfalten."¹⁰

Auch wenn dieser so genannte Revisionismusstreit zur Trennung Fromms vom IfS führte, so kann man ihn heute nüchterner betrachten. Freud selbst hatte im Laufe seines langen Lebens das Gebäude der Psychoanalyse erweitert und wiederholt wesentliche Änderungen tragender Gedanken vorgenommen, ohne diese immer systematisch zu reflektieren. Der Freud in der Rezeption Fromms war der Freud in *Zukunft einer Illusion* (1927), der FreudAdornos der in *Das Unbehagen in der Kultur* (1930). Beide sollten die je anderen Anteile im Denken Freuds negieren. In der neueren Forschung wird Fromm eher Freuds loyaler Opposition zugerechnet.¹¹ Damals stellte Fromm mit dieser Abweichung nicht zuletzt die Autorität Horkheimers in Frage und musste sich vom IfS trennen wie auch von der Gemeinschaft orthodoxer Freudianer.

Der Kern des Revisionismusstreits und der Exklusion Fromms erklärt aber zugleich den Kern des überwältigenden Erfolgs der Psychoanalyse in den USA und des Erfolgs von Fromm als Außenseiter, weil die Diffusion der Psychoanalyse von Europa in die USA Veränderungen mit sich brachte, die sich in diesem Fall positiv auswirkten. Die neofreudianische Gruppe um Fromm, Horney und Sullivan entsprach zwar nicht dem Mainstream der US-amerikanischen Psychoanalyse, doch ging dieser in weniger radikaler Form in dieselbe Richtung. Im Vergleich zu Europa handelte es sich um eine gemilderte Variante eines Freudianismus, der die sexuelle Ätiologie seelischer Krankheiten abschwächte und deren Schwergewicht, anders als bei Freud, auf dem Heilerfolg von Patienten lag, die zu gesunden, an die Gesellschaft angepassten Individuen werden sollten – ein auch mit der Kritischen Theorie nicht ohne weiteres zu vereinbarender Gedanke.

Zugleich war die Psychoanalyse in den USA wesentlich stärker an die Medizin angekoppelt als in Europa. Ein Großteil der tiefenpsychologischen Arbeit wollte damit gar nichts anderes sein als partielle Heilung vom Leidensdruck. Die Psy-

---

**9** Vgl. Adorno, Theodor W.: Die revidierte Psychoanalyse (1952). In: Adorno, Theodor W.: Gesammelte Schriften. Bd. 8. Frankfurt a.M. 1972. S. 20–41, S. 26.
**10** So der Historiker der Psychoanalyse, Paul Roazen, zitiert nach Görlich, Kulturismus-Revisionismus-Debatte (wie Anm. 7). S. 77.
**11** Vgl. Burston, Daniel: The Legacy of Erich Fromm. Cambridge, Mass. 1991. S. 2.

choanalyse als Metatheorie zu lesen, das geschah weniger in diesem Feld, das sich seit den 1930er Jahren rasch professionalisierte und medikalisierte. Gerade Freud aber gelang es, beide Ebenen nebeneinander zu entwickeln. Während *Die Zukunft einer Illusion* oder *Das Unbehagen in der Kultur* Beispiele einer solchen Metatheorie sind, entwickelten Texte wie *Die endliche und die unendliche Analyse* die technische Seite der Psychoanalyse.

Mit seiner Abweichung in den USA gelang Fromm eine Einbindung in Fachkreise, wie sie dem IfS nie gelang. Im 1943 gegründeten prestigereichen William Alanson White Institute of Psychiatry lehrte Fromm und diente von 1946–1950 als Chairperson of the Faculty. Von 1948 bis 1949 las er als Gastprofessor an der Yale University. Obwohl Fromm die Kritik der Libidotheorie mit den Neufreudianern teilte, betonte er selbst eher die Unterschiede als die Gemeinsamkeiten, da er von einer dynamischen Analyse der wirtschaftlichen, politischen und psychologischen Kräfte in der Gesellschaft ausging, während die Neofreudianer von kulturellen Mustern im traditionell anthropologischen Sinn ausgingen.[12]

Fromms Bedeutung für die USA ist wiederholt betont worden, etwa von dem Soziologen Lewis A. Coser in seiner klassischen Studie über *Refugee Scholars in America*.[13] Fromm war zwar Neofreudianer, bestätigte darin aber eine wichtige Tendenz der US-Psychoanalyse. Einflussreich war er darüber hinaus mit sozialpsychologischen Schriften, in denen er das Konzept des Gesellschaftscharakters in einer langen historischen Perspektive auf Probleme der Gegenwartsgesellschaft von der Reformation bis zum Faschismus anwandte. 1941 erschien *Escape from Freedom*, ein Buch, dessen sozialpsychologische Spekulationen von Luther bis Hitler reichten und das schlagartig ein internationaler Bestseller wurde. Wenn Fromms Bedeutung in den USA heute auch verschwindet, so schrieb ihm Coser „a significant impact on the American culture of the 1940s and 1950s" zu.[14]

Seit 1944 war Fromm in zweiter Ehe mit Henny Gurland verheiratet, die schwer erkrankt war. Aus gesundheitlichen Gründen gingen die Fromms nach Mexiko, wo eine Gruppe mexikanischer Psychiater Fromm zu einer Konferenz einlud. Diesem Zufall ist es geschuldet, dass Fromm, der inzwischen nach Mexiko übergesiedelt war, 1951 Professor Extraordinarius an der Medizinischen Fakultät der UNAM wurde. Er lernte Spanisch und sollte in den kommenden 20 Jahren, in denen er zwischen Mexiko und den USA pendelte, in dieser Sprache lehren und forschen. Bereits 1951 begann er mit der Ausbildung von Psychoanalytikern, der ersten Kohorte der Psychoanalytiker in Mexiko.

---

12 Vgl. Funk, Fromm (wie Anm. 4). S. 106.
13 Coser, Lewis A.: Refugee Scholars in America. Their Impact and Experiences. New Haven, London 1984. S. 69–75.
14 Coser: Refugee Scholars in America (wie Anm. 13). S. 69.

1956 folgte, wie eingangs erwähnt, die Gründung der psychoanalytischen Gesellschaft SMPAC, 1963 die Gründung der IMPAC. Die mexikanischen Psychoanalytiker waren international nicht ganz unwesentlich, da sie mit Fromm (und den westdeutschen Psychoanalytikern) an der Gründung der International Federation of Psychoanalytic Societies (IFPS) 1962 mitwirkten – einer schismatischen Alternativorganisation zur 1910 gegründeten orthodox-freudianischen International Psychoanalytic Association (IPA).

Während dieser Jahre lehrte Fromm zudem als Professor für Psychologie an der Michigan State University (1957–1961). Mitte der 1960er Jahre zog er sich zunehmend aus den Aktivitäten in Mexiko zurück, 1965 wurde er an der UNAM emeritiert. Seit 1971 lebte er in der Schweiz.

Die These Cosers, dass die erfolgreichsten Unternehmungen im Exil diejenigen sind, die mit ihren in der Heimat begonnenen Arbeiten an existierende Trends im Aufnahmeland anknüpfen können, gilt auch für Fromm und die spezifischen Konstellationen in den USA wie der späteren Wahlheimat Mexiko.[15] Mexiko wurde Anfang der 1950er Jahre von einem umfassenden Reformprozess erfasst, der Fromm tief beeindruckte und dessen Chancen er als Soziologe und Sozialpsychologe sah. 1957, nach der ersten Phase der Etablierung der Psychoanalyse durch die Ausbildung des Schülerkreises, begann er mit einem Projekt, das ihn bis zu seiner Übersiedlung in die Schweiz beschäftigen sollte und eine Fragestellung weiterverfolgte, die Fromm schon in den *Studien über Autorität und Familie* 1936, ja sogar schon vor 1933 in einer Studie verfolgt hatte, in der er die Einstellungen von Arbeitern und Angestellten zu gesellschaftlichen Autoritäten untersuchte. Diese wurde erst 1980 unter dem Titel *Arbeiter und Angestellte am Vorabend des Dritten Reiches* ediert und publiziert.[16]

Auch die Publikation des mexikanischen Projekts nahm viele Jahre in Anspruch: *Social Character in a Mexican Village* veröffentlichten Erich Fromm und seinem Ko-Autor Michael Maccoby 1970. Das Projekt selbst dauerte in verschiedenen Phasen von 1957 bis 1963. Es wurde unter anderem mit Mitteln des mexikanischen Gesundheitsministeriums finanziert und durch die ehrenamtliche Mitarbeit aller Forscher ermöglicht, die sich vor allem aus Mitgliedern der mexikanischen psychoanalytischen Gesellschaft rekrutierten. Im weiteren Verlauf wurde der Kreis der Mitarbeiter um Mediziner und Anthropologen erweitert, die von US-Statistikern unterstützt und unter anderem mit Mitteln des US-Institute of Mental Health gefördert wurden. Wie in *The Authoritarian Personality* (1950) des IfS in Zusammenarbeit mit der Berkeley Public Opinion Study, wurde mit projek-

---

15 Vgl. Coser: Refugee Scholars in America (wie Anm. 13). S. xii.
16 Fromm, Erich: Arbeiter und Angestellte am Vorabend des Dritten Reiches. Eine sozialpsychologische Untersuchung. Bearb. u. hrsg. von Wolfgang Bonß. München 1980.

tiven Interviews, Thematic Apperception Tests und Rorschach-Tests gearbeitet. Mit teilnehmender Beobachtung (einige der Forscher lebten für längere Zeit in dem Dorf) und Aktionsforschung verbunden waren Maßnahmen zu Alphabetisierung, Literaturkurse, die Einrichtung einer Bibliothek für Kinder, ein mehrjähriges Programm von Lehrfilmen, begleitet von medizinischer Versorgung und Untersuchungen mit einem anschließendem Modellprogramm zur Behandlung der Parasitose. Innovationen des Schulunterrichts wirken sich bis heute in der mexikanischen Ausbildung von Montessoripädagogen aus. Das Projekt wurde während der gesamten Laufzeit von einem regelmäßigen Seminar Fromms mit den Projektmitarbeitern begleitet.

Fromm wird heute überwiegend als populärwissenschaftlicher Autor wahrgenommen, der seit den 1950er Jahren zunehmend für ein breites Publikum schrieb. In der Tat wurde er in dieser Zeit mit populärwissenschaftlichen Bestsellern wie *The Art of Loving* (1956) weltbekannt. Seine Energien als Sozialforscher aber investierte er in dieser Zeit, und das wird dabei oft vergessen, in dieses große sozialpsychologische Projekt in einem mexikanischen Dorf und als Psychoanalytiker in die Ausbildung einer ganzen Schülergeneration in Mexiko. Der Nachlass Fromms ist durch das Tübinger Erich Fromm-Archiv, die Erich Fromm Papers in der New York Public Library in den USA und das Psychoanalytische Institut in Mexiko-Stadt hervorragend erschlossen, aber bei weitem nicht erschöpft.

**Ursprungs-, Transit- und Emigrationsländer
deutsprachiger Jüdinnen und Juden**

Stefanie Schüler-Springorum
# Borderliners

Identitäten in einer Grenzregion

> Die Grenzposition bestimmte den Charakter der jüdischen Gemeinde Königsberg nicht weniger als den der Stadt. Sie stand am Brückenschlag von West nach Ost, wobei allerdings der Menschen- wie der Warenverkehr recht einseitig die Richtung Ost–West bevorzugte.[1]

Bemerkungen wie diese finden sich in vielen Erinnerungen an die ostpreußische Hauptstadt und ihre jüdische Gemeinde. In der Historiographie dagegen steht im allgemeinen ein anderes Bild der Stadt Kants im Vordergrund: In dem neben Berlin bedeutendsten Zentrum der deutsch-jüdischen Aufklärung und des Kampfes um die politische Emanzipation der jüdischen Minderheit hatte diese schon recht früh einen Grad der Integration erreicht, wie er in vergleichbarer Form wohl nur in wenigen anderen Städten Deutschlands zu finden war. Für das liberale Königsberger Bürgertum – und dies dominierte bis zum Ersten Weltkrieg das politische Klima der Stadt – fand dieses oft betonte, „harmonische Zusammenleben der Konfessionen" seinen Ausdruck in der Partizipation der jüdischen Einwohner an fast allen Bereichen des politischen, wirtschaftlichen und gesellschaftlichen Lebens. Vor diesem Hintergrund konnte sich in der Stadt an der Grenze zwischen Deutschland und Zarenreich für einige Jahrzehnte eine große russisch-jüdische Kolonie entwickeln, die ein ausdifferenziertes Eigenleben entfaltete, unterschiedliche kulturelle Mischungen entwickelte und gleichzeitig die Gesamtgemeinde nachhaltig prägte. Dies gilt im Übrigen in ganz ähnlicher Weise für die vielen kleinen Städtchen und Städte in der gesamten ostpreußisch-litauischen Grenzregion, der Ruth Leiserowitz eine umfassende Untersuchung gewidmet hat.[2]

Die erste Gruppe ausländischer Juden, die es in die ostpreußische Hauptstadt zog, waren die sich seit 1731 an der Albertus-Universität immatrikulierenden Studenten, denen sich die Stadt aufgrund der geographischen Nähe zu ihrer Heimat

---

[1] Schloßberg, David: Der gesellschaftliche Rahmen. In: Rückblick und Besinnung. Aufsätze gesammelt aus Anlaß des 50. Jahrestages der Gründung der Verbindung Jüdischer Studenten Maccabäa im KJV (Königsberg). O.O. 1954. S. 15–20, S. 17. In: Central Zionist Archives, Jerusalem, A 231/3/8.
[2] Leiserowitz, Ruth: Sabbatleuchter und Kriegerverein. Juden in der ostpreußisch-litauischen Grenzregion 1812–1942. Osnabrück 2010. Die folgenden Ausführungen beruhen auf den Ergebnissen meiner Dissertation: Schüler-Springorum, Stefanie: Die jüdische Minderheit in Königsberg 1871–1945. Göttingen 1996.

als idealer Studienort anbot. Seit der Mitte des 19. Jahrhunderts begannen sich auch jüdische Kaufleute aus Weißrussland und dem Baltikum in großer Zahl niederzulassen, da sie sich von der Ausweitung des traditionellen Königsberger Ost-Westhandels verbesserte wirtschaftliche Möglichkeiten erhofften. Hinzu kamen zahlreiche Handelskommissionäre, die sich nur vorübergehend in der Stadt aufhielten, und eine kaum minder große Zahl russisch-jüdischer Patienten, die sich in den über 50 Kliniken der Stadt behandeln ließen. Sie alle verliehen besonders während der Sommermonate dem Straßenbild ein „russisches Flair", so dass der zionistische Politiker Shmarjahu Levin noch Anfang der neunziger Jahre des 19. Jahrhunderts den Eindruck erhalten konnte, die Königsberger Gemeinde bestünde „mehr aus Ausländern – zum größten Teil russischen Staatsangehörigen – als aus einheimischen Juden".[3]

Diese Einschätzung entsprach zwar nicht ganz der Realität, kam ihr jedoch erstaunlich nahe: Für die Zeit vor 1880 existieren nur verstreute Angaben über die Herkunft der in Königsberg ansässigen Juden, so dass man auf eigene Berechnungen, die Schätzungen des Chronisten der osteuropäischen Kolonie, Jacob Bähr, und die vom ostpreußischen Oberpräsidenten im Jahre 1882 zusammengestellten Zahlen angewiesen ist. Alle diese Daten zusammengenommen lassen einen Anteil von mindestens 40 % ausländischer Gemeindemitglieder für den Zeitraum zwischen 1871 und 1885 realistisch erscheinen.[4]

Mit Ausnahme einiger Kultusbeamter der Gemeinde waren die osteuropäischen Juden in Königsberg, die vorwiegend aus Litauen, Lettland und Weißrussland, aber auch aus der Ukraine stammten, in den verschiedenen Sparten des Export-Import-Handels mit Agrarprodukten tätig. Dieser bildete gleichzeitig das Herzstück der Königsberger Wirtschaft insgesamt, deren weiterverarbeitende Industrie im Zuge des Aufschwungs des Russlandhandels entstanden und folglich in den nächsten Jahrzehnten im hohen Maße von dessen Entwicklung abhängig

---

3 Lewin, Shmarjahu: Jugend im Aufruhr. Berlin 1935. S. 322.
4 Zu den eigenen Berechnungen, bei denen auf der Basis von 60 Interviews und Fragebögen für Eltern und Großeltern Königsberger Juden Generationsgruppen gebildet und dann nach dem Geburtsort geordnet wurden, vgl. Schüler-Springorum: Jüdische Minderheit (wie Anm. 2. Anhang II, Tabelle 5.6, S. 382; außerdem Bähr, Jacob: Gottesdienstliche Einrichtungen der ostjüdischen Kolonie in Königsberg. In: Königsberger Jüdisches Gemeindeblatt 4 (1927), Nr. 8, der die Zahl der osteuropäischen Haushalte in Königsberg für den Zeitraum zwischen 1865 und 1870 auf 200 bis 250 und für den zwischen 1870 und 1880 auf etwa 500 schätzt. Im Jahre 1880 zählte die Gemeinde mit 5324 Seelen so viel wie nie zuvor und nie danach in ihrer Geschichte, für 1882 meldete der Oberpräsident ca. 1200 russische Juden in Königsberg, wobei zu beachten ist, dass die staatlichen Statistiken nur die volljährigen Personen erfassten, vgl. das Schreiben des Oberpräsidenten von Ostpreußen an den Innenminister, 16.1.1882. In: Geheimes Staatsarchiv Preußischer Kulturbesitz, Berlin, Rep 77, Tit. 1176, 2a, Beiheft 1. Bl. 186–191, Bl. 190.

war.⁵ Die Anwesenheit der ausländischen Händler schuf dabei erst die günstigen Marktbedingungen, die für die ökonomische Konkurrenzfähigkeit der Stadt ausschlaggebend waren. Ihre Bedeutung wird in einem zeitgenössischen Bericht des Vorsteheramts der Königsberger Kaufmannschaft folgendermaßen geschildert:

> Was sie für unsern Platz bedeuten, davon wird sich der Fernstehende kaum eine rechte Vorstellung machen können. [...] In Folge ihrer Genügsamkeit und Gewandtheit, ihrer emsigen Rührigkeit und ihrer Kenntnisse von Land und Leuten in Russland, hauptsächlich aber in Folge ihrer verwandtschaftlichen und sonstigen persönlichen Beziehungen zu ihren Auftraggebern in Russland sind sie in der Lage, das Getreide so billig heranzuschaffen, wie kaum ein Anderer. [...] Der Einzelne [...] mag vielleicht als wenig bedeutsam für den hiesigen Handel erscheinen, aber das Zusammenwirken aller dieser Personen erzielt bedeutende Resultate."⁶

Von der „Genügsamkeit" des Kommissionärs profitierte insbesondere der Königsberger Händler, der sich die von weither gebrachte Ware vor Ort aussuchen konnte und erst dann bezahlen musste. Im Streitfall konnte er den Zwischenhändler nach deutschem Recht zur Verantwortung ziehen, was für diesen natürlich ein hohes persönliches Risiko bedeutete, denn er musste immer den gesamten Verlust tragen. Da zudem die Konkurrenz in Königsberg außergewöhnlich groß war und die Gewinnspannen so minimal berechnet waren, dass kaum ein Kommissionär Rücklagen für Notfälle oder die Altersversorgung ansparen konnte, bedeutete ein misslungenes Geschäft oftmals die Existenzvernichtung.⁷

Aufgrund dieser spezifischen Bedingungen des Kommissionshandels war die große Mehrzahl der in Königsberg ansässigen russischen Juden alles andere als wohlhabend und zählte im besten Falle zur unteren Mittelschicht. Ihre daraus resultierende ärmliche Lebensweise sollte später von den Behörden mit unverhohlenem Zynismus ins Feld geführt werden, wenn man argumentierte, dass ihre Anwesenheit angeblich die Konkurrenz für Christen erschwere, da „der Jude bei seinen geringen Bedürfnissen lange nicht so viel brauche, wie der christliche Gewerbetreibende, der größere bürgerliche Prästationen zu erfüllen hat und menschenwürdiger zu leben gewohnt" sei.⁸

---

5 Vgl. Daugilacky, Kolef: Die Bedeutung des russisch-jüdischen Zwischenhandels für den Königsberger Handel, Dissertation Königsberg 1922.
6 Bericht des Vorsteheramtes der Kaufmannschaft. Handel Industrie und Schiffahrt von Königsberg im Jahre 1885. Königsberg 1886. S. 16f.
7 Vgl. Daugilacky: Zwischenhandel (wie Anm. 5). S. 103f.; Siltmann, Bruno: Der Salzheringshandel Königsbergs und Danzigs. Jena 1926. S. 103–113 beschreibt detailliert die Geschäftsabläufe und die prekäre Situation der Kommissionäre.
8 Behördliches Urteil aus dem Jahre 1885, zitiert nach Brandt, Hans: Der Staat und die Juden. Königsberg 1928. S. 17.

Da die Kommissionäre zudem meist von ihren Familien getrennt lebten, verwundert es kaum, dass viele bestrebt waren, diese unsicheren Lebensverhältnisse zu verändern, sich auf Dauer in Königsberg niederzulassen und auf das weniger riskante Handelsgeschäft umzusatteln. Wenn dies gelang, was keineswegs immer der Fall war, dann erhielten die Kinder zumeist eine gute Ausbildung und damit die Möglichkeit, sozial abgesicherte Berufe zu ergreifen und ins jüdische Bürgertum der Stadt aufzusteigen. Der Großvater Hannah Arendts, der es sogar bis zum Vorsitzenden der Stadtverordnetenversammlung brachte, ist ein Beispiel für einen solchen erfolgreichen Aufstieg.[9]

Eine bedeutende Minderheit der russisch-jüdischen Einwanderer dagegen stammte selbst aus der Oberschicht der baltischen und weißrussischen Städte, die ihre Söhne gerne zur Ausbildung in die am nächsten liegende Handelsstadt des Nachbarlandes schickte, um dann dort eine Filiale des Familienunternehmens zu eröffnen. So war z.B. die Heringsexportfirma Dinesmann & Co., deren Kontakte bis nach Odessa und Astrachan reichten, auf Anregung von schottischen Verwandten gegründet worden, die für ihr Russlandgeschäft einen Vertreter in Königsberg benötigten.

Dem schon erwähnten zionistischen Politiker Shmarjahu Levin waren alle diese Existenzformen gleichermaßen suspekt: „Es waren Juden", so schrieb er, „die teutonisiert zu werden wünschten, jedoch mit Teutonen nicht in Berührung kamen. Sie verkehrten nur mit germanisierten Juden und nahmen sich diese zum Muster. Für mich lebt ein Mensch, der ein natürliches nationales Leben innerhalb seiner eigenen Gruppe führt, ein echtes Leben. Ein Außenseiter, der ihn nachahmt, lebt in einer ersten, und ein Dritter, der den Zweiten imitiert, in einer zweiten Übersetzung. Ein solcher Dritter ist der russische Jude, der einen deutschen Juden kopiert, der seinerseits einen Deutschen nachahmt."[10]

Sieht man etwas genauer hin, so muss man dieses harsche Urteil jedoch differenzieren, denn der soziale Status der Einwanderer spielte bei der Wahl des Lebensumfelds und ihrer kulturellen Zugehörigkeit eine nicht zu unterschätzende Rolle – oder anders ausgedrückt: Man musste es sich schon leisten können, dem Anpassungs- und Konformitätsdruck zu widerstehen, der gemeinhin auf Einwanderern lastet.

Levins Beschreibung trifft daher in erster Linie auf die gewiss recht umfangreiche Gruppe „eingewanderter armer russischer Jünglinge"[11] zu, für die sich der

---

**9** Vgl. Young-Bruehl, Elisabeth: Hannah Arendt. For Love of the World, New Haven 1982. S. 6.
**10** Lewin: Jugend (wie Anm. 3. S. 324.
**11** Bähr: Die ostjüdische Kolonie (wie Anm. 4). Bei der im Folgenden entwickelten Typologie ist zu beachten, dass die unterschiedlichen Integrationsmuster in der Realität selten so deutlich voneinander abgrenzbar waren und außerdem im Leben einer Person oder in der Generations-

ersehnte soziale Aufstieg meist mit der vollständigen Integration in die deutsch-jüdische Gemeindemehrheit verband. Sie mieden die in den Betgemeinschaften organisierten Einwandererkreise und besuchten, wenn überhaupt, die liberale Synagoge. Man lernte so schnell wie möglich Hochdeutsch und kappte alle Verbindungen zur russischen Herkunft. Häufig suchte man in diesen Familien einen deutsch-jüdischen oder doch „zumindest" einen lettischen Ehepartner für die Kinder, in Einzelfällen sah man auch die Wahl eines Nichtjuden nicht ungern.

Vollkommen entgegengesetzt gestaltete eine andere Gruppe russisch-jüdischer Einwanderer ihr Leben am neuen Wohnort. Diese scheint zahlenmäßig vor den 1880er Jahren am stärksten gewesen zu sein und wies immer eine hohe Fluktuation auf. Ihr Sozialprofil war dagegen relativ einheitlich, denn die meisten Mitglieder hatten schon in ihrer Heimat der Mittelschicht angehört und konnten diese Position auch in Königsberg halten oder ausbauen. Für manche war die ostpreußische Hauptstadt zudem nur eine Durchgangsstation auf dem Weg in die USA, in der man eher zufällig „hängengeblieben" war und für eine Reihe von Jahren, je nach ökonomischer und politischer Situation, ansässig wurde. Für diese Familien, die sich in den letzten Jahrzehnten des 19. Jahrhunderts über den halben Erdball verstreuten, blieben der verwandtschaftliche Zusammenhalt und der Kontakt zum Herkunftsmilieu zentral. Sie verkehrten vornehmlich untereinander und mit den zahlreichen russisch-jüdischen Gästen und Durchreisenden und heirateten Frauen aus dem gleichen Milieu. Auch ihr religiöses Leben vollzog sich in engem Kontakt zum Zarenreich und wies bis 1885 eine Intensität auf, die, in den Worten Jacob Bährs, „kaum in den großen Zentren Litauens eine Analogie"[12] fand. Daneben waren auch die modernen Strömungen der russischen Judenheit in Königsberg vertreten. Dies galt für die Maskilim des Hebräischen Lesevereins ebenso wie für die Leser des *Grenzboten*, einer auf Deutsch in hebräischer Schrift gedruckten Zeitschrift für Kommissionäre und Neueinwanderer, für Bundisten und Zionisten. Ein Chronist der Königsberger russisch-jüdischen Kolonie hat ihre Mitglieder als diejenigen charakterisiert, „die aus dem Kern der russisch-litauischen Judenheit stammend, von Hause aus gut situiert, von starker rabbinischer und teilweise auch weltlicher Schulung [...], meistens von heimatlichen altjüdischen Traditionen und hohem Familienstolz erfüllt [waren], von denen sie auch kein Jota preisgeben wollten".[13]

---

abfolge einer Familie selten so statisch blieben, wie es im Nachhinein aus den Quellen ablesbar scheint. Beispiele für unterschiedliche soziale Stellung und Lebensweise osteuropäischer Juden in Königsberg bei Schüler-Springorum: Jüdische Minderheit (wie Anm. 2). S. 162–170.
**12** Bähr: Die ostjüdische Kolonie (wie Anm. 4).
**13** Bähr: Die ostjüdische Kolonie (wie Anm. 4).

Einigen von ihnen, wie dem in deutscher und französischer Literatur bewanderten Jakob Towbin, war auch die Kultur ihrer neuen Umgebung nicht fremd, diese galt ihnen jedoch nur als Ergänzung der selbstbewusst vertretenen und gelebten eigenen. Sie lebten also keineswegs ein „Leben in zweiter Übersetzung", sondern schufen vielmehr eine bis 1885 blühende Enklave der urbanen russisch-jüdischen Kultur auf deutschem Boden, deren Einzigartigkeit, so erinnert sich der aus einer solchen Familie stammende Emanuel Schereschwsky, unnachahmbar war".[14]

Ähnliches lässt sich auch für die kleinere Gruppe der schon in Russland zur Oberschicht zählenden Einwanderer sagen, die noch mehr als der Autodidakt Towbin die Hochkultur Russlands und Deutschlands miteinander verbanden. Für diese kleine Elite war Königsberg lediglich die westlichste Stadt eines jüdisch-bürgerlichen Milieus, deren Repräsentanten sich in den vornehmen Vierteln Königsbergs, Rigas oder Wilnas gleichermaßen zu Hause fühlten. Sie waren selbstverständlich mehrsprachig, verbanden russische, jüdische und deutsche Bildung und versuchten nicht selten, eine Vermittlerrolle zwischen den Kulturen einzunehmen, die in ihrer gesellschaftlichen Schicht auch tatsächlich gleichberechtigt nebeneinander standen. Ein Beispiel hierfür ist der Getreidegroßhändler und Gemeindevorständler Salomon Feinberg, dem nach eigener Aussage Deutschland „das Land seiner Bildung" war, der aber auch Hebräisch sprach und junge Schriftsteller beider Sprachen intensiv förderte.[15] Ähnlich gilt für Isidor Simon, der eine große Landwirtschaft in Memel betrieb, Gedichte und Fachbücher schrieb und nebenher als Dolmetscher für Litauisch, Russisch, Lettisch, Polnisch und Hebräisch am Gericht fungierte. Als „Bürger zweier Welten, die sonst meist abgeschlossen und verständnislos einander gegenüberstehen", genoss er in jüdischen und christlichen Kreisen Königsbergs ein hohes Ansehen.[16]

Das hohe gesellschaftliche Ansehen Einzelner wirkte sich wiederum, so scheint es, positiv auf die soziale Akzeptanz der osteuropäischen Einwanderer insgesamt aus, und zwar sowohl innerhalb der städtischen Gesellschaft als auch innerhalb der jüdischen Gemeinde.[17]

Zwar grenzte man sich auf der Ebene der privaten Kontakte nach Möglichkeit von den Neuankömmlingen ab, wobei neben sozialen Gesichtspunkten als wichtigstes Diskriminierungskriterium die fehler- und akzentfreie Beherrschung der deutschen Sprache fungierte. Diese Barrieren waren jedoch meist schon in der

---

14 Schereschewsky, Emanuel: Erinnerungen an Königsberg i.Pr. In: UDIM, Zeitung der Rabbinerkonferenz in der Bundesrepublik Deutschland 3 (1972). S. 117–125, S. 124.
15 Nachruf auf Feinberg. In: Allgemeine Zeitung des Judentums 57 (1893). Nr. 19.
16 Würdigung zum 85. Geburtstag. In: Königsberger Jüdisches Gemeindeblatt 5 (1928). Nr. 9.
17 Vgl. z.B. den Nachruf auf Salomon Feinberg (wie Anm. 15) und die Würdigung zum 85. Geburtstag Isidor Simons (wie Anm. 16).

zweiten Generation der Einwanderer überwunden, was im Übrigen für die Nachkommen aller drei beschriebenen Gruppen galt. So bemerkt ein Bericht über die Situation der ausländischen Juden in Königsberg um die Jahrhundertwende, dass die Söhne und Töchter derjenigen Familien, die seit Jahrzehnten in der Stadt ansässig sind, „sich so sehr an das Deutschtum akklimatisiert [haben], dass sie in ihrer Lebensauffassung, ihrer Denkweise und ihren Anschauungen in keiner Weise von ihrer Umgebung abweichen, ja die meisten kennen nicht einmal die russische Sprache".[18] Die Frage der Akkulturation, des individuellen Zugehörigkeitsgefühls, hatte wenig mit der Staatsangehörigkeit zu tun und war zudem, wie Steven Ascheim treffend formuliert hat, eine generationell sehr relative Angelegenheit.[19]

Aber trotz der anfänglichen Abgrenzungen im privaten Bereich, die ja überall in Deutschland das Verhältnis von deutschen und osteuropäischen Juden prägte, waren die Einwanderer im Rahmen der Synagogengemeinde in Königsberg von Anfang an vergleichsweise gut integriert. Erst durch die Sympathien, die einige Mitglieder der russischen Kolonie für den Zionismus zu hegen begannen, gerieten sie kurz vor dem Ersten Weltkrieg in offenen Gegensatz zum deutsch-jüdischen Gemeindeestablishment. Das von dieser Ausnahme abgesehen konfliktfreie Zusammenleben innerhalb der Gemeinde basierte vor allem auf der Tatsache, dass ausländische Juden hier immer das Wahlrecht besaßen, das von vielen von ihnen trotz der Zensusbeschränkung auch ausgeübt werden konnte. Vertreter der verschiedenen Betgemeinschaften saßen in der Repräsentantenversammlung, ein bekannter russischer Großhändler gehörte lange Jahre dem Gemeindevorstand an, wozu erst eine Sondergenehmigung von staatlicher Seite eingeholt werden musste. Noch deutlicher wird die innergemeindliche Harmonie im Bereich der Wohlfahrt, wo sich deutsche und russische Juden recht einträchtig gerade für die Belange des osteuropäischen Judentums einsetzten. So war z.B. der Bikkur Cholim, der es sich zur Aufgabe gemacht hatte, kranken Juden aus dem Zarenreich die Reise und den Aufenthalt in einer der Königsberger Kliniken zu ermöglichen, einer der mitgliederstärksten Vereine der Gemeinde. Er wurde von den großen Kommissionsfirmen und Handelsunternehmen mitfinanziert, die einen festgelegten Prozentsatz ihres Umsatzes an den Verein abführten.[20]

Bei diesen und zahlreichen ähnlichen Beispielen tatkräftiger Solidarität spielte – neben dem Prestige der dabei immer mit gutem Beispiel vorangehenden russisch-jüdischen Großhändler – sicher allein die geographische Nähe zum

---

18 Israelitisches Familienblatt 3 (1900). Nr. 43.
19 Vgl. Ascheim, Steven: Brothers and Strangers. The East European Jew in German and German Jewish Consciousness, 1800–1923. Madison 1982. S. 54.
20 Vgl. zur Machtverteilung innerhalb der Gemeindegremien sowie zum ausdifferenzierten Vereinsleben Schüler-Springorum: Jüdische Minderheit (wie Anm. 2). S. 112–160.

Zarenreich eine nicht zu unterschätzende Rolle. In Königsberg waren die Unterschiede zwischen „West-" und „Ostjudentum" weniger, Gemeinsames stärker spürbar als in anderen Regionen des Deutschen Reichs. Die russisch-jüdische Minderheit in der ostpreußischen Hauptstadt konnte so eine Vielzahl unterschiedlicher, ja z.T. gegensätzlicher Lebensformen entwickeln, die sie gleichermaßen mit der deutschen wie mit der osteuropäischen Kultur verbanden. Fast allen ausländischen Juden gemein war jedoch eine Grundbedingung ihrer Existenz in Königsberg, die diese mehr als alles andere bestimmen sollte: die fehlende Staatsangehörigkeit.

Einzig die Naturalisierung, die bis 1871 individuell in Berlin, später beim lokalen Regierungspräsidium beantragt werden musste, garantierte Ausländern in Deutschland ein permanentes Aufenthaltsrecht. Diese wurde jedoch russischen Staatsangehörigen im Allgemeinen und Juden im Besonderen sehr ungern und nur dann erteilt, wenn sie bestimmte Bedingungen, nämlich „ein beträchtliches einzubringendes Vermögen, besonders nützliche Gewerbebetreibung oder vorzügliche Geistesbildung", erfüllten.[21] Aus einer sowohl nach Herkunft als auch nach Konfession differenzierenden Aufstellung der in Königsberg zwischen 1849 und 1880 bewilligten Anträge geht deutlich hervor, dass die lokale Behörde ab 1871 die Gewährung von Naturalisierungen für Juden sehr viel großzügiger handhabte, als es vorher seitens des Berliner Ministeriums der Fall gewesen war.[22] Inwieweit diese den ausländischen Juden vergleichsweise wohl gesonnene Handhabung durch die Königsberger Behörden rein ökonomisch motiviert war oder auch von einer liberaleren Grundhaltung zeugte, sei dahingestellt – sicher ist, dass sie 1881 ein jähes Ende fand, als mit dem neuen preußischen Innenminister Puttkamer eine sehr viel restriktivere Einwanderungspolitik einsetzte. Die Gründe für diese Verschärfung werden in der Literatur bis heute kontrovers diskutiert; vermutlich bündelten sich hier verschiedene Motivationen – antislawische, antisemitische und großagrarische Interessen – zu einer Politik, der sich die russisch-jüdischen Händler als ideale Zielscheiben anboten. Deutlicher als alle Theorien belegen dies die Zahlen der von den Ausweisungen der achtziger Jahre insgesamt in Deutschland betroffenen 30.000 Personen, von denen zwischen 10.000 und 15.000 Juden waren.[23]

---

[21] Brandt: Staat (wie Anm. 8). S. 15; vgl. auch Wertheimer, Jack: Unwelcome Strangers. East European Jews in Imperial Germany. New York 1987. S. 78.
[22] Regierungspräsident von Königsberg, Nachweisung der an Einwanderer aus Rußland ertheilten Naturalisations-Urkunden, erstellt am 1.8.1881, in: Geheimes Staatsarchiv Preußischer Kulturbesitz, Berlin, Rep 77, Tit. 1176, 2a Beiheft 1. Bl. 61f.
[23] Vgl. Neubach, Herbert: Die Ausweisungen von Polen und Juden aus Preußen 1885/86. Ein Beitrag zu Bismarcks Polenpolitik und zur Geschichte des deutsch-polnischen Verhältnisses. Wiesbaden 1967. S. 242, der das antipolnische Motiv betont; Daugilacky: Zwischenhandel (wie

In Vorbereitung der sorgfältig geplanten Maßnahmen war es schon zu Beginn der achtziger Jahre zu Ausweisungen russischer Juden aus Ostpreußen gekommen, in deren Folge eine unbekannte Zahl aus Angst vor Repressionen geflohen war.[24] Von den Ende 1884 in großem Stil einsetzenden Ausweisungen waren die Juden der östlichsten Grenzprovinz und vor allem ihrer Hauptstadt ebenfalls am stärksten betroffen. Hier waren in den in den Worten des freisinnigen Reichstagsabgeordneten Julius Möller „fast alle" Ausgewiesenen Juden.[25] Insgesamt lässt sich die Zahl der aus Königsberg zwischen 1884 und 1888 vertriebenen russischen Juden auf mindestens 1200, also ein Fünftel der jüdischen Gemeinde schätzen. Diese Maßnahmen und die nachfolgenden restriktiven Einwanderungs- und Naturalisierungsbestimmungen ließen den russisch-jüdischen Anteil in der Königsberger Gemeinde bis 1910 um fast die Hälfte auf knapp 25 % absinken. Diese verlor dadurch nicht nur an Größe, sondern auch an Vielfalt, da zahlreiche von den Ausländern frequentierte Einrichtungen und kleinere Betgemeinschaften ihre Tätigkeit einstellen mussten.[26]

Die Ausweisungen setzten in der Regel eine sehr kurze Frist zum Verlassen des Landes an, so dass sich viele gezwungen sahen, ihr Geschäft und z.T. ihre Habe rasch und unter Wert zu verkaufen. Die Befehle wurden im Einzelfall mit äußerster Härte durchgeführt und vernichteten meist die mühsam erarbeitete Existenz der Betroffenen. Unzählige und häufig mehrfache Bittschreiben, in denen sie um Verschonung oder zumindest um Aufschiebung der Ausweisung baten oder bei der Gemeinde um Hilfe nachsuchten, belegen das Ausmaß der Tragödien, die sich dabei für viele abspielten, die, in den Worten eines Helfers, „früher im Glauben an den steten Fortschritt menschlicher Entwicklung ihr Schicksal an eine fremde Kultur gebunden haben, mit der sie sich [...] mehr oder weniger vertraut gemacht hatten, als plötzlich eine mächtige eiserne Hand das Gespenst mittelalterlicher Verfolgungen [herbeiwinkte]".[27] Dem zu entgehen, hing vor allem von dem Nach-

---

Anm. 5). S. 104, der ebenso wie das Vorsteheramt der Königsberger Kaufmannschaft die Interessen der getreideproduzierenden Großagrarier hinter den Maßnahmen vermutet; und Wertheimer: Strangers (wie Anm. 21). S. 31–35, der sie als die Fortsetzung einer politisch intendierten antisemitischen Kampagne interpretiert.
24 Vgl. den Bericht in der Allgemeinen Zeitung des Judentums 46 (1882). S. 542; auch Neubach: Ausweisungen (wie Anm. 23). S. 12–15.
25 Zitiert nach Neubach: Ausweisungen (wie Anm. 23). S. 97, 144.
26 Die Königsberger Hartungsche Zeitung schätzte im September 1885 die Zahl der Betroffenen sogar auf 1500 Personen, zitiert in: Allgemeine Zeitung des Judentums 49 (1885). S. 608; vgl. auch Bähr: Die ostjüdische Kolonie (wie Anm. 4); Wertheimer: Strangers (wie Anm. 21). Anhang Tab. IIb, und die Meldung des Berliner Tageblatts vom 17.12.1913.
27 Schreiben des Kontaktmannes der Gemeinde in Grajewo an den Vorsitzenden des Hilfskomitees in Königsberg, 15.9.1885. In: Central Archive of the History of the Jewish People, Jerusalem, Kn II, H 9, o.B.

weis der „ökonomischen Nützlichkeit" des Einzelnen ab. Dies führte dazu, dass die meist in bedrängten finanziellen Verhältnissen lebenden Kultusbeamten, junge Männer, die noch keine gesicherte wirtschaftliche Position nachweisen konnten, und vor allem alleinstehende Frauen betroffen waren.[28]

In dieser Notsituation, in der sich plötzlich ein Fünftel bis ein Viertel der Gemeindemitglieder befand, kristallisierte sich eine Art Arbeitsteilung zwischen Juden und Christen heraus: Öffentlichen Protest oder aktives Eingreifen überließ man entweder angesehenen Einzelpersonen oder dem Vorsteheramt der Kaufmannschaft, dessen Interventionen zwar einseitig interessengesteuert waren, aber wenigstens Aussicht auf Erfolg besaßen. Die Gemeinde dagegen beschränkte sich auf die „Linderung der Not" der Ausgewiesenen, wobei sich die größere Vertrautheit der Königsberger Gemeinde mit der osteuropäischen Kultur letztlich positiv ausgewirkt zu haben scheint. Selbst ein dem deutschen Judentum äußerst kritisch gegenüberstehender Zeitgenosse wie Shmarjahu Levin lobte die Hilfsaktionen der Königsberger Gemeinde[29], die sich wie kaum eine andere in Deutschland erst mit der Not der aus den eigenen Reihen Verwiesenen und später direkt mit dem Elend der Flüchtlingsströme aus dem Nachbarland konfrontiert sah.

Das Hilfskomitee für die Ausgewiesenen ermöglichte bevorzugt den betroffenen Männern, ob alleinstehend oder Familienvätern, soweit sie voll erwerbsfähig waren, die Reise nach Übersee. Solches Glück hatten jedoch bei weitem nicht alle: Von den ersten 900 in Königsberg unterstützten Ausgewiesenen mussten drei Viertel nach Russland zurück, die übrigen konnten meist in die USA, nach England oder Holland ausreisen.[30] Aufgrund der Auswahlkriterien für die so Begünstigten war die Situation der alleinstehenden Frauen besonders trostlos. Oft handelte es sich um verlassene oder verwitwete Frauen mit ihren Kindern, die weder Aussicht auf amtliche Milde noch auf eine der begehrten Schiffspassagen hatten und in Russland der sicheren Verelendung entgegensahen.[31]

---

**28** Vgl. die Aktenvorgänge zu den Königsberger Fällen, die neben den behördlichen Schreiben auch die Petitionen samt Lebensgeschichten der Betroffenen enthalten, in: Geheimes Staatsarchiv Preußischer Kulturbesitz, Berlin, Rep. 77, Tit. 1176, 2a, Bd. 7; 1 M, Bd. 1; 1 L, Bd. 1.
**29** Vgl. die Schilderung anlässlich der Flüchtlingswelle der neunziger Jahre bei Lewin: Jugend (wie Anm. 3). S. 284.
**30** Vgl. z.B. die Auflistung über gewährte Reiseunterstützungen, die Namen, Alter, Familienstand, Kinderzahl und Zielort der Betroffenen nennt, im Protokoll der Sitzung des Königsberger Komitees zur Unterstützung der Ausgewiesenen am 12.9.1885, in: Central Archive of the History of the Jewish People, Jerusalem, Kn II, H 9, o.B.
**31** Vgl. z.B.: das Schreiben der Miriam Lastowska an das Königsberger Komitee, 4.9.1885. In: Central Archive of the History of the Jewish People, Jerusalem, Kn II, H 9, o.B., oder die Petition der Chaje Liebermann an den Kaiser vom 26.11.1883. In: Geheimes Staatsarchiv Preußischer Kulturbesitz, Berlin, Rep 77, Tit. 1176, 1 L, Bd. 1. Bl. 27ff.; zur Situation an der Grenze allg. Leiserowitz: Kriegerverein (wie Anm. 2). S. 195–209.

Der erhaltene Briefwechsel zwischen dem Königsberger Hilfskomitee und seinem Verbindungsmann an der Grenzstation Prostken/Grajewo schildert detailliert die verschiedenen Schikanen seitens der zaristischen Beamten, denen die an der Grenze Ankommenden ausgesetzt waren. Trotz der Erleichterungen der Zollbestimmungen, die die Königsberger Gemeinde nach einiger Zeit durch einen Mittelsmann in St. Petersburg durchsetzen konnte, blieb die Situation besonders für die zahlreichen, meist ärmeren Familien ohne gültige Papiere hoffnungslos: Viele wurden an der Grenze zurückgewiesen und mussten dort oder in Königsberg ohne Verdienstmöglichkeit auf ihre erneute Ausweisung warten. Schlimmerenfalls drohte ihnen die Verhaftung durch die zaristische Polizei und die Verbannung nach Sibirien wegen „Vagabundierens" oder Desertion. So verwundert es kaum, dass man alles daran setzte, in Preußen bleiben zu dürfen, und dass besonders die jungen Männer versuchten, dem Militärdienst in der „Heimat" durch Auswanderung zu entgehen. Das Schicksal der von den Ausweisungen Betroffenen wurde also nicht allein von den obrigkeitsstaatlichen Anweisungen, sondern auch von ihrer jeweiligen sozialen und beruflichen Stellung und von der individuellen Möglichkeit zur Weiterwanderung bestimmt.[32]

Die wohlhabenderen Kaufleute und Kommissionäre waren zwar zunächst gleichermaßen betroffen, konnten jedoch sehr viel eher auf die Intervention der Gemeinde und besonders der städtischen Behörden hoffen. Noch bevor die Ausweisungsbefehle überhaupt erlassen waren, hatte sich das Vorsteheramt der Kaufmannschaft in einem fünfseitigen Schreiben an Bismarck dagegen ausgesprochen.[33] Als dies erfolglos blieb, intervenierte man so lange beim Oberpräsidenten, bis dieser sich veranlasst sah, im Interesse der Königsberger Kaufleute beim Innenministerium um Sonderregelungen zu bitten für „Inhaber von größeren soliden Geschäften und solche Leuten, welche für den Geschäftsbetrieb [...] unentbehrlich waren".[34] Auch die Königsberger Stadtverordnetenversammlung sprach sich öffentlich gegen die Ausweisungen aus, wobei ihr Sprecher, der Universitätsprofessor Möller, als einziger humanitäre Gründe ins Feld führte und die

---

[32] Vgl. zur Situation an der Grenze die Schreiben des Oberpräsidenten an den Innenminister, 19. und 26.9.1885, Geheimes Staatsarchiv Preußischer Kulturbesitz, Berlin, Rep. 77, Tit. 1176, Nr. 2a, Bd. 6. Bl. 154f., 182f.; außerdem den Briefwechsel zwischen Grajewo und dem Königsberger Komitee, bes. die Schreiben vom 14., 15. und 28.9.1885. In: Central Archive of the History of the Jewish People, Jerusalem, Kn II, H 9.
[33] Vgl. Das Vorsteheramt der Königsberger Kaufmannschaft an Bismarck, 5.7.1885, in: Geheimes Staatsarchiv Preußischer Kulturbesitz, Berlin, Rep 77, Tit.176, Nr. 2a, Bd. 6. Bl. 13–15.
[34] Der Oberpräsident an den Innnenminister, 2.9.1885, ähnlich auch am 9.9.1885, Geheimes Staatsarchiv Preußischer Kulturbesitz, Berlin, Rep 77, Tit.176, Nr. 2a, Bd. 6. Bl. 72–74, 111f.

Maßnahmen als inhuman und antisemitisch motiviert verurteilte.[35] Die eifrigen Bemühungen der Kaufmannschaft konnten einige der wohlhabenderen Kaufleute und Großhändler vor der Vollstreckung der Zwangsmaßnahmen bewahren – aber auch dies z.T. nur vorläufig. Der für die Königsberger Wirtschaft folgenreiche Niedergang des Russlandhandels wurde durch diese Ausnahmen jedoch nicht verhindert. Es fehlten fortan nicht nur die verjagten ansässigen Händler und solche, die angesichts der judenfeindlichen Maßnahmen mehr oder minder freiwillig gingen, sondern auch viele russisch-jüdische Kaufleute aus dem Zarenreich, die derart abgeschreckt wurden, dass sie die ostpreußische Hauptstadt fortan mieden und ihre Geschäfte in den baltischen Häfen abwickelten.[36]

Nach dem Ende der Massenausweisungen 1888 konnte die Kaufmannschaft zwar vereinzelte Verbesserungen erreichen, nicht aber das Hauptziel, die Ermöglichung einer gesicherten Existenz für diejenigen russisch-jüdischen Kaufleute, die weiterhin von individuellen Abschiebungen bedroht blieben. Kein Wunder also, dass, so die Klage des Vorsteheramts, „in den betheiligten russischen Unterthanen das Gefühl, dass ihr Aufenthalt in unserer Stadt gesichert sei, nicht aufkommen" konnte.[37] Der fortwährende Einsatz der Kaufmannschaft einerseits und die explizit auf Verhinderung der russisch-jüdischen Einwanderung angelegte Politik des ostpreußischen Oberpräsidiums andererseits führten schließlich in Königsberg zu einem Verfahren, das von Jack Wertheimer zu Recht als zynischste Form der Ausbeutung osteuropäischer Juden im Kaiserreich bezeichnet worden ist. Jeder russische Jude, der sich neu in Königsberg niederlassen wollte, erhielt nur nach einem positiven Votum der Kaufmannschaft über seine ökonomische Nützlichkeit ein befristetes Aufenthaltsrecht, das jedes Jahr erneuert werden musste. Gleichzeitig hatte er sich zu verpflichten, keine Familie zu gründen bzw. aus Russland nachkommen zu lassen.[38] Im Jahre 1911 wurde diese jahrelange Praxis vom ostpreußischen Oberpräsidenten dahingehend präzisiert, dass einzig die Kinder der vor 1882 Eingewanderten das Recht auf Naturalisation besaßen, während für alle anderen galt, dass ihre Söhne bei Erreichung des neunten Lebensjahres das Land verlassen mussten, um so zu vermeiden, dass sie durch Ableistung des Militärdienstes das Aufenthaltsrecht erwarben. Fälle, in denen hochschwangere Frauen oder Kinder, vor allem Töchter, ausgewiesen

---

**35** Vgl. die Meldung der Allgemeinen Zeitung des Judentums 49 (1885). S. 691; auch Neubach: Ausweisungen (wie Anm. 23). S. 97.
**36** Vgl. die Berichte des Vorsteheramtes für die Jahre 1885–1889, Königsberg 1886–1890; auch Allgemeine Zeitung des Judentums 50 (1886). S. 475.
**37** Bericht des Vorsteheramtes für das Jahr 1891. Königsberg 1892. S. 18; vgl. auch Wertheimer: Strangers (wie Anm. 21). S. 52.
**38** Vgl. Wertheimer: Strangers (wie Anm. 21). S. 53, und den Bericht des Berliner Tageblatts vom 24.5.1900, 4. Beiblatt.

oder ihnen Studienplätze verweigert wurden, füllten die Zeitungsspalten noch bis in die Zeit des Ersten Weltkrieges hinein.[39] Erst 1913 gelang es dem Verband der deutschen Juden anlässlich der Neufassung des Staatsbürgerschaftsgesetzes wenigstens die Rechtslage der mit ausländischen Juden verheirateten deutschen Frauen zu verbessern und sie vor einer drohenden Ausweisung zu schützen. Da seit 1884 zudem die Naturalisierung für osteuropäische Juden praktisch unmöglich geworden war und viele von vornherein darauf verzichteten, um gar nicht erst die Aufmerksamkeit der Behörden zu erregen, schwebte allein in Königsberg um die Jahrhundertwende „das Damoklesschwert der Ausweisung" über 80 bis 100 Familien, vor der einzig das Bekanntwerden eines Falles in der Presse manchmal bewahren konnte.[40]

Das Leben der osteuropäischen Juden in Ostpreußens Hauptstadt entfaltete sich also auf der Basis äußerst widersprüchlicher Grundbedingungen: Zum einen war ihre Rolle in der Wirtschaft fundamental, was wohl letztlich dafür verantwortlich war, „dass in Königsberg die Ostjuden in ihrer jüdischen wie nichtjüdischen Umwelt geachteter waren als in Deutschland sonst."[41] Zum anderen waren sie auch hier Opfer einer antisemitischen deutschen Ausländerpolitik, die, wie Wertheimer eindrucksvoll nachgewiesen hat, wie kaum eine andere einzig auf die ökonomische Ausbeutung, nicht aber auf Aufnahme und Integration der Einwanderer ausgerichtet war.[42] Diese wurde in Königsberg vom Oberpräsidenten – im Gegensatz etwa zu seinem westpreußischen Kollegen – eifrig exekutiert, während sich gleichzeitig die Kaufmannschaft, wohl vor allem aus ökonomischen Motiven, aber anders als z.B. ihre Tilsiter Standesgenossen, zum Fürsprecher der russisch-jüdischen Ansiedlung machte.[43]

Der unsichere legale Status eines beträchtlichen Teils der jüdischen Gemeinde scheint für deren Innenleben paradoxe Folgen gehabt zu haben. Zum einen hatten die Ausweisungen eine deutliche soziale Aussiebfunktion, da vor allem die Ärmeren betroffen waren, während die Wohlhabenderen mit Unter-

---

**39** Vgl. den ausführlichen Berichte des Berliner Tageblatts vom 17.12.1913. S. 2; den Bericht über die oberpräsidiale Verfügung mit einzelnen Fällen in: Israelitisches Familienblatt 14 (1911). Nr. 7.
**40** Vgl. Israelitisches Familienblatt 3 (1900). Nr. 43; Zahl nach Berliner Tageblatt, 24.5.1900; vgl. auch Wertheimer: Strangers (wie Anm. 21). S. 54–60.
**41** So Schloßberg: Rahmen (wie Anm. 1). S. 16; ähnlich auch andere Zeitzeugen, z.B. Lewin: Jugend (wie Anm. 3). S. 322.
**42** Vgl. Wertheimer: Strangers (wie Anm. 21). S. 176–181.
**43** Zum Verhalten des westpreußischen Oberpräsidenten vgl. den Artikel des Berliner Tageblatts vom 24.5.1900, 4. Beiblatt; die antijüdische Tilsiter Kaufmannschaft wurde vom Oberpräsidenten in einem Rechtfertigungsschreiben seiner Politik, 2.6.1900, an den Innenminister dem „wenig ersprießlichen" und „einseitigen" Verhalten des Königsberger Vorsteheramts gegenübergestellt, in: Geheimes Staatsarchiv Preußischer Kulturbesitz, Berlin, Rep. 77, Tit. 1176, 1 M, Bd. 5. Bl. 61–63.

stützung der Gemeinde tendenziell verschont blieben: So war vor dem Ersten Weltkrieg ihre Zahl mit der der russisch-jüdischen Beitragszahler zum Gemeindebudget ungefähr identisch. Das in den Erinnerungen und zeitgenössischen Schilderungen immer wieder auftauchende Bild des kultivierten und weltgewandten Königsberger „Ostjuden", der sowohl jüdische als auch weltliche Bildung vorweisen konnte, hat seine Wurzeln also nicht nur im Herkunftsland, sondern entstand auch in Folge staatlicher Zwangsmaßnahmen.[44] Zum anderen spricht vieles dafür, dass gerade der prekäre rechtliche Status, der ja nicht dazu einlud, sich bewusst zu integrieren, zur Entstehung des reichen kulturellen russisch-jüdischen Milieus in Königsberg beitrug. Ständig von der Ausweisung bedroht, mag es für viele besonders wichtig gewesen sein, die Bindungen zur Heimat, die zudem so nah war, aufrechtzuerhalten.

Aufgrund des ausgeprägten und engagierten Judentums der Mitglieder der russisch-jüdischen Kolonie gelang es, dieses Milieu trotz aller Verfolgungen bis 1914 intakt zu halten. Zerstört wurde es erst, als im Zuge des Weltkrieges im Herbst 1914 alle, „auch jahrelang ansässige, z.T. kaufmännisch korporierte und allseitige Protektion" genießende, russischen Juden ausgewiesen wurden.[45] Die Versuche seitens der Gemeinde, die Rücknahme der Ausweisungsbefehle zu erreichen, blieben erfolglos und konnten nur kurzfristige Aufschübe bewirken. Menschen, die jahrzehntelang in Königsberg gelebt und gewirkt hatten, wurden „ganz plötzlich, zuweilen von der Straße hinweg, [...] in oft wenig rücksichtsvoller Weise von polizeilichen Organen zur Bahn befördert, ohne dass man ihnen noch Zeit gelassen hätte, ihre persönlichen Verhältnisse zu ordnen". Die Betroffenen wurden an zwei Tagen in Eisenbahnwaggons verfrachtet und ohne Angabe von Zielen aus der Stadt gebracht.[46] Die Art und Weise der Ausweisung, aber auch die veränderten Bedingungen der Nachkriegszeit bewegten nur wenige von ihnen später zu Rückkehr, so dass die Zerstörung des russisch-jüdischen Milieus schon 1914 endgültig sein sollte.

Eine andere Form der Begegnung zwischen Ost und West, die auch öffentlich anerkannte Formen von Mischidentitäten, kulturelle Vielfalt und Eigenständigkeit ermöglicht hatte, konnte nur auf einer sehr spezifischen ökonomischen und politischen Basis gedeihen – einer Basis, die es in Deutschland, und nicht nur dort, immer nur in einem sehr begrenzten lokalen und zeitlichen Rahmen

---

44 Vgl. z.B. den Bericht des Berliner Tageblatts vom 17.12.1913.
45 Zitiert bei Maurer, Trude: Ostjuden in Deutschland 1918–1933. Hamburg 1986. S. 40.
46 Rosenthal, Josef: Die Kriegsarbeit des Jüdischen Hilfskomitees von 1914. Königsberg 1919; vgl. auch Nachruf auf Jacob Towbin in: Königsberger Jüdisches Gemeindeblatt 8 (1931). Nr. 3; und die Korrespondenz einiger Gemeindemitglieder mit Alfred Klee, 14., 15., 16. und 19.11.1914, in: Central Zionist Archives, Jerusalem, A 142/78; auch Leiserowitz: Kriegerverein (wie Anm. 2). S. 259–263.

gegeben hat. Wenn man heute von „hybriden Identitäten" und „transnationalen" Lebensläufen spricht, so sollte man diese ökonomischen wie rechtlichen Voraussetzungen nicht aus den Augen verlieren, die Lebenschancen und Handlungsmöglichkeiten der Individuen, aber auch deren nachträgliche Wahrnehmung und Bewertung im hohen Maße prägen.

Anna Carolin Augustin
# Jenseits von Deutschland – Diesseits von Afrika

„Deutsch-jüdisches Kulturerbe" in Südafrika

Im September 2011 wurde die Premierministerin der südafrikanischen Provinz Westkap und Vorsitzende der *Democratic Alliance*, Helen Zille, in Berlin für ihr Engagement im Kampf gegen die Apartheid und für ein demokratisches Südafrika mit dem *Abraham-Geiger-Preis* ausgezeichnet. In ihrer Dankesrede und mehreren Interviews hob Zille, die Großnichte des berühmten Berliner Milieumalers und Karikaturisten Heinrich Zille, ihre Herkunft hervor und betonte, dass das „deutsch-jüdische Erbe" sowie das Schicksal ihrer Familie sie auf ihrem Lebensweg stark beeinflusst habe.[1] Zilles Eltern waren, wie etwa 6.500 verfolgte Juden zwischen 1933 und 1939, aus Deutschland nach Südafrika geflohen. 1951 in Südafrika geboren und getauft, zählt Helen Zille heute zu der zweiten Generation jener deutsch-jüdischen Immigranten, die sich nach 1933 unter stark veränderten Lebensumständen in Südafrika eine neue Existenz aufbauten. Ein zweiter Vertreter dieser Generation ist der israelische Historiker Steven Aschheim, der 1942 in Johannesburg als Sohn jüdischer Flüchtlinge aus Deutschland geboren wurde. Auch er beschrieb in einem autobiographischen Essay die prägende Bedeutung seines familiären Kontextes, der auf ihn „manche Sensibilität, die mit dem deutsch-jüdischen Erbe verbunden ist", übertrug.[2] Sowohl Helen Zille als auch Steven Aschheim rekurrieren demnach – wenngleich auf unterschiedliche Weise – auf ein nach Südafrika transferiertes „deutsch-jüdisches Kulturerbe". Mittels eines Parcours durch die Geschichte der Immigration deutschsprachiger und aus Mitteleuropa stammender Jüdinnen und Juden nach Südafrika sowie anhand von Beispielen einzelner alltags- und lebensweltlichen Erfahrungen von Passage, Neubeginn und transkultureller Orientierung, wird im Folgenden der Versuch unternommen zu ermitteln, ob und in welcher Form dieser Transfer stattgefunden hat. Der Terminus „Kulturerbe" wird dabei weit gefasst und kann so einerseits in einem immateriell-kulturellen Sinn, als Form von familiärer und gesellschaftlicher Tradition, Sprache, (Aus-)Bildung, kollektivem Gedächtnis,

---

[1] Vgl. u.a. Interview im Deutschlandradio vom 26.9.2011, online unter: http://www.deutschlandradiokultur.de/suedafrikanische-oppositionspolitikerin-kritisiert.954.de.html?dram:article_id=146632 (10.9.2014).
[2] Growing up German Jewish in South Africa, in: Aschheim, Steven: In Times of Crisis. Essays on European Culture, Germans, and Jews. Madison 2001. S. 59–63, S. 59. [dt. Übersetzung A.-C.A.].

religiösen Riten et cetera gefasst werden. Daneben soll auch die Materialität kultureller Erfahrung durch die Einbeziehung von Objekten, insbesondere mit Blick auf Werke der bildenden Kunst, in die Betrachtungen miteinbezogen werden.

Auch der für den reziproken transnationalen Kulturaustausch so wichtigen Frage nach den Bedingungen der Immigration, der Akzeptanz innerhalb der neuen Umgebungsgesellschaft, Formen gesellschaftlicher In- und Exklusion und der sozialen Konstruktion des Anderen mittels negativer Stereotype und Narrative wird nachzugehen sein.

Südafrika, jenes exotische Land am untersten Zipfel des afrikanischen Kontinents, wirkt auf den ersten Blick als Emigrationsland deutscher Juden befremdlich, spielte aber bereits seit den 1820er Jahren eine nicht unwesentliche Rolle und avancierte mit Entdeckung seiner reichen Ressourcen und ökonomischen Möglichkeiten im ausgehenden 19. Jahrhundert sogar zu einem zentralen Ziel für zahlreiche nach Glück und Wohlstand strebende Europäer – teils jüdischer Herkunft. Daher wird auch diese frühe Phase deutsch-jüdischer Immigration im Verlaufe des 19. ahrhunderts näher beleuchtet.

## Der Beginn deutsch-jüdischer Immigration nach Südafrika

Im Zuge der europäischen Aufklärungsbewegung und als eine Konsequenz der Französischen Revolution liberalisierten die Niederländer im frühen 19. Jahrhundert ihre koloniale Religionspolitik. Der Aufenthalt sowie die freie Religionsausübung von Juden wurde seit 1804 durch eine Proklamation des Gouverneurs Jacob de Mist in Südafrika gestattet und auch unter der Souveränität des britischen Empire am Kap, ab 1806, garantiert. Hierdurch wurde eine erste, obgleich zahlenmäßig geringe, Welle jüdischer Einwanderung nach Südafrika ausgelöst. Das Gros dieser jüdischen Immigranten stammte aus dem deutschen Sprachraum sowie den Niederlanden und Großbritannien. Siedelten die Neuankömmlinge zunächst meist dicht am Kap, so ließen sich erste jüdische Siedlergemeinschaften in den folgenden Jahren auch immer weiter im Hinterland, am Ostkap und im Natalgebiet, nieder. Auch in der 1842 gegründeten freien Burenrepublik Oranje-Freistaat siedelten deutsch-jüdische Familienverbände, die ursprünglich insbesondere aus der Landgrafschaft Hessen-Kassel stammten. Gerade unter britischer Hoheit wurde das Prinzip strikter Trennung von Kirche und Staat angewandt, was für die Juden in den dortigen Gebieten ein verhältnismäßig hohes Maß an Gleichberechtigung bedingte und eine rasche Eingliederung in die britische Kapgesellschaft beförderte. 1841 bildete sich in Kapstadt die erste jüdische Gemeinde Südafrikas, im Jahr 1855 lebten dort etwa 170 Juden.[3]

Seit Mitte des 19. Jahrhunderts erschlossen deutsch-jüdische Pioniere verschiedene südafrikanische Wirtschaftszweige: Die Kaufmänner Benjamin Norden und Simon Marcus prägten fast im gesamten Binnenland der Kapregion den Handel. Die Woll- und Fellindustrie, allen voran die Produktion von Mohair-Wolle, wurde von Adolph und Joseph Mosenthal sowie Maximilian Thalwitzer etabliert. Auch in der Besiedelung und Nutzbarmachung ganzer Regionen Südafrikas taten sich einzelne Persönlichkeiten hervor: Jonas Bergtheil, ein aus Bayern stammender Jude, emigrierte in den 1840er Jahren nach Südafrika und erwarb ausgedehnte Ländereien im Natalgebiet, in denen er Baumwolle anbauen wollte. Aufgrund des Mangels an einheimischen Arbeitskräften trat Bergtheil für die Ansiedelung deutscher (nichtjüdischer) Siedlergemeinschaften ein. Obgleich der Anbau von Baumwolle in diesem Gebiet scheiterte, verblieben die deutschen Siedler in der Region Natal, die bis heute als „New Germany" bezeichnet wird. Auch in weiteren wirtschaftlichen Bereichen, wie dem Weinanbau, der Straußenzucht und dem Reedereiwesen, taten sich in allen Regionen Südafrikas immigrierte deutsche Juden zu Beginn und Mitte des 19. Jahrhunderts hervor und verhalfen der lokalen Industrie zur Anbindung an die weltweiten Märkte. Auch unter den so genannten *smous*[4], umherziehenden Kleinhändlern, die ihre Waren an entlegene Farmen verkauften und so als Bindeglieder zwischen den neuen Märkten der Städte und den Produzenten auf dem Land dienten, befanden sich deutsche Juden. Es gelang den deutsch-jüdischen Immigranten darüber hinaus sich in nahezu allen weiteren Berufsgruppen der südafrikanischen Gesellschaft zu etablieren, etwa im Militär und der Politik, sowie in den freien Berufen, vor allem als Anwälte und Ärzte.

Charakteristisch für diese erste Generation deutsch-jüdischer Immigranten zu Beginn und Mitte des 19. Jahrhunderts waren eine relativ hohe soziale Flexibilität sowie ein ausgeprägtes Assimilations- bzw. Akkulturationsstreben: Innerhalb kurzer Zeit gliederten sie sich in die bestehende, viktorianisch- oder burisch-calvinistisch geprägte und von Weißen dominierte südafrikanische Gesellschaft ein. Drei Faktoren begünstigten diesen Prozess der Integration und der Anpassung an die neuen Lebensbedingungen: Erstens die meist liberale religiöse Praxis der deutsch-jüdischen Immigranten, die ihre Religion als Angelegenheit des Privaten

---

**3** Vgl. Mendelsohn, Richard u. Shain, Milton: The Jews in South Africa. An Illustrated History. Johannesburg, Cape Town 2008. S. 3f.
**4** Etymologisch geht das Wort wahrscheinlich auf den jiddischen Begriff *schmuoss* zurück bzw. das hebräische Wort *shmuoth*, was „Erzählung" bzw. „Nachricht" bedeutet. Vgl. Mendelsohn u. Shain: Jews in South Africa. S. 40f.

betrachteten; zweitens ihr, den universellen Werten der Aufklärung verpflichtetes, Weltbürgertum, was einer noch eher schwach ausgeprägten deutsch-nationalen Identität gegenüber stand, sowie drittens ihre privilegierte Zugehörigkeit zum weißen Herrschaftskollektiv.

Die durch Immigration geprägte sowie die Heterogenität unter der weißen Bevölkerung – die bereits seit der britischen Eroberung des Kaps 1806 durch die Zweiteilung in Burenbevölkerung und britische *Community* eine Besonderheit der südafrikanischen weißen Gesellschaft war – als normale, reguläre Gegebenheit begreifende Kolonialgesellschaft bot einen geeigneten Rahmen zur Inklusion verschiedener sozialer Gruppen. Die liberal-egalitäre Politik in den britisch beherrschten Gebieten Südafrikas förderte dies. Insgesamt verlief die Integration deutscher Juden in Südafrika bis in die späten 1880er Jahre hinein weitgehend positiv. Die Akkulturation ging dabei meist mit der schwindenden Konservierung des „deutsch-jüdischen Kulturerbes" der Immigranten einher: Englisch ersetzte bald Deutsch als Sprache, die Loyalität galt der neuen Obrigkeit, also in den meisten Fällen dem Britischen Empire, die Taufe unterstrich in einigen Fällen die religiöse Anpassung und die gravierende Veränderung von Klima, Natur und Jahreszeiten führte zwangsläufig zur Transformation religiöser und folkloristischer Traditionen. Diese Entwicklung war keineswegs eine speziell deutsch-jüdische, sondern traf gleichermaßen auch auf die Mehrheit der Juden zu, die aus anderen westeuropäischen Ländern nach Südafrika immigriert waren. Alles wies darauf hin, dass die relativ homogene, kleine jüdische Gemeinschaft Südafrikas ihr „Judentum" und ihr deutsches kulturelles Erbe in den nächsten Jahren selbst wegassimilieren würde – doch es kam anders.

## Deutsch-jüdische *Randlords*: Zwischen Paria und Parvenü

Ein folgenschweres Ereignis veränderte die wirtschaftliche und gesellschaftliche Lage Südafrikas im 19. Jahrhundert umfassend: Der Fund des 83,5 Karat schweren Diamanten „Star of South Africa" auf Feldern am Orange River, der ab den 1870er Jahren einen nie dagewesenen Diamantenrausch auslöste. Nicht nur Südafrikaner vom Kap, sondern auch unzählige Europäer machten sich auf den Weg nach New Rush (heute Kimberley), um dort ihr Glück zu finden. Ab den 1880er Jahren wurde zudem am Witwatersrand das größte Goldfeld der Welt entdeckt. Diese Entdeckung löste ein Goldfieber aus, das abermals die Anreise zahlreicher junger „Digger", die ihre Chance gekommen sahen zu Wohlstand zu gelangen, zur Folge hatte. Die wichtigsten Zentren des Abbaus der wertvollen Rohstoffe befanden sich nicht am britisch regierten Kap, sondern in den nördlichen Burenrepubliken Transvaal und Oranje-Freistaat, auf die sich nun der Fokus des wirtschaftlichen Interesses richtete. Das Land wandelte sich durch diesen Boom natürlicher Ressourcen dramatisch, Straßen und Schienen wurden gebaut, und die Minenstätten Kimberley und Johannesburg wuchsen in kürzester Zeit zu Großstädten an. Zahlreiche billige Arbeitskräfte wurden für die schwere Arbeit in den Minen und zum Maximieren der Gewinne benötigt, so dass sich auch das Leben der lokalen afrikanischen Bevölkerung drastisch veränderte.

Unter den Investoren, Händlern und Käufern der Minen tat sich schnell ein verhältnismäßig hoher Anteil von Europäern jüdischer Herkunft hervor. Diese Gruppe spielte eine zentrale Rolle bei der Entwicklung der Diamanten- und Goldindustrie Südafrikas. Einige von ihnen – in der Regel mittelständische Kaufmänner – waren nach den ersten Diamanten- und Goldfunden als Repräsentanten europäischer Händler nach Südafrika geschickt worden. Ein zeitgenössischer Beobachter des Diamantenhandels, Charles A. Payton, hob in diesem Zusammenhang insbesondere die Rolle deutscher Juden hervor: „zuallererst und führend unter den Diamantenkäufern auf den südafrikanischen Feldern müssen sicher die deutschen Juden platziert werden."[5] Tatsächlich findet sich unter den Schlüsselfiguren eine nicht geringe Anzahl von Personen deutsch-jüdischer Herkunft, wie etwa die Kaufmänner Max Michaelis sowie Alfred und Otto Beit – von einer deutsch-jüdischen Dominanz kann allerdings angesichts so zentraler nichtjüdisch-britischer Persönlichkeiten wie Cecil Rhodes nicht gesprochen werden. Durch gewagte Investitionen in den Abbau von und den Handel mit Diamanten und Gold erzielten diese Männer innerhalb kürzester Zeit exorbitante Gewinne. Sie avancierten so nach wenigen Jahren zu den reichsten Männern der Welt und wurden auf Grund ihres später nahezu aristokratisch anmutenden Lebensstils als *Randlords*[6] bezeichnet. Diese *Randlords,* die nach sozialer Akzeptanz und einem anerkannten Status in der viktorianischen *Upper Class* strebten, verfügten zwar schnell über hohes „ökonomisches Kapital", jedoch fehlte es ihnen an „kulturellem Kapital", was sie – im Bourdieu'schen Sinne – in „symbolisches Kapital" zu konvertieren suchten.[7] So begannen viele der *Randlords* sich einen ausschweifend großbürgerlichen Habitus anzueignen, der, von einem starken Repräsenta-

---

[5] Zitiert nach: Saron, Gustav u. Hotz, Louis: The Jews in South Africa. A History. Oxford 1955. S. 109 [dt. Übersetzung A.-C.A.].

[6] Der Begriff *randlord* setzt sich aus „rand", was auf den Gold-Abbau am Höhenzug Witwatersrand bei Johannesburg verweist, und „lord", was sich im Zusammenhang mit „landlord" auf Landbesitzer bezieht, zusammen.

[7] Vgl. Bourdieu, Pierre: Ökonomisches Kapital, kulturelles Kapital, soziales Kapital. In: Soziale Ungleichheit. Hrsg. von Reinhard Kreckel. Göttingen 1983. S. 183–198.

tionsbedürfnis geprägt, Wohlstand und Macht symbolisieren sollte. Ein zentrales Mittel hierfür war die Inszenierung der eigenen Person als Kunstkenner und Sammler, was nicht nur zu Prestige, sondern mitunter zur Verleihung von Ehrentiteln führen konnte.

Der aus Hamburg stammende Alfred Beit etwa, der im Jahr 1875 als junger Agent für die Firma Lippert & Co nach Südafrika geschickt wurde, wenige Jahre später mehrerer Unternehmen leitete und Multimillionär wurde, sammelte bevorzugt holländische und flämische Gemälde des 17. Jahrhunderts sowie Renaissanceplastiken und kunstgewerbliche Objekte.[8] Er ließ sich dabei von deutschen Kunstkoryphäen seiner Zeit, wie Wilhelm Bode und Alfred Lichtwark, fachlich beraten. Wie die meisten der *Randlords* sah Alfred Beit in Südafrika keine neue Heimat, sondern eine Kolonie, deren Ressourcen man in Wohlstand umwandeln konnte und in der man sich nur temporär aufhielt. Wie viele seiner Standesgenossen kehrte auch er nach erfolgreichen Jahren zurück nach Europa, nicht jedoch in sein deutsches Herkunftsland, sondern in die Londoner Park Lane. In England bildeten die neureichen Diamanten- und Goldhändler aus Südafrika eine spezifische soziale Gruppe, die durch ihr parvenühaftes Auftreten in der öffentlichen Kritik stand und häufig eine doppelte Pariastellung in der *Upper Class* einnahm: Sowohl auf Grund ihrer jüdischen als auch ihrer deutschen Herkunft war es für viele dieser Magnaten schwer, in der gehobenen britischen Gesellschaft – in der antisemitische wie antideutsche Haltungen weit verbreitet waren – Akzeptanz zu finden. Aber auch in der deutschen Elite des Kaiserreichs, in der spätestens seit dem Berliner Antisemitismusstreit der Antisemitismus als „kultureller Code" (Volkov) – also als Signum kultureller Identität der Gesellschaft – avancierte, nahmen sie eine Randposition ein, die durch das spannungsreiche und ambivalente politische Verhältnis zwischen Großbritannien und Deutschland sowie nicht zuletzt ihre ausgeprägte Anglophilie verstärkt wurde. Das großzügige, internationale Mäzenatentum mancher *Randlords* in den Bereichen Kunst, Bildungswesen und Wissenschaft änderte dies nur geringfügig. Im Gegensatz zu Amerika oder Europa, wo Sammler und Sammlerinnen mitunter auf Grund ihrer stark ausgeprägten nationalen Identität durch die Stiftung ihrer Sammlungen den Aufbau von Kunstinstitutionen im Sinne der Nation unterstützen wollten, geschah dies in der Kapkolonie weit weniger. Der südafrikanische Staatsmann Jan C. Smuts kritisierte dies 1904 scharf: „Sie [die *Randlords*] haben nie ihr Land

---

[8] Vgl. Albrecht, Henning: Alfred Beit. Hamburger und Diamantenkönig. Hamburg 2011 (Mäzene für Wissenschaft 9); Stevenson, Michael: Art and Aspirations. The Rendlords of South Africa and their collections. Johannesburg 2002; Crump, Allen: Status and Social Habit. The First Generation of Jewish Collectors in South Africa and their Consultants. In: Jüdische Sammler und ihr Beitrag zur Kultur der Moderne. Hrsg. von Annette Weber. Heidelberg 2011. S. 211–219.

geliebt, noch haben sie eine Leidenschaft für seine Form und Gestalt gefühlt. Sie betrachteten Südafrika mit unverhüllter Missachtung als das Land der Schwarzen. Gut genug um Geld und einen Namen zu machen, aber nicht gut genug um dort geboren zu sein oder dort zu sterben."[9] Das Urteil Smuts' trifft, angesichts des nicht unbeachtlichen Erbes, das manche dieser Persönlichkeiten Südafrika hinterließen, nur bedingt zu. Alfred Beit vermachte der Stadt Johannesburg beispielsweise 200.000 Pfund für eine Universitätsgründung sowie den „Beit-Trust", dessen Stiftungskapitalerträge zum Ausbau der Infrastruktur im südlichen Afrika – ganz im imperialen Interesse des Empires – verwendet werden sollten. Der Johannesburger Art Gallery vermachte er zudem impressionistische Gemälde, etwa von Claude Monet, Alfred Sisley und Henri Fantin-Latour. Auch der gebürtige Eisfelder Max Michaelis und seine Familie hinterließen Südafrika ein bemerkenswertes kulturelles Erbe. Michaelis war seit 1876 in Südafrika im Diamantengeschäft tätig und ebenfalls zu großem Wohlstand gelangt. Er teilte Alfred Beits Liebe zur Kunst, legte sich eine Kunstsammlung, vor allem niederländischer und flämischer Kunst, an und stiftete diese aus Anlass der Südafrikanischen Union 1910 der Stadt Kapstadt, wo sie bis heute im *Old Town House* ausgestellt wird. Die Stiftung seiner Sammlung niederländischer Kunst nach dem Südafrikanischen Krieg hatte durchaus auch einen politischen Impetus und sollte die Vereinigung der englisch- und afrikaanssprechenden weißen Südafrikaner symbolisieren. Er stellte zudem Gelder zum Ankauf eines Grundstocks von Werken Alter Meister für die künftige *South African National Gallery* zur Verfügung. Gemeinsam mit Florence Phillips, der Gattin des *Randlords* Lionel Phillips, bemühte er sich zudem um Etablierung eines Lehrstuhls für Kunst an der Universität Kapstadt, da in Südafrika zu diesem Zeitpunkt noch keine Kunstakademie existierte. Er schuf so die bis heute existierende *Michaelis School of Fine Art*.

Da nur ein geringer Teil der Nachfahren der *Randlords* bis heute in Südafrika lebt und wenig materielle Reminiszenzen auf sie verweisen, haben sich deren Spuren im kollektiven Gedächtnis Südafrikas weitgehend verloren. Zwischen den verschiedenen Nationen, Kulturen und Identitäten changierend und zerrissen, fiel das Erbe, das sie ihrem temporären Lebensmittelpunkt Südafrika hinterließen, verhältnismäßig gering aus. Nichtsdestotrotz bildeten und bilden viele der von ihnen gegründeten Institutionen, gestifteten Stipendien, Fonds oder umgesetzten Bauprojekte – wie etwa die Alfred-Beit-Bridge, die Südafrika über den Limpopo mit Simbabwe verbindet, ein bis heute wichtiges Kulturerbe, das das Land – insbesondere im kulturellen und auch karitativen Bereich – voranbrachte. Dieses Engagement stand fast nie direkt mit der deutsch-jüdischen Herkunft einiger *Randlords* in Verbindung. Teile von ihnen waren bereits, wie Alfred

---

**9** Zitiert nach: Crump: Status and Social Habit (wie Anm. 8). S. 213f.

Beit, getauft, sahen sich jedoch in der öffentlichen Wahrnehmung dennoch antijüdischen Ressentiments ausgesetzt. Ihre jüdische Herkunft empfanden sie in ihrem Streben nach gesellschaftlicher Anerkennung als Bürde und distanzierten sich davon. Hinzu kam, dass auch ihre deutsche Herkunft für diesen Personenkreis ein zusätzliches Hemmnis beim sozialen Aufstieg im Empire darstellte, was dazu führte, dass auch ihr „deutsches Erbe" eine untergeordnete, teils bewusst marginalisierte, Rolle spielte.

## Wachsender Antisemitismus und jüdische Renaissance am Kap: 1895 bis 1933

Seit den 1890er Jahren lassen sich in Südafrika, insbesondere im Kontext des südafrikanischen Gold- und Diamantenhandels, offen antisemitische Tendenzen nachweisen.[10] Britische und südafrikanische Medien, Zeitungen wie der *Manchester Guardian,* betitelten Johannesburg spöttisch als *Jewburg* und vermengten die Parvenükritik an den *Randlords* mit antisemitischen Stereotypen. Einen ersten Höhepunkt antisemitisch aufgeladener Kapitalismuskritik bildeten Vorwürfe im Kontext des Jameson Raids (1895/1896). In weiten Teilen der britischen Presse wurde dieser Überfall verschwörungstheoretisch als Machwerk einer kleinen Gruppe jüdischer Finanziers und britischer Imperialisten deklariert. Antisemitische Ausfälle dieser Art intensivierten sich nach dem Südafrikanischen Krieg (1899–1902), der durch die erfolgreiche britische Eroberung der Burenrepubliken Transvaal und Oranje den Weg zu einem vereinten Südafrika geebnet hatte. Erneut wurde in den Medien vor allem die Einflussnahme und vermeintliche Lenkung britischer Politik durch jüdische Besitzer von Goldminen angegriffen und der Krieg als ein „jüdischer Krieg" bezeichnet. Plakativ drückte sich diese Kritik in der Comic-Figur des *Hoggenheimers* aus, die in satirischen Zeichnungen und in Theaterstücken den reichen, jüdischen Emporkömmling, dessen vermeintliche Betrügereien, Intrigen und allgegenwärtige politische Einflussnahme karikierte.

Eine zweite jüdische Gruppe, die im Zuge des Diamanten- und Goldrauschs Ende des 19. Jahrhunderts voller Hoffnung auf eine bessere Lebenssituation ans Kap emigriert war, stammte aus Osteuropa, vor allem aus Litauen. Diese osteuropäischen Juden, die Opfer zaristischer Unterdrückung gewesen waren, flohen seit den antijüdischen Pogromen der 1880er Jahren aus dem Russischen Reich.

---

10 Dazu insb.: Shain, Milton: The Roots of Antisemitism in South Africa. Charlottesville/London 1994.

Bis zum Ersten Weltkrieg immigrierte eine verhältnismäßig hohe Anzahl von circa 40.000 litauischen Juden (jiddisch *Litvaks* genannt) nach Südafrika. Diese Immigrantengruppe unterschied sich in mehreren Aspekten von ihren „jüdischen Glaubensgenossen" am Kap: Sie pflegten weit häufiger ihre orthodoxe, teils chassidische Religiosität, mit eigenen Bräuchen und religiösen Gewohnheiten, sprachen Jiddisch und kamen oft aus sehr armen Verhältnissen. Sie brachten eine völlig andere Identität des Schtetls mit sich, gewissermaßen ein Gegenbild zu den modernen, westeuropäisch geprägten Juden, die bisher nach Südafrika immigriert waren. In größeren Städten wie Kapstadt entstanden durch den starken Zuzug der Litvaks gesonderte jüdische Viertel wie der *District Six* – vergleichbar der *Lower East Side* in New York – und eine eigene jiddische Subkultur.

Bereits nach kurzer Zeit wurden die Litvaks ebenfalls zur Zielscheibe antisemitischer Anfeindungen. Obgleich auch gesellschaftlich etablierte und erfolgreiche osteuropäische Juden in der Öffentlichkeit präsent waren, so etwa die *Randlords* Lionel Phillips und Barney Barnato, wurden einzelne Kriminelle, Alkohol- und Menschenhändler, wie der berühmte Joe Silver, zum Inbegriff dieser Gruppe stilisiert, die man pejorativ als *Peruvians* bezeichnete. Zunehmende Arbeitslosigkeit unter der weißen Bevölkerung intensivierte die Feindseligkeit gegenüber der stetig wachsenden Anzahl immigrierender Juden aus Osteuropa.

Auch im deutschsprachigen Raum reflektierten jüdische Zeitungen die ungünstige Arbeitsmarktlage Südafrikas in Bezug auf die Auswanderungsmöglichkeiten für Juden und erstmals wurde hier dringend von der Emigration ans Kap abgeraten, wie folgender Appell eines österreichisch-ungarischen Unternehmers in Südafrika aus dem Jahr 1902 zeigt:

> [Also] [...] kann ich nicht laut genug davor warnen, dass sich's jemand einfalle, derzeit seinen Weg nach Süd-Afrika zu nehmen. Es stehen ihm die größten Enttäuschungen bevor. [...] [Es] gibt Weiße – Europäer – en masse dort, welche jede noch so schwere Arbeit anzunehmen bereit sind, ohne solche zu finden [...].[11]

Die Juden Südafrikas waren um die Jahrhundertwende keine homogene Einheit, sondern sozial, ökonomisch und kulturell stark zersplittert. Häufig erregten die Litvaks, die sich durch einen stark ausgeprägten Gruppenpartikularismus weniger schnell an ihre neue Umgebungsgesellschaft anpassten, bei stark assimilierten, verbürgerlichten Juden Südafrikas Anstoß. Zum Brückenschlag zwischen den verschiedenen jüdischen Immigrantengruppen wurde in manchen Fällen eine neue politische Bewegung, die in Südafrika starken Zuspruch erhielt: der

---

[11] Glaser, Eduard: Schlechte Aussichten für die Einwanderer in Süd-Afrika. In: Die Welt, 6 (1902), Nr. 31. S. 11.

Zionismus. Ein Jahr nach dem Großen Zionistenkongress in Basel wurde 1898 in Johannesburg die *South African Zionist Federation* gegründet, deren Mitgliederzahl schnell wuchs. Anders als in Europa waren die südafrikanischen Zionisten weniger mit antizionistischen Vereinigungen, wie den sozialistischen *Bundisten* und den konservativen *Agudat Yisroel*, konfrontiert und eine eher bürgerlich, antisozialistische und nationalistische Richtung des Zionismus, der Revisionismus, setzte sich hier durch. Die hohe Bedeutung zionistischer Organisationen in Südafrika spiegelte sich 1902 in dem britischen Beschluss wider, die Südafrikanische Zionistische Vereinigung als Konsularersatz anzuerkennen. Der Beschluss war zu diesem Zeitpunkt völkerrechtlich von weitreichender Bedeutung.[12]

Um gegen die wachsende antisemitische Diskriminierung gemeinsam vorzugehen und aus dem Drang zu institutioneller jüdischer Verknüpfung heraus wurde der Aufbau einer jüdischen repräsentativen Institution befördert und nach britischem Vorbild regionale jüdische Interessensvertretungen gegründet, die 1910 zum *South African Jewish Board of Deputies* verschmolzen. Der allmählich einsetzende Prozess gemeinsamer, jüdischer Identitätsfindung wurde mit Kriegsbeginn 1914 erschüttert. Die verschiedenen jüdischen Positionen zur Kriegsteilnahme Südafrikas waren sehr konträr. Nahmen die aus Westeuropa emigrierten Juden meist enthusiastisch am Krieg teil, hatten die osteuropäischen Juden wenig Ambitionen, sich an einem Krieg Seite an Seite mit den russischen Alliierten, den einstigen Unterdrückern, zu beteiligen. Öffentlich wurde wegen dieses Zögerns die allgemeine Loyalität der südafrikanischen Juden zu Südafrika in Frage gestellt und der Kollektivvorwurf jüdischer „Drückebergerei" erhoben, woraus innerjüdische Konflikte entbrannten.[13]

Trotz dieser Schwierigkeiten wurde sich die Zeit nach dem Ersten Weltkrieg weitgehend zu einer Blütezeit jüdischen Lebens in Südafrika. Anders als in vielen Ländern existierte in Südafrika keine Exklusion von Juden aus Universitäten oder von bestimmten Berufszweigen. Überdurchschnittlich gut ausgebildet und erfolgreich, rückte das Gros der jüdischen Bevölkerung Südafrikas mit hoher Aufstiegsmobilität in diesen Jahren in die Mitte oder an die Spitze der Gesellschaft vor. Im Wirtschaftsleben waren Juden weit häufiger selbstständig als Nichtjuden, in bestimmten Branchen, wie der Modeindustrie, konnten insbesondere deutschjüdische Immigranten große Erfolge erzielen.

Den kulturellen Sektor bereicherten jüdische Persönlichkeiten wie die Künstlerin Irma Stern.[14] Diese war 1894 in Transvaal als Kind deutsch-jüdischer Immi-

---
12 Anonymus: Die zionistische Zentrale als Konsularersatz. In: Die Welt, 40 (2.10.1902). S. 1.
13 Vgl. Mendelsohn u. Shain: Jews in South Africa (wie Anm. 3). S. 33f.
14 Vgl. Dazu ausführlich: Braude, Claudia: Beyond Black and White. Rethinking Irma Stern. In: The Journal of the Helen Suzman Foundation, 61 (Juni 2011). S. 45–60.

granten geboren worden, hatte ab 1918 an der Akademie in Weimar Kunst studiert und war durch Kontakt zu Max Pechstein in den engeren Kreis deutscher expressionistischer Avantgardekünstler – wie Karl Schmidt-Rottluff, Erich Heckel und Ernst Ludwig Kirchner – gekommen. Stern präsentierte ihre Werke – eine Synthese afrikanischer und expressionistischer Kunst – bei Ausstellungen der *Freien Secession* und bei dem Berliner Galeristen Wolfgang Gurlitt; 1918 wurde sie Mitbegründerin der *Novembergruppe*. Im Jahr 1920 kehrte sie nach Südafrika zurück und setzte ihr künstlerisches Schaffen dort fort. Die intellektuelle Salonkultur Berlins, die sie durch ihre Berliner Tante Grete kennengelernt hatte, transferierte sie nach Johannesburg und führte dort ein offenes Haus. Im Dritten Reich spätestens seit 1937 als „entartet" verfemt, feierte sie in den 1930er und 1940er Jahren in Südafrika als „The Pechstein of Africa" große Erfolge und baute ihren eigenen Stil, inspiriert durch den deutschen Expressionismus, Afrikareisen und das Sammeln von Africana weiter aus.

Auch im religiösen Bereich führte der Transfer der „Wissenschaft des Judentums" und die Vermittlung einer modernen Form der Orthodoxie durch den Wiener Rabbiner Judah Leo Landau zu einem Aufblühen jüdischer Religiosität.

Parallel verschlechterte sich die Haltung weiter Kreise der südafrikanischen Gesellschaft, insbesondere gegenüber den osteuropäischen Juden, immer stärker. Öffentliche Debatten zu Themenkomplexen wie „Rassenreinheit", Eugenik und Nativismus wurden aus den Vereinigten Staaten und Europa nach Südafrika importiert. Mit dem erstarkenden Nationalismus der weißen Afrikaner wurde immer häufiger auch die so genannte Judenfrage diskutiert. Erste extremistische Vereinigungen, wie der 1918 gegründete *AfrikanerBrodersbund*, der bis 1924 offen antisemitisch agierte und Verbindungen zur NSDAP pflegte, entstanden. Diese sich radikalisierenden Tendenzen kulminierten im Jahr 1930 in der politischen Forderung nach einem Einwanderungsquotengesetz (*Quota Act*), das die jüdische Einwanderung dezimieren sollte. Der private Antisemitismus hatte sich somit erstmals in die politische Sphäre verlagert.[15] Dürre, Depression und die unter weiten Teilen der weißen Bevölkerung Südafrikas herrschende Angst vor „bolschewistischen Tendenzen" und Arbeiteraufständen der schwarzen Bevölkerung hatten in den 1930er Jahren den Antisemitismus befördert, der Juden als Sündenböcke dieser Probleme und Ängste identifizierte. Verschwörungsphantasien, wie die Legende um eine vermeintliche jüdische Weltverschwörung der „Weisen von Zion", wurden auch in einer südafrikanischen Variante 1934 verbreitet.[16]

---

**15** Vgl. Shain, Milton: Vom Opfer zum Nutznießer? Die südafrikanischen Juden und die Rassenpolitik. In: Grenzenlose Vorurteile. Antisemitismus, Nationalismus und ethnische Konflikte in verschiedenen Kulturen. Hrsg. vom Fritz Bauer Institut. Frankfurt 2002. S. 143–165, S. 146 u. Anm. 11.
**16** Dazu insb.: Mendelsohn u. Shain: Jews in South Africa (wie Anm. 3). S. 107f.

Insbesondere unmittelbar nach 1933 formierten sich, an faschistischen Bewegungen und Regimes aus Europa orientiert, eine ganze Reihe nationalistischer, antisemitischer Gruppen. Am populärsten wurde das *South African Gentile National Socialist Movement*, dessen Mitglieder auch unter dem Namen der paramilitärischen Untereinheit als *Greyshirts* bekannt wurden. Diese Bewegung war, wie zahlreiche andere, stark von deutsch-völkischer Ideologie beeinflusst, antidemokratisch und antisemitisch ausgerichtet, vertrat antikapitalistische und antikommunistische Ansichten und forderte Volkseinheit, Rassentrennung und eine autoritäre Regierungsform.

Im Jahr 1934 separierte sich zudem ein radikaler Flügel der regierenden *United Party* und gründete unter Führung von Daniel F. Malan die *Purified National Party*, eine offen für Rassentrennung eintretende, antisemitisch agierende Splitterpartei.

Innerhalb weniger Jahrzehnte hatte sich das für Juden seit Generationen so hoffnungsvolle Emigrationsziel Südafrika zu einem Land entwickelt, in dem antisemitische Haltungen bei einem breiten Teil der weißen Bevölkerung vorhanden und in der politischen Sphäre angekommen waren. Dies stellte eine denkbar schlechte Ausgangslage für die größte Welle deutsch-jüdischer Immigration dar, die nach der Machtübernahme der Nationalsozialisten 1933 folgen sollte. Jedoch hatte sich andererseits auch ein erfolgreiches und selbstbewusstes Netz jüdischer Institutionen und Personen in allen Bereichen der südafrikanischen Gesellschaft etabliert, das den deutsch-jüdischen Flüchtlingen Schutz und Hoffnung geben konnte.

## Zwischen Abwehr und Solidarität: Deutsch-jüdische Immigration 1933–1939

Die Südafrikanische Union wurde trotz moderater Einwanderungsbedingungen bis November 1936[17] sowie der Unterstützung der Auswanderung durch diverse jüdische Hilfsorganisationen in Deutschland für viele Juden erst mit zunehmendem Verfolgungsdruck ein denkbarer Ort für einen Neuanfang. Davon zeugen die relativ niedrigen Einwanderungszahlen der Jahre 1933 bis 1936, in denen gerade 1.066 deutsche Juden nach Südafrika immigrierten, was nur 7 % der allgemei-

---

[17] Bis November 1936 wurde – ganz unabhängig von Alter, Beruf, Sprachkenntnissen und weiteren Fähigkeiten – von den Immigranten ein Vorzeigegeld von 100 £ oder die Bürgschaft eines Südafrikaners verlangt.

nen Immigration nach Südafrika ausmachte.[18] Von der Möglichkeit der Emigration nach Südafrika wurde gerade von Akademikern, die das Land oftmals als „weltentrückten kulturlosen Dschungel Afrikas"[19] betrachteten, nur zögerlich Gebrauch gemacht. De facto waren die Arbeitsmöglichkeiten für Akademiker, gerade im kulturellen Bereich, auf Grund schwächer ausgeprägter institutioneller Strukturen weit begrenzter als in anderen Exilländern. Wesentlich günstiger waren die Aussichten für handwerkliche Fachkräfte, die wegen eines einsetzenden wirtschaftlichen Aufschwungs ab 1935 in Südafrika benötigt wurden.

1933 gründete sich aus einer Welle jüdischer Solidarität mit den verfolgten Juden aus Deutschland der *South African Fund for German Jewry*, der die Flüchtlinge unterstützte. Außerdem bildete sich 1936 die *Jewish Self-Help* (ab 1938 Teil der *Jewish Immigrants Help*), deren Gründer selbst immigrierte deutsche Juden waren. Hauptaufgaben dieser Organisationen waren die finanzielle Unterstützung jüdischer Flüchtlinge sowie die Vermittlung von Arbeit und Unterkunft. Max Sonnenberg, ein deutsch-jüdischer Kaufmann, der durch die Gründung der südafrikanische Warenhauskette *Woolworths* in den 1920er Jahren zu großem Wohlstand gelangt war, stiftete das Anwesen *Rosecourt*, das zum sozialen und kulturellen Zentrum der Flüchtlinge in Kapstadt wurde. In Johannesburg, wohin ein Großteil deutscher Juden übersiedelte, konzentrierten sich die Flüchtlinge in bestimmten Bezirken, wie Doornfontein, Hillbrow, Yeoville und Berea. Vereinzelt versuchten sich deutsch-jüdische Flüchtlinge auch in den angrenzenden Gebieten Südafrikas, in Swaziland, Rhodesien, Kenia und Mozambique ein neues Leben aufzubauen.

Ab der zweiten Hälfte des Jahres 1936 erhöhte sich die Zahl deutsch-jüdischer Flüchtlinge in Südafrika deutlich. Dies lässt sich auf die radikalisierende Verfolgung in Deutschland, pragmatischere und improvisierte Auswanderungspläne sowie die drohende Verschärfung der südafrikanischen Einwanderungsbestimmungen zurückführen. Allein im Jahr 1936 immigrierten 2.549 deutsche Juden, die nunmehr 20 % der Gesamtimmigration nach Südafrika ausmachten.[20]

Da die Anzahl jüdischer Flüchtlinge aus Deutschland wuchs, reagierte insbesondere die südafrikanische *Purified National Party* mit der politischen Forderung nach einem generellen Verbot jüdischer Immigration. Die Partei versuchte ihr Anliegen mit der Behauptung einer allgemeinen „Nicht-Assimilierbarkeit" von Juden zu begründen. Die regierende *United Party* beugte sich den Forde-

---

**18** Zahlen nach Sichel, Frida: From Reguee to Citizen. A Sociological Study of the Immigrants of Hitler-Europe who Settled in Southern Africa. Kapstadt, Amsterdam 1966. S. 13f.
**19** Aschheim: Growing up German Jewish in South Africa (wie Anm. 2). S. 59. [dt. Übersetzung A.-C.A.].
**20** Zahlen nach Shimoni, Gideon: Community and Conscience. The Jews in Apartheid South Africa. Hanover 2002. S. 116

rungen und kündigte eine Verschärfung der Einwanderungsbestimmungen ab November 1936 an.

Ein dramatischer Vorfall im Kontext dieser Neuregelung der Immigration, der Sinnbild sowohl von Ablehnung wie Solidarität mit den jüdischen Verfolgungsopfern in Südafrika ist, war die Ende Oktober 1936 erwartete Ankunft des Passagierschiffes „Stuttgart" im Kapstädter Hafen, das 537 deutsch-jüdischen Flüchtlinge an Bord hatte. Nach Bekanntgabe der ab November 1936 geplanten verschärften südafrikanischen Einwanderungsbestimmungen in Deutschland hatte der *Hilfsverein der deutschen Juden* kurzfristig die „Stuttgart" gechartert und versucht, möglichst vielen Verfolgten zuvor noch die Flucht ins südafrikanische Exil zu ermöglichen. Als in Südafrika bekannt wurde, dass das Flüchtlingsschiff kurz davor war in Kapstadt zu landen, initiierten Professoren der Universität Stellenbosch und *Greyshirts* ein Treffen, bei dem sich etwa 1.500 Personen versammelten, um gegen die jüdische Masseneinwanderung zu protestieren. Im Anschluss daran marschierten hunderte Demonstranten an die Docks, um lautstark gegen die planmäßige Ankunft der „Stuttgart" zu intervenieren. Da das Schiff mit großer Verspätung anlegte, hatte sich die Menge bereits wieder aufgelöst. Doch vereinzelte Demonstranten empfingen die jüdischen Flüchtlinge, denen die Flucht aus Deutschland geglückt war, mit wüsten Beschimpfungen und Hitlergruß. Berichte über die Odyssee deutscher Flüchtlinge hatten auf der anderen Seite jedoch auch die Verbundenheit mit den Opfern innerhalb der Kapstädter jüdischen Gemeinschaft gestärkt und so versammelte sich am Tag der Ankunft der „Stuttgart" auch eine jüdische Gruppe, um die deutschen Flüchtlinge freundlich zu begrüßen. Die jüdischen Gemeinden und Hilfsorganisationen bemühten sich zudem um schnelle Hilfe, organisierten unmittelbar die Vergabe nötiger Bürgschaften, Weiterreisen ins Landesinnere und fungierten als inoffizielle Arbeitsvermittlung.

Im Februar 1937 wurde von der südafrikanischen Regierung abermals ein *Aliens Act* erlassen, der die Immigration deutsch-jüdischer Flüchtlinge nach Südafrika immens einschränkte. Das *South African Central Committee for German Refugees*, das sich nach der Reichspogromnacht aus mehreren südafrikanisch-jüdischen Hilfsorganisationen gebildet hatte versuchte trotz des *Aliens Acts* noch auf die südafrikanische Regierung einzuwirken, weitere jüdische Flüchtlinge aufzunehmen. Dies war nur in einzelnen Fällen möglich. Zwischen 1937 und dem Ausbruch des Zweiten Weltkriegs erhielten daher fast ausschließlich Ehepartner sowie Kinder und Eltern bereits immigrierter jüdischer Personen eine Einreiseerlaubnis. Im Jahr 1939 erreichten nur noch etwa 1.000 deutsche Juden Südafrika.[21]

---

21 Vgl. Coetzee, Linda, Osrin, Myra u. Pimstone, Millie (Hrsg.): Seeking Refuge. German Jewish Immigration to the Cape in the 1930s Including Aspects of Germany Confronting its Past. Kapstadt 2003. S. 16.

Nachdem Premierminister Jan Smuts am 6. September 1939 vor dem südafrikanischen Parlament die Auflösung diplomatischer Beziehungen zu Nazi-Deutschland beantragt hatte und wenige Tage später Südafrika Deutschland den Krieg erklärte, war jede weitere Immigration deutscher Juden nach Südafrika weitgehend unterbunden. Diese Kriegserklärung stieß unter den südafrikanischen Juden generell auf Zustimmung und ungefähr 10.000 jüdische südafrikanische Männer und Frauen – darunter auch deutsch-jüdische Flüchtlinge – dienten der *Union Defence Force* und anderen Alliierten Streitkräften.

Während des Krieges musste sich das *Jewish Board* mit zunehmenden antisemitischen Attacken, vor allem seitens pro-deutscher, burischer Bewegungen wie der *Ossewabrandwag* auseinandersetzen. Der Kriegszustand radikalisierte antijüdische und rassistische Bewegungen und Parteien in Südafrika und der offen antisemitisch agierende Personenkreis erweiterte sich zunehmend auch um Teile der weißen Bevölkerung, die bis dahin eher als neutral galten.[22]

## „Von der Hölle ins Paradies"[23]? *Jeckes* in Südafrika

Zwei frühe Publikationen, die sich mit der Integration deutsch-jüdischer Flüchtlinge in die südafrikanische Gesellschaft beschäftigen, ermöglichen es – neben Zeitzeugenberichten – heute ein Bild der ersten Exiljahre deutsch-jüdischer Flüchtlinge in Südafrika nachzuzeichnen. Bereits 1942 erschien in der Zeitschrift *Jewish Affairs*, dem Organ des *Jewish Boards*, ein Bericht über die Eingewöhnung der lokalen deutsch-jüdischen Gemeinschaft in das südafrikanische Leben.[24] In diesem Bericht wurden insbesondere die speziellen Schwierigkeiten der Flüchtlinge auf dem südafrikanischen Arbeitsmarkt, die innerjüdische Solidarität sowie die Funktionen südafrikanisch-jüdischer Hilfsorganisationen thematisiert. Die Soziologin Dr. Frieda Sichel, selbst eine jüdische Emigrantin aus Deutschland, publizierte zudem 1966 die umfassenden Ergebnisse einer Umfrage des *National Council for Social Research*.[25] Diese soziologische Befragung, die sich ebenfalls mit der Eingliederung der deutsch-jüdischen Flüchtlinge beschäftigte, bestimmte

---
**22** Dies belegen Analysen des jüdischen Soziologe Simon Herman aus dem Jahr 1945, vgl. Mendelsohn u. Shain: Jews in South Africa (wie Anm. 3). S. 121.
**23** Zitat von Franz Ludwig Jaretzki (später Frank Jarrett), der 1936 nach Südafrika emigrierte, zitiert nach: Warhaftig, Myra: Deutsche jüdische Architekten vor und nach 1933. Berlin 2005. S. 247–248.
**24** Anonymus: The Local German-Jewish Community. How the Immigrants Have Adapted Themselves to South African Life. In: Jewish Affairs, März 1942. S. 5, 12.
**25** Sichel: From Refugee to Citizen (wie Anm. 18).

– trotz der Heterogenität der Personengruppe – einige gemeinsame Charakteristika der Immigranten, etwa deren verhältnismäßig junge Altersstruktur, ihre nach südafrikanischen Standards außerordentlich gute Ausbildung und ihre prekäre ökonomische Situation (40 % der Flüchtlinge besaßen bei ihrer Ankunft weniger als 100 Rand).

Tatsächlich beschränkte sich häufig der Besitz der deutschen Immigranten – die auch in Südafrika als *Yeckes*[26] bezeichnet wurden – auf die Inhalte ihrer Umzugscontainer, wie folgender Bericht eindrücklich schildert:

> Eines Tages wurde – zum großen Staunen der Nachbarn – eine riesige hölzerne Packkiste, so groß wie ein kleiner Raum, von einem Lastwagen geladen. Aus dieser magischen Box [...] offenbarten sich antike Möbel, Gemälde, riesige Esszimmertische und -anrichten, Ohrensessel, Familienerbstücke. Die Wohnung platzte bald aus allen Nähten beim Versuch Möbel, die einst ein großes Haus gefüllt hatten, nun in ein oder zwei Räumen unterzubringen. Die Auswahl war vor der Abreise mit viel Herzschmerz getroffen worden. [...] Manchmal beinhaltete ein liftvan gar einen Konzertflügel, oft wurden auch ganze Bibliotheken überführt. Es schien für diesen Typ von Immigrant, der mit Goethe und Schiller, Beethoven und Mozart aufgewachsen war, unfassbar zu sein, ohne Gesamtausgaben der Weimarer Klassik umzuziehen.[27]

Die beschriebenen Besitztümer waren vielfach eine wichtige Anfangsstütze, durch deren Verkauf die ersten Monate im Land finanziert werden konnten. Bewusst hatten viele der Immigranten vor ihrer Flucht aus Deutschland Luxuswaren eingekauft, da die Ausfuhr von Vermögen durch die nationalsozialistischen Beschränkungen sonst nicht möglich war.[28]

Die schwierige finanzielle Situation führte dazu, dass viele Immigranten sich beruflich umorientieren mussten und eine Arbeit weit unter ihrem Qualifikationsniveau annahmen. Mediziner und Juristen hatten in Südafrika große Probleme in ihrem Metier zu arbeiten, mussten oft jahrelang warten um eine Zulassung zu erhalten. Sie verdingten sich, wie viele andere Akademiker, in den ersten Jahren des Exils oft als einfache Lohnarbeiter. Frauen spielten, nach Frieda Sichel, eine entscheidende Rolle in der ersten Zeit des Exils, da sie sich häufig schneller und flexibler an ihr neues Umfeld anpassten. Obwohl sie in der Regel weniger qualifiziert waren, fanden sie meist schneller Arbeit im sozialen Bereich, etwa als Kindermädchen, Krankenschwestern oder Pflegerinnen. Viele Männer improvisierten und versuchten sich über den Verkauf von Kleinwaren aus Koffern, den so genannten *flying shops*, zu finanzieren. Junge, handwerklich

---

26 Diese Information verdanke ich David Saks.
27 Sichel: From Refugee to Citizen (wie Anm. 18). S. 27–28 [dt. Übersetzung A.-C.A.].
28 Vgl. Sichel: From Refugee to Citizen (wie Anm. 18). S. 28.

geschulte Menschen die schnell Englisch sprechen konnten, besaßen die größten Chancen auf Arbeit. Älteren Menschen, die schlecht vermittelt werden konnten, wurde mit Hilfe des *SA Funds* die Selbstständigkeit ermöglicht, zum Beispiel mit kleinen Gastronomiebetrieben und Cafés, die oft kulinarische Spezialitäten aus Deutschland anboten.

Oft waren die neuen Lebensverhältnisse sehr ungewohnt oder gar konträr zu den aus Deutschland vertrauten Standards. Für Personen, die aus deutschen Großstädten kamen und Zentralheizung, Kalt- und Warmwasser und weitere Annehmlichkeiten kannten, war gerade das südafrikanische Landleben, kilometerweit entfernt von der nächsten Stadt, ohne Elektrizität und fließend Wasser eine Herausforderung. Darüber hinaus befremdeten die afrikanische Kultur, die vielen lokalen afrikanischen Sprachen, die wilden Tiere und das Klima. Insbesondere ältere Menschen taten sich mit der neuen Lebenswelt häufig schwer und manche verarbeiteten den Verlust ihrer deutschen Heimat, Sprache und Kultur nie. Habseligkeiten ihrer deutschen Vergangenheit, geliebte Fotografien, Melodien auf Schallplatten oder nach Familienrezepten gefertigtes Gebäck wurden für viele Flüchtlinge zu nostalgischen Fixpunkten vor südafrikanischer Kulisse. Dies konnte mitunter abwegig wirken, etwa wie Sichel meint, muteten „vor den extrem bunten Wänden südafrikanischer Wohnungen [..,] die Biedermeiermöbel seltsam an".[29]

In Johannesburg mieteten Mitglieder der *Jewish Immigrants Help* im Jahr 1940 ein Cottage an, das als *Our parents home* benannt, älteren Flüchtlingen ein Heim bieten sollte. Bald musste das Heim vergrößert werden und es entwickelte sich zu einem Mittelpunkt „jeckischer Kultur". Daneben existierte auch die 1938 von deutsch-jüdischen Intellektuellen gegründete *Unabhängige Kulturvereinigung* (UKV), die nach Kultivierung intellektueller Freiheit und der Konservierung deutscher Kultur strebte.[30] Auch die 1937 in Johannesburg von Flüchtlingen gegründete B'nai B'rith Loge No. 1275 und die Gemeinde Etz Chayim wurden zu Zentren, in denen „deutsche Kultur" gepflegt wurde. Dieses Streben nach Bewahrung deutscher Kultur stieß nicht durchweg auf positive Resonanz. Einige der Immigranten hatten sich aufgrund des traumatischen Bruchs in ihrem Leben dazu entschlossen, ihre deutsche Herkunft vollkommen abzulegen. Sie vermieden es untereinander Deutsch zu sprechen, distanzierten sich von deutsch-jüdischen Zusammenschlüssen und anglisierten häufig ihre Namen.

Neben finanzieller Konsolidierung waren die jüdischen Flüchtlinge aus Deutschland gefordert sich in eine multiethnische Einwanderungsgesellschaft

---

[29] Sichel: From Refugee to Citizen (wie Anm. 18). S. 29 [dt. Übersetzung A.-C.A.].
[30] Auerbach, Franz: No Single Loyality. Many Strands, One Design. A South African Teacher's life. Münster u.a. 2002. S. 27.

zu integrieren, in der Weiße zwar grundsätzlich allein aufgrund ihrer Hautfarbe Privilegien genossen, jedoch – wie bereits geschildert – antisemitisch-rassistische Bewegungen und Parteien große Erfolge feierten und von weiten Teilen der Bevölkerung unterstützt wurden. Hinzu kam die grundsätzliche Ablehnung des deutschen Kriegsgegners durch die pro-britische Mehrheitsgesellschaft, was mitunter zu einer doppelten Ablehnung der deutsch-jüdischen Opfer führen konnte.

Der Historiker Steven Aschheim schildert anhand von Kindheitserinnerungen dieses Phänomen der doppelten Ablehnung deutscher Juden anschaulich:

> Aus Sicht eines Kindes war „Jüdischsein" nicht frei von dem Stigma des „Deutschseins". Sehr häufig war in den Augen unserer herkömmlich-bigotten Mittelstandslehrer „Deutschsein" nur ein Synonym für „Jüdischsein". Dies wurde mir traumatisch bewusst, als ein besonders sadistischer Lehrer des Werkunterrichts mich wegen schlechten Benehmens ausschimpfte (was ich genau angestellt hatte, bleibt mir bis heute ein Rätsel). Ihm war definitiv bewusst, dass ich jüdisch war – in Südafrika ist ein feinfühliger Radar für verschiedene Ethnien unabdingbar – und diesem Geiste entsprang seine Frage: „Wo kommen deine Eltern her?" Nachdem er die Antwort vernommen hatte, rief er für alle hörbar laut aus „Das erklärt dein Verhalten". Ein anderes Mal trat der antisemitische Impetus weniger verhüllt zutage und die anti-deutsche und anti-jüdische Stoßrichtung verschmolzen deutlich. Eines Tages, während des Sachkundeunterrichts, fixierte mich der Lehrer mit starrem Blick und fragte mich, was ich glauben würde, weshalb der Zweite Weltkrieg geführt worden sei. Ohne auf meine Erwiderung zu warten lieferte er die aufklärende Antwort: „Wegen der Juden, Aschheim, wegen der Juden!"[31]

Trotz dieser schwierigen Rahmenbedingungen gelang es den meisten deutsch-jüdischen Immigranten in Südafrika sich sehr schnell einen Weg in die Gesellschaft zu ebnen. Eine Umfrage belegt, dass bereits bis 1939 nahezu alle deutsch-jüdischen Flüchtlinge eine gewinnbringende Arbeit besaßen.[32] Der nach 1945 in Südafrika stark abflauende Antisemitismus – aufgrund der nun stärkeren politischen Fixierung auf die Segregation der „Rassen" nach Hautfarben – trug zur schnelleren Integration der deutsch-jüdischen Bevölkerung bei.

## Das Erbe der Jeckes in Südafrika

Einflüsse deutsch-jüdischer Immigranten auf die südafrikanische Gesellschaft lassen sich insbesondere in drei Bereichen deutlich nachweisen: in der Etablie-

---

[31] Aschheim: Growing up German Jewish in South Africa (wie Anm. 2). S. 59–60 [dt. Übersetzung A.-C.A.].
[32] Vgl. Heidenfeld, Wolfgang (Hrsg.), The Economic and Social Adjustment of German and Austrian Refugees in South Africa, Johannesburg 1939.

rung und im Ausbau innovativer Berufs- und Wirtschaftszweige, der Belebung des religiösen Lebens und der maßgeblichen Stärkung und Erweiterung des südafrikanischen Kunst- und Kulturlebens.

Nach Frieda Sichels Untersuchung führten die beruflichen Fachkenntnisse der Jeckes in den verschiedensten Zweigen des Erwerbslebens Südafrikas zu Neuerungen: das Bleigießen und die Veredelung von Altmetallen wurde erstmalig in südafrikanischen Gießereien eingeführt; durch die Überführung zahlreicher Patente aus Deutschland erhielt der Maschinenbau innovative Erweiterungen und auch die Chemieindustrie profitierte enorm durch die Fachkenntnisse der Einwanderer. Verschiedene Produkte, so etwa Fruchtsäfte, Haushaltsleinen, Damenwäsche und Lampenschirme, sind eindeutig auf die Firmengründungen von Jeckes zurückführen. Herstellungsprozesse wurden durch neues Wissen optimiert, wie beispielsweise im Bereich der Kaffeeröstung und der Spielzeugfabrikation. Die schon seit Jahrzehnten erfolgreiche Tätigkeit deutscher Juden in der südafrikanischen Modeindustrie wurde durch die internationale Vernetzung mit Vertretern der einstigen Berliner Konfektion ausgebaut. Auch im landwirtschaftlichen Bereich wurde ein nicht unbeachtlicher Anteil der Flüchtlinge, vor allem im Molkereiwesen, erfolgreich tätig. Im medizinischen Bereich taten sich deutsch-jüdische Ärztinnen und Ärzte vor allem in der Malariaforschung und der Gynäkologie hervor.

All diese Veränderungen und Einflüsse lassen sich unschwer auf die Fachkenntnisse der deutsch-jüdischen Einwanderer zurückführen. Erstaunlicher jedoch ist die Wirkung, die eine kleine jüdische Immigrantengruppe auf die südafrikanische Orthodoxie ausübte: 1936 gründeten die aus Deutschland immigrierten Juden Sam Löbenstein, Dr. Fritz Homburger und Jonas Emanuel in Yeoville einen separaten, Thora-treuen *Minjan*, aus dem wenig später der orthodoxe Zusammenschluss *Adath Jeshurun* hervorging, der zum Keim einer neuen südafrikanisch-jüdischen Orthodoxie werden sollte.[33] Schlüsselfigur und spiritueller Anführer der Gemeinschaft war Dr. Fritz Homburger. Dieser hatte vor seiner Emigration nach Südafrika zeitweise an einer Frankfurter Jeschiwa gelehrt. Dem Bedürfnis dieser Gruppe nach strengerer Einhaltung der *Halacha* war in den 1930er Jahren auch in den orthodoxen Synagogen der Litvaks nicht nachzukommen. So füllte die *Adath* ein religiöses Vakuum in Südafrika aus und gewann schnell, vor allem im deutschen Immigrantenumfeld, an Mitgliedern. Die Feste – deren „deutsche Pünktlichkeit" legendär wurde – beging die *Adath* in einer Synthese verschiedener deutsch-jüdischer *Minhagim* der ehemaligen Gemeinden von Frankfurt, Köln und Fulda. In den 1940er Jahren wurde Dank der Initiative der *Adath* in Johannesburg eine Talmud-Thora-Schule eingerichtet, ab 1954 war

---

33 Vgl. Saks, David: The Yekkes of Yeoville. In: Jewish Affairs, Summer 2002. S. 14–16.

es möglich in Johannesburg koschere Milchprodukte zu kaufen und eine *Mikwe* wurde gebaut. Auch liberale Formen des Judentums verbreiteten sich durch den kulturellen Transfer deutscher Immigranten. Die erste progressive Synagoge in Johannesburg wurde 1936 gegründet und das Reformjudentum wurde in Südafrika insbesondere durch das Wirken des Rabbi Moses Weiler befördert.

Am nachhaltigsten prägten deutsch-jüdische Immigranten Südafrika im künstlerischen Sektor. Dies zeigt sich beispielhaft im Bereich der bildenden Kunst und Architektur. Eine verhältnismäßig große Anzahl von Personen, die vor 1933 das deutsche Kunstleben mitgeprägt hatten, befand sich unter den Immigranten, darunter Künstler wie Hans Ludwig Katz, Katrine Harries, Ernest Ullmann und Jehudo Epstein; das Bildhauerpaar Eva und Herbert Vladimir Meyerowitz; die Kunsthistorikerin Dr. Maria Stein-Lessing und der Kunstkritiker FL Alexander. Dazu kamen ein Zweig der kunstsinnigen Berliner Familie Cassirer (Lotte Fürstenberg-Cassirer, Reinhold Cassirer), die Van-Gogh-Sammlerin Margarete Mauthner und die Architekten Steffen und Bruno Ahrends, Auguste Hecht, Franz Ludwig Jaretzki (später Frank Jarret) und Karl Hermann Sichel. Dieser Personenkreis, der aus Europa mit einem breiten Spektrum an Kunststilen vertraut war, der künstlerischen Moderne offen gegenüberstand sowie über ein hohes Maß an künstlerischer Bildung verfügte, trug maßgeblich dazu bei, dass sich ein moderner Kunsthandel und eine kritische Kunstwissenschaft in Südafrika etablierten. Auch die Förderung verschiedener Kunststile, allen voran die Wertschätzung für traditionell afrikanische Kunst, die in Südafrika selbst auf wenig Interesse oder (oft rassistische) Ablehnung stieß, wurde von deutschen Immigranten, die bereits seit den 1920er Jahren durch moderne deutsche und französische Kunsthändler mit Africana vertraut waren, unterstützt.[34]

# Deutsch-jüdische Immigranten im Apartheidstaat und deutsch-jüdisches Kulturerbe heute

Bei den südafrikanischen Wahlen im Jahr 1948 gelangte die *National Party* an die Macht. Daraufhin begann die systematische Institutionalisierung und gesetzliche Verankerung der auf Rasseideologien basierenden Apartheid. Dem mörderischen nationalsozialistischen Rassenwahn in Europa entkommen, befanden sich deutsch-jüdische Flüchtlinge nun erneut in einem auf Rassenideologie basierenden Staat – jedoch auf privilegierter weißer Seite. Wie verhielten sich die deutsch-

---

[34] Vgl. Schrire, Gwynne: The German Jewish Immigrant Contribution to South African Art. In: Jewish Affairs 2010. S. 8–14.

jüdischen Immigranten dieser Entwicklung gegenüber? Viele verließen nach der Staatsgründung Israels Südafrika, um in *Eretz Israel* ein Leben jenseits eines rassistischen Systems zu führen. Die Mehrheit blieb jedoch in Südafrika und musste sich zur Apartheid positionieren: der Großteil tat dies in Form politischer Apathie und Anpassung.[35] Viele der deutsch-jüdischen Flüchtlinge waren traumatisiert, hatten unzählige Familienmitglieder und Freunde durch die Schoa verloren. Erfüllt von großer Dankbarkeit gegenüber dem Land, das sie in der großen Not aufgenommen hatte, schien ihnen Kritik unangebracht. Auch die Angst vor einem wieder aufflammenden Antisemitismus blieb. Das südafrikanische Wirtschaftswachstum hob den Wohlstand der jüdischen Gemeinschaft und schuf ein Klima, in dem der eigene Aufstieg im Fokus stand und die Diskriminierung Anderer leicht ausgeblendet werden konnte. Die Wirtschaft Südafrikas expandierte und viele der deutschen Juden hatten ein begründetes Interesse daran, die gesellschaftlichen Zustände beizubehalten. Dieses Interesse wog schwer und überwog meist den Vergleich mit dem eigenen Verfolgungsschicksal. Vielfach wurden rassistische Einstellungen sogar unreflektiert von deutsch-jüdischen Immigranten adaptiert. Hingegen waren einzelne jüdische Persönlichkeiten sehr engagiert in der Anti-Apartheidsbewegung. Juden waren in überproportional hoher Anzahl unter den weißen Freiheitskämpfern vertreten, jedoch handelte es sich hier in den meisten Fällen um Personen die bereits vor 1933 aus Osteuropa eingewandert waren und aus ihrem politischen Bekenntnis zum Marxismus heraus handelten.

Einen wesentlichen Impuls zum Umdenken erhielt die Auseinandersetzung deutsch-jüdischer Immigranten mit der Apartheid erst durch die Studentenbewegung Ende der 1960er Jahre. Die zweite Generation der deutsch-jüdischen Flüchtlinge konfrontierte ihre Eltern mit ihrer moralischen Gleichgültigkeit gegenüber der Apartheid und dem vermeintlichen Verrat an den Lektionen jüdischer Geschichte. Diese junge Generation, zu der auch die eingangs erwähnte Politikerin Helen Zille und der Historiker Steven Aschheim zählen, hatte ein völlig neues Selbstverständnis: sie waren keine deutsch-jüdischen Flüchtlinge mehr, sondern südafrikanische Staatsbürger, die ihr „deutsch-jüdisches Erbe" indirekt vermittelt bekommen hatten. Verstärkt traten sie in die Öffentlichkeit nd reflektierten weit freier über die gesellschaftlichen Missstände ihres Heimatlandes. Neue Auseinandersetzungen, etwa über den wachsenden muslimischen Extremismus, der die Grenzen zwischen Antizionismus und Antisemitismus verwischte, prägten die jüdischen Debatten in Südafrika insbesondere nach dem Sechs-Tage-Krieg 1967.

Im Jahr 1990 verkündete der südafrikanische Präsident Frederik de Klerk die Aufhebung des bereits 30 Jahre bestehenden Verbots des *African National*

---

[35] Dazu ausführlicher: Shain: Vom Opfer zum Nutznießer (wie Anm. 15). S. 154.

*Congress* (ANC). Er leitete somit das Ende der Apartheid ein und bereits 1994 gewann der ANC mit 63 % aller Stimmen die ersten freien Wahlen Südafrikas. Insbesondere in den letzten fünfzehn Jahren durchlebte Südafrika einen historischen Aufarbeitungsprozess, der an einen pädagogischen „Erinnerungsboom" gekoppelt ist. Gedenkorte, wissenschaftliche Institute sowie Museen, die sich mit südafrikanischer Geschichte – allem voran der Apartheid – auseinandersetzen, entstanden und entstehen an vielen Orten. Auch die historische Aufarbeitung der Geschichte der Juden Südafrikas allgemein sowie der deutsch-jüdischen Immigranten im Besonderen findet ihren Niederschlag in zahlreichen Ausstellungs- und Forschungsprojekten, Buchpublikationen und der Aufnahme des Themas *Schoa* in den Lehrplan staatlicher Schulen seit 2007. Derzeit wird das *Johannesburger Holocaust and Genocide Center* gebaut, das ein Bewusstsein für die Geschichte der Schoa und auch andere Genozide schärfen sowie als Plattform für die Auseinandersetzung mit Postapartheidsdebatten des heutigen Südafrika dienen soll. Im Fokus stehen dabei Themen wie Rassismus, Antisemitismus und religiöse Intoleranz. Das „deutsch-jüdische Erbe" befindet sich somit heute offiziell im Prozess der Einbettung in das gesellschaftliche Bewusstsein, die politische Bildung und das Geschichtsbild der Südafrikaner.

Sebastian Schirrmeister
# Vier Zeitungsartikel und ein Präzedenzfall

## Spuren des deutschen Theaters in Palästina

„Wir alle, die wir am Aufstieg des deutschen Theaters bis 1933 mitgearbeitet haben, werden die tiefe Beglückung, die es uns gegeben hat, niemals vergessen können."

Friedrich Lobe: Liebeserklärung an das hebräische Theater[1]

Unter den mehr als 50.000 Juden, die in den 1930er Jahren vor nationalsozialistischer Verfolgung und Vernichtung aus den deutschsprachigen Gebieten Mitteleuropas flüchteten und auf legalem oder illegalem Weg nach Eretz Israel, dem damals britischen Mandatsgebiet Palästina, gelangten, befand sich auch eine bislang nicht näher bestimmte Anzahl von Theaterkünstlerinnen und -künstlern. Sie hatten die schrittweise, durch die nationalsozialistische Gesetzgebung „legitimierte" Verdrängung der Juden aus dem deutschen und österreichischen Kulturleben entweder selbst erfahren oder waren ihr durch die Auswanderung zuvorgekommen. Das Schicksal und die Lebenswege der deutschsprachigen Immigranten jener Einwanderungswelle oder Aliya (der fünften in der Zählung größerer jüdischer Migrationsbewegungen nach Palästina seit Ende des 19. Jahrhunderts) sowie ihr Einfluss, ihre Bedeutung oder ihr Beitrag in nahezu allen Bereichen der israelischen Gesellschaft und Kultur sind inzwischen in einer Reihe von Publikationen dargestellt und erforscht,[2] teilweise auch filmisch dokumentiert worden.[3] Die einstige Spottbezeichnung „Jeckes", die den angeblich anpassungsunwilligen, weniger vom Zionismus geleiteten als vom Nationalsozialismus vertriebenen deutschsprachigen Einwanderern anhing, hat sich längst zur

---

[1] In: Aufbau, 3.5.1946. S. 13.
[2] Vgl. etwa die ausführlichen Darstellungen bei Erel, Shlomo: Neue Wurzeln. 50 Jahre Immigration deutschsprachiger Juden in Israel. Gerlingen 1983, und Gelber, Yoav: New Homeland. Immigration and Absorption of Central European Jews 1933–1948 [Hebr.]. Jerusalem 1990. Außerdem den Tagungsband Zimmermann, Moshe u. Yotam Hotam (Hrsg.): Zweimal Heimat. Die Jeckes zwischen Mitteleuropa und Nahost. Frankfurt a.M. 2005 sowie von der Lühe, Barbara: Die Emigration deutschsprachiger Musikschaffender in das britische Mandatsgebiet Palästina. Ihr Beitrag zur Entwicklung des israelischen Rundfunks, der Oper und der Musikpädagogik seit 1933. Frankfurt a.M. 1999.
[3] Jüngere Dokumentarfilme, die sich des Themas auf unterschiedliche Weise annehmen, sind: Meurer, Jens u. Carsten Hueck (R.): Jeckes – Die entfernten Verwandten. Deutschland 1997; Shamesh, Tali (R.): The Cemetery Club. Israel 2006; Goldfinger, Arnon (R.): Die Wohnung. Deutschland/Israel 2011.

nostalgisch verklärten Chiffre für Kultiviertheit, Pünktlichkeit und Ordnungsliebe gewandelt.[4] Bei allem nachweislichen Forschungsinteresse ist jedoch der Frage, welche Rolle jene spezielle Handvoll Jeckes, die von den Theaterbühnen in Berlin, Frankfurt oder Wien vertrieben worden waren, anschließend in Palästina spielten, wo ein hebräisches Theaterleben gerade erst im Entstehen begriffen war, vergleichsweise wenig Aufmerksamkeit geschenkt worden.[5] Dabei reicht ein Blick auf die beiden großen hebräischen Bühnen jener Zeit, das spätere Nationaltheater Habima und das Arbeitertheater Ohel, um hier deutliche Spuren zu erkennen. Beide Theater hatten ihren gemeinsamen Ursprung im Umfeld des Moskauer Künstlertheaters von Konstantin Stanislawski, wo 1917 die hebräische Gruppe Habima, „Die Bühne", als „dramatisches Studio" gegründet wurde. Die expressionistische Habima-Inszenierung des Dramas *Der Dibbuk* von Salomon An-Ski aus dem Jahr 1922 bestimmte jahrelang die künstlerischen Standards für das hebräische Theater. 1925 gründete das ehemalige Habima-Mitglied Moshe Halevi mit einer Gruppe von Laienschauspielern in Tel Aviv das Arbeitertheater Ohel, „Zelt". Einige Jahre später siedelte auch die Habima dauerhaft nach Palästina über, sodass Anfang der 1930er Jahre hier zwei Repertoiretheater existierten, deren Mitglieder ausschließlich aus Russland bzw. Osteuropa stammten.

Die einsetzende Fluchtbewegung von den deutschsprachigen Bühnen Europas hat von Anfang an ihre Spuren im eretz-israelischen Repertoire hinterlassen: Alfred Wolf inszenierte 1933 Brechts *Dreigroschenoper* am Ohel, ein Jahr später hatte *Dantons Tod* von Büchner in der Regie von Friedrich Lobe an diesem Theater Premiere; ebenfalls 1934 inszenierte Leopold Lindtberg *Professor Mamlock* von Friedrich Wolf an der Habima und Leopold Jessner folgte dort 1936 mit Schillers *Wilhelm Tell*. Dramen aus der Feder von Klara Boschwitz, Sammy Gronemann, Friedrich Lobe und Max Zweig wurden von beiden Bühnen aufgeführt und das Theater Habima schuf 1939 den bis dato unbekannten Posten eines Dramaturgen für den gerade aus Prag geflohenen Max Brod, der diese beratende Funktion vom Zeitpunkt seiner Einwanderung 1939 bis zu seinem Tode ausüb-

---

**4** Zu der Bezeichnung „Jeckes", den verschiedenen etymologischen Erklärungsversuchen, der Umwertung des Begriffs über die Zeit und den in ihm aufgehobenen Klischeevorstellungen vgl. Erel: Neue Wurzeln (wie Anm. 2). S. 19–22.
**5** Erste Überlegungen zu einer Typologie der eingewanderten Theaterschaffenden, die den unterschiedlichen Biografien, Überzeugungen und dem Grad des beruflichen Erfolges Rechnung tragen soll, findet man bei Lewy, Tom: Exilanten, Flüchtlinge, Migranten und Einwanderer. Jeckes im palästinensischen Theater. In: Zimmermann u. Hotam (Hrsg.): Zweimal Heimat (wie Anm. 2). S. 153–163. Darüber hinaus publiziert Lewy seit einiger Zeit einzelne Ergebnisse seiner umfangreichen Recherchen in einer Artikelserie „Die Jeckes und das hebräische Theater" in der Zeitschrift der Vereinigung der Israelis mitteleuropäischer Herkunft (MB Yakinton).

te.⁶ Zudem wurde Brods Roman *Reubeni, Fürst der Juden* 1940 für die hebräische Bühne adaptiert.

Doch so sehr die hier skizzierten Beispiele eine zumindest zeitweise Verflechtung von deutschsprachiger Einwanderung und hebräischer Bühne nahe legen, so weit sind die bisherigen Beiträge zu diesem Thema von einer zusammenhängenden Gesamtdarstellung entfernt. Pauschalurteile wie Erich Gottgetreus Fazit, die deutschsprachige Einwanderung sei „ein Gewinn für das hebräische Theater"⁷ gewesen, mögen vielleicht berechtigt sein, ebnen aber die zahlreichen, teils problematischen, teils produktiven Widersprüchlichkeiten dieser Beziehung ein. Gerade die Bruchlinien und Reibungsflächen versprechen jedoch interessante Einblicke in die Entstehungszeit der sich sozusagen selbst erschaffenden hebräischen Kultur, in der das Theater eine herausragende Rolle spielte. Auch die Worte des ehemaligen Ohel-Schauspielers Yehuda Gabbay klingen überraschend versöhnlich, als er 1979 in Berlin über die Emanzipation des hebräischen Theaters vom russischen Expressionismus und von der Wirkmacht der *Dibbuk*-Inszenierung sprach:

> Eines der damaligen Theater führte ein Stück von dem universellen Repertoire auf, und wir fragten ihn [den hebräischen Dichter Chaim Nahman Bialik], ob er es gesehen und ob es ihm gefallen habe. Bialik hat eine abschätzende Bewegung gemacht und gesagt: „Es ist verdybbukt." Ich wollte kollegial sein und sagte ihm: „Na, eigentlich ist Dybbuk nicht so schlecht." Bialik antwortete uns daraufhin: „Von einem Mann, der gut tanzen und gut gehen kann, sagt man, er sei ein Tänzer. Aber von einem Mann, der nur gut tanzen und nicht gehen kann, sagt man, er ist krank, er muß zu einem Arzt." Und wir wandten uns an einen Arzt. Der Arzt war das deutsche Theater.⁸

Die von Gabbay behauptete „totale Eingliederung auf allen Gebieten"⁹ der deutschsprachigen Einwanderer ist stark idealisiert. Gerade im Bereich des Theaters gab es wenige, die auch nur halbwegs an ihre vorherige Karriere anknüpfen konnten. Zu groß waren die sprachlichen Barrieren, zu unterschiedlich die künstlerischen Ansätze, zu verschlossen die Kollektive der hebräischen Bühnen

---

6 Vgl. Rokem, Freddie: Max Brod as 'Dramatur' of Habima. In: Max Brod 1884–1984. Untersuchungen zu Max Brods literarischen und philosophischen Schriften. Hrsg. von Margarita Pazi. New York 1987. S. 177–192.
7 Vgl. Gottgetreu, Erich: In Palästina und Israel. Ein Gewinn für das hebräische Theater. In: Theater im Exil. 1933–1945. Ausstellung der Akademie der Künste Berlin. Hrsg. von Walther Huder. Berlin 1973. S. 23–26.
8 Gabbay, Yehuda: Kein Exil-Theater in Israel. In: Theater im Exil 1933–1945. Ein Symposium der Akademie der Künste. Hrsg. von Lothar Schirmer. Berlin 1979. S. 141–143, S. 142.
9 Gabbay: Kein Exil-Theater (wie Anm. 8).

gegenüber neuen Mitgliedern. Die Habima hat zwischen 1933 und 1944 nachweislich nicht ein einziges neues Mitglied aufgenommen.[10]

Äußerungen wie von Gottgetreu und Gabbay lassen zudem die Frage unbeantwortet, weshalb die Spuren dieses „Gewinns" und dieser „ärztlichen Hilfe" heute nur noch mit viel Mühe in Theaterarchiven und persönlichen Nachlässen aufzuspüren sind. Dort legen vereinzelte Programmhefte, zerlesene Bühnenmanuskripte, zeitgenössische Artikel und Rezensionen oder die bruchstückhaft erhaltenen Sitzungsprotokolle der kollektiv organisierten Theaterleitungen Zeugnis davon ab, auf welch vielfältige und irritierende Weise sich die Neuankömmlinge aus Mitteleuropa trotz aller Widerstände in die Geschichte des hebräischen Theaters eingeschrieben haben. Neben dem Israeli Documentation Center for the Performing Arts (IDCPA) an der Universität Tel Aviv bewahrt auch das Yehuda Gabbay-Theaterarchiv in der Tel Aviver Stadtbibliothek Beit Ariela zahlreiche solcher Dokumente auf.

Inmitten der hebräisch-, englisch- und deutschsprachigen Materialien in diesen beiden Archiven taucht in auffälliger Häufigkeit ein Name auf, der die Ambivalenzen der Beziehung zwischen dem hebräischen Theater und den nach Palästina eingewanderten deutschsprachigen Theaterschaffenden über lange Zeit in sich vereinte: Friedrich Lobe (eigentl. Löbenstein, 1889–1958), Schauspieler, Regisseur und Dramatiker. Sein siebzehn Jahre dauerndes Wirken in Palästina und Israel ab 1933 eignet sich gleichermaßen als Beispiel für gelungene Eingliederung und beruflichen Erfolg am hebräischen Theater wie für fortgesetzte Marginalisierung und letztendliche Ausgrenzung aus dem kulturellen Gedächtnis in Israel.

Lobe stammte aus der orthodoxen jüdischen Gemeinde in Frankfurt am Main und sollte nach der Schule eine kaufmännische Lehre machen. Gegen den Willen seiner Eltern entschied er sich für die Schauspielerei, änderte seinen Nachnamen von Löbenstein in Lobe und spielte seit 1906 zunächst auf Provinzbühnen in Hessen, später am Neuen Theater Frankfurt, an verschiedenen Bühnen in Berlin, am Düsseldorfer Schauspielhaus sowie in einigen Stummfilmen, bevor er 1933 über die Schweiz nach Palästina flüchtete. Zu diesem Zeitpunkt verfügte er über mehr als 25 Jahre Bühnenerfahrung als Schauspieler und Regisseur. Noch kurz vor seiner Flucht aus Deutschland war er für einige Zeit künstlerischer Leiter des Thalia Theaters und Direktor des Kleinen Schauspielhauses in Hamburg gewesen. Aufgrund seines Renommees und ungeachtet seiner fehlenden Hebräisch-Kenntnisse verpflichtete ihn das Ohel-Theater nach seiner Ankunft in Palästina umgehend für eine erste Inszenierung von *Dantons Tod*, die am 17. Februar 1934 Premiere hatte. Hierauf folgten weitere 20 Inszenierungen für das Ohel,

---

**10** Vgl. Levy, Emanuel: The Habima – Israel's National Theater 1917–1977. A Study of Cultural Nationalism. New York 1979. S. 176.

sechs kleinere Regiearbeiten und drei Operninszenierungen, darunter die prominent besuchte Eröffnungsproduktion der Hebräischen Nationaloper am 15. April 1948, einen Monat vor der Gründung des Staates Israel. Zudem versuchte sich Lobe als Dramatiker und schrieb (auf Deutsch) sieben Dramen, vier Einakter und einen Kabarett-Sketch, von denen mehr als die Hälfte in hebräischer Übersetzung aufgeführt wurden. Während der gesamten Zeit in Palästina und Israel war Lobe der direkte Weg auf die Bühne, die Arbeit als Schauspieler verwehrt. Zwar spielte er Ende der 1940er durchaus mit dem Gedanken, es einmal auf Hebräisch zu versuchen, zog dann aber 1950 die Rückkehr nach Europa vor, um dort zu tun, was er sich lange nur wünschen konnte: „Spielen, in meiner Muttersprache spielen wollte ich wieder, Regie machen und gutes Theater!"[11]

Da die ausführliche Darstellung und Erörterung von Lobes kulturellen Aktivitäten in Palästina und Israel bereits andernorts nachzulesen ist,[12] soll im Folgenden exemplarisch und im Sinne der Spurensuche, der dieses Handbuch gewidmet ist, ein ganz spezielles Anliegen Friedrich Lobes im Mittelpunkt stehen: die junge hebräische Theaterkultur, die er in Palästina vorfand, mit der deutschen Theaterkultur, wie er sie kannte, auf produktive Weise bekannt zu machen und zu verbinden.

Die Ansicht, das hebräische Theater könne etwas vom deutschen Theater „lernen", war zwar verbreitet, die Bereitschaft zur tatsächlichen Zusammenarbeit aber gering. Das Habima-Kollektiv erklärte 1933 auf wiederholte Nachfragen, man wolle zwar durchaus „das kulturelle Niveau und Können der jüdischen Künstler von dort [d.h. aus Deutschland] nutzen", wies aber einschränkend darauf hin, „dass als Regisseur der Habima nur ein Künstler von mehr als mittlerem Niveau in Frage kommt" und „die Zahl derer [ist] nicht besonders groß."[13] Lobe, der zwar nie ins Ohel-Kollektiv aufgenommen und stets nur für eine einzelne Inszenierung verpflichtet wurde, gehörte zu den wenigen, die ein gewisses Maß an Einfluss besaßen, und nutzte alle ihm zur Verfügung stehenden Mittel, um seine Erfahrungen und Vorstellungen von gutem (deutschen) Theater nach Palästina „hinüberzuretten". Und obwohl er sich im Bewusstsein seiner zu keinem Zeitpunkt gesicherten Position mit kritischen Äußerungen in der Öffentlichkeit sehr zurückhielt, ist aus dem einen oder anderen Zeitungsartikel doch zu ersehen, dass Lobe beim hebräischen Theater einen gewissen Nachholbedarf sah und in diesem Sinne handelte. Er tat dies auf vier verschiedenen Wegen.

---

11 Benjamin, Uri: Letzter Besuch bei einem Schauspieler. In: Jedioth Chadashoth, 1.12.1958. S. 3.
12 Schirrmeister, Sebastian: Das Gastspiel. Friedrich Lobe und das hebräische Theater 1933–1950. Berlin 2012.
13 Habimas Antwort an die Fragenden [Hebr.]. In: Haaretz, 14.8.1933. [Alle Übersetzungen aus hebräischen Quellen stammen vom Verfasser dieses Beitrags.]

Eine erste Einflusssphäre wird erkennbar, wenn man das Repertoire des Ohel-Theaters im Überblick betrachtet und zu den Stücken, die Lobe inszeniert hat, in Beziehung setzt. Seine 21 Produktionen für das Ohel waren ausschließlich hebräische Übersetzungen westeuropäischer, mehrheitlich deutscher Dramen von allgemeiner, d.h. nicht-jüdischer Thematik. Sie bildeten insofern einen deutlichen Kontrast zu den osteuropäisch-jüdischen Dramen, die das übrige Repertoire dominierten.[14] Neben einigen Klassikern wie *Dantons Tod* und *Kabale und Liebe* ist besonders Lobes Inszenierung von Hašeks *Der brave Soldat Schwejk* (in der Dramenfassung von Max Brod und Hans Reimann) erwähnenswert. Die Produktion mit Meir Margalit in der Hauptrolle wurde 1935 zum ersten Dauerbrenner des hebräischen Theaters in Palästina und überlebte mit mehr als 850 Aufführungen noch das Ohel-Theater selbst.

Als Lobe 1934 jenseits des offiziellen Repertoires mit ein paar Ohel-Schauspielern zwei Einakter von Arthur Schnitzler einstudierte und so zum ersten Mal ein Kammerspiel auf eine hebräische Bühne brachte, begründete er diese Entscheidung damit,

> dass sich das hebräische Theater nicht auf natürliche Art entwickelt hat, sondern eine Abkürzung nahm. Daher war es genötigt, einige Zwischenstationen auszulassen, insbesondere die Epoche des individualistischen Theaters, das die Grundlage der modernen Bühne ist.[15]

Einige Jahre später inszenierte Lobe Molières Komödie *Der Geizige* konsequent im Stil des französischen Barock – ebenfalls zugleich ein Experiment und eine Form von „Nachhilfe" in Theatergeschichte.

Auch dieser zweite Weg, über den Inszenierungsstil Entwicklungen nachzuholen und Veränderungen zu bewirken, hatte Methode. Lobe nutzte das Begleitheft seiner ersten Regiearbeit für einige programmatische Überlegungen, die in deutlichem Kontrast zur bisherigen Inszenierungspraxis am hebräischen Theater standen:

> Bewegung und Geste werden auf ein Minimum reduziert. Jedes Zeichen muss aus der geistigen oder psychologischen Notwendigkeit geschöpft sein. Jeder Ton darf einzig aus der Seele des Dichters aufsteigen. In dieser Reduktion und Sachlichkeit findet sich eine Ausdrucksform [...][16]

Diese ungewohnt sachliche, nahezu naturalistische Ästhetik erforderte intensive Arbeit mit den Schauspielern, die im Sinne Bialiks zunächst „gehen lernen" mussten und deren Achtung sich Lobe über die Jahre erwarb. An die Stelle der psychologisierenden Methode von Stanislawski setzte Lobe in der Tradition

---

14 Vgl. hierzu ausführlicher Schirrmeister: Das Gastspiel (wie Anm. 12). S. 73–77.
15 Lobe, Friedrich: Zwei Einakter von Schnitzler. Vor der Premiere [Hebr.]. In: Davar, 20.8.1934. S. 8.
16 Programmheft zu Dantons Tod [Hebr.]. Yehuda Gabbay-Theaterarchiv, o. Sign. S. 6.

seines Vorbildes Max Reinhardt die akribische Arbeit an jeder einzelnen Bewegung, jedem Ton, jeder Geste, um genau die gewünschte Wirkung zu erreichen. Die hierfür notwendige Disziplin und Genauigkeit wurde in den zeitgenössischen Rezensionen teils lobend erwähnt, teils als „seltene Erscheinung auf der hebräischen Bühne" kritisch beäugt, weil „der hebräische Schauspieler nicht an Disziplin gewöhnt"[17] sei. Am Ohel reichte die Achtung vor Lobes Kenntnissen jedoch so weit, dass man ihm Ende der 1940er die Aufsicht beim Vorsprechen für den Schauspielnachwuchs übertrug.

Auf eine dritte Weise war Lobe auch jenseits der Bühne aktiv darum bemüht, deutsches Theater nach Palästina und ins Bewusstsein der hebräischen Öffentlichkeit zu holen. Er publizierte knapp zwei Dutzend Zeitungsartikel in der lokalen Presse, in denen er seine Inszenierungen erläuterte oder Anekdoten aus der untergegangenen Welt des deutschen Theaters der Weimarer Republik erzählte. Besonders interessant ist in diesem Zusammenhang eine vierteilige Artikelserie, die Lobe von März bis Juli 1939 in der hebräischen Tageszeitung Davar veröffentlichte. Die Artikel tragen die Titel „Das deutsche Theater und die Juden"[18], „Das Theater in Deutschland und die Juden"[19], „Die Juden und das deutsche Theater"[20] und „Max Reinhardt"[21]. Die vordergründige Intention der vier ausführlichen Aufsätze war die Widerlegung mehrerer antisemitischer Behauptungen der nationalsozialistischen Propaganda, denen nach Lobes Ansicht fälschlicherweise auch einige Juden Glauben schenkten. Dazu gehören die bekannten Unterstellungen, das deutsche Theater sei „verjudet" gewesen, das deutsche „Volksempfinden" sei von Juden im deutschen Theater schon immer gestört worden, die Juden hätten die einfache Natürlichkeit und Romantik ihrer „arischen" Kollegen durch talmudische Spitzfindigkeiten vergiftet und könnten grundsätzlich nicht selbst schöpferisch tätig sein. Lobe schreibt einleitend:

> [E]s ist kein schweres und doch ein nötiges und wünschenswertes Unterfangen, diese Geschichte zu widerlegen oder wenigstens ihr Entstehen zu erklären. Wir Juden werden im Allgemeinen von einem schweren Minderwertigkeitskomplex geplagt und wenn wir weiter den Glauben an die Wirklichkeit der eigenen Schwächen und Defizite in unser Herz pflanzen – Schwächen und Defizite, die es nicht gibt und nie gab – werden sich diese Minderwertigkeitsgefühle in unserem Herzen verfestigen und den Grad von Selbsthass erreichen.[22]

---

17 Sraya, S.: Die Fahrt zur Hölle [Hebr.]. In: Tesha Ba-Erev, 20.2.1941.
18 [Hebr.] In: Davar, 21.3.1939. S. 2.
19 [Hebr.] In: Davar, 7.4.1939. S. 4.
20 [Hebr.] In: Davar, 9.5.1939. S. 2.
21 [Hebr.] In: Davar, 5.7.1939. S. 2.
22 Lobe: Das deutsche Theater (wie Anm. 18).

Mit Zahlen, Namen und Beispielen aus seiner langjährigen Bekanntschaft mit diversen deutschen Bühnen bis zum Sommer 1933 entlarvt Lobe im ersten Artikel die einzelnen Behauptungen als Lügen und den angeblich „spontanen Ausbruch des Volkszorns" gegen jüdische Künstler als Inszenierung. In den folgenden drei Beiträgen macht er den hebräischen Leser ausführlicher mit der Geschichte des deutschen Theaters seit Mitte des 19. Jahrhunderts vertraut – allerdings aus einer sehr speziellen Perspektive. Wie die dreifach variierte Überschrift schon nahe legt, geht es Lobe hauptsächlich um die Rolle jüdischer Künstler. Statt quantitativer „Beherrschung" sieht er qualitative Bereicherung und fruchtbare Einflüsse an entscheidenden Punkten in der Entwicklung der Theaterkultur in Deutschland. Nach einem ersten „name-dropping" wichtiger jüdischer Theaterkünstler wie Ludwig Dessauer, Bogumil Dawison, Adolf Sonnenthal und Ludwig Barnay, dem Gründer der bis heute existierenden Genossenschaft Deutscher Bühnen-Angehöriger, widmet sich der dritte Artikel ganz dem Vorkämpfer des Naturalismus, Otto Brahm. Ihren Abschluss findet die Serie dann mit einer Hommage an das Wirken des „großen Magiers" Max Reinhardt. Gerade die Gegensätze in der Arbeits- und Lebensweise von Brahm und Reinhardt veranlassen Lobe zu dem Kommentar, der „israelitische Geist" schließe seinem Wesen nach offensichtlich eine ganze Menge Unterschiede in sich ein.[23] Nebenher zeigt Lobe die Ironie einiger historischer Entwicklungen auf, etwa dass Joseph Goebbels' Reichstheaterkammer das Erbe von Barnays Bühnengenossenschaft angetreten habe oder dass das Berliner „Theater am Horst-Wessel-Platz" (die ehemalige und heutige Volksbühne am Rosa-Luxemburg-Platz) von demselben jüdischen Architekten entworfen worden sei wie das Habima-Gebäude in Tel Aviv: Oskar Kaufmann. Doch wozu das Ganze? Weshalb der eretz-israelischen Leserschaft beweisen, dass die Nazis auch hinsichtlich des Theaters im Unrecht sind, dass die Mehrheit des deutschen Publikums den Verlust von Stars wie Sabine Kalter oder Max Reinhart bedauerte und dass sich das moderne Theater in Deutschland ohne jüdische Beteiligung sicher anders entwickelt hätte?

Erst auf den zweiten Blick wird deutlich, dass Lobes hartnäckige und anekdotenreiche „Rehabilitierung" jüdischer Theaterkünstler an deutschen Bühnen auch ein aktiver Beitrag im zeitgenössischen Diskurs über die angebliche Unvereinbarkeit des deutschen Theaters mit dem hebräischen Theater osteuropäischer Prägung ist. Lobe lenkt die Aufmerksamkeit nicht nur auf die Beteiligung jüdischer Künstler am deutschen Theater der Moderne und lässt dieses dadurch gewissermaßen akzeptabler erscheinen. Mit gespielter Überraschung stellt er fest, dass nicht wenige dieser wichtigen Künstler aus Osteuropa kamen, also „ausgerechnet aus jenen Orten, an denen das volkstümliche und nationale jüdische Wesen

---

23 Lobe: Max Reinhardt (wie Anm. 21).

am stärksten bewahrt ist."²⁴ Mit anderen Worten: Die fruchtbare Verbindung von (osteuropäischem) Judentum und deutschem Theater ist bereits historisch vorgeprägt und dürfte auch in Bezug auf das hebräische Theater in Palästina eigentlich keinen Widerspruch darstellen. Zwei Jahre später veröffentlichte Lobe im Davar mit demselben Gestus einen Nachtrag zu „Jüdischen Schauspielerinnen"²⁵, in dem er unter anderem die Arbeit von Rosa Bertens, Maria Orska und Elisabeth Bergner würdigte.

Wie vehement jedoch trotz seiner theatergeschichtlichen Aufklärungsversuche der Widerstand gegen alles Deutsche war und blieb, erfuhr Lobe, während er einen vierten Weg beschritt: den eines deutschsprachigen Dramatikers am hebräischen Theater. Nachdem erste, in Palästina geschriebene Texte Lobes von einer Amateurgruppe der Kibbuzbewegung und im Rahmen kleinerer Privatveranstaltungen aufgeführt worden waren, versuchte er es Anfang der 1940er Jahre auch im eigenen Haus. Die Theaterleitung des Ohel ließ Lobes Zeitstück *Die Zwei*, das die Geschichte zweier Kameraden aus dem Ersten Weltkrieg, eines Juden und eines Nichtjuden, zwischen 1918 und 1938 erzählt, zwar von Avigdor Hameiri übersetzen, es kam jedoch zu keiner Aufführung. Angesichts dieser Enttäuschung wandte Lobe Ende der 1940er einen jahrhundertealten Autoren-Kniff an und schrieb unter Pseudonym. Die beiden Komödien des angeblich weltberühmten holländischen Dramatikers Jan de Vriess, *Der Schneider von Groningen* und *Seide und Brot*, die das Ohel 1947 bzw. 1949 aufführte, wurden von Publikum und Presse äußerst positiv aufgenommen. Regie führte in beiden Fällen Friedrich Lobe, der die Schizophrenie der Situation, sich mit den Schauspielern über die Intentionen des Autors streiten zu müssen, später humorvoll zur Anekdote machte.²⁶ Dass die Gründe für die Wahl eines Pseudonyms und die Verschleierung der eigenen Identität durchaus ernst waren, offenbart der Sturm der Entrüstung, der losbrach, als das Geheimnis um de Vriess 1949 gelüftet wurde. Die Kommentare in der Presse sahen einen „merkwürdigen Präzedenzfall" und eine grundsätzliche Gefahr für das hebräische Theater, weil Lobe dem Ohel falsch verpackte Ware verkauft hätte.²⁷ Die Anschuldigungen bedienen sich einer befremdlichen Rhetorik von kultureller „Reinheit" und geben sich alle Mühe, Grenzen zu ziehen, die längst durchdrungen waren. Lobe selbst nahm zu den Vorwürfen erklärend Stellung und verteidigte seine Entscheidung für ein Pseudonym angesichts der Vorbehalte (deren Vorhandensein durch die öffentliche Entrüstung nur bestätigt wurden) als unausweichlich. Als die Wogen sich wieder geglättet

---

24 Lobe: Das Theater in Deutschland (wie Anm. 19).
25 [Hebr.] In: Davar, 19.2.1941. S. 2.
26 Lobe, Friedrich: Als ich I. de Vriess war. In: Jedioth Chadashoth, 28.9.1949. S. 13.
27 Nayman, Y. M.: Merkwürdiger Präzedenzfall am Theater [Hebr.]. In: Davar, 9.9.1949. S. 4.

hatten, verabschiedete sich der Dramatiker Friedrich Lobe ganz ohne Pseudonym mit einer bissigen Komödie, die unter dem Titel *Das goldene Kalb* am 14. Februar 1950 vom satirischen Theater Ha-Matate, „Der Besen", in Tel Aviv aufgeführt wurde und die in der Tradition von Luigi Pirandello Schein und Sein im jungen Staat Israel kritisch unter die Lupe nimmt. Einige Monate später stand Friedrich Lobe nach 17-jähriger Zwangspause wieder als Schauspieler auf einer deutschen Bühne, und zwar in Wien, wo er nach einem kurzen Intermezzo an seiner einstigen Wirkungsstätte, dem Deutschen Theater in Berlin, im November 1958 starb.

In die Annalen des hebräischen Theaters fand Lobe nach seiner Rückkehr nach Europa, seinem „Abstieg" aus dem Land Israel, keinen Eingang. Trotz seines langjährigen, vielfältigen Wirkens und Bemühens um die Entwicklung des hebräischen Theaters erscheint er in Mendel Kohanskys Geschichte des hebräischen Theaters lediglich als kuriose Randnotiz:

> Lobe, ein mittelmäßiger Regisseur, der seine Theater-Ausbildung in Deutschland erhalten hatte, forderte seinen Platz auch aufgrund seiner Ähnlichkeit mit dem deutschen Dichter Goethe ein, was ihm, wie er sich bitter zu beklagen pflegte, in Eretz Israel nicht half, wo nur vereinzelte Menschen das Bildnis Goethes kannten.[28]

Abgesehen von den hier kurz skizzierten Spuren, die jenes unerkannte Goethe-Double am Tel Aviver Strand hinterlassen hat, halten die Theaterarchive in Israel, Deutschland und Österreich hinsichtlich des Wirkens deutschsprachiger Theaterkünstlerinnen und -künstler ohne Zweifel noch einiges bereit, das weitere Recherchen und Erkundungen rechtfertigt, ja geradezu verlangt. Weitgehend unbekannt sind etwa die Aktivitäten des Theaterverlages Moadim, den Margot Klausner und Yehoshua Brandstetter 1936 in Tel Aviv gründeten und der gleichzeitig das hebräische Drama förderte und die Rechte an zahlreichen Stücken deutschsprachiger Dramatikerinnen und Dramatiker hielt. Auch die gesammelten Rezensionen des Theaterkritikers Manfred Geis, der die Entwicklung des hebräischen Theaters von den 1920ern bis in die 1970er in zahllosen Besprechungen für die Jüdische Rundschau und das Mitteilungsblatt kommentiert hat, harren in mehreren Aktenordnern im IDCPA seit langem ihrer „Entdeckung". Ähnlich verhält es sich mit den kurzlebigen, aber ambitionierten Theatergründungen Alfred Wolfs, dem Dachgarten von Stella Kadmon, dem Dramatischen Lesekreis von Mario Kranz oder der Gruppe Jerusalem Artists. Von vielen dieser Klein- und Kleinstprojekte ist gerade einmal der Name bekannt. Es ist zu erwarten, dass die zukünftige Erschließung von Jeckes-Nachlässen im Rahmen von Projekten wie dem 2012 vom Minerva Rosenzweig Zentrum und dem Deutschen Literaturarchiv

---

**28** Kohansky, Mendel: Das hebräische Theater [Hebr.]. Jerusalem 1974. S. 127.

Marbach initiierten „Traces of German-Jewish History in Israel: Preservation and Research" oder die lange überfällige Digitalisierung und Auswertung des Mitteilungsblattes noch zahlreiche weitere Spuren zutage fördern wird.

Chana Schütz
# „Gründlich, pünktlich, Mittagsschläfer"
## Das Erbe der deutschen Juden in Israel

Im Industriepark von Tefen, im Norden Israels gibt es das *Kulturzentrum der Jeckes, Museum der deutschsprachigen Juden*. Es ist das einzige Museum in Israel, das sich ausschließlich mit der Geschichte einer Einwanderungsgruppe beschäftigt, ein mit modernsten Standards ausgestattetes Museum, das in enger Zusammenarbeit mit der Vereinigung der Israelis mitteleuropäischer Herkunft entstanden ist. Doch das Museum der deutschsprachigen Juden beschränkt sich in interaktiven Programmen und Filmen nicht auf die Darstellung des Beitrages der deutschsprachigen Juden am Aufbau des Staates Israel. Das Besondere an der Konzeption des Jeckes-Museums ist, dass es zurückschaut und aufzeigt, woher diese Juden kamen, wie sie lebten, wie sie im Laufe des 19. und 20. Jahrhunderts Teil der allgemeinen deutschen Kultur wurden und welchen unterschiedlichen sozialen und gesellschaftlichen Beschränkungen sie ausgesetzt waren. Es zeigt – vergleichbar mit einem jüdischen Museum in der Diaspora –, dass Juden in den deutschsprachigen Ländern Mitteleuropas ein integraler Bestandteil der deutschen Kultur waren und dabei ihr eigenes Wertesystem und ihre Identität deutsch-jüdischer Prägung bewahrten. Diese Besonderheiten einer Kultur ließen sie nicht hinter sich, als sie Deutschland nach 1933 verlassen mussten. Im Gegenteil: Sie brachten ihre Erfahrungen, ihre Bildung und die Kultur der Weimarer Republik nach Eretz Israel und hatten ihren Anteil an der Bildung eines jüdischen Staates: in Wirtschaft und öffentlicher Verwaltung, im Rechtswesen, in den Bildungseinrichtungen, in der Architektur, in der Medizin und in der Kunst. Man kann sogar so weit gehen, dass gerade die Einwanderer aus Deutschland, Österreich und der Tschechoslowakei den modernen jüdischen Staat als Demokratie westlicher Prägung erst möglich gemacht haben.

Doch gerade in den Anfangsjahren des Staates wurde diese Tatsache in Israel keinesfalls anerkannt, im Gegenteil, die kulturelle Kontinuität, die in dem Wirken der deutschen Juden zum Ausdruck kam, wurde gerade von der Gründergeneration des Staates Israel, allen voran von Ben-Gurion, kategorisch abgelehnt. Für Ben-Gurion war der Zionismus eine Revolution, die nicht nur gegen ein System gerichtet war, „sondern gegen das Schicksal" des jüdischen Volkes überhaupt. In einer Rede vor Jugendlichen 1944 in Haifa machte er deutlich, dass nun – nach der Vernichtung des europäischen Judentums – das Ende des Exils der Juden gekommen sei: „Galut heißt Abhängigkeit – materielle, politische, kulturelle und spirituelle.Unsere Aufgabe ist es nun, mit dieser Abhängigkeit radikal zu brechen und die Herren unseres Schicksals zu werden – mit einem Wort: Unabhängigkeit zu erreichen."[1]

Die deutschsprachigen Juden wollten und konnten nicht die „neuen Juden" werden, die Ben-Gurion für den jüdischen Staat forderte. Auch wenn viele der rund 60.000 deutschsprachigen Einwanderer, die zwischen 1933 und 1940 ins Land kamen, dem Zionismus und damit der Idee einer jüdischen Heimstatt in Eretz Israel nahe standen, so entsprachen doch ihre Werte und auch ihr Habitus so wenig dem Idealtyp des Chaluz, des Pioniers, der überwiegend aus Osteuropa in das jüdische Land kam, um es mit eigenen Händen aufzubauen. So witzelte man über die Herren Doktoren, die selbst in der größten Hitze noch ihre Jacken trugen. Man spottete über das Festhalten an höflichen Umgangsformen und über die Wertschätzung europäischer (Galut-)Kultur. Diesen Einwanderern waren universale Bildungswerte wichtiger als das Erlernen der hebräischen Sprache. Dazu kam noch, dass die deutschen Juden im Durchschnitt älter, besser ausgebildet und meist verheiratet waren. Sie bildeten damit den bürgerlichen Mittelstand und legten Wert auf eigenen Besitz und bewahrten – so gut sie konnten – ihre Privatsphäre. Viele junge osteuropäische Zionisten waren gerade vor der Bürgerlichkeit ihrer Elternhäuser nach Palästina geflohen und verachteten zutiefst diese Lebensweise. Es bildeten sich Antipathien. In dieser Atmosphäre entstand der abfällige Begriff „Jecke", möglicherweise ein Akronym aus den Anfangsbuchstaben der drei Worte: *Jehudi kasche havana*. Womit nicht nur ein Jude gemeint ist, der die Landessprache nicht versteht, sondern was darüber hinaus auch jemanden charakterisiert, der schwer von Begriff ist und der in seiner oft bedächtigen und besonnenen Art im jüdisch-palästinensischem Umfeld unbeholfen und nicht selten sogar tumb wirkte.

Chaim Bialik, der bedeutendste hebräische Dichter in Eretz Israel, beklagte kurz vor seinem Tod im Frühjahr 1934 die negative Haltung des Jischuws den Neueinwanderern aus Nazideutschland gegenüber: „Zu meinem Leidwesen muss ich feststellen, dass auch unsere Stadt Tel Aviv und der ganze Jischuw erkrankt ist. Die Symptome sind in letzter Zeit deutlich hervorgetreten. Zunächst einmal zeigen sie sich in der Behandlung unserer Brüder, die der deutschen Katastrophe entflohen sind oder aus anderen Ländern hierher kamen. Anstatt ihnen ein Dach, ein schattiges Eckchen, und sei es nur in einer Baracke anzubieten, haben wir uns an ihrer Not bereichert. Wie nun haben wir unsere vor dem Schwert geflüch-

---

[1] Ben Gurion, David: The Imperatives of the Jewish Revolution, in: Hertzberg, Arthur: The Zionist Idea. Philadelphia 1959. S. 609, zitiert nach Brenner, Michael, Israel und die Diaspora. Zur Debatte um Heimat und Exil im modernen Judentum, in: Status: Quo? – 50 Jahre Staat Israel. Hrsg. von Alte Synagoge. Essen 1990. S. 78.

teten Brüder empfangen? Wir haben die Mietpreise erhöht und ihnen den letzten Pfennig aus der Tasche gezogen."²

Die Flüchtlinge aus Nazi-Deutschland waren in Eretz Israel nicht willkommen, oft mussten sie sich voller Spott anhören: Kommen Sie aus Deutschland oder kommen Sie aus Zionismus? Dies bekam auch der Kunsthistoriker Dr. Karl Schwarz zu spüren, der 1933 von Bürgermeister Meir Dizengoff von Berlin nach Tel Aviv gerufen wurde, um ein modernes Kunstmuseum für die erste jüdische Stadt der Welt aufzubauen. Für diesen Zweck wurde 1935/1936 das Wohnhaus von Dizengoff am Rothschild Boulevard von dem aus der Tschechoslowakei stammenden Architekten Carl Rubin in einen modernen Museumsbau umgestaltet. Um Kunstwerke für die Neueinrichtung der Kunstsammlung warb Schwarz in den bürgerlichen Kreisen des jüdischen Palästina, doch resigniert musste er feststellen: „Ich kam mir oft wie ein Schnorrer vor und bekam von den Leuten die unglaublichsten Dinge zu hören. Eigentlich reagierten nur die aus Deutschland neu Eingewanderten, der alte Jischuw versagte fast ganz."³

Manche sind sogar nach Deutschland zurückgekehrt, wie die Berlinerin Erna Friedländer. Sie kam 1937 auf Besuch zu ihrer Schwester Julia, die mit ihrem Mann Dr. Kurt Fleischer, ehemals Oberarzt am Berliner Jüdischen Krankenhaus, und den zwei Kindern in Tel Aviv lebte. Wie die meisten, die nach Deutschland zurückkehrten, fiel auch sie der Vernichtungsmaschinerie der Nationalsozialisten zum Opfer und wurde 1942 von Berlin nach Auschwitz deportiert.

„Es war die Gleichzeitigkeit der Geschehnisse – unsere reale Existenz in Palästina und die Vorstellung einer anderen furchtbaren Realität –, die uns „Gerettete" einer unaufhebbaren Beunruhigung unterwarf", schrieb die Berliner Judaistin Marianne Awerbuch in ihren Erinnerungen über ihre Erfahrungen während der Kriegsjahre:

> Hier ein friedliches Palästina mit Sonne, Meer und Strand, das Bild tagsüber beherrscht mit Soldaten, die mit ihren Bräuten flanierten, abends mit den vielen überfüllten Gaststätten, aus denen Gesang und Gelächter ertönte, und wo es so schien, als verschwende niemand einen Gedanken an Gefahren des nächsten Tages. Dort, im weit entfernten Europa dagegen, von Bomben zerstörte Städte, versklavte Zivilisten, zunehmende Instrumentalisierung jüdischer Gemeinden zwecks eigener Vernichtung. Die völlige Unvereinbarkeit unserer beschränkten Wahrnehmung mit dem globalen, von uns nur erahnten Grauen, vertiefte das

---

2 Zitiert nach Bialik, Chaim: Abschiedsworte (Juni 1934). In: MB Yakinton, Nr. 248 RoschHaSchana 5772, September 2011. S. 11

3 Schwarz, Karl: Jüdische Kunst – Jüdische Künstler. Erinnerungen des ersten Direktors des Berliner Jüdischen Museums. Hrsg. von Chana Schütz und Hermann Simon. Teetz 2001. S. 277

> Gefühl eigener Hilflosigkeit. Wir, die unverdient ‚Geretteten', hatten oft mit einer schweren Belastung des Gewissens zu kämpfen."[4]

Das Gefühl von Ohnmacht und sogar Schuldbewusstsein, nicht genug zur Rettung von Familienangehörigen und Freunden unternommen zu haben, blieb bei vielen deutschen und österreichischen Juden jahrelang ein Trauma. Vor allem die älteren sprachen nicht über die Tragödie, viele schlossen sich vom öffentlichen Leben ab und zogen sich in das Privatleben zurück. Erst die Wiedergutmachungszahlungen aus Deutschland, die in den 1950er Jahren einsetzten, ermöglichten manchen unter ihnen ein relativ sorgenfreies Leben, jedoch in einer Umgebung, die ihnen immer fremd blieb.

Für die meisten war Palästina die einzige Zuflucht, um ihr Leben zu retten, doch es war nicht Heimat. „Man ist hier mitten in einem Koloniallande", schrieb der Berliner Psychiater Dr. Berndt Götz an den Direktor des Kunstgewerbemuseums in Prag, dem er den Großteil seiner Sammlung von Alltagskultur überlassen hatte:

> Davon, dass wir Juden etwa hier in einer jüdisch-bewussten Heimat uns befinden, kann wenigstens vorläufig keine Rede sein. Natürlich haben wir hier eine Menge Berufskollegen und alte Bekannte. Auf der Terrasse der kleinen Villa, in welcher wir Wohnung genommen haben, blicken wir bei unseren Unterhaltungen unmittelbar auf das mittelländische Meer. Denken Sie es sich so schön, als Sie es vermögen. Die Wirklichkeit ist noch schöner. Aber Sie dürfen nie glauben, verehrter Herr Direktor, dass auch nur irgendeiner unserer hiesigen Freunde sich hier bereits heimatlich fühlt. Jeder fasst es auf als eine Möglichkeit, das Leben zu fristen, jeder fühlt die Schwierigkeit seiner wirtschaftlichen und menschlichen Lage.[5]

Nur wenige hatten sich vor ihrer erzwungenen Auswanderung Gedanken darüber gemacht, woanders als in Deutschland zu leben. Nun hatten sie alles, was sie in ihrem bisherigen Leben erreicht hatten und was ihnen wichtig war, zurücklassen müssen: kleine Betriebe und große Unternehmen, Arztpraxen und Anwaltskanzleien, mit allem Komfort ausgestattete Wohnungen, Wochenendhäuser, Ausstellungen, Konzerte, Opernaufführungen und vieles mehr. Angekommen im Lande Israel mussten sie neu anfangen, konnten oft nicht in ihren Berufen weiterarbeiten, um den Lebensunterhalt für sich und ihre Familien zu verdienen. Wie muss sich ein Rechtsanwalt, Lehrer oder deutscher Verwaltungsbeamter gefühlt

---

[4] Awerbuch, Marianne: Erinnerungen aus einem streitbaren Leben. Von Berlin nach Palästina. Von Israel nach Berlin. Hrsg. von Hermann Simon u. Hartmut Zinser. Teetz 2007. S. 291f.

[5] Schreiben von Berndt und Dinah Götz. In: Centrum Dokumentace Uměleckoprůmyslové museum v Praze (UPM) Fond: A, Karton: 126, Slozka Götz, abgedruckt bei: Dirks, Christian u. Simon, Hermann (Hrsg.): ... auf dem Dienstweg. Die Verfolgung von Beamten, Angestellten und Arbeitern der Stadt Berlin 1933 bis 1945. Berlin 2010. S. 86.

haben, der wie der bereits erwähnte Dr. Kurt Fleischer als Fensterputzer arbeiten musste, bis er wieder in seinen alten Beruf als Arzt zurückkehren konnte?

Enttäuscht von der allgemeinen Situation schrieb Heinrich Bien, vormals ein erfolgreicher Händler für Eier und Fette in Berlin-Wedding, am 28. Juni 1937 aus Ramat Gan an einen früheren Berliner Geschäftspartner, der nun in New York lebte:

> Was hier anbetrifft, hat sich die wirtschaftliche Lage, seitdem Ihr von hier abgereist seid, bedeutend verschlechtert [...] Wir sehen und halten es für sehr sehr richtig, das Ihr den Entschluss gefasst habt, von hier abzureisen. Trotzdem es uns bekannt ist, dass es heutzutage überall schwer ist, eine Existenz zu gründen, aber dort haben Sie wenigstens ein Feld zu arbeiten mit Kulturmenschen. Sehr viele Menschen wandern von hier nach verschiedenen Staaten aus. Man hofft zwar hier, es soll sich wieder beleben, aber wer weiß, wann? Nach Amerika glauben wir, dass wir für dort zu alt sind. Für die Kinder eher, aber wir wollen uns zusammen mit den Kindern irgendwo wohlfühlen und eine Existenz haben.[6]

So waren es vor allem diejenigen, die mit Kindern und Jugendlichen ins Land kamen, die die Herausforderung annahmen und wie Familie Frank aus Stuttgart als Bauern in dem Ort Migdal am Westufer des See Genezareth siedelten. Nach einem dreiviertel Jahr des Landlebens schrieb Leo Frank im März 1937 an „Meine lieben Freunde überall": „Wir haben einen schweren Stand, aber unsere Kinder werden es besser haben. Für die erobern wir das Land, damit sie freie Menschen in ihrem Lande sein können und nicht mehr wandern müssen."[7]

Dieses Ziel verband die deutschen Juden und die osteuropäischen Zionisten, und die Erfahrung der Verfolgung ließ nur einen Schluss zu, die Schaffung eines unabhängigen jüdischen Gemeinwesens. Doch anders als von der zionistischen Elite in Eretz Israel gefordert, gaben die Jeckes ihre Identität nicht auf. Im Gegenteil, sie „erwarben eine zweite, israelisch- hebräische neben oder über der mitgebrachten jeckisch-europäischen Kultur hinzu"[8]. Dass es ihnen mit diesem „Kapital" gelingen sollte, in bestimmten Bereichen des jüdischen Gemeinwesens beträchtlichen Einfluss auszuüben und Strukturen zu schaffen für den modernen israelischen Staat, der 1948 Realität wurde, ist wohl einzigartig in der Geschichte der jüdischen Migration des 20. Jahrhunderts.

Es waren Anwälte aus Berlin oder Königsberg, die in Jerusalem und Tel Aviv das Rechtssystem und die Verwaltungsstrukturen für einen neuen Staat aufbauten. Unternehmer, die Israel zu einem wichtigen Exportland machten, indem sie

---

6 Zitiert aus: Privatarchiv Zvi Bernstein, Israel.
7 Zitiert nach Schlör, Joachim: Endlich im gelobten Land? Deutsche Juden unterwegs in eine neue Heimat. Berlin 2003. S. 192–196.
8 Witzthum, David: Die Nahariyade. In: Jeckes. Die deutschsprachigen Juden in Israel. Begleitmagazin zur Ausstellung. Stiftung Neue Synagoge Berlin – Centrum Judaicum (2008). S. 20.

eigene Industrien etablierten. Es wurden moderne Methoden der Kreditvergabe und Finanzierung entwickelt und der Handel durch moderne Werbung verstärkt. Sammler und Kunsthistoriker schufen Museen, Architekten bauten Städte und Siedlungen und Wissenschaftler begründeten weltweit den Ruf der Universitäten Israels. Bereits zum Ende des britischen Mandats bildete sich in Palästina ein funktionierendes Bildungs- und Erziehungswesen in hebräischer Sprache heraus. Es basierte auf zionistischen Grundsätzen, doch war es in viel stärkerem Maße von mitteleuropäischer Bildung und traditionellen Werten des Judentums geprägt. Die deutschsprachigen Juden hatten ihren eigenen Anteil daran als Lehrer und Schulgründer. Bis heute ist das israelische Schulsystem – bestehend aus sechsjähriger Grundschule und sechsjährigem Gymnasium – mit dem vieler europäischer Länder vergleichbar und ermöglicht den wissenschaftlichen Austausch zwischen Israel und Europa.

Die rund 60.000 Juden aus dem deutschsprachigen Raum, die zwischen 1933 und 1940 ins Land kamen, blieben mit knapp 30 % immer eine Minderheit im jüdischen Palästina. Doch waren sie in manchen Berufen wie z.B. bei den Ärzten deutlich überrepräsentiert. Waren vor 1933 deutsche Ärzte in Palästina eine Seltenheit, so waren es 1936 bereits knapp 2.000. Vor allem als Fachärzte nahmen deutschsprachige Mediziner schon bald Schlüsselpositionen und leitende Stellen in den großen Krankenhäusern und Praxen ein. Unter ihrer Leitung wurde das Gesundheitssystem neu strukturiert, es kam zur Gründung privater Krankenhäuser. Auch etablierte sich neben dem zentralistischen System der gesetzlichen Krankenkasse Kupat Cholim die private Maccabi-Krankenversicherung, die Ende 1941 bereits 250 Mitglieder zählte und zu der heute über 1,8 Millionen Versicherte gehören.

In all diesen Bereichen wirkten Jeckes als „Multiplikatoren", wie der israelische Journalist David Witzthum bemerkte, „und beeinflussten im Lauf der Jahrzehnte Hunderttausende Israelis, die sich, teils unversehens, in halbe Jeckes verwandelten". „Jeckischkeit" stand nun „für universale Kulturwerte, für Modernismus, für die Zulässigkeit und Pflicht der Kritik und Opposition, für Liberalismus und Selbstständigkeit."[9]

Den Juden aus dem deutschsprachigen Kulturkreis war etwas Einmaliges gelungen, sie hatten ihr Wertesystem, ihre „Kultur und Identität" an die folgenden Generationen, vor allem an diejenigen, die im Land geboren wurden, weitergegeben. Allerdings trat im Laufe dieser Entwicklung die ethnische Herkunft ebenso in den Hintergrund wie die Verbindung mit der deutschen Sprache. Die Jeckes der zweiten, dritten, vierten und bald fünften Generation sind „Hebräer und ihre Sprache ist das Hebräische", so Micha Limor, Chefredakteur von *MB*

---

9 Witzthum: Nahariyade (wie Anm. 7). S. 19f.

*Yakinton*, des „Magazins der Jecke Nachkommen in Israel", das von der Vereinigung der Israelis mitteleuropäischer Herkunft herausgegeben wird, in seinem Editorial zum jüdischen Neujahr im September 2011.

So veränderte sich auch die Einstellung zu dem Wort Jecke im Laufe der Jahre. Heute, so Micha Limor weiter, sind es allein die wenigen, die noch leben, die diese Bezeichnung „wegen der früher damit verbundenen Beleidigung lieber vergessen" wollen. Im Gegensatz zu ihren Nachkommen, „die sich schon wie unter den Israelis üblich, mit tausendundeiner ethnischen Minderheit vermischt haben", ist ein Jecke derjenige „der körperlich (genetisch) oder geistig in Verbindung zur Jecke-Gemeinde steht, oder mit Jeckes-Merkmalen ausgestattet ist wie, ‚gerade wie ein Lineal', gründlich, pünktlich, Mittagsschläfer."[10]

---

10 Limor, Micha: Die Jeckes-Identität. In: MB Yakinton, 79, September 2011, Nr. 248. S. 2.

Felicitas Grützmann
# Jüdische Bibliophilie und deutscher Ordnungssinn

Der Beitrag deutsch-jüdischer Emigranten zum Aufbau eines Archiv- und Bibliothekswesens in Palästina/Israel

In keiner anderen Religion nehmen Bücher sowie Lesen und Lernen einen höheren Stellenwert ein als im Judentum. Nach der Zerstörung des Zweiten Tempels 70 n. Chr. ist das Judentum zu einem „Volk des Buches" geworden, da ein fester Platz für den Ritus fehlte und man einen Ersatz für das Opfer finden musste: das Buch. Dieses Verständnis zeigt sich auch im Koran, wo die Juden wörtlich als „Volk der Schrift" bezeichnet werden. Allen voran der *Tanach* wurde vor diesem Hintergrund eine Art intellektuelle Heimat in der Diaspora.[1] Das Lernen aus den Schriften hat eine sehr lange Tradition im Judentum. Bis zur *Bar Mizwa* müssen alle männlichen Juden die religiösen Schriften studiert haben. Die zentrale Bedeutung des Lesens und Lernens aus den religiösen Überlieferungen ist auch in der Synagogenarchitektur sichtbar, an die in der Regel ein *Beit Midrasch* (Lernstube) angebunden ist. Die frei zugänglichen Büchersammlungen in ihnen gelten als die Vorreiter von öffentlichen Bibliotheken.[2] Diese Hochschätzung der Bücher und des Lernens aus ihnen ist ein grundlegender Aspekt der jüdischen traditionellen Gemeinschaft, auf der auch die kollektive Identität des Volkes basiert.

Die hohe Bedeutsamkeit des geschriebenen Wortes erklärt die besondere Stellung archivarischer und bibliothekarischer Tätigkeit. So zählte beispielsweise Werner Schochow[3] insgesamt 229 deutsch-jüdische BibliothekarInnen im Haupt- und Nebenberuf. Als am 7. April 1933 das „Gesetz zur Wiederherstellung des Berufsbeamtentums" erlassen wurde, verloren fast alle jüdischen Archivare und Bibliothekare in Deutschland ihren Arbeitsplatz und die Mehrheit von ihnen wanderte aus, darunter eine große Anzahl nach Palästina. Im Biografischen

---

1 Sahuwi, Nathanja: Die Juedische Nationalbibliothek. In: Ost und West 2,2 (1902). S. 101–108 beschreibt auf S. 101 die Bibel sogar als Bibliothek: „Die Bibel ist nicht ein Buch oder das Buch. Es ist eine Bibliothek. Wenigstens die Bibliothek des Jüdischen Volkes."
2 Vgl. Schidorsky, Dov: The Emergence of Jewish Public Libraries in Nineteenth-Century Palestine. In: Libri 32 (1982). S. 1–40, hier S. 7.
3 Schochow, Werner: Jüdische Bibliothekare aus dem deutschen Sprachraum. Eine erste Bestandsaufnahme. In: Antisemitismus und Jüdische Geschichte. Studien zu Ehren von Herbert A. Strauss. Hrsg. von Rainer Erb u. Michael Schmidt. Berlin 1987. S. 515–544.

Handbuch der deutschsprachigen Emigration nach 1933[4] werden im Register 62 deutsch-jüdische Archivare und Bibliothekare aufgezählt, von denen ca. ein Drittel nach Palästina emigrierte. Eretz Israel, das gelobte Land der heiligen Schrift offenbarte sich den Flüchtlingen nicht als Garten Eden. Das karge Land, die Sprache, das heiße Klima und das ungewohnte Essen machten das Ankommen nicht einfach. Ein Stück Heimat und Vertrautheit bildeten da die Bücher der deutschsprachigen Juden, die ganze Privatbibliotheken mit nach Palästina brachten. Daher wird die Einwanderungswelle der deutschen Juden nach 1933 (5. Alija) auch als die „Emigration der Bücher" bezeichnet.[5] Mangels des nötigen Platzes und aufgrund finanzieller Nöte sahen sich jedoch viele deutschsprachige Emigranten gezwungen, ihre Bibliotheken zu verkaufen. Das Bedürfnis nach Lesen und Lernen von Werken aus dem kulturell viel weiter entwickelten Deutschland war aber weiterhin ungebrochen und so ist es nicht verwunderlich, dass besonders in den 1930er und 1940er Jahren in Palästina die Leihbibliotheken einen regelrechten Boom erlebten und viele deutschsprachige Sammlungen in den Bibliotheken zu finden waren.[6] Von den bereits in Palästina Ansässigen wurden die Jeckes, wie sie umgangssprachlich genannt wurden, sehr ambivalent betrachtet. Einerseits bekamen sie Lob für ihren Ordnungssinn, Fleiß und ihre Pünktlichkeit, andererseits ernteten sie auch Spott.

> Das auffallend Typische eines „Jecken" – so glaubt der Volksmund – ist sein Ordnungssinn, seine Disziplin, Exaktheit und seine organisatorische Begabung. Zwar sind diese Charakteristika oft Gegenstand von beißenden Witzen, aber all diese Qualitäten sind für die Bibliothekare und Archivare großer Institutionen nötig, denn nur Menschen mit diesen Eigenschaften können Herr der vielen Bücher, Papiere und „alten Sachen" werden. Andernfalls liegt das geschriebene Material herum, ohne daß jemand Nutzen daraus ziehen kann. Nur größte Sorgfalt und überlegte Organisation können Bücher und Papierfetzen zu lebendigen, wertvollen Bibliotheken und Archiven verwandeln.[7]

So ist es nicht verwunderlich, dass mit dem Eintreffen der Jeckes in Palästina neue Archive und Bibliotheken entstanden und auch über Jahrzehnte in deutscher Hand blieben.

---

4 Biographisches Handbuch der deutschsprachigen Emigration nach 1933 = International Biographical Dictionary of Central European Émigrés 1933–1945. Bd. 3. Gesamtregister. Hrsg. vom Institut für Zeitgeschichte München. München u.a. 1983. S. 168.
5 Vgl. Schidorsky, Dov: Germany in the Holy Land. Its Involvement and Impact on Library Development in Palestine and Israel. In: Libri 49,1 (1999). S. 26–42, S. 35.
6 Vgl. Schidorsky: Germany (wie Anm. 5). S. 36.
7 Erel, Shlomo: Neue Wurzeln. 50 Jahre Immigration deutschsprachiger Juden in Israel. Gerlingen 1983. S. 81.

Vor der Emigration der deutschen Juden gab es keine öffentlichen Archive oder ausgebildete Archivare in Palästina. Die Eröffnung des ersten öffentlichen Archivs 1933, das seine Entstehung einem deutschen Juden verdankt, war ein Meilenstein für die Entwicklung des israelischen Archivwesens. Das Zionistische Zentralarchiv hat eine lange Vorgeschichte, die bereits 1919 in Berlin begann. Am 1. Juni dieses Jahres trat der aus Oppeln in Schlesien stammende promovierte Historiker Georg Herlitz (1885–1968)[8], der zuvor acht Jahre sein archivarisches und bibliothekarisches Rüstzeug am Gesamtarchiv der deutschen Juden unter Anleitung von Eugen Täubler erlernt hatte, seine Stelle im Zionistischen Zentralbüro in Berlin an. Er war für die Verzeichnung und die Beschaffung von Akten zionistischer Organisationen zuständig. Im Rahmen dieser Tätigkeiten entwickelte er ein vollkommen neues Schema für die Ordnung von Akten zionistischer Institutionen. Herlitz berichtet stolz in seiner Autobiographie: „Ich darf dazu bemerken, dass sich dieses Ordnungsprinzip in den 36 Jahren meiner Tätigkeit als Archivar der Zionistischen Organisation so bewährt hat, dass es für die Ordnung und Verzeichnung der Akten aller zionistischen Körperschaften verwendet werden konnte."[9] Nach der Machtergreifung der Nationalsozialisten spielte sich ein wahrer Krimi um die Rettung der Akten aus Berlin ab, die durch die Beschlagnahmung von der Gestapo stark gefährdet waren. Mit Geheimbotschaften musste Herlitz den Transfer nach Palästina mit dem Londoner zionistischen Büro organisieren und nervenaufreibende Verhandlungen mit der Polizei führen, bis er endlich eine Genehmigung bekam und die Kisten ab September 1933 abtransportiert werden konnten. Herlitz selbst emigrierte 1933 ebenfalls mit seiner Frau und den beiden Kindern nach Palästina. Aufgrund fehlender finanzieller Mittel und geeigneter Räume konnte das Archiv nicht gleich wiedereröffnet werden und so lagerten die Akten bis 1935 in einem Keller. Herlitz verlor zwischenzeitlich den Glauben an den Wiederaufbau des Archivs, aber im Oktober 1935 konnte es wieder zugänglich gemacht werden, obwohl das Platzproblem erst 1938 mit einem Umzug des Zionistischen Zentralarchivs gelöst werden konnte. Seit 1935 arbeitete auch der in Steinach an der Saale geborene und 1933 emigrierte Historiker und Archivar Dr. Alex Bein[10] (1903–1988) im Archiv, der sich sein archivarisches Wissen bis zu seiner Entlassung 1933 am Reichsarchiv in Potsdam angeeignet hatte.[11] Er war es, der den

---

**8** Zur Biographie von Herlitz s. Herlitz, Georg: Mein Weg nach Jerusalem. Erinnerungen eines zionistischen Beamten. Jerusalem 1964.
**9** Herlitz: Weg (wie Anm. 8). S. 109.
**10** Zur Biographie Alex Beins s. Bein, Alex: „Hier kannst Du nicht jeden grüßen". Erinnerungen und Betrachtungen. Hrsg. von Julius H. Schoeps. Hildesheim u.a. 1996. Neben seiner Arbeit als Archivar machte sich Bein auch mit seiner Herzl-Biographie und der Redaktion der Tagebücher und Autobiographie von Arthur Ruppin einen Namen.
**11** Neben Herlitz und Bein arbeitete auch Dr. Israel Klausner, ein Historiker aus Litauen, seit 1936 am Zionistischen Zentralarchiv und übernahm 1956 die Stelle des stellvertretenden Direktors.

Anspruch erhob, auch Archivalien nicht-staatlicher Organisationen, wie persönliche Briefwechsel, zu sammeln:

> Dieser Name [Zionistisches Zentralarchiv] beinhaltete, daß es nicht nur offizielle Akten und Publikationen enthalten sollte, sondern alles Gedruckte und Ungedruckte, was irgendwie den Zionismus betraf, vor allem die systematische Sammlung von Privatarchiven zionistischer Persönlichkeiten. Die Wichtigkeit von Privatarchiven hatte ich ja im Reichsarchiv in Potsdam verstehen gelernt.[12]

Ohne Bein gäbe es heute sicherlich nicht so viele private Nachlässe im Zionistischen Zentralarchiv. Des Weiteren begann das Archiv auf seine Bestrebungen hin, z.B. mit Ausstellungen in die Öffentlichkeit zu treten. Bein ergriff in den 1950er Jahren die Initiative für ein Archivgesetz, das 1955 verabschiedet wurde. Er gründete 1957 den Verband der israelischen Archivare und auch der Lehrplan, der seit 1960 die Grundlage für die Archivarausbildung in Israel bildet, wurde maßgeblich von Bein mitgestaltet.[13] Der Einfluss der Jeckes auf das israelische Archivwesen lässt sich verdeutlichen, indem man sich die Liste der Direktoren des Zionistischen Zentralarchivs anschaut: Alex Bein wurde 1955 der Nachfolger von Herlitz und wurde wiederum 1971 von Michael Heymann[14] als Direktor abgelöst.

Ein weiteres öffentliches Archiv entstand durch die engagierte Arbeit des Archivars und Mitherausgebers des Jüdischen Lexikons Joseph Meisl (1882–1958), der bis zu seiner Emigration 1934 als Bibliothekar der Jüdischen Gemeinde zu Berlin arbeitete. Sein Plan war es, alle weltweit vorhandenen archivalischen Materialien zur Geschichte der Juden zu retten und in einem zentralen Archiv in Jerusalem zu sammeln. Er sah vor, Reproduktionen der Archivalien zu erstellen, die nicht im Original verfügbar waren.[15] Nach langjähriger Vorarbeit wurde 1947 das Zentralarchiv für die Geschichte der Juden (Central Archives for the History of the Jewish People) zunächst im Keller der National- und Universitätsbibliothek auf dem Skopus-Berg eröffnet.[16] Meisl hatte von der Gründung bis 1957 die Leitung dieses Archivs inne und sein Nachfolger bis in die 1980er Jahre, Daniel

---

12 Bein: Erinnerungen (wie Anm. 10). S. 280.
13 Vgl. Jütte, Robert: Der Beitrag deutsch-jüdischer Einwanderer zum Aufbau eines Archivwesens in Israel. In: Der Archivar 43,4 (1990). Sp. 396–414, Sp. 409f.
14 Heymann wurde 1928 in Freiburg im Breisgau geboren und emigrierte 1937 nach Palästina. Er arbeitete bereits seit dem Abschluss seiner Promotion 1957 im Zionistischen Zentralarchiv.
15 Bis heute werden die Bestände in folgende drei Arten unterteilt: 1) Originalakten, 2) Mikrofilme, 3) Verzeichnisse von Judenakten aus verschiedenen Archiven. Vgl. Brilling, Bernhard: Die staatlichen und öffentlichen Archive in Israel. In: Der Archivar 20,4 (1967). Sp. 397–406, Sp. 402.
16 Das Material konnte rechtzeitig vor dem Unabhängigkeitskrieg in den westlichen Teil Jerusalems verlegt werden, sodass die Benutzung weiterhin möglich war. Heute befindet sich das Archiv auf dem Campus der Jerusalemer Universität in Givat Ram.

Cohen, der 1935 von Hamburg nach Palästina emigrierte, studierte in Jerusalem und trat 1952 in den Archivdienst ein.

Ein weiteres großes Archiv, das zwar nicht von Deutschen gegründet, aber über Jahre geleitet wurde, ist das 1949 ins Leben gerufene Israelische Staatsarchiv.[17] Der 1939 von Elberfeld nach Palästina emigrierte Archivar Paul Abraham Alsberg-Alssur (1919–2006) leitete von 1957 bis 1971 dieses Archiv, nachdem er seine Studien am Jüdisch-Theologischen Seminar in Breslau und an der Hebräischen Universität abgeschlossen und die Stelle des Oberassistenten am Zionistischen Zentralarchiv 1949–1957 inne gehabt hatte. Er wurde 1971 der zweite Staatsarchivar und löste somit Alex Bein in diesem Amt ab, der das Archiv seit 1956 leitete. Auch in kleineren Archiven übernahmen Jeckes die Leitung. Der 1941 emigrierte Rabbiner Bernhard Brilling[18] (1906–1987), der zuvor das Archiv der Gemeinde in Breslau geleitet hatte, führte mehrere Jahre das Stadtarchiv Tel Aviv. Es ist offensichtlich, dass ohne den Beitrag der deutschen Einwanderer kein derartiges Archivwesen in Palästina entstanden wäre.

Anders als im Archivwesen existierten Bibliotheken bereits lange vor der 5. Alija. Mehr als 100 Jahre lang beeinflusste die deutsche Bibliothekstradition die Entstehung von Bibliotheken in Palästina und Israel.[19] Bereits 1847 wurde im preußischen Konsulat in Jerusalem die Königliche Bibliothek zu Jerusalem gegründet. Ab den 1870er Jahren entwickelten sich dann moderne jüdische Bibliotheken.[20] 1884 wurde von der B'nai Brith Loge in Jaffa die Bibliothek Shaar

---

**17** Zur Geschichte und den Beständen s. Alsberg, Paul: The Israel State Archives. Jerusalem 1991.
**18** Zur ausführlichen Betrachtung von Brillings Nachlass s. Jütte, Robert: Die Emigration der deutschsprachigen „Wissenschaft des Judentums". Die Auswanderung Jüdischer Historiker nach Palästina 1933–1945. Stuttgart 1991.
**19** „However, there is impressive continuous evidence of the impact of German librarianship, which began in the final years of Ottoman rule in Palestine (1847–1917), and continued during the period of the British mandate (1918–1948) and the first decade of the existence of the State of Israel (1948–1958)." Schidorsky: Germany (wie Anm. 5). S. 26. Eine gute Übersicht über die weltweite Vielfalt jüdischer Bibliotheken durch die Jahrhunderte ist zu finden in Kirchhoff, Markus: Häuser des Buches. Bilder jüdischer Bibliotheken. Leipzig 2002.
**20** Die Besonderheit dieser modernen Bibliotheken liegt in der zumeist säkularen Literatur. Vor dem Beginn der Einwanderung in den 1880er Jahren gab es fast ausschließlich religiöse Büchersammlungen in Palästina. Erst mit den Juden, die in Europa die Aufklärung erlebt hatten, kam das Bedürfnis nach säkularer Literatur ins Land, welche die religiösen Büchersammlungen in den Jeshivot und Batei Midrasch in Palästina nicht in ihren Beständen hatten. Auch der praktische Grund, dass man Literatur über die Landwirtschaft benötigte, erklärt das Aufkommen neuer Bibliotheken. Vgl. Sever, Shmuel: The Melting Pot of Library Traditions. The Case of Israel. In: Journal of Library History 20 (1985). S. 253–266.

Zion (Tor Zions)[21] gegründet, aus der sich später die Stadtbibliothek Tel Aviv entwickelte, eine der wenigen Bibliotheken, die seit ihrer Gründung ohne Unterbrechung besteht. Ziel war es, nach dem zionistischen Ideal ihrer Gründer eine Bibliothek als zentralen Ort für das Erziehungssystem, die Renaissance der hebräischen Kultur und die Idee des Nationalismus entstehen zu lassen. Dort arbeiteten auch Heinrich Loewe und Curt David Wormann, die beide bedeutenden Einfluss auf die Entwicklung des Bibliothekswesens in Palästina ausübten. Neben dieser größten Bibliothek in Tel Aviv existierten während des Britischen Mandates weitere sieben, in denen auch deutschsprachige Juden führende Positionen inne hatten. So leitete der in Lemberg geborene Rabbi Reuven Margaliot (1889–1971) seit seiner Emigration 1935 bis 1960 die Rambam Bibliothek in Tel Aviv. Sein Stellvertreter Dr. Azriel Hildesheimer emigrierte in den 1930er Jahren, nachdem er im Berliner Rabbiner-Seminar als Assistent in der Bibliothek gearbeitet hatte.

Von 1933 bis 1947 übernahm Heinrich Loewe[22] (1869–1951) die Leitung der Bibliothek Sha'ar Zion. Er stammte aus Wanzleben bei Magdeburg und war einer der ersten führenden Zionisten Deutschlands. Neben seiner Tätigkeit als Bibliothekar in der Staatsbibliothek zu Berlin (1899–1933), wo er wegen der NS-Gesetze seine Stellung verlor, war er auch als Historiker in der Lehre tätig. Bekannt wurde er vor allem durch sein Eintreten für den Zionismus in Deutschland. Heinrich Loewe war der erste ausgebildete Bibliothekar in Tel Aviv. Er übte fortan den größten Einfluss auf das Bibliothekswesen in Palästina aus. Er hatte bereits in Deutschland mit seinem Fachwissen und zionistischen Gedanken in vielen Artikeln und zwei großen programmatischen Schriften zum theoretischen und praktischen Aufbau der Bibliotheken in Palästina für eine Nationalbibliothek in Jerusalem geworben.[23]

> Es ist daher eine einfache Folge aus der Existenz einer jüdischen Nation, die den Anspruch erhebt, ein Kulturfaktor in der Menschheit bleiben zu wollen, dass sie daran geht, ihre geistigen Schätze in einer Bibliothek zu sammeln, die eben allein durch ihre Existenz national ist. Das Bestehen einer jüdischen Literatur, einer jüdischen Wissenschaft ergibt die unabweisbare Notwendigkeit einer jüdischen Nationalbibliothek.[24]

---

**21** Zu den Bibliotheken in Tel Aviv während der Britischen Mandatszeit s. Schidorsky, Dov: The Municipal Libraries of Tel Aviv during the British Mandate, 1920–1948. In: Libraries and Culture 31 (1996). S. 540–556.
**22** Zur Biographie s. Weinberg, Jehuda Louis: Heinrich Loewe. Jerusalem 1946.
**23** Loewe, Heinrich: Eine Jüdische Nationalbibliothek. Berlin, Basel 1905; Loewe, Heinrich: Jüdisches Bibliothekswesen im Lande Israel. Jerusalem 1922. Zu den Aufsätzen s. Schidorsky: Germany (wie Anm. 5). Fußnote 14.
**24** Loewe: Nationalbibliothek (wie Anm. 23). S. 7f.

Vor dem Hintergrund der sich zu seiner Zeit im Aufbau befindenden Zentralbibliothek in Posen ist Loewes Konzept der Einheitsbibliothek zu sehen, eine Bibliothek für Nutzer aller Gesellschaftsschichten, sodass sich jeder nach seinem Stand weiterbilden könne. Er sah die Bibliothek als Vorbedingung für die Gründung einer Universität an, da ohne Bücher kein Lernen möglich sei. Loewe übernahm dabei in seinem Konzept die wichtigsten Organisationspunkte des deutschen Bibliothekswesens für die Katalogisierung und Aufstellung. Auch sollte Deutsch die Sprache der Transliterationen werden.

Die Idee einer Nationalbibliothek[25] in Jerusalem, in der alle von Juden verfasste Literatur gesammelt wird, geht auf Jehoshua Heschel Lewin im Jahr 1872 zurück. Es gab mehrere Vorgängerbibliotheken, die jedoch nicht lange Bestand hatten. 1892 gründete die B'nai Brith Loge die Bibliothek Midrasch Abrabanel[26], welche Keim der Nationalbibliothek werden sollte. Ohne die finanzielle und konzeptuelle Hilfe des Arztes Dr. Joseph Chasanowitz aus Bialystok wäre dieses Vorhaben aber nie zu Ende gebracht worden. Er machte das Sammeln von Büchern zu seiner Lebensaufgabe, spendete seine private Sammlung und akquirierte Unmengen von Buchspenden. Dafür stellte die B'nai Brith Loge einen Teil ihres Gebäudes ab 1902 für die gesammelten Bücher zur Verfügung. Anfang des 20. Jahrhunderts war es die größte Bibliothek Palästinas mit den bedeutendsten Sammlungen. Aber es fehlte an einem professionellen Bibliothekar, der den Massen an Büchern eine Systematik geben konnte. 1920 wurde die Zionistische Organisation Trägerin der Jüdischen Nationalbibliothek, wie sie seitdem hieß.

Der erste Direktor von 1920 bis 1935 wurde jedoch nicht Loewe, sondern der Philosoph Hugo Shmuel Bergmann[27] (1883–1975), der bis zu seiner Emigration 1920 als Bibliothekar an der deutschsprachigen Universität Prag gearbeitet und sich stark in der Histadrut, der sozialistisch-zionistischen Arbeitergewerkschaft, engagiert hatte. Obwohl er mit dem deutschen System einer Magazinbibliothek vertraut war, übernahm er das nutzerfreundlichere amerikanische System mit

---

**25** Zum Konzept, Geschichte und Sammlungen der Bibliothek s. u.a. Weldler, Norbert: Die Jüdische National- und Universitätsbibliothek in Jerusalem. Ihr Werden und Wirken. Hrsg. vom Schweizerischen Verband der Freunde der Hebräischen Universität Jerusalem. Zürich 1957; Schidorsky, Dov: Jewish Nationalism and the Concept of a Jewish National Library. In: Library Archives and Information Studies. Hrsg. von Dov Schidorsky. Jerusalem 1989 (Scripta Hierosolymitana 24). S. 45–74; Joel, Jonathan: The Jewish National and University Library, Jerusalem. In: Alexandria 12,2 (2000). S. 99–112.
**26** Benannt wurde die Bibliothek in Erinnerung an den 400. Jahrestag der Vertreibung der Juden aus Spanien nach dem Bibelkommentator und Philosoph Don Issak Abrabanel, der als Finanzier der spanischen und portugiesischen Könige arbeitete.
**27** Zur Biographie s. Sambursky, Miriam (Hrsg.): Shmuel Hugo Bergman. Tagebücher und Briefe 1901–1975. Bd. 1. 1901–1948. Königstein/Ts. 1985.

offenen Regalen und themenorientierter Systematik.[28] Da sehr wenig Geld zur Verfügung stand und die Bestände systematisch ergänzt werden mussten, gründete er Gesellschaften im Ausland, welche die Bibliothek mit Büchern und Geld unterstützen sollten. Ein Brief an Martin Buber aus dem Jahr 1924 zeigt deutlich die damalige Situation:

> Ich möchte Sie auch meinerseits bitten, für die Bibliothek bei Ihren Freunden einiges zu tun. Wir sind in der paradoxen Lage, nicht einen Kreuzer für den Ankauf von Büchern und für das Abonnement von Zeitschriften ausgeben zu dürfen, dabei aber doch die Bedürfnisse einer in den letzten Jahren rapid wachsenden Leserschaft mit wissenschaftlichen Interessen befriedigen zu müssen. Es gelingt uns immerhin, monatlich tausend Bände neu zu katalogisieren, von denen nur ein kleiner Teil wertlos ist. Mein Bestreben geht jetzt vor allem dahin, die Bibliothek systematisch zu ergänzen und den wahllosen Zufluss von Büchern, der in den letzten Jahren, so lange wir nichts hatten, notwendig war, zu ersetzen durch solche Bücher, welche von Fachmännern einzelner Gebiete für uns gesammelt werden. [...] Ich wäre Ihnen sehr dankbar, wenn Sie uns durch einige Briefe an Verleger in dieser Beziehung helfen könnten und vor allem auch, wenn Sie bei den Ihnen befreundeten Autoren Interesse für die Bibliothek wecken würden.[29]

Bergmann hatte mit seiner Methode großen Erfolg und konnte die Bestände um ein Vielfaches vergrößern. Des Weiteren begann Bergmann, Spezialisten für die Sammlungen bestimmter Fachgebiete anzustellen. Gershom Scholem[30] (1897–1982) übernahm für vier Jahre die Hebraika-Sammlung und führte 1927 ein amerikanisches System zur Katalogisierung von Judaica ein, das bis heute als Scholem-Methode[31] bekannt ist. Nach der Gründung der Hebräischen Universität übernahm die Bibliothek auch noch die Aufgabe der Universitätsbibliothek und erhielt daher 1925 ihren heutigen Namen Jüdische National- und Universitätsbibliothek. Bergmann realisierte somit die Pläne Loewes für eine Einheitsbibliothek. 1930 zog die Bibliothek in ein neues Gebäude auf dem Skopus-Berg um und konnte so den durch Buchspenden aus dem Ausland und Abgabe von Pflichtexemplaren rasant wachsenden Bestand gut unterbringen.

Der Orientalist Gotthold Weil (1882–1960), ehemaliger Direktor der Abteilung für Orientalistik an der Preußischen Staatsbibliothek und Dozent für Semitistik, leitete die Bibliothek von 1935 bis 1946. Er führte nicht die Systeme Bergmanns weiter, was dieser bereits 1935 beim Amtsantritt Weils kommen sah: „In der Bib-

---

28 Vgl. Sever: Melting Pot (wie Anm. 20). S. 256f.
29 Sambursky: Bergman (wie Anm. 27). S. 185f.
30 Scholem kam bereits 1923 nach Palästina. Er hat die Erforschung der jüdischen Mystik maßgeblich vorangetrieben. Sein Nachlass liegt heute in der Jüdischen National- und Universitätsbibliothek.
31 Vgl. Kirchhoff: Häuser (wie Anm. 19). S. 77.

liothek hat mein Nachfolger, Professor Weil aus Frankfurt, mit mir zu arbeiten begonnen. Er wird wahrscheinlich vieles anders machen, als ich es gemacht habe, vieles niederreißen, was ich gebaut habe."[32] Er übernahm das deutsche System der wissenschaftlichen Bibliothek mit geschlossenen Magazinen und dem numerus-currens-System und legte somit den Fokus auf eine strenge Ordnung.[33]

Curt David Wormann (1900–1991) war von 1948 bis 1968 Leiter der Jüdischen National- und Universitätsbibliothek. Zuvor (1937–1947) leitete er die Abteilung für Fremdsprachen in der Stadtbibliothek Tel Aviv. Er war in Deutschland bereits Direktor verschiedener öffentlicher Bibliotheken und Dozent für Bibliothekswissenschaft gewesen und führte die strenge deutsche Organisation Weils fort. Nach dem Unabhängigkeitskrieg 1948 war die Bibliothek im Osten Jerusalems nicht mehr zugänglich und Wormann musste eine zweite Bibliothek im Westen der Stadt zusammenstellen, deren Neubau 1960 in Givat Ram fertiggestellt wurde. Ein weiteres seiner Verdienste ist die 1956 gegründete Schule für Bibliothekswissenschaften und Archivarstudien an der Jerusalemer Universität.[34] Auch der Nachfolger Wormanns war ein deutschsprachiger Jude, Reuven Yaron (geb. 1924), der 1939 nach Palästina emigrierte. Die Jüdische National- und Universitätsbibliothek bot auch vielen anderen deutschen Emigranten eine neue Wirkungsstätte.[35]

Allein an den Mitarbeiterlisten der Archive und Bibliotheken in Palästina lässt sich der bedeutende Beitrag der deutschen Einwanderer zur Entwicklung dieser Institutionen ablesen. Die Mehrzahl der Emigranten brachte ihr Fachwissen mit und bekam dementsprechend eine Anstellung. Dies war nicht bei allen Fachbereichen der Fall, vor allem Mediziner und Juristen hatten es zu Beginn schwer, einen Arbeitsplatz zu finden, da die meisten Stellen bereits von früheren Einwanderern besetzt waren. Da Archiv- und Bibliothekssysteme zu der Zeit kaum vorhanden waren, konnten sie mit ihrem Fachwissen neue Institutionen gründen und dabei die Strukturen aus Deutschland übernehmen. Zudem schufen die neuen Archive und Bibliotheken nicht nur Arbeitsplätze, sondern ermöglichten den WissenschaftlerInnen unter ihnen auch eine Fortsetzung ihrer Forschung. Die Archiv- und Bibliotheksgeschichte Israels ist somit zugleich eine Migrationsgeschichte des preußischen Ordnungssinns.

---

32 Sambursky: Bergman (wie Anm. 27). S. 398.
33 Vgl. Schidorsky: Germany (wie Anm. 5). S. 34.
34 Zur Geschichte s. Sever, Shmuel: Library Education in Israel. In: Journal of Education for Librarianship 21,3 (1981). S. 208–234.
35 Schochow: Bibliothekare (wie Anm. 3) zählt zehn weitere deutsche Juden, die nach der Emigration an der National- und Universitätsbibliothek arbeiteten.

Moshe Zimmermann
# Deutsche Denk- und Organisationsmuster im israelischen Sport

Die deutschen Juden als Erben und Vererber der deutschen Kultur zu bezeichnen ist bereits eine Plattitüde geworden. Diese Plattitüde assoziiert sich in der Regel mit Namen wie Moses Mendelssohn, Hermann Cohen, Max Liebermann, Max Reinhardt, Albert Einstein etc., kurz, mit der so genannten hohen Kultur und mit der Wissenschaft. Mittlerweile lernt man auch die populäre Kultur als Kultur anzuerkennen – und so gelangen auch Künstler aus der Film-Branche wie Ernst Lubitsch oder Billy Wilder auf die Liste der jüdischen Vertreter der deutschen Kultur, die in der deutschen Kultur – das war ja scheinbar am wichtigsten – einen bedeutenden Beitrag leisteten. Dass die deutsche Kultur mit der Einwanderung von Juden aus Mitteleuropa nach Palästina die neue jüdische Gesellschaft stark beeinflusste, ist auch allgemein bekannt und anerkannt. Dort, um ein Beispiel zu nennen, wo früher in Tel Aviv eine deutsche Templerkolonie stand, wo auch Kaiser Wilhelm II. bei seinem Palästina-Besuch 1898 im Hotel untergebracht wurde, tragen heute die Straßen die Namen Bertold-Auerbach-Straße, Emil-Franzos-Straße, Jakob-Wassermann-Straße, Baer-Hoffmann-Straße – jüdische Namen, die aus der deutschen Literatur bekannt sind. Da seinerzeit eine Straße nicht nach einem getauften Juden benannt werden durfte, umging man die Regelung im Fall Heinrich Heine durch die Nennung der nächsten Straße in diesem Viertel Rabi-von-Bacharach-Straße.

Dass in der Darstellung des Beitrags der Juden zur deutschen Kultur bzw. der Beeinflussung der israelischen Kultur durch das deutsche Kulturerbe die Turn- und Sportkultur lange ignoriert wurde, verwundert nicht. Es hatte zweierlei Gründe. Erstens galt, wie bereits erwähnt, diese Tätigkeit nicht als Kultur im „eigentlichen" Sinne, und zweitens wurde die Teilnahme von Juden am deutschen Turnen und Sport nicht wahrgenommen. Bis auf die eingewanderten Sportler selbst und die wenigen professionelle Historiker, die sich mit dem jüdischen Sport befassen, haben sowohl Wissenschaftler als auch die Öffentlichkeit der Nachkriegszeit diese Aktivität von Juden nicht gekannt bzw. nicht ernst genommen und schon gar nicht als respektables Forschungsobjekt betrachtet. Allerdings gibt es bezüglich der Einstellung zum jüdischen Sport einen großen Unterschied zwischen der alten und der neuen Welt. In Amerika begriff man früh genug, welche Rolle der Sport in der Kultur einnimmt, und darüber hinaus auch, welche Bedeutung der Sport für die amerikanischen Juden errang. Der bekannteste jüdische Schriftsteller Amerikas, Philip Roth, hat es auf den Punkt gebracht:

„In my scheme of things, Slapsie Maxie[1] was more a remarkable Jewish phenomenon than Dr. Albert Einstein." Nur zögernd und verspätet wurde die Bedeutung des Sports für die europäischen Juden bewusst wahrgenommen und zu einem Gebiet der historischen Forschung. In Israel blieb der Sport, dem Mythos des Muskeljudentums zum Trotz, beim Thema Kultur im Abseits.

Ein Forschungsprojekt, das sich mit dieser Thematik auseinandersetzt, wurde von der niedersächsischen Regierung gefördert und von der Universität Hannover von deutscher Seite und der Hebrew University Jerusalem von der israelischen Seite durchgeführt. Die Ergebnisse liegen seit August 2013 in Buchform vor.[2] Der folgende Beitrag wird die Befunde dieses Projekts in den Vordergrund stellen.

Am Anfang stand das Turnen. Turnvater Jahns Idee von der Körperertüchtigung im Dienste der deutschen Nation und des deutschen Volkstums hat die Juden in Deutschland inspiriert und dazu motiviert, am deutschen Turnen teilzunehmen, um somit ihre Zugehörigkeit zur deutschen Nation zu beweisen. Als aber in der deutschen Turnerschaft antisemitische Stimmen laut wurden, die bis hin zum Verlangen nach einem „Arierparagraphen" reichten (in Österreich um die Jahrhundertwende), haben einige Juden den Spieß umgedreht und in Deutschland jüdische Turnvereine gegründet: die Jahn'sche Idee im Dienste der jüdischen Nation. Turnvater Jahn, selbst ein Antisemit, verwandelte sich zum Patriarchen des neuen „Muskeljudentums". In der *Jüdischen Turnzeitung* wurde seine Person als solche dargestellt und verehrt[3]. So oder so, die jüdischen Turner mit deutschem Nationalbewusstsein, oder auch die mit jüdischem Nationalbewusstsein, haben die Jahn'sche Tradition verinnerlicht und weitergegeben.

Gegen Ende des 19. Jahrhunderts begann der Sport, quasi als englisches Exportprodukt, sich im Kontinent zu verbreiten. Juden haben an der Verbreitung des Sports in Deutschland mitgewirkt: Sie gehörten zu den Gründern des deutschen Fußballs und des DFB, wie z.B. Gus und Fred Manning, wie auch zu den Pionieren des Sport-Journalismus, wie Walther Bensemann, der Gründer und Herausgeber der Fußballzeitschrift *Kicker*[4]. Der Prozess der Assimilation der deutschen Juden verlief also sowohl mit Hilfe des deutschen Turnens als auch über diese angeblich „undeutsche", aber populäre Art der Körperertüchtigung,

---

1 Boxer Max Rosenbloom, 1907–1976, jüdischer Weltmeister im leichten Schwergewicht 1932/34. Bekannt auch durch seine Rollen in Hollywood-Filmen.
2 Pfeiffer, Lorenz u. Zimmermann, Moshe (Hrsg.): Sport als Element des Kulturtransfers. Göttingen 2013.
3 Theobald Scholem. In: Jüdische Turnzeitung. Januar 1902.
4 Siehe Beyer, Bernd-M.: Der Mann, der den Fußball nach Deutschland brachte. Das Leben des Walther Bensemann. Göttingen 2003.

die man Sport nennt.⁵ Jüdische Sportler befanden sich bereits in der Kaiserzeit in der ersten Reihe der deutschen Sportler, sowohl unter den Olympischen Medaillengewinnern (Alfred und Gustav Flatow im Turnen 1896 in Athen) als auch in der Fußballnationalmannschaft (Gottfried Fuchs und Julius Hirsch). In der Weimarer Zeit gab es eine rege Teilnahme von Juden sowohl in den paritätischen, also allgemeinen, Sportvereinen wie auch in jüdischen Vereinen – *Makkabi*, *Schild*, *Vintus* und andere. Dass *Schild*-Sportler zwischen 1926 und 1932 elf deutsche Meistertitel in Jiu-Jitsu holten, schien das Image des schwachen Juden zu widerlegen, während die steigende Zahl der *Makkabi*-Mitglieder dem Mythos vom neuen Muskeljuden und dem Zionismus Vorschub leistete.

Der Zionismus machte die entscheidende Schnittstelle zwischen deutscher bzw. mitteleuropäischer Turn- und Sport-Tradition und Sport in Palästina (Eretz Israel) aus. Vor allem seit der Entstehung der Weltorganisation *Makkabi* 1921, d.h. der internationalen zionistischen Sportorganisation, wurde allen klar, dass der jüdische Nationalismus, der Zionismus, den Sport als Eckpfeiler empfand. Mit der Auswanderung von Juden aus Mitteleuropa, wo *Makkabi* und die anderen jüdischen Sportorganisationen stark präsent waren, und zwar besonders seit 1933, wurde dieser Kulturtransfer aus Mitteleuropa möglich – nach Amerika oder nach Shanghai⁶, aber auch nach Palästina.

Turnen und Sport gab es im *Jischuw* in Palästina spätestens seit Gründung des ersten Turnvereins im Lande 1906 oder seitdem 1912 die Dachorganisation *Makkabi* mit 10 Vereinen im Lande entstand. Bereits zu jener Zeit hat der israelische „Turnvater" Zwi Nishri eine Turnphilosophie und Praxis eingeführt, die schwedische und deutsche Turnmethoden kombinierte.⁷ Doch erst nach dem Ersten Weltkrieg kann von einer verbreiteten und populären Turn- und Sportkultur in Palästina gesprochen werden. Unter britischer Mandatsherrschaft war selbstverständlich der direkte Einfluss des englischen Sports zu erkennen. Doch war es vor allem die Einwanderung von Juden aus Europa, die den Charakter der Körperkultur im jüdischen Palästina bestimmte. Dabei ging es an erster Stelle um die Aufgabe des Turnen und Sports im Dienst der „nationalen Wiedergeburt" und um die Erziehung zum Sport, aber auch um den organisatorischen Rahmen des Sports und um die Sportarten, die man entwickelte. Anders als in Indien oder

---

5 Meisl, Willy u. Pinczower, Felix: Sport. In: Juden im deutschen Kulturbereich. Hrsg. von Siegmund Kaznelson. Berlin 1962. S. 926–936.
6 Vgl. Lichtblau, Albert: Kulturtransfer, Netzwerk und Schlammschlacht. Exilfußball in New York und Shanghai. In: Jüdischer Sport und jüdische Gesellschaft. Hrsg. von Tonie Niewerth u.a.. Berlin 2010. S. 299–318.
7 Ram, Izack: European Influence on the Development of Physical Education in the Land of Israel 1880–1914. In: Sport and Physical Education in Jewish History. Hrsg. von George Eisen u.a. Wingate 2003. S. 130f.

anderen britischen Kolonien konnte die „britischste" aller Sportarten, Kricket, im Britischen Mandatsgebiet Palästina nicht Fuß fassen und auch der Fußball stand taktisch mehr im Zeichen des österreichischen kurzen Passes als dem „hit and run"-System der Engländer. Anders als in Irland[8] gab es im jüdischen Nationalismus wenig Anhaltspunkte für „ursprünglich" nationale Sportarten, und der spezifisch jüdische oder zionistische Charakter der Körperkultur beschränkte sich vornehmlich auf die „Übersetzung" des mitteleuropäischen Vorbilds in jüdische bzw. zionistische Formen oder in der Rückbesinnung auf angeblich biblische Sportarten. Auch diese Rückbesinnung auf den jüdischen Sport der Antike und des Mittelalters bzw. die Erfindung dieser Tradition darf eher als deutschjüdisches Kulturerbe bezeichnet werden.[9]

„Muskeljudentum" war seit 1898 eine Parole der Zionisten, seitdem der Arzt und Schriftsteller Max Nordau, damals die Nummer Zwei in der Hierarchie der zionistischen Organisation, seine programmatische Rede über den neuen „Muskeljuden" als zionistische Vision vor dem 2. Zionistenkongress in Basel vortrug. Doch nicht alle Zionisten betrachteten (wie Nordau) den Sportler als Personifizierung des Muskeljuden. Wie für A. D. Gordon, den in Palästina lebenden, aus Osteuropa kommenden Propheten der zionistischen „Religion der Arbeit", war für die Mehrheit der palästinensischen Zionisten der Bauer das Modell des Muskeljuden, nicht der Sportler. Das änderte sich mit der „5. Alija" (Einwanderungswelle aus Europa nach Palästina in den 1930er Jahren), die zum großen Teil aus dem „Dritten Reich" kam. Dabei war auch hier die Jahn'sche Tradition nicht nur auf das Sportfeld konzentriert – für Zionisten wie für ihren deutschen Vorbilder galten Turnen und Sport auch als Instrumente der Stärkung der Wehrkraft bzw. als paramilitärische Tätigkeit. So oder so wurden nun Turnen und Sport als Mittel zum Erreichen des zionistischen Ziels aufgewertet. In der Schule, in den paramilitärischen Organisationen des *Jischuws* wie auch in den Sportvereinen wurde für die „Körperertüchtigung" gesorgt.

Als Juden Mitteleuropa verlassen mussten, war Palästina für die Spitzensportler kein bevorzugtes Auswanderungsziel. Der Tennisspieler Daniel Prenn ging nach England, die Hochspringerin Gretl Bergmann nach Amerika, die Leichtathletin Martha Jacob nach Südafrika. Die, die nicht auswandern wollten oder konnten, wählten den Freitod, wie die Tennis-Meisterin Nelli Neppach, oder wurden deportiert und ermordet, wie die beiden Flatows, die Fußballer Julius

---

**8** Vgl. Cronin, Michael: Sport and Nationalism in Ireland. Dublin 1999.
**9** Hierzu Muntner, Süssmann: Talmud, Körperpflege und Gymnastik. In: Jüdische Turn- und Sportzeitung. November 1920, S. 5. Pinczower, Felix: Der jüdische Läufer. Berlin 1937. Der Versuch allerdings, den Marathon-Lauf durch einen *Isch-Benjamin*-Lauf zu ersetzen, ist gescheitert.

Hirsch und Fritz Leiser oder die Leichtathletin Lilli Henoch.[10] Auch die meisten Stars der Fußballmannschaft *Hakoah* Wien haben bereits in den 1920er Jahren die Vereinigten Staaten vorgezogen, wohin sie das große Geld und die besseren Bedingungen gelockt hatten. Aber eine substantielle Zahl von Sportlern, die auch das Sportleben am Zielort der Auswanderung beeinflussen konnten, ging nach Palästina.

Der Turn- und Sportunterricht war bereits vor dem Ersten Weltkrieg von einer deutsch-jüdischen Stiftung (*Ezra*) finanziert und teilweise von Lehrern, die in Deutschland ihren Beruf erlernt hatten, betreut worden. Dazu war der erste jüdische Turnverein in Jaffa auch mit „deutscher Methode" geführt.[11] Auch der *Makkabi*-Verein in Haifa ist ein Beispiel für den frühen Transfer der Turn- und Sporttradition aus Deutschland. Zwei „Bar Kochbaner" aus Berlin, Elias Auerbach und Ernst Hermann, gründeten den Verein bereits 1912. Doch zu einem verbreiteten Einfluss der mitteleuropäischen Sporttradition kam es erst in den 1920er und vor allem in den 1930er Jahren.

Die Fußballmannschaft *Hakoah* Wien besuchte Palästina zweimal während der Meisterschaftssaison 1924–25, und für die Fußballliga in Palästina, die 1928 ins Leben gerufen wurde, war das System des *Hakoah*, nicht der Fußballstil der englischen Mandatsmacht tonangebend. Später kamen der Gründer von *Hakoah*, Ignaz Koerner, und auch ehemalige *Hakoah*-Spieler nach Palästina. Zwei von ihnen wurden Trainer, sogar Trainer der israelischen Nationalmannschaft. Der erste war Egon Pollack (1898–1981), seit 1934 Trainer von *Makkabi* Tel Aviv, 1938 Trainer der Nationalmannschaft und erneut 1948. Pollacks Nachfolger als Nationaltrainer im Jahr 1949 war auch ehemaliger *Hakoah*-Spieler: Lajos (Alois) Hess (1903–1956). Auf diesem Gebiet war also der Einfluss Mitteleuropas in der Geburtsstunde Israels eindeutig. Dieser Einfluss wurde auch durch die spätere Tätigkeit Egon Pollacks als Sportjournalist weiter bekräftigt. Ein Blick in die Aufstellungsliste der wichtigsten Fußballmannschaften der 1930er und 1940er Jahre zeigt, welche Rolle die Einwanderer aus Deutschland, Österreich, der Tschechoslowakei und Ungarn gespielt haben. Simon („Lumek") Rotner (bis 1923 *Hakoah* Wien), Ferenz (Peri) Neufeld aus Ungarn (1934 eingewandert) und Heinz Goldmann aus Düsseldorf (1934 eingewandert), wie auch Simon („Sim") Leiserowitsch aus Berlin (bei Hertha und Tennis Borussia Berlin, 1933 eingewandert), Josef Liebermann und Herbert Meitner, zwei legendäre Stürmer, die in den 1930er

---

**10** Vgl. Bahro, Berno u.a. (Hrsg.): Vergessene Rekorde. Jüdische Leichtathletinnen vor und nach 1933. Berlin 2009.
**11** Hierzu Ashkenazi, Ofer: Deutsch-jüdische Athleten und die Entstehung einer zionistischen (trans)nationalen Kultur. In: Pfeiffer u. Zimmermann (Hrsg.): Sport als Element des Kulturtransfers (wie Anm. 1). S. 14–48.

Jahren von Österreich nach Palästina auswanderten, waren Nationalspieler und sind Beispiele für die Einführung des mitteleuropäischen Spielsystems im palästinensischen Fußball. Aber es ging um mehr als nur um den Fußball: In der Wasserballmannschaft von *Makkabi* Haifa spielten in den 1930er Jahren hauptsächlich Einwanderer aus Mitteleuropa.

Die in Palästina abgehaltenen *Makkabiaden*, eigentlich als jüdische Version der Olympischen Spiele konzipiert, ermöglichten u.a. die Vorstellung von in Palästina wenig oder unbekannten Sportarten, wie Dressurreiten, Hockey, Rudern oder Fechten, die alle in Mitteleuropa populär waren. Vor allem war es aber die zweite Makkabiade[12] – die im Jahr 1935 in Tel Aviv stattfand, also zwei Jahre nach dem Aufstieg der NSDAP zur Macht –, die zur Motivatorin und Schleuse für die Einwanderung von Sportlern aus Deutschland nach Palästina geworden ist. 1935 erreichte die Zahl der in jüdischen Sportvereinen organisierten Sportler in Nazi-Deutschland den Rekord von ca. 40.000. Die Makkabiade gab diesen jüdischen Sportlern aus Deutschland, die ja seit 1933 nur untereinander konkurrieren durften, die seltene Gelegenheit, international aufzutreten. Die Zahl der Goldmedaillen der österreichischen Makkabia-Mannschaft war zwar größer als die der deutschen (8, darunter Handball, Fechten und 4×100-Meter-Staffel der Frauen), aber in der Leichtathletik hat Deutschland die meisten Medaillen gewonnen.[13] Mitteleuropa erwies sich insgesamt als stärkere Sportregion der *Makkabi*. Die deutsche Delegation war außerdem eine der zahlenmäßig stärksten in dieser Makkabiade (die Delegation, samt Funktionären, war 388 Personen stark). Mehr noch: Die Makkabiade wurde als Vorwand benutzt, um Palästina nicht nur als Touristen zu bereisen, sondern um dorthin (aus der Sicht der britischen Mandatsmacht illegal) auszuwandern und somit die restriktiven Einwanderungsbestimmungen der Briten von 1931 zu umgehen. Mit anderen Worten, der Transfer der Sportkultur aus Deutschland nach Palästina ging nunmehr zusammen mit der tatsächlichen Auswanderung, besser gesagt: Flucht von Sportlern gen Palästina.

Bis 1937 wanderten etwa 4.000 *Makkabi*-Mitglieder nach Palästina aus, bis zum Kriegsausbruch mindestens noch 1.000 aus dem „Großdeutschen Reich". Die Zahl der nach Eretz Israel ausgewanderten *Schild*-Sportler ist nicht bekannt, aber sicherlich kleiner. Doch diese Zahlen, verglichen mit der Zahl der bisher im organisierten Sport in Palästina Aktiven, lässt kein Zweifel an der starken Präsenz

---

12 Dazu: Wahlig, Henry: Die Beteiligung jüdischer Sportler aus Deutschland an der Makkabia. In: Pfeiffer u. Zimmermann (Hrsg.): Sport als Element des Kulturtransfers (wie Anm. 2). S. 73–98.
13 Nach einem Punktesystem stand am Ende doch Österreich an erster Stelle und Deutschland auf Platz 2. Insgesamt standen also die mitteleuropäischen Makkabbia-Sportler eindeutig auf Platz 1. Siehe: Die Ergebnisse der 2. Makkabia. In: Doar Hayom 17.5.1935.

und dem deutlichen Einfluss der deutschen Körperkultur auf den *Jischuw*.[14] Mannschaftssportarten wie Handball oder Hockey waren in Palästina bis zur Staatsgründung quasi ein Monopol der mitteleuropäischen Alija (Einwanderung) und in anderen Sportarten wie Fechten oder Schwimmen zeichneten sich frühere *Makkabi*-Sportler aus Deutschland oder *Hakoah*-Sportler aus Wien aus.[15] Der Schwimmtrainer Ernst Weigler von *Hakoah* Wien kam bereits nach der ersten Makkabiade und in den nächsten Jahren folgten Schwimmer und Wasserballspieler wie Georg Flesch, Judith Deutsch oder Edith Tein.[16] Eingewanderte Sportler konnten übrigens auch jenseits des Sports bekannt werden, wie der 100-Meter-Läufer Kurt Levin, Medaillengewinner der 2. Makkabia, der nach dem Krieg erster israelischer Konsul in Österreich wurde.

Die deutschen Juden, die aus der Gesellschaft des „Dritten Reiches" ausgestoßen wurden und sich deshalb für die Auswanderung bzw. Flucht nach Palästina entschieden, blieben jedoch auch nach der Auswanderung ihrer alten Einstellung zur deutschen Tradition und Erziehung treu, nicht nur im Bereich des Sports. Sie haben sich auch im Prozess der Integration im *Jischuw* weiterhin als Träger der deutschen Kultur verstanden, wofür sie auch viel Kritik und Häme ernteten. Egal ob in der Einhaltung der „deutschen Tugenden", in der Kaffeekultur, in der Umsetzung der Idee der Jugendbewegung oder im Sport – die kritische Masse an in Mitteleuropa erzogenen Juden wurde seit 1933 erreicht und die Präsenz der deutschen Kulturtradition in Palästina war unverkennbar. Wo der „deutsche Einfluss" weniger direkt war, konnte er erfolgreich werden, wie am Beispiel der Qualität von hergestellten Produkten, Architektur oder auch bei Körperkultur und Sport feststellbar. Dort aber, wo diese Tendenzen auch mit der Benutzung der deutschen Sprache verbunden waren, stieß man auf offenen Widerstand des meist aus Osteuropa eingewanderten *Jischuws*, manchmal auch auf Gewaltausbrüche.[17] Kurz vor der 2. Makkabia warf man den *Makkabia*-Organisatoren in Palästina vor, der deutschen Sprache zu viel Raum zu gewähren. Die *Makkabi* reagierte apologetisch:

---

**14** Bernett, Hajo: Der jüdische Sport im nationalsozialistischen Deutschland 1933–1938. Schorndorf 1978. S. 113; Skrentny, Werner: Die Blütezeit des jüdischen Sports in Deutschland 1933–1938. In: Davidstern und Lederball. Hrsg. von Dietrich Schulze-Marmeling. Göttingen 2003, S. 190.
**15** Ashkenazi: Deutsch-jüdische Athleten (wie Anm. 11). S. 32; Atlasz, Robert: Barkochba. Makkabi – Deutschland. 1898–1938. Tel Aviv 1977. S. 116.
**16** Yaron, Uri u. Sivor, David: Grundriss der Geschichte des Wassersports in Israel. In: Körperkultur und Sport in Israel im 20. Jahrhundert. Hrsg. von H. Kaufmann u. Hagaj Harif. Jerusalem 2002. S. 258f. (Hebr.).
**17** Gelber, Yoav: New Homeland. Jerusalem 1990 (Hebr.). S. 553.

> Trägt allein die *Makkabi* die Schuld für die Benutzung von Fremdsprachen im Lande? [...] Nur ein Vorwurf war berechtigt – der Briefwechsel der *Makkabi* Zentrale in deutscher Sprache [...] aber weiß der Kritiker nicht, dass im Ausland Juden nicht unbedingt Hebräisch können? [...] Und den Fehler, die Veröffentlichung einer Annonce in hebräischer und deutscher Sprache, die soll man nicht überbewerten. Ist Herrn Benajahu nicht bekannt, dass die Mehrheit der aus Deutschland kommenden Einwanderer, die *Makkabim* sind, die hebräische Sprache nicht beherrschen und dass die Zahl der Einwanderer aus Deutschland unter den Teilnehmern der *Makkabi*-Tagung sehr groß ist?[18]

Bereits im Jahr 1933 hat der Sportleiter von *Bar-Kochba* Berlin, Kurt Marx, (zwei Jahre vor seiner Auswanderung nach Palästina) die Gründung einer Hochschule für Leibesübung in Palästina vorgeschlagen, nach dem Vorbild der gleichnamigen Institution in Berlin. Als im Jahr 1939 die Abteilung für Körperertüchtigung des Nationalkomitees in Eretz Israel (die „Regierung" des *Jischuws*) entstand, als also die Führung des *Jischuws* zum ersten Mal begriff, dass der Sport zu den formalen Aufgaben der zionistischen Erziehung in Palästina gehört, wurde Dr. Emmanuel Ernst Simon deren Direktor.[19] Simon, selbst Mittelstreckenläufer und Berliner Meister im 800-Meter-Lauf (1919 und 1921), der bereits 1924 nach Palästina auswanderte und seitdem eine tragende Rolle in der Sportpolitik des *Jischuws* spielte, war außerdem auch mit dem Gründer der Berliner Hochschule für Leibesübung, Carl Diem, befreundet (und blieb mit ihm auch nach 1945 in Kontakt!). Er führte kurz nach seiner Ernennung das „Erweiterte Programm der Körperertüchtigung" (Hebräische Abkürzung: *Hagam*) ein, also eine para-militärische Erziehung in der Schule. Damit implementierte er die Jahn'sche Ideologie im palästinensischen Zionismus. Er und Dr. Arthur Biram (1878–1967), beide Immigranten aus Deutschland, begründeten die Einführung eines intensiven Sportunterrichts mit Argumenten, die ihre deutschen Wurzeln nicht leugnen ließen. Biram sprach vom Ziel der „Überwindung unserer Hysterie und Nervosität", was bereits ein Ziel des jüdischen Turnen und Sports in Deutschland seit Beginn des Jahrhunderts war.[20] Er sprach auch offen vom Zusammenhang zwischen Sport und Militär und plädierte für den Wehrsport (der deutsche Begriff wurde von ihm ins Hebräische übersetzt: *Sport magen*). Auch der nächste Satz von Biram in diesem Zusammenhang kommt dem Kenner des deutschen Erziehungssystems bekannt vor: „Die

---

**18** Doar Hayom: Sportkolumne, 6.11.1934.
**19** Nicht zu verwechseln mit dem Philosophen Akiba Ernst Simon, der auch ein talentierter Athlet war. Harif, Hagaj: Muskelzionismus. Jerusalem 2011 (Hebr.). S. 150.
**20** Vgl. Zimmermann, Moshe: Muskeljuden versus Nervenjuden. In: Emanzipation durch Muskelkraft. Juden und Sport in Europa. Hrsg. von Michael Brenner u. Gideon Reuveni. Göttingen 2006. S. 15–28. Am Ende der zweiten Makkabia 1935 erhielt Lord Melchet von Dr. Rosenfeld Lob dafür, dass dieser in Palästina einen neuen jüdischen Typ zu schaffen gedenke, „aufrecht und unnervös" (Doar Hayom, 9.4.1935).

Erziehung der Mädchen für ihre besondere Aufgabe innerhalb dieses Dienstes: Kochen im Militärposten und Versorgung."[21] Und Emmanuel Simon äußerte sich kurz nach Ausbruch des Zweiten Weltkrieges etwa im selben Sinne.[22]

Arthur Birams Beitrag zur Körperertüchtigung in Palästina fand vor allem im Rahmen seiner Tätigkeit als Lehrer und Erzieher statt. Bereits vor dem Ersten Weltkrieg gründete er das Realgymnasium in Haifa und bezeichnete dabei die Gründungsmitglieder als „Erben des deutschen Idealismus", da nach seiner Meinung die Idee des Gymnasiums ihre Wurzeln in der „neo-humanistischen Bewegung in Deutschland" des seit 1812 bestehenden deutschen Gymnasiums fand.[23] Dabei ging es um eine Mischung von Elementen der deutschen Pädagogik, nationaler Erziehung und Kampfbereitschaft, alles nun im Dienste des neuen jüdischen Menschen und der jüdischen Nation. Emmanuel Simon war nicht nur Turnlehrer in Birams Realgymnasium, sondern er sorgte mit seinen Schriften über Körperkultur zur Verbreitung dieser Tradition über den Rahmen der Schule hinaus. Gekoppelt waren allerdings die Körperertüchtigung der Schüler des Realgymnasiums mit einem anderen Import aus Deutschland, nämlich dem Wandern und der Jugendbewegung.[24] Nur wanderte diese Jugend in Eretz Israel statt im deutschen Wald, sang Loblieder auf die Zeder statt auf die Eiche und setzte sich nicht gegen deutsche Antisemiten, sondern gegen arabische Angreifer zur Wehr. An einer weiteren deutschen Tradition orientierte Biram sich, als er 1940 das Sportabzeichen einführte.

Birams Schule und Birams System waren in der Folge so erfolgreich, dass seine Maximen, auch was den Zusammenhang zwischen Sport und Wehrhaftigkeit anging, zum Allgemeingut im israelischen Zionismus geworden sind. Das bedeutet aber nicht, dass die „deutsche Tradition" unbedingt in Israel, wie in Deutschland nach 1933, den Weg in die totale Militarisierung des Sports gehen musste – weder Emmanuel Simon noch andere aus Deutschland kommende Lehrer waren mit der alleinigen Fokussierung auf das militärische Potenzial der Leibesertüchtigung einverstanden.[25]

---

21 Biram, Arthur: Grundsätze für die sportliche Erziehung der Jugend im Alter 14–18. In: Maarachot (Hebr.). September 1939. S. 58f.
22 Simon, Emmanuel: Erziehung zur Körperertüchtigung in Israel. In: Maarachot (Hebr.). November 1939. S. 58.
23 Ashkenazi, Ofer u. Gertmann, Eyal: Arthur Biram und die Einführung des Turnunterrichts in Eretz Israel. In: Pfeiffer u. Zimmernann (Hrsg.): Sport als Element des Kulturtransfers (wie Anm. 2). S. 57.
24 Vgl. Erinnerungsbrüche – Jüdische Jugendbewegung: Von der Wacht am Rhein zur Wacht am Jordan. In: Historische Jugendforschung Bd. 5 (2008). Erlebnisgenerationen – Erinnerungsgemeinschaften. Die Jugendbewegung und ihre Geschichte. Schwalbach 2009. S. 49–60.
25 Ashkenazi u. Gertmann: Arthur Biram (wie Anm. 23). S. 63.

Um weitere Beispiele der aus Deutschland importierten Sportkultur zu nennen: Der Vorsitzende der *Makkabi* in Deutschland nach 1933, Robert Atlasz (1898–1990), entschied sich zwei 2 Jahre nach der 2. Makkabia zur Auswanderung nach Palästina und spielte seitdem in der Sportpolitik Israels eine zentrale Rolle.[26] Ein anderer Einwanderer aus Deutschland, Michael Ben Hanan (Semmel) (1912–2001), anfänglich im *Hagam* tätig, wurde ab 1945 im israelischen Radio zum Moderator der „Morgendlichen Turnübung", die täglich bis 1970 das Tagesprogramm eröffnete. Und im Jahr 1952 gründete ein Mittelstreckenläufer aus Deutschland, Adin Talbar (1921–2013, Sohn von Felix Teilhaber) die akademische Sportorganisation Israels „ASA".

Nicht unwichtig ist die Tatsache, dass der jüdische Sport in Palästina seit den 1920er Jahren weitgehend politisiert war. *Makkabi* wurde mehr und mehr zum Sportverband der bürgerlichen Kräfte, *Hapoel* („Der Arbeiter") zur sportlichen Heimat der Arbeiterklasse bzw. zum Sportverband der Arbeiterparteien; *Betar* repräsentierte die Revisionisten (d.h. Nationalisten) und *Elizur* den religiösen Zionismus. Ähnlich war in dieser Zeit auch die Spaltung im jüdischen Sport in Osteuropa. Die Politisierung des Sports in Weimarer Deutschland, auch des jüdischen Sports – wo Zionisten getrennt von Nicht-Zionisten Sport betrieben – hat zwar den *Jischuw* nicht direkt beeinflusst, aber die Politisierung als solche war „keinesfalls eine neue Erfahrung für die Einwanderer aus Mitteleuropa".[27]

Ein paradoxer Versuch der Rückbesinnung auf eine vor-palästinensische, angeblich unpolitische Vergangenheit fand während des Zweiten Weltkrieges, genauer: am 26. Dezember 1942, seitens der ehemaligen *Hakoah*-Sportler in Palästina statt. An diesem Tag wurde „Hakoah Wien be'Erez Israel" gegründet, mit drei Filialen – Tel Aviv, Jerusalem und Haifa. Die angekündigte Absicht war, Palästina zum neuen Weltzentrum des *Hakoah* (nun wieder getrennt vom *Makkabi*) zu machen. Der ehemalige Gründer von *Hakoah* Wien, Ignaz H. Koerner, beschrieb die Hintergründe in einem Brief an die *Hakoah News* in London: „Der relativ unzureichende Standard des palästinensischen Sports" sei auf die Politisierung des Sports zurückzuführen, „die sich überall hineinschleicht wie ein Bazillus".[28] Doch das Hauptziel des neuen *Hakoah* sollte nicht der Sport als solcher, sondern die Verbreitung des *Hakoah*-Geistes im Dienste des jüdischen Volkes im Krieg sein. Rommel hatte soeben die Schlacht in Nordafrika verloren und die Stalingrad-Niederlage zeichnete sich ab. Unterzeichnet haben diesen Brief mehr als 20 Personen, ehemalige *Hakoah*-Fußballer, Athleten, Schwimmer etc. Es ent-

---

26 Atlasz: Barkochba (wie Anm. 15).
27 Ashkenazi: Deutsch-jüdische Athleten (wie Anm. 11). S. 30.
28 Hakoah-Wien B'Erez Israel. In: Hakoah News, Hakoah in Emigration. Nr. 83, 5.3.1943. S. 3–4. Ein Exemplar befindet sich in der Wiener Library, Tel Aviv.

stand zwar bereits vorher, im Jahr 1935, eine *Hakoah*-Mannschaft in der Fußballliga Palästinas, deren Spieler ehemalige *Hakohaner* aus Deutschland waren, die aber wegen Überalterung nach zwei Jahren aufgelöst wurde. 1938, also nach dem „Anschluss" Österreichs, entstand in Palästina auf Initiative von Egon Juhn und Arthur Baar (die auch den besagten Aufruf von Koerner unterschrieben) eine neue *Hakoah*-Vereinigung, deren Fußballmannschaft seit 1942 in der Zweiten Liga spielte. Der Aufruf vom Dezember 1942 zielte höher und demonstrierte das Selbstvertrauen dieser Gruppe und ihre Überzeugung, dass *Hakoah*, und somit die gesamte mitteleuropäische Sporttradition, „nicht tot ist" und in der neuen Heimat eine große Zukunft hat. Es ist jedoch einerseits klar, dass die *Hakoahaner* noch nicht die Enormität der Schoa begriffen hatten, und andererseits, dass sie die Bedeutung des mitteleuropäischen Einflusses auf die vor-israelischen Gesellschaft überschätzt hatten. Wie in anderen Kulturbereichen war der Einfluss der deutschen bzw. mitteleuropäischen Tradition zwar unverkennbar, aber sowohl die politischen als auch die demographischen und sozialen Gegebenheiten relativierten diesen Einfluss.

Wie schwer es war, die Beziehung zu den deutschen Wurzeln im Gesamtbild des Sports in Palästina einzuordnen, zeigte sich konkret in den Fällen, wo Sportkontakte zwischen Palästina und Deutschland nach 1933 noch stattfanden. Es ist bekannt, dass das palästinensische Olympische Komitee sogar bereit war, auf einen Boykott der Olympischen Spiele in Berlin zu verzichten, und zwar deswegen, weil man sich von der Teilnahme an den Berliner Spielen eine adäquate „Antwort" von Juden bzw. von Zionisten auf die Herausforderung des NS-Rassismus erhoffte. Da es aber nicht zu einer Olympischen Teilnahme kam, plante *Makkabi* im Juli 1936, kurz vor der Olympiade, eine Reise von Sportlern aus Palästina nach Deutschland, um „den Juden in Deutschland Beistand zu leisten". Da aber die propagandistische Absicht hinter dieser Einladung durchschaut wurde („Der Besuch hätte [der NS-Propaganda, A.d.V.] reichlich Anlass geboten zu beweisen, wie sehr sie Juden ‚duldeten'"[29]), fiel der Besuch in Deutschland im letzten Moment doch aus. Dass ein Jahr vor den Olympischen Spielen jüdische Sportler aus Deutschland an der *Makkabia* so erfolgreich teilnehmen konnten, führte offensichtlich zu einer Fehleinschätzung des Ausmaßes der Katastrophe der deutschen Juden.

Ein halbes Jahr nach der Olympiade, im März 1937, kam die Fußballmannschaft von *Bar-Kochba Hakoah* Berlin nach Palästina, verlor gegen *Makkabi* Tel Aviv 1:7 und gegen *Makkabi* Petah Tiqwa 0:7. Vier Monate später, im Juli 1937, reiste die Handballmannschaft von *Makkabi* Petah Tiqwa nach Deutschland und

---

29 Pfeiffer u. Zimmermann (Hrsg.): Sport als Element des Kulturtransfers (wie Anm. 2). S. 234.

gewann alle Spiele gegen die dortigen jüdischen Mannschaften.[30] Die Kommentare in den hebräischen Zeitungen lobten den Erfolg der Lehrlinge im Wettbewerb mit dem Meister – besonders im Handball galten die deutsch-jüdischen Mannschaften als unbesiegbar –, ignorierten dabei aber den großen sozio-politischen Zusammenhang dieses Erfolgs. Man begriff noch immer nicht, dass der jüdische Sport in Deutschland in ein kulturelles Getto hineingedrängt wurde und der Weg in den Niedergang bereits vorprogrammiert war.

Wie aus den hebräischen Berichten über die Deutschlandreise 1937 hervorgeht, realisierten die Sportler und Funktionäre aus Palästina nicht den Ernst der Lage, obwohl sie ständig von Gestapo-Leuten begleitet wurden. Auch sie waren Opfer der Goebbels'schen Propaganda. Denn bereits 1937, spätestens ab 1938, war der „Lehrmeister" nicht mehr in der Lage, mit dem „Lehrling" zu konkurrieren. Die deutsche Tradition der Körperkultur war in Palästina angekommen[31], konnte jedoch von nun an keinen Nachschub mehr aus Deutschland erwarten. Nur mit der Aufnahme der Beziehung zwischen Israel und der Bundesrepublik Deutschland eine Generation später, also nach der Schoa, konnte eine deutsche Sporttradition wieder zum israelischen Sport Kontakt aufnehmen und ihn beeinflussen.[32]

---

**30** Dazu Gertmann, Eyal u. Pfeiffer, Lorenz: Im Schatten antisemitischer Diskriminierung und Verfolgung. Sportliche Begegnungen zwischen jüdischen Mannschaften aus Nazideutschland und Erez Israel im Jahre 1937. In: Pfeiffer u. Zimmermann (Hrsg.): Sport als Element des Kulturtransfers (wie Anm. 2). S. 99–134.
**31** Detailliert befasste sich mit dieser Geschichte der Sporthistoriker (früher Sportlehrer) Uriel Simri, ein gebürtiger Österreicher. Siehe auch Gertmann, Eyal: Einwanderer aus Mitteleuropa im Israelischen Sport. In: Bein hamoladot. Hrsg. von Moshe Zimmermann u. Yotam Hotam (Hebr.). Jerusalem 2006, S. 265–269.
**32** Hier sind die Beziehungen zwischen Carl Diem und Emmanuel Simon und, seit den 1960er Jahren, zwischen Hennes Weisweiler (Borussia Mönchengladbach) und Immanuel Schaffer die auffälligsten Beispiele.

Ines Sonder
# Vom Geist der Steine

Deutsch-jüdisches Kulturerbe in der Architektur und
Stadtplanung Israels

Deutsch-jüdische Architekten und Stadtplaner waren maßgeblich an den ersten Architektur- und Siedlungskonzeptionen und Projekten beim Aufbau der neuen „jüdischen Heimstätte" in Palästina beteiligt. Das gilt nicht nur für die an den sozialen Utopien und avantgardistischen Strömungen geschulten Architekten, die nach ihrer Vertreibung aus dem nationalsozialistischen Deutschland den Bauboom Palästinas – insbesondere in Tel Aviv – in den 1930er Jahren prägten, sondern auch für die Pioniergeneration, die schon vor dem Ersten Weltkrieg, hauptsächlich aber in den 1920er Jahren, aus zionistischer Überzeugung eingewandert war. Sie hatten an den technischen Hochschulen in Berlin-Charlottenburg, Dresden, Darmstadt und Karlsruhe studiert, waren Schüler von Theodor Fischer in München oder von Hans Poelzig an der Staatlichen Akademie für Kunst und Kunstgewerbe in Breslau und später in seinem Meisteratelier in Berlin; ein kleiner Teil hatte seine Ausbildung am Bauhaus in Dessau erhalten. Einige hatten sich bereits in Deutschland einen Namen gemacht, andere waren noch zu jung, um eine eigene Berufspraxis vorzuweisen. Ebenso verschieden waren ihre Wirkungsfelder in der „alten neuen Heimat": angefangen mit der Planung neuartiger Siedlungsstrukturen, wie dem Kibbuz oder Moschaw, und den städtischen Wohnsiedlungen über öffentliche Bauten, Synagogen, Krankenhäuser, Hotels und Schulen, bis hin zu standardisierten Typenhäusern und attraktiven Villen. Ihre baulichen Hinterlassenschaften sind heute zumeist verändert oder umgebaut, einige wurden renoviert und unter Denkmalschutz gestellt, andere sind seit Jahrzehnten abgerissen. Lässt sich ein deutsch-jüdisches Kulturerbe in der Architektur- und Stadtplanung Israels mehr als 60 Jahre nach der Staatsgründung überhaupt noch erkennen? Was kann unter diesem Begriff gefasst werden und was ist vom „Geist der Steine" übrig geblieben?

## Errungenschaften deutscher Technik

Wer auf das Zwischenplateau des Hadar Hacarmel bei Haifa mit seinem einzigartigen Blick auf das Mittelmeer und die Bucht von Akko emporsteigt, stößt auf den imposanten Bau des ehemaligen Jüdischen Instituts für technische Erziehung in

Palästina, kurz Technikum genannt, der heute das National Museum of Science, Technology and Space beherbergt. Die breitgelagerte Fassade mit ihrer orientalisierenden Ornamentik, der bekrönenden Kuppel über der Eingangsfront, dem abschließenden Zinnenkranz und den Lüftungslöchern über den Fenstern zeigen deutlich ein an die lokale Architekturtradition orientiertes Gebäude. Was sich auf den ersten Blick nicht erschließt: bei dem Bau handelt es sich um ein bedeutendes Beispiel deutsch-jüdischen Architekturerbes in Israel.

Sein Erbauer war der Berliner Architekt und Preußische Regierungsbaumeister Alex Baerwald (1877–1930), der älteste unter den Pionierarchitekten im Lande Israel. Baerwald unterhielt ein eigenes Architekturbüro in Berlin und hatte seit 1907 die Bauleitung der von Ernst Eberhard von Ihne entworfenen Königlichen Bibliothek, der heutigen Staatsbibliothek Unter den Linden, inne. 1909 war er vom Hilfsverein der deutschen Juden mit der Planung und Bauausführung des Technikums beauftragt worden, es sollte sein erster Bau im Lande werden. Von technisch-wissenschaftlicher Seite fand er Unterstützung durch die Professoren Georg Schlesinger und Wilhelm Franz von der TH Charlottenburg, die sich – wie andere technische Hochschulen in Deutschland – international eines hohen Ansehens erfreute und vorbildhaft für die Gründung der Fachrichtungen und die Struktur des Lehrplanes am Technikum wurde. Geplant war anfänglich, den Unterricht in deutscher Sprache durchzuführen, der damals führenden Wissenschaftssprache, nicht zuletzt da viele der ersten Professoren aus Deutschland kamen. Nach dem so genannten Sprachenstreit wurde von der zionistischen Bewegung jedoch Hebräisch als Unterrichtssprache durchgesetzt.

Im April 1912 fand die Grundsteinlegung statt, bis zum Ausbruch des Ersten Weltkrieges war der Rohbau fertig. Im Juni 1916, als Architekt im Felde, schrieb Baerwald in einem Artikel im *Zentralblatt der Bauverwaltung*:

> Alles in allem genommen ist in der Jüdischen Anstalt für technische Erziehung in Palästina, die unter dem Schutze der Deutschen Regierung steht, durch Zusammenwirken morgenländischer Bauweise mit den Errungenschaften deutscher Technik eine Lehranstalt geschaffen worden, die als erste und bis jetzt einzige technische Schule der Türkei berufen ist, diejenigen Kräfte heranzubilden deren die Türkei für ihre großen Aufgaben dringend bedarf.[1]

Damit hatte Baerwald sein eigenes Architekturcredo für Palästina formuliert, das er in den mehr als 20 Jahren, in denen er die Architekturlandschaft des Jischuw mit seinen Bauten bereicherte, darunter zahlreiche Privathäuser und Villen, Synagogen und Schulen, konsequent verfolgte. Sein Bekenntnis zur „morgenländischen Bauweise" in Verbindung mit den „technischen und hygienischen

---

1 Baerwald, Alex: Die Jüdische Anstalt für technische Erziehung in Palästina. In: Zentralblatt der Bauverwaltung 47 (10.6.1916). S. 318–322.

Erfahrungen des Abendlandes" suchte er in der Schaffung eines eigenen „eretzisraelischen" Baustils zu verwirklichen, als dessen Hauptvertreter er gilt. Wenngleich die Fassadengestaltung die kulturellen und klimatischen Gegebenheiten Palästinas berücksichtigte, zeigt der Bau in Grundriss und Gliederung dennoch deutliche Anleihen an die mitteleuropäische Tradition der Universitätsbauten des 19. Jahrhunderts: eine dreiflügelige Anlage mit betontem Mittelrisalit und die Flügelbauten abschließenden Seitenrisalite – eine Fassadenstruktur, wie sie auch im Hauptgebäude der TH Charlottenburg vorgeprägt war.

Das Technikum wurde im Februar 1925 als erste technische Hochschule in Palästina respektive im Nahen Osten eröffnet. Sie gilt als die älteste Hochschule Israels, aus der später das Technion – Israel Institute of Technology hervorging. 1926 wurde Baerwald zum ersten Professor für Baulehre an der von ihm gegründeten Architekturfakultät des Technion berufen. In den 1930er Jahren studierten und lehrten hier auch zahlreiche Studenten und Professoren, die aus Deutschland und den Nachbarländern vor den Nationalsozialisten geflohen waren. In den frühen 1950er Jahren, als das Gebäude den gewachsenen Anforderungen des Studienbetriebes nicht mehr gewachsen war, zog die Schule auf den neuen Campus am nordöstlichen Stadtrand von Haifa um.

## Architektur und Bibliophilie

Eine neue Formensprache zwischen Orient und Okzident, gleich einer Brücke zwischen der biblischen Vorzeit und der modernen westlichen Welt, suchte auch der Architekt Erich Mendelsohn (1887–1953) in seinen Bauten in Palästina zu verwirklichen. Als avantgardistischer Architekt gehörte er zu den stärksten Kritikern einer unreflektierten Übernahme respektive Kopie moderner Formelemente, wie er sie als „Abfall seiner eigenen Formelwerkstatt" in den neuen Bauten in Tel Aviv nachgeahmt fand.

Mendelsohn unterhielt in den 1920er Jahren eines der erfolgreichsten Architekturbüros in Deutschland mit Aufträgen im In- und Ausland. Einer seiner wichtigsten Auftraggeber war der Kaufhausmagnat, Verleger und Mäzen Salman Schocken (1877–1959), für den Mendelsohn mehrere Kaufhäuser errichtete. Auch im Mandatsgebiet Palästina, wohin Schocken 1934 emigriert war und Mendelsohn im gleichen Jahr ein eigenes Büro in Jerusalem eröffnete, sollte er Schockens „Hausarchitekt" bleiben: zwischen 1934 und 1936 plante er im Jerusalemer Stadtteil Rechavia ein Wohnhaus und eine Bibliothek für seinen bibliophilen Bauherrn. Anfangs war die Bibliothek als Anbau des Wohnhauses geplant, wurde jedoch bald von diesem abgekoppelt und als separates Gebäude für Schockens umfangreiche Büchersammlung auf einem in Sichtweite befindlichen Grundstück errichtet. Dieses war nun nicht mehr als reine Privatbibliothek gedacht, sondern sollte der Öffentlichkeit und für Forschungszwecke offen stehen.

Die Schocken-Bibliothek gehört zu den bemerkenswertesten Gebäuden der Neustadt Jerusalems und ist vielleicht das bedeutendste Beispiel deutsch-jüdischen Kulturerbes in Israel – in architektonischer wie ideeller Hinsicht. Denn sie ist nicht nur die bauliche Manifestation einer ingeniösen Zusammenarbeit zweier deutscher Juden, sondern durch ihre Schriftkulturgüter und bibliophilen Schätze zugleich ein Symbol des bürgerlichen Bildungsideals deutscher Juden. Die von Schocken in Jahrzehnten zusammengetragene Sammlung umfasste rund 60.000 Bände, darunter eine der größten Judaica- und Hebraica-Sammlungen in privater Hand, Originalmanuskripte aus allen Epochen, wertvolle Autografen und Erstausgaben von Goethe, Novalis, Stifter, Heine und Fontane. Den größten Teil seiner wertvollen mehr als 100 hebräischen Inkunabeln hat Schocken schon frühzeitig der Jüdischen National- und Universitätsbibliothek in Jerusalem gestiftet, andere Teile, insbesondere die nichtjüdischen Werke, wurden im Laufe der Jahre von ihm oder seinen Erben veräußert. Allein die Judaica- und Hebraica-Sammlung steht heute noch in der Schocken-Bibliothek an der Balfour Street der Forschung zur Verfügung.

Sämtliche Baumaterialien und auch die Inneneinrichtung für die Bibliothek und das Wohnhaus – von den Sanitäranlagen bis zu den Türklinken – wurden aus Deutschland importiert, zum Teil aus ästhetischen und Qualitätsgründen, zum Teil auf Grund der wirtschaftlichen Zwänge der politischen Verhältnisse. Da die Bargeldausfuhr aus Deutschland für jüdische Emigranten auf ein Limit beschränkt war, ermöglichte das Haavara-Abkommen (1933), einen Teil ihres Besitzes in Form von Waren nach Palästina zu transferieren.

Die Schocken-Residenz an der Smolenskin Street war als noble Stadtvilla konzipiert, wie sie in Rechavia in den 1930er Jahren allenthalben errichtet wurden, darunter die Villa Aghion auf einem benachbarten Bauplatz, dem heutigen Sitz des israelischen Ministerpräsidenten, die das Wohnhaus und die Bibliothek räumlich trennt. In ihrem Grundriss und der Anordnung der Räume entsprach sie Mendelsohns eigener Berliner Villa am Rupenhorn, sein architektonisches Manifest, das er prestigeträchtig in dem Band *Neues Haus Neue Welt* (1932) publiziert hatte und das Besuchern wie Klienten, darunter Schockens Frau Lilly, unvergesslich in Erinnerung blieb. Bei seiner Außengestaltung legte Mendelsohn zudem einen großzügigen terrassierten Garten, einen Pool und einen Vogelbrunnen an. Die Schockens lebten nur wenige Jahre in ihrem Jerusalemer Domizil, 1940 wanderten sie nach Amerika aus, ein Jahr später verließen auch Erich und Luise Mendelsohn Palästina.

In den 1960er Jahren wurde die Villa von der Jerusalem Academy of Music and Dance erworben, die sie über Jahre umbaute und so den Originalbau veränderte: eine Etage wurde aufgestockt, eine neue Vorderfront zur Straßenseite angebaut und die rückwärtige Gartenanlage verkauft. In den 1980er Jahren erhielt das Gebäude den Status „building protected from demolition" und war unter den „110 most important historic buildings in Jerusalem" gelistet. 2003 stand der Abriss der Schocken-Villa bevor, die nun einem 4-stöckigen Apartmenthaus weichen sollte. Zu ihrer Erhaltung gründete sich das Action Committee to Save Schocken House – Jerusalem, das weltweit zu Protesten gegen den Abrissplan aufrief, dem sich auch die Deutsche Botschaft in Israel anschloss und ihr Veto beim UNESCO Committee unterbreitete. 2009 war der Abrissplan endgültig vom Tisch und die Schocken-Villa wurde unter Denkmalschutz gestellt.

## Eine preußische Insel im orientalischen Meer

Wie die Schocken-Villa und -Bibliothek können auch andere Häuser in Rechavia Geschichte und Geschichten erzählen, über ihre ersten Bewohner und eine untergegangene Welt. Heute im Stadtzentrum Jerusalems gelegen, galt das Viertel in den 1930er und 1940er Jahren wegen seiner vorrangig aus Deutschland eingewanderten Bewohner als „preußische Insel im orientalischen Meer". Professoren, Philosophen, Akademiker, Rechtsanwälte und Ärzte lebten hier, darunter Gershom Scholem, Hugo Bergmann, Ernst Simon und Richard Köbner, es gab großartige Gelehrtenbibliotheken und eine hochentwickelte Wohnkultur mit Bücherschränken, Bechstein-Flügeln und schweren Büfetts mit feinem Porzellan. Die Bewohner hielten „Schlafstunde" und trafen sich nachmittags in einem der Cafés des Viertels. Es wurde Deutsch gesprochen.

Wenn bei vielen Bauten in Rechavia von einem einstigen Mikrokosmos deutsch-jüdischen Kultur- und Geisteslebens gesprochen werden kann, so gilt dies auch für die Stadtplanung des Wohnviertels. Rechavia wurde 1922 als jüdische Gartenvorstadt von Jerusalem geplant. Ihr Architekt war der aus Frankfurt am Main gebürtige Richard Kauffmann (1887–1958), ein ehemaliger Studienkollege Erich Mendelsohns bei Theodor Fischer in München. Kauffmann war Ende 1920 zum leitenden Architekten und Stadtplaner der Jewish Agency nach Jerusalem berufen worden und zeichnete in den 1920er Jahren für die Planung zahlreicher jüdischer Gartenvororte in der Peripherie Jerusalems und Haifas sowie für die Planung der ersten Kibbuzim und Moschawim verantwortlich. Die Gartenstadtidee war das städtebauliche Leitbild seiner Planungen in Palästina. Obgleich keine originär „deutsche" Erfindung, hatte sich das ursprünglich englische Konzept seit der Gründung der Deutschen Gartenstadtgesellschaft 1902 eines regen Zuspruchs unter deutschen Architekten erfreut und bis zum Ersten Weltkrieg zur Gründung von 31 Gartenstädten beziehungsweise Gartenvorstädten deutschlandweit geführt. Am bekanntesten wurden die erste deutsche Gartenstadt Hellerau bei Dresden (1908) und die Gartenvorstadt Margarethenhöhe bei Essen (1909), an deren Projektierung 1912 für ein reichliches Jahr auch der Architekturabsolvent Richard Kauffmann beteiligt war.

Rechavia war anfangs für 114 Privatparzellen mit Einfamilienhäusern und Gärten konzipiert, zuzüglich Parkanlagen, öffentlichen Plätzen und kommunalen Einrichtungen wie das Gebäude der Nationalen Institutionen und das Hebräische Gymnasium. Bis 1925 standen 17 Häuser, darunter die des obersten Richters Gad Frumkin, von Jakob Thon und Arthur Ruppin, dem aus Posen gebürtigen Leiter des zionistischen Siedlungswerkes in Palästina. Da Rechavia innerhalb der Steinbaugrenze von Jerusalem lag, waren die Bauherren verpflichtet, ihre Häuser aus dem Jerusalemer Naturstein zu errichten, der bis heute das verbindende architektonische Element der Stadt ist.

1930 wurde südlich des bisherigen Gebietes „Rechavia Alef" zusätzlicher Boden für den Bau von weiteren 180 Häusern erworben. „Rechavia Bet" wurde von dem Architekturbüro Hecker & Yellin in Zusammenarbeit mit Dov Kutchinsky unter Berücksichtigung des Kauffmann'schen Planes konzipiert. In diesem Jahrzehnt entstanden die meisten Wohnhäuser des Viertels, die von führenden jüdischen Architekten der damaligen Zeit in Palästina, darunter viele aus dem deutschsprachigen Raum, gebaut wurden. Richard Kauffmann entwarf allein 20 Häuser für Privatleute in Rechavia, darunter die erwähnte Villa Aghion. Stilistisch waren die meisten dieser Bauten nun dem Internationalen Stil verpflichtet. Statt der ursprünglich vorgesehenen Einfamilienhäuser entstanden zunehmend mehrstöckige Apartmenthäuser. Der ehemalige Charakter des Wohnviertels und die vormals hohe Homogenität seiner Bewohner sind heute weitgehend verloren; die beschaulichen Straßen und Parkanlagen mit Schatten spendenden Bäumen erinnern dennoch an das Gartenstadtkonzept ihres Planers.

## Das Hühnerdorf der deutschen Akademiker

> Ende Oktober 1933 war dort nichts als ein paar schlechte Orangenpflanzungen, Weinstöcke, die nichts trugen, und unbebautes Land. Vier Wochen später war dort Gewimmel, Beton wurde gemacht, Blech, Holz, Draht und Teer wurden angefahren, und Rechtsanwalt Müller I. und Dr. Lewin, Wundarzt und Geburtshelfer, machen die ersten Spatenstiche. Das Dorf der Eierdeutschen entstand, entgegen allen Theorien der zionistischen Organisation.[2]

So beschrieb die Berliner Journalistin und Schriftstellerin Gabriele Tergit, die mit ihrem Roman *Käsebier erobert den Kurfürstendamm* (1931) Bekanntheit erlangte, die Gründung von Ramoth Hashavim nordöstlich von Tel Aviv in einer ihrer Reportagen aus Palästina. Ramoth Hashavim war die erste von später rund einem Dutzend so genannter Mittelstandssiedlungen, die zwischen 1933 und 1941 in der Küstenebene zwischen Tel Aviv und nördlich von Haifa von deutschen Einwanderern der Fünften Alija gegründet wurden. Ramoth Hashavim war ein Novum in der bisherigen zionistischen Siedlungspraxis, denn hier siedelten keineswegs junge Menschen mit Pionieridealen und einer landwirtschaftlichen Ausbildung, sondern Akademiker, Juristen, Ärzte und Kaufleute im mittleren Alter, die zuvor weder in der Landwirtschaft tätig gewesen noch körperliche Arbeit gewohnt waren. Intensive Gartenwirtschaft unter Einbeziehung von Nebenzweigen wie Hühner- und Bienenzucht sollte den mittelständischen Einwanderern die berufliche „Umschichtung" – wie das Schlagwort jener Jahre lautete – von ihren bisherigen Berufen hin zur Landwirtschaft erleichtern. Die Idee ging auf den Wirtschaftspolitiker und Autor Davis Trietsch (1870–1935) zurück, einen Pionier des deutschen Zionismus und Verfechter von Ansiedlungsmodellen, die den jüdischen Menschen und seine Fähigkeiten zu berücksichtigen suchten.

Die „Eier-Jeckes" von Ramoth Hashavim waren wegen ihrer erfolgreichen Hühnerproduktion, die sie als Kooperative betrieben, bald landesweit berühmt. Die ersten Wohnhäuser wurden von dem Architekten Richard Kaufmann (nicht identisch mit seinem oben erwähnten Namensvetter) geplant, kleine 2-Zimmer-Häuser mit roten Ziegeldächern, einer überdachten Veranda, Küche und Bad. Jedes Haus besaß zudem eine eigene Parzelle für Gemüseanbau. Die aus Berlin gebürtige Architektin Lotte Cohn (1893–1983), die später ebenfalls eine Reihe von Einfamilienhäusern in Ramoth Hashavim plante, schrieb über das Charakteristische seiner „jeckischen" Atmosphäre:

> Eine Leistung steht hinter den Eier-Jekkes, die weit mehr umfasst, als die Hunderttausende Eier, die sie produzierten. Sie haben etwas in unsere Landwirtschaft hereingetragen, das ein Charakteristikum der deutschen Alija geblieben ist: Kultur, und Civilisation, und bunte

---

2 Tergit, Gabriele: Im Schnellzug nach Haifa. Frankfurt a.M. 1998. S. 100.

Blumengärten und ein gepflegtes Zuhause. Und all dies mit enormer Arbeit und einem unbesiegbaren Idealismus".[3]

80 Jahre später werden in Ramoth Hashavim keine Eier mehr produziert. Der mittelständische Charakter der Siedlung ist dennoch erhalten. Und auch die Namensschilder an den Häusern, die heute meist prächtigeren Bauten gewichen sind, verweisen noch auf die ersten Bewohner aus Deutschland: Rosenow, Ullmann, Stern, Kahn. Ein Trietsch-Garten mit einem Gedenkstein sowie eine kleine Holztafel erinnern zudem an den geistigen Gründervater des Ortes.

## ‚Bauhaus-Architektur'

Das Gebäude stand im Herzen des Bauhausviertels, der Wiege Tel Avivs, der Traumstadt der deutschen Juden, die mit Jugendstil und Barock aufgewachsen waren, aber auf ihrer Flucht nichts als modernistische Strenge mitgenommen hatten.[4]

In seinem düsteren Science-Fiction-Roman *Das Recht auf Rückkehr* (2009) rezipiert der niederländische Autor Leon de Winter ein vermeintlich gängiges Klischee über die „Bauhausstadt" Tel Aviv. Es suggeriert dem Leser, was fast jeder an moderner Architektur interessierte Israel-Tourist in seinem Gepäck hat, wenn er die „White City" besucht: Die 1919 von Walter Gropius in Weimar gegründete Kunstschule, die erst seit 1927 in ihrer Dessauer Zeit eine eigene Architekturausbildung besaß, steht synonym und imageträchtig für das in den 1930er Jahren entstandene Ensemble von zirka 4000 Bauten im Internationalen Stil, das 2003 zum UNESCO-Weltkulturerbe erklärt wurde. Lässt sich die durch terminologische Verkürzung geprägte moderne Architektur in Tel Aviv, wie das Etikett „Bauhaus-Architektur" insinuiert, tatsächlich als deutsch-jüdisches Kulturerbe in Israel verstehen?

Zunächst: Nur ein ganz geringer Teil derjenigen Architekten, die das Bild von Tel Aviv in den 1930er Jahren mitgestalteten, hatte am Bauhaus studiert (gerade mal sieben), und sie stammten keineswegs alle aus Deutschland. Der prominenteste Bauhaus-Absolvent, Arieh Sharon (1900–1984), stammte aus Jaroslav in Galizien (heute Polen) und war als Zwanzigjähriger nach Palästina ausgewandert, bevor er zwischen 1926 und 1931 am Bauhaus in Dessau studierte. Nach seiner Rückkehr avancierte er schnell zu einem der federführenden Architekten des neuen Jischuw und des späteren Staates Israel. In seiner 1976 veröffentlichten

---

3 Sonder, Ines: Lotte Cohn. Baumeisterin des Landes Israel. Berlin 2010. S. 117.
4 Winter, Leon de: Das Recht auf Rückkehr. Zürich 2009. S. 58.

Autobiographie *Kibbutz + Bauhaus. An Architect's Way in a New Land* stellte er die Architektur der 1930er und 1940er Jahre insbesondere in Tel Aviv mit dem Einfluss des Bauhauses in einen Zusammenhang. Im Hinblick auf die Architekturausbildung am Bauhaus scheint dies jedoch undifferenziert, denn bekanntlich unterschieden sich die drei Direktoren, die allesamt Architekten waren, deutlich in ihrer Architekturanschauung und ideologischen Ausrichtung. Sharon hatte seine Ausbildung vor allem durch das architektonische Weltbild und die gesellschaftliche Perspektive von Hannes Meyer erhalten, der wegen seiner kommunistischen Gesinnung von der Stadt Dessau 1930 als Direktor des Bauhauses fristlos entlassen wurde.

Manch zeitgenössischer Betrachter sah die architektonische Entwicklung zudem mit befremdeten Augen. Von Erich Mendelsohn, der 1934 nach Palästina kam, wird kolportiert, dass er die neuen Wohn- und Geschäftsbauten seiner Kollegen abschätzig kommentierte: „Ich und Le Corbusier". Das von ihm in den 1920er Jahren in Deutschland entwickelte Formenvokabular war ein Jahrzehnt später in Palästina zur ‚Mendelsohn-Masche'geworden. So schrieb der Architekturhistoriker Julius Posener, der als junger Mann für kurze Zeit im Berliner Büro Erich Mendelsohns gearbeitet hatte:

> Als Mendelsohn nach Palästina kam, begrüßten ihn dort so viele „Ecklösungen" und möchtegern-dynamische Treppenhäuser: der ganze Abfall aus seiner eigenen Formelwerkstatt, daß er sagte, man solle zunächst einmal zehn Jahre lang dergleichen nicht entwerfen. Die Begegnung mit der Nachahmung kränkte ihn, eben weil die Nachahmung möglich war.[5]

Erich Mendelsohn war kein Bauhäusler und es ist fatal, wenn seine Bauten in Palästina – wie häufig leider geschehen – unter die „Bauhaus-Architektur" subsumiert werden. Zudem verfolgte er bei seinen Arbeiten im Land grundlegend andere Ansätze als in Deutschland. Damit stand er auch der Gruppe um Arieh Sharon und dem 1932 gegründeten Architektenring *Chug* (hebr. Ring) konträr gegenüber. Während Mendelsohn in seinen palästinensischen Bauten einen lokalen Modernismus basierend auf der kulturellen Analyse des Orients verfocht, setzten die Architekten des *Chug* Zionismus und Modernismus gleich, ohne traditionelle jüdische Kulturwerte zu berücksichtigen. Nach ihrer Vorstellung sollte Tel Aviv eine internationale Metropole werden.

Unter den zeitgenössischen Großmeistern der modernen Architektur, die einen nachhaltigen Einfluss auf das Baugeschehen in Tel Aviv ausübten, gehörte Le Corbusier mit seinen „Fünf Punkten zu einer neuen Architektur". Neben Dach-

---

[5] Posener, Julius: Erich Mendelsohn (1969). In: Posener, Julius: Aufsätze und Vorträge 1932–1980. Braunschweig u. Wiesbaden 1981. S. 181.

gärten und horizontalen Bandfenstern (in Tel Aviv meist zu Balkonen umfunktioniert) sind vor allem die Pilotis (Pfeiler) ein markantes Baumerkmal in Tel Aviv. Als erster Bau auf Stützpfeilern wurde 1933 das Haus Engel am Rothschild Boulevard gegen den Widerstand der Stadtverwaltung errichtet. Der Bau war von dem aus Russland gebürtigen Architekten Zeev Rechter (1899–1960) geplant worden, der eine Zeit lang bei Le Corbusier in Paris gearbeitet hatte.

Zeev Rechter steht exemplarisch für die biographische und professionelle Pluralität der in Tel Aviv tätigen Architekten ohne Bauhaus-Diplom. Die große Mehrheit hatte ihre Ausbildung an deutschen und europäischen Architekturschulen erhalten, einige hatten Berufserfahrungen bei führenden Architekten der Moderne gesammelt, deren Formenrepertoire sie adaptierten. In den 1930er Jahren entwickelte sich Tel Aviv in ein Laboratorium der architektonischen Moderne, wobei eine Vielzahl von Einflussfaktoren und Strömungen maßgebend wurden: Neben dem Bauhaus, Erich Mendelsohn und Le Corbusier auch De Stijl, Neue Sachlichkeit, Kubismus und Funktionalismus. Diese Tendenzen, die die europäische Architekturmoderne der 1920er und 1930er Jahre prägten, wurden von Henry-Russell Hitchcock und Philip Johnson bereits 1932 unter dem Begriff Internationaler Stil zusammengefasst, der zunehmend auch für Tel Aviv Erwähnung findet.

Das Bauhaus war eine „deutsche Erfindung", seine Ideen haben sich als Architekturerbe in Israel manifestiert. Der Einfluss auf die architektonische Entwicklung der „White City" war dennoch vielschichtiger, als der Bauhaus-Mythos suggeriert. Was die verschiedenen Strömungen einte, war die Suche nach einer neuen Architektur für eine neue Gesellschaft, für den Neuen Hebräer. Gleichwohl: Den Nazis war das Bauhaus suspekt, es wurde als „jüdisch" und „bolschewistisch" verdammt. Die meisten Bauhauslehrer und viele Schüler kehrten Deutschland den Rücken (andere stellten sich in den Dienst der neuen Machthaber). Julius Posener schrieb schon 1938 über das moderne Bauen in Palästina:

> Man hat in Deutschland die Architektur der flachen Dächer, Fensterbänder, Kragplatten, Eckfenster, Treppenschlitze und „dynamischen" Gesimse „Laubhüttenarchitektur" genannt und sie aus unserem orientalischen Blut herleiten wollen. Wahr ist, dass sie hier fremd und europäisch wirkt. Aber wahr ist ebenfalls, dass die jüdischen Baumeister und das jüdische Publikum dieser Architektur nachhängen, vielleicht als ein Erbe aus den zehn Jahren verhältnismässiger Unangefochtenheit, die sie in Mitteleuropa genossen.[6]

---

6 Posener, Julius: Traditionelles und modernes Bauen in Palästina. In: Das Werk, Heft 9 (September 1938). S. 263.

Liliana Ruth Feierstein
# Im Land von *Vitzliputzli*
## Aspekte der Geschichte deutschsprachiger Juden in Lateinamerika

> *Dort auf seinem Thronaltar*
> *Sitzt der große Vitzliputzli*
> *Mexikos blutdürst'ger Kriegsgott.*
> *Ist ein böses Ungetüm*
> *Doch sein Äußres ist so putzig*
> *So verschnörkelt und so kindisch*
> *Daß er trotz des innern Grausens*
> *Dennoch unsre Lachlust kitzelt -.*
>
> Heinrich Heine: Vitzliputzli

Was ist deutsch-jüdisches Erbe im Ausland? Es ist nicht einfach zu beschreiben: Geht es um Geld, um die Erben, um geistliches, sprachliches, religiöses, kulturelles Erbe? Und wie sollen wir mit dem Bindestrich[1] umgehen? Können wir die Geschichte der deutschsprachigen von den anderen (osteuropäischen und sephardischen) Juden trennen, die die Gemeinden in Lateinamerika gegründet haben? Oder von der Geschichte der „Hiesigen", die die Einwanderer zum Teil empfangen und mit ihnen wiederum gemeinsam Projekte durchgeführt haben? Sollen wir die Geschichte der deutschsprachigen jüdischen Immigranten unabhängig von der der „politischen" betrachten – wobei z.T. beide gemeinsam gearbeitet, geschrieben, gelitten haben? Was ist mit denen, die nur „teilweise" Juden waren bzw. mit denen, die ihre jüdische Identität lange nicht beachtet und sich erst mit der Vertiefung der antisemitischen Politik in Europa mit jüdischen Fragen auseinandergesetzt haben? Und mit denen, die sich trotz ihrer jüdischen Herkunft bis zum Ende eher als Kommunisten oder Sozialisten verstanden haben? Und das alles zudem in Lateinamerika, einem Kontinent mit mehr als zwanzig Ländern – mit sehr unterschiedlichen Geschichten, sozialen Strukturen und politischen Verhältnissen.

Aus diesen Gründen habe ich mich zu einem sehr persönlichen Streifzug durch den Subkontinent entschlossen. Es handelt sich dabei um keine ausführliche Abhandlung; ich möchte vielmehr einige spannende Erfahrungen darstellen und gleichzeitig die Frage aufwerfen, wie dieses Erbe zu definieren sei. Es werden

---

[1] Zu Identität und „Bindestrichproblematik" in Lateinamerika siehe Sosnowski, Saúl: Sobre el inquietante y definitorio guión del escritor judeo-latinoamericano. In: Pluralismo e identidad; lo judío en la literatura latinoamericana. Hrsg. von Editorial Milá. Buenos Aires 1986.

kommunistische Juden, Schriftsteller, Exilverlage, Zeitschriften, Gauchos, ein Unternehmen für Getreidehandel, eine besondere Schule, ein Steuersystem, surrealistische Collagen, Puppenspieler, kritische Psychoanalytiker und Widerständlerinnen genannt. Diese beliebige Sammlung wird verknüpft durch einen Namen, der zugleich eine Wunde (Adorno) ist: Harry Heine. Der Schmerz des Exils, die Versuchung der Taufe, die sozialistischen Ideale, die (Selbst-)Ironie, die Liebe zum Judentum in Heines Versen boten vielen dieser Menschen Zuflucht. Seine Strophen, die sie seit ihrer Kindheit begleiten, gaben diesen Exilierten ein Gefühl der Geborgenheit. Gleichzeitig trägt der Name des Autors selbst den Konflikt in sich, denn wird Harry (Heinrich) Heine nun als deutsch-jüdisches Erbe verstanden? Ja, aber nicht nur. Und, vor allem, nicht ohne an die Komplexität seiner Geschichte (und Gedichte) zu erinnern. Mit Heine im Gepäck kamen auch viele der deutschsprachigen Juden in Vitzliputzlis Land.

## Dieses ist Amerika, dieses ist die Neue Welt, nicht die heutige, schon europäisierend abgewelkt...[2]

1941 wurde in Mexiko-Stadt der Heinrich-Heine-Klub gegründet (u.a. von Anna Seghers, Otto Katz und Egon Erwin Kisch), als „Refugium" für die deutsche Kultur auf amerikanischer Erde. Die „Gruppe der Azteken" war nach dem Kriegsausbruch nach Mexiko ausgewandert, dank einer persönlichen Einladung des Präsidenten Lázaro Cárdenas, der schon seit Jahren spanischen Republikanern politisches Asyl gewährte.[3] Die Gründung des Heinrich-Heine-Klubs wurde in den Räumlichkeiten des Exilverlags der Spanier (also Heine zu Besuch bei Séneca)[4] gefeiert. Dort rief die Gruppe auch eine Sektion des Komitees Freies Deutschland ins Leben. Und ein Jahr später, am neunten Jahrestag der Bücherverbrennung – und nach der Vernichtung der Bibliothek der verbrannten Bücher von Alfred Kantorowicz in Paris – gründeten sie mit *El Libro Libre* (Das freie Buch) noch

---

[2] Dieses und alle anderen Zitate in den Zwischenüberschriften stammen aus Heines Gedicht *Vitzliputzli*.

[3] Nach Mexiko gelangten fast nur „politische" Exilierte (insgesamt ca. 25.000 Menschen), da Präsident Cárdenas eine Unterscheidung zwischen „politisch" und „rassisch" Verfolgten machte. Siehe dazu Gleizer, Daniela: El exilio incómodo. México y los refugiados judíos, 1933–1945. Mexiko-Stadt 2011.

[4] Zur Geschichte des Heinrich-Heine-Klubs sowie El Libro Libre siehe die ausgezeichnete Arbeit von Kießling, Wolfgang: Exil in Lateinamerika. [Kunst und Literatur im Antifaschistischen Exil. Bd. 4]. Berlin 1980. *Séneca* war der Name des Verlages der spanischen exilierten Republikaner in Mexiko.

einmal einen Verlag, was eine sehr jüdische Geste darstellte. Es ist eine Geste, die immer wieder nach der Schrift sucht.[5] *El Libro Libre* hatte in der kurzen Zeit seines Bestehens allein 26 Editionen mit zigtausenden Exemplaren herausgegeben (auf Deutsch 20 Titel, 36.000 Exemplare; auf Spanisch 6 Titel, 18.000 Exemplare).

Anna Seghers betonte Jahre später in ihrer Abschiedsrede vom Heinrich-Heine-Klub:

> Man möchte für immer so tief wie möglich in allen Herzen das Vermächtnis des Mannes verwurzeln, von dem man daheim gesagt hat: Der große Deutsche und der kranke Jude [...]. Er war der Schutzpatron unserer Gemeinschaft in diesem seltsamen Land, in das wir auf unseren Irrfahrten verschlagen wurden. Wir haben mit unseren geringen Kräften versucht, den Abglanz von seinem Geist, von seinem Spott und seiner Kritik hier neu zu beleben [...]. Wir haben uns, wenn uns das Heimweh gar zu stark überkam, von seiner spöttischen Trauer trösten lassen: dieselben Sterne werden als Todeslampen über unseren Gräbern schweben, am Rhein oder unter Palmen, *auch wenn man kein Requiem betet und kein Kaddisch sagen wird*. [...]. Heine hat alle Stadien der Emigration mit uns geteilt: Die Flucht und die Heimatlosigkeit und die Zensur und die Kämpfe und das Heimweh.[6]

Der Dichter war aber schon früher in Lateinamerika angekommen. Bereits 1927, in einer Hommage an die Sociedad Hebraica Argentina, erhob der jüdische Schriftsteller Alberto (Abraham) Gerchunoff – und mit ihm Samuel Glusberg, Carlos M. Grünberg und César Tiempo (Israel Zeitlin) – die Stimme zum Trauergebet für den Autor aus Düsseldorf, als dessen Waisen und Erben sie sich verstanden:

> Keinen Kadosch wird man an meinem Grab sagen, so schreibt Heine in seinem schmerzlichsten bohrenden Gedicht [...]. Wie konntest du glauben, dass niemand dir an deinem Grabe die höchste Huldigung erwiese? Hier bin ich, wie die vielen, die Kummer und Bitternis kennengelernt haben, und zu deinem Angedenken spreche ich in Demut und mit der Trauer eines Waisenkindes das Gebet, das mit den denkwürdigen Worten der wohlklingenden und uralten Sprache der Propheten beginnt: Jsgadel Wejskadejsch...[7]

---

5 Die gleiche Geste findet sich in der Gründung von zahlreichen anderen Exilverlagen z.B. *Editorial Cosmopolita* (Freier Deutscher Buchverlag) und *Editorial Pigmalión*, um nur die argentinischen Beispiele zu nennen. Dazu kam der Aufbau von mehreren privaten Leihbibliotheken (*bibliotecas circulantes*), in denen Einwanderer ihre aus Europa mitgebrachten Bücher für einige Wochen und gegen eine minimale Gebühr verliehen. Siehe dazu den ausgezeichneten Artikel: Münster, Irene: Librerías y bibliotecas circulantes de judíos alemanes en la Ciudad de Buenos Aires 1930–2011. In: Estudios Migratorios Latinoamericanos 25 (2011), Nr. 70. S. 157–175. Die tragische Liebesgeschichte von den Exilierten und der deutschen (geschriebenen) Sprache muss erst noch geschrieben werden.
6 Anna Seghers „Abschied vom Heinrich-Heine-Klub" zitiert in Kießling, Wolfgang: Exil in Lateinamerika, (wie Anm. 4). S. 275. Hervorhebung durch die Autorin.
7 Gerchunoff, Alberto: „Cadosch". In: Enrique Heine. El poeta de nuestra intimidad. Buenos Aires 1927. S. 81–88, S. 81ff. Diese und alle weiteren Zitat-Übersetzungen im Text durch die Autorin.

Durch Heines Liebe zu Sefarad haben bereits die ersten jüdischen Einwanderer die spanische Sprache entdeckt und erobert. Seine Bücher begleiteten in jiddischen Übersetzung sogar schon Ende des 19. Jahrhunderts russische Juden zu den Agrarsiedlungen in Argentinien und Brasilien. Der alten Utopie folgend, dass die Juden zur Landwirtschaft zurückkehren sollten, schuf die Jewish Colonization Association (JCA) Kooperativen auf südamerikanischem Boden. Auf diese Weise fanden tausende von Pogromen verfolgte Juden eine neue Heimat. Ihr Gründer Baron Maurice de Hirsch (Moritz Freiherr von Hirsch auf Gereuth; sein Vater war der bayerische Bankier Hirsch auf Gereuth, seine Mutter eine Wertheimer aus Frankfurt) beschloss, als sein einziger Sohn Luciene mit nur 30 Jahren starb: „Ich habe meinen Sohn verloren, aber nicht meinen Erben, mein Erbe ist die Humanität." Die jüdischen Gauchos können somit fast buchstäblich als ein deutsch-jüdisches Erbe verstanden werden.[8]

1889 ist die erste Siedlung, Moisesville, unter äußersten Schwierigkeiten auf argentinischem Boden gegründet worden.[9] Nur ein Jahr zuvor hatte ein deutsch-jüdischer Pionier aus Steinfurt, Hermann Weil[10], die Agrargüter Argentiniens in ganz anderen Dimensionen entdeckt: zusammen mit seinen Brüdern rief er in Buenos Aires das Familienunternehmen „Weil Hermanos" ins Leben, das argentinisches Getreide exportierte. Schon 1900 besaßen sie mehr als 60 Schiffe, weltweit 100 Filialen und mehr als 3.000 Angestellte. Zusammen mit seinem Sohn Félix José Weil finanzierte Hermann Weil ab 1923 das Institut für Sozialforschung

---

**8** Zu den jüdischen Gauchos siehe Gerchunoff, Alberto: Los gauchos judíos. La Plata 1910; dt. Übersetzung: Gerchunoff, Alberto: Jüdische Gauchos. Übersetzt von Liliana Ruth Feierstein. Berlin 2010.

**9** Moisesville war die Folge eines früheren Auswanderungsvorhabens russischer Juden unabhängig von der JCA, das jedoch anfänglich scheiterte. Interessanterweise spielte auch deutsch-jüdisches Kapital eine Rolle, da diese Auswanderer aus Russland in Hamburg zunächst ohne Mittel zur Weiterreise festsaßen. Die jüdische Hamburger Gemeinde unterstützte sie, damit sie ihre Reise nach Argentinien fortsetzen konnten. Als sie endlich ankamen, waren die versprochenen Ländereien bereits verkauft und das Projekt entpuppte sich als ein Betrug. Gerade die Armut und Verzweiflung dieser ersten Einwanderer in Argentinien, deren Zeuge ein Gesandter von Hirsch (der Ingenieur Löwenthal) wurde, hatte Hirsch daraufhin dazu motiviert, dort das Programm der Agrarkolonien zu gründen. Siehe dazu Mendelsohn, José: Génesis de la colonización judía en la Argentina (1888–1892). In: 50 años de colonización judía en la Argentina. Hrsg. von DAIA. Buenos Aires 1939. S. 85–145, und Feierstein, Ricardo: Historia de los judíos argentinos. Buenos Aires 1993, Kapitel 1.

**10** Das Leben der Familie Weil und der jüdischen Gemeinde aus Steinfurt ist ein interessanter und noch nicht recherchierter Teil deutsch-jüdischer Geschichte. Appenzeller, Hans: Ortschronik Steinfurt. Die jüdische Gemeinde. Geschichte der Familie Weil, Band III. Steinfurt, ohne Jahr, gibt den spannenden Hinweis, dass die Gemeinde sich 1937 entschloss, die Synagoge zu verkaufen, nachdem einige Männer in Dachau interniert worden waren, um mit dem Geld die Emigration ihrer Mitglieder zu finanzieren.

in Frankfurt; man könnte somit sagen, dass das Erbe von Baron de Hirsch in anderer, aber ebenfalls humanistischer Weise großzügig aus Argentinien nach Deutschland zurückkehrte.

Das immense kulturelle Erbe der Kritischen Theorie muss man hier nicht im Detail erwähnen, doch über seinen Mäzen Félix José Weil[11] ist nur wenig bekannt. 1898 in Buenos Aires geboren, war er zum Studium nach Deutschland gesandt worden; 1920 kehrte er nach Argentinien zurück, dort entstand kurz darauf seine erste eigene Forschungsarbeit *Die Arbeiterbewegung in Argentinien. Ein Beitrag zu ihrer Geschichte*, die von C. L. Hirschfeld 1923 in Leipzig publiziert wurde. Noch vor der Veröffentlichung war er wieder nach Deutschland ausgewandert. Jahrzehnte später (1959) gab er eine kommentierte deutsche Übersetzung des Grundwerkes von Paul Massing, *Rehearsal for Destruction: A Study of Political Anti-Semitism in Imperial Germany*, heraus. Wie diese Publikationen deutlich machen, waren beide Themen, Arbeiterbewegung und Antisemitismus – die auch Programmatik bei der Gründung des Instituts waren – von genuinem und kontinuierlichem Interesse für Weil.

Als er 1931 wieder nach Argentinien zurückkehrte, war er bestrebt, sich politisch zu engagieren, und zwar auf eine originelle Art und Weise: durch eine Steuerreform. In seinen Aufzeichnungen beschrieb er sich selber als „Klassenverräter", denn er versuchte sowohl die Macht der Grundbesitzer zu enthüllen als auch diese fortan an den Steuerzahlungen zu beteiligen.[12] Sein gutes (wenn auch etwas schillerndes) Wissen über sein Geburtsland hat Weil 1944 in dem Buch *The Argentine Riddle* dargestellt, welches erst im Jahre 2010 ins Spanische übersetzt worden ist.

# Nach der Heimat meiner Feinde, / Die Europa ist geheißen, / Will ich flüchten, dort beginn ich / Eine neue Karriere.

Als der Kriegsgott Vitzliputzli 1933 Europa eroberte, wurde Lateinamerika zum lebensrettenden Anker für viele jüdische – und politische – Emigrant(Inn)en.[13]

---

11 Zu Felix José Weil siehe das Dossier *Los orígenes de la Escuela de Fráncfort* von Eisenbach, Helmuth u. Traine, Martín: In: Espacios de crítica y producción, Nr. 15 (1994/95). S. 38–48.
12 Siehe dazu Weil, Felix J.: *Concepto y alcance del impuesto a los réditos*. Buenos Aires 1933. Siehe dazu: Eisenbach/Traine (wie Anm. 11).
13 Wegen der vielen illegalen Einwanderer schwanken die Ziffern der Historiker zwischen 70.000 und 100.000 deutschsprachigen Flüchtlingen (ca. 45.000 davon sind nach Argentinien gelangt) – rund 90% davon waren Juden.

Die argentinischen Legenden erzählen, dass Félix Weil ab 1933 mit der Idee spielte, das Institut für Sozialforschung nach Argentinien zu übersiedeln. Lateinamerika war aber damals bekanntlich nicht die erste Wahl der Auswanderer. Doch obwohl Horkheimer und Adorno „das andere Süd-Amerika" (Kalifornien) bevorzugten, kamen dennoch viele nach Süden – besonders nach Argentinien, wo es schon eine große jüdische Gemeinde (ca. 260.000 Mitglieder)[14] gab, viele davon Nachkommen der Siedler von Baron Hirsch. Zusätzlich existierte in jenem Land auch eine deutschsprachige Gemeinde (mit einem geringen Anteil jüdischer Mitglieder). Zwischen den beiden Gemeinden, der jüdischen und der deutschen, gab es jedoch nur selten Kontakt und sie hatten jeweils eigene Publikationen.

Seit 1878 zirkulierte in der deutschsprachigen Gemeinde das *Argentinische Tageblatt*.[15] Spannend ist der Fall Ernesto Alemanns, Herausgeber seit 1925 und Enkel des Schweizers Johann Alemann, Gründer der Zeitung. In seinen Artikeln der 1930er Jahre griff er immer wieder die „Nazioten" (wie er sie spöttisch nannte) an, weshalb die Zeitung schon 1933 in den deutschen Kreisen als „jüdisches Blatt" beschimpft wurde, obwohl Alemann nicht jüdisch war. Darauf antwortete er:

> Wir akzeptieren diese Schmeicheleien mit Vergnügen. Bekanntlich ist die sogenannte jüdische Presse überall in der Welt die beste. Wenn man von guten Zeitungen spricht, so meint man ausschließlich diejenigen, die sich im Besitz jüdischer Verleger befinden. Sie sind vorurteilsfrei, mit Geist, Bildung und Intelligenz geleitet, besser informiert und schreiben ein hundertfach besseres Deutsch. Insofern ist das Argentinische Tageblatt zweifelsohne ein Judenblatt...[16]

Dass diese aus der Ferne erfolgten politischen Auseinandersetzungen mit dem Naziregime nicht unbedeutend waren, zeigt die Tatsache, dass die Universität Heidelberg Ernesto Alemann 1936 seinen Doktortitel auf Grund seiner politischen Aktivitäten offiziell aberkannte. Die deutsche Botschaft in Argentinien hat sechs Prozesse gegen Alemann angefangen – sein erfolgreicher Verteidiger war der

---

14 Siehe Feierstein: Historia (wie Anm. 9). S. 117.
15 Nach 1933 wurden verschiedene deutsch-jüdische Publikationen in Lateinamerika gegründet: die *Jüdische Wochenschau* (Buenos Aires 1940) unter der Leitung von Hardi Swarsenski, die danach zum *Semanario Israelita* wurde (siehe Shirp, Kerstin E.: Die Wochenzeitung „Semanario Israelita". Sprachrohr der deutsch-jüdischen Emigration in Argentinien. Münster 2001), das *Gemeindeblatt* in Montevideo 1938 unter der Leitung von Georg Freund (siehe Ehlers, Sarah u. Feierstein, Liliana Ruth: „Der Weg von der Peripherie in das Zentrum". Georg Freund und das „Gemeindeblatt" der deutsch-jüdischen Gemeinde in Montevideo, im Druck).
16 Ernesto Aleman. Zitiert in: Schoepp, Sebastian: Das Argentinische Tageblatt 1933 bis 1945. Ein Forum der antinationalistischen Emigration. Berlin 1996.

sephardische Jurist Don Isaac García von der Kanzelei „Moisés Cadoche – Isaac García".[17] Deutsch-jüdisches Erbe?

Alemann hat 1934, als die deutschen Schulen in Argentinien „gleichgeschaltet" wurden, zusammen mit einigen Juden (und politischen Exilierten) die einzigartige Pestalozzi-Schule ins Leben gerufen, mit der Idee, „ein Asyl für die in ihrer humanen Gesinnung und ihrer vorbildlichen Leistungen willen von den Landvögten ihres Vaterlandes Vertriebenen deutschen Pädagogen zu sein".[18] Nicht nur die politische Richtung der Schule war schwer zu halten – auch die pädagogischen und menschlichen Herausforderungen der eingewanderten Kinder waren nicht zu unterschätzen, wie der Direktor Alfred Dang in einem Bericht von 1943 beschreibt:

> Jedes eingewanderte Kind hat unbedingt Schaden an seiner Seele gelitten [...]. In Deutschland und Österreich vertrieben aus den öffentlichen Schulen, gebrandmarkt und isoliert wie Leprakranke [...] konnte der Verfasser kaum die Tränen der Wut zurückhalten über die braunen Verbrechen an wehrlosen Kindern, wenn eines etwas schüchtern fragte, ob es sich denn auf den einzigen freien Platz in der Klasse neben einen „Arier" setzen dürfe [...].[19]

Eine internationale Kampagne – in Buenos Aires vom Vorstand der Schule initiiert – versuchte 1938 international renommierte deutschsprachige Intellektuelle als Fürsprecher zu gewinnen, um die Schule in ihrem Außenseiterdasein zu stärken und unantastbar zu machen. Diese Kampagne erwies sich als Erfolg und die Pestalozzi-Schule bekam die Fürsprache von vielen Persönlichkeiten, u.a. von Thomas Mann, Albert Einstein, Stefan Zweig und Lion Feuchtwanger.[20]

Aber wie gelangten nach 1933 weitere deutschsprachige jüdische Einwanderer nach Lateinamerika? Und wie konnten diese sich – oft ohne Sprachkenntnisse und ohne Geld – in diesen fremden Ländern zurechtfinden? Die Solidarität vieler Menschen aus verschiedenen Kulturen und Religionen machte es möglich. Einer der berühmtesten Protagonisten war der mexikanische Hauptkonsul von Paris, Gilberto Bosques, der tausende mexikanische Visa an Juden und spanische Republikaner ausstellte. Eine besondere Rolle spielte auch Bolivien durch die

---

17 Siehe Mundo Israelita: Alle Menschen werden Brüder. Buenos Aires, 24.5.2014.
18 Alemann zitiert in Schnorbach, Hermann: Glückwünsche an die Pestalozzischule Buenos Aires. Über unveröffentlichte Briefe von Thomas Mann, Albert Einstein, Heinrich Mann, Lion Feuchtwanger, Adrienne Thomas, Konrad Heiden, Emil Ludwig, Stefan Zweig und Sigmund Freud". In: Exil (1999), 1. S. 49–66, S. 51.
19 Dang, Alfred: Rettung einer Generation. Buenos Aires 1943, zitiert in Schnorbach, Hermann: Für ein „Anderes Deutschland". Die Pestalozzischule in Buenos Aires (1934–1958). Frankfurt 2005. S. 74ff.
20 Siehe Schnorbach: Glückwünsche (wie Anm. 17).

Aufnahme von 10.000 bis 15.000 Juden, als fast alle anderen Länder ihre Grenzen schon geschlossen hatten.[21]

Die „alteingesessen" deutschsprachigen Juden gründeten schon früh Hilfsvereine um die Flüchtlingen zu unterstützen: zum Beispiel den Hilfsverein deutschsprechender Juden (später Asociación Filantrópica Israelita)[22] in Argentinien und in Uruguay[23], die Sociedad de Protección a los Inmigrantes Israelitas (SOPRO) in Bolivien, die Asociación de Beneficiencia Israelita und das Comité de Protección a los Inmigrantes Israelitas in Ecuador[24], um nur einige wenige zu nennen.

Aber auch die polnischen, die russischen und die sephardischen Juden haben Hilfe geleistet. In Montevideo wurde schon 1933 der Frente Contra el Antisemitismo en Alemania gegründet, zu dessen Treffen u.a. folgende Organisationen aufgerufen haben: Arbeter-Club Moris Wintchewsky, Arbeter-Club Avangard, PRO-COR, Arbeter Shul in-Tsenter. Ab 1935 wurde die Organización Popular Israelita de Ayuda a las Víctimas del Nazismo ins Leben gerufen, die den Flüchtlingen finanziell, bei der Arbeitssuche sowie bei anderen Gelegenheiten zu Seite stand.[25] Außerdem hatte das Joint (American Jewish Joint Distribution Committee) mit Unterstützung der nordamerikanischen Juden zwischen 1933 und 1942 die Emigration von vielen Tausend europäischen Juden mitgetragen.[26]

Mit Hilfe verschiedener Organisationen haben Zigtausende ihr Leben retten können; knapp 45.000 davon fanden in Argentinien Zuflucht – auch in den entferntesten Winkeln: 1936 gründeten die Nachkommen der Siedler von Baron Hirsch erneut eine Kolonie, Avigdor, um Flüchtlinge aufzunehmen. Interessante Biographien haben ihre lateinamerikanischen Anfänge in den Agrarkolonien, wie z.B. der Schriftsteller Robert(o) Schopflocher, der 1937 mit seiner Familie aus Fürth nach Argentinien flüchtete und nach einem Studium der Agronomie selbst

---

21 Spitzer, Leo: Hotel Bolivia. Auf den Spuren der Erinnerung an eine Zuflucht vor dem Nationalsozialismus. Wien 2003 sowie Bieber, León: Jüdisches Leben in Bolivien. Die Einwanderungswelle 1938–1940. Berlin 2012.
22 Siehe dazu Asociación Filantrópica Israelita Argentina: Zehn Jahre Aufarbeit in Südamerika. Buenos Aires (1943); Spitta, Arnold: Paul Zech im südamerikanischen Exil 1933–1946. Ein Beitrag zur Geschichte der deutschen Emigration in Argentinien. Berlin 1978; Schwarcz, Alfredo José: Trotz allem... Die deutschsprachigen Juden in Argentinien. Wien 1995; Hopfengärtner, Johanna: Krise als Chance? Soziale Arbeit und Selbstverständnis jüdischer Frauen im Jüdischen Frauenbund und im Hilfsverein deutschsprechender Juden in Argentinien. In: Ariadne 45/46 (2004). S. 69–76.
23 Siehe dazu Wegner, Sonja: Zuflucht in einem fremden Land. Exil in Uruguay 1933–1945. Hamburg 2013.
24 Siehe dazu Kreuter, María-Luise: ¿Dónde queda Ecuador? Quito 1997.
25 Sie dazu Nueva Comunidad Israelita de Uruguay, http://jai.com.uy (15.9.2014).
26 Siehe Veghazi Klein, Esteban: Historia e influencia de la inmigración judeo-austríaca en América Latina. Santiago de Chile 1992. S. 19 ff.

als Verwalter auf verschiedenen Siedlungen der Jewish Colonization Association arbeitete. Während dieser Zeit verfasste er Sachbücher zu landwirtschaftlichen Themen (z. B. ein 50.000 Mal verkauftes Buch über Hühnerzucht), bevor er zum international anerkannten Schriftsteller avancierte.[27]

Andere junge Einwanderer wurden in Choel-Choel (Patagonien) in einer Siedlung für Obstproduktion aufgenommen. Weit davon entfernt, in der Dominikanischen Republik, wurde eine Agrarkooperative in Sosúa (Milchwirtschaft und Viehzucht) ins Leben gerufen. Ein Projekt, das umstritten war, weil es den Segen des Diktators Trujillo hatte, mit dem absurden Hintergedanken, die vorhandene indigene Bevölkerung durch die weiße europäische Einwanderung „aufzuhellen".[28]

Auch in Bolivien[29], Uruguay, Chile, Paraguay, Kolumbien, Martinique, Mexiko, Guatemala sind kleine und große Hilfsprojekte entstanden. Einige Lebensgeschichten der dort Gestrandeten sind bekannt: Stefan Zweig in Persépolis – um dessen Freitod die brasilianische Regierung mit einem Staatsbegräbnis trauerte[30]; Vilém Flusser, der erst 1972 von der brasilianischen Universität wieder nach Europa gelangte; Hilde Löwenstein, die aus Liebe für ihr Exilland den Künstlernamen Hilde Domin annahm; Max Diamant, der 1961 aus Mexiko zurück nach Deutschland kam, um die Abteilung ausländischer Arbeitnehmer der IG Metall zu organisieren.

Nach der Ankunft in Lateinamerika haben die Einwanderer angefangen sich ihrerseits zu organisieren. Die politischen Flüchtlinge gründeten unter anderem in Mexiko die Liga für deutsche Kultur und später die Bewegung Freies Deutschland, in Buenos Aires Das andere Deutschland und in Chile Austria Libre. Alle diese Verbände waren jedoch nicht frei von Konflikten zwischen „politischen" und „religiösen" Flüchtlingen.[31] Auch die Pestalozzi-Schule und der sozialistische Verein Vorwärts[32] haben neben vielen anderen eine wichtige Rolle gespielt.

---

27 Siehe dazu Schopflocher, Roberto: Weit von wo. Leben zwischen drei Welten. München 2010.
28 Siehe Dillmann, Hans-Ulrich u. Heim, Susanne: Fluchtpunkt Karibik. Jüdische Emigranten in der Dominikanischen Republik. Berlin 2009.
29 Bolivien war berühmt als „Wartesaal" (Fritz Kalmar nannte es *Hotel Bolivia*), bis die Flüchtlinge schließlich in andere, begehrtere Länder (Argentinien, Uruguay, Brasilien) übersiedeln konnten. Siehe dazu Bieber, León E.: Jüdisches Leben in Bolivien. Die Einwanderungswelle 1938–1940. Berlin 2012.
30 Zu den deutschsprechenden Emigranten in Brasilien siehe Eckl, Marlen: „Das Paradies ist überall verloren." Das Brasilienbild von Flüchtlingen des Nationalsozialismus Frankfurt a.M. 2011.
31 Für den argentinischen Fall siehe die ausgezeichnete Arbeit von Friedmann, Germán: Alemanes antinazis en la Argentina. Buenos Aires 2010.
32 Siehe Bauer, Alfredo: La Asociación Vorwärts y la lucha democrática en la Argentina. Buenos Aires 1990.

## Reiten wir zurück nach Spanien/ Zu dem kleinen Talmudisten, / Der ein Großer Dichter worden, / Zu Jehuda ben Halevy?[33]

Zwei weitere Namen sollen hier nicht unerwähnt bleiben: Máximo José Kahn aus Frankfurt, der mit bzw. wie Heine nach Sefarad zurückreiten wollte und lange in Spanien wohnte, bis er sich dort 1938 einbürgern ließ, um danach das Land wieder in Richtung Süden (Mexiko, Argentinien) zu verlassen.[34] Und Max Aub, der Mann mit vier Nationalitäten und keinem Visum, der über Spanien (verzaubert vom Geist der Republik) nach Algerien, Kuba und Mexiko gelangte und später bei der Gründung des lateinamerikanischen Instituts an der Hebräischen Universität zu Jerusalem mitwirkte.[35] In seinem Theaterstück San Juan (1943) erzählt er die Tragödie eines Schiffes, das mit jüdischen Flüchtlingen beladen an jeder Küste abgelehnt wird und sich schließlich in ein Geisterschiff verwandelt. Aub griff hier unter anderem die traurige Geschichte der St. Louis auf, die 1939 ursprünglich in Kuba landen sollte. Jedoch wurde den Menschen dort das Recht an Land zu gehen verweigert. Nach vielen vergeblichen Versuchen einen anderen Hafen anzulaufen musste das Schiff nach Europa zurückkehren, wo viele der Passagiere später umgebracht wurden. Das Schicksal der St. Louis wirft noch heute einen dunklen Schatten auf die (latein-)amerikanische Geschichte.

Die deutschsprachigen Juden, die dennoch fliehen konnten, haben zweifellos das religiöse und kulturelle Leben in Lateinamerika verändert. Ein gutes Beispiel dafür ist der Kulturtransfer des liberalen Judentums. Schon Mitte der 1930er Jahren kam Wilhelm (Guillermo) Schlesinger, Absolvent des Jüdisch-Theologischen Seminars in Breslau, nach Argentinien. Danach kamen junge Rabbiner, die bei Leo Baeck oder in Breslau studiert hatten, und gründeten neue Gemeinden, die frischen Wind mit sich brachten (wenngleich sie anfänglich eine eher geschlossene Gesellschaft bildeten, da die Gottesdienste und auch das gesamte Gemeindeleben auf Deutsch stattfanden). Hans Harf, der nach der so genannten Kristallnacht festgenommen und im KZ-Oranienburg interniert wurde, landete 1939 in Argentinien und lief mit einem großen Topf durch die Straßen des Belgrano-Viertels in Buenos Aires um Lebensmittel und Spenden für die Einwande-

---

33 Heinrich Heine: *Jehuda ben Halevi aus Romanzero*.
34 Siehe dazu Senkman, Leonardo: ¿Exiliado de la España franquista o Refugiado del Holocausto? El caso de Maximo José Kahn. In: Libro de Homenaje al Profesor Victor Farias. Hrsg. von David Schidlowsky u.a. Berlin 2000. S. 123–145.
35 Siehe dazu Segovia, Thomas: En torno a Max Aub. Konferenz in der Casa de América, Madrid 21.1.2003.

rer aus Zentraleuropa zu sammeln. Günter Friedländer war der zweite Schüler von Leo Baeck, der in Buenos Aires amtierte – zuvor hatte er zusammen mit Kurt Riegner[36] in Berlin eine Gruppe gegründet, die die Auswanderung von mehr als 50 Jugendlichen organisierte. Aus dem Jüdisch-Theologischen Seminar in Breslau waren auch Paul Hirsch (erst in Bolivien und ab 1950 Rabbiner in der deutschsprachigen Gemeinde Lamroth Hakol in Buenos Aires), Heinrich Lemle (Rabbiner in Frankfurt, später in Río de Janeiro), Manfred Lubliner (Rabbiner in Cottbus und danach in Santiago de Chile) und Egon Löwenstein (nach der Emigration Rabbiner in Santiago de Chile) gekommen, ferner Fritz Leopold Steinthal (Hochschule für die Wissenschaft des Judentums, Rabbiner in Münster, danach in Buenos Aires), Fritz Pinkuss (in Breslau und bei Leo Baeck studiert, Rabbiner in Heidelberg und nach der Emigration in São Paulo) und Fritz Winter (HWJ Berlin, Cochabamba, danach Oberrabbiner in Montevideo). Nach dem Krieg kam Esteban Vegahzi Klein (Schoah-Überlebender und Absolvent des Seminars in Budapest) nach Chile, während Lothar Goldstein (Überlebender und Student des Breslauer Seminars) nach Lima ging. 1962 haben einige dieser deutschsprachigen Rabbiner zusammen mit dem Nordamerikaner Marshall Meyer – ein Schüler von Abraham Joshua Heschel – das Lateinamerikanische Rabbinische Seminar in Buenos Aires gegründet. Hier werden bis heute Rabbiner für Lateinamerika, Spanien und Portugal ausgebildet.[37]

Auch viele einzigartige kulturelle Einrichtungen wurden von den Flüchtlingen ins Leben gerufen: von den bekannten Radiosendungen P. Gebhardts in Uruguay („Die Stimme des Tages") über die Freie Deutsche Bühne von Paul Walter Jacob in Buenos Aires bis zur kleinen Casino-Bühne von Fritz Kalmar (Bolivien).[38] Sie brachten auch deutsch(-jüdische?) Diskurse, Kenntnisse und Weltanschauungen mit. Das beste Beispiel dafür ist die Verbreitung der Psychoanalyse in Argentinien (Buenos Aires hat heutzutage pro Einwohner mehr Psychoanalytiker als New York).

---

**36** Zur Riegner-Gruppe siehe Riegner, Kurt J.: Un proyecto migratorio judeo-alemán. Cincuenta años despues el „Grupo Riegner" en la Argentina (1938/88). In: Coloquio, Nr. 19 (1988). S. 123–173.
**37** Diese Biografien und ihre Vernetzungen sind komplex und durchgehen viele Umwege. Über ihre Geschichte, ihr Schaffen und die Gemeinden, die sie gründeten, arbeite ich derzeit an meinem aktuellen Forschungsprojekt „Das Erbe von Breslau: deutschsprachige Rabbiner in Lateinamerika".
**38** Siehe dazu Álvarez, María X.: „In New York oder Hollywood oder Amerika wäre mir wahrscheinlich viel wohler". El escritor Balder Olden en su exilio bonaerense (1941–1943). In: Estudios Migratorios Latinoamericanos 70 (2011). S. 205–229; Álvarez, María X.: Repensando identidades en el exilio en Sudamérica. Artistas judeo-alemanes y su lucha en el campo de la cultura. In: Múltiples identidades. Literatura judeo-latinoamericana de los siglos XX y XXI. Frankfurt a.M. 2012. S. 71–88.

Das war u.a. der Verdienst der Wienerin Marie Langer.[39] Sie war in Wien Mitglied in der Psychoanalytischen Vereinigung gewesen (Anna Freud persönlich hatte ihre Aufnahme befürwortet) und anschließend Ärztin der internationalen Brigaden in Spanien, bevor sie 1939 nach Uruguay flüchtete. Dort fand sie über die Arbeiterbewegung wieder Anschluss an die Psychoanalyse: „Eines Tages bat mich Willy Eckermann, ein Genosse, Hafenarbeiter aus Hamburg und so gebildet wie damals die deutschen Arbeiter waren, einen Vortrag über Psychoanalyse und Marxismus zu halten, um Mittel für die Organisation aufzutreiben."[40] Von dort aus gelangte sie nach Buenos Aires, wo sie sich 1942 an der Gründung der Argentinischen Psychoanalytischen Vereinigung beteiligte. Sie hat nicht nur ihr Wissen weitergegeben, sondern zwischen den Kulturen buchstäblich übersetzt. Die Erfahrungen des Nationalsozialismus sind stets in ihrer Arbeit präsent geblieben. So schrieb sie, als in den 1970er Jahren die Gewalt in Lateinamerika aufbrach: „Wenn wir uns darauf beschränken, die soziale Krise nur in Form des (psychischen) Widerstands zu betrachten, dann werden wir die Fehler der Dreißiger Jahre wiederholen".[41] Davor, schon 1961 in Edinburgh auf der internationalen Konferenz der IPV, gelang ihr die Anerkennung der lateinamerikanischen Gruppe:

> Ich bat um Audienz [...] wo die großen Chefs der Internationalen Psychoanalytischen Vereinigung ihre Sitzungen abhielten. [...] Ich wandte mich direkt – nicht auf Englisch, sondern auf Deutsch – an sie. „Miss Anna Freud" – sagte ich – „Sie erinnern sich nicht an mich, aber vor vielen Jahren führten Sie mein Zulassungsgespräch für die Vereinigung. Sie, Dr. Lampl de Groot, logischerweise werden Sie mich auch vergessen haben, aber Sie haben mir die ersten klinischen Schritte beigebracht, mit Ihnen habe ich meine ersten Patienten supervisiert. Die Nazis, der Krieg, haben mich nach Argentinien verschlagen, aber ich bin Wienerin" (ich bin eine von Euch, Ihr könnt mir vertrauen, war die implizite Botschaft). Und dann sprach ich zu ihnen über die uruguayische Gruppe, die gut und ernsthaft war. Und außerdem war das die strikte Wahrheit. Auf diese Weise erreichte ich die Anerkennung. Und ich fühlte mich als Lateinamerikanerin und trotzdem in der Lage, die Anerkennung zu erreichen und die IPV ihre Vorurteile vergessen zu lassen.[42]

Langer hat 1971 mit ihrem provokativen Text *Psychoanalyse und/oder soziale Revolution* die Internationale Psychoanalytische Vereinigung (IPV) gespalten. Ihre damalige Aussage „Freud und Marx: wir verzichten auf keinen von beiden!"

---

**39** Über die Geschichte der Psychoanalyse in Argentinien siehe Ben Plotkin, Mariano: Freud en las pampas. Orígenes y desarrollo de una cultura psicoanalítica en la Argentina (1910–1983). Buenos Aires 2003.
**40** Langer, Marie: Von Wien nach Managua. Wege einer Psychoanalytikerin. Freiburg 1986. S. 110.
**41** Langer, Marie: Psychoanalyse – in wessen Dienst? In: Neues Forum. 1971, Heft 213. S. 39–42.
**42** Langer: Wien (wie Anm. 39). S. 144.

hatte als Spätfolge ein erneutes Exil (als Flucht vor dem argentinischen Militär), und wie bereits vor ihr die Gruppe der „Azteken" landete auch sie im Land der politischen Exilanten: Mexiko. Von dort aus hat sie psychologische Arbeitsgruppen in Nicaragua ausgebildet, die die Behandlung von Kriegstraumata für mittellose Menschen ermöglichen sollten.

Weitere revolutionäre Biographien sind Teil des deutsch-jüdischen Erbes – am radikalsten vielleicht die Geschichte von Tamara Bunke: In Buenos Aires 1937 als Tochter von politischen deutsch-russisch-jüdischen Flüchtlingen geboren (ihr Vater Erich Bunke war sehr lange Zeit ein wichtiger Aktivist des Vereins Vorwärts), ist sie mit ihrer Familie 1952 in die DDR zurückgekehrt. Dort traf Tamara 1960 den berühmtesten Argentinier jener Zeit – Ernesto Che Guevara. Sie ging mit ihm nach Kuba und danach unter dem Decknamen Tania nach Bolivien, um die Guerilla zu unterstützen, und wurde dort 1967 ermordet.

Einen ganz anderen – jedoch mit Psychoanalyse verknüpften – deutsch(-jüdischen?) Kulturbeitrag brachte die Bauhaus-Photographin Grete Stern in ihrem Gepäck mit. In Argentinien hat sie zum einen die Armut des Landes buchstäblich verbildlicht, wie in ihren eindrucksvollen Porträts von Indios aus Chaco, eine harte Sozialkritik an den Verhältnissen des Landes, zu sehen ist. Gleichzeitig hat sie für eine populär-wissenschaftliche Zeitung gearbeitet, an die die Leser Briefe schickten, in denen sie ihre Träume beschrieben, damit Analytiker sie interpretieren konnten. Stern hat surrealistische Foto-Collagen kreiert, um diese Traumdeutungen zu illustrieren.[43]

Ebenfalls voller Bilder war das Projekt der Leipziger Puppenspielerin Ruth Hepner-Schwartz, die die Schoah in der Schweiz überlebte. Mit ihrem Mann Simche Schwartz (aus Rumänien) hatte sie dort ein Jiddisches Puppentheater ins Leben gerufen, das weltweit berühmt wurde – nicht zuletzt durch die Bühnenkulissen ihres Freundes Marc Chagall. Großen Erfolg hatte das Theater auch in ihrer späteren Heimat Argentinien, wo damals noch eine große jiddisch sprechende Gemeinde lebte. Deutsch-jüdisches Erbe... dieses Mal auf Jiddisch.

---

**43** Siehe dazu Stern, Grete: Sueños. Valencia 1995; Stern, Grete: De la Bauhaus al Gran Chaco. Fotoreportaje de aborígenes del norte argentino (1958–1964), Buenos Aires 2010. Hopfengärtner, Johanna: Pioneras de la modernidad. Grete Stern y Marie Langer en Argentina. In: Iberoamericana 33 (2009). S. 157–172; Hopfengärtner, Johanna: Inmigrante, pionera, Individualistin. Grete Stern y su obra fotográfica en Argentina. In: Anuario Argentino de Germanística. Buenos Aires 2010. S. 173–182.

## Und noch einmal

Vitzliputzli heißt auf Nahuatl „Kolibri des Südens". Doch ist er als blutiger Kriegsgott in den 1970er Jahren in Form der Diktaturen Südamerikas zurückgekehrt: „Wir wissen, daß diese Flammen nicht ausgelöscht sind. Ihre Glut ist aus der deutschen Nacht in den argentinischen Morgen gelangt, wo der kastilische Atem ihr in einer grausamen Wiederholung des Vergangenen erneut Leben eingehaucht hat. Und wir, die jene Vernichtung nicht erlebt haben, sind ihr hier erneut begegnet."[44]

Ruth Hepner-Schwartz hat danach Psychologie studiert und sich auf Gewalttraumata spezialisiert. Wie Jacques Picard treffend schreibt: „Die Folterkammer der Junta, die Keller der Gestapo, die Lagen der Flüchtlinge sind historisch und sachlich miteinander nicht vergleichbar – in der Erinnerung aber bleiben sie Symbole, die den Raum beengen, die Kreativität behindern und deshalb eine Spaltung des Erinnerungsvermögens provozieren müssen. Psychotherapie wird deswegen nie unpolitisch sein dürfen."[45] Ruth Hepner-Schwartz hat stets auf ihre Erfahrungen unter dem Nationalsozialismus als Ausgangspunkt für ihre theoretischen Überlegungen hingewiesen.

In einigen Fällen, wie bei der Berlinerin Ellen Marx, hat sich diese Gewaltgeschichte in der Wirklichkeit (und nicht nur symbolisch) auf schreckliche Art und Weise wiederholt. Sie hat erst ihre Familie in der Schoah und dann ihre Tochter in den Folterkammern des argentinischen Militärs verloren. Ellen hat bis kurz vor ihrem Tod im Jahr 2008 nie aufgehört, für die Gerechtigkeit und die Erinnerung an die Toten in der argentinischen Gesellschaft zu kämpfen. Nicht anders ist der Fall von Sara Rus, die selber als Mädchen Auschwitz überlebte und deren Sohn Daniel später vom Militär in Buenos Aires verschleppt und ermordet wurde. Sara, die aus Lodz stammt, betonte, dass sie eine doppelte Aufgabe der Erinnerung habe – in „beide Richtungen".[46]

Vor einiger Zeit habe ich eine katholische Überlebende aus Córdoba (Argentinien) sagen hören: „In den Centros de detención y tortura waren unsere jüdischen Mithäftlinge sehr wichtig für uns. Denn wir wussten nicht, was ein KZ war.

---

44 Sneh, Perla u. Cosaka, Juan C.: La Shoá en el siglo. Del lenguaje del exterminio al exterminio del lenguaje. Buenos Aires 2000, S. 24. Zitiert nach: Feierstein, Liliana Ruth: Oyf di bregn fun Plata – Am Ufer des Silberflusses. Versuch einer Topographie jüdischer Erfahrungen in Argentinien. In: Der Ort des Judentums in der Gegenwart. Hrsg. von Wallenborn, Hiltrud u.a. Berlin 2004. S. 93–118, S. 107.
45 Picard, Jacques: Gebrochene Zeit. Jüdische Paare im Exil. Zürich 2009. S. 218.
46 Siehe dazu Eisenstadt, Eva: Sobrevivir dos veces. De Auschwitz a Madre de Plaza de Mayo. Buenos Aires 2007, und den Film *Kadish* (Kononovich, Bernardo: Kadish. Dokumentarfilm. Buenos Aires 2010).

Aber sie wussten es: aus ihren Familiengeschichten. Sie haben uns aufgeklärt, wo wir eigentlich gewesen sind".[47] Unendlich schmerzhaftes (deutsch-)jüdisches Erbe?

Die Kraft der argentinischen Mütter und ihr Kampf für die Menschenrechte haben weltweit ein Zeichen gesetzt. So schreibt Frédéric Brenner in der Einleitung seines monumentalen Werkes *Diaspora. Heimat und Exil*:

> Anfangs kam ich mit der Absicht, dort zu fotografieren [ins Freud-Viertel in Buenos Aires]. Dann hörte ich Bruchstücke über die jüdische Emigration nach Argentinien [...] Moisesville, der Vorläufer des Kibbutz [...] Die Bank, die Bibliothek und das Theater von Moisesville mit seiner unvergesslichen Akustik. Man könnte denken, man wäre in Wilne [...] Ich entschließe mich jedoch, von der Geschichte derjenigen Juden zu berichten, die sich in erster Linie mit dem Kampf Argentiniens und mit der nationalen Tragödie identifizieren [...]. „Las Madres" – las locas de Plaza de Mayo – sind immer noch da, und fordern, wie sie es seit über zwanzig Jahren tun, die Leichname ihrer gefolterten und ermordeten Kinder zurück. Ich wollte die Stimmen dieser Mütter aufzeichnen, auf dass man ihre Schreie weit über die Grenzen Argentiniens hinweg hören kann.[48]

„Heine habe ich mit Tränen in den Augen gelesen", hat einmal Christian Morgenstern geschrieben. Tränen der Trauer oder der Freude begleiten die Erben der deutsch-jüdischen Erfahrungen im Land von Vitzliputzli.

---

[47] Tina Meschiatti, Überlebende von La Perla, in der Conference of the International Association of Genocide Scholars, Buenos Aires Juli 2011.
[48] Brenner, Frédéric: Diaspora. Heimat in Exil. München 1996. S. xiiff.

Michael Zeuske
# Conversos, Polacos, Daitsche

Juden auf Kuba

Im Gegensatz zu den großen Emigrationsterritorien in den Amerikas oder in Lateinamerika (USA, Mexiko, Argentinien, Brasilien) spielen jüdische Diaspora oder jüdisches Exil auf Kuba in der europäischen oder deutschen Historiographie bislang keine oder kaum eine Rolle. Auf Kuba spielten Juden, von der allgemeinen Verfolgung und den Regeln des Umgangs mit Juden und so genannten Neuchristen (*conversos*, durch Zwangskonvertierung zum Christentum übergetretene Juden) in den iberischen, katholischen Königreichen und Imperien der frühen Neuzeit (Kastilien und Portugal) sowie den Debatten um die verlorenen „Stämme" Israels im neu entdeckten Amerika abgesehen, vor 1880 nur eine marginale Rolle. Es hat sie aber immer gegeben. In der kubanischen Geschichte sind bis zum Beginn des 20. Jahrhunderts zwei größere Immigrationswellen von Bedeutung: die so genannten *conversos* oder „Neuchristen" bzw *cristianos nuevos* (auch *marranos*) in zwei Wellen (1492/1497–1762 und 1762–1880) sowie die so genannten *americanos*, die seit dem Spanisch-Amerikanischen Kriege (1898) und der ersten Okkupation der Insel durch die USA (1899–1902) nach Kuba kamen.[1]

Während der Kolonialzeit (1511–1898) gibt es kaum Nachrichten über Juden auf der Insel, über deutsch- oder jiddischsprachige Menschen schon gar nicht. Das muss aber nicht bedeuten, dass es nicht vereinzelt auch aschkenasische Juden (*azquenasí*) auf Kuba gegeben haben mag, die in der kubanischen Historiografie als *polacos* („Polen") bezeichnet werden. Noch im 18. Jahrhundert spielte die Erinnerung an Konvertiten, oft in den Debatten um Funktionäre der Krone und Kirche, eine wichtige Rolle. Don Pedro Agustín Morell de Santa Cruz y de Lora stammte aus einer Familie von freien Farbigen und war Nachkomme von *conversos*. Er kam von Santo Domingo 1719 als junger Mann nach Santiago de Cuba. Die Morells waren treue Diener der Krone. Pedro Morell tat sich besonders als Vermittler bei den Aufständen der Tabakbauern von Kuba (*vegueros*) und der Bergwerkssklaven der Kupferminen von El Cobre (1731) hervor. Dabei vertrat er durchaus die Interessen der Landbevölkerung und der Sklaven gegen die kreolische Elite der Insel. 1753 wurde Morell Bischof von Santiago de Cuba. Während einer großen Pastoralreise auf der Insel (1755–1757) waren alle 44 von Bischof

---

1 Corrales Capestany, Maritza: Judíos en Cuba. Varios asentamientos: sucesivas generaciones. In: Corrales Capestany, Maritza: La isla elegida. Los judíos en Cuba. Havanna 2007, S. 1–19. Siehe auch: Elkin, Judith L. (Hrsg.): Resources for Latin American Jewish Studies, Ann Arbor 1982.

Morell besuchten Ortschaften selbst nach den Maßstäben des 18. Jahrhunderts große ländliche Marktflecken. Auf Grundlage der gesammelten Daten entstand die erste Geschichte Kubas (*Historia de la Isla y Catedral de Cuba*), die, auch wegen der Konflikte um vermutete jüdische Einflüsse bei Morell, erst 1929 publiziert wurde.[2] Während der Pastoralreisen, auf denen Morell von Guane im Westen bis Baracoa im Osten der Insel auch Schulen und Hospitäler gründete, verfasste der wortmächtige Bischof Denkschriften und Memoranden, die heute einen wichtigen Quellenfundus darstellen, ebenso wie sein lange verloren geglaubtes Tagebuch.[3] Morell veranlasste die erste Bevölkerungsschätzung Kubas (*Padrón General*, 1757).

Während die Kontinentalkolonien Spanisch-Amerikas in den Unabhängigkeitskriegen 1810–1830 die Kolonialherrschaft des Mutterlandes abschüttelten, blieb Kuba (wie Puerto Rico und die Philippinen) bis 1898 spanische Kolonie. Als Spanien die Insel nach Jahren einer Quasi-Autonomie 1837 wieder schärfer unter Kontrolle nahm, strebten einige Gruppen der Eliten danach, Kuba den USA anzuschließen. Bei den so genannten Filibustier-Expeditionen gab es auch Versuche des spanisch-venezolanischen Generals Narciso López, Kuba von den Südstaaten der USA aus zu befreien.[4] Narciso López war es gelungen, den Kossuth-Anhänger Louis (Ludwig) Schlesinger (1820–1900), einen deutschsprachigen ungarischen Juden, als Befehlshaber einer der Invasionskolonnen zu gewinnen. Schlesinger wurde gefangen genommen und nach Ceuta verbannt, Narciso López und einige seiner Offiziere mit dem Würgeeisen öffentlich hingerichtet. Schlesinger konnte aus Ceuta fliehen. Er schrieb seine Autobiographie und schloss sich 1856 zeitweilig William Walker in Nicaragua an. Schlesinger emigrierte später nach Guatemala, wo er als reicher Kaffeepflanzer starb.[5] Zu den einfachen Soldaten der Truppen von López gehörten auch August Bondi (1833 Wien–1907 USA; Mitkämpfer John Browns und Abolitionist[6]) sowie ein gewisser Süssmann Hirsch, jüdischer

---

[2] Morell de Santa Cruz, Pedro Agustín: Historia de la Isla y Catedral de Cuba. Prefacio de Francisco de Paula Coronado. Havanna 1929.
[3] Morell de Santa Cruz, Pedro Agustín: La visita eclesiástica. Zusammengestellt u. eingeleitet von García del Pino. Havanna 1985.
[4] Zeuske, Michael: Mit General López nach Kuba! Deutsche Freiwillige in der Expedition des Narciso López (1851–1852). In: Iberische Welten. Festschrift zum 65. Geburtstag von Günter Kahle. Hrsg. von Felix Becker u.a. Köln 1994. S. 157–190.
[5] Siehe: Personal Narrative of Louis Schlesinger, of Adventures in Cuba and Ceuta (Democratic Review, Sept 1852), unter: http://www.latinamericanstudies.org/filibusters/US-Democratic-Review-Sept-1852.pdf (15.9.2014).
[6] Siehe die Autobiographie in Hebräisch: Oygust Bondi/Abraham Bick, Steven Spielberg Digital Yiddish Library, unter: http://archive.org/details/nybc204099 (15.9.2014); siehe: Stillman, Yankl: August Bondi and the Abolition Movement, unter: http://jewishcurrents.org/2004-marstillman.htm (15.9.2014). Stillman lässt die López-Expeditionen nach Kuba aus. Siehe auch den

Untertan im preußischen Rheinland, Sohn eines Hausierers aus Ehrenbreitstein bei Koblenz.[7] Hirsch schrieb über die Expedition von López und ihre Niederlage einen Brief nach Deutschland, der in der Historiographie bislang unbekannt ist.[8]

Weitere Informationen besagen, dass sich aschkenasische Juden aus Osteuropa 1868–1878 an der so genannten *Guerra de los Diez Años* (auch *guerra larga* = Zehnjähriger Krieg) beteiligten, dem ersten großen antikolonialen Krieg von Kubanern gegen Spanien. So beispielsweise ein jüdischer Abenteurer aus der Ukraine namens Akiva Rolland (Akiba Roland, 1842 Warschau–1907 Guanabacoa[9]), der zunächst Soldat im 9. Ohio Infanterie-Regiment der Unions-Armee im Amerikanischen Bürgerkrieg war. Carlos Roloff (Carlos Roloff Mialowski/ Mialofsky / Karol Roloff-Miałowski) kam um 1865 als Zuckeragent nach Santa Clara in Zentralkuba. Er wurde, als der antikoloniale Krieg 1868 ausgebrochen war, zu einem der Anführer kubanischer Truppen und zu einem bedeutenden General der Unabhängigkeitskämpfer (*mambises*) sowie Militärchef der kubanischen Zentralprovinz Las Villas.[10] Neben Roloff gab es einen *capitán* (Hauptmann) Kaminsky im *Ejército Libertador Cubano* (Kubanisches Befreiungsheer) des ersten Unabhängigkeitskrieges gegen Spanien (1868–1878). Ein ehemaliger Hausierer (*peddler*; im Spanischen *buhonero*) aus Florida namens Schwartz wurde Adjutant des kubanischen Generals Calixto García. Ein jüdischer Rechtsanwalt aus New York, Dr. Horacio Rubens, war Mitglied der Auslandsvertretung der *República en Armas* („Republik in Waffen" – kriegführende Seite, von den USA nicht formell anerkannt), der *Junta Revolucionaria de Cuba*. Rubens wurde zum *coronel* (Oberst) des *Ejército Libertador* ernannt.[11]

Im zweiten Unabhängigkeitskrieg 1895–1898 wurde Roloff, nachdem er zusammen mit José Martí den *Partido Revolucionario Cubano* begründet hatte, Generalstabschef. Nach 1902, mit der Gründung der ersten Republik auf Kuba,

---

guten Überblicksartikel: Asís, Moisés: Judaism in Cuba 1959–1999. ICCAS Occasional Paper Series Miami December 2000, unter: http://www6.miami.edu/iccas/AsisJUDAISMCUBA-New.pdf (15.9.2014).

7 Zeuske, Michael: Deutsche Emigranten in Amerika und das Schicksal Kubas. Eine Geschichte des Schweigens (1848–1851). In: Zeitschrift für Geschichtswissenschaft (ZfG) 42 (1994), 3. S. 217–237.

8 Originalkopie des Briefes aus Havanna, 30. August 1851, in: Geheimes Staatsarchiv Merseburg, Historische Abteilung II, 2.4.1., I, nº 8804, f. 35r/v (GStAM/8804). Heute findet sich dieser Bestand unter: Geheimes Staatsarchiv Preußischer Kulturbesitz in Berlin-Dahlem.

9 Peraza Sarausa, Fermín: Diccionario biográfico cubano. 14 Bde. Havanna 1951–1968. Bd. V. S. 71.

10 Levine, Robert M.: The Migration. In: Levine, Robert M.: Tropical Diaspora. The Jewish Experience in Cuba. Gainesville 1993. S. 8–16, S. 12; http://www.jewishvirtuallibrary.org/jsource/judaica/ejud_0002_0005_0_04744.html (15.9.2014).

11 Vizcaino, María Argelia: Dos cementerios judíos en un mismo pueblo [Guanabacoa], unter: http://www.mariaargeliavizcaino.com/g-Cementeriojudios.html (15.9.2014).

war Roloff konservativer Finanzminister. Unter seinem Namen wurde 1901 das so genannte *Indice de Roloff*[12] publiziert, eine für die kubanische Identität extrem wichtige (und sehr umstrittene) Ehrenliste der *mambises* des Krieges 1895–1898. Mambises wurden in der kubanischen Republik von 1902 als Gründerväter und Befreier (*libertadores*) geehrt und hatten Anrecht auf eine Ehrenrente. Carlos Roloff war einer der wenigen naturalisierten Ausländer, der auf Kuba hätte 1902 Präsident werden können.[13] Roloff hat ein Ehrengrab auf den *Cementerio Colón*, der Nekropole Havannas[14].

Spanien hatte die Immigration von Juden nach Kuba und Puerto Rico erstmals 1881 erlaubt. Allerdings war die Ausübung nichtkatholischer Gottesdienste noch bis zur US-amerikanischen Intervention und Besetzung Kubas 1898–1902 strikt untersagt. Erst die kubanische Verfassung von 1902 schuf die legale Grundlage für die Ausübung jüdischer Religion. Auf Kuba fanden sich bis zum Ende der spanischen Kolonialherrschaft 1898 zwischen 50 und 100 Menschen aus meist wohlhabenden jüdischen Familien, die auch enge Verbindungen in die britische, französische und niederländische Karibik (vor allem nach Curaçao, Jamaika, Martinique und Guadeloupe), nach Panama und in die USA sowie nach Hamburg und Europa hatten. Familien wie die Marchenas, Machados, Maduros, Brandons und Dovelles waren Nachkommen von *conversos* und Kaufleute der West-Indien-Kompanie oder Repräsentanten von Londoner oder Hamburger Banken.[15]

Auf beiden Seiten des Spanisch-Amerikanischen Krieges hatten Männer jüdischer Herkunft gekämpft, von denen einige nach 1898 auf Kuba blieben, unter ihnen Joseph Steinberg, Hauptmann des Befreiungsheeres. Mit der ersten Okkupation durch die USA wurde Kuba zu einem Übungsfeld für *social engineering*. Im Gefolge der Okkupation kamen auch Geschäftsleute wie Frank Steinhardt (1834–1938, geboren in München), dessen Unternehmen 1901 in Havanna Elektrotrolleybusse einführte.[16]

Insgesamt kamen mehr Ausländer als vor 1898, aber immer noch extrem wenige. 1900 gab es unter ca. zwei Millionen Einwohnern auf Kuba weniger als

---

**12** Yndice Alfabético y Defunciones del Ejército Libertador de Cuba. Datos compilados y ordenados por el Ynspector General del Ejército Libertador Mayor General Carlos Roloff y Mialofsky, ayudado del Jefe del Despacho, Comandante de Estado Mayor Gerardo Forrest. Editado oficialmente por disposición del General Leonard Wood, Gobernador Militar de Cuba. Havanna 1901.
**13** Álvarez Estévez, Rolando: Mayor General Carlos Roloff Mialofsky. Ensayo Biográfico. Havanna 1981; Fernández, José B.: Mayor General Carlos Roloff Mialofsky. The Polish Mambí. In: Polish American Studies 69.1 (Spring 2012). S. 9–26.
**14** http://www.latinamericanstudies.org/roloff.htm (16.9.2014) sowie: http://www.lajiribilla.co.cu/2011/n515_03/515_11.html (16.9.2014).
**15** Levine: Tropical Diaspora (wie Anm. 10). S. 176.
**16** Levine: The Migrationa (wie Anm. 10). S. 13.

1.000 Europäer, die keine Spanier waren. Die Juden unter ihnen wurden auf Kuba nicht Juden, sondern schlicht *americanos* (Amerikaner) genannt. Etwa 100 jüdische Familien kamen mit anderen Amerikanern, die vor allem in der Zuckerindustrie und im Zuckerhandel beschäftigt waren, nach Kuba. 1906 gründeten sie die erste Synagogengemeinde, die *United Hebrew Congregation* (UHC). Sie existierte bis Mitte der 1960er Jahre. Zu den Gründern gehörten Maurice Schechter (ein Neffe Solomon Schechters), John Zoller, Louis Djurick (geboren in Rumänien) und Manuel Hadida (aus Algier kommend). Für die Zeit zwischen 1910 und 1917 werden 1000–2000 aschkenasische Juden (von denen viele nur etwa ein Jahr blieben, um in die USA einzuwandern) sowie 2000–4000 portugiesische und sephardische Juden geschätzt.[17]

Nachdem während der Kolonialzeit die erste Gruppe von Juden *conversos* oder „Neuchristen" gewesen waren, stellten *americanos* die erste größere Einwanderung nach Kuba dar, gefolgt von *turcos* – „Türken". Schon ab 1870 waren libanesische Maroniten nach Kuba gekommen (es könnten durchaus auch einige Juden unter ihnen gewesen sein) – genannt árabes (Araber).[18] Zwischen 1900 und 1918 fand, auch weil in Mexiko Krieg und Revolution herrschten, eine intensive Einwanderung von sephardischen Juden aus der Türkei und aus Syrien (zwischen 1902–1914 ca. 5.700 Menschen) bzw. eine Re-Emigration aus Mexiko nach Kuba statt, die sich weniger in Havanna, sondern im Landesinneren, im *interior*, ansiedelten. Die meisten jüdischen *turcos* sprachen *Ladino* (oder *Spaniol*), eine dem Spanischen angelehnte Sprache der sephardischen Juden.[19] Einige von ihnen wurden mächtige Tabakexporteure, wie die Barouch-Brüder aus der Türkei, oder Frucht- und Konservenhändler, wie Alejandro Rossich (Gabriel Cohen) aus Mazedonien. Als jüdische Oberschicht, Unternehmer, Kaufleute und Verleger waren sie Arbeitgeber und oft auch Ausbeuter ihrer Glaubensbrüder und nichtreligiöser Juden, die die Masse jüdischer Migranten nach Kuba stellten. 1916 sollen allein in Havanna 4.000 Sepharden gelebt haben (die auch in Guanabacoa, aber oft auf dem getrennten Friedhof der Sepharden begraben wurden). Nach dem Ende des Revolutionskrieges in Mexiko 1917 kehrten viele Juden nach Mexiko zurück oder wanderten weiter in die USA.

Aus den Migrationen von Juden entstanden zunächst drei separate Gemeinschaften: die schon integrierten, aber extrem wenigen Nachkommen der sephar-

---

**17** Levine, Robert M.: Estimates of the Size of Cuba's Jewish Population, 1910–1992, in: Levine: Tropical Diaspora (wie Anm. 10). S. 307–308, S. 307.
**18** Menéndez Paredes, Rigoberto: Los árabes en Cuba. In: Los árabes en América Latina. Historia de una emigración. Hrsg. von Abdeluahed Akmir. Mexiko-Stadt u.a. 2009. S. 365–426, S. 366.
**19** Levinson, Jay: The Jewish Community of Cuba. The Golden Age, 1906–1958. Nashville 2006. S. 20.

dischen *conversos*, die der englischsprachigen *americanos* sowie die der Ladinosprachigen sephardischen *turcos* vor allem aus dem Osmanischen Reich auf Flucht vor Jungtürken (seit 1908), obligatorischem Militärdienst, Balkankrieg (1912–1913) und Erstem Weltkrieg sowie Pogromen gegen religiöse Minderheiten.

Eine wirkliche jüdische Massenmigration nach Kuba begann im März 1921, als eine Änderung in den US-amerikanischen Einwanderungsgesetzen (*Quota Act 1921*) es den Menschen, die in die USA immigrieren wollten, ermöglichte, ihre Anträge während eines Aufenthaltes von einem *adjacent territory* aus zu tun. Kuba galt als ein solch „anhängiges Gebiet", besser wohl „abhängiges Gebiet". Viele Juden, die durch *Akhsanie Kuba* (Hotel Kuba) kamen, emigrierten in den nächsten Jahren (bis 1924) in die USA. Aber einige blieben auch auf Kuba. Von den 25.000 Juden, viele von ihnen deutsch- bzw. jiddischsprachig, die zwischen 1918 und 1947 nach Kuba migrierten, verließ nur ca. die Hälfte „Hotel Kuba" wieder.

Mit den 1920er Jahren kam zu den drei existierenden Gruppen eine vierte Gemeinschaft hinzu, die der jiddischsprachigen Aschkenasen, viele davon orthodoxe Juden aus Polen, den ehemaligen Gebieten Deutschlands und Osteuropas (Galizien). Auf Kuba wurden aus ihnen schlicht *polacos* (Polen) – „war man ein *polaco* [...] [war das] eine große Beleidigung"[20], schreibt Ursula Krechel im Kuba-Kapitel ihres Romans *Landgericht*.

Die Siedlungsmuster waren relativ klar. Wohlhabende ehemalige *conversos* und *americanos*, d.h. die jüdische Oberschicht, lebten in eleganten Vierteln oder eigenen Wohngebieten (in Havanna vor allem in Santos Suárez, Vedado und Miramar). *Turcos* (oder *sirios* – Syrer) siedelten in kleineren Städten im Lande, als Hausierer meist entlang der die Insel durchquerenden *Carretera Central* (Zentrale Überlandstraße). Die Masse der aschkenasischen *polacos* sowie einige osteuropäisch-osmanische *turcos* ließen sich zunächst vor allem in sechs Häuserblocks Alt-Havannas (*la Habana Vieja*) nieder – dem marginalen Hafen- und Rotlichtviertel zwischen den Calles Santa Clara, San Ignacio, Jesús María sowie – in Anlehung an die Inquisition, die u.a. Juden nötigte ihrem Glauben abzuschwören und Zwangstaufen durchführten – Inquisidor. In jener Straße (*calle de Inquisidor*) fanden sich die orthodoxe Synagoge sowie kulturelle und soziale Einrichtungen. Im Areal zwischen Hauptbahnhof und Hafen entstand das jüdische Viertel Havannas, ein karibisches *Schtetl* mit seinen religiösen und sozialen Zentren, einer Schule (*Talmud Torá Teodoro Herzl*), aber auch mit Geschäften und Bars, koscheren Lebensmittelläden und Garküchen (mit *jering* und *smétene*, Selterswasser – *agua seltz* – sowie *pletzlaj*, *borrekas* und *leicaj*). Nur einige der „Amerikaner" wurden auch zum exklusiven *Miramar Yacht Club* zugelassen, wo Sephar-

---

[20] Krechel, Ursula: Die kubanische Haut. In: Krechel, Ursula: Landgericht. Salzburg 2012. S. 274–362, S. 291.

den, Aschkenasen oder ladinosprachige *turcos* nicht Mitglied werden konnten. Die erste orthodox-aschkenasische Synagoge in Havanna *Adath Israel* wurde 1925 in Havanna, in der Calle Jesús María, gegründet (seit 1924 gab es schon eine Synagoge in Santiago de Cuba). Eine rivalisierende Synagoge – *Knesset Israel* unter Rabbi Zvi Kaplan – existierte zwischen 1925 und 1939 in der gleichen Straße. Aber auch der BUND, die jüdische Arbeiterpartei des Russischen Reiches (und seiner ehemaligen Gebiete nach 1919) und der Zionismus (Maccabi-Gesellschaft, *Centro Israelita*) spielten eine wichtige Rolle. Havanna verfügte damals über ein reiches kulturelles Leben mit eigenen Bildungsstätten und einem ausgeprägten Pressewesen, wie etwa der prozionistische *Oyfgang* (1927–1930), *Havaner Leben – Vida Habanera* (1932–1963) und das eher kommunistische *Kubaner Idish Wort* (1944).

Viele der *polacos* waren Linkszionisten, Sozialisten, Kommunisten und Marxisten. Sie hatten mit Religion nichts am Hut. Deren linke Ideen, Utopien und Organisationen flossen ein in den sich entwickelnden kubanischen Marxismus und Kommunismus. Auf Kuba waren vor allem in den 1920er Jahren viele radikale, linksnationale sowie anarchosyndikalistische Gruppierungen und Bewegungen entstanden, die den Antikolonialismus des 19. Jahrhunderts in einem post- bzw. neokolonialen Raum weiter entwickelten.[21] 1920 erschien ein Manifest, in dem sich eine anarchosyndikalistische *Sección Comunista de Cuba* vorstellte und mitteilte, dass sie sich der Dritten Internationale angeschlossen habe.[22] Carlos Baliño y López (1848–1926) hatte zusammen mit José Martí, Mitbegründer des *Partido Revolucionario Cubano*, verschiedene linke Organisationen gegründet, in den 1920er Jahren vor allem die *Agrupación Socialista de La Habana* (von der sich im März 1923 eine *Agrupación Comunista* unter Baliño abspaltete) und, zusammen mit Rubén Martínez Villena und Julio Antonio Mella, die *Liga Antiimperialista de Cuba*. Zunächst gründeten jüdische Kommunisten 1924 eine *Sección Hebrea* der *Agrupación Comunista*. Sie sprachen meist Jiddisch, nicht Spanisch, und mussten sich mit den neuen Problemen des Antikolonialismus, Rassismus und Populismus erst einmal vertraut machen. Mit Gründung der kubanischen Kommunistischen Partei (*Partido Comunista Cubano*) unter Carlos Baliño und Julio Antonio

---

[21] Whitney, Robert: To Scratch Away the Scab of Colonialism. In: Whitney, Robert: State and Revolution in Cuba. Mass Mobilization and Political Change, 1920–1940. Chapel Hill, London 2001. S. 36–54: „Most European-based Marxists knew little about Latin America [and Cuba, but] [...] the powerful imaginary and symbolism of the Russian Revolution, and therefore of Marxism, was almost impossible to resist [...] Especially for Cubans, where the contradictions of capitalism, neocolonialism, and mass mobilization were stark than ever" (S. 49).
[22] Hatzky, Christine: Die Gründung des Partido Comunista de Cuba. In: Hatzky: Julio Antonio Mella (1903–1929). Eine Biografie. Frankfurt a.M. 2004 (Forum Ibero-Americanum. Acta Coloniensia 2). S. 141–148.

Mella[23] gaben sie die sektionale Organisation auf. Im August 1925 gründeten sie die Kommunistische Partei Kuba (*Partido Comunista de Cuba*, PCC; heute auch „1. Kommunistische Partei", später *Partido Popular Socialista*) in einem alten Haus in Calzada Nr. 81 im Stadtteil Vedado.[24] Immerhin waren drei der zehn Gründer jüdischer Herkunft: Yoshke Grimberg, Avraham Simchovich und Felix Gurvich (nach anderen Quellen: Grimberg, Vasserman (als Übersetzer[25]), Simjovich aka Grobart und Gurbich sowie Noske Yalob). Angelina Rojas Blanquier, die wichtigste kubanische Forscherin zur Geschichte der kommunistischen Bewegung und Partei, beschreibt das weitere Umfeld der jüdischen Parteigründer: „Nombres como Fabio Grobart, Ela Sunshine (su esposa), Bush, el Ucraniano, Pedro Ostodowski, Olga, la polaquita, Luis Man, El Kaízer, Noske Yalob, Boris Watsmann, Jacobo Burnstein, ocupan un lugar destacado en la historia del movimiento revolucionario cubano [Namen wie Fabio Grobart, Ela Sunshine [Sonnenschein] (seine Ehefrau), Bush, der Ukrainer, Pedro Ostodowski, Olga, die kleine Polin, Luis Man, der Kaiser, Noske Yalob, Boris Watsmann, Jacobo Burnstein nehmen einen herausgehobenen Platz in der Geschichte der kubanischen revolutionären Bewegung ein]".[26] 1926 gründeten jüdische Kommunisten den *Kultur Fareyn*, um die jüdische Arbeiterschaft Havannas durch ein reiches Kulturangebot anzuziehen. Die kleine militante Gruppe jüdischer Kommunisten gründete auch ein Kooperativen-Restaurant, das als geheimer Versammlungsort diente. Die kubanische KP wurde durch das Machado-Regime, vor allem seit dieses ab etwa 1928 in eine offene Diktatur umschlug, brutal verfolgt. Mehrere Kommunisten jüdischer Herkunft wurden ermordet (wie Noske Yalob, Yoshke Grimberg und Chone Chazan).

Avreml (Fabio) Grobart (Abraham Grobart aka Abraham Simjovitch – „wirklicher Name: Abraham Simjovich; Yungman Simjovich"[27]) hat im Laufe seines Lebens (1905–1994) viele weitere Namen benutzt: Fabio Simchovich, Jova, Jova Díaz, Chico, A. Junger, Antonio Blanco sowie Fabio oder Abraham Grovar, Yunger,

---

**23** Hatzky: Julio Antonio Mella (wie Anm. 22).
**24** Del Toro González, Carlos u. Collazo Pérez, Gregorio E.: De la Agrupación Socialista de La Habana al primer Partido Comunista de Cuba (PCC). In: Instituto de Historia de Cuba, Historia de Cuba. 3 Bde. Havanna 1994–1998. Bd. III: La Neocolonia. Organización y crisis desde 1899 hasta 1940. S. 227–231.
**25** Diese Quelle entspricht dem Gründungsdokument des PCC, siehe: Rojas Blanquier, Angelina: El primer Partido Comunista de Cuba. 3 Bde. Santiago de Cuba 2005. Bd. I. S. 30–38.
**26** Rojas Blanquier: El primer Partido Comunista de Cuba (wie Anm. 25). S. 31f., FN 20. Ich danke Christine Hatzky für die Hinweise.
**27** Corrales Capestany, Maritza: Avreml (Fabio) Grobart Mankowska (1905–1994) Fabio Grobart Sunshine. In: Corrales Capestany: La isla elegida (wie Anm. 1). S. 23–42; Jeifets, Lazar, Jeifets, Victor u. Huber, Peter: Grobart, Fabio. In: Jeifets, Lazar, Jeifets, Victor u. Huber, Peter: La Internacional comunista y América Latina, 1919–1943. Ciccionario biográfico, Moskau, Genf 2004. S. 141–143.

Simjovich oder Aaron Simkovitch (Sinkovich), Otto Modley oder Movely, Aaron Sinkovick, Abraham Simcowiz (Sinckowitz), José Micheló oder José (bzw. Fabio) Michelón).[28] Als Fabio Grobart prägte er den kubanischen Sozialismus und Kommunismus über 60 Jahre. Grobart war 1905 in Trzciany bei Białystok (Russisch-Polen), an der Grenze zu Litauen geboren worden. Wegen Verfolgung polnischer Kommunisten (1922 Mitglied der Jugendorganisation der Partei) kam er, wohl 1922 oder 1923 mit einer Gruppe jüdischer politischer Immigranten nach Kuba. Der Achtzehnjährige arbeitete zunächst als Schneider und war in der Gewerkschaft der Schneider organisiert. Grobart hatte gute Beziehungen zur jüdischen Sektion der russischen KP. 1926 wurde er Mitglied des Zentralkomitees des PCC. 1929 reiste er nach Moskau und war 1929 und 1930 Delegierter der Kommunistischen Internationale (Arbeit im Lateinamerika-Sekretariat der Komintern[29]). Mit Unterstützung des Zentralkomitees der KP Deutschlands (schon unter Thälmann, die „ultralinke" unter Ruth Fischer und Arkadi Maslow sowie die „rechte" Opposition unter Heinrich Brandler und August Thalheimer waren bereits ausgeschlossen; aber eventuell hatte Grobart Thalheimer oder Brandler in Moskau kennengelernt[30]) organisierte Grobart den Druck der Zeitschriften *Bandera Roja* (Rote Fahne) und *Centinela* (Wachposten). Grobart kehrte nach Kuba zurück, war zeitweilig Generalsekretär und im Gefängnis. 1932 wurde er aus Kuba ausgewiesen und emigrierte, zusammen mit Dora Vainstock, zunächst unter anderem nach Berlin (wo er sich mit Rubén Martínez Villena traf). Nach dem Reichstagsbrand (Februar 1933) ging Grobart nach Moskau.[31]

---

28 Corrales Capestany: Avreml (Fabio) Grobart (wie Anm. 27).
29 Mothes, Jürgen: Lateinamerika und der „Generalstab" der Weltrevolution. Zur Lateinamerika-Politik der Komintern. Hrsg. von Klaus Meschkat. Berlin 2010 (Geschichte des Kommunismus und Linkssozialismus 14).
30 Auf engere Verbindungen verweist ein Interview, welches Christine Hatzky mit der Tochter von Julio Antonio Mella in Miami geführt hat: „Der aus dem schwäbischen Affaltrach stammende Thalheimer war in den 1940er Jahren der (private) Philosophielehrer von Natasha Mella. Natasha lebte mit ihrer Mutter 1935–1937 in Berlin, konnte also Deutsch, und die beiden hatten, zurück in Kuba, August Thalheimer mit seinem marxistischen Hintergrund als Lehrer ausgesucht" (Information Christine Hatzky, 7.2.2013).
31 Jeifets, Jeifets, Huber: Grobart (wie Anm. 27). S. 142. Manuel Caballero zitiert Berichte des US-amerikanischen Botschafters in Havanna, Spruille Braden (Caballero nennt Braden „Pro-Konsul"), dass es in der mittlerweile sehr einflussreichen kubanischen KP (sie war 1938 legalisiert und seit 1940 von Batista in die Regierung mit einbezogen worden) eine „hidden Leninist organization parallel to the legal apparatus" unter Grobart gäbe, siehe: Caballero, Manuel: Latin America in the Comintern. In: Caballero, Manuel: Latin America and the Comintern 1919–1943, Cambridge u.a. 1986. S. 25–42, sowie Caballero, Manuel: Reaction to Browderism. In: ebd. S. 142–146, S. 145. Das entspricht sehr gut dem antistalinistischen Habitus der kubanischen Kommunisten.

Grobart kam geheim wieder nach Kuba zurück. Im Juni 1934 wurde er in Havanna gesehen. In den 1950er Jahren arbeitete Grobart jedoch in Europa. Er wurde zum entscheidenden Mittler zwischen Komintern, Weltgewerkschaftsbund und kubanischer KP. Grobart war kein Agent, wie die Standardvermutung seit den 1930er Jahren lautet, sondern eher ein „transkultureller Mittelsmann" zwischen kubanischen sozialen Massenbewegungen sowie Linken der alten und neuen Welt.[32]

„Aschkenasen-Polacos" und deutsche Juden waren meist junge alleinstehende Männer; Sepharden emigrierten meist mit der ganzen Familie. Viele der *polacos* und *turcos* wurden, wie gesagt, zunächst Hausierer (*buhoneros*). Da sie Berufe wie Schuster und Schneider oft schon mitbrachten, konnten sie beim Hausieren feststellen, wo es preiswerte Rohstoffe, Ressourcen und Materialien gab. Viele gründeten Manufakturen, Geschäfte und kleine Fabriken (u.a. Diamantenschleifereien), oft auch Quincalleriegeschäfte (*quincallas*: Kleineisenteile, Werkzeuge, Scheren, Messer), Mode-Schneidereien, Betriebe für Möbelherstellung und -handel, Lederverarbeitung, Strumpf- und Unterwäscheproduktion sowie Schuh-Manufakturen (viele mit Teilzahlungsverkauf). Oft verdrängten sie damit etablierte spanische Konkurrenten. Spanier, sehr viele Katalanen, dominierten bis in die 1920er Jahre Zuckerproduktion und Handel, auch Klein- und Detailhandel. Dazu kamen im Zweiten Weltkrieg aus Amsterdam geflohene jüdische Diamantenschleifer. Innerhalb eines Jahres wurden 24 Diamantenschleifereien gegründet und über 1.000 neue Arbeitsplätze geschaffen.

Kuba erwies sich als rettender Anker für jüdische Immigranten, denn während die meisten Länder den jüdischen Flüchtlingen die Einreise verwehrten, erhielten sie ein Visum für Kuba.[33] Ein Großteil der Immigranten nutzte die Karibikinsel nur als Zwischenstopp – als Transitland –, um zu einem späteren Zeitpunkt in die USA oder auf den südamerikanischen Kontinent weiterzuziehen, wo sich vielleicht schon Verwandte niedergelassen hatten. Die Immigranten, die blieben,

---

32 Hatzky: Die Gründung des Partido Comunista de Cuba (wie Anm. 22). S. 141–148, S. 144, FN 148.
33 Im Gegensatz zur Aufnahmepolitik fast aller übrigen lateinamerikanischen Länder warb beispielsweise die Dominikanische Republik unter Trujillo um jüdische Einwanderer (auf der Evian-Konferenz 1938 hatte Trujillo verlauten lassen, 10.000 deutsche Juden aufzunehmen). Vor allem im Norden von Santo Domingo, um Puerto Plata, ließen sich knapp 500 aus Deutschland geflohene Juden nieder, speziell im damaligen Fischerdorf Sosúa. Siehe dazu: Dillmann, Hans Ulrich u. Heim, Susanne: Fluchtpunkt Karibik. Jüdische Emigranten in der Dominikanischen Republik. Berlin 2009; Wells, Allen: Tropical Zion. General Trujillo, FDR, and the Jews of Sosúa. Durham 2009; Kaplan, Marion: Zuflucht in der Karibik. Die jüdische Flüchtlingssiedlung in der Dominikanischen Republik 1940–1945. Göttingen 2010 (Hamburger Beiträge zur Geschichte der deutschen Juden 36); Decker, Ingrid unter Mitarbeit von Rehn, Marie-Elisabeth: Jüdisches Exil in Mexiko und der Dominikanischen Republik 1923–2010. Konstanz 2011.

konnten – trotz einiger extrem schwierigen Jahre und der Tatsache, dass sich auf Kuba 1929–1933 unter Machado und 1952–1959 unter Batista Diktaturen etabliert hatten – in die privilegierte Welt der kubanischen Mittelklasse aufsteigen.[34] Einige der Emigranten entwickelten sich von Hausierern zu Möbel-, Schuh- und Textil-Fabrikanten, Betreibern von Großschneidereien und Mode-Geschäftsbesitzern und öffneten vor allem in Havanna *sweat shops*, in denen sie vornehmlich jüdische Arbeiterinnen und Arbeiter zu Niedriglöhnen beschäftigten. Vor allem die zweite Generation der sich etablierenden jüdischen Minorität integrierte sich schnell in die Lebensweise der kubanischen Mittelklasse. Die kulturellen jüdischen Einrichtungen nannten sich fortan oft *hebreo-cubano* und deren Zeitungen erschienen auf Spanisch. Viele der etablierten Familien siedelten sich in den eleganten Vierteln Westhavannas (Vedado, Miramar) an. Gefördert wurden die jüdischen Aufstiegsbemühungen durch das bestehende verdeckte Rassensystem, in dem zwar Gleichheit aller Kubaner gepredigt wurden, aber die Masse der farbigen oder schwarzen Kubaner aus Mittelklassejobs (Handel, Banken, Judikative, höhere Dienstleistungen, freie Berufe, Medizin, Universität, Medien) ausgeschlossen waren und Juden als „Weiße", trotz aller Vorbehalte, privilegiert waren.

1938 hatte Kuba eine Bevölkerung von 4,25 Millionen Menschen, darunter eine Million in Havanna. 13.000 von ihnen waren Juden, darunter 10.000 fest auf Kuba angesiedelt, der Rest Flüchtlinge oder Transitpassagiere. Die meisten Juden siedelten in Havanna, ca. 3.500 in den (damals sechs) Provinzen (300 in Pinar del Río, 600 in Matanzas, 900 in Santa Clara, vor allem im Barrio *Los Sirios*, 800 in Camagüey und 900 in Oriente).[35] Die Fragmentierung unter den Juden auf Kuba war sehr groß. Sie unterschieden sich nach Sprache und nationaler Herkunft, Status, Kultur und Klassenzugehörigkeit. Das bedeutet, dass es, ähnlich wie unter anderen Zwangsmigranten (Sklaven aus Afrika[36]) niemals eine vereinte (oder gar einige) jüdische Gemeinschaft auf Kuba gab. Es bildeten sich kulturell-politische Milieus: Sepharden waren meist Liberale, Aschkenasen waren entweder konservative oder radikale Linke, die gesetzestreuen Juden bildeten eigene Gruppierungen. Unter den Juden, die sich zu Kriegsausbruch in Europa auf der Karibikinsel aufhielten, stammten 80 % aus der Emigration zwischen 1922 und 1930. Jacques Rieur, der 1942 für das *American Jewish Joint Distribution Committee* (kurz: Joint) in New York (mit DORSA, der *Dominican Republic Settlement Association*) eine

---

**34** Bejarano, Margalit: Deproletarization of Cuban Jews. In: Judaica Latinoamericana (1988). S. 57–67.
**35** Levine, Robert M.: The War Years. In: Levine: Tropical Diaspora (wie Anm. 10). S. 150–188, S. 175.
**36** Die Frage, ob es Juden oder *conversos* unter den Sklavinnen und Sklaven aus Afrika gab, ist noch kaum gestellt worden.

Untersuchung unter dem Titel *The Jewish Colony of Cuba* verfasste, unterschied dreizehn unterschiedliche Gemeinschaften, von den frühesten Sephardim (niederländische, britische und französische Juden, die schon 1762–1763 gekommen waren) bis hin zu circa 50 jüdisch-arabischen Familien aus dem Irak und Nordafrika, die isoliert von anderen armen sephardischen Familien lebten, u.a., weil sie nicht Ladino, sondern eine jüdisch-arabische Kreolsprache benutzten.[37]

Vor allem seit dem „Anschluss" Österreichs (1938), der Gründung der *Zentralstelle für jüdische Auswanderung* unter Adolf Eichmann (Wien 1938) und der „Reichspogromnacht" (November 1938) kam bis 1941 (Schließung der US-Konsulate in den Achsen-Ländern, Kriegserklärung [auch Kuba]) und 1942 (Schließung der Konsulate Kubas) aus Furcht vor dem Vormarsch der Wehrmacht vor allem im Westen eine fünfte sehr große Gruppe von Juden nach Kuba: vor allem deutschsprachige Juden (von den *polacos* manchmal abschätzig *daitsche* genannt) und viele Antifaschisten (3.000 bis 3.500).[38] Kuba war immer noch ein wichtiges Tor zur Einreise in die USA (oder nach Mexiko) und deutschsprachige Emigranten wurden leichter, aber meist auch nicht sofort, in den USA aufgenommen (siehe die Odyssee von Hanns Eisler, Bruder von Ruth Fischer und Gerhart Eisler, der 1939 erfolglos versuchte, von Havanna ein Non-Quota-Visum für die USA zu bekommen[39]). Zeitweilig befanden sich etwa 15.000 Flüchtlinge auf der Insel. Die meisten mussten längere Zeit im Flüchtlingslager *Tiscornia* bei *Casa Blanca*, einem Stadtteil auf der Ostseite des Hafens, verbringen – „a sort of Cuban Ellis Island".[40]

Aber es kamen auch sephardische Juden aus dem faschistischen Franco-Spanien (darunter Rabbi Nesim Gambach aus Barcelona) sowie eine Reihe von Linken, oft Kommunisten, und Demokraten (die meisten Nicht-Juden – Deutsche, Österreicher, Polen, Ukrainer und Weißrussen, ca. 1.000). So zum Beispiel das „stolze Liebespaar" (U. Krechel) Fittko, die über Spanien nach Kuba gekommen waren: Er, Hans Fittko, deutscher Antifaschist, sie, Lisa Fittko (Elizabeth Ekstein, 1909–2005), deutsch-jüdische Antifaschistin. Robert Levine schreibt dazu: „Because all Germans were suspected of Nazi sympathies and could be interned, Hans Fittko's landlord told the police that Hans was a Jew in order to save him. Lisa, although Jewish, thought of herself primarily as an anti-Fascist and associ-

---

37 Rieur, Jacques: The Jewish Colony of Cuba (Manuskript 1942), zitiert nach: Levine: Tropical Diaspora (wie Anm. 10). S. 175.
38 Levine: The War Years (wie Anm. 35). S. 158.
39 Glanz, Christian: Hanns Eisler. Werk und Leben. Wien 2008.
40 Moutal, Michel Robert: Vignette No 10. Welcome to the Tiscornia Hilton. In: Moutal, Michel Robert: My Life, Reflections and Anecdotes. A Jewish Rascal's Adventures that Span from the Alps to the Sierra Madre and the Rockies. Bloomington 2008. S. 35–38.

ated mainly with anti-Nazi Germans and Cubans".[41] Aus Lisa Fittkos Erzählungen, die sie nach dem frühen Tod ihres Mannes (1960) publiziert hat, stellte sich das kubanische Exil nicht so sehr als Paradies, sondern „als eine weitere Periode der Hoffnung und Enttäuschung dar, doch auch der Solidarität, des Wartens auf die Rückkehr ‚nach Hause', während man ein schwieriges Dasein inmitten von Korruption und Intrige zu bewältigen hatte".[42] Die Fittkos heirateten 1948 in Havanna. Im gleichen Jahr endete ihr Exil auf Kuba. Sie gingen in die USA, nach Chicago. Auch die Lyrikerin Emma Kann (1914–2009) war seit 1942 im Exil in Havanna, wo sie ihr Leben als Englischlehrerin fristete.

Viele deutsche Emigranten lebten in Havanna in Pensionen oder in kleinen Hotels wie dem *Máximo*. Einige von ihnen siedelten sich im Judenviertel Alt-Havannas an. Viele der deutschen Juden erinnern Kuba als „friedliches Paradies". Da sie, von Ausnahmen abgesehen, nicht auf Kuba bleiben wollten und keine Arbeit bekamen, lernten sie Spanisch und verbesserten ihr Englisch, nahmen an kulturellen Veranstaltungen teil oder verbrachten Zeit am Strand. Detlev Brunner verweist in seinem Beitrag über den Sozialisten Fritz Lamm darauf, dass nicht wenige der Flüchtlinge aufgrund eines Vitamin-C-Mangels erkrankten, denn auf Kuba wird vor allem Reis und fettes Schweinefleisch sowie Yuca (Maniok), dagegen kaum Gemüse gegessen.[43]

Während die meisten Immigranten Kuba nur als Transitland nutzten, ließ sich Boris Goldenberg dauerhaft in Havanna nieder. 1905 als Sohn eines jüdischen Rechtsanwalts in St. Petersburg geboren, bemerkte Goldenberg in einem Interview für *Die Zeit* im Jahre 1965: „Der Vorname Boris läßt darauf schließen [...] dass ich in Rußland geboren bin [...] Der Familienname Goldenberg [...] lässt nicht darauf schließen, dass meine Eltern Deutsche waren. Sie waren Russen und

---

**41** Levine: The War Years (wie Anm. 35). S. 181.
**42** Fittko, Lisa: Mein Weg über die Pyrenäen. Erinnerungen 1940/41. München, Wien 1985; Seeber-Weyrer, Ursula: Autobiographisches Schreiben über das Exil heute. Lisa Fittko und andere Beispiele. In: Zweimal verjagt. Die deutschsprachige Emigration und der Fluchtweg Frankreich–Lateinamerika 1933–1945. Hrsg. von Anne Saint Sauveur-Henn. Berlin 1998. S. 106–118; Stodolsky, Catherine: Lisa Fittko, unter: http://catherine.stodolsky.userweb.mwn.de/lisa/fittko.html (16.9.2014); Fittko, Lisa, unter: http://www.exilarchiv.de/Joomla/index.php?option=com_content&task=view&id=375&Itemid=1 (2.2.2013), siehe auch die Fotos auf der Homepage des Varian Fry Instituts, unter: http://www.varianfry.org/fittko_photos_en.htm (16.9.2014).
**43** Brunner, Detlev: Fritz Lamm – Exil in Kuba. In: Das „andere Deutschland" im Widerstand gegen den Nationalsozialismus. Beiträge zur politischen Überwindung der nationalsozialistischen Diktatur im Exil und im Dritten Reich. Hrsg. von Helga Grebing u. Christl Wickert. Essen 1994 (Veröffentlichungen des Instituts zur Erforschung der europäischen Arbeiterbewegung; Schriftenreihe A: Darstellungen 6). S. 146–172, S. 151.

Juden. Mein Vater war Anwalt."[44] Die Eltern ließen sich scheiden. „Nach Deutschland kam ich 1914, als Neunjähriger, mit meiner Mutter, die in Berlin zum zweiten Mal heiratete, wieder einen Anwalt, wieder einen Juden. In Berlin besuchte ich das Gymnasium".[45] Von 1924 bis 1926 war Goldenberg Mitglied der SPD, dann wurde er ausgeschlossen und trat 1927 der KPD bei. Dort leitete er mit Franz Borkenau und Richard Löwenthal die Studentenorganisation. 1929 als Angehöriger der „rechten Fraktion" wieder ausgeschlossen, wurde Goldenberg erst Mitglied der KPO und dann der SAP. Kurz verhaftet, floh er nach Palästina (1935–1937). Schließlich gelangte er über Paris und Südfrankreich 1941 auf einem portugiesischen Schiff nach Havanna. In Havanna lebte und arbeitete Boris Goldenberg als Lehrer und später als Gastprofessor. Er nahm die kubanische Staatsbürgerschaft an und engagierte sich auf Kuba gegen Batista. 1960 verließ er als Antikommunist und Gegner Castros wie viele andere Juden Kuba. Er ging nach London und arbeitete schließlich, anfangs noch mit kubanischem Pass, bei der Deutschen Welle in Köln.[46] Zusammen mit Goldenberg blieben noch zwei linke deutsche Intellektuelle aus KPD/SAP ohne Aussicht auf ein Visum für die USA „auf Kuba hängen" – Fritz Lamm und August Thalheimer. Der nach Ursula Krechel „immer heitere" Fritz Lamm war, wie die Fittkos, zunächst für Monate im oben erwähnten Immigranten-Lager *Tiscornia* festgehalten worden.[47] Bis 1948 arbeitete er als Teildiamantenschleifer und Sekretär der Gewerkschaft der ausländischen Diamantenschleifer. Später wurde Lamm außerdem Korrespondent und Buchhalter für ein Importgeschäft von Schweizer Uhren.[48] Als Linkssozialist wollte er mit Judentum und Religion nichts zu tun haben. Thalheimer, dessen Frau Jüdin war, starb am 19. September 1948 in Havanna und wurde auf dem jüdischen Friedhof in Guanabacaoa begraben.

Lamm ging nach Deutschland zurück. Ursula Krechel hat in ihrem preisgekrönten Buch *Landgericht* (2012) mit der Lebensgeschichte Richard Kornitzers in Havanna dieser Zeit einen literarischen Erinnerungsort gegeben – viele der

---

**44** Höfer, Werner: Wenn einer Kommunist war... Boris Goldenberg – ein Fall und ein Schicksal. In: Die Zeit, 28.5.1965, Nr. 22 (siehe: http://www.zeit.de/1965/22/wenn-einer-kommunist-war (16.9.2014)).
**45** Höfer: Wenn einer Kommunist war... (wie Anm. 44).
**46** http://www.bundesstiftung-aufarbeitung.de/wer-war-wer-in-der-ddr-%2363%3b-1424.html?ID=4365 (16.9.2014); Goldenberg, Boris: Bemerkungen zum Charakter der kubanischen Revolution. In: Gewerkschaftliche Monatshefte (August 1960). S. 458–464 (http://library.fes.de/gmh/main/pdf-files/gmh/1960/1960-08-a-458.pdf (16.9.2014); Goldenberg, Boris: Lateinamerika und die kubanische Revolution. Köln 1963.
**47** Brunner: Fritz Lamm (wie Anm. 43). S. 146–172.
**48** Benz, Michael: Der unbequeme Streiter Fritz Lamm. Jude, Linkssozialist, Emigrant 1911–1977. Eine politische Biographie. Essen 2007.

oben Genannten (und weitere) treten auf. Die Autorin hat mit ihren Charakteren einen Grundtypen des kubanischen Schwarzmarktes porträtiert – den *corredor*, einen Händler mit Informationen und Geld. Der jiddische Begriff für *corredor* ist „Machers". Ursula Krechel schreibt: Viele „Machers waren Juden, Händler [...], nur handelten sie mit Informationen und Geld [...es waren auch] Schlepper und Schleuser, [in Mexiko] nannte man sie *coyotes*".[49]

Viele deutschsprachige jüdische Intellektuelle und Wissenschaftler weilten nur kurz auf der Insel, übten und üben aber einen nachhaltigen Einfluss aus, auch auf die Geschichtswissenschaft, wie der Rechtsanwalt, Historiker, Ökonom und Aktienrechtler Heinrich E. Friedlaender mit seiner für die Zeit sehr modernen *Historia Económica de Cuba*.[50] Friedlaender stand in der Tradition von Karl Polanyi (1886–1964)[51] und hat selbst mit seiner *Historia Económica* die eminenten kubanischen Wirtschafts-Historiker Manuel Moreno Fraginals (1920–2001) sowie Julio Le Riverend Brusone (1912–1998) beeinflusst, ebenso wie Generationen von Studenten. „A number of German-born professors obtained university positions", wie Robert Levine schreibt.[52] Dr. Heinrich Friedlaender[53] war, bevor

---

[49] Krechel: Die kubanische Haut (wie Anm. 20). S. 303.

[50] Friedlaender, Heinrich E.: Historia Económica de Cuba. Eingeleitet von Hermino Portell Vilá. Havanna 1944 (Biblioteca de Historia, Filosofía y Sociología 14); Friedlaender, Heinrich E.: Historia Económica de Cuba. 2 Bde. Havanna 1978 [Nachdruck des Originals] (siehe auch die Rezension im Journal of Economic History unter: http://journals.cambridge.org/action/displayAbstract?fromPage=online&aid=7534380 (16.9.2014))

[51] Dieser hatte die Idee, afrikanischen Sklavenhandel als Dimension der „großen Transformation" zu analysieren; siehe Polanyi, Karl: The Great Transformation. The Political and Economic Origins of Our Times. Boston 2001.

[52] Levine: The War Years (wie Anm. 35). S. 152, FN 12.

[53] Elkin, Judith L.: Cuba. In: Elkin, Judith L.: Jews of the Latin American Republics. Chapel Hill 1980. S. 87–90, S. 89. In einer Auflistung deutscher Aktienrechtler finden sich folgende Informationen zu Friedländer: Rechtsanwalt, Prof. Dr.; geboren in Brieg (Schlesien) 13. Juli 1885; gest. Frankfurt am Main 27. Oktober 1959. Studium der Rechtswissenschaft an der Universität Freiburg im Breisgau, München, Jena, 1913. Arbeit in einer Rechtsanwaltskanzlei Berlin, dann Kriegsdienst, danach Reichswirtschaftsministerium. 1938 Auswanderung mit Ziel Boston (USA) (unter: www.koeblergerhard.de/Rechtsfaecher/Aktienrecht88.htm (16.9.2014)); Friedlaender musste allerdings auf das Visum warten und arbeitete 1939–1945 an der Universität Havanna. Dann ging er in die USA, an das Harpur College (Vereinigte Staaten von Amerika, heute Binghamton University, Teil des SUNY; der Umbildungsprozess vom College zur Universität begann 1946). Dort ist Friedlaender in den Yearbooks folgendermaßen ausgewiesen:

„1947–1948 Lecturer in Economics

1948–1949 Lecturer in Economics

1949–1950 Rank unavailable (he only appears in the directory, which is the university telephone book [eventuell beurlaubt, um nach Deutschland (BRD) zu reisen])

1950–1951 Acting Professor of Economics

er 1945 in die USA ging, zwischen 1939 und 1945 Gastprofessor an der Universität von Havanna.⁵⁴ Dort lehrten zeitweilig auch Boris Goldenberg (Soziologie) und Desiderius Weiss (Sprachwissenschaften). Zu denen, die im akademischen

---

1951–1952 Acting Professor of Economics", siehe: Yearbook The Colonist, Triple Cities College of Syracuse University 1948, 1949, 1950, 1951, 1952, in: Binghamton University Archives, Special Collections, Binghamton University Libraries, Binghamton University, State University of New York; sowie: Triple Cities College of Syracuse University Student Directory 1948–1949, 1949–1950; Harpur College State University of New York Directory 1950–51, 1951–52, 1952–53, in: Binghamton University Archives, Special Collections, Binghamton University Libraries, Binghamton University, State University of New York (ich danke Dale W. Tomich, Binghamton University, für Suche und Informationen).

1950 wurde Friedlaender als Rechtsanwalt in Frankfurt am Main (wieder) zugelassen, mit Spezialisierung in Kartellrecht und Konzernrecht (unter: www.koeblergerhard.de/Rechtsfaecher/Aktienrecht88.htm (16.9.2014); siehe auch: Fijal, Andreas: Die Geschichte der Juristischen Gesellschaft zu Berlin in den Jahren 1859 bis 1933. Berlin, New York 1991. S. 160.

**54** Friedlaender hat damit ein ähnliches Schicksal wie Gerhard Masur (Friedlaender dürfte als 15 Jahre älterer Mann und Kriegsteilnehmer des Ersten Weltkrieges auch ähnliche politische Haltungen wie Masur gehabt haben, war aber als Historiker eher ein Seiteneinsteiger), siehe: Iggers, Georg G., Refugee Historians from Nazi Germany. Political Attitudes towards Democracy. Mona and Otto Weinmann Lecture Series (14.9.2005), unter: http://www.ushmm.org/m/pdfs/Publication_OP_2006-02.pdf (16.9.2014); siehe auch: Ritter, Gerhard A., Gerhard Masur (1901–1975). In: Meinecke, Friedrich: Akademischer Lehrer und emigrierte Schüler. Brief und Aufzeichnungen 1910–1977. Hrsg. von Gerhard A. Ritter. München 2006. S. 44–47; sowie: Schulze, Winfried, Refugee Historians and the German Historical Profession Between 1950 and 1970. In: An Interrupted Past. German-Speaking Refugee Historians in the United States after 1933. Hrsg. von Hartmut Lehmann u. James L. Sheehan. Cambridge 1991. S. 206–225, unter: http://www.historicum.net/fileadmin/sxw/Lehren_Lernen/Schulze/Refugee_Historians.pdf (16.9.2014) (Friedländer/Friedlaender nicht erwähnt). Die Chronologie des Aufenthaltes von Friedlaender in Havanna ist nicht ganz klar. Hermino Portell Vilá, selbst eminenter Historiker, schreibt in der Einleitung zur *Historia Económica de Cuba* (Vilá, Portell: Prólogo. In: Friedlaender: Historia Económica de Cuba [1944] (wie Anm. 50). S. 7–11): Die Harvard-Universität habe Friedlaender kurz nach seiner Flucht aus Deutschland für die Jahre 1939 und 1940 zum *consultor* (Berater) mit Residenz ernannt. Kurz nachdem Friedlaender 1940 oder Anfang 1941 in Cambridge einen Vortrag über Staatsintervention in die Wirtschaft sowie den Verkauf von Rohstoffen gehalten habe, sei er nach Havanna übergesiedelt. Die Einleitung ist auf den 14. Juni 1944 datiert. Im Juni 1945 schrieb Friedlaender ein (erfolgreiches) Gutachten für den jungen Manuel Moreno Fraginals, der sich für ein Stipendium am prestigereichen *Colegio de México* beworben hatte; Friedlaender bestätigte in dem Gutachten, dass Moreno Fraginals an seiner *Historia Económica de Cuba* mitgearbeitet habe, „pero sólo esporádicamente" (aber nur sporadisch), und dass Moreno Fraginals eine gute Intelligenz und sozialistische Ideen habe; siehe: Lira, Andrés, Manuel Moreno Fraginals: „Diario" del VII Congreso Nacional de Historia (Guanajuato, septiembre de 1945), in: Historia Mexicana LI, 2 (Oktober–Dezember 2001). S. 395–428. Friedlaender war also auf jeden Fall von 1941 bis 1945 auf Kuba. Ich danke José Antonio Piqueras, Universidad Jaume I, Castellón, für die Informationen.

Bereich tätig wurden, gehörte der damals noch sehr junge Peter Joachim Fröhlich (Peter Gay; 1923 in Berlin geboren), ein später berühmter Kulturhistoriker an der Yale University.[55] Fröhlich, der sich seither Peter Gay nannte, war mit einem Schiff zwei Wochen nach der *St. Louis* nach Havanna gelangt. In seinen Erinnerungen bemerkt er, dass er in Havanna vor allem Bing Crosby und die Andrew Sisters (sicherlich „Bay mir bistu sheyn) gehört habe.[56]

Die Generation kubanischer Juden, die zwischen 1945 und 1960 in das Erwachsenenalter kam, verstand sich als *hebreo-cubanos* (jüdische Kubanerinnen und Kubaner), wobei das „kubanische" eindeutig dominierte, obwohl sie – wie andere Elitegruppen auch – mehr kosmopolitisch oder in Richtung Europa bzw. USA orientiert waren. Sie sprachen eher Spanisch als Jiddisch oder Deutsch. Oscar Ganz, Premierminister unter Präsident Prío Socarras (1944–1948), war Sohn jüdischer Eltern.[57] Auch Otto Juan Reich (geb. 1945 in Havanna), Lateinamerika-Berater der Präsidenten Reagan, Bush sen. und Bush jun. sowie des Präsidentschaftsbewerbers McCain (Reich wird auch mit den Putschen gegen Hugo Chávez 2002 und dem Putsch in Honduras 2009 in Verbindung gebracht), gehörte dieser Generation an. Otto J. Reich war Sohn von Walter Reich sowie einer katholisch-synkretistischen kubanischen Mutter. Walter Reich musste 1938 aus Wien fliehen. Er kämpfte kurz in der Fremdenlegion in Frankreich. 1942 ließ er sich in Havanna nieder und betrieb einen Möbelhandel. Die Familie verließ Kuba 1960.[58]

Nach Revolution und Regierungsbildung durch die Guerrilleros um Fidel Castro 1959–1960 spielte eine Reihe von „nichtjüdischen Juden", meist aschkenasischer Herkunft, eine Rolle im castroistischen Kuba. So zum Beispiel Max Lesnick, Sohn einer katholischen Mutter und eines jüdischen Vaters. Lesnick war in den Endvierziger Jahren, in Castros turbulenter Studentenzeit, Präsident der *Juventud Ortodoxa* (Jugendverband des *Partido del Pueblo Cubano* [*Ortodoxos*]) gewesen. In den Anfangsjahren des Castrismus wurde der Antikommunist Lesnick Präsident der nationalen Studentenorganisation. Heute ist er einer der wichtigsten Unterstützer Castros in den USA, Kritiker der offiziellen US-Kuba-Politik und *el polaquito malo* (gemeint ist: „böses Jüdchen") für die Anticastristen von Miami.[59] Enrique Oltuski Osachki, aus einer polnisch-jüdischen Immigrantenfa-

---

55 DIE ZEIT, 27.12.2007 Nr. 01 (unter: www.zeit.de/2008/01/Emigranten/komplettansicht (16.9.2014).
56 Gay, Peter: Meine deutsche Frage. Jugend in Berlin 1933–1939. 3. Aufl. München 2000. S. 11.
57 Elkin: Cuba (wie Anm. 53). S. 89.
58 Bush's Sonderbeauftragter Otto Reich. Wurzeln in Wien. In: Wiener Zeitung, 6.4.2005 (unter: http://www.wienerzeitung.at/nachrichten/welt/weltpolitik/327547_Wurzeln-in-Wien.html (17.9.2014).
59 Weissert, Will (AP): Max Lesnik. Cuban Refugee, Castro Friend and Communist Hater. In: Herald Tribune, 25.12.2007, unter: http://www.heraldtribune.com/article/20071225/

milie stammend, und Máximo Bergmann, ebenfalls ein „nichtjüdischer Jude", waren zeitweilig Minister in Regierungen unter Fidel Castro: Oltuski Kommunikationsminister und Bergmann Innenminister. Oltuski, der in den USA ein Architekturstudium erfolgreich abgeschlossen hatte und als Vertreter von Shell auf Kuba arbeitete, war Mitglied des städtischen Untergrundkampfes gegen Batista (*llano* [Ebene[60]] im Gegensatz zur *sierra* in der Sierra Maestra unter Fidel Castro und Che Guevara). Oltuski war zunächst mit Che Guevara, beim Vormarsch von dessen Kolonne nach Santa Clara im zweiten Halbjahr 1958, in schwere Auseinandersetzungen um Bündnispartner und soziale Tiefe der Revolution geraten. Che Guevara überzeugte ihn und Oltuski blieb. José (Josef) Altschuler agierte lange als Vizepräsident der kubanischen Akademie der Wissenschaften. Belisa Warman wurde Vizepräsidentin des *Staatlichen Komitees für Arbeit und soziale Sicherheit*; Israel Behar stieg in den Rang eines Generals der G-2 auf, Kubas frühem Geheimdienst. Saúl Yelin war Direktor für internationale Beziehungen des berühmten kubanischen Filminstituts (ICAIC) und Jacobo Peisson wurde unter Che Guevara Vizepräsident der Nationalbank Kubas.[61] Fabio Grobart leitete das Organ *Cuba Socialista* (wo die Debatten um die neue kubanische KP [seit 1965] stattfanden) sowie das *Instituto de Historia del Movimiento Comunista y de la Revolución Socialista de Cuba* (Institut für Geschichte der kommunistischen Bewegung und der der Sozialistischen Revolution Kubas; Parteiinstitut, heute *Instituto de Historia*).[62] Martin Klein wurde Fidel Castros persönlicher Pilot. Ein Novigrad (Stolik) wurde kubanischer Botschafter in Großbritannien und Indien.[63]

Die meisten der jüdischen Immigranten, die aus Nazideutschland geflohen waren, aber auch viele aus der vorherigen Polaco-Immigration, hatten ihr Judentum zugunsten einer Integration in die kubanische Gesellschaft, in politische Bewegungen oder in „la Revolución", wie es auf Kuba heißt, aufgegeben. Sie sahen sich nicht als Juden. Einige aus dieser Gruppe arbeiteten im revolutionären Kuba als Diplomaten, aber vorwiegend als Ingenieure, Finanzleute, Mediziner, Naturwissenschaftler oder Kulturschaffende.

Jossif Dworin, Vater von Adela Dworin, der heutigen Präsidentin der jüdischen Gemeinschaft Kubas, blieb ebenfalls. Er hat die typische Biographie eines mehr oder weniger unpolitischen *polaco*, seine Tochter die typische Biographie

---

NEWS/712250395 (17.9.2014).
**60** Oltuski, Enrique: Gente del llano. Havanna 2001; Sweig, Julia E.: Inside the Cuban Revolution. Fidel Castro and the Urban Underground. Cambridge, London 2002.
**61** Levine, Robert M.: A Second Diaspora. In: Levine, Tropical Diaspora (wie Anm. 10). S. 235–282, S. 238f.
**62** Testimonio: preguntas y respuestas sobre los años 30: Fabio Grobart en la Escuela de Historia. In: Universidad de la Habana 200 (1973). S. 128–157.
**63** Levine: A Second Diaspora (wie Anm. 61). S. 238f.

einer Kubanerin, die Revolution und Castro unterstützt hatte (und sicherlich bis heute unterstützt!) und nach 1990 „ihre Wurzeln" wieder entdeckt hat und damit, sozusagen auf mikrohistorischem Wege, Isolation und Blockade Kubas unterläuft. Am besten zusammengefasst hat diese Biographie der Journalist Benedikt Rüttimann:

> Adelas Vater war in den 20er-Jahren aus Polen nach Kuba gekommen [...] Wie die meisten „Polen" ließ er sich in der Altstadt von Havanna zwischen Bahnhof und Hafen nieder. Rasch entwickelte sich in den schmalen Gassen ein emsiges jüdisches Leben. Koschere Metzger und Händler boten ihre Waren feil, Restaurants und Cafés öffneten, es gab Buchhändler und Trödler, Schneider und Schuhmacher. Jiddische Zeitungen erschienen. 1925 gründeten die „Polen" ihre eigene Synagoge. Wie die meisten Neuankömmlinge begann auch Adela Dworins Vater als fliegender Händler. Dann gründete er ein kleines Geschäft in Alquizar, einem Dorf südlich von Havanna. 1931 heiratete er eine junge Jüdin, die aus derselben Stadt in Polen stammte wie er. Später machte Jossif Dworin einen Hemdenladen in der Altstadt von Havanna auf. Das Geschäft blühte. Als die Revolution triumphierte, besaß Dworin eine Textilfabrik, die große Läden in der Hauptstadt und Dutzende von kleinen Händlern in den Provinzen belieferte. Dann wurde sein Betrieb nationalisiert, für die beschlagnahmte Ware zahlte ihm das Regime 10.000 Pesos. Trotzdem der Vater sein Lebenswerk verlor, blieb die Tochter zuversichtlich. Es sei ihr ungebrochener Optimismus gewesen, der ihren Vater davon abhielt, Kuba zu verlassen, sagt Adela Dworin.[64]

Zum oben genannten kommunistischen *Kultur Farain* (1930er Jahre) hat Adela Dworin eine klare Meinung, die auch im kubanischen Slang gut klingt: „El Kultur Farain existió y tuvo fuerza mientras los judíos fueron pobres. Cuando se mudaron para el Vedado y Miramar [die Oberschichtenviertel Havannas – M.Z.], se les olvidó su comunismo. En los años cuarentas muchos se volvieron capitalistas y quisieron borrar su pasado." [Der Kultur Farain existierte und hatte Einfluss, als die Juden arm waren. Als sie ins Vedado oder nach Miramar umzogen, vergaßen sie ihren Kommunismus. In den vierziger Jahren wurden viele [genaue Übersetzung: wieder] Kapitalisten und sie wollten ihre Vergangenheit auslöschen].[65]

Die staatlichen Beziehungen zwischen Israel und Kuba waren zwischen 1959 und 1962 gut und von Sympathie geprägt, auch und gerade wegen der intensiven Arbeit des Chemikers, Millionärs und Linkszionisten Richard Wolf (Ricardo

---

[64] Rüttimann, Benedikt: „Die Juden von Havanna". In: Berliner Zeitung, 28.1.2009 (unter: http://www.berliner-zeitung.de/archiv/sie-sind-nicht-viele--aber-pflegen-im-reiche-der-castros-ein-reiches-kulturelles-leben--das-ist-auch-fuer-junge-leute-attraktiv-die-juden-von-havanna,10810590,10616200.html (17.9.2014); siehe die ausführliche Oral History: Corrales Capestany, Maritza: Adela Dworin Slucker. In: Corrales Capestany: La isla elegida (wie Anm. 1). S. 239–254.
[65] Corrales Capestany: La isla elegida (wie Anm. 1). S. 251f.

Subirana⁶⁶). Sie verschlechterten sich mit der Formierung des Großmächtekonflikts um und über Kuba. Bis 1973 aber hielten sie sich, ohne große Öffentlichkeit, auf einem zumindest nicht feindlichen Niveau. Fidel Castro sprach von *ese heroico país* (dieses heldenhafte Land).⁶⁷ Es wurden Castro immer auch Sympathien für Israel nachgesagt und der *máximo líder* demonstrierte durchaus von Zeit zu Zeit auch die Eigenständigkeit der kubanischen Politik. Ein gutes Beispiel für eine freundliche und sehr solidarische Haltung zu Kuba ist das Leben des eben erwähnten Richard Riegel Wolf (1887–1982). Wolf war im September 1887 in Hannover als Sohn von Marianne (geb. Neumann) und Moritz Wolf geboren worden.⁶⁸ Einer seiner Brüder war Leopold Wolf, Lehrer und erster Sänger an der Synagoge von Halle/Saale. Richard Wolf wurde noch im Kaiserreich Mitglied der SPD und war Zeit seines Lebens in Kontakt mit linken jüdischen Organisationen und Ideen. Fidel Castro schlug ihm 1959 den Posten eines Finanzministers vor. Ricardo Subirana alias Richard Wolf bat aber um den Botschafterposten. Er wurde 1961 Botschafter Kubas in Israel. Subirana finanzierte die Botschaft selbst, gründete Freundschaftsorganisationen und schickte marxistische Agrarfachleute aus der Kibbuzbewegung nach Kuba.⁶⁹

Die Masse der Juden auf Kuba waren alles, aber keine Marxisten oder Kommunisten (mehr). Die Revolutionäre um Fidel Castro⁷⁰, die zwar atheistische,

---

66 Richard Riegel Wolf war schon 1913 zeitweilig nach Kuba gekommen, hatte eine wichtige Erfindung zur Verbesserung der Stahlproduktion gemacht, war Millionär geworden und hatte in Deutschland (Laatzen) die Kubanerin Francisca Subirana geheiratet. Er nahm den ersten Nachnamen seiner Frau an und nannte sich Ricardo Subirana y Lobo (Lobo = Wolf; der zweite Nachname (*apellido*) einer Person ist in der iberischen Namenskultur immer der erste Nachname der (in diesem Falle jüdischen) Mutter. Subirana gehörte zu den Mitfinanziers der Granma-Expedition (mit der Castro und rund 80 Expeditionsteilnehmer 1956 von Mexiko nach Kuba gelangt waren); siehe: Corrales Capestany, Maritza: Richard Wolf (Ricardo Subirana Lobo). In: Corrales Capestany: La isla elegida (wie Anm. 1). S. 43–52.
67 Corrales Capestany: Richard Wolf (wie Anm. 66). S. 46.
68 Corrales Capestany: Richard Wolf (wie Anm. 66). S. 43f.
69 Corrales Capestany, Maritza: La única embajada de Cuba sin costos. In: Corrales Capestany: La isla elegida (wie Anm. 1). S. 49–52.
70 Alina Fernández, *hija de papá*, Tochter von Naty Revuelta und Fidel Castro, sagt in ihrer Abrechnung mit dem Vater, dass ihr Urgroßvater mütterlicherseits *turco*, d.h., sephardischer Jude aus Konstantinopel war, der auf Kuba zum Christentum konvertierte und seine Namen „Ruiz" in Francisco („Pancho") Ruz änderte. Seine Tochter Lina, „Tocher eines Türken [*turco* – M.Z.] und einer kubanischen Hexe [*bruja* – Slang für Praktikanten der Santería oder des Palo Monte – M.Z.], einer Mulattin, deren Vorfahren aus dem Kongo oder Kalabar [Calabar – im Südosten des heutigen Nigeria – M.Z.]" stammten, siehe: Fernández, Alina: Der Familienstammbaum. In: Fernández, Alina: Ich, Alina. Mein Leben als Fidel Castros Tochter. 2. Aufl. Reinbek bei Hamburg 1999. S. 7–29, S. 13. (Original: Fernández, Alina: Memorias de la hija rebelde de Fidel Castro. Barcelona 1997).

aber keine antireligiöse oder antisemitische Politik betrieben – ganz im Gegenteil: „There was never anti-Semitism in Cuba [seit 1959]"[71] –, betrachteten sie bald fast alle als „Bourgeois".

Seit Beginn der 1960er Jahre setzten auf Kuba die Enteignungen ein, zunächst von großem amerikanischem Besitz und Banken; im Dezember 1962 waren dann auch alle Produktionszentren mit mehr als 25 Beschäftigen betroffen, 1968 schließlich auch Läden, Taxis und Kleineigentum; die Städtereform 1962 entmachtete Vermieter und Hausbesitzer. Alle Privatfirmen wurden im Laufe des Nationalisierungsprogramms enteignet; einige Unternehmer und Eigentümer erhielten Kompensationen (zu günstigen Bedingungen für den Staat), andere nicht. Das traf die kubanisch-jüdische Mittelklasse. Die Mittel- und Oberklasse der kubanischen Juden nahm, wie die gesamte kubanische Oberklasse und die Hälfte der Mittelklasse, mehr und mehr Abstand zum sich herausbildenden Castrismus. Schätzungen besagen, dass ca. 70 % der kubanischen Juden, fast alles eingebürgerte Kubanerinnen und Kubaner, die Insel verließen. Die meisten gingen in die USA, aber auch nach Israel, Puerto Rico, Venezuela oder nach Mexiko. Viele siedelten sich im alten jüdischen Viertel Miamis an (heute *Little Havana*).[72] Denen, die nach Israel auswanderten, stempelten die kubanischen Behörden ein *repatriado* („Repatriierter") in die Pässe. In viele Publikationen über die Juden auf Kuba wird hervorgehoben, dass sich die Masse mit dem Batistato arrangiert hatte – mit dem Castroismus nicht.[73]

Nach der Invasion in der Schweinebucht (1961) setzte eine heftige, auch stark ideologisierte Offensive des revolutionären Staates gegen Kirchen ein, besonders gegen die konservativ-katholische Amtskirche und eine Reihe von ultrakonservativen Gruppierungen. Juden auf Kuba sind aber niemals religiös verfolgt worden (ebenso wenig wie die afrokubanischen Religionen, die in den Privatbereich zurückgedrängt wurden). Allerdings verschlechterten sich die Lebensumstände rapide (u.a., wie für die gesamte Bevölkerung Kubas, durch die Blockade der USA). Die wenigen, ca. 2.500 verbliebenen Juden auf Kuba passten sich den Umständen an. Die meisten lebten in den Provinzen des *Interior*. In einer Publikation über Juden in Lateinamerika von 1968 kommt Kuba gar nicht vor.[74]

In den 1990er Jahren lebten noch rund 300 jüdische Familien auf Kuba; 80 % davon in Havanna (rund 1.000 Personen – bei allen Schwierigkeiten, sie

---

[71] Levine: Tropical Diaspora (wie Anm. 10). S. 275.
[72] Rieff, David: The Exile. Cuba in the Heart of Miami. New York 1993.
[73] Siehe: Zeuske, Michael: Kuba im 21. Jahrhundert. Reform und Revolution auf der Insel der Extreme. Berlin 2012.
[74] Monk, Abraham u. Isaacson, José (Bearb.): 1968. Comunidades judías de Latinoamérica. Buenos Aires 1968.

als „Juden" zu fassen). Um das Millennium herum mögen es noch zwischen 1.000 und 1.500 Menschen gewesen sein. Als die Krise der 1990er Jahre in Kuba auf ihrem Höhepunkt war, kam wieder etwas Bewegung in die Beziehungen zwischen Kuba und Israel. Zumindest einige israelische Wissenschaftler und Politiker erhielten Einreisevisa und es kam ein sehr verhaltener Dialog zustande.

Es gibt, neben Guanabacoa und Santiago de Cuba, weitere jüdische Friedhöfe. Über den von Santa Clara im Zentrum der Insel heißt es: *Cementerio Israeli de la Communidad Hebrea de Santa Clara (Israeli Cemetery of the Hebrew Community of Santa Clara), a.k.a, Syrian Cemetery*:

> Commonly called the Syrian Cemetery for a small community that sprung up around it known as *El Barrio Los Syrians* [*Los sirios*]. With no actual street name, the location is an extension of Calle San Miguel. Founded 1932 with the first burial on July 10, 1932 and the last in 1986, the cemetery contains under 100 burials. The site serves the Jewish communities of Santa Clara and Cienfuegos. Eddie Levy, [...] head of the American organization ‚Jewish Solidarity with Cuba', has relatives buried in the cemetery. He organized an effort to restore the cemetery [before 1998] when the cemetery was known to be in bad shape. The organization also provides help to the residents of the surrounding barrio. He has a list of most burials there.[75]

Leonardo Padura hat einen neuen Roman geschrieben mit dem Titel *Herejes* (Ketzer), der in jüdischen Milieus auf Kuba spielt.[76] Es gibt, wie in den postkommunistischen Staaten, eine Renaissance jüdischer Gemeinden auf Kuba[77], so auch in Santiago de Cuba[78].

---

[75] Quelle: Website for Jews of Santa Clara: http://www.jewish-solidarity.com. Diese ursprüngliche Internet-Quelle ist wohl abgeschaltet worden. Das Zitat stammt von: www.iajgsjewishcemeteryproject.org/cuba/santa-clara.html (17.9.2014).
[76] Die deutschsprachige Ausgabe ist 2014 erschienen: Padura, Leonardo: Ketzer. Übersetzt von Hans-Joachim Hartstein. Zürich 2014.
[77] Henkel, Knut: In unserer Altstadt hat alles begonnen... Renaissance der jüdischen Gemeinde Kubas, in: Jüdische Zeitung, Oktober 2010, unter: http://www.j-zeit.de/archiv/artikel.2447.html (3.2.2013).
[78] Kubisch, Bernd: Jüdisches Leben in Kubas heißem Osten, in: David. Jüdische Kulturzeitschrift, Wien (unter: http://www.david.juden.at/kulturzeitschrift/66-70/67-Kubisch.htm (17.9.2014).

Alfredo Schwarcz
# Deutsch-jüdische Präsenz in Argentinien

In den Jahren des Nationalsozialismus flüchteten ca. 45.000 deutschsprachige Juden nach Argentinien, die weitaus größte deutsch-jüdische Migrationswelle in ganz Lateinamerika. Die Mehrzahl stammte aus Deutschland, die zweitgrößte Gruppe aus Österreich, einige aus der Schweiz, Ungarn, Rumänien, der Tschechoslowakei, Polen, d.h. die meisten von ihnen gehörten zu jener mitteleuropäischen Welt, die bis zum Ende des Ersten Weltkrieges sowohl das deutsche Reich als auch die österreich-ungarische Monarchie umfasste.

In dem vorliegenden Beitrag werden die besonderen und einzigartigen Phänomene des Integrationsprozesses dieser „Schicksalsgemeinschaft" und auch die weitere Entwicklung bei den Kindern und Kindeskindern dieser „Emigranten", also derjenigen, die schon in Argentinien geboren sind, beschrieben.

Für die meisten dieser Einwanderer war „Argentinien" ein unbekannter Begriff. Sie kamen erzwungenerweise in einen Kulturraum, der ihnen ganz fremd war. Für die schon bestehende jüdische Gemeinschaft in Argentinien, die in ihrer Mehrzahl aus Polen oder Russland stammte, waren diese neuen Immigranten „zu deutsch"; umgekehrt waren sie selbst für die Neuzugänge „zu jiddisch" in ihrer Art. Die gegenseitigen Vorurteile zwischen den so genannten „Ostjuden" und den „Jeckes" setzten sich in Argentinien leider fort. Die deutsche Kolonie – die in ihrer Mehrheit vom in Deutschland herrschenden Nationalsozialismusbeeinflusst war – kam natürlich auch nicht als gesellschaftlicher Kreis in Frage. Daher entstand die Notwendigkeit ein eigenes Gemeinschaftsleben aufzubauen, in dem die mitteleuropäischen Juden zusammenhalten und ihre deutsch-jüdische Kultur und Lebensart weiterführen konnten. Eine etwas geschlossene, aber vertraute Welt, in der man den Schmerz und die Sorgen des erzwungenen Emigrantenschicksals erfolgreich überwinden konnte.

In diesem Milieu wuchsen auch ihre in Argentinien geborenen Kinder heran, geprägt von enem kulturellen Mitteleuropa-Erbe und mit einer noch schwachen, doch sich entwickelnden Bindung zu Argentinien als neuer Heimat. Erst die Enkelkinder, also die zweite Generation der im neuen Land Geborenen, fühlt sich in Argentinien zuhause.

## Der Entschluss zur Auswanderung

Für die große Mehrheit der deutschen Juden war es besonders schmerzlich und schwer, die Realität der neuen Lage zu erkennen, die durch die Machtübernahme

Hitlers am 30. Januar 1933 entstanden war. Als Folge der starken Assimilationsprozesse und der Integration in die deutsche Gesellschaft, die seit Ende des 18. Jahrhunderts mehr und mehr erfolgten, hatten die deutschen Juden ein starkes Zugehörigkeitsgefühl zu ihrem Geburtsland entwickelt und in vielen Fällen sogar einen ausgeprägten Patriotismus. Besonders stark waren diese Gefühle bei denjenigen, die als Soldaten im Ersten Weltkrieg gedient hatten. Viele jüdische Familien waren seit mehreren Generationen in Deutschland verwurzelt. Einige hatten mit Stolz ihre Stammbäume aufgezeichnet, die diese Familiengeschichte dokumentierte.

Dennoch erfolgte eine erste jüdische Abwanderung unmittelbar nach der Machtergreifung Hitlers, besonders nach dem antisemitischen Boykott vom 1. April 1933. Aber diese erste Emigrantenwelle wanderte hauptsächlich in die Nachbarländer Deutschlands. Man hielt die Aussicht auf eine Rückkehr aufrecht, und für viele handelte es sich im Prinzip mehr um eine Art vorübergehendes Exil als um eine endgültige Auswanderung. Aber nach 1935 blieb Europa immer weniger ein Auswanderungsziel, stattdessen bildeten Palästina und die USA Zufluchtsstätten vor dem NS-Terror. Im Jahre 1937 begann die große Emigrationswelle in die Länder Amerikas, besonders in die USA und nach Argentinien.

Die Zunahme der jüdischen Immigration in Argentinien ist eng verbunden mit den Einwanderungsbeschränkungen für die USA und den Schwierigkeiten, die die britische Regierung seit 1936 für die Einwanderung nach Palästina machte. Mehrere hierzu befragte Inmigranten bezogen sich auf diese Reihenfolge der Prioritäten, in der Argentinien erst an dritter Stelle stand, sofern die beiden zuvor genannten Länder aus verschiedenen Gründen als Zufluchtsort nicht mehr in Betracht kamen. Im Jahre 1938 nahm die jüdische Emigration wieder zu. Die große Mehrzahl der nach Argentinien ausgewanderten deutschsprachigen Juden kam also in den Jahren 1938 und 1939.

Alle diese Emigranten konnten rechtzeitig fliehen und teilten nicht das Schicksal vieler Verwandter und Freunde, die Teil der sechs Millionen Glaubensgenossen waren, die dem Massenmord zum Opfer fielen. Schmerz, Schuld und Zorn begleitet viele Immigranten bis heute. *Emigration, Zerstreuung* und *Holocaust* sind in dieser historischen Betrachtung drei unlösbar miteinander verbundene Begriffe, von denen einer ohne die anderen undenkbar ist:

> Ein großer Teil meiner Familie ist vernichtet worden. Der Rest, die Überlebenden, die Emigranten, leben verstreut in der Welt. Wenn wir uns auch viele Jahre nicht gesehen haben, kennen wir uns, schreiben wir einander; wir wissen wo und wann sie geboren wurden, und wissen wie das Leben unserer Eltern und Großeltern war. Unsere Nachkommen sind einander

schon fremd und unbekannt, kaum kennen sie sich beim Namen. Alle sprechen verschiedene Sprachen, die Sprachen der Länder in denen sie geboren sind."[1]

Als eine Art von Kompensation des Schmerzes über so viele Verluste und Trennungen haben die in der Welt zerstreuten deutschsprachigen Juden eine intensive Verbindung untereinander aufrechterhalten. Sie sind wie eine große Familie, vereint durch ähnliche Schicksale, durch die Tatsache, Überlebende, Emigranten und Träger einer gemeinsamen Kultur zu sein. Die Intensität dieser internationalen Verbundenheit–in erster Linie durch ständigen Briefwechsel und später auch durch Reisen – kompensiert in gewisser Weise die verlorene direkte Verbundenheit mit ihrem Herkunftsland, die so wichtig für so manche andere Emigrationsgruppen ist, in diesem Fall aber stark gestört ist durch die Folgen des Nationalsozialismus.

## Argentinien, ein unbekanntes Land

Für die meisten Immigranten war Argentinien ein fernes und unbekanntes Land, zu dem es keine historischen Verbindungen gab. Einige hatten jedoch Verwandte oder Bekannte unter den wenigen „Alteingesessenen", die schon vor 1933 in Argentinien lebten. Ein weit entfernter und vergessener Onkel konnte sich so plötzlich in einen Rettungsanker verwandeln, mit dem eine lange Kette von Einwanderungserlaubnissen ihren Anfang nahm. Das durch die Alteingesessenen begonnene System der „llamadas" wurde dann durch die anfangs allein ins Land gekommenen Immigranten erweitert, die nach ein oder zwei Jahren Aufenthalt in Argentinien ihre nächsten Verwandten „anfordern" konnten.

Wenn sich auch einige auf die Auswanderung vorbereiten konnten, indem sie ein wenig Spanisch lernten und sich über Argentinien informierten, mussten doch die meisten die Auswanderung unter ungünstigen Voraussetzungen antreten. Sie kamen nach Argentinien „aus Zufall" oder „weil es die einzige Möglichkeit war". Sie schifften sich ohne Vorkenntnisse nach Argentinien ein und mussten sich erst während der Überfahrt ein Bild von ihrem Bestimmungsland machen. Dieses bestand hauptsächlich aus vagen Informationen, Vorurteilen und Voreingenommenheiten, die in Europa im Allgemeinen gegenüber Lateinamerika existierten. Einige erwarteten eine Art „Affenland" oder „Indianer" vorzufinden: „Wir

---

[1] Dieses und die folgenden Zitate entstammen Gesprächen, die der Autor im Rahmen der Studien zu seinem Buch Schwacz, Alfredo: „Y a pesar de todo..." Los judios de habla alemana en la Argentina. Buenos Aires 1991, mit Zeitzeugen führte. Deutsche Ausgabe: „Trotz allem..." Die deutschsprachigen Juden in Argentinien. Übersetzt von Eltern Bernardo u. Inge Schwarcz. Wien u.a. 1995.

alle, deutsche Juden, wussten nicht genau, ob Rio die Hauptstadt von Brasilien oder von Argentinien sei."

Es war für die Immigranten nicht leicht, sich in der ersten Zeit in dieser neuen Welt zu orientieren, insbesondere mit ihren ungenügenden Sprachkenntnissen. Die Rolle, die der Hilfsverein Deutschsprechender Juden beim Empfang der Neuangekommem spielte, war zweifellos von unschätzbarem Wert. In einem Brief eines Immigranten vom April 1938 ist folgender Bericht zu finden:

> Bei unserer Ankunft in Buenos Aires wurden wir sehr nett empfangen und bekamen eine Privatpension angewiesen. Wir durften dort drei Wochen wohnen, und danach bekamen wir die Miete für ein leeres Zimmer. Außerdem hat uns der Hilfsverein finanziell sehr geholfen und uns wöchentlich ein kleines Taschengeld zur Verfügung gestellt. Ferner bekommen wir sechs Monate lang einen Kursus in Spanisch (frei). Es ist erstaunlich, wie der Hilfsverein den so zahlreich ankommenden Einwanderern über die erste und schwerste Zeit hinweg hilft.

Trotz aller Hilfeleistungen, die viele Einwanderer am Anfang erhielten, blieben ihnen die Schwierigkeiten der Umstellung gegenüber einer anderen Kultur, die jede Immigration mit sich bringt, nicht erspart: neue Gewohnheiten, eine fremde Sprache, ein anderes Klima erforderten unweigerlich eine Anpassung, die nicht immer leicht fiel. Besonders schwer war es für die Immigranten, die abweichenden Begriffe über die Zeit, den Raum, die Arbeit und andere wichtige Dinge zu verstehen: „Es fiel mir schwer, mich daran zu gewöhnen, dass, wenn der Argentinier ‚mañana' sagt (d.h. morgen), das irgendeinen dieser Tage oder niemals bedeuten kann. Ich war an die deutsche Pünktlichkeit gewöhnt und daran, das gegebene Wort zu halten."

## Vom Deutschen zum Spanischen

In der deutschen Sprache gibt es eine Redewendung für etwas, das einem seltsam oder unbekannt erscheint: „Es kommt mir Spanisch vor". Das entspricht mehr oder weniger dem argentinischen Ausspruch „suena a chino básico" (es hört sich chinesisch an). Das gibt uns ein Bild von der großen Distanz zwischen den beiden Sprachkulturen, die sie zu überwinden hatten.

> Der nach Argentinien eingewanderte deutschsprachige Jude entstammt den deutschen Kulturkreis. Von jüdischer Kultur hat er im Allgemeinen nur Rudimente aufgenommen. Er befindet sich hier in einer Umgebung spanischer Sprache. Aus der spanischen Literatur kennt er nur den Don Quijote. Es fehlen, historisch gesehen, Überschneidungen des deutschen und spanischen Kulturkreises, die den Übergang erleichtern könnten.

Viele Immigranten betonen die großzügige und verständnisvolle Haltung der Argentinier gegenüber ihren Sprachschwierigkeiten und sind ihnen dafür sehr dankbar. Sehr verschieden waren die Erfahrungen, welche die Immigranten hingegen in anderen Ländern erfuhren:

> In Frankreich, das mein erstes Auswanderungsziel war, bemühte ich mich Französisch zu lernen und ohne Akzent zu sprechen, damit man mich nicht als Ausländer erkenne, da diese dort nicht sehr beliebt sind. Hier, obwohl ich schon über 50 Jahre im Lande bin, kann ich es nicht verhindern, dass sie meinen deutschen Ursprung sofort erkennen. Aber immer sagten sie mir, dass ich mir nichts daraus machen soll, im Gegenteil, mein Akzent war meine beste Visitenkarte.

Diese Mischung aus Toleranz, Verständnis und sogar Bewunderung seitens der argentinischen Bevölkerung war ein zusätzlicher Faktor dafür, dass die deutschjüdischen Einwanderer weiterhin ihre Sprache und Gewohnheiten beibehielten.

## Jiddisch, eine abgelehnte Sprache

Nur wenige dieser Immigranten geben an, Jiddisch zu verstehen und zu sprechen. Die große Mehrheit lehnt diese Sprache entschieden ab. Sie betrachten es als eine Art mangelhaftes und deformiertes Deutsch, und die Literatur dieser Sprache ist ihnen unbekannt. „Jiddisch" symbolisiert für sie den Ostjuden und seine Verbundenheit mit dem traditionellen jüdischen Leben. In ihrem Wunsch, als deutsche Staatsbürger anerkannt zu werden und sich in der sie umgebenden deutschen Kultur einzugliedern, entwickelten die deutschsprachigen Juden in vielen Fällen eine tiefe Abneigung gegen das Jiddische. Sie waren sich nicht ganz bewusst, dass sie hiermit einen Teil ihrer eigenen historischen und kulturellen Identität verneinten. Die Schwierigkeiten beim Sprechen und Verstehen der jiddischen Sprache seitens der deutschen Juden resultiert meiner Meinung nach eher aus einem psychologischen Widerstand als aus tatsächlichen sprachlichen Problemen.

Diese Situation rief zahlreiche Konflikte zwischen den deutschsprachigen Juden und der schon im Lande lebenden askenasischen Gemeinschaft hervor, besonders während der ersten Jahre der Immigration, als in den zentralen jüdischen Institutionen Jiddisch noch die offizielle Sprache war:

> Ich erinnere mich an eine Versammlung in der AMIA, an der einige Repräsentanten der deutschen Gruppe teilnahmen. Einer von uns, der schon seit der Zeit vor 1933 im Lande lebte und Spanisch beherrschte, fühlte sich durch den ausschließlichen Gebrauch des Jiddischen in dieser Versammlung besonders unangenehm berührt. Sehr verärgert wandte er sich an

den Polizisten, der das Gebäude bewachte, und verlangte von ihm, dass er alle anwesenden Bürger zwingen sollte, Spanisch zu sprechen, da sie sich ja in Argentinien befanden. Dieses wenig tolerante und ziemlich autoritäre Verhalten rief natürlich heftige Reaktionen vieler Anwesender hervor. Wenn nicht einige von uns beschwichtigend eingegriffen hätten, hätte diese Episode die schon an und für sich schwierigen Beziehungen zwischen den so genannten „Jeckes" und den „Ostjuden" schwer geschädigt.

## Das „Belgrano-Deutsch"

Wenn man Vergleiche zieht zwischen der Immigrationserfahrung der deutschsprachigen Juden in USA, Israel (damals noch Palästina) und Argentinien, fällt folgender Unterschied auf: In Nordamerika „amerikanisierten" viele Immigranten ihre Familiennamen, indem sie den ursprünglichen deutschen Namen ins Englische übertrugen (so wurde z.B. aus Weißstein Whitestone). Ein ähnliches Phänomen ergab sich auch in Israel, wo viele Immigranten ihrem Namen eine hebräische Form gaben (z.B. von Weiß zu Lavan). In beiden Fällen handelt es sich um einen klaren Anpassungswillen an die Kultur des neuen Landes. Diese Anpassung wurde durch die Existenz gewisser Identifikationsmerkmale erleichtert: mit Israel und der hebräischen Sprache Dank ihrer jüdischen Identität; mit der englischen Sprache auf Grund früherer Kenntnisse und gewisser Familiarität mit der englischen Kultur im Allgemeinen. Außerdem war die deutsche Sprache in den USA in diesen ersten Jahren der Immigration die „Sprache des Feindes", ein weiterer Faktor, um sich von der Heimatssprache zu distanzieren.

Diese Aspekte fehlten in Argentinien fast völlig. Der weite kulturelle Abstand, das Fehlen von Identifikationselementen und vorheriger Kenntnisse der Sprache sowie die geringe Absorptionsfähigkeit, die Argentinien im Allgemeinen auf die Immigranten ausübte, und die Existenz einer eigenen Immigranten-Gemeinschaft sind einige der wichtigen Faktoren, die den ganz besonderen idiomatisch-kulturellen Prozess dieser Emigrantengruppe charakterisierten.

Mit den Jahren entwickelte sich eine eigene Sprache dieser Immigranten und ihrer Kinder, die, bezugnehmend auf ihr Wohnviertel Belgrano in Buenos Aires, als „Belgrano-Deutsch" bekannt wurde. Verben wie „arreglieren" (*arreglar* = in Ordnung bringen) oder „cobrieren" (*cobrar* = einkassieren), die verdeutschte spanische Worte sind und im Deutschen nicht existieren, werden in der täglichen Umgangssprache gebraucht. Anderseits pflegen schon im Lande geborene Kinder von Emigranten in ihren spanischen Unterhaltungen einige deutsche Ausdrücke anzuwenden, um gewisse Ideen oder Gefühle deutlicher ausdrücken zu können. Worte wie „hiesig" oder „gemütlich" erscheinen ihnen unübersetzbar.

Aber die Gültigkeit der deutschen Sprache und Kultur rief auch Konflikte und Diskussionen innerhalb der Gemeinschaft hervor. Schon im Jahre 1936 erschien im Mitteilungsblatt des Hilfsvereins ein Artikel mit folgendem Titel: „Warum deutsche Bücher?" Das zentrale Thema wird in Form einer Frage behandelt: „Müssen wir unser Deutschtum aufgeben, weil sie uns aus Deutschland vertrieben haben [...] und können wir es überhaupt lassen? Die Antwort ist: weder sollen wir, noch können wir dies, auch wenn wir es wollten."

Wenn es auch einige Personen gab, die sich entschlossen hatten, sich von der deutschen Sprache definitiv zu distanzieren, können wir feststellen, dass die vorher erwähnte Stellungnahme repräsentativ für die Haltung der Mehrheit dieser Gemeinschaft ist. Die Widersprüche, die sich bezüglich der Überlieferung der kulturellen Inhalte an die Kinder ergaben, werden in der folgenden Zeugenaussage deutlich:

> Unsere Kinder sind Kinder von Emigranten, die Flucht aus Österreich und Erniedrigungen erlebten, sich vor dem Holocaust retteten und die Bestialität der Unterdrücker kennenlernten. Wir vermeiden, sie etwas zu lehren, das bei ihnen irgendein Interesse an Österreich oder Deutschland erwecken könnte. Die Sprache ja, die geben wir ihnen.

Die Schlussbemerkung einer Befragten, die zur Generation der Kinder dieser Immigranten gehört, bestätigt die oben erwähnte Haltung:

> Ich kenne Personen, die niemals mehr ein deutsches Wort sprachen, da sie fühlten, dass sie es nicht können. Andere sind überrascht, wenn ich ihnen sage, dass ich gerade Deutsch lehre; aber meine Eltern haben mir diese Sprache als eine Universalsprache, als eine Kultur übermittelt (obgleich sie nie wieder in Deutschland leben würden).

Der Wunsch, die deutsche Sprache zu erhalten und den Kindern zu übermitteln, kommt deutlich in der Wahl der Schulen zum Ausdruck, die viele dieser Emigranten für ihre Kinder aussuchten: die Pestalozzi-Schule im Stadtteil Belgrano und die Cangallo-Schule im Zentrum, die einzigen deutschen Schulen, die sich nicht dem nationalsozialistischen System anschlossen, sondern im Gegenteil eine deutlich antifaschistische Einstellung aufrechterhielten.

Auch das Bestehen einer deutschen Zeitung, nämlich das *Argentinische Tageblatt*, welches von Anfang an eine deutliche Antinazi-Position vertreten hat, trug dazu bei den Immigranten den Kontakt zur deutschen Sprache und Kultur zu ermöglichen.

Wenn auch der Gebrauch der deutschen Sprache in den nachfolgenden Generationen sich unaufhaltsam zu vermindern scheint, ist es doch nicht leicht, diesbezüglich eine genaue Prognose zu machen. Es handelt sich vielmehr um einen sehr dynamischen Prozess, bei dem viele Faktoren mitspielen, deren Wertigkeit und Entwicklung man schwer voraussehen kann. So bemerkt man zum Beisspiel in letzter Zeit eine Neubewertung der deutschen Sprache bei einigen Enkeln von Immigranten, die die technische, wissenschaftliche, kommerzielle oder kulturelle Bedeutung dieser Sprache hervorheben. Viele junge Menschen, die sich mit dem Gedanken einer Auswanderung tragen, sehen in der deutschen Sprache ein Mittel, das ihnen den Weg aus Argentinien hinaus öffnet. Andererseits erleichtert die historische Distanz, die sie von der Epoche des Nationalsozialismus trennt, eine gewisse Aussöhnung mit der Sprache ihrer Großeltern.

## Integriert oder adaptiert?

Es ist schwer abzuschätzen, wie weit seitens der Immigranten und ihrer Kinder in Argentinien eine tatsächliche Integration stattgefunden hat. Die Schwierigkeiten dabei lagen nicht nur in einigen speziell diese Immigrantengruppe kennzeichnenden Charakteristika wie Zwangsemigration anstelle von freiwilliger Immigration, Unkenntnis der Sprache, kulturelle Unterschiede, historische Umstände, Nachwirkungen der erlittenen Verfolgungen usw., auch die besonderen Eigenheiten des Bestimmungslandes und dessen fragwürdige Immigrationspolitik trugen dazu bei.

> Argentinien ist kein Land, das den Immigranten absorbiert. Hier handelt es sich um eine Schwierigkeit, die über den spezifischen Fall der deutsch-jüdischen Immigration hinausgeht, da es das gesamte Immigrationsphänomen des Landes umfasst, und es hat viel mit den Problemen zu tun, die noch bei der Schaffung der nationalen Identität der Argentinier bestehen.

Ausschlaggebend war auch die Tatsache, dass diese Immigranten mit einem Gefühl der Frustration ins Land kamen, denn in ihren jeweiligen Herkunftsländern waren sie vollständig integriert gewesen, bis es zur Vertreibung durch den Nationalsozialismus gekommen war. Aus dieser schmerzlichen Erfahrung heraus übertrugen sich nun ihre Zweifel und Vorbehalte gegenüber einer Integration in der neuen Heimat auch auf ihre Kinder. In vielen Fällen entwickelten sie eine Form des Sicheinfügens, die man eher als Anpassung denn als wirkliche Integration bezeichnen könnte. Das Leben vieler Immigranten – vor allem der in Buenos Aires lebenden – verlief und verläuft heute noch innerhalb einer Art deutschjüdischem Mikrokosmos. Da sie sich in die eigenen Gemeinden und Institutionen mit deren sozialen und kulturellen Werten zurückzogen, blieben sie in vielen Belangen von der übrigen argentinischen Gesellschaft isoliert.

Sie hatten nämlich die Kraft, den Wunsch und die notwendigen Elemente mit sich gebracht, um ihr eigenes Gemeinschaftsleben aufzubauen. Entscheidende Faktoren für diese Entwicklung waren ihre aus Europa mitgebrachten Erfahrungen in Gemeindearbeiten im Sinne einer „Gemeinde" als religiöses, kulturelles, soziales und gleichzeitig sportliches Zentrum, im Gegensatz zu den rein religiösen Institutionen wie der „Shul" oder der „Cheder" der osteuropäischen Juden. Ein anderer Faktor war die Präsenz einer Gruppe von jungen Rabbinern in dieser Immigrationswelle, die die Entwicklung von Gemeinden vorantrieben. Aber neben diesen religiösen Führern kamen auch Immigranten mit sozialer und politischer Berufung, die ihr Interesse an öffentlicher Arbeit innerhalb der Institutionen und Gemeinden anwenden wollten. Es war ein starker Wunsch dieses Sektors, das kulturelle Leben, das sie in Europa gekannt hatten, wiederzuerwecken, so wie sie es im Geiste und ihren Herzen mit sich gebracht hatten: „Sie können uns von deutschen Boden vertreiben, aber sie können uns nicht unsere Kultur, die wir in uns tragen, nehmen."

Auch die Wohnkultur der deutschsprachigen Juden ist auffallend stark von ihrer Herkunft geprägt:

> Wir deutschen Juden im Allgemeinen sind nicht ausgewandert sondern wir sind umgezogen! Wir haben keine Zuneigung zum Lande entwickelt und haben sie auch nicht unseren Kindern übermittelt. Der Kontakt, den wir mit den Argentiniern aufnahmen, war immer nur oberflächlich. Wir luden uns nicht gegenseitig in unsere Wohnungen ein. Auf der anderen Seite besteht noch eine Gruppe von Freunden aus der gemeinsamen Emigration und diese ist zweifellos die hauptsächliche Gruppe, zu der wir gehören.

Im Stadtteil *Belgrano*, der wie eine Art „offenes Ghetto" wirkt, ist dieses Phänomen am deutlichsten zu beobachten. Aber gerade das Vorhandensein eines organisierten und regen Gemeinschaftslebens und das Gefühl, dazuzugehören, halfen den Immigranten bei der Überwindung mannigfaltiger Schwierigkeiten. So entwickelten sie eine spezifische und konkrete Form der Integration, die im Grunde genommen doch zufriedenstellend und erfolgreich war. Es blieb dann eine Aufgabe der kommenden Generationen diesen von den Vätern und Großvätern begonnenen Integrationsprozess zu vertiefen und zu einem erfolgreichen Abschluss zu bringen.

Die Kinder dieser Emigranten erhielten aber von ihren Eltern widersprechende Botschaften, die man zusammenfassend mit folgendem Satz ausdrücken könnte: „Integriert euch in diesem Lande, bleibt aber immer auf der Hut." Dieser latente Auftrag, der oft im Unterbewusstsein wirksam wird, beeinflusste auch das Gefühl der Entwurzelung, das man nicht selten in der schon in Argentinien geborenen Generation beobachtet.

Die Generation der Immigranten definiert sich selbst oft als eine „Brücken-Generation", die das Land ihrer Väter verlassen musste auf der Suche nach dem Land ihrer Kinder. Das Gefühl, selbst ohne ein wirkliches Vaterland geblieben zu sein, wird durch die Hoffnung gemildert, dass die Nachkommenschaft im neuen Lande Wurzeln schlagen werde. Die Verwurzelung bildet somit eine multi-generationelle Familienaufgabe: was vom Immigranten begonnen wurde, werden seine Kinder und Enkel fortsetzen; auf diese Weise tragen sie zu seinen Integrationsbemühungen bei.

## Die Entwicklung der deutsch-jüdischen Gemeinschaft in den letzten 20 Jahren

In den 20 Jahren seit dem Erscheinen meines Buchs mit Gesprächen mit jüdischen Immigranten vermehrten sich die schriftlichen Beiträge zu dieser Thematik. In vielen Fällen war gerade mein Buch der Ausgangspunkt für weitere Recherchen. Zahlreiche junge Forscher aus Deutschland, Österreich und anderen Ländern besuchten mich und besprachen mit mir ihre Forschungsprojekte.

Zahlreiche und komplexe Ereignisse, die in diesen Jahren stattfanden, haben die Entwicklung der deutsch-jüdischen Gemeinschaft Argentiniens in verschiedener Weise gekennzeichnet. In den folgenden Zeilen bringe ich eine kurze Beschreibung dieser Ereignisse und ihre Folgen.

### Konsolidierung der Demokratie

Als ich meine Forschungsarbeit im Jahre 1985 begann, waren kaum zwei Jahre seit der Wiedererlangung der Demokratie vergangen, und die Schatten und Folgen der blutigsten aller Militärdiktaturen unserer Geschichte bedrohten noch ihr Weiterbestehen. Inzwischen sind schon fast 30 Jahre ununterbrochener Demokratie vergangen, wir haben schwere wirtschaftliche und politische Krisen überwunden und uns endgültig von den Drohungen neuer Militärputsche befreit. Es bleibt immer noch die schwere Aufgabe der Verurteilung all jener, die Verbrechen gegen die Menschlichkeit verübten, zu vollenden, sodass keiner unbestraft bleibt. Dank des bestehenden Kampfes der „Madres y Abuelas de Plaza de Mayo" (Mütter und Großmütter der Plaza de Mayo) und anderer Organisationen zur Verteidigung der Menschenrechte sowie der Politik der gegenwärtigen Regierung wird diese Aufgabe der Erinnerung und Gerechtigkeit tatsächlich weiter geführt.

## Die Attentate gegen die israelische Botschaft und die AMIA

Paradoxerweise geschahen die zwei schwersten Terroristenattentate in Buenos Aires gerade zur Zeit der Demokratie. Sie verletzten und beeindruckten das ganze Land und besonders die jüdische Gemeinschaft.
- Am 17. März 1992 zerstörte eine Bombe die israelische Botschaft und verursachte 29 Tote und mehr als 200 Verletzte.
- Am 18. Juli 1994 geschah das Attentat gegen die AMIA, welches 85 Tote, mehr als 350 Verletzte und die totale Zerstörung des Gebäudes hinterließ.

In beiden Fällen bleiben die Attentate noch immer unbestraft und offenbaren die Existenz von einer Komplizität und Mitverantwortung von seiten der hiesigen Polizei- und Justizbehörden. Ja sogar der damalige Präsident Carlos Menem und auch einer der höchsten Vorsitzenden der jüdischen Gemeinschaft sind in diesem Zusammenhang in dunkle Geschäfte verwickelt.

Seit diesen Attentaten führten die jüdischen Institutionen strengste Sicherheitsmaßnahmen ein: Man errichtete Zementblöcke auf den Bürgersteigen, man verbot das Parken vor diesen Gebäuden und man verstärkte die Kontrollen beim Eintritt derselben. Als Folge dieser Maßnahmen, die noch heute bestehen, erhielt die jüdische Gemeinschaft auf der einen Seite mehr „Sichtbarkeit", aber gleichzeitig auch weniger „Zugänglichkeit" für den Rest der Gesellschaft.

## Die deutsch-jüdische Spezifität

Mehr als 70 Jahre sind seit der deutsch-jüdischen Einwanderungswelle nach Argentinien vergangen, und man kann deutlich beobachten, dass der spezifisch deutsche Charakter, der sie so verschieden gegenüber den schon bestehenden hiesigen jüdischen Gemeinschaften erscheinen ließ, langsam verloren ging. Einige der früher deutsch-jüdischen Institutionen vereinigten sich mit anderen, ja sogar sephardischen Ursprungs. Selbst das Altersheim „A. Hirsch", Emblem des deutsch-jüdischen Gemeinschaftslebens, öffnete in den letzten Jahren seine Tore allen Personen ohne religiöse oder sprachliche Vorschriften.

## Der Palästina-Israel-Konflikt und seine Auswirkung auf die Beziehung zu Israel

Die Verbindung der deutsch-jüdischen Gemeinschaft in Argentinien mit Israel erfuhr in den letzten Jahrzenten Veränderungen. Die Generation der Emigranten bewahrt weiter ein bedingungsloses Verhältnis zu Israel, unabhängig von ihrer mehr oder weniger zionistischen Einstellung. Sie bestehen nach wie vor auf eine ausnahmslose Unterstützung des Staates Israel, mit einer idealisierten Vision des Landes und ohne kritischem Urteil gegen Israels Politik bezüglich der arabischen Nachbarländer. Einige der jüngeren Generationen jedoch, Kinder und Enkel der Emigranten, bereits in Argentinien geboren, finden die von Israel angewandte Politik im Konflikt mit den Palästinensern unannehmbar und entwickeln dadurch eine kritischere und ambivalentere Beziehung zu Israel. In gewissen Fällen führt das auch zu einer emotionalen Distanzierung von Israel und sogar zu einer Verteidigung der Palästinenser. Dies ist bei den Jugendlichen, die am jüdischen Gemeinschaftsleben teilnehmen, nicht der Fall. Diese bewahren weiter eine bedingungslose Solidarität gegenüber Israel. In diesen Kreisen wird jegliche Kritik an der Politik Israels als Zeichen des Antisemitismus angesehen.

## Die Beziehungen zu den Ursprungsländern Deutschland und Österreich

Für die Mehrzahl der deutschsprachigen jüdischen Emigranten, die als Kinder oder Jugendliche nach Argentinien kamen und heute 80 Jahre und älter sind, bleibt ihre Beziehung zum Ursprungsland weiter ambivalent. Einerseits sind die Spuren der Nazi-Zeit noch fühlbar. Es besteht jedoch gleichzeitig eine feste Bindung an die deutsche Sprache und Kultur. Viele von ihnen hatten inzwischen die Gelegenheit ihre Geburtsorte zu besuchen. Einige wurden offiziell von den Behörden ihrer Geburtsstädte eingeladen, in manchen Fällen in Begleitung jüngerer Familienmitglieder. Die Politik der Wiedergutmachung – sowohl materiell als auch moralisch –, die Deutschland seit den 1960er Jahren durchführt, gaben vielen dieser Emigranten ein gewisses Gefühl der Versöhnung. Zu diesem Gefühl trug auch die wachsende Annäherung und Festigung der Beziehungen zwischen Deutschland und Israel bei.

Die Enkel dieser Emigranten, zeitlich schon weit entfernt von der Zeit des Nationalsozialismus, haben eine andere Einstellung zu Deutschland. Für viele von ihnen handelt es sich vor allem um das Ursprungsland und die Muttersprache ihrer Großeltern.

Erwähnenswert ist in diesem Zusammenhang die positive Wandlung, die sich in in den letzten zwei Jahrzehnten in Österreich ergeben hat. Die Waldheim-Affäre einerseits und das Gedenkjahr 1988 (50 Jahre seit dem „Anschluss") andererseits führten zu neuen Auseinandersetzungen und Forschungsprozessen über die Rolle Österreichs in der Zeit des Nationalsozialismus. Der lange bestehende „Opfermythos" wurde kritisch in Frage gestellt und im Juli 1991, 46 Jahre nach

Ende des Zweiten Weltkriegs, bekannte erstmals eine österreichische Bundesregierung die Mitverantwortung Österreichs an den nationalsozialistischen-Verbrechen. Unter diesem neuen Zeitgeist konnten sich in Österreich Projekte entwickeln, die zur Aufklärung und Erinnerung beitragen, besonders für die jüngeren Generationen, und gleichzeitig eine gewisse Wiedergutmachung und Versöhnungsmöglichkeit für die noch lebenden vertriebenen Opfer bieten. Hier möchte ich zwei besonders interessante Projekte erwähnen, an denen ich persönlich – zusammen mit meiner Frau Patricia Frankel – aktiv teilgenommen haben: „A Letter to the Stars" und „Verlorene Nachbarschaft-Buenos Aires-Wien-2008".[2]

## Die ökonomischen und politischen Krisen und die schwankenden Migrationstendenzen

Argentinien geriet in den Jahren 2001/2002 in eine tiefgreifende wirtschaftliche, politische, aber vor allem moralische Krise. Das ehemalige Rettungsland verwandelte sich – vorübergehend – in ein Vertreibungsland, besonders für die Jugend, die auf der Suche nach hoffnungsvolleren Horizonten die Heimat verließ. Einige fanden diese Möglichkeit durch die Erwerbung eines europäischen Passes, Dank dem deutschen oder österreichischen Ursprung ihrer Großeltern. Heute jedoch leidet der alte Kontinent unter einer starken ökonomischen Krise und viele europäische Länder führen immer stärkere Beschränkungen in ihrer Migrationspolitik ein. Im Vergleich erscheint wieder einmal Argentinien – trotz seiner chronischen Schwierigkeiten – als ein attraktives Einwanderungsland.

Wir leben in einer Zeit großer Unbeständigkeit, in einer globalisierten Welt, wo die Identitäts- und Zugehörigkeitsgefühle überhaupt ständig in Frage gestellt werden. Besonders stark äußern sich diese Zeiterscheinungen im Bereich des deutsch-jüdischen Kreises: zahlreiche Familiengeschichten sind durch Wanderung und Entwurzelung gekennzeichnet.

Ich könnte diese lange multigenerationelle Geschichte auf folgende Weise zusammenfassen: über Jahrhunderte waren sie „die Juden in Deutschland", mehr oder weniger verfolgt oder geduldet, je nach dem Willen des jeweiligen Fürsten oder Königs. Mit der Aufklärung und der Emanzipation in Westeuropa verwandelten sie sich in „deutsche Staatsbürger jüdischen Glaubens". In der Nazizeit wurden sie wieder „Juden in Deutschland". Nach der Zwangsmigration wurden sie nun „die deutschsprachigen Juden in Argentinien". Ihre Kinder bekennen sich als „Argentinier deutsch-jüdischer Herkunft". Und jene Kindes-Kinder, die in nicht wenigen Fällen nach Deutschland – oder bzw. Österreich – „zurückkehr-

---

2 Siehe http://www.LetterToTheStars.at bzw. http://www.verlorene-nachbarschaft.at (17.9.2014).

ten", fühlen sich als „Argentinier in Deutschland". Die haben inzwischen selber Kinder: das sind die neuen „deutschen Staatsbürger", mit mehr oder weniger jüdischer Bindung. Oder sollten wir neuerdings von „europäischen Bürgern" sprechen? Eine offene, dynamische und wechselvolle Geschichte, in einer immer stärker werdenden multikulturellen Welt, die uns ständig neue aber gleichzeitig bereichernde Herausforderungen stellt. Ich hoffe nur, dass der argentinische „Stempel", mit seinen Licht- und Schattenseiten, bei diesem langen „Familienroman" nicht verloren geht, sondern im Gegenteil zur Bereicherung der kommenden Generationen, wo sie auch Fuß fassen mögen, beitragen wird.

Pedro Moreira
# Juden aus dem deutschsprachigen Kulturraum in Brasilien

## Ein Überblick

Zwischen 1824 und 1969 emigrierten ca. 250.000 Deutsche nach Brasilien, was rund 5 % der Gesamtimmigration entspricht. Von ihnen stammen heute rund 4 bis 5 Millionen Brasilianer ab (ca. 3 % der Bevölkerung). Sie bilden weltweit die zweitgrößte deutschstämmige Gruppe nach der in den USA. 2010 hatte Brasilien laut Zensus 191 Millionen Einwohner, unter ihnen 107.000 Juden. Damit hat Brasilien nach Argentinien den zweitgrößten jüdischen Bevölkerungsanteil in Lateinamerika und den zehntgrößten weltweit. Ca. 5.500 Personen gaben an, sie seien „deutsch-jüdischer" Herkunft (Zensus 2000).

Zwar gab es seit Beginn des 20. Jahrhunderts vereinzelte Bemühungen und Initiativen, Daten über die jüdische Migrationsgeschichte zu sammeln und das Leben der Juden in Brasilien und ihr Verhältnis zur alten und neuen Heimat zu dokumentieren (häufig als Würdigung des jüdischen Beitrags zur Entstehung der brasilianischen Nation). Doch erst seit Mitte der 1970er Jahre und verstärkt in den letzten 10 Jahren erschienen akademische Studien und wissenschaftliche Publikationen. Pioniere der Forschung waren Arnold Aharon Wiznitzer[1] und das Ehepaar Frieda und Egon Wolff[2]. 1976 wurde an der Universität von São Paulo

---

[1] Arnold Aharon Wiznitzer (Österreich 1899–1972 USA) flüchtete mit seiner Familie mit Hilfe des portugiesischen Konsuls in Bordeaux, Aristides de Sousa Mendes, nach Brasilien. 1952 regte er an, eine Brasilianische Gesellschaft für Jüdische Geschichte zu gründen, das *Instituto Judaico Brasileiro de Pesquisa Histórica* in Rio, das er leitete. Sein bekanntestes Buch ist *Jews in Colonial Brazil* (1960). Es wurde ein Referenzwerk und beleuchtet zahlreiche Aspekte des Lebens der Marranos und Kryptojuden in der portugiesischen Kolonie und anderswo, insbesondere ihre Rolle beim afro-amerikanischen Sklavenhandel. Als Wiznitzer Ende der 1950er Jahre in die USA emigrierte, wurden die Aktivitäten des Instituts eingestellt. Er wurde US-amerikanischer Staatsbürger und nannte sich fortan Arnold Winter. Nach seinem Tod etablierte die Hebrew University of Jerusalem den jährlich vergebenen *Arnold Wiznitzer Prize for Best Book in Jewish History*.

[2] Egon Wolff (Budsin 1910–1991 Rio de Janeiro) und seine Frau Frieda Paliwoda (Berlin 1911–2008 Rio de Janeiro) kamen 1936 in Brasilien an. 1961–1967 war Egon Wolff ehrenamtlicher Schatzmeister und später Präsident der *Israelitischen Poliklinik* von Rio (später *Israelitisches Krankenhaus*). In dieser Zeit begann das Ehepaar mit der Recherche der Geschichte der Juden in Brasilien. Anfangs entstanden Beiträge und Essays für das Bulletin des *Brasilianischen Historischen und Geographischen Instituts* mit den Schwerpunkten „Geschichte der Juden im Brasilien der Kolonialzeit" und „Judentum im brasilianischen Kaiserreich im 19. Jh.". Sie bereisten Brasilien und erweiterten ihre Forschung auf Archive in den USA, Europa, Israel, Surinam und den

das *Arquivo Histórico Judaico Brasileiro* (AHJB) gegründet, das sich zur zentralen Dokumentations- und Forschungsstelle in Brasilien entwickelte und einige der wichtigsten privaten und institutionellen Nachlässe aufbewahrt. Zu den führenden Forschern der letzten Jahre zählen Nachmann Falbel, Jeffrey Lesser, Izabella Maria Furtado Kestler und Maria Luiza Tucci Carneiro. Einzelaspekte der deutsch-jüdischen Immigration in Brasilien wurden in den letzten Jahren u.a. von Marlen Eckl, Elisa Caner, Anat Falbel, Marcel Vejmelka und Renata Mazzeo Barbosa erforscht und bearbeitet. Im Rahmen des Jubiläums „180 Jahre deutsche Immigration nach Brasilien" (2004) wurden zahlreiche Publikationen, wissenschaftliche Studien und „Immigrations-Portale" veröffentlicht, aber keine thematisierte das deutsche Judentum in Brasilien.[3] Auch die jüdische Gemeinde in Brasilien hat sich kaum mit diesem Komplex befasst und es scheint fast so, als ob die beiden Themen nichts miteinander zu tun hätten.

So stellt sich die Frage nach den Kriterien der „deutsch-jüdischen" Identität: „Was definiert die Zugehörigkeit zum Judentum"? Oder: „Was definiert die Zugehörigkeit zum Deutschtum"? Sind Juden aus Osteuropa, die in verschiedensten Epochen und teilweise über mehrere Generationen in Deutschland lebten, als „deutsche Juden" anzusehen? Wie ist die „nationale" Zugehörigkeit von Juden als konfessionelle Minderheit zu verstehen? Immerhin tragen Grabsteine vieler aus Osteuropa stammender brasilianischer Juden Inschriften in deutscher Sprache.

Für ein besseres Verständnis der Besonderheiten der brasilianischen Entwicklungen wird im Folgenden die Geschichte Brasiliens und der deutschen Immigration in aller Kürze vorgestellt und alle Herkunftsregionen im europäisch-deutschsprachigen Bereich miteinbezogen.

## Kolonialzeit: Juden und Deutsche in Brasilien 1500–1808

Am 22. April 1500 landete die Flotte des portugiesischen Seefahrers Admiral Pedro Álvares Cabral an der Küste Bahias. Unter den Besatzungsmitgliedern befanden

---

Antillen. Sie veröffentlichten zahlreiche Essays und Beiträge und fast vierzig Bücher, die heute als Referenzwerke für die Forschung gelten. Ende 1975 gründete Egon Wolff gemeinsam mit zehn anderen Forschern aus dem Umfeld der Universidade de São Paulo das *Jüdisch Brasilianische Historische Archiv* (*Arquivo Histórico Judaico Brasileiro – AHJB*). Es ist heute die Zentralstelle für die Dokumentation jüdischer Geschichte in Brasilien.
3 Eine Ausnahme ist das traditionsreiche Jahrbuch des Martius-Staden-Instituts aus São Paulo, das in den letzten Jahren unter der Leitung von Rainer Domschke (Einzel-)Biographien deutscher Juden in Brasilien veröffentlicht hat.

sich neben 35 deutschen Söldnern aus der Lissaboner Garnison des Königs auch der königliche Arzt, Astronom, Astrologe und Physiker Johann Emeneslau (ein vermutlich in Emmerich am Rhein geborener Jude) und Gaspar da Gama, der bei der Landung versuchte, mit den einheimischen Tupinambá-Indianern in diversen Sprachen, darunter Hebräisch, Arabisch und in afrikanischen und indischen Dialekten, Kontakt aufzunehmen. Er war vermutlich der erste Jude, der brasilianischen Boden betrat. Kurz darauf befuhr Amerigo Vespucci die brasilianische Küste und berichtete, dass in diesem Land kein Gold und Silber zu erwarten seien, woraufhin die portugiesische Krone beschloss, nicht selbst zu investieren, sondern Konzessionen an abenteuerlustige Kaufleute mit Risikobereitschaft und nötigem Kapital zu vergeben. Zu ihnen gehörte Fernão de Loronha (ca. 1470–1540), ein zum Christentum konvertierter[4] jüdischer Kaufmann, der auf der iberischen Halbinsel als Vertreter des Augsburger Bankiers Jacob Fugger (1459–1525) fungierte und 1503 in Partnerschaft mit Fugger seine Konzessionsrechte für den Export von Brasil-Holz[5] erweiterte, was Fugger zum ersten Nicht-Portugiesen machte, der in Brasilien investieren durfte.

Die nachweislich ersten deutsch-jüdischen Kaufmanns- und Reederfamilien trafen 1534 in Brasilien ein. Arnual von Holland erwarb in der Nähe der Stadt Olinda in Pernambuco Zuckerrohrplantagen und Zuckermühlen. Ihm folgten Sebald Lins und Erasmus Schetz, die Zucker, Brasilholz und Baumwolle von ihren Ländereien mittels eigener Schiffe nach Europa exportierten.[6]

1580 fiel das Königreich Portugal aus dynastischen Gründen an die in zahlreiche Kriege verwickelten spanischen Habsburger, wurde zu einer Provinz Spaniens degradiert, verlor einen Teil seiner Kolonien, konnte aber Brasilien behalten. 50 Jahre später gelang es unter Zuhilfenahme von Schiffen der Niederländischen Westindischen Kompanie nach vielen vergeblichen Raubzügen die brasilianische Küste zu besetzen. Weitläufige Gebiete im Nordosten des Landes wurden erobert und *Nieuw Holland* mit „Mauritsstad" als Hauptstadt (heute Recife) gegründet. Die niederländischen Unternehmungen in Brasilien waren in großem Umfang nur möglich, weil viele der im 16. Jahrhundert vertriebenen portugiesischen Juden

---

4 Infolge der Vertreibung der „Ungläubigen" aus Spanien 1492 flohen rund 100.000 sephardische Juden in das benachbarte Königreich Portugal. Als auch dort vier Jahre später auf Druck der Spanier ihre Verfolgung begann, konvertierten viele zu sog. „Neuchristen". Andere, die so genannten Krypto-Juden (Marranos), gingen in den Untergrund.
5 Die Umbenennung des neuen Landes von „Ilha de Vera Cruz" und „Terra de Santa Cruz" („Insel des Wahren Kreuzes" und „Land des Heiligen Kreuzes") in „Brasil" geht, einem Gerücht zufolge, auf die Juden Gaspar da Gama und Fernão de Loronha zurück und leitet sich von dem in europäischen Färbereien so begehrten „Brasil-Holz" („Glut-Holz") ab.
6 Vgl. Wiznitzer, Arnold: Jews in Colonial Brazil. New York 1960.

den Holländern ihr Wissen zur Verfügung stellten.[7] Unter dem Generalgouverneur und militärischen Oberbefehlshaber Graf Johann Moritz von Nassau-Siegen (1604–1679) lebten calvinistische Protestanten, sephardische Juden und Aschkenasim aus Holland und dem norddeutschen Raum, portugiesische Katholiken, Neuchristen und Marranos weitgehend konfliktfrei zusammen; ausgeschlossen blieben schwarze Sklaven und Indianer. Die jüdische Gemeinde wuchs auf über 600 Familien an. In Recife, der damals „modernsten Stadt Amerikas", entstand um 1637 die vermutlich erste Synagoge des amerikanischen Kontinents: *Kahal Zur Israel*.

Nach der Abberufung von Johann Moritz 1644 fiel der holländische Besitz innerhalb der nächsten zehn Jahre wieder an die Portugiesen zurück. Mit den Niederländern verließen auch viele Juden das Land. Einige kehrten nach Holland zurück, andere versuchten ihr Glück auf niederländischen Posten in der Karibik oder in *Nieuw Amsterdam*, dem späteren New York, wo 1654 dreiundzwanzig Personen aus Recife landeten und somit vermutlich die ersten Juden der Stadt waren.[8]

## Das 19. Jahrhundert

Gegen Ende des 17. Jahrhunderts brachte die Entdeckung der Minengebiete in Minas Gerais und Goiás Portugal endlich den erträumten Reichtum. Brasilien gewann an Bedeutung, wurde 1720 zum Vizekönigreich und das näher an den Minen gelegene Rio de Janeiro löste 1763 Salvador als Hauptstadt ab.[9] Auch die Inquisition konzentrierte sich nun auf diese Regionen. Meist lautete die Anklage auf „Judaisierung", d.h., geheime Ausübung des jüdischen Glaubens.[10]

Als 1807 die napoleonischen Truppen Portugal besetzten, floh der gesamte portugiesische Hofstaat auf spektakuläre Weise unter dem Schutz der britischen Flotte nach Brasilien. Unter den ca. 15.000 Flüchtlingen befanden sich neben

---

7 Vgl. Wiznitzer, Arnold: The Number of Jews in Dutch Brazil (1630–1654). In: Jewish Social Studies 16 (1954), 2. S. 109.
8 Vgl. Wiznitzer, Arnold: The Exodus from Brazil and Arrival in New Amsterdam of the Jewish Pilgrim Fathers, 1654. In: Publications of the American Jewish Historical Society 44 (1954). S. 80–97.
9 Vgl. Fausto, Boris: História do Brasil. 13. Aufl. São Paulo 2009.
10 Mehr als auf die Bestrafung von Individuen setzten die Verfolgungen der Inquisition in Brasilien auf Abschreckung, die die familiären Verbände auseinanderreißen und bestehende Solidaritätsnetzwerke destabilisieren sollte. Vermutlich bewirkten sie aber das Gegenteil und beförderten diverse Formen des Kryptojudentums, die bis ins 19. Jh. hinein bestanden.

der Königin und dem Kronprinzen portugiesische Adelige, Beamte und Offiziere, Künstler, Wissenschaftler und Fachleute der verschiedensten Disziplinen sowie mehrere damals im portugiesischen Militär und in unterschiedlichen Wirtschaftsbereichen tätige Deutsche. Bereits bei der Zwischenlandung in Salvador da Bahia im Januar 1808 musste Kronprinz João auf Druck der Engländer und als Preis für ihre Unterstützung den sog. *Vertrag zur Öffnung der brasilianischen Häfen für die befreundeten Nationen* unterzeichnen. Dieser Vertrag markiert zugleich den Beginn des offiziellen Fremdenverkehrs und der internationalen Immigration in Brasilien. 1816 folgte João IV. seiner Mutter auf den portugiesischen und brasilianischen Thron. Kronprinz Pedro wurde im Zuge der Allianzen und Machtverschiebungen in Europa mit einer Enkelin Kaiserin Maria Theresias, der Erzherzogin Leopoldine (1797–1826), verheiratet. Sie traf mit einem Gefolge von österreichischen Naturwissenschaftlern und Malern 1817 in Rio de Janeiro ein. Als König João nach der sog. Liberalen Revolution 1821 nach Portugal zurückkehrte, blieb Kronprinz Pedro in Brasilien und verkündete in Abstimmung mit seinem Vater am 7. September 1822 die Unabhängigkeit von Portugal. Wenig später ließ er sich zum Kaiser krönen und machte – in Zeiten der südamerikanischen Unabhängigkeitserklärungen[11] – alle republikanischen Hoffnungen zunichte. Kaiser Pedro II. (1825–1891), der seinem Vater 1832 auf den Thron folgte, als dieser Brasilien verließ, sprach fließend Deutsch und hegte aufgrund der Herkunft seiner Mutter und Stiefmutter Sympathien für die Deutschen. In Religionsfragen war er eher liberal, er interessierte sich für das Judentum und lernte Hebräisch als achte Sprache.[12] Die Entwicklung der Glaubensfreiheit im brasilianischen Kaiserreich war jedoch langwierig und hing nicht nur vom Kaiser, sondern auch von der katholischen Kirche ab, deren konfessionelle Vormachtstellung in der Verfassung von 1824 gesetzlich verankert war.

## Deutsche Einwanderer

Bereits kurz nach der Ankunft des portugiesischen Hofes in Brasilien waren auch die ersten deutschen Söldner und Geschäftsleute in Salvador und Rio de Janeiro eingetroffen. Sie gründeten verschiedene private landwirtschaftliche Siedlungen und Kolonien, denen später zahlreiche weitere folgten. Die Gründung der nach der Kaiserin benannten Deutschen Kolonie São Leopoldo in der Region Rio dos Sinos war zwar nicht die erste, gilt aber als offizieller Beginn der organisierten

---

11 Unabhängigkeit zahlreicher spanischer Kolonien: Argentinien 1816, Venezuela 1823.
12 Vgl. Wolff, Egon/Wolff, Frieda: D. Pedro II e os judeus. Rio de Janeiro 1983.

deutschen Immigration in Brasilien. Kolonien wie Blumenau (1850), Juiz de Fora, Joinville und Brusque (1860) folgten. Die Geschichte der Juden unter den meist protestantischen Einwanderern ist bis dato genauso unerforscht wie die der Wiener Juden, die höchst wahrscheinlich zur Entourage von Leopoldine gehörten.

Mit der ersten „deutschen" Einwanderungswelle um 1830 kamen ca. 10.000 Immigranten ins Land. Sie stammten aus Pommern, Sachsen, Westfalen, waren Sudetendeutsche, Rheinländer, Schleswig-Holsteiner und fanden überwiegend in der Landwirtschaft im Süden Brasiliens Beschäftigung. Nach 1840 wuchs die Zahl der Immigranten kontinuierlich, einige kamen aus dem Umfeld der 1848er Revolution oder emigrierten infolge der antisemitischen Ausschreitungen während der Aufstände. Unter ihnen befanden sich Juden aus dem Elsass und Baden, aus Württemberg, Ostwestfalen, Franken und Oberschlesien.

Gegen Mitte des 19. Jahrhunderts verschlechterte sich der Ruf Brasiliens als Emigrationsziel zunehmend. Es galt als fernes Land mit verseuchten Dschungeln, wilden Indianern und schwarzen Sklaven. Die deutschen Kolonisten schickten erschreckende Berichte über die Ausbeutung auf den Kaffeeplantagen. Hintergrund war, dass viele Großgrundbesitzer sich auf das Ende der Sklaverei[13] vorbereiteten, indem sie billige Arbeitskräfte aus den ärmsten Gebieten Europas anwarben und diese nahezu wie Sklaven behandelten. Dies ging so weit, dass der preußische Handelsminister August von der Heydt 1859 ein Reskript erließ, das die organisierte Emigration nach Brasilien, von einigen Ausnahmen abgesehen, quasi verbot. Ab 1871 galt es für das gesamte Reich und blieb formell bis 1896 bestehen.

## Brasilianische Gründerzeit

In Rio de Janeiro und São Paulo ließen sich zwischen 1850 und 1870 überwiegend Einwanderer nieder, die nicht im Zuge der organisierten Migration kamen. Sie waren meist kleine Händler und Handwerker, die familiäre und geschäftliche Verbindungen nach Brasilien hatten oder etwas Kapital mitbrachten und am raschen Expansions- und Modernisierungsprozess des Kaffeeanbau-, Vertrieb- und Exportgebietes zwischen Rio de Janeiro und São Paulo teilnahmen.

1872 hatte São Paulo gemäß der ersten Volkszählung 31.000 Einwohner, darunter 420 Deutsche, 54 Schweizer und 9 Österreicher – die Konfessionszugehörig-

---

13 Zwischen 1830 und 1850 wurden noch über 400.000 Sklaven nach Brasilien gebracht.

keit der Nicht-Christen unter ihnen wurde nicht vermerkt. Zur gleichen Zeit zählte Rio 275.000 Einwohner.

Bis Anfang der 1870er Jahre war São Paulo eine verschlafene Provinzstadt, deren Bauten überwiegend aus Stampflehm bestanden. Mit dem beginnenden Kaffee-Boom kamen auch neue Bautechniken und Möglichkeiten.

Es war der Beginn der brasilianischen Gründerzeit, in der auch eine kleine Anzahl äußerst umtriebiger, gut vernetzter und erfolgreicher deutsch-jüdischer Geschäftsleute wirkten.

Zu ihnen gehörte Manfred Meyer (vermutl. Elsass 1841–1930), der in den 1860er Jahren die erste Ziegelei São Paulos gründete. Er erwarb Bauland in unmittelbarer Nähe des Campos Elíseos und der beiden Kopfbahnhöfe Luz und Sorocabana und entwickelte den Bezirk *Bom Retiro* (Gute Zuflucht), der bald zum Zentrum des jüdisch geprägten Textilhandels in São Paulo wurde. Meyer wurde einer der Geldgeber für viele im Entstehen begriffene jüdische Einrichtungen der Stadt.

Zu ihnen gehörten auch Friedrich Glette (1830–1886), Maximilian Nothmann (vermutl. Elsass 1843–1894) und sein Bruder Victor Nothmann (vermutl. Elsass 1841–1905), deren Firma V. Nothmann & Cie. zum größten Textilhandelsunternehmen São Paulos avancierte. Sie bauten u.a. das 1877 eröffnete elegante Bierlokal Stadt Bern, Lieblingskneipe der lokalen Eliten, und 1878 das Grand Hotel, das 30 Jahre lang als vornehmstes Hotel Brasiliens galt und in dem u.a. Prinz Heinrich von Preußen logierte, als er die Stadt 1885 besuchte. Außerdem errichteten sie das wegweisende Villenviertel *Campos Elíseos*, das zum städtischen Wohnsitz der Kaffee-Barone wurde, und weitere noble Villenviertel wie den *Boulevard Bouchard* (heute *Higienópolis*).

Victor Nothmann war jahrelang Präsident der bundesstaatlichen Telefongesellschaft, Mitbegründer zweier Straßenbahnunternehmen, der ersten Börse von São Paulo und als Teilhaber der Companhia Ítalo-Paulista importierte er Baumaterialien aus Europa. Gemeinsam mit Martin und Hermann Burchard und Manfred Meyer gründete er 1890 die Compagnie für Wasser und Strom des Bundeslandes São Paulo. Er war ein hochangesehenes Mitglied der deutschen Gemeinde. Die von ihm 1878 gemeinsam mit Karl Messenberg, Bernhard Staudigel, Ludwig Bamberg und Emil Preiss geförderte Escola Allemã *Colégio Visconde de Porto Seguro* besteht noch heute.

1888 beendete Brasilien als letztes Land Amerikas die Sklaverei, 1889 wurde die Republik ausgerufen und das Recht auf Religionsfreiheit in der Verfassung (1891) verankert. Zwischen 1880 und 1914 trafen rund 3,65 Millionen Einwanderer in Brasilien ein. Die deutschen Immigranten bildeten unter ihnen nur eine verhältnismäßig kleine Gruppe von rund 63.000 Personen. Zum Vergleich: es kamen 1,24 Millionen Italiener, 711.000 Portugiesen, 440.000 Spanier, 53.000 Syrier-Libanesen und 1,28 Millionen Personen anderer Herkunft.

Infolge der Pogrome in Osteuropa um 1881 flüchteten viele Aschkenasim aus dem Baltikum, aus Russland, Polen und der Ukraine nach Westen und in das Deutsche Kaiserreich. Der Kommunalleiter des Deutschen Judentums befürchtete eine Massenimmigration, vor allem der orthodoxen Juden, die den laufenden Assimilationsprozess gefährden und den Antisemitismus in Deutschland verstärken könnten. Aus diesem Grund wurde im September 1890 in Berlin ein *Deutsches Zentralkomitee für die Russischen Juden* ins Leben gerufen, das nach außereuropäischen Orten für die Ansiedlung dieser Flüchtlinge suchen sollte. In diesem Zusammenhang entstand die Zusammenarbeit der Berliner *Diskonto Gesellschaft* mit der Brasilianischen Bank für Deutschland. Unterstützt von Maximilian Nothmann in Rio wurde Oswald Boxer (1860–1892), ein junger Wiener Journalist und enger Freund von Theodor Herzl, 1891 als „Emigrationsagent" nach Brasilien geschickt. Die Kolonialisierungsinitiative scheiterte jedoch aufgrund von politischen Unruhen und dem überraschenden Tod Boxers. Darüber hinaus war Boxer in Brasilien möglicherweise auch für den in München geborenen Eisenbahn-Entrepreneur Baron Maurice de Hirsch (1831–1896) tätig, einem der reichsten Männer der Welt, dessen 1891 gegründete *Jewish Colonization Association*[14] (*Yidishe kolonizatsye gezelshaft* oder JCA oder auch ICA) Ende des 19. Jahrhunderts für die Ansiedlung von Familien aus Osteuropa auch Ländereien in Kanada, Argentinien und im Süden von Brasilien kaufte. Die erste brasilianische Agrarkolonie der ICA, Phillipson, entstand 1904 in der Nähe der Stadt Santa Maria in Rio Grande do Sul. Jede der rund zehnköpfigen Familien erhielt eine Parzelle von 25 bis 30 Hektar Urwald sowie Werkzeuge, Tiere und eine Geldsumme, die ihr Überleben in der ersten Zeit sicherte. Aufgrund des Erfolges wurde 1911 eine zweite Kolonie namens Quatro Irmãos (Vier Brüder) in der Nähe der Stadt Passo Fundo gegründet. Die Siedler kamen aus „Polen" (46%) und Litauen (36%), Bessarabien, Russland und Weißrussland. Sie konnten ihre Sprache (Jiddisch und teilw. Deutsch), religiöse und kulturelle Traditionen pflegen, mussten aber auch Portugiesisch lernen.[15]

Zwischen 1870 und 1890 verdoppelte sich die Bevölkerung Rio de Janeiros auf fast 520.000, im Jahr 1900 waren es bereits 810.000 und 10 Jahre später hatte die Stadt 1 Million Einwohner. Die Bevölkerung von São Paulo vervielfachte sich zwischen 1890 und 1900 von 65.000 auf 240.000 und wuchs bis 1910 auf 375.000 Menschen an.

Zu den Personen, die um 1895 nach Brasilien emigrierten, gehörte der in Trier aufgewachsene jüdische Kaufmann Wilhelm Marx (geb. 1868, Großneffe von Karl

---

**14** Vgl. Lesser, Jeffrey: Bad Land, Popular Rebellion and Ethnic Survival. Jewish Farmers in Southern Brazil, 1904–1925. In: Immigrants & Minorities 15 (1996), 1. S. 1–21.
**15** Vgl. Lesser, Jeffrey: Jewish Immigration to Brazil. In: Mass Migration to Modern Latin America. Hrsg. von Samuel L. Baily u. Eduardo José Míguez. Wilmington 2003. S. 248.

Marx). Er heiratete Cecília Burle, eine Brasilianerin der Oberschicht mit holländisch-französischer Abstammung aus Recife. Die Kinder wurden zweisprachig erzogen. Sein ältester Sohn Walter (1902–1990) war ein musikalisches Wunderkind und gründete 1931 das Philharmonische Orchester von Rio de Janeiro. Der zweite Bruder Haroldo wurde ein international erfolgreicher Edelstein-Spezialist und Schmuck-Designer. Der jüngste Sohn Roberto Burle-Marx (1909–1994) wurde einer der einflussreichsten Landschaftsgestalter des 20. Jahrhunderts und plante u.a. mit Lucio Costa und Oscar Niemeyer die neue Hauptstadt Brasilia.

Auch einige aschkenasische Familienverbände aus Osteuropa, denen der soziale Aufstieg gelungen war, fühlten sich der deutschen Kultur enger verbunden als zum Beispiel der französischen, an der sich die brasilianischen Eliten orientierten. Einer von ihnen war die Familie Klabin-Lafer.[16] Zwischen 1889 und 1899 emigrierten fünf Geschwister der Familie Lafer aus Litauen nach São Paulo und nannten sich fortan Klabin. Nach Anfängen in einer kleinen Druckerei baute Maurice Freemann Klabin (1860–1923) mit anderen Familienmitgliedern ein Papier-Unternehmen auf, das bald zu einem der wichtigsten Wirtschaftsimperien Brasiliens zählte. Die jährlichen Sommerurlaube verbrachte die Familie auf der Insel Hiddensee, einem beliebten jüdischen „Sommertreffpunkt" in Deutschland. Die Töchter Mina, Luiza und Eugenia (Jenny) sowie der jüngere Bruder Emanuel erhielten eine „deutsche" Erziehung. Die Schwestern heirateten Männer, die alle auf unterschiedliche Weise mit Deutschland zu tun hatten und in den 1920er Jahren in Brasilien eine wichtige Rolle spielen sollten.

Mina Klabin (1896–1969) heiratete 1925 den in Odessa geborenen Architekten Gregori Ilitch Warchavchic (1896–1972), den ersten modernen Architekten Brasiliens und Anhänger der deutschen Avantgarde. Luiza Klabin (1901–1975) heiratete den gebürtigen Mainzer Arzt Dr. Ludwig (Luis) Lorch (1894–1969), der im jüdischen Gemeinwesen São Paulos und später bei der Unterstützung von Schoa-Flüchtlingen eine wichtige Funktion übernehmen sollte. Eugenia Klabin (1898–1968) heiratete 1925 den in Litauen geborenen und in Berlin und Dresden ausgebildeten Maler Lasar Segall (1891–1957).

# Entwicklung der jüdischen Gemeinden und Institutionen ab 1900

Die wenigen deutschen Juden, die sich in Rio und São Paulo in der 2. Hälfte des 19. Jahrhunderts angesiedelt hatten, konnten keine eigenen Gemeinden gründen.

---

16 Vgl. Faiguenboim, Guilherme: O império Klabin. In: Gerações / Brasil 1, Nr. 2 (Mai 1995).

Über ihre religiöse Praxis ist sehr wenig bekannt. Mit der wachsenden Anzahl von Juden aus osteuropäischen Gebieten – zwischen 1880 und 1914 wurden rund 100.000 Immigranten als „Polen" registriert[17] – entstanden Gemeinden, Synagogen und Schulen, die auch von den deutschen Juden genutzt wurden. Insbesondere die „polnischen" Juden sprachen häufig Deutsch, kamen aus Gegenden, die deutsch geprägt waren, und hatten familiäre, geschäftliche und/oder kulturelle Beziehungen zum deutschsprachigen Raum. Zwar differierten die Rituale, es gab aber zwischen den beiden Gruppen mehr Gemeinsamkeiten als mit den zahlenmäßig überlegenen Sephardim. 1912 wurde die erste Synagoge in São Paulo im Bezirk *Bom Retiro* von aus Bulgarien stammenden Juden gegründet.[18] Mit jeder neuen Welle der Einwanderung jüdischer Immigranten entstanden neue Synagogen, Schulen, kulturelle und philanthropische Einrichtungen, die im Prinzip die geopolitischen, ethnischen, kulturellen und religiösen Hintergründe der jeweiligen Gruppen widerspiegelten. Am Anfang waren die Grenzen fließend. 1913 wurde die erste zionistische Organisation in Brasilien, *Tiferet Sion*, gegründet. 1915 entstand in São Paulo der erste *Hilfsverein der Israelitischen Damen* (*Sociedade Beneficente das Damas Israelitas*). Seine Initiatorinnen kamen aus reichen Familien, die seit längerer Zeit in der Stadt lebten und Wohltätigkeitsorganisationen und Aktivitäten finanzieren konnten. Zu den ersten Mitgliedern gehörten Clara Klabin, Regina Borthman, Olga Netter, Olga Nebel, Olga Tabakow, Clara Ficker, Esther Zippin und Nesel Klabin. Später kamen Berta Klabin, Riva Berezowski, Polly Anna Gorenstein, Fanny Mindlin, Nessel Lafer, Rosita Gordon, Sonia Azariah, Mania Costa und Luba Klabin dazu. In Rio entstand 1916 der *Idischer Froein-Hilfs-Ferein* (*Sociedade de Ajuda das Damas Israelitas*), in dem insbesondere Sabina Schwartz, Sima Hoineff, Ofélia Kastro, Sara Tchornei, Scylla Schneider und Sara Fineberg mitwirkten. Sie kümmerten sich unter anderem um junge, oft jiddisch- und deutschsprachige Immigrantinnen aus Mittel- und Osteuropa, „Polacas" genannt, die seit den 1860er Jahren mit Heiratsversprechen von jüdischen Zuhälterringen in die Fremde gelockt und zur Prostitution gezwungen wurden.

1916 entstanden in São Paulo eine Israelitische Bibliothek, der *Clube Philo Dramático Musical*, die erste Talmud-Tora-Schule und die *Israelitische Gesellschaft Freunde der Armen* (*Sociedade Israelita Amigos dos Pobres*), die sich vor allem der Aufnahme und Betreuung jüdischer Immigranten unabhängig von

---

[17] Da Polen zwischen 1795 und 1918 nicht als souveräner Staat existierte, sondern unter den drei Nachbarstaaten Russland, Preußen und Österreich aufgeteilt war, sind die Kriterien für eine Auswertung der Daten über die „polnische" Immigration in Brasilien umstritten.
[18] Vgl. Tucci Carneiro, Maria Luiza: Recordações dos Primórdios da Imigração Judaica em São Paulo. São Paulo 2013.

ihrer Herkunft widmete.[19] In Rio de Janeiro gründeten liberale osteuropäische Immigranten 1915 die *Israelitische Bibliothek Scholem Aleichem*, die in den 1920er Jahren zu einem der wichtigsten Treffpunkte linksliberaler, sozialistischer und kommunistischer, oft deutschstämmiger Juden wurde. In dieser Zeit entstand auch eine eigenständige jüdische Presse, die zum Teil in jiddischer Sprache publiziert wurde.[20] 1915 gründete Josef Haleví die Zeitung *Di Menscheit* (A Humanidade) und 1920 *Di Idiche Tzukunft* (O Futuro Israelita).[21] Um die *Praça Onze* im historischen Zentrum von Rio entwickelte sich eine Art *Schtetl*.

Unmittelbar nach dem Ersten Weltkrieg vervielfachte sich die Zahl aschkenasischer Immigranten in Brasilien aufgrund der Umbrüche und Umwälzungen in Osteuropa, der politischen Instabilität und der ökonomischen Aussichtslosigkeit in Deutschland und Österreich sowie der erschwerten Einreisebedingungen in die USA, nach Kanada, Argentinien oder Südafrika.[22] Hinzu kam der inzwischen deutlich verbesserte Ruf Brasiliens als Land mit garantierter Religionsfreiheit, florierender Wirtschaft und einem im Entstehen begriffenen Auffang-Netzwerk für jüdische Einwanderer.[23]

1920 war *São Paulo* eine pluralistische Großstadt mit 580.000 Einwohnern aus aller Herren Länder, die sich einerseits integrierten, andererseits ihre Kultur, Sprache und Religion pflegten. Die Interaktion zwischen Immigranten aus Osteuropa und aus deutschsprachigen Gebieten spielte eine wichtige Rolle. Insbesondere die „polnischen" Juden sprachen häufig Deutsch, kamen aus Gegenden, die deutsch geprägt waren, und hatten familiäre, geschäftliche und/oder kulturelle Beziehungen zum deutschsprachigen Raum. Zeitzeugen, die als Kinder aus Polen nach São Paulo gekommen waren, berichteten, sie hätten polnisch-deutsche und deutsch-portugiesische Wörterbücher benutzt, da es keine polnisch-portugiesischen gab.

Den gemeinsamen Neuanfängen folgte die Differenzierung der Gruppen: Die deutsch-jüdischen Immigranten kamen meist aus bürgerlichen Schichten, siedelten sich in vornehmen Stadtteilen an und hatten mit den schnell wachsenden Aschkenasim-Gemeinden der Immigrantenviertel wie *Moóca*, *Brás* und *Bom Retiro* wenig zu tun.[24] Gemeinsamer Nenner aller Juden aber blieb die *Chevra*

---

19 Vgl. Mendes da Luz, Márcio: Abençoados aqueles que vêm. Imigração e beneficência judaica em São Paulo (1900–1950). Those who Are Blessed. Immigration and Jewish Charities in São Paulo (1900–1950). Campinas S.P. 2011.
20 Vgl. Lesser: Jewish Immigration (wie Anm. 15). S. 255.
21 Vgl. Raizman, Itzhak Z.: A fertl yorhundert Yidishe prese in Brazil, 1915–1940. Safed 1968.
22 Vgl. Lesser, Jeffrey: Continuity and Change within an Immigrant Community: The Jews of *São Paulo*, 1924–1945. In: Luso-Brazilian Review 25, Nr. 2 (Winter 1988). S. 46.
23 Vgl. Lesser: Jewish Immigration (wie Anm. 15). S. 255.
24 Vgl. Lesser: Continuity (wie Anm. 22). S. 47f.

*Kadisha* (Beerdigungsgesellschaft). Sie wurde 1923 als *Gesellschaft Israelitischer Friedhof von São Paulo* (*Sociedade Cemitério Israelita de São Paulo*) gegründet und verwaltete zunächst ein 5.000 qm großes Grundstück im Bezirk Vila Mariana, das Maurice Freeman Klabin bereitgestellt hatte.[25]

Im Vorfeld der Balfour-Deklaration[26] fand sich im August 1917 in Rio de Janeiro ein Komitee für die Organisation eines *Ersten Brasilianischen Israelitischen Kongresses* zusammen. Initiatoren waren David Pérez, Jacob Schneider, Julio Lerner, Max Fineberg, Sinai Feingold, Isidor Kohn und Eduardo Horowitz. In anderen brasilianischen Bundesstaaten entstanden lokale Komitees, z.B. in Curitiba im Bundesland Paraná. Die dortigen Initiatoren waren die deutschen Immigranten Max Rosenmann, Baruch Schulman und Julius Stolzenberg, die gemeinsam mit Salomon Guelmann zu den Pionieren des jüdischen Gemeinwesens in Paraná zählen.

1921 nahm Maurice Freeman Klabin als erster brasilianischer Delegierter am 12. Zionistischen Kongress in Karlsbad teil. Er stand in direkter Verbindung mit dem *Zentralbüro der Zionistischen Weltorganisation* (ZWO, in Köln und später Berlin) und der *Zionistischen Vereinigung für Deutschland* (ZVfD, in Berlin) und leitete 1922 in Rio den Ersten Zionistischen Kongress Brasiliens. Präsident der neu gegründeten *Zionistischen Föderation Brasiliens* wurde Jacob Schneider. Moisés Koslovski und Leon Schwartz übernahmen die Leitung des *Zionistischen Zentrums von Rio de Janeiro*.

1925 besuchte Albert Einstein Rio. Er hielt mehrere Vorträge vor Wissenschaftskreisen der Stadt und einen besonderen Vortrag für die Jüdische Gemeinde im Automobilclub, bei dem sich rund 2.000 Menschen auf engstem Raum zusammenfanden und ihm begeistert zuhörten.[27]

---

25 Der erste Friedhof der deutschen Gemeinde in São Paulo entstand 1826 in Parelheiros südlich von São Paulo, er war bis 1941 in Betrieb und wurde im Jahr 2000 wieder eröffnet. Er hatte primär die Aufgabe, nicht-katholische Verstorbene, überwiegend Protestanten, aufzunehmen. Es ist aber nicht ausgeschlossen, dass auch Juden dort begraben wurden. Der Jüdische Friedhof von Vila Mariana wurde 1923 gegründet, 1953 enstand der Israelitische Friedhof von Butantã. 2001 eröffnete der neue Israelitische Friedhof in Embu bei São Paulo. In Butantã und Embu wurden Denkmäler in Erinnerung an die Opfer der Schoa errichtet. Die Chevra Kadisha ist bis heute für alle jüdischen Friedhöfe der Stadt zuständig und dient der gesamten, ca. 60.000 Personen umfassenden Jüdischen Gemeinde des Bundeslandes São Paulo.
26 Die Balfour-Deklaration vom 2. November 1917 wird als Garantieerklärung Großbritanniens an den Zionismus verstanden, in Palästina, unter Wahrung der Rechte anderer Gemeinschaften, eine „nationale Heimstätte" des jüdischen Volkes zu errichten.
27 Vgl. Lesser, Jeffrey: Albert Einstein, refugiados judeus e o Estado Novo. In: Einstein e o Brasil. Hrsg. von Ildeu de Castro Moreira u. Antonio Augusto Passos Videira. Rio de Janeiro 1995. S. 251–260.

## Kunst – Kultur

Ein wichtiger Vermittler zwischen den mittel- und osteuropäischen Aschkenasim in Brasilien war der in Vilnius geborene und in Deutschland ausgebildete Maler Lasar Segall (1891–1957). Er besuchte Brasilien erstmalig 1912 auf Einladung seiner Schwester Luba (1888–1968), die Salomon Klabin geheiratet hatte. In den acht Monaten seines Aufenthalts hatte er zwei Einzelausstellungen, die heute als die ersten Ausstellungen moderner Kunst in Brasilien gelten.

Segall kehrte 1913 nach Dresden zurück und wurde bei Kriegsausbruch aufgrund seiner „russischen" Herkunft in einem Lager in Meißen interniert. 1916 wieder in Dresden, befasste er sich unter den Eindrücken des Elends des Krieges zunehmend mit sozialen Themen, seiner jüdischen Herkunft und den Pogromen in russischen Dörfern. Er war Mitbegründer der expressionistischen Künstlergruppe *Dresdener Sezession* (1919) und einer der 141 Unterzeichner des Manifests des *Arbeitsrates für Kunst* und pflegte intensive Kontakte zu Künstlerkollegen. Im November 1923 wanderten er und seine erste Frau mit „Nansen-Pässen" nach Brasilien aus.[28] In São Paulo kam er schnell mit Künstlern, Intellektuellen und Auftraggebern zusammen und heiratete 1924 die jüngere Jenny Klabin. Von 1928 bis 1932 lebte das Paar in Paris und bereiste Deutschland. Segall stellte erste brasilianische Werke in Berlin und Dresden aus und Jenny übersetzte deutsche Literatur ins Portugiesische. Als sie 1932 nach São Paulo zurückkehrten, erwartete sie ein von Segalls Schwager Gregori Warchavchic entworfenes modernes Privathaus mit Ateliergebäude, das heutige Museo Lasar Segall. Die Ehepaare Klabin-Segall und Klabin-Warchavchic standen im Zentrum der künstlerischen und gesellschaftlichen Ereignisse in São Paulo. Sie waren auch die treibende Kraft hinter der 1932 gegründeten *Gesellschaft für Moderne Kunst* (SPAM – *Sociedade Pró Arte Moderna*). In ihr trafen sich an moderner Kunst interessierte Personen aller politischen Couleur und Künstler verschiedener Richtungen, bis der zunehmende Antisemitismus 1934 zur Spaltung und schließlich zum abrupten Ende der Vereinigung führte.

1937 wurden elf Arbeiten von Lasar Segall, die sich in öffentlichen deutschen Sammlungen befanden, in der Ausstellung *Entartete Kunst* als Paradebeispiele des „Hässlichen" denunziert.

---

28 Der Nansen-Pass für staatenlose Flüchtlinge und Emigranten wurde 1922 vom Hochkommissar des Völkerbundes für Flüchtlingsfragen Fridtjof Nansen entworfen, der hierfür den Friedensnobelpreis erhielt. Das Dokument wurde am 5. Juli 1922 eingeführt und war zunächst von 31, später von 53 Staaten anerkannt.

## Die Revolution von 1930 und der Aufstieg von Getúlio Vargas

Die brasilianische Wirtschaft wuchs vor allem auf Grundlage des Kaffees rasant. 1930 erreichte die Hauptstadt Rio de Janeiro 1,5 Millionen und São Paulo 579.000 Einwohner. Mit dem Zusammenbruch des Weltmarktes für Kaffee sanken die Preise binnen weniger Stunden und erschütterten das fast völlig auf Monokultur ausgerichtete und vom Export abhängige Land. Nach Jahrzehnten politischer Dominanz der agrarwirtschaftlichen Eliten von São Paulo und Minas Gerais endete die sog. Alte Republik in einem Putsch von Militäroffizieren mittleren Ranges. Präsident wurde Getúlio Vargas (1883–1954)[29], dessen Herrschaft sich in zwei Phasen gliederte: 1930–1937, die Zeit der Festigung seiner populistisch-zentralistischen Regierung, und die Phase des sog. Neuen Staates (*Estado Novo*), einer Diktatur, die am 10. November 1937 mit einem erneuten Putsch begann und bis 29. Oktober 1945 andauern sollte.[30] 1950–1955 schloss sich noch eine dritte Phase an. Die „Ära Vargas" brachte tiefgreifende gesellschaftliche Umwälzungen mit sich: Die Industrialisierung des Landes und umfangreiche Infrastrukturprojekte wurden eingeleitet und der programmatische Aufbau eines Sozialstaates mit stark populistischem Akzent begann. Begleitet wurde dies von einem erwachenden Nationalismus und einem extremen Antikommunismus. Hinzu kamen Vargas' Bewunderung für die faschistischen europäischen Diktatoren und ein ausgeprägter Antisemitismus, der den latenten Antisemitismus in Teilen der brasilianischen Eliten und den Einfluss rechtsgesinnter deutschstämmiger Immigranten beförderte, die bereits 1931 die Gründung der ersten Vertretung der NSDAP-AO in Brasilien vorantrieben.[31]

---

**29** Vgl. Fausto, Boris: Getúlio Vargas. O poder e o sorriso. São Paulo, S.P. 2006.
**30** 1932 rebellierte der Bundesstaat São Paulo gegen die neue Zentralregierung in der sog. Pro-Verfassungs-Revolution (*Revolução Constitucionalista de 1932*). Der bewaffnete Aufstand, der alle Gesellschaftsschichten mobilisierte, dauerte von Juli bis Oktober und wurde auch von den aschkenasischen Gemeinden, der *Loge Moses Mendelssohn*, der *Philanthropischen Gesellschaft Ezra* und der *Gesellschaft der Israelitischen Damen* um Luiza Klabin Lorch, Ani Zausmer und Alice Krauz unterstützt. 1934 erhielt Brasilien eine neue Verfassung, die das Föderalismus-Prinzip beinhaltete, den Zugang der Mittelschicht zur politischen Repräsentanz garantierte und viele Elemente der Weimarer Verfassung aufwies. Sie galt nur 3 Jahre.
**31** Vgl. Tucci Carneiro, Maria Luiza: O Antisemitismo na era Vargas. Fantasmas de uma geração 1930–1945. 3. Aufl. São Paulo 2001.

## Weitere Institutionen

Ein besonders aufmerksamer Beobachter der politischen Entwicklungen in Deutschland war der deutsch-jüdische Gynäkologe Dr. Ludwig (Luís) Lorch (Mainz 1894–1969 São Paulo), Ehemann von Luiza Klabin. 1931 initiierte er in São Paulo die Gründung der brasilianischen Sektion des Ordens *B'nai B'rith* mit dem programmatischen Namen *Loge Moses Mendelssohn*, der von der Vargas' Regierung verboten wurde, aber in informeller Weise weiter bestand. Heute gibt es Logen der *B'nai B'rith* in São Paulo, Campinas, Rio de Janeiro, Curitiba und Porto Alegre.

1933 gründete Lorch in São Paulo die *Kommission zur Unterstützung von Flüchtlingen aus Deutschland* (CARIA – *Comissão de Assistência aos Refugiados da Alemanha*). Sie sammelte und verwaltete Spenden für die juristische Betreuung und erste Versorgung von Flüchtlingen und unterstützte ihre Integration in die neue Heimat. 1933 kamen die ersten 150 Flüchtlinge aus Deutschland an.[32] 1935 begannen die Restriktionen für die Immigration von Juden.[33]

Quoten für die Anzahl von Immigranten aus bestimmten Ländern wurden eingeführt. Da aber europäische Juden aus verschiedenen Ländern kamen, gab es Lücken im Gesetz und die Rechtsabteilung der CARIA und später auch der CIP gewann enorm an Bedeutung und wurde zur wichtigen Anlaufstelle für Flüchtlinge. Ab 1936 änderten sich die Bedingungen ihrer Arbeit jedoch zunehmend: die Finanzierung der Aktivitäten durch die jüdischen Gemeinden wurde schwieriger.

Nach einem Treffen im Haus von Lorch im Oktober 1936 wurde 1937 das *Protokoll zur Gründung der Israelitischen Kongregation von São Paulo* (*Congregação Israelita Paulista*, CIP) unterzeichnet.[34] Beteiligt waren Dr. Hans Hamburger (Posen 1891–1953 São Paulo, Richter am Obersten Gerichtshof in Berlin, Ankunft in São Paulo im September 1936), Dr. Alfred Hirschberg (Deutschland 1901–1971 São Paulo, seit den frühen 1920er Jahren Funktionär des *Centralvereins deutscher Staatsbürger jüdischen Glaubens* und ab 1933 Redakteur der *CV-Zeitung* in Berlin), Salo Wissmann (1923 nach Brasilien emigriert), Frederico (Fritz) Zausmer, Guilherme (Wilhelm) Krauz und der Rabbiner Dr. Fritz Pinkuss.

---

32 42 von ihnen gründeten ein Jahr später unter Vorsitz von Dr. Lorch die kulturell und religiös motivierte *Israelitische Gesellschaft von São Paulo* (SIP – *Sociedade Israelita Paulista*) und gaben für kurze Zeit ein Bulletin mit Nachrichten über die Entwicklungen in Deutschland heraus.
33 Vgl. Lesser, Jeffrey: Von deutschen Juden zu jüdischen Brasilianern. Flüchtlinge und das „Aushandeln" nationaler Identitäten in São Paulo in der Zeit von 1933–1945. In: Martius-Staden-Jahrbuch 54 (2007). S. 131.
34 Vgl. Lesser: Juden (wie Anm. 33). S. 138; Lesser: Continuity (wie Anm. 22). S. 48.

Der gebürtige Magdeburger Fritz Pinkuss (1905–1994) traf 1936 in São Paulo ein. Zuvor hatte er der liberalen Jüdischen Gemeinde von Heidelberg vorgestanden und war Dozent an der dortigen Universität gewesen. Unmittelbar nach den Olympischen Spielen in Berlin flüchtete er mit seiner Familie nach São Paulo, wo bereits sein Bruder Kurt lebte. Pinkuss übernahm die geistliche Leitung der im Entstehen begriffenen CIP, die einen liberalen und universalistischen Geist in der Tradition des aufgeklärten Judentums (Haskala) anstrebte und von Beginn an sowohl die liberal-reformistische als auch die konservative Richtung vertrat. An der Universität von São Paulo (USP) gründete er das Zentrum für Jüdische Studien und wurde dessen erster Direktor.

Auf Vermittlung von Fritz Pinkuss, Wolf Klabin und Dr. Ludwig Lorch kam 1940 auch der Rabbiner Heinrich Lemle (1909–1978) nach Rio. Er hatte wie Pinkuss in Breslau und Berlin studiert und 1932 in Würzburg promoviert und als junger Rabbiner in Nordhausen und Frankfurt am Main gearbeitet. Er wurde im KZ Buchenwald interniert, kam mit Hilfe der *World Union of Progressive Judaism* im Dezember 1938 frei und flüchtete zunächst nach London, dann nach Brasilien. In Rio wurde er der erste Rabbiner des 1936 von deutschen Immigranten und Flüchtlingen initiierten und 1942 offiziell gegründeten, liberalen *Israelitischen Religionsvereins* (*Associação Religiosa Israelita* – ARI-RJ), der heute noch besteht. 1952 wurde Lemle Oberrabbiner von Brasilien und 1959 Ehrenbürger von Rio de Janeiro.

Im Süden Brasiliens, in Porto Alegre, wurde im August 1936 die nicht-orthodoxe *Sociedade Israelita Brasileira de Cultura e Beneficência* (SIBRA) gegründet. Zum ersten Vorstand gehörten Kurt Weil, Samuel Hess, Jean Strauss, Siegfried Epstein, David Windmüller und Nina Caro, die den zur gleichen Zeit gegründeten Frauenverein leitete. Weitere Gründungsmitglieder von SIBRA waren Herbert Caro, José Windmüller, Max Baumann, Ludwig Hain, José Warschawski, Herman Ritvo, Josef Neumann und Max Blumenthal, der den Kindern Hebräisch beibrachte. Nachdem Brasilien 1942 den Achsenmächten den Krieg erklärte und die deutsche Sprache offiziell verboten wurde, stattete SIBRA ihre Mitglieder mit einem Ausweis aus, der sie als Juden auswies.

# Siedlung Roland

1932 beschloss die *Berliner Gesellschaft für Wirtschaftliche Studien in Übersee* (GWS) unter Vorsitz des ehemaligen deutschen Reichskanzlers Hans Luther und des ehemaligen Reichsjustizministers und Vizekanzlers Erich Koch-Weser in Brasilien Land für die Gründung einer Siedlung zu erwerben. Im Auftrag der

GWS kauften der Bremer Experte für Tropenlandwirtschaft Oswald Nixdorf und Hermann von Freeden von der britischen Siedlungsgesellschaft Paraná Plantations Ltd. fruchtbare Urwaldflächen im Norden des Staates Paraná und leiteten dort die Gründung der Siedlung Roland (Rolândia) für rund 400 deutsche Familien ein.[35] Der Kolonieleiter Oswald Nixdorf erwies sich jedoch zunehmend als Sympathisant der Nationalsozialisten, der Rolândia zu einer „deutschen Mustersiedlung", einem „Bollwerk des NS-Auslandsdeutschtums" machen wollte. Sein Auftraggeber, der Jurist und Politiker Erich Koch-Weser (1875–1944) hingegen war überzeugte Nazi-Gegner. Er war als Sohn eines protestantischen Vaters und einer jüdischen Mutter Bürgermeister von Delmenhorst und Kassel gewesen und hatte 1918 gemeinsam mit Hugo Preuß, Max Weber, Friedrich Naumann, Walther Rathenau, Theodor Heuss u.a. die linksliberale Deutsche Demokratische Partei (DDP) gegründet. 1919 bis 1921 war er Reichsinnenminister in drei Kabinetten, ab 1920 Mitglied des Reichstags, 1924–1930 Parteivorsitzender der DDP und 1928–1929 Reichsjustizminister der Weimarer Republik. 1930 legte er Parteivorsitz und Reichstagsmandat nieder und emigrierte 1933 mit der Familie nach Brasilien. Er erwarb eine 100 Hektar große Kaffeeplantage in der Nähe von Rolândia, unterstützte den Ausbau der Stadt und die deutschen, insbesondere die deutsch-jüdischen Flüchtlinge, und beriet die brasilianische Regierung.

Nach 1934 schafften es weitere 150 deutsch-jüdische Familien nach Rolândia.[36] Um die von den Nationalsozialisten verhängte Begrenzung der Devisenausfuhr für jüdische Emigranten (10 Reichsmark) zu umgehen und vielleicht einen Anteil ihres Vermögens zu retten, mussten sie auf Dreiecksgeschäfte zurückgreifen. Sie finanzierten deutsche Eisenbahnschienen und erhielten im Gegenzug Landanteilsscheine und damit eine Einreise- und Niederlassungserlaubnis für Brasilien. Auch der Berliner Textilhändler Moritz Kirchheim und seine Frau Martha, einzige Tochter von Adolph Salomonsohn, Mitinhaberin der Disconto-Gesellschaft und Schwester des Bankiers Georg Solmsen, erwarben für einen ihrer Söhne, Hans, Landeigentumstitel der Englischen Eisenbahngesellschaft in der Gegend von Rolândia, so dass er dort eine Fazenda gründen konnte. Sie besteht bis heute und wird von seinen Nachkommen als „Öko-Hof" bewirtschaftet. 1940 bestand rund 80 % der Bevölkerung Rolândias aus deutschen Immigranten. Unter ihnen waren Gegner und Sympathisanten der Nationalsozialisten. Dieses „Nebeneinander" prägte das Leben auch in der Nachkriegszeit, als Rolân-

---

**35** Vgl. Mello, Lucius de: A Travessia da Terra Vermelha. Uma Saga dos Refugiados Judeus no Brasil. São Paulo 2007.
**36** Vgl. Kosminsky, Ethel: Rolândia, a terra prometida. Judeus refugiados do nazismo no norte do Paraná. São Paulo 1985.

dia zu einer Station der „Rattenlinie" wurde und entkommenen Nazi-Funktionären als vorübergehender Unterschlupf diente.[37]

## Wissenschaftler aus Europa

An den meisten brasilianischen Universitäten verlief die Integration ausländischer Wissenschaftler schleppend und war von bürokratischen Hindernissen begleitet.[38] Zu den Universitäten und Institutionen, die deutsch-jüdische Wissenschaftler und Flüchtlinge einstellten, gehörten die neu gegründete *Universidade do Distrito Federal* von Rio de Janeiro, wo z.B. der Physiker Bernhard Gross (1905–2002) von der Universität Stuttgart 1935 zu arbeiten begann, und die *Universidade von São Paulo* (USP), die 1934 als Zusammenschluss bestehender und neuer Fakultäten und Institute gegründet wurde. Aufgrund des großen Fachkräftemangels schickte die USP den damaligen Direktor der Philosophischen Fakultät Theodoro Ramos nach Europa, um in Frankreich, Italien und Deutschland Dozenten zu rekrutieren. Im „ideologisch nicht rechts belasteten" Frankreich wurden gezielt Professoren der geisteswissenschaftlichen Fachbereiche angeworben, unter ihnen Claude Lévi-Strauss, Paul Arbousse Bastide und Roger Bastide. Aus Deutschland wurden elf jüdische Wissenschaftler von der USP unter Vertrag genommen. Zu den ersten, die ihre Stelle 1935 antraten, gehörten die Chemiker Heinrich Hauptmann (1905–1966) von der Universität Göttingen, Heinrich Rheinboldt (1891–1955) von der Universität Bonn und dessen späterer Assistent Herbert Stettiner, der Botaniker Felix Kurt Rawitscher (1890–1957) von der Universität Freiburg und sein Assistent Karl Arens, der Zoologe Ernst Bresslau von der Universität Köln, Ernst Gustav Gotthelf Markus und Eveline Markus von der Universität Berlin, der Botaniker Friedrich Gustav Brieger (1900–1985), der in Breslau, Wien, Berlin und Harvard tätig war und zu einem der „Väter" der brasilianischen Gen-Forschung wurde. 1943 folgten der Physiker Hans Stammreiche (1902–1969) von der Polytechnischen Hochschule Berlin-Charlottenburg und der Geologe und Petrograph Victor Leinz (1904–1983) von den Universitäten Heidelberg und Rostock, der bereits seit 1935 für die brasilianische Regierung tätig war.

---

**37** Auf weitere geglückte und misslungene Koloniegründungen kann hier aus Platzgründen nicht eingegangen werden.
**38** Vgl. Koebner, Thomas u.a. (Hrsg.): Vertreibung der Wissenschaften und andere Themen. München 1988.

Der Chemiker Fritz Feigl (1891–1971) flüchte 1938 aus Österreich und wurde 1940 in Rio sofort am Bergbaulaboratorium der Geologischen Dienste im Agrarministerium angestellt, das bereits nach seinen Analysenmethoden arbeitete.[39]

## Kommunistische Agenten

1938 wurden alle ausländischen Parteien sowie jede politische Betätigung von Ausländern in Brasilien verboten. Die gute Organisation jüdischer Vereinigungen, die fremden Sprachen (Deutsch, Jiddisch, Hebräisch) und die bestehenden Vorurteile (z.B. deutscher Jude = Kommunist) machten die Organisationen und ihre Mitglieder verdächtig.[40]

In den 1920er Jahren gab es zahlreiche sog. Leutnants-Aufstände gegen das oligarchische System der „Alten Republik" (Revolte von 1924, *Coluna Prestes* 1925–1927), die 1930 nicht nur in der Revolution, sondern 1935 auch in einem Putschversuch mündeten, der von der Kommunistischen Internationale (Komintern) gesteuert wurde. Anführer waren der brasilianische Leutnant Luiz Carlos Prestes und die deutsche Jüdin Olga Benario (1908–1942), die sich in Paris kennen gelernt hatten.[41] Olga war das jüngste Kind des sozialdemokratischen Münchener Rechtsanwalts Leo Benario und seiner aus einer wohlhabenden jüdischen Familie stammenden Frau Eugenie, geb. Guthmann. Früh radikalisiert und in der Sowjetunion militärisch ausgebildet, wurde sie von der Komintern 1933/34 mit Prestes nach Brasilien geschickt, um „die Revolution vorzubereiten". Dort trafen sie u.a. Arthur Ernest Ewert (1890–1959) und seine Frau Elise Saborowski Ewert (1907–1940), deutsche Juden, die zuvor für die Komintern u.a. in Buenos Aires tätig waren. Die Aktivitäten der Gruppe in Brasilien wurden von der brasilianischen Geheimpolizei, Agenten der Gestapo und kommunistischen V-Leuten überwacht. Der geplante Putsch im November 1935 (*Intentona Comunista*) scheiterte, die Beteiligten wurden verhaftet und brutal gefoltert. Elise Ewert und die schwangere Olga Benario wurden vom Polizeipräsidenten Rios, Filinto Müller, an die Gestapo ausgeliefert. Im November 1936 brachte Olga im Frauengefäng-

---

**39** Vgl. Bresslau Aust, Carolina: Der Beitrag deutscher Wissenschaftler zum Aufbau der Philosophischen Fakultät der Universität São Paulo. In: Staden-Jahrbuch 11/12 (1963/1964). S. 197–211.
**40** Seit Anfang der 1930er Jahre wurden u.a. die Mitglieder der Israelitischen Gesellschaft Esra, des Scholem Aleichem Vereins (ASA) in Rio de Janeiro oder des 1928 in São Paulo gegründeten Centro de Cultura e Progresso von der allgemeinen und der Politischen Polizei (DOPS – *Departamento de Ordem Política e Social*) als „gefährliche ausländische Elemente" eingestuft, entsprechend beobachtet und verfolgt. Einige von ihnen gingen in den Untergrund.
**41** Vgl. Morais, Fernando: Olga. Caracas 2008.

nis Barnimstraße in Berlin-Friedrichshain eine Tochter zur Welt, die nach der Stillzeit ihrer brasilianischen Großmutter Lydia Prestes übergeben wurde und im französischen bzw. mexikanischen Exil aufwuchs. Elise Saborowski Ewert starb 1939 im KZ Ravensbrück, Olga Benario wurde in der NS-Tötungsanstalt Bernburg in Sachsen-Anhalt mit Zyklon-B vergast.

1937 wurde Filinto Müller nach Berlin eingeladen und von Heinrich Himmler wie ein Staatsgast empfangen. Auch angesichts seiner späteren politischen „Karriere" ist es ein Skandal, dass ihm die Bundesrepublik Deutschland 1960 das Bundesverdienstkreuz mit Stern und Schulterband verlieh.

## Die Diktatur des Getúlio Vargas

Bei den Präsidentschaftswahlen im Januar 1938 hätte Vargas gemäß der brasilianischen Verfassung nicht mehr kandidieren können. Das von den rechtskatholischen *Integralisten* verbreitete Gerücht einer weiteren jüdisch-kommunistischen Verschwörung (der sog. Cohen-Plan) gab ihm die Gelegenheit den Kriegszustand auszurufen, den Nationalkongress aufzulösen und am 10. November 1937 eine neue Verfassung in Kraft zu setzen. Damit begann die Diktatur des *Estado Novo*. In dieser stark von Korporativismus, Antikapitalismus, Antiparlamentarismus und Zensur geprägten Zeit gab es auch Bestrebungen Ordungsstrukturen nach dem Vorbild faschistischer Massenbewegungen einzuführen. Vor dem Hintergrund der im 19. Jahrhundert aufgekommenen Wunschvorstellung einer „Verweißlichung der brasilianischen Gesellschaft" arbeitete die Regierung daran, den Assimilationsdruck auf bestimmte Immigrantengruppen zu erhöhen und zugleich die Einwanderung unerwünschter Personen (Asiaten und Juden) zu verhindern.[42] Die Einwanderungsgesetze vom Mai 1938 schlossen sie zwar nicht aus, knüpften die Einwanderung aber an komplizierte, bürokratische Bedingungen, z.B. Nachweise, die die meisten Flüchtlinge nicht erbringen konnten. Im Juni 1938 nahm Brasilien als eines von 32 Ländern auf Einladung von US-Präsident Roosevelt an der Flüchtlingskonferenz von Évian teil. Das Treffen endete bekanntlich in einer Farce: Pläne für eine „organisierte" Massenauswanderung von Juden aus dem deutschsprachigen Raum scheiterten an den Eigeninteressen der Länder und aus „Rücksichtnahme" auf Deutschland.

---

42 Vgl. Tucci Carneiro: Antisemitismo (wie Anm. 31); Lesser, Jeffrey: Images of Jews and Refugee Admissions in Brazil, 1939–42. In: Canadian Journal of Latin American and Caribbean 20, Nr. 39/40 (1995). S. 65–90.

Nach Ausbruch des Krieges im September 1939 gelang es rund 85.000 deutschen Juden, über die westeuropäischen „Transitländer" in die vier großen lateinamerikanischen Staaten Brasilien, Argentinien, Chile und Mexiko zu flüchten.

In Brasilien kamen insgesamt zwischen 1933 und 1941 rund 20.000 bis 35.000 deutsche Juden an. Hilfe bekamen die Flüchtlinge entgegen den Anweisungen der brasilianischen Regierung von zwei in Europa lebenden Brasilianern, dem Botschafter Souza Dantas[43] in Paris und Vichy und der Botschaftsangestellten Aracy Guimarães Rosa[44] in Hamburg. Sie sind die einzigen Brasilianer, die in der Gedenkstätte Yad Vashem als „Gerechte unter den Völkern" geehrt werden.

Bei Kriegsbeginn verhielt sich Vargas zunächst scheinbar neutral. Hintergrund waren Handelsverträge mit dem „Dritten Reich" (einschl. des Imports von Waffen), die über Italien abgewickelt wurden. Zwar erhöhten die USA und Großbritannien ab Mitte 1940 den Druck auf die brasilianische Regierung, aber es dauerte noch bis zum 22. Januar 1942 – nach Pearl Harbour und nachdem deutsche U-Boote brasilianische Handelsschiffe vor der brasilianischen Küste torpediert hatten –, bis Vargas Deutschland und seinen Verbündeten den Krieg erklärte.

Unmittelbare Folgen dieser Kriegserklärung für deutschstämmige Brasilianer und deutsche Immigranten waren das Verbot der deutschen Sprache und der politischen Betätigung sowie Einschränkungen der Berufsausübung und der Reisemöglichkeiten innerhalb Brasiliens. Es folgten Verhaftungen von Personen mit deutschem Pass oder verdeckten Identitäten, gegen die der brasilianische Geheimdienst seit 1938 ermittelt hatte. Unter den Verhafteten waren auch Mitglieder von Nazi-Spionagezellen, die im ganzen Land tätig gewesen waren, um eine Südatlantik-Eroberung vorzubereiten und „neue Lebensräume" zu erkunden. Verhaftet wurden auch einige deutsch-jüdische Immigranten, die sich dann in Gefängnissen wie *Ilha das Flores* bei Rio die Zellen mit Nazi-Spionen teilen mussten.

---

43 Vgl. Eckl, Marlen: „Die Blüte des Exils". Ernst Feder und sein Brasilianisches Tagebuch. In: Martius-Staden-Jahrbuch 54 (2007). S. 107.
44 Vgl. Schpun, Mônica Raisa: Justa. Aracy de Carvalho e o resgate de judeus. Trocando a Alemanha nazista pelo Brasil. 2. Aufl. Rio de Janeiro 2011.

## Flüchtlinge aus Europa

Die Immigration von Hugo Simon (1880–1950) und seiner Familie nach Brasilien steht beispielhaft für den gescheiterten Versuch politisch aktiver deutsch-jüdischer Flüchtlinge der Oberschicht, in die USA zu emigrieren.[45]

Der Bankier, Politiker, Kunstsammler und -förderer Hugo Simon war bereits in jungen Jahren in der SPD aktiv[46] und hatte bei Kriegsbeginn 1914 den pazifistischen *Bund Neues Vaterland* gegründet, dem sich u.a. Albert Einstein, Harry Graf Kessler, Stefan Zweig, Gustav Landauer und Ernst Reuter anschlossen. 1915 wurde er Mitglied der USPD und war in der Gründungsphase der Weimarer Republik Finanzminister und Mitglied der Deutschen Nationalversammlung. Als Linker und reicher Jude geriet Simon früh ins Visier der Nationalsozialisten. Zusammen mit seiner Frau verließ er Berlin Ende März 1933. Sie flüchteten zunächst in die Schweiz, später nach Paris. Die *Résistance* verhalf ihm und seiner Familie zu tschechischen Pässen. Sie hießen fortan Hubert Studenic und Garina Studenicova.[47] Als die angestrebte Ausreise in die USA verweigert wurde, fuhren sie über Spanien und Portugal im März 1941 nach Rio de Janeiro, von wo aus sie erneut vergeblich versuchten mit falschen Identitäten in die USA zu reisen. Mit Unterstützung des Benediktinerordens gelang es Hugo Simon, sein restliches Vermögen aus den USA und England nach Brasilien zu holen. Aufgrund der zahlreichen Nazispione in Brasilien war die Familie Simon bis zum Kriegsende sehr vorsichtig und eine Tätigkeit für Hugo Simon in der Finanzwelt ausgeschlossen. Simon wurde Landwirt und züchtete Seidenraupen.

Auch der liberale Berliner Journalist und langjährige Leiter der innenpolitischen Redaktion des *Berliner Tageblatts* Ernst Feder (Berlin 1881–1964 Berlin) wollte eigentlich in die USA auswandern. 1925–1926 war er vom Chefredakteur Theodor Wolff mit der Berichterstattung über Deutschlands Beitrittsverhandlungen zum Völkerbund beauftragt worden und so im europäischen Ausland bekannt geworden. Er war Präsident der *Arbeitsgemeinschaft der deutschen Presse* und Richter am *Internationalen Ehrengerichtshof der Presse*. Nachdem die Auswanderung in die USA gescheitert war, ermöglichte ihm der brasilianische Botschafter Souza Dantas 1941 die Flucht nach Rio. An diesem Tag beginnt sein *Brasilianisches Tagebuch* (*Diário Brasileiro*), das ein einzigartiges Zeugnis des

---

45 Vgl. Eckl, Marlen: Hugo Simon – vom Kunst liebenden Bankier in Berlin zum Seidenraupen züchtenden Autor im brasilianischen *interior*. In: Martius-Staden-Jahrbuch 57 (2010). S. 113–139.
46 Vgl. Furtado Kestler, Izabela Maria: Exílio no Brasil de escritores e intelectuais de fala alemã e a literatura do exílio de Ulrich Becher e Hugo Simon. In: Pandaemonium Germanicum 3 (1999). S. 120.
47 Vgl. Eckl: Blüte (wie Anm. 43). S. 110.

deutschen Exils der Jahre 1933–1945 und der brasilianischen Zeitgeschichte von 1941–1958 ist.[48] Aufgrund seiner Bekanntheit fand Feder leichten Zugang zu den Kreisen brasilianischer Intellektueller und Politiker und wichtiger Persönlichkeiten der deutsch-jüdischen Kreise um Dr. Ludwig Lorch, Ernst Koch und Alfred Hirschberg. Mit Jenny und Lasar Segall verband ihn eine lebenslange Freundschaft. Feder begann in der lokalen Presse zu veröffentlichen und lernte schnell Portugiesisch mit dem Ziel, ohne Übersetzer arbeiten zu können. Er wurde ein wichtiger Ratgeber der *Congregação Israelita Paulista*. 1958 kehrte Feder auf Einladung von Bundespräsident Theodor Heuss in seine Heimatstadt Berlin zurück.

In Rio traf Feder auf alte Bekannte. Unter ihnen waren Hugo Simon, Richard Katz, Richard Lewinsohn, Paul Frischauer, Hans Klinghofer, Wolfgang Hoffmann-Harnisch, Norbert Geyerhahn, Leopold Stern, Paul Rosenstein, Frank Arnau und Stefan Zweig.

Stefan Zweig (Wien 1881–1942 Petrópolis) war einer der meist gelesenen Autoren seiner Zeit und ist sicherlich der bekannteste deutschsprachige Exilant in Brasilien. Er hatte das Land erstmalig 1936 nach einem PEN-Kongress in Buenos Aires besucht. Dabei erhielt er das Angebot eines permanenten Aufenthaltsvisums. Er kehrte zurück, um seine Übersiedlung vorzubereiten, und traf, nach Besuchen in den USA, Argentinien und Paraguay, im August 1941 endgültig in Rio de Janeiro ein. Sein kulturpolitischer Essay *Brasilien. Ein Land der Zukunft* (*Brasil, país do futuro*) von 1939 wurde von brasilianischen Intellektuellen wegen seiner idealisierenden Sichtweise und als eine Anbiederung an die Vargas-Diktatur kritisiert. Die materielle Existenz des Ehepaars Zweig im Exil war, im Gegensatz zu der vieler seiner Berufskollegen, abgesichert. Sie lebten in einem kleinen Landhaus im bergigen Hinterland Rio de Janeiros, wo Stefan Zweig seine Autobiografie *Die Welt von Gestern* überarbeitete und Anfang 1942 sein letztes Werk, die *Schachnovelle*, beendete. In der Nacht vom 22. zum 23. Februar 1942 nahmen er und seine Frau Lotte sich mit einer Überdosis Veronal das Leben. In seinem Abschiedsbrief schrieb Stefan Zweig, er scheide „aus freiem Willen und mit klaren Sinnen" aus dem Leben, da die Zerstörung seiner „geistigen Heimat Europa" und die Perspektivlosigkeit im Exil für ihn unannehmbar seien. Die von der brasilianischen Regierung veranlasste Beerdigung glich einem Staatsbegräbnis.

Zu den Schriftstellern und Journalisten, die nach Brasilien flüchteten, gehörte auch der populäre Reisebuchautor Richard Katz[49] (1888–1968), der neben seiner Tätigkeit als Zeitungsredakteur die damalige Reiseberichterstattung durch persönliche Reiseerfahrungen revolutioniert hatte. Auf der paradiesischen Insel

---

[48] Vgl. Eckl: Blüte (wie Anm. 43). S. 103–124.
[49] Vgl. Eckl, Marlen: Richard Katz – Weltreisender und Brasilianer des Herzens. In: Martius-Staden-Jahrbuch 56 (2009). S. 147–173.

Paquetá in der Bucht von Rio schrieb er die meisten seiner zehn Bücher über verschiedene Regionen Brasiliens, über die Lage der Emigranten und eine „rassische Demokratie", eine persönliche Betrachtung der ethnischen Mischung Brasiliens als Zukunfts- und Gegenmodell zur Rassentheorie der Nationalsozialisten.[50]

Der Medienphilosoph und Kommunikationswissenschaftler Vilém Flusser (1920–1991) kam als 20-Jähriger nach Brasilien. Er stammte aus einer jüdischen Akademikerfamilie in Prag und wuchs zweisprachig auf. Unmittelbar nach der deutschen Besetzung Prags im März 1939 flüchtete er nach London und 1940 nach Brasilien. Im gleichen Jahr wurde sein Vater in Buchenwald ermordet, die Großeltern, die Mutter und seine Schwester starben in Theresienstadt. In den 1940er und 1950er Jahren setzte er seine philosophische Ausbildung autodidaktisch fort und verfasste u.a. eine *Intellektuelle Geschichte des 18. Jahrhunderts* und *Das 20. Jahrhundert*. Er schrieb in deutscher und portugiesischer Sprache, war Mitglied des *Brasilianischen Philosophischen Instituts* und hatte mehrere Lehrtätigkeiten, bis sich 1968 die Militärdiktatur in Brasilien (1964–1985) verschärfte und die Verfolgung von Intellektuellen begann. 1972 nutzte Flusser eine Europareise und blieb mit seiner Familie dort. Posthum erschien sein Werk *Brasilien oder die Suche nach dem neuen Menschen. Für eine Phänomenologie der Unterentwicklung* (1994), in dem er u.a. auch seine Situation als Einwanderer reflektiert.

Hans Stern (Essen 1922–2007 Rio de Janeiro) kam als 17-Jähriger mit seiner Familie nach dramatischer Flucht praktisch mittellos in Rio de Janeiro an. Möglich wurde dies durch einen Onkel – Alexander Kamp, der 1935 in das Geburtsland seiner Frau, einer Schwester des brasilianischen Landschaftsarchitekten Roberto Burle-Marx, emigriert war. Im Hause Marx fand die Familie zunächst Unterkunft. Hans Stern lernte das Geschäft mit Edelsteinen und baute 1945 in Rio ein Büro für den Vertrieb brasilianischer Halb-Edelsteine auf, für die sich in Brasilien damals kaum jemand interessierte. Er erwartete, dass der Fremdenverkehr nach dem Krieg zunehmen und er die Steine an Touristen verkaufen würde. Zu seinem Geschäftskonzept gehörte es, Juweliergeschäfte an strategischen Orten wie Hotels und Flughäfen mit vielen ausländischen Touristen zu errichten und seine Werkstätten in Rio für Besucher zu öffnen. Hans Stern wurde ein wichtiger Unterstützer der jüdischen Gemeinde und sein Konzern eines der weltweit führenden Unternehmen seiner Art und ein „Nationalprodukt" Brasiliens, vergleichbar mit dem Fußball, dem Karneval und dem Kaffee.

---

50 Vgl. Bresslau Aust, Carolina: Musiker, Maler, Grafiker, Dichter, Schriftsteller und Journalisten. Ein Bericht über die deutsche Emigration zwischen 1933 und 1946 nach Brasilien. In: Staden-Jahrbuch 41 (1993). S. 54–93.

## Die Nachkriegszeit

Während der Regierung des Vargas-Nachfolgers General Eurico Gaspar Dutra 1946–1951 bestand die inoffizielle antisemitische Haltung des behördlichen Apparates weiter, die Immigration war erschwert. Ungeachtet dessen schaffte es eine unbekannte Anzahl deutscher und osteuropäischer Juden nach Brasilien einzureisen, oft auf der Suche nach Verwandten und Freunden und einem Neuanfang. Viele kamen auf legale oder illegale Weise über Bolivien nach Brasilien.

1947 wurde die *Federação Israelita do Rio de Janeiro* (FIERJ) als Zusammenschluss zahlreicher Kongregationen des Bundeslandes Rio de Janeiro gegründet, mit dem primären Ziel, den Überlebenden der Schoa Beistand zu leisten. Die FIERJ entwickelte sich zum wichtigsten politischen Sprachrohr der jüdischen Gemeinde Rios.[51] Sie vereint heute ca. 75 Mitgliedsinstitutionen und vertritt 35.000 Mitglieder. Die *Associação Religiosa Israelita* (ARI-RJ) wuchs und errichtete eine eigene Synagoge im Bezirk *Botafogo*, die 1961 eingeweiht wurde. Heute zählt die Kongregation des fortschrittlichen Judentums ca. 900 Familien unterschiedlicher Herkunft.

Ab 1952 baute die *Congregação Israelita Paulista* (CIP) an einem neuen Gebäudekomplex in São Paulo. Die Vergrößerung der CIP in der Nachkriegszeit führte u.a. zur Gründung von zwei bis heute zentralen Institutionen des jüdischen Lebens in Brasilien: der Club *A Hebraica*, als „Gemeinschaftscenter für Kultur, Sport, Freizeit und Erziehung", 1957 eingeweiht und heute 33.000 Mitglieder zählend, und das *Israelitische Krankenhaus Albert Einstein*, 1971 eröffnet und seit Jahren eines der führenden Krankenhäuser in ganz Lateinamerika. Die CIP avancierte zu einer der bedeutendsten Gemeinden in Lateinamerika und zählt heute ca. 2.000 Familien zu ihren Mitgliedern. Die 1948 gegründete *Confederação Israelita do Brasil* (Conib) übernimmt als Schirmorganisation die Repräsentanz und politische Vertretung aller Juden in Brasilien.

Abschließend seien noch die seit dem Jahr 2000 entstandenen Institutionen genannt, die der Erinnerung und Forschung gewidmet sind. Basierend auf dem Fund eines Manuskripts aus dem Jahr 1657 brachten archäologische Ausgrabungen im Jahr 2000 Überreste der bereits erwähnten und vermutlich ersten Synagoge auf dem amerikanischen Kontinent *Kahal Zur Israel* zum Vorschein. Inzwischen sind dort ein Museum und das Jüdische Historische Archiv von Pernambuco entstanden. Das Wohnhaus von Stefan Zweig wurde auf Initiative eines 2006 gegründeten Vereins und mit Unterstützung von Hans Stern, der das Haus

---

[51] Vgl. Worcman, Susane (Hrsg.): Heranças e lembranças. Imigrantes judeus no Rio de Janeiro. Rio de Janeiro 1991.

kaufte, zu einer Forschungs- und Gedenkstätte umgebaut und 2012 als Museum „Casa Stefan Zweig" eröffnet.

2011/12 wurde in Curitiba das erste Holocaust-Museum in Brasilien in der Synagoge *Franciso Frischmann* eingerichtet. In São Paulo wird derzeit die Synagoge *El-Beth* zu einem Jüdischen Museum umgebaut, ein Holocaust-Museum und ein Museum der Jüdischen Immigration in Brasilien im Bezirk *Bom Retiro* sind in Vorbereitung.

Matthias Albert Koch
# *A nova moda* und Berliner Ballen

Transitstation Portugal

Menschen werden von den Orten geprägt, in denen sie leben. Umgekehrt gilt auch: Orte werden von den Menschen geprägt, die in ihnen leben. Das gilt selbst dann, wenn die Zeit des Aufenthalts begrenzt und manchmal nur von kurzer Dauer ist. Etwas bleibt von den Menschen dort und erinnert an ihre Präsenz: sie haben den Ort mit ihrer Anwesenheit geprägt. Im Anschluss nehmen Menschen, die danach den Ort aufsuchen, dann als ortstypisch wahr, was vorher dort so nicht existiert hatte. Kultur- und Identitätsausprägungen spielen hierbei eine zentrale Rolle, denn Kultur ist identitätsstiftend und Identität spiegelt sich wiederum in Kultur wider – sie stehen also in einem dialektischen Verhältnis: sie bedingen sich gegenseitig und sind ohne einander nicht denkbar. Und beide sind einem fortwährenden Prozess der Veränderung unterworfen. Kultur und Identität hinterlassen Spuren. Die immateriellen werden erst bei genauerer Betrachtung sichtbar, wie am Beispiel Portugals zur Zeit des Zweiten Weltkriegs gezeigt wird.

# Flucht

Portugal war in den 1930er und 1940er Jahren für viele Menschen, die Deutschland oder die von Deutschland besetzten Gebiete verlassen mussten, ein wichtiges Ziel in Europa. Dort gab es Schiffe, die sie aus Europa fortbrachten, und Hoffnung auf ein Visum und eine Passage nach Übersee. Die Mehrheit der Flüchtlinge erreichte per Schiff von Hamburg aus das Land am Atlantik. Mit dem Beginn des Zweiten Weltkriegs änderten sich die Fluchtwege. Die Flüchtlinge kamen mit dem Zug, mit dem eigenen Auto oder auch auf dem Fußweg nach Portugal. Die meisten blieben nur kurze Zeit und warteten auf ihre Schiffspassage oder ihr Visum, insbesondere in die USA und nach Südamerika. Auf der Flucht vor der Verfolgung durch das nationalsozialistische Deutschland waren sie nach entbehrungsreicher und schwieriger Reise in dem kleinen Land am südwestlichen Rand des Kontinents gelandet. Während in den 1930er Jahren nur wenige Exilsuchende kamen, vergrößerte sich deren Zahl mit der französischen Niederlage im Sommer 1940 schnell. Andere Fluchtorte kamen zunehmend nicht mehr in Frage: durch die Ausdehnung des Machtbereichs des Deutschen Reiches, durch erschwerte Erreichbarkeit oder durch geschlossene Grenzen.[1]

Ungefähr 600 Deutsche flohen von 1933 bis 1938 nach Portugal. Entweder waren sie Juden und/oder „Feinde" der Nazis. In der Zeit von 1940 bis 1944 folgten bis zu 100.000 Flüchtlinge, darunter ca. 30.000 aus Deutschland. Die anderen waren in der Mehrzahl Juden aus Osteuropa, die vorher nach Frankreich geflohen waren, und Franzosen, die für die Befreiung Frankreichs kämpfen wollten.[2] Laut Patrik von zur Mühlen sollen sich nach einer Schätzung der Jüdischen Gemeinde von Lissabon (Comunidade Israelita de Lisboa) allein im November 1940 über 14.000 Flüchtlinge in der portugiesischen Hauptstadt aufgehalten haben.[3] Über 90 % der Exilanten in Portugal waren Juden.[4] Bekannte deutsch-jüdische Persönlichkeiten, die über Lissabon Festland-Europa verließen, waren Hannah Arendt, Alfred Döblin, Marta und Lion Feuchtwanger, Hans Sahl und Walter Mehring.

Als Reaktion auf die Zunahme der Flüchtlinge verschärften die europäischen Länder – auch Portugal – die Bedingungen für Einreise, Transit und Aufenthalt. War es bis Mitte 1938 Deutschen noch möglich gewesen, nur mit einem Reisepass nach Portugal einzureisen und Aufenthaltsgenehmigungen über mehrere Monate zu erhalten, waren nun Visa erforderlich und der Aufenthalt wurde auf 30 Tage begrenzt.[5] Menschlichkeit gab es auch in jener dunklen Zeit: Der portugiesische Konsul von Bordeaux, Aristides de Sousa Mendes, setzte sich, so lange es unbemerkt blieb, über die Gesetze seines Landes hinweg, erteilte unbürokratisch Visa und rettete dadurch vielen Menschen das Leben. Es wurde jedoch zunehmend schwieriger, auf legalem Wege nach Portugal zu gelangen.

---

1 Vgl. zur Mühlen, Patrik von: Exilmetropole Lissabon. In: Neue Gesellschaft. Frankfurter Hefte 44 (1997). H. 9. S. 818.
2 Vgl. zur Mühlen: Exilmetropole (wie Anm. 1) S. 818f.
3 Vgl. zur Mühlen, Patrik von: Fluchtweg Spanien–Portugal. Die deutsche Emigration und der Exodus aus Europa 1933–1945. Bonn 1992. S. 152.
4 Vgl. zur Mühlen: Fluchtweg (wie Anm. 3). S. 152.
5 Vgl. Heinrich, Christa: Zuflucht Portugal. Exilstation am Rande Europas. In: Filmexil 16 (2002). S. 9, 15.

## „In Deutschland wußte man damals gar nichts von Portugal."[6]

Die von Salazar geführte Republik war zu dieser Zeit in Deutschland weitgehend unbekannt. Man interessierte sich nicht besonders für das Land. Es galt als unmodern im Vergleich zu den Ländern Mitteleuropas:

> Ein ruhiges Ländchen, rückständig allerdings, niedriger Lebensstandard, doch als Ausländer könne man für wenig Geld eine Rolle spielen, schrieb er mir vor ein paar Wochen. Kein bedeutendes Land, keiner macht Aufsehen davon. Was man so darüber weiß, hat man noch von der Schule her behalten. Die Seefahrer Magalhães und Cabral, die Entdeckung Brasiliens und so, alles vor mehr als vier Jahrhunderten passiert. Ich muß gestehen, daß ich nicht Bescheid weiß, was sich da heute tut, aber eins ist gewiß: Portugal liegt auf dem äußersten Zipfel Europas, und Ihr Junge ist mit einem Satz in Amerika." „Portugal?" fragte die Mutter besorgt. „Liegt das nicht in Spanien?" „Um Himmels willen, Waltraut!" entrüstete sich good old man. „Hast du vergessen, was man dir im Geographieunterricht beigebracht hat?[7]

So empfiehlt in Ilse Losas Roman *Unter fremden Himmeln* der alte Rabbiner Reh in Deutschland dem Vater von Josef Berger Portugal als Auswanderungsziel für den Sohn. Er beruft sich dabei auf den Bericht des deutschen Juden Artur Lindomonte an ihn. Auch Alfred Döblin bekennt: „Lissabon ist eine Stadt, von der ich bis da nur zweierlei wußte: erstens, daß sie Hauptstadt von Portugal ist und dann, daß um die Mitte des 18. Jahrhunderts sich hier ein grauenhaftes Erdbeben ereignete, im Anschluß an welches Erdbeben Voltaire seine bissigen Bemerkungen über den Optimismus und die beste aller Welten machte."[8]

Die wirtschaftliche Lage des von Landwirtschaft geprägten Landes war trotz seiner Kolonien schwach. Die politische Situation war gekennzeichnet durch die konservativ-autoritäre Diktatur des António de Oliveira Salazar, der geduldet von der katholischen Kirche das Volk unterdrückte und an einer Verbesserung der sozialen Situation weiter Teile der Bevölkerung nicht interessiert zu sein schien. Schlechte Bildungschancen, Benachteiligung von Frauen, die so gut wie keine Rechte besaßen[9], die Armut der Mehrheit der Portugiesen sowie ein restriktiver Machtapparat des *Estado Novo* (Neuer Staat), der mit seiner Geheimpolizei PVDE

---

6 Engelmayer, Elfriede: „Denn Sprache ist ja Heimat, dieses furchtbare Wort". Ein Gespräch mit Ilse Losa, Porto/Januar 1989. In: Tranvia 51 (1998). S. 64.
7 Losa, Ilse: Unter fremden Himmeln. Freiburg 1991. S. 50f.
8 Döblin, Alfred: Schicksalsreise. Bericht und Bekenntnis. Flucht und Exil 1940–1948. München 1986. S. 224.
9 Vgl. Pimentel, Irene Flunser: Judeus em Portugal durante a II Guerra Mundial. Em fuga de Hitler e do Holocausto. Lisboa 2006. S. 27.

(*Polícia de Vigilância e Defesa do Estado*) den Widerstand gegen das Regime kontrollierte, sicherten die Macht der portugiesischen Eliten. Dennoch unterschied sich die Diktatur von der Francos im benachbarten Spanien oder der Hitlers. Portugal verhielt sich trotz Sympathie für die rechten Diktaturen im Zweiten Weltkrieg neutral und behielt auch ein gewisses Maß an Liberalität und Humanität, wenn mit der Dauer des Krieges die Restriktionen auch zunahmen. Den ankommenden Flüchtlingen wurde durch eine zuweilen unbürokratische Aufnahmepolitik geholfen, Hilfsorganisationen aus dem In- und Ausland durften Unterstützung leisten und niemand wurde ausgeliefert. Portugal – ein Land mit Seefahrer- und Emigrationstradition – zeigte Verbundenheit und Freigebigkeit gegenüber den Heimatlosen. Der Katholik Salazar propagierte einen portugiesischen Nationalismus ohne einen rassistischen und völkischen Impetus und distanzierte sich von einer „heidnischen" und unmenschlichen Ideologie.[10] Das Regime war eng mit der katholischen Kirche des Landes verbunden, die dem nationalsozialistischen Deutschland kritisch gegenüberstand und dies auch öffentlich kundtat.[11] Spanien galt traditionell als Feind Portugals. Und die seit Jahrhunderten bestehende Allianz mit Großbritannien setzte Salazar nicht aufs Spiel. Gegen Ende des Krieges stand Portugal auf Seiten der Siegermächte.

## Portugal als Transitstation

Klaus Mann urteilt in seinem Lebensbericht über die Situation des Emigranten:

> Die Emigration war nicht gut. In dieser Welt der Nationalstaaten und des Nationalismus ist ein Mann ohne Nation, ein Staatenloser übel dran. Er hat Unannehmlichkeiten; die Behörden des Gastlandes behandeln ihn mit Mißtrauen; er wird schikaniert. Auch Verdienstmöglichkeiten bieten sich nicht leicht. Wer sollte sich des Verbannten annehmen? Welche Instanz verteidigte sein Recht? Er hat „nichts hinter sich", keine Organisation, keine Macht, keine Gruppe. Wer zu keiner Gemeinschaft gehört, ist allein.[12]

Zu den unmittelbaren Sorgen des Transitdaseins zählten zunächst ein Dach über dem Kopf und eine warme Mahlzeit zu haben. Die alles überragende Sorge galt jedoch dem Umstand ein Visum und einen Platz auf einem Schiff zu erhalten, mit dem man den Kontinent verlassen konnte. Das konnte unterschiedlich lange dauern, je nachdem, wie bekannt man war, wen man kannte und ob man noch

---

10 Vgl. Pimentel: Judeus (wie Anm. 9). S. 41.
11 Vgl. Pimentel: Judeus (wie Anm. 9). S. 44f.
12 Mann, Klaus: Der Wendepunkt. Ein Lebensbericht. Mit unbekannten Texten aus dem Nachlass. 2. Aufl. Reinbek bei Hamburg 2008. S. 398.

über ausreichende finanzielle Mittel verfügte. Die Flüchtlinge hatten ihre wenigen oder vielen mitgebrachten Habseligkeiten an die Polizei übergeben müssen – im Tausch für eine kurze Freiheit. Viele wanderten anschließend in die Gefängnisse der Geheimpolizei PVDE, andere wurden in Lager geschickt oder mussten sich an festen Wohnsitzen aufhalten. Manche warteten auf ihre ersehnte Passage und gingen in scheinbarer Sorglosigkeit in der Stadt spazieren, als ob sie Touristen wären. Sie waren gezwungen, sich regelmäßig bei der PVDE zu melden. Für eine Passage händigten sie ihre letzten Werte aus ihrem Besitz aus oder prostituierten sich.[13]

Die Flüchtlinge richteten sich so gut es eben ging in Lissabon, Estoril, Porto, Coimbra, Caldas da Rainha, Figueira da Foz oder Ericeira ein.[14] Mit der Zeit wurden von staatlicher Seite die Möglichkeiten immer mehr eingeschränkt, auf legalem Weg durch Arbeit Geld zu verdienen. War es bis zu Beginn der 1930er Jahre noch möglich, eine Arbeitserlaubnis zu erhalten und damit einer bezahlten Beschäftigung nachzugehen, wurde dies später durch Gesetze nahezu unmöglich. Die Regierung begründete dies mit der angespannten Situation auf dem heimischen Arbeitsmarkt. Die wenigen Flüchtlinge, die im Land blieben, machten sich in der Regel selbstständig oder gingen einer freiberuflichen Tätigkeit z.B. als Arzt nach.[15]

Als die Zahl der aus dem Einflussgebiet NS-Deutschlands Geflüchteten in den 1940er Jahren zunahm, internierten die portugiesischen Behörden diejenigen, die kein Visum für die Weiterreise besaßen, nicht mehr in Gefängnissen, sondern es wurden ihnen feste Aufenthaltsorte (*residência fixa*) in Bade- und Kurorten zugewiesen, die sie ohne Genehmigung der PVDE nicht verlassen durften. Auch wurde es ihnen untersagt zu arbeiten. Allerdings konnten sie ihre Unterkunft innerhalb des Ortes frei wählen und ihren Alltag gestalten. Viele dort Internierte wurden von amerikanischen Hilfsorganisationen unterstützt.[16]

Eine dieser Zonen befand sich in dem kleinen Kurort Caldas da Rainha:

> „Wo mag sie bloß geblieben sein?" seufzte Dona Ambrosina, denn wir hatten keine Nachricht von Frau Grünbaum erhalten seit dem Tag, an dem man sie zur Abreise in das Städtchen Caldas da Rainha gezwungen hatte. Da die Gefängnisse überfüllt waren und man für seine eigenen politischen Häftlinge Platz brauchte, hatten die zuständigen Regierungsbehörden beschlossen, die auf irgendeine günstige Lösung wartenden paß- und visalosen Flüchtlinge dort zu konzentrieren.[17]

---

13 Vgl. Babo, Alexandre: Recordações de um Caminheiro. Lisboa 1993. S. 142.
14 Vgl. Pimentel: Judeus (wie Anm. 9). S. 18.
15 Vgl. Pimentel: Judeus (wie Anm. 9). S. 83f.
16 Vgl. Pimentel: Judeus (wie Anm. 9). S. 233, 132.
17 Losa: Himmeln (wie Anm. 7). S. 184.

Weitere Zonen gab es in Curia, Ericeira und Figueira da Foz.[18] Unter den Deutschen, die in Portugal lebten, gab es nicht nur Flüchtlinge, sondern auch Nazis und NS-Sympathisanten. Auch Organisationen wie HJ, BDM und NSDAP waren in Portugal aktiv.[19] SD und GESTAPO wurden – sofern nicht selber vor Ort tätig – von Mitarbeitern der PVDE mit Nachrichten über die Emigranten versorgt.[20] An den Zeitungskiosken hingen neben der lokalen Presse in gleicher Anzahl Zeitungen und Magazine aus den Exilanten freundlich oder feindlich gesonnenen Ländern aus.[21] So berichtet der tschechische Journalist Eugen Tillinger im Oktober 1940 aus Lissabon: „Die Neutralität wird sogar in den Zeitungskiosken beachtet: die englische und deutsche Presse, Tageszeitungen und Magazine hängen nebeneinander und zwar immer in Parität: 10 Tageszeitungen aus London müssen neben 10 Tageszeitungen aus Berlin hängen usw."[22]

## Stimmungen

Die jüdischen Flüchtlinge waren in Portugal physisch in Sicherheit. Ob sie sich auch psychisch so fühlten? Portugal ist für den portugiesischen Schriftsteller Alexandre Babo zu jener Zeit ein Land des internationalen Faschismus. Dort trug man mit Stolz die Farben Italiens, Deutschlands, Portugals und Spaniens am Revers – vom Minister bis zum ganz gewöhnlichen Menschen.[23] Dort blühten zwar Gier, Grausamkeit und Korruption ohne eine Spur von Respekt vor menschlichen Werten, aber es gab dort auch ein geduldiges Volk: solidarisch, menschlich und voller Angst.[24]

Antisemitismus war der Mehrheit der Portugiesen fremd. Die Menschen zeigten sich in der Regel mit den Verfolgten solidarisch und waren gastfreundlich. Die Flüchtlinge aus Deutschland waren davon angenehm berührt und dankbar.[25] Ruth Arons, geboren in Berlin, kam im Alter von 13 Jahren im April 1936 mit ihrer Familie mit dem Auto nach Portugal. Auf Familie Arons wirkte Lissabon

---

18 Vgl. Pimentel: Judeus (wie Anm. 9). S. 235.
19 Vgl. Pimentel: Judeus (wie Anm. 9). S. 63ff.
20 Vgl. zur Mühlen: Exilmetropole (wie Anm. 1). S. 821.
21 Vgl. Tillinger, Eugen: Lissabon – 1940. Beim portugiesischen Flüchtlings-Kommissar. In: Aufbau 42 (18.10.1940). S. 5.
22 Tillinger: Lissabon (wie Anm. 21).
23 Vgl. Babo: Recordações (wie Anm. 13). S. 143.
24 Vgl. Babo: Recordações (wie Anm. 13). S. 142.
25 Vgl. Pimentel: Judeus (wie Anm. 9). S. 40, 361.

wie ein rückständiges Dorf.[26] Von einer Mitschülerin wurde Ruth mit kritischem Unterton gefragt, ob die Frau, die sie in der Avenida da Liberdade auf einer Bank ohne Hut und Handschuhe sitzen gesehen hatte, ihre Mutter gewesen sei.[27]

Die Portugiesen empfand sie als sympathisch und hilfsbereit, aber auch als distanziert. Es war schwer für sie gewesen, sich in die geschlossen wirkende portugiesische Gesellschaft zu integrieren.[28] Ilse Losa (1913–2006), mit Mädchennamen Lieblich, deutsche Jüdin aus Buer, die 1934 in Porto ankam und 1935 einen portugiesischen Architekten heiratete und eine der wenigen Exilantinnen war, die im Land blieb, erzählt in ihrem Roman *Unter fremden Himmeln* vom Leben der Emigranten in Portugal. In einem Interview 1989 erinnerte sie sich, wie fremd sie sich nach ihrer Ankunft in Portugal fühlte: Mädchen hatten in der Dunkelheit auf der Straße ohne Begleitung nichts zu suchen, in Sandalen hatte man Strümpfe zu tragen und als Mädchen aus besseren Kreisen einen Hut. Und ihr war klar, dass sie sich diesen und anderen Regeln, die eine portugiesische Frau zu beachten hatte, nicht unterordnen würde.[29] Die untergeordnete Stellung der Frau in der portugiesischen Gesellschaft schockierte sie am meisten.[30]

Der Nervenarzt und Schriftsteller Alfred Döblin, der 1940 nach seiner Flucht aus Paris mit Ehefrau und jüngstem Sohn über Lissabon in die USA emigrierte, beschreibt in seinem *Schicksalsreise* genannten Bericht über Flucht und Exil seine Eindrücke von der heißen und lauten Stadt am Tejo, in der die Familie mehrere Wochen auf ihre Billets für die Überfahrt nach New York warten musste. Er schreibt von Pferdefuhrwerken[31] und von barfüßigen Straßenjungen mit zerrissener Kleidung, die Zeitungen verkaufen.[32] Er schildert in seinem Reisebericht, wie er im Zentrum der Stadt „eine Gruppe biblischer Figuren"[33] gesehen hat: „Hintereinander im Gänsemarsch stiegen kräftige aufrechte Frauen, auf den Köpfen Krüge und Körbe, in die Stadt. In den Körben lagen Fische oder Früchte."[34] Frauen waren bis auf Besorgungen auf Märkten und Geschäften im Zentrum Lissabons kaum anzutreffen. Lediglich Frauen aus besseren Kreisen verließen nachmittags das Haus zum Schaufenster-Bummel, zum Besuch des Gottesdienstes oder zum Teetrinken in einer Konditorei. Auch im Sommer galt dabei für sie die Regel, nur mit Hut, Handschuhen, Strümpfen, bedeckten Armen und in gedeckter Kleidung auf

---

26 Vgl. Heinrich: Zuflucht (wie Anm. 5). S. 29, Anmerkung in Fußnote 33.
27 Vgl. Pimentel: Judeus (wie Anm. 9). S. 167.
28 Vgl. Pimentel: Judeus (wie Anm. 9). S. 55.
29 Vgl. Engelmayer: Sprache (wie Anm. 6). S. 63.
30 Vgl. Engelmayer: Sprache (wie Anm. 6). S. 64.
31 Vgl. Döblin: Schicksalsreise (wie Anm. 8). S. 226.
32 Vgl. Döblin: Schicksalsreise (wie Anm. 8). S. 225.
33 Döblin: Schicksalsreise (wie Anm. 8). S. 216.
34 Döblin: Schicksalsreise (wie Anm. 8). S. 216.

die Straße zu gehen. Die armen, meist vom Land in die Stadt gezogenen Frauen trugen immer Schulter- und Kopftuch.[35]

Patrik von zur Mühlen beschreibt Lissabon als „heitere Lichterstadt" und „Portugal als Land des Friedens" in den Augen der Flüchtlinge. Es gab keine Sperrstunden, keine Verdunkelungen und keine Kriegszerstörungen und auch das Regime des Diktators Salazar soll ihnen in einem milden Licht erschienen sein.[36] Erika Mann sah das differenzierter. Sie beschreibt als Augenzeugin in ihrem Text *Waiting for the Life-boat* ihre Eindrücke vom Lissabon jener Tage und blickt hinter die Fassade dieser überfüllten, internationalen Stadt mit ihrem scheinbar sorglosen Straßenleben. Sie sieht Trauer und Armut der Menschen und spürt eine Atmosphäre von „Angst, Bösem und extremer Nervosität". Die Hafenstadt ist für sie ein einziges „Flüchtlingslager", eine „Wartehalle".[37]

## Spurensuche

Begibt man sich heute auf Spurensuche deutsch-jüdischen Kulturerbes in Portugal, so kann man sich zu verschiedenen Orten aufmachen. Neben Orten, an denen sich nationale wie internationale Hilfsorganisationen um jüdische Flüchtlinge kümmerten, existieren die Wohn- und Wirkungsstätten deutsch-jüdischer Wissenschaftler wie des Chemikers Kurt Jacobsohn oder Künstler wie des Malers Max Braumann und der Schriftstellerin Ilse Losa. Ferner finden sich deren Werke in Hochschulen, Museen, Archiven und Buchhandlungen. Da nur wenige deutschsprachige Juden in Portugal blieben, gibt es nur vereinzelt materielle Spuren. Aber wie steht es um immaterielle? Begibt man sich an den zentralen Platz Lissabons, zum Rossio, so befindet man sich neben der Prachtstraße Avenida da Liberdade (Allee der Freiheit) in der „Wartehalle" – um den Begriff Erika Manns nochmals zu gebrauchen – der Flüchtlinge.

### Die Konditorei der schönen Beine

In Exilländern gründeten Flüchtlinge oft kulturelle oder politische Vereinigungen und Medien. Ein Beispiel dafür ist der vom *German-Jewish Club* in New York herausgegebene *Aufbau*. In Portugal kam es nicht zur Ausbildung solcher Struktu-

---

35 Vgl. Pimentel: Judeus (wie Anm. 9). S. 166 f.
36 Vgl. zur Mühlen: Exilmetropole (wie Anm. 1). S. 820.
37 Mann, Erika: In Lissabon gestrandet. In: Im Fluchtgepäck die Sprache. Deutschsprachige Schriftstellerinnen im Exil. Hrsg. von Claudia Schoppmann. Berlin 1991. S. 148.

ren, da sich die Mehrzahl der Flüchtlinge nur für kurze Zeit im Land aufhielt.³⁸ In Transitländern wie Portugal befanden sich die Emigranten in einer Zwischenzeit, einer Situation des Wartens – quasi wie in einem Zug, der auf offener Strecke steht. Und wo geht man hin, wenn man wartet, einsam ist und sich die Zeit vertreiben will? Da ist ein Café ein passender Ort in einer fremden Stadt wie der Speisewagen in einem Zug, um gemeinsam mit anderen auf eine Änderung der eigenen Lage zu hoffen, sich zu treffen, zu unterhalten und nützliche Kontakte zu knüpfen.

Wartehalle der Flüchtlinge – Rossio mit der Konditorei Suíça (rechtes Eckhaus rechte Bildseite).

Der Rossio, mit offiziellem Namen Praça Dom Pedro IV, war und ist die „gute Stube" Lissabons. Dieser schon seit Jahrhunderten bestehende rechteckige, langgestreckte Platz im Zentrum der Stadt, an dessen Nordseite sich das National-Theater und der gleichnamige Bahnhof für die Züge nach Sintra befinden, ist gesäumt von viergeschossigen Wohn- und Geschäftshäusern. In der landestypisch kunstvoll mit kleinen Steinen gepflasterterten Mitte befindet sich zwischen zwei Springbrunnen eine Säule mit einer Statue des königlichen Namensgebers.

Eugen Tillinger beschreibt in einem Beitrag für die deutsch-jüdische Exil-Zeitschrift *Aufbau* vom 18.10.1940, wie er Lissabon erlebt hat: vollkommen verändert, ausverkauft und sehr lebendig, voller Flüchtlinge, mit überfüllten Hotels, Cafés und Restaurants, und am Rossio hörte man kaum ein Wort Portugiesisch,

---

38 Vgl. Heinrich: Zuflucht (wie Anm. 5). S. 21.

dafür Französisch, Englisch, Deutsch, Polnisch, Holländisch und Flämisch.[39] An diesem Platz lagen die Cafés Nicola, O Portugal, O Suíço, O Gelo, das Café-Restaurant Chave de Ouro sowie die Konditorei Suíça. Ein weiterer Anziehungspunkt am Rossio waren die Schaukästen der Zeitungsagenturen mit den neuesten Nachrichten aus aller Welt.[40]

Die 1922 gegründete und noch heute am selben Ort ansässige Konditorei Suíça (Pastelaria Suíça) wurde zum beliebten Treffpunkt der Flüchtlinge (*refugiados*). Dort an der Ecke Rossio/Rua do Amparo traf man sich mit Bekannten und Freunden auf eine *Bica*, den kleinen portugiesischen Espresso. Die Fremden ließen sich aber nicht nur in der Konditorei nieder, sondern setzen sich auch *davor*, was damals in Portugal ganz und gar unüblich gewesen war. Damit veränderten sie das Straßenleben der portugiesischen Hauptstadt. Üblich war bis dahin eher das Gegenteil – zumal während der portugiesischen Diktatur: man traf sich im Verborgenen, wenn es etwas Wichtiges zu besprechen gab. Nun saßen Männer und Frauen auf der nach Südwesten ausgerichteten Esplanade mit Blick auf das Carmo-Kloster in der Oberstadt, betrachteten das bunte Treiben und unterhielten sich. Dass Frauen alleine ein Café besuchten und dazu auch noch rauchend – beides war bis dahin unbekannt und galt als gewagt, ja skandalös. Portugiesische Frauen, die die Konditorei *Suíça* alleine besuchten, wurden traditionell nicht bedient.[41] Dies änderte sich nun, da mitteleuropäische Frauen – wenn auch als Flüchtlinge – die Cafés eroberten.

Ilse Losa charakterisiert die wenig heimeligen portugiesischen Cafés mit Wartesaalcharakter vor der Zeit der Flüchtlinge:

> Damit möglichst viele Leute hineinpassen, stehen die wackligen Tischchen eng aneinandergereiht, der Boden ist mit Zigarettenstummeln und Asche übersät; jedwede lobenswerte Absicht, eine gefällige Atmosphäre zu schaffen, scheitert an der Apathie der Gäste. Nach damaligem Brauch war kein weibliches Element zugegen, ausgenommen zwei grell geschminkte Huren, von denen Dostojewski sagt, daß sie sich selbstlos aufopfern, damit die braven Bürgermädchen unversehrt in die Ehe eingehen können.[42]

Der 1916 in Lissabon geborene Rechtsanwalt, Schriftsteller und Theaterregisseur Alexandre Babo – Dissident während der Salazar-Diktatur – widmet sich in seinen Lebenserinnerungen in einem drei Seiten langen Kapitel den „Refugiados" in Lissabon:

---

39 Vgl. Tillinger: Lissabon (wie Anm. 21).
40 Vgl. Pimentel: Judeus (wie Anm. 9). S. 166.
41 Vgl. Pimentel: Judeus (wie Anm. 9). S. 168.
42 Losa: Himmeln (wie Anm. 7). S. 71.

> Auf den Esplanaden der Avenida oder am Rossio sahen wir vom Morgen bis in die späten Nachtstunden, wenn das Wetter mild war, die Flüchtlinge vorbeimarschieren – Franzosen, Belgier, Holländer, Juden von den entlegensten Orten, [...]. Im Suiça, am Rossio, das man schon „Bompernasse" [„schöne Beine", der Verf.] nannte, dort wo die Frauen vorherrschten, viele von ihnen gekleidet mit seltener Eleganz, aussehend wie Damen, rauchend in der Öffentlichkeit mit vollkommener Ungezwungenheit, die Beine vollendet übereinandergeschlagen, ohne Furcht, dass man etwas erahnen könnte. All das war ein Faustschlag in die Magenöffnung der nationalen Provinzialität.[43]

Auch Erika Mann verweist wahrscheinlich auf die Konditorei Suiça, wenn sie ihr Gestrandetsein in Lissabon beschreibt und dabei ausführlich schildert, wie sie in einem „kleinen Café am Hauptplatz"[44] einen Konsul traf, um einen Freund zu retten. Für sie ist die Situation des Sitzens und Wartens allerdings bar jeder Eleganz im Sinne Babos, es ist vielmehr der Schwebezustand, die Ungewissheit, was kommen mag – immer gekoppelt an den Ausnahmezustand der Flüchtlinge und nicht nur im Café spürbar, sondern an vielen anderen Orten der Stadt: in den Straßen, vor dem Polizeirevier für Ausländer, warteten die Heimatlosen in langen Schlangen auf Aufenthaltsgenehmigungen oder Ausreiseerlaubnisse und vor den Botschaften auf Visa.[45] Dort in der überfüllten Konditorei bildeten die Gäste eine internationale Gemeinschaft, die vieles teilte: Schicksal, Sorgen, Sprachen, alte und unordentliche Bekleidung und Hunger nach Informationen über zurückgelassene Familie und Freunde.[46]

## Schaufenster der Ungezwungenheit

Der Schriftsteller und Journalist Alves Redol schildert in seinem Roman *O Cavalo espantado* (*Das scheuende Pferd*), der die Zeit der 1930er Jahre in Lissabon zum Hintergrund hat, die Situation der Flüchtlinge und ist damit neben Alexandre Babo einer der ganz wenigen portugiesischen Schriftsteller, der den Fremden im Land Beachtung schenkt und ihre Spuren festhält. Er zeichnet detailliert ein Stimmungsbild der portugiesischen Metropole und lässt den Leser eintauchen in die Zeit, als Lissabon zum Auffangbecken all jener wurde, die um ihr Leben fürchten mussten. Er schreibt von den überfüllten Cafés der Stadt, wo sich die Exilanten trafen, um bei einer *Bica*, einem *Carioca* oder einem *Garoto* den ganzen Nachmittag an einem Tisch zu sitzen, während auf dem Rossio Geschäfte gemacht, gehan-

---

43 Babo: Recordações (wie Anm. 13). S. 141.
44 Mann: Lissabon (wie Anm. 37). S. 150.
45 Vgl. Mann: Lissabon (wie Anm. 37). S. 149.
46 Vgl. Mann: Lissabon (wie Anm. 37). S. 151f.

delt und über die neueste politische Anekdote gelacht wurde.[47] Redol erzählt in seinem Roman auch vom *Suíça* und davon, was das Verhalten der Flüchtlinge bei den Einheimischen bewirkte. Auf Bitten ausländischer Gäste räumte man 1939 an einer Seite des Platzes Tische und Stühle vor das Café auf den Bürgersteig, damit sie in der Sonne sitzen konnten.[48] Der Cafébesitzer kam diesem für portugiesische Verhältnisse ungewöhnlichen Wunsch nach, denn er wollte auf keinen Fall Kundschaft verlieren. Nicht wenige Lissabonner empfanden die neue bzw. mitgebrachte Caféhauskultur – zumal der weiblichen als ein Zurschaustellen von Beinen und Schenkeln – als unverhohlen und ohne Scham. Dieses flüchtige Panorama bot sich auch den Fahrgästen der vorbeifahrenden Straßenbahn.[49] Portugiesinnen und Portugiesen waren gleichermaßen außer sich. Auf dem Bürgersteig vor den Cafés bildeten sich Schlangen von Menschen, die darauf erpicht waren, sich diesen Anblick nicht entgehen zu lassen. Portugiesinnen liefen vorbei und – verwirrt durch solch vermeintliche skandalöse Unverschämtheit – flohen, während portugiesische Männer sich „im Paradies" wähnten. Die Polizei missbilligte die Männeraufläufe und die ausländischen Besucherinnen des Cafés verstanden den Grund der Ansammlung nicht.[50] „Eine deutsche Jüdin sagte zu ihrem Ehemann: „Es scheint, dass wir uns im Zoo befinden. Denkst du, dass wir der Grund sind?" Ihr Mann zuckte mit den Schultern und schenkte einen Reiskuchen einem kleinen barfüßigen Jungen, der ihm gierig auf den Teller schaute. Und das Defilee setzte sich weiter fort am verblüfften Platz."[51]

Die Fahrgäste der Elektrischen versuchten zu verstehen, was sie da gesehen hatten, und diskutierten darüber zu Hause oder in den Cafés. Der Inhaber versuchte vergeblich die Voyeure zu vertreiben, denn er fürchtete um sein Geschäft mit den fremden Gästen. Die Café-Besucherinnen ließen sich davon in ihrer Ungezwungenheit nicht stören. Als der Geschäftsführer zu einer Polin sagte, die Beine (*as pernas*) wären der Grund für den Aufruhr, machten diese beiden Wörter von Tisch zu Tisch die Runde, unter Lächeln und Schulterzucken. Nur eine alte Frau zog ihren Rock über die Mitte ihres Schienbeins.[52]

Die realen Flüchtlinge – die Protagonisten des hier beschriebenen Romans von Redol – ließen sich von dem Eindruck, den sie bei den Einheimischen machten, jedenfalls nicht beirren und ignorierten die Landessitte. Sie waren gerade den NS-Sanktionen entkommen und genossen die Freiheit und das geret-

---

47 Vgl. Redol, Alves: O Cavalo espantado. Lisboa 1972. S. 76f..
48 Vgl. Redol: Cavalo (wie Anm. 47). S. 77.
49 Vgl. Redol: Cavalo (wie Anm. 47). S. 77.
50 Vgl. Redol: Cavalo (wie Anm. 47). S. 78f.
51 Redol: Cavalo (wie Anm. 47). S. 79.
52 Redol: Cavalo (wie Anm. 47). S. 79.

tete Leben, wenn auch die Zukunft ungewiss war. Ilse Losa bemerkte treffend in einem Interview 1989:

> Als ich hier 1934 ankam, hatte ich das Gefühl, in einer anderen Welt gelandet zu sein. Hier gingen die Mädchen nach Einbruch der Dunkelheit nicht mehr allein auf die Straße. Und das konnte sechs Uhr sein im Winter. Ich hab' sofort gesagt, das mache ich nicht mit, und das konnte man ja auch nicht mitmachen. Ich war immer ein bißchen, naja, revolutionär will ich nicht sagen, aber ich machte, was ich wollte.[53]

## Berliner in Lissabon

Mit den Flüchtlingen hielten auch internationale Spezialitäten Einzug in Lissabon. In der Konditorei Casa Veneza in der Avenida da Liberdade wurde Joghurt nach bulgarischem Rezept angeboten, in der Metzgerei Suíça, in der Nähe vom Rossio, verkaufte ein jüdischer Flüchtling orientalischen Joghurt, ungarische Kuchen gab es in der Konditorei Império und ein Flüchtling aus Wien bot in einem eigenen Restaurant Apfelstrudel an.[54]

Auf eine kulinarische Spur, die jüdische Flüchtlinge aus Deutschland in Portugal hinterlassen haben, weisen die am Strand von Guincho vorbeiziehenden Verkäufer hin, wenn sie rufen: „bolas de Berlim" (Berliner Bälle). Gemeint sind Pfannkuchen, Berliner Ballen oder einfach Berliner: in heißem Fett fritiertes und mit Konfitüre gefülltes Hefegebäck in Kugelform, das in jeder Konditorei in Deutschland angeboten wird, besonders in der Karnevalszeit. Die Berlinerin Ruth Davidsohn (später verheiratete de Carvalho) erreichte auf einem deutschen Schiff am 6. Oktober 1935 mit ihrer Schwester Gerda und ihren Eltern von Hamburg aus Portugal. Dort trafen sie Onkel und Tante Hugo und Lily Losser, die sich dort schon niedergelassen hatten. Die Mutter von Ruth, von Beruf Chemikerin, trug zum Familieneinkommen bei, indem sie Berliner Ballen (*bolas de Berlim*) in ihrer Lissabonner Küche herstellte, die ihr Ehemann und ihre beiden Töchter erfolgreich an die Mitglieder der deutschen Gemeinde in Lissabon verkauften und die seither über die deutsche Gemeinde hinaus einen bleibenden Absatz in Portugal finden.[55]

---

53 Engelmayer: Sprache (wie Anm. 6). S. 63.
54 Vgl. Pimentel: Judeus (wie Anm. 9). S. 165f.
55 Vgl. Pimentel: Judeus (wie Anm. 9). S. 25f.

## À la Refugié

Nicht alle Portugiesen waren von den Gewohnheiten der Fremden schockiert. Das Gebahren der Flüchtlinge wurde vor allem durch die Jugend Portugals kopiert. Damit gerieten gewohnte Verhaltensweisen ins Wanken:

> Diese Haltung war dadurch bestimmt, daß die *Refugiés* auf die verschiedensten Arten in die Stadt einrückten: die einen ärmlich gekleidet, zu Fuß, manche mit Rucksack, andere im Schnellzug, mit eleganten Lederkoffern, in tadelloser Aufmachung. Ihre Ungezwungenheit und Gleichgültigkeit allen Förmlichkeiten gegenüber – eher Folge ihrer friedlosen Situation als anerzogene Eigenschaften – fanden schnell, zum Schrecken der Alten und der oft noch recht jungen „Alten", eine beträchtliche Reihe von Nachahmern. Mit einem Mal sah man portugiesische Mädchen aus den sogenannten guten, altlusitanischen Familien mit vorgetäuschter Nonchalance und straffgekämmter Frisur *à la Refugié* zigarettenrauchend und laut diskutierend in den Konditoreien sitzen oder, bei Kino- und Theatervorstellungen, in den Pausen durch die Foyers schlendern. Junge Männer ließen sich mit den ausländischen, allem Anschein nach gutbürgerlicher Ruhe und Gemessenheit abholden „Tagdiebinnen" sehen. Die merkwürdigen, ein Nomaden- oder nahezu Zigeunerleben führenden Leute, die in den Cafés saßen, durch die Straßen spazierten oder am Meeresstrand in der Sonne lagen, passten nicht in diese schon vor Jahren ins Stocken geratene Welt und schufen eine Atmosphäre der Unstetigkeit, der Unsicherheit und eines sonderbaren Angstgefühls: Saß man etwa doch nicht so sicher im Sattel, wie es den Anschein hatte? Ob ein Sturm an den alten Fassaden rütteln und sie zerstören könnte?[56]

Auch an den Stränden von Estoril, der Costa de Caparica, der Costa do Sol, von Praia das Maçãs, in Ericeira und Figueira da Foz offenbarten sich mit Beginn des Sommers 1940 die „modernen" Gewohnheiten der Exilanten, die diese aus ihrem Heimatländern mitgebracht hatten: Frauen im Badeanzug und mit Sonnenbrille, Männer mit nacktem Oberkörper – das war bisher tabu.[57] Marta Feuchtwanger geriet in Schwierigkeiten mit den örtlichen Autoritäten, da ihr Badeanzug nicht der Landessitte entsprach.[58] Ruth Arons erinnerte sich, dass mit Eröffnung der Küstenstraße zwischen Lissabon und dem mondänen Badeort Estoril regelrechte Ausflüge von Schaulustigen (*excursões de voyeurs*) und Moralaposteln einsetzten, die das Fehlverhalten der Strandbesucher beobachteten und bei der Polizei denunzierten.[59]

Die portugiesische Presse bewertete das neue Strandleben unterschiedlich. Während 1942 in einer Mitteilung des staatlichen Verbandes der Weiblichen Portugiesischen Jugend (*Mocidade Portuguesa Feminina*), Jugendorganisation des *Estado Novo*, davor gewarnt wurde, diesem schlechten Beispiel zu folgen, lobte

---
56 Losa: Himmeln (wie Anm. 7). S. 83f.
57 Vgl. Pimentel: Judeus (wie Anm. 9). S. 171.
58 Vgl. Heinrich: Zuflucht (wie Anm. 5). S. 23.
59 Vgl. Pimentel: Judeus (wie Anm. 9). S. 171f.

die liberale Tageszeitung *Diário de Notícias* diese neue Mode (*a nova moda*), die von den Fremden an die heimischen Strände gebracht worden war. Schließlich sei Portugal der westlichste Strand Europas, an dem nun alle Sprachen gesprochen und Frauen unterschiedlicher Schönheit angetroffen werden können – so der Kommentar des Journalisten.[60]

## Anderer Leben

Während Erika Mann die Situation in den Cafés bzw. die Exilanten aus der Sicht der Ausländerin beschreibt, widerspiegeln Alexandre Babo und Alves Redol die Sicht der Inländer auf die in Portugal gestrandeten Flüchtlinge. Ilse Losa kennt beide Positionen: bei ihrer Ankunft nimmt sie zuerst die Perspektive der Außensicht ein, um dann später in die Innensicht zu wechseln, als sie schon eine Weile in Portugal lebte und sich auf ein Bleiben eingelassen hatte. Die jeweiligen Positionen führen zu unterschiedlichen Bewertungen der Exilanten. Von der Sicht der Einheimischen auf die Ankömmlinge erzählt Losas Romanfigur, die Portugiesin Teresa: „Soviel Aufhebens wird gemacht von dem Unglück dieser Leute, und dabei sitzen die den lieben langen Tag froher Dinge im Café herum und schwatzen das Blaue vom Himmel herunter", oder: „Würde unsereins so was passieren, daß wir unser Land verlassen müßten, könnten wir nur immerzu jammern und weinen und nicht wie die da quietschvergnügt die Zeit totschlagen."[61]

Von dem Elend der Flüchtlinge bekamen die Einwohner des Landes wenig mit. So heißt es in Losas Roman: „In den schmalen Korridoren und engen Büroräumen der jüdischen und christlichen Hilfskomitees, finanziert mit den vielfältigsten Münzen der Welt, standen Männer, Frauen und Kinder, die sich Geld für ihren Unterhalt oder für ihre Weiterreise erbettelten, wartend herum. Von all diesem Treiben ahnten nur wenige in der portugiesischen Bevölkerung etwas, obgleich es sich in ihrer nächsten Nähe abspielte."[62]

„Wenn einige auch Wertsachen mitgebracht hatten – Schmuck oder Geld – so ist die Wahrheit, dass die allermeisten nur die Kleidung am Körper besaßen und kaum mehr"[63], erzählte Babo.

Die Situation wurde von den meisten Einheimischen verkannt. Das einfache Volk staunte und bewunderte den Habitus dieser Menschen, die in ihren Augen keine finanziellen Probleme hatten: die Frauen sind geräuschvoller, fröh-

---

60 Vgl. Pimentel: Judeus (wie Anm. 9). S. 171.
61 Losa: Himmeln (wie Anm. 7). S. 74.
62 Losa: Himmeln (wie Anm. 7). S. 97.
63 Babo: Recordações (wie Anm. 13). S. 142.

licher, sorgloser, barhäuptig, der blonde Kopf kunstvoll frisiert, rauchen ständig, kreuzen ihre Beine ganz ungezwungen und zeigen, was man sieht und ahnt – so heißt es Anfang der 1940er Jahre in einer portugiesischen Zeitung.[64]

Die Portugiesen hielten die Flüchtlinge für Privilegierte. Denn wäre es ihnen sonst möglich gewesen, Länder und Grenzen zu überwinden, um nach Portugal zu kommen? Während Babo aus dieser Perspektive den Blick der Portugiesen auf die Fremden richtet, schildert Losa in der Romanfigur Dona Branca eine andere Sicht: „Ein Fremder ist nun mal ein Fremder, fühlt und denkt anders als wir. Und man kann nie wissen, ob es ihm nicht einfällt, alles hinter sich zu lassen und fortzugehen. Schließlich bindet ihn nicht viel an das Land. Wir haben es doch gesehen, wie die alle hier angekommen sind und plötzlich mir nichts, dir nichts auf und davon waren."[65]

Dabei wären manche Flüchtlinge durchaus gerne geblieben. Artur Lindomonte, Figur in Ilse Losas Roman, deutscher Jude mit portugiesischem Familiennamen, war frühzeitig mit seiner Familie nach Portugal ausgewandert. Er stammte von portugiesischen Juden ab, die 400 Jahre zuvor vor der Inquisition nach Hamburg geflüchtet waren. Und so meinte Herr Lindomonte, an die Geschichte seiner Vorfahren anknüpfen und in Portugal wieder eine zweite Heimat finden zu können.[66] Die Villa der Lindomontes stand in Porto und war im altdeutschen Stil eingerichtet: „Bis in ihr Exil hinein waren sie den massigen Eichenmöbeln, den Perserteppichen und Perserbrücken, den großblumig gemusterten Seidenkreppvorhängen, den Ledersesseln und der Couch voller buntgehäkelter, gestrickter und gestickter Sofakissen treu geblieben."[67]

Familie Lindomonte fühlte sich in Portugal jedoch nicht heimisch und wollte weiter nach Brasilien. Frau Lindomonte resümierte: „Wir sind uns darüber einig geworden, daß wir von soviel Rückständigkeit die Nase voll haben."[68]

## Wirbelstürme über der Diktatur?

Der Einfluss der Flüchtlinge auf das alltägliche Leben der Portugiesen darf nicht unterschätzt werden, und zwar sowohl auf die männliche als auch die weibliche portugiesische Bevölkerung. Besonders die Frauen trieben die Veränderungen der Regeln und Gewohnheiten voran. So bemerkt Ilse Losa in ihrer Beschreibung der progressiv eingestellten Portugiesin Dona Ambrosina und ihrer reaktionären Schwester Dona Alice:

---

64 Vgl. Pimentel: Judeus (wie Anm. 9). S. 254f.
65 Losa: Himmeln (wie Anm. 7). S. 212.
66 Vgl. Losa: Himmeln (wie Anm. 7). S. 50.
67 Losa: Himmeln (wie Anm. 7). S. 53.
68 Losa: Himmeln (wie Anm. 7). S. 54.

Ausländer waren Leute von „draußen", anders geartete Menschen als die von „drinnen", und somit behaftet mit bedauerlichen, alarmierenden Fehlern. In Dona Ambrosinas Augen dagegen wiesen die vermeintliche Gewandtheit und Zwanglosigkeit der Frauen von „draußen" auf innere Kraft und Unabhängigkeit hin. Sie verteidigte sie immer gegen die Schwester, die sogar das Kreuz schlug, wenn sie die lebhaft mit Männern diskutierenden Ausländerinnen in den Cafés und auf der Esplanade am Meeresstrand sitzen sah.[69]

Artur Lindomonte fasst dies so zusammen:

„Wissen Sie", erklärte Herr Lindomonte, als wollte er seine Frau entschuldigen, „ich kann in einem solchen Milieu wie dem hiesigen, wo man gute Initiativen und Einfälle im Keim erstickt, nicht atmen. Hier gibt ein diktatorisches, pharisäerhaftes Regime vor, Ruhe und Frieden zu verteidigen, und dichtet dabei vor jedem frischen Wind sorgfältig ab, aus Angst, er könne in einen Wirbelsturm ausarten."[70]

Samuel Levy, Mitglied der Jüdischen Gemeinde in Lissabon, erinnerte sich, dass die Geheimpolizei PVDE Salazar warnte, die jüdischen Flüchtlinge könnten revolutionäre Sitten und Gebräuche (*costumes revolucionários*) mitbringen.[71] Ob die Angst vor durch die von den Emigranten ausgelösten und von der Diktatur gefürchteten Veränderungen in der Gesellschaft des Estado Novo begründet war und ob diese die Herrschaft Salazars hätten gefährden können, wenn die Flüchtlinge im Land geblieben wären, steht hier nicht zur Debatte. Das Regime des Diktators Salazar war auch nicht an einer Integration der Flüchtlinge in die portugiesische Gesellschaft interessiert. Ihr Aufenthalt sollte vorübergehend bleiben. Die Veränderungen, die sie bewirkten, waren jedoch irreversibel. Sie führten allerdings nicht zu einem Machtverlust der Eliten. Der *Estado Novo* bestand bis zur Nelkenrevolution von 1974.

Die Beispiele von Ruth Arons und Ilse Losa zeigen deutlich, wie sehr sich das Verhalten gerade der deutsch-jüdischen Immigrantinnen von dem portugiesischer Frauen unterschied. Die Einflüsse auf die Bewohner des konservativen und armen Landes am südwestlichsten Ende Europas waren nachhaltig und können daher durchaus als kulturelle Spuren des deutsch-jüdischen Transits angesehen werden. Alexandre Babo sieht die „Refugiados" als Zeit-Marken, wenn er feststellt, dass sie das Leben und die Gewohnheiten der Portugiesen veränderten, und schreibt: „Wir können sagen vor oder nach den Flüchtlingen, um eine Richtschnur des Lebens zu markieren."[72]

---

69 Losa: Himmeln (wie Anm. 7). S. 151.
70 Losa: Himmeln (wie Anm. 7). S. 54f.
71 Vgl. Pimentel: Judeus (wie Anm. 9). S. 201f.
72 Babo: Recordações (wie Anm. 13). S. 143.

Walter Homolka
# Neuanfang und Rückbesinnung

Das liberale Judentum in Deutschland nach der Schoa

Als die *Union progressiver Juden in Deutschland* (UPJ) 2007 in Berlin ihr zehnjähriges Bestehen feierte, befand der damalige Bundesinnenminister Wolfgang Schäuble in seinem Grußwort:

> Zehn Jahre sind – selbst in unserer schnelllebigen Zeit – eigentlich eine relativ kurze Spanne. Dieses Jubiläum ist dennoch ein Anlass zu besonderer Freude. Denn die Gründung der Union progressiver Juden in Deutschland ist Zeichen eines wachsenden, vielfältigen jüdischen Lebens in unserem Land ... [Sie] war kein Ereignis *ex nunc*, sondern ein Rückgriff auf die Geschichte: Das Wiederanknüpfen an eine große Tradition, deren Ursprünge im 18. und 19. Jahrhundert hier in Deutschland zu finden sind und deren Ideen sich rasch über die Grenzen Deutschlands ausbreiteten und vor allem in den USA zur vollen Entfaltung kamen.[1]

Dieser Beitrag will zeigen, dass das liberale Judentum, das seinen Anfang vor zweihundert Jahren in Deutschland genommen hat, hier selbst über die Schoa hinaus präsent geblieben ist, gerade auch in den Jahrzehnten vor seiner erneuten Institutionalisierung. „Die Idee bleibt, um in neuen Formen weiterzuwirken", schrieb bereits der damalige Präsident der *World Union for Progressive Judaism*, Rabbiner Leo Baeck (1873–1956) im Jahre 1946.[2]

Die Befreiung Deutschlands von den Nationalsozialisten ging im Frühjahr 1945 nur sehr schleppend voran, und als etwa der amerikanische Chaplain W. Gunther Plaut (1912–2011), der selbst 1935 aus Deutschland in die USA emigriert war, am 22. März in den Trümmern der Synagoge in der Roonstraße in Köln schon den ersten jüdischen Gottesdienst feierte, da waren noch immer Tausende auf Todesmärschen unterwegs oder in den vielen Konzentrationslagern und ihren Außenstellen Gewalt und Tod ausgesetzt, und der Kampf um Berlin fing erst an. Als Rabbiner Plaut in Bonn bereits mit dem ersten Sederabend nach der Befreiung begonnen hatte, bekam seine 104. Infanteriedivision plötzlich Order, die Rheinbrücke von Remagen zu nehmen. Am 11. April 1945 befreite seine Division dann schließlich das KZ Dora-Nordhausen.

---

[1] Schäuble, Wolfgang: „Zeichen eines wachsenden und vielfältigen jüdischen Lebens in unserem Land". Rede zum 10-jährigen Bestehen der Union progessiver Juden in Deutschland am 12.07.2007 in Berlin. http://www.bmi.bund.de/SharedDocs/Reden/DE/2007/07/bm_union_progessiver_juden.html (abgerufen am 29.09.2014).
[2] Baeck, Leo: Die Idee bleibt, in: K.C. Blätter. Festschrift. New York 1946. S. 1f.

Der liberale Rabbiner Gunther Plaut, lange Jahre in Toronto zu Hause, Ehrensenator des Abraham Geiger Kollegs an der Universität Potsdam und in Deutschland heute vor allem durch seinen Thorakommentar bekannt, war nur einer von vielen amerikanischen Militärrabbinern, die den jüdischen Überlebenden in Deutschland nach Kriegsende zur Seite standen, für Lebensmittel und Jüdischkeit sorgten und damit begannen, Listen mit den Namen der Displaced Persons aufzustellen. Rabbiner Abraham Klausner (1915–2007), ein junger Reformrabbiner aus Memphis, Tennessee, sammelte im Juni 1945 25.000 Namen von Überlebenden und prägte für sie den Begriff *She'erith HaPletah*, „überlebender Rest" – eine Bezeichnung, die sich schon im Buch Esra findet. Klausner war es auch, der die Smichot von in Dachau befreiten orthodoxen Rabbinern aus Osteuropa beglaubigte und so ein erstes Rabbinat für das *Central Committee of Liberated Jews in Bavaria* schuf.[3]

1946 sorgte Klausner für den Druck einer Pessach-Haggada, in der es treffend hieß „We were slaves to Hitler in Germany"; 1947 regte er zusammen mit seinem Vorgesetzten, dem Reformrabbiner Philip S. Bernstein, eine erste Talmud-Ausgabe für die über 200.000 Displaced Persons in Westdeutschland an. Der *Survivors' Talmud* erschien schließlich 1949. Rabbiner Philip S. Bernstein (1901–1985) diente vom Mai 1946 bis zum August 1947 als Advisor on Jewish Affairs to the U.S. Army Commander in Germany. Unter seiner Ägide wurde im Dezember 1946 die Wiesbadener Synagoge wieder eingeweiht. Sein Sohn Stephen feierte 1947 im Frankfurter Philanthropin seine Bar Mitzwa – eine der ersten öffentlichen Bar-Mitzwa-Feiern in Deutschland seit Jahren. Bernstein schrieb dazu in seinem Tagebuch: „Since liberation there was not a single Jewish boy in this once great city of Frankfurt who reached the age of thirteen."[4]

Zu den Mitarbeitern von Bernstein, der 1950 Präsident der *Central Conference of American Rabbis* wurde, gehörte auch Rabbiner Herbert Friedman (1918–2008), der 1943 am New Yorker Hebrew Union College ordiniert worden war und im Juli 1946 zum amerikanischen Hauptquartier in Frankfurt am Main kam. Er begleitete David Ben-Gurion im Oktober 1946 bei dessen Besuch im DP-Camp Babenhausen und sorgte zusammen mit Gershom Scholem dafür, dass seltene Judaica-Bestände aus einem Offenbacher Depot 1947 für die Jewish National Library nach Palästina verschifft werden konnten. Im August 1946 besuchte auch der damals führende Repräsentant der amerikanischen Reformbewegung, Dr. Stephen S. Wise (1874–1949), dessen Ehefrau Louise Waterman Wise in den 1930er Jahren für

---

3 Vgl.: Grobman, Alex: Rekindling the Flame. American Jewish Chaplains and the Survivors of European Jewry, 1944–1948. Detroit 1993.
4 Zitiert nach: Nickeson, Walter F./Graham, Laura: Introduction to the Philip S. Bernstein Papers. http://www.lib.rochester.edu/index.cfm?PAGE=3323 (abgerufen am 29.09.2014)

Tausende jüdischer Flüchtlinge aus Deutschland deren provisorische Aufnahme in Einrichtungen des *American Jewish Congress* organisiert hatte, die Überlebenden im DP-Camp Zeilsheim. Die *Jewish Telegraphic Agency* meldete dazu am 1. August 1946: „Gen. Joseph T. McNarney, commander of U.S. forces in the European Theatre, has invited Dre. Stephen S. Wise and Nahum Goldmann, American members of the Jewish Agency, to confer with him, it was learned here today."[5]

Aber nicht nur liberale Militärrabbiner engagierten sich in den ersten Nachkriegsjahren für die Überlebenden in Deutschland, sondern auch Laien, die der Reformbewegung eng verbunden waren. So öffnete der Bankier Eric M. Warburg (1900–1990) den Familiensitz Kosterberg in Hamburg-Blankenese für überlebende Kinder aus Bergen-Belsen und Theresienstadt. Das Anwesen war 1941 von den Nazis beschlagnahmt worden und wurde kurz nach dem Krieg von der britischen Armee an die Familie zurückgegeben. Sein Sohn Max Warburg ist heute Mitglied des Kuratoriums des Abraham Geiger Kollegs an der Universität Potsdam.

An dieser Stelle soll auch die heute hier nahezu vergessene Leiterin der britischen *Jewish Relief Units* in Deutschland, Lady Rose Henriques (1877–1972), genannt werden. Lady Henriques, geborene Loewe, die zusammen mit Lily Montagu unter den Begründern der liberalen jüdischen Bewegung in Großbritannien war, hatte 1919 zusammen mit ihrem Ehemann die St George's Settlement Synagogue begründet, die in seltener Kooperation sowohl mit der West London Synagogue als auch mit der Liberal Jewish Synagogue in London verbunden war. Als sie mit ihren ehrenamtlichen Mitarbeitern im Juli 1945 zur Betreuung der Überlebenden des KZs Bergen-Belsen ihre Arbeit in Celle aufnahm, richtete sie dort in ihrem Zentrum auch eine Synagoge ein.[6] Sie nahm deutlich wahr, dass gerade auch die deutsch-jüdischen Überlebenden wieder einer jüdischen Gemeinschaft angehören wollten, wobei Unterschiede in der religiösen Orientierung, liberal oder orthodox, in Gemeinden wie Hannover mit damals 250 Mitgliedern zunächst keine Rolle gespielt haben sollen: „It is also understandable, that, in the emotional state of every Jew after the liberation, many who had been attached to the Progressive Synagogue before the war were only too happy to absorb to the full every atom of Jewish observance and communal life that came their way."[7]

---

5 Zitiert nach: JTA (Frankfurt, 01.08.1946): American Commander in Germany invites Wise, Goldmann to Discuss Jewish Problem. http://www.jta.org/1946/08/02/archive/american-commander-in-germany-invites-wise-goldmann-to-discuss-jewish-problem (abgerufen am 29.09.2014).
6 Vgl. Barkow, Ben: The Henriques Archive. A Source for Research on Jewish Survivors of the Holocaust in the Aftermath of the Second World War. In: Post-war Europe. Refugees, Exile and Resettlement, 1945–1950. Reading 2007. Das Henriques Archive befindet sich heute in der Wiener Library in London.
7 Vgl. Extracts from Reports to WUPJ on Mrs. Henriques' Visit to Germany and Interviews with certain leaders of Jewish Communities on Behalf of the World Union, 1947. Henriques Archive.

Dass es in der unmittelbaren Nachkriegszeit die soziokulturellen Gegensätze zwischen den Juden deutscher Herkunft und den osteuropäischen Displaced Personen waren, die zu Spannungen führten, hat beispielweise Anke Quast anschaulich nachgezeichnet.[8] Michael Brenner hat diese Situation so beschrieben:

> Nach 1945 konnte man diese deutsch-jüdischen Traditionen nur noch in der Emigration finden, von London über New York bis Montevideo. In Deutschland selbst jedoch setzte sich die jüdische Bevölkerung größtenteils aus osteuropäischen Juden zusammen, die ganz andere Traditionen mit sich brachten. Das dabei heute herrschende Missverständnis macht ihre Nachkommen oftmals zu „Orthodoxen", die streng an den jüdischen Religionsgesetzen festhalten. Dies trifft jedoch nur auf eine verschwindend kleine Minderheit zu. Wenn trotzdem die meisten „Drei-Tage-Juden" an den Hohen Feiertagen eine orthodoxe Synagoge besuchen, so hat dies vor allem mit einer gefühlsmäßigen Bindung an familiäre Traditionen zu tun.[9]

Diese gefühlsmäßige Bindung an ihre familiären Traditionen verband ebenso die überlebenden deutschen Juden. Es war unter anderem der Arbeitskreis von B'nai B'rith, der für deutsche Juden im Nachkriegsberlin ein Stück Gemeinschaft bot. Die wenigen Mitglieder des *Unabhängigen Ordens B'nai B'rith*, die die Verfolgung durch die Nationalsozialisten überlebt hatten und nach Berlin zurückgekehrt waren, vereinten sich bereits 1946 auf Initiative von Adolf Schoyer zu einem Bruderkreis, um den Logengedanken von „Wohltätigkeit, Brüderlichkeit, Einheit" zu bewahren und einander ein Stück Heimat zu geben. Der erste Präsident der Berliner Leo Baeck-Traditionsloge, Wilhelm Grzyb, sagte anlässlich der erst viel später möglichen Installation der Loge am 13. Dezember 1959:

> Aufgabe der Loge muss es jetzt sein, mitzuhelfen, dass die geschlagenen Wunden heilen. Wer wollte es den Brüdern, die aus den Lagern zurückgekehrt sind oder aus der Illegalität, verdenken, dass sie ihr inneres Gleichgewicht noch nicht völlig wieder gefunden haben? Das gleiche gilt von den Brüdern, die aus den verschiedensten Ländern zurückkehren und niemand von ihren Verwandten oder ihren alten Freunden wieder finden. Ihnen wollen wir unsere brüderliche Hand entgegenstrecken.[10]

---

[8] Quast, Anke: Nach der Befreiung. Jüdisches Leben in Niedersachsen nach 1945. Hannover 2001.
[9] Brenner, Michael: Als in der Synagoge die Orgel erklang. Reinheit des Glaubens oder Einheit der Gemeinden? Zur Geschichte des Streits zwischen orthodoxen und liberalen Juden. In: Die Welt, 14.5.2004.
[10] Zitiert nach Bomhoff, Hartmut: „Inmitten meines Volkes lebe ich". Leo Baeck zu Ehren. 50 Jahre B'nai B'rith in Berlin. In: In unserer Mitte leben: Mit uns Leben. Themenheft zur Woche der Brüderlichkeit 1996. Hrsg. von Deutscher Koordinierungsrat der Gesellschaften für christlich-jüdische Zusammenarbeit. Frankfurt am Main 1995. S. 35f.

Abseits von Berlin, Frankfurt und München blieb aber oft nichts als Isolation, so auch für die Rabbiner. So konstatierte Rabbiner Siegbert Neufeld (1891–1971), ebenfalls ein Absolvent der Hochschule für die Wissenschaft des Judentums, der 1951 von der Israelitischen Religionsgesellschaft Württembergs angestellt worden war, rückblickend: „In der langen Zeit, in der ich fast allein in Deutschland war, wurde ich häufig, zum Teil auch telegrafisch oder telefonisch, aus den verschiedensten Gemeinden Deutschlands um religiöse Auskünfte gebeten. Ich spürte manchmal das Verlangen, mich mit einem Kollegen auszusprechen, aber es war keiner da."[11]

Die Vertreter eines aufgeklärten liberalen Judentums waren nach Verfolgung, Flucht und Schoa im Nachkriegsdeutschland in der Minderzahl. Vor 1933 hatte die jüdische Gemeinschaft in Deutschland etwa 570.000 Personen gezählt. Von ihnen hatten im Reich selbst etwa 1.500 Menschen im Versteck und weitere 15.000 Personen in Ehen mit nichtjüdischen Partnern überlebt. Zu diesen Gruppen kamen noch etwa 9.000 Überlebende hinzu, die als ehemals deutsche Staatsbürger nicht in die Lager für die so genannten Displaced Persons aufgenommen wurden und so auch nicht in den Genuss von Unterstützung durch amerikanisch-jüdische Wohltätigkeitseinrichtungen kamen. Einen besonderen Stellenwert bei der Konsolidierung jüdischen Lebens hatten deutsch-jüdische Rückwanderer. So kehrten im August 1947 gut 300 Remigranten aus Schanghai nach Berlin zurück.

Die Amerikaner kamen im Juli 1945 nach Berlin, doch das erste provisorische Gemeindeleben nahm hier schon im Mai 1945 auf Initiative einzelner Überlebender und mit Unterstützung der Roten Armee seinen Anfang. Dass diese jüdische Gemeinschaft kaum noch etwas mit der Vorkriegsgemeinde zu tun haben konnte, wird schon anhand der bloßen Zahlen deutlich, die ein Transparent bei einer Kundgebung von Opfern des Faschismus nannte: „Jüdische Gemeinde zu Berlin: 1933 186.000 Mitglieder – 1945 5.100 Mitglieder". Tatsächlich zählte die Gemeinde Ende 1945 etwa 7.000 Mitglieder, von denen gut 1.300 im Versteck und 4.200 als Ehepartner von Nichtjuden die Schoa überlebt hatten; gut 1.500 Personen waren aus den Konzentrationslagern nach Berlin zurückgekommen. Für diejenigen, die nicht Juden vormals deutscher Staatsangehörigkeit waren, legte die UNRRA Durchgangs- und Sammellager für Displaced Persons an. Die Lager in Schlachtensee und Tempelhof boten medizinische Versorgung sowie Arbeits-, Sozial- und Unterrichtsprogramme an, aber auch die Möglichkeit, zu einem Familienleben zurückzufinden: allein Reformrabbiner Herbert Friedman nahm dreihundert Chuppot vor, religiöse Trauungen.

---

11 Zitiert nach Brenner, Michael: Religiöser Wiederaufbau. Rabbiner im Nachkriegsdeutschland – Zu einem Forschungsprojekt an der LMU München, In: Akademie aktuell. Zeitschrift der Bayerischen Akademie der Wissenschaften. 10 (2010). Heft 1. S. 11.

Der erste Jewish Chaplain in Berlin war der Reformrabbiner Isadore Breslauer (1897–1978), ein Absolvent des Jewish Institute of Religion in New York, der 1940 Executive Director of the Zionist Organization of America geworden war und sich 1943 entschlossen hatte, sich dem United States Military als Chaplain zur Verfügung zu stellen.[12] Nachdem im September 1945 der erste Neujahrsgottesdienst im Harnack House in Dahlem gefeiert worden war, wurde das Chaplain's Center Unter den Eichen 78/79 in Zehlendorf zu einem Zentrum jüdischen Lebens. Hier traf sich beispielsweise auch die „Deutsche Jüdische Jugend". Im April 1946 weihte Rabbiner Friedman in Anwesenheit von alliierten Offizieren und von Oberbürgermeister Arthur Werner im Jüdischen Krankenhaus in der Iranischen Straße im Wedding eine Synagoge ein. Der große Sederabend fand 1946 hingegen im Schöneberger Rathaus statt: Als erstes Chag Cherut nach der Befreiung und vor laufenden Kameras.

Rabbiner Leo Baeck (1873–1956) kam 1948 erstmals wieder nach Deutschland. Baeck war nach seiner Befreiung in Theresienstadt zu seiner Tochter Ruth Berlak und deren Familie nach Hendon bei London übergesiedelt. Er nahm dort sein Amt als Präsident der *World Union for Progressive Judaism* wieder auf und engagierte sich auch als Präsident des *Council for the Protection of the Rights and Interests of Jews from Germany* sowie der *London Society for Jewish Studies*. Im Oktober 1948 reiste Baeck in Begleitung von Egon Gottfried Lowenthal (1904–1994) von Hamburg aus durch die britische und die amerikanische Besatzungszone, gab Vorträge und predigte zu den Feiertagen und zu Schabbat in den sich gerade erst wieder konsolidierenden jüdischen Gemeinden, so auch in Düsseldorf. Dort hörte ihn zufällig auch der junge Johannes Rau.

1951 besuchte Baeck Berlin und predigte im Oktober in der Synagoge Pestalozzistraße. Im Juli 1954 empfing Bundespräsident Theodor Heuss ihn in Düsseldorf. Baeck sprach damals im Düsseldorfer Landtag über *Maimonides, der Mann, sein Werk und seine Wirkung* – für den *Zentralrat der Juden in Deutschland* und für die *Allgemeine Wochenzeitung der Juden in Deutschland* ein Zeichen des „ewigen Dennochs" und die bis dahin bedeutendste Veranstaltung in der jüdischen Nachkriegsgeschichte.[13]

Aus dem Briefwechsel des Baeck-Schülers Ernst Ludwig Ehrlich (1921–2007) mit seinem Mentor aus den Jahren von 1946 bis 1956 lässt sich auch die Entwicklung des jüdischen Gemeindelebens in Berlin ablesen. Ehrlich hatte Baeck in Berlin das letzte Mal kurz vor dessen Deportation, etwa Mitte Januar 1943, in

---

12 Sein Nachlass, The Papers of Isadore Breslau (1897–1978), 1911–1975, befindet sich in der American Jewish Historical Society im Center for Jewish History in New York.
13 Vgl. Homolka, Walter: Leo Baeck. Jüdisches Denken – Perspektiven für heute. Freiburg i. Br. 2006. S. 77f.

seinem Büro in der Reichsvereinigung der Juden in Deutschland in der Kantstraße in Charlottenburg besucht.[14] Über ihre Beziehung in der Nachkriegszeit schrieb Ehrlich: „Nach dem Kriege traf ich Baeck jedes Jahr in Zürich, London, oder auf Tagungen, wo er seine alten Kollegen traf – von seinen eigentlichen Schülern der letzten Jahre waren ja nur zwei übrig geblieben. Das erste Treffen fand in London statt, auf einer Tagung der World Union for Progressive Judaism, zu der er mich eingeladen hatte."[15] Die 5. Internationalen Konferenz der 1926 gegründeten *World Union for Progressive Judaism*, die vom 25. bis 30. Juli 1946 in London stattfand, hatte das Thema „The Task of Progressive Judaism in the Post-War World". Rabbiner Robert Raphael Geis (1906–1972) wurde im Zuge dieser Londoner Konferenz als liberaler Rabbiner ins besetzte Deutschland entsandt.[16]

In seiner Londoner Rede vom 28. Juli 1946 beschrieb Baeck den unerhörten Verlust, den das jüdische Volk und die ganze Menschheit seit der vierten WUPJ-Konferenz in Amsterdam im Jahr 1937 erfahren hatten. Er verwies aber auch auf die Anzeichen von neuem jüdischem Leben in Kontinentaleuropa, „trotz allem":

> Since the last Conference of our World Union, a terrible ordeal has swept over the Jewish people and over humanity; it has once again proved true that the Jewish People and humanity are inseparable from one another [...] During the time of horror, not only Jewish communities were destroyed as before, but whole Jewish regions. All and everything of the manifold forms of Jewish life has been hit by the severity of the loss and of the suffering. We must never forget what we have lost or whom we have lost. We must conserve this emotion within us – „lest we forget, lest we forget" [...].And deeply moved we stand watching how, on the martyred soil of the European Continent, in spite of everything, Jewish willpower is active, Jewish life, as in all forms thus also in that of our Progressive Judaism, endeavors to and will revive [...].[17]

Ernst Ludwig Ehrlichs Hoffnung, seine 1942 in Berlin gezwungenermaßen abgebrochene Rabbinerausbildung in New York oder in Cincinnati zum Abschluss

---

**14** Am 17. September 1933 war nach der Machtübergabe an die Nationalsozialisten die *Reichsvertretung der deutschen Juden* zur Vertretung jüdischer Interessen in der Öffentlichkeit gegründet worden. Diese Organisation war bald umstrukturiert und „gleichgeschaltet" worden, hieß 1935 *Reichsvertretung der Juden in Deutschland*, musste vom Februar 1939 an den Namen *Reichsvereinigung der Juden in Deutschland* tragen und wurde im Juli 1939 der Kontrolle des Reichssicherheitshauptamtes (RSHA) unterstellt.
**15** Ehrlich, Ernst Ludwig: Leo Baeck (1873–1956) – mein Lehrer. In: Ernst Ludwig Ehrlich: Von Hiob zu Horkheimer. Gesammelte Schriften zum Judentum und seine Umwelt. Hrsg. von Walter Homolka u. Tobias Barniske. Berlin 2009. S. 306.
**16** The World Union for Progressive Judaism: The Task of Progressive Judaism in the Post-War World. Proceedings of the Annual Conference of the World Union for Progressive Judaism, July 28th, 1946. London o.J. S. 87.
**17** World Union: Task (wie Anm. 13). S. 56.

zu bringen, sollte sich nie erfüllen. Seinen drei Berliner Studienfreunden war der Wechsel in die USA gelungen (Peter Lewinsky, der seinen Namen in Nathan Peter Levinson umgeändert hatte, studierte seit 1941 am liberal ausgerichteten Hebrew Union College in Cincinnati; Herbert A. Strauss war 1946 nach New York übergesiedelt und Wolfgang Hamburger nahm 1947 sein Studium in Cincinnati auf). Neben Hamburger und Levinson wurden zu dieser Zeit am Hebrew Union College noch vier Studenten, die aus Deutschland gekommen waren, für das Rabbinat ausgebildet: Ernst Conrad, Albert H. Friedlander, Walter Plaut und Steven Schwarzschild. 1935 waren bereits fünf Studenten aus Deutschland am Hebrew Union College aufgenommen worden, darunter auch der anfangs schon erwähnte Gunther Plaut, der seine Einreise in die USA anhand zweier Briefe dokumentiert hat.[18]

Ernst Ludwig Ehrlich sah zwischenzeitlich auch in Berlin eine berufliche Perspektive als Mitarbeiter der dortigen Jüdischen Gemeinde. Baeck dankte ihm nämlich am 28. April 1950 für seine Bereitschaft, für einige Zeit in Berlin zu arbeiten, und schrieb, dass er den Plan, der Miss Montagu[19] schon vorläge, zu fördern suche. Keine Woche später, am 3. Mai 1950, teilte er Ehrlich dann aber mit, dass endgültige Pläne für den „temporary Rabbi" in Berlin noch nicht getroffen seien, und schrieb: „Die ganze Angelegenheit, auch die einer definitiven Bestellung eines Rabbiners, ist noch in der Schwebe. – Wenn Ihr Aufenthalt dort auch vorerst Ihrer privaten Wiedergutmachungsfrage gilt, so würde es doch sehr nützlich sein, wenn etwas Ihrer Zeit auch der Jüdischen Gemeinde zur Verfügung gestellt werden könnte." Am 17. Mai 1950 teilte Baeck Ehrlich mit, dass er an einen Bekannten, der der Berliner Gemeinde-Verwaltung angehöre – Dr. Hugo Ehrlich[20] – geschrieben und ihn angekündigt habe. In seinem Brief vom 7. Juni 1950 ließ Baeck Ehrlich dann aber wissen, dass er inzwischen auch mit Peter Levinson gesprochen und sich von ihm habe berichten lassen; er freue sich sehr über die positive Einstellung der Herren des Gemeindevorstandes. Mit Blick auf die Finanzierung bemerkte Baeck: „Ich will mich auch gerne bemühen, bei der World Union in finanzieller Hinsicht etwas zu erreichen. Freilich bin ich nicht sehr hoffnungsvoll. Die Finanzen der Union sind sehr angespannt, und die Subvention, die für das Rabbinat in Berlin gewährt wird, hängt selbst wieder von

---

[18] An Invitation, Prof. Julian Morgenstern, HUC, Cincinnati, OH, to Baeck (March or April 1935); A Follow Up, to Dr. Ismar Elbogen, June 21, 1935. Two Letters That Saved My Life, in: Plaut, W. Gunther: More Unfinished Business. Toronto 1997. S. 230f.
[19] Lily Montagu (1873–1963) war 1926 Mitbegründerin der *World Union for Progressive Judaism* und amtierte 1955–1959 als deren Präsidentin.
[20] Der Rechtsanwalt und Notar Dr. Hugo Ehrlich war langjähriges Mitglied des Vorstandes und der Repräsentanz der Jüdischen Gemeinde zu Berlin. Er war in der Nachkriegszeit Baecks Berliner Rechtsbeistand und starb am 6. Dezember 1958 im Alter von 75 Jahren.

einer Subvention seitens des Joints[21] ab, die für dieses Jahr noch nicht bewilligt ist."

Statt Ehrlich kehrte aber 1950 schließlich sein Jugendfreund Nathan Peter Levinson als Rabbiner nach Berlin zurück; er folgte Rabbiner Steven S. Schwarzschild (1924–1989) nach, der zwei Jahre lang auf Vermittlung der *World Union for Progressive Judaism* in Berlin amtiert hatte. Levinson war von der *World Union* eingeladen worden, in Berlin eine Probepredigt zu halten, die Bedingungen dort kennenzulernen und unter Umständen einige Jahre lang das Berliner Rabbinat zu übernehmen. In seiner ersten Predigt in der Synagoge in der Pestalozzistraße befasste er sich mit dem Priestersegen: „Ich gab der Hoffnung Ausdruck, dass wir wieder mit Vertrauen gesegnet sein mögen. Vertrauen zu Gott, zu unseren Nebenmenschen und zu uns selbst."[22]

Levinson zufolge war es Leo Baeck gewesen, der ihn für dieses Amt vorgeschlagen hatte.[23] Levinson wurde für drei Jahre der liberale Gemeinderabbiner von Berlin. Baeck teilte Ehrlich in diesem Zusammenhang am 30. August 1950 mit: „Es ist schade, dass die Berliner Gemeinde Ihre Kraft sich nicht nutzbar macht; es hätte doch manchen Nutzen für so manche bringen können. Inzwischen ist Rabbi Levinson in Berlin eingetroffen, den Sie vielleicht von der Lehranstalt her mit seinem alten Namen Levinsky [sic] noch kennen. Ich hoffe, dass Sie ihn schon gesehen und zu ihm Beziehungen angeknüpft haben. Er selbst wird sich sicherlich freuen, Sie dort in seiner Nähe zu haben."

„Das Problem für einen nichtorthodoxen Rabbiner war es zunächst, sich in einer Gemeinde durchzusetzen, deren Mitglieder größtenteils aus Osteuropa stammten und an liberale Rabbiner ohne Bart und Schläfenlocken nicht gewöhnt waren. Dies, obwohl ich anfänglich, wie auch mein Vorgänger, nur für die liberalen Mitglieder der Gemeinde zuständig war",[24] erinnerte sich Levinson, der damals als Vertreter der *World Union for Progressive Judaism* bei der britischen Militärverwaltung in Berlin akkreditiert war.

Levinson hatte bereits in seiner Antrittspredigt deutlich gemacht, dass es keinerlei Kontinuität jüdischen Lebens mit dem Berlin gebe, das er als junger Rabbinatsstudent verlassen hatte, ja auch nicht geben könne:

> Berlin war nicht Berlin, Berlin waren seine Menschen. Ich frage mich, wo sind diese Menschen? Wo die Alten und wo die Jungen, die Kinder und die Frauen, die Rabbiner und die

---

21 Kurzform für das *American Jewish Joint Distribution Committee*, eine seit 1914 vor allem in Europa tätige Hilfsorganisation US-amerikanischer Juden.
22 Levinson, Nathan Peter: Ein Ort ist, mit wem du bist. Lebensstationen eines Rabbiners. Berlin 1996. S. 107.
23 Levinson: Ort (wie Anm. 19). S. 104.
24 Levinson: Ort (wie Anm. 19). S. 108f.

> Weisen, die ich einst so geliebt hatte? Sie sind grausam aus dieser Stadt herausgerissen worden, mit Brutalität und Unmenschlichkeit und sie sind nicht wiedergekommen.[25]

Nathan Peter Levinson verließ Berlin 1953 und ging zurück in die USA, um an einem Lehrgang zur Ausbildung zum Militärrabbiner teilzunehmen. Er wollte anschließend eigentlich nach Berlin zurückkehren, wurde dann aber Absprachen zum Trotz 1955 als Militärrabbiner nach Japan geschickt. Es schloss sich eine Tätigkeit als Militärrabbiner in Ramstein in der BRD an. 1961 schied Levinson aus dem Militärdienst aus. Er ließ sich in Heidelberg nieder und wurde Rabbiner im benachbarten Mannheim. 1964 wurde er zum Landesrabbiner von Baden befördert. Gleichzeitig betreute er die jüdischen Gemeinden in Hamburg und Schleswig-Holstein und wurde 1964 Vorsitzender der bundesdeutschen Rabbinerkonferenz. 1985 trat Levinson in den Ruhestand.

Sein Weggang eröffnete Ehrlich aber keine Chancen, als Prediger in der Jüdischen Gemeinde zu Berlin unterzukommen. Leo Baeck ließ ihn am 28. August 1953 wissen, dass er dort Dr. Schreiber aus London treffen könne, der früher in Potsdam Rabbiner gewesen sei und nun die Feiertagsgottesdienste in Berlin abhalten werde. Hermann Schreiber (1882–1954), der in Potsdam auch den 1921 gegründeten *Jüdischen Liberalen Jugendverein* geleitet hatte, starb 1954 nach seiner Neujahrspredigt in der Synagoge Pestalozzistraße in Berlin.

Ernst Ludwig Ehrlich nannte Robert Raphael Geis in seinem Nachruf auf ihn 1972 einen „Rabbiner ohne Gemeinde".[26] Geis war zwar noch von 1952 bis 1956 in Karlsruhe als Landesrabbiner für Baden tätig, fand dort aber mit seinen Ideen kaum noch Resonanz. So beklagte er sich 1957 gegenüber der Rabbinerkonferenz, die damals noch liberale und orthodoxe Rabbiner vereinte, dass sich Gemeindevorstände „das Recht der religiösen Entscheidung und Repräsentanz bei völliger Unwissenheit vielfach anmaßen."[27]

Hugo Nothmann (1889–1979) beschrieb das deutsche Nachkriegsjudentum Anfang der 1950er Jahre als eine Gemeinschaft, in der die religiösen Bindungen hinter den sozialen zurücktreten: „Im Mittelpunkt der Arbeit des Zentralrates der Juden oder der Publizistik stehen Fragen der Wiedergutmachung, der Bekämpfung des Antisemitismus, der politischen und wirtschaftlichen Verhältnisse des

---

[25] Zitiert nach Brenner, Michael: Nach dem Holocaust. Juden in Deutschland 1945–1950. München 1995. S. 104.
[26] Ehrlich, Ernst Ludwig: Rabbiner ohne Gemeinde. In: Israelitisches Wochenblatt für die Schweiz (2. Juni 1972).
[27] Zitiert nach Brenner: Religiöser Wiederaufbau (wie Anm. 8). S. 13.

Staates Israel. Das Judentum als Religionsgemeinschaft spielt nur eine untergeordnete Rolle."[28]

In seinem Aufsatz zur religiösen Situation im Nachkriegsdeutschland stellte er dar, dass es in der Bundesrepublik lediglich drei Landesrabbinate gab, nämlich in Karlsruhe für Baden, in Frankfurt für Hessen und in Hamburg für Niedersachsen und Schleswig-Holstein, während München als damals größte jüdische Gemeinschaft ohne Landesrabbiner oder obersten Gemeinderabbiner sei; es gebe zwar einige ostjüdische Rabbiner, insbesondere in München und Fürth, die aber in der Öffentlichkeit nur wenig hervorträten und mehr im ostjüdischen Element wirkten. Tägliche Früh- und Abendgottesdienst gab es 1952 demnach nur in Berlin, Frankfurt a.M. und Fürth; in einer Reihe von Großstädten wurden freitagabends und am Schabbatmorgen Gottesdienste abgehalten, an weiteren Orten nur an Neujahr und zum Versöhnungstag.

> Die Rabbiner besuchen gelegentlich die kleineren jüdischen Zentren, halten dort Ansprachen an die Gemeindemitglieder. Gelegentlich, z.B. in Hamburg und Köln, zeigen Laien ihren guten Willen, Sorge für die geistlichen Probleme der Gemeinde zu tragen, ebenso wie sie fast überall die Vorbeter stellen, weil es fast nirgends geschulte und geeignete Kantoren gibt. Überhaupt sind die Gemeinden alten Stils mit einem Rabbiner, Kantor, Religionslehrer usw. fast verschwunden.[29]

Die Besetzung der drei Landesrabbinate wechselte anfangs häufig. Wilhelm Weinberg (1901–1976), ein Absolvent der Berliner Hochschule für die Wissenschaft des Judentums, war von 1948 bis 1951 Rabbiner in Frankfurt und wanderte dann in die USA aus. In seiner Abschiedspredigt im November 1951 erklärte er: „Auch die politisch Blinden merken es allmählich, dass durch die deutschen Lande wieder jene Gestalten geistern, die für die reibungslose Durchsetzung der braunen Ordnung und des nazistischen Welteroberungszuges gearbeitet haben."[30]

Und dennoch: Rabbiner Max Eschelbacher (1880–1964) besuchte von London aus immer wieder Deutschland und hielt in Hannover erstmals zu den Hohen Feiertagen 1949 Gottesdienste ab, außerdem amtierte er als Gastrabbiner in Düsseldorf, Hamburg und Berlin. Rabbiner Georg Salzberger (1882–1975), der von 1910–1939 Rabbiner in der Israelitischen Gemeinde Frankfurt gewesen war, leitete am 6. September 1950 bei der Wiedereinweihung der Westend-Synagoge den Gottesdienst mit. Er wurde durch seine Vorträge für die Gesellschaften für

---

**28** Nothmann, Hugo: Die religiöse Situation im Nachkriegsdeutschland. In: Die Juden in Deutschland. Ein Almanach. Hrsg. von Heinz Ganther. Hamburg 1959. S. 231.
**29** Nothmann: Die religiöse Situation (wie Anm. 25). S. 232.
**30** Zitiert nach Romberg, Otto R. u. Urban-Fahr, Susanne (Hrsg.): Juden in Deutschland nach 1945. Bürger oder „Mit"-Bürger? Frankfurt a.M. 1999. S. 138.

christlich-jüdische Zusammenarbeit auch einem breiten nichtjüdischen Publikum bekannt[31] und gehörte im Mai 1961 zusammen mit Rabbiner Kurt Wilhelm zu den Gründungsmitgliedern der *Kommission zur Erforschung der Geschichte der Frankfurter Juden*.

Zur Einweihung der neuen Düsseldorfer Synagoge 1958 mahnte der Generalsekretär des Zentralrats der Juden in Deutschland, Hendrik George van Dam, an: „Die äußere Form wird durch Bauten geschaffen, und wir wünschen der jüdischen Gemeinschaft in Düsseldorf, dass es ihr gelingen möge, sie mit geistigem Leben zu erfüllen."[32] Der neue Synagogenbau entspricht dem Typus einer liberalen Synagoge mit Orgel, und der Gemeindesaal ist nach Leo Baeck benannt, dem früheren Gemeinderabbiner, doch in ihrem Selbstverständnis wurde die Düsseldorfer Gemeinde immer konservativer. Die Mahnung von van Dam bleibt aber bis heute aktuell, denn attraktive Räumlichkeiten oder hohe Mitgliederzahlen bringen nicht automatisch auch eine hohe Observanz mit sich: In Duisburg etwa, einer jüdischen Gemeinde mit 1.200 Mitgliedern, nehmen am Freitagabend gut vierzig Beter und Beterinnen am Gottesdienst teil, am Schabbatmorgen eher zwanzig – ein Verhältnis, das dem zum Ende der 1950er Jahre entsprechen dürfte.

Auch 1960 amtierten erst sieben offizielle Gemeinderabbiner in den über 70 jüdischen Gemeinden Deutschlands. In den 1960er und 1970er Jahren war es noch die Generation der so genannten Remigranten, Rabbiner deutscher Herkunft, die gerade in Berlin das liberale Judentum vertraten; die Synagoge in der Pestalozzistraße war denn auch bis in die 1990er Jahre hinein formelles Mitglied der *World Union for Progressive Judaism*.

Rabbiner Manfred Lubliner (1910–1991), der 1935 am Jüdisch-Theologischen Seminar in Breslau ordiniert worden war und 1939 nach Chile emigrieren konnte, wo er mehr als drei Jahrzehnte als Rabbiner und Lehrer an der Chaim-Weizmann-Schule tätig war, wirkte von 1972 bis 1980 als Rabbiner der Synagoge Pestalozzistraße. Anlässlich des 25-jährigen Jubiläums der Berliner Leo Baeck-Traditionsloge im Dezember 1984 sagte er: „Als im Jahre 1945 die Überlebenden des Holocaust das Wagnis unternahmen, die jüdische Gemeinde in Berlin wieder aufzubauen, hat sie vielleicht im Unterbewusstsein Leo Baecks Ausspruch vom ‚Ewigen Dennoch' zu dieser Tat beflügelt".[33] Auf Lubliner folgte Rabbiner Ernst

---

**31** Beispiele für diese Vortragstätigkeit sind: Salzberger, Georg: Die Pharisäer. Vortrag, gehalten vor der Gesellschaft für christlich-jüdische Zusammenarbeit in Berlin am 14. September 1964. Berlin 1964; Salzberger, Georg: Der Talmud – seine Entstehung und Bedeutung. Vortrag gehalten vor der Gesellschaft für christlich-jüdische Zusammenarbeit in Berlin am 21. September 1966. Berlin 1966.
**32** Zitiert nach Brenner: Religiöser Wiederaufbau (wie Anm. 8). S. 10.
**33** Zitiert nach Bomhoff: „Inmitten meines Volkes lebe ich", (wie Anm. 7). S. 35f.

Max Stein, der 1929 in Elberfeld geboren wurde und sich als Elfjähriger nach Schanghai flüchten konnte und nach dem Zweiten Weltkrieg erst nach Palästina, dann nach Mannheim und in die USA ging und schließlich 1972 sein Studium am Leo Baeck College in London aufnahm. Stein kam zu Schawuot 1980 als liberaler Gemeinderabbiner zur Jüdischen Gemeinde zu Berlin. Er amtierte in den Synagogen Pestalozzi- und Herbartstraße, Fraenkelufer und auf dem Friedhof Heerstraße, nach der Wende auch in der Synagoge Rykestraße und auf dem Friedhof Weißensee und wurde für seine unkonventionellen Predigten bekannt. 1997 ging er, der seinen ständigen Wohnsitz weiterhin in England hatte und hat, in den Ruhestand. Seit 2009 wirkt Rabbiner Tovia Ben-Chorin, der 1936 in Jerusalem geboren wurde, als Nachfolger Steins und als liberaler Berliner Gemeinderabbiner in der Synagoge Pestalozzistraße. Darüber hinaus ist Ben-Chorin auch Mitglied des Direktoriums des Abraham Geiger Kollegs an der Universität Potsdam. Zu seinen Kollegen in der *Allgemeinen Deutschen Rabbinerkonferenz*, die eine ähnliche Biographie als Remigranten haben, gehören Rabbiner William Wolff (geb. 1927), der Landesrabbiner von Mecklenburg-Vorpommern, und Rabbiner Henry G. Brandt, der erst Landesrabbiner von Niedersachsen und dann von Westfalen-Lippe war und heute in Augsburg lebt. Henry Brandt wurde als Heinz Brandt 1927 in München geboren; seiner Familie gelang die Flucht über England nach Palästina. Brandt diente in der Palmach und anschließend in der israelischen Marine, bevor er in Belfast studierte und sich dann einem Rabbinatsstudium am Leo Baeck College in London zuwandte. Es folgten Rabbinatsstellen in Leeds, Genf, Zürich (als Gründungsrabbiner der Gemeinde Or Chadasch) und Göteborg (Schweden). 1983 kehrte Henry Brandt als Landesrabbiner von Niedersachsen nach Deutschland zurück.

Manch einer, der in der jungen Bundesrepublik Aushängeschild des liberalen Judentum war, ist heute schlichtweg vergessen, so etwa Edmund Lehmann (1896–1972), bei dem beispielsweise einer der heutigen Gabba'im der Synagoge Pestalozzistraße seine Bar-Mitzwa-Feier hatte. Lehmann wurde 1928 Interimskantor der Jüdischen Gemeinde zu Berlin und war 1937/38 Kantor an der Neuen Synagoge in der Oranienburger Straße. Nach der Zwangsschließung dieser Synagoge durch die Nationalsozialisten wirkte er in der Synagoge der Reformgemeinde in der Johannisstraße und seit Herbst 1942 auch in der Alten Synagoge in der Heidereuthergasse. Er überlebte die Schoa dank seiner nichtjüdischen Ehefrau. Von 1945 bis 1972 war Edmund Lehmann Prediger und Kantor der Jüdischen Gemeinde zu Berlin und stellvertretender Vorsitzender der Arbeitsgemeinschaft der Kirchen und Religionsgemeinschaften in West-Berlin.

Manch einer der Rabbiner im Nachkriegsdeutschland war Mittler zwischen den Welten, zwischen Orthodoxie und Liberalismus, so auch Rabbiner Cuno Chanan Lehrmann (1905–1977), der erst österreichisch-ungarischer, dann polnischer und schließlich Luxemburger Bürger war und von 1962 bis 1971 mit Smicha des orthodoxen Hildesheimer Rabbinerseminars (1933) als liberaler Rabbiner in der Berliner Synagoge Pestalozzistraße wirkte, was ein, zwei Generationen später zu grotesken Diskussionen über die Gültigkeit von Konversionen führen sollte.

Rabbinischen Nachwuchs gab es in dieser Zeit nicht, trotz einiger Aktivitäten in London: „Die Gesellschaft für jüdische Studien half einer Anzahl junger Männer, die ihre Studien in Deutschland nicht abgeschlossen hatten, dadurch, daß sie ihnen Unterricht gab, und sie sandte sie zur Vervollständigung ihres Studiums an das Hebrew Union College in Amerika", schreibt Jonathan Magonet.

> Aber in den unmittelbaren Nachkriegsjahren fanden sich nur wenige Kandidaten, obwohl die Reform-Bewegung sich verpflichtet hatte, sie in ihrem Studium finanziell zu unterstützen. Es waren Rabbiner Dr. Harold Reinhart von der West London Synagogue und vor allem Rabbiner Dr. Werner van der Zyl, ein ehemaliger Student von Dr. Baeck, die dennoch nicht nachließen angesichts der zunehmenden Erkenntnis, daß es zu einem Mangel an Rabbinern für die wachsende Bewegung käme. Im Jahr 1953, im Jahr von Dr. Baecks 80. Geburtstag, wurde ein Leo-Baeck-Fonds zum Zwecke der Gewährung von Stipendien für die Ausbildung von Rabbinern für die Gemeindearbeit und für die Lehrtätigkeit eingerichtet.[34]

Liberales Judentum war aber stets mehr als Nostalgie: Der Funke des liberalen Judentums sprang gerade in Berlin auch immer wieder auf junge Gemeindemitglieder über. Drei Berliner entschieden sich schließlich für die Rabbinerausbildung am Leo Baeck College in London: Uri Themal, der Rabbiner in Perth in Australien wurde und heute in Israel lebt; Marcel Marcus, der als Rabbiner in Bern tätig war und dann eine Buchhandlung in Jerusalem übernahm, und Daniela Thau, die 1983 ordiniert wurde und seitdem in England lebt.

Die Hochschule für Jüdische Studien in Heidelberg wurde 1979 auf Initiative des badischen Landesrabbiners Nathan Peter Levinson sowie des Vorsitzenden des Zentralrats der Juden in Deutschland, Werner Nachmann (1925–1988), auf Beschluss der bundesdeutschen Kultusministerkonferenz in der Trägerschaft des Zentralrates gegründet. Levinson hatte bereits 1971 die Einrichtung einer Ausbildungsstätte für jüdische Religionslehrer, Kantoren und Rabbiner angeregt. Ein erstes Memorandum über die Einrichtung eines jüdisch-theologischen Instituts stammt vom 4. Mai 1972. Der Oberrat der Israeliten Badens forderte damals für die jüdischen Gemeinden in Deutschland, für die 25.000 hier lebenden Juden ein akademisches Institut, um Rabbiner, Religionslehrer und Vorbeter für sie nicht länger im Ausland bei deutschsprachigen Fachleuten in der Emigration oder bei

---

**34** Magonet, Jonathan: Leo Baecks Beitrag zum liberalen Judentum. In: Die dialogische Kraft des Mystischen. Hrsg. von Reinhard Kirste, Paul Schwarzenau u. Udo Tworuschka. Balve 1998 (Religionen im Gespräch 5). S. 67–79.

ausländischen Lehrkräften ausbilden zu lassen, die die deutsche Sprache nicht sonderlich beherrschten. Für ein solches Institut in der Nachfolge der von den Nationalsozialisten zerstörten Rabbinerseminare wie der Hochschule für die Wissenschaft des Judentums in Berlin oder des Jüdisch-Theologischen Seminars in Breslau schlug der Oberrat in seinem Memorandum als Sitz Heidelberg vor, und zwar in Verbindung zur Ruprecht-Karls-Universität. Ausschlaggebend dafür war der internationale Ruf der Heidelberger theologischen Fakultät. Neben Levinson selbst dürfte auch dessen zweite Ehefrau, die ebenfalls in Berlin gebürtige Pnina Navé (1921–1998), zur Durchsetzung der Pläne beigetragen haben; von ihr stammt unter anderem ein Aufsatz *Zur Einrichtung der Wissenschaften vom Judentum in Heidelberg.*[35]

Im Errichtungsbeschluss des Zentralrats der Juden vom Mai 1979 war die Rede vom „festen Willen zur Errichtung eines Zentrums jüdischer und judentumskundlicher Ausbildung in Deutschland, das an die großen Traditionen der Zeit vor der Katastrophe anknüpft; aus dem Wunsch heraus, auf deutschem Boden die Möglichkeit der Weiterreichung und Weiterbildung jüdischen Wissens und jüdischen Forschens zu fördern"[36]. Und Landesrabbiner Levinson sagte schließlich zur Eröffnung der Hochschule für Jüdische Studien im Oktober 1979: „Dem Ungeist kann nur der Geist entgegengesetzt werden, der Entfremdung die Nähe, der Entzweiung die Zwiesprache."[37]

Die Heidelberger Hochschule brachte aber trotz wiederholter Ansätze keine Kantoren und Rabbiner hervor, und der Stand des Gemeinderabbiners wurde in den 1980er Jahren noch weiter marginalisiert. Nachwuchs aus den eigenen Reihen gab es nicht; jüngere Rabbiner aus dem Ausland hatten in der Regel weder eine akademische Ausbildung noch ausreichende deutsche Sprachkenntnisse oder Verständnis für deutsch-jüdische Gepflogenheiten, waren aber oft orthodoxer als die Gemeinden, die sie betreuten oder zumindest zu den Hohen Feiertagen begleiteten. Nathan Peter Levinson fragte sich in seiner Autobiographie, ob die Heidelberger Hochschule denn nichts mehr sei als eine Jeschiwe für Christen. 2011 hat die Hochschule für Jüdische Studien in Heidelberg auch ganz offiziell von dem Vorhaben, Rabbiner auszubilden, Abstand genommen.[38]

Die allgemeine Stagnation in den jüdischen Gemeinden Deutschlands hatte mit der Wende 1989 und dem Zuzug russischsprachiger Juden ein Ende. Für die

---

35 Vgl. Ruperto-Carola, Band 42, S. 18 ff.
36 Niedergelegt in den Generalakten der Universität Heidelberg Nr. 6981, 3. Akte.
37 Heidelberger Tagblatt vom 17.10.1979.
38 Vgl. Pressemeldung der Hochschule für Jüdische Studien mit dem Titel Praktische Jüdische Studien vom 17.8.2011; Hochschule. Studium praktisch, in: Jüdische Allgemeine 32 (11.08.2011). S. 19.

gut 200.000 russischsprachigen Zuwanderer jüdischer Herkunft, die seit 1989 nach Deutschland gekommen sind, gilt wie für viele Kinder jüdischer Displaced Persons, die im Nachkriegsdeutschland hängen blieben, dass sie fast ohne jedes jüdische Wissen aufgewachsen sind. Wir müssen uns heute fragen, welche Formen jüdischer Religiosität diesen Zuwanderern in Deutschland vermittelt werden und in welche religiöse Tradition sie sich stellen. Einen Grund für deren zunächst verhaltenes religiöses Engagement sah der Vorsitzende der Liberalen Jüdischen Gemeinde „Perusch" im Ruhrgebiet, Lev Schwarzmann, 2008 darin, dass russische Juden in ihrer Heimat von ihren Wurzeln getrennt waren. „Wenn diese Menschen ‚Religion' hören, halten sie erst einmal Abstand." Aber die offene, liberale Richtung gebe ihnen die Möglichkeiten, doch noch den Zugang zum Judentum zu finden: „Wir wollen unsere Religion nicht einfach hinnehmen, sondern uns mit ihr auseinandersetzen, wir wollen Formen finden, das Judentum in unser aktuelles Leben sinnvoll einzubinden", sagte Schwarzmann, der selbst aus Moldawien stammt.[39]

Der Wunsch nach mehr Pluralismus brachte aber in den 1990er Jahren auch immer mehr alteingessesene Juden und Jüdinnen dazu, initiativ zu werden.[40] So kam es im Herbst 1993 in Hannover zu einer Zerreißprobe: Der damalige Landesrabbiner von Niedersachsen, Henry G. Brandt, hatte an Simchat Tora, dem Tag der Gesetzesfreude, im Gottesdienst einer Frau wie selbstverständlich eine Thorarolle in den Arm gelegt. Das war für viele ein Zeichen der Hoffnung, für orthodoxe Gemeindemitglieder ein Skandal. Brandt musste sein Amt in Hannover aufgeben und wechselte nach Westfalen, während 79 Jüdinnen und Juden ihre Gemeinde verließen, um sich eine Alternative zu schaffen. Die neugegründete Liberale Jüdische Gemeinde Hannover zählt inzwischen gut 700 Mitglieder und ist ein aktives Mitglied der *Union progressiver Juden in Deutschland*. Anderswo, so etwa in München, war es der Abzug der amerikanischen Truppen, der die liberalen Betergemeinschaften dazu brachte, die früheren amerikanischen Chaplains Centers in liberale Synagogengemeinden zu überführen. Ein Beispiel dafür ist auch die Synagogengemeinde Berlin – Sukkat Schalom e.V., eine Mitgliedsgemeinde der *World Union for Progressive Judaism*. Die Erwartung, dass auch die Bundesregierung der wachsenden Konsolidierung und dem damit verbundenen neuen Pluralismus der jüdischen Gemeinschaft im Staatsvertrag vom 27. Januar 2003 Rechnung tragen würde, wurde aber bitter enttäuscht. Nach dem Schulter-

---

**39** Klapsing-Reich, Anke: *Perusch* kämpft um Anerkennung. Lev Schwarzmann über die Liberale Jüdische Gemeinde Ruhrgebiet. In: Kescher, 6 (9/2008), S. 24.
**40** Der Journalist Heinz Peter Katlewski hat die Umbrüche in den 1990er Jahren genau beobachtet und in seinem Buch: Judentum im Aufbruch. Von der neuen Vielfalt jüdischen Lebens in Deutschland, Österreich und der Schweiz. Berlin 2002, anschaulich beschrieben.

schluss von Bundeskanzler Schröder und Zentralratspräsident Spiegel verpflichtete sich die Bundesregierung, dem Zentralrat der Juden in Deutschland jährlich einen Betrag von drei Millionen Euro zu zahlen, um so zur Erhaltung und Pflege des deutsch-jüdischen Kulturerbes, zum Aufbau einer jüdischen Gemeinschaft und den integrationspolitischen und sozialen Aufgaben des Zentralrates in Deutschland beizutragen. Die liberalen Juden blieben bei diesem Vertrag außen vor, ungeachtet eines eindeutigen Urteils des Bundesverwaltungsgerichtes vom Februar 2002 und einer entsprechenden Beschlussempfehlung des Innenausschusses des Deutschen Bundestags, dass dieser Vertrag der gesamten jüdischen Gemeinschaft zugute kommen sollte. Inzwischen hat sich die Lage zum Besseren gewandelt, doch besteht nach wie vor Handlungsbedarf.

*Was übrig blieb...*
**Beispiele des Erkennens, Erfassens und Bewahrens kulturellen Erbes**

Katharina Hoba / Elke-Vera Kotowski
# Ein geerbtes Stück Heimat

Der Umgang nachfolgender Generationen mit den Dingen des deutsch-jüdischen Exils

„Wirklichkeit und Verlässlichkeit der Welt beruhen darauf, dass die uns umgebenden Dinge eine größere Dauerhaftigkeit haben als die Tätigkeit, die sie hervorbrachte, und dass diese Dauerhaftigkeit sogar das Leben ihrer Erzeuger überdauern kann."[1] Und – so möchte man das Zitat von Hannah Arendt ergänzen – auch das Leben ihrer ehemaligen Besitzer.

Tagtäglich werden in Buenos Aires, Chicago, Haifa, New York, São Paulo, Tel Aviv oder Toronto Wohnungen von Menschen aufgelöst, denen es gelungen war, in der Zeit des Nationalsozialismus aus Deutschland zu fliehen. Deren Familien, in der Regel den Kindern und Enkelkindern, obliegt es dann, den materiellen Besitz der Verstorbenen zu sichten und zu entscheiden, was aufgehoben und was entsorgt werden soll.

Der Film „Die Wohnung" (2012) des israelischen Regisseurs Arnon Goldfinger dokumentiert sehr eindrucksvoll eine solche Haushaltsauflösung im Stadtzentrum von Tel Aviv. 70 Jahre hatten die aus Deutschland emigrierten Großeltern des Filmemachers in dieser Wohnung gelebt, die angefüllt war mit Erinnerungsstücken und Utensilien, die in Berlin einst zu einem (deutschen, bildungs-)bürgerlichen Haushalt dazugehörten: weiße Damasttischdecken, Tafelservice und Besteck für mindestens 12 Personen, Bilder an den Wänden und Perserteppiche auf den Böden. Aus den Schränken der Großmutter Gerda Tuchler kamen unzählige Accessoires zum Vorschein, so etwa bis zu den Ellenbogen reichende Spitzen- und Satinhandschuhe oder Fuchsstolen, die für ein Leben im warmen Mittelmeerraum nicht zu gebrauchen waren – und doch wurden sie über Jahrzehnte aufbewahrt. In der Schrankwand im Wohnzimmer waren die Bücher doppelreihig aufgestapelt, viele davon deutschsprachig wie beispielsweise Goethe, Schiller, Heine, Eichendorff, Kant, Schopenhauer oder Nietzsche.

Goldfingers Mutter, die Tochter von Kurt und Gerda Tuchler, nähert sich widerwillig den Dingen ihrer Eltern. Ginge es nach ihr, würde alles in Mülltüten gepackt und entsorgt. Ihrem Sohn gegenüber betont sie immer wieder: „Was zählt ist die Gegenwart". Doch Arnon Goldfinger, der stets eine besondere Nähe zu seiner Großmutter verspürte, tat sich schwer, diese die Großeltern über Jahrzehnte umgebenden Dinge, mit denen er groß geworden war, auf den Müll zu

---
[1] Arendt, Hannah: Vita activa oder Vom tätigen Leben. 8. Auflage. München 1994. S. 88.

geben. Für ihn war seine Großmutter Gerda, die in ihrem Herzen nie wirklich in Tel Aviv angekommen war und in 70 Jahren kein Hebräisch gelernt hatte, ein Phänomen. Ihre Wohnung war ein Stück Heimat, das sie in den 1930er Jahren – als sich die Familie aufgrund der wachsenden Sanktionen gegen Juden in Deutschland zur Emigration entschloss – mit einem so genannten Lift (Transportcontainer) nach Palästina verschiffte und in Tel Aviv, an die beengte Wohnsituation angepasst, von Preußen in die Levante translozierte. Dieser Film beschreibt sehr eindrücklich, welche Bedeutung die ins Exil mitgeführten Dinge für die aus Deutschland Geflohenen darstellten.

## Dinge des Exils

Für die Einwanderergeneration symbolisierten diese Dinge ein Stück Heimat in der Fremde. Aber wie gehen die nachfolgenden Generationen mit diesen Dingen des Exils um? Welche Bedeutung haben diese geerbten Dinge für sie? Ein Forschungsprojekt[2] am Moses Mendelssohn Zentrum in Potsdam, an dem Historikerinnen, Kultur- und Erziehungswissenschafterinnen arbeiten, greift diese Fragen auf und plant ein groß angelegtes Interviewprojekt mit Vertreterinnen und Vertretern der zweiten und dritten Generation emigrierter Juden aus dem deutschsprachigen Raum.

Ausgangspunkt für die Recherchen sind zunächst die mitteleuropäischen Länder, in denen die deutschsprachigen Juden zu Beginn des 20. Jahrhunderts lebten. Von dort führen ihre Spuren in über 90 Länder. Zwischen 1934 und 1943 emigrierten ca. 287.500 deutsche Juden.[3] Obwohl die Lage für die Juden im Einflussbereich der nationalsozialistischen Diktatur immer bedrohlicher wurde, fiel ihnen das Verlassen der Heimat schwer. Begriffe wie „Auswanderung" oder „Emigration" sind als Euphemismen einzustufen, da die Vorbereitungen zur Flucht und die Flucht selbst häufig zum dramatischen Überlebenskampf wurden. Wegen restriktiver Einreisebestimmungen in den potentiellen Zufluchtsländern bestimmten Pässe oder Schiffstickets über das Weiterleben. Abhängig von den Umständen und vom Zeitpunkt der Flucht konnten die deutschsprachigen Juden Bruchstücke aus ihrer alten Heimat transferieren. Umso wichtiger waren daher Gegenstände, die sie an ihr Zuhause erinnerten, über die sie in der Fremde mit ungewisser Zukunft eine kulturelle Heimat herstellen konnten.

---

2 An dieser Stelle sei Dana Theresa Müller und Alisa Jachnowitsch ausdrücklich für ihr Mitwirken an den bisherigen Vorarbeiten gedankt.
3 Strauss, Herbert A.: Jewish Emigration from Germany. Nazi Policies and Jewish Responses (I). In: Leo Baeck Yearbook (1980) 25 (1). S. 313–361.

Nach der Ankunft in den fremden, nicht freiwillig gewählten Ländern mussten die Flüchtlinge sich einrichten und mit den vorgefundenen Begebenheiten arrangieren, um sich neue Heimaten zu schaffen. Für die meisten war es nicht einfach nur ein Wohnortwechsel, sondern ein von Krisen begleiteter, lebenslang andauernder Prozess. Die Aufnahmeländer breiteten den Neuankömmlingen die Arme unterschiedlich weit aus, weshalb die Integration in die verschiedenen Gesellschaften unterschiedlich intensiv erfolgte. Häufig siedelten sich deutschsprachige Juden in Stadtteilen an, wo schon andere Exilanten lebten, wie beispielsweise im New Yorker Stadtteil Washington Heights oder in Belgrano in Buenos Aires. Dort gründeten sie landsmannschaftliche Zusammenschlüsse, die der gegenseitigen Hilfe, aber auch der Pflege kultureller Traditionen aus der alten Heimat dienten. Solche Landsmannschaften spielten eine wichtige Rolle im Akkulturationsprozess in der neuen Heimat.[4] Die Erinnerung an entfernte Orte, beziehungsweise die Konstruktion erinnerter Orte aus geographischer Distanz bildet für Migranten einen symbolischen Anker bei der Ausbildung von Identität und Gemeinschaft.[5]

Heimat lässt sich vielfach erst dann ermessen, wenn das, was die Heimat bedeutet, nicht mehr greifbar ist. Die Ausgestaltung einer neuen Heimat im Exil fand ihren Ausdruck in den unterschiedlichsten Formen, insbesondere in der Aufbewahrung und Weitergabe von Gegenständen. Dieses wissenschaftliche Projekt verfolgt das Ziel, den Übergang des materialisierten kulturellen Erbes von der ersten an die dritte Generation zu untersuchen. Das Augenmerk richtet sich auf die (veränderten) Bedeutungszusammenhänge von Gegenständen im Verlauf der Zeit. Für die Enkelgeneration sind die geerbten Objekte in der Regel anders kodiert als für die Generation, die mit diesen „Heimatobjekten" ausgewandert ist. Daher soll der Zugang der Nachkommen exilierter deutscher Juden zu dem materiellen Erbe der Auswanderung auf Basis von qualitativen Interviews erforscht werden.

## Zum Begriff *Heimat*

In unserem heutigen Verständnis ist Heimat vielschichtig und individuell. Heimat ist ein sozialer und kultureller Raum, der Schutz, Geborgenheit und Vertrautheit bietet. Dieser heimatliche Rahmen bildet die Grundlage für die Findung und

---

4 Sorin, Gerald: Tradition Transformed. The Jewish Experience in America. Baltimore [u.a.] 1997. S. 81.
5 Gupta, Akhil und Ferguson, James: Beyond ‚Culture': Space, Identity, and the Politics of Difference. In: Cultural Anthropology, 7/1 (1992). S. 6–23.

Wahrung der Zugehörigkeit eines jeden Einzelnen, das Heimatgefühl. Heimat ist keine statische Größe, sondern ein nie abgeschlossener Prozess, „Heimat ist etwas, was ich mache".[6] Für uns ist Heimat veränderlich, sie ist wechselbar und wählbar. Die deutsch-jüdischen Flüchtlinge aber sind noch mit einem ortsbezogenen Verständnis von Heimat aufgewachsen, das kulturelle Identität über nationale Zugehörigkeiten definierte. Sie haben erlebt, wie der Heimatbegriff für sie zum Ausschlusskriterium wurde. Was also bedeutet Heimat im Kontext von Vertreibung und Exil? Der These Mitzscherlichs folgend, soll der Begriff von Heimat und sein jeweiliges Verständnis der Generation der Exilanten und deren Nachkommen, die in der Regel im Aufnahmeland geboren wurden, untersucht werden. Dabei soll insbesondere den Fragen nachgegangen werden, welchen Stellenwert Kultur für die Erfahrung von Heimat hat (a) und inwieweit sich der Kulturtransfer der Exilgeneration auf die Nachfahren in den Einwanderungsländern ausgewirkt hat (b). In diesem Zusammenhang soll auch die sozialpsychologische Frage nach dem Gewinn von Zugehörigkeiten sowie deren Verlust mit berücksichtigt werden (c), wobei die Erkenntnisse des israelischen Historikers Moshe Zimmermann, nach der die neue Heimat sich als Ergänzung zu früheren Heimaten hinzuaddiert, eine wichtige Rolle spielen.[7]

Unter deutsch-jüdischem „kulturellen Erbe" wird die Gesamtheit aller Lebensäußerungen verstanden, in denen sich eine deutsch-jüdische Identität im weitesten Sinne manifestiert. Sie repräsentiert – sowohl im Einzelnen als auch im kollektiven Zusammenhang – Aspekte des kulturellen Gedächtnisses, welches sich in den verschiedenen historischen Phasen und Formen des deutsch-jüdischen Zusammenlebens gebildet hat. Darunter werden alle authentischen Phänomene subsumiert, die durch eine Form der einseitigen oder wechselseitigen Beeinflussung der deutschen und der jüdischen Kultur charakterisiert sind, unabhängig von einer Bewertung des potentiellen Grades des Assimilations- bzw. Akkulturationsprozesses. Materielles Erbe, wie Kunst-, Alltags- oder sakrale Gegenstände, die über ihre stoffliche Komponente hinaus eine ideelle Bedeutung aufweisen, sind ebenso relevant wie das immaterielle Erbe, das sich in kulturellen Techniken, Praxen, Kenntnissen und performativen Akten äußert. Dabei liegt kein statisches Konzept von Kulturerbe zugrunde, das bemüht ist, die Artefakte einer historisch abgeschlossenen Phase zu systematisieren. Vielmehr findet ein relationaler, prozessorientierter Begriff von Kultur Verwendung, der das Soziale

---

6 Vgl. Mitzscherlich, Beate: ‚Heimat ist etwas, das ich mache'. Eine psychologische Untersuchung zum individuellen Prozeß von Beheimatung. Pfaffenweiler 2000.
7 Zimmermann, Moshe: Die deutsch-jüdische Symbiose, oder wie sagt man ‚Heimat' im Plural? (Vortrag zum 4. Internationalen Theodor-Herzl-Symposion). 2002. http://www.religionen.at/ir-zimmermann.htm (08.10.2014).

jenseits simplifizierend materialistischer Zugänge konzeptualisiert und sich auch um ein Verständnis für symbolische Inhalte, Rituale und Handlungen bemüht. Die Transformationsprozesse und Beeinflussungen durch Assimilationsvorgänge, welche das deutsch-jüdische Kulturerbe in den verschiedenen Exilheimaten durchlaufen hat, stehen in diesem Projekt im Fokus des Erkenntnisinteresses.

Das Modell des interkulturellen Transfers durchleuchtet „Wanderungen". Studien zum Kulturtransfer analysieren die Bewegungen zwischen den Konzepten, Normen, Bildern oder Repräsentationen von einer Ausgangskultur, deren Übertragung und Vermittlung, sowie die Rezeption in die andere Kultur beziehungsweise die Bildung einer neuen Kultur. Die Historikerin Martina Steer verweist auf die „verborgene Heterogenität" hinter der homogenen Vorstellung einer Kultur, welche die Kulturtransferforschung insbesondere nach den Bedeutungs- und Funktionsveränderungen inkorporierter Elemente in die jeweilige Aufnahmekultur hinterfragt. Dieses Konzept filtert das „Fremde" aus dem heraus, was als „Eigenes" empfunden wird.[8] Dieses Projekt will das Aufeinandertreffen verschiedener Kulturen, die gegenseitige Einflussnahme sowie den Prozess einer schrittweisen Aneignung untersuchen. James Clifford appelliert, den Kulturbegriff aus der Ortsbindung herauszulösen, da von den „Menschen in Bewegung" stets wichtige kulturelle Impulse ausgehen.[9] Die empirische Analyse nimmt allerdings praktische Formen des kulturellen Transfers – im Sinne von „Kultur als Praxis" – zwischen nationalkulturellen Räumen in den Blick, den Umgang mit den Neueinwanderern aus Mitteleuropa als Ideenträger, die ihre Kultur mit den Elementen der anderen, der für sie „fremden Kultur" vor Ort zusammenbrachten.

## Vom Umgang mit Objekten zu den Dingen des Exils

Wissenschaften wie beispielsweise die Ethnologie, die Archäologie, aber auch die Kultur- und Kunstgeschichte sind materialbezogen. Das bedeutet, dass diese Disziplinen Objekte benötigen, um durch sie „zu denken" und die Erkenntnisse in Theorie umzuwandeln. Dabei soll das gewonnene Wissen möglichst objektiv sein: So werden neben dem Experiment und der schriftlichen Quelle auch Metho-

---

[8] Steer, Martina: Einleitung. Jüdische Geschichte und Kulturtransfer. In: Kulturtransfer in der jüdischen Geschichte. Herausgegeben von Wolfgang Schmale u. Martina Steer. Frankfurt a.M. [u.a.] 2006. S. 10–22.
[9] Clifford, James: Routes. Travel and Translation in the Late Twentieth Century. Cambridge (Mass.) 1997.

den wie die Augenzeugenschaft, die dokumentierende Abbildung und das Lesen der Objekte zu Eckpfeilern der geisteswissenschaftlichen Disziplinen.[10] Deshalb werden Objekte gesammelt und archiviert. Sie bilden den „dinglichen Kulturbesitz", die „material culture".

Claude Lévi-Strauss' Strukturalismus[11] und Clifford Geertz' „interpretative turn"[12] führen in der Ethnologie der 1960er Jahre zu einer vermehrten Beschäftigung mit Objekten. Ab den 1980er Jahren wird von einem „material-cultural turn" gesprochen.[13] Daniel Miller verfolgt den Anspruch, die Gesellschaftswissenschaften durch die Material Culture Studies abzulösen: „taking materiality as central to the study of humanity [...] would be the dethronement of social studies and social science"[14]. Dabei streicht er heraus, dass Objekte Repräsentationen von immateriellen Größen wie Gesellschaft, sozialen Beziehungen und Identität sind. Erst durch die Aneignung von Dingen, so Miller in seinen Studien zum Alltag des Menschen, zu Kleidung, Wohnen und Internet-Gebrauch, wird der Mensch zu einem kulturellen Subjekt. Nur der aktive Umgang mit Objekten, der Welt der Dinge, führt dazu, dass Menschen Kultur, sprich die sie umgebenden sozialen Strukturen, Normen und Werte, verinnerlichen. Die Menschen benutzen Dinge, umgekehrt aber machen Dinge auch etwas mit den Menschen. So wird „agency", der Eigenwille der Dingwelt, von den Theoretikern des „material turn", hervorgehoben. Der französische Soziologe Bruno Latour erklärt mit Hilfe der Akteur-Netzwerk-Theorie, dass die Welt der Dinge und die sozio-kulturelle Welt nicht voneinander zu trennen sind, ebenso wenig wie Subjekt und Objekt.[15] Indem Miller und Latour die herkömmliche Trennung von Subjekt und Objekt in einem „material turn" in Frage stellen, verdeutlichen sie, wie eng Dinge mit der soziokulturellen Identität des Menschen verbunden sind. Objekte sind Informationsträger. Demnach sind private oder institutionelle Sammlungen Wissensspeicher. „Sammeln als Wissen"[16] ist also das Habhaftwerden der materiellen Kultur, welche die soziokulturellen Beziehungen bestimmt.

---

10 Daston, Lorraine, Galison, Peter und Krüger, Christa: Objektivität. Frankfurt a.M. 2007.
11 Vgl. Lévi-Strauss, Claude: Das wilde Denken. Frankfurt a.M. 1970.
12 Vgl. Geertz, Clifford: The Interpretation of Culture. New York 1993.
13 Hicks, Dan u. Beaudry, Mary C. (Hrsg.): The Oxford Handbook of Material Culture Studies. Oxford 2010. S. 45.
14 Bennett, Tony u. Frow, John (Hrsg.): Handbook of Social and Cultural Analysis. London 2008. S. 272.
15 Latour, Bruno: Die Hoffnung der Pandora. Untersuchungen zur Wirklichkeit der Wissenschaft. Frankfurt a.M. 2002; siehe auch: Latour, Bruno: Das Parlament der Dinge: für eine politische Ökologie. Frankfurt a.M. 2001.
16 te Heesen, Anke und Spary, E. C. (Hrsg.): Sammeln als Wissen. Das Sammeln und seine wissenschaftsgeschichtliche Bedeutung. Göttingen 2003.

Wenn von Sammeln die Rede ist, sind nicht nur öffentliche Sammlungen gemeint. Jeder Mensch sammelt Objekte. Laut der *Neuen Zürcher Zeitung* besitzen Menschen in post-industriellen Gesellschaften der Gegenwart in ihrem persönlichen Umfeld durchschnittlich 10.000 Dinge, in einer westafrikanischen Stammesgesellschaft hingegen 150.[17] Die materielle Kultur umgibt den Menschen also auch durch die physisch präsenten Objekte in seinem Besitz, die ihn jedoch meist unauffällig begleiten und nur anlassbezogen wahrgenommen werden. Die gesellschaftlichen, sozialen und zeitlichen Zusammenhänge, die sie mit sich bringen, sind ihnen eigen, werden jedoch nicht systematisch erfasst.

Was aber passiert, wenn ein Ding aus seinem Kontext gerissen wird oder wenn das Wissen des Objekts verloren geht und wieder sichtbar gemacht werden muss? Dazu wird nicht nur das Objekt in seiner „natürlichen Umgebung" benötigt, aus der, einmal entnommen, die Rekonstruktion der soziohistorischen Begebenheiten um ein Vielfaches erschwert wird, sondern auch dessen Geschichte. Diese kann entweder akquiriert werden, indem Beobachter versuchen, die Objektivität zu wahren und ihre Eindrücke niederschreiben; durch eine erhaltene schriftliche Quelle, deren Wahrheits- und Objektivitätsgehalt erwogen werden muss, oder durch einen Bericht einer mit dem Objekt vertrauten Person (Augenzeuge). Selbstverständlich ist auch in diesem Fall der Grad der Subjektivität nicht außer Acht zu lassen. Jedoch sind solche Berichte, nicht selten als Interviews geführt, ein qualitativer Beitrag zur Kulturgeschichte.

Mit den Menschen verließen auch Teile ihres materiellen Besitzes Deutschland. Wo die Ausfuhr von Wertgegenständen verboten war, steigerte sich das Bedürfnis, Dinge von persönlichem Wert mit auf die Reise zu nehmen. An die Stelle von Heimat traten Heimat-Objekte. Die aus dem vertrauten „System der Dinge"[18] ausgegliederten Gegenstände fügten sich wie ihre Eigentümer in das kulturelle Umfeld der Aufnahmeländer ein. Tora-Rollen aus Dresden wurden Teil von Gottesdiensten in Buenos Aires, Kommoden, die zuvor in Frankfurter Wohnungen standen, wurden in New Yorker Apartments integriert. Dennoch blieben sie weiterhin „Semiophoren" (Zeichenträger, Verweisobjekte)[19], sichtbare Zeichen des unsichtbaren Bedeutungszusammenhangs der zurückgelassenen Heimat.

Innerhalb der Exilforschung sind in den letzten Jahren neue kulturwissenschaftliche Fragestellungen in den Blick gerückt. Die Gesellschaft für Exilforschung hat sich auf ihrer diesjährigen Jahrestagung mit den Bedingungen des Exils auseinandergesetzt. Damit untersuchten sie zugleich die Be*ding*theit des

---

17 Neue Zürcher Zeitung vom 10./11.10.2003.
18 Vgl. Baudrillard, Jean: Das System der Dinge. Über unser Verhältnis zu den alltäglichen Gegenständen. 2. Auflage. Frankfurt a.M., New York 2001.
19 Vgl. Pomian, Krzystof: Der Ursprung des Museums. Vom Sammeln. Berlin 2007.

Lebens und rückten explizit die Bedeutung der „Dinge im Exil" in den Fokus. Das Programm wurde von der These geleitet, dass das Exil eine besondere Dingwahrnehmung hervorbringt und jedes alltägliche Verhältnis zu Dingen zerstört. Das in der Heimat Zurückgelassene wird häufig als schmerzliche Fehlstelle empfunden und das auf der Flucht Gerettete als Materialisierung der Heimat. Dabei wurde insbesondere der Frage nachgegangen, inwieweit alltags- und lebensweltliche Erfahrungen von Vertreibung, Flucht, Passage, Neubeginn und transkultureller Orientierung neue Perspektiven für die Erforschung des Exils eröffnen. Mit den Dingen des Exils, so die Quintessenz,

> stehen Gegenstände im Zentrum der Aufmerksamkeit, die Flüchtlinge mitnehmen konnten oder zurücklassen mussten, Gegenstände, in denen sich Erinnerungen an die verlorenen Heimaten, an das Herausgerissensein und Unterwegssein, aber auch an das Ankommen und an die Erfahrung differenter Bedeutungszuschreibungen in unterschiedlichen kulturellen Kontexten symbolisch verdichten. Koffer und Pässe sind dafür nur die prominentesten Beispiele. Indem das historische Exil 1933–1945 zunehmend Gegenstand von Musealisierung und Archivierung wird, gewinnen auch die Dinge des Exils als Zeugnisse und Erinnerungsträger eine neue Aufmerksamkeit. Zugleich zeigt das für die Exilsituation charakteristische Fremdwerden der Dinge in besonderer Weise die Bedeutung materieller Kultur für Identitäts- und Alteritätsvorstellungen auf, die hier im Horizont des ‚material turn' interdisziplinär aus literaturwissenschaftlichen, historischen, kunst- bzw. musikwissenschaftlichen und archivwissenschaftlichen Perspektiven erkundet wird.[20]

Insbesondere Alltagsgegenstände lösen Emotionen aus und rufen Geschichten in Erinnerung. Folgerichtig repräsentieren diese Dinge im Exil den Inbegriff von Heimat. Bedingt durch den Generationswechsel befinden sich diese „Dinge des Exils" jedoch nur noch selten in den Händen der Personen, mit denen sie ausgereist sind. Sie führen eigene „Exilbiographien", sowohl in den Beständen von Archiven und anderen Einrichtungen als auch im Besitz der Nachkommen. In einer Zeit, wo bald die letzten Zeitzeugen sterben, übernimmt die Generation der Enkel die Erinnerung. Dabei stellt sich die Frage, ob nachfolgende Generationen überhaupt noch in der Lage sind, Sinn und Symbolhaftigkeit jener Dinge zu erkennen und zu dechiffrieren. Darüber hinaus ist zu fragen, was die Generation der Enkel mit diesen Dingen anzufangen weiß. Die Auseinandersetzung mit der Ding-Welt der jüdischen Emigration spielt – gerade für die dritte Generation – eine ambivalente Rolle, die vom emotional besetzten Familienerbe bis zum ausgesonderten Hausrat reichen kann. Explizites Wissen zu den Objekten und ihrer Vorgeschichte ist nicht immer vorhanden. Ohne unterstützende Recherchen

---

20 Zitiert aus dem Ankündigungstext des Tagungsbandes: Exilforschung 31. Dinge des Exils. Jahrbuch der Gesellschaft für Exilforschung. Herausgegeben von Doerte Bischoff, Joachim Schlör u.a. München 2013.

bleiben die Objekte somit schwer zu dechiffrieren. Zudem wurden die „Dinge des Exils" zu Teilen der Biographien der Nachkommen und somit zu „geschichteten Objekten", an welche die verschiedenen Bedeutungszuschreibungen der jeweiligen Generationen geknüpft wurden.

Das Erkenntnisinteresse fokussiert sich auf die Erforschung dieses Bedeutungswandels, den die „Dinge des Exils" durch den Übergang aus den Händen der Generation der Auswanderer in jene der Generation der Enkel durchliefen und durchlaufen. Von Interesse ist dabei, Objekte ausfindig zu machen, die sich im Besitz der Nachfahren befinden und noch nicht archivalisch erfasst sind. Das Augenmerk gilt nicht nur den Hauptaufnahmeländern wie den USA, England und Israel (bzw. Palästina), sondern auch weniger gut erforschten Zielen der Auswanderung wie Australien, Kolumbien oder Südafrika sowie den Transitländern, beispielsweise die Dominikanische Republik oder Portugal. Hierfür ist es notwendig, die Biographie der Objekte systematisch in ihren verschiedenen Bedeutungszusammenhängen in Deutschland, im Exil und im Besitz der Vertreter der dritten Generation zu erforschen. In Anlehnung an Baudrillard wird Wert darauf gelegt, Objekte nicht isoliert zu inventarisieren, sondern sie als „Ensembles" im Zusammenhang mit den Menschen, die mit ihnen interagieren, zu untersuchen. Ziel der Befragung ist die Erforschung der Sinngebungs- und Symbolisierungsprozesse, welche die „Dinge des Exils" durch den Übergang aus den Händen der Generation der Exilanten in jene der Generation der Enkel durchlaufen haben. Von der These ausgegangen, dass durch das Exil eine besondere Ding-Wahrnehmung erzeugt und ein alltägliches Verhältnis zu den Dingen zerstört wurde, erhalten Dinge einen Bedeutungsüberschuss und werden zu „Semiophoren"[21], sichtbare Zeichen des unsichtbaren Bedeutungszusammenhangs der zurückgelassenen Heimat. Weiter wird angenommen, dass diesen Semiophoren ihre Bedeutung nicht immanent ist, sondern dass diese abhängig von den Zuschreibungen ihrer Besitzer ist und diese damit potentiell einem Wandel unterliegen. Die besagte besondere Ding-Wahrnehmung des Exils wird von den nachkommenden Generationen nicht zwingend geteilt.

## ‚Geerbte Heimat' und ihre Objekt-Subjekt-Relation

Während die jüdische Geschichte im deutschsprachigen Raum sowohl durch akademische Forschungsprojekte wie durch lokale Heimatforscherinnen und -forscher forciert, kreisen die diesbezüglichen Bemühungen um relativ wenige im

---

21 Pomian: Der Ursprung des Museums (wie Anm. 15).

Emigrationsland verbliebene, authentische Objekte. Dieser relativen Quellenarmut steht *gegenwärtig noch* eine relativ hohe Dichte an authentischen Objekten in den Exilländern gegenüber. Aufgrund des Generationswechsels und rückläufiger Kenntnisse der deutschen Sprache und über die Bedeutung der im Reisegepäck mitgeführten Objekte in den verschiedenen Exilländern ist es wichtig, rechtzeitig die Bergung dieser sukzessive *verloren gehenden Dinge* einzuleiten.

Die Ethnologin Laura Oswald hat in ihrer Studie „Culture Swapping"[22] die Rolle von Dingen für den Verlauf der Übersiedelung einer Gruppe Immigranten aus Haiti in die USA untersucht. Exil-Objekte, lautet ihr Fazit, werden im Aufnahmeland von Vertretern der nachkommenden Generationen genutzt, um Identifikation mit der Aufnahmekultur, bzw. der Ursprungskultur, oder Abgrenzung gegen die Aufnahmekultur, bzw. die Ursprungskultur, zu signalisieren. Objekte symbolisieren kulturelle Werte. Anhand der Hierarchisierung der Objekte innerhalb der Objekt-Ensembles, in denen diese im Aufnahmeland stehen, lassen sich Schlussfolgerungen über den Grad der Identifikation mit den kulturellen Werten der Herkunfts- bzw. der Zielkultur ziehen. Als „culture swapping" bezeichnet sie den Orientierungsprozess zwischen zwei Kulturen, der durch den Umgang mit Objekten geleitet ist. Durch die Art der Kombination der „Ding-Welt des Exils" mit den Objekten, welche die Person im Aufnahmeland umgeben, wird eine Balance zwischen einer durch das kulturelle Erbe bestimmten Identität und einer durch Akkulturation bestimmten Identität geschaffen.

Wo sich die im vorliegenden Kontext zu befragenden Personen und ihre geerbten Objekte innerhalb dieses „cultural swappings" verorten lassen, soll im Zuge des Projekts durch qualitative Interviews erhoben werden. Weltweit sollen Kontakte zu ehemals deutschsprachigen jüdischen Auswandererfamilien hergestellt und ein digitales Archiv der Recherchen aufgebaut werden. Im zweiten Schritt werden vor Ort Interviews mit der Enkelgeneration und – sofern noch möglich – mit deren aus dem deutschsprachigen Raum emigrierten Großeltern geführt. Dabei sollen exemplarisch ein oder mehrere Objekte ausgesucht, deren Exilgeschichten erzählt und die unterschiedlichen Bedeutungsebenen hinterfragt werden. Eine Vorauswahl potentieller Interviewpartner konnte bereits durch die Arbeit an dem Projekt „German Jewish Cultural Heritage" sowie einem Multimedia-Projekt in Kooperation mit der Deutschen Welle („Deutsch-jüdisches Kulturerbe"[23]) getroffen werden.

Das vorliegende Projekt widmet sich in erster Linie der Generation der Enkel der Flüchtlinge und ist als qualitatives Forschungsvorhaben konzipiert. Im Fokus

---

22 Oswald, Laura R.: Culture Swapping. Consumption and the Ethnogenesis of Middle-Class Haitian Immigrants. In: Journal of Consumer Research, 25 (March, 1999). S. 303–318.
23 Siehe: www.dw.de/themen/deutsch-juedisches-kulturerbe/s-31843 (1.10.2014).

stehen Lebensläufe einzelner Individuen, deren „gewöhnliche" Geschichten erzählend und analysierend dargestellt werden sollen.

Obwohl die Oral History in den USA schon seit den 1940er Jahren angewendet wird, wurde sie erst in den 1970er Jahren durch Fritz Schütze in Deutschland als Forschungsmethode eingeführt.[24] Lutz Niethammer entwickelte etwa zehn Jahre später die Grundlagen einer hermeneutischen Methode zur Produktion und Bearbeitung mündlicher Quellen als Ergänzung zur traditionellen Geschichtsschreibung.[25] Gabriele Rosenthal erweiterte den Ansatz der Oral History Mitte der 1990er Jahre und entwickelte das Konzept des biografisch-narrativen Interviews, in dem die erfahrene und wahrgenommene Wirklichkeit der zu interviewenden Person im Zentrum des Interesses steht.[26] Subjektive Erinnerungen und Erfahrungen werden mit eigenen Worten dargestellt und die Gesprächspartner gestalten ihre Lebensgeschichte. Stärker strukturiert ist Andreas Witzels Methode des problemzentrierten Interviews, dessen Fokus auf individuelle Handlungen, subjektive Wahrnehmungen und Verarbeitungen eines bestimmten Themas gerichtet ist. Das problemzentrierte Interview zählt zu den halbstandardisierten Interviews und zielt auf Selbstreflexion ab, um die individuelle Wahrnehmung der gesellschaftlichen Realität des Befragten zu erfassen. Zu einem bestimmten Thema werden auf der Grundlage eines Leitfadens offene Fragen gestellt. Witzels Methode ist deutlich strukturierter als die des narrativen Interviews.[27]

Um die „Exil-Biographie" von Objekten im Zusammenhang mit der Biographie ihres Besitzers auswerten zu können und die Interviews auf die biografisch relevanten Forschungsfragen zu lenken, wird bei der Datenerhebung eine Mischform aus den Methoden der biografisch-narrativen sowie aus den problemzentrierten Interviews zur Anwendung kommen. Der große Vorteil dieser Mischform liegt in der sozialen Interaktion mit den Befragten in den verschiedenen Ländern. Aufgrund der individuellen Kontaktaufnahme lassen sich mittels dieser Herangehensweise Erkenntnisse erzielen, die bei Anwendung anderer Forschungsmethoden schwieriger zu erreichen sind. Die Orientierung an einem vorbereiteten

---

24 Siehe u.a. Schütze, Fritz: Biographieforschung und narratives Interview. In: Neue Praxis 13 (1983) 3. S. 283–294.
25 Niethammer, Lutz: Lebenserfahrung und kollektives Gedächtnis. Die Praxis der Oral History. Frankfurt a.M. 1985.
26 Rosenthal, Gabriele: Die erzählte Lebensgeschichte als historisch-soziale Realität. Methodologische Implikationen für die Analyse biografischer Texte. In: Alltagskultur, Subjektivität und Geschichte. Zur Theorie und Praxis von Alltagsgeschichte. Herausgegeben von Berliner Geschichtswerkstatt. Münster 1994. S. 125–138.
27 Sie u.a. Witzel, Andreas: Das problemzentrierte Interview. In: Qualitative Forschung in der Psychologie. Grundfragen, Verfahrensweisen, Anwendungsfelder. Herausgegeben von G. Jüttemann. Weinheim [u.a.] 1985. S. 227–255.

Fragebogen erweist sich als vorteilhaft bei der Befragung solcher Personen, die in „narrativen Kompetenzen" weniger geübt sind, weil der Interviewer eine aktivere Rolle einnimmt. Der Interviewer kann je nach der unterschiedlich ausgeprägten Reflexivität und Eloquenz der Interviewten stärker auf Narrationen oder unterstützend auf Nachfragen im Dialogverfahren einwirken.

Ausgehend von den „Dingen des Exils" werden die Interviews mit den Großeltern und mit den Enkelkindern unter dem Aspekt der Ausstellungsrecherche in Form von exemplarischen Fallstudien individueller Lebensgeschichten geführt. Thematisiert werden nicht nur objektbezogene Alltagsgeschichten, die Verbindung mit Deutschland und die Verbindung zu den (mitgebrachten) Gegenständen, sondern auch und vor allem die Frage, wie die Objekte aus Deutschland zu einem selbstverständlichen Teil der Kultur in dem jeweiligen Land geworden sind. Um einen Ausgangspunkt zu kartieren, wird ein Leitfaden mit offenen Fragen formuliert, auf dessen Grundlage Interviews mit den derzeitigen Besitzern der Objekte geführt werden, die tiefere Einblicke in die Vorstellungen dieser Menschen vermitteln. Im Zusammenhang mit den Gegenständen wird so untersucht, ob bestimmte Vorstellungen einer Neuinterpretation bedürfen, weil Brüche und Krisen im Leben der ursprünglichen Besitzer eine entscheidende Rolle spielten. Es liegt im Ermessensspielraum des Interviewers, die Reihenfolge und den Zeitpunkt der einzelnen Fragen individuell zu wählen. Es handelt sich bei diesem Projekt um erfahrene Interviewer, die sowohl historisch als auch in Interviewtechniken geschult sind. Rosenthals Erfahrung, dass die Subjektivität der biografischen Selbstpräsentation nicht als defizitäres Abbild der „objektiven" Wirklichkeit gesehen werden kann, sondern zwischen ganz verschiedenen Realitäten unterschieden werden muss, die zur Konstruktion von sozialen Wirklichkeiten beitragen, spielt bei den Interviews der verschiedenen Generationen eine wichtige Rolle. Es muss berücksichtigt werden, dass sich die Enkel und deren Großeltern mitunter widersprechen können, beispielsweise wenn sie historische Fakten persönlich nicht kennen, weil sie diese Situationen nicht erlebt haben.[28]

Das Verfahren gliedert sich in folgende Teilelemente: Kurzfragebogen, Leitfaden, Tonaufzeichnung des Gesprächs und Postskriptum. Der Kurzfragebogen wird den Interviewpartnern vorab per E-Mail zugesandt und dient der Erhebung von Hintergrunddaten. Hierbei werden sowohl Angaben zu der Biographie der ausgereisten Person erfragt (Lebensdaten, Beruf, Ausreisebedingungen, Zeitpunkt der Ausreise, Exilstationen, Transit- und Siedlungsland) als auch Angaben zu der Biographie des jetzigen Besitzers (Lebensdaten, Beruf, Wohnsitz). Weiter werden Fragen zum Objekt gestellt (Art des Objekts, Aufbewahrungsort, Zustand

---

[28] Rosenthal: Die erzählte Lebensgeschichte als historisch-soziale Realität (wie Anm. 26). S. 128ff.

des Objekts, archivarische Erfassung). Diese so erhobenen Informationen sollen als analytischer Rahmen für Frageideen fungieren. Zudem soll durch die vorab erfolgte Erfragung der Rahmendaten die Interviewsituation entlastet werden. Während der Interviews wird mit Tonträgeraufzeichnungen gearbeitet, damit eine vollkommene Konzentration auf das Gespräch möglich ist. Die Auswertung der Tonaufnahmen erfolgt im Anschluss. Nachdem der Befragte über die Interviewbedingungen aufgeklärt wurde (Tonaufnahme, Art der Veröffentlichung der Ergebnisse, Wahrung der Persönlichkeitsrechte) wird die befragte Person durch die Bitte, das Exil-Objekt vorzuzeigen und frei darüber zu berichten, zur Erzählung angeregt. Die Präsentation des Objektes wird zu Dokumentationszwecken und mit Blick auf die spätere Ausstellung fotografiert.

## „What the son wishes to forget the grandson wishes to remember"

Als nach dem Ende des Zweiten Weltkrieges das Ausmaß der Verbrechen der Schoa bekannt wurde, erhob sich in den Exilgemeinden auf der ganzen Welt eine Welle des Hasses gegen die Nationalsozialisten als Verursacher, die häufig in einen Boykott gegen alles Deutsche mündete. Deutschland wurde zu einem Tabu und zahlreiche Exilanten versuchten, ihre deutsche Herkunft geheim zu halten. Angesichts der Schoa wirkten ihre Migrantenschicksale „harmlos", so dass sich meist nicht die Frage stellte, ob der Einzelne gerne in dem Land lebte, das ihm das Leben gerettet hatte. Eine Folge war das Schweigen dieser Einwanderer. Der israelische Sozialpsychologe Dan Bar-On, dessen Eltern 1934 nach Palästina geflüchtet waren, machte die Erfahrung, dass unerzählte Geschichten oft mit größerer Macht von der Elterngeneration an die Kinder weitergegeben wurden als erzählte Geschichten. Wenn die Eltern versuchten, ihre Kinder zu „schützen", indem sie schreckliche Erlebnisse verschwiegen, übertrug gerade der Mantel des Schweigens ihre Erfahrungen auf die Kinder.[29] Dieses Phänomen beschreibt auch die deutsche Psychologin Gabriele Rosenthal. Gabriele Rosenthal und Dan Bar-On haben in grundlegenden Studien das Schweigen der Opfer und das Schweigen der Täter verglichen.[30]

---

[29] Siehe: Bar-On, Dan: Furcht und Hoffnung. Von den Überlebenden zu den Enkeln. Drei Generationen des Holocaust. Hamburg 1997.
[30] Siehe: Rosenthal: Die erzählte Lebensgeschichte als historisch-soziale Realität (wie Anm. 26) und Bar-On: Furcht und Hoffnung (wie Anm. 29).

Die Entführung Adolf Eichmanns im Mai 1960 in Argentinien und der Prozess vor dem Jerusalemer Bezirksgericht setzte eine Zäsur im Umgang mit den traumatischen Erinnerungen. Die Rundfunkübertragungen, in denen 110 ausgewählte Opfer aus Konzentrationslagern aussagten, beendete das Schweigen vieler Opfer.[31] Ihre Schilderungen setzten eine weltweite Auseinandersetzung mit den Lasten der jüngsten Geschichte in Gang. Nach dem Eichmann-Prozess war ein Großteil der Zeitzeugen im fortgeschrittenen Alter und sie erzählten mehr und mehr von ihren Erlebnissen. Je älter Menschen werden, desto mehr ermüden ihre Bewältigungsstrategien und die Erlebnisse aus der Kinder- und Jugendzeit werden wichtiger. Zahlreiche Exilanten haben Tagebücher geführt und ihre Lebensgeschichten für die Enkelkinder aufgeschrieben. Denn die Enkelkinder sollten wissen, was in ihren Familien passiert war. War es den Großeltern kaum möglich, mit ihren Kindern über die Vergangenheit zu sprechen, so wurde es ihnen ein Bedürfnis, die Familiengeschichte an die Enkelgeneration weiterzugeben und damit die Familientradition bzw. die Familienzugehörigkeit im Sinne der eigenen Wurzeln zu überliefern.

Einen Meilenstein für die Definition der Zugehörigkeit bildet bis heute das in den 1970er Jahren an israelischen Schulen etablierte „Family Roots Papers"-Programm „Schoraschim" (Wurzeln). Israelische Pädagogen kamen zu der Überzeugung, dass Familiengeschichten für die eigene Zugehörigkeit wichtig sind und es daher zwingend notwendig sei, Verbindungen zur Vergangenheit herzustellen. Mit der Einwanderung nach Palästina wurde die Geschichte eben nicht ausradiert. Als Teil des Lehrplans erforschen alle Schüler im Rahmen des „Schoraschim"-Projektes im Vorfeld ihrer Bar- oder Bat-Mitzwa-Feier die Familiengeschichte mit der Herkunft ihrer Eltern und Großeltern. In seinen Untersuchungen über die Gruppe mexikanischer Immigranten in den Vereinigten Staaten fand der Migrationsforscher Peter Skerry die Aussage des amerikanischen Historikers Marcus Lee Hansen bestätigt: „What the son wishes to forget the grandson wishes to remember."[32] Skerry erfasste eine Periodizität der Gegenreaktionen: Die erste Generation sei stets „separatistisch", die zweite relativ assimiliert und die dritte hingegen „reaffirmativ". Auch der Prozess der Assimilation der Exilanten verlief in den unterschiedlichen Kontinenten dialektisch und nicht als lineare Abfolge.

---

**31** Siehe: Yablonka, Hanna: Der Eichmann-Prozess. Ein jüdisches Nürnberg? In: Interessen um Eichmann. Israelische Justiz, deutsche Strafverfolgung und alte Kameradschaften. Herausgegeben von Werner Renz. Frankfurt a.M. 2012. S. 79–91.
**32** Hansen, Marcus Lee: Der Einwanderer in der Geschichte Amerikas. [o.O.] 1937; zitiert nach: Skerry, Peter: Mexican Americans. The Ambivalent Minority. Cambridge (Mass.) 1995. S. 358.

Von einer unbeschwerten Kommunikation der ehemaligen Flüchtlinge mit ihren Enkelkindern zeugen beispielsweise die Besuchsprogramme, die seit Ende der 1960er Jahren durchgeführt werden. Immer mehr deutsche Städte organisierten Reisen für ihre ehemaligen jüdischen Bewohner, so dass die regionalen Zugehörigkeiten der Kindheit und Jugend wieder ins Bewusstsein rückten.[33] Eine große Anzahl von ihnen hat Deutschland gemeinsam mit dem Ehepartner, mit den Kindern oder mit den Enkelkindern besucht. Auffällig war bei der Untersuchung über die Besuchsprogramme in Deutschland, dass das Interesse an den Geschichten „der Alten" von Seiten der Enkelkinder größer ist als das der Kinder.[34] Auch wenn Angehörige der zweiten Generation seit den 1960er und 70er Jahren wieder Kontakte zu Deutschland pflegten und sie die Eltern im Rahmen der Besuchsprogramme an ihre einstigen Heimatorte begleiteten, war das Interesse an der eigenen Familiengeschichte äußerst begrenzt. Im Gegensatz dazu war die dritte Generation weitaus offener für Erzählungen über die Vergangenheit und für die alten Heimaten. Die in unterschiedlichen Ländern beheimateten Enkel beriefen sich wieder auf Normen und Wertesysteme ihrer Großeltern, obwohl diese Normen inzwischen an das Leben in der neuen Heimat angepasst waren, nur noch wenig mit ihren kulturellen Ursprüngen gemein hatten und eher mythologisiert wurden.

Die Ergebnisse des Projektes sollen u.a. in einer Ausstellung präsentiert werden. Diese will sich an eine breite Öffentlichkeit wenden und dies in voraussichtlich 20 Ländern des Exils. Als Ausstellungsobjekte dienen 20 exemplarisch ausgewählte „Dinge des Exils", die im Zusammenhang mit ihrer Auswanderungsbiographie, aber auch in ihrem aktuellen Aufbewahrungskontext vorgestellt werden. Anhand einzelner Familiengeschichten soll das Spektrum unterschiedlicher Schicksalswege beleuchtet und die Beziehungen der dritten Generation zu den Dingen der Großeltern, die diese aus ihrer alten Heimat mitnahmen, dargestellt werden. Filmseqenzen und Hörbeispiele aus den mit der Enkelgeneration geführten Interviews sollen die Ausstellung ergänzen. Von den Objekten selbst sollen Hologramme erstellt werden. Diese symbolisieren mehr als nur eine imaginäre Ansicht der Objekte – es wird vielmehr der physischen Absenz der Gegenstände in Deutschland, aber ihrer gleichzeitigen ideellen Verankerung in ihrem Herkunftsland hierdurch Rechnung getragen. Auf einen Transport der Ausstellungsgegenstände aus den Exilländern nach Deutschland wird deshalb bewusst

---

33 Auf Einladung des Berliner Senats besuchten zwischen 1969 und 2011 über 35.000 ehemalige Berliner im Rahmen des offiziellen Besuchsprogramms ihre Geburtsstadt, die sie in den Jahren des Nationalsozialismus verlassen mussten.
34 Siehe: Engelhardt, Gal: An „In-between-Heritage". Organized Visits of Former German Jews and their Descendants to their Cities of Origin. Haifa 2012.

verzichtet. Die Hologramme sollen an dem aktuellen Aufbewahrungsort der Objekte erzeugt werden und die Materialität der „Dinge des Exils" damit auch nur in Ländern des Exils erfahrbar bleiben. Anstatt einer detailreichen Darstellung des historischen Kontextes des Exils und der Geschichte des Nationalsozialismus werden mikrohistorische Methoden herangezogen, um eine Redundanz mit der Ausstellung „Heimat und Exil" zu vermeiden. So sollen aber dennoch Themenaspekte der Ausstellung aufgegriffen und aus einer zeitgenössischen Perspektive weiter erforscht werden.

Ein interdisziplinäres Rahmenprogramm soll die Ausstellungen in den verschiedenen Ländern begleiten. Dabei werden sowohl Zeitzeugen als auch Persönlichkeiten aus dem kulturellen Leben des jeweiligen Landes und aus Deutschland zu Wort kommen.

Die Ergebnisse des Projekts werden in einer abschließenden Studie publiziert. Darüber hinaus wird ergänzend zu der schon vorhandenen Homepage (German-Jewish Cultural Heritage: http://germanjewishculturalheritage.com) eine Website erstellt, die das Erfassen und Bewahren des über die ganze Welt verstreuten deutsch-jüdischen Kulturerbes ermöglicht. So die Interviewpartner einverstanden sind, sollen auch die Interviews online gestellt werden und verfügbar sein. Durch die Kooperation mit verschiedenen Institutionen ist der Grundstein für ein solches Netzwerk bereits gelegt. Das Projekt will dazu beitragen, ein differenzierteres Bild vom deutsch-jüdischen Kulturgedächtnis zu erzeugen und gleichzeitig dem mancherorts drohenden kulturellen Vergessen, welches gleichsam auch Identitätsverlust bedeutet, entgegenzuwirken.

Julius H. Schoeps
# Das Stigma der Heimatlosigkeit

Vom Umgang mit dem deutsch-jüdischen Erbe

Im deutschen Judentum vor 1933 hat man sicher mit der Formel „deutsch-jüdisches Erbe" mehr anfangen können als heute.[1] Die sich damals, also in der Vor-Hitler-Zeit, als deutsche Juden definierten, wussten es, beziehungsweise hatten zumindest eine Vorstellung davon, dass sie eine spezifische Identität besaßen, die sich zum einen aus der Zugehörigkeit zum Judentum ableitete, zum anderen aber stark von der Sprache und Kultur der Umgebungsgesellschaft geprägt war. Diejenigen, die das betraf, begriffen sich nicht als Juden in Deutschland, sondern, was ein signifikanter Unterschied war und ist, als deutsche Juden.

Wer sich im Deutschland vor 1933 für einen deutschen Juden hielt, hatte ganz bestimmte Vorstellungen von sich und darüber hinaus auch eine ziemlich klare Vorstellung von dem, was er als Zugehörigkeit verstanden wissen wollte. Ein deutscher Jude war man, um es kurz und bündig zu formulieren, wenn man sich zu seiner jüdischen Herkunft bekannte, wenn man sowohl deutsch sprach als auch deutsch dachte und wenn man sich im Auftreten und in der äußeren Erscheinung von den Menschen der Umgebungsgesellschaft nicht wesentlich unterschied. Derjenige, der diese Bedingungen im Großen und Ganzen erfüllte, der war ein deutscher Jude.

Hätte man vor 1933 einen deutschen Juden oder eine deutsche Jüdin gefragt, wie sie sich selbst definieren würden, dann hätten sie vermutlich die Frage nicht verstanden und nur erstaunt den Kopf geschüttelt. Vor 1933 hatten die Juden in der Regel keine Probleme mit ihrem Selbstverständnis oder, wie man das heute gemeinhin nennt, mit ihrer Identität. Sie hätten sich im Gespräch, wenn man sie gefragt hätte, sicher als Deutscher bzw. als Deutsche definiert. Sie hätten sich dabei auf Namen wie den des Aufklärungsphilosophen Moses Mendelssohn berufen, Namen von Politikern wie Gabriel Riesser und Johann Jacoby genannt, vermutlich auch die von Schriftstellern wie Ludwig Börne und Heinrich Heine oder von Komponisten wie Giacomo Meyerbeer und Felix Mendelssohn Bartholdy.

Nach der Erfahrung des organisierten Judenmordes sehen wir heute das deutsch-jüdische Beziehungsverhältnis in mancher Hinsicht zweifellos differenzierter als frühere Generationen. Die berühmte Formel der deutsch-jüdischen Symbiose lässt sich heute nicht mehr in der Unbefangenheit benutzen, wie das

---

[1] Schoeps, Julius H.: „Du Doppelgänger, du bleicher Geselle". Deutsch-jüdische Erfahrungen im Spiegel dreier Jahrhunderte 1700–2000. Berlin, Wien 2004. S. 9ff.

vor 1933 noch geschah. Gershom Scholems berühmtes Verdikt, in den 1960er Jahren formuliert, es hätte nie eine solche Symbiose gegeben,[2] wird heute kaum noch bestritten.[3] Nach all dem, was geschehen ist, und nach all dem, was wir heute wissen, ist es nur folgerichtig, wenn wir den Anpassungsprozess als Irrweg der deutsch-jüdischen Beziehungsgeschichte ansehen.

Das tat beispielsweise Rabbiner Leo Baeck, einer der führenden Vertreter des deutschen Vorkriegsjudentums, der wenige Monate nach seiner Befreiung aus dem KZ Theresienstadt bemerkte: „Für uns Juden aus Deutschland ist eine Geschichtsepoche zu Ende gegangen. Eine solche geht zu Ende, wann immer eine Hoffnung, ein Glaube, eine Zuversicht endgültig zu Grabe getragen werden muss. Unser Glaube war es, dass deutscher Geist und jüdischer Geist auf deutschem Boden sich treffen und durch ihre Vermählung zum Segen werden können. Dies war eine Illusion – die Epoche der Juden in Deutschland ist ein für alle Mal vorbei."[4]

Die pessimistischen Prophezeiungen Leo Baecks sind allerdings nicht in Erfüllung gegangen. Im vereinten Deutschland leben heute wieder Juden, zwar nicht mehr so viele wie in den Jahren vor 1933. Aber es gibt wieder welche, allerdings keine mehr, die sich als deutsche Juden begreifen. Sie definieren sich als Juden in Deutschland, sehen sich, wenn überhaupt, als deutsche Staatsbürger oder als Bürger der Bundesrepublik Deutschland an – mehr aber auch nicht.

Die heute im vereinten Deutschland lebenden Juden, meist Zuwanderer aus den Ländern der früheren Sowjetunion und deren Nachkommen, haben verständlicherweise Probleme damit, sich des deutsch-jüdischen Erbes anzunehmen. Warum auch? Es ist nicht ihre Geschichte, nicht ihre Kultur. Sie stehen in anderen Traditionszusammenhängen. Warum sollten sie sich mit etwas definieren, mit dem sie nichts zu tun haben?

Wer kümmert sich heute also um das deutsch-jüdische Erbe? Wem fällt diese Aufgabe zu? Oder sagen wir es in anderen Worten: Wer fühlt sich verantwortlich für dieses Erbe? In Ermangelung eines real existierenden deutschen Judentums, das dies tun könnte, ist es die nichtjüdische Gesellschaft, der diese Aufgabe zufällt. Das funktioniert nun leider aber nicht immer so, wie man sich das wünscht. Diejenigen, die sich dieser Aufgabe annehmen, sind vielfach über-

---

**2** Scholem, Gershom: Wider den Mythos vom deutsch-jüdischen Gespräch. In: Judaica. Bd. 2. 5. Aufl. Frankfurt am Main 1995. S. 7ff.
**3** Kritik äußerte hierzu: Voigts, Manfred: Weder Höhepunkt der Geschichte noch Schrei ins Leere. Grundriss der deutsch-jüdischen Symbiose. In: Zeitschrift für Religion und Geistesgeschichte (ZRGG) 2 (2005). S. 123ff.
**4** Baeck, Leo: Nach der Schoa – Warum sind Juden in der Welt? Schriften aus der Nachkriegszeit. Hrsg. von Albert H. Friedländer u. Berthold Klappert. Gütersloh 2002 (Leo Baeck Werke 5). S. 207–208.

fordert. Es ist zwar zugestandenermaßen viel guter Wille vorhanden, aber das ist, wie an so manchem Beispiel belegt werden kann, nicht immer ausreichend.

Ich denke da an die Aktivitäten zahlreicher Städte und Gemeinden, in denen sich hauptsächlich Laien und an der Historie Interessierte um die Aufarbeitung der lokalen jüdischen Geschichte kümmern. Sie leisten zum Teil hervorragende Arbeit, bemerken aber nicht, dass sie sich ein virtuelles Judentum konstruieren. Hinter den Ausstellungen, die sie organisieren, hinter den Synagogen, die sie wieder aufbauen, und hinter den jüdischen Museen, die sie gründen, steckt zumeist der Wunsch, etwas sichtbar zu machen, was nicht mehr zu sehen ist. Es sind Bemühungen, die nachvollziehbar sind, aber gleichzeitig spüren lassen, dass sie ein gewisses Moment der Vergeblichkeit und des Scheiterns beinhalten.

Aber zurück zur Ausgangsfrage: Was kann getan werden, um die Reste des deutsch-jüdische Erbes zu sichern? Um das zu können, hängt es in erster Linie davon ab, inwieweit die heutige deutsche Gesellschaft, gemeint ist wohlgemerkt die nichtjüdische Gesellschaft, bereit ist, sich dieses Erbes anzunehmen. Voraussetzung ist, um es mit anderen Worten zu formulieren, dass in der Bevölkerung beispielsweise Schriftsteller wie Ludwig Börne und Heinrich Heine genauso wie Johann Wolfgang Goethe und Friedrich Schiller als dem deutschen Kulturerbe zugehörig begriffen werden. Nur dann, wenn dieses Erbe nicht als etwas Fremdes, sondern als etwas Eigenes angesehen wird, besteht die Chance, dass die deutsch-jüdische Kulturtradition in Deutschland wenigstens in Ansätzen weiterleben kann.

Bei der Beurteilung dieses Sachverhaltes kommt man zu dem Schluss, dass die Pflege des deutsch-jüdischen Erbes, gleichgültig, ob man das akzeptiert oder nicht, auch künftig auf den deutschsprachigen Kulturraum angewiesen bleiben wird. Die Annahme, dies könnte auch anderswo stattfinden, ist insofern irrig, als anderswo die Bedingungen zur Pflege dieses Erbes nicht gegeben sind.

Das war zugegebenermaßen noch anders in der Zeit der Hitlerdiktatur, als circa 240.000 jüdische Flüchtlinge aus Deutschland sich überall in der Welt niederließen, insbesondere in Palästina und den Vereinigten Staaten, wo sie zumindest zeitweilig an bestimmten Orten noch so etwas wie ein deutsch-jüdisches Milieu bilden konnten. In dieser Zeit war man noch davon überzeugt, das deutsch-jüdische Erbe könnte außerhalb des deutschen Sprachraums weiter existieren. Die Gründer der Leo-Baeck-Institute in New York, London und Jerusalem waren fest davon überzeugt, dass die Aufarbeitung der deutsch-jüdischen Geschichte nicht in Deutschland, sondern nur außerhalb Deutschlands geschehen könnte.

Die 50.000 „Jeckes" (so die spöttisch-verächtliche Bezeichnung für den Typus des deutschen Juden) beispielsweise, die nach Palästina einwandern konnten und sich dort eine neue Heimat aufbauten, haben das mitgebrachte kulturelle Erbe in Salons, Konzertsälen, Zeitungen und Vortragsveranstaltungen liebevoll gepflegt.

Sie taten es, und tun es heute noch, so gut sie können, allerdings ahnend, dass die Kultur, in der sie aufgewachsen sind und die sie mitgebracht haben, eine sterbende Kultur ist. Sie halten dennoch an dieser Kultur fest, weil sie nicht anders können und weil sie auf diesem Erbe als Teil ihrer Identität bestehen.

Nicht viel anders sah es in den Vereinigten Staaten aus, wo der Anpassungsprozess der aus Deutschland stammenden Juden an die Umgebungsgesellschaft sehr viel schneller und unproblematischer verlief als in Palästina beziehungsweise später in Israel. Die deutsche Herkunft spielte hier nur noch eine periphere Rolle, denn der US-amerikanische Pass, den man nach einiger Zeit erhielt, hatte zur Folge, dass man sich in erster Linie als amerikanischer Staatsbürger verstand, nicht aber als Exil-Deutscher oder Flüchtling. Die Folge war, dass die Erinnerungen an Deutschland und die Herkunft aus dem deutschen Judentum zusehends verblassten.

Dessen ungeachtet ist das deutsch-jüdische Kulturerbe in den Vereinigten Staaten in Spuren noch nachweisbar. Das gilt für die Filmindustrie, aber insbesondere für manche Universitäten, wohin Flüchtlinge aus Deutschland ganze Wissenschaftsdisziplinen verpflanzten. Die Renaissanceforschung zum Beispiel, einst in Deutschland beheimatet, hat in den 1930er Jahren in den Staaten eine Zuflucht gefunden. Ein anderes Beispiel ist die renommierte New School in New York, eine Gründung von aus Deutschland stammenden Juden.

Nicht zu vergessen ist das liberal eingestellte Judentum in den Vereinigten Staaten, das stark von Elementen des Reformjudentums in Deutschland beeinflusst ist. So weiß man im Gegensatz zu Deutschland beispielsweise in den US-amerikanischen Synagogengemeinden noch etwas mit dem Namen von Abraham Geiger, Leopold Zunz und Louis Lewandowski anzufangen. Dieses, wenn man so will, angenommene Kulturerbe ist heute erkennbarer Bestandteil der amerikanisch-jüdischen Kultur der Gegenwart.

Das darf aber nicht über den eigentlichen Sachverhalt hinwegtäuschen, der uns hier beschäftigt. Ein authentisches deutsches Judentum, in dem Sinne, dass es in der Tradition eines Moses Mendelssohn, eines Gabriel Riesser oder Hermann Cohen steht, eines Judentums, das sich mit Geiger, Zunz und Lewandowski identifiziert, existiert in Deutschland nicht mehr. Dieses Judentum ist mit der Hitler-Diktatur und der Schoa so gut wie vollständig ausgelöscht worden – und das, was wir deutsch-jüdisches Erbe nennen, kämpft seither mit dem Stigma der Heimatlosigkeit. Man kann das bedauern, man kann das beklagen, aber das ändert nichts am skizzierten Sachverhalt, dass das deutsch-jüdische Erbe keinen Ort mehr hat, an dem es festgemacht werden kann.

## Rehabilitierung/Bewusstwerden des Erbes/ Gedenkarbeit

Nicht bestreitbar ist, dass sich in den letzten Jahrzehnten einiges zum Besseren gewendet hat. So hat man begonnen, sich um das deutsch-jüdische Kulturerbe zu kümmern, so gut es eben geht. Die Gründe dafür sind vielfältig und müssen hier nicht in den Einzelheiten erörtert werden. Ludwig Börne und Heinrich Heine, um es an konkreten Beispielen deutlich zu machen, sind nicht mehr die heimatlosen Gesellen, als die sie von Judenfeinden aller Couleur in der Vergangenheit abfällig tituliert worden sind. Beide sind mittlerweile akzeptiert und die nichtjüdische Gesellschaft beginnt, sich mit ihnen zu identifizieren.

In Düsseldorf hat man, wenn auch erst nach einigem Zögern, die Universität der Stadt nach Heinrich Heine benannt. Dabei ist es nicht geblieben. Es gibt inzwischen das Heinrich-Heine-Institut, mehrere Gesamtausgaben seiner Schriften und Briefe, eine Gesellschaft, die seinen Namen trägt mit Niederlassungen in verschiedenen Städten. Die Stadt Düsseldorf sorgte für ein Denkmal des Künstler Bert Gerresheim, benannte eine Straße (die Heine-Allee) nach dem Dichter und verleiht alle zwei Jahre einen Heinrich-Heine-Preis, der im Gedächtnis an den großen Sohn der Stadt gestiftet worden ist. Heinrich Heine ist heute in Düsseldorf angekommen.

Das gilt auch für Ludwig Börne, der einst im Getto der Stadt Frankfurt am Main geboren wurde. Die Stadt, die nicht immer eine glückliche Hand hat, wenn es gilt an das deutsch-jüdische Erbe zu erinnern – die Rede von Martin Walser beispielsweise ist vielen noch im Gedächtnis –, hat in der Innenstadt immerhin eine Schule nach Börne benannt und jährlich wird ein Ludwig-Börne-Preis an einen deutschsprachigen politischen Publizisten in der Paulskirche verliehen. In den dabei gehaltenen Reden ist man bemüht, des anderen Deutschland zu gedenken, des demokratischen Deutschlands, das es immer gegeben hat, was leider allzu oft in Vergessenheit gerät.

Ein anderes Beispiel für eine erfolgreiche Wiederentdeckung eines Stückes deutsch-jüdische Erbes ist der Fall des Komponisten Felix Mendelssohn Bartholdy, über den Richard Wagner bekanntlich ein vernichtendes Verdikt gefällt hat, was u.a. dazu führte, dass dessen Werke in der NS-Zeit nicht mehr gespielt werden durften. Seine romantischen Kompositionen und seine als „Trivialmusik" geschmähten Lieder und *Lieder ohne Worte* erfreuen sich nach der Ächtung durch die Nationalsozialisten wieder großer Beliebtheit. Die Oratorien *Paulus* und *Elias* gehören heute zum Standardrepertoire geistlicher Musik. In diesem Fall scheint es so, dass heute Felix Mendelssohn Bartholdy langsam die Gerechtigkeit widerfährt, die er seiner Bedeutung nach verdient.

In den letzten Jahrzehnten hat sich in Deutschland zugegebenermaßen einiges geändert. Es entstanden eine Reihe von Forschungsinstituten u.a. in Duisburg, Hamburg, Frankfurt, Potsdam und Leipzig, die alle auf dem Feld der deutsch-jüdischen bzw. der europäisch-jüdischen Beziehungsgeschichte arbeiten. Jüdische Museen wurden gegründet u.a in Frankfurt, München, Augsburg, Halberstadt, Wien und Berlin. Die Besucherzahlen dieser Museen können sich sehen lassen. Wer sich für die Geschichte und Kultur des deutschen Judentums interessiert, steht mittlerweile vor einem reichhaltigen Angebot und hat viele Möglichkeiten sich zu informieren.

In diesem Zusammenhang darf ich von einem neuen Ansatz in der Gedenkarbeit berichten, dem sich die Moses-Mendelssohn-Stiftung verschrieben hat. Die Stiftung, die gegenwärtig in verschiedenen Bundesländern und in Österreich Studentenwohnheime errichten lässt, benennt die Häuser nach Persönlichkeiten aus der deutsch-jüdischen beziehungsweise aus der österreichisch-jüdischen Geschichte.

Mit dieser Initiative, die erschwinglichen Wohnraum für Studenten schafft, soll auch ein Beitrag zur deutsch-jüdischen Erinnerungskultur geleistet werden. Jeder Student, der in einem solchen Haus eine Bleibe findet, wird wissen, nach wem das Haus benannt ist – zumindest wird er es dann wissen, wenn er danach gefragt werden sollte.

Im Foyer dieser Häuser, die teilweise bereits in Betrieb sind, werden Informationstafeln auf den jeweiligen Namensgeber hinweisen. In Hamburg ist das Studentenwohnheim, das 2012 eröffnet wurde, nach dem Völkerrechtler Albrecht Mendelssohn Bartholdy benannt, in Mainz ist der Namensgeber der Nationalliberale Ludwig Bamberger, in Frankfurt der Nationalökonom Franz Oppenheimer, in Darmstadt der Dichter Karl Wolfskehl und in Wien wird das geplante Studentenwohnheim nach Martin Buber benannt werden.

In allen Fällen gibt es, was auch seitens der Stiftung bezweckt ist, zwischen dem Namensgeber und der jeweiligen Stadt einen Beziehungszusammenhang. Entweder stammt der Namensgeber des Studentenwohnheims aus der Stadt, hat dort studiert oder zumindest eine gewisse Zeit dort gelebt und Spuren hinterlassen. In Wien beispielsweise fiel die Wahl auf Martin Buber, der bekanntlich in der Stadt an der Donau geboren wurde.

## Institutionalisierung und Vernetzung

Aber gehen wir einen Schritt weiter. Die Benennung von Studentenwohnheimen nach Größen der deutsch-jüdischen Geschichte, die Verleihung von Preisen, mit denen Persönlichkeiten ausgezeichnet werden, die sich für Toleranz und Völkerverständigung im Sinne Mendelssohns, Heines, Börnes oder Werfels einsetzen, der Bau von Museen und Gedenkstätten, löst nicht die sich stellende Frage, wie es künftig gelingen kann, das deutsch-jüdische Erbe so zu bewahren, dass es nicht verschwindet bzw. in Vergessenheit gerät. Was bisher geschieht, erfolgt nur bruchstückhaft, nicht systematisch, wie es eigentlich notwendig wäre, um das Erbe, um das es hier geht, am Leben zu erhalten.

Vielleicht sollte man darüber nachdenken, analog zu der Stiftung Preußischer Kulturbesitz, die das preußische Kulturerbe mit großem Erfolg verwaltet und pflegt, eine Stiftung zu gründen, die sich um das deutsch-jüdische Kulturerbe kümmert. Ich weiß, dass es unrealistisch ist, die Gründung einer Stiftung zu fordern, die sich an der Größenordnung und Bedeutung der Stiftung Preußischer Kulturbesitz orientiert. Denn weder dürften dafür der politische Wille noch die notwendigen Gelder vorhanden sein, um ein solches Vorhaben zu realisieren.

Das scheint mir aber auch nicht unbedingt notwendig zu sein. Es würde, so meine ich, vollkommen ausreichen, wenn eine Institution existierte, die sich solcher Aufgaben annähme. Beispielsweise könnte eine solche Einrichtung Veranstaltungskalender und Projektberichte veröffentlichen, ein Jahrbuch herausgeben, Ausstellungen vermitteln, Vortragsreisen und Konferenzaktivitäten organisieren. Das wäre das Mindeste, das getan werden könnte.

Dass sich die Schaffung einer Koordinationsstelle anbietet, ergibt sich schon aus dem Sachverhalt, dass es im vereinten Deutschland inzwischen zahlreiche Einrichtungen gibt, die sich mit der Aufarbeitung und Dokumentierung der deutsch-jüdischen Geschichte befassen, die aber nicht oder kaum miteinander vernetzt sind. Im Einzelnen sind das Museen, Forschungsinstitute, Bibliotheken und eine Reihe von Gedenkstätten, von deren Existenz man manchmal nur durch Zufall erfährt. Mittlerweile hat man kaum noch einen Überblick, wer was zu welchem Zweck macht oder betreibt. Hier Transparenz und Vernetzung zu schaffen, bietet sich an.

Ein Manko in diesem Zusammenhang ist, dass ein wirklicher Überblick über das fehlt, was an Überbleibseln im In- und Ausland existiert. Ich denke nicht an den Aufbau weiterer Forschungseinrichtungen und Museen, derer gibt es genug, sondern vor allem um die Sicherung von einschlägigen Archivbeständen, Nachlässen und Konvoluten aller Art, die sich in Privatbesitz oder in öffentlichem Besitz auf der ganzen Welt verstreut befinden.

Das Leo Baeck Institute (LBI) in New York mit seinen Zweigstellen in London, Jerusalem und mittlerweile auch in Berlin hat sich in den letzten Jahrzehnten dieser Aufgabe in dankenswerter Weise angenommen. Das Problem, das sich heute stellt, ist, dass die Generation der Flüchtlinge aus Deutschland, die das LBI einst gründeten, mittlerweile weitgehend gestorben sind und die Nachgeborenen zunehmend Probleme damit haben, sich mit dem deutsch-jüdischen Erbe zu identifizieren.

Also was kann unter den gegebenen Umständen getan werden? Zumindest scheint es mir erforderlich zu sein, eine Bestandsaufnahme zu machen. Das Moses Mendelssohn Zentrum (MMZ) in Potsdam arbeitet gegenwärtig unter der Federführung von Elke-Vera Kotowski an der Schaffung eines weltweiten Netzwerkes sowie dem Aufbau einer Datenbank, die einen ersten Überblick über die globalen Bestände schaffen sollen.

Es ist darüber nachzudenken, wie mit dem deutsch-jüdischen Erbe umgegangen werden soll. Besonders wichtig ist hierbei nicht nur der Austausch von Informationen und Hinweisen über den Verbleib von Sammlungen und Materialien, sondern auch um gemeinsame Überlegungen, wie die verstreuten Sammlungen und Materialien gesichert werden können.

Um was geht es? Als ein Beispiel sei das Arnold-Schönberg-Archiv genannt. In den 1990er Jahren wurde darüber nachgedacht, das Archiv des bedeutenden Zwölfton-Komponisten nach Europa zurück zu transferieren, da die University of Southern California für das Archiv keine Verwendung mehr hatte. Deshalb begann man darüber nachzudenken, wo dieses so wichtige Archiv angesiedelt werden könnte. Damals stritten sich Berlin und Wien um den Zuschlag. Wien machte letztendlich das Rennen. Als Gründungsdirektor des Jüdischen Museums der Stadt Wien war ich seinerzeit an den komplizierten Verhandlungen beteiligt. Zum einem musste die Schönberg-Familie überzeugt, zum anderen ein tragfähiges Übernahmekonzept entwickelt werden. Die Entscheidung fiel schließlich für Wien, nicht zuletzt deshalb, weil die Stadt sich bereit zeigte, repräsentative Räume und – gewissermaßen als Sahnebonbon – einen Arnold-Schönberg-Lehrstuhl zur Verfügung zu stellen. Berlin konnte mit diesem Angebot nicht mithalten.

## Dokumentation und Zugänglichkeit

Das Verfahren und der Umgang mit dem Schönberg-Nachlass haben durchaus Modellcharakter und ließen sich auch auf andere Nachlässe übertragen. Der Nachlass des Regisseurs Max Reinhardt beispielsweise, der an der University Binghampton im Staate New York aufbewahrt wird, sollte dorthin kommen, wo er eigentlich hingehört – also auch nach Berlin oder Wien. Dass man dies nicht einfach fordern kann, versteht sich von selbst. Nach wie vor existieren Befindlichkeiten. Aber man sollte es zumindest versuchen. Dazu würde es gehören, Gespräche zu führen und in Verhandlungen einzutreten. Es gibt durchaus Konzepte, die hier zur Anwendung kommen könnten. Ich denke an Kauf, Tausch oder den Abschluss eines Leihvertrages. Der Möglichkeiten sind viele.

Nachzudenken wäre auch über die Situation des Sonderarchivs in Moskau, wo sich u.a. der Rathenau-Nachlass, vor allem aber das Archiv des Centralvereins deutscher Staatsbürger jüdischen Glaubens befindet. Oder was kann man tun, um das Rahel-Varnhagen-Archiv in der Bibliothek der Jagiellonen-Universität Krakau und die Beethoven-Manuskripte aus diesem Nachlass zu restituieren? Bis heute ist es bedauerlicherweise nicht gelungen, Mittel und Wege zu finden, diese Materialien dorthin zurückzuführen, wohin sie ihrer Provenienz nach eigentlich hin gehören.

Auch die zahlreichen aus dem deutschen Sprachraum überall in der Welt verstreut aufbewahrten Judaica, die einen deutschen Bezug haben, sollten in die Betrachtungen mit einbezogen werden. Die Judaica-Sammlungen in Museen in Jerusalem, New York, Los Angeles, San Francisco und selbst in dem vergleichsweise kleinen Kunstmuseum in Raleigh, North Carolina, bewahren Handschriften, Thorakronen, Rimonim und Besamim-Büchsen auf, von denen man gerne wüsste, wie und auf welchen vermutlich abenteuerlichen Wegen sie dorthin gelangt sind.

Der Kenner weiß, dass zahlreiche der in den Vitrinen dieser Museen ausgestellten Objekte ursprünglich aus dem deutschen Sprachraum stammen. Wenn man diese Handschriften, Kultgegenstände und Objekte aus dem familiären Alltag jüdischer Familien schon nicht mehr in den deutschen Sprachraum zurückführen kann, was wohl auch niemand ernsthaft erwartet, so wäre doch das Mindeste, sie zu katalogisieren und die Ergebnisse in einer Datenbank festzuhalten.

Dokumentiert werden sollten aber nicht nur Judaica-Bestände, sondern auch die Bibliotheken, die Juden aus Deutschland mit ins Exil nach Palästina, nach Südamerika oder in die Vereinigten Staaten genommen haben. Ein erster Versuch in diese Richtung ist von Mitarbeitern des Moses Mendelssohn Zentrums unternommen worden, die vor nicht allzu langer Zeit versucht haben, den Verbleib von einigen dieser Bibliotheken zu dokumentieren. Die im Moses Mendelssohn Zentrum aufgestellten Bibliotheken von Walter Boehlich, Alex Bein, Ludwig Geiger, Ernst Simon und so manch anderer sind deshalb nicht nur Verbeugungen vor bedeutenden Köpfen, sondern spiegeln auch ein Kapitel zu Ende gegangener deutsch-jüdischer Kulturgeschichte.

## Provenienz nachweisen

Es ist mir ein persönliches Anliegen, dass Gemälde und Kunstobjekte, die sich einst im Besitz jüdischer Privatsammler in Deutschland befanden und heute zumeist verstreut in alle Welt sind, erfasst und entsprechend dokumentiert werden. Es kann nicht angehen, dass an den Wänden der Museen Bilder hängen und in deren Depots Kunstgegenstände lagern, bei denen unklar ist, wie sie in den Besitz der Museen gelangt sind. Der Provenienznachweis sollte für die Museen verpflichtend sein.

Ein regelrechter Skandal ist es, wenn in einer Ausstellung eines Museums, wie vor einiger Zeit in Berlin geschehen, bei einem Aquarell von Adolph Menzel, von dem man wusste, dass es in der NS-Zeit von den Behörden widerrechtlich konfisziert worden war, kein Hinweis auf die einstige Besitzerin befand, die Deutschland hatte verlassen müssen. Es löst nur noch Kopfschütteln aus, wenn stattdessen auf einer Hinweistafel unter dem Bild nur die irritierende Bezeichnung „Dauerleihgabe" zu lesen war. Ein Kommentar erübrigt sich.

Wie notwendig es ist, sich um das deutsch-jüdische Erbe zu kümmern, möchte ich mit einem Beispiel illustrieren. Vor zwanzig Jahren, als wir hier in Berlin die Ausstellung *Jüdische Lebenswelten* im Gropius-Bau vorbereiteten, erfuhren wir von einer Wohnungseinrichtung eines jüdischen Ehepaares, dem es gelungen war, sein Hab und Gut zu retten. Sie hatten ihre komplette Wohnungseinrichtung – Teppiche, Möbel, Bilder – bei ihrer Flucht aus Deutschland mitnehmen können. In San Francisco, wohin es sie schließlich verschlug, bezog das Ehepaar eine Wohnung und richtete sie mit den mitgebrachten Möbeln genauso ein wie einst ihre Wohnung in Deutschland. Es war, wenn man so will, das hilflose Bemühen, an einem Stück verlorener Heimat festzuhalten.

Wir waren geradezu elektrisiert, als wir von der Existenz dieser Wohnungseinrichtung erfuhren, und malten uns aus, wie es wäre, diese nach Berlin zu bringen, um sie in unserer Ausstellung zu zeigen. Wir reisten nach San Francisco, begaben uns zu der Adresse, wo die Wohnung sein sollte. Was wir antrafen, waren Personen, die das aus Deutschland geflüchtete Ehepaar gekannt hatten. Sie berichteten uns, dass der Ehemann schon vor längerer Zeit gestorben und die Ehefrau einige Wochen zuvor einem Leiden erlegen war. Man berichtete uns, dass die Wohnung geräumt und deren Einrichtung auf dem Sperrmüll gelandet sei. Unsere Jagd nach einem Beispiel überlieferter deutsch-jüdischer Wohnkultur, die sich über Jahrzehnte im Ausland erhalten hatte, war damit beendet. Wir waren zu spät gekommen.

Damit will ich sagen, dass wir uns beeilen müssen. Wenn wir, und damit sind all diejenigen gemeint, denen das deutsch-jüdische Erbe am Herzen liegt, uns jetzt nicht bemühen, die Reste dieses Erbes im In- und Ausland zu sichern, wird bald nichts mehr vorhanden sein, dessen Bewahrung sich lohnt. Das Beispiel San Francisco, wo die Wohnungseinrichtung auf dem Sperrmüll landete, wiederholt sich jeden Tag. Es ist an uns, dafür Sorge zu tragen, den Prozess des Verschwindens und Vergessens aufzuhalten. Die Zeit drängt! Wenn nicht wir handeln, wer soll es sonst tun? Wenn nicht jetzt, wann dann?

Frank Mecklenburg
# Als deutsch-jüdisch noch deutsch war

Die digitalisierten Sammlungen des Leo Baeck Institut Archivs bis 1933

1933 kam eine Entwicklung zu ihrem unerwarteten Ende, die in der napoleonischen Zeit begonnen hatte. Die Emanzipation der Juden in Deutschland mit den Reformgesetzen von 1812 und die neu errichteten jüdischen Gemeinden unter der Konsistorialordnung von 1808 hatten der jüdischen Minderheit in Deutschland Stabilität gebracht, diese mit der Reichsgründung von 1871 weiter gefestigt und sie endgültig in der ersten deutschen Republik nach dem Ersten Weltkrieg in die Realität umgesetzt. Juden in Deutschland waren seit Generationen deutsche Juden, Deutsche und Juden zugleich, Ergebnis von Entwicklungen, die mittels der Nürnberger Gesetze von 1935 rückgängig gemacht wurden. Die Semantik dieses Wandels spiegelte sich im Namen der 1933 eingerichteten Hilfsorganisation *Reichsvertretung der Deutschen Juden* wider, die sich 1935 in *Reichsvertretung der Juden in Deutschland* umbenennen musste, seit 1938 *Reichsverband der Juden in Deutschland* hieß, womit der Ausschluss der Juden aus der deutschen Volksgemeinschaft signalisiert wurde. Und, was eigentlich ganz erstaunlich ist, dass im allgemeinen heutigen Sprachgebrauch diese Trennung bzw. Unvereinbarkeit von Deutsch und Jüdisch beibehalten worden ist, obwohl man erwarten würde, dass dies nach 1945 wieder rückgängig gemacht worden wäre. Die Alltagssprache jedoch reflektiert das Gegenteil, deutlich angezeigt in einem kürzlich erschienenen Buch von Götz Aly: *Warum die Juden? Warum die Deutschen?*[1] Nach all den Jahrzehnten seit dem Ende der Nazi-Herrschaft ist immer noch in den Köpfen festgeschrieben, Juden sind keine Deutsche, sie stehen sich unvereinbar gegenüber, Juden sind eben Juden, Punkt. Dies war bis zu Beginn der Nazi-Herrschaft nicht so, sondern dies ist ein Produkt jener Zeit, das sich, trotz aller Versuche mit dieser Geschichte umzugehen, bis heute hat erhalten können. Meine These ist, dass es keine normalen Verhältnisse in Deutschland geben können wird, so lange diese historisch-politische Denkfigur, nämlich „Juden können keine Deutschen sein", nicht als ein Relikt des Nationalsozialismus begriffen wird und die Möglichkeit des darüber Anders-Denkens wieder hergestellt ist.

Der Optimismus der deutschen Juden über die Fortschritte der bürgerlichen Emanzipation war bis 1933 natürlich nicht ungebrochen, es gab besonders während der Weimarer Zeit prophetische Warner, wie z.B. der 1933 ermordete

---

[1] Aly, Götz: Warum die Deutschen? Warum die Juden? Frankfurt a.M. 2011.

Theodor Lessing. Wie jedoch die tiefgehende Analyse der Wendejahre 1932/1933 im 1965 erschienenen Band der Schriftenreihe Wissenschaftlicher Abhandlungen des Leo Baeck Instituts *Entscheidungsjahr 1932. Zur Judenfrage in der Endphase der Weimarer Republik* deutlich machte, kam der Ausschluss von Juden aus der deutschen Gesellschaft unerwartet und war im Widerspruch zu allen vorhergehenden Entwicklungen. In einer Reihe von Beiträgen von involvierten Zeitzeugen wie E. G. Lowenthal, Werner E. Mosse, George L. Mosse, Kurt Loewenstein, Arnold Paucker, Eva G. Reichmann und Robert Weltsch war man sich einig, dass 1932 „die Juden in einer Weise, die nach allen objektiven Maßstäben als unentwirrbar betrachtet werden müsste, mit dem deutschen Leben auf allen Gebieten verflochten" waren, so Robert Weltsch, Chefredakteur der *Jüdischen Rundschau* und Verfasser des berühmten Artikels vom April 1933: *Tragt ihn mit Stolz, den gelben Fleck*, in seinen Schlussbetrachtungen.[2]

Der Ausschluss aus dem Bürgerverband begann demonstrativ mit der ersten Ausbürgerungsliste vom 25. August 1933. Es sollte bis April 1945 insgesamt 359 solcher Listen mit über 39.000 Personen geben. Die erste Liste verzeichnete 33 Namen, darunter

> der ehemalige SPD-Fraktionschef Rudolf Breitscheid, der Schriftsteller Lion Feuchtwanger, der frühere Reichsministerpräsident Philipp Scheidemann, der Verleger Willi Münzenberg, der Theaterkritiker Alfred Kerr, der Rätekommunist Max Hölz, der Journalist und Schriftsteller Kurt Tucholsky, der Schriftsteller Heinrich Mann, der Mathematiker Emil Gumbel, der Kommunist und MdR Wilhelm Pieck, der Schriftsteller und Politiker Ernst Toller, der Kommunist Kurt Grossmann, der SPD-Parteivorsitzende und Sprecher gegen das so genannte Ermächtigungsgesetz, Otto Wels, der Berliner Vizepolizeipräsident, Goebbels-Gegner und Rechtsstaatverteidiger Bernhard Weiß und der preußische Innenminister Albert Grzesinski [...][3]

Jüdisch oder Nicht-Jüdisch war hierbei nicht das Kriterium, sondern die politische Gegnerschaft. Der Entzug der deutschen Staatsangehörigkeit machte die Betroffenen nicht undeutsch oder weniger deutsch, sondern es war eher ein politisches Ehrenzeichen, vom Regime als nicht dazugehörig deklariert zu werden. Dies galt dann auch, und vielleicht sogar umso mehr, bei den Emigranten nach 1933, mit der seit 1934 in New York erscheinenden Zeitung *Aufbau. Reconstruction*, die weltweit vertrieben wurde und das größte und langlebigste Organ der Deutschen im Exil war, jüdisch oder nicht-jüdisch. Es ist sicherlich nicht falsch den *Aufbau*

---

[2] Weltsch, Robert: Entscheidungsjahr 1932. In: Entscheidungsjahr 1932. Zur Judenfrage in der Endphase der Weimarer Republik. Hrsg. von Arnold Paucker u. Werner E. Mosse. Tübingen 1965. S. 536.
[3] Ausbürgerungsliste vom 25. August 1933, unter: http://de.wikipedia.org/wiki/Erste_Ausbürgerungsliste_des_Deutschen_Reichs_von_1933 (18.9.2014)

als Fortführung deutscher Kultur in der Emigration zu betrachten, da der bis 1933 in Deutschland existierende kulturelle und politische Diskurs in Deutschland selbst nicht weitergeführt werden konnte. „Seien wir Juden Hitler dankbar dafür, dass er uns die Chance versagt hat, im Lande zu bleiben und uns umzustellen", schrieb der *Aufbau* vom 1. Dezember 1936 unter der Leitartikel-Schlagzeile *Emigrantentum – geistige Neuorientierung*.[4] Ich denke, es wäre eine nähere Untersuchung wert, inwieweit dieser Diskurs nach 1945 mittels des *Aufbaus* neben den Nachkriegsgesellschaften in Ost und West eine dritte Stimme darstellte, die dann in den 1950er und 1960er Jahren mangels Nachfolge verebbte.

Wie Juden „mit dem deutschen Leben auf allen Gebieten verflochten"[5] waren, wird besonders deutlich, wenn man die Sammlungen im Archiv des Leo Baeck Instituts studiert. Sowohl auf sozialer wie auf beruflicher und auf politischer Ebene waren durch die Jahrzehnte seit der Reichsgründung, aber besonders seit dem Ende des Kaiserreiches, Juden und Nicht-Juden unentwirrbar miteinander verflochten und schließlich nur mit Gewalt zu trennen. Aber was hieß es zu jenem Punkt Juden und Nicht-Juden trennen zu wollen? Klare Grenzen zwischen Juden und Nicht-Juden konnten oft schwerlich und z.T. nicht mehr gezogen werden, das Spektrum war durch Heirat, Konversion und verschiedenste Arten von Vermischung (häufige Heirat unter Konvertiten) breit und verwirrend geworden, was andererseits sowohl bei jüdischen wie nicht-jüdischen Nationalisten ein kritisches und vieldiskutiertes Thema war. So war z.B. der in der ersten Ausbürgerungsliste genannte Emil Julius Gumbel als Dokumentarist und politischer Ankläger rechtsradikaler Gewalt nach dem Ersten Weltkrieg bereits während der 1920er Jahre angegriffen und verfolgt worden. Er hatte vorgeschlagen, eine Kohlrübe als Denkmal für die Gräuel des Ersten Weltkrieges auszustellen, und dann in zahlreichen Schriften die Femmorde und Gewalttaten publik gemacht. Die umfangreiche Sammlung des politischen Nachlasses liegt, zusammen mit seinen Schriften und Forschungen auf dem Gebiet der Statistik, im Archiv des Leo Baeck Instituts.

Gerade auf der Ebene von Familienbindungen wird aus den Sammlungen des Leo Baeck Institut Archivs deutlich, wie sehr Jüdisch und Nicht-Jüdisch zu einem breiten Spektrum geworden war. Das jüngst aufgenommene Manuskript zur Geschichte der Familie Jaffe[6] zeigt die Bandbreite der Familienverbindungen

---

4 Herausgeberkolumne: Emigrantentum – geistige Neuorientierung. Ohne Autorenangabe. In: Aufbau, 3. Jg., Nr. 1. S. 1.
5 Weltsch: Entscheidungsjahr 1932 (wie Anm. 2).
6 Roth, Günther: Edgar Jaffé, Else von Richthofen and Their Children. From German-Jewish Assimilation Through Antisemitic Persecution to American Integration. A Century of Family Correspondence 1880–1980. Leo Baeck Institut Archiv, M. S. 877.

zwischen der jüdischen Familie Edgar Jaffes und der Adelsfamilie von Richthofen, die wiederum enge Freundschaft und berufliche Bindungen mit den Brüdern Max und Alfred Weber und Max Webers Witwe Marianne hatten.

Das soll nicht bedeuten, dass es nicht vielfältige Debatten zu diesem Thema gab, die in dieser hier angesprochenen Kontroverse weiter mitschwingen, etwa die Assimilationsdebatte: „müssen Juden ihre Identität aufgeben, um als volle Bürger in Deutschland aufgenommen zu werden?"; „setzt der Nationenbegriff bestimmte ethnische Grenzen?" etc. Seit dem Deutschen Reich von 1871 und schließlich in der Weimarer Republik war die Frage, ob Juden Deutsche sind, verfassungsmäßig aber eindeutig beantwortet und somit lediglich eine politische Debatte, die für bestimmte Anlässe und Argumente benutzt wurde. In Bezug auf die Einbeziehung in und die Teilnahme an alle(n) nur denkbare(n) Bereiche(n) von Politik und Gesellschaft war die Antwort jedoch klar, wenn auch mit unterschiedlicher Geschwindigkeit der Akzeptanz und Toleranz: die Frage ethnischer und religiöser Identität wurde zunehmend irrelevant. Die oft gestellte Frage, ob antisemitische Vorfälle nicht Beweis dafür sind, dass Gleichheit und Emanzipation illusorisch und unerreichbar sind, ignoriert die breiteren sozialen Zusammenhänge – schließlich haben auch die Gegensätze zwischen den christlichen Religionsverbänden lange Zeit Spannungen verursacht und erzeugen sie auch weiterhin.

Eine weitere Ebene in der gegebenen Komplexität war der Anteil von jüdischen Flüchtlingen aus Osteuropa, die seit Ende des 19. Jahrhunderts und in verstärktem Maße seit der Russischen Revolution von 1905 und natürlich besonders seit 1917 nach Mitteleuropa kamen. In der Regel war es den osteuropäischen Juden unmöglich, die deutsche Staatsangehörigkeit zu erhalten, da alle einzelnen Länder vorher zustimmen mussten, insofern war ihre Stellung bezüglich des Aufenthalts und in beruflicher und sozialer Hinsicht nach 1933 anders und ungleich schwieriger als bei den deutschen Juden. Aber auch hier hatte es im Verlauf der 15 Jahre der Republik viele Überschneidungen gegeben.

Das Archiv des Leo Baeck Instituts liefert viele Beispiele für das Leben von deutschen Juden vor der Nazi-Zeit. Am 28. Januar 1933 nahm der Pressesprecher der Stadt Berlin, Kurt Zielenziger, wie in Jahren zuvor, am traditionellen Berliner Presseball teil, ein Bild in der Fotosammlung des Leo Baeck Instituts zeigt ihn mit seiner Frau in Gesellschaft anderer Journalisten. Als Wirtschaftswissenschaftler und Journalist hatte er 1930 ein Buch über *Juden in der deutschen Wirtschaft*[7] veröffentlicht, das in einer Reihe mit anderen Werken über die Leistungen von Juden in Deutschland im Welt-Verlag in Berlin erschienen war. Andere Titel beinhal-

---

7 Vgl. Zielenziger Kurt: Juden in der deutschen Wirtschaft. Berlin 1930.

teten *Juden in der deutschen Politik*[8] von Rudolf Schay, oder *Schicksal und Leistung. Juden in der deutschen Forschung und Technik*[9] von Felix Theilhaber. Schay war Redakteur im Rheinland, Theilhaber prominenter Berliner Arzt und Soziologe. Und wenn auch vom rabiater werdenden Antisemitismus geklagt wurde,[10] so war doch die Frage nach Jüdisch oder Nicht-Jüdisch keine Frage von Deutsch oder Nicht-Deutsch. In der Weimarer Republik konnte eindeutig ein steigendes jüdisches Selbstbewusstsein festgestellt werden, wie die lange Liste der Titel des Welt-Verlages bezeugt.

Die Frage, ob Juden Deutsche sind oder sein können, war vor 1933 bzw. vor den Nürnberger Gesetzen von 1935 eine politische Fragestellung, die entweder so von Antisemiten benutzt wurde oder auf Juden ohne deutsche Staatsangehörigkeit hinwies. Somit bleibt normales Leben von Juden in Deutschland heute gefangen in den Denkkategorien des Dritten Reiches und bedarf der Erinnerung an eine Zeit, als normales Leben von Juden in Deutschland nicht nach Juden und Deutschen fragte. Die Eisernen Kreuze des Ersten Weltkrieges und zuletzt die Kriegsteilnehmern verliehene Ehrenmedaille von 1934 belegen dies.

Normalität wurde immer wieder in Frage gestellt, sowohl von nicht-jüdischer wie auch von jüdischer Seite. Prominente Beispiele sind die Judenzählung in der Deutschen Armee von 1916, die zeigen sollte, dass Juden sich dem Kriegsdienst verweigern, und als deutlich wurde, dass dies nicht der Fall war, wurden die Zählungsergebnisse unterschlagen. Andererseits wurden das Heiratsverhalten und die demographischen Entwicklungen während des Kaiserreichs und der Weimarer Republik mit großer Sorge betrachtet. Die Schriften von Felix Theilhaber und Arthur Ruppin vor dem Ersten Weltkrieg und zahlreiche Artikel in den Periodika, z.B. in *Zeitschrift fuer Demographie und Statistik der Juden* oder *Der Jude* belegen dies. Der Rückgang insbesondere der Landgemeinden wurde damals nicht notwendigerweise im Rahmen der allgemeinen Verstädterung und Säkularisierung gesehen und deshalb oft als interner Vorgang und Versagen beklagt. Nichtsdestotrotz waren all diese Probleme und Analysen keine Anzeichen für Zweifel an der deutschen Staats- und Nationszugehörigkeit, sondern im Rahmen soziologischer Gruppenidentität zu sehen, die bei Katholiken und Protestanten und den vielen anderen Ethnizitäten und Minoritäten in Deutschland strukturell ähnlich waren.

Walther Rathenau, vielleicht das prominenteste Beispiel, verkörperte die Widersprüche jüdischer Existenz in Deutschland, vom Retter Deutschlands zur

---

[8] Vgl. Schay, Rudolf: Juden in der deutschen Politik. Berlin 1929.
[9] Vgl. Theilhaber, Felix A.: Schicksal und Leistung. Juden in der deutschen Forschung und Technik. Berlin 1931.
[10] Vgl. ausführlich bei Deak, Istvan: Weimar Germany's Left Wing Intellectuals. A Political History of the Weltbuehne and its Causes. Berkeley 1968. S. 24–25.

Zielscheibe der Antisemiten. Der Berliner Adolph Eckstein Verlag, der am Beginn des 20. Jahrhunderts für seine hochwertigen Fotoreproduktionen und lithographischen Drucke bekannt war, veröffentlichte während und dann auch nach dem Ersten Weltkrieg eine Mappe mit Kurzbiographien deutscher Industrieführer, *Industrielle Vertreter deutscher Arbeit in Wort und Bild*. Im Vorwort der Ausgabe von 1919 hieß es:

> Über die gewaltige volkswirtschaftliche Bedeutung unserer Industrie ist sich wohl jeder klar – ihre Riesenleistungen im Kriege zeigen [...] welche Wichtigkeit blühender Industrie und gut organisiertem Handel innewohnt [...] Jede Firma hat ihre eigene Entwicklung. Geschäftliche Lage des Artikels, Kapitalkraft und Energie des Leiters sind wohl die Hauptmomente, welche dem Geist wirtschaftlicher Entwicklung ihr Gepräge aufdrücken.

In einem der längeren Kapitel wurde Walther Rathenau gewürdigt, der die Kriegswirtschaft organisiert hatte.

> Aber das eine steht schon heute fest: Ohne die Initiative Walther Rathenaus, ohne den Wagemut, Neues, Unerhörtes den Leitenden im Preussischen Kriegsministerium als durchführbar vorzutragen, ohne seine Gabe, überzeugend zu sprechen, und ohne seine Fähigkeit, die Theorie in die Praxis zu übertragen, binnen wenigen Wochen eine Umstellung des deutschen Wirtschaftslebens prinzipiell einzurichten, Behörden aus der flachen Hand entstehen zu lassen – ohne diesen eisernen Willen, ohne die Fähigkeit des Könnens hätten unsere Armeen sich nicht 4 ½ Jahre auf feindlichem Boden halten können in Frankreich, wir haben ja die Schlachten gewonnen, den Krieg aber, den so wichtigen wirtschaftlichen, haben wir trotzdem verloren.[11]

Es ist interessant anzumerken, wie hier zeitgenössisch eine Anti-Dolchstoß-These entwickelt wurde, Walther Rathenau als Held der Geschichte, zu der man auch Fritz Haber zählen muss, ohne dessen Erfindung sowohl die deutsche Munitionsfabrikation als auch die Versorgung der Landwirtschaft mit Stickstoffdünger nicht hätte aufrechterhalten werden können. Rathenau wurde aufgeführt zusammen mit 90 anderen Industrieführern und Firmen, und nur wenn man aus anderen Quellen weiß, wer unter ihnen jüdisch war und wer nicht, kann man diese Unterscheidung treffen. Das Leo Baeck Institut erhielt dieses Werk als Teil des Nachlasses von Alois Marcus, der seit 1906 dem Bankhaus Veit, Selberg & Cie vorstand und 1939 in die USA auswanderte.

Diese Veröffentlichung erschien in mehreren Auflagen bis Mitte der 1920er Jahre, war also recht populär, wenn auch als teurer Prachtband wohl nur in den

---

**11** Anonymus: Dr. phil. Walther Rathenau. Praesident der Allgemeinen Elektrizitaets=Gesellschaft Berlin. In: Industrielle Vertreter deutscher Arbeit in Wort und Bild. Biographische Sammlung. Berlin 1919. S. 253f.

Bibliotheken der Wohlhabenden zu finden. Es hätten noch viele andere Betriebe aufgezählt und gewürdigt werden können, z.B. die Textilfirma S. Fraenkel in Neustadt in Oberschlesien, 1845 gegründet, die in den 1920er Jahren eine der größten Leinenfabriken in Europa war. Die Familien Fränkel und Pinkus waren eng mit der schlesischen Gesellschaft verbunden, Paul Ehrlich, der Medizinnobelpreisträger und Erfinder der Chemotherapie mit der ersten modernen pharmazeutischen Droge, Salvarsan, war mit einer Tochter des Besitzers verheiratet; Gerhart Hauptmann, einer der bedeutendsten Schriftsteller seiner Zeit, war ein enger Freund der Familie und hielt bei der Beisetzung des Firmenchefs Max Pinkus im Jahre 1934 die Trauerrede. Max Pinkus wie auch sein Sohn Hans waren vielfältig in der Philanthropie engagiert, u.a. in der Betreuung ehemaliger Kriegsgefangener, da Hans Pinkus selbst in französischer Kriegsgefangenschaft gewesen war. Engagement in der jüdischen Gemeinde als auch der nicht-jüdischen Welt charakterisiert diese Familie.

Die Sammlung der Familie Pinkus[12] zählt zu den größten Sammlungen des Archivs des Leo Baeck Instituts, sowohl in Bezug auf ihren Umfang als auch in Bezug auf ihre historische Bedeutung. Die Familien Fränkel und Pinkus waren Beispiele dafür, dass innerhalb von wenigen Generationen, mittels wirtschaftlichen Erfolges und gesellschaftlichen Engagements, mehr oder minder völlige Integration stattfinden konnte. Dabei waren Faktoren wie Konversion, moderner industrieller Führungsstil, betriebliche Sozialfürsorge und allgemeine Philanthropie von entscheidender Bedeutung.

So gab es bis 1933 keine Frage, ob die Fränkels oder die Pinkus-Familien deutsch waren, sie waren jüdisch, bzw. Teile der Fränkels waren zum Katholizismus übergetreten. Die Frage der Religionszugehörigkeit war nicht Anlass, die Staatsangehörigkeit anzuzweifeln. Deshalb ist das Thema „Deutscher oder Jude" als ein historisches Konstrukt zu hinterfragen, das eindeutig der Nazi-Zeit entstammt und das in seiner binären Gestalt der Wirklichkeit in keiner Weise gerecht wird. Als ein Beispiel ist in diesem Zusammenhang anzumerken, dass der Einfluss der Familie auf den Industriebesitz nach 1933 bzw. nach der Übernahme der Firma durch das Regime nicht völlig verschwand, vermutlich da die Auslandskontakte der Firma nur mittels der Familie legitim blieben. So hatte der Wirtschaftshistoriker Gerald Feldman von der University of California at Berkeley kurz vor seinem frühzeitigen Tod begonnen, an diesem weitgehend unerforschtem Thema zu arbeiten, nämlich der Belassung von Firmenanteilen in den Händen der enteigneten Familien, um die internationalen Kontakte und den für die Naziwirtschaft dringendst benötigten Devisenverkehr aufrechtzuerhalten.

---

12 Pinkus Family Collection, AR 7030, Leo Baeck Institut Archiv.

Warum wird dieses Thema, „Deutsche und Juden", weiterhin so behandelt, als sei es ein Gegensatz ohne Nuancen? Der neueste Titel zum Thema, nämlich Götz Alys Buch *Warum die Deutschen? Warum die Juden?* bringt mein Thema direkt auf den Punkt. Ich möchte beim Titel stehenbleiben, was heißt hier „Deutsche"? Was heißt hier „Juden"? Warum dieser Gegensatz? Ist der Titel ironisch gemeint? Der Inhalt des Buches legt nahe, dass dem nicht so ist. Hier wird Geschichte nicht nur rückwärts gelesen, sondern die herrschende Neudefinition von „was heißt deutsch sein" wird mittels der Ausbürgerungslisten ab 1933 akzeptiert. Der implizite Gegensatz „Jüdisch – Deutsch" wurde 1935 mittels der Nürnberger Gesetze festgeschrieben, denn bis dahin gab es außer antisemitischer Propaganda keine Aussonderung von Juden als Nicht-Deutsche aus der deutschen Gesellschaft, in die sie nach dem Ersten Weltkrieg schließlich als vollberechtigte Bürger eingemeindet worden waren. Im Gegenteil. Besonders in den Jahren der Weimarer Republik wurden emanzipatorische Tatsachen geschaffen, die über alles Vergangene hinausgingen. Was 1933 politisch umgesetzt wurde, nämlich Juden aus dem regulären Gesellschaftsverkehr auszuschließen, brauchte zweieinhalb Jahre um gesetzlich verankert zu werden, im September 1935 anlässlich eines Reichsparteitages in Nürnberg. Um genauer zu sein, es waren zwei Gesetze, die zusammen mit dem Reichsflaggengesetz verabschiedet wurden, zum einen das Gesetz zum Schutze des deutschen Blutes und der deutschen Ehre, worin definiert werden musste, was ein Jude im neuen deutschen Sprachgebrauch ist, da die „deutsche" Definition nichts gemein hatte mit den Definitionen innerhalb des Judentum. Zum anderen wurde das Reichsbürgergesetz verabschiedet, worin „Staatsangehörige deutschen oder artverwandten Blutes" als Reichsbürger definiert wurden und Deutsche „jüdischen" Blutes ausgeschlossen wurden. Aber dann mussten „Ausnahmen" gemacht werden, z.B. für die so genannten Mischlinge. Später wurde in zahlreichen Verordnungen genauer definiert, was in Deutschland unter „Jude" zu verstehen sei. Bis zu diesem Punkt war „Jüdisch-Sein" und „Deutsch-Sein", neben traditionellen Definitionen, weitgehend Ansichtssache, was auch in gewissem Sinne weiterhin so blieb,[13] und erst in unserem Nach-Holocaust-Verständnis hat sich eingebürgert von „Deutschen" und „Juden" als Gegensatz zu sprechen, was dem Uninformierten als feststehende Tatsache erscheinen muss, besonders wenn es so wenig Widerspruch dagegen gibt, wie der jüngste Buchtitel nahe legt. Ich war erstaunt darüber, dass in keiner mir zugänglichen Besprechung des Buches die Frage von Deutschen und Juden problematisiert wurde.

Deutsche Juden waren an einen interessanten Punkt gesellschaftlicher Einbindung gelangt, nach drei oder mehr Generationen fest lokalisiert, in vielen kleineren Orten, mit signifikanten regionalen Unterschieden, bereits seit Hun-

---

[13] Die Holocaust Forschung ist voll mit Beispielen und komplizierten Ausnahmen.

derten von Jahren, womit ein kollektives Gedächtnis geschaffen worden war, das in seiner Struktur nicht mehr unterscheidbar ist von dem der lokalen nichtjüdischen Bevölkerung, die z. T. noch unstabiler und fluktuierender war, denkt man an Kriege und Vertreibungen im Lichte des Gegensatzes von Protestanten und Katholiken in Deutschland, bzw. wenn diese Unterscheidungen nicht mehr dominant und auch nicht mehr relevant werden. Dies gerade in Umgebungen, die ländlich oder kleinstädtisch sind, denn die Großstadt ist für alle Bevölkerungsgruppen erst seit den 1870er Jahren neu und in Deutschland gab es nur sehr wenige Orte mit Großstadtcharakter. Der interessante Punkt ist dort erreicht, wo diese über Generationen gewachsenen Bedingungen innerhalb kurzer Zeit zerstört werden, was dann so erscheinen muss, als seien diese Bedingungen nur von temporärer Natur und nicht wirklich fundiert gewesen. Andererseits ist dies anderen Gesellschaftsgruppen ebenfalls zugestoßen, nicht nur Juden. Der Holocaust ist durch seine physische Vernichtung charakterisiert, nicht durch die Vertreibung.[14]

Dabei verstärkt das Zugehörigkeitsgefühl die Gebundenheit und vermindert damit den Drang wegzugehen und damit der Gefahr zu entfliehen. Dies war der Vorwurf gegenüber den deutschen Juden, dass sie bereits so ihrer eigenen Natur entfremdet waren, nicht misstrauisch genug gegenüber ihrer christlichen Umwelt. Der Vorwurf des geschwundenen Misstrauens ist allerdings deutlich retrospektiv. Wir können die Geschichte rückwärts lesen, was aber für die Einschätzung der Situation nicht fair ist. Dass Juden in Deutschland keine Kanarienvögel mehr halten durften, das war nicht vorstellbar gewesen.

Dieser geographische Aspekt soll auch durch eine andere Sammlung beleuchtet werden, die der Familie Edelmuth[15] aus Reiskirchen nicht weit von Gießen. Nicht alle Juden waren reich oder bürgerlich, sondern viele Landjuden waren auch noch in den 1930er Jahren ansässig wie eh und je. In den sechs Jahren zwischen 1933 und November 1938 lässt sich eine andere Normalität festmachen, im Gegensatz zu der Zeit vor 1933, die allerdings durch Schikanen, Einschränkungen und Propaganda charakterisiert war. Abzulesen ist diese veränderte Normalität an den Postkarten von Mutter Hedwig Edelmuth an die Töchter, die 1937 nach New York ausgewandert waren. Deutlich wird dann der Wandel der

---

**14** Vgl. Maurice Halbwachs' Theorie des kollektiven Gedächtnisses und seiner lokalen und geographischen Verankerung, so waren z.B. die Fraenkels seit mehreren Generationen am selben Ort in Schlesien ansässig. Halbwachs' Arbeit ist aus einer intellektuellen deutsch-französischen Symbiose erstanden, da er in beiden Ländern vor und nach dem Ersten Weltkrieg an seinen Forschungen gearbeitet hatte. Er hatte an der Ecole Normale Supérieure in Paris studiert, anschließend in Göttingen gearbeitet und ab 1909 in Berlin weiterstudiert. Halbwachs, Maurice: Das kollektive Gedächtnis. Stuttgart 1967, besonders Kapitel 4. Posthum zuerst 1950 erschienen.
**15** Hedwig and Berthold Edelmuth Collection, AR 25387, Leo Baeck Institut Archiv.

Verhältnisse mit dem Novemberpogrom 1938, als auch für die ältere Generation klar wird, dass das Bleiben in Deutschland nicht sinnvoll ist. Allerdings wird im Verlauf der weiteren Korrespondenz dann klarer, wie zunehmend hoffnungslos die Möglichkeit der Flucht wird. Und dies ist eine andere typische Situation, die sich an dieser Sammlung ablesen lässt. Die Enkel entdecken nach dem Tod der Eltern die versteckten Briefe der Großeltern, die nicht aus Deutschland herausgekommen waren, obwohl es im Archiv auch Beispiele gibt, wo nacheinander alle Generationen aus Deutschland auswandern konnten. Diese Sammlung der Familie Edelmuth wurde vom Enkel ans Leo Baeck Institut gegeben und wird ins Englische übersetzt, da der Enkel selbst kein Deutsch versteht, und selbst wenn er Deutsch verstehen würde, könnte er die Briefe nicht lesen, da diese in der alten deutschen Schrift verfasst sind, die heute nur noch Fachleute lesen können.

Andererseits sind diese Briefe vom Dorf Reiskirchen nahe Gießen Beispiele anderer, älterer Zusammenhänge, die sich auf dem platten Land über Jahrhunderte entwickelt hatten. Berthold Edelmuth war Viehhändler, fest in die örtliche Ökonomie eingebunden. Es ist schwierig zu dieser Berufssparte historische Quellenmaterialien zu finden, da die Geschäfte meist per Handschlag gemacht wurden und keine schriftlichen Dokumente hinterlassen wurden. Über eine andere Quellenkategorie, nämlich Widergutmachungsunterlagen, wo die Kunden der Viehhändler nach dem Krieg Zeugenaussagen über diese Geschäfte machten, erfahren wir über den Umfang des Handels und die Preise für das Vieh. Dass dieser Gewerbezweig weit zurückreicht, zeigen andere Dokumente in den Beständen des Leo Baeck Instituts.[16]

Die Sicherheit der Existenz wird nach 1933 fraglich, viele wandern aus, viele aber auch nicht. Nach dem November 1938 ist jedoch klar, dass es kein reguläres Leben in Deutschland mehr gibt. Normalität, selbst im Stadium der Eingrenzung, ist beendet.

Es gab im Laufe der Geschichte immer wieder Momente, welche die Normalität in Frage stellten. Die Judenzählung in der deutschen Armee während des Ersten Weltkrieges, im Jahre 1916 durchgeführt und oft als Wendepunkt der guten Beziehungen angesehen, hatte ja gerade bewiesen, dass es einerseits nicht so einfach war, Juden in Deutschland zu denunzieren, und dass diese Zählung andererseits nicht darauf angelegt war, die Staatsbürgerschaft anzuzweifeln, sondern Juden als Feiglinge und Drückeberger hinzustellen. Die 60 Jahre seit der Reichsgründung waren eine positive Wende in den deutsch-jüdischen Verhältnissen, die es bis dahin weder in Deutschland noch irgendwo anders gegeben hatte. Hier

---

16 Vgl. z.B. Obrigkeitliche General-Instruktionen, an alle Schultbheisen und Beambte hiesiger Stadt Dorffschafften und Höfen, die Beobachtung bey enstehender Vieh-Seuche betreffend von 1742. Decrees Collection, 1614–1846 AR 379.22. Leo Baeck Institut Archiv.

wird erst deutlich, inwieweit der Zusammenbruch der Symbiose tatsächlich eine Katastrophe war, denn der Verlust von mehr als zwei Generationen von Normalität ist zu konstatieren. Ich möchte die Ausstellung an der Humboldt Universität, *Verraten und Verkauft*, erwähnen, die zeigt, wie die jüdischen Geschäftsinhaber in Berlin verdrängt, verraten und zum Verkauf gezwungen wurden. Diese Ausstellung ist aber auch gleichzeitig ein Hinweis darauf, dass es bis 1933 vielfältige Möglichkeiten zur Geschäftsgründung gegeben hatte, die sonst nicht ihresgleichen hatten.

Die digitalen Sammlungen des Archivs des Leo Baeck Instituts erlauben es nun, diese Dokumente und Materialien in einer Art zugänglich zu machen, die vorher unmöglich war. Denn bisher musste der Forscher und Benutzer entweder nach New York reisen oder er konnte seit zehn Jahren ins Archiv des Jüdischen Museums in Berlin gehen und sich dort die Sammlungen des Institutes auf Mikrofilmen ansehen. Jetzt hingegen ist es möglich, über das Internet etwas zur Geschichte der Schlesischen Textil- und Leinenindustrie der 1920er Jahre zu erfahren und dabei festzustellen, dass die Sammlung der S. Fraenkel Textilfabrik im Leo Baeck Institut liegt, und mittels des Online-Kataloges zu erfahren, was es sonst noch an Materialien zu dem Thema gibt. Das Thema ist die Textilindustrie, in dem Zusammenhang kann man Dokumente zur betrieblichen Sozialfürsorge finden, Hinweise auf Gerhart Hauptmann und Paul Ehrlich, und man wird außerdem feststellen, dass die Besitzer jüdisch waren bzw. zum Katholizismus übergetretene Juden. Es wird also deutlicher, inwieweit deutsch-jüdische Geschichte ein Teil deutscher Geschichte ist, und dass beides untrennbar miteinander verbunden ist.

Deutsch-jüdische Geschichte zeigt exemplarisch die Verflochtenheit deutscher Geschichte. Ich werde oft gefragt, was eigentlich jüdisch an dieser Geschichte ist. Das ist oft schwer auszumachen, bzw. dies ist ein wichtiges Thema deutsch-jüdischer Geschichte, die Verflechtung und die Komplexität der symbiotischen Beziehung zwischen Juden und Nicht-Juden, und gerade in den sechs Jahrzehnten vor 1933 entwickelte sich etwas, das schwer vergleichbar ist, denn es gibt eigentlich keine anderen Beispiele in der neueren Geschichte. Vielleicht ist die Geschichte der USA seit den 1960er Jahren dem am ähnlichsten.

Sebastian Panwitz
# Die Judaica im Sonderarchiv Moskau[1]

## Die Geschichte des Sonderarchivs

Als eine Folge von NS-Herrschaft, Zweitem Weltkrieg und Kaltem Krieg sind die Archivbestände zur Geschichte des deutschen Judentums vor 1945 heute über gut ein Dutzend Staaten verstreut. Die Hauptbestände liegen in Deutschland, Israel und den USA. Kleinere Bestände finden sich aber auch in Osteuropa, vor allem in Polen[2] und in Russland. Bei Letzteren handelt es sich zum größten Teil um die Akten, die heute im so genannten Sonderarchiv Moskau aufbewahrt werden.

Das Sonderarchiv Moskau wurde 1945 auf Beschluss der Hauptarchivverwaltung des sowjetischen Geheimdienstes (des Volkskommissariats für Innere Angelegenheiten; russ. *Narodny kommissariat wnutrennich del*, NKWD) als gesondertes Archiv für Beuteakten gegründet.[3] Neben den 1939 beim Einmarsch in Ostpolen erbeuteten Akten wurden hierher vor allem die in deutschen Aktenlagern in Niederschlesien und der Tschechoslowakei gefundenen Bestände deutscher Sicherheitsorgane überführt. Dabei handelte es nicht nur um Akten staatlicher Provenienz. Vielmehr fanden sich in diesen Lagern auch umfangreiche Bestände, die von den deutschen Sicherheitsbehörden im Deutschen Reich und in den besetzten Staaten beschlagnahmt worden waren: Akten ausländischer Staaten und ihrer Organe, Akten weltanschaulicher Gegner des Nationalsozialismus, Freimaurerakten und Akten jüdischer Organisationen, Institutionen und Einzelpersonen.

Die Nutzung des Archivs erfolgte in den ersten Jahrzehnten seines Bestehens ausschließlich durch das NKWD (später durch den KGB) und die Staatsanwaltschaft, die es für Kriegsverbrecherprozesse, aber auch für die Geheimdienstarbeit im Ausland und für die Suche nach „Volksfeinden" und „Verrätern" nutzten. Erst 1990 erhielt die Öffentlichkeit Kenntnis von der Existenz des Sonderarchivs, seit 1992 ist es der allgemeinen Forschung zugänglich. Im gleichen Jahr wurde es in *Zentrum zur Aufbewahrung historisch-dokumentarischer Sammlungen* (Центр сохранения историко-документальных коллекций ЦХИДК [Zentr sochra-

---

[1] Bei diesem Text handelt es sich um die überarbeitete und aktualisierte Fassung eines Aufsatzes, der erstmals unter gleichem Titel erschienen ist in: Medaon. Magazin für jüdisches Leben in Forschung und Bildung Heft 3 (2008): http://medaon.de/pdf/Q_Panwitz-3-2008.pdf (08.10.2014).
[2] Auskunft darüber gibt das zweibändige Verzeichnis: Jersch-Wenzel, Stefi (Hrsg.): Quellen zur Geschichte der Juden in polnischen Archiven. München 2003/2005.
[3] Panwitz, Sebastian: Die Geschichte des „Sonderarchivs Moskau". In: Bulletin des Historischen Instituts Moskau 2 (2008). S. 11–20.

nenija istoriko-dokumentaljnych kollekzij ZChIDK]) umbenannt, 1999 folgte die organisatorische Eingliederung in das räumlich benachbarte Russische Staatliche Militärarchiv (Российский государственный военный архив РГВА [Rossijskij gossudarstwennyj wojennyj archiw RGWA]).

## Die Judaica im Sonderarchiv Moskau

Die Mitarbeiter teilten die ins Sonderarchiv überführten Akten ursprünglich in über 1.500 Bestände (oder Fonds). Knapp 1.000 von ihnen waren deutscher oder österreichischer Provenienz. Bei diesen Beständen handelte es sich 1. um Akten einzelner Institutionen oder Organisationen, 2. um personenbezogene Dokumentensammlungen (oft Nachlassteile) und 3. um thematisch gebildete Fond (Sammlungen). In Letzteren wurden zumeist Akten verschiedener Provenienz zusammengefasst. So umfasst z.B. der Fonds 1325 Dokumentarmaterialien jüdischer Organisationen und Vereinigungen über die Lage der jüdischen Bevölkerung in verschiedenen Staaten. Im Folgenden werden die Bestände jüdischer Provenienz[4] aufgeführt, unterteilt in Organisationen, Institutionen und Einzelpersonen, sortiert nach Bestandsgröße.[5]

Organisationen und Institutionen

| Fonds | AE | Name (Laufzeit) |
|---|---|---|
| 721 | 4370 | Central-Verein deutscher Staatsbürger jüdischen Glaubens, Berlin (1869–1939)[6] |
| 769 | 2411 | Unabhängiger Orden Bne Briss (UOBB) Deutschland. Großloge, Berlin (1844–1937) |
| 675 | 783 | Israelitische Allianz, Wien (1872–1939) |
| 1219 | 761 | UOBB Deutschland. Tochterlogen (1878–1937) |
| 1194 | 383 | Gesamtarchiv der deutschen Juden. Sammlung Neumann, Berlin (1811–1918) |
| 672 | 359 | Bund jüdischer Frontsoldaten Österreichs, Wien (1915–1938) |

---

[4] Die Auflistung beschränkt sich auf die Bestände aus dem Deutschen Reich in den Grenzen von 1914 und aus Österreich.

[5] Документы по истории и культуре евреев в трофейных коллекциях Российского государственного военного архива [Dokumenty po istorii i kuljture jewrejew w trofejnych kollekzijach Rossijskogo gossudarstwennogo wojennogo archiwa] (Dokumente zur Geschichte und Kultur der Juden in den Beutebeständen des Russischen Staatlichen Militärarchivs). Moskau 2005.

[6] Mikrofilmkopien dieses Bestands finden sich im United States Holocaust Memorial Museum in Washington D.C. und in den Central Archives for the History of the Jewish People in Jerusalem.

| Fonds | AE | Name (Laufzeit) |
|---|---|---|
| 717 | 304 | Kuratorium der Israelitisch-theologischen Lehranstalt, Wien (1623–1839) |
| 707 | 281 | Israelitische Kultusgemeinde Wien (1782–1940) |
| 1326 | 178 | Jüdische Gemeinde Berlin (1725–1936) |
| 714 | 134 | Union österreichischer Juden, Wien (1903–1938) |
| 1193 | 116 | Judenstaatspartei, Landesorganisation, Wien (1920–1938) |
| 712 | 103 | Exekutive des Gesamtverbandes jüdischer Hochschüler Österreichs *Judeja*, Wien (1904–1938) |
| 1221 | 97 | UOBB Österreich mit Tochterlogen (1919–1938) |
| 1230 | 74 | Weltverband der jüdischen Studentenschaft, Wien (1924–1936) |
| 716 | 66 | Synagogengemeinde Bromberg (1844–1939) |
| 1189 | 55 | Verband der jüdischen Legitimisten Österreichs, Wien (1930–1938) |
| 709 | 45 | Israelitische Kultusgemeinde Graz (1781–1938) |
| 715 | 45 | Jüdischer Jugendverein *Berith Trumpeldor*, Wien (1929–1938) |
| 713 | 33 | Berliner Zionistische Vereinigung, Berlin (1915–1938) |
| 676 | 32 | Jüdischer Sportklub *Hakoah*, Graz (1929–1938) |
| 677 | 30 | Redaktion der jüdischen Wochenschrift *Die Wahrheit*, Wien (1924–1938) |
| 711 | 29 | Jüdische Verbindung *Charitas*, Graz (1908–1938) |
| 726 | 27 | Vorstand der Synagogengemeinde Stettin (1828–1938) |
| 1192 | 26 | Zionistische Frauen Österreichs, Wien (1898–1938) |
| 710 | 22 | *Bikkur Cholim*. Jüdischer Krankenbesuchs- und Unterstützungsverein, Graz (1919–1938) |
| 1273 | 15 | *Beth HaMidrasch*, Wien (1726–1892) |
| 1191 | 13 | Verband jüdischer Kaufleute und Handwerker, Wien (1928–1935) |
| 1207 | 12 | Bund jüdischer Jugend *Ring*, Berlin (1913–1936) |
| 727 | 11 | Verband der Judenstaatszionisten Österreichs, Wien (1915–1938) |
| 1245 | 8 | Zionistische Frauen Österreichs, Ortsgruppe Graz (1929–1938) |

Einzelpersonen

| Fonds | AE | Name mit Lebensdaten (Laufzeit) |
|---|---|---|
| 634 | 911 | Walther Rathenau 1867–1922 (1866–1935)[7] |
| 652 | 235 | Ernst Feder 1881–1964 |
| 664 | 106 | Abraham Schmerler (1923–1934) |
| 646 | 92 | Siegfried Thalheimer 1899–1981 (1924–1941) |
| 595 | 40 | Walter Benjamin 1892–1940 (1920–1939) |
| 642 | 39 | Leo Simon 1870–1940 (1890–1939) |
| 1204 | 30 | David Herzog 1869–1946 (1916–1938) |
| 608 | 23 | Alfred Grotte 1872–1944 (1847–1940) |
| 628 | 23 | Paul Nathan 1857–1927 (1874–1923) |
| 660 | 8 | Alfred Stern 1899–1979 (1938–1940) |
| 599 | 5 | Ludwig Bamberger 1823–1899 (1881–1890) |

---

[7] Kopien aus diesem Bestand im Umfang von 70.000 Blatt liegen bei der Rathenau-Gesellschaft in Bad Freienwalde und im Bundesarchiv in Koblenz.

Außerdem existiert der bereits erwähnte Sammelfonds 1325 *Dokumentarmaterialien jüdischer Organisationen und Vereinigungen über die Lage der jüdischen Bevölkerung in verschiedenen Staaten* (1764–1941). Seine 392 Akteneinheiten enthalten unter anderem Statuten, Jahresberichte, Kassenbücher, Sitzungsprotokolle und Informationsbroschüren verschiedener Organisationen und Institutionen sowie Handschriften, Aufsätze und Bücher jüdischer Gelehrter und Publizisten.

Wenn auch manche Bestände bis ins 17. oder 18. Jahrhundert zurückreichen, stammt der Großteil der Akten doch aus den zwanziger bis vierziger Jahren des 20. Jahrhunderts. Für die personenbezogenen Fonds ist zudem anzumerken, dass es sich immer nur um Nachlassteile oder -fragmente handelt. Andere Nachlassteile finden sich oftmals in einem oder mehreren anderen Archiven in verschiedenen Staaten. Der größte Teil des Nachlasses Ernst Feders liegt zum Beispiel im Archiv des Leo Baeck Institute (LBI) in New York.

Informationen zur wirtschaftlichen, gesellschaftlichen und politischen Tätigkeit sowie zur Verfolgung und Ermordung jüdischer Personen finden sich auch in anderen Beständen. Das betrifft zum einen die Fonds der deutschen Sicherheitsorgane, z.B. den Fonds 500 Reichssicherheitshauptamt und den Fonds 501 Gestapo Berlin, zum anderen die Fonds verschiedener Ministerien, z.B. den Fonds 1458 Reichswirtschaftsministerium mit umfangreichen Materialien zum Bankhaus Gebr. Arnhold.

Im Verlaufe des Bestehens des Sonderarchivs wurden immer wieder einzelne Akten oder Bestandsteile an andere sowjetische Archive oder Institutionen abgegeben. Das betraf jedoch nur in Ausnahmefällen die Judaica-Bestände. Bislang ist lediglich die Abgabe einzelner Akten des Bestands 634 (Nachlass Rathenau) an die Archive des Außenministeriums und des Innenministeriums der UdSSR bekannt. Es ist aber davon auszugehen, dass sich heute auch andere Teile von deutschen Judaica-Beständen in verschiedenen russischen Bibliotheken und Archiven befinden. Gegebenenfalls sind themen- oder personenbezogene Recherchen dementsprechend auch jenseits des Sonderarchivs durchzuführen.

Schließlich ist auf das Problemfeld der Rückgabe von Beständen an ihre Ursprungsländer hinzuweisen. In den 1950er und 1960er Jahren hatte es umfangreiche Abgaben von Aktenbeständen vor allem an die DDR und an andere sozialistische Staaten Osteuropas gegeben. Nach der Auflösung der Sowjetunion gingen über eine Million Akteneinheiten vor allem an Frankreich und an die Benelux-Staaten, darunter auch Judaica aus diesen Staaten. An die Gedenkstätte Auschwitz wurden von 1991 bis 1992 39 Bände von Totenbüchern übergeben.[8] Mit einer Rückgabe der Akten deutscher staatlicher und kommunaler Instituti-

---

[8] Der Bestand Zentralbauleitung, Waffen-SS und Polizei Auschwitz befindet sich weiterhin im Sonderarchiv (Fonds 502, 7391 AE, 1940–1945).

onen und Ministerien ist seit dem Inkrafttreten des so genannten Beutekunstgesetzes 1998 bis auf weiteres nicht zu rechnen.[9] Die Rückgabe von Judaica hingegen könnte durch eine besondere Bestimmung in diesem Gesetz ermöglicht werden, die besagt, dass Gegner und Verfolgte Deutschlands und seiner Verbündeten Anträge auf Rückgabe stellen können. Bislang gab es allerdings nur einen erfolgreichen Rückgabefall auf dieser Grundlage: 2001 erhielten die Rothschilds ihr Familienarchiv (Fonds 637) zurück. Allerdings wurde auch das nur aufgrund unkonventioneller Hintergrundverhandlungen möglich: Die Rothschilds kauften auf dem freien Markt Briefe des russischen Kaisers Alexanders II. und schenkten sie dem russischen Staat als Anerkennung der Leistungen der sowjetischen und russischen Archivare.[10] Die originalen Rothschild-Akten gehören jetzt zum Bestand des Rothschild-Archivs in London und stehen dort der Forschung zur Verfügung (http://www.rothschildarchive.org). Vor der Rückgabe wurden jedoch für das Sonderarchiv Mikrofilmkopien angefertigt, die weiterhin in Moskau einsehbar sind.

Wann es weitere Rückgaben in der einen oder anderen Form geben wird, kann lediglich die Zukunft zeigen. Da Verhandlungen darüber nur dann Aussicht auf einen positiven Abschluss haben, wenn sie in kleinem Kreis und unter Ausschluss der Öffentlichkeit stattfinden, werden Erfolge erst ganz am Ende eines langen Gesprächsprozesses sichtbar werden.

## Der Fond 634 – Nachlass Walther Rathenau

Als ein Beispiel für die Geschichte und die Struktur der Sonderarchiv-Bestände soll hier der Fonds 634, der Nachlass des Industriellen, Bankiers, Publizisten und Politikers Walther Rathenau (1867–1922), vorgestellt werden.[11]

Nach der Ermordung Walther Rathenaus am 24. Juni 1922 wurde sein Nachlass von seiner Mutter übernommen, die die Verwaltung 1923 der staatsnahen

---

9 Laut diesem Gesetz, dessen vollständiger Titel *Bundesgesetz über Kulturschätze, die im Ergebnis des Zweiten Weltkrieges in die UdSSR verbracht wurden und sich auf dem Territorium der Russischen Förderation befinden* lautet, erklärt nicht nur Kunstgegenstände, sondern auch Archivalien aus Deutschland zu russischem Staatseigentum.
10 Gray, Victor: The Return of the Austrian Rothschild Archive. In: The Rothschild Archive. Review of the Year April 2001–March 2002. S. 24–27. Zum Inhalt des Bestandes: Aspey, Melanie: Salomon's Archive. In: The Rothchild Archive. . Review of the Year April 2001–March 2002. S. 27–31.
11 Die neueste umfassende Biographie Rathenaus, für die der Autor auch umfangreich auf den Sonderarchivbestand zurückgriff, erschien 2005. Schölzel, Christian: Walther Rathenau. Eine Biographie. Paderborn u.a. 2005.

Walther-Rathenau-Stiftung übergab. Sichtung und Ordnung der Bestände erfolgten durch das Reichsarchiv. 1934, nach der Auflösung der Stiftung, wurden die Akten der Familie zurückgegeben. 1939, bei der Emigration der letzten engeren Verwandten Walther Rathenaus, seiner Schwester Edith Andreae, beschlagnahmte das Reichssicherheitshauptamt (RSHA) die in zwölf Kisten verpackten Rathenau-Dokumente und ordnete sie seinem Archiv (Amt II, später Amt VII) als „originäres Gegnermaterial" zu.[12] Nach dem Beginn der systematischen Bombardierung Berlins verlagerte das RSHA den Bestand in ein Ausweichquartier nach Niederschlesien.[13] Nach der Eroberung des Ortes durch die Sowjetarmee wurden die Akten nach Moskau gebracht und dem Sonderarchiv zugeordnet. Die sowjetische Seite war an den Rathenau-Akten besonders interessiert, weil Rathenau im April 1922 als Leiter einer deutschen Delegation mit der Russischen Sowjetrepublik den Vertrag von Rapallo geschlossen hatte. Dieser Bezug zur sowjetischen Außenpolitik war der Grund dafür, dass 1958 und 1963 ein Teil der Akten an das sowjetische Außenministerium weitergegeben wurde.[14]

Von der Existenz des bis dahin als verschollen angesehenen Rathenau-Nachlasses erfuhr die Öffentlichkeit erst nach der Öffnung des Archivs 1990. Die deutsche Seite zeigte stets besonderes Interesse an diesem Bestand. Dies mag der Hintergrund dafür gewesen sein, dass der Präsident der Russischen Förderation, Boris Jelzin, im April 1997 elf Mappen mit Rathenau-Papieren an Bundeskanzler Helmut Kohl überreichte. Die Dokumente stammten wahrscheinlich aus den Nachlassteilen, die im Archiv des russischen Außenministeriums aufbewahrt werden.[15] Von dem seit 1998 wirksamen so genannten Beutekunstgesetz ist auch der Bestand Rathenau betroffen. Da es sich hierbei nicht um staatliche Akten, sondern um Dokumente aus dem Privatbesitz Verfolgter handelt, erscheint eine Rückgabe in mittlerer Zukunft möglich. Bisherige Restitutionsanträge blieben allerdings erfolglos. Als kontraproduktiv erwies sich hier unter anderem die Ein-

---

[12] Schölzel, Christian: Wo war der Nachlaß Walther Rathenau? Die „Wanderung" von Archivalien als Spiegel europäischer Geschichte. In: Mitteilungen des Vereins für die Geschichte Berlins 92 (1996). S. 12–19; Jaser, Alexander u. Hellige, Hans Dieter (Hrsg.): Walther Rathenau. Briefe. Bd. 1. Düsseldorf 2006 (Walther-Rathenau-Gesamtausgabe 5 und Schriften des Bundesarchivs 63). S. 30, Anm. 62.

[13] In der Literatur gibt es zum Auslagerungsort verschiedene Angaben. Die Walther-Rathenau-Gesellschaft geht von Schlesiersee (bis 1937: Schlawa, ab 1945 polnisch: Sława) aus. Schölzel nennt Schloss Althorn und Schloss Fürstenstein bei Waldenburg (ab 1945 polnisch: Wałbrzych) als Möglichkeiten. Schölzel, Christian: Nachlaß (wie Anm. 12). S. 15.

[14] Kennedy Grimsted, Patricia: Twice Plundered or „Twice Saved"? Identifying Russia's „Trophy" Archives and the Loot of the Reichssicherheitshauptamt. In: Holocaust and Genocide Studies 15 (2001), 2. S. 214; Schölzel, Christian: Walther Rathenau (wie Anm. 11). S. 389, Anm. 59.

[15] Kennedy Grimsted, Patricia: Archives of Russia Seven Years After. „Purveyors of Sensation" or „Shadows Cast to the Past"? Washington 1998. S. 87f.

beziehung der Bundesregierung, weil, wie erwähnt, von russischer Seite nicht an staatliche Institutionen restituiert wird.[16]

Der Bestand des Nachlasses Walther Rathenau (Fonds 634) im Sonderarchiv ist in zwei Findbüchern verzeichnet. Wie in den meisten Beständen gibt es keine inhaltlichen Kriterien, nach denen die Akten den beiden Findbüchern zugeordnet wurden. Innerhalb der einzelnen Findbücher wurden die einzelnen Akten ausschließlich chronologisch nach dem Beginn der Aktenlaufzeit geordnet. Inhaltliche Zusammenhänge müssen deshalb erst rekonstruiert werden. Folgende Bestandsgruppen lassen sich identifizieren:

**1. Eltern, Kindheit und Jugend:**
Schul-, Universitäts- und Militärdokumente, frühe Photographien, Korrespondenz mit den nahen Verwandten, Unterlagen zum Vater, dem Gründer des Elektrokonzerns Allgemeine Electricitäts-Gesellschaft (AEG), Emil Rathenau (1838–1915).

**2. Korrespondenz:**
Akten, die nach den Anfangsbuchstaben der Korrespondenzpartner angelegt und teilweise bereits für die Rathenau-Brief-Edition verwendet wurden.[17] Zu bestimmten Korrespondenzpartnern gibt es Einzelakten, z.B. zu Maximilian Harden, Theodor Herzl und Georg Hirzel.

**3. Manuskripte literarischer Produkte:**
Manuskripte von Gedichten, Schauspielen, Vorträgen sowie Aufsätzen zu technischen, naturwissenschaftlichen, wirtschaftlichen und politischen Themen, unter anderem von seinem im Jahr 1897 publizierten und bis heute diskutierten Artikel *Höre Israel!*

**4. Unterlagen zur Tätigkeit in der AEG, für das Kolonialministerium und im Kriegsministerium:**
Unter anderem Rathenaus Unterlagen zu seiner Reise nach Deutsch-Südwestafrika und in andere Länder des südlichen Afrika (1907/08), ein Tätigkeitsbericht der Kriegsrohstoffabteilung des Kriegsministeriums für die ersten drei Kriegsmonate (1914) und Reden beim Ausscheiden aus dieser Abteilung (1915).

---

[16] Eine detailliertere Darstellung findet sich in: Tarantul, Elijahu: Raub oder Rettung? Jüdische Akten im Moskauer Sonderarchiv. In: Jüdisches Archivwesen. Beiträge zum Kolloquium aus Anlaß des 100. Jahrestags der Gründung des Gesamtarchivs der deutschen Juden. 10. Archivwissenschaftliches Kolloquium der Archivschule Marburg 13.–15.9.2005. Marburg 2007 (Veröffentlichungen der Archivschule Marburg. Institut für Archivwissenschaften 45). S. 138–140.
[17] Jaser u. Hellige (Hrsg.): Walther Rathenau. Briefe (wie Anm. 12).

**5. Protokolle:**
Verhandlungsberichte und Sitzungsprotokolle verschiedener Kommissionen, Parlamente und anderer staatlicher Institutionen vor allem aus der Zeit nach dem Ersten Weltkrieg, zum Beispiel des Reichswirtschaftsrats (1921) und der Sozialisierungs-Kommission (1922).

**6. Materialien, die nach Rathenaus Tod zusammengestellt wurden:**
Zu diesen Unterlagen, die bis in die 1930er Jahre von der Walther-Rathenau-Gesellschaft gesammelt wurden, zählen unter anderem Reaktionen auf die Ermordung Rathenaus, Zeitungsartikel über Rathenau und Rathenau-Gedenken, Sammlungen seiner bekannten Zitate und Aphorismen, das Projekt zu einem Emil-und-Walther-Rathenau-Denkmal sowie Korrespondenz, Kontoauszüge und ein Mitgliederverzeichnis der Walther-Rathenau-Gesellschaft.

**7. Weiteres:**
Unter anderem einzelne Jahrgänge von Periodika (zum Beispiel die Jahrgänge 15 und 17 *der Akademischen Monatshefte. Organ der Deutschen Corpsstudenten*), ein Kondolenzbuch und Zeitungsausschnitte zum Tod des Bruders Erich Rathenau 1903 sowie Bleistift- und Tuschezeichnungen Walther Rathenaus.

# Benutzungsbedingungen bei Arbeiten im Sonderarchiv

Eine Voranmeldung für die Arbeit im Sonderarchiv ist nicht unbedingt nötig. Es empfiehlt sich aber vor allem bei einem Erstbesuch, über das Deutsche Historische Institut (DHI) Moskau (www.dhi-moskau.org) im Voraus einen Kontakt herzustellen. Die Akten des Archivs sind vollständig für die wissenschaftliche Öffentlichkeit verfügbar. Es gibt keine gesperrten oder unerschlossenen Bestände. Zwischenzeitlich können allerdings Einzelbestände wegen Verfilmungsarbeiten unzugänglich sein. Alle Bestände sind durch russischsprachige Findbücher erschlossen. Auch das Personal spricht größtenteils vor allem Russisch. Bei der Vermittlung von Dolmetschern kann gegebenenfalls das DHI Moskau helfen.

Eine spürbare Einschränkung der Arbeitsmöglichkeiten stellt das Limit von maximal fünf Akten dar, die ein Benutzer pro Tag bestellen darf. Das Bestellen von Kopien ist uneingeschränkt möglich. Zu beachten ist ferner die meist achtwöchige Schließzeit in den Sommermonaten Juli und August. Die aktuellsten Angaben mit Öffnungszeiten, Post- und Emailadresse sowie Telephon- und Faxnummern finden sich in russischer Sprache auf der offiziellen Seite des russischen staatlichen Archivdienstes: http://www.rusarchives.ru/federal/rgva.

Benutzungs- und Gebührenordnung in deutscher Übersetzung sowie weitere Hinweise zum Sonderarchiv sind unter www.sonderarchiv.de abrufbar.

Barbara Welker
# Das Archiv der Stiftung Neue Synagoge Berlin – Centrum Judaicum

Unter ganz anderen Verhältnissen als heute überschrieb Jacob Jacobson, der letzte Leiter des Gesamtarchivs der deutschen Juden, im Juni 1938 einen Artikel im *Jüdischen Gemeindeblatt* für Berlin mit der Forderung „Schützt Euer Archivgut!", in dem er die jüdischen Gemeinden aufforderte, vor allem ihre familiengeschichtlich relevanten Dokumente dem Gesamtarchiv in Berlin zukommen zu lassen.[1] Dennoch ist die Aufgabe, sich des gefährdeten Archivgutes anzunehmen, auch heute noch aktuell.

Vor über 15 Jahren kehrte ein großer Teil der Bestände aus dem früheren Gesamtarchiv der deutschen Juden nach einer langen Odyssee in die Räume in der Oranienburger Straße zurück.Die wechselhafte Geschichte des Archivs soll hier nur kurz dargestellt werden.[2]

Überlegungen zur Einrichtung eines wissenschaftlichen jüdischen Archivs gab es bereits im letzten Drittel des 19. Jahrhunderts. Mehrfach gab es Ansätze, vor allem die mittelalterlichen Quellen und Urkunden zur Geschichte der Juden zu erfassen, zusammenzutragen und auszuwerten. So hatte u.a. der *Deutsch-Israelitische Gemeindebund* auf Betreiben des Historikers Harry Bresslau 1885 eine *Historische Kommission für die Geschichte der Juden in Deutschland* gegründet, die allerdings nur wenige Jahre Bestand hatte.[3]

---

[1] Jüdisches Gemeindeblatt für Berlin, Nr. 26, 26.6.1938. S. 3; vorher bereits in der CV-Zeitung, Nr. 22, 2.6.1938. Das Gesamtarchiv musste sich zu diesem Zeitpunkt bereits *Gesamtarchiv der Juden in Deutschland* nennen.
[2] Zur Geschichte und Tätigkeit des Gesamtarchivs siehe auch: Welker, Barbara: Das Gesamtarchiv der deutschen Juden. In: „Tuet auf die Pforten". Die Neue Synagoge 1866–1995. Begleitbuch zur ständigen Ausstellung der Stiftung „Neue Synagoge Berlin – Centrum Judaicum". Hrsg. von Hermann Simon u. Jochen Boberg. Berlin 1995. S. 227–234; Welker, Barbara: Das Gesamtarchiv der deutschen Juden – Zentralisierungsbemühungen in einem föderalen Staat. In: Jüdisches Archivwesen. Beiträge zum Kolloquium aus Anlass des 100. Jahrestages der Gründung des Gesamtarchivs der deutschen Juden, zugleich 10. Archivwissenschaftliches Kolloquium der Archivschule Marburg, 13.–15. Sept. 2005. Hrsg. von Frank M. Bischoff u. Peter Honigmann. Marburg 2007 (Veröffentlichungen der Archivschule Marburg, Institut für Archivwissenschaft, 45). S. 39–73.
[3] Die Kommission löste sich aufgrund innerer Kontroversen – unter anderem um die Einbeziehung des Historikers Heinrich Graetz – nach wenigen Jahren wieder auf. Sie gab 1887–1892 die erste *Zeitschrift für die Geschichte der Juden* sowie mehrere wichtige Quellenpublikationen zur Geschichte der Juden in Deutschland heraus.

Der schlesische Historiker und Archivar Ezechiel Zivier[4] machte schließlich 1903 in einer Sitzung der Lessing-Loge Breslau des *Unabhängigen Ordens B'nai B'rith* (UOBB) den Vorschlag zur Errichtung eines „allgemeinen Archivs für die Juden Deutschlands", um „eine Zentrale zu schaffen, wohin jede Gemeinde, eine jede jüdische Körperschaft ihre älteren Akten und Dokumente, die für die laufende Geschäftsführung nicht mehr von Belang sind, zur weiteren Aufbewahrung und Nutzbarmachung für geschichtliche und andere Forschungen abgeben könnte"[5].

Diese Idee wurde von der Großloge für Deutschland des UOBB und dem *Deutsch-Israelitischen Gemeindebund* aufgegriffen. Das Gesamtarchiv sollte im Wesentlichen zwei Aufgaben erfüllen: einerseits die Sammlung, Sicherung, Erschließung und Auswertung der historischen Akten der jüdischen Gemeinden, Organisationen und Vereine in Deutschland an einer zentralen Stelle, andererseits die Erfassung und Dokumentation von Quellen zur Geschichte der Juden in staatlichen und anderen Archiven, um eine umfassende Erforschung der Geschichte der Juden in Deutschland zu ermöglichen.[6]

Schließlich konnte am 1. Oktober 1905 das Gesamtarchiv eröffnet werden, zunächst in gemieteten Räumen in der Lützowstraße 15 in Berlin-Tiergarten[7]; 1910 zog das Archiv in das neu errichtete Verwaltungsgebäude der Jüdischen Gemeinde zu Berlin in der Oranienburger Str. 28/29 – in diesem Gebäude befand sich auch die Bibliothek der Gemeinde.[8]

---

[4] Zu Ezechiel Zivier (1868–1925) s. den Nachruf von Ismar Elbogen in: Mitteilungen des Gesamtarchivs der deutschen Juden (im Folgenden: MittGA) 6 (1926). S. 112–113. Eine Dissertation über Zivier legte die polnische Historikerin Barbara Kalinowska-Wójcik 2005 an der Schlesischen Universität Katowice vor, s. auch ihren Beitrag: Kalinowska-Wójcik, Barbara: Ezechiel Zivier – życie i działalność archiwisty i historyka na Górnym Śląsku na przełomie XIX i XX wieku. In: Szkice archiwalno-historiczne, 4 (2008). S. 35–47.
[5] Zivier, Ezechiel: Eine archivalische Informationsreise. In: Monatsschrift für Geschichte und Wissenschaft des Judentums (im Folgenden: MGWJ), 49 (1905). S. 209–254, S. 209.
[6] Zum Programm des Archivs siehe Täubler, Eugen: Zur Einführung. In: MittGA, 1 (1908/09), 1. S. 1–8.
[7] Mitteilung über das Gesamtarchiv der deutschen Juden. In: MGWJ, 50 (1906). S. 246–247, S. 246.
[8] Der Einzug erfolgte im März 1910, allerdings fand erst Ende Dezember die feierliche Eröffnung statt, s. Bericht über die Tätigkeit des Gesamtarchivs der deutschen Juden. In: MittGA, 3 (1911/12). S. 55–84, v.a. S. 55–75.

Erster Leiter des Archivs war der Historiker Eugen Täubler (1879–1953)[9], auf ihn folgte 1920 Jacob Jacobson (1888–1968)[10].

Da es für die Archivalien jüdischer Gemeinden und Organisationen keine festgelegte Zuständigkeit gibt, beruhte die Abgabe der Akten durch die Gemeinden auf Freiwilligkeit. Täubler und andere Vertreter des Archivs schrieben alle Gemeinden im Deutschen Reich an und unternahmen mehrfach Reisen zu den Gemeinden, um sie zur Abgabe ihrer alten Akten zu bewegen.

In der Regel wurden die Gemeindeakten auf der Grundlage von Depositalverträgen übergeben.

Bis Dezember 1907 hatten 167 jüdische Gemeinden ihre Akten abgeliefert[11], 1908 waren es Akten aus 178 Gemeinden sowie Akten des Deutsch–Israelitischen Gemeindebundes und Spenden von Privatpersonen[12]. Beim Umzug in die Oranienburger Straße 1910 hatten 273 Gemeinden Akten abgeliefert[13], bis zum Jahr 1926 waren es 344 Gemeinden.[14] Bei den abgegebenen Gemeindebeständen überwogen Akten kleinerer Gemeinden – die größeren jüdischen Gemeinden unter-

---

**9** Bericht über die Tätigkeit (wie Anm. 8). Eugen Täubler (1879 Gostyn/Posen–1953 Cincinnati) hatte an der Berliner Universität sowie am Rabbinerseminar und an der Lehranstalt (später Hochschule) für die Wissenschaft des Judentums studiert. Eine Ausbildung als Archivar erhielt er am Preußischen Geheimen Staatsarchiv in Berlin-Dahlem. Zur Biographie Täublers s. Stern-Täubler, Selma: Einleitung. Eugen Täubler und die Wissenschaft des Judentums. In: Täubler, Eugen: Aufsätze zur Problematik jüdischer Geschichtsschreibung 1908–1950. Hrsg. u. eingeleitet von Selma Stern–Täubler. Tübingen 1977 (Schriftenreihe wissenschaftlicher Abhandlungen des Leo Baeck Instituts 36). S. VII–XXIV; Scharbaum, Heike: Zwischen zwei Welten. Wissenschaft und Lebenswelt am Beispiel des deutsch-jüdischen Historikers Eugen Täubler (1879–1953). Münster 2001.

**10** Jacob Jacobson (1888 Schrimm/Posen–1968 Bad Neuenahr), Sohn eines Rabbiners, studierte Klassische Philologie, Geschichte und Germanistik und promovierte 1919 in Marburg. Bis zu seiner Deportation 1943 blieb sein Name mit der weiteren Geschichte des Gesamtarchivs verbunden. Zu seiner Biographie s. die Nachrufe von Jersch-Wenzel, Stefi: Zum Tode Jacob Jacobsons. In: Jahrbuch für die Geschichte Mittel- und Ostdeutschlands 18 (1969). S. 698–704, und von Brilling, Bernhard, in: Der Archivar 22 (1969). Sp. 234–236, sowie vor allem zum Zeitraum 1933–1945 Jersch-Wenzel, Stefi u. Jersch, Thomas: Jacob Jacobson – deutscher Jude und Archivar (1888–1968). In: Archive und Gedächtnis. Festschrift für Botho Brachmann. Hrsg. von Friedrich Beck, Eckart Henning, Joachim-Felix Leonhard, Susanne Paulukat u. Olaf B. Rader. Potsdam 2005 (Potsdamer Studien 18) S. 547–585.

**11** Mitteilung des Gesamtarchivs der deutschen Juden. In: Mitteilungen vom Deutsch-Israelitischen Gemeindebund, 69 (Dez. 1907). S. 24–25.

**12** Geschäftsbericht. In: MittGA, 1 (1908/09). S. 45–46.

**13** Bericht über die Tätigkeit (wie Anm. 8). S. 81–83.

**14** Geschäftsbericht. In: MittGA, 6 (1926). S. 116–121. Das ist nur ein kleiner Teil aller Gemeinden – vor dem Ersten Weltkrieg gab es über 2.000, Anfang der 1930er Jahre noch rund 1.500 jüdische Gemeinden (mit Filialgemeinden) in Deutschland.

hielten oft eigene Archive (z.B. Breslau, Hamburg, Frankfurt/Main, München, Königsberg).[15]

Zwischen 1908 und 1926 wurden sechs Jahrgänge der *Mitteilungen des Gesamtarchivs der deutschen Juden* veröffentlicht, die neben Tätigkeitsberichten und Akteninventaren einzelner Gemeinden auch Spezialinventare (Hinweise auf Akten zur Geschichte der Juden in staatlichen Archiven) und wissenschaftliche Beiträge zur Geschichte der Juden in Deutschland enthielten.

Unter der Leitung von Jacob Jacobson erfolgte bereits seit den 1920er Jahren eine verstärkte Orientierung auf familiengeschichtliche Quellen und Forschungen.[16] Nach 1933 wurde das Gesamtarchiv in stark wachsendem Umfang Anlaufstelle für familiengeschichtliche Anfragen und sammelte daher verstärkt Geburts-, Heirats- und Sterberegister, Beschneidungsbücher, Memorbücher u.ä. Einerseits musste das Archiv vor allem nach dem Erlass der „Nürnberger Gesetze" 1935 zunehmend Auskünfte für so genannte Abstammungsnachweise erteilen – andererseits nahm nach 1933 auch innerhalb der jüdischen Gemeinschaft gerade unter den Bedingungen des wachsenden Drucks von außen das Interesse an der Erforschung der eigenen Familiengeschichte, aber auch der jüdischen Lokal- und Regionalgeschichte zu. Wiederholt wies Jacobson mit Anzeigen und Artikeln in jüdischen Zeitungen auf die Bedeutung der Bestände des Gesamtarchivs für familiengeschichtliche Nachforschungen hin und bat um die Ablieferung weiterer Quellen.[17]

Ab 1938/39 hatte das Gesamtarachiv faktisch seine Selbstständigkeit verloren, nach dem Novemberpogrom 1938 wurden die Bestände des Gesamtarchivs beschlagnahmt und das Archiv vorübergehend geschlossen. Jacob Jacobson durfte das Archiv erst nach einigen Wochen wieder betreten.[18]

---

**15** Lediglich die Berliner Gemeinde hatte 1910 ihr Archiv dem Gesamtarchiv angeschlossen, s. Bericht über die Tätigkeit (wie Anm. 8). S. 61. Vgl. auch Welker: Gesamtarchiv (wie Anm. 2). S. 63–68.
**16** So waren sowohl Jacob Jacobson als Privatperson als auch das Gesamtarchiv als Institution Mitglied in der 1924 gegründeten Gessellschaft für jüdische Familienforschung, s. Mitgliederliste. In: Jüdische Familienforschung. Mitteilungen der Gesellschaft für jüdische Familienforschung, 1 (1925), 2. S. 43–46, S. 43.
**17** So beispielsweise in einem kurzen Hinweis auf die Öffnungszeiten des Archivs in: Jüdische Rundschau, Nr. 40, 19.5.1933. S. 208. In der vermutlich letzten Veröffentlichung über das Gesamtarchiv schreibt Jacob Jacobson noch über „Beschneidungsbücher als personengeschichtliches Quellenmaterial". In: Jüdisches Nachrichtenblatt, Nr. 15, 10.4.1942.
**18** Jacobson, Jacob Bruchstücke 1939–1945, Leo Baeck Institute New York, Memoirensammlung, M.E. 560. Bl. 2 (teilweise abgedruckt in: Richarz, Monika (Hrsg.): Jüdisches Leben in Deutschland. Bd. 3: Selbstzeugnisse zur Sozialgeschichte 1918–1945. Stuttgart 1982. S. 401–412. Zum Schicksal der Sammlungen im Gebäudekomplex Oranienburger Straße 28–31 (Jüdisches Museum, Gesamtarchiv und Bibliothek der Jüdischen Gemeinde) nach dem Novemberpogrom s. auch: Simon,

Die Reichsstelle für Sippenforschung richtete in der Oranienburger Straße ihre „Zentralstelle für jüdische Personenstandsregister" ein und nutzte hierfür auch die Bestände des Gesamtarchivs, Jacob Jacobson musste dem Reichssippenamt zuarbeiten.[19] Seine geplante Emigration nach England wurde von der Gestapo verhindert, lediglich seine Frau und sein Sohn konnten auswandern. Jacob Jacobson wurde am 19. Mai 1943 nach Theresienstadt deportiert.[20]

Die für genealogische Nachforschungen relevanten Dokumente (Geburts-, Heirats- und Sterberegister, Memorbücher usw.) wurden zusammen mit anderen vom Reichssippenamt gesammelten jüdischen Personenstandsregistern aus den Beständen des Gesamtarchivs herausgenommen, während des Krieges nach Thüringen ausgelagert und dort im Auftrag des Amtes verfilmt. Die Originale sind heute verschollen – vermutlich wurden sie bei Kriegsende vernichtet.[21]

Die historischen Aktenbestände des Gesamtarchivs wurden 1943 an das Preußische Geheime Staatsarchiv in Berlin-Dahlem abgegeben, von wo sie später ausgelagert wurden und nach 1945 zunächst nach Merseburg (Sachsen-Anhalt) gelangten. 1950 wurden die verbliebenen Archivalien der Jüdischen Gemeinde zu Berlin übergeben.[22]

---

Hermann: Auf der Suche nach einer verlorenen Sammlung. Was geschah nach dem 10. November 1938 mit den Beständen des Berliner Jüdischen Museums? In: Auf der Suche nach einer verlorenen Sammlung. Das Berliner Jüdische Museum (1933–1938). Berlin 2011. S. 17–46, v.a S. 21–23.
**19** Das Reichssippenamt war eine dem Reichsministerium des Innern nachgeordnete Behörde; aus der ursprünglichen Dienststelle beim Sachverständigen für Rasseforschung beim Reichsministerium des Innern entstand 1935 die Reichsstelle für Sippenforschung, ab 1940 das Reichssippenamt. Das Amt sollte genealogische Quellen erfassen und sichern und diente als maßgebliche Stelle für Auskünfte und Gutachten über die „arische Abstammung" in Zweifelsfällen. Zu Geschichte und Aufgaben des Amtes s. Schulle, Diana Das Reichssippenamt. Eine Institution nationalsozialistischer Rassenpolitik. Berlin 2001. Zum „Verhältnis" zwischen Gesamtarchiv und Reichssippenamt ab 1938 siehe Jersch-Wenzel u. Jersch: Jacob Jacobson (wie Anm. 10). S. 570–575.
**20** Jersch-Wenzel u. Jersch: Jacob Jacobson (wie Anm. 10). S. 569, Anm. 113. Nach der Befreiung des Ghettos Theresienstadt 1945 reiste er direkt nach England zu seiner Familie, ebd. S. 578–580.
**21** Die von der Firma Gatermann gefertigten Mikrofilme blieben erhalten – zu ihrer Geschichte, vor allem für Hessen, s. Heinemann, Hartmut: Das Schicksal der jüdischen Personenstandsregister. Die verschlungenen Wege der Gatermann-Filme. In: Bischoff u. Honigmann (Hrsg.): Archivwesen (wie Anm. 2). S. 193–215.
**22** Brachmann-Teubner, Elisabeth: Sources for the History of the Jews from the Eighteenth Century to the Twentieth Century in the Archives of the former DDR. In: Leo Baeck Institute Year Book (im Folgenden: LBIYB), 38 (1993). S. 391–408, S. 406. Der Kantor der Israelitischen Religionsgemeinde Leipzig, Werner Sander, fertigte zuvor ein Verzeichnis der erhaltenen Bestände an, das in den Beständen des *Verbandes der Jüdischen Gemeinden in der DDR* überliefert ist (CJA, 5B1, Nr. 10).

Etwa die Hälfte der erhaltenen Akten gelangte in den 1950er Jahren in die Central Archives for the History of the Jewish People in Jerusalem (vor allem ältere Archivalien und Hebraica)[23]; die in Berlin verbliebenen Akten wurden 1958 als Depositum an das Deutsche Zentralarchiv in Potsdam (später Zerntrales Staatsarchiv der DDR) übergeben, wo sie seit den 1980er Jahren erschlossen wurden.[24] Diese Bestände kamen 1990 in die Obhut des Bundesarchivs und wurden – wie eingangs geschrieben – 1996 an das Centrum Judaicum übergeben, kehrten also nach über 50 Jahren in die alten Räume des Gesamtarchivs zurück.[25]

## Bestände

Das Archiv der *Stiftung Neue Synagoge Berlin – Centrum Judaicum* verwahrt heute insgesamt über 500 lfm Archiv- und Sammlungsgut, rund 2.500 Mikrofilme und über 10.300 Mikrofiches.

Aus den Beständen des früheren Gesamtarchivs befinden sich heute rund 230 lfm Archivmaterialien aus dem Zeitraum 17. Jahrhundert bis 1945 im Archiv, wobei der Schwerpunkt der Überlieferung im Zeitraum 19. und Anfang des 20. Jahrhunderts liegt.[26]

Die Gruppe der Gemeindebestände ist die bei weitem umfangreichste, insgesamt handelt es sich um rund 10.200 Akten aus 400 jüdischen Gemeinden, die meisten aus dem früheren Deutschen Reich.

---

**23** Rein, Denise: Die Bestände der ehemaligen jüdischen Gemeinden Deutschlands in den Central Archives for the History of the Jewish People in Jerusalem. Ein Überblick über das Schicksal der verschiedenen Gemeindearchive: in: Der Archivar, 55 (2002). S. 318–327, S. 320–322.
**24** Brachmann-Teubner: Sources (wie Anm. 22). S. 406.
**25** Weitere Teilbestände aus dem früheren Gesamtarchiv der deutschen Juden befinden sich heute im Archiv des Leo Baeck Institute (jetzt Center for Jewish History) in New York, im so genannten Sonderarchiv in Moskau sowie im Jüdisch-Historischen Institut in Warschau. Bei den in Moskau liegenden Materialien handelt es sich vor allem um eine Zeitungsausschnittsammlung (Fonds 1194, Sammlung Neumann), vgl. die Übersicht auf der privaten Homepage www.sonderarchiv.de (18.9.2014). Gemeint ist der Berliner Arzt und langjährige Stadtverordnete Salomon Neumann (1819 Pyritz – 1908 Berlin), zu ihm s. jetzt Günter Regneri, Salomon Neumann. Sozialmediziner – Statistiker – Stadtverordneter, (Jüdische Miniaturen, Bd. 107), Berlin 2011.
**26** Die Findbücher für alle hier vorhandenen Bestände sind nahezu vollständig abgedruckt in den beiden Bänden Quellen zur Geschichte der Juden in den Archiven der neuen Bundesländer. Hrsg. von Stefi Jersch-Wenzel u. Reinhard Rürup. Bd. 6: Stiftung „Neue Synagoge Berlin – Centrum Judaicum". München 2001. Ein kleiner Teil der Akten ist wegen seines sehr schlechten Erhaltungszustandes nicht verzeichnet und nicht mehr benutzbar.

Der mit Abstand größte Gemeindebestand stammt mit rund 1.200 Akten aus Berlin (1827–1945) – trotzdem ist die Überlieferung der Jüdischen Gemeinde zu Berlin bis 1945 nur sehr lückenhaft.

Wichtige Akten, etwa vom Vorstand und den Repräsentanten, sind nicht überliefert; eine dichtere Aktenlage gibt es nur für Teilbereiche der Gemeindetätigkeit, etwa für einzelne Fürsorgeeinrichtungen (Altersheime, Sammelvormundschaft), für Schulen und die Lehrerbildungsanstalt sowie Bau- und Grundstücksakten aus der NS-Zeit.

Die übrigen Gemeindebestände stammen überwiegend aus Preußen (v.a. aus den Provinzen Posen, Schlesien, Hessen-Nassau, Brandenburg), daneben gibt es Akten kleinerer Gemeinden in Bayern, Hessen und Mecklenburg. Südwestdeutsche Gemeinden sind kaum vertreten.

Umfangreichere Gemeindebestände sind auch z.B. aus Allenstein, Beuthen, Borek, Breslau, Bürgel, Darmstadt (mit Landjudenschaft), Dettensee, Elbing, Erfurt, Frankfurt/Oder, Graetz, Halberstadt, Koschmin, Märkisch-Friedland, Offenbach, Pasewalk, Pleschen, Pyritz, Ratibor, Schwedt, Schwersenz, Stargard, Stettin, Strelitz und Sulzbach überliefert.

Die Überlieferungsdichte ist sehr unterschiedlich: während einzelne Gemeindebestände ein breites Spektrum der Gemeindeverwaltung widerspiegeln, sind aus anderen Gemeinden nur die an die zuständige Regierung gesandten Etats und Jahresrechnungen überliefert oder ist nur Sammlungsgut vorhanden (meist Drucksachen wie Statuten und Tätigkeitsberichte von Vereinen und Wohlfahrtseinrichtungen, die vom Gesamtarchiv in einer gesonderten Abteilung gesammelt wurden).[27]

So gut wie nicht überliefert sind die von den Familienforschern in der Regel angefragten Mitgliederverzeichnisse, Steuerlisten, Zu- und Abzugslisten, Personenstandsregister (Geburts-, Heirats- und Sterberegister), Beschneidungsbücher, Memorbücher usw. – die, wie oben beschrieben, zusammen mit anderen Beständen im Reichssippenamt vermutlich als verlorengegangen gelten müssen.[28]

Insgesamt ist die Überlieferung der meisten Gemeinden nur fragmentarisch, häufig liegt ein weiterer Teilbestand in den Central Archives for the History of the Jewish People in Jerusalem.[29]

---

27 Bericht über die Tätigkeit (wie Anm. 8). S. 76–77.
28 Eine Ausnahme bilden lediglich die für die Jüdische Gemeinde Breslau überlieferten Heiratsregister aus den Jahren 1817–1847 und Sterberegister für die Jahre 1822–1937 sowie einzelne Register für jüdische Gemeinden in Polen, deren Zugang ungeklärt ist.
29 Vgl. Rein: Bestände (wie Anm. 23). Die Findbücher für die Bestände der deutschen jüdischen Gemeinden sind online recherchierbar.

Eine zweite, sehr heterogene Bestandsgruppe innerhalb der Gesamtarchivbestände umfasst die meist nur kleinen Bestände von Rabbinaten und Gemeindeverbänden der Länder bzw. preußischen Provinzen. Interessant und umfangreicher sind in dieser Gruppe u.a. die Bestände 1, 75 B Fu 1 (Provinzial-Vorsteheramt der Israeliten in Fulda) mit 105 Akten aus den Jahren 1766–1923, der Bestand 1, 75 B Ka 1 (Oberrat der Israeliten Badens), 87 Akten aus den Jahren 1813–1940, und der Bestand 1, 75 B Schw 2 (Distriktsrabbinat Schweinfurt/Niederwerrn), 85 Akten aus den Jahren 1783–1911.

Eine dritte Bestandsgruppe enthält Akten jüdischer Organisationen, darunter vom *Deutsch-Israelitischen Gemeindebund* (Bestand 1, 75 C Ge 1, 2512 Akten aus dem Zeitraum 1871–1940), dem *Verband der deutschen Juden* (1, 75 C Ve 1, 449 Akten, 1903–1922), dem *Allgemeinen Rabbinerverband in Deutschland* (1, 75 C Ra 1, 36 Akten, 1884–1938) sowie der *Gesellschaft zur Förderung der Wissenschaft des Judentums* (1, 75 C Ge 4, 69 Akten, 1902–1936).

Leider nicht überliefert sind in unserem Archiv die – häufig angefragten – Akten des *Centralvereins jüdischer Staatsbürger jüdischen Glaubens* und des *Hilfsvereins der deutschen Juden*.[30]

Die vierte Bestandsgruppe innerhalb des Gesamtarchivs umfasst 18 meist kleinere Nachlässe, darunter ein Teilnachlass von Leo Baeck aus den Jahren 1889–1942 und der schmale, aber bereits sehr intensiv ausgewertete Nachlass der ersten Rabbinerin in Deutschland, Regina Jonas (1902–1944 in Auschwitz ermordet).[31]

Die letzte Bestandsgruppe schließlich enthält Sammlungsgut wie einzelne Dokumente, Druckschriften, Familienpapiere, Zeitungen, Manuskripte usw., deren Provenienz unbekannt oder unerheblich war und die keinem bestehenden Bestand angegliedert werden konnten.

Weitere Bestände gelangten direkt von der Jüdischen Gemeinde zu Berlin oder anderen Gemeinden und Verbänden an unser Archiv.

Aus der Zeit bis 1945 verfügen wir u.a. über die Austrittskartei der Jüdischen Gemeinde zu Berlin ab dem Ende des 19. Jahrhunderts bis 1941/42 – eine wichtige

---

30 Die jüngeren Akten des Centralvereins – vor allem aus den 1920er und 1930er Jahren – wurden vermutlich 1938 bei der Auflösung des Vereins beschlagnahmt und tauchten 1991 im Moskauer „Sonderarchiv" auf, s. Barkai, Avraham: The C.V. and its Archives. In: LBIYB, 45 (2000). S. 173–182. Die Akten des Hilfsvereins müssen wohl als verschollen gelten.
31 Die *Stiftung Neue Synagoge Berlin – Centrum Judaicum* zeigte anlässlich des 75. Jahrestages ihrer Ordination 1935 eine kleine Ausstellung über Regina Jonas (2010/11). Ausgewertet wurde der Nachlass auch von Elisa Klapheck (Fräulein Rabbiner Jonas. Kann die Frau das rabbinische Amt bekleiden. Teetz 2000), die die halachische Arbeit von Regina Jonas aus dem Jahr 1930 edierte und kommentierte.

Quelle auch deshalb, weil die eigentliche Mitgliederkartei der Gemeinde nicht überliefert ist.

Über das Jahr 1945 hinaus gehen die Registerbände des Jüdischen Krankenhauses, die unserem Archiv in den Jahren 1998 und 2001 übergeben wurden. Es handelt sich vor allem um Aufnahmebücher, daneben um vereinzelte Geburtenbücher (1920–1957) und Sterbebücher (1946–1966). Die Aufnahmebücher für die Patienten bzw. die dazu angefertigten alphabetischen Register umfassen etwa den Zeitraum 1935–1960 (nicht lückenlos). Oft angefragt, aber leider nicht überliefert sind Personalakten der am Krankenhaus tätigen Ärzte.

In Kopie (Mikrofiches) verfügen wir außerdem über die Beisetzungsregister der jüdischen Friedhöfe in der Schönhauser Allee (nur ein kleiner Teil ab etwa 1876) und in Berlin-Weißensee (1880–1990). Die Originale dieser Register befinden sich bei der Friedhofsverwaltung der Jüdischen Gemeinde zu Berlin in Weißensee.

Ein weiterer Bestand sind die Akten der Jüdischen Gemeinde Halle/Saale aus den Jahren 1859–1995. Ein Schwerpunkt dieses Bestandes liegt in der Zeit des Nationalsozialismus (bis 1943), für einzelne Gemeindemitglieder sind akribisch die einzelnen Schritte der Entrechtung und Verfolgung, vom Berufsverbot über die Ablieferung von Radio, Schreibmaschine, Woll- und Pelzsachen, den Verlust der Wohnung und Wohnungseinrichtung und der zwangsweise Umzug in ein Altersheim oder Judenhaus bis hin zur Deportation dokumentiert. Daneben umfasst der Bestand auch eine Reihe von Dokumenten aus der Zeit nach 1945, u.a. zu Wiedergutmachungsangelegenheiten.

Eine interessante Quelle zur Verfolgung der Berliner Juden sind außerdem 352 hier vorhandene Personalakten jüdischer Zwangsarbeiter bei der Berliner Farbenfabrik Warnecke & Böhm in Berlin-Weißensee aus den Jahren 1939–1943.[32]

Daneben verfügt das *Archiv Centrum Judaicum* über einige umfangreiche Bestände aus der Zeit nach 1945.

Aus der unmittelbaren Nachkriegszeit stammt eine Kartei jüdischer Antragsteller auf eine Anerkennung als „Opfer des Faschismus" [bzw. „Opfer der Nürnberger Gesetzgebung"] aus den Jahren 1945 bis etwa 1948 (OdF-Kartei) – für gut 10 % der Antragsteller ist außerdem eine Personalakte überliefert, die meist

---

32 Die Akten wurden in den Jahren 1991/92 zunächst an ihrem Fundort kopiert. In den Jahren 2003/04 wurde an verschiedenen Stationen in Berlin eine vom Museumsverbund Pankow erarbeitete Ausstellung über die Zwangsarbeit bei der Firma Warnecke & Böhm gezeigt (s. hierzu den Band: Zwangsarbeit und „Arisierung". Warnecke & Böhm – ein Beispiel. Hrsg. vom Bezirksamt Pankow von Berlin in Zusammenarbeit mit der Stiftung Neue Synagoge Berlin – Centrum Judaicum. Berlin 2004). Im Anschluss daran kamen im September 2004 die Originalakten in unser Archiv.

einen Antrag und einen kurzen Lebenslauf mit der Schilderung der erlittenen Verfolgungsmaßnahmen enthält (rund 3.300 Akten).

Die Jüdische Gemeinde zu Berlin übergab uns einen großen Teil ihrer Akten aus der Zeit nach 1945 – insgesamt rund 220 lfm Archivmaterial. In den Jahren 2000–2002 wurde der Bestand bis zum Jahr 1990 im Rahmen eines von der VW-Stiftung finanzierten Projekts erschlossen. Die Akten der Ost- und Westberliner Gemeinde wurden in unserem Archiv zusammengefasst, wobei drei Teilbestände gebildet wurden: die Überlieferung der Nachkriegsgemeinde in den Jahren 1945–1953, Jüdische Gemeinde von Berlin-Ost 1953–1990 und Jüdische Gemeinde zu Berlin-West 1953–1990. Hierzu muss allerdings bemerkt werden, dass die Überlieferungsdichte sehr unterschiedlich ist, von 1953 bis zur Mitte der 1970er Jahre gibt es bereits große Überlieferungslücken, vor allem für den Westteil der Stadt.

Ein weiterer wichtiger Bestand sind die Akten des Verbandes der Jüdischen Gemeinden in der DDR, 1945–1990, der im September 1990 – vor dem Beitritt seiner Mitgliedsgemeinden zum Zentralrat der Juden in Deutschland – beschloss, seine Akten an unser Archiv abzugeben.

Daneben verwalten wir natürlich auch die Registratur des Centrum Judaicum selbst (etwa die Recherche- und Korrespondenzakten zu den hier gezeigten Ausstellungen) sowie die Überlieferung verschiedener Forschungsprojekte, darunter die Projektunterlagen und Korrespondenzakten für das beim ehemaligen Zentralinstitut für Sozialwissenschaftliche Forschung an der Freien Universität Berlin erarbeitete und 1995 veröffentlichte *Gedenkbuch Berlins der jüdischen Opfer des Nationalsozialismus*.

Eine wichtige Bestandsgruppe sind die Nachlässe, die zu unseren am häufigsten und intensivsten genutzten und ausgewerteten Beständen gehören. (Dies gilt übrigens auch für die Nachlässe innerhalb der Gesamtarchivbestände.) Darunter befindet sich etwa ein Nachlass-Splitter von Gertrud Kolmar (1894–1943), der u.a. das Manuskript des Gedichtzyklus „Das Wort der Stummen" aus dem Jahr 1933 enthält.

Weitere interessante Nachlässe sind etwa der Teilnachlass des Bernstein-Unternehmers Moritz Becker (1830–1901) und seines Sohnes Arthur Becker, Rittergutsbesitzer und sozialdemokratischer Reichstagsabgeordneter (1862–1933)[33] sowie zahlreiche Dokumente aus dem Nachlass von Hans Rosenthal (1925–1987), die in den vergangenen Jahren mehrfach ausgestellt wurden; daneben die Nach-

---

[33] Ein weiterer Teil dieses Nachlasses befindet sich im Landesarchiv Mecklenburg-Vorpommern, Archiv Greifswald.

lässe des Rabbiners und Autors Emil Bernhard Cohn (1881–1948) und seiner Schwester Lotte Cohn (1893–1983), einer frühen Architektin in Palästina[34].

Veröffentlicht wurde auch eine Sammlung von Feldpostbriefen ehemaliger Zöglinge und Mitarbeiter des Berliner Reichenheimschen Waisenhauses aus dem Ersten Weltkrieg, die beim ehemaligen Direktor Dr. Sigmund Feist (1865–1943) erhalten geblieben sind und 1995 dem Centrum Judaicum übergeben wurden.[35]

Andere Nachlässe stammen nicht von prominenten Personen, enthalten aber wichtige Dokumente etwa zur Emigration nach Schanghai, dem Schicksal der Emigrantengemeinschaft in Schanghai und (in diesen Fällen) der Rückkehr nach Deutschland 1947 (Nachlass Denny und Bertha Gottlieb sowie Nachlass Siegfried Sachs).

Die letzte Bestandsgruppe schließlich bilden die Sammlungen. Sie entstanden durch Schenkungen und Kauf von Privatpersonen oder Institutionen und sollen die bestehenden Archivbestände ergänzen.

Bei dem Sammlungsgut handelt es sich überwiegend um Dokumente von Personen und Familien, deren Umfang zu gering ist, um einen Nachlassbestand zu bilden (Familienpapiere wie z.B. Bürgerbriefe, Geburts-, Heirats- und Sterbeurkunden, Ahnentafeln, Familienchroniken und -stammbücher, Traueralben, Briefwechsel, Feldpostbriefe, Kennkarten, Arbeitsbücher, Zeugnisse und Urkunden, Manuskripte, Erinnerungsberichte usw.), daneben Akten von Gemeinden, Institutionen, Vereinen und Firmen sowie Druckschriften, Zeitschriften, Plakate, Flugblätter und Fotos bzw. Fotoalben.

Darüber hinaus gibt es im Centrum Judaicum ein gesondertes Fotoarchiv, das sowohl historische Fotos (z.B. aus dem früheren Berliner Jüdischen Museum) als auch die Dokumentation des Wiederaufbaus der Neuen Synagoge Berlin sowie im Zusammenhang mit Veranstaltungen und Ausstellungen des Hauses entstandene Bilder enthält.

---

34 Siehe die Biographie: Sonder, Ines: Baumeisterin des Landes Israel. Berlin 2010. Im Jahr 2009 zeigte das Centrum Judaicum eine Ausstellung zum Werk von Lotte Cohn.
35 Feldpostbriefe jüdischer Soldaten 1914–1918. Bearb., kommentiert u. eingeleitet von Sabine Hank u. Hermann Simon. 2 Bde. Teetz 2002.

## Bestandsergänzung, Erschließung und Bestandserhaltung

Die Sammlungen des Archivs werden kontinuierlich erweitert. In seinen Sammelschwerpunkten lehnt sich das Archiv dabei an das frühere Gesamtarchiv der deutschen Juden an.

Der Schwerpunkt der Überlieferung liegt auf dem Zeitraum bis 1945, für Berlin und die neuen Bundesländer sammeln wir ergänzend zu den bestehenden Beständen auch Material aus der Zeit nach 1945. Zugänge gelangen meist als Schenkung durch Privatpersonen (Nachlässe, Familienpapiere usw.), in geringem Umfang auch durch Ankauf (Fotos, Postkarten, Broschüren) in unser Archiv, daneben übernehmen wir regelmäßig neuere Akten der Jüdischen Gemeinde zu Berlin. Diese werden fortlaufend registriert; Nachlässe und Bestände jüdischer Gemeinden und Institutionen werden als Bestand erschlossen, Einzeldokumente und kleinere Zugänge den Sammlungen angegliedert. Die Verzeichnung der Bestände erfolgt mit Hilfe des Archivprogramms AUGIAS.

Die aus dem früheren Gesamtarchiv stammenden Bestände wurden bereits vor der Übernahme im Frühjahr 1996 gegen Schimmelbefall behandelt, anschließend teilweise entsäuert und als konservatorische Maßnahme in archivgerechte Mappen und Kartons verpackt. Die Akten selbst, die in Folge der wechselvollen Geschichte der Bestände teilweise starke Schäden aufweisen, wurden – soweit der Erhaltungszustand es zuließ – mikroverfilmt. Einzelne inhaltlich wichtige stark geschädigte Akten konnten in den zurückliegenden Jahren, häufig mit Hilfe von Drittmitteln, etwa des Hauptstadtkulturfonds des Bundes oder durch Stiftungen, restauriert werden.

Daneben wurden alle benutzbaren Akten noch einmal intensiv verzeichnet. Dabei wurde auch die innere Ordnung der Bestände überarbeitet und stärker an die Gliederung im früheren Gesamtarchiv der deutschen Juden angelehnt: Organisation und allgemeine Verwaltung der Gemeinde (Rechtsstellung, Behördenverfügungen, Statuten, Vorstand und Repräsentanten, Mitglieder, Allgemeines), Personalangelegenheiten, Grundstücke und Bauten, Finanzen und Steuern, Kultusangelegenheiten, Wohlfahrt und Unterstützungen, Vereine. Dabei half, dass häufig die alten Signaturen noch auf den Aktendeckeln stehen. Die alten Karteien und Zugangsakten des Gesamtarchivs sind nicht erhalten.

In der 2001 veröffentlichten Beständeübersicht (s. Anm. 26) sind auch die Findbücher des Bestandes Verband der jüdischen Gemeinden in der DDR sowie der bis zum Jahr 2000 bereits übernommenen und erschlossenen Nachlässe abgedruckt.

Auf der Website der *Stiftung Neue Synagoge Centrum Judaicum* kann man sich über die vorhandenen Bestände informieren. In den kommenden Jahren sollen sukzessive auch Findbücher online gestellt werden.

Wünschenswert wäre es auch, könnten eines Tages die verstreut überlieferten Bestände der jüdischen Gemeinden und Organisationen in Form virtueller Findbücher im Netz zusammengeführt werden, um die Überlieferungsdichte und auch die Lücken deutlich zu machen und Nutzern die Recherche nach den Quellen zu vereinfachen.[36]

Die Beisetzungsregister im Archiv des jüdischen Friedhofs in Berlin-Weißensee wurden Anfang der 1990er Jahre in Zusammenarbeit mit dem Landesarchiv Berlin mit Mitteln der Stiftung Deutsche Klassenlotterie restauriert und mikroverfilmt. Die Mikrofiches können in unserem Archiv eingesehen werden.

Auch die Quellen aus der unmittelbaren Nachkriegszeit sind wegen der schlechten Papierqualität in dieser Zeit bereits stark in ihrer Erhaltung gefährdet. Die beiden Nachkriegsbestände des *Verbandes der Jüdischen Gemeinden in der DDR* – dessen Akten immerhin vor über zehn Jahren sicherungsverfilmt wurden und auf Mikrofiche vorliegen – und der Jüdischen Gemeinde zu Berlin zählen zu den am häufigsten nachgefragten und benutzten Beständen.

Gegenwärtig realisieren wir ein Modellprojekt zur Restaurierung von Akten aus der unmittelbaren Nachkriegszeit 1945–1952, um die Erhaltung dieser Akten in den nächsten Jahren planen zu können.[37]

## Benutzung des Archivs und Auswertung der Bestände

Die Benutzung des Archivs ist durch eine schriftliche Anfrage oder persönliche Benutzung möglich. Für Benutzung und Recherchen werden Gebühren erhoben (Ausnahmen gelten etwa für amtliche Anfragen und wissenschaftliche oder heimatgeschichtliche Forschung). Das Archiv steht jedem zur Verfügung, der ein berechtigtes persönliches oder wissenschaftliches Interesse geltend machen

---

[36] Für den sehr zerstreut überlieferten Bestand der ehemaligen jüdischen Gemeinde in Bromberg ist dies vor einigen Jahren geschehen: Quellen zu Geschichte der Juden in polnischen Archiven. Im Auftrag der Berlin-Brandenburgischen Akademie der Wissenschaften hrsg. von Stefi Jersch-Wenzel. Bd. 1: Ehemalige preußische Provinzen Pommern, Westpreußen, Ostpreußen, Preußen, Posen, Grenzmark Posen-Westpreußen, Süd- und Neuostpreußen. München 2003. S. 499–528.

[37] Dieses Projekt wird finanziert über die Koordinierungsstelle für die Erhaltung des schriftlichen Kulturgutes (KEK) bei der Staatsbibliothek zu Berlin (Stiftung Preußischer Kulturbesitz).

kann. Empfehlenswert ist es, sich zunächst in unseren gedruckten Findbüchern und im Internet kundig zu machen und anschließend eine schriftliche Anfrage zu stellen. Persönliche Benutzer kommen in der Regel nach einer vorherigen schriftlichen Anfrage bzw. Recherche in den Findbüchern nach Absprache in unser Archiv.

Für einzelne Bestände können aus Gründen des Personendatenschutzes Benutzungsbeschränkungen bestehen, v.a. für jüngere und personenbezogene Akten oder für Nachlässe und persönliche Dokumente entsprechend der Vereinbarung mit den Nachlassgebern bzw. Spendern.

Im Jahr 2011 wurden über 1.300 überwiegend schriftliche Anfragen bearbeitet – diese Zahl ist seit einigen Jahren konstant mit leicht steigender Tendenz. Während die Zahl amtlicher Anfragen (v.a. Bundesämter für zentrale Dienste und offene Vermögensfragen) zurückging, nahm die Zahl privater und heimatgeschichtlicher Anfragen (z.B. biographische Recherchen im Zusammenhang mit dem Projekt „Stolpersteine") zu.

Etwa ein Drittel der Anfragen sind familiengeschichtlicher oder privater Natur, danach folgen wissenschaftliche Anfragen und Anfragen von Behörden (Nachweis der Religionszugehörigkeit bzw. der Verfolgung in Rückerstattungsfragen, Ermittlung Angehöriger in Nachlassangelegenheiten, Nachweis der deutschen Staatsangehörigkeit u.ä.). Nur einen kleinen Teil machen Anfragen publizistischer Natur und Anfragen von Rechtsanwälten und kommerziellen Erbenermittlern aus.

Natürlich bilden die Archivbestände auch eine wichtige Grundlage für die Arbeit des Centrum Judaicum selbst. Neben den bereits genannten Quelleneditionen und Ausstellungen werden die Bestände immer wieder für Recherchen und zur Präsentation in den Ausstellungen des Hauses herangezogen – wie für die wichtige Ausstellung Juden in Berlin 1938–1945, die im Jahr 2000 gezeigt wurde,[38] oder die Ausstellung Zwischen Bleiben und Gehen (2008) mit Biographien überlebender Juden in der Sowjetischen Besatzungszone und der frühen DDR.[39]

---

[38] Begleitband Juden in Berlin 1938–1945. Hrsg. von Beate Meyer u. Hermann Simon. Berlin 2000; engl. Ausgabe: Jews in Nazi Berlin. From Kristallnacht to Liberation. Hrsg. von Beate Meyer, Hermann Simon u. Chana Schütz. Chicago 2009.
[39] Begleitband Zwischen Bleiben und Gehen. Juden in Ostdeutschland 1945 bis 1956. Zehn Biographien. Hrsg. von Andreas Weigelt u. Hermann Simon. Berlin 2008.

Ralf Dose
# Was bleibt, muss uns doch reichen?
Von der Suche nach einem kulturellen Erbe

## Vorbemerkung

Was die Anstrengungen betrifft, den materiellen Anteil des kulturellen Erbes Magnus Hirschfelds überhaupt zu finden, zu sichern und zugänglich zu machen, kann die Magnus-Hirschfeld-Gesellschaft[1] auf nunmehr über dreißig Jahre Erfahrungen in der Recherchearbeit zurückblicken. Diese Erfahrungen bilden den Ausgangspunkt dieser Ausführungen über die Wege, die dabei beschritten wurden, ausgehend von detektivischer Puzzlearbeit bis hin zur wissenschaftlichen Recherche und Forschung, begleitet mitunter von wahren Glücksfällen.

Als die Magnus-Hirschfeld-Gesellschaft anfing, sich um das Erbe ihres Namengebers zu kümmern, bestand Einigkeit darüber, dass vom persönlichen Nachlass Hirschfelds und von den einstmals in seinem Institut für Sexualwissenschaft vorhandenen Gegenständen wohl kaum etwas erhalten sei. Es gab – von Manfred Herzer erstellt – eine vorläufige, kurze Liste der Briefe Hirschfelds, die in verschiedenen Archiven, Bibliotheken und in Privatbesitz verstreut verwahrt wurden, aber nirgends einen Bestand bilden konnten. Bekannt war auch, dass vereinzelt Bücher aus der Bibliothek des Instituts erhalten geblieben waren und sich in privatem oder öffentlichem Bibliotheksbesitz befanden. Ein geschlossener Nachlassbestand in einer Bibliothek oder einem Archiv war schon aufgrund der politischen Situation zum Zeitpunkt von Hirschfelds Tod nicht zu erwarten. Einrichtungsgegenstände des Instituts, der privaten Räume Hirschfelds und alle persönlichen Papiere galten als verloren.

---

[1] Die Magnus-Hirschfeld-Gesellschaft wurde zwischen 1982 und 1983 mit dem Ziel gegründet, Erbe und Vermächtnis des Sexualwissenschaftlers Magnus Hirschfeld (1868–1935) für die Nachwelt zu sichern und zu erforschen. Damals stand diese Arbeit in unmittelbarem Zusammenhang mit dem Interesse der bundesdeutschen Schwulen- und Lesbenbewegung sich eine historische Dimension zu erobern. Im Laufe der intensiven Beschäftigung mit Werk und Wirken Hirschfelds wurde klar, dass diese Perspektive viel zu eng war, um der Bedeutung Hirschfelds für die Sexualwissenschaft und die Kulturgeschichte gerecht zu werden. Vgl. hierzu: Wolff, Charlotte: Magnus Hirschfeld. A Portrait of a Pioneer in Sexology. London 1986; einen kurzen Überblick bietet Dose, Ralf: Magnus Hirschfeld. Deutscher – Jude – Weltbürger. Teetz 2005. Zur Arbeit der Magnus-Hirschfeld-Gesellschaft siehe auch: Dose, Ralf: Suchen – Finden und was dann? Die Magnus-Hirschfeld-Gesellschaft. In: Sexuologie 20 (2013), 1–2. S. 62–65.

Mitglieder der Gesellschaft hatten auch Kontakt zu einigen wenigen Zeitzeugen gehabt, die im Wissenschaftlich-humanitären Komitee (WhK) und/oder im Institut für Sexualwissenschaft aktiv gewesen waren (Kurt Hiller[2], Erhart Löhnberg[3], Günter Maeder[4], Bruno Vogel[5], Herbert Lewandowski[6]) oder die es als Ratsuchende aufgesucht hatten.[7] Wie geht man in so einer Situation weiter vor?

Der erste Ansatzpunkt einer Nachlassrecherche ist natürlich immer, nach den gesetzlichen oder testamentarischen Erben zu suchen. Im Falle Hirschfelds bedeutete das: Was wurde aus seiner Stiftung[8] und was aus seinem persönlichem Besitz? Da Hirschfeld im Exil gestorben ist, konnten immerhin die damals in seinem Besitz befindlichen Dinge an seine Erben gelangt sein. Das Vermögen der Stiftung hingegen war nicht mehr Hirschfelds Eigentum – er konnte es also nicht vererben[9] – und befand sich in Deutschland. Da ging es darum Archive zu identifizieren, die vielleicht Angaben oder gar Bestände übernommen haben könnten.

---

**2** Klein, Hans-Günther: Kurt Hiller – die zentralen Bereiche seines schriftstellerischen und organisatorischen Engagements. In: Mitteilungen der Magnus-Hirschfeld-Gesellschaft (MMHG) 11 (1988). S. 7–16; Klein, Hans-Günter: Streiter ohne Maß mit Ziel. Zum 15. Todestag von Kurt Hiller. In: rosa flieder, 54 (1987). S. 6–7; Klein, Hans-Günter: Kurt Hillers strafrechtspolitisches Engagement und die Neugründung des Wissenschaftlich-humanitären Komitees 1962. In: Kurt Hiller. Ein Leben in Hamburg nach Jahren des Exils. Hrsg. von Rolf von Bockel unter Mitarbeit von Wolfgang Beutin, Martin Klaußner, Hans-Günter Klein u. Harald Lützenkirchen. Hamburg 1990. S. 28–33; Klein, Hans-Günter: Kurt Hiller und die „Schmach" des 20. Jahrhunderts. Anmerkungen zu zwei Briefen an Erich Ritter 1948. In: MMHG, 31–32 (2000). S. 40–46. Vgl. auch die bibliografischen Arbeiten Klein, Hans-Günter: Beiträge zu einer Bibliographie der unselbständigen Veröffentlichungen Kurt Hillers. 1. „Mitteilungen des Wissenschaftlich-humanitären Komitees" und „Der Kreis". In: MMHG, 9 (1986). S. 31–34; 2. „Die Schaubühne" bzw. „Die Weltbühne". In: MMHG, 10 (1987). S. 39–48; 3. „Lynx". In: MMHG, 12 (1988). S. 44–49; 4. Literarische Aufsätze 1910 – 1. August 1914. In: MMHG, 15 (1991). S. 44–51; wieder abgedruckt in: Dose, Ralf u. Klein, Hans-Günter (Hrsg.): MMHG. Band I: Heft 1 (1983) – Heft 9 (1986). Band II: Heft 10 (1987) – Heft 15 (1991). Magnus-Hirschfeld-Gesellschaft e.V. 2. Aufl. Hamburg 1992.
**3** Herzer, Manfred: In memoriam Erhart Löhnberg. In: Capri, 37 (2005). S. 19–24.
**4** Herzer, Manfred: In memoriam Günter Maeder (*13.1.1905 in Berlin + 3.1.1993 in Berlin) mit einer Beilage: Vier Briefe von Christopher Isherwood an Günter Maeder. In: Capri, 23 (1997). S. 16–18.
**5** Krey, Friedhelm: Alf. Eine Skizze. Begegnung mit Bruno Vogel. In: emanzipation, 3 (1977), 5. S. 17–18.
**6** Lewandowski, Herbert: Erinnerungen an Hirschfeld und das Institut. In: MMHG, 5 (1985). S. 28.
**7** Kokula, Ilse: Persönliche Erinnerungen. In: MMHG, 3 (1984). S. 35–37.
**8** 1918 gründete Hirschfeld eine mit seinem Namen firmierende Stiftung, die den Aktivitäten im Bereich der Sexualwissenschaft einen finanziellen Rahmen bieten sollte.
**9** Erst später haben wir realisiert, dass durch die Auflösung der Stiftung und den Rückkauf von Teilen der Sammlung durch Hirschfeld diese Gegenstände wieder in Hirschfelds Eigentum übergegangen und in seinen persönlichen Nachlass gefallen sind.

Eine der ersten – von Manfred Baumgardt – erschlossenen Quellengattungen waren die Entschädigungs- und Wiedergutmachungsakten,[10] die sich aber hinsichtlich des Verbleibs von Archiv und Bibliothek des Instituts als wenig hilfreich herausstellten. Was die im Institut für Sexualwissenschaft[11] vorhandenen Gemälde und Kunstwerke betrifft, enthielten sie nur vage Angaben, die schon die Entschädigungsbehörden nicht weiter verfolgt hatten. Bezüglich der Stiftung fanden sich dort immerhin Angaben, dass deutsche Gerichte in den 1950er Jahren davon ausgingen, sie wäre nach 1933 rechtmäßig aufgelöst worden. Im Kontext dieser Unterlagen fand sich auch eine Kopie von Hirschfelds in Nizza verfasstem Testament,[12] in dem neben den beiden Erben auch eine Reihe von Vermächtnisnehmern und Vermächtnisnehmerinnen benannt worden waren: Mitglieder der weiteren Familie, Freunde sowie langjährige Angestellte, denen Hirschfeld sich für ihre Dienste verpflichtet fühlte. Außerdem gab es einen Hinweis auf ein Möbellager, in dem Hirschfeld Gegenstände eingelagert hatte. Das war schon mehr, als Außenstehende üblicherweise hätten erwarten können, denn: Testamente sind nach deutschem Recht nicht öffentlich (auch nicht zu Forschungszwecken); zur Einsichtnahme in die Akten des Nachlassgerichts muss ein rechtliches Interesse nachgewiesen oder die Vollmacht eines Berechtigten vorgelegt werden. Eventuell vorhandene Kopien in anderen Akten unterliegen dagegen den wesentlich weniger strikten Regelungen des Archivrechts.

Sehr schnell wurde klar, dass hinsichtlich des Instituts für Sexualwissenschaft weder über die handelnden Personen noch über die Institutionen, die sie sich geschaffen und in denen sie gehandelt hatten, noch über den wissenschaftlichen und gesellschaftlichen Kontext, in dem diese Aktivitäten stattfanden, genügend bekannt war. Jeder Name, jede Organisation, jeder politische Zusammenhang, der irgendwo genannt wurde, musste erst nachgeschlagen werden – sofern es etwas zum Nachschlagen gab. Es fehlte eine Überblicksdarstellung zur Geschichte der Sexualwissenschaft, zu der Hirschfelds Institut ja zu rechnen

---

[10] Vgl. Baumgardt, Manfred: Das Institut für Sexualwissenschaft und die Homosexuellenbewegung in der Weimarer Republik. In: Eldorado. Homosexuelle Frauen und Männer in Berlin 1850–1950. Geschichte, Alltag und Kultur. Hrsg. von Berlinische Galerie. 1. Aufl. Berlin (1984). S. 31–41; Baumgardt, Manfred: Die Abwicklung des Instituts für Sexualwissenschaft (I.f.S.). Die Prozesse und ihre Folgen (1950–1965). In: Schwule Geschichte, 4 (2000). S. 18–40.
[11] Mit diesem 1919 in Berlin gegründeten Institut hatte Hirschfeld als Arzt und engagierter Sexualreformer entgegen widrigster Zeitströmungen auch von wissenschaftlicher Seite zur Etablierung einer institutionalisierten Sexualwissenschaft beigetragen.
[12] Baumgardt: Institut (wie Anm. 10). Der Wortlaut des Testaments ist online zugänglich unter http://www.hirschfeld.in-berlin.de/testament.html (18.9.2014)

war.[13] Es gab keine biografischen Lexika, in denen die Personen vorkamen, die von Interesse waren.[14] Nur die ältere Generation hatte es in den *Pagel*[15] geschafft; aber die Karriere der meisten der jüngeren Ärzte war zu Ende, bevor sie reif für's Lexikon waren. Und wo sollte man all diejenigen suchen, die weder Ärzte noch Schriftsteller waren, sondern Juristen,[16] Politiker der zweiten und dritten Reihe, gar Bewegungsaktivist oder einfach Hauspersonal? Gar nicht systematisch suchen ließ sich zudem nach Personen, die als Besucher, Gäste, Patienten ins Haus gekommen oder in Berührung mit dessen Mitarbeitern gekommen waren.

Bei den anfänglichen Recherchen wurde nicht systematisch vorgegangen, es wurde vielmehr nach allen losen Enden gegriffen, derer man habhaft werden konnte. Erst im Nachhinein lässt sich systematisieren, wie recherchiert wurde.

Die Ausgangsfragen:
a) Was wurde gesucht?
  Gegenstände: Bücher, Objekte, Bilder, Fotos, Briefe, Manuskripte, Urkunden
  Persönliche Erinnerungen
  Amtliche Erinnerungen: Akten, *public records*
b) Wer wurde gesucht?
  testamentarische/gesetzliche Erben
  Familienangehörige
  Freunde und Freundinnen
  Korrespondenzpartner und -partnerinnen
  Mitarbeiter und Mitarbeiterinnen
c) Wo wurde gesucht?
  in Bibliotheken und Archiven – in Sachkatalogen, Findbüchern
  in privaten Sammlungen
  in (Auto-)Biographien und in Dissertationen (in der Hoffnung auf einen beigefügten Lebenslauf)
  in Adress- und Telefonbüchern

---

**13** Sigusch, Volkmar: Geschichte der Sexualwissenschaft. Mit 210 Abbildungen und einem Beitrag von Günter Grau. Frankfurt a.M. 2008.
**14** Sigusch, Volkmar u. Grau, Günter (Hrsg.): Personenlexikon der Sexualforschung. Frankfurt a.M. 2009.
**15** Pagel, J. (Hrsg.): Biographisches Lexikon hervorragender Ärzte des 19. Jahrhunderts. Mit einer historischen Einleitung. Berlin, Wien 1901, online zugänglich unter http://www.zeno.org/Pagel-1901 (18.9.2014).
**16** Für Anwälte, die den Nazis als „Juden" galten, stehen heute stehen zur Verfügung: Ladwig-Winters, Simone: Anwalt ohne Recht. Das Schicksal jüdischer Rechtsanwälte in Berlin nach 1933. Berlin 1998 (2. Aufl. 2007); Anwalt ohne Recht. Schicksale jüdischer Anwälte in Deutschland nach 1933. Hrsg. durch die Bundesrechtsanwaltskammer. Berlin 2007.

in Zeitungsberichten
Auf Friedhöfen, auf virtuellen Friedhöfen wie in den Datenbanken von Yad Vashem[17] und JewishGen[18]
Neuerdings auch in (genealogischen) Datenbanken und im Internet allgemein.

Der Verfasser beschränkte sich im Weiteren auf Ausführungen zu den Fragen „Wer wurde gesucht?" und „Wo wurde gesucht?". Auf die Frage, was eigentlich gesucht wurde, hätte anfangs nur mit „Alles!" antwortet werden können. Die im Laufe der Zeit aufgrund fortschreitenden Wissens immer zahl- und auch umfangreicher werdenden Funde führten natürlich jedes Mal zu weiteren Rechercheideen und genaueren Vorstellungen, was dort zu finden sein könnte.

## Die Erben

Es gab zwei testamentarische Erben Hirschfelds, aber die Suche nach ihnen war von Anfang an problematisch: Karl Giese hatte sich 1938 in Brno das Leben genommen, und der Rechtsanwalt Dr. Karl Fein, der über seinen Nachlass hätte Auskunft geben können, hatte die deutsche Besatzung der Tschechoslowakei nicht überlebt. Recherchen in der Tschechoslowakei waren schon aufgrund der Sprachbarriere problematisch. Details über Gieses Leben nach Hirschfelds Tod fanden sich später in der Korrespondenz mit der Hausangestellten Adelheid Rennhack (siehe Abschnitt Hausangestellte), und in den Korrespondenzen mit dem Institutsarzt Max Hodann und viel später mit Ernst Maass (siehe Abschnitt Familienangehörige). Daraus wurde aber nur deutlich, dass Giese anscheinend nicht oder erst spät in den Besitz des Nachlasses gelangt war – zumindest waren ihm 1936 die Tagebücher Hirschfelds nicht zugänglich. Erst kürzlich gelang es Hans Soetaert, Einzelheiten zum weiteren Schicksal Karl Gieses und über den Umgang mit Hirschfelds Nachlass in Nizza zu eruieren.[19]

Von Li Shiu Tong war bekannt, dass er in Zürich gelebt, aber jeden Kontakt mit Deutschen und deutschen Behörden verweigert hatte. Anfang 1960 hatte er sich nach Hongkong abgemeldet. Einen Chinesen namens Li in Hongkong zu suchen,

---

17 http://db.yadvashem.org/names/search.html?language=en (18.9.2014)
18 http://www.jewishgen.org/databases (18.9.2014)
19 Soetaert, Hans P.: Karl Giese, Magnus Hirschfeld's Archivist and Life Partner, and his Attempts at Safeguarding the Hirschfeld Legacy. In: Sexuologie 20 (2013), 1–2. S. 83–88, und ders.: Succession Hirschfeld: The Handling and Settlement of Magnus Hirschfeld's Estate in Nice (France), in: MMHG 50–51 (2014). S. 13–77.

schien fast aussichtslos, zumal den Rechercheuren damals nicht einmal die chinesische Schreibweise seines Namens bekannt war; aber auch als der Namenszug später vorlag, war jede Recherche ergebnislos.[20] Hier halfen der Zufall und das Internet: Eine auf Abwege geratene Routine-Suche nach „Magnus Hirschfeld" führte auf einen Newsgroup-Eintrag aus der Zeit kurz nach der Erschaffung des Internet. Dessen Verfasser aufzuspüren erforderte einige Mühe: E-Mail-Adressen veralten zu schnell, um dauerhaft Kontaktaufnahmen zu ermöglichen. Die Irrungen und Wirrungen dieser Recherchen sind andernorts beschrieben;[21] letztlich führten sie dazu, dass die Magnus-Hirschfeld-Gesellschaft einen Koffer mit Nachlassgegenständen geschenkt erhielt – darunter Hirschfelds Totenmaske und ein handschriftliches Album mit der Aufschrift *Testament. Heft II* (siehe Abschnitt Zufallsfunde und Objekte) – und später von der Familie Li Shiu Tongs eine größere Zahl Bücher aus dem Nachlass Hirschfelds erwerben konnte. Weitere Gegenstände sind noch im Besitz der Familie.

Hierher muss allerdings auch ein nicht mehr zu korrigierender Recherche-Fehler erwähnt werden: Es lagen Informationen über Hirschfelds Testamentsvollstrecker vor inklusive einer Adresse in Paris. Die Quelle (Kopien der Nachlassakten in den Akten der Wiedergutmachungsverfahren) enthielt allerdings den Hinweis, dass Dr. Franz Herzfelder Ende der 1960er Jahre die juristische Praxis in Paris aufgegeben und deshalb das Amt als Testamentsvollstrecker niedergelegt habe. Mangels genauerer Information wurde davon ausgegangen, dass dieser Mitemigrant und Testamentsvollstrecker als ein Altersgenosse Hirschfelds zu betrachten war und in den 1980er Jahren kaum mehr am Leben sein konnte. Recherchen waren damals – ohne Internet – noch etwas aufwendiger und es gab keine Erfahrung, wie man „offline" eine Person ausfindig machen konnte. Ein Pariser Telefonbuch wurde damals nicht konsultiert. Erst nach der Jahrtausendwende fanden sich im Internet weitere Hinweise, aber immer noch ohne Lebensdaten. Die lieferte 2007 die Publikation *Anwalt ohne Recht*,[22] die von den Rechercheuren aber erst im Zuge einer anderen Recherche 2012 durchgesehen wurde. Es fand sich darin die Information: Dr. Franz Herzfelder starb 1998 in Paris. Ein Blick ins Pariser Telefonbuch Mitte der 1980er Jahre hätte doch dazu führen können, Herzfelder bei Lebzeiten noch zu befragen.

---

20 Berner, Dieter: Zur Fundgeschichte von Tao Li's Namenszug. In: MMHG, 13 (1989). S. 5–7, und die Korrektur in: Berner, Dieter: Eine Lektion in Chinesisch. In: MMHG, 14 (1989). S. 5–8.
21 Dose, Ralf: In memoriam Li Shiu Tong (1907–1993). Zu seinem 10. Todestag am 5.10.2003. In: MMHG, 35/36 (2003). S. 9–23.
22 Ladwig-Winters: Anwalt (wie Anm. 16). S. 96.

## Familienangehörige

Die nächsten, bei denen man nach Nachlassteilen sucht, sind natürlich die Abkömmlinge und, wenn diese nicht vorhanden sind, die Kinder von Geschwistern des Erblassers. Im Falle Hirschfelds war klar, dass die weitere Verwandtschaft ins Visier zu nehmen war. Die galt es allerdings erst einmal überhaupt namhaft zu machen und dann aufzuspüren.

Einige familiäre Zusammenhänge (Eltern, Geschwister) ließen sich aus den Schriften Hirschfelds erschließen. Aber die Angaben dort bleiben unvollständig und oft ohne genaue Lebensdaten. Besonders auffällig war, dass alle Angaben über die mütterliche Seite der Familie fehlen (bis heute ist das genaue Sterbedatum der Mutter nicht bekannt). Hinweise auf Familienmitglieder, die die Schoa überlebt hatten, waren den Akten der Entschädigungsverfahren zu entnehmen. Zum Teil waren aber auch hier die Adressangaben so ungenau, dass die weitere Suche sinnlos erschien: Wo sucht man „Franz Mann, Afrika"?

Ein etwas skurriles Beispiel für die Recherche nach Familienmitgliedern sei angeführt: Hirschfeld erwähnt in der kleinen Festschrift zum 60. Geburtstag der Schwester Franziska Mann, dass ihr Vater einen Bruder namens Eduard gehabt habe, der um 1848 nach Kalifornien gereist sei, um den Siedlern und Goldsuchern dort „leibliche und vor allem auch geistige Nahrung" zu liefern. Auf der Rückreise nach Europa in den 1850er Jahren sei er vor South Carolina ertrunken. Im Gedenken an diesen Bruder habe Hermann Hirschfeld seinen zweiten Sohn Eduard genannt und auch der Name der Tochter Franziska habe einen Bezug zu dem letzten Wohnort des Onkels.[23] Die Frage war nun: Lässt sich eine solche Familienlegende durch Fakten belegen? Einwohnerverzeichnisse von San Francisco aus den fraglichen Jahren – wenn es sie gegeben hat – sind durch die Folgen des Erdbebens von 1906 weitgehend vernichtet; in den erhaltenen Verzeichnissen ist ein Eduard Hirschfeld nicht zu finden. Die in den Zeitungen gedruckten Ankunftslisten führten nur Passagiere der Ersten Klasse namentlich auf, Zwischendeckpassagiere blieben unerwähnt. Aber gab es Informationen zum Schiffsuntergang selbst? In der Tat ließ sich ein 1857 vor der Küste von South Carolina im Sturm gesunkenes Schiff finden, das Passagiere von der Westküste Nordamerikas nach New York bringen sollte. Die spektakuläre Geschichte der Bergung der Schätze

---

23 Vgl. Hirschfeld, Magnus: Franziska Manns Lebenseintritt. In: Franziska Mann. Der Dichterin – Dem Menschen! zum 9. Juni 1919. Jena 1919. S. 14f.

der SS Central America ist publiziert,[24] die Passagierliste rekonstruiert.[25] Eduard Hirschfeld hatte es anscheinend in Kalifornien zu genügend Vermögen gebracht, dass er sich die Rückreise in der ersten Klasse leisten konnte.

Völlig unerwartet hinterließ vor vielen Jahren eine Enkelin von Hirschfelds Schwester Jenny eine telefonische Nachricht auf dem Anrufbeantworter der Hirschfeld-Gesellschaft: Sie lebe heute in Melbourne und habe dort im Fernsehen die englische Version von Rosa v. Praunheims Film *Der Einstein des Sex* gesehen. Sie wolle uns mitteilen, dass sie eine Großnichte dieses berühmten Mannes sei. Aufgrund der Recherchen war zwar bekannt, dass ihr Vater, Jennys Sohn Günter Rudi Hauck, nach Australien entkommen war, es lagen allerdings bis dahin keine weiteren Informationen über seine Familie vor. Als beim Rückruf der Dame offenbart wurde, dass sie eine Tochter von Günter Rudi Hauck sein müsse, entfuhr ihr ein höchst erstauntes „How do you know?" Gaby und Leon Cohen besuchten die Hirschfeld-Gesellschaft mehrfach in Berlin und brachten Kopien von Familienfotos und Papieren mit. Bei ihrem letzten Besuch schenkten sie dem Centrum Judaicum eine prächtige Familienbibel mit einer Widmung von Dr. Rosenthal an Hermann Hirschfeld, dem Vater von Magnus.

Selbst „Franz Mann, Afrika" ließ sich kürzlich lokalisieren. Die – irrige – Vorstellung über eine mögliche Verwandtschaft mit dem Schriftsteller Thomas Mann (vermutet wegen des Namens von Hirschfelds schreibender Schwester Franziska Mann) veranlasste Nachkommen von Franz Mann zu einer Anfrage bei der Hirschfeld-Gesellschaft. Allerdings mussten die Anfragenden enttäuscht werden, aber statt des erhofften berühmten Verwandten konnte ein anderer „Mann" angeboten werden. Im Gegenzug berichtete der Nachkomme von Franz Mann eine Menge über recht vielfältige und komplizierte Familienverhältnisse.

In den letzten zwanzig Jahren haben sich die Möglichkeiten der Familienforschung umfassend verbessert und weitere Verbesserungen sind durch die fortschreitende Digitalisierung von Materialien zu erwarten. Denn die Nutzung einer Vielzahl genealogischer Datenbanken und die Kombination von Daten aus verschiedenen bereits digitalisierten Registern erlaubt es, auch mit fragmentarischen Anfangsdaten plausible Hinweise auf mögliche Zusammenhänge zu erhalten.

---

**24** Kinder, Gary: Ship of Gold in the Deep Blue Sea. New York 1998 (deutsch: Das Goldschiff. Die größte Schatzsuche des 20. Jahrhunderts. München 1999).
**25** Bowers, Q. David u. Doty, Richard G.: A California Gold Rush History Featuring the Treasure from the SS Central America. A Source Book for the Gold Rush Historian and Numismatist. Newport Beach 2002. Ausführlicher hierzu: McLeod, Donald W.: Serendipity and the Papers of Magnus Hirschfeld: The Case of Ernst Maass. IHLIA: ALMS. Amsterdam 2012. Online verfügbar unter http://lgbtialms2012.blogspot.nl/2012/07/serendipity-and-papers-of-magnus.htm

Ein gutes Beispiel für die Nutzung dieser Quellen ist die Suche nach Ernst Maass, einem Großvetter (und Großneffen) Hirschfelds, von dem zunächst nur der Name bekannt war. Von ihm stammt die Einladungskarte, die ihn als Organisator der Trauerfeier für Hirschfeld ausweist. Im Exil-Gästebuch Hirschfelds findet sich ein Bild, das ihn mit Hirschfeld an dessen letztem Geburtstag 1935 zeigt. Sein Aufenthalt im Exil in Italien war zu vermuten, aber zunächst nicht zu belegen.

Recherchen bei www.ancestry.com führten zunächst auf Schiffslisten, die ihn und auch seine Mutter 1938 als Passagiere von Palästina nach New York verzeichneten. Für die Mutter ließ sich auch ein Sterbeeintrag finden. Der Sohn blieb aufgrund eines Recherchefehlers verschollen. Die amerikanisierte Namensvariante „Ernest" hätte gleich zum Ergebnis geführt, nämlich zu einer späteren Berufstätigkeit als Bibliothekar bei den Vereinten Nationen und zu einem Sterbedatum. Mit dem Datum wiederum ließ sich im Internet eine Sterbeanzeige im Fließtext der New York Times finden, die auch die Namen zweier Söhne enthielt. Die versuchsweise Prüfung der New Yorker Telefonbucheinträge ergab für einen der Namen zwei Treffer, außerdem fand sich eine Webseite samt E-Mail-Adresse.[26] Damit war das Rätsel gelöst: Robert Maass, Fotograf in New York, bestätigte uns, dass Ernst Maass sein Vater gewesen sei und dass es einen ganzen Stapel alter Briefe und Fotos gebe. Im Verlauf der weiteren Ereignisse hat Rob Maass viele dieser Unterlagen der Magnus-Hirschfeld-Gesellschaft geschenkt.[27] Darunter befanden sich umfangreiche genealogische Aufzeichnungen seines Vaters, die es erstmals ermöglichten, die große Zahl der Angehörigen Hirschfelds von Seiten seiner Mutter Friederike geb. Mann dem Familienstammbaum zuzufügen.[28] Eines der spannendsten Ergebnisse dieser Arbeit war, dass sehr deutlich wurde, wie viele Mitglieder der Großfamilie in die Arbeit des Instituts für Sexualwissenschaft eingebunden waren – sei es als Studenten oder als Ärzte, sei es durch Hilfe bei der finanziellen Absicherung.

---

26 Für diesen Teil der Recherche sei Donald W. McLeod, Toronto, gedankt, der auch eine erste Sichtung der Unterlagen in New York vorgenommen hat.
27 Dose, Ralf: Es gibt noch einen Koffer in New York. In: MMHG, 46/47 (2011). S. 12–20.
28 Insofern ist die Darstellung bei Dose, Ralf: Die Familie Hirschfeld aus Kolberg. In: Magnus Hirschfeld. Ein Leben im Spannungsfeld von Wissenschaft, Politik und Gesellschaft. Hrsg. von Elke-Vera Kotowski u. Julius H. Schoeps. Berlin 2004 (Sifria. Wissenschaftliche Bibliothek 8). S. 33–64, überholt; eine Revision ist in Vorbereitung.

## Suche im Umfeld

Bei der Umfeldsuche vermischt sich die Suche nach Personen schnell mit Fragen zur Institutionengeschichte. Mit dem Namen Hirschfelds sind das *Wissenschaftlich-humanitäre Komitee* (WhK), die *Gesellschaft für Sexualwissenschaft (und Eugenik/Eugenetik; und Sexualpolitik)*, das Institut für Sexualwissenschaft[29] und die *Weltliga für Sexualreform*[30] verknüpft; außerdem natürlich die Publikationen *Jahrbuch für sexuelle Zwischenstufen*, *Zeitschrift für Sexualwissenschaft*, *Mitteilungen des WhK*[31], *Die Aufklärung*[32]; hinzu kommen die Ko-Autoren seiner Bücher, die von Mitarbeitern herausgegebenen Zeitschriften wie *Die Ehe* usw. – alle mit einer schier unübersehbaren Anzahl von Beteiligten.

So ist es nicht verwunderlich, dass es nach etwa zehn Jahren einen Punkt bei den Recherchen gab, an dem zwar einiges Material vorhanden, aber kaum mehr ein Überblick über dessen Zusammenhang zu schaffen war. Das fiel zusammen mit der Möglichkeit aufgrund arbeitsmarktpolitischer Entwicklungen in Deutschland nach 1989 zeitweise und befristet eine größere Zahl von Forscherinnen und Forschern zu beschäftigen. Mit Hilfe dieser Kolleginnen und Kollegen wurde damals eine tabellarische Institutschronik zusammengestellt, indem versucht wurde, alle Detailinformationen aus den verschiedensten Quellen chronologisch zu erfassen und darzustellen. Diese Chronik wurde bisher nicht veröffentlicht, da sie zu fragmentarisch ist. Aber als Arbeitsinstrument für die weiteren Recherchen war sie überaus hilfreich.

An dieser Stelle sei einer nicht mehr bestehenden Institution und ihrer früheren Leiterin gedacht, der im Hinblick der Recherchen viel zu verdanken ist: der Bibliothek für Medizin- und Wissenschaftsgeschichte der Humboldt-Universität (HU) und Frau Dr. Kasbohm. Die Bibliothek ist heute integriert in die Zentralbibliothek der HU Berlin. Im Vor-Computerzeitalter hatte diese Bibliothek einen unschätzbaren Vorteil: Es gab nicht nur einen höchst komplizierten detaillier-

---

29 Herrn, Rainer: Vom Traum zum Trauma. Das Institut für Sexualwissenschaft. In: Kotowski u. Schoeps (Hrsg.): Magnus Hirschfeld. S. 173–199.
30 Dose, Ralf: Thesen zur Weltliga für Sexualreform – Notizen aus der Werkstatt. In: MMHG, 19 (1993). S. 23–39; englisch: Dose, Ralf: The World League for Sexual Reform. Some Possible Approaches. In: Sexual Cultures in Europe. National Histories. Hrsg. von Franz X. Hall, Lesley Eder u. Gert Hekma. Manchester 1999. S. 242–260, und Dose, Ralf: The World League for Sexual Reform. Some Possible Approaches. In: Journal of the History of Sexuality 12, 1 (2003). S. 1–15.
31 Pfäfflin, Friedemann (Hrsg.): Mitteilungen des Wissenschaftlich-Humanitären Komitees 1926–1933. Faksimile-Nachdruck. Hamburg 1985 (Arcana bibliographica 4).
32 Dose, Ralf: Aufklärungen über „Die Aufklärung" – Ein Werkstattbericht. In: MMHG, 15 (1991). S. 31–43; Dose, Ralf: Register für „Die Aufklärung" bzw. „Aufklärung und Fortschritt". In: MMHG, 16 (1991). S. 57–76.

ten Sachkatalog, sondern auch einen extrem umfangreichen Personenkatalog, in dem Fundstellen bis hin zu kleinsten Notizen – der Art „Professor X ist auf den Lehrstuhl für Y in Z berufen worden" – erfasst waren. Jubiläumsartikel und abgelegene Festschriften ließen sich dort leicht nachweisen – und in aller Regel konnte man die Fundstelle auch unmittelbar am Regal aufsuchen und nachschlagen. Gerade in der Phase der Zusammenstellung der Institutschronik war diese Bibliothek die erste Anlaufstelle.

Zwei frühe Beispiele für Recherchen in der Zeit vor dem Internet sollen hier dargestellt werden: In einem Brief Hirschfelds aus dem Pariser Exil heißt es: „Zammert ist nach Wiesbaden gefahren." Edmond Zammert, soviel war bekannt, hatte Hirschfeld ermöglicht, in seiner Praxis zu arbeiten und sein Institut in Paris neu aufzubauen. Als Überlegung bot sich an: Wer 1934 vor den Nazis in Sicherheit ist und freiwillig wieder ins Reich fährt, hat starke Gründe dafür – vielleicht eine zurückgelassene Familie? Ein Blick ins Telefonbuch von Wiesbaden zeigte ein knappes Dutzend Namensträger, die angeschrieben wurden. Neben einigen Fehlanzeigen meldete sich eine alte Dame, die sich als Tochter von Edmond Zammert vorstellte. Bei einer Einladung zu Kaffee und Kuchen auf ihrem Balkon – in bester Lage auf dem Neroberg – stellte sie schließlich ein Kästchen mit japanischen Dildos zwischen das Geschirr mit den Worten: „Ich finde die auch ganz schön, aber man kann das ja nicht auf dem Klavier stehen haben – die Leute würden reden." In diesem Fall war sogar die Identifizierung einfach, denn das Kästchen ist in einem der Bücher Hirschfelds abgebildet.[33] Es steht heute als Leihgabe der Magnus-Hirschfeld-Gesellschaft im Jüdischen Museum in Berlin. Frau Zammert hatte noch weitere Gegenstände von ihrem Vater übernommen, einiges davon aber in Zeiten akuten Geldmangels in den 1970er Jahren einem befreundeten Wiesbadener Antiquitätenhändler verkauft. Otto Valentiner löste seine Firma um 1992 auf und soll später in Südamerika gelebt haben; eine Anfrage wurde nicht beantwortet. Und die hoch betagte alleinstehende Frau Zammert hat ihr Haus einer sie pflegenden Familie vermacht – unsere Anfrage nach eventuellen Gegenständen auf dem Dachboden blieb leider unbeantwortet.

Zweites Beispiel: Hirschfeld hatte mit der Weltliga für Sexualreform (WLSR), offiziell 1928 in Kopenhagen gegründet, eine Reihe von internationalen Kongressen organisiert: 1929 in London, 1930 in Wien und 1932 in Brünn/Brno. Die Vorbereitung lag jeweils in den Händen lokaler Weltliga-Mitglieder. Als Herausgeber des Kongressbandes aus London zeichnete Norman Haire verantwortlich, dessen

---

[33] Hirschfeld, Magnus u. Linsert, Richard: Liebesmittel. Eine Darstellung der geschlechtlichen Reizmittel (Aphrodisiaca). Berlin 1930, nach S. 282. Das Kästchen ist online zu sehen: http://www.jmberlin.de/main/DE/06-Presse/03-Fotodownload/06-Dauerausstellung_objekte/auswahl-dauerausstellung_objekte.php (18.9.2014)

Korrespondenz aus dieser Zeit aber vernichtet wurde. Ilse Kokula machte uns auf die Autobiographie von Dora Russell (1894–1986) aufmerksam,[34] in der es einen Abschnitt über den Londoner WLSR-Kongress gibt.[35] Aus ihrem Bericht geht deutlich hervor, dass Dora Russell einen Großteil der organisatorischen Arbeit für den Kongress geleistet hat. Die Überlegung lag nahe: Wer damals einen Kongress organisierte, führte eine Unmenge Korrespondenz. Wo aber war der Nachlass von Dora Russell? Die wenigen uns bekannten Nachrufe ließen darüber nichts erkennen. Eine Anfrage bei der feministischen Historikerin Sheila Rowbotham enthüllte, dass auch in der englischen Frauenbewegung nichts über den Verbleib bekannt war und sich bisher niemand Gedanken darüber gemacht hatte. Letzter Versuch, den Verbleib aufzuklären, war der etwas abenteuerliche Versand eines Einschreibens „To the Executor of the late Mrs. Dora Russell" nach Porthcurno – einem kleinen Ort in Cornwall, wo Dora Russell zuletzt gelebt hatte. Die Überlegung dahinter war: In einem so kleinen Ort wird der Briefträger wissen oder leicht herausbekommen können, wer die Nachlassangelegenheiten einer prominenten Mitbürgerin betreut. Wider alles Erwarten war dieser Versuch unmittelbar erfolgreich. Etwa zehn Tage später hatten wir eine Antwort von der Tochter Kate, die sich damals ein paar Tage im Hause ihrer Mutter aufhielt, um die letzten Schritte der Haushaltsauflösung zu regeln. Sie gab bekannt, dass die Familie seit Längerem auf die Exportgenehmigung der Regierung warte, um den Nachlass dem Internationalen Institut für Sozialgeschichte (IISG) in Amsterdam übergeben zu können. Sie bot an, Einsicht in die Papiere zu gewähren und, falls es dringend sei, dies noch im gleichen Winter in Porthcurno zu tun. Allerdings sei alles schon verpackt. Der Hausschlüssel liege beim Bürgermeister, jedoch sei das Haus nicht geheizt und im Winter auch nur schwer zu beheizen. Leider war es aus finanziellen Gründen nicht möglich, diese freundliche Einladung sofort anzunehmen. Durch Vermittlung von Heiner Becker wurde dann im Sommer 1989 Einblick in die damals noch nicht katalogisierten Unterlagen genommen. Damit wurden zum ersten Mal viele Details über die Weltliga für Sexualreform erkennbar, die sich aus den gedruckten Kongressberichten nicht erschließen ließen;[36] auch fand sich dort einige Korrespondenz mit deutschen Emigranten nach 1933. Max Hodann, dessen Tochter Renate die von Dora Russell geleitete Schule (mit Internat) besuchte, hatte 1936 einige Zeit selbst dort gelebt. Die aufgefundene Korrespon-

---

34 Kokula, Ilse: Dora Russell. In: MMHG, 9 (1986). S. 12–13.
35 Russell, Dora: The Tamarisk Tree. My Quest for Liberty and Love. 5. Aufl. London 1989. S. 210, 217ff.
36 Vgl. Dose: World League 1999 und 2003 (wie Anm. 29).

denz führte zu weiteren Funden in anderen Archiven.[37] Viele weitere Unterlagen im inzwischen katalogisierten Nachlass von Dora Russell[38] harren immer noch der Auswertung.

Ein Beispiel aus jüngster Zeit: Der Schriftsteller Kurt Hiller war über viele Jahre einer der wichtigsten Mitarbeiter Hirschfelds im WhK. Zugang zu seinem Nachlass gehörte lange Zeit zu den unerfüllbaren Wünschen, da Hillers Lebensgefährte Horst H. W. Müller alle Anfragen kategorisch ablehnte oder gar nicht beantwortete. Nachdem es der Kurt-Hiller-Gesellschaft unter abenteuerlichen Umständen nach dem Suizid Müllers doch noch gelungen war, den verbliebenen Nachlass Hillers zu sichern,[39] konnten wir durch die freundschaftliche Hilfe der Kurt-Hiller-Gesellschaft endlich und auf vielerlei Weise Nutzen aus Hillers Korrespondenz ziehen. Besonders davon profitiert hat das Projekt einer Biographie Bruno Vogels,[40] der seinerseits eine Zeit lang Mitarbeiter im Institut für Sexualwissenschaft war. Bemerkenswert ist aber ein Briefwechsel mit dem früheren Straßburger Amtsrichter und Rechtsanwalt Eugen Wilhelm aus den frühen 1950er Jahren, der unter dem Pseudonym „Numa Praetorius" jahrzehntelang einer der engsten Mitarbeiter Hirschfelds im *Jahrbuch für sexuelle Zwischenstufen* gewesen war. Damit gab es eine kleine Chance, die lange als aussichtslos geltende Suche nach Schicksal und Nachlass Eugen Wilhelms zu intensivieren.

Seinen Briefen an Hiller war zu entnehmen, dass er den Zweiten Weltkrieg und eine zeitweise Inhaftierung im KZ Schirmeck-Vorbruck überlebt hatte. Die letzten Jahre habe er bei Nichte und Neffe „auf unserem Gut in den Vogesen" verbracht. Er nennt keine Namen, keine genauere Ortsangabe, es gibt also wenig Ansatzpunkte für weitere Recherchen. Immerhin war es damit möglich, den Zeitraum einzugrenzen, in dem Eugen Wilhelm gestorben sein musste. Régis Schlagdenhauffen, ein aus Straßburg stammender Kollege, wurde gebeten, auf den örtlichen Friedhöfen nach einer Grabstelle und eventuell Nutzungsberechtigten zu suchen. Er fand ein Familien-Erbbegräbnis mit so vielen Namen und Daten, dass es möglich wurde, durch einfache genealogische Recherchen Verwandtschaftsverhältnisse zu klären und über weitere Schritte Hinweise auf lebende Angehörige zu finden. Bei einer Großnichte fand sich dann der gesuchte Nachlass, ursprünglich verwahrt von einer Schwester Wilhelms, die den Koffer mit den

---

**37** Dose, Ralf: No Sex Please, We're British, oder: Max Hodann in England 1935 – ein deutscher Emigrant auf der Suche nach einer Existenz. In: MMHG, 22–23 (1996). S. 99–125; Dose, Ralf: No sex, please, we're British o: Max Hodann en Inglaterra en 1935, un emigrante alemán a la búsqueda de una existencia. In: Anuario de sexología, 3 (1997). S. 135–159.
**38** http://www.iisg.nl/archives/en/files/r/ARCH01225.php (18.9.2014).
**39** http://www.hiller-gesellschaft.de/nachlass.htm#nachlass (18.9.2014)
**40** Wolfert, Raimund: Nirgendwo daheim. Das bewegte Leben des Bruno Vogel. Leipzig 2012.

Worten „Irgendwann wird jemand kommen, der sich dafür interessiert" an ihre Tochter und diese in der Folge an die Enkelin weitergegeben hatte. „Und jetzt sind Sie hier", sagte die Großnichte, als der Koffer entgegengenommen wurde. Eugen Wilhelm hat u.a. zwischen 1885 und 1951 Tagebücher geführt. Die fünfundfünfzig Bände sind erhalten, die Magnus-Hirschfeld-Gesellschaft arbeitet an deren Edition.[41]

## Archive

Ein einziges Archiv weltweit hat einen originären Bestand unter Hirschfelds Namen, der als *Hirschfeld Scrapbook* bekannt ist: das Kinsey Institute in Bloomington Indiana.[42] Allerdings ist der Name irreführend, denn es handelt sich nicht um ein Notizbuch Hirschfelds oder dergleichen. Das *Hirschfeld Scrapbook* ist vielmehr ein zwischen den Deckeln eines Folianten gesammeltes Konvolut von Albumblättern in überaus fragilem Zustand, das auch Zeitungsausschnitte, Korrespondenzen, einige Bilder, Plakate, Protokolle des WhKs und anderes mehr beinhaltet. Vieles davon ist wohl aus dem Nachlass des Hamburger WhK-Mitglieds Carl Theodor Hoefft (1855–1927) ins Institut gelangt und wurde – vielleicht nach der Plünderung des Instituts – um lose herumliegende Stücke ergänzt.[43] Wie dieses Konvolut in den Besitz von Alfred Kinsey gelangt ist, konnte noch nicht aufklärt werden. Ernst Maass kann es nach Hirschfelds Tod an sich genommen und später Kinsey übergeben haben, oder der Mittelsman war Li Shiu Tong, der sich ja während des Zweiten Weltkriegs eine Zeitlang in den USA, zunächst an der Harvard Universität, später in Washington, aufgehalten hatte. Es kann aber auch auf ganz anderen Wegen in die USA gelangt sein.

Es ist eine Binsenweisheit, dass in Archiven mehr Material schlummert, als man zunächst ahnt. Zur Hebung der Schätze sind die Kenntnisse der Archiva-

---

41 Schlagdenhauffen, Régis: Bericht über die Forschung über Eugen Wilhelm alias Numa Praetorius. In: MMHG, 48 (2011). S. 22–23; Dubout, Kevin: Eugen Wilhelms Tagebücher. Editorische Probleme, Transkriptions- und Kommentarprobe. In: Officina editorica. Bd. 10. Hrsg. von Jörg Jungmayr u. Marcus Schotte. Berlin 2011. S. 215–304.
42 http://www.kinseyinstitute.org/library/hirschfel.html (19.9.2014)
43 Keilson-Lauritz, Marita u. Pfäfflin, Friedemann: „Unzüchtig im Sinne des § 184 des Strafgesetzbuchs". Drei Urteilstexte und ein Einstellungsbeschluß. In: Forum Homosexualität und Literatur, 34 (1999). S. 33–98; Keilson-Lauritz, Marita u. Pfäfflin, Friedemann: Die Sitzungsberichte des wissenschaftlich-humanitären Komitees München 1902–1908. In: Capri, 28 (2000). S. 2–33; Keilson-Lauritz, Marita u. Pfäfflin, Friedemann (Hrsg.): 100 Jahre Schwulenbewegung an der Isar I. Die Sitzungsberichte des Wissenschaftlich-humanitären Comitees München 1902–1908. München 2002 (Splitter. Materialien zur Geschichte der Homosexuellen in München und Bayern 10).

rinnen und Archivare von unschätzbarem Wert. Ich erinnere mich mit Vergnügen an die Vorbereitung eines kurzen Forschungsaufenthaltes im Wellcome Institute in London: Ich habe dort über Wochen Faxe (E-Mail gab es noch nicht) mit Lesley Hall gewechselt, die damals dort Senior Assistant Archivist war. Auf jede meiner Anfragen nach Organisationen oder Personen erhielt ich eine ausführliche Antwort der Art, „wenn Sie X suchen, dann sollten Sie außerdem mal den Bestand Y durchsehen, und im Übrigen haben wir auch noch Z". Aufgrund sehr enger zeitlicher und finanzieller Grenzen konnte ich nur einen Bruchteil des dort vorhandenen Materials auswerten. Auch weitere Quellen im Department of Western Manuscripts der British Library konnte ich nur stichprobenartig durchblättern.

Ähnlich hilfreich war im Landesarchiv Berlin Bianca Welzing: Die Existenz des ominösen Potenzmittels Titus-Perlen und seiner Verbindung mit dem ursprünglichen Präparat Testifortan war ja bekannt, ebenso dass die Unterlagen der Promota GmbH in Hamburg im Krieg verbrannt waren und dass das Gelände der Chemisch-pharmazeutischen Fabrik Titus in Ostberlin neu bebaut war. Was nicht bekannt war: deren Firmenunterlagen hatten überdauert und waren aufgrund der Verstaatlichung der pharmazeutischen Industrie in der DDR schließlich in den Besitz des Landesarchivs Berlin geraten, was ungewöhnlich ist, denn Unterlagen von Privatfirmen gehören sonst nicht zum Sammelgebiet der Landesarchive. Der umfangreiche Bestand lieferte detaillierte Hinweise auf die Beziehungen zwischen dem Institut für Sexualwissenschaft und der pharmazeutischen Industrie. Die von den Nationalsozialisten kassierten – und in den Wiedergutmachungs- und Entschädigungsverfahren nie berücksichtigten – Gewinne lassen sich auf die Mark genau rekonstruieren.[44]

Archiv-Recherchen sind auch von Zeit zu Zeit zu wiederholen. Es war schon länger bekannt, dass das Deutsche Literaturarchiv in Marbach Hirschfelds Gästebuch aus dem Exil besitzt und einen Briefwechsel Hirschfelds mit Kurt Tucholsky. Ein Versuch zu Übungszwecken mit der erneuerten Internet-Datenbank brachte für das Stichwort „Hirschfeld, Magnus" plötzlich drei Treffer statt der erwarteten zwei: Im Nachlass von Erich Kästner fand sich ein aus der Asche des Scheiterhaufens gerettetes Manuskriptfragment Hirschfelds und ein Foto von den Resten der Bücherverbrennung in Berlin.[45]

---

44 Dose, Ralf: Weimars Viagra. In: MMHG (i.V.).
45 Vgl. Keilson-Lauritz, Marita u. Dose, Ralf: „Für die Echtheit der Handschrift verbürge ich mich". Ein Tagebuch-Fragment Magnus Hirschfelds im Nachlass von Erich Kästner. In: MMHG, 43–44 (2009). S. 9–20; Dose, Ralf; Keilson-Lauritz, Marita: „Vielen Dank, Erich Kästner!" Die Berliner Bücherverbrennung – am Morgen nach der Tat. In: Verfemt und Verboten. Vorgeschichte und Folgen der Bücherverbrennungen 1933. Hrsg. von Julius H. Schoeps u. Werner Treß. Hildes-

## Zufallsfunde und Objekte

Einem Mitglied der Magnus-Hirschfeld-Gesellschaft wurden in den frühen 1980er Jahren von einem Antiquar überraschend zwei Bücher aus dem früheren Besitz Hirschfelds zum Kauf angeboten. Die Provenienz war eindeutig, da es sich um Widmungsexemplare handelte. Mehr noch, im Buch hatte sich auch der Dieb verewigt: „Besorgt am 6.5.1933 von Fritz Krönker", steht in beiden Exemplaren unten auf dem Vorsatzblatt. Leider konnte dieser Fritz Krönker bisher nicht ausfindig gemacht werden.

Auch in anderen Antiquariaten wurden und werden gelegentlich Bücher aus der Institutsbibliothek oder aus dem früheren Besitz von Mitarbeitern, Freunden etc. angeboten. Soweit es die geforderten Preise erlauben, kauft die Magnus-Hirschfeld-Gesellschaft diese Exemplare auf.

In der deutschen Presse wurde während der Vorbereitungen zur Bücherverbrennung gelegentlich angegeben, dass natürlich keine wissenschaftlich wertvollen Werke vernichtet werden sollten, sondern nur „Schmutz und Schund".[46] Sofern diese Sichtung der Bibliotheksbestände wirklich stattgefunden hat, könnten sich noch frühere Bestände der Institutsbibliothek an bisher unentdeckten Stellen befinden. Erst kürzlich erhielt die Hirschfeld-Gesellschaft ein Buch von der Berliner Zentral- und Landesbibliothek. Die dortigen Provenienzforscher hatten den Band bei ihrer Durchsicht der Regale entdeckt. Das Buch war nach dem Krieg zusammen mit vielen anderen, die nicht aus Hirschfelds Institut stammten, der Bibliothek übergeben worden. Das zugehörige Eingangsbuch lässt leider nicht erkennen, wo oder in wessen Besitz sich dieses Einzelstück zwischen 1933 und 1949 befunden hat. Zur Erleichterung der Provenienzforschung – die in Deutschland erst in den letzten Jahren langsam in Gang kommt – wurden vor einiger Zeit die typischen Bibliotheks- und Signaturstempel Hirschfelds, des Instituts für Sexualwissenschaft und des Wissenschaftlich-humanitären Komitees publiziert.[47]

---

heim, Zürich, New York 2010 (Wissenschaftliche Begleitbände im Rahmen der Bilbiothek Verbrannter Bücher 2). S. 169–176.
46 Herrn, Rainer: Magnus Hirschfelds Institut für Sexualwissenschaft und die Bücherverbrennung. In: Schoeps u. Treß (Hrsg.): Verfemt und Verboten (wie Anm. 44). S.113–168; vgl. hinsichtlich des Bildarchivs und dessen möglicher Reste S. 150
47 Dose, Ralf u. Herrn, Rainer: Um das Erbe Magnus Hirschfelds. In: AKMB news, 11 (2005), 2. S. 19–23; Dose, Ralf u. Herrn, Rainer: Verloren 1933. Bibliothek und Archiv des Instituts für Sexualwissenschaft in Berlin. In: Jüdischer Buchbesitz als Raubgut. Zweites Hannoversches Symposium. Hrsg. von Regine Dehnel. Frankfurt a.M. 2006 (Zeitschrift für Bibliothekswesen und Bibliographie. Sonderhefte 88). S. 37–51.

Magnus Hirschfelds Gästebuch, das er in der Exilzeit führte, ist natürlich eines der interessantesten Objekte. Es wurde gleich zweimal und unabhängig voneinander entdeckt. Die erste Entdeckungsgeschichte geht so: Einige Zeit nach dem Tod eines guten gemeinsamen Freundes räumte dessen Partner seine Bücher zusammen und stieß dabei auf ein Exemplar des Ausstellungskatalogs *Industriegebiet der Intelligenz*,[48] eine Ausstellung von 1988 im Literaturhaus Berlin. In diesem Katalog, so berichtete er am Telefon, sei ein Gästebuch Hirschfelds abgebildet. Ungläubig, wie ich war, bin ich am gleichen Abend losgegangen, um in der Heinrich-Heine-Buchhandlung – der einzigen Westberliner Buchhandlung, in der damals solche Kataloge sicher auch nach Jahren noch zu haben waren und die zudem als Bahnhofsbuchhandlung lange Öffnungszeiten hatte – diesen Katalog zu beschaffen. Und da war das Gästebuch als eine Leihgabe aus dem Deutschen Literaturarchiv in Marbach aufgeführt. Für die Ausstellung *75 Jahre Institut für Sexualwissenschaft (1919–1933)* im Schwulen Museum Berlin 1994 wurde das Gästebuch ein zweites Mal nach Berlin entliehen.

Marita Keilson-Lauritz hat ihre Entdeckungsgeschichte des Gästebuchs – verbunden mit der genauso aufregenden Geschichte des Gästebuchs selbst – vor einiger Zeit niedergeschrieben.[49] Ein Arbeitsexemplar ihrer Kopie des Gästebuches hat sie wiederholt in Ausstellungen gezeigt: Die teilweise fremdsprachigen Einträge der rund 200 Beiträger zu entziffern und die Verfasser und Verfasserinnen zu identifizieren, war und ist immer noch eine immense Arbeit, zu der viele Menschen beigetragen haben. Durch die vielen Wechselbezüge zwischen den Einträgern und Hirschfeld ließen sich im Laufe der Recherchen eine Menge Details zur Biografie Hirschfelds rekonstruieren.[50]

Ein ebenso wichtiges Ego-Dokument wurde oben schon erwähnt: das handschriftliche *Testament. Heft II*, das Hirschfeld zwischen 1929 und 1935 geführt hat. Dabei handelt es sich nicht um ein klassisches Testament, sondern um weitergehende Aufzeichnungen, mit denen Hirschfeld seinen Nachfolgern Hinweise geben wollte, wie sein Vermächtnis weiterzuführen sei. Im Laufe der Jahre kamen gelegentliche Rückblicke auf Ereignisse und Erlebnisse während der Weltreise

---

48 Wichner, Ernest u. Wiesner, Herbert (Hrsg.): Industriegebiet der Intelligenz. Literatur im Neuen Berliner Westen der 20er und 30er Jahre. Mitarbeit von Ursula Krechel, Helmut Lethen u. Klaus Strohmeyer. Berlin 1990 (Texte aus dem Literaturhaus Berlin 5).
49 Keilson-Lauritz, Marita: Magnus Hirschfeld und seine Gäste. Das Exil-Gästebuch 1933–1935. In: Kotowski u. Schoeps (Hrsg.): Magnus Hirschfeld (wie Anm. 27). S. 71–92.
50 Vgl Keilson-Lauritz, Marita: „Ein Rest wird übrig bleiben..." Hirschfelds Gästebuch als biographische Quelle. In: MMHG, 39–40 (2008). S. 36–49 und Keilson-Lauritz, Marita: Erinnerungspunkte. Überlegungen zur Arbeit am Exil-Gästebuch Magnus Hirschfelds. In: Subjekt des Erinnerns? Zwischenwelt 12. Hrsg. von Theodor-Kramer-Gesellschaft. Klagenfurt 2011 (Jahrbuch für antifaschistische Literatur und Exilliteratur 12). S. 59–70.

und im Exil dazu. Das Buch ist nicht kontinuierlich geführt, manchmal auch nur stichwortartig. Aber es gibt einen tiefen Einblick in die Erfahrungs- und Gefühlswelt Hirschfelds während der letzten sieben Jahre seines Lebens. Eine annotierte Faksimile-Edition, ergänzt durch Briefe und Informationen aus den von Rob Maass erhaltenen Papieren – darunter Hirschfelds Reisepass 1928–1933 und eine Kladde mit Aufzeichnungen aus Ascona und dem französischen Exil – wurde 2013 veröffentlicht.[51]

Beide Dokumente aus Hirschfelds Leben verweisen bei den Recherchen nach Hirschfelds kulturellem Erbe massiv auf die Herausforderungen, die seine Internationalität stellt: Hirschfeld war schon vor seiner Reise um die Welt von 1930 bis 1932 vielfach zu Vorträgen in Europa unterwegs. Allein in Europa wird sich die Suche von Moskau über das Baltikum bis nach Spanien erstrecken. Für Hirschfelds Aufenthalte in der Schweiz hat Beat Frischknecht eine große Anzahl Fundstücke zusammengetragen.[52] Den Spuren Hirschfelds in Indien ist dankenswerter Weise Veronika Fuechtner nachgegangen.[53]

## Hausangestellte

Bürgerliche Haushalte vor 1933 hatten oft Hauspersonal. Die Recherche nach diesen Personen ist allerdings schwierig und nur bei langjährigen Bediensteten erfolgversprechend. Wenn keine Namen bekannt sind, helfen manchmal die alten Meldekarten, sofern sie noch im Original erhalten sind und die Angestellten im Haushalt der Herrschaft lebten. Auch Untermieter ohne eigenen Hausstand sind, wenn überhaupt, nur über die Meldekarte ihrer Wirtsleute zu finden.

Berliner Meldekarten sind ein Fall für sich: Die originale Zentralkartei im Polizeipräsidium ist im Zweiten Weltkrieg verbrannt. Nach dem Krieg ließen die amerikanischen Besatzungsbehörden aus den bei den örtlichen Meldestellen erhaltenen Dubletten eine neue Kartei rekonstruieren, allerdings sortiert nach

---

51 Hirschfeld, Magnus: Testament. Heft II. Hrsg. von Ralf Dose. Berlin 2013.
52 Frischknecht, Beat: „Der Racismus – ein Phantom als Weltgefahr". Der Fund eines verschollenen Typoskripts als Auslöser umfangreicher Recherchen. In: MMHG, 43–44 (2009). S. 21–34; einen umfassende Darstellung ist weiterhin in Vorbereitung.
53 Fuechtner, Veronika: „Problems like those – hardly discussed in this city". Magnus Hirschfeld's Encounter with Indian Sexuality and Sexology. Vortrag auf der Thirty-First Annual Conference der German Studies Association, October 2–5, 2008 Saint Paul, Minnesota; und Race, Politics, and Sexology in Magnus Hirschfeld's Encounter with India, Vortrag, MPRG Research Group „Historicizing Knowledge About Human Biological Diversity in the 20th Century". Berlin, 18.11.2010.

dem in den USA gebräuchlichen Soundex-System. Und rekonstruiert werden konnte auch nur, was an örtlichen Daten noch vorhanden war. Hatte das lokale Polizeirevier etwa einen Bombentreffer erhalten oder war es abgebrannt, dann fehlen diese Daten. Das Berliner Melderegister wird im Landesarchiv Berlin verwahrt und für die kostenpflichtige Nutzung ist ein Antrag erforderlich.[54]

In Hirschfelds Fall ist die Meldekarte nicht erhalten. Es gab Hinweise im Testament auf zwei Personen: auf den Diener Franz Wimmer und auf die Köchin Hinrike, auch Henrike oder Henny Friedrichs. Von beiden ist inzwischen mehr bekannt, wenn auch nicht genug. Einige Briefe Franz Wimmers an Hirschfeld aus der Zeit der Weltreise und des Exils wurden zufällig als „Beipack"[55] bei einer Auktion erworben. Anfragen von Henny Friedrichs an die Nazibehörden wegen der ihr von Hirschfeld ausgesetzten kleinen Pension finden sich in den Akten der Finanzverwaltung. Es gab eine große Anzahl weiterer Bediensteter, von denen nur die Namen bekannt sind, vielleicht noch die Funktion im Haus. Manche Namen konnten immerhin in den Berliner Adressbüchern verifiziert werden.[56]

Im Laufe der Recherchen erhielten wir in den 1990er Jahren Hinweise, dass eine frühere Hausangestellte des Instituts noch am Leben sei, allerdings lebe sie sehr zurückgezogen. Ein Kontakt zu ihr ließ sich zunächst nicht herstellen. Angesichts des fortschreitenden Alters der Person organisierten schließlich gemeinsame Bekannte eine „unverfängliche" Begegnung im Rahmen einer vorweihnachtlichen Geselligkeit, die Gelegenheit bot, ihr unser Interesse zu signalisieren. Einladungen zu einem Besuch folgten, und Adelheid Schulz – unter ihrem Mädchennamen Adelheid Rennhack von 1928 bis 1933 im Institut tätig – erwies sich als eine unschätzbare Quelle für Detailinformationen aus der Alltagsperspektive.[57] Sie hatte zudem aus dieser Zeit, die sie als die glücklichste in ihrem Leben bezeichnete, „weil ich dort als Mensch respektiert wurde", viele Briefe, Postkarten und Fotos aufbewahrt, und auch einige Gegenstände aus dem Institut vor dem Zugriff der Nazis gerettet, die die Magnus-Hirschfeld-Gesellschaft heute als Geschenk bewahrt bzw. die als Dauerleihgabe im Schwulen Museum in Berlin gezeigt werden.

---

54 http://www.landesarchiv-berlin.de/lab-neu/03_04.htm (19.9.2014)
55 In diesem Fall stellten sich die ca. 35 Beigaben zu dem angebotenen Objekt (ein Brief Hirschfelds von 1905) als mindestens genauso interessant heraus: es handelte sich um diverse Briefe aus der Frühzeit des Wissenschaftlich-humanitären Komitees, in denen es um Vortragsorganisationen ging, außerdem einzelne Briefe von Klienten des Instituts (Beratungswünsche).
56 Die Berliner Adressbücher sind online zugänglich: http://adressbuch.zlb.de (19.9.2014).
57 Ripa, Alexandra: Hirschfeld privat. Seine Haushälterin erinnert sich. In: Kotowski u. Schoeps (Hrsg.): Magnus Hirschfeld (wie Anm. 27). S. 65–70; auch Baumgardt, Manfred: Kaffeerunde mit Adelheid Schulz. In: Schwule Geschichte, 7 (2003). S. 4–16.

## Zeitzeuginnen und Zeitzeugen

Ein Bindeglied in die 1920er und frühen 1930er Jahre war der nach New York emigrierte Gynäkologe Hans Lehfeldt (1899–1993). Schon kurz nachdem die Magnus-Hirschfeld-Gesellschaft ihre Arbeit begonnen hatte, nahm Hans Lehfeldt Kontakt mit ihr auf mit der Anfrage, ob Interesse an einem Vortrag von ihm bestehe. Das hatten wir natürlich, ohne recht zu wissen, mit wem wir es zu tun hatten und was er uns bieten konnte. Als junger Arzt hatte Lehfeldt in Berlin in einer der Sexualberatungsstellen gearbeitet. Er war 1929 in London auf dem Kongress der Weltliga, später mit Norman Haire[58] und mit Margaret Sanger[59] befreundet, und er kannte alle diejenigen persönlich, deren Namen und Bedeutung wir uns mühsam aus den Zeitschriften der Zeit zusammenklauben mussten. Hans Lehfeldt hat seither jedes Jahr einen Vortrag bei der Magnus-Hirschfeld-Gesellschaft gehalten und war noch Ehrengast bei der Eröffnung von deren Forschungsstelle in Berlin im Sommer 1992.[60]

Die Journalistin Kristine von Soden war bei den Recherchen zu ihrer Dissertation über die Sexualberatungsstellen der Weimarer Republik[61] in Dänemark auf Erika Kwasnik gestoßen – deren Großmutter war als Gobelinstickerin für Reparaturarbeiten häufig im Institut und hatte die kleine Enkelin oft mitgebracht. Erika Kwasnik verdanken wir außer dem Bericht über ihre Kindheitserlebnisse im Hause Hirschfelds und im Institut[62] ein sehr privates Bild von der Weihnachtsfeier 1917 mit den Kindern der Hausangestellten und Bediensteten.

Noch eine Zeitzeugin verdanken wir Kristine von Soden: Lilo Laabs geb. Hehner. Frau Laabs war als junge Frau rund um den Alexanderplatz bei den Prostituierten als Fürsorgerin – heute würde man Sozialarbeiterin sagen – tätig. Sie hat öfter Patientinnen ins Institut für Sexualwissenschaft begleitet.[63] In den Gesprächen mit ihr stellte sich heraus, dass sie noch eine nahezu gleichaltrige

---

58 Lehfeldt, Hans: Norman Haire (1892–1952). In: MMHG, 15 (1991). S. 18–22.
59 Engelmann, Peter: Zervixkappen als „Bonbons aus Frankreich" und andere Einblicke und Ereignisse aus der Arbeitsfreundschaft zweier Pioniere der Geburtenregelung. In: MMHG, 31–32 (2000). S. 29–39.
60 Dose, Ralf: Erinnerungen an Hans Lehfeldt (1899–1993). In: Zeitschrift für Sexualforschung, 7 (1994), 1. S. 70–78.
61 Soden, Kristine von: Die Sexualberatungsstellen der Weimarer Republik 1919–1933. Berlin 1988 (Stätten der Geschichte Berlins 18).
62 Kwasnik, Erika: Bei „Onkel Hirschfeld". In: MMHG, 5 (1985). S. 29–32.
63 Sapparth, Henry (Hrsg.): Das Leben der Lilo Hehner. Kaleidoskop einer uralten Berlinerin. Berlin 2000; Schmitt, Peter-Philipp: Für Hirschfeld im Milljö. Lilo Hehner betreute vor acht Jahrzehnten Prostituierte und Homosexuelle in Berlin. In: Frankfurter Allgemeine Zeitung, 64 (2006). S. 9.

Freundin hatte, die 1933 als Sprachstudentin in Paris lebte und Hirschfeld als Kurierin einmal Dinge aus dem Institut mitbringen konnte. Das ihr konspirativ übergebene Paket hat sie nicht geöffnet. Berichten konnte sie aber von einem Lampenschirm mit pommerschen Motiven, um den Hirschfeld gebeten hatte, weil er Sehnsucht nach diesem Stück aus der Heimat hatte. Auch dieser Lampenschirm ist seither verschollen.

Der Schauspieler Michael Rittermann (1910–1989) – nach 1938 den Nazis aus Österreich auf abenteuerliche Weise entkommen – gehörte zu den ersten Zeitzeugen, die wir befragen konnten. Aber: Zu Beginn einer Recherche ist es oft gar nicht möglich die richtigen Fragen zu stellen, da noch unklar ist, wonach oder nach wem zu fragen ist. Oder die Fragen führen zu nichts, weil die Befragten sich seiner- resp. ihrerzeit für ganz Anderes interessiert haben. Als wir Michael Rittermann nach den wenigen uns damals bekannten Namen aus dem Institut für Sexualwissenschaft fragten, antwortete er schließlich: „Hätte ich gewusst, dass Sie mich das heute fragen würden, dann hätte ich mich natürlich für diese Personen interessiert. Aber ich war damals jung und ein ‚Flatterlieschen', ich wollte bei Karl Giese auf dem Sofa sitzen und Händchen halten. Die alten Männer im Haus waren mir doch völlig egal."

Einen ganz anderen Zeitzeugen hätten wir auch gern gesprochen – er ist uns entwischt. In unserer ersten Ausstellung *Magnus Hirschfeld. Leben und Werk* in der Staatsbibliothek Preußischer Kulturbesitz 1985[64] hatten wir als Blickfang ein großes Foto von der Plünderung des Instituts 1933. Auf diesem Bild stehen zwei gestiefelte Uniformierte in einem Haufen von Büchern und Broschüren. Eines Tages ließ sich ein älterer Mann von seiner Begleiterin vor diesem Bild fotografieren. Beim Hinausgehen sagte er zu unserer Aufsicht: „Der linke [oder war es der rechte?] von den beiden, das bin ich." Sprach's und enteilte, bevor sich unsere Aufsicht von ihrer Überraschung erholt hatte. Vielleicht gelingt es uns irgendwann, wenigstens das 1985 entstandene Foto zu erhalten?

## Patienten

In zwei Fällen ist es noch gelungen, persönliche Erinnerungen von Patienten an ihre Behandlung im Institut für Sexualwissenschaft zu erhalten: Durch eine Rundfunksendung wurde ein früherer Patient Hirschfelds, der damals im S-Bahn-Bereich außerhalb von Ostberlin lebte, auf die Magnus-Hirschfeld-Gesellschaft

---

[64] Baumgardt, Manfred, Dose, Ralf, Herzer, Manfred u. Klein, Hans-Günter: Magnus Hirschfeld – Leben und Werk. Ausstellungskatalog. 1. Aufl. Berlin-West 1985.

aufmerksam. Briefwechsel und damals zwischen Westberlin und einigen Orten im Umland von Ostberlin noch mit Voranmeldung handvermittelte Telefongespräche folgten, dann auch gelegentliche Besuche. Gerd Katter – in heutigen Kategorien eine Trans-Person (Frau zu Mann) – hatte aus der Zeit seiner Behandlung im Institut einige wesentliche Belege aufbewahrt, die wir nach seinem Tod 1995 erhalten haben – darunter ein so genannter Transvestitenschein.[65]

Eine andere, eher negative Sicht auf seine Erfahrungen im Institut beschreibt Dr. Hanns G., der als Teenager von seinem Vater zur Untersuchung und Behandlung ins Institut gebracht wurde.[66]

Aus den Erzählungen von Adelheid Schulz war bekannt, dass sich die Malerin Toni Ebel als Patientin im Institut aufgehalten hatte, es fehlten aber die Lebensdaten. Einige Hinweise fanden sich zunächst im Archiv der früheren Ostberliner Akademie der Künste, aber nichts über ihre frühere Existenz als Mann. Durch Hinweise aus einem freundschaftlich verbundenen Projekt konnte im Landesarchiv Berlin ihre „Opfer des Faschismus(OdF)-Akte" eingesehen werden, also ihr Antrag auf Anerkennung als Opfer des Faschismus. Auch dort fand sich kein Wort über den Aufenthalt im Institut für Sexualwissenschaft, aber ein langer Lebenslauf, geschrieben aus der Perspektive einer Frau. Durch einen Zufall wurde bekannt, dass sich im Landesarchiv auch ein Restbestand von Akten (immerhin ca. 40.000 Stück) über Namensänderungen vor 1945 aus dem früheren Stadtbezirksgericht Mitte befindet. Nur ein minimaler Teil davon ist aber archivalisch erfasst. Es handelt sich auch überwiegend um Vornamensänderungen oder um Einbenennungen bei Adoptivkindern. Der gesuchte Name „Ebel" fand sich in dem einzigen, ca. 1.000 Namen umfassenden Register nicht. Der zuständige Archivar bot freundlicherweise an, wir könnten die restlichen ca. 39.000 Akten selbst verzeichnen, was dankend abgelehnt wurde. Er hat dann aber doch einen der Kartons geöffnet und brachte nach 15 Minuten die Akte Ebel, die durch einen Zufall ganz oben im Karton lag. In dieser Akte befand sich u.a. ein weiterer Lebenslauf der späteren Toni Ebel von 1928, geschrieben aus der Perspektive eines Mannes zur Begründung, warum er als Frau leben wollte.

Die Geschichte von „Dorchen", die ebenfalls eine Zeit lang im Institut gelebt und in der Hauswirtschaft gearbeitet haben soll, und die vieler weiterer Patienten

---

[65] Mehr zu diesem und anderen transvestitischen und transsexuellen PatientInnen des Instituts bei Herrn, Rainer: Schnittmuster des Geschlechts. Transvestitismus und Transsexualität in der frühen Sexualwissenschaft. Gießen 2005 (Beiträge zur Sexualforschung 85).
[66] Praunheim, Rosa von u. G[rafe], Hanns: Ein schwuler Teenager als Patient in Hirschfelds Institut für Sexualwissenschaft. Rosa von Praunheim interviewt Dr. Hanns G. am 13.10.1991 in Berlin. In: Capri, 4 (1991), 3. S. 11–16.

des Instituts hat Rainer Herrn in seiner Studie über Transvestitismus und Transsexualität in der frühen Sexualwissenschaft ausführlich dargelegt.[67]

## Autobiografien

Autobiografien sind ein guter Ausgangspunkt, auch wenn man allen mitgeteilten (angeblichen) Daten und Fakten tunlichst misstraut. Im Falle Hirschfelds lagen vor: seine Aufzeichnungen *Von einst bis jetzt*[68], die viel über die Schwulenbewegung, aber wenig Privates enthalten, und ein in einem US-Handbuch erschienener *Autobiographical Sketch*.[69] Zum Familienhintergrund fand sich etwas in der kleinen Schrift zum 100. Geburtstag des Vaters Hermann Hirschfeld, die Magnus gemeinsam mit seiner Schwester Franziska verfasst hatte,[70] später auch in der schon erwähnten Festschrift für Franziska Mann. Auch die *Weltreise eines Sexualforschers*[71] liefert biografische Einzelheiten.

Viele der prominenteren Besucher des Institutes haben ihrerseits Autobiographien geschrieben oder sind biographiert worden. Daraus ergaben sich zumindest punktuelle Einsichten und gelegentlich dann auch Hinweise auf Nachlässe, in denen die Recherche sich lohnen könnte. Als ein prominentes Beispiel sei Christopher Isherwood angeführt. Aus seiner Autobiographie *Christopher and His Kind*[72] war bekannt, dass er eine Zeit lang im Institut für Sexualwissenschaft gelebt hatte; auch nannte er Namen, wie z.B. Erwin Hansen, die an anderer Stelle nicht vorkamen.[73] Der Versuch über seine Tagebücher vielleicht mehr – und authentischere – Informationen zu finden, musste scheitern, da die Tagebücher

---

67 Herrn: Schnittmuster (wie Anm. 63).
68 Hirschfeld, Magnus: Von einst bis jetzt. Geschichte einer homosexuellen Bewegung 1897–1922. Berlin-West 1986 (Schriftenreihe der Magnus-Hirschfeld-Gesellschaft 1).
69 „Hirschfeld, Magnus." In: Robinson, Victor (Hrsg.): Encyclopaedia Sexualis. A Comprehensive Encyclopaedia-Dictionary of the Sexual Sciences. New York 1936. S. 317–321. Wiederabdruck in Katz, Jonathan Ned (Hrsg.): A Homosexual Emancipation Miscellany, c. 1835–1952. New York 1975.
70 Hirschfeld, Magnus u. Mann, Franziska geb. Hirschfeld: Zum 100. Geburtstag von S.-R. Dr. Hermann Hirschfeld. Zwei Aufsätze für die Kolberger Zeitung für Pommern. Kolberg 1925.
71 Hirschfeld, Magnus: Die Weltreise eines Sexualforschers. Brugg 1933; englisch: Women East and West. Impressions of a Sex Expert. Übersetzt von O. P. Green. London 1935; französisch: Le Tour du monde d'un sexologue. Übersetzt von L. Gara. Paris 1938.
72 Isherwood, Christopher: Christopher and His Kind. London 1985.
73 Ausführlich über die Berliner Zeit: Page, Norman: Auden and Isherwood. The Berlin Years. Houndmills, London 1998.

aus den relevanten Jahren nicht mehr existieren.[74] Die Huntington Library in Los Angeles stellte freundlicherweise eine Anzahl Fotos zusammen, die Isherwood in Berlin gemacht hatte. Leider konnte niemand darauf identifiziert werden, auch vom Institut war kein Bild dabei. Später stellte sich heraus, dass es sehr wohl relevante Bilder gab, zumindest ein Porträt von Karl Giese befindet sich zwischen den Papieren Isherwoods.

Hier wird deutlich, dass bei aller Unterstützung durch lokale Archivarinnen oder Archivare die persönliche Inaugenscheinnahme solcher Nachlässe notwendig ist. Nur die Forscherin oder der Forscher selbst kann, falls erforderlich, die nötigen Assoziationen abrufen, um fündig zu werden.

## Dinge, die fehlen und die wir suchen

Hirschfeld hat z.B. von seiner Weltreise gelegentlich ethnologische Sammlungsgegenstände nach Berlin geschickt. Darunter war nach den Erzählungen von Adelheid Schulz und anderen eine große indonesische Phallus-Statue aus Stein, die im Institut aufgestellt wurde. Deren Abtransport muss den Nazis schon aus Gewichtsgründen Probleme gemacht haben. Dieses und viele andere Objekte der Sammlung sind weiter verschollen. Dazu gehört auch die Tür eines Männerhauses aus Neu-Guinea, früher im Institutsbesitz. Sie wurde zuletzt 1936 in Nizza beschrieben und war damals im Besitz eines gewissen „V.B.". Wo ist diese Tür und, wo sind die anderen Dinge heute, die sich damals in den Händen von „VB" befanden? Hierzu einige Hintergrundinformationen: Alle Patienten und Besucher des Instituts wurden bekanntlich aufgefordert, den psychobiologischen Fragebogen auszufüllen. Wie groß die Zahl der ausgefüllten Hefte war, lässt sich heute nicht mehr sicher feststellen. Ludwig Levy-Lenz behauptet, es seien 40.000 gewesen. Hirschfeld spricht 1935 an zwei verschiedenen Stellen davon, das es gelungen sei, die Fragebögen vor dem Zugriff der Nazis zu retten, und dass Karl Giese mehr als 1.000 davon nach Frankreich bringen konnte. Deren Verbleib ist ungeklärt, vermutlich wurde ein Großteil vernichtet, wie Henri Nouveau/Henrik Neugeboren (1901–1959) am 14.2.1936 in seinem Tagebuch notiert:

> Hirschfelds Bildarchiv: Genau elf Jahre vorher hatte ich in Berlin den kürzlich in Nizza verstorbenen Magnus Hirschfeld aufgesucht, jedoch nicht Gelegenheit gehabt, seine berüchtigte Sammlung zu sehen.

---

[74] Allerdings befindet sich ein Tagebuch von 1933 in der University of Tulsa, Oklahoma, und dort sind auch weitere Fotos, die wir noch nicht prüfen konnten; siehe http://www.utulsa.edu/mcfarlin/speccoll/collections/isherwood/index.htm (19.9.2014).

> U. nun, am ersten Abend in N. [...] zeigte mir VB Hs ganzes Bildarchiv, welches nicht in B verbrannt worden war – wie es hiess – sondern durch Hs Anwalt der Behörde für die horrende Summe von 35–40000 M abgekauft werden konnte unter der Bedingung, daß es ausser Landes geschafft würde. Ich habe nie zu erfahren versucht, auf welche Weise sich VB in den Besitz dieses Nachlassteiles gesetzt hat. [...] Dieser ganze Stoss wurde mir, als wissenschaftlich wertlos, zur Verfügung gestellt, damit ich daraus Fotomontagen machte od. was mir beliebte. Ich machte für VB und mich einige mehr oder minder gelungene Montagen, [...] behielt an die 50 für mich u. gab den Rest zurück. VB schenkte mir auch einen pornographischen japan. Holzdruck ‚die Barke' u. besass eine Menge der herrlichsten pornogr. Kakemonos. – Solange ich nicht ins Erdgeschoss umzog, schlief ich oben, [...] unter der prachtvollen Eingangstür eines melanesischen Männerhauses, welche VB später zurückgeben mußte.[75] [...] Tage- und nächtelang wurden die vielen 100 ausgefüllten Fragebogen auf ihren Wert hin gesichtet; auch ich las viele, nachdem strengste Diskretion von mir gefordert worden war. [...] Es wurde viel verbrannt; ich selbst habe mehrere Papierkörbe voll, welche mir VB zwecks letzter Suche nach evtl. irrtümlich hineingeratenen ‚Werten' aushändigte, in der Zentralheizung der Wohnung verfeuert. [...] Angeblich geschah das alles mit Genehmigung der französischen Staatsanwaltschaft.[76]

„VB" konnte durch Marita Keilson-Lauritz und den Verfasser vor einiger Zeit als der Maler und Musiker Victor Bauer[77] identifiziert werden.

## Lose Enden

Es gibt noch viele Spuren, denen bisher nicht gefolgt werden konnte. Genau durchzusehen wäre beispielsweise die Korrespondenz George Sylvester Vierecks, der nicht nur mit Hirschfeld befreundet war und korrespondiert hat, sondern auch mit dessen Schwester Franziska Mann. Die ungute Rolle, die Viereck als Repräsentant der Nazis in den USA gespielt hat, macht diese Recherche umso interessanter. Auch die Unterlagen, die Erwin J. Haeberle für sein Archiv der Sexualwissenschaft (heute Haeberle-Hirschfeld-Archiv für Sexualwissenschaft[78]) zusammengetragen hat, sind noch längst nicht in Gänze ausgewertet. Aus dem Institutskontext liegen dort Korrespondenzen mit Harry Benjamin und Unter-

---

75 Es handelt sich wohl um die von Hirschfeld vor der Ärztlichen Gesellschaft für Sexualwissenschaft und Eugenik Anfang 1914 demonstrierte Tür; vgl. Zeitschrift für Sexualwissenschaft, 1 (1914/15). H. 2. S. 79.
76 Nouveau, Henri: Auszüge aus dem unveröffentlichten „sex. Tagebuch", zitiert nach: Antiquariat Bernard Richter: Sexualwissenschaft V perversiones. Berlin, Baden-Baden 1995, bei Nr. 203.
77 Neumann, Lothar F. (Hrsg.): Victor Bauer. Saint-Paul-de-Vence 2011.
78 http://www.ub.hu-berlin.de/de/literatur-suchen/sammlungen/bestaende-der-historischen-und-spezialsammlungen-der-bibliothek/hha; auch http://www.sexarchive.info (19.9.2014).

lagen von Ludwig Levy-Lenz.[79] Es gab schließlich einen Wochenschau-Film mit Hirschfeld, entstanden Anfang Dezember 1930 bei Fox Movietone in New York, der dort kurz vor Weihnachten 1930 auch gezeigt wurde. Der Film ist verschollen und höchstwahrscheinlich nicht erhalten, da wohl nur ganz wenige Kopien in den Verleih gegangen sind – aber wer weiß?[80]

## Fazit

Im Rückblick auf über dreißig Jahre Forschung zum Nachlass Hirschfelds und des Instituts für Sexualwissenschaft bleibt eine banale Erkenntnis festzuhalten: Eins führt zum anderen. Jede eingesammelte Information enthält irgendein Surplus, mit dem zunächst nichts anzufangen zu sein scheint, weil ein Ort oder ein Name keine Assoziation auslöst, weil die Ressourcen fehlen, weil archivalische Quellen zwar vorhanden, aber nicht erschlossen oder nicht digitalisiert sind, weil es das Internet damals noch nicht gab, das sich aber zu einem späteren Zeitpunkt als wichtiger Baustein in einem anderen Kontext erweisen konnte. Spuren, die vor Jahren noch ins Leere liefen, sollten erneut aufgenommen werden. Ein zweiter Blick kann nicht selten neue Perspektiven eröffnen.

Die Quintessenz ist deshalb: Alle Informationen festhalten, die Sackgassen und die losen Enden benennen. Die nächste Forschergeneration könnte genau mit diesen Details fündig werden. Der englische Titel der Lebenserinnerungen von Mary (Maria) Saran, Max Hodanns erster Gattin, gilt auch für diese Arbeit: „Never give up".[81]

---

**79** Eine Auswertung der Papiere Bernhard Schapiros habe ich selbst vor einigen Jahren unternommen, mit dem Ergebnis, dass wir von seinem Sohn weitere Teile des Nachlasses für die Magnus-Hirschfeld-Gesellschaft erhalten haben; vgl. Dose, Ralf: Dr. med. Bernhard Schapiro. Eine Annäherung. In: Sexualität und Gesellschaft. Festschrift für Volkmar Sigusch. Hrsg. von Martin Dannecker u. Reimut Reiche. Frankfurt a.M. 2000. S. 142–157.
**80** Bisher geprüft habe ich: Moving Image Research Collection (MIRC), University of South Carolina; UCLA Film and Television Archive; Academy of Motion Picture Arts and Sciences; ITNsource.com.
**81** Saran, Mary: Never Give Up. Memoirs. Vorwort von Sir Arthur Lewis. London 1976.

Sebastian Panwitz
# Der historische Quellenwert von Vereinsdrucksachen[1]

Beschäftigt sich der Historiker mit der Geschichte von Vereinen, stellt sich ihm die Frage nach der Quellenüberlieferung. Nicht jeder Verein führte ein geordnetes Archiv. Und selbst wenn er es tat, wenn er Protokollbücher anlegte, wenn in seinem Vereinszimmer ein Archivschrank stand und seine Satzung das Amt eines Archivars definierte, ging ein solches Archiv mit der Auflösung oder dem Einschlafen des Vereins großteils verloren. Ein Grund dafür ist der Umstand, dass sich staatliche und kommunale Archive für diese Bestände lange Zeit nicht zuständig fühlten. Diese Archive entstanden selbst erst im 19. Jahrhundert, konzentrierten sich zunächst auf die Übernahme öffentlichen Archivguts und betrachteten Vereinsschriftgut als Privatsammlungen. Deren Wert als bewahrenswerte Dokumente wurde erst im fortschreitenden 20. Jahrhundert erkannt. Auf originäre Vereinsarchive des 19. und frühen 20. Jahrhunderts kann der Historiker deshalb nur in Ausnahmefällen zurückgreifen.[2] Der Verlust der Vereinsakten und -sammlungen lenkt den Blick auf korrespondierende Archiv- und bibliothekarische Überlieferungen, die für eine Rekonstruktion der Vereinsgeschichte genutzt werden können. Jeder Verein stand im Verlauf seiner Existenz im Kontakt mit meist mehreren staatlichen und kommunalen Behörden, so dass in deren Archivbeständen teilweise dichte Informationen zu finden sind.

Die Kontakte eines Vereins zu Behörden wurden durch die Rechtslage der entsprechenden Zeit und Region bestimmt. Da der moderne Verein erst im 18. Jahrhundert entstand, fehlte es zunächst an rechtlichen Rahmenbedingungen. In Preußen[3] enthielt das Allgemeine Landrecht von 1794 lediglich Angaben zu geheimen und politischen Organisationen. Auch die Vereins- und Versammlungsgesetze von 1849 und 1850 befassten sich nur mit der Kontrolle bestimmter Vereine, nämlich solcher, „welche eine Einwirkung auf öffentliche Angelegen-

---

[1] Es handelt sich um die gekürzte Fassung eines Aufsatzes, der erstmals erschien in: Stadtgeschichte im Fokus von Kultur- und Sozialgeschichte. Festschrift für Laurenz Demps. Hg. von Wolfgang Voigt un Kurt Wernicke. Berlin 2006. S. 69–84.
[2] Der *Tunnel über der Spree* und der *Verein für Wissenschaft und Kultur der Juden* sind zwei bekannte Beispiele. Das Archiv des Ersteren gelangte in die Sammlungen der Universitätsbibliothek der Humboldt-Universität Berlin (UB der HUB), das des Letzteren wurde als Teil des Nachlasses Leopold Zunz in die National Library of Israel (NLI) nach Jerusalem gebracht.
[3] Der Einfachheit halber werden hier die für Preußen zuständigen Behörden genannt. Nach Archivalien zu in anderen Staaten tätigen Vereinen ist entsprechend der dort gültigen Verwaltungsgliederung zu suchen.

heiten bezwecken".[4] Die innere Ausgestaltung blieb damit bis weit ins 19. Jahrhundert weitgehend den Vereinen überlassen. Die behördliche Kontrolle wurde per Einzelfallentscheidung bestimmten staatlichen Institutionen übertragen. Später wurde die Zuständigkeit für Vereine, die sich vor der Einführung der Vereinsregister etabliert hatten, beim Polizeipräsident zusammengeführt.[5] Die Übertragung der Rechte einer juristischen Person wiederum gehörte zum Entscheidungsbereich des Königs.[6] Diese Verfahrensweise änderte sich mit der Schaffung von Amtsgerichten mit Vereinsregistern 1879.[7] Neu gegründete Vereine mußten sich fortan hier registrieren lassen.[8] Ältere Organisationen ließen sich allerdings meist nicht ins Vereinsregister eintragen, sondern führten ihre Rechtspersönlichkeit direkt auf königliche Edikte zurück. Die Gesetzgebungsvollmacht für den Bereich des Vereins- und Versammlungsrechts war schon 1871 auf das Deutsche Reich übergegangen. Dieses nutzte sie jedoch in den ersten gut fünfzehn Jahren seiner Existenz nicht, so dass die Vereinsgesetze der deutschen Teilstaaten ihre Gültigkeit behielten. Erst im Dezember 1899 wurde mit dem „Gesetz betreffend das Vereinswesen" die rechtliche Grundlage für die Tätigkeit von Vereinen reichsweit vereinheitlicht.[9] Die bald darauf folgenden Modifikationen betrafen erneut vor allem die politischen Vereine. So wurde 1908 Frauen der Zugang zu solchen Organisationen geöffnet.[10]

Viele Vereine haben Überlieferungen in den Akten der der jeweiligen Vereinsverfassung zugehörigen Fachministerien hinterlassen, jüdische Vereine z.B. in den Beständen der preußischen Ministerien des Innern und der geistlichen, Unterrichts- und Medizinalangelegenheiten.[11] Von Vereinen, die ein Vereinshaus

---

4 Gesetzsammlung für die Königlich-Preußischen Staaten 1849. S. 221–225; Gesetzessammlung 1850. S. 277–283.
5 Für Berlin befinden sich die entsprechenden Akten vor allem im Landesarchiv Berlin (LAB), A Rep. 030–04 (Polizeipräsidium Berlin).
6 Geheimes Staatsarchiv Preußischer Kulturbesitz (GStA PK), I. HA, Rep. 89 (Geheimes Zivilkabinett).
7 Schaffung durch die Verordnung vom 26.7.1878 (Gesetzsammlung 1878. S. 275f.) und das zugehörige Gerichtsverfassungsgesetz (Gesetzsammlung 1878. S. 283). Beide traten am 1.10.1879 in Kraft.
8 Die Akten liegen entweder noch bei den zuständigen Amtsgerichten oder in den zugeordneten Archiven, für Berlin beim Amtsgericht (AG) Charlottenburg bzw. im LAB, B Rep. 042 (Bestand AG Charlottenburg).
9 Gesetz vom 11.12.1899. Reichsgesetzblatt 1899. S. 699f.
10 Reichsgesetzblatt 1908. S. 151–157.
11 GStA PK, I. HA, Rep. 77, Abt. I, Sekt. 34 (Ministerium des Innern, Generalabteilung, Judensachen); Rep. 76, III, Sekt. 12, Abt. XVI (Ministerium der geistlichen, Unterrichts- und Medizinalangelegenheiten, Evangelisch-geistliche Angelegenheiten, Spezialia Berlin, Sekten- und Judensachen).

besaßen oder ihr Geld in Hypotheken anlegten, finden sich Dokumente in den Grundbüchern und -akten.[12]

Einschneidende Veränderungen folgten ab 1933, als „feindliche" Vereine verboten, „jüdische" Vereine aufgelöst oder isoliert und 1939 in die Reichsvereinigung der Juden in Deutschland eingegliedert sowie die verbliebenen Vereine gleichgeschaltet und zum Ausschluss ihrer „nichtarischen" Mitglieder gezwungen wurden. Entsprechend wurden staatliche Behörden mit neuen Aufgaben versehen und bislang unbeteiligte Dienststellen in den Prozess von Überwachung und Zerschlagung einbezogen. Das Polizeipräsidium beaufsichtigte jetzt die Gleichschaltung des Vereinswesens und die Ausschaltung der „Juden" einerseits und die Isolierung „jüdischer" Vereine andererseits. Innen-, Justiz- und Propagandaministerium veranlassten und begleiteten Verbotsverfahren. Dem Finanzministerium fiel die Verwertung der eingezogenen Vereinsvermögen zu.[13]

## Drucksachen

Als ebenso bedeutsam wie die in den Behördenakten überlieferten Briefe, Briefentwürfe und Aktennotizen können sich die Vereinspublikationen, in erster Linie die Drucksachen eines Vereins, erweisen. Manche Drucksachen sind in Akten eingeheftet, vor allem Satzungen, die behördlich bestätigt wurden. Der Großteil dieser Publikationen jedoch ist in Sammlungen und Bibliotheken zu finden.

Die Vereinsdrucksachen wurden von der Forschung bisher meist nur bruchstückhaft genutzt, weil sie oft verstreut und teilweise schlecht zugänglich sind und sich ihr Erkenntniswert meist erst in der Gesamtheit erschließt. Im Folgenden soll deutlich gemacht werden, welche Menge und Vielfalt an Informationen den Vereinspublikationen zu entnehmen sind.[14] Als Fallbeispiel wird die *Gesellschaft der Freunde* gewählt, ein Berliner Verein, der 1792 im Kreis der jüdischen Aufklärung, der Haskala, als Organisation zur gegenseitigen Unterstützung gegründet wurde.[15] Die *Gesellschaft* entwickelte sich zum zentralen jüdischen

---

**12** Für Berlin befinden sich die Grundbücher und -akten entweder in den zugehörigen Amtsgerichten, im Zentralen Grundbucharchiv (ZGA) oder im LAB.
**13** Wenn das Vermögen, wie im Fall der *Gesellschaft der Freunde*, zugunsten des Preußischen Staates eingezogen wurde, fiel die Verwertung dem preußischen Finanzministerium zu, vgl. GStA PK, I. HA, Rep. 151, I A (Allgemeine Finanzverwaltung).
**14** Eine spezielle Form der Vereinspublikation, das Periodikum, das vor allem in der Zeit nach 1870 Verbreitung fand, kann hier nicht untersucht werden.
**15** Drucksachen der *Gesellschaft der Freunde* fanden sich in folgenden Archiven und Bibliotheken: Universitätsarchiv und UB der HUB, Staatsbibliothek Berlin Preußischer Kulturbesitz,

Kulturzentrum Berlins in der Mitte des 19. Jahrhunderts, später dann zum inoffiziellen Zentrum des Berliner Finanz- und Wirtschaftsbürgertums. Sie wurde im November 1935 verboten, ihren Mitgliedern gelang überwiegend die Emigration. Weitere Beispiele im vorliegenden Aufsatz wurden der Geschichte des Berliner jüdischen Vereinswesens zwischen 1780 und 1945 entnommen.[16]

## Satzungen

Ab der zweiten Hälfte des 18. Jahrhunderts waren eigene „Statuten" – so der zeitgenössische Begriff für eine Satzung – zentral und unabdingbar für jeden Verein. Satzungen regeln den für alle Mitglieder verbindlichen rechtlichen Rahmen der Arbeit der Organisation. Hier finden sich unter anderem Bestimmungen zu den Aufnahmebedingungen für Beitrittswillige, zu den Rechten und Pflichten der Mitglieder und zu den Entscheidungsgremien „Vorstand" und „Mitgliederversammlung".

Bei einem Überblick über die Entwicklung des Vereinswesens vom späten 18. bis zum frühen 20. Jahrhundert fällt auf, dass die Bedeutung der Satzung am Anfang der Periode sehr viel größer war als am Ende. Das fand seinen Niederschlag in einem barock zu nennenden Umfang. Die erste Satzung der *Gesellschaft der Freunde* von 1792 umfasste ein ganzes Büchlein. In den Anfangsjahren konnte der Verein nur auf wenige Vorbilder und auf keinerlei Erfahrungen zurückgreifen. Entsprechend waren die Formulierungen strikt und die Regeln vorsichtig.[17]

Auch die Statuten von 1803 gliederten sich in 71 Paragraphen. Ein solcher Paragraph konnte, unterteilt in verschiedene Unterpunkte und ergänzt durch „Anmerkungen", durchaus mehrere Seiten füllen. Bemerkenswert war dabei

---

Zentral- und Landesbibliothek Berlin, Archiv und Bibliothek des Leo-Baeck-Instituts, Stadt- und Universitätsbibliothek Frankfurt (Main), GStA PK, LAB, Archiv der Stiftung „Neue Synagoge" – Centrum Judaicum, Bundesarchiv Berlin, Central Archives for the History of the Jewish People Jerusalem (CAHJP) und NLI. In den Bibliotheken waren die Drucksachen teilweise in den öffentlichen Katalogen nicht verzeichnet und wurden nur durch Gespräche mit Mitarbeitern, durch Einsicht in besondere, dem Nutzer im Normalfall nicht zugängliche Kataloge oder durch Suche in offenen Magazinen gefunden.

**16** Zum Themenkomplex *Gesellschaft der Freunde* und zum Berliner jüdischen Vereinswesen siehe Panwitz, Sebastian: Die Gesellschaft der Freunde 1792–1935. Berliner Juden zwischen Aufklärung und Hochfinanz. Hildesheim 2007.

**17** Plan zur Errichtung einer wohlthätigen Gesellschaft unter dem Namen Gesellschaft der Freunde. Berlin 1792.

nicht nur die Menge, sondern auch die Tiefe der Selbstregulierung.[18] Die Intensität der Vorschriften macht es dem Historiker leichter, die Vorgänge innerhalb eines Vereins jener Zeit nachzuvollziehen, auch wenn der Text einer Vereinssatzung nicht mit der damaligen Vereinswirklichkeit gleichzusetzen ist.

Die Bedeutung, die der Satzung anfänglich zugeschrieben wurde, drückt sich auch in den häufigen und oft hitzig geführten Debatten über Satzungsfragen aus. Noch in der Chronik der *Gesellschaft der Freunde* von 1842, geschrieben fünfzig Jahre nach der Vereinsgründung, nimmt der Bericht über Satzungsdiskussionen und -änderungen breiten Raum ein. Hintergrund dafür ist die Tatsache, dass die Mitglieder im Verein über ihre Verfassungsfragen selbst entscheiden konnten, eine Möglichkeit, die ihnen auf städtischer und staatlicher Ebene nicht gegeben war.

Ein weiteres Merkmal früher Vereinssatzungen ist die Kompliziertheit der dort getroffenen Regelungen. Zurückzuführen ist dies vor allem darauf, dass nicht nur langjährige Erfahrungen mit der Vereinspraxis fehlten, sondern, wie erwähnt, auch eine staatliche Vereinsgesetzgebung. Gesetzliche Vorschriften für die interne Verfassung der Vereine, über Entscheidungsfindung, Wahlen oder Rechenschaftslegung existierten nicht. Als Beispiel für die konstatierte Kompliziertheit im Aufbau und Funktionieren früher Vereine mag der Umstand dienen, dass die *Gesellschaft der Freunde* nicht einfach einen Vorstand besaß. Vielmehr wurde sie in ihren Alltagsgeschäften von einem „engeren Ausschuss" geleitet, der neun, später elf Personen umfasste. Bestimmte Aufgaben fielen aber in die Kompetenz eines erweiterten Vorstands, des „größeren Ausschusses". Zu diesem gehörten neben dem engeren Ausschuss sechs, später vier weitere Personen, von denen einige von der Generalversammlung gewählt, andere zur jeweiligen Entscheidung von Vorstand berufen wurden.

Die Kompetenzen des „größeren Ausschusses" wechselten mit den Jahren mehrfach, ebenso wie das Verfahren, nach welchem seine Mitglieder bestimmt wurden. Daraus wird deutlich, wie sehr die *Gesellschaft der Freunde* in den ersten Jahrzehnten ihres Bestehens noch mit grundsätzlichen Verfassungsfragen experimentieren musste. In der Regel aber war der erweiterte Vorstand für die Aufnahme neuer Vereinsmitglieder und für Streitfälle in Unterstützungs- und Satzungsfragen zuständig. Anfänglich war eine vierteljährliche Einberufung dieses größeren Ausschusses vorgeschrieben. Später wurde er nur noch bei Notwendigkeit konsultiert. Als die *Gesellschaft der Freunde* um 1900 ihre Satzung wieder einmal einer grundsätzlichen Reform unterzog, wurde das komplizierte, zuletzt

---

**18** Statuten der mit Königl. Allerhöchster Bewilligung errichteten Gesellschaft der Freunde zu Berlin. O. O. 1803.

kaum noch benötigte Konstrukt aufgegeben. Anstelle des „engeren" und des „größeren Ausschusses" trat ein zwölf-, später vierzehnköpfiger Vorstand.

Überhaupt wurde die Satzung nach 1900 deutlich nüchterner und kompakter. Die „Gesellschaft" hatte offensichtlich ihre tragfähige Form gefunden. Hinzu kam, dass wichtige Rahmenbedingungen für die Vereinsarbeit durch das 1899 erlassene Reichsvereinsgesetz[19] geregelt wurden. Lange Erläuterungen und genaue Detailregelungen entfielen, so dass die Satzungen der Gesellschaft in den letzten Jahrzehnten ihres Bestehens denen heutiger Vereine ähnelten.

Grundsätzlich ist zu beachten, dass Vereinssatzungen immer nur das jeweilige Ideal, die mehrheitsfähigen Regeln wiedergeben, denen die Vereinswirklichkeit nicht unbedingt entsprochen haben muss. Zudem gab es selbst im 18. und frühen 19. Jahrhundert, als die Satzungen besonders detailliert waren, bestimmte Bereiche der Vereinstätigkeit, die jenseits der niedergeschriebenen Paragraphen lagen. Die intensiven und erfolgreichen Aktivitäten zum Beispiel, die die *Gesellschaft der Freunde* im Konflikt um die frühe Beerdigung unternahm, sind aus der Satzung nicht abzuleiten.[20] Allerdings ist es auch sehr ungewiss, ob staatliche Behörden und die Jüdische Gemeinde der Vereinsgründung zugestimmt hätten, wenn gesellschaftspolitische Konfliktthemen wie die Auseinandersetzung um jüdische Riten in die Satzung aufgenommen worden wären. Von der Gründung bis zum Verbot bestand der offizielle Vereinszweck ausschließlich in gegenseitiger Unterstützung der Mitglieder in Fällen von Krankheit, Arbeitslosigkeit, Armut und Tod. Alle anderen Tätigkeiten der *Gesellschaft* können nur aus anderen Quellen, nicht jedoch aus der Satzung abgeleitet werden.

## Mitgliederverzeichnisse

Mitgliederverzeichnisse wurden von vielen Vereinen regelmäßig, oft sogar jährlich publiziert. Historiker sehen diese Verzeichnisse für gewöhnlich lediglich ein, um zu prüfen, ob eine Person zu einem bestimmten Zeitpunkt Mitglied der besagten Organisation war. In diesen Drucksachen sind jedoch deutlich mehr Informationen enthalten, die sich vor allem beim parallelen Studium der Verzeichnisse aus mehreren Jahren erschließen.

Der eigentliche Eintrag in einer Mitgliederliste der „Gesellschaft der Freunde" ist wie folgt aufgebaut: Mitgliedsnummer, Name des Mitglieds, eventuell weitere

---

**19** Siehe Anm. 9.
**20** Zum Konflikt um die frühe Beerdigung und die Rolle, die die Gesellschaft der Freunde dabei spielte, siehe Panwitz, Sebastian: Gesellschaft der Freunde (wie Anm. 16). S. 42–50.

Informationen über Beruf, Titel und Auszeichnungen, eventuell Vermerk der „immerwährenden Mitgliedschaft", Wohnort und Eintrittsdatum[21].

Die Mitgliedsnummer ist das eindeutige Kennzeichen eines Mitglieds. Sie wurde nie zweimal vergeben. Schied z.B. das Mitglied mit der Nummer 29 aus, bekam der nächste Aufgenommene die Nummer A29. Dadurch sind Verwechslungen ausgeschlossen, und Personen in den Listen sind auch dann weiterzuverfolgen, wenn sie ihren Namen wechselten. Informationen über Beruf, Titel und Auszeichnungen helfen bei der Identifizierung von Personen mit weit verbreiteten Namen. Zudem geben die Angaben über einen Titel oder eine Auszeichnung den Hinweis darauf, dass sich Dokumente zu diesen Mitgliedern in den Beständen des Polizeipräsidiums[22] oder des Zivilkabinetts[23] befinden können.

Zu einem „immerwährenden Mitglied" konnte eine Person werden, wenn sie einmalig einen bestimmten, relativ hohen Betrag an den Verein zahlte. Dafür war sie bis zum Lebensende von weiteren Mitgliedsbeiträgen befreit und wurde auch nach dem Tode, also immerwährend, im Mitgliedsverzeichnis vermerkt. Für den Forscher hat die Verzeichnung schon verstorbener „immerwährender Mitglieder" in den Verzeichnissen zwei Vorteile. Zum einen gibt es immer Lücken in der Überlieferung der Mitgliederlisten, die so zumindest punktuell gefüllt werden können. Zum anderen wurden bei verstorbenen „immerwährenden Mitgliedern" neben den Eintritts- auch stets die Todesdaten verzeichnet, so dass eine zusätzliche biographische Information zur Verfügung steht.

Als Wohnort wurde bis zum Beginn des 20. Jahrhunderts nur die Stadt oder das Gut genannt, die bzw. das dem Mitglied als Hauptwohnsitz diente. Ab den 1910er Jahren trat dann regelmäßig, vor allem bei den Berliner Mitgliedern, die genaue Adresse mit Straße und Hausnummer hinzu. Großteils handelt es sich dabei um Dienstadressen, was die Zuordnung der Mitglieder zu bestimmten Firmen ebenso ermöglicht wie topographisch-soziologische Aussagen.

Das Eintrittsdatum schließlich lässt sich in Beziehung zur Biographie des Mitglieds setzen. Ebenso wird bei quantitativer Auswertung sichtbar, ob bestimmte Personen, z.B. Inhaber einer Firma oder Vertreter einer Branche, gemeinsam ein-

---

**21** Die Angabe des Eintrittsdatums entfiel in den Mitgliedsverzeichnissen der *Gesellschaft der Freunde* ab den 1920er Jahren.
**22** Das Polizeipräsidium Berlin wurde vor der Verleihung von Titeln und Auszeichnungen regelmäßig aufgefordert, Berichte über die betroffene Person in wirtschaftlicher, moralischer und politischer Hinsicht zusammenzustellen. Die zugehörigen Akten finden sich im LAB, A Rep. 030, Tit. 94.
**23** Der König persönlich befand über die Verleihung von Titeln und Auszeichnungen. Das vorbereitende und durchführende Amt war dem königlichen Zivilkabinett zugeordnet. Die Akten finden sich im GStA PK, I. HA, Rep. 89 (M), Jüngere Periode, 3.4.–3.5.

traten und wann es bestimmte Flauten oder Hochphasen bei den Bewerbungen um die Mitgliedschaft des Vereins gab.

Mitgliederverzeichnisse enthalten oft noch über die eigentlichen Mitgliederlisten hinausgehende Informationen. Es können dies Aufstellungen der kürzlich verstorbenen und der neu eingetretenen Mitglieder ebenso sein wie die aktuelle Zusammensetzung des Vorstands.

## Jahresberichte

Vor allem bei den Vereinen, die sich gegenseitige Unterstützung oder nach außen gerichtete Wohltätigkeit zum Vereinszweck gewählt hatten und dadurch regelmäßig mit großen Geldmengen umgehen mussten, wurde von Anbeginn an jährlich über die Arbeit des Vereins, die Bilanzen und die Verwendung der Finanzmittel Rechenschaft abgelegt. Sowohl die jährliche Rede des Vorstehers als auch der Jahresbericht des Sekretärs waren meist ausschließlich für die Mitglieder bestimmt und wurden daher nicht an die Öffentlichkeit weitergegeben.

Zentral für die Jahresberichte des Sekretärs waren Informationen über die Entwicklung der Finanzen und des Mitgliederstandes. Hinzu kamen, je nach Umständen und Interessen des Sekretärs, eine Zusammenfassung der Veränderungen und Neuigkeiten in der Verfasstheit und Tätigkeit des Vereins im vergangenen Jahr und die Würdigung herausragender verstorbener Mitglieder. Diese Jahresberichte wurden ab den 1870er Jahren gedruckt und helfen, das Bild der Vereinsarbeit in jenem Zeitraum zu skizzieren. Allerdings sind die Berichte in manchen Perioden so kurz, dass sich ihnen kaum mehr als die Rechnungsbilanz und die Veränderung des Mitgliederstandes entnehmen lässt.

## Festschriften und Vereinschroniken

Bei Feierlichkeiten zu runden Jubiläen wurden von vielen Vereinen Festschriften erstellt und publiziert, die häufig Chroniken der Vereinsgeschichte enthalten. Die *Gesellschaft der Freunde* legte drei solcher Druckschriften vor: 1842, 1872 und 1892, zu den Festen anlässlich ihres 50-, 80- und 100-jährigen Bestehens. Die Vereinschroniken sind von unschätzbarem Wert, weil sie, meist verfasst vom Sekretär oder vom Archivar des Vereins, auf Quellenmaterial basieren, das heute als verloren gelten muss. Sie geben Auskunft über die Hintergründe der Entstehung des Vereins, über Höhe- und Tiefpunkte in der Entwicklung und über die zentralen Persönlichkeiten in der Vereinsgeschichte. Zudem enthalten sie, je nach

Verein und Chronikautor, weitere Detailinformationen, teilweise sogar über Auseinandersetzungen innerhalb der Organisation. Allerdings ist gerade die Quellengruppe der Vereinschroniken mit besonderer Vorsicht zu behandeln. Bei einem Rückblick über fünfzig Jahre kommt es zwangsläufig zu Verschiebungen und nachträglichen Deutungen, so dass eine Chronik teilweise mehr über den Zeitpunkt ihrer Niederschrift als über den Zeitraum aussagt, über den sie berichten möchte.

Unter den Festschriften, die zu Vereinsjubiläen herausgegeben wurden, finden sich aber nicht nur Chroniken. Immer wieder wurden auch spezielle Publikationen zusammengestellt, die im Voraus an die Teilnehmer der Feste verteilt oder ihnen auf ihre Plätze an der Tafel gelegt wurden und die das Programm, die Tafellieder oder Ähnliches enthalten.

## Anzeigen

Anzeigen unterscheiden sich als Quelle deutlich von den vorangegangenen, da es sich hier um keine eigenständige Drucksache handelt. Da aber auch die in Tageszeitungen publizierten Anzeigen von Vereinen unter deren alleiniger redaktioneller Kontrolle standen und da sie, mehr noch als die originären Drucksachen, einer allgemeinen Öffentlichkeit zugänglich waren, sollen auch sie hier behandelt werden.

Anzeigen, die über anstehende Versammlungen oder Spendenaktionen von Vereinen berichten, lassen sich schon im Jahr 1820 nachweisen. In den 1840er Jahren wurde diese Art der Informationsvermittlung umfangreicher, um ab den 1850er Jahren beinahe inflationäre Züge anzunehmen. Die Ursache dafür ist unter anderem in der Tatsache zu finden, dass um die Mitte des 19. Jahrhunderts eine steigende Zahl von Vereinen einen Paragraphen in Satzung aufnahm, der die Publikation von Einladungen zu Mitgliederversammlungen in Berliner Tageszeitungen vorschrieb. Wesentliche Elemente hierbei sind für den Historiker der Tagungsort, Tagesordnung und Informationen über einige Mitglieder des Vorstandes. Die Anzeigen variieren geringfügig. Teilweise sind die Angaben über die Tagesordnung oder die Vorstandsmitglieder ausführlicher. Eine einzelne Anzeige ist dabei nicht besonders aussagekräftig. Werden jedoch die Informationen über einen längeren Zeitraum wie auch von einer Gruppe von Vereinen untersucht, erschließen sich wichtige Aussagen über die Topographie des jüdischen Vereinswesens in Berlin ebenso wie über die Entwicklung des Führungspersonals, die sich sonst mit keinen anderen Quellen ermitteln lassen.

Diese satzungsmäßig vorgeschriebenen Annoncen waren nicht die einzigen, die die Vereine veröffentlichten. Ab den 1850er Jahren informierten sie per Anzeigen auch über ihre sonstigen Veranstaltungen wie Bälle, Vorträge oder Soiréen.

In Einzelfällen wurden in Tageszeitungen sogar interne Machtkämpfe an die Öffentlichkeit getragen. So publizierten konkurrierende Gruppen innerhalb des *Brüdervereins* im Februar 1859, in den zehn Tagen vor der am 20. Februar stattfindenden Neuwahl des Vorstandes, vierzehn Anzeigen, allein sechs davon am 20. Februar selbst. Damit versuchten sie, die eigenen Kandidaten bekanntzumachen und zu verteidigen und gleichzeitig die Kandidaten der rivalisierenden Gruppen herabzuwürdigen.

Zusammenfassend lässt sich feststellen, dass die Annoncen von Vereinen und ihren Mitgliedern in Berliner Tageszeitungen ab den späten 1840er Jahren eine wichtige ergänzende Quelle zur Vereinsgeschichte bilden, die vor allem bei systematischer Auswertung von Periodika über einen längeren Zeitraum hinweg deutlich an Wert gewinnt. Bei einzelnen Vereinen sind diese Annoncen sogar die einzigen Quellen, die heute noch von ihrer Existenz zeugen. So existiert z. B. für den *Consum-Verein nach Schulze-Delitzsch zur Beschaffung koscheren Fleisches* nur eine einzige Anzeige in der Vossischen Zeitung.[24]

## Zusammenfassung

Die Vereinsdruckschriften – Satzungen, Mitgliederverzeichnisse, Jahresberichte, Festschriften und Chroniken – sowie Vereinsannoncen bieten reichhaltiges Quellenmaterial, auf dessen Grundlage sich bei systematischer Erfassung und Auswertung die Vereinsgeschichte in einem hohen Maße rekonstruieren lässt. Ihre Grenzen sind in der geringen Tiefe sowie in dem Umstand zu sehen, dass sie nur eine Innensicht, und spezieller noch: fast nur die offizielle Innensicht übermitteln. Angesichts der generell schwierigen Quellenlage bilden diese Druckschriften aber dennoch eine der wichtigsten Grundlagen für die historische Erforschung von Vereinen. Die große Bedeutung dieser Quellengruppe rechtfertigt auch den hohen Zeitaufwand, der für das Auffinden und Erfassen der einzelnen Druckschriften oder Annoncen oftmals notwendig ist.

---

**24** Vossische Zeitung, Jg. 1874, Nr. 6 (8.1.1874), 2. Beilage. S. 2.

Gabrielle Rossmer Gropman / Sonya Gropman

# Die jüdische Mahlzeit – Verbindung von Generationen

## Die Geschichte der Juden in Deutschland und ihre Essgewohnheiten

Die Essgewohnheiten der Juden in Deutschland vor dem Zweiten Weltkrieg waren denen der nicht-jüdischen Deutschen sehr ähnlich, allerdings gab es einige bedeutende Unterschiede. Diese Unterschiede, die sich aus der Anpassung an die jüdischen Religionsvorschriften erklären lassen, haben die deutsch-jüdische Küche einzigartig gemacht. Die daraus entstandenen Rezepte sind ein Beispiel für das häusliche Leben der Juden in Deutschland vor dem Zweiten Weltkrieg und nach der Emigration in andere Staaten. Wir haben sie recherchiert, um diesen bedeutenden Teil des kulturellen Erbes zu dokumentieren und zu erhalten.

## Jüdisches Leben auf dem Land

Vom 10. Jahrhundert, als sich die ersten fest organisierten jüdischen Gemeinden in Deutschland bildeten, bis ins späte 19. Jahrhundert lebte die große Mehrheit der Juden in Dörfern und Kleinstädten. Obwohl Christen und Juden vielerorts gemeinsam in den Städten lebten, führten sie voneinander ziemlich getrennte Leben. Jüdische Bewohner teilten die gleichen wirtschaftlichen Bedingungen wie ihre christlichen Nachbarn, in guten wie in schlechten Zeiten. Der größte Unterschied in ihren Essgewohnheiten war die strikte Einhaltung der koscheren Essenspraktiken, nach Vorschriften der Bibel und des Talmud. In jeder ländlichen Gemeinschaft waren die entscheidenden Einrichtungen für ein funktionierendes streng religiöses jüdisches Leben vorhanden: eine Synagoge und ein *Schammes*, zu dessen Aufgabe es gehörte, die zeremoniellen Zutaten wie die *Mazzes* an Pessach und die *Lulavs* (Palmenwedel) und *Etrogs* (Zitrusfrucht) an Sukkot aus größeren Städten oder aus dem Ausland zu beschaffen. Weiterhin gab es eine Begräbnisgemeinschaft, einen *Mohel*, der die Beschneidung der jüdischen Jungen vornahm, einen *Schochet*, der die rituelle Schlachtung der Nutztiere durchführte um koscheres Fleisch garantieren zu können, eine *Mikwe* (Ritualbad), eine Schule, einen Gemeinschaftsofen, einen *jüdischer Friedhof*, der häufig von mehrere Städten genutzt wurde, und andere Institutionen, die sich mit allen Bereichen des Lebens beschäftigten.

Genau wie ihre christlichen Nachbarinnen bereiteten die Frauen im Haushalt ihr eigenes Brot und ihre eigenen Kuchen vor und brachten sie – an den vorgesehenen Tagen – zum Gemeinschaftsofen, um sie dort backen zu lassen.

Häufig war der Gemeinschaftsofen von beiden religiösen Gruppen gleichermaßen genutzt, und je nach Feiertagen wurde eine der Gruppen bevorzugt behandelt. So war der Freitag zum Beispiel reserviert für die jüdischen Frauen, um ihre Brote, Kuchen und Aufläufe für *Schabbos* zu backen.

Da es Juden normalerweise nicht gestattet war, Land zu bestellen oder zu besitzen, haben sie über die Jahrhunderte zahlreiche Mittelsmännerpositionen geschaffen, sowohl niederer als auch gehobener Art, als Hausierer, Kaufmann, Händler und Bankier.

Jüdische Männer auf dem Lande waren häufig Viehhändler, die zu Wochenbeginn das Haus verließen und mit einem Kuh- oder Pferdehandel über Land reisten. Sie kamen am Freitag nach Hause, rechtzeitig zum Sabbatmahl und um das Wochenende mit ihrer Familie zu verbringen. Zum Zeitpunkt ihrer Heimkehr hatten die Frauen meist schon den Großteil der Sabbatvorbereitungen abgeschlossen. Das Haus war geputzt, die Wäsche sauber und das besondere Essen für den Freitagabend vorbereitet. Und auch das Mittagessen für Samstag befand sich bereits in seinem versiegelten Topf im Gemeinschaftsofen.

Beim Sabbatauflauf handelt es sich um einen Eintopf, der nach den Regeln der kosheren Küche vor dem Sabbat am Freitagabend bereits gekocht werden muss, damit das Arbeitsverbot während des Sabbats eingehalten wird. Der Auflauf bleibt über Nacht in einem niedrig eingestellten Ofen bis zum Mittagessen am Samstag. Es gibt eine ganze Reihe von Bezeichnungen für diesen Auflauf, neben *Schalet* heißt er auch *Kugel*, *Charlotte*, *Gesetzte* oder *Tscholent*. Diese Art der Zubereitung entspricht den Vorschriften der jüdischen Gesetze, die das Kochen am Sabbat nicht erlaubt.

Heinrich Heine, der große Dichter des 19. Jahrhunderts, pries das Sabbatgericht seiner Familie als *Schalet*. Obwohl er als Erwachsener zum Christentum konvertierte, schrieb er häufig und liebevoll über das typische jüdische Essen seiner Kindheit. In seiner Erinnerung an den Schalet enthielt dieses ein Stück fettes Fleisch, getrocknete Bohnen und Getreide. Die Zutaten wurden mit reichlich Wasser in einen Tontopf gefüllt, mit einem Deckel fest verschlossen und mit Lehm versiegelt. Die Geschmackskomponenten des Gerichts verbanden sich während des langsamen Garprozesses und wurden von Heine in seinem Gedicht *Prinzessin Shabbat* gepriesen:

> *Schalet* ist die Himmelspeise,
> Die der liebe Herrgott selber
> Einst den Moses kochen lehrte
> Auf dem Berge Sinai

*Schalet* bezeichnet nicht nur ein langsam gegartes Mittagessen, sondern ist auch ein Oberbegriff für eine ganze Reihe von sowohl süßen als auch herzhaften Ofengerichten, etwa herzhafte *Mazzen* oder *Kartoffelschalets*, die als Beilagen serviert werden, oder süße *Apfelschalets* als Desserts, aber es gibt eine Vielzahl von Variationsmöglichkeiten mit einer Reihe von Zutaten.

Anfang des 20. Jahrhunderts etablierte sich *Gesetzte* als eine Bezeichnung für das langsam gegarte Sabbatgericht. Damit war vor allem die Grünkernsuppe gemeint, die durch den langsamen Garprozess und den Verzicht auf Schweinefleisch zum koscheren Essen wurde. Rindfleisch und Gemüse (meistens Wurzelgemüse, das beim Kochen nicht zerfiel) wurden mit dem Getreide zusammen über Nacht geköchelt. Dadurch kochte die Grünkernsuppe wesentlich dicker ein und war deshalb auch als eine komplette Mahlzeit besser geeignet als ihre typisch deutsche, nicht-koschere Variante.

## Die Rolle der jüdischen Lebensmittelhändler

Meistens sprachen Juden in Kleinstädten eine westliche Version des Jiddischen (manchmal auch Jüdisch-Deutsch genannt), ein mittelalterlicher Dialekt, der Hebräisch und Deutsch kombinierte. Häufig konnten diese kein Hochdeutsch, was ihnen die Teilhabe an der deutschen Mehrheitsgesellschaft erschwerte. Im kleinstädtischen, jüdischen Leben im deutschsprachigen Raum spielte das Westjiddisch bis ins frühe 19. Jahrhundert eine wichtige Rolle. Da Jiddisch, ob der westliche oder östliche Dialekt, als eine gemeinsame Sprache der aschkenasischen Juden in vielen europäischen Ländern gesprochen wurde, konnten die jüdischen Händler, die oft weite Wege zurücklegten und dabei viele Ländergrenzen überschritten, in dieser Sprache kommunizieren.

Neben dem Vertrieb von anderen Handelsprodukten waren die ins Ausland reisenden Händler dafür verantwortlich, ihren Gemeinden spezielle Zutaten für die religiöse Verwendung mitzubringen, denn eine Reihe von Dingen war in den deutschen Ländern nicht erhältlich.

Dazu gehörten die Zitronatzitrone (hebr. *Etrog*), eine kleine Zitrusfrucht ähnlich einer Zitrone, die für *Sukkot* ein essenzieller Bestandteil ist. Deutschjüdische Händler reisten bis nach Spanien und Italien, nicht nur um *Etrogim*, Zitronen und Orangen einzukaufen, sondern auch, um den Anbau von Zitrushainen zu fördern, indem sie die Finanzierung übernahmen und die Abnahme der Produkte garantierten. Ein Ergebnis des jüdischen Handels war der Import von Zitronen und Orangen nicht nur nach Deutschland, sondern auch nach Nord- und Osteuropa.

Jüdische Händler brachten auch den Zucker nach Nordeuropa. Ursprünglich stammte Zucker aus Indien, in Sanskrit heißt Zucker *Sarkara*. Schon der jüdische Philosoph Rashi schrieb im 11. Jahrhundert von *Sukra*. Im Mittelalter kontrollierten jüdische Familien in Ägypten die Zuckerproduktion. Nachdem jüdische Familien 1532 aus Spanien und Portugal vertrieben wurden, haben portugiesische Marranos (konvertierte Juden) Zuckermühlen in Brasilien etabliert. Jüdische Händler brachten Zucker und den Raffinadeprozess aus Brasilien nach Amsterdam und von dort aus nach ganz Europa.

Marzipan war ebenfalls eine Handelsware jüdischer Kaufleute. Diese formbare Zucker- und Mandelpaste hat ihren Ursprung im 11. Jahrhundert in der arabischen Welt, wo sie *Mautaban* genannt wurde. Sie wurde zu Höchstpreisen verkauft und nach Italien importiert, dort bekam sie den Namen *Marzipana*. Diese kleinen, verzierten Süßigkeiten fanden ihren Weg vom Hafen in Venedig zu den deutschen Häfen Lübeck und Königsberg. Noch heute ist Lübeck für sein Marzipan berühmt.

## Der Weg der Juden in die Stadt

Als sich im 19. Jahrhundert im Zuge der Aufklärung neue Möglichkeiten auftaten, kam es in vielen jüdischen Gemeinden zu diversen religiösen Reformbewegungen. Die Bestrebungen zielten vor allem auf eine bessere Einbindung des jüdischen Lebens in die christliche Umgebungsgesellschaft. Juden wollten damit die Möglichkeiten schaffen, eine breitere Teilhabe an den kulturellen, politischen und wirtschaftlichen Einrichtungen zu erreichen.

Die Reformbewegungen etablierten sich vor allem in den größeren Städten mit einer großen Jüdischen Gemeinde, wie in Frankfurt, Berlin, München, Köln und Hamburg. Wenn man bedenkt, dass Deutschland zu dieser Zeit keine einheitliche Nation war, sondern ein Konglomerat von Kleinstaaten, Fürstentümern und Stadtstaaten, dann war diese Bewegung nicht flächendeckend, sondern ortsgebunden. Juden siedelten vermehrt in den Territorien von Preußen, Bayern, Baden-Württemberg und Hessen. Jeder Ort hatte unterschiedliche Bestimmungen und Gesetze, die sich auf das Leben der Juden verschiedentlich auswirkten. Im Verlauf des 19. Jahrhunderts verbesserten sich langsam die Bedingungen für ein jüdisches Leben auch in den Städten. Um 1875 gab es eine Massenmigration vom

Land in die Stadt und viele Bereiche des täglichen Lebens änderten sich radikal, so auch die Essensgewohnheiten. Gerade in Berlin schritt die Assimilierung sehr schnell voran, und bald verschwanden jüdische Traditionen durch die zunehmende Säkularisierung der Berufswelt wie des Privatlebens. Dabei haben viele Juden ihre Essgewohnheiten der Mehrheitsgesellschaft angepasst, obwohl vereinzelt noch Spuren der koscheren Vergangenheit erkennbar waren. So schrieb Marion Kaplan in *The Making of the Jewish Middle Class*: „foods preserved ethnic identity and religious sentiments well beyond even formal secession from Judaism. [In fact] dietary rules [were] disguised as preferences".[1]

In vielen Familien dauerten spezielle Bräuche des jüdischen Lebens fort. Nicht selten blieb der Freitagabend Wochenhöhepunkt und wurde mit einem Festmahl zelebriert. Besondere Fleisch- und Fischgerichte waren weiterhin ein Teil der Sabbattradition. Auch nach dem Wechsel vom Land in die Stadt wurden religiöse Traditionen weiter gepflegt. Wenn man sich die Rezepte der in der Stadt lebenden Juden in Deutschland zu Beginn des 20. Jahrhunderts anschaut, ist festzustellen, dass zwar die koscheren Vorschriften nicht mehr unbedingt befolgt wurden, sie aber auch nicht völlig in Vergessenheit gerieten.

## Familientradition

Die Familie der Verfasserinnen emigrierte kurz vor Beginn des Zweiten Weltkrieges aus Deutschland. Die einjährige Gabrielle kam mit ihren Eltern Erna (geborene Marx) und Stefan Rossheimer (später amerikanisiert zu Stephen Rossmer) im März 1939 per Schiff in die USA. Ernas Eltern Emma und Sigmund Marx aus München folgten ihnen ein Jahr später über Italien. Stefans Eltern, Hugo und Rosa Rossheimer, wurden 1942 deportiert und ermordet.

Anhand unserer Familien sind die Wege jüdischer Emigration exemplarisch nachzuverfolgen. Die Geschichte der Familie Marx (die sich bis ins Jahr 1688 in Stuttgart zurückverfolgen lässt) spiegelt die Migrationsbewegungen vieler deutsch-jüdischer Familien wider. In Stuttgart war der Vorfahr Hoffaktor beim Herzog von Stuttgart. Als den folgenden Generationen das Aufenthaltsrecht in der Stadt nicht mehr gewährt wurde, zogen sie aufs Land. Erst im 19. Jahrhundert zog die Familie wieder Richtung Stadt. Sigmund Marx wurde 1875 in der ehemaligen Reichsstadt Nördlingen geboren. In den 1890er Jahren zog die Familie nach München, wo die Eltern wahrscheinlich nach guten Partien für ihre vier Töchter

---

[1] Kaplan, Marion A.: The Making of the Jewish Middle Class. Women, Family and Identity in Imperial Germany. New York 1991.

suchten und den vier Söhnen gute Aufstiegschancen ermöglichen wollten. Sigmund und einige seiner Brüder kauften die Lithographiewerkstatt Beger und Roeckel/Grafia, die Grußkarten und Bonbonverpackungen fabrizierte. Obwohl keine Aufzeichnungen über deren Essensgewohnheiten erhalten sind, können wir annehmen, dass die Familie Marx in Nördlingen die traditionellen koscheren Essgewohnheiten der dörflichen Juden befolgt hat. In München führten Emma und Sigmund Marx ein Leben der gehobenen Mittelschicht, zu ihren Hausangestellten gehörte auch eine Köchin. Und obwohl sie weiter viele jüdische Gewohnheiten beibehielten, haben sie die koscheren Vorschriften nicht mehr beachtet.

Nachdem Sigmund und Emma Marx mit ihrer 1910 geborenen Tochter Erna 1939 emigrierten, lebte die Familie in New York in einer Wohnung in den Washington Heights, einer Gegend in Upper Manhattan. In diesem Stadtteil lebte nach 1939 die weltweit größte deutsch-jüdische Exilgemeinde von über 250.000 Emigranten. Auch in anderen Stadtteilen in New York gab es größere Zusammenschlüsse deutsch-jüdischer Einwanderer, wo weitere Familienmitglieder und Freunde wohnten. Zuhause wurde Deutsch gesprochen, erst im Kindergarten lernte die Verfasserin Englisch. Deren Großmutter Emma Marx wurde in dem neuen Leben und dem neuen Land die Köchin für den Mehrgenerationenhaushalt. Sie hatte vor ihrer Hochzeit die Münchner Kochschule besucht und war eine versierte Köchin. Ihr handgeschriebenes Kochbuch, das sie während ihrer Zeit in der Kochschule selbst verfasst hatte, brachte sie mit nach New York, genauso wie das in Frankfurt 1901 erschienene *Kochbuch für die einfache und feine jüdische Küche* von Marie Elsasser. Obwohl sie die meisten Gerichte aus dem Gedächtnis zubereitete, hat sie bestimmte Gerichte immer nach diesen zwei Büchern gekocht, zum Beispiel Igel (in ihrem handgeschriebenen Kochbuch „Französischer Igel" genannt), Krautsalat, Nudelkugel und Pflaumenkuchen.

Die jüdischen Flüchtlinge, die das nationalsozialistische Regime in den 1930er Jahren von ihren Auswanderungsabsichten unterrichteten, konnten Deutschland zumeist mit einem *Lift*, einem Container, verlassen. Die Familien mussten bei den Behörden eine vollständige Inventarliste all ihrer Besitztümer, die sie ausführen wollten, einreichen, auf der auch der Wert jedes einzelnen Gegenstandes vermerkt wurde. Im *Lift* konnten auch größere Möbelstücke mitgenommen werden, wertvolle Gegenstände wie Schmuck oder Gemälde wurden allerdings meist konfisziert, wie auch das Bargeld.

In unserem Fall haben sich die Besitztümer zweier Familien erhalten, der Eltern und Großeltern. Dadurch besitzt die Familie noch immer eine große Anzahl von Küchenutensilien wie zum Beispiel schwarze Emailletöpfe, Holzbretter, Küchenmesser, Kaffeetassen, Handtücher und ein Menge mehr. Für die Zubereitung der uns vererbten Rezepte benutzen wir heute noch regelmäßig die Utensilien, die schon unsere Großmutter und Urgroßmutter in Deutschland vor

Jahrzehnten gebraucht haben. Für uns bedeutet dies eine emotionale und direkte Verbindung in die familiäre Vergangenheit.

**Abb. 1:** Kochbuch.

In New York hat unsere Familie die gleichen Essgewohnheiten beibehalten wie in Deutschland. Das Freitagsmahl war der Wochenhöhepunkt, mit dem der Sabbat eingeläutet wurde und an dem die beliebtesten Familienrezepte serviert wurden. Auf einer typischen Freitagstafel finden sich zum Beispiel Sabbat-Brot (*Berches*), Rindfleischsuppe, gefüllte Kalbsbrust oder gebratene Ente, Bratkartoffeln oder Kartoffelklöße, ein saisonales Gemüse wie Spargel, Blumenkohl oder grüne Bohnen –entweder kalt serviert mit einer Vinaigrette oder warm mit einer weißen Sauce – und häufig Krautsalat. Zum Nachtisch kann es etwas Einfaches wie frisches Obst oder Weincreme (mit Eiern, Wein, Zitrone und Schlagsahne gekocht) geben.

Das mag alles nach einer typisch deutschen Mahlzeit aussehen, bis man es sich genauer anschaut. Das Brot ist kein einfaches Brot, sondern der *Berches*.

Das ist ein traditionelles rituelles Brot, welches von den Juden in Deutschland während des Sabbat oder der Feiertage gegessen wurde. Es ist ein geflochtener Laib, der mit Mohn bestreut wird. Es unterscheidet sich von dem bekannteren *Challah*, dem Brot der osteuropäischen Juden, auf zwei Arten: der *Berches* wird *nicht* mit Eiern im Teig hergestellt und oftmals kommen Kartoffeln hinzu. Die Fleischbrühe wurde meistens aus Rind- oder Kalbfleisch zubereitet, manchmal auch zusätzlich mit Hühnerfleisch, sie kann mit *Mazzenknödeln* serviert werden. *Mazze* ist das ungesäuerte Brot, welches während der Pessachwoche gegessen wird, aber *Mazzenknödel* werden das gesamte Jahr über als Suppeneinlage in der jüdischen Küche verwendet. Klöße, Fleischbrühen und Wasserwecken (Brot auf Wasser- statt Milchbasis) sind ein typisch deutsches Gebäck und mit kleinen Änderungen wurden sie in die jüdische Küche adaptiert.

**Abb. 2:** Familientradition.

## Koschere Varianten von deutschen Lebensmitteln

In einem Land mit einer reichen Tradition der Wurstherstellung haben jüdische Metzger ihre eigene Wurst kreiert, die ohne Schweinefleisch auskam. In New York kaufte unsere Familie bei Bloch & Falk ein. Das war eine koschere Metzgerei, dessen Besitzer aus Frankfurt emigrierten und in den Washington Heights ein Geschäft eröffneten, das von den 1930er Jahren bis in die 1990er bestand. Zu ihrem Laden gehörte auch eine Räucherkammer, wo sie ihre eigenen Räucherspezialitäten herstellten: Ringwurst, Aufschnitt, Pökelfleisch, Rauchfleisch, geräucherte Zunge und anderes. Linsensuppe mit Ringwurst war ein typisches Alltagsgericht im Rossmer-Marx-Haushalt. Die Ringwurst von Bloch & Falk war eine geräucherte Dauerwurst und ihr kräftiges Aroma durchzog die Suppe. Das Rezept hierfür steht weiter unten.

**Abb. 3:** Linsensuppe.

Bei einem Deutschlandbesuch 2011 fanden wir in der Frankfurter Kleinmarkthalle an einem der Wurststände in einer Vitrine eine Wurst aus Rindfleisch, die uns erstaunlich bekannt vorkam. Die Verkäuferin verwies auf die lange Tradition der Wurst, die bereits seit Anfang des 19. Jahrhunderts produziert werde. Sie erzählte auch, dass es vor dem Zweiten Weltkrieg viele jüdische Kunden gab, die genau wegen dieser Wurst in die Metzgerei kamen. Kurzentschlossen wurde diese Wurst gekauft und mit in die USA genommen, wo sie alsbald die Einlage für eine Linsensuppe wurde. Obwohl die Frankfurter Ringwurst nicht koscher war, kam der Geschmack sehr nah an die von Bloch & Falk aus der Kindheit in Washington Heights heran. Es war für beide Seiten der Theke eine richtige Entdeckung: Wir hatten Glück, dass die Verkäuferin, die wir kennenlernten, die Geschichte des Produkts im Zusammenhang mit den jüdischen Kunden kannte, und für uns war es eine wertvolle Information, dass ein Produkt, das wir in den USA so nicht mehr finden konnten, noch in Frankfurt hergestellt wird. Für uns ist es eine Verbindung zu einer Zeit, in der Juden ein integraler Bestandteil des Lebens in Deutschland waren.

Durch das Einhalten des koscheren Verbots, Milch und Fleisch in derselben Mahlzeit zu sich zu nehmen, kam es zu zahlreichen kulinarischen Entwicklungen. Zu einer fleischigen Mahlzeit muss es einen Ersatz für milchige Gerichte geben. Zu deutschen Gemüsebeilagen gehören zum Beispiel häufig Mehlschwitzen, oder helle Saucen, die mit Butter, Mehl und einer Flüssigkeit angerührt werden. In der jüdischen Küche wurde Butter oft durch Gänseschmalz oder Pflanzenöl ersetzt. Als Palmin (ein Kokosfett) Anfang des 20. Jahrhunderts auf dem deutschen Markt eingeführt wurde, wurde es schnell von koscheren Köchinnen und Köchen angenommen. Das veränderte die Zubereitung und den Geschmack vieler Gerichte.

Ein anderes Beispiel für die Vermeidung von Milch in Fleischgerichten ist das Weglassen von Sahne zu Braten, was in der deutschen Küche eine häufige Kombination ist. So sind die deutsch-jüdischen Varianten von Fleischgerichten wie Sauerbraten oft leichter als die deutsche Version.

## Festtagsgerichte

Ein typisches Gericht der deutsch-jüdischen Küche zu Pessach sind *Krimseln*, eine Süßspeise aus Mazzenteig, der frittiert wird und anschließend mit einer süßen Sauce wie Himbeersirup oder Weinschaum gereicht wird. *Krimseln* – früher auch bekannt als *Chremslech* – sind vermutlich aus Italien nach Deutschland gelangt, wo ein Strang gebackener Teig, wie eine Art Nudel, im Ofen gebacken und anschließend mit Honig getränkt wurde. Das Wort *Chremslech* soll vom italienischen *Vermicelli* abstammen. *Kreplach* ist eine Verniedlichungsform von Krapfen. Wie andere schon gezeigt haben, breiten sich Gerichte und ihre Namen über Ländergrenzen und Bevölkerungsgruppen hinweg aus, es ist nicht immer möglich, die Einflüsse genau zu bestimmen. Anzumerken ist aber, dass die Verwendung bestimmter Lebensmittel von Juden und Nicht-Juden gleichermaßen als speziell zur jüdischen Küche zugehörig eingestuft wurde und dass es eine Interaktion mit anderen Kulturkreisen gab.

Juden und Christen teilen die Auffassung, dass Fisch den Messias symbolisiert. Es gibt eine lange Tradition, am Freitagabend Fisch zu essen, um dem Messias zu gedenken. Vor allem Karpfen ist auf dem deutsch-jüdischen Speiseplan zu finden. Beliebte Rezepte des Süßwasserfisches mit seinem festem Fleisch sind Karpen süß-sauer, Karpfen in brauner Soße oder Karpfen in Aspik. Bis heute wird der Fisch als erster Gang serviert, entweder anstelle der Suppe oder davor. Diese Tradition findet sich häufiger in koscheren Familien als in säkularen.

## Fazit

Wenn man sich anschaut, was Juden in Deutschland vor dem Zweiten Weltkrieg gegessen haben, sind die Unterschiede zur nicht-jüdischen deutschen Küche auf den ersten Blick marginal. Abwandlungen entsprechen jedoch den religiösen Speisegesetzen und wurden entsprechend tradiert, auch in längst säkularisierten Haushalten. Diese deutsch-jüdische Kochkunst hat sich sowohl in der Ursprungsheimat als auch in den Auswanderungsländern, wie den USA, nur noch in Resten erhalten. Die Verfasserinnen haben sich mit der Sammlung von Rezepten sowohl in ihrer ursprünglichen Form sowie in der erinnerten oder nachempfundenen Form darum bemüht, das wichtige kulturelle Erbe zu erinnern und in Resten zu bewahren.

**Abb. 4:** Hobel.

**Rezepte**

**Linsensuppe mit Ringwurst** für 6–8 Portionen
Für das original jüdische Gericht muss das Fleisch entweder Rind oder Geflügel sein. Am besten benutzt man eine Ringwurst (eine geräucherte Rindswurst), wenn sie zu bekommen ist. Ansonsten kann auch eine geräucherte Truthahn-Krakauer oder eine geräucherte Truthahnkeule anstatt der Ringwurst verwendet werden.

Die gleiche Zubereitung gilt auch für Erbsensuppe, für die man die Linsen durch getrocknete Erbsen ersetzt (diese haben eine etwas längere Kochzeit).
2 Esslöffel Pflanzenöl
1 weiße Zwiebel, gewürfelt

1 Stange Lauch, den weißen und grünen Teil kleingeschnitten
1 Stange Sellerie, kleingeschnitten
1 ½ bis ¾ Kilo Ringwurst, Krakauer oder Truthahnkeule
2 Liter Wasser
350 Gramm grüne Linsen
1–2 Möhren, in 6mm dünne Ringe schneiden
Salz und Pfeffer zum Abschmecken

Öl in einer Pfanne erhitzen. Die Zwiebel und den Lauch anbraten, bis sie glasig sind. Sellerie hinzufügen und alles braten, bis der Sellerie weich ist.

Währenddessen das Fleisch und das Wasser in einem Topf aufkochen lassen. Schaum von der Oberfläche abschöpfen. Hitze reduzieren und die Linsen, das Gemüse aus der Pfanne und die Möhren hinzugeben. Auf kleiner Flamme etwa eine Stunde zugedeckt köcheln lassen, bis die Linsen weich sind.

Mit Pfeffer und Salz abschmecken und weitere 5 Minuten köcheln lassen.

Wenn sich die Haut der Wurst gelöst hat, entfernen. Die Wurst in mundgerechte Stücke schneiden und wieder zur Suppe hinzufügen.

Die Suppe als Hauptgericht servieren. Beilagen: grüner Salat und Brot.

**Mazzenkrimseln** für 8 Portionen
Dieser Nachtisch wird mit *Mazzen* hergestellt, jenem ungesäuerten Brot, das traditionell während *Pessach* gegessen wird.

Man kann das Rezept beliebig teilen und kleinere Mengen herstellen.
1 Packung Mazzen (300 Gramm)
6 Eier, verquirlt
75 Gramm Zucker
50 Gramm blanchierte Mandelblättchen, zerkleinert
150 Gramm Sultaninen
abgeriebene Schale von einer Zitrone
½ Teelöffel geriebene Muskatnuss (je nach Geschmack)
Neutrales Pflanzenöl zum Frittieren

In einer großen Schüssel die Mazzen in mundgerechte Stücke zerkleinern. Mit warmem Wasser bedecken. Für ca. 10 Minuten einweichen. Anschließend das Wasser abgießen und die Mazzen etwas auspressen. Die Eier, den Zucker, die Mandeln, die Sultaninen, die abgeriebene Zitronenschale und den Muskat (nach Geschmack) zu den Mazzen geben und gut durchmischen.

Eine Bratpfanne 1,5 cm tief mit Pflanzenöl bedecken. Das Öl erhitzen (um zu sehen, ob es heiß genug ist: eine kleine Portion Teig ins Öl geben, wenn es zischt, ist es heiß genug). Jetzt mit Hilfe eines Esslöffels kleine Teigportionen abstechen und ins heiße Öl gleiten lassen. Auf mittlerer Hitze braten, bis sie am Boden goldbraun sind (etwa 2–3 Minuten). Wenn die *Krimseln* zu dunkel werden, die Hitze reduzieren. Das Gebäck wenden und weitere 1–2 Minuten auf der zweiten Seite frittieren, so lange, bis sie goldbraun sind. Auf einem Papiertuch abtropfen lassen. Mit dem restlichen Teig ebenso verfahren.

Wie bei anderen frittierten Speisen werden die Mazzenkrimseln am besten ganz frisch und noch heiß gegessen! Außer mit den üblichen Saucen, Himbeere und Weinschaum, kann man sie auch mit Puderzucker bestreut oder mit anderen Obstsaucen servieren.

**Abb. 5:** Krimseln.

Frank Stern
# Mainstreaming Erinnerung

Vom Filmexil zur Schoa im aktuellen Spielfilm

Jedes Jahrzehnt, jede Generation benötigt und lebt in den ihr angemessenen Erinnerungs-Formen, Erinnerungs-Inhalten und Erinnerungs-Strukturen. Das wohl wichtigste Medium einer kulturellen Vergesellschaftung von Erinnerung ist der Film. Über Leinwand und Bildschirm wirkt der Film, ob fiktional oder nicht-fiktional, so wie andere Elemente der visuellen Kultur auf die jeweiligen Erinnerungs-Verhältnisse ein. Jede nationale Erinnerungs-Kultur hat ihre eigenen Masternarrative, doch durch den Film können diese auch auf andere Erinnerungskulturen wirken. Es ist in diesem Zusammenhang nicht unwichtig, dass der erfolgreiche französische Film *L'Armée du crime*, Regie Robert Guédiguian, der die wirkliche Geschichte der *Inglourious Basterds*, einer Widerstandgruppe in Frankreich, erzählt, nie in den deutschsprachigen Raum vorgedrungen ist. Und das ist nur ein Beispiel von vielen. Es sind zwei Bereiche der visuellen Kultur, die für Forschung, Aufklärung und Bildungsarbeit verstärkt einbezogen werden sollten: Die jüdische Erfahrung der vertriebenen Filmschaffenden zwischen Filmexil und filmischer Diaspora sowie der Umgang mit der jüdischen Erfahrung und insbesondere der Schoa im populären Unterhaltungsfilm.

# Von Berlin und Wien nach Hollywood

Als der Reichspropagandaminister 1933 vor den Berliner Filmschaffenden die Wende zur nationalistischen und rassistischen deutschen Filmpolitik einläutete, hatte die Gestapo bereits die Listen der jüdischen oder, wie es damals hieß, „jüdisch versippten" Filmschaffenden parat. Die Leinwand wurde zunehmend „arisiert", das Berufsverbot stand auf der Tagesordnung, die Emigration wurde eine existentielle Notwendigkeit. Nur wenige Filmschaffende wie Reinhold Schünzel als erfolgreicher Musikkomödien-Regisseur konnten auf einer Ausnahme-Liste bis 1937 weiterarbeiten. Die ersten Exilorte hießen Paris, London, Wien, Prag, Moskau. Es folgten Hollywood und Tel Aviv.

1938 war auch das Ende des Wiener Exils gekommen. Doch bereits zuvor waren aufgrund eines Filmabkommens zwischen Österreich und dem Deutschen Reich jüdische Filmschaffende aus dem Reich unerwünscht. Dennoch entstanden bis 1937 Filme, oft mit Prager oder Budapester Beteiligung, die in der österreichischen Filmgeschichte als „Unerwünschtes Kino" gelten. In Paris entstanden Filme von Billy Wilder, Fritz Lang, Max Ophüls und anderen, in Moskau wenige inspiriert u.a. von Friedrich Wolf. Doch geht es beim Filmexil nicht allein um die großen Namen: Regisseure, Drehbuchautorinnen und Autoren, Kameramänner, Komponisten, Schauspielerinnen und Schauspieler. Es geht auch um die zweite Reihe der Filmschaffenden hinter der Kamera. Insgesamt hatten um die 2.000 Frauen und Männer mit und ohne Familie das deutschsprachige Kino Richtung Exil zu verlassen. Hinsichtlich der Erforschung der zweiten Reihe, insbesondere der weiblichen Filmschaffenden, sieht es mehr als dürftig aus. Ein umfassendes monographisches Werk oder Lexikon zum deutschsprachigen Filmexil existiert nicht.[1]

Hier ist anzumerken, dass deutsch-jüdische Kulturgeschichte und filmische Exilforschung noch nicht wirklich integriert sind. Oftmals wird die Bedeutung der visuellen Kultur unterschätzt. Die Berliner und Wiener Filmkultur hat in ihren ästhetischen und filmpraktischen Verästelungen über die Tätigkeit der Vertriebenen eine immense Auswirkung insbesondere auf die Arbeit der Filmstudios in London und Hollywood, später dann in Herzliya bei Tel Aviv gehabt. Erinnert sei nur an die Rolle jüdischer Filmschaffender bei der Entwicklung des amerikanischen Westerns durch Fritz Lang und insbesondere Fred Zinnemanns *High Noon*, Edgar G. Ulmers Rolle bei den B-Movies, Otto Preminger und viele andere. Erwähnt sei der Umbruch in der Filmmusik durch Komponisten wie Erich Wolfgang Korngold, Max Steiner und Franz Waxmann, Choreografinnen wie Albertina Rasch, Salka Viertel, die künstlerische Beraterin von Greta Garbo, Produzenten wie Eric Pleskow oder Schauspielerinnen und Schauspieler, sofern sie sich sprachlich integrieren konnten, die nicht allein die Nazis spielen durften, sondern bald zum Ensemble der Hollywood-Schauspieler gehörten. Die Besetzungslisten nicht weniger Filme der 1940er und 1950er Jahre lesen sich, wenn man hinter die meist amerikanisierten Namen schaut, wie ein Querschnitt durch das Berliner und Wiener Vorkriegsfilmschaffen. Und das trifft nicht allein auf Michael Curtiz' *Casablanca* zu.

Die kollektiven Biografien des deutschsprachigen Exils bilden sicherlich die Grundlage, doch ist gerade der internationale Film der ausgehenden 1930er und der 1940er Jahre nicht auf die Namen der Mitwirkenden und ihre Rollen zu reduzieren. In Hollywood entstand eine Aura der ästhetischen, filmstilistischen, film-referentiellen Internationalität, in der das deutschsprachige Filmschaffen spürbar und wirksam war. Durch zahllose Spielfilme scheint die jüdische Erfahrung durch, auch wenn es nicht immer Exilanten unter den Mitwirkenden vor

---

1 Vorhandene Publikationen in Deutschland und Österreich decken bisher nur Teilaspekte ab und werden oft der Dialektik von Berliner und Wiener Filmexil nicht gerecht.

und hinter der Kamera bei einem Film gab oder diese oft auch nicht erwähnt wurden, deren Wirkung im Film aber erhalten bleibt. Die Reproduzierbarkeit und filmische Archivierung ermöglicht heute durch die Produktion einer immensen Anzahl von bisher vergessenen Filmen auf DVD eine umfassendere Herangehensweise, die der Intensivierung und Verzahnung mit visueller jüdischer Kulturgeschichte bedarf und in die deutsch-jüdische Forschung in europäischer und globaler Perspektive integriert werden sollte. Ronny Loewys leider nicht mehr erscheinende Zeitschrift *Filmexil* hatte hier in der Vergangenheit forschungsorientierte Meilensteine gesetzt, an die auch angeknüpft werden kann.

Hierzu gehören aber auch die für das Exil wesentlichen beruflichen Übergänge. Komponisten der modernen Klassik wie Korngold, Waxmann, Ernst Toch wurden zu Filmkomponisten, erfolgreiche Romanautorinnen wie Vicki Baum und Gina Kaus lieferten Spitzendrehbücher für Trash und Oscar-Nominierungen, Kameraleute wie Karl Freund und Rudolph Maté, die im Expressionismus und der Neuen Sachlichkeit aufwuchsen, waren in Hollywood gefragt. Erfolgsgeschichten waren von tiefen Enttäuschungen begleitet und unter Filmschaffenden leitete die McCarthy-Ära eine zweite Verfolgung wegen so genannter unamerikanischer Aktivitäten ein, an der nicht wenige Filmkünstlerinnen und Künstler zerbrachen.

Für die Zukunft scheint es mir notwendig, dass ein Fokus auf dem deutschsprachigen-jüdischen Kulturerbe um zweierlei ergänzt wird:

Erstens muss das jüdische Exil aus Deutschland *und* Österreich betrachtet werden, wir sollten es also eher das deutschsprachige als das deutsche nennen, um nicht einem 1938er Anschlussdenken zu folgen. Berliner und Wiener Filmtraditionen gingen in Hollywood, London und Tel Aviv eine neue Synthese ein, die durch die Widersprüche in einer anderen Filmkultur bedingt waren, doch gab es auch im Exil die Dialektik von gemeinsamer und unterschiedlicher deutscher und österreichischer Filmtradition, wie sich wundervoll an den Filmen Billy Wilders ablesen lässt, die sich österreichischen Topoi widmen.

Film ist ein Bestandteil der visuellen Kultur der Moderne und ihrer Krisen. Zugleich ist Film das bewahrende Auge des 20. Jahrhunderts. Hierbei geht es nicht allein um filmgeschichtliche Exilforschung sondern um die Verbindung der literarischen und visuellen Imagination mit den durch das Exil ständig neu zu definierenden Filmverhältnissen. Hierzu ist es zweitens notwendig, zunehmend über die traditionelle eher sozialgeschichtlich orientierte Biographie-Forschung oder reine Werkanalysen hinauszugehen, die geschichtlichen, kulturellen, literarischen und visuellen Welten zu verbinden.

Gerade wegen der internationalen Bedeutung des deutschsprachigen Exils und der paradigmatischen Rolle der jüdischen Erfahrung für Migrationsforschung, Trans- und Interkulturalität sollte sehr viel mehr inhaltliche, organisatorische und forschungsorientierte Kooperation stattfinden. Das betrifft auch die in Österreich und Deutschland, den USA und Israel zahlreich existierenden Institutionen der Exilforschung. Es wird erforderlich sein, eine kreative Balance zwischen traditionellen jüdischen Studien, säkularen jüdischen Studien und den verschiedenen Ausformungen der Untersuchung der Geschichte der jüdischen visuellen Kultur anzustreben.

## Ein Beispiel nach wie vor aktuellen antifaschistischen Filmschaffens

1944 kam der Spielfilm *Address Unknown*, eine vergessene oder besser noch verlorene Perle Hollywoods, in die Kinos. Die konventionelle Eingangsszene des Films entspricht den Sehgewohnheiten damaliger Unterhaltungsfilme. Wir sehen eine deutsch-amerikanische Milieuskizze in San Francisco 1932/33. Doch Sekunden davor wird eine andere Stimmung in Grau und und Schwarz sichtbar. Die Musik ist von Anfang an ein unterlegter Kommentar, der im Verlauf des Films verstärkend und kontrapunktisch, z.T. nur hör- und verstehbar für ein Migrationspublikum und für uns heute ist.

Der konventionelle Filmstil der Eingangsszene verändert sich, Licht, Schatten, Musik, die *mise-en-images* gemahnt an den *Film noir* und geht über ihn hinaus, sozialkritische, expressionistische Filmstile, die für den deutschsprachigen und französischen Film charakteristisch waren, verbinden sich mit einer Hommage an das Theater von Max Reinhardt. Der Film lebt von den Passagen des Visuellen seit den 1920er Jahren, nimmt die Filmästhetik der 1960er Jahre vorweg, ist selbst heute noch bildlich wirksam.

Der Regisseur ist William Cameron Menzies, der als Art Director und Production Designer für die Farbe des Films *Vom Winde verweht* 1939 und andere Filme bereits drei Oscars erhalten hatte. Die Filmmusik von *Address Unknown* wurde für den Oscar nominiert. Komponiert wurde sie von Ernst Toch, geb. in Wien, der nach großen Erfolgen in den 1920er Jahren 1933 in die USA flüchtete und seit 1935 als Filmkomponist und Professor an der University of Southern California arbeitete. Der Kameramann, ebenfalls für den Oscar nominiert, war Rudolph Maté, in Filmcredits auch Rudolf Mayer oder Rudy Maté. Geboren in Krakau, arbeitete er in Budapest mit Alexander Korda, dann in Wien und Berlin mit Karl Freund und Carl Theodor Dreyer an *Johanna von Orleans*, mit Erich Pommer (führte die Kamera in Ernst Lubitschs *Sein oder Nichtsein*) in Otto Premingers *Gilda*. Also alles von heute her gesehen Filmklassiker. Maté galt vor 1933 als einer der ersten Kameramänner Europas und seit 1935 ebenfalls in Hollywood.

Von der Vielzahl der erwähnenswerten Schauspielerinnen und Schauspieler in *Address Unknown* möchte ich nur vier herausgreifen:

Paul Lukas, geb. in Ungarn, in den 1920er Jahren populärer Schauspieler in Wien, so 1922 unter Alexander Korda in *Samson und Delila*. In *Address unknown* spielt er den Deutsch-Amerikaner.

Carl Esmond alias Willy Eichberger – zwei Namen zwei Karrieren: geboren in Wien, *Liebelei* (1933), *Kaiserwalzer* (1933), *Burgtheater* (1936), *Prater* (1936) – insgesamt hatte er eine 50-jährige Filmkarriere in Europa und Hollywood bis ins Jahr 1966.

Mady Christians alias Margarete Christians, geb. in Wien, seit 1916 im Wiener und Berliner Film für 26 Jahre aktiv. *Wien wie es weint und lacht* (1926), *Grand Hotel* (1927), *Brief einer Unbekannten* (1948). Im Film spielt sie die Ehefrau. Die psychische Hetze gegen sie unter McCarthy führte zu ihrem frühen Tod.

Peter van Eyck, geb. in Polen, Sohn preußischer Landadeliger, verließ als Antifaschist bereits 1931 Deutschland, Schützling von Billy Wilder; *Five Graves to Cairo* (1943), *Lohn der Angst* (1952), Mabuse-Filme und Krimis in Deutschland nach 1945, *Der Spion der aus der Kälte kam* (1965).

Dazu kommen fünf weitere Mitwirkende aus Wien und Deutschland. Ähnlich wie *Casablanca* ist die Besetzungsliste ein künstlerisches Statement, doch das trifft auch auf Kamera, Innenausstattung, Musik und Schauspielführung zu, die mit den Erfahrungen des Regisseurs und den Bemühungen des Studios um diesen Film zusammenfallen. In der ethischen Logik der deutsch- und österreichisch-jüdischen Film- und Kulturgeschichte ist dieser Film mit dem von Peter Lorre in Deutschland produzierten Film *Der Verlorene* und mit Fritz Kortners *Der Ruf* verbunden, die sich beide auf die Geschichte des NS-Regimes und des Antisemitismus beziehen.

## Filmische Beschäftigung mit der Schoa und Aufklärung

Die Macht der Bilder ist angesichts der Flut gerade historisch konnotierter Bilder mehr als offensichtlich, doch wenn es um die Schoa geht, nicht überall gleich. Dem Spielfilm in seinem Potential durch Unterhaltung geschichtliches Bewusstsein zu stärken, zu entwickeln, aufzuklären, zu verstören oder auch zu relativieren und zu verfälschen kommt heute eine immense Bedeutung zu. Dabei geht es nicht mehr darum, danach zu fragen, ob die Schoa überhaupt visuell repräsentiert werden kann, sondern wie sie repräsentiert wird, und es geht darum, dabei nicht in die Falle so genannter authentischer Darstellungen zu fallen und einen „Holocaust Fundamentalismus", wie Imre Kertész es nannte, einzufordern.² Schoa-Konformismus und Schoa-Sentimentalität, ein Schoa-Kanon und Schoa-Tabus und ein ritualisierter Schoa-Diskurs sollten der Vergangenheit angehören. Aaron Kerner warnte in seinem neuen und innovativen Buch *Film and the Holocaust* davor, Filme, die dogmatischen Prinzipien der Wahrhaftigkeit nicht entsprechen würden, einfach nicht zu beachten, aus Forschung, Lehre und pädagogischen Konzepten auszuschließen. Doch sind es gerade diese Filme, die von Millionen, vor allem auch jüngeren Menschen gesehen werden. Die literarische und visuelle Bezugnahme auf die Schoa ist Teil der euro-atlantischen visuellen Kultur geworden, aber nicht gleichermaßen Teil des euro-atlantischen Geschichtsbewusstseins in allen Teilen der Bevölkerung. Und oft gefällt den Akademikern und der Filmkritik nicht, wie und welche Elemente der Schoa-Erinnerung durch diese Filme transportiert werden.

Festzuhalten ist, dass Schoa-Repräsentationen sich im Spannungsfeld von Hoch- und Populärkultur entwickeln.

Im für ein breites Publikum jenseits der Arthouse-Gourmets gedachten Spielfilm verwischen sich allerdings die sowieso fragwürdigen Grenzen von Hoch- und Populärkultur. Film, Cinema ist Spiegel, Doppelgänger der Erinnerung, dessen virtuelle Macht unsere Erinnerungsbilder beeinflusst. Kann heute noch jemand, der ins Kino geht oder DVDs zu Hause abspielt, einen Baseballschläger sehen, ohne zugleich an den gekonnten antinazistischen Schwung des Baseball-Schlägers in *Inglourious Basterds* zu denken? In einer Ausstellung im Jüdischen Museum der Stadt Wien, *Bigger than Life. Juden in Hollywood*, steht der Originalbaseballschläger daher auch an exponierter Stelle in einer Vitrine. Er sagt mehr aus als die neunundneunzigste Variante ikonisierter Bilder der Schoa. Warum? Er knüpft an das Seh- und Zeitbewusstsein an, verbindet Fiktionales mit vergangenem Realem und ermöglicht vor allem neue Verbindungen zwischen visuellem Bewusstsein und historischer Erinnerung. Seit 1945 überlagern sich Gewaltdarstellungen und die Abbildungen von Leichenbergen. Schocktherapie ist kein Erziehungsmittel in unserer visuellen Welt. Der genannte Baseball-Schläger indiziert jedoch zugleich jüdisches Selbstbewusstsein und die Diskrepanz zwischen nicht-jüdischer Fokussierung auf Juden als Opfer und dem wachsenden aktiven jüdischen Selbstbewusstsein, sich rückwirkend nicht auf diese Opferrolle reduzieren zu lassen. Seine innere Botschaft ist historische Ironie, die leider nach Lubitsch so vielen Filmen mit Schoa-Bezug abgeht, gepaart mit einem guten Schuss Utopie. Das war nicht immer so. In den 1980er Jahren fand der amerikanische Film *Sobibor* über den erfolgreichen Aufstand der jüdischen Insassen des Vernichtungslagers nicht den Weg in die deutschsprachigen Kinos, u.a. weil,

---

2 Vgl. die Einleitung von Kerner, Aaron: Film and the Holocaust. New York 2011. S. 1.

basierend auf exakten Beschreibungen und Erinnerungen Überlebender, sehr genau gezeigt wurde, wie die SS-Offiziere von den aufständischen Jüdinnen und Juden umgebracht wurden. Der Film entsprach damals nicht dem politisch korrekten deutschen und österreichischen Bild von Jüdinnen und Juden als Opfern, selbst Claude Lanzmanns Film über einen der jüdischen Widerstandkämpfer in Sobibor, alles in allem ein intensives Interview, blieb akademischen Kreisen und wenigen Retrospektiven vorbehalten; das breite Publikum erreichte er nicht. Die *Inglourious Basterds* hingegen erregten die Gemüter: Darf man denn das? Eine Frage, die seit Lubitschs *Sein oder Nichtsein* bei jedem Spielfilm gestellt wird, der scheinbar die mainstreamende politische Korrektheit verlässt. Physischer Widerstand und das Erschlagen oder Erschießen von Wehrmachtsangehörigen stößt dann auf psychische Verstörungen, wenn es sich nicht um traditionelle Kriegshandlungen handelt, sondern um jüdischen Widerstand. Setzen Filmemacher hier in Umkehrung der NS-Morde sogar den Genickschuss als Akt bewaffneten Widerstands ein, so scheint ein Tabu gebrochen. Diskussionen mit dem Publikum über *Defiance/Unbeugsam*, *Inglourious Basterds*, *L'armée du crime* zeigen dies immer wieder und machen die Mängel der hiesigen Master-Erinnerungs-Narrative deutlich, in denen es über das Jüdische einen von Nichtjuden definierten Verhaltenskodex gibt, eine Art Erinnerungs-Respektabilität, die die Opfer bitteschön auch rückwirkend zu bedenken haben. Es gehört zu dieser Problematik, dass die Vergewaltigung jüdischer Mädchen und Frauen durch deutsche und österreichische Zivilisten, Bürokraten, Wehrmachts- und SS-Angehörige im deutschsprachigen Film bisher kein zentraler Fokus war, es hier eine immense Diskrepanz jüdischer und nicht-jüdischer Erinnerung gibt.

Glücklicherweise lässt sich die siebente Kunst, der Film, nicht von den Tugendwächtern der von ihnen für richtig gehaltenen Bilder, von Leinwand und Bildschirmen bannen, wenngleich die deutschsprachigen Verleihfirmen heute die Rolle von Zensurbehörden übernommen haben und nur ein Bruchteil von Spielfilmen mit jüdischen Themen in die Kinos in Deutschland und Österreich gelangen. Die heutige unendliche Reproduzierbarkeit des Films über DVDs und Internet relativiert allerdings die modernen Varianten der Bild- und Denkzensur.

Wenn wir an das Thema Schoa und Erinnerung im Spielfilm und in der Breitenrezeption denken, so kann Folgendes unterschieden werden:
– Filme, die in die Kinos kommen und sich an ein breites Publikum richten;
– Filme, die Retrospektiven und einem begrenzten Publikum vorbehalten sind;
– Filme, die überhaupt nicht in die Kinos kommen, aber über den DVD-Markt ein breites Publikum erreichen;
– Filme, die auf den DVD-Markt kommen, aber eher einem Arthouse-Publikum vorbehalten sind, vor allem Dokumentarfilme.

Es sind die erste und dritte Kategorie, also Filme, die ein breites Publikum im Kino oder als DVD erreichen, die ich für unser Thema und für die künftige Forschungs-, Aufklärungs- und Bildungsarbeit für entscheidend halte, was nicht heißt, dass nicht auch Dokumentarfilme weiter produziert werden und produziert werden sollten.

Doch bevor ich mich einigen Filmbeispielen zuwende, zwei Einschränkungen. Zunächst einige kurze Bemerkungen über Erfahrung mit Film-Retrospektiven für ein bereits erinnerungspolitisch gebildetes und historisch interessiertes Publikum. Seit 2008 führe ich außerhalb der Mauern des ehemaligen KZ Mauthausen im August eine Filmretrospektive durch, die jedes Jahr unter einem anderen Thema steht und in der nur seit 1946 produzierte Spielfilme gezeigt werden. Themen waren Solidarität und Widerstand, Frauen im KZ, Kinder im KZ, das Verhalten der Bevölkerung vor der Errichtung der KZs, „Was hätten wir getan?", Aktiver und bewaffneter Widerstand. Es sind jeweils vier oder fünf Filmabende mit Einführung und Diskussion, die aufgrund der wachsenden Nachfrage jedes Jahr im Januar in Wien wiederholt werden. Aufgrund des spezifischen Charakters des Publikums und des kommunikativen und aufklärerischen Rahmens liegt das Schwergewicht auf Filmklassikern und vergessenen Filmen (meist schwarzweiß), die jeweils mit einem aktuellen Film (Farbe) verbunden werden. Sicherlich erfolgt bei dem wachsenden Stammpublikum eine Veränderung der Sehgewohnheiten über mehrere Jahre, doch muss das Programm bei einem durchschnittlichen, vor allem auf Unterhaltung, Farbe und zeitgemäßem Filmschnitt orientierten jüngeren Publikum auch dessen Sehgewohnheiten – vor allem Farbe und Filmtempo – berücksichtigen. Deutlich wird, dass es möglich ist, Schoa-Erinnerung auf spezifische Art und Weise über unterhaltende Mainstream-Filme zu vermitteln. Das mag nicht immer akademischen Dogmen entsprechen, hilft aber solche Schichten zu erreichen, die nie in ausgesprochene Schoa-Filme gehen würden. Es sind die meist erfolgreichen Filme der Populärfilmkultur, die wir im Hinblick auf die jüngeren Generationen verstärkt heranziehen und kritisch diskutieren müssen und uns dabei auch unangenehmen Fragen stellen sollten.

Hinzu kommt ein weiterer Aspekt. Die Filmkunst ist sowohl der Träger kultureller Erinnerung, also bisheriger Formen und Inhalte der Erinnerung, als auch eine Verarbeitung individueller Erinnerungen von mehreren Generationen. Kanonisierte und ikonisierte Schoa-Filme wie *Der letzte Stop* von Wanda Jakubowska, *Sterne* von Konrad Wolf, *Nackt unter Wölfen* von Frank Beyer, *Schoa* von Claude Lanzmann, die TV-Serie *Holocaust* und *Schindlers Liste* von Steven Spielberg und viele andere sind nach wie vor von filmhistorischem und pädagogischem Interesse, doch treffen sie immer weniger auf eine positive Rezeption in den jüngeren Generationen, wenn sie nicht in einen historisch und organisatorisch kontextualisierten Rahmen eingebunden sind. Es ist in der Regel gerade die Kanonisierung, die diesen und anderen Filmen den Biss nimmt, sie in eine filmhistorische und erinnerungshistorische Dimension rückt, die zwar akademisch von Interesse ist, doch in der Populärkultur, durch die Millionen Menschen erreicht werden, kaum noch eine Rolle spielt. Claude Lanzmann mag dies sicher nicht hören, aber *Schoa* ist ein Film der 1980er Jahre mit allen Mängeln einer französisch-israelisch staatlich geförderten Binnenstruktur und heute partiell überholten Dok-Film-Methoden. Ästhetisch und non-fiktional sicher von Interesse, damals ein Meilenstein, heute, außer im akademischen Leben, ein Film unter anderen.

In diesen an Action und Comic-Elementen orientierten Filmen ist abzulesen, inwieweit die Erinnerung an die Schoa Teil des kulturellen Bewusstseins und Teil der visuellen Kultur geworden ist. Bemerkenswert ist das sehr deutliche Bemühen fiktional zu historisieren und die statische Ikonisierung überkommener Schoa-Repräsentationen emotional und kognitiv kreativ zu durchbrechen.

Trotz allem Aktionismus und einem hohen Unterhaltungswert geht es in diesen Filmen auch um ethische Fragen. Der Nationalsozialismus, insbesondere seine Vernichtungs- und Menschenversuchsmaschinerie, werden oft, so in *Hellboy* (US 2004, R: Guillermo del Toro), *X-Men* (US 2000/2011, R: Bryan Singer), *Captain America* (US 2011, R: Joe Johnston), *Shutter Island* (US 2010, R: Martin Scorsese), *Unborn* (USA 2009, R: David S. Goyer), als nach wie vor vorhandenes Böse in der Welt gesehen. Die Negativ-Erfahrungen des 20. Jahrhunderts werden damit nicht enthistorisiert, sondern die Filmbilder appellieren an vorhandene oder fehlende Geschichtskenntnisse. Natürlich geht es in solchen populären Filmen nicht primär darum, wie es dazu kommen konnte, sondern was daraus geworden ist und wie es – mental, physisch und als Aura – weiter lebt. Solche Filme als Schoa-Kitsch abzutun, würde ihrer Bedeutung und der Intention der FilmemacherInnen total widersprechen. *X-Men*, mit dem Filmbeginn im Ghetto und den folgenden medizinischen Versuchen, ist, obwohl rein fantasy-fiktional, tausendmal realistischer als das Happy-End von *Schindlers Liste*, denn Geschichte wird nicht als kathartischer Kreislauf mit Healing-Effekt verstanden, sondern als räumlich und temporär offene Entwicklung in alle Richtungen, auch ins Utopische wie in Inglourious Basterds.

Ist für den Horror-Film *The Unborn* das Thema zentral, der Bezug auf die Mengele-Zwillingsforschung an lebenden Inhaftierten mehr als deutlich, so entwirft der Vampir-Film *Blood Rayne and the Third Reich* (US, Can, D 2010, R: Uwe Boll) gleich zu Beginn ein einfaches, klares und für jeden Bildungsstand zu verstehendes Bild des Nationalsozialismus, der von der Dampirin, halb Mensch, halb Vampir, erfolgreich bekämpft wird, wobei die Häftlinge im Vernichtungslager befreit werden. In *Captain America* wird comic-artig das Klischee der physischen Schwäche jüdischer Männer als eine Antwort auf Rassismus und Antisemitismus behandelt.

Genauere Analysen von Filmen, in denen vor und hinter der Kamera die Rolle der FilmexilantInnen nicht zu übersehen ist, und die filmhistorische und referentielle Rolle, wenn man so will: der visuelle Habitus der transatlantischen FilmemacherInnen, der in aktuellen Produktionen aufscheint, sind nach wie vor ein Desiderat. Worum es geht, ist, die rückschauende Perspektive auf die Akkulturation bis 1933/1938 für die visuelle Akkulturation und ihre Perspektiven ins 21. Jahrhundert nutzbar zu machen. Man sieht nur, was man weiß!

Elke-Vera Kotowski
# Kulturelle Identität und die Metapher von den gepackten Koffern

## Ein Rückblick und eine Vorschau

„Juden in Deutschland" und deren „gepackte Koffer", auf denen sie seit 1945 sitzen – ist diese Metapher noch immer aktuell? Halten die Juden, die nach 1945 in den DP-Camps auf ihre Ausreise warteten, dann aber doch in Deutschland blieben, ihre Koffer noch immer gepackt? Ebenso die wenigen deutschen Juden, die im Versteck überlebten oder aus der Emigration nach Deutschland zurückkehrten, wie steht es um deren Koffer? Und diejenigen, die nach 1989 die ehemalige Sowjetunion gen Westen verließen, haben sie ihre Koffer in Berlin, Frankfurt oder München schon ausgepackt? Und wenn wir bei der Metapher des Koffers bleiben wollen: was war bzw. ist drin in den Koffern?

Als die deutschsprachigen Juden nach 1933 ihr Heimatland verließen, waren die Koffer mit Fotoalben und weißen bügelglatten Tischdecken, aber ebenso mit Werken von Goethe, Schiller oder Eichendorff gefüllt – all diese Dinge sollten ihnen in der Fremde ein Stück Heimat geben.

Aber was hatten die ehemaligen osteuropäischen DPs, die Deutschland nur als Zwischenstopp auf dem Weg nach Amerika oder Israel ansahen und dann doch dort blieben, Kinder bekamen und sich irgendwann auch häuslich einrichteten – trotzdem aber den gepackten Koffer immer in Sichtweite, darin? Und was befand sich in den Koffern, die in Odessa, Wolgograd oder Moskau gepackt und auf die Reise nach Berlin, Frankfurt oder München mitgenommen wurden? Wenn es auch Bücher waren, um welche Autoren und welche Themen handelte es sich?

Wo verorten sie alle sich, welche Identitäten sind ihnen eigen, welches Selbstverständnis zeichnet sie aus, was verbinden sie mit Heimat und in welcher Kultur fühlen sie sich zuhause? Und gibt es ein verbindendes Element zwischen den auf 200.000 bis 300.000 geschätzten, heute in Deutschland lebenden Juden, von denen etwa 110.000 Mitglieder in den Jüdischen Gemeinden sind? Es handelt sich dabei um die Nachfahren unterschiedlicher Gruppen, die das jüdische Leben nach 1945 repräsentierten: Da waren zunächst die, die in Deutschland im Versteck (ca. 3.000) oder als „Nicht-arischer" Ehepartner (ca. 12.000) sowie die Konzentrationslager überlebt hatten (ca. 8.000), oder die Remigranten die aus dem Exil nach Deutschland zurückkehrten (schätzungsweise 5 % der aus Deutschland geflohenen Juden), sei es aus politischen Gründen oder des Heimwehs wegen. Diese beiden Gruppen stellten seit den 1950er Jahren die Minderheit der Juden in Deutschland dar. Weit größer war die Gruppe der osteuropäischen DPs, die die Konzentrationslager überlebt hatten, meist als einzige der Familie. Die Mehrzahl von ihnen stammte aus Polen und Ungarn. Ihre traumatischen Erfahrungen des Holocaust belasteten die Sicht auf das Nachkriegsdeutschland nicht minder als das fremde Land, die eher feindselige Umwelt, die fremde Sprache und die fremde Kultur, die den ohnedies schon schweren Alltag prägten. Um ihre Jugend gebracht, die Familie verloren und nicht selten ohne Schul- und Ausbildung, schien ein Neuanfang fast aussichtslos. Und doch war der Wille zum Weiterleben ungebrochen – trotz aller Hemmnisse und Hürden. Selbst die schroffe Kritik von Juden aus aller Welt – „Wie kann ein Jude nach dem Holocaust im Land der Täter leben?" – hinderte die erste Generation – ob osteuropäische DPs oder Rückkehrer aus dem Exil – nicht daran, sich in einem Leben im Nachkriegsdeutschland einzurichten, Kinder in die Welt zu setzen, neue Gemeindestrukturen aufzubauen und allen negativen Prophezeiungen zu trotzen. Aber was bedeutete diese Entscheidung der Elterngeneration für die Kinder? Die Hypothek der zweiten Generation, die den Entschluss der Eltern in Deutschland zu leben hinnehmen musste, war für nicht wenige von ihnen immens. Paul Spiegel, 2002–2006 Vorsitzenden des Zentralrats der Juden in Deutschland, bemerkte einmal als Vertreter dieser zweiten Generation: „Ich gebe auch zu, wenn ich zu Kriegsende vielleicht 25 oder 30 und nicht acht Jahre alt gewesen wäre, ich wäre nicht nach Deutschland zurück gegangen."[1] Es ist durchaus nachvollziehbar, dass nicht wenige dieser zweiten Generation ein ambivalentes, um nicht zu sagen gestörtes Verhältnis zu Deutschland, dem Land ihrer Kindheit und damit ihrer Sozialisation, hatten. Deshalb stellt sich auch hier die Frage, ob sich innerhalb dieser Generation so etwas wie kulturelle Heimat und eine wie auch immer geartete Identität entwickeln konnte. Und wenn, trifft das für alle Gruppen gleichermaßen zu, d.h. für die Kinder von deutschen Juden ebenso wie für die von polnischen, baltischen, galizischen oder ungarischen Juden, die seither – durch einen Zentralrat vertreten – „die Juden in Deutschland" repräsentierten?

Bereits 1952 gab es in Westdeutschland über 100 Neugründungen jüdischer Gemeinden und zwei Synagogenneubauten (Saarbrücken und Stuttgart). Gemeindezentren wie das 1959 in der Berliner Fasanenstraße eingeweihte, das an der Stelle der ehemaligen Synagoge gebaut wurde, zeugten von einer vorsichtigen äußeren Konsolidierung. Innere Stärke spiegelte dies nicht. Das Modell der so genannten Einheitsgemeinde, mit dem sämtliche jüdische Strömungen von der Orthodoxie bis zum Reformjudentum unter ein und dasselbe Dach kamen,

---

[1] Interview mit Paul Spiegel. Zitiert nach: Richarz, Monika: Leben in einem gezeichneten Land. Juden in Deutschland nach 1945. In: Die Geschichte der Juden in Deutschland. Hrsg. von Arno Herzig und Cay Rademacher. Hamburg 2007. S. 243.

bot häufig die einzige Chance, noch als organisierte jüdische Gemeinschaft vor Ort zu überleben. Auch das System der Sozialfürsorge und Altenpflege wurde ausgebaut – ein wachsendes Erfordernis in Anbetracht zunehmender Überalterung und demographischer Stagnation. Auch die Gründung von einigen Jugendzentren und jüdischen Volkshochschulen konnte nicht darüber hinwegtäuschen, dass sich das organisierte Judentum in Deutschland – Jahrzehnte nach der Schoa – auf seine endgültige Auflösung zubewegte.

Bei der Grundsteinlegung des 1986 vollendeten Gemeindezentrums in Frankfurt am Main bemerkte der damalige Architekt und spätere stellvertretende Vorsitzende des Zentralrats der Juden in Deutschland, Salomon Korn, zwar: „Wer ein Haus baut, will bleiben"[2] – doch wer konnte sich langfristig überhaupt noch einrichten, und wie?

Bei genauerer Betrachtung zeigte sich aber, dass das Interesse vieler Gemeindemitglieder an der jüdischen Religion abnahm und jüdische Tradition wie Kultur nur noch bruchstückhaft an die nächste Generation weitergegeben wurden. Ähnlich wie in vielen christlichen Gemeinden beschränkte sich der Besuch der Gottesdienste nun auf die Hohen Feiertage, und die religiösen Riten wurden eher aus traditioneller Verbundenheit denn aus religiöser Überzeugung praktiziert. Die wenigsten Juden lebten und leben seither nach den jüdischen Religionsgesetzen. Als gemeinsamer Konsens ergab sich indes die Erinnerung an nationalsozialistische Verfolgung und Schoa, der Kampf gegen neue Formen von Antisemitismus und Rassismus wie auch eine starke Solidarität mit Israel.

Dennoch machten sich manche innerjüdischen Gegensätze weiterhin an religiösen Fragen fest. Verstand sich beispielsweise bis vor 1933 ein Großteil der deutschen Juden als liberal und war Mitglied einer jüdischen Reformgemeinde, so waren die Neugründungen der Einheitsgemeinden nach 1945 vornehmlich orthodox ausgerichtet, was auch innerhalb der Gemeinden zu Konflikten führte. Denn den orthodoxen Ritus führten die Rabbiner ein, die ausschließlich aus dem Ausland kamen. Eine Rabbinerausbildung innerhalb Deutschlands gab es nach 1945 nicht mehr und das liberale Judentum, das mit Leo Baeck, Gunther Plaut und anderen Deutschland in der NS-Zeit verlassen hatte, schaute zunächst verhalten auf das sich neu formierende jüdische Leben. Es sollte bis Anfang der 1990er Jahre dauern, bis es in Anknüpfung an die Vorkriegszeit wieder eine liberale Rabbinerausbildung in Deutschland gab – ein Zeichen für den wachsenden Bedarf an Rabbinern und der sich abzeichnenden religiösen Diversifizierung innerhalb der jüdischen Gemeinden.

---

2 Vgl. Korn, Salomon: Geteilte Erinnerung. Beiträge zur deutsch-jüdischen Gegenwart. Berlin 2001. S. 14.

Mit dem Fall der Mauer und der Wiedervereinigung Deutschlands vollzog sich dann eine vollständige Transformation des jüdischen Lebens. Diese Transformation zeichnete sich zuvor weder durch den hüben wie drüben in vielen Gemeinden vollzogenen Generationenwechsel innerhalb der Gemeindeführung ab, noch durch eine kollektive Übersiedlung der kaum mehr als 400 Juden, die sich in der DDR noch auf acht Gemeinden verteilten.

Vielmehr bewirkte der Fall des Eisernen Vorhangs, dass seither über 200.000 Juden – einschließlich ihrer nichtjüdischen Verwandten – vom Territorium der früheren Sowjetunion in das wiedervereinigte Deutschland gekommen sind. Binnen kürzester Zeit entstanden neue Gemeinden, in Regionen, die bisher keinerlei jüdische Infrastruktur besaßen. In den bestehenden Gemeinden wie Berlin, Frankfurt, München vervielfachten sich die Mitgliederzahlen, neue Synagogen und Gemeindezentren entstanden quer durch das Land.

Der Zuzug der „russischen Juden" – wie sie in stark vereinfachter Form in der Migrationsforschung bezeichnet werden – hat das Judentum in Deutschland tatsächlich vor dem demographischen Kollaps gerettet, zumindest auf einige Jahrzehnte hinaus.[3] Insofern war es kaum verwunderlich, dass die in Deutschland schon wieder länger ansässigen Juden diesen Zuzug als große Chance begriffen und die Einwanderung auch von Teilen der nichtjüdischen Öffentlichkeit ausdrücklich begrüßt wurde. In der Anfangseuphorie wurde dagegen kaum wahrgenommen, dass eine erfolgreiche Integration der „Neuen" auch eine enorme inter-kulturelle Akzeptanz und ein umfassendes Kennenlernen und gegenseitige Verständnis voraussetzen würde.

Wie wir heute wissen, kamen die Juden aus der einstigen UdSSR und ihre häufig nichtjüdischen Ehepartner und Angehörigen mit sehr unterschiedlichen Erwartungen und Lebenseinstellungen nach Deutschland, Israel und in die USA: Der Grad der Säkularisierung war unter ihnen fraglos weit stärker vorangeschritten als unter Juden in West- und Mitteleuropa. Viele betrachten dies bis heute als kein wirkliches Problem. Sie definieren ihr Judentum vielmehr über ethnische Zugehörigkeit, Antisemitismuserfahrungen, ausgeprägte Intellektualität, Interesse für jüdische Geschichte und Philosophie und häufig auch über eine Mischung aus Elementen russischer und jüdischer Kultur.

Während der 1990er Jahre, in denen sich die russischen Juden in Deutschland anschickten, die eindeutige demographische Mehrheit in den meisten lokalen jüdischen Gemeinden zu „erringen", waren viele von ihnen zunächst noch mit

---

3 Vgl. hierzu u.a. Ein neues Judentum in Deutschland? Fremd- und Eigenbilder der russisch-jüdischen Einwanderer. Hrsg. von Julius H. Schoeps, Willi Jasper u. Bernhard Vogt. Potsdam 1999 (Neue Beiträge zur Geistesgeschichte 2); Ausgerechnet Deutschland! Jüdisch-russische Einwanderung in die Bundesrepublik. Hrsg. von Dmitri Belkin u. Raphael Gross. Frankfurt a.M. 2010.

elementaren Fragen der sozialen und gesellschaftlichen Integration in die deutsche Gesellschaft beschäftigt. Die älteren Zuwanderer sahen sich häufig außerstande, noch die deutsche Sprache zu erlernen, und blieben zwangsläufig meist unter sich. In Großstädten wie Berlin fanden viele von ihnen aber Rückhalt in autarken Netzwerken und Milieus, die die Berliner Sozialwissenschaftlerin Judith Kessler in den 1990er Jahren als eine Art „russische Kolonien" beschrieben hat.[4]

Doch auch die mittlere Generation der russischen Juden – zumindest jene, die das 40. Lebensjahr erreicht hatten – machten häufig die Erfahrung gesellschaftlicher Marginalisierung, oft primär bedingt durch einen gravierenden beruflichen Statusverlust.

Waren diese Menschen in Odessa, Wolgograd oder Vilnius angesehene Ärzte, Professoren oder Literaten, so standen sie nun als auf dem Arbeitsamt nicht vermittelbar in Schlangen vor den Jobagenturen. Hinzu kamen – und dies kennen die Kollegen in Israel von ihren Studien her ganz genauso – gravierende kulturelle Differenzen zur Aufnahmegesellschaft, sei dies in Bezug auf bevorzugte Sprache, Literatur, Musik, Theater, Mode oder Pädagogik.[5] Beiderseitige Irritationen waren die Folge. Interessanterweise haben aber die allerwenigsten russisch-jüdischen Zuwanderer einen Bedarf gesehen, ihre Herkunftskultur einer rascheren sozialen Integration zu opfern oder sie gar zu verleugnen. Das zeugt insgesamt von einem starken kollektiven Selbstbewusstsein – das auch in den jüdischen Gemeinden spürbar ist. Russische Juden empfinden sich zudem häufig als Teil einer „transnationalen Diaspora", Gleichgesinnte leben auf mindestens drei Kontinenten.

Mit der Zuwanderung der russischen Juden nach Deutschland ist die jüdische Gemeinschaft hier nicht nur deutlich gewachsen, sie hat auch deutlich an Pluralität gewonnen. Das kann und sollte als Chance begriffen werden, was wiederum keine Selbstverständlichkeit ist.

Jüdische Kultur in Deutschland – bringt diese eine neue Identität hervor? Ist diese Fragestellung „nur" einer Innen- oder auch einer Außenperspektive inhärent? Und sind dabei nur die Mitglieder der Jüdischen Gemeinden gemeint, oder vielleicht sogar nur diejenigen, die die jüdischen Gesetze einhalten? Oder gilt sie darüber hinaus auch für die Juden, die keiner Gemeinde angehören, oder gene-

---

4 Kessler, Judith: Identitätssuche und Subkultur. Erfahrungen der Sozialarbeit in der Jüdischen Gemeinde zu Berlin. In: Schoeps, Jasper u. Vogt (Hrsg.): Judentum (wie Anm. 3). S. 140–162; Kessler, Judith: Jüdische Immigration seit 1990. Resümee einer Studie über 4000 jüdische Migranten aus der ehemaligen Sowjetunion in Berlin. In: Zeitschrift für Migration und soziale Arbeit (1990), 1. S. 40–47.
5 Vgl. Glöckner, Olaf: Immigrated Russian Jewish Elites in Israel and Germany. Integration, Self-Image and Role in Community Building. Saarbrücken 2011.

rell allen mit einem jüdischen Background – egal ob religiös, areligiös oder indifferent?

Jedenfalls erleben wir innerhalb der jüdischen Communities in Deutschland seit den späten 1990er Jahren eine wachsende religiöse wie kulturelle Ausdifferenzierung, ohne dass das Modell der „Einheitsgemeinde" prinzipiell aufgegeben wurde. Es gibt heute gleichwohl wieder eine Reihe von selbstständigen liberalen Gemeinden, in Ansätzen wieder ein konservatives Judentum (Masorti – v.a. in Berlin), und selbst auf der gesetzestreuen, orthodoxen Seite gibt es – wenn auch in Form eher kleinerer Gemeinschaften – dynamische Neuerungen. Eher säkular orientierte Juden bilden ihre Netzwerke über jüdische Kultur- und Bildungsvereine, Theater- und Musikfestivals und manchmal auch über politische Initiativen und Projekte. Selbstverständlich sind russische Juden – neben den einheimischen Juden – in all diesen Zusammenschlüssen vertreten.

Heute, rund zwei Jahrzehnte nach dem Beginn der großen russisch-jüdischen Zuwanderung, gewinnen Fragen der kollektiven und individuellen Identität, der Selbstverortung und der kulturellen Orientierung wieder deutlich an Gewicht. Doch erlaubt man sich nochmals einen historischen Rückblick, ergibt sich im Vergleich Erstaunliches: Deutschlands Juden flüchteten während der 1930er Jahre aus ihrem Land – und nahmen quasi ihr deutsch-jüdisches Kulturerbe mit. Russlands Juden erlebten eine systematische und allmähliche Zerstörung ihrer Einrichtungen und Traditionen während der 70-jährigen Sowjetdiktatur. Schon kurz nach der Bolschewistischen Revolution war Hebräisch verboten, Stalin zerstörte die jiddische Kultur zu weiten Teilen. Religiöses Gemeinschaftsleben beschränkte sich dann in den letzten Jahrzehnten des Sowjetstaates nur noch auf einige wenige Synagogen – Gorbatschows Liberalisierung kam auch in dieser Hinsicht zu spät.

Dennoch haben viele Juden aus der Sowjetunion ihr Judentum nicht vergessen oder negiert. In der zweiten Generation wird sich nun entscheiden, wie sie mit ihrem Erbe langfristig umgehen – und gerade auf das jüdische Leben in Deutschland wird dies essentielle Auswirkungen haben. Dass die russischen Juden allerdings einen Anschluss an hiesige Traditionen – wie sie beispielsweise im Schaffen und Wirken von Moses Mendelssohn, Leo Baeck, Martin Buber oder Bertha Pappenheim zu finden sind – suchen werden, darf bezweifelt werden.

Eine sehr spannende Frage ist, inwiefern die zweite Generation der russischen Juden gemeinsame kulturelle – oder auch religiöse – Identitäten mit den Kindern der in Deutschland schon länger ansässigen Juden entwickeln wird und welche Rolle schließlich die Nachfahren der ebenfalls noch im Lande lebenden, wenn auch zahlenmäßig sehr wenigen deutschen Juden („Jeckes") in Zukunft spielen können.

Wo wird es um Kontinuitäten in der jüdischen Religion gehen – und wenn, mit welchen Präferenzen? Welches Selbstverständnis entwickeln Jüdische Gemeinden, in denen die Zahl säkularer Mitglieder wächst? Wo vernetzen sich säkulare Juden außerhalb der Gemeinden? Diese Fragen kommen zwangsläufig auf, wenn eine Verortung der Juden in Deutschland und ihre Identitäten und möglichen Identitätswechsel, ihre Eigen- und Fremdzuschreibungen in den Fokus rücken.

Schließlich soll hier auch nicht die wachsende Zahl von Israelis unerwähnt bleiben, welche langfristig oder permanent in Deutschland leben und deren Zahl heute allein in Berlin auf etwa 20.000 geschätzt wird. Berlin ist seit der deutschen Wiedervereinigung zu einem stetigen Magneten für junge Leute aus Israel geworden, keineswegs nur für Studenten, sondern zunehmend auch für Künstler, Unternehmer, Akademiker und andere.

All diese Gruppen, die „Alteingesessenen", die „DPs", die „Gesetzestreuen", die „Russen" und neuerdings die „Israelis" bilden keine homogene Einheit. Ihre religiösen, politischen oder kulturellen Bekenntnisse sind ebenso unterschiedlich wie ihre individuellen Erlebnisse, Erfahrungen und Wertvorstellungen. Aber – nochmals die Frage –, wie leben und definieren sie sich als Juden in Deutschland?

Begeben sie sich bewusst in die genannten Subkulturen und Binnengesellschaften oder werden sie durch die Umgebungsgesellschaft in diese genötigt? Besteht bei den einen wie den anderen der Wunsch nach Integration in die Mehrheitsgesellschaft oder ziehen sie eine Parallelgesellschaft vor? Und rein rhetorisch gefragt: Wird man je von einer gemeinsamen Identität von Juden in Deutschland sprechen können?

Zurück zur Metapher des Koffers. Was befand sich neben den persönlichen Dokumenten, der Kleidung und Erinnerungsstücken in den Koffern, die die Migranten, ob nach 1933, nach 1945 oder nach 1989 in ein neues Leben – eine neue Identität – mitnahmen? In Buenos Aires – die südamerikanische Metropole beherbergt eine der größten jüdischen Gemeinden außerhalb Israels – lebt Robert(o) Schopflocher. Er floh 1937 mit seinen Eltern aus Deutschland, er war damals 14 Jahre alt. Auf die Frage: „Wie würden Sie sich selbst bezeichnen? Als Argentinischer Jude? Als argentinischer Jude mit deutschen Wurzeln? Als deutscher Jude in Argentinien?" antwortete er umgehend. Aber er antwortete mit einem Gedicht, einem selbst verfassten, das er als etwas Achtzigjähriger zu Papier gebracht hatte, noch lange bevor er seine Autobiografie niederschrieb.[6]

Das Gedicht trägt den Titel *Geständnis*, das gleichwohl auch als Bekenntnis und Selbstverortung gewertet werden kann:

---

6 Schopflocher, Robert: Weit von Wo – mein Leben zwischen drei Welten. München 2010.

> Seit über sechzig Jahren
> in Argentinien,
> aber beim Wort „Baum"
> fällt mir zunächst und noch immer
> die Dorflinde Rannas ein,
> in der Fränkischen Schweiz,
> gelegentlich auch eine Eiche
> oder ein deutscher Tannenbaum;
> nie dagegen oder doch nur selten
> ein Ombú der Pampa,
> ein Paraíso in Entre Ríos
> ein Ñandubay, Lapacho, oder ein Algarrobo,
> wie sich's doch geziemen würde
> schon aus Dankbarkeit
> dem lebensrettenden Land gegenüber.
> Aber „Frühling" bedeutet mir noch immer
> Mörikes blau flatterndes Band.
> Schiller, Goethe und die Romantik,
> Jugendstil, Bauhaus und Expressionismus,
> prägen mir ihren Siegel auf,
> nicht weniger wie der deutsche Wald,
> der deutsche Professor
> oder der jüdische Religionsunterricht –
> wohlgemerkt: der der letzten Zwanziger-,
> der ersten Dreißigerjahre.
> Ja, selbst der fragwürdige Struwwelpeter
> Karl May Hauff die Grimm'schen Märchen
> oder Max und Moritz, diese beiden,
> rumoren weiter in mir
> und lassen sich nicht ausrotten.
> Nun ja: Leider! Trotz alledem.
> Oder etwa Gottseidank?
> Und wo liegt es nun, mein Vaterland?[7]

Was bringt dieses Gedicht zum Ausdruck? Und was bewog den Verfasser zu diesen Zeilen? Schopflocher lebt seit nunmehr über 75 Jahren in Argentinien, hat dort eine deutschstämmige Jüdin geheiratet, zwei Söhne großgezogen, die er in drei Kulturen erzog, in der argentinischen, der jüdischen und in der deutschen. Er nimmt aktiv am jüdischen Gemeindeleben in Buenos Aires teil, geht in eine Synagoge nach liberalem Ritus (wo bis vor wenigen Jahren der Gottesdienst auf Deutsch gehalten wurde). Und er lebt, wie er selbst betont, noch immer in drei Welten, in denen er jeweils eine „Heimat" gefunden hat.

---

7 Schopflocher, Robert: Hintergedanken. Gedichte aus zwei Jahrzehnten. Nürnberg 2012. S. 33.

Lassen sich in derartigen Lebensläufen und Lebensentwürfen emigrierter deutschsprachiger Juden auch Parallelen zu heute in Deutschland lebenden Juden aus der ehemaligen Sowjetunion finden? Schopflochers kulturelle wie religiöse Sozialisation erfolgte in Deutschland, als Jugendlicher kam er nach Argentinien, erlernte die spanische Sprache, studierte und arbeitete den äußeren Umständen geschuldet in einem Beruf (in der Landwirtschaft), der ihm nicht lag. Lebte in politischen Verhältnissen, die nicht seiner Überzeugung entsprachen, und doch richtete er sich ein in diesem Leben, dem Land, das ihm und seiner Familie Unterschlupf bot, das ihm aber auch die Möglichkeit offerierte, sein Leben selbst zu gestalten und seine verschiedenen Identitäten zu finden bzw. zu bewahren.

Hier liegt möglicherweise aber auch eine Crux im Vergleich zwischen Schopflocher und einem Ukrainer, Letten oder Usbeken, Moskauer oder Leningrader ähnlichen Alters. Beide zeichnen sich im Verlaufe ihres Lebens durch unterschiedliche Erfahrungshorizonte aus, was sich nicht zuletzt auch in unterschiedlichen Wahrnehmungen und kulturellen Codes widerspiegelt. Um nur ein Beispiel aus dem Bereich der Gedenkkultur zu wählen: Während Roberto Schopflocher den 9. November 1938 als eines der markantesten Daten für das deutsch-jüdische Verhältnis erinnert, ist es für den ukrainischen, russischen oder litauischen Juden in Berlin, Leipzig oder München der 9. Mai 1945, dem er alljährlich gedenkt und zu dessen Anlass er seine von der Sowjetarmee verliehenen Orden trägt.

„Wenn ein Mensch – und eine Gesellschaft – nur das zu erinnern im Stande ist, was als Vergangenheit innerhalb der Bezugsrahmen einer jeweiligen Gegenwart rekonstruierbar ist, dann wird genau das vergessen, was in einer solchen Gegenwart keine Bezugsrahmen mehr hat."[8] In Anlehnung an Jan Assmanns Definition der bereits 1925 von dem Soziologen Maurice Halbwachs formulierten These stehen hier unterschiedliche Gedächtnisse aufgrund von unterschiedlichen Bezugsrahmen und Erfahrungshorizonten nebeneinander, die für den jeweils anderen nur schwer nachvollziehbar sind. Ein gemeinsames kollektives Gedächtnis lässt sich daraus kaum formen. Wichtig ist daher aber, dass es von allen Seiten eine Bereitschaft gibt den jeweils anderen Bezugsrahmen zu billigen und nicht auszugliedern.

Und doch gibt es frappierende Beispiele für eine kulturelle Synthese – gerade unter jungen Juden in Deutschland heute, die mittlerweile zur vierten Generation zählen. Ich möchte hier nur kurz darauf eingehen, dafür aber – wie ich finde – mit einen prägnanten Beispiel: Lena Gorelik, 1981 in Leningrad (Sankt Petersburg) geboren, kam 1992 mit ihrer Familie als russisch-jüdischer Kontingentflüchtling

---

[8] Assmann, Jan: Das kulturelle Gedächtnis. Schrift, Erinnerung und politische Identität in frühen Hochkulturen. 5. Aufl. 2007. S. 36.

nach Deutschland. In München ging sie zur Schule, wurde an der Deutschen Journalistenschule zur Journalistin ausgebildet und absolvierte anschließend ein Studium der Osteuropastudien an der Ludwig Maximilian Universität. 2004 veröffentlichte sie ihren ersten Roman (*Meine weißen Nächte*), es folgten drei weitere. Im letzten Jahr folgte ein Essayband mit dem Titel „*Sie können aber gut Deutsch!* *Warum ich nicht mehr dankbar sein will, dass ich hier leben darf, und Toleranz nicht weiterhilft*. Dieses schon im Titel provokante Statement versteht sie als eine Antwort auf die immer wieder gestellten Fragen, wie sie sich als „jüdische" „Asylantin" in Deutschland fühle. Über ihr „Jüdischsein" bemerkte sie 2007 in einem Interview: „In Deutschland ist es etwas, womit ich mich auseinander setzen muss, aber nicht, weil ich es will, sondern weil ich dazu gebracht werde. Für mich persönlich ist Jüdischsein ein Gefühl. Dazu gehört diese bestimmte Art von Humor und der Lebenswahrnehmung."[9]

Das aktuelle Buch, so betont sie darin, habe sie „über Menschen" in Deutschland geschrieben:

> Über Menschen, die in diesem Land leben, es in irgendeiner Weise beeinflussen, bereichern, verwirren, es letztlich zu dem machen, was es ist.
> Denn, nachdem wir mehrere Jahrzehnte zu spät entdeckt haben, dass wir doch schon ziemlich lange ein Einwanderungsland sind und die Debatte (denn wir Deutschen lieben Debatten!) darüber, was das bedeutet, irgendwie verpasst zu haben und nun schwer damit beschäftigt sind, „in unserer Mitte angekommene türkischstämmige Mitbürger" in Polit-Talkshows und zu Integrationsbündnissen einzuladen, damit sie uns endlich einmal sagen, wie sie und ihresgleichen sich in unsere nicht definierte und wahrscheinlich auch nicht definierbare deutsche Gesellschaft integrieren können, haben wir vergessen, dass wir dabei vor allem über Menschen sprechen.[10]

Die Zukunft wird zeigen, ob in weiteren drei bis vier Generationen Juden in Deutschland in einer oder mehreren Welten leben, oder, wie es Lena Gorelik bereits heute pointiert definiert, „die in unserer Mitte angekommenen türkischstämmigen Mitbürger" „uns Deutschen" endlich erklärten, wie „sie und ihresgleichen" sich in „unsere" deutsche Gesellschaft „integrieren können".

Eine mögliche Antwort auf die eingangs gestellten Fragen mag Lena Gorelik damit gegeben haben. Aber entspringt diese einer jüdischen Kultur in Deutschland?

---

9 Die Welt, 7.4.2007.
10 Gorelik, Lena: „Sie können aber gut Deutsch!": Warum ich nicht mehr dankbar sein will, dass ich hier leben darf, und Toleranz nicht weiterhilft. München 2012. S. 12.

# Anhang

# Archive, Bibliotheken, Forschungseinrichtungen, Museen etc.

Im Folgenden sind Einrichtungen aufgeführt, die zur Thematik arbeiten, Sammlungen beherbergen und/oder als erste Anlaufstellen bei Recherchen im In- und Ausland dienen können. Die hier aufgeführte Liste erhebt nicht den an Anspruch auf Vollständigkeit, sie dient als ein erster Überblick. Während die Einrichtungen im deutschsprachigen Raum ausführlicher beschrieben sind, werden Institutionen in den übrigen Ländern lediglich mit ihren Kontaktdaten benannt.

Die Liste der Einrichtungen soll fortwährend ergänzt und akutalisiert werden. Sie ist auf der Internet-Seite: www.germanjewishculturalheritage.com aktuell verfügbar.

Zusammengestellt von Matthias Albert Koch

## Inhalt

**Deutschland** —— 607
    Archive und Bibliotheken —— 607
    Forschungseinrichtungen —— 624
    Rabbinerseminare —— 660
    Museen —— 666
    Arbeitsgemeinschaften/
    NGOs/E.V.s —— 699
**Österreich** —— 704
    Forschungseinrichtungen —— 704
    Museen —— 711
**Polen** —— 716
    Forschungseinrichtungen —— 716
    Museen —— 720
**Schweiz** —— 723
    Archive —— 723
    Forschungseinrichtungen —— 729
    Museen —— 738
**Israel** —— 741
    Archive und Bibliotheken —— 741
    Forschungseinrichtungen —— 742
    Museen —— 745
**Belgien** —— 746
    Forschungseinrichtungen —— 746
    Museen —— 747
**Dänemark** —— 747
    Museen —— 747
**Frankreich** —— 748
    Forschungseinrichtungen —— 748
    Museen —— 748
**Großbritannien** —— 748
    Forschungseinrichtungen —— 748
    Museen —— 749
**Irland** —— 749
    Museen —— 749
**Niederlande** —— 749
    Forschungseinrichtungen —— 749
    Museen —— 750
**Norwegen** —— 750
**Portugal** —— 751
**Russland** —— 751
    Archive und Bibliotheken —— 751
    Museen —— 751
**Schweden** —— 752
**Tschechien** —— 753
**Ukraine** —— 753
**Kanada** —— 754
**USA** —— 754
    Archive und Bibliotheken —— 754
    Forschungseinrichtungen —— 755
    Museen —— 756
**Mexiko** —— 756
**Argentinien** —— 759
**Brasilien** —— 760
    Archive und Bibliotheken —— 760
    Forschungseinrichtungen —— 760
    Museen —— 761
**Chile** —— 762
**Uruguay** —— 762
**Australien** —— 763
**Südafrika** —— 763

# Deutschland

## ARCHIVE UND BIBLIOTHEKEN

### Brandenburgisches Landeshauptarchiv (BLHA)
Zum Windmühlenberg
D-14469 Potsdam
Tel.: +49(0)331 5674-0
Fax: +49(0)331 5674-212
poststelle@blha.brandenburg.de
http://www.landeshauptarchiv-brandenburg.de

Gründungsjahr: 1949

**Aufgaben/Ziele:**
Das Brandenburgische Landeshauptarchiv ist das zentrale staatliche Archiv des Landes Brandenburg und zuständig für das Archivgut aller Stellen des Landes sowie ihrer Rechts- und Funktionsvorgänger. Als Brücke zwischen Vergangenheit, Gegenwart und Zukunft, zwischen Verwaltung, Forschung und allen Interessierten macht es Urkunden, Amtsbücher, Akten, Karten, Pläne, Plakate u.a. für die Erforschung der brandenburgischen Landes-, Regional-, Lokal- und Familiengeschichte sowie zur Wahrung rechtlicher Belange zugänglich. Zu seinen vorrangigen Aufgaben gehört es, die Unterlagen, die sich in seiner Obhut befinden, sicher zu verwahren und zu erhalten, sie durch Findmittel allgemein nutzbar zu machen und auszuwerten. Zugleich übernimmt es laufend archivwürdige Unterlagen, die in der Verwaltung des Landes entbehrlich geworden sind.

**Forschungsfelder:**
– Geschichte des Landes Brandenburg

**Besonderheiten/Forschungsschwerpunkte:**
– Das Gedächtnis des Landes Brandenburg - Bestände des Brandenburgischen Landeshauptarchivs Behörden und Institutionen in den Territorien Kurmark, Neumark und Niederlausitz bis 1808/16
– Behörden und Institutionen in der Provinz Brandenburg 1808/16 bis 1945
– Behörden und Institutionen im Land Brandenburg 1945–1952
– Behörden und Institutionen in den Bezirken Cottbus, Frankfurt (Oder), Potsdam 1952–1990
– Land Brandenburg (ab 1990)
– Städte und Ortschaften
– Sonderbestände und Sammlungen
– Zentrales Grundbucharchiv Brandenburg
– Bestände zur jüdischen Geschichte Brandenburgs:
  – Rep. 2 Kurmärkische Kriegs- u. Domänenkammer
  – Rep. 2 A Regierung Potsdam
  – Rep. 3 B Regierung Frankfurt (Oder)
  – Rep. 5 E Amtsgerichte
  – Rep. 6 B Kreisverwaltungen
  – Rep. 7 Landesherrliche Ämter
  – Rep. 8 Städte
  – Rep. 19 Steuerräte

- Rep. 31 B Bezirksausschuss/Bezirksverwaltungsgericht Frankfurt (Oder)
- Rep. 36 A Oberfinanzpräsident Berlin-Brandenburg
- Rep. 40 C Niederlausitzsches Konsistorium
- Rep. 55 Provinzialverband der Provinz Brandenburg
- Rep. 601 Bezirkstag und Rat des Bezirkes Frankfurt (Oder)
- Allgemeine Kartensammlung (AKS)

(Vgl. zu den Beständen des BLHA zur jüdischen Geschichte Brandenburgs: Jersch-Wenzel, Stefi/ Rürup, Reinhard (Hg.): Quellen zur Geschichte der Juden in den Archiven der neuen Bundesländer. Bd. 3: Staatliche Archive der Länder Berlin, Brandenburg und Sachsen-Anhalt. München 1999.)

**Datenbanken und Online-Ressourcen:**
- Online-Zugang zum Brandenburgischen Archivportal mit Grundinformationen/Überblick zu den in den brandenburgischen Archiven vorgehaltenen Beständen
- Elektronisches Findhilfsmittel/Archivdatenbank im Lesesaal des BLHA

**Periodika / Newsletter:**
- Newsletter „Brandenburgische Archive. Berichte und Mitteilungen aus den Archiven des Landes Brandenburg" kann online eingesehen werden.

**Publikationen (Auswahl):**
- Meier, Brigitte: Jüdische Seidenunternehmer und die soziale Ordnung zur Zeit Friedrichs II. Moses Mendelssohn und Isaak Bernhard Interaktion und Kommunikation als Basis einer erfolgreichen Unternehmensentwicklung, 2007.
- Schmidt, Frank (Bearb.): Zwangsarbeit in der Provinz Brandenburg 1939–1945. Spezialinventar der Quellen im Brandenburgischen Landeshauptarchiv, 1998.
- Meyer, Winfried (Hg.); Neitmann, Klaus (Hg.): Zwangsarbeit während der NS-Zeit in Berlin und Brandenburg. Formen, Funktionen und Rezeption, 2001.
- Neininger, Falko; Sikorski, Juliusz: Landsberg an der Warthe - Gorzów Wielkopolski. Zwei Namen – Eine Geschichte (herausgegeben vom Staatsarchiv in Gorzów Wielkopolski und Brandenburgisches Landeshauptarchiv), 2010 (darin auch zur jüdischen Geschichte des Ortes)
- Nakath, Monika; Neitmann, Klaus (Hg.): Aktenkundig: „Jude!" Judenverfolgung in Brandenburg 1933–1945. Vertreibung Ermordung Erinnerung (Einzelveröffentlichungen des Brandenburgischen Landeshauptarchivs 5), Berlin 2010.

## Bundesarchiv
**Dienstort Berlin-Wilmersdorf (Filmarchiv)**
Fehrbelliner Platz 3
D-10707 Berlin, Deutschland
Tel.: +49(0)3018/7770-0
Fax: +49(0)3018/7770-999
Archivfachlicher Dienst Tel.: +49(0)3018/7770-988
filmarchiv@bundesarchiv.de
http://www.bundesarchiv.de/bundesarchiv/dienstorte/berlin_wilmersdorf

**Dienstort Freiburg/Breisgau (Militärarchiv)**
Wiesentalstraße 10

D-79115 Freiburg/Breisgau, Deutschland
Tel.: +49(0)0761/47817-0
Fax: +49(0)0761/47817-900
Archivfachlicher Dienst Tel.: +49(0)0761/47817-864
militaerarchiv@bundesarchiv.de
http://www.bundesarchiv.de/bundesarchiv/dienstorte/freiburg

**Dienstort Koblenz (Grundsatzabteilung)**
Potsdamer Straße 1
D-56075 Koblenz, Deutschland
Tel.: +49(0)0261/505-0
Fax: +49(0)0261/505-226
Archivfachlicher Dienst Tel.: +49(0)0261/505-383
koblenz@bundesarchiv.de
Bildarchiv Tel.: +49(0)0261/505-382
Bildarchiv Fax: +49(0)0261/505-430
bild@bundesarchiv.de
http://www.bundesarchiv.de/bundesarchiv/dienstorte/koblenz

**Dienstort Berlin-Lichterfelde (Archivgut der zivilen Zentralbehörden des Deutschen Reiches)**
Finckensteinallee 63
D-12205 Berlin, Deutschland
Tel.: +49(0)3018/7770-0
Fax: +49(0)3018/7770-111
Archivfachlicher Dienst Tel.: +49(0)3018/7770-420 oder -411
berlin@bundesarchiv.de
http://www.bundesarchiv.de/bundesarchiv/dienstorte/berlin_lichterfelde

Gründungsjahr: 1952 in Koblenz

**Aufgaben/Ziele:**
Das Bundesarchiv sichert für die Bundesrepublik Deutschland das zivile und militärische Archivgut des Bundes und seiner Vorgänger, des Deutschen Bundes, des Deutschen Reiches und der Deutschen Demokratischen Republik auf der Grundlage des Bundesarchivgesetzes und ergänzt dieses um Archivgut privater Herkunft.

Das Filmarchiv des Bundesarchivs in Berlin ist eines der größten Archive dieser Art in der Welt. Gemäß Einigungsvertrag wurden 1990 die Filmreferate des Bundesarchivs und das Staatliche Filmarchiv der DDR zusammengeführt. Seit den 1950er Jahren sammelt das Filmarchiv deutsche Wochenschauen, Dokumentarfilme und Spielfilme. Filme, die von der Bundesverwaltung und ihren Funktionsvorgängern hergestellt werden, erhält das Bundesarchiv auf der Grundlage des Bundesarchivgesetzes. Die Einrichtung beherbergt alle nichttechnischen Organisationseinheiten des Filmarchivs. Hier findet die Erschließung und Benutzung von Filmen und filmbegleitenden Materialien statt; weitere Räume dienen der Lagerung des hier benutzten Archivguts.

Die Abteilung Militärarchiv ist zuständig für das Archivgut und die Unterlagen des Bundesministeriums der Verteidigung, der Streitkräfte und der Bundeswehrverwaltung. In Freiburg befindet sich auch das Militärische Zwischenarchiv für die Aktenabgaben des Bundesministeriums der Verteidigung, der Kommandobehörden, Dienststellen und Einheiten der Bundeswehr sowie der Bundeswehrverwaltung.

Koblenz ist Gründungsort und Hauptdienststelle des Bundesarchivs. Auf 15.000 m² Magazinfläche wird das Archivgut in den verschiedenen Magazinbereichen aufbewahrt. Dort ist die Abteilung für fachliche Grundsatzangelegenheiten und zentrale Fachdienstleistungen angesiedelt. Diese koordiniert übergreifende Fachangelegenheiten wie Bestandsbildung, Bestandserhaltung und Erschließung. Sie ist u.a. für die Öffentlichkeits- und historische Bildungsarbeit, die internationalen Beziehungen sowie für die Fortentwicklung des Archivrechts zuständig. Auch die Editionsgruppe der „Dokumente zur Deutschlandpolitik" gehört zur Grundsatzabteilung in Koblenz.

In der Abteilung R ist das Archivgut der zivilen Zentralbehörden des Deutschen Reiches (1867/71–1945), die durch den Zweiten Weltkrieg und die Teilung Deutschlands zerrissen waren, in Berlin-Lichterfelde zusammengeführt. Zu den Reichsbeständen, die sich zuvor vor allem in Potsdam und Koblenz befunden hatten, kamen die personenbezogenen Unterlagen des bis 1994 unter amerikanischer Verwaltung stehenden Berlin Document Center (BDC). Außerdem werden Bestände der ehemaligen Außenstelle Frankfurt – „Untrennbarer Bestand" des Reichskammergerichts (1495–1806), Deutscher Bund (1815–1866) und Frankfurter Nationalversammlung (1848/49) – in Berlin-Lichterfelde verwahrt.

**Forschungsfelder:**
- Bundesrepublik Deutschland (ab 1949)
- DDR (Deutsche Demokratische Republik)
- Alliierte Besatzungszonen (1945–1949)
- Deutsches Reich: Nationalsozialismus (1933–1945)
- Deutsches Reich: Weimarer Republik (1918–1933)
- Deutsches Reich: Kaiserreich (1871–1918) einschließlich Norddeutscher Bund (1867–1871)
- Deutscher Bund (1815–1866) und Provisorische Zentralgewalt (1848/49)
- Heiliges Römisches Reich (1495–1806)
- Abteilungen R (Deutsches Reich)
- SAPMO (Stiftung Archiv der Parteien und Massenorganisationen der DDR)
- Besonderheiten/Forschungsschwerpunkte:
- Freiburg: Restaurierung und Reprographie von Karten und Plänen
- Koblenz: Im Arbeitsbereich Restaurierung und Konservierung audiovisuellen Archivguts werden derzeit auch noch Filme restauriert.
- Berlin-Lichterfelde: Der Sammlungsschwerpunkt bei Neuerwerbungen liegt auf der Literatur:
  - zur und aus der Zeit der DDR und Deutschlands vor 1945
  - zur Geschichte der ehemals sozialistischen Staaten,
  - zur Geschichte der internationalen Arbeiter- und Gewerkschaftsbewegung
  - zur Geschichte einzelner Parteien, Gewerkschaften, Organisationen und politischer Gruppierungen von der Mitte des 19. Jahrhunderts bis in die Gegenwart.

Der Förderkreis Archive und Bibliotheken zur Geschichte der Arbeiterbewegung, die Johannes-Sassenbach-Gesellschaft und die Stiftung Archiv der Parteien und Massenorganisationen der DDR im Bundesarchiv gestalten eine gemeinsame Vortragsreihe mit vier Vorträgen jährlich. Alle Vorträge finden im Casino-Gebäude, 1. OG, Finckensteinallee 63, 12205 Berlin, jeweils um 18 Uhr statt.

**Archiv Berlin-Wilmersdorf:** Filmarchiv

**Archiv Freiburg:** Die Bestände der Abteilung Militärarchiv umfassen:
- Die Überlieferung (insbes. Sachakten, Karten, Konstruktionspläne, Fotos) staatlicher militärischer Stellen seit dem Jahre 1867 bis in die Gegenwart

- Die erhalten gebliebenen Unterlagen der preußisch-deutschen Armee, der Kaiserlichen Marine, der Schutztruppen und der Freikorps, der Reichswehr sowie die Wehrmacht.
- Desweiteren werden in Freiburg die Unterlagen der Nationalen Volksarmee und der Grenztruppen der DDR archiviert.
- Der umfangreichste Teil der von der Abteilung Militärarchiv verwahrten Unterlagen stammt vom Bundesministerium der Verteidigung und seines nachgeordneten militärischen und zivilen Bereichs
- Zahlreiche Nachlässe deutscher Militärangehöriger
- Sachthematische Sammlungen zur deutschen Militärgeschichte seit der Mitte des 19. Jahrhunderts

**Archiv Koblenz:**
- Fachabteilung B (Bundesrepublik Deutschland). Sie ist vor allem verantwortlich für das zentrale zivile staatliche Archivgut der Bundesrepublik Deutschland (seit 1949) einschließlich der westlichen Besatzungszonen (1945–1949), aber auch für Schriftgut privater Herkunft, von Einzelpersönlichkeiten und Verbänden, für Bilder, Plakate, Karten und Tondokumente sowie für die Edition der Kabinettsprotokolle der Bundesregierung.
- Bildarchiv

**Archiv Berlin-Lichterfelde:**
Trotz erheblicher Kriegsverluste verwahrt das Bundesarchiv den mit Abstand größten archivalischen Quellenfundus zur Geschichte des Norddeutschen Bundes, des Kaiserreiches, der Weimarer Republik und der Zeit des Nationalsozialismus. Entsprechend intensiv ist die Benutzung der Unterlagen, insbesondere für die Erforschung der nationalsozialistischen Vergangenheit.

**Bibliothek Freiburg:**
In einem modern ausgestatteten Benutzerzentrum mit 25 Arbeitsplätzen können Benutzerinnen und Benutzer das Archivgut einsehen. Die Bestände einer Dienstbibliothek mit militärgeschichtlichem Sammlungsprofil stehen Benutzerinnen und Benutzer zur Unterstützung ihrer Archivrecherchen zur Verfügung.

**Bibliothek Koblenz:**
Im Benutzersaal stehen ca. 70 Arbeitsplätze, darunter gesonderte Plätze in Kabinen mit Lesegeräten für Mikroformen sowie eine Präsenzbibliothek bereit.

**Bibliothek Berlin-Lichterfelde:**
Es stehen ca. 150 Arbeitsplätze in den drei Lesesälen für Archivgut, Mikrofilme und die Bibliothek zur Verfügung.

Die wissenschaftliche Spezialbibliothek und gleichzeitig Dienstbibliothek der Abteilungen in Berlin-Lichterfelde bildet das fachliche Zentrum der Bibliothek des Bundesarchivs mit sechs dezentralen Dienstbibliotheken. Ihr Online-Katalog ist auch über den Kooperativen Bibliotheksverbund Berlin-Brandenburg (KOBV) zu erreichen.

Zur SAPMO gehört eine Bibliothek mit den Beständen von über 30 früheren Einrichtungen und Organisationen, die sie mit dem Archivgut in das Bundesarchiv eingebracht haben. Die Bibliothek bietet einen eigenen Lesesaal, Orts- und Fernleihe sowie einen Onlinekatalog an.

**Datenbanken und Online-Ressourcen:**
- ARGUS (Archivgutsuche) ermöglicht eine übergreifende Suche in der Beständeübersicht sowie in allen Online-Findmitteln des Bundesarchivs (ohne Integration der Findmittel der Abteilung Findmittel)
- Zentrale Datenbank Nachlässe (ZDN) ist eine in Kooperation mit anderen Archiven und Organisationen erstellte Datenbank, in der Nachlässe und Teilnachlässe aus über 1.000 Institutionen erfasst sind.
- Digitales Bildarchiv (11 Millionen Bilder, Luftbilder und Plakate zur deutschen Geschichte)
- Benutzungsmedien Film online (mehr als 70.000 Medien)
- Findbücher und sonstige Findmittel
- Netzwerk SED-/FDGB-Archivgut (Bestände des Bundesarchivs und der Landes- und Staatsarchive der neuen Bundesländer und Berlins)
- Portal Zwangsarbeit im NS-Staat (Archivgut zur Zwangsarbeit und zur Entschädigung)
- Inventar der Quellen zur Geschichte der Euthanasie-Verbrechen 1939–1945 (Archivgut aus 4 Staaten)
- Gedenkbuch für die Opfer der Verfolgung der Juden unter der nationalsozialistischen Gewaltherrschaft in Deutschland 1933–1945
- Edition Kabinettsprotokolle der Bundesregierung
- Edition Akten der Reichskanzlei. Weimarer Republik
- Katalog der Bibliotheken des Bundesarchivs (Literatur ab dem Erwerbungsjahr 1995; der Hauptteil der Literatur vor 1995 ist über Zettelkataloge vor Ort zugänglich.

## Deutsche Nationalbibliothek (DNB)
Adickesallee 1
60322 Frankfurt am Main
Tel: +49 69 1525-0
Fax: +49 69 1525-1010
postfach@dnb.de

Gründungsjahr: 1912

**Aufgaben/Ziele:**
Die Deutsche Nationalbibliothek ist die zentrale Archivbibliothek und das nationalbibliografische Zentrum der Bundesrepublik Deutschland. Sie hat die Aufgabe, lückenlos alle deutschen und deutschsprachigen Publikationen ab 1913, im Ausland erscheinende Germanica und Übersetzungen deutschsprachiger Werke sowie die zwischen 1933 und 1945 erschienenen Werke deutschsprachiger Emigranten zu sammeln, dauerhaft zu archivieren, bibliographisch zu verzeichnen sowie der Öffentlichkeit zur Verfügung zu stellen. Sie hat ihre Standorte in Leipzig (ehemals Deutsche Bücherei, seit 2010 auch Deutsches Musikarchiv) und Frankfurt am Main (ehemals Deutsche Bibliothek). Jede in Deutschland veröffentlichte Publikation muss der Bibliothek in zwei Exemplaren zugesandt werden. Der Bibliothek ist das Deutsche Buch- und Schriftmuseum angegliedert. In der Anne-Frank-Shoah-Bibliothek wird internationale Forschungsliteratur zum Holocaust gesammelt. Zudem sammelt die DNB gedruckte und ungedruckte Zeugnisse der deutschsprachigen Emigration und des Exils der Jahre 1933 bis 1945. Die DNB betrieb die Projekte „Exilpresse digital" und „Jüdische Periodika aus NS-Deutschland", die jüdische Periodika, die in Deutschland und im Exil veröffentlicht wurden, systematisierten und online erreichbar machten. Beide können aus rechtlichen Gründen nicht mehr bereitgestellt werden.

**Besonderheiten/Forschungsschwerpunkte:**
- Ausstellungen zu Themen des Exils, ins Besondere zum deutsch-jüdischen Exil:
- Ausstellung: „So wurde Ihnen die Flucht zur Heimat" Soma Morgenstern und Joseph Roth. Eine Freundschaft (2012)
- Ausstellung: „… ein sehr lebhaftes Vielerlei" – Der Theatermann und Schriftsteller Rudolf Frank (2010)
- Ausstellung: Buchgestaltung im Exil 1933–1950 (2004)
- Tagungen zu deutsch-jüdischen Themen, wie „Tagung der internationalen Joseph Roth Gesellschaft in Kooperation mit dem Deutschen Exilarchiv 1933–1945" (2012)
- Digitalisate älterer Veröffentlichungen

**Bibliothek:**
- Anne-Frank-Shoah-Bibliothek mit etwa 12.000 Bücher, Zeitschriften, audiovisuelle Medien, Karten und andere Materialien, 22.000 bibliografischen Daten
- Shoah-Lesesaal: Bibliographische Handbibliothek mit ca. 6.000 Medieneinheiten
- Grundlagenliteratur zu Exil, Migrationsforschung und zur jüdischen Emigration
- 31.395 Monografien und 31.178 Zeitschriften in der Exilsammlung

**Archiv:**
- 427 Tarnschriften
- 2.644 Flugblätter
- Aufbau-Archiv, New York
- Unterlagen des Clubs 1943, London
- Akten des Emergency Rescue Committee, London
- Unterlagen des Deutschen PEN-Clubs im Exil („Exil-PEN"): 1933–1940
- Zahlreiche Nachlässe deutscher Juden, z.B. Alice Herz, Leon Hirsch, Lilli Körber, Ernst Loewy
- Briefkonvolute, z.B. Max Brod an / von Schalom Ben-Chorin, Max Brod an David Scheinert, Alfred Döblin an Arthur Rosin Lion Feuchtwanger an Eva Herrmann, Lion Feuchtwanger an Eva van Hoboken, Alfred Kerr an / von Johann Plesch Annette Kolb an Erna Pinner, Franz Leschnitzer an / von Bruno Vogel, Julius Lips an / von Felix Boenheim
- Sammlungen zu deutsch-jüdischen Emigranten: z.B. Albert Einstein, Arnold Zweig, Stefan Zweig, Franz Werfel
- von Emigranten verfasste Werke in Erstausgaben, Nachauflagen und Übersetzungen sowie Sammelbände, an denen Emigranten mitgearbeitet haben.
- von Emigranten herausgegebene, übersetzte, illustrierte und gestaltete Bücher
- die gesamte Produktion von Exilverlagen
- die Veröffentlichungen jüdischer Verlage und Organisationen in Deutschland, Österreich und der Tschechoslowakei nach 1933

**Datenbanken und Online-Ressourcen:**
- Katalog der Deutschen Nationalbibliothek
- Katalog des Deutschen Musikarchivs
- Archivalienkatalog des Deutschen Exilarchivs 1933–1945

**Publikationen:**
- Journalist gegen Hitler – Anwalt der Republik; eine Ausstellung des Deutschen Exilarchivs 1933–1945 der Deutschen Nationalbibliothek. (2010)

- „Meinem besten Porträtisten ... ": Porträtfotografien und -zeichnungen aus den Beständen des Deutschen Exilarchivs 1933–1945; eine Ausstellung des Deutschen Exilarchivs 1943–1945 Der Deutschen Bibliothek. (2005)
- Buchgestaltung im Exil 1933–1950: eine Ausstellung des Deutschen Exilarchivs 1933–1945 Der Deutschen Bibliothek. (2004)
- Deutsches Exilarchiv 1933–1945 und Sammlung Exil-Literatur 1933–1945: Katalog der Bücher und Broschüren; zugleich Band 2 von Deutsches Exilarchiv 1933–1945. (1989)
- Philipp P. Fehl, Capricci: eine Ausstellung des Deutschen Exilarchivs 1933–1945 Der Deutschen Bibliothek. (2001)
- „... er teilte mit uns allen das Exil": Goethebilder der deutschsprachigen Emigration 1933–1945; eine Ausstellung des Deutschen Exilarchivs 1933–1945. (1999)
- Loewy, Ernst: Jugend in Palästina; Briefe an die Eltern 1935–1938. (1997)
- Exilliteratur und Exilforschung: ausgewählte Aufsätze, Vorträge und Rezensionen. (1996)
- Deutsche Literatur im Exil in den Niederlanden: eine Ausstellung des Deutschen Exilarchivs 1933–1945. (1993)

**Periodika/ Newsletter**
- Newsletter

## Dr.-Erich-Bloch-und-Lebenheim-Bibliothek (Judaica)
Sigismundstr. 19
78462 Konstanz
Tel.: 07531/88–4176 u. 2848 383
thomas.uhrmann@bsz-bw.de
http://www.bsz-bw.de/eu/blochbib
Gründungsjahr: 1982

**Aufgaben/Ziele:**
Die Dr.-Erich-Bloch-und-Lebenheim-Bibliothek ist eine auf Judaica spezialisierte öffentliche Leihbibliothek in Konstanz, die von der Israelitischen Kultusgemeinde Konstanz betrieben wird. Die Bibliothek wurde von dem Historiker und Schriftsteller Dr. Erich Bloch und Else Levi-Mühsam aufgebaut. Neben Büchern zur jüdischen Geschichte und Kultur in Deutschland, zu Fragen des christlich-jüdischen Verhältnisses, zu Antisemitismus und zur Schoah finden sich Biographien jüdischer Persönlichkeiten in der Bibliothek. Als erste Judaica-Bibliothek, die nicht einer Hochschule angegliedert ist, und zugleich als erste Bibliothek einer jüdischen Gemeinde in Deutschland ist die Bücherei im Jahre 2001 in einen Bibliotheksverbund aufgenommen worden. Der gesamte Buchbestand wurde beim ebenfalls in Konstanz ansässigen Bibliotheksservice-Zentrum Baden-Württemberg (BSZ) in den elektronischen Katalog des Südwestdeutschen Bibliotheksverbund (SWB) eingegeben. Die Möglichkeit der Katalogisierung in Originalschriften (für diese Bibliothek also in hebräischer und kyrillischer Schrift) war im SWB als ersten deutschen Bibliotheksverbund seit Anfang 2009 gegeben.

**Besonderheiten/Forschungsschwerpunkte:**
- jährliche Beteiligung an dem „Europäischen Tag der jüdischen Kultur"
- Unter dem Titel „Baum des Lebens und gedeckter Tisch – Torah, Talmud, Schulchan Aruch und andere Quellen des Judentums" oder „Torah, Tauchbad, Traditionen" finden regelmäßig Veranstaltungen für die Volkshochschule Konstanz statt.

- Beratung und Begleitung des Ausstellungs-, Publikations- und Dokumentarfilmprojekts „Jüdische Jugend heute in Deutschland" (2005)
- Begleitung des Buchprojektes „Der interreligiöse Stadtführer – Wege durch Konstanz" von Schülern des Ellenrieder-Gymnasiums Konstanz (2006)

**Bibliothek:**
- über 4300 Titel
- Umfangreiche Bücherschenkung von der Karger-Bibliothek der Israelitischen Gemeinde Basel
- Abteilung Belletristik: Romane, Dramen und Gedichtbände jüdischer Autoren aus Amerika, Europa und Israel
- Kinder- und Jugendbücher
- Schenkung der British Library London: Auswahl jiddischer Literatur in Originalsprache und hebräischer Schrift
- rabbinische Literatur in hebräischer, bzw. aramäischer und deutscher Sprache
- Biographien jüdischer Persönlichkeiten
- Wissenschaftliche Abteilung mit historischen und judaistischen Titeln

**Datenbanken und Online-Ressourcen:**
- Bibliothekskatalog
- Blog

## Germania Judaica
## Kölner Bibliothek zur Geschichte des deutschen Judentums, e.V.
Josef-Haubrich-Hof 1
50676 Köln
Tel:0221/232349
gj@ub.uni-koeln.de
germaniajudaica@stbib-koeln.de

Gründungsjahr: 1959

**Aufgaben/Ziele:**
Germania Judaica ist die größte wissenschaftliche Spezialbibliothek zur Geschichte des deutschsprachigen Judentums in Europa. Sie wurde 1959 auf Initiative Kölner Bürger als privater Verein gegründet. Durch sachlich richtige Informationen über das Judentum sollte gegen Antisemitismus gekämpft werden. Die Schriftsteller Heinrich Böll und Paul Schallück, der Journalist Wilhelm Unger sowie der Kulturdezernent der Stadt Köln Kurt Hackenberg gehörten zu den Initiatoren der Germania Judaica. Seit 1979 hat sie ihren Sitz in der Stadtbibliothek Köln, in der Zentralbibliothek am Neumarkt.

**Forschungsfelder:**
- Geschichte des deutschsprachigen Judentums ab dem 18. Jahrhundert
- Allgemeine jüdische Geschichte und Kultur
- Zionismus und Israel
- Antisemitismus
- Darstellung von Juden in Literatur und Film
- Emigration, Exil
- Antisemitismus

**Besonderheiten/Forschungsschwerpunkte:**
– Die Germania Judaica war beteiligt an dem DFG-Projekt „Jüdische Periodika im deutschsprachigen Raum", anschließend abrufbar über „Compact Memory"

**Bibliothek:**
– über 90 000 Bände und Zeitschriften
– über 500 deutsch-jüdische Zeitungen und Zeitschriften
– die ersten Ausgaben der Allgemeinen Zeitung des Judentums aus dem Jahre 1837

**Datenbanken und Online-Ressourcen:**
– Compact Memory

**Publikationen:**
– Köln und das rheinische Judentum. Festschrift Germania Judaica 1959–1984 (1984) (vergriffen)
– Germania Judaica. Die Entwicklung und Bedeutung einer wissenschaftlichen Spezialbibliothek (1986)
– Germania Judaica, Bestandskatalog I, Regional- und Lokalgeschichte (1988) (vergriffen)
– Germania Judaica, Bestandskatalog II, Regional- und Lokalgeschichte (1999) (enthält d. Bestandskatalog I v. 1988

## Hessisches Hauptstaatsarchiv
Mosbacher Straße 55
65187 Wiesbaden
Tel.: +49(0)611 8 81-0
Fax: +49(0)611 8 81-1 45
poststelle@hhstaw.hessen.de
http://www.hauptstaatsarchiv.hessen.de

Gründungsjahr: 1963

**Aufgaben/Ziele:**
Das Hessische Hauptstaatsarchiv in Wiesbaden besitzt eine doppelte Zuständigkeit. Zum einen obliegt ihm die Übernahme von Unterlagen der hessischen Ministerien sowie aller Behörden, Gerichte und staatlichen Einrichtungen mit Zuständigkeit für das gesamte Land Hessen. In dieser Funktion unterhält es auch ein Zwischenarchiv für Schriftgut, das noch der behördlichen Aufbewahrungsfrist unterliegt. Zum anderen ist das Hessische Hauptstaatsarchiv zuständig für die Unterlagen der nachgeordneten staatlichen Dienststellen in den kreisfreien Städten Frankfurt am Main und Wiesbaden sowie im Hochtaunuskreis, im Lahn-Dill-Kreis, im Landkreis Limburg-Weilburg, im Main-Kinzig-Kreis, im Main-Taunus-Kreis und im Rheingau-Taunus-Kreis.
Die Staatsarchive archivieren Akten und Schriftstücke, Karten, Pläne, Plakate, Karteien, Siegel, Stempel, Bild- und Tonaufzeichnungen, digitale Aufzeichnungen sowie Hilfsmittel für ihre Ordnung, Benutzung und Auswertung. Archiviert werden auch Druckschriften, die von öffentlichen Stellen herausgegeben wurden.

**Forschungsfelder:**
Als historisches Archiv verwahrt das Hessische Hauptstaatsarchiv die Überlieferung aus dem Gebiet des Herzogtums Nassau und der Landgrafschaft Hessen-Homburg.

**Archiv:**
Das Archiv beherbergt verschiedene Bestände:
- Jüdische Personenstandsregister der hessischen jüdischen Gemeinden (v.a. aus Kurhessen und Hessen-Darmstadt) sind digitalisiert und in der arichivischen Datenbank Hessisches Archiv-Dokumentations- und Informationssystem (HADIS) (www.hadis.hessen.de) hinterlegt.
- Quelleninventare zur Geschichte der Juden in Hessen
- Kommission für die Geschichte der Juden in Hessen
- Emanzipation der Juden im Kurfürstentum Hessen
- Emanzipation der Juden im Herzogtum Nassau
- Antisemitismus und Judenverfolgung

**Bibliothek:**
Zusätzlich zu den Archivbeständen steht allen Interessierten die Dienstbibliothek des Hessischen Hauptstaatsarchivs zur Verfügung. Die Dienstbibliothek ist eine Präsenzbibliothek mit einem Bestand von rund 100.000 Bänden und ca. 250 laufend gehaltenen Zeitschriften. Ausleihen außer Haus und Fernleihen sind leider nicht möglich. Der Altbestand vom ausgehenden 15. Jahrhundert bis 1900 umfasst ungefähr 4.500 Einheiten.

Spezialsammelgebiete der Bibliothek sind Archivwissenschaft, Historische Hilfswissenschaften, deutsche Territorialgeschichte, nassauische und hessische Geschichte und Landeskunde, jüdische Geschichte und NS-Geschichte.

**Datenbanken und Online-Ressourcen:**
Einige Bestände sind online durchsuchbar:
- Online kann nach Suchbegriffen recherchiert werden
- Das Hessische Archiv-Dokumentations- und -Informationssystem (HADIS) ist die Online-Recherchedatenbank der hessischen Staatsarchive. Es ist im Internet allgemein zugänglich.
- Der Online-Katalog der Bibliothek des Hessischen Hauptstaatsarchivs enthält Monographien, Druckschriften und Zeitschriften. Spezialsammelgebiete der Bibliothek sind Archivwissenschaft, Historische Hilfswissenschaften, nassauische und hessische Landesgeschichte, jüdische Geschichte und NS-Geschichte.

**Publikationen:**
- Schriften der Kommission für die Geschichte der Juden in Hessen: Die Reihe versammelt Studien zur Geschichte der Juden in Kurmainz, Kurhessen, Hessen-Darmstadt, Nassau, Waldeck und Preußen. Einen weiteren Schwerpunkt bildet die nationalsozialistische Verfolgung der Juden 1933–1945 und die Aufarbeitung der NS-Verbrechen.
- Die Quelleninventare weisen Quellen zur Geschichte der Juden aus den drei hessischen Staatsarchiven nach: aus dem Hessischen Staatsarchiv Marburg (1267–1600), aus dem Hessischen Staatsarchiv Darmstadt (1080–1650) und aus dem Hessischen Hauptstaatsarchiv (1806–1866).

## Landesarchiv Baden-Württemberg

Eugenstraße 7
D-70182 Stuttgart
Tel.: +49(0)711/212-4272
Fax: +49(0)711/212-4283
landesarchiv@la-bw.de

http://www.landesarchiv-bw.de/web

Gründungsjahr: 2005

**Aufgaben/Ziele:**
In den Archivabteilungen des Landesarchivs Baden-Württemberg werden staatliche Verwaltungsunterlagen verwahrt und der Nutzung zugeführt, denen bleibender Wert zukommt. Darin eingeschlossen ist die Überlieferung der Rechtsvorgänger der heutigen Landesverwaltung, nämlich der geistlichen und weltlichen Territorien, die es auf dem Gebiet des heutigen Landes Baden-Württemberg in früheren Zeiten gegeben hat.

Neben Unterlagen der staatlichen Verwaltung können auch solche nicht-staatlicher Herkunft übernommen werden, wenn sie geeignet sind, die staatliche Verwaltungsüberlieferung zu ergänzen; Beispiele hierfür sind Nachlässe von Persönlichkeiten des öffentlichen Lebens, fotografische Sammlungen oder Unterlagen von Körperschaften, Stiftungen und Anstalten des öffentlichen Rechts. Viele Adelsfamilien haben ihre Familien- und Herrschaftsarchive unter Eigentumsvorbehalt in den Archivstandorten hinterlegt.

Der Begriff Unterlagen ist sehr weit gefasst; gemeint sind nicht nur Akten, Urkunden, Karten und Pläne, sondern auch Fotos, audiovisuelle Materialien, elektronische Daten - kurzum alle Formen von Informationsträgern, die im Lauf von vielen Jahrhunderten in der Verwaltung Verwendung gefunden haben

**Forschungsfelder:**
Als historisches Archiv verwahrt das Hessische Landesarchiv die Überlieferung aus Baden und Württemberg.

**Archiv:**
Das Archiv beherbergt verschiedene Bestände:
- Mit der Digitalisierung der jüdischen Standesregister bietet das Landesarchiv Baden-Württemberg Forschern aus aller Welt erstmals die Möglichkeit, eine stark nachgefragte Quelle online auszuwerten.

## Landesarchiv Berlin
Eichborndamm 115-121
D-13403 Berlin
Tel.: +49(0)30-90264-0 (Zentrale)
Tel.: +49(0)30-90264-153
Fax: +49(0)30-90264-201
info@landesarchiv.berlin.de
benutzerservice@landesarchiv.berlin.de
http://www.landesarchiv-berlin.de

Gründungsjahr: 1808/1991

**Aufgaben/Ziele:**
Das Landesarchiv Berlin fusionierte 1991 mit dem Stadtarchiv Berlin, dem Büro für stadtgeschichtliche Dokumentation und technische Dienste sowie dem Verwaltungsarchiv des Magistrats. Neun Jahre später wurde die Archivabteilung der Landesbildstelle und das Archiv der Internationalen Bauausstellung integriert. Das Landesarchiv Berlin hat es sich zur Aufgabe gemacht,

die Unterlagen von Behörden und Einrichtungen Berlins und Quellen zur Stadtgeschichte aufzunehmen, zu sichern und der Öffentlichkeit zur Verfügung zu stellen. Es verfügt damit über Dokumente zur Geschichte Berlins, seiner Institutionen und seiner Einwohner.

**Forschungsfelder:**
- Geschichte Berlins, seiner Institutionen und Einwohner
- Sicherung, Verwahrung und Zugänglichmachung historischer Dokumente zur Stadtgeschichte

**Besonderheiten/Forschungsschwerpunkte:**
- Besucherservice
- Unterstützung wissenschaftlicher Forschung
- Temporäre Ausstellungen, z.B.
    - Die Pläne mit der Berolina. Kartografische Exkursionen mit Julius Straube, 8.10.–31.12.2014
- Projekt „Bergungsstelle für wissenschaftliche Bibliotheken" über 200 private und öffentliche Bibliotheken in Berlin in Kooperation mit der Zentral- und Landesbibliothek Berlin (Arbeitsstelle NS-Raubgutforschung) und der Arbeitsstelle für Provenienzforschung (Informationen zur Forschung und Digitalisierung unter: www.bergungsstelle.de)
- Projekt „Wiedergutmachungsakten"
- Projekt „HistoMap" in Kooperation mit der Beuth-Hochschule Berlin zur webbasierten Recherche historischer Berliner Stadtpläne
- Zusammenarbeit mit der „Koordinierungsstelle für Kulturgutverluste" im Bereich Provenienzforschung
- Archiv-Workshops zu ausgesuchten Themen, z.B:
    - Schülerworkshop zur Geschichte jüdischer Unternehmen in Berlin

**Archiv:**
Das Archiv beherbergt verschiedene Bestände:
- Unterlagen zu jüdischen Unternehmen, z. B.
    - M. Kempinski & Co. Weinhaus und Handelsgesellschaft mbH
    - Bankhaus E. J. Meyer
    - Gárbaty Cigarettenfabrik
- Nachlass Familie von Bleichröder
- Nachlass Familie Simon
- Nachlass Familie Sachs
- Personenfonds Anna Sabine Halle
- Personenstandsunterlagen
- Fotosammlung
- Standesamtsregister
- Einwohnermeldekartei
- Kartenabteilung
- Adressbücher
- Film- und Tondokumente
- Helene Lange-Archiv

**Datenbanken und Online-Ressourcen:**
Informationen zur Arbeit, den Beständen und Publikationen des Archivs können online abgerufen werden.

**Publikationen:**
Das Landesarchiv gibt Bücher, Kataloge und eine eigene Schriftenreihe heraus, z.B.:
- Berliner Villenleben. Die Inszenierung bürgerlicher Wohnwelten am grünen Rand der Stadt um 1900, hrsg.: Heinz Reif in Zusammenarbeit mit Moritz Feichtinger (= Schriftenreihe des Landesarchivs Berlin, hrsg. von Uwe Schaper, Bd. 12), Berlin 2008
- Michael Klein: Aschinger-Konzern - Aschinger's Aktien-Gesellschaft, Hotelbetriebs-AG, M. Kempinski & Co. Weinhaus und Handelsgesellschaft mbH. A Rep. 225 (= Findbücher, hrsg. vom Landesarchiv Berlin, Nr. 34), Berlin 2005
- Das Landesarchiv Berlin und seine Bestände. Teil I: Übersicht der Bestände aus der Zeit bis 1945. Bearb. v. Heike Schroll u. Regina Rousavy. (Schriftenreihe des Landesarchivs Berlin; hrsg. v. Jürgen Wetzel. Band 1, Teil I), Berlin, 2003
- Kerstin Bötticher: Spezialinventar Quellen zur Geschichte der Zwangsarbeit im Landesarchiv Berlin (1939–1945) (= Findbücher, hrsg. vom Landesarchiv Berlin, Nr. 31), Berlin 2001
- Jahrbücher des Landesarchivs
- Ausstellungskataloge

## Staatsbibliothek zu Berlin – Preußischer Kulturbesitz
Haus unter den Linden
Unter den Linden 8
D-10117 Berlin
Haus Potsdamer Straße
Potsdamer Straße 33
10785 Berlin
Tel. +49(0)30 266-433522/-433666
kaya.tasci@sbb.spk-berlin.de

Gründungsjahr: 1661

**Aufgaben/Ziele:**
Die Staatsbibliothek zu Berlin (früher auch Königlich Preußische Staatsbibliothek oder Königliche Bibliothek) ist die größte wissenschaftliche Universalbibliothek Deutschlands. Sie sammelt für den Spitzenbedarf der Forschung. Die SBB-PK gehört zur Stiftung Preußischer Kulturbesitz (SPK), welche von allen Ländern und dem Bund getragen wird.
  Basis der Judaica-Sammlung der Staatsbibliothek ist der Bestand an ca. 570 mittelalterlichen und frühneuzeitlichen jüdischen Handschriften, darunter die weltweit größte hebräische Pergamenthandschrift überhaupt, eine der ältesten aschkenasischen Torarollen und die vollständigste Handschrift der Tosefta. Als Kriegsverlust gilt die große u.a. von Moritz Steinschneider (1816–1907), dem Vater der hebräischen Bibliographie, aufgebaute Hebraica- und Rabbinicasammlung. Überliefert wurden hingegen die alten Kataloge dieser Bände. Die Bibliothek verfügt über das Mendelssohn-Archiv und über diverse Nachlässe deutscher Juden. Seit der Veröffentlichung der Washingtoner Erklärung (1998) beschäftigt sich die Bibliothek in verschiedenen Projektzusammenhängen mit der Problematik von NS-Raubgut in ihren Sammlungen. Ein speziell eingerichteter Aufgabenbereich ist mit der systematischen Prüfung des rund 3 Millionen Bände umfassenden historischen Druckschriftenbestandes hinsichtlich der entdeckten Verdachtsfälle beauftragt. So wurden etwa Bände aus den Privatbibliotheken von Leo Baeck und Arthur Rubinstein an die Erben übergeben.

**Forschungsfelder:**
- Sammelschwerpunkt liegt bei den Geistes- und Sozialwissenschaften
- Ostasiatica (seltene Drucke aus der Ming-Dynastie)
- Musikalien (größte Mozart-Sammlung der Welt, die Partituren von Beethovens Sinfonien Nr. 4, 5, 8 und 9)
- Karten (30.000 Atlanten, 150.000 Ansichten, 35.000 Bänden kartographischen Schrifttums, 200 Globen sowie 2.000 elektronischen raumbezogenen Publikationen)
- Orientalia
- Parlamentariasammlung

**Bibliothek:**
- 11.036.000 Bücher, gebundene Zeitschriften und Zeitungen, davon 212.600 Rara, 4.442 Inkunabeln
- Zeitschriften- und Zeitungsbestände: z. B. Aufbau, LBYB, Jüdisch-liberale Zeitung, Das jüdische Blatt, Jüdisches Literaturblatt
- Gemeindeblätter verschiedener jüdischer Gemeinden
- Sekundärliteratur zur Familie Mendelssohn
- Bestände zur jüdischen Geschichte in Berlin und in Preußen
- Bestände zur jüdischen Emigration
- Bestände zur Haskala

**Archiv:**
- 18.500 abendländische Handschriften, 321.000 Autographe, 1.600 Nachlässe, über 200.000 seltene Drucke
- Mendelssohn-Archiv mit Beständen u. A. zu Georg Benjamin Mendelssohn, Ernst Mendelssohn-Bartholdy, Fanny Hensel, Felix Mendelssohn Bartholdy und Moses Mendelssohn
- Sammlung von Publikationen, die zwischen 1945 und 1950 von Displaced Persons veröffentlicht wurden
- Briefkonvolut Albert Einstein
- Nachlass Jüdische Gemeinde Breslau
- Nachlass Pereira Arnstein
- Nachlass Felix Auerbach
- Nachlass Leopold Auerbach
- Nachlass Leopold Cohn
- Nachlass Gabriel Groddeck
- Nachlass Michael Landmann
- Nachlass Ernst Gottfried Löwenthal
- Nachlass Hans Joachim Schoeps
- Sammlung zu Johann Gottfried Wetzstein
- Sammlung zu Arnold Zweig
- Rösel-Bibel, die als Geschenk einer Frau dieses Namens im Jahre 1692 an die Bibliothek kam

**Datenbanken und Online-Ressourcen:**
- Elektronischer Lesesaal
- Stabikat
- ARK-Online-Katalog
- Kalliope: Verbundskatalog für Nachlässe und Autographen
- Digitalisierte, historische Drucke, Handschriften und Nachlässe

– verschiedene Zeitschriften- und Bilddatenbanken (22.414 im Berichtsjahr lizensierte elektronische Zeitungen und Zeitschriften

**Publikationen:**
– Felix Mendelssohn Bartholdy: The Garland. („By Celia'sarbour all the night") Autographe Reinschrift für das Album von Marian Cramer, Mai 1829, Berliner Faksimile 3. (2009)
– Joachim Jaenecke: Erwerbungen der Preußischen Staatsbibliothek aus jüdischem Besitz, 1933–1945. In: Mitteilungen / Staatsbibliothek zu Berlin, Preußischer Kulturbesitz N.F. 8 (1999), H. 2, S. 266–279.
– Die Familie Mendelssohn. Stammbaum von Moses Mendelssohn bis zur siebenten Generation. Von Hans-Günter Klein zusammengestellt auf der Grundlage der Erhebungen von Richard Wolff 2., korrigierte und erweiterte Auflage. (2007)
– Das Mendelssohn-Archiv der Staatsbibliothek zu Berlin. Bestandsübersicht. Von Hans-Günter Klein. Beiträge der Staatsbibliothek zu Berlin – Preußischer Kulturbesitz. (2003)
– Fanny Hensel: Briefe aus Rom an ihre Familie in Berlin 1839/40. Nach den Quellen zum ersten Mal herausgegeben von Hans-Günter Klein. (2002)
– Fanny Hensel: Tagebücher. Herausgegeben von Hans-Günter Klein und Rudolf Elvers. (2002)
– Felix Mendelssohn Bartholdy. Autographe und Abschriften. Katalog von Hans-Günter Klein Staatsbibliothek zu Berlin – Preußischer Kulturbesitz. Kataloge der Musikabteilung. Erste Reihe: Handschriften. Band 5: Felix Mendelssohn Bartholdy. (2003)

**Periodika/Newsletter:**
– Bibliotheksmagazin
– Monatsberichte
– Jahresberichte

## Zentralarchiv zur Erforschung der Geschichte der Juden in Deutschland
Landfriedstr. 12
69117 Heidelberg
zentralarchiv@uni-hd.de

Gründungsjahr: 1987

**Aufgaben/Ziele:**
Das Zentralarchiv ist eine Einrichtung des Zentralrats der Juden in Deutschland und wird vom Bundesministerium des Innern gefördert. In seiner Konzeption knüpft es an das Gesamtarchiv der deutschen Juden an, das von 1905 bis 1938 in Berlin bestand. Hauptanliegen ist die Aufbewahrung und Erschließung von historisch wertvollem Schriftgut jüdischer Gemeinden, Verbände, Einrichtungen und Personen. Nach Heidelberg gelangen vor allem Unterlagen aus der Zeit nach 1945. Gegenwärtig verwahrt das Zentralarchiv Akten im Umfang von 1300 lfm. Hinzu kommen etwa 100 000 Fotos von jüdischen Grabsteinen und eine Sammlung von Mitteilungsblättern jüdischer Gemeinden, Gruppen und Organisationen in der Bundesrepublik (73 lfm). Seit zehn Jahren werden auch einschlägige Webseiten archiviert.

**Archiv:**
– Zentralrat der Juden in Deutschland: Akten 1950–2007
– Landesverbände: Baden, Niedersachsen, Nordrhein, Thüringen, Akten meist ab 1945
– Jüdische Gemeinden, u.a.: Dortmund, Düsseldorf, Erfurt, Frankfurt, Freiburg, Hannover, Rheinpfalz, Akten meist ab 1945

- Zentralkomitee der Befreiten Juden in der Britischen Zone, Akten 1945–1951
- Verband der Jüdischen Gemeinden Nordwestdeutschlands, Akten 1950–1959
- Akten der Zentralwohlfahrtsstelle der Juden in Deutschland, Akten 1952–2001
- Allgemeine Jüdische Wochenzeitung, Akten der Redaktion 1983–1997
- Hochschule für Jüdische Studien Heidelberg, Akten 1977–2007
- Jüdische Studentenverbände, Akten 1962–2005
- Nachlässe und personenbezogene Bestände, u.a.: Joseph Wulf, Helmut Eschwege, Henryk M. Broder, Barbara Honigmann, Vladimir Vertlib

**Sammlungen:**
- Präsenzbibliothek: Nachschlagwerke und Literatur zum jüdischen Leben in Deutschland nach 1945, mehr als 4000 Titel
- Sammlung von kleinen Drucksachen und Zeitungsausschnitten zu Personen, Orten, Institutionen und Sachbegriffen
- Mitteilungsblätter jüdischer Gemeinden, Gruppen und Organisationen
- Webseiten aus dem jüdischen Leben der Bundesrepublik
- Plakate
- Verzeichnisse und Übersichten zu einschlägigen Aktenbeständen, die von anderen Archiven verwahrt werden.

**Dokumentation:**
- Fotos von allen etwa 54 000 jüdischen Grabsteinen im Bundesland Baden-Württemberg. Diese Fotos stammen aus den 1990er Jahren. Anfang 2013 wurden sie vom Staatsarchiv Ludwigsburg im Internet veröffentlicht.
- Übersicht über alle Projekte zur Dokumentation jüdischer Grabinschriften auf dem Gebiet der Bundesrepublik Deutschland

**Publikationen:**
- Honigmann, Peter: Dokumentation jüdischer Grabinschriften in der Bundesrepublik Deutschland. In: ASCHKENAS. 3(1993)1, S. 267–273.
- Szarf, Elke-Helen: DP-Card File at the Central Archives in Heidelberg. In: AVOTAYNU. The International Review of Jewish Genealogy. 9(1993)3, p. 13–14.
- Honigmann, Peter: 10 Jahre Zentralarchiv zur Erforschung der Geschichte der Juden in Deutschland. In: DER ARCHIVAR. 50(1997)3, Sp. 585–587.
- Honigmann, Peter: Die Frankfurter Nachkriegsakten im Heidelberger Zentralarchiv. In: Wer ein Haus baut, will bleiben. 50 Jahre Jüdische Gemeinde Frankfurt am Main.
- Anfänge und Gegenwart. (Begleitbuch zur Ausstellung im Jüdischen Museum der Stadt Frankfurt am Main 10. Dez. 98–14. Febr. 1999). Frankfurt 1998, S. 156–164.
- Honigmann, Peter: Das Heidelberger Zentralarchiv zur Erforschung der Geschichte der Juden in Deutschland. In: Menora. Jahrbuch für deutsch-jüdische Geschichte. 12 (2001), S. 345–370.
- Honigmann, Peter: Die Akten des Exils. Betrachtungen zu den mehr als hundertjährigen Bemühungen um die Inventarisierung von Quellen zur Geschichte der Juden in Deutschland. In: DER ARCHIVAR. 54 (2001) 1, S. 23–31.
- Honigmann, Peter: Geschichte des jüdischen Archivwesens in Deutschland.In: DER ARCHIVAR. 55 (2002) 3, S. 223–230.
- Honigmann, Peter: La centralisation des informationsconcernant les projets de documentation d'inscriptions funéraire sur le territoire de la République Fédérale Allemande. In: Le

PatrimoineJuifEuropéen. Actes du colloque international tenu à Paris, au Musée d'Art et d'Histoire du Judaisme, les 26, 27 et 28 janvier 1999. Édité par Max Polonovski. Collection de la Revue des Études juives. Paris 2002, p. 105–112.
- Honigmann, Peter: Das Projekt von Rabbiner Dr. Bernhard Brilling zur Errichtung eines jüdischen Zentralarchivs im Nachkriegsdeutschland. In: Historisches Bewusstsein im jüdischen Kontext. Hrsg. v. Klaus Hödl. Innsbruck 2004, S. 223–241.
- Jüdisches Archivwesen. Beiträge zum Kolloquium aus Anlass des 100. Jahrestags der Gründung des Gesamtarchivs der deutschen Juden zugleich 10. Archivwissenschaftliches Kolloquium der Archivschule Marburg, 13.–15. September 2005. Hrsg von Frank M. Bischoff und Peter Honigmann (= Veröffentlichungen der Archivschule Marburg, Nr. 45). Marburg 2007. 430 Seiten.

## Forschungseinrichtungen

### Arye Maimon-Institut für Geschichte der Juden
Universität Trier
Universitätsring
DM-Gebäude, 219-225
D-54286 Trier
Tel.: +49 (0)651 201 3303
Fax: +49 (0)651 201 3293
igj@uni-trier.de

Gründungsjahr: 1996

**Aufgaben/Ziele:**
Das Aryre Maimon-Institut für die Geschichte der Juden ist an die Universität Trier gegliedert und kommt binnen dieser der universitären Lehre und Forschung nach. In Gedenken des Namensgebers Arye Maimon soll an die Tradition der Geisteswissenschaft deutscher Juden erinnert werden. Es werden Vorlesungen, Seminare und Sprachkurse angeboten sowie mit dem Fach Jiddistik an der Universität zusammengearbeitet. Die Möglichkeit zur Promotion besteht und wird durch ein Kolloquium begleitet, ferner werden zahlreiche Drittmittelprojekte betreut und befördert. Das Institut kooperiert mit Einrichtungen Jüdischer Studien im In- und Ausland. Mit Vorträgen und Tagungen öffnet das Institut seine Türen für den Dialog mit Wissenschaftlern und Interessierten. Zentrales Anliegen des Instituts ist die Erforschung der Geschichte der Juden mit dem Fokus auf Mittel- und Westeuropa und den zeitlichen Schwerpunkten im Mittelalter und der Frühen Neuzeit, das durch zwei Professuren und wiss. Mitarbeiter sowie Fellows getragen wird.

**Forschungsfelder:**
- Christen und Juden: Inklusion und Exklusion angesichts religiöser Differenz in Gemeinden und weiteren Organisationsformen (9.–17. Jahrhundert)
- Juden auf dem Lande zwischen Mittelalter und Früher Neuzeit (15.–17. Jahrhundert): Inklusion und Exklusion durch Herrschaften und Gemeinden in ausgewählten Territorien Frankens
- Netzwerke und Abhängigkeiten der Juden in Aschkenas vor dem Hintergrund neuer Herausforderungen: Wiederaufbau, Judenschuldentilgungen und Vertreibungen (1350–1519)

– Verbindungen und Ausgrenzungen zwischen Christen und Juden zur Zeit der Reformkonzilien des 15. Jahrhunderts

**Bibliothek:**
Das Institut generiert gemeinsam mit Drittmittelprojekten eine Bibliographie zur Geschichte der Juden im Mittelalter und der Frühen Neuzeit. Derzeit konnten bereits 16.000 Einträge vorgenommen werden. Beständig erweitert wird der Spezialbestand der Trierer Universitätsbibliothek, der über den Katalog einsehbar ist.

**Periodika/Newsletter:**
– Reihe Forschung zur Geschichte der Juden (FGJ)
– Kleine Schriften des AMIGJ
– Reihe Arye Maimon-Institut für die Geschichte der Juden: Studien und Texte

## Axel Springer-Stiftungsprofessur für deutsch-jüdische Literatur- und Kulturgeschichte, Exil und Migration

Europa-Universität Viadrina
Kulturwissenschaftliche Fakultät
Postfach 1786
D-15207 Frankfurt (Oder)
Tel.: +49–(0)335-5534 2443
Fax: +49–(0)335-5534 2725
schoor@europa-uni.de

Gründungsjahr: 2012

**Aufgaben/Ziele:**
Der Lehrstuhl widmet sich der Erforschung der deutsch-jüdischen Literatur- und Kulturgeschichte, der Literatur des Exils und der Migration im deutschsprachigen, europäischen und außereuropäischen Raum vom ausgehenden 18. bis zum 21. Jahrhundert. Einen zeitlichen Schwerpunkt setzt das interdisziplinäre Team um Kerstin Schoor im 20. und 21. Jahrhundert. Es gehört zu einem der wesentlichen Vorhaben des Lehrstuhls, der Literatur des antifaschistischen Exils, der so genannten Inneren Emigration und der NS-Literatur eine Betrachtung der literarischen Kultur deutscher Juden im nationalsozialistischen Deutschland vergleichend zur Seite zu stellen. Das Projekt einer neu zu schreibenden Geschichte deutschsprachiger Literatur für die Jahre nach 1933 gehört zu seinen spezifischen Forschungsvorhaben. In weiteren thematischen Schwerpunkten befasst sich der Lehrstuhl mit dem deutschsprachigen Exil der Künste, Literaturen und Wissenschaften sowie mit der Remigration deutschsprachiger Autorinnen und Autoren (insbesondere nach und aus Mittel- und Osteuropa, Lateinamerika und Asien). Er ist bemüht, theoretische Erkenntnisse der Exil- und Diasporaforschung für die Migrationsforschung fruchtbar zu machen. Darüber hinaus gehören die Visualisierung und Virtualisierung von Gedächtnis und Erinnerungen des Exils und der Diaspora zu seinen profilbildenden Merkmalen. Einen regionalen Schwerpunkt dieser Arbeit setzt der Lehrstuhl im Raum Berlin/Brandenburg. Als Pilotprojekte sind der zeitnahe Beginn eines multimedialen „Archivs jüdischer Autorinnen und Autoren in Berlin 1933–1945" (AjAB) sowie eines „Online-Lexikons jüdischer Autorinnen und Autoren im nationalsozialistischen Deutschland" (OLjA) geplant.

## Bet Tfila – Forschungsstelle für jüdische Architektur in Europa

**Arbeitsgruppe Braunschweig**
TU Braunschweig
Institut für Baugeschichte
Pockelstraße 4
38106 Braunschweig
Tel.: +49(0)531-391-2525
Fax: +49(0)531-391-2530
info@bet-tfila.org
synagogen@tu-bs.de
http://www.bet-tfila.org

**Arbeitsgruppe Jerusalem**
c/o Center for Jewish Art
Hebrew University of Jerusalem
Humanities Building, Mount Scopus
Jerusalem 91905, Israel
Tel.: +972 (0) 25 88 22 81
Fax.: +972 (0) 25 40 01 05
cja@huji.me

Gründungsjahr: 1994

**Aufgaben/Ziele:**
Um den Dokumentations- und Forschungsarbeiten auf dem Teilgebiet der jüdischen Architektur eine dauerhafte Grundlage zu geben, wurde eine gemeinsame Forschungseinrichtung mit Arbeitsstellen in Jerusalem und Braunschweig gegründet: die Bet Tfila – Forschungsstelle für jüdische Architektur in Europa. Parallel zur Erforschung der Ritualbauten und Einrichtungen jüdischer Gemeinschaften wird sich die Bet Tfila in kritischen Vergleichen mit der Geschichte und Typologie des „Tempels", der „Kirche" und der „Moschee" zu befassen haben. Dies kommt im Namen der Forschungseinrichtung zum Ausdruck: bet tfila (hebräisch, Haus des Gebets).

Aufgabe der Bet Tfila – Forschungsstelle für jüdische Architektur in Europa ist die Erfassung, Dokumentation und systematische Erforschung sakraler und säkularer Architekturen jüdischer Gemeinschaften in Europa. Diese Bauten und Einrichtungen sollen im Hinblick auf ihre Genese ebenso wie ihren historischen, kulturellen und typologischen Kontext untersucht und kritisch vergleichend in das Ganze der europäischen Architekturgeschichte eingeordnet werden. Als eine deutsch-israelische Forschungseinrichtung arbeitet die Bet Tfila interdisziplinär und ihre Ergebnisse werden durch wissenschaftliche Publikationen, Vorträge und Präsentationen der Öffentlichkeit zugänglich gemacht. Auf diese Weise leistet sie einen wichtigen Beitrag zum Schutz und zur Bewahrung jüdischen Kulturguts und zur Erweiterung eines gemeinsamen kultur-historischen Bewusstseins. Durch eine Einbindung in die universitäre Lehre soll der wissenschaftliche Nachwuchs an die Thematik herangeführt werden.

Die Bet Tfila – Forschungsstelle ist 1994 hervorgegangen aus einer Kooperation zwischen dem Center for Jewish Art an der Hebrew University of Jerusalem und dem Fachgebiet Baugeschichte an der Technischen Universität Braunschweig. Die beiden Arbeitgruppen der Bet Tfila in Jerusalem und Braunschweig arbeiten mit dem Ziel zusammen, baulich noch greifbare Reste ehemaliger Synagogen, Ritualbäder und Friedhofsbauten zu erfassen, die zum Teil seit 1938 zerstörten Bauten zu dokumentieren und so der kritisch vergleichenden Forschung zugänglich zu machen.

Die Gefährdung und der drohende Verlust jüdischer Bauten und Einrichtungen, vor allem in Europa, aber auch in Nordafrika, Vorderasien und anderen Regionen der Welt machen die systematische Erforschung jüdischen Kulturguts zu einer dringenden Aufgabe. Die Ergebnisse der bisherigen Untersuchungen zeigen, dass nicht nur in Deutschland ehemalige jüdische Ritualbauten in ihrer Substanz gefährdet sind. Ihrer ursprünglichen Funktion beraubt, sind sie vielerorts durch entstellende Umbauten oder gar Abriss bedroht.

Angesichts dieser Gefährdungen arbeitet das Center for Jewish Art seit über 30 Jahren am Aufbau des Jerusalem Index of Jewish Art, einer Datenbank zur Dokumentation jüdischen Kulturguts aller Zeiten und Regionen. Über 200.000 Objekte konnten bisher erfasst und systematisch beschrieben werden. Mit seinen Sektionen „Antike jüdische Kunst", „Hebräische illuminierte Handschriften", „Ritualobjekte und Synagogeneinrichtungen" sowie „Moderne jüdische Kunst" und „Architektur jüdischer Gemeinschaften" will der Index das anschauliche Erbe und die Geschichte dieser bedeutenden „Minderheitenkultur" als komplexes Ganzes virtuell zu bewahren, darzustellen und zugänglich zu machen. Eine Online-Version ist im Aufbau.

**Forschungsfelder:**
- Jüdische Ritualbauten in Europa
- Jüdische Gemeinschaftsbauten in Europa

**Besonderheiten/Forschungsschwerpunkte:**
- Organisation und wissenschaftliche Leitung von Dokumentations- und Forschungsprojekten
- Dokumentation und architekturgeschichtliche Einordnung jüdischer Ritualbauten und Gemeinschaftseinrichtungen in den gesamteuropäischen Kontext
- Aufbau einer Sammlung zu jüdischen Ritualbauten in Europa (Bauaufnahmen, aktuelle und historische Fotos, Beschreibungen, Archivalien – heutiger Bestand: ca. 1.100 Bauten)
- Aufbau einer Datenbank zur jüdischen Architektur in Europa und Einarbeitung der Dokumentationen und Arbeitsergebnisse in den Jerusalem Index of Jewish Art – Section Architecture of Jewish Monuments and Site
- Bau von Architekturmodellen zerstörter Synagogen, die in Wanderausstellungen gezeigt werden
- Fotothek: Sammlung und Archivierung digitaler und analoger Fotografien jüdischer Ritualbauten weltweit
- Ausrichtung von Ausstellungen, Vortragsreihen, Konferenzen

**Archiv:**
- Die Bet Tfila – Forschungsstelle sammelt und archiviert die Arbeitsmaterialien ihrer Projekte getrennt nach Ländern, Bundesländern und Orten.
- Die Arbeitsgruppe Braunschweig hält ca. 18 lfm archivierte Unterlagen zu den durchgeführten Projekten und Dissertationen – u.a. in Niedersachsen, Sachsen, Sachsen-Anhalt, Thüringen, Brandenburg, Mecklenburg, Bauten der jüdischen Gemeinschaften in Berlin, aschkenasischen (deutschen) mittelalterlichen Synagogen sowie jüdischen Friedhofsbauten und Ritualbädern in Deutschland.
- Zudem verfügt die Arbeitsgruppe Braunschweig über ca. 5 lfm archivierte Studienarbeiten zu den verschiedenen Ritualbauten in den o.g. Ländern.
- Die Arbeitsgruppe Jerusalem hält Materialien zu jüdischen Ritualbauten in folgenden Ländern vor:
- Albanien, Azberbaijan, Bosnien-Herzegowina, Bulgarien, Frankreich, Georgien, Griechenland, Israel, Italien, Kroatien, Lettland, Litauen, Marokko, Mazedonien, Moldawien,

Montenegro, Österreich, Polen, Republik Dagestan, Rumänien, Russland, Serbien, Slowakische Republik, Slowenien, Tschechische Republik, Tunesien, Türkei, Ukraine, Usbekistan und Weißrussland
- Die Bet Tfila – Forschungsstelle sammelt und archiviert analoge und digitale Bau-, Aufmaß- und Rekonstruktionspläne von jüdischen Ritualbauten in Deutschland, Europa und der Welt. Die Arbeitsgruppe Braunschweig konzentriert ihre Sammlung auf den Bereich von Deutschland und Westeuropa, die Arbeitsgruppe Jerusalem auf Osteuropa und die Staaten der ehemaligen UDSSR.

Die Plansammlung der Arbeitsgruppe Braunschweig besteht vornehmlich aus Architekturzeichnungen, die im Zusammenhang mit den Forschungsprojekten entstanden sind. Sie sind zumeist Tuschezeichnungen im M 1:50 und liegen in analoger und digitaler Form vor.

Die Arbeitsgruppe Jerusalem am Center for Jewish Art hält darüber hinaus Pläne zu jüdischen Ritualbauten in den folgenden Ländern vor:

Albanien, Azberbaijan, Bosnien-Herzegowina, Bulgarien, Frankreich, Georgien, Griechenland, Israel, Italien, Kroatien, Lettland, Litauen, Marokko, Mazedonien, Moldawien, Montenegro, Österreich, Polen, Republik Dagestan, Rumänien, Russland, Serbien, Slowakische Republik, Slowenien, Tschechische Republik, Tunesien, Türkei, Ukraine, Usbekistan und Weißrussland

**Bibliothek:**
- Die Bet Tfila – Forschungsstelle sammelt Literatur zum Themenfeld der jüdischen Architektur.
- Die Fachbibliothek der Arbeitsgruppe Braunschweig umfasst ca. 1.100 Titel – den Bestand finden Sie im OPAC der Universitätsbibliothek Braunschweig unter dem Sonderstandort „s81". Der Titeleinträge werden einmal jährlich mit dem OPAC der UB synchronisiert, der aktuelle Bestand in der Bet Tfila ist folglich größer. Wenn Sie einzelne Werke einsehen möchten, ist eine Voranmeldung unter der Nennung der gewünschten Werke sinnvoll.
- Die Bibliothek der Bet Tfila Braunschweig ist grundsätzlich werktags geöffnet.
- Eine Buchausleihe ist nicht möglich. Für die Leser stehen ggf. Kopier- und Scanmöglichkeiten zur Verfügung.
- Die Arbeitsgruppe Jerusalem und das Center for Jewish Art verfügen über einen eigenen Handapparat zur jüdischen Kunst und zur jüdischen Architektur.

**Datenbanken und Online-Ressourcen:**
Der Newsletter kann kostenfrei heruntergeladen werden.

**Publikationen:**
- Schriftenreihe der Bet Tfila-Forschungsstelle:
  - Band 2 – Keßler, Katrin: Raum und Ritus der Synagoge. Liturgische und religionsgesetzliche Regeln für den mitteleuropäischen Synagogenbau
  - Band 3 – Knufinke, Ulrich: Bauwerke jüdischer Friedhöfe in Deutschland
  - Band 4 – Paulus, Simon: Die Architektur der Synagoge im Mittelalter. Überlieferung und Bestand
  - Band 5 – Cohen-Mushlin, Aliza und Harmen H. Thies (Hg.): Synagogenarchitektur in Deutschland. Dokumentation zur Ausstellung
  - Band 6 – Cohen-Mushlin, Aliza und Harmen H. Thies (Hg.): Jewish Architecture in Europe
  - Band 7 – Ole Harck: Archäologische Studien zum Judentum in der europäischen Antike und dem mitteleuropäischen Mittelalter

- Band 8 – Cohen-Mushlin, Aliza; Harmen H. Thies und Andreas Brämer (Hg.): Reform Judaism and Architecture
- Kleine Schriften der Bet Tfila-Forschungsstelle:
  - Band 1 – Keßler, Katrin: Die Bauwerke der jüdischen Gemeinde in Schwedt/Oder. The Buildings of the Jewish Community in Schwedt/Oder
  - Band 2 – Cohen-Mushlin, Aliza, Hermann Simon und Harmen H. Thies (Hg.): Beiträge zur jüdischen Architektur in Berlin
  - Band 3 – Kravtsov, Sergey R.: Di Gildene Royze. The Turei Zahav Synagogue in L'viv
  - Band 4 – Aliza Cohen-Mushlin und Harmen H. Thies (Hg.): Synagoge und Tempel. 200 Jahre jüdische Reformbewegung und ihre Architektur

**Periodika / Newsletter:**
Der Newsletter bet-tfila.org/info erscheint zweimal jährlich und kann kostenlos abonniert werden.

## Deutsches Zentrum Kulturgutverluste – German Lost-Art Foundation
Magdeburg
bisher: Koordinierungsstelle Magdeburg (seit 1994)
Turmschanzenstraße 32
D-39114 Magdeburg
Tel.: +49(0)391-567 3891
michael.franz@mk.sachsen-anhalt.de
http://www.lostart.de/Webs/DE/Start

Gründungsjahr: voraussichtlich 2014 (Koordinierungsstelle: 1994)

**Aufgaben/Ziele:**
Das Zentrum wir zentraler Ansprechpartner in Restitutionsfragen sein. Mittels Provenienzforschung sollen die Kulturgüter erfasst werden, die während der Zeit des Nationalsozialismus und des Zweiten Weltkriegs weggebracht, umgelagert und insbesondere jüdischen Eigentümern entzogen wurden.

**Forschungsfelder:**
- Provenienzforschung
- Forschungsstelle „Entartete Kunst" (FU Berlin)

**Datenbanken und Online-Ressourcen:**
- „Lost Art"-Datenbank (http://www.lostart.de/Webs/DE/Datenbank/Index.html)
  - Suchmeldungen
  - Fundmeldungen

## Forschungsstelle für deutsch-jüdische Zeitgeschichte e.V.
Universität der Bundeswehr München
Fakultät für Sozialwissenschaften
Historisches Institut
Werner-Heisenberg-Weg 39
D-85579 Neubiberg
Tel.: +49(0)89 6004 3043

Fax: +49(0)89 6004 2889
michael.wolffsohn@unibw.de

Gründungsjahr: 1991

**Aufgaben/Ziele:**
Die Forschungsstelle für deutsch-jüdische Zeitgeschichte ist am Historischen Institut der Universität der Bundeswehr München angesiedelt. Sie wird von dem Begründer Michael Wolffsohn geleitet. Innerhalb der Forschungsstelle werden mehrjährige Forschungsprojekte konzipiert. Zentral ist die wissenschaftliche Erforschung der deutsch-jüdischen Zeitgeschichte im multilateralen und transreligiösen Zusammenhang.

**Forschungsfelder:**
- deutsch-jüdische Beziehungen seit 1949
- Beziehungsgeschichte zwischen der DDR und Israel sowie dem Jüdischen Leben in der DDR
- Beziehungsgeschichte zwischen der Bundesrepublik Deutschland und Israel
- Multilaterale Verbindungen zwischen Israel, dem Vatikan und der Bundesrepublik in politischer und religiöser Hinsicht
- Assimilationsprozesse seit 1860

**Archiv:**
Das Archiv Wolfssohn wird seit 1977 geführt und fortwährend erweitert. Seit der Überlassung des Archivs an das Bayrische Hauptstadtarchiv 1992 können Interessierte nach Rücksprache Einsicht erhalten.

## Fritz Bauer Institut

Grüneburgplatz 1
D-60323 Frankfurt am Main
Tel.: +49(0)069 79 832 240
Fax: +49(0)069 79 832 241
info@fritz-bauer-institut.de

**Gründungsjahr: 1995**

**Aufgaben/Ziele:**
Das Fritz Bauer Institut versteht sich, in Tradition seines Namensgebers, als eine unabhängige und interdisziplinär ausgerichtete Forschungs-, Dokumentations- und Bildungseinrichtung zu der Geschichte und den Nachwirkungen nationalsozialistischer Massenverbrechen und des Holocaust. 1995 als Stiftung bürgerlichen Rechts begründet, ging es im Jahr 2000 in ein An-Institut der Johann Wolfgang Goethe-Universität Frankfurt am Main über und ist in die universitäre Lehre und Forschung eingebunden. Gemeinsam mit dem Jüdischen Museum der Stadt Frankfurt führt es das Pädagogische Zentrum in welchem Fortbildungen, Workshops und Studientage zur deutsch-jüdischen Geschichte im europäischen Kontext und der jüdischen Gegenwart mit der Geschichte und Nachgeschichte des Holocaust angeboten werden. Kooperationen finden auf regionaler und internationaler Ebene so u.a. mit dem Leo Baeck Institute London statt. Mit einem breiten Veranstaltungsprogramm von Konferenzen, Ausstellungen, Vorträgen u.a. tritt das Institut an interessierte Wissenschaftler und die Öffentlichkeit heran. Die nationalsozialistischen Verbrechen und der Völkermord an den europäischen Juden bilden den zentralen Schwerpunkt des Instituts. Hierbei werden zum einen die Ursachen, die politischen und gesellschaftlichen

Strukturen und Ideologien die den Unrechtsstaat bedingten und legitimierten analysiert, und dem Leid sowie den Erfahrungen von Verfolgten und dem Widerstand nachgegangen. Zum anderen wird die Geschichte der Nachwirkung des Verbrechens in der justiziellen, politischen, kulturellen und moralischen Auseinandersetzung erforscht und zeitgleich die Frage nach möglichen NS-Kontinuitäten gestellt.

**Forschungsfelder:**
- Mentalität und Moral nach 1945
- Die Ausschaltung der Juden aus dem Kulturleben im „Dritten Reich"
- Verfolgung und Selbstidealisierung
- Der Nationalsozialismus als kulturelles und moralisches Projekt
- Hermann Langbein und die vergangenheitspolitischen Auseinandersetzungen der Nachkriegszeit
- Antisemitismus und moralische Gefühle in medialen Kommunikationen
- Das Stereotyp des „jüdischen Bolschewismus"

**Bibliothek:**
Die Bibliothek befindet sich als eigenständiger Bereich im Bibliothekszentrum Geisteswissenschaften der Johann Wolfgang Goethe-Universität. Der Bestand besteht aus ca. 13.000 Einheiten. Den Schwerpunkt der Sammlung bildet die Literatur und Reflexion zu Judenverfolgung und Holocaust, Gedenkstätten, Denkmälern und Kunst, zum Umgang mit der nationalsozialistischen Vergangenheit sowie der Erinnerungskultur und -politik in Deutschland seit dem Kriegsende. Zu Konzentrations- und Vernichtungslager, Ghettos und zur Befreiung der Lager befinden sich ca. 1.500 Titel in dem Bestand. Als geschlossenen Bestand wird die Sammlung Cobet: deutsche Geistesgeschichte 1945–1950 geführt.

**Archiv:**
Im Archiv des Fritz Bauer Instituts werden Quellen, die innerhalb der Forschungsprojekte des Instituts zusammengetragen worden sind, verwaltet. Hierzu gehören u.a. Zeitungsausschnitte, Aufsätze, Bibliographien, Kartenmaterial, unveröffentlichte Texte sowie Fotografien zur Geschichte der Konzentrationslager und Ghettos sowie der Geschichte der Gedenkstätten.

**Periodika/Newsletter:**
- Einsicht. Bulletin des Fritz-Bauer-Instituts
- Das Jahrbuch zur Geschichte und Wirkung des Holocaust
- Heftreihen (Materialien, Verzeichnisse, Biografien, Dossiers)
- Reihe Pädagogische Publikationen
- Web-Archiv (Schriften von MitarbeiterInnen des Fritz Bauer Instituts und weitere Texte zum Themenfeld des Instituts)

## Hochschule für Jüdische Studien
Friedrichstr. 9
D-69117 Heidelberg
Tel.: +49 (0)6221 43851 0
Fax: +49 (0)6221 43851 29
rektor@hfjs.eu
http://www.hfjs.eu

Gründungsjahr: 1979

**Aufgaben/ Ziele:**
Die Hochschule für Jüdische Studien Heidelberg (HfJS) ist eine staatlich anerkannte Hochschule und seit 2007 Mitglied der Hochschulrektorenkonferenz. Sie wird vom Zentralrat der Juden in Deutschland getragen und durch den Bund und die Länder finanziert. Es findet eine Kooperation mit der Ruprechts-Karls-Universität Heidelberg statt, die durch einen Kooperationsvertrag für eine Doppelimmatrikulation gefestigt wurde. Darüber hinaus steht die HfJS in Kooperation mit weiteren Hochschulen und Einrichtungen im In- und Ausland u.a. der Hebräischen Universität Jerusalem und der Ben-Gurion-Universität in Beer-Sheva. Studierenden wird ein breites Spektrum an Studiengängen geboten: B.A. Jüdische Studien; B.A. Praktische Jüdische Studien; M.A. Jewish Civilisations; M.A. Jüdische Studien; M.A. Jüdische Studien – Geschichte jüdischer Kulturen (gemeinsam mit dem Centrum für Jüdische Studien der Karl-Franzens-Universität Graz); M.A. Jüdische Museologie; Heidelberger Mittelaltermaster; Staatsexamen; neu ab dem Wintersemester 2014/2015: Ernst Robert Curtius M.A. für allgemeine und vergleichende Literaturwissenschaft: im Verbund mit der Universität Heidelberg wird der Studiengang Latinistik, Romanistik, Jüdische Studien und weiterer Philologie zusammenführen und umfassende Befähigung zur Behandlung von Problemstellungen der allgemeinen und vergleichenden Literaturwissenschaft vermitteln. Ferner werden Stipendienprogramme in Kooperation mit externen Einrichtungen für das Studieren an der Hochschule sowie für Auslandsaufenthalte angeboten. Es besteht die Promotionsmöglichkeit, die Hochschule führt ein Graduiertenkolleg. Die Hochschule tritt in Dialog mit Politik, Medien, Kirchen und Schulen im In- und Ausland. Über die akademische Ausbildung hinaus versteht sie sich als Ansprechpartnerin und Vermittlerin für eine breite interessierte Öffentlichkeit. Zur Aufgabe macht sie sich, die deutsche jüdische Gemeinschaft mitzugestalten, exemplarisch hierfür ist das Jugend-Dialogprojekt Likrat. Wert wird sowohl auf wissenschaftliche als auch auf religionspraktische Lehre sowie auf die Vermittlung von Sprachen gelegt. Ferner werden angewandte Bereiche erschlossen, indem zu Museums-, Ausstellungs- und Gedenkstättenarbeit qualifiziert wird.

**Forschungsfelder:**
- Materiale Textkulturen. Materialität und Präsens des Geschriebenen in non-typographischen Gesellschaften
- Theorie und Praxis der rituellen Reinheit im mittelalterlichen aschkenasischen Judentum
- Der Kommentar zum Zwölfprophetenbuch von Josef benSchim'on Kara (ca. 1050–1125): Kritische Edition und kommentierte Übersetzung

**Besonderheiten/Forschungsschwerpunkte:**
- Ausbildung von Lehrern für das Fach Jüdische Religionslehre (Staatsexamen)

**Bibliothek:**
Die hauseigene Bibliothek beherbergt eine der größten Judaica-Sammlungen in Deutschland. In ihrem Bestand von 50.000 Werken, finden sich alle Disziplinen der Jüdischen Studien vom 16. bis zum 21. Jahrhundert die vor Ort in 15 Fachgruppen geordnet wurden. Die Bibliothek verfügt sowohl über historische Bestände, wie die judaistische Bibliothek der Jakobsschule in Seesen als auch über Nachlässe wie u.a. der 2000 Bände umfassende vom Rabbiner Emil Davidovic, und wird durch Schenkungen beständig bereichert. Es werden Jahrgänge, Hefte, ca. 500 Zeitschriften und Zeitungen geführt. In einer Diathek sind unzählige Bildmotive zu finden, die sowohl sakrale Hintergründe haben als auch die Künste repräsentieren. In thematisch gebündelten Online-Datenbanken lassen sich gezielte Recherchen vollziehen.

**Periodika/Newsletter:**
- Schriften der Hochschule für Jüdischen Studien
- Zeitschrift Trumah
- Hochschulmagazin Mussaf
- Newsletter HFJS-Aktuell

## Institut für die Geschichte der deutschen Juden
Beim Schlump 83
D-20144 Hamburg
Direktorin:
Dr. Miriam Rürup
Tel.: (040) 42838-2100
miriam.ruerup@public.uni-hamburg.de

**Gründungsjahr: 1966**

**Aufgaben/Ziele:**
Das Institut für die Geschichte der deutschen Juden (IGdJ) wurde 1966 eröffnet und widmete sich damit als erste Forschungseinrichtung in der Bundesrepublik ausschließlich der deutschjüdischen Geschichte. Als Stiftung bürgerlichen Rechts wird das Institut von der Freien und Hansestadt Hamburg getragen. Zu den Hauptaufgaben des Instituts zählen vor allem die Forschung, Veröffentlichungen eigener und fremder wissenschaftlicher Studien sowie die Förderung des wissenschaftlichen Nachwuchses.

Die WissenschaftlerInnen dieser außeruniversitären Forschungseinrichtung lehren an der Universität Hamburg. Das Institut veranstaltet Konferenzen, Kolloquien und Gastvorträge in enger Zusammenarbeit mit in- und ausländischen Forschungsinstitutionen. Während sich das Institut auf der Makroebene der Geschichte, Kultur und Religion des deutschsprachigen Judentums von der Frühen Neuzeit bis heute widmet, wird auf der Mikroebene exemplarisch anhand der Auswertung von Archivmaterialien die Geschichte der Juden in Hamburg und Umgebung erforscht. Forschungsschwerpunkte sind u.a. die Religions- und Kulturgeschichte, die Jüdische

Sozialgeschichte, die Jüdische Frauen- und Geschlechtergeschichte, die Geschichte und Kultur der sefardischen Juden in Deutschland und die Geschichte der Juden in Hamburg, Altona und Wandsbek.

**Forschungsfelder:**
- Geschichte der Juden in Hamburg, Altona und Wandsbek
- Dokumentation jüdischer Friedhöfe im Hamburger Raum
- Geschichte und Kultur der sefardischen Juden in Deutschland
- Religions- und Kulturgeschichte
- Jüdische Sozialgeschichte
- Migrationsgeschichte
- Jüdische Frauen- und Geschlechtergeschichte
- jüdische Geschichte während des Nationalsozialismus

**Bibliothek:**
Es wird eine wissenschaftliche Präsenz- und Forschungsbibliothek geführt, die derzeit ca. 50.000 Bände aufweist und auf die deutsch-jüdische Geschichte in der Bundesrepublik spezialisiert ist. Als weiteren Schwerpunkt umfasst sie Literatur zur Geschichte und Kultur des deutschsprachigen

Judentums sowie zur sefardischen und spanisch-jüdischern Geschichte. Die Bibliothek führt eine Sammlung von Hebraica und über 850 in- und ausländische Periodika.

**Datenbanken und Online-Ressourcen:**
- Das Jüdische Hamburg
- Bilddatenbank Jüdische Geschichte
- Periodika/Newsletter:
- Reihe Studien zur Jüdischen Geschichte
- Reihe Hamburger Beiträge zur Geschichte der deutschen Juden
- Digitale Angebote

## Institut für Jüdische Studien und Religionswissenschaft
Universität Potsdam
Philosophische Fakultät
Am Neuen Palais 10
D-14469 Potsdam
Tel.: +49 (0)331 977 4236
Fax: +49 (0)331 977 1802
ulschnei@uni-potsdam.de
http://www.uni-potsdam.de/js-rw

**Gründungsjahr: 2013**

**Aufgaben/Ziele:**
Im Wintersemester 2014/2015 werden die Jüdischen Studien in Potsdam 20 Jahre alt. Mit der Einrichtung des Studienganges Jüdische Studien/Jewish Studies im Jahr 1994 wurde an der Universität Potsdam der Weg geebnet, den Jüdischen Studien binnen der universitären Infrastruktur einen verbindlichen Raum zu schaffen. In diesem fand seitdem eine beständige Entwicklung in Forschung und Lehre statt, die im Jahr 2007 zu der Begründung des Instituts für Jüdische Studien, angesiedelt an der Philosophischen Fakultät, mündete. Studierende hatten die Möglichkeit, sich in einem Bachelor- und Masterstudiengang in Jüdischen Studien zu qualifizieren. Gemeinsam mit dem Abraham Geiger Kolleg wurden Rabbiner und Kantoren ausgebildet. Es bestand die Möglichkeit zur Promotion und zur Einbindung in ein transdisziplinäres Kolloquium. Das Institut kooperierte in Lehre und Forschung auf regionaler Ebene besonders mit dem Moses Mendelssohn Zentrum für europäisch-jüdische Studien und dem Jüdischen Museum Berlin, auf internationaler Ebene stand es im Kontakt mit einschlägigen Universitäten, die Jüdische Studien repräsentieren. Die Universität Potsdam war, praktisch vertreten durch das Institut für Jüdische Studien, Kooperationspartner des jüngst gegründeten Zentrum Jüdische Studien Berlin-Brandenburg. 2013 ging aus dem Institut für Jüdische Studien das Institut für Jüdische Studien und Religionswissenschaft hervor. Die unterschiedlichen am Institut vertretenen wissenschaftlichen Disziplinen aus den Bereichen Jüdische Studien, Religionswissenschaft, Philosophie, Geschichte, Literatur- und Kulturwissenschaft bringen ihre jeweiligen Perspektiven in die Erforschung und Lehre des Judentums, Christentums und Islam sowie ihrer Geschichte und Kultur ein. Eine enge Zusammenarbeit besteht mit der School of Jewish Theology an der Universität Potsdam. Das Institut für Jüdische Studien und Religionswissenschaft pflegt neben seiner engen Zusammenarbeit mit Instituten und Fakultäten der Universität Potsdam vielfältige internationale Kontakte, z.B. mit der Universiteit Leiden, der University of Winchester und der Université

de Paris-Sorbonne. Darüber hinaus ist das Institut maßgeblich am Zentrum Jüdische Studien Berlin-Brandenburg beteiligt – einem Kooperationsprojekt der Universität Potsdam, der Humboldt Universität Berlin, der Freien Universität Berlin, der Technischen Universität Berlin, des Abraham-Geiger-Kollegs und des Moses Mendelsohn Zentrums für Europäisch-Jüdische Studien Potsdam.

**Forschungfelder im Bereich Jüdische Studien:**
- Geschichte und Gegenwart des Judentums in religiösen, kulturellen, intellektuellen, wirtschaftlichen und sozialen Verflechtungen
- Jüdische Religionswissenschaft
- Rabbinischen Studien
- Deutsch-Jüdische Geschichte

- Literatur und Kultur
- Jüdische Musik
- Jüdische Recht
- Interreligiöse Begegnung
- Jüdische Philosophie und Geistesgeschichte
- Hebräisch, Modernes Hebräisch, Aramäisch, Jiddisch

**Forschungsprojekte (Auswahl):**
- Internetportal zur Jüdischen Aufklärung haskala.net
- The Library of the Haskalah (1755–1812) – The Creation of a Modern Book Culture in German Jewry
- The Emergence of Modern Jewish Book Market and its Creators 1755–1812
- Vertreibung als Faktor der Musikgeschichte: Deutsch-jüdische Komponisten aus dem östlichen Europa in Palästina/Israel
- Beer Scheva – eine jiddische Moralschrift des 17. Jahrhunderts
- Jüdische Friedhöfe in Brandenburg

**Besonderheiten/Forschungsschwerpunkte:**
Das Institut für Jüdische Studien und Religionswissenschaft an der Universität Potsdam kooperiert mit verschiedenen Einrichtungen im In- und Ausland:
- School of Jewish Theology an der Universität Potsdam
- Zentrum Jüdische Studien Berlin-Brandenburg
- Abraham Geiger Kolleg
- Moses Mendelssohn Zentrum Potsdam
- Jüdisches Museum Berlin
- Lepsiushaus Potsdam
- Forum für interkullturellen Dialog
- Institut Espaces der Dominikaner in Berlin
- Kanonistisches Institut an der Universität Potsdam
- Theologenausbildung „Redemptoris Mater" in Berlin

# Institut für Zeitgeschichte
Leonrodstraße 46b
D-80636 München
Tel.: +49 (0)89 126 880

Fax: +49 (0)89 126 881 91
ifz@ifz-muenchen.de

**Gründungsjahr: 1949 (Gründungsbeschluss 1947)**

**Aufgaben/Ziele:**
Das Institut für Zeitgeschichte (IfZ) ist eine außeruniversitäre Forschungseinrichtung, die die gesamte deutsche Geschichte des 20. Jahrhunderts bis zur Gegenwart in ihren europäischen Bezügen erforscht. Gegründet wurde das IfZ 1949, um als erstes Institut überhaupt die nationalsozialistische Diktatur wissenschaftlich zu erschließen. In München sitzt auch die Redaktion der Vierteljahrshefte für Zeitgeschichte (VfZ). Sie sind das führende Fachperiodikum und die auflagenstärkste historische Zeitschrift in Deutschland.

Seit Mitte der 1990er Jahre gibt es zudem die Forschungsabteilung des IfZ in Berlin. Dort ist heute auch ein Teil der NS- und Nachkriegsforschung angesiedelt, darunter das große Editionsprojekt zu Verfolgung und Ermordung der europäischen Juden (VEJ). Eine weitere Abteilung ist direkt im Auswärtigen Amt untergebracht. Deren Aufgabe ist die Edition der „Akten zur Auswärtigen Politik der Bundesrepublik Deutschland" (AAPD). Direkten Transfer seiner Forschungsarbeit leistet das IfZ in der Dokumentation Obersalzberg bei Berchtesgaden. Im Auftrag des Freistaats Bayern betreut das Institut dort eine Dauerausstellung, die die Ortsgeschichte von Hitlers zweitem Regierungssitz mit einer Darstellung zentraler Aspekte der NS-Diktatur verbindet.

International ist das IfZ mit zahlreichen Institutionen, Universitäten und Forschungsverbünden vernetzt. So arbeitet das Institut beispielsweise im EU-Projekt „European Holocaust Research Infrastructure" (EHRI) ständig mit 19 anderen Forschungseinrichtungen aus 13 europäischen Staaten und Israel im Bereich der Holocaust-Forschung zusammen und hat ein gemeinsames Fellowship-Programm mit dem Center forAdvanced Holocaust Studies des United States Holocaust Memorial Museum (USHMM) ins Leben gerufen.

**Forschungsfelder:**
- Erforschung der Diktaturen im 20. Jahrhundert
- Historische Demokratieforschung
- Erforschung historischer Transformationen: Deutsche und europäische Geschichte seit den 1970er Jahren

**Bibliothek/Archiv:**
Am Hauptstandort München verbindet das IfZ seine Forschungsaufgaben mit einer hochkarätigen wissenschaftlichen Infrastruktur, die wichtige Serviceleistungen für die deutsche und internationale Zeitgeschichtsforschung erfüllt. So unterhält das Institut eine renommierte Spezialbibliothek zur Zeitgeschichte. In ihrem Bestand befinden sich über 225.000 Medieneinheiten, etwa 100.000 Aufsätze und zahlreiche Datenbanken, E-Journals und E-Books. Die Sammelschwerpunkte des IfZ-Archivs konzentrieren sich auf nicht-staatliche Überlieferungen vom Ersten Weltkrieg bis zur Gegenwart.

**Periodika/Newsletter:**
- Jahresbericht
- Zum Newsletter-Abonnement
- Vierteljahrshefte für Zeitgeschichte
- Studien zur Zeitgeschichte
- Quellen und Darstellungen zur Zeitgeschichte
- Biographische Quellen zur Zeitgeschichte

- Zeitgeschichte im Gespräch
- Texte und Materialien zur Zeitgeschichte
- Edition VEJ (Die Verfolgung und Ermordung der europäischen Juden durch das nationalsozialistische Deutschland 1933–1945)
- Bibliographie zur Zeitgeschichte

## Institutum Judaicum Delitzschianum

Westfälische Wilhelms-Universität Münster
Wilmergasse 1
D-48143 Münster
Tel.: +49 (0)251 8322 561
Fax: +49 (0)251 8322 565
ijd@uni-muenster.de

Gründungsjahr: 1948

**Aufgaben/Ziele:**
Das Institutum Judaicum Delitzschianum sieht sich in der Tradition des Alttestamentlers Franz Delitzsch und seinem Beitrag zum transreligiösen Dialog zwischen Juden- und Christentum. 1948 wurde das Institut als integraler Bestandteil der Evangelisch-Theologischen Fakultät an der Westfälischen Wilhelms-Universität Münster ins Leben gerufen. Das Institut fühlt sich der Tradition der „Wissenschaft des Judentums" verpflichtet. Judaistik wird als Nebenfach angeboten, ein Studiengang Judaistik ist in Planung. Das Institut steht im kooperiert mit der Synagogengemeinschaft Münster und der Gesellschaft für christlich-jüdische Zusammenarbeit Münster e.V.. Das Institut bietet Lehrveranstaltungen in Talmud und Midrasch an. Ferner wird mittels Sprachkursen im modernen Hebräisch Anschluss an das moderne Judentum der Gegenwart und dem Staat Israel geboten. In diesem Zusammenhang stehen ebenfalls zahlreiche Exkursionen an Stätten jüdischen Lebens im In- und Ausland.

**Forschungsfelder:**
- antikes Judentum
- Verortung des Neuen Testaments in seinem religionsgeschichtlichen Umfeld
- Rabbinische Judentum
- Hellenistisches Judentum
- Gebet im Judentum und Christentum
- Geschichte des deutschen Judentums
- Geschichte der Juden in Westfalen
- Neuere Jüdische Philosophie

**Bibliothek:**
Die Institutsbibliothek führt ca. 20.000 Bände zur Geschichte und Religion des Judentums die im online-Katalog recherchierbar sind. Des Weiteren ist sie im Besitz eines umfangreichen Sortiments an Zeitschriften. Aktuelle Ausgaben zu jüdischen Studien finden sich am Institut.

**Periodika/Newsletter:**
- Schriften des Institutum Judaicum Delitzschianum
- Münsteraner judaistische Studien
- Franz-Delitzsch-Vorlesungen

- Reihen zu Juden in Westfalen: Westfalia Judaica, Geschichte und Leben der Juden in Westfalen

## Jena Center Geschichte des 20. Jahrhunderts
Friedrich-Schiller-Universität Jena
Historisches Institut
Zwätzengasse 3
D-07743 Jena
Postanschrift:
Fürstengraben 13
D-07743 Jena
Tel.: +49(0)3641 9444 58
Fax: +49(0)3641 9444 52
Jena.Center@uni-jena.de

Gründungsjahr: 2006

**Aufgaben/Ziele:**
Das Jena Center Geschichte des 20. Jahrhunderts ist am Historischen Institut der Friedrich-Schiller-Universität Jena angesiedelt. Mit einer international besetzten Gastprofessur, einer promotionsbegleitenden Doktorandenschule, regelmäßigen Symposien, Workshops und Vortragsveranstaltungen sowie zwei Publikationsreihen arbeitet das Jena Center an der Schnittstelle von Forschung, Lehre und historisch-politisch interessierter Öffentlichkeit. Der Geschichte des Nationalsozialismus und seiner Folgewirkungen in Deutschland und Europa – bis in die Gegenwart hinein – gilt dabei besondere Aufmerksamkeit.

Im Zentrum des Jena Centers steht eine Gastprofessur, die Gelehrte aus allen Bereichen der historisch arbeitenden Forschung zur Geschichte des 20. Jahrhunderts für jeweils ein Semester nach Jena bringt. Bisherige Inhaber der Gastprofessur waren Saul Friedländer, Fritz Stern, Anson Rabinbach, José Brunner, Irina Scherbakowa, Henry Rousso, Shimon Stein, Atina Grossmann, Charles S. Maier, Harold James, Volker Berghahn und Michael Stolleis.

Die Doktorandenschule des Jena Center bietet ein promotionsbegleitendes Programm für Promovierende der Geschichtswissenschaft und benachbarter Disziplinen, deren Dissertationsvorhaben sich mit der Geschichte des 20. Jahrhunderts befassen. Zusätzlich zu ihrer Arbeit an den individuellen Promotionsprojekten werden die Mitglieder der Doktorandenschule in Dialog mit anderen Promovierenden und Wissenschaftlern gebracht und erhalten Einblick in eine Vielzahl aktueller Forschungsfelder und -diskussionen. Zum Kernprogramm der Doktorandenschule gehören Seminare mit den Gastprofessoren und Gastdozenten des Jena Center. Seit dem Wintersemester 2008/2009 bietet das Historische Institut der Friedrich-Schiller-Universität den Masterstudiengang „Geschichte und Politik des 20. Jahrhunderts" an, der konzeptionell an das interdisziplinäre und internationale Lehr- und Forschungsprofil des Jena Center angelehnt ist und dessen Studierende die Möglichkeit haben, im Fall eines anschließenden Promotionsvorhabens in die Doktorandenschule des Jena Center aufgenommen zu werden. Zu den Kooperationspartnern des Studiengangs zählen u.a. das Simon Dubnow Institut in Leipzig sowie die Stiftung Gedenkstätten Buchenwald und Mittelbau-Dora.

Mit der Reihe Vorträge und Kolloquien und den Beiträgen zur Geschichte des 20. Jahrhunderts unterhält das Jena Center zwei Publikationsreihe beim Wallstein Verlag.

Leiter des Jena Center ist Norbert Frei, Inhaber des Lehrstuhls für Neuere und Neueste Geschichte der Friedrich-Schiller-Universität. Zu den Mitgliedern des Internationalen Beirats zählen Philippe Burrin, Saul Friedländer, Sir Ian Kershaw, Charles S. Maier, Lutz Niethammer, Henry Rousso, Irina Scherbakowa und Fritz Stern. Die Gründung des Jena Center, das 2006 seine Arbeit aufnahm, geht auf eine private Spende der Eheleute Christiane und Nicolaus Weickart zurück, die auch den laufenden Unterhalt tragen.

**Forschungsfelder und -projekte:**
- Kommunikationsräume des Europäischen. Jüdische Wissenskulturen jenseits des Nationalen (Jüdisches Leben in der DDR / Die Jüdische Gemeinde Frankfurt am Main seit 1945)
- The Globalization of Wiedergutmachung
- The Practice of Wiedergutmachung: Nazi Victims and Indemnification in Israel and Germany, 1952–2002 (Kalter Krieg in der Wiedergutmachung. Die Entschädigung kommunistischer NS-Verfolgter / Wiedergutmachung für Zwangssterilisierte in der Bundesrepublik. Eine Fallstudie zur Entschädigungspolitik und Entschädigungspraxis 1949–1998 / Jüdische Gemeinden in Deutschland und die Wiedergutmachung)
- Geschichte des humanitären Völkerrechts und der Menschenrechte nach 1945
- Die Kreis- und Stadthauptleute im „Generalgouvernement" 1939–1945
- Tengelmann im Dritten Reich
- Die NS-Gaue als Mobilisierungsstrukturen für den Krieg
- Ghetto und Vernichtung. Jüdische Selbstzeugnisse aus dem besetzten Polen
- Darstellungen und Quellen zur Geschichte von Auschwitz
- Vor der Versöhnung: Deutsch-französische Annäherungen in einem Jahrhundert der Extreme
- Tod aus der Luft: Gewalt, militärische Eskalation und die Kulturen des Krieges im 20. Jahrhundert
- Die Nachkriegsgeschichte des ehemaligen KZ Mittelbau-Dora
- Vom Protest zur Erinnerung. Gedenkstättenbewegung und Geschichtspolitik 1979 bis 1990
- Geschichtskultur und Geschichtswissen am Beispiel des Erinnerungsjahres 2009
- Der Umgang mit der nationalsozialistischen Vergangenheit. Eine Fallstudie zu Wiesbaden 1945–2005
- NS-Erinnerung in Berlin. Gedenkpolitik im Zeichen des Ost-West-Konflikts
- Die Medienfigur Hans Rosenthal in der bundesdeutschen Gesellschaft
- Die SPD und die NS-Vergangenheit 1945–1982
- Nazi-Jagd. Südamerikas Diktaturen und die Ahndung von NS-Verbrechen
- Ahndung, Verjährung, Amnestie. Studien zur strafrechtlichen Verfolgung von Kriegs- und NS-Verbrechen in Deutschland und Frankreich 1945–1969
- Alexander Mitscherlich. Biographie und Wirkungsgeschichte eines kritischen Intellektuellen
- Weltaneignung und Weltanschauung im Leben und Werk führender Marxisten, 1870–1918
- Zeitgeschichte und Zeiterfahrung in der deutsch-deutschen Historikerkonkurrenz
- Besatzungskinder. Zur Sozial-, Diskurs- und Biographiegeschichte einer in beiden deutschen Nachkriegsgesellschaften beschwiegenen Gruppe

**Periodika/Newsletter:**
- Jena Center Geschichte des 20. Jahrhunderts. Vorträge und Kolloquien
- Beträge zur Geschichte des 20. Jahrhunderts
- Jahresberichte

## Judaistik Albert-Ludwigs-Universität Freiburg
Orientalisches Seminar
Albert-Ludwigs-Universität Freiburg i. Br.
Prof. Dr. Gabrielle Oberhänsli-Widmer
Tel.: +49 (0) 761 203 31 44
Tel.: +49 (0) 761 202 15 05
Fax: +49 (0) 761 203 31 52
gabrielle.oberhaensli@orient.uni-freiburg.de

**Aufgaben/Ziele:**
An der Albert-Ludwigs-Universität gehört die Judaistik zu den Disziplinen der Philosophischen Fakultät, ist dem Orientalischen Seminar zugeordnet und mit einer Professur ausgestattet. Das Lehrangebot umfasst einen B.A. Judaistik in Haupt- und Nebenfach, einen Master Judaistik sowie die Möglichkeit der individuellen Promotion. In ihrer Ausrichtung setzt die Judaistik der Albert-Ludwigs-Universität zwei Schwerpunkte: einerseits das biblisch-talmudische Schrifttum, welches das Judentum bis in die heutige Zeit maßgeblich prägt, andererseits das zeitgenössische israelische Literatur- und Kulturschaffen, da durch die Gründung des modernen Staates Israel ein neues Zentrum jüdischen Lebens entstanden ist. Von diesen beiden Polen aus lassen sich sämtliche Themen jüdischer Studien sinnvoll erschließen. Ausgehend vom Quellenstudium in den Originalsprachen – allen voran dem Hebräischen – stehen religions-, kultur- und literaturgeschichtliche Stoffe im Vordergrund. Schlüsselqualifikationen sind mithin die Erschließung von Primärtexten aus einem Zeitraum von dreitausend Jahren und deren Interpretation in aktuellen Kontexten sowie eine solide Sprachpraxis des Hebräischen. Bedingt durch die geographische Lage im Dreiländereck Deutschland-Frankreich-Schweiz sowie durch die Ausrichtung der Lehrenden werden zudem die romanischen Sprachen (Französisch, Provenzalisch und Ladino) besonders berücksichtigt.

Dieses Profil der Judaistik als Wirkungsgeschichte biblisch-rabbinischen Denkens in seinem nachtalmudischen Werdegang bis hin zur Gegenwart soll einen wesentlichen Beitrag zum interkulturellen und interreligiösen Dialog leisten. Dementsprechend pflegt die Freiburger Judaistik mit zahlreichen Disziplinen – namentlich der Islamwissenschaft, Geschichte, Philosophie, Altorientalischen Philologie sowie der Theologie – einen regen interdisziplinären Austausch.

**Forschungsfelder/Forschungsprojekte:**
- „Lege mich wie ein Siegel an deinen Arm". Jüdische Lebenswelten im Spiegel ihrer Liebesliteratur
- Rezeption biblischer Figuren in jüdischer und hebräischer Literatur
- Zyklus ‚Klassiker der jüdischen Literatur'
- Übersetzungen moderner und zeitgenössischer israelischer Literatur

**Bibliothek:**
Werke zur Judaistik finden sich in der Bibliothek des Orientalischen Seminars sowie in der Universitätsbibliothek.

**Publikationen:**
- Soeben mit einer Monographie und einem Sammelband abgeschlossenes Forschungsprojekt zu Vorstellungen von Bösen:
- Gabrielle Oberhänsli-Widmer, Bilder vom Bösen im Judentum. Von der Hebräischen Bibel inspiriert, in jüdischer Literatur weitergedacht, Neukirchen-Vluyn 2013

- Jörg Frey/ Gabrielle Oberhänsli-Widmer (Hg.): Das Böse. Jahrbuch für Biblische Theologie 26 (2011), Neukirchen-Vluyn 2012

## Institut für Judaistik
Freie Universität Berlin
Schwendenerstr. 27
D-14195 Berlin
Tel.: +49 (0)30 838 56558 und 52002
Fax: +49 (0)30 838 52146 und 52957
judaistik@geschkult.fu-berlin.de
http://www.geschkult.fu-berlin.de/e/judaistik

Gründungsjahr: 1963

**Aufgaben/Ziele:**
Das Institut für Judaistik an der Freien Universität Berlin ist mit dem Gründungsjahr 1963 die erste an einer deutschen Universität geschaffene Lehr- und Forschungsstätte für Judaistik. Maßgeblich vorangetrieben wurde dies durch Jacob Taubes, der dem Institut bis zum Jahr 1979 vorstand. Es wird ein Bachelor Studiengang Judaistik, ein Masterstudiengang Judaism in Historical Context mit dem Profilbereich Judentum im hellenistisch-römischen und islamisch-christlichen Kontext und gemeinsam mit dem Touro College Berlin der Masterstudiengang Judaism in Historical Context mit dem Profilbereich Modern Judaism and Holocaust Studies angeboten. Das Institut für Judaistik steht im Kontakt mit Einrichtungen zur judaistischen Forschung in Deutschland-, Europa- und weltweit, um über das Institut hinaus gemeinsam Forschung und Lehre zubetreiben. In dieser Tradition wurde der Deutsche Akademische Austauschdienst erfolgreich geworben jährlich fünf Studierenden der Judaistik einen Auslandsaufenthalt an der Hebräischen Universität Jerusalem zu ermöglichen, mit der ein Kooperationsvertrag unterzeichnet wurde. Das Institut repräsentiert in der Lehre und Forschung alle Bereiche der Geschichte, Literatur und Religion des Judentums von der Antike bis zur Gegenwart. Orientiert wird sich an dem ihr nach idealtypischen Spektrum der Wissenschaft des Judentums: Bibel, Talmud, hebräische Sprache, hebräische Literatur, Geschichte des jüdischen Volkes, jüdische Philosophie, jüdische Mystik.

**Forschungsfelder:**
- jüdisch-deutsche Kultur- und Geistesgeschichte
- Spätantike
- ethnische Literatur
- Lexicon of Jewish Names: Erfassung sämtlicher jüdischer Namen und Personen in der Antike in Palästina und in der Diaspora
- A Feminist Commentary on the Babylonian Talmud
- The Kabbalistik Library of Pico della Mirandola
- Sefer Hassidim („Das Buch der Frommen")
- Frühe Jüdische Mystik

**Bibliothek:**
- Literatur zu den Forschungsschwerpunkten befindet sich in der Universitätsbibliothek der Freien Universität Berlin.

**Archiv:**
- Visual History Archive mit dem ein Zugang zu dem Visual History Archive des Shoah Foundation Institute for Visual History and Education der University of Southern California geschaffen wurde.
- ca. 52.000 Video-Interviews mit Überlebenden und Zeugen des Holocaust einsehbar.

## Institut für Judaistik
Georg-August-Universität Göttingen
Platz der Göttinger Sieben 2
D-37073 Göttingen
Tel.: +49 (0)551 39 7132 und 7137
Fax: +49 (0)551 39 19575
hans-juergen.becker@theologie.uni-goettingen.de

Gründungsjahr: 1950 als „Institut für spätjüdische Religionsgeschichte"

**Aufgaben/Ziele:**
Das Institut für Judaistik ist an die Theologische Fakultät der Georg-August-Universität Göttingen gegliedert. Studierende können Module der Judaistik wählen. Ferner kann die Judaistik als Hauptfach im Promotionsstudiengang belegt werden. Seit seiner Begründung widmet sich das Institut der Erforschung und Vermittlung des Judentums neutestamentlicher Zeit. Je nach Direktion wechselten die Forschungsinhalte bis heute. Die derzeitige Ausrichtung des Instituts liegt in der Judaistik mit dem Schwerpunkt der Rabbinischen Literatur und dem modernem Hebräisch.

**Forschungsfelder:**
- Antikes Judentum
- Ost-mitteleuropäisches Judentum des 19. und 20. Jahrhunderts

**Bibliothek:**
- ca. 8.000 Bände zur Judaistik mit dem Schwerpunkt der Literatur zum rabbinischen Judentum.
- über 125 Mikrofilmspulen mit wichtigen mittelalterlichen Handschriften des klassischen Judentums

## Judaistik Otto-Friedrich-Universität Bamberg
An der Universität 5
D-96045 Bamberg
Tel.: +49 (0)951 863 2195 und 2216
Fax: +49 (0)951 863 5195
susanne.talabardon@uni-bamberg.de

**Aufgaben/Ziele:**
Die Judaistik wird in Bamberg durch einen Lehrstuhl repräsentiert und ist an der Fakultät für Geistes- und Kulturwissenschaften angesiedelt. Integriert in die Otto-Friedrich-Universität Bamberg wird der Verantwortung in der Lehre und Forschung nachgekommen sowie die Generierung von transdisziplinären Forschungsprojekten unterstützt. Judaistik kann im Bachelor-Studiengang als Nebenfach belegt werden. Inneruniversitär findet eine Kooperation mit dem Zentrum für interreligiöse Studien statt, welches den Masterstudiengang Interreligiöse Studien:

Judentum-Christentum-Islam anbietet. Die Judaistik Bamberg macht sich die Erforschung der jüdischen Religionsgeschichte zur Aufgabe. Hierbei liegt ein besonderes Augenmerk auf der Traditionsliteratur: Midrasch, Talmud sowie religionsphilosophische und kabbalistische Werke. Gleichermaßen werden jüdische Kulturpraxen bis zur Gegenwart erforscht und gelehrt.

**Forschungsfelder:**
- Erforschung der chassidischen Legenden
- Vergleichende Hagiographieforschung

**Besonderheiten/Forschungsschwerpunkte:**
- Erforschung der jüdisch-fränkischen Spuren im Projekt Jüdisch-Fränkische Heimatkunde
- Dokumentation des Walsdorfer jüdischen Friedhofs

## Leopold Zunz Zentrum zur Erforschung des Europäischen Judentums und Seminar für Judaistik/Jüdische Studien an der Martin-Luther-Universität Halle Wittenberg

Großer Berlin 14
D-06108 Halle (Saale)
Tel.: +49(0)345 29 27 80 14
gerold.necker@judaistik.uni-halle.de

Gründungsjahr: 1992 (Seminar für Judaistik), 1998 (LZZ)

**Aufgaben/Ziele:**
An der Martin-Luther-Universität Halle-Wittenberg wurde das Fach 1992 eingerichtet. Die Schwerpunkte der Judaistik/Jüdischen Studien in Halle liegen in der Lehre und Erforschung der Philosophie des Judentums sowie der Kultur- und Geistesgeschichte des europäischen Judentums vom 16. Jahrhundert bis in die Gegenwart. Besonderes Gewicht liegt dabei auf der Renaissance und der frühen Neuzeit. Das Seminar für Judaistik/ Jüdische Studien arbeitet und forscht in Kooperation mit dem Seminar für Arabistik/ Islamwissenschaften, dem Seminar für christlichen Orient und Byzanz, dem Institut für Geschichte, der Theologischen Fakultät und hier besonders mit dem Alten Testament.

Das LZZ zur Erforschung des europäischen Judentums wurde am 28. Juni 1998 von der Stiftung LEUCOREA in Wittenberg gegründet. Leopold Zunz (1794–1886), der als wichtiger Repräsentant des deutschen Judentums zu den Mitbegründern der „Wissenschaft des Judentums" im 19. Jahrhundert gehört, ist der Namensgeber der Forschungseinrichtung.

Von Beginn an bestand eine enge Zusammenarbeit mit dem Seminar für Judaistik/Jüdische Studien an der Martin-Luther-Universität. Im Jahre 2007 wurde das LZZ von der MLU Halle-Wittenberg übernommen und fand im Großen Berlin 14, 06108 Halle/ Saale eine neue Heimat.

Im Mittelpunkt der Forschung im LZZ stehen die Spätantike, das Europa der Frühen Neuzeit sowie die deutsch-jüdische Geschichte des 18. und 19. Jahrhunderts. Als Herausgeber des European Journal for Jewish Studies hat sich die Arbeit des LZZ international etabliert. Die vom Zentrum geleiteten Projekte widmen sich der Erforschung der Kultur, Geschichte, Philosophie und Literatur des Judentums als Teil der gesamteuropäischen Kultur.

In Zusammenarbeit mit der Jerusalemer National- und Universitätsbibliothek baute das LZZ das digitale Leopold-Zunz-Archiv auf, welches über http://www.jewish-archives.org/ abgerufen werden kann.

**Forschungsfelder/Forschungsprojekte des Seminars für Judaistik:**
Abgeschlossene Forschungsprojekte:
- Wissenschaftliche Erschließung, Verfilmung und Digitalisierung des Nachlasses Leopold Zunz in der Jüdischen National- und Universitätsbibliothek Jerusalem (Unter Leitung des LZZ)
- Geniza-Fragmente zum Midrash Tehilim – Edition und zeilensynoptischer Partiturtext, nebst zwei Indices (Unter Leitung des LZZ)

**Laufende Forschungsprojekte:**
- Kulturtransfer im neuen Stil: Der Renaissance-Prediger Yehuda Moscato (ca. 1530–1590)
- Werk und Wirkung des Rabbiners und Philosophen Simha (Simone) Luzzatto (1583?–1663)
- Auffassungen von der Sprache und ihrem Wirklichkeitsgehalt im Alten Testament und bei den ersten Grammatikern des Hebräischen
- Peshat: Premodern Philosophic and Scientific Hebrew Terminology: Studies on its Emergence and the Creation of an Internet-Based Historical Lexicon

**Bibliothek:**
- Zweig- und Präsenzbibliothek der Judaistik/Jüdischen Studien innerhalb der Universitäts- und Landesbibliothek

**Archiv**
- Leopold Zunz Archiv

**Datenbanken und Online-Resourcen:**
- Peshat: Premodern Philosophic and Scientific Hebrew Terminology

**Publikationen:**
- Friedrich August Wolf. Studien, Dokumente, Bibliographie hrsg. von Reinhard Markner und Giuseppe Veltri, Stuttgart: Steiner 1999.
- Gottes Sprache in dem philologischen Werkstatt: Hebraistik vom 15. bis 19. Jahrhundert, hrsg. von Giuseppe Veltri, Gerold Necker, Studies in European Judaism 11, Brill 2004.
- Katholizismus und Judentum. Gemeinsamkeiten und Verwerfungen vom 16. bis zum 20. Jahrhundert, hrsg. von Giuseppe Veltri, Hubert Wolf, Florian Schuller, Pustet Verlag 2005.
- Jüdische Kultur und Bildung in Sachsen-Anhalt von der Aufklärung bis zum Nationalsozialismus, hrsg. von Giuseppe Veltri, Christian Wiese, Metropol Verlag 2008.
- Judah Moscato, Sermons. Edition and Translation. Volume One. Edited by Gianfranco Miletto and Giuseppe Veltri. In Conjunction with Giacomo Corazzol, Regina Grundmann, Don Harrán (Sermon I), Yonatan Meroz, Brian Ogren and Adam Shear, Brill 2011.
- Judah Moscato, Sermons. Edition and Translation. Volume Two. Edited by Gianfranco Miletto and Giuseppe Veltri. In Conjunction with Giacomo Corazzol, Yehudah Halper und Julia Itin, Brill 2011.
- Sprachbewusstsein und Sprachkonzepte im Alten Orient, Alten Testament und rabbinischen Judentum, edited by Johannes Thon, Giuseppe Veltri & Ernst-Joachim Waschke, ZIRS Halle 2012.
- Scritti politici e filosofici di Simone Luzzatto, Rabbino e Filosofonella Venezia del Seicento, hrsg. von Giuseppe Veltri zusammen mit Paola Ferruta & Anna Lissa, Bompiani 2013.

**Periodika/Newsletter:**
- European Journal for Jewish Studies

## Ludwig-Maximilians-Universität München (LMU)
Fakultät für Geschichts- und Kunstwissenschaften
Historisches Seminar
Jüdische Geschichte und Kultur
Geschwister-Scholl-Platz 1
D-80539 München
Besucheradresse:
Historicum, Schellingstr. 12
Tel.: +49(0)89 / 2180-5570/5572
Fax: +49(0)89 / 2180-5666
juedische.geschichte@lrz.uni-muenchen.de
michael.brenner@lrz.uni-muenchen.de
eva.haverkamp@lrz.uni-muenchen.de
http://www.jgk.geschichte.uni-muenchen.de/index.html

Gründungjahr: 1997

**Aufgaben/Ziele:**
Die jüdische Geschichte und Kultur wird an der LMU in zwei Teilfächern angeboten: Neuere und Neueste Jüdische Geschichte sowie Mittelalterliche Jüdische Geschichte und Kultur.

Der 1997 gegründete Lehrstuhl für Jüdische Geschichte und Kultur ist der erste, speziellder jüdischen Geschichte gewidmete Lehrstuhl an einem historischen Institut einer deutschen Universität. Sein Schwerpunkt liegt auf der neueren und neuesten jüdischen Geschichte. Das Lehrangebot sieht keine Beschränkung auf die deutsch-jüdische Geschichte vor, sondern öffnet die Lehre und Forschung auf Aspekte wie etwa das spanisch-jüdische Erbe, die Juden Osteuropas und Amerikas, die orientalische Judenheit und die Geschichte des Zionismus sowie des Staates Israel.

Obwohl der Schwerpunkt des Lehrstuhls auf dem Gebiet der Geschichte liegt, sollen Forschung und Lehre betont interdisziplinär ausgerichtet sein.

Eine zweite Professur für Mittelalterliche Jüdische Geschichte folgte 2009.

**Forschungsfelder:**
- Neuere und neueste jüdische Geschichte
- Mittelalterliche jüdische Geschichte und Kultur

**Besonderheiten/Forschungsschwerpunkte:**
- Juden in der Bundesrepublik seit 1945
- Deutschland - Israel: Periphere Regionen und zentrale Räume
- Erschließung und Digitalisierung der Hebraica-Bestände der Bayerischen Staatsbibliothek
- Christen, Mauren, Juden – Erinnerungskultur und Identitätspolitik in der iberischen Moderne
- Forschungsprojekt „Juden im mittelalterlichen Regensburg"
- Sprachlektorat Jiddisch
- Gastprofessur für Jüdische und Islamische Studien (seit 2003)
- Yerushalmi Lecture
- Sholem Alejchem Lecture
- Gastvorträge Mittelalterliche Jüdische Geschichte
- Sommeruniversität
    - Die Europäische Sommeruniversität für Jüdische Studien in Hohenems ist aus der SUM SommerUniversitätMünchen des Lehrstuhls für Jüdische Geschichte und Kultur am

Historischen Seminar der Ludwig-Maximilians-Universität, München, hervorgegangen und findet seit 2005 jährlich statt. Seit 2009 ist das Vorarlberger Hohenems der Veranstaltungsort
- Jüdische Geschichte im Schulunterricht

**Bibliothek:**
- Präsenzbibliothek zur jüdische Geschichte und zur jiddischen Literatur

**Publikationen:**
- Münchner Beiträge zur jüdischen Geschichte und Kultur (halbjährlich), Herausgeber: Lehrstuhl für Jüdische Geschichte und Kultur, Michael Brenner

## Martin-Buber-Institut für Judaistik
Universität zu Köln
Philosophische Fakultät
Kerpener Straße 4
D-50937 Köln
Tel.: +49 (0)221 470 2989
Fax: +49 (0)221 470 5065
judaistik@uni-koeln.de

Gründungsjahr: 1966

**Aufgaben/Ziele:**
Das Martin-Buber-Institut für Judaistik war mit der Begründung 1966 das erste judaistische Institut in Nordrhein-Westfalen und das zweite in der Bundesrepublik Deutschland. Es ist in die Philosophische Fakultät der Universität zu Köln intergiert und kommt binnen dieser seiner Verantwortung in der Forschung und Lehre nach. Die dortige Judaistik ist eine Studienrichtung innerhalb des Bachelor- und Masterstudiengangs Antike Sprachen und Kulturen und kann mit weiteren Studiengängen kombiniert werden.

**Forschungsfelder:**
- Lehre der hebräischen Sprache, aramäischen Sprache, judaeo-arabischen Sprache
- Spätantike, insbesondere der Bereich des rabbinischen Judentums
- Mittelalterliche jüdische Wissenschaft, insbesondere Medizin in der sephardischen Welt

**Besonderheiten/Forschungsschwerpunkte:**
- Das Institut kommt dem breiten Forschungsspektrum des Fachs Judaistik – der Geschichte, den Sprachen, der Literatur sowie Religion und Philosophie des Judentums von der Antike bis zur Gegenwart – nach.
- Spezialisiert wird sich am Buber-Institut auf die Erforschung des antiken und rabbinischen Judentums und somit deren Quellen und Literatur inbegriffen der halachischen und aggadischen Texte sowie der Erforschung des Aramäisch der talmudischen Zeit.

**Bibliothek:**
- 38.000 Bände und 22 laufend aktualisierte Zeitschriften
- Der Schwerpunkt liegt auf den Forschungsschwerpunkten des Instituts, dem Zeitraum von der Spätantike bis zur Frühen Neuzeit. Geführt werden umfangreiche Altbestände wie hebräische Frühdrucke des 16. Jahrhunderts aus Oberitalien sowie zahlreiche Erstausgaben

der Werke bedeutender Autoren des 19. und 20. Jahrhunderts wie Max Nordau, Franz Rosenzweig, Martin Buber und Hermann Cohen.
- Originalhandschriften jüdischer Autoren aus dem 19. Jahrhundert sowie u.a. der Thora und Aggada
- Sammlung von Briefen jüdischer Persönlichkeiten aus dem 20. Jahrhundert
- Bildsammlung zur jüdischen Kunst und Archäologie mit 10.000 Exemplaren.
- Neben Dokumenten aus dem Nachlass von Martin Buber werden Unterlagen aus der Sammlung von Adolf Diamant geführt.
- Auf Mikrofilmen findet sich eine seltene Sammlung hebräischer Handschriften und früher Drucke sowie von Gesamtausgaben hebräischer Zeitungen des 19. und frühen 20. Jahrhunderts.

## Moses Mendelssohn Zentrum für europäisch-jüdische Studien e.V. (MMZ)
Am Neuen Markt 8
14467 Potsdam
Tel.: +49(0)331-28094-0
Fax: +49(0)331-28094-50
moses@mmz.uni-potsdam.de
http://www.mmz-potsdam.de

Gründungsjahr: 1992

**Aufgaben/Ziele:**
Das Moses Mendelssohn Zentrum für europäisch-jüdische Studien (MMZ) ist ein interdisziplinär arbeitendes wissenschaftliches Forschungszentrum, das historische, philosophische, religions-, literatur- und sozialwissenschaftliche Grundlagenforschung betreibt. Als An-Institut der Universität Potsdam ist es maßgeblich am Studiengang „Jüdische Studien/Jewish Studies" beteiligt. Neben Konferenzen wie z.B. der internationalen Konferenz „Kultur und Identität. Deutsch-jüdisches Kulturerbe im In- und Ausland", Symposien, Tagungen und Colloquien veranstaltet das MMZ wissenschaftliche Vortragsreihen und stellt seine Forschungsergebnisse der Öffentlichkeit vor. In Ausstellungen wie „Synagogen in Brandenburg" oder „Das Jahr 1812–Ein Meilenstein auf dem Weg zur Gleichstellung der Juden in Preußen" setzt sich das MMZ mit der deutsch-jüdischen Geschichte auseinander. Über die akademischen Leistungen hinaus sieht das Moses Mendelssohn Zentrum sich verpflichtet, in der deutschen Gesellschaft sein zivilgesellschaftliches Mandat als geisteswissenschaftliche Forschungseinrichtung wahrzunehmen. Wichtiges Ziel hierbei ist der Kampf gegen Rechtsextremismus und Antisemitismus in der Bundesrepublik Deutschland und damit verbunden die Aufklärung breiter Bevölkerungsschichten über jüdisches Leben in Europa und über die Shoah.

**Forschungsfelder:**
- Geschichte, Religion und Kultur der Juden und des Judentums in den Ländern Europas
- Beziehungsgeschichte von Juden und nicht-jüdischer Umwelt
- gesellschaftlichen Integration und Akkulturation der Juden
- sozialgeschichtliche Fragestellungen, soziokulturelle und ideengeschichtliche Aspekte
- Regional- und Lokalgeschichte, insbesondere der neuen deutschen Bundesländer
- Erhaltung jüdischer Archive als Teil des europäischen Kulturerbes

**Besonderheiten/Forschungsschwerpunkte:**
- Seit 1993 wird die Moses Mendelssohn Medaille an verdienstvolle Persönlichkeiten verliehen, die sich im Sinne und in der Tradition der Gedanken von Moses Mendelssohn für Toleranz und Völkerverständigung verdient gemacht haben.
- Enge Zusammenarbeit mit der Moses Mendelssohn Akademie in Halberstadt (siehe dort)
- Moses Mendelssohn Stiftung: Förderung von Projekten, die der Verbreitung von Aufklärung, Vernunft und Toleranz in Wissenschaft, Kultur und Gesellschaft dienen
- Graduate School: „Walther Rathenau Graduiertenkolleg" zum Thema Liberalismus und Demokratiebewegungen (seit 2010) und „Ludwig Rosenberg Kolleg" zu Thema Judentum und Arbeiterbewegung in der Moderne (seit 2014)
- Beteiligung am Zentrum Jüdische Studien Berlin-Brandenburg (siehe dort)
- In den letzten Jahren hat das MMZ mehrere Ausstellungen konzipiert, die meist aus Forschungsprojekten hervorgingen und häufig unter Mitwirkung von Studierenden der Universität Potsdam entwickelt wurden. Es handelt sich ausschließlich um Wanderausstellungen die im In- und Ausland in Kooperation mit lokalen Einrichtungen präsentiert werden. Auf dieser Seite finden Sie die aktuellen Ausstellungsorte. Die einzelnen Ausstellungen stehen zur Ausleihe zur Verfügung.
- Die Mitarbeiter des Moses Mendelssohn Zentrums bieten in jedem Semester an der Universität Potsdam am Historischen Institut und im Fach Jüdische Studien/Jewish Studies Lehrveranstaltungen an, die sich aus ihren Forschungsschwerpunkten ergeben.
- Das Projekt German Jewish Cultural Heritage (GJCH) widmet sich dem Erkennen, Erfassen und Bewahren von deutsch-jüdischem Kulturerbe. Zentral ist die Idee einer Spurensuche der Wege deutscher Juden infolge von Emigration. Der Begriff des „Kulturerbes" umfasst dabei das materielle wie geistige Erbe, welches die deutsch-sprachigen Juden in das neue Heimatland mitbrachten. Dies schließt sowohl das 19. Jahrhundert mit ein, als auch die Zäsur von 1933 mit der Machtübernahme Hitlers. Dem Projekt liegt ein nicht statisches Konzept von Kulturerbe zugrunde, das sich nicht nur darum bemüht, die Artefakte einer historisch abgeschlossenen Phase zu systematisieren. Das Projekt arbeitet mit einem relationalen, prozessorientierten Begriff von Kultur, der das Soziale jenseits funktional-strukturalistischer beziehungsweise simplifizierend materialistischer Zugänge konzeptualisiert und sich auch um ein Verständnis für symbolische Inhalte, Rituale und Handlungen bemüht. Die Transformationsprozesse und Beeinflussungen durch Assimilationsvorgänge, welche das deutsch-jüdische Kulturerbe in den verschiedenen Exilheimaten durchlaufen hat, sollen ebenso Berücksichtigung finden. Geographisch beschränkt sich das Projekt nicht auf die territorialen Grenzen Deutschlands, sondern blickt auf alle Orte des Zusammentreffens deutscher und jüdischer Kultur. Das Projekt strebt keine abschließende Beantwortung der Frage nach der jüdischen Identität (Mihu Jehudi) an, sondern erfasst alle Phänomene, die nach kulturellen oder religiösen Aspekten die Selbst- oder Fremdzuschreibung Jüdisch erfahren haben. Verschiedene Konzepte des Jüdischen bzw. des Deutsch-Jüdischen können in dem kumulativ arbeitenden Projekt koexistieren und die Heterogenität der verschiedenen Definitionen kann somit in der Datenbank abgebildet werden.

Homepage und Datenbank sollen die Grundlage für eine langfristige, vernetzte Zusammenarbeit und den Austausch auf transnationaler Ebene bieten. Ziel ist es, zusammengetragene Dokumente vor Verfall und Vergessen zu bewahren und durch den weltweiten Zugriff für die verschiedensten Forschungskontexte nutzbar zu machen. War der bisherige Erhalt des weit verstreuten, deutsch-jüdischen Kulturerbes nur durch die kulturelle Vernetzung vieler Akteure und Einrichtungen möglich, so sind diese Netze bisher in kein übergreifendes Netzwerk eingelassen, das einen Überblick über diese verschiedenen Netze mit ihren unterschiedlichen zeitlichen und räumlichen Extensionen bietet.

Das Projekt German Jewish Cultural Heritage (GJCH) möchte diese Lücke schließen und Institutionen, Vereine, Gemeinden, Forschungszentren und Museen in aller Welt, die mit der Bewahrung des deutsch-jüdischen Kulturerbes befasst sind systematisch vernetzen und diese zu einer langfristigen Zusammenarbeit anregen. Durch die somit eingebrachte Vielzahl der geistesgeschichtlichen, nationalen und religiösen Bezugsrahmen könnte ein differenzierteres Bild vom deutsch-jüdischen Kulturgedächtnis erzeugt werden und gleichzeitig dem mancherorts drohenden kulturellen Vergessen, welches gleichsam auch Identitätsverlust bedeutet, entgegengewirkt werden.

Weiter will das GJCH-Projekt dazu anregen, möglichst viele Zeugnisse deutsch-jüdischen Kulturlebens zu digitalisieren. Dadurch könnte ein globaler, unmittelbarer Zugriff auf historische wertvolle Primärquellen ermöglicht werden. Eingeschränkte Zugangsmöglichkeiten zu Quellen sollen erweitert, Gefahren des Verfalls durch ungünstige Rahmenbedingungen abgemildert werden. Die langfristige Sicherstellung des Zugangs zu den Quellen für nachkommende Generationen wird von dem Projekt ebenso angestrebt wie ein nachhaltiger Umgang mit dem erworbenen Wissen.

Insgesamt sollen durch die Datenbank in einer Art Spurensuche die verschiedenen Wege der deutsch-jüdischen Emigration nachvollzogen und die verschiedenen Spielarten des deutsch-jüdischen Lebens im Exil in all seinem kulturellen Reichtum erfahrbar werden. Es gilt herauszufinden, inwieweit diese eingewanderte Kultur mit der landeseigenen in Verbindung getreten ist und es zu einer gegenseitigen Einflussnahme oder gar Verschmelzung der kulturellen Traditionen zu einer neuen (gemeinsamen) Identität kam. Das Augenmerk soll dabei nicht nur auf die Emigration während des Nationalsozialismus gelegt werden, vielmehr stehen die oftmals in den Betrachtungen ausgeblendeten Auswanderungen seit dem 19. Jahrhundert ebenfalls im Blickpunkt (Kontakt: gjculture@uni-potsdam.de
- Über ein Fellow-Programm besteht die Möglichkeit regelmäßig Gastwissenschaftler aus dem In- und Ausland zu einem mehrmonatigen Forschungsaufenthalt einzuladen. Die Fellows beteiligen sich auch am Lehrprogramm des Studiengangs Jüdische Studien.
- Das MMZ pflegt Kontakt zu Universitäten und Forschungseinrichtungen in Israel, den USA, Kanada sowie den Staaten der Europäischen Gemeinschaft und Osteuropa.

**Bibliothek:**
- umfasst 70.000 Bände
- Die Bibliothek des Moses Mendelssohn Zentrums ist eine wissenschaftliche Spezialbibliothek, die Literatur zu den Forschungsschwerpunkten Religions- und Geistesgeschichte, europäisch-jüdische Geschichte, europäisch-jüdische Literatur- und Kulturgeschichte sowie Antisemitismus- und Rechtsextremismusforschung sammelt.
- Die Bibliothek ist eine Präsenzbibliothek, die nicht nur Wissenschaftlern und Studierenden, sondern auch der interessierten Öffentlichkeit zur Verfügung steht. Es gibt sechs Arbeitsplätze sowie Kopierer und ein Lesegerät für Mikrofiches und Mikrofilme.
- Die Bestände sind im Bibliothekskatalog des MMZ recherchierbar. Neben Monographien und Zeitschriften sind auch ca. 10.000 Aufsätze aus Zeitschriften und Sammelbänden verzeichnet.
- Die Bücher stammen überwiegend aus privaten Nachlässen jüdischer Gelehrter.

- Alex Bein-Bibliothek. Die Nachlassbibliothek des Historikers und Archivars am Potsdamer Reichsarchiv, der 1933 nach Palästina emigrierte, kam 1993 ins MMZ und umfasst ca. 7.000 Bände
- Ernst A. Simon-Bibliothek. Der Historiker, Pädagoge und Religionsphilosoph wanderte 1928 nach Palästina aus. Seine 12.000 umfassende Bibliothek wurde im Jahre 2000 vom MMZ erworben.
- 50 Zeitungen, Zeitschriften und Jahrbücher werden abonniert

**Datenbanken und Online-Ressourcen:**
- Datenbank zum Projekt German Jewish Cultural Heritage (GJCH): http://germanjewishculturalheritage.com

**Publikationen:**
- Jedes Jahr gibt das Moses Mendelssohn Zentrum etwa 20 Titel zu den Themenschwerpunkten des Hauses heraus.
- Das Publikationsverzeichnis kann heruntergeladen werden unter: http://www.mmz-potsdam.de

**Periodika/Newsletter:**
- Zeitschrift für Religions- und Geistesgeschichte (ZRGG)
- Menora-Jahrbuch für deutsch-jüdische Geschichte
- Dialog – der Newsletter des MMZ
- verschiedene Schriftenreihen (Studien zur Geistesgeschichte, Neue Beiträge zur Geistesgeschichte, Bibliothek des deutschen Judentums, Bibliographien zur deutsch-jüdischen Geschichte, Haskala-Wissenschaftliche Abhandlungen, Beiträge zu der Geschichte und Kultur der Juden, Neue Beiträge zur Geistesgeschichte, Sifria, Jüdische Quellen Mekorot Jisrael), europäisch-jüdische Studienbeiträge
- Projekt „Bibliothek verbrannter Bücher", Neuedition von Büchern, die von den Nationalsozialisten verbrannt wurden.

**Paul Lazarus Stiftung** (siehe auch: Aktives Museum Spiegelgasse für Deutsch-Jüdische Geschichte in Wiesbaden e.V.)
Spiegelgasse 9
D-65183 Wiesbaden
Tel.: +49(0)611/94589251-0
Fax: +49(0)611/94589251-9
info@paul-lazarus-stiftung.de
http://www.paul-lazarus-stiftung.de

Gründungsjahr: 2010

**Aufgaben/Ziele:**
Im Verlauf seiner zwanzigjährigen Geschichte hat das Aktive Museum Spiegelgasse für deutsch-jüdische Geschichte einen großen Fundus an Dokumenten zusammengetragen, teils Originale, teils themenspezifische Aufbereitungen aus Staats-, Stadt- und Kirchenarchiven.Um diesen Fundus zu sichern, aufzubereiten und der Forschung zur Verfügung zu stellen, wurde im Oktober 2010 die Paul Lazarus Stiftung gegründet, die sich unmittelbar der Erstellung einer Datenbank widmet. Sie ist nach dem bedeutenden Wiesbadener Rabbiner Dr. Paul Pinhas Lazarus (1888–1951)

benannt, der seine berühmte Bibliothek dem Aktiven Museum Spiegelgasse vermachte. Forschungsziele der Paul Lazarus Stiftung sind die Auswertung der archivalischen Materialien und der Nachlässe zur Geschichte der Juden im Rhein Main Gebiet.

**Forschungsfelder:**
- Geschichte der Juden in Wiesbaden und Umgebung

**Besonderheiten/Forschungsschwerpunkte:**
- Restaurierung und Erhaltung der Zeugnisse deutsch-jüdischen Lebens
- Auswertung und Erforschung der historischen Dokumente hinsichtlich unterschiedlicher, bisher wenig beachteter oder untersuchter Aspekte der jüdischen Geschichte in Deutschland (von der Alltagsgeschichte des 18. und 19. Jahrhunderts über wirtschaftliche und religiöse Aspekte bis hin zu der Frage nach der Rolle jüdischer Frauen und der Darstellung des Gemeindelebens).
- Verbreitung der Forschungsergebnisse
- Unterstützung des gegenseitigen Verständnisses von Juden und Nichtjuden
- Seit Anfang 2011 bearbeitet eine Medienexpertin im Auftrag der Stiftung die DVD-Edition Zeugen einer Zeit (Holocaustüberlebende erzählen ihre Geschichte).
- Seit Ende 2012 arbeitet ein Dokumentarist an der Erstellung einer digitalen Datenbank
- Aufbau einer Archiv-Datenbank zu den Sammlungen der Stiftung
- Aufbau einer genealogischen Datenbank zu den jüdischen BürgerInnen Wiesbadens und der Region (1806–1945)
- Wiesbadener Opfer der Shoa
- Rabbiner in Wiesbaden
- Jüdisches Badewesen in Wiesbaden
- Altisraelitische Geschichte Wiesbadens
- Privat-Genisa Samuel Jessel (1776–1836)
- Ostjuden im Westend
- Jüdische Frauen im Rhein-Main-Gebiet

**Archiv:**
Das Archiv beherbergt verschiedene Bestände:
- Foto- und Dia-Archiv
- Tondokumente – insbesondere Interviews mit Zeitzeugen
- Filme (Videos und DVDs) in eigener Produktion und Aufzeichnungen von für die Arbeit des Aktiven Museums Spiegelgasse relevanten TV-Beiträgen
- Datei der derzeit bekannten 1507 Shoah-Opfer aus Wiesbaden
- Sammlung von biographischen Dokumenten und Daten ehemaliger jüdischer Bürgerinnen und Bürger aus Wiesbaden
- Sammlung der Korrespondenz mit ehemaligen jüdischen Bürgern Wiesbadens und deren Nachkommen
- Sammlung zu Nationalsozialismus, Widerstand und Verfolgung in Wiesbaden
- Dokumentation der öffentlichen Mahnmal-Diskussion in Wiesbaden und der Auseinandersetzung um eine zeitgemäße Erinnerungskultur
- Dokumentation von Veranstaltungen und Ausstellungen des Aktiven Museums Spiegelgasse
- Dokumentaion der Jüdischen Friedhöfe Wiesbadens und Umgebung
- Die Privatbibliothek Dr. Paul Lazarus ist für wissenschaftliche Arbeiten im Hessischen Hauptstaatsarchiv zugänglich.

- Archivalienzu diversen Bereichen:
  - Jüdisches Leben bis zum Ersten Weltkrieg (z.B. Genisa Delkenheim um 1800 mit Schutzbrief und Recherche zum Genisa-Fund, PRESSE)
  - Nachlässe (z.B. der Briefwechsel der Familie Frankel 1939–1942, die Korrespondenz von Oppenheimer mit dem Kaiser-Wilhelm-Institut Berlin)
  - Jüdische Firmen der Weimarer Republik (z.B. Zigarettenfabrik Keiles)

**Datenbanken und Online-Ressourcen:**
Suchanfragen können online gestellt werden.

**Publikationen:**
- Hörbuchreihe „Edition Zeugen einer Zeit" (http://www.paul-lazarus-stiftung.de/de/publikationen/edition-zeugen-einer-zeit)
- PLS-Schriftenreihe, z.B.:
  - Bd. 2 (2013): Rolf Faber/Wolfgang Fritzsche: Synagogen – Badehaus – Hofreite: Jüdische Bauten in Wiesbaden
  - Bd. 1 (2011): Sophie Goetzel-Leviathan: Der Krieg von Innen

## Salomon Ludwig Steinheim-Institut
Edmund-Körner-Platz 2
45127 Essen
Tel.: +49(0)201-20164434
Fax: +49(0)201-82162916
steinheim@steinheim-institut.org
http://www.steinheim-institut.de

Gründungsjahr: 1986

**Aufgaben/Ziele:**
Das Steinheim-Institut erforscht Geschichte und Kultur der Juden im deutschen Sprachraum als deutsch-jüdische Geschichte von der Frühen Neuzeit bis in die Gegenwart. Das dichte Netz der Beziehungen zwischen jüdischer und allgemeiner Gesellschaft und ihrer Geschichte(n) wird unter religions- und sozialgeschichtlichen, literatur- und kulturwissenschaftlichen Perspektiven untersucht. Innerjüdische Zusammenhänge, Quellen und Traditionen rücken zunehmend in den Mittelpunkt derer Arbeit in Forschung und Vermittlung. Sie eröffnen neue Einsichten in die Art und Weise, wie Juden im deutschen Sprachraum und darüber hinaus in Europa ihre Welt selbstbewusst und vielseitig interaktiv gestalteten.

**Forschungsfelder:**
- Religions-, Literatur- und Kulturgeschichte
- Regional-, Wirtschafts- und Sozialgeschichte
- Antisemitismusforschung
- Editionen, Dokumentationen und Bibliographien
- Weiterbildung und Vermittlung

**Besonderheiten/Forschungsschwerpunkte:**
- Dokumentation jüdischer Friedhöfe und die hebräische Grabsteinepigraphik. Dies umfasst die Inventarisation noch bestehender und die Rekonstruktion zerstörter Friedhöfe, die Erfassung der Grabinschriften und
- ihre Übersetzung aus dem Hebräischen. Die Inschriften sind historische Quellen, die nicht nur Beiträge zur jüdischen Sepulkralkultur und zur Genealogie liefern, sondern auch Rückschlüsse erlauben über Geschichte und Kultur der jüdischen Gemeinden.
- Dokumentation deutsch-jüdischer Publizistik des 19. Jahrhunderts
- Digital Humanities für deutsch-jüdische Geschichte und Judaistik.

**Archiv:**
Das Archiv beherbergt verschiedene Bestände:
- Das Jonas Cohn Archiv wurde im Jahr 2001 dem Steinheim-Institut überlassen. Es umfasst den wissenschaftlichen und einen großen Teil des privaten Nachlasses des Philosophen Jonas Cohn. Zu diesem Nachlass gehören Tagebücher, Erinnerungen, Handschriften, persönliche Dokumente und Briefe aus den Jahren 1893–1947.
- Das Gidal-Bildarchiv beinhaltet die Sammlung des Fotojournalisten Nachum Tim Gidal, Bilder aus dem Nachlass der Schauspielerin Ruth Klinger, Fotos mit dem Schwerpunkt Osteuropa aus der Sammlung Werner Seewi und die Bildersammlung aus dem Nachlass Dr. Georg Goldsteins.
- Der Nachlass der Schauspielerin und Kabarettistin Ruth Klinger umfasst Programme, Noten, Kritiken und Verträge des jüdisch-literarischen Kabarett Kaftan, persönliche Aufzeichnungen, Briefe und journalistische Arbeiten von Ruth Klinger.
- Im Nachlass des Arztes und Fotografen Georg Goldstein findet man eine umfangreiche fotografische Sammlung (Privatfotos seiner Familie, Reisefotos, Bilder aus dem Leben der jüdischen Gemeinde Düsseldorfs 1934–1936, Fotos aus Palästina bzw. Israel 1936–1953…), Briefe, Bücher und eine Sammlung von Zeitungen und Zeitungsausschnitten.

Die druckgrafische Sammlung Jakob Steinhardts von insgesamt 87 Arbeiten wurde im Jahr 2001 zwischen der Stiftung Wilhelm Lehmbruck Museum Duisburg und dem Steinheim-Institut aufgeteilt. Die 31 in den 1950er Jahren in Israel entstandenen Arbeiten sind in den Räumen des Steinheim-Instituts zugänglich.

**Bibliothek:**
Die Daniel J. Cohen Bibliothek des Steinheim-Instituts umfasst über 20.000 Bücher zur deutsch-jüdischen Geschichte.

**Datenbanken und Online-Ressourcen:**
- Bibliothekskatalog
- Haskala-Katalog (eine Sammlung hebräischer Schriften jüdischer Aufklärer in Deutschland), Gidal-Bildarchiv (ca. 3.000 Bilder)
- Datenbank epidat (über 20.000 erfassten Grabinschriften mit Volltextsuche samt verschiedener Indizes: Namenslisten, hebräischer Wortindex, Abkürzungsverzeichnis)
- Rabbiner-Index Online-Editionen

**Periodika/Newsletter:**
- Kalonymos. Beiträge zur deutsch-jüdischen Geschichte aus dem Salomon Ludwig Steinheim-Institut an der Universität Duisburg-Essen (erscheint vierteljährlich)

## School of Jewish Theology

Universität Potsdam
Am Neuen Palais 1
14469 Potsdam
Tel.: +49(0)331/ 977-1191
Fax: +49(0)331/ 977-1193
gkujawa@uni-potsdam.de
http://www.juedischetheologie-unipotsdam.de

Gründungsjahr: 2013

**Aufgaben/Ziele:**
Seit dem Wintersemester 2013/14 gibt es erstmals an einer deutschen Hochschule Jüdische Theologie als Studienfach. Fast zweihundert Jahre nachdem Abraham Geiger eine entsprechende Forderung formuliert hatte, bewegt sich die Jüdische Theologie damit auf akademischer Augenhöhe mit den christlichen Theologien und den neuen islamischen Zentren. Die School of Jewish Theology umfasst sieben Professuren, deren Lehre und Forschung der facettenreichen, mehr als dreitausendjährigen Geschichte des Judentums von der Antike bis zur Gegenwart verschrieben sind. Die Kernbereiche des Studiums der Jüdischen Theologie sind: Religionsphilosophie und Religionsgeschichte, Hebräische Bibel und Exegese, Talmud und Rabbinische Literatur, Halacha, Liturgie und Religionspraxis sowie Hebräisch und Aramäisch.

Unter dem Dach der Philosophischen Fakultät findet die School of Jewish Theology als Institut eigener Art einen besonderen Platz.

**Forschungsfelder/Forschungsschwerpunkte:**
- Der in Europa einmalige Bachelor und Masterstudiengang steht allen Interessierten unabhängig ihrer Religionszugehörigkeit offen und spannt einen Bogen von Philo von Alexandrien über die theologischen Werke des Mittelalters zu den Denkern und Diskursen der Moderne. Er vermittelt neben den grundlegenden Kenntnissen des Judentums wesentliche akademische Fachkompetenzen und bietet zudem Einblicke in die jüdische Religionspraxis. Ein besonderes Interesse des Studienganges gilt der Vermittlung solider Sprachkenntnisse in Hebräisch und Aramäisch, um möglichst früh die Arbeit mit den Quellentexten zu fördern. Ein weiteres wichtiges Augenmerk liegt auf den Beziehungen zu anderen Religionen, insbesondere zum Christentum und zum Islam.
- Für Studierende jüdischer Religionszugehörigkeit kann das Fach auch mit dem Schwerpunkt liberales Rabbinat, konservatives Rabbinat (Masorti) sowie Kantorat studiert werden. Das Studium der jüdischen Theologie mit dem Schwerpunkt Rabbinat oder Kantorat ist mit der Aufnahme im Abraham Geiger Kolleg oder Zacharias Frankel College verbunden.
- Kooperation mit
  - Zentrum Jüdische Studien Berlin-Brandenburg
  - Abraham Geiger Kolleg
  - Zacharias Frankel College
  - Institut für Jüdische Studien und Religionswissenschaft

## Simon Dubnow Institut für jüdische Geschichte und Kultur e.V. an der Universität Leipzig

Goldschmidtstraße 28

D-04103 Leipzig
Tel.: +49(0)341 217 35 50
Fax: +49(0)341 217 35 55
info@dubnow.de

Gründungsjahr: 1995

**Aufgaben/Ziele:**
Das nach dem russisch-jüdischen Historiker Simon Dubnow (1860–1941) benannte Simon-Dubnow Institut für jüdische Geschichte und Kultur e. V. an der Universität Leipzig wurde auf Beschluss des Sächsischen Landtages 1995 gegründet. Mit der Universität Leipzig kooperiert es vertraglich gebunden in der Lehre und Forschung. Es besteht die vielfältig wahrgenommene Möglichkeit zur Promotion und Habilitation. Drüber hinaus finden durch Drittmittel geförderte Forschungsprojekte statt. Das Dubnow Institut legt Wert auf die lokale und internationale wissenschaftliche Zusammenarbeit und macht durch unterschiedlichste öffentliche Veranstaltungen auf sich aufmerksam.

**Forschungsfelder:**
- Historiographie: Jüdische und Allgemeine Geschichte
- Juden zwischen Imperien und Nationalstaaten
- Migration und Innovation. Wissenschaftskulturen zwischen Kosmopolitismus und Nationalität
- Säkularisierung, „Sekundäre Konversion" und Transformation kultureller Emblematik

**Forschungsschwerpunkte:**
Das Dubnow Institut stellt die Erforschung der jüdischen Lebenswelten in den Mittelpunkt. Zentral dabei ist die Beziehungsgeschichte von Juden in Ost und West untereinander sowie die Interdependenzen zur nichtjüdischen Umwelt vom Mittelalter bis in die Gegenwart, wobei besonders Mittel-, Ostmittel-, Ost- und Südosteuropa im Vordergrund stehen. Die Jüdische Geschichte wird im transnationalen gesamteuropäischen Kontext erforscht: Kulturelle Praxen, Vernetzungen sowie Säkularisierungs- und Assimilierungsprozesse werden vor dem Hintergrund sich wandelnder Staatssysteme untersucht.

**Bibliothek:**
Das Simon-Dubnow-Institut führt eine Präsenz- und Spezialbibliothek, die in ihrer Sammlungstätigkeit die Forschungsschwerpunkte des Instituts mit ca. 16.000 Bänden und 170 Periodika sowie zahlreichen Mikrofilmen und Mikrofichesausgaben repräsentiert. Der Bestand online einsehbar.

**Periodika/Newsletter:**
- Institutseigne Schriftenreihe
- Zweisprachige Jahrbuch/Yearbook
- Leipziger Beiträge zur jüdischen Geschichte
- Reihe toldot
- Newsletter Bulletin

## Touro College Berlin
Am Rupenhorn 5
D-14055 Berlin

Tel.: +49(0)30 300 686 0
Fax:+49(0)30 300 686 39
info@touroberlin.de

Gründungsjahr: 1970

**Aufgaben/Ziele:**
Das Touro College Berlin ist eine in Deutschland seit 2006 staatlich anerkannte und in den USA akkreditierte amerikanische Hochschule. Es bietet gemeinsam mit dem Institut für Judaistik an der Freien Universität Berlin den Masterstudiengang in Holocaust Communication and Tolerance an. In bester Vernetzung kooperiert das College auf regionaler und internationaler Ebene mit universitären und nichtuniversitären Einrichtungen und öffnet sich ganz dem Gründungsgedanken nach dem Dialog. Zentraler Gedanke des Masterstudienganges in Holocaust Communication and Tolerance ist, das historische Wissen zu vertiefen sowie Vermittlungskompetenzen hinsichtlich der geschichtlichen Ereignisse der nationalsozialistischen Verfolgung und Ermordung europäischer Juden zu erlangen. Archive und Erinnerungsstätten in Berlin und Umgebung werden studienbegleitend besichtigt und deren Geschichte erforscht.

**Bibliothek:**
Das Touro College führt die Szloma-Albam-Bibliothek welche neben anderen Fachbereichen Literatur zu Jüdischen Studien beherbergt. Der Sondersammlung Henry Marx Collection obliegt der Schwerpunkt der Holocaust education. Ferner haben Studierende die Möglichkeit virtuell in die Bestände der Touro-Bibliotheken in den USA einzusehen sowie online-Zeitschriftendatenbanken zu nutzen.

## Zentrum für Antisemitismusforschung
Technische Universität Berlin
Ernst-Reuter-Platz 7
D-10587 Berlin
Tel.: +49(0)30 314 25851
Fax: +49(0)30 314 21136
info@zfa.kgw.tu-berlin.de

Gründungsjahr: 1982

**Aufgaben/Ziele:**
Das Zentrum für Antisemitismusforschung (ZfA) wurde 1982 an der Technischen Universität Berlin (TU) eingerichtet und ist in die universitäre Lehre und Forschung eingebunden. Es besteht die Möglichkeit zur Promotion, die in Kolloquien eingebunden werden können, ferner wird das Forschungskolleg Antisemitismus in Europa (1879–1914). Nationale Kontexte, Kulturtransfer und europäischer Vergleich geführt. Durch Drittmittelprojekte kann ein umfangreiches Spektrum an weiteren Forschungsprojekten realisiert werden. Über die universitäre Lehre hinaus repräsentiert das ZfA eine Institution, die sich an die Öffentlichkeit richtet. Mit der Arbeitsstelle Jugendgewalt und Rechtsextremismus zeichnet es sich seit 1999 verantwortlich als Schnittstelle zwischen Forschung und Praxis mit didaktischen Konzeptionen zur Aufklärung beizutragen. Das Zentrum für Antisemitismusforschung repräsentiert die TU als Kooperationspartner im Jahr 2011 gegründeten Zentrum Jüdische Studien Berlin-Brandenburg und arbeitet intensiv mit Wissenschaftlern weiterer Einrichtungen im In- und Ausland zusammen. Auf Konferenzen und Vorträgen

ermöglicht das ZfA die Vertiefung von unterschiedlichsten Problematiken sowie Perspektiven und sensibilisiert die breite Öffentlichkeit. Zentrales Anliegen des Zentrums ist die interdisziplinäre empirische und analytische Forschung zum Antisemitismus. Dieser wird aufgrund seiner diachronen Transformation als Paradigma der Vorurteils- und Konfliktentstehung verstanden. In diesem Rahmen werden Phänomene wie Xenophobie, Ein- und Ausgrenzungspraxen, Majoritäts- und Minoritätspolarisierungen erforscht und sichtbar gemacht. Interdependierend hierzu wird die Forschung zur deutsch-jüdischen Geschichte und zur Verfolgung und Ermordung der europäischen Juden im Nationalsozialismus betrieben.

**Forschungsfelder:**
- Unterwelten. Kriminalität und Kontrolle in Berlin, 1930–1950
- Antisemitismus unter dem SED Regime
- Judenverfolgung in Weißrussland, Die Geschichte des Ghettos Minsk und des Vernichtungslagers von Maly Trostenez
- Angstzonen in den neuen Bundesländern

**Bibliothek:**
- ca. 40 000 Bände sowie Mediensammlungen (Plakate, Flugblätter und Bildbögen) und laufend aktualisierten Zeitschriften zu den Forschungsschwerpunkten.
- Ein Bestand von 3500 Bänden, binnen welchem sich judenfeindliche und antisemitische Schriften seit dem 17. Jahrhundert bis heute finden, bildet den Grundstock der Bibliothek.
- Ferner ist die Bibliothek im Besitz der Sammlung von ca. 750 Bänden aus dem 1947 aufgelösten Kaiser-Wilhelm-Institut für Anthropologie, menschliche Erblehre und Eugenik.

**Archiv:**
- Das Archiv erweitert beständig die Sammlung zu den Forschungsschwerpunkten des Zentrums und beherbergt aktuell u.a.
- Akten der Nürnberger Prozesse aus den Jahren 1945–48;
- den elektronischen Zugang zum Archiv der Shoah Foundation for Visual History and Education. In diesem befinden sich über 52.000 Videos von Zeitzeugenberichten von Überlebenden;
- biographische Dokumente von ca. 25 000 deutschsprachigen verfolgten Emigranten ab 1933;
- das Archiv der American Federation of Jews from Central Europe in New York;
- die Sammlung Diamant mit über 50 m2 an Datenmaterial zu u.a. der Erfassung von Jüdischen Friedhöfen und Friedhofsschändungen seit der Weimarer Republik und Synagogenzerstörung im Novemberpogrom 1938;
- die Sammlung Testaments to the Holocaust aus dem Archiv der Wiener Library in London mit 76 Mikrofilmrollen zu u.a. nationalsozialistischem Propagandamaterial;
- Den DP-Germany/Leo W. Schwarz Papers Bestand;
- Reihen von Periodika auf Mikrofilm, u.a. antisemitische Schriften wie Stürmer;
- eine Presseausschnittsammlung zum Antisemitismus und Rechtsextremismus;
- eine Sammlung antisemitischer Publikationen, Artikeln und Korrespondenzen;
- den Nachlass des Richters Horst Göppinger, Autor von „Juristen Jüdischer Abstammung im „Dritten Reich".

**Periodika/Newsletter:**
- Jahrbuch für Antisemitismusforschung
- Reihe Handbuch des Antisemitismus
- Reihe Nationalsozialistische Konzentrationslager

- Schriftenreihe des Zentrums für Antisemitismusforschung
- Reihe Bibliothek der Erinnerung
- Reihe Nationalsozialistische Besatzungspolitik in Europa 1939–1945
- Reihe Lebensbilder. Jüdische Erinnerungen und Zeugnisse
- Reihe Solidarität und Hilfe für Juden während der NS-Zeit
- Reihe Antisemitismus Geschichte und Strukturen

## Zentrum Jüdische Studien Berlin-Brandenburg

Sophienstraße 22a
D- 10178 Berlin
Tel.: +49 (0)30 2093 663 11
Fax: +49 (0)30 2093 663 22
info@zentrum-juedische-studien.de
www.zentrum-juedische-studien.de

Gründungsjahr: 2011

**Aufgaben/Ziele:**
Das Zentrum Jüdische Studien Berlin-Brandenburg (ZJS) ist ein Gemeinschaftsprojekt der Universität Potsdam, der Freien Universität Berlin, der Technischen Universität Berlin, der Humboldt-Universität zu Berlin, des Abraham Geiger Kollegs und des Moses Mendelssohn Zentrums. Es wurde 2011 begründet, im Mai 2012 feierlich eröffnet und befindet sich im Aufbau: Fellows und professorale Mitglieder aus dem In- und Ausland, qualifiziert in verschiedensten Disziplinen, werden die Lehre und Forschung binnen des Zentrums und parallel in den kooperierenden Einrichtungen repräsentieren. In einer Graduiertenschule mit mehreren Post-Docs und Doktoranden wird die Nachwuchswissenschaft gefördert. Das Zentrum macht sich zur Aufgabe die Jüdischen Studien der Mitgliedseinrichtungen zu vernetzten, sodass sowohl Synergien in der Lehre, Forschung sowie Rabbinats- und Kantorenausbildung bestärkt und vorangetrieben werden, als auch bereits bestehende Aktivitäten der nachgeordneten Einrichtungen wie Sommerschulen, Lectures, Forschungskollegs u.a. interagieren können. Das ZJS ist international ausgerichtet und wird mit Wissenschaftlern im In- und Ausland kooperieren. Auf regionaler Ebene wird es u.a. mit der Jüdischen Gemeinde zu Berlin, der Stiftung Neue Synagoge Berlin – Centrum Judaicum und dem Touro College zusammenarbeiten und mit Konferenzen, Vortragsreihen und Diskussionsforen Wissenschaftler und die breite interessierte Öffentlichkeit zum Dialog einladen. Das ZJS ist fächerübergreifend und umfasst alle Disziplinen, in denen Forschung und Lehre zu Jüdischen Studien betrieben werden: u.a. Theologien, Religionswissenschaft, Rechtswissenschaft, Geschichte, Kulturwissenschaft, Philologien, Literaturwissenschaften, Mediävistik, Musikwissenschaft, Kunstgeschichte sowie Politik- und Sozialwissenschaften. Die Junior- und Gastprofessuren, Post-Docs und Doktoranden werden ausgewogen zu folgenden Themenschwerpunkten forschen und lehren:

**Forschungsfelder:**
- Von der Jüdischen Aufklärung über die Entstehung der Wissenschaft des Judentums zu den Jüdischen Studien – in Preußen, Berlin und Brandenburg
- Das monotheistische Dreieck: Rezeption, Selbstwahrnehmung und Kulturalisierung von Religion und Gemeinschaft in Interdependenz zu Antisemitismus, Anti-Christianismus und Anti-Islamismus

- Zeugenschaft – Memorialgeschichte (nach) der Shoah

**Bibliothek:**
Angestrebt wird eine virtuelle Zusammenführung der in Berlin und Brandenburg vorhandenen Judaica-Sammlungen. Ein weiteres Ziel ist die Einrichtung eines Verbundsystems der verschiedenen und thematisch variierenden Bibliotheken und Archive der Kooperationsmitglieder sowie sonstiger Einrichtungen zu Jüdischen Studien im Raum Berlin-Brandenburg.

**Periodika/Newsletter:**
- Schriftenreihe Europäisch-Jüdische Studien
- Newsletter
- weitere in Entwicklung

## Zentrum für Zeithistorische Forschung
Am Neuen Markt 1
D-14467 Potsdam
Tel.: +49(0)331 289 915 7
Fax: +49(0)331 289 914 0
sekretariat@zzf-pdm.de

Gründungsjahr: 1992

**Aufgaben/Ziele:**
Das Zentrum für Zeithistorische Forschung (ZZF) macht sich die Erforschung der deutschen und europäischen Zeitgeschichte auf transdisziplinärer Ebene zur Aufgabe. Es wird von der Deutschen Forschungsgemeinschaft und dem Land Brandenburg gefördert und ist seit 2009 Mitglied der Leibniz-Gemeinschaft. Das Zentrum kooperiert in der Lehre und Forschung sowohl mit universitären als auch außeruniversitären Einrichtungen im In- und Ausland und ist besonders in die Lehre der Universitäten der Länder Berlin und Brandenburg eingebunden. Zentral ist die Förderung von Wissenstransfer in didaktische und museale Bereiche. Beschäftigt werden zahlreiche Wissenschaftler und Gastwissenschaftler ferner wird ein Doktorandenkolleg- und forum geführt. Veranstaltungen – Vorträge, Workshops, Konferenzen – finden mit einer internationalen Besetzung statt. Das Zentrum wurde in Folge des deutschen Vereinigungsprozesses mit dem Ziel gegründet, vorrangig die Geschichte der DDR und die deutsche Beziehungsgeschichte im europäischen Zusammenhang zu erforschen. Mittlerweile hat es seine Forschungsfelder auf die allgemeine Zeitgeschichte ausgeweitet, wobei es einen Schwerpunkt auf die Gesellschaftsgeschichte nach 1945 setzt.

**Forschungsfelder:**
- Gesellschaftsgeschichte des Kommunismus
- Wirtschaftliche und soziale Umbrüche im 20. Jahrhundert
- Der Wandel des Politischen: Rechte, Normen und Semantik
- Regime des Sozialen im 20. Jahrhundert. Mobilisierung, Wohlfahrtsstaatlichkeit und Rationalisierung
- Zeitgeschichte der Medien- und Informationsgesellschaft
- Sozialprofil, Karriereverläufe und Netzwerke lokaler NS-Funktionäre in Berlin 1926–1949
- Konkurrierende Erinnerung im Vergleich. Der Umgang mit Kommunismus und Nationalsozialismus in Berlin, Warschau und L'viv
- Aktuelle Forschungsprojekte zum NS-Regime und zur deutsch-jüdischen Geschichte

**Bibliothek:**
Das Zentrum für Zeithistorische Forschung führt eine Bibliothek mit dem Bestand von ca. 80.000 Medieneinheiten. Inhaltlich konzentriert sie sich auf die europäische Zeitgeschichte ab 1945. Sie beherbergt, neben ebenfalls audiovisuelle Medien, über 100 aktuell bezogene Zeitungen und Fachzeitschriften und verfügt über ein breites Angebot an elektronischen Zeitschriften und Datenbanken. In der Bibliothek befinden sich folgende Sondersammlungen:
- das Biographische Archiv des ehemaligen DDR-Instituts für internationale Politik und Wirtschaft (IPW)
- der Nachlass der Literaturwissenschaftlerin und Zeithistorikerin Simone Barck
- die Sammlung mit Audio- und Video-Aufnahmen des Medienwissenschaftlers Friedrich Knilli

**Periodika/Newsletter:**
- Zeitgeschichte-online
- Schriftenreihen Zeithistorische Studien (Böhlau) und Geschichte der Gegenwart (Wallstein)
- Zeithistorische Forschungen mit paralleler Printausgabe Geschichte der Gegenwart
- ZZF-Almanach Zeiträume
- Jahresbericht

## Rabbinerseminare

### Abraham Geiger Kolleg gGmbH
Postfach 120852
D-10598 Berlin
Tel.: +49(0)30 3180 591-0
Fax: +49(0)30 3180 591-10
office@geiger-edu.de
http://www.abraham-geiger-kolleg.de

Gründungsjahr: 1999

**Aufgaben/Ziele:**
Das Abraham Geiger Kolleg (AGK) steht als erstes Ausbildungsseminar Mitteleuropas für Rabbiner und Kantoren nach dem Ende des Nationalsozialismus in der Tradition der Berliner Hochschule für die Wissenschaft des Judentums, dessen Schließung 1942 erzwungen wurde. Es beruft sich auf seinen Namensgeber Abraham Geiger (1810–1874), der bereits 1836 eine jüdisch-theologische Fakultät einforderte. Mit der Zielsetzung RabbinerInnen und KantorInnen für jüdische Gemeinden in Mittel- und Osteuropa auszubilden, fand im Jahr 2006 die erste Rabbinerordinierung des AGKs statt, 2007 wurde das Kantorenseminar als weitere Abteilung am Kolleg gegründet. Das Kolleg wird aus öffentlichen und privaten Mitteln gefördert und kooperiert in der akademischen Ausbildung mit dem Institut für Jüdische Studien der Universität Potsdam. Es ist Mitglied der Weltunion für progressives Judentum und durch die Central Conference of American Rabbis akkreditiert. Das Abraham Geiger Kolleg ist Kooperationspartner des 2012 eröffneten Zentrums Jüdische Studien Berlin-Brandenburg. Neben weiteren Zusammenarbeiten mit u.a. der Allgemeinen Rabbinerkonferenz und dem Leo Baeck College London wird mit unterschiedlichsten Veranstaltungen zum religiösen Dialog aufgerufen. Die Rabbinatsausbildung bedarf als Abschlussvoraussetzung eines Masters in Jüdischer Theologie am Kolleg. Der Bachelor- und

der Masterstudiengang sind modular aufgebaut und umfassen folgende Bereiche: Geschichte der jüdischen Religion und Philosophie, Hebräische Bibel und Exegese, Rabbinische Literatur, Halacha und Liturgie. Darüber hinaus werden solide Kenntnisse der Quellensprachen Hebräisch und Aramäisch sowie die Geschichte der Beziehungen des Judentums zu anderen Religionen, insbesondere zum Christentum und zum Islam vermittelt.

Praktika in Gemeinden und humanitären Einrichtungen sowie Israelaufenthalte sind ebenfalls fester Bestand der Ausbildung. Das Kantorenseminar bildet in liturgischem Gesang und Jüdischen Studien mit den Schwerpunkten in der Religionspädagogik und Musiktheorie aus.

**Besonderheiten/Forschungsschwerpunkte:**
- Hohes akademisches Niveau durch eine breite Kursauswahl in Potsdam und Berlin. Das Studium an der Universität Potsdam mündet in einen Bachelor- oder Masterabschluss in Jüdischer Theologie mit einem der Schwerpunkte Rabbinat oder Kantorat.
- Professionelle Begleitung, Mentoring und Supervision der Studenten in ihrer praktischen Ausbildung
- Coaching der seelsorgerischen Praxis durch ein Mentorensystem
- Rabbinische Studien werden in dem umfassenden Lehrplan der School of Jewish Theology an der Universität Potsdam verankert und so in das große Umfeld einer Universität eingebettet. Dies fördert das Verständnis des Judentums in einem pluralistischen Zusammenhang. Das Abraham Geiger Kolleg ist Mitglied der Weltunion für progressives Judentum (WUPJ) und durch die Central Conference of American Rabbis (CCAR) akkreditiert.
- Studentische Gemeindearbeit oder Arbeit in Sozialeinrichtungen stellen eine wesentliche Säule der rabbinischen Ausbildung am Abraham Geiger Kolleg dar. Das Konzept der praktischen Ausbildung sieht für das erste Studienjahr vor, dass die Studierenden Gemeindepraktika bevorzugt in größeren Gemeinden in Deutschland, aber auch im Ausland absolvieren; ab dem zweiten Studienjahr können die Rabbinerstudenten – je nach persönlicher Qualifikation und Reife – bereits selbstständige Gemeindearbeit in begrenztem Umfang leisten. Die Studierenden reisen in der Regel einmal sechs- bis zehnmal im Jahr für ein Wochenende in ihre Praktikumsgemeinde. Sie dürfen dort u.a. Gottesdienste leiten oder Religionsunterricht für Kinder und Erwachsene geben. Diese Tätigkeiten versehen sie grundsätzlich in detaillierter Abstimmung mit ihrem Mentor und mit dem Director for Congregational Proficiency des Abraham Geiger Kollegs, Rabbiner Drs van Voolen, sowie unter wöchentlicher Supervision und Fallbesprechung.
- Das Abraham Geiger Kolleg Kantorenseminar wurde auf Veranlassung von Rabbiner Prof. Walter Homolka mit der Breslauer Foundation USA gegründet und im Herbst 2008 eröffnet. Ziel ist, Kantoren und Kantorinnen für jüdische Gemeinden auszubilden. Das Kantorenseminar ist die einzige Lehranstalt dieser Art in Mittel- und Westeuropa. Gemeinsam mit der Universität Potsdam wird ein umfassender Lehrplan angeboten, der eine berufsorientierte Ausbildung in liturgischem Gesang mit akademischer Bildung in Jüdischer Theologie verbindet. Das Studium am Kantorenseminar wird mit Stipendien unterstützt. Kantorenstudenten verbringen ein Jahr ihrer Ausbildung in Israel.
- 75 Jahre nach dem Beginn des Zweiten Weltkriegs ordiniert das Abraham Geiger Kolleg erstmals Absolventen in Polen. Am 2. September 2014 werden in der Synagoge von Wroclaw (Breslau) vier Rabbiner und drei Kantoren in ihr geistliches Amt eingeführt.

**Bibliothek:**
Die Bibliothek des Abraham Geiger Kollegs ist eine wissenschaftliche Bibliothek mit Schwerpunkten in den Bereichen:

- Jüdische Liturgie
- Jüdischen liturgische Musik
- Tanach
- Rabbinische Literatur
- Responsa
- Jüdisches Recht
- Jüdische Theologie und Philosophie
- Geschichte des liberalen Judentums

Die Bibliothek ist Teil des Verbundes der Judaistischen Bibliotheken in Berlin-Brandenburg. Die Bestände aller beteiligten Bibliotheken können über den beim Kooperativen Bibliotheksverbund aufgesetzten VK Judaica recherchiert werden. Derzeit ist erst ein Teil der Medien des Abraham Geiger Kollegs im OPAC erfasst. Die Katalogsuche kann in hebräischer Schrift und nach der Umschrift gemäß DIN-Norm 31636 (Stand: Februar 2006) durchgeführt werden. Die Sacherschließung erfolgt über die Elazar-Klassifikation und die Notationen der Regensburger Verbundklassifikation, nach den Schlagworten der Schlagwortnormdatei, den Library of Congress Subject Headings und mittels des Thesaurus des Jüdischen Museums Berlin.

Die Bibliothek besteht mehrheitlich aus Schenkungen. Ihren Grundstock bilden:
- die Bibliothek des Rabbiners und Professors für Jüdische Liturgie Salomon B. Freehof
- die Musikaliensammlung der Kantorin Mimi Frishman und des Rabbiners Louis Frishman aus New York.
- Kleinere Teilnachlässe von in Deutschland gebürtigen Rabbinern wie Albert H. Friedlander, Emil L. Fackenheim und Rudolph Brasch, die teilweise noch an der Hochschule für die Wissenschaft des Judentums studiert haben, wurden der Bibliothek des Kollegs zugeeignet.
- 2008 erhielt sie die Sammlung des Altorientalisten und Semitisten Moshe Held.
- Im Jahr 2012 überließ der Präsident des Abraham Geiger Kollegs, Walter Jacob, der zuvor bereits viele kleinere und größere private Bibliotheken für das Kolleg eingeworben hatte, Teile seiner privaten Sammlung, die auch Bücher seiner Großvaters Benno Jacob enthält.

**Datenbanken und Online-Resourcen:**
- VK Judaica

**Periodika/Newsletter:**
- Kescher: Informationen über liberales Judentum im deutschsprachigen Raum
- Newsletter

# Rabbinerseminar zu Berlin e.V.
# The Skoblo Synagogue and Education Center
Brunnenstraße 33
10115 Berlin
Tel.: +49(0)30 40 50 46 90
Fax: +49(0)30 40 50 46 969
sarah.serebrinski@rabbinerseminar.de
http://rabbinerseminar.de

Gründungsjahr: 2005

**Aufgaben/Ziele:**
Die spannende Entwicklung der Wiederbelebung jüdischer Gemeinden in Deutschland ist in eine neue Phase getreten. Mit einer deutlich gewachsenen Anzahl an Gemeinden hat der Bedarf an einer neuen Generation ambitionierter Rabbiner eine neue Dimension angenommen. Gefragt sind rabbinische Kompetenz und Verständnis für die Dynamik jüdischen Lebens im heutigen Deutschland. In der Ausbildung am Rabbinerseminar zu Berlin werden ambitionierten jungen Menschen aus Deutschland das Wissen und die Fähigkeiten vermittelt, diese Herausforderung anzunehmen. Das Rabbinerseminar wurde vom Zentralrat der Juden in Deutschland und der Ronald S. Lauder Foundation gegründet.

Das Leitbild des Rabbinerseminars - Nachfolger des 1873 von Rabbiner Esriel Hildesheimer gegründeten und 1938 zwangsweise geschlossenen orthodoxen Rabbiner-Seminars in Berlin - ist von den folgenden drei Aspekten geprägt:

*1. Werte vermitteln*
Für die Stärkung und Kontinuität jüdischen Lebens in Deutschland ist die Vermittlung der Traditionen und Werte des Judentums von zentraler Bedeutung. Im Rahmen der Gesellschaft repräsentieren das Judentum und der judeo-christliche Ethos die Grundlage für das Wertebewusstsein und der auf dem Gebot der Nächstenliebe aufbauenden Überzeugung der Unantastbarkeit der Würde eines jeden Menschen. Die angehenden Rabbiner werden neben dem Studium des praktischen Religionsgesetzes auch als Lehrer und Vermittler von Werten geschult. Ziel ist die Anwendung der traditionellen Werte im Kontext der heutigen Gesellschaft. Dies kann nicht allein im Rahmen des Unterrichts abstrakter Theorie erfolgen, sondern muss im Alltag erlebt und vorgelebt werden. Bereits während ihrer Ausbildung erhalten die angehenden Rabbiner bei regelmäßigen Besuchen in den Gemeinden Deutschlands die Gelegenheit, als Gastrabbiner Menschen zu lehren und zu inspirieren.

*2. Integration fördern*
Den größten Teil der jüdischen Gemeinden in Deutschland bilden die seit 1990 eingewanderten Juden aus der ehemaligen Sowjetunion. Wie andere Migrantengruppen stehen auch jüdische Zuwanderer vor zahlreichen Herausforderungen. Vom Erwerb ausreichender Kenntnisse der deutschen Sprache bis zur erfolgreichen Integration auf dem Arbeitsmarkt ist so manche Hürde zu überwinden. Dies erfordert Kraft und Zuversicht. Die Studenten des Rabbinerseminars zu Berlin kommen überwiegend aus Migrantenfamilien. Durch ihre Aktivitäten in den Gemeinden demonstrieren sie in Wort und Tat, dass eine erfolgreiche Integration nicht die Aufgabe des Staates allein ist, sondern dass es auf jeden Einzelnen ankommt, es an jedem Einzelnen liegt, die Regeln dieser Gesellschaft zu lernen und sich aktiv zu engagieren. In der Öffentlichkeit vermitteln die angehenden Rabbiner zwischen den verschiedenen Teilen der Gesellschaft, schaffen Wege der Verständigung und leisten somit einen bedeutenden Beitrag zur Integration jüdischer Zuwanderer und für den Zusammenhalt der Gesellschaft.

*3. Toleranz schaffen*
Gegenseitiges Verständnis und Abbau von Vorurteilen sind ein notwendiger Bestandteil friedlichen Zusammenlebens unter Wahrung demokratischer Verhältnisse. Das Rabbinerseminar zu Berlin bereitet seine Studenten auf die verantwortungsvolle Aufgabe eines Vermittlers und Brückenbauers vor. Insbesondere im Hinblick auf antisemitische Tendenzen kommt dem Rabbiner, der die Gemeinde nach außen hin vertritt, eine Schlüsselrolle zu. Zu seiner Aufgabe gehört es, erklärend, mäßigend und vermittelnd zu wirken. Ein Schwerpunkt ist dabei die Wissensvermittlung über die jüdische Religion als Grundlage für gegenseitiges Verständnis. Von Kursen über die Geschichte des europäischen Judentums bis hin zu speziellen Kenntnissen über Rhetorik und

angewandte Public Relations befähigt die Rabbinerausbildung die Studenten dazu, in diesem Sinne zu wirken. Sie lernen, gemeinsam mit Partnern in der Gesellschaft Lösungen zu finden, um bestehende Probleme zu bewältigen und neue Formen der Kooperationen zu schaffen.

*4. Das Studium am Rabbinerseminar zu Berlin*
Ziel des Rabbinerseminars zu Berlin ist die Ausbildung seiner Studenten zu kenntnisreichen, aufgeschlossenen und weitsichtigen geistigen Führungspersönlichkeiten für die jüdischen Gemeinden in Deutschland.

Das Studium ist interdisziplinär, traditionelle Herangehensweisen der Rabbinerausbildung werden durch relevante akademische Methoden und Studieninhalte ergänzt. Regelmäßig stattfindende praktische Einheiten bilden darüber hinaus einen wichtigen Bestandteil der Ausbildung. Die Studenten sammeln ab dem zweiten Studienjahr erste Erfahrungen und übernehmen Verantwortung in unterschiedlichen Bereichen der Gemeindearbeit.

Sämtliche Studenten des Rabbinerseminars müssen gleichzeitig ein Bachelor-Studium der Jüdischen Sozialarbeit an der Fachhochschule Erfurt ablegen.

Nach dem erfolgreichen Abschluss beider Studiengänge erhalten die Absolventen zwei Abschlüsse, die Smicha (Ordination) „Yoreh Yoreh" des Rabbinerseminars zu Berlin und den B.A. Sozialarbeit der Fachhochschule Erfurt.

Das Studium am Rabbinerseminar besteht schwerpunktmäßig aus dem traditionellen Studium von talmudischem Recht. Darüber hinaus lernen die Studenten in einer Reihe von berufsvorbereitenden Kursen die für die vielseitigen Tätigkeiten eines Gemeinderabbiners notwendigen Fähigkeiten. Dazu gehören unter anderem Kurse in deutsch-jüdischer Geschichte, Management, Seelsorge, Öffentlichkeitsarbeit und Pädagogik.

Das Studium am Rabbinerseminar zu Berlin verlangt ein hohes Maß an Vorkenntnissen im Bereich Talmud und Halacha. Um die notwendigen sprachlichen und methodischen Fähigkeiten zu erwerben, müssen die Studenten vor Studienbeginn mindestens ein Vorbereitungsjahr an einer Yeshiva (Talmudhochschule) ablegen.

Das Studium am Rabbinerseminar zu Berlin und der Fachhochschule Erfurt, mit der eine akademische Kooperation besteht, dauert vier Jahre. Ab dem 2. Studienjahr fahren die Studenten monatlich in eine jüdische Gemeinde, um Praxiserfahrungen zu erwerben. Im 7. Semester absolvieren sie darüber hinaus ein Praktikum.

Am Ende des Studiums müssen die Studenten sowohl die Abschlussprüfungen der Fachhochschule Erfurt, als auch die des Rabbinerseminars zu Berlin erfolgreich abschließen.

**Besonderheiten/Forschungsschwerpunkte:**
– Jüdische Sozialarbeit FH Erfurt
  Der Teilzeitstudiengang Jüdische Sozialarbeit verläuft in mehrmals im Semester stattfindenden einwöchigen Blockseminaren sowie über E-Learning Einheiten. Das Studium dauert insgesamt acht Semester: auf sechs Semester Studium folgt ein Praxissemester in einer jüdischen Gemeinde sowie im letzten Semester die Bachelorarbeit und die Abschlussprüfung. Modulkatalog der Fachhochschule ist online abrufbar. Weitere Informationen zum Studiengang erhalten Sie auf der Website der Fachhochschule.
– Gemeindearbeit
  Das Engagement in der Gemeindearbeit ist ab dem ersten Semester am Rabbinerseminar obligatorisch. Den Studenten werden dabei in der Gemeindearbeit erfahrene Fakultätsangehörige als Mentoren zur Seite gestellt. Ziel ist es, die angehenden Rabbiner schrittweise und unter Anleitung an die vielen Herausforderungen, denen sie sich bei ihrer

zukünftigen Tätigkeit stellen müssen, heranzuführen. Dazu dienen studienbegleitende Praktika in jüdischen Gemeinden oder Organisationen.
- Studienprogramm für osteuropäische Studenten
Das Rabbinerseminar zu Berlin startet zum Jahr 2015 mit einem neuen Studienprogramm für osteuropäische Studenten. Erfolgreiche Bewerber erhalten ein Bertha Pappenheim Stipendium des Ernst Ludwig Ehrlich Studienwerke
- Projekte:
    - Eishet Chayil Projekt
    - Institut für Liturgie

**Bibliothek:**
- Studienbibliothek

## Zacharias Frankel College
Postbox 120852
10598 Berlin
Amtliche Anschrift:
c/o Universität Potsdam
Am Neuen Palais 10, Haus 11
14469 Potsdam
Tel.: +49(0)30 31808160
Fax: +49(0)30 318059110
anusiewicz-baer@frankel-edu.de
http://www.zacharias-frankel-college.de

Gründungsjahr: 2013

**Aufgaben/Ziele:**
As a Masorti/Conservative rabbinical school, the Zacharias Frankel College is dedicated to the philosophy, principles and values as inspired by Louis Jacobs, Abraham Joshua Heschel, Mordecai Kaplan, David Lieber, and other great modern visionaries. It builds on the thinking of positive historic Judaism and German founding fathers such as Leo Baeck and Zacharias Frankel.

„The Zacharias Frankel College is dedicated to training a new cadre of Masorti/Conservative rabbis in Europe who are deeply versed in Jewish texts, committed to a life of mitzvot and the love of the Jewish tradition, and who are capable of transmitting the beauty and wisdom of Judaism to others. We rejoice that our graduates will leave the College as passionate, dynamic and creative thinkers, who can bring a sense of energy and holiness to the communities they will serve. Zacharias Frankel College is fully European – and yet under full religious supervision of the Ziegler School of Rabbinic Studies." - Rabbi Professor Dr. Bradley Shavit Artson, Dean of the Ziegler School of Rabbinic Studies at American Jewish University

**Besonderheiten/Forschungsschwerpunkte:**
- Student Work in Communities
An essential pillar of the rabbinic education at the Zacharias Frankel College is the work in communities or in the framework of internships in social services. The concept of the practical education stipulates for the first year of studies that students fulfill community placements, preferably in bigger German communities and abroad; from the second year on, rabbinic students could – depending on personal qualification and maturity – already fulfill

community work independently on a limited scale. As a general rule, students travel six to ten times per year for a weekend to their placement community. Among other things, there they are entitled to lead synagogue services and/or teach religious education classes to children and adults.

As a matter of principle, these activities are fulfilled in detailed consultations with their mentor, the Director of congregational Proficiency of the Zacharias Frankel College, Rabbi Gesa Ederberg and under guidance of the Department for Personal Development.

**Bibliothek:**
– The Zacharias Frankel College is a partner of the Abraham Geiger College Library, which is an academic reference library with focus on the fields of:
  – Jewish Liturgy, Jewish liturgical music
  – Tanakh, rabbinic literature, responsa, Jewish law
  – Jewish Theology and Philosophy
  – History of Liberal Judaism
– The library is part of the network of Judaica libraries in the Federal States of Berlin and Brandenburg. Collections of all participating libraries are accessible through a conjoint search engine called VK Judaica and are issued at the cooperating library network Kooperativen Bibliotheksverbund. At present only part of the collection is registered at the Online Public Access Catalogue (OPAC). The library catalogue can be searched in the Hebrew language and by using the transliteration according to DIN-Norm 31636 (February 2006). The catalogue provides access through Library of Congress subject headings, those of the German Authority File, terms of the thesaurus of the Jewish Museum, Berlin and notations of different classification systems like the Elazar classification and the German Regensburger Verbundklassifikation.
– The library is not open to the public. However, rare literature that is only accessible here can be viewed during office hours upon request.

# Museen

## Aktives Museum Spiegelgasse für Deutsch-Jüdische Geschichte in Wiesbaden e.V. (AMS) (siehe auch Paul Lazarus Stiftung)
Ausstellungshaus:
Spiegelgasse 11
D-65183 Wiesbaden
Tel.: +49(0)611 3608305
info@am-spiegelgasse.de
http://www.am-spiegelgasse.de
Geschäftsstelle:
Spiegelgasse 9
D-65183 Wiesbaden
Tel.: +49(0)611 305221
Fax: +49(0)611 305650
info@am-spiegelgasse.de
http://www.am-spiegelgasse.de

Gründungsjahr: 1993

**Aufgaben/Ziele:**
1988 wurde der Förderverein „Förderverein für deutsch-jüdische Geschichte" in Wiesbaden gegründet. 1993 konnte der Verein die Geschäftsstelle in dem historischen Gebäude Spiegelgasse 9 einrichten und nannte sich fortan *Aktives Museum Spiegelgasse*. In dem Haus Spiegelgasse 11 werden seit 1999 Ausstellungen gezeigt. Die Spiegelgasse war einst Mittelpunkt jüdischen Lebens in Wiesbaden. Das Museum präsentiert keine eigene Sammlung. Mehrmals im Jahr finden wechselnde Ausstellungen statt, ferner Wanderausstellungen sowie weitere Veranstaltungen wie der Jüdische Lehrtag, die Dialogtage und der Halomdim Gesprächskreis. Bemerkenswert ist das Archiv des Museums. Trotz seines Namens ist das Aktive Museum Spiegelgasse kein Museum im traditionellen Sinne, erst recht kein „Jüdisches Museum". Es ist vielmehr eine Einrichtung des Sammelns und Bewahrens, der Forschung und Dokumentation, der Präsentation und Vermittlung. Damit ist es ein Ort des lebendigen, die Öffentlichkeit aktivierenden Erinnerns und Gedenkens, der Raum bietet zur Begegnung und Auseinandersetzung mit einer deutschen Erinnerungskultur, die ihren Fokus in der deutsch-jüdischen Geschichte Wiesbadens hat.

**Arbeits-/Forschungsfelder:**
- Geschichte der Juden in Wiesbaden und Umgebung
- Erforschung und Dokumentation lokaler und regionaler deutsch-jüdischer Geschichte
- Förderung von Kenntnis und Vertrautheit mit jüdischer Kultur
- Jugendinitiative Spiegelbild (www.spiegelbild.de)
- Pädagogische Bildung
  - Zeitzeugnisse
  - Projekt- und Studientage
  - Fortbildung für Lehrende
  - Arbeitsgruppe „Geschichte und Erinnerung"
  - Erinnerungsblätter
  - Stolpersteine
  - Historische Orte
  - Rundgänge

**Archiv:**
Das Aktive Museum Spiegelgasse hat sich nicht nur für die Aufarbeitung des Holocaust und die Erinnerung an die Opfer eingesetzt, sondern auch ein umfassendes und stetig anwachsendes Archiv zur deutsch-jüdischen Geschichte von Wiesbaden und der Region aufgebaut. Enge Kontakte und Beziehungen zu emigrierten, ehemaligen jüdischen Bürger- und Bürgerinnen Wiesbadens oder deren Nachfahren haben dazu geführt, das dem AMS Dokumente oder ganze Nachlässe zur deutsch-jüdischen Geschichte übereignet wurden – darunter auch einzigartige Stücke, die das jüdische Leben weit über die Stadtgrenzen hinaus in ein neues Licht stellen.

Um diese Nachlässe und Sammlungen systematisch aufzubereiten und einer professionellen historischen Forschung zugänglich zu machen, wurde die Paul Lazarus Stiftung gegründet, die das Archiv des Museums verantwortet.Weitere Infos finden sich unter: www.paul-lazarus-stiftung.de.

**Bibliothek:**
Die Bibliothek umfasst knapp 6.000 Bände Primär- und Forschungsliteratur zu allen Themen des Judentums:

- Geschichte (speziell deutsch-jüdische Geschichte, Regionalgeschichte Hessens)
- Kunst
- Kultur
- Religion
- Philosophie
- Geschichte des Nationalsozialismus
- Die Privatbibliothek Dr. Paul Lazarus, des letzten Rabbiners in der Synagoge am Michelsberg, wurde dem Aktivem Museum Spiegelgasse vermacht. Sie ist für wissenschaftliche Arbeiten im Hessischen Hauptstaatsarchiv zugänglich. 2010 wurde sie der Paul Lazarus Stiftung, der Stiftung des Aktiven Museums Spiegelgasse, übergeben.
- Weitere Infos unter: www.paul-lazarus-stiftung.de
- Lehrer, Schüler und Studenten werden bei der Benutzung der Bibliothek beraten.
- Im Bibliotheksraum, Spiegelgasse 9, stehen mehrere jüdische Zeitungen, deutsch-jüdische Periodika und Nachschlagewerke zur Verfügung.
- bibliothek@am-spiegelgasse.de

**Datenbanken und Online-Ressourcen:**
Der Bestand der Bibliothek sowie die Publikationen können online durchsucht werden.

**Publikationen:**
- Schriftenreihe „Begegnungen" (seit 1988)
    - Begegnungen V: Paul L. Kester: Erinnerungen. Kindheit und Jugend in Deutschland und Schweden. Hrsg.: Aktives Museum Spiegelgasse für Deutsch-Jüdische Geschichte in Wiesbaden, 2014
    - z. B. Begegnungen I: ... den Verlust bewusst machen.Über das Leben der Jüdischen Gemeinde in Wiesbaden und vom Bau der Synagoge auf dem Michelsberg. Hrsg.: Förderkreis Aktives Museum Deutsch-Jüdischer Geschichte in Wiesbaden, 1988
- Edition „Zeugen der Zeit" (seit 2008)
    - z.B. Rachel Dror erzählt aus ihrem Leben: „Wir waren froh aus der Hölle rauszukommen. In Palästina waren wir freie Menschen." Realisierung: Gabriele Diedrich, Hrsg: Paul Lazarus Stiftung, 2012
    - z.B. Edgar Hilsenrath erzählt aus seinem Leben: „Deutsch war nicht die Sprache der Nazis. Es war meine Sprache. „Realisierung: Gabriele Diedrich, Hrsg.: Aktives Museum Spiegelgasse für Deutsch-Jüdische Geschichte in Wiesbaden e.V., 2009
- Herbert Lewin und Käte Frankenthal – zwei jüdische Ärzte aus Deutschland. KATALOG. Sonderdruck des Deutschen Ärzteblattes anlässlich der Ausstellung im Aktiven Museum Spiegelgasse für Deutsch-Jüdische Geschichte in Wiesbaden, 2004
- Jüdische Kinderliteratur. Geschichte – Tradition – Perspektiven. KATALOG zur Ausstellung im Aktiven Museum Spiegelgasse für Deutsch-Jüdische Geschichte in Wiesbaden 21.04.– 10.07.2005, Hrsg.: Bettina Kümmerling-Meibauer, Wiesbaden, 2005
- „Hier wohnte..." Ein Kunstprojekt von Gunter Demnig. Stolpersteine in Wiesbaden. 2011– 2013, Hrsg.: Aktives Museum Spiegelgasse, 2013
- Spurensuche III: Lothar Bembenek: Das Leben der jüdischen Minderheit in Wiesbaden-Biebrich bis zum Ersten Weltkrieg. Aus der Sicht der heutigen mehrkulturellen Gesellschaft. Entdeckend-forschendes Lernen – nicht nur für die Sekundarstufe I. Mitarbeit: Kerstin Zehmer, Hrsg.: Aktives Museum Spiegelgasse für Deutsch-Jüdische Geschichte in Wiesbaden e.V., 2010

## Archäologische Zone – Jüdisches Museum Köln
Heumarkt 64-66
D-50667 Köln
Tel.: +49(0) 221-221 33422
Fax: +49(0) 221-221 33420
CCAA@stadt-koeln.de
http://www.museenkoeln.de/archaeologische-zone/

Gründungsjahr: in Planung

**Aufgaben/Ziele:**
Im mittelalterlichen Köln lag nicht nur eines der ältesten jüdischen Stadtviertel Mitteleuropas, sondern auch eines der größten. Bereits nach dem Ende des Zweiten Weltkrieges wurden Zeugnisse jüdischen Lebens der Domstadt freigelegt, so z. B. Fundamente der Synagoge auf dem Rathausplatz und die Mikwe. Die Synagoge mit ihrer kostbaren Bima soll die älteste nördlich der Alpen sein. Auch gab es im jüdischen Viertel einst neben Wohnhäusern eine Frauensynagoge, ein Hospital, ein Tanzhaus sowie eine Bäckerei und ein Warmbad.

Im ersten Jahrzehnt dieses Jahrhunderts wurden die Grabungen nach römischer und jüdischer Geschichte wieder aufgenommen. Der Wunsch nach einem großzügig gestalteten Museumsareal auf und unter dem Rathausplatz wurde formuliert und in der Folge kontrovers diskutiert. Köln und das Bundesland Nordrhein-Westfalen werden gemeinsam das Projekt *Archäologische Zone – Jüdisches Museum Köln* umsetzen.

Das in einem repräsentativen Museumsbau auf dem Rathausplatz untergebrachte Jüdische Museum Köln wird über die wechselvolle Geschichte der Jüdischen Gemeinde informieren und vom reichen jüdischen Kulturerbe der Stadt Zeugnis geben.

**Berend Lehmann Museum** (siehe Moses Mendelssohn Akademie Halberstadt)

## Cohn-Scheune
## Kulturwerkstatt und Jüdisches Museum
Am Kirchhof 1
D-27356 Rotenburg
Tel.: +49(0)4261-1528
info@cohn-scheune.de
http://www.cohn-scheune.de/

Gründungsjahr: 2010

**Aufgaben/Ziele:**
Das historische Scheunengebäude stand ursprünglich auf dem Grundstück hinter dem ehemaligen Wohn- und Geschäftshaus der Familie Cohn in der Großen Straße 32. Der Bau dieses typischen Wirtschaftsgebäudes jener Zeit ist 1833 entstanden, aber im Laufe der Zeiten oftmals umgebaut und erweitert worden. Seit dem 19. Jahrhundert war dort eine Schneiderwerkstatt. Bis 1934 diente das Gebäude als Werkstatt und Lager für die stadtbekannte Textilhandlung der Familie Cohn. Die Rettung dieses historischen Gebäudes konnte durch die Interessengemeinschaft Bauernhaus e.V. (IGB) gesichert werden. Als sich 2004 herausstellte, dass mit dem Verkauf des Grundstücks auch der Abriss der Scheune droht, konnte die neu gegründete Interessengemeinschaft Cohn-Scheune das Gebäude fachgerecht abbauen und einlagern.

Der daraus entstandene Förderverein Cohn-Scheune e.V. bemühte sich um einen geeigneten Platz für den Wiederaufbau. Das freie Grundstück an der Ecke Turmstraße/Am Kirchhof, das die Stadt Rotenburg bereitstellte, erwies sich als ideal, da es nur etwa 100 m von dem ursprünglichen Standort entfernt und damit immer noch im alten Kern der Stadt liegt. Die umliegende eingeschossige Bebauung vermittelt in Architektur und Struktur einen Eindruck vom ehemaligen Flecken Rotenburg. Im Oktober 2006 schließen die Stadt Rotenburg und der Verein einen Erbpachtvertrag über das Grundstück und den Wiederaufbau der Cohn-Scheune. 2010 wurde das Museum mit der Dauerausstellung eröffnet.

**Forschungsfelder:**
- Geschichte der Juden in Rotenburg und Umgebung
- Die Dauerausstellung „Jüdisches Leben in Rotenburg" führt die Besucher informativ und multimedial in die fast 200-jährige Geschichte der jüdischen Einwohner in der Region ein. Zentrale Erzählstränge sind die Entwicklung der Jüdischen Gemeinde Rotenburgs sowie die Familien- und Unternehmensgeschichte der Cohns seit der ersten Ansiedlung von Schutzjuden im 18. Jahrhundert. Auch die Geschichte der jüdischen Bevölkerung in den umliegenden Orten und im regionalen Umland wird dokumentiert.
- Anhand mehrerer Themeninseln können die Besucher sich gezielt informieren, zahlreiche zeitgenössische Fotografien und Originalobjekte geben Einblicke in die verschiedenen Zeitepochen. Viele Fundstücke aus kommunalen und staatlichen Archiven werden hier erstmals gezeigt. Auch die zahlreichen Dokumente und Fotografien aus dem Privatbesitz der Familie Cohn sind dort zu sehen, sie geben einen eindrucksvollen Überblick über sieben Generationen einer jüdischen Familie in Rotenburg.
- Multimediastationen dienen mit ihren Zeitzeugen-Interviews, Karten, Bildern und interaktiven Fotogalerien der vertiefenden Information der Besucher.
- In anschaulicher Weise wird die Geschichte der Familie Cohn und das Leben jüdischer Familien in und um Rotenburg als Bestandteil der lokalen Geschichte präsentiert und erläutert. Dazu gehört auch die Einbindung der originalen Erinnerungsorte in Rotenburg, wie etwa der Jüdische Friedhof im Imkersfeld oder die ehemaligen Wohnhäuser der jüdischen Familien. Auch die Zeit des Nationalsozialismus wird in der Ausstellung in den lokalen Kontext gestellt. Dazu gehören die Verfolgung, Vertreibung und schließlich Ermordung der jüdischen Mitbürger, aber auch die Erinnerung an geleisteten Widerstand. Ebenso werden die NS-Krankenmorde an Bewohnern der Rotenburger Anstalten (heute: Rotenburger Werke) dokumentiert.
- Anhand spezieller Objekttafeln ist es möglich sich bestimmten Themen ganz gezielt und selbständig eingehender zu widmen. Für Gruppen bieten sich so Möglichkeiten, in Kleingruppen oder einzeln bestimmte Aspekte zu beleuchten und diese anschließend zusammenzutragen. Die eigens für die Ausstellung gestalteten Multimediastationen erlauben schließlich noch einmal drei eigene Zugänge zur Jüdischen Geschichte in der Region, über die Kategorien „Orte", „Zeiten" und „Menschen". So bietet eine interaktive Karte des Elbe-Weser-Raums Detailinformationen zu allen Orten, in den jüdische Familien lebten. Eine steuerbare Zeitleiste enthält über 200 Jahre alle relevanten Ereignisse. Und nicht zuletzt lässt sich als eine von vielen Geschichten der verschlungene Weg der Tora-Rolle der Rotenburger Jüdischen Gemeinde nachverfolgen, die sich heute in Südamerika befindet.
- Anhand entsprechender Exponate und Videos gibt die Ausstellung im oberen Bereich außerdem Einblicke in die jüdische Kultur und Tradition und stellt die Bedeutung jüdischer Festtage und Riten dar. Extra eingerichtete Multimediastationen enthalten umfangreiches

Recherchematerial, das zur eigenen Forschung und selbständigen Vertiefung bestimmter Themen bereitsteht.
- Seminarraum im Obergeschoss für Kleingruppen (etwa 30 Personen, ohne Tische), mit Ausstellungsvitrine (jüdische Kultgegenstände) und Schautafeln zu jüdischen Feiertagen, jüdi- schem Glaubensleben und jüdischen Traditionen
- Pädagogische Angebote:
  - Eine Arbeitsmappe für den Unterricht an Schulen enthält neben einer grundlegenden Information über das Gebäude sechs ausgearbeitete Angebote für die pädagogische Vorbereitung und Durchführung eines Cohn-Scheunen-Besuchs. Neben Arbeitsmaterial für ein Rollenspiel gibt es Aufgaben für Kleingruppen, Themenstellungen für Hausarbeiten und Anregungen für einen Projekttag (Klasse 5 bis Sekundarstufe II).
- Vorträge und Lesungen zu ausgewählten Themen

**Datenbanken und Online-Ressourcen:**
- Die Arbeitsmappe für Schulen kann online heruntergeladen werden unter: http://www.cohn-scheune.de/pdf/CohnScheune-Arbeitsmappe.pdf
- Informationen zu den Veranstaltungen vergangener Jahre können online abgerufen werden

**Publikationen:**
- Wichmann, Manfred (Hg.): Jüdisches Leben in Rotenburg. Begleitbuch zur Ausstellung in der Cohn-Scheune. Heidenau 2010.

## Deutsches Auswandererhaus
Columbusstraße 65
D-27568 Bremerhaven
Tel.: +49(0)471 9 02 20-0
Fax: +49(0)471 9 02 20-22
info@dah-bremerhaven.de

Gründungsjahr: 2005

**Aufgaben/Ziele:**
An nachgebildeten Orten der Auswanderung, wie einer Wartehalle von 1869, einer Kaianlage von 1880 oder eines Ocean Liners von 1929, können Besucher nachvollziehen, wie sich das Leben der über sieben Millionen Auswanderer gestaltete, die sich von Bremerhaven aus auf den Weg ins Exil begaben. In thematischen Führungen durch die Dauerausstellung, wie „Chanukka, Weihnachten und Russisches Neujahr. Drei Feste europäischer Auswanderer", aber auch durch Sonderausstellungen, wie „Der gelbe Schein. Mädchenhandel 1860 bis 1930", wird das jüdische Leben in Deutschland ebenso wie Auswanderungsgeschichte der deutschen Juden thematisiert.

**Forschungsfelder:**
- Norddeutsche Migrationsgeschichte
- Deutschland als Einwanderungsland
- Migration und interkulturelle Gesellschaft
- Exil in Süd- und Nordamerika und weiteren Ländern
- Rezeption von Themen der Migration in Film, Literatur und Kunst

**Besonderheiten:**
- Auswandererkino „Roxy" mit Filmen, die Emigration thematisieren ( „Welcome Home" [2005], „24h Buenos Aires" [2007])
- Kindermuseum mit Sonderführungen für Kinder

## Deutsches Historisches Museum
Zeughaus und Ausstellungshalle
Unter den Linden 2
10117 Berlin
Tel: +49(0)30-20304-0
info@dhm.de

Gründungsjahr: 1987

**Aufgaben/Ziele:**
Das Deutsche Historische Museum hat sich als Museum dem Ziel verpflichtet, der Aufklärung und der Verständigung über die gemeinsame Geschichte von Deutschen und Europäern zu dienen. In der ständigen Ausstellung „Deutsche Geschichte in Bildern und Zeugnissen" wird die Geschichte Deutschlands vermittelt, vom Vordringen der Römer an Rhein und Donau bis zu den Jahren nach der Vereinigung. Den Anlass zur Gründung gab die 750-Jahr-Feier der Stadt Berlin. In verschiedenen Sonderausstellungen, wie einer Ausstellung zu Walther Rathenau (1994) und weiteren Ausstellungen zum Holocaust (2002), zum Jüdischen Widerstand (2002), zur Geschichte der europäischen Juden im Mittelalter (2005) oder zu Stefan Zweig (2008), werden auch Themen der deutsch-jüdischen Geschichte behandelt.

**Forschungsfelder:**
- Frühe Kulturen und Mittelalter (1. Jh. v. Chr. bis 15. Jh. nach Chr.)
- Reformation und Dreißigjähriger Krieg (1500–1650)
- Fürstenmacht und Allianzen in Europa (1650–1789)
- Französische Revolution bis zum zweiten deutschen Kaiserreich (1789–1871)
- Kaiserreich und Erster Weltkrieg (1871–1918)
- Weimarer Republik (1918–1933)
- NS-Regime und Zweiter Weltkrieg (1933–1945)
- Deutschland unter alliierter Besatzung (1945–1949)
- Geteiltes Deutschland und Wiedervereinigung (1949–1994)

**Besonderheiten/Forschungsschwerpunkte:**
- Zeughauskino (begleitendes Kinoprogramm zu den aktuellen Ausstellungsschwerpunkten)
- Museumspädagogisches Angebot für Mitglieder der Bundeswehr, Ferienangebote für Kinder, Epochenführungen

**Archiv:**
- Briefe, Flugblätter und Zeitschriftenartikel des jüdischen Anarchisten Erich Mühsam
- Personenkonvolut, Heiratsurkunde des jüdischen Musikwissenschaftlers Otto Deutsch
- Werbeplakate der deutsch-jüdischen Druckerei Friedländer
- Zeitschriftensammlung: Frau in Arbeit (Exilzeitung der deutschen Frauen in Großbritannien u.a. über jüdische Literatur)
- Deutsche Ausgaben der Zeitung Kol HaAm der Kommunistischen Partei Israels

- Geburtsregister der Jüdischen Gemeinde Kreis Zilina. 1940
- Sammlung Antisemitica
- Signierte Autogrammkarten und Portraits des jüdischen Publizisten Simon Wiesenthal. 1980
- Aktien der Jüdischen Kolonialbank. 1900
- Zeichnung von Else Lasker-Schüler des Malers Emil Stumpp. 1932
- Eintrittskarte zu einer Veranstaltung des Centralvereins deutscher Staatsbürger jüdischen Glaubens. 1922
- Fotografien des Jüdischen Kinderheims Berlin
- Fotografien des Ghetto Litzmannstadt
- Fotografien von Selma Waldman in der Jüdischen Abteilung des Berlin-Museums für Berliner Geschichte im Martin-Gropius-Bau. 1986
- Edikt von Friedrich Wilhelm I. König in Preußen über die Bestrafung der Juden bei Hehlerei. 1725
- Edikt von Friedrich Wilhelm I. König in Preußen gegen das Hausieren der Juden auf dem Lande. 1727
- Edikt von Friedrich Wilhelm I. König in Preußen zur Abhaltung ausländischer und Reglementierung inländischer Juden. 1737
- Mitteilungsblatt der Jugendorganisation der deutschen Emigranten in Großbritannien „Freie Tribüne" u.a. über das Leben der Juden in Deutschland. 1943
- Mitteilungsblatt der Jüdischen Gemeinde Berlin u.a. zum jüdischen Pessachfest. März. 1960
- Mitteilungsblatt für die Jüdische Gemeinde in der Britischen Zone u.a. über die Perspektiven eines jüdischen Staates. 1948
- Geburtsurkunden jüdischer Bürger (Jacob Weinberger, Elsa und Jacob Moller)
- Sparkarte der Bank der Jüdischen Selbstverwaltung im Ghetto Theresienstadt, Inhaber Franz Nohel. 1945
- Reisepass der jüdischen Staatsbürgerin Gerda (Sara) Wolf. 1939

**Bibliothek:**
- Über 216.000 Bände
- über 550 Titel zu Themen der deutsch-jüdischen Geschichte (genealogische Arbeiten, biographische Lexika, Titel zur jüdischen Geschichte Berlins und Preußens, Ausstellungskataloge jüdischer Museen, Biographien)

**Datenbanken und Online-Resourcen:**
- LemMO (Lebendiges, virtuelles Museum online)
- Die Familie Chotzen. Lebenswege einer jüdischen Familie von 1914 bis heute

**Publikationen:**
- Die drei Leben des Stefan Zweig (2008)
- Weimarer Republik und NS-Regime (2008)
- Europas Juden im Mittelalter (2004)
- Holocaust / Der nationalsozialistische Völkermord und die Motive seiner Erinnerung (2002)
- Die Extreme berühren sich – Walther Rathenau 1867–1922 (1994)

**Periodika/Newsletter:**
- Newsletter

## Deutsches Museum von Meisterwerken der Naturwissenschaft und Technik
Museumsinsel 1
80538 München
Tel: (089) 2179-1
Fax: (089) 2179-324
information@deutsches-museum.de

Gründungsjahr: 1903, Wiedereröffnung nach dem Krieg 1948

**Aufgaben/Ziele:**
Das Deutsche Museum ist eines der größten technisch-naturwissenschaftlichen Museen der Welt und hat es sich zum Ziel gemacht, die Technikakzeptanz in der Bevölkerung zu erhöhen und zu einer Popularisierung der Technik beitragen. Die Dauerausstellungen umfassen die Geschichte der Technik und die wichtigsten Gebiete der Naturwissenschaften. Neben historischen Originalen, darunter Unikate wie die Magdeburger Halbkugeln oder der erste Dieselmotor, bietet das Museum Modelle, Experimente und Demonstrationen. Im Zentrum Neue Technologien werden zukunfts- und fortschrittsorientierte Themen aufgegriffen, z. B. aus der Genforschung und der Nanotechnologie. Neuere Forschungen weisen Eingriffe in die bestehenden Ausstellungen in der Zeit zwischen 1933 und 1945 nach, indem z. B. Erfindungen und Entdeckungen jüdischer Wissenschaftler durch Veränderungen von Texttafeln übergangen wurden. Zudem organisierte das Deutsche Museum 1937 die Propaganda Ausstellung „Der ewige Jude". Das Deutsche Museum bemüht sich durch Ausstellungen, wie „Jüdische Mathematiker in der deutschsprachigen akademischen Kultur" (2009 in Zusammenarbeit mit dem Jüdischen Museum Frankfurt am Main und dem Mathematischen Institut der Ludwig-Maximilians-Universität München) oder durch eine Vortragsreihe, die 2012 an der Zweigstelle in Bonn realisiert wurde, über Wissenschaft während des Nationalsozialismus mit Vorträgen, wie „Wie jüdisch war Heinrich Hertz? Die Geschichte einer deutschen Familie" oder „Jüdische und NS-kritische Wissenschaftler und die Deutsche Forschungsgemeinschaft, 1920–1970" um die Aufarbeitung dieses Teils seiner Geschichte. Im Archiv des Museums befinden sich Nachlässe deutsch-jüdischer Wissenschaftler und Firmenschriften deutsch-jüdischer Unternehmen.

**Forschungsfelder:**
- Naturwissenschaften: Astronomie, Chemie, Geodäsie, Pharmazie, Physik, Zeitmessung
- Werkstoffe und Produktion, Ingenieurswissenschaften
- Verkehrs- und Kommunikationsgeschichte
- Firmengeschichte und Patente
- Musikinstrumente
- Starkstromtechnik, Kraftmaschinen, Energietechnik
- Umwelt
- Nano- und Biotechnologie

**Besonderheiten/Forschungsschwerpunkte:**
- Das Forschungsinstitut für Technik- und Wissenschaftsgeschichte des Deutschen Museums arbeitet mit der Ludwig-Maximilians-Universität und der Technischen Universität zusammen.
- Das Museum verfügt über einen eigenen Verlag.
- Tägliche Vorführung der Hochspannungsanlage

**Bibliothek:**
- über 925.000 Bände insgesamt

- Literatur des 19. und der ersten Hälfte des 20. Jahrhunderts
- Patentschriftensammlung
- Länderbeschreibungen, Forschungsreisen, Kartenwerke

**Archiv:**
- 285 Nachlässe bedeutender Naturwissenschaftler, Techniker, Ingenieure, Erfinder
- Nachlass des deutsch-jüdischen Physikers Heinrich Rudolf Hertz (1857–1894)
- Nachlass des deutsch-jüdischen Chemikers Carl Liebermann (1842–1914)
- 22.000 Handschriften vom 13. bis 20. Jahrhundert
- 120.000 Pläne und technische Zeichnungen vom 18. bis 20. Jahrhundert
- Über 3500 Berichte zur deutschen Industrie und Forschung 1944–1947
- Firmenschriften: 160.000 Kataloge, Musterbücher, gedruckte Prospekte, Produktbeschreibungen, Anleitungen, Preislisten, Ersatzteillisten von ca. 14.000 Firmen
- Firmenschriften der im Eisenbahnwesen aktiven Bank Oppenheim & Co. s. S. Oppenheim & Co., die von Salomon Oppenheim als Kommissions- und Wechselhaus gegründet wurde
- Firmenschriften von Simson und Co., ein Waffen- und Fahrzeughersteller, der von jüdischen Brüdern Löb und Moses Simonson gegründet wurde
- Firmenschriften der Hirsch Kupfer- und Messingwerke, Berlin

**Publikationen:**
- Das Deutsche Museum in der Zeit des Nationalsozialismus. (2010)

**Periodika/Newsletter:**
- Archiv Info Deutsches Museum
- Newsletter Deutsches Museum Bonn

## Einsteinhaus in Caputh

Am Waldrand 15-17
D-14548 Caputh
Tel.: +49(0)331/27178-0
Fax: +49(0)331-27178-27
http://www.einsteinsommerhaus.de

Gründungsjahr: 2005

**Aufgaben/Ziele:**
Der deutsch-jüdische Architekt Konrad Wachsmann plante für den Physiker Albert Einstein das Holzhaus mit Blick auf den Templiner See, in dem Einstein und seine Frau Elsa von 1929–1932 vorwiegend die Sommermonate verbrachten. 1932 reisten sie in die USA und kehrten nicht mehr zurück. Heute gehört das Haus einer Erbengemeinschaft. Zu dieser zählt auch die Hebräische Universität Jerusalem. Verwalterin des Anwesens ist das Einstein Forum in Potsdam, eine Stiftung, die als Ziel die Förderung der internationalen wissenschaftlichen Zusammenarbeit sowie die Föderung der Beziehungen zwischen Natur- und Geisteswissenschaften hat. Ganz im Sinne Einsteins soll das Haus, in dem sich der Wissenschaftler gerne aufhielt, um sich vom anstrengenden Berlin zu erholen, und in dem er auch eine Reihe prominenter Gäste empfing, neben der Nutzung für wissenschaftliche Veranstaltungen dem intellektuellen Austausch dienen. Das mit Blick auf den Templiner See gelegene Haus kann von April bis Oktober besichtigt werden.

## Geburtshaus Levi Strauss Museum
Marktstr. 31-33
96155 Buttenheim
Tel: 09545442602
Fax: 09545-1878
levi-strauss-museum@buttenheim.de

Gründungsjahr: 2000

**Aufgaben/Ziele:**
Im Geburtshaus von Levi Strauss wird, neben der Geschichte der Jeans, auch der Lebensweg ihres Erfinders erzählt. Levi Strauss Leben als fränkischer Landjude und Hausierhändler für Tuch und Kurzwaren wird in der Ausstellung illustriert. Weiter wird die Biographie als typische jüdische Auswandererbiographie des 19. Jahrhunderts erfahrbar gemacht. Mit Hilfe von Tondokumenten, bewegten Graphiken, Bildmaterial und einer Nachbildung einer Schiffsreling samt Bugwelle werden geschichtliche Zusammenhänge veranschaulicht.

## Haus der Geschichte Baden-Württemberg
Urbansplatz 2
D-70182 Stuttgart
Tel.: +49(0)711 212 39 50
Fax: +49(0)711 212 39 59
sekretariat@hdgbw.de
http://www.hdgbw.de

Gründungsjahr: 1987

**Aufgaben/Ziele:**
Das Haus der Geschichte Baden-Württemberg informiert über die vergangenen 200 Jahre der südwestdeutschen Landesgeschichte bis in die Gegenwart. Dazu zählt auch die jüdische Geschichte der Region.

**Forschungsfelder:**
- Geschichte aller Landesteile Baden-Württembergs
- Jüdische Geschichte im Südwesten Deutschlands

**Besonderheiten:**
- Führungen
- Vorlesungen
- Museumspädagogische Angebote
- Entwicklung von Ausstellungsprojekten für andere Museen, z. B.:
    - Dauerausstellung in der ehemaligen Synagoge Haigerloch
    - Museum zur Geschichte von Christen und Juden in Laupheim
- Herausgeberschaft der Publikationen zu den Laupheimer Gesprächen, einer jährlich stattfindenden Tagung von Wissenschaftlern und Fachleuten zur gemeinsamen Geschichte von Juden und Christen, die vom Haus der Geschichte Baden-Württembergs gemeinsam mit der Stadt Laupheim veranstaltet wird. (http://www.hdgbw.de/termine/laupheimer-gespraeche)

**Archiv:**
Ein Ausstellungsarchiv kann online eingesehen werden.

**Datenbanken und Online-Ressourcen:**
Ausstellungskataloge, Bücher und andere Medien können online bestellt werden.

**Publikationen (Auswahl):**
- Landesgeschichten. Der deutsche Südwesten von 1790 bis heute. 2001. 586 Seiten, zahlreiche Abbildungen
- Gretel Bergmann: „Ich war die grosse jüdische Hoffnung". Erinnerungen einer außergewöhnlichen Sportlerin. Karlsruhe 2003, 245 Seiten.
- „Hoffet mit daheim auf fröhlichere Zeit". Juden und Christen im Ersten Weltkrieg. Laupheimer Gespräche 2013. Heidelberg 2014, 205 Seiten, m. Abbildungen
- „Ich glaube an das Alter, lieber Freund" - Vom Älterwerden und Alter (nicht nur) im Judentum. Laupheimer Gespräche 2012. Heidelberg 2013, 189 Seiten, m. Abbildungen
- „Jüdische Kindheit und Jugend". Laupheimer Gespräche 2011. Heidelberg 2012, 233 Seiten, m. Abbildungen
- „Jüdische Feste – gelebter Glaube". Laupheimer Gespräche 2010. Heidelberg 2012, 179 Seiten, m. Abbildungen
- „Helfer im Verborgenen. Retter jüdischer Menschen in Südwestdeutschland". Laupheimer Gespräche 2009. Heidelberg 2012, 249 Seiten, m. Abbildungen, Broschur
- „Antisemitismus im Film". Laupheimer Gespräche 2008. Heidelberg 2011, 247 Seiten, 30 Abbildungen
- „Der christlich-jüdische Dialog". Laupheimer Gespräche 2007. Heidelberg 2010, 283 Seiten, 20 Abbildungen
- „Vergessen die vielen Medaillen, vergessen die Kameradschaft. Juden und Sport im deutschen Südwesten". Laupheimer Gespräche 2006. Heidelberg 2010, 235 Seiten, 41 Abbildungen
- „Der Umgang mit der Erinnerung. Jüdisches Leben im deutschen Südwesten". Laupheimer Gespräche 2005. Heidelberg 2010, 199 Seiten, 21 Abbildungen
- „Welche Welt ist meineWelt? Jüdische Frauen im deutschen Südwesten". Laupheimer Gespräche 200. Heidelberg 2009
- „Jüdische Künstler und Kulturschaffende aus Südwestdeutschland". Laupheimer Gespräche 2003. Heidelberg 2009, 216 Seiten, m. Abbildungen
- „Jüdische Unternehmer und Führungskräfte in Südwestdeutschland 1800–1950. Die Herausbildung einer Wirtschaftselite und ihre Zerstörung durch die Nationalsozialisten". Laupheimer Gespräche 2002. Berlin/Wien 2004
- „Auswanderung, Flucht, Vertreibung, Exil im 19. und 20. Jahrhundert". Laupheimer Gespräche 2001. Berlin 2003
- „Nebeneinander - Miteinander - Gegeneinander? Zur Koexistenz von Juden und Katholiken in Süddeutschland im 19. und 20. Jahrhundert". Laupheimer Gespräche 2000. Gerlingen 2002
- Synagogen Gesänge aus Laupheim. Aufnahmen aus dem Jahr 1922. Reich bebildertes, 40 Seiten umfassendes Booklet mit Übersetzungen aller Texte sowie Erläuterungen von Landesrabbiner a.D. Joel Berger und einer Einführung von Rolf Emmerich (Doppel-CD mit 27 Titeln)

**Periodika / Newsletter:**
Ein Museums-Newsletter kann online abonniert werden.

## Jüdischen Kulturmuseum und Synagoge Veitshöchheim
c/o Kulturamt der Gemeinde Veitshöchheim
Rathaus Veitshöchheim
Erwin-Vornberger-Platz 1
97209 Veitshöchheim
Tel.: +49 (0)931 9802-754
kultur@veitshoechheim.de
http://www.jkm.veitshoechheim.de

Gründungsjahr: 1994

**Aufgaben/Ziele:**
In einem ehemaligen Wohnhaus einer jüdischen Familie neben der Synagoge - in der Vorsingerwohnung -wurde die Dauerausstellung des Museums eingerichtet, die über die 300jährigen Geschichte der Juden in Franken und Veitshöchheim informiert. Auf dem Dachboden der Synagoge fand man eine Genisa, die seit 1998 im Rahmen eines Projektes inventarisiert wird. Teile der wertvollen Genisa werden in der Dauerausstellung gezeigt und veranschaulichen die jüdische Geschichte Veitshöchheims.

## Jüdisches Museum Berlin
Lindenstraße 9-14
10969 Berlin
Tel: +49 (0)30 259 93 300
Fax: +49 (0)30 259 93 409
info@jmberlin.de
http://www.jmberlin.de

Gründungsjahr: 2001

**Aufgaben/Ziele:**
Das Jüdische Museum Berlin ist das größte jüdische Museum in Europa. Es befasst sich mit der Vermittlung der jüdischen Geschichte in Deutschland – von der ersten Präsenz zur Römerzeit, der ersten Blüte im Mittelalter, den Wegen der Emanzipation im 19. Jahrhundert, der Massenemigration und dem Massenmord im Nationalsozialismus bis hin zum heutigen Tag.

Die Sammlung geht auf die Neugründung des ersten Jüdischen Museums Berlin in dem Berliner Stadtmuseum zurück. Ein wesentlicher Teil der Sammlung wurde von exilierten, deutschen Juden aus aller Welt gespendet. In dem architektonischen Konzept „Between the lines" drückt Daniel Libeskind das Spannungsfeld der jüdischen Geschichte in Deutschland aus. Die Leere, welche die Vernichtung der europäischen Juden hinterlassen hat, wird durch architektonische „Voids" ausgedrückt. Zwei von drei Achsen, auf denen das Bauwerk gründet, konfrontieren die Besucher mit der Situation der Juden in der Zeit des Nationalsozialismus: Die „Achse des Exils" und die „Achse des Holocaust". Die „Achse der Kontinuität" repräsentiert die zeitgenössische jüdische Geschichte. Ein Schwerpunkt des Museums liegt auf der Bildungsarbeit.

**Forschungsfelder:**
- Die Welt von Aschkenas, 950–1500, die „SchUM"-Städte (Speyer, Worms, Mainz)
- Frauenleben, 1646–1724
- Stadt, Land, Hof, 1500–1800
- Moses Mendelssohn und die Aufklärung, 1750–1800

- Familienleben, 1850–1933
- Deutsche und Juden zugleich, 1800–1914
- Modernes Judentum, 1800–1933
- Jüdisches Leben in Berlin 1890–1933
- Geschichte des Zionismus
- Gefährdete Gleichberechtigung, 1914–1933
- Nationalsozialismus, 1933–1945

**Besonderheiten:**
- Kulturhistorische Wechselausstellungen, zeitgenössische Kunstinstallationen, Kabinettpräsentationen
- MenasheKadishman: Schalechet – Gefallenes Laub: Installation in der Leerstelle des Gedenkens im Libeskind-Bau
- Bildungsinitiative „on.tour – das JMB macht Schule"
- Akademie des Jüdischen Museums Berlin im Eric F. Ross Bau mit dem inhaltlichen Schwerpunkt auf Fragen der Migration, Integration und interkultureller Bildung
- Jüdisches Puppentheater Bubales
- Unterrichtsmaterial, Sonderführungen, Workshops und Projekttage für Schulklassen zu den Themen Antisemitismus, das jüdische Jahr, deutsch-jüdische Geschichte, interkulturelle Bildung (auch auf Türkisch), Audioguides für Kinder
- Kultursommer und Chanukka-Markt

**Archiv:**
- über 1.500 Konvolute
- Zeremonialobjekte und angewandte Kunst: Silberarbeiten, Volkskunst, Privatkollektion des Münsteraner Kantors Zvi Sofer, ein Hochzeitsbaldachin, der für ein Displaced-Persons-Lager gefertigt wurde
- Kunstsammlung mit über 330 Gemälden, 4.500 Blatt Druckgraphik, 1.100 Zeichnungen und etwa 100 Skulpturen und Architekturmodellen mit dem Schwerpunkt auf dem 19. und 20. Jahrhundert
- Fotografische Sammlung mit über 7000 Fotografien aus dem 1. Weltkrieg, von jüdischen Sportvereinen, Schulen, etwa 3.000 Fotografien von Herbert Sonnenfeld, der zwischen 1933 und 1938 als Pressefotograf die jüdischen Gemeinde- und Sozialeinrichtungen, Kultur- und Sportveranstaltungen dokumentierte, Passfotos von über 500 jüdischen Zwangsarbeitern der Berliner Elektrofirma Ehrich& Graetz
- Sammlung der Alltagsgegenstände mit 3000 Objekten mit Orden, Ehrenabzeichen, Firmenprodukte, Praxisschilder
- Dependance des Leo Baeck Institute mit ca. 2500 Mikrofilmen der Bestände des Archivs in New York sowie ein online Portal

**Bibliothek:**
- 60.000 Medien
- Sammlung deutsch-jüdischer Periodika
- in Deutschland herausgegebene Bücher in hebräischer und jiddischer Sprache
- Berliner Rabbinica und Hebraica
- gedruckte grafische Werke bedeutender jüdischer Künstler
- Drucke der 1924 gegründeten Soncino-Gesellschaft der Freunde des jüdischen Buches

**Datenbanken und Online-Ressourcen:**
- Online-Schaukasten
- Virtuelle Ausstellung des Raphael Roth Learning Center (Kinderspiel „Sansanvins Park", digitale Sammlung „Dinge", Artikel, Filme und Audiodateien unter „Geschichten", Interviews „Gesichter")
- Online-Spiele: „Das Leben der Hofjuden", „Wie viel Uhr ist es?", „Glikl will auf Geschäftsreise gehen"
- Online-Katalog der Dependance des LBI und DigiBaeck (http://www.lbi.org/digibaeck/)
- Glossar
- Museumsblog

**Publikationen:**
- Heimatkunde. 30 Künstler blicken auf Deutschland (2012)
- Raub und Restitution. Kulturgut aus jüdischem Besitz von 1933 bis heute. Begleitbuch zur Ausstellung (2008)
- Heimat und Exil. Emigration der deutschen Juden nach 1933 (2006)

**Periodika/Newsletter:**
- JMB Journal

## Jüdisches Museum Braunschweig

Hinter Aegidien
D-38100 Braunschweig
Tel.: +49(0)531-1238465
info@blm.niedersachsen.de
http://www.juedisches-museum-braunschweig.de/museum

Gründungsjahr: 1891/1987

**Aufgaben/Ziele:**
Im Zentrum der Dauerausstellung steht die Inneneinrichtung der Hornburger Synagoge. Ferner gibt es eine bedeutende Judaica-Sammlung des Hofjuden Alexander David. Zudem werden historische Themen der jüdischen Kulturgeschichte dokumentiert. So wird die Entwicklung des Reformjudentums des 19. Jahrhunderts etwa durch Quellen der Samsonschule in Wolfenbüttel, der Jacobson-Schule in Seesen oder durch Zeugnisse des Landesrabbiners Levi Herzfeld, der sich für die innerjüdischen Reformen einsetzte und eine der Rabbinerkonferenzen in Braunschweig organisierte, vermittelt. Arbeiten des bekannten und zuletzt in Braunschweig lebenden Künstlers Ephraim Moses Lilien (1874 - 1925) verweisen auf die zionistische Bewegung. In der vorerst letzten Abteilung der Dauerausstellung im Jüdischen Museum wird mit dem Hinweis auf das Konzentrationslager Bergen-Belsen der Massenmord an den Juden durch nationalsozialistischen Gewaltherrscher thematisiert. Zu den besonderen Quellen gehören jene Zeugnisse, die auf die Zeit nach der Befreiung des Lagers hinweisen.

## Jüdisches Museum Buttenhausen

Zwiefalter Str. 30
D-72525 Münsingen-Buttenhausen
Kontakt:
Stadtarchiv Münsingen
Marktplatz 1

72525 Münsingen
Tel.: +49(0)7381/182115
Fax: +49(0)7381/182101
touristinfo@muensingen.de
http://www.muensingen.de/,Lde/Startseite/tourismus/Juedisches+Museum+Buttenhausen.html
http://www.buttenhausen.de/

Gründungsjahr: 1994/2013

**Aufgaben/Ziele:**
Aus bescheidenen Anfängen entwickelte sich im 19. Jahrhundert eine große Gemeinde, die um 1870 mehr als die Hälfte der gesamten Dorfbevölkerung umfasste. Religion, Kultur und Wirtschaftsweise unterschieden die Juden von den christlichen Nachbarn. Jüdische Händler und Unternehmer brachten Wohlstand und technische Neuerungen nach Buttenhausen. Trotz aller Verschiedenheiten lebten beide Religionen friedlich für 140 Jahre auf engem Raum zusammen. Am Ende des 19. Jahrhunderts wanderten immer mehr Menschen in die Städte ab, ohne dass die Verbindungen zur alten Heimat abrissen. Erst die nationalsozialistische Gewaltherrschaft zerstörte die jüdische Gemeinde. Von den 89 jüdischen Bürgern, die 1933 in Buttenhausen gezählt wurden, überlebten viele die Naziherrschaft nicht. Nach Ausbruch des 2. Weltkriegs wurde Buttenhausen zudem durch die Verlegung eines Teils des jüdischen Altersheims in Heilbronn-Sontheim hierher zur Durchgangsstation für viele Juden aus dem gesamten Reichsgebiet.

Nach 1945 entstanden zahlreiche Initiativen von jüdischer und christlicher, privater und öffentlicher Seite, um die Erinnerung an die jüdische Geschichte wachzuhalten. 1994 entstand in der Bernheimer'schen Realschule, einer Stiftung des bayrischen Kommerzienrats Lehmann Bernheimer von 1901–1904, erstmals eine kleine Ausstellung zur jüdischen Geschichte. 2013 wurde das Museum erweitert und umfassend neu gestaltet. In fünf Räumen finden Besucher umfassende Informationen zu den Anfängen der jüdischen Gemeinde, zu Religion und Brauchtum, dem jüdisch-christlichen Zusammenleben, dem Ende der jüdischen Gemeinde in nationalsozialistischer Zeit sowie der Aufarbeitungsgeschichte bis zur Gegenwart. Audioguides bieten anhand von vertonten Zeitzeugenberichten, Presseberichten und Erzählungen einen lebendigen Einblick in Leben, Fühlen und Kultur der einstigen jüdischen Bewohner.

**Forschungsfelder:**
– Geschichte der Jüdischen Landgemeinde von Buttenhausen

## Jüdisches Museum Creglingen
Badgasse 3
D-97993 Creglingen
Stiftung Jüdisches Museum Creglingen
Torstraße 2
D-97993 Creglingen
Telefon.: +49(0)79 33-701-0
Fax: +49(0)79 33-701-30
jmc@stiftung-jmc.de
http://www.juedisches-museum-creglingen.de

Gründungsjahr: 2004

**Aufgaben/Ziele:**
Das Museum informiert in einer Dauerausstellung über die über 300jährige Geschichte der Juden in den tauberfränkischen Ortschaften Creglingen und Archshofen.

## Jüdisches Museum Emmendingen
Schlossplatz 7
D-79312 Emmendingen
Tel.: +49(0)7641 / 574444
info@juedisches-museum-emmendingen.de
http://www.juedisches-museum-emmendingen.de

Gründungsjahr: 1997

**Aufgaben/Ziele:**
Das Jüdische Museum Emmendingen wurde auf Initiative des 1988 gegründeten Vereins für jüdische Geschichte und Kultur Emmendingen e.V. in der ehemaligen Mikwe eingerichtet, die in der Nähe der 1938 zerstörten Synagoge liegt. Das Museum ist ein Ort des Erinnerns, des Lernens und der Begegnung. Der Verein ist Träger des Museums und arbeitet eng mit der Jüdischen Gemeinde Emmendingen zusammen.

**Forschungsfelder:**
– Geschichte der Juden in Emmendingen
– Erinnerung an die Emmendinger Juden
– Vermittlung der Grundzüge der jüdischen Religion und des jüdischen Alltags
– Dauerausstellung zur Geschichte der Israelitischen Gemeinde Emmendingen 1716–1940
– Sonderausstellungen
– Lese- und Seminarraum mit Literatur und Videos zum Judentum
– Exkursionen

**Bibliothek:**
Eine Bibliothek ist im Museum vorhanden.

**Publikationen:**
– Jüdisches Leben in Emmendingen. Broschürenreihe „Orte jüdischer Kultur", herausgegeben vom Verlag Medien und Dialog Klaus Schubert
– Emma Schwarz: Bericht einer Emmendinger Jüdin über ihren NS-Leidensweg und die nachfolgende Auswanderung zu ihrem Sohn nach Südafrika. Emmendingen 1999

## Jüdisches Museum Erfurt in der Alten Synagoge
Waagegasse 8
D-99084 Erfurt
Tel.: +49(0)361 655 16 08
Tel.: +49(0)361 655 15 20
Fax: +49 (0)361 6 55 16 69
altesynagoge.presse@erfurt.de
altesynagoge@erfurt.de
http://www.alte-synagoge.de
http://juedisches-leben.erfurt.de/jl/de/mittelalter/alte_synagoge

Gründungsjahr: 2009

**Aufgaben/Ziele:**
Die Alte Synagoge in Erfurt ist die älteste bis zum Dach erhaltene Synagoge Mitteleuropas. In der Dauerausstellung wird zur Geschichte der Erfurter Jüdischen Gemeinde, zur Bau- und Nutzungsgeschichte der Synagoge und zum 1998 bei archäologischen Grabungen gefundenen Schatz, dessen Glanzstück ein kostbarer goldener jüdischer Hochzeitsring aus dem 14. Jahrhundert ist, informiert.

**Forschungsfelder:**
- Geschichte der Jüdischen Gemeinde von Erfurt
- Baugeschichte der Alten Synagoge
- Erfurter Schatz
- Erfurter Hebräische Handschriften

## Jüdisches Museum Franken
Nürnberger Straße 3
D-90762 Fürth
Tel: +49 (0)911-770577
Fax: +49 (0)911-7417896
info@juedisches-museum.org

Gründungsjahr: 1990

**Aufgaben/Ziele:**
Das Jüdische Museum Franken vermittelt an seinen Häusern in Fürth, Schnaittach und Schwabach die jüdische Geschichte und Kultur in Franken. In Fürth befindet sich das Museum in einem ehemals jüdischen Wohnhaus aus dem 17. Jh. mit Ritualbad und historischer Laubhütte und mit einer kleinen Dependance in einer ehemaligen Kinderkrippe. In Schnaittach wurde das Museum in einer Synagoge aus dem 16. Jahrhundert mit Rabbinerhaus und Ritualbad errichtet. Das Museum in Schwabach wurde 2010 in einem ehemals jüdischen Wohnhaus mit Laubhütte eingerichtet.

**Forschungsfelder:**
- Mikwen und rituelle Reinheit
- Jüdisches Bürgertum in Franken
- jüdischen Lebens in Franken vom städtischen, kleinstädtischen bis hin zum ländlichen Milieu von ihren Anfängen bis heute
- Wanderausstellung „Das Mikwen-Projekt"
- Veranstaltungsreihe „Die Synagoge. Eine architektonische Reise durch Deutschland"
- Veranstaltungsreihe „Automechaniker, Buchhändlerin, Geschäftsmann, Intellektueller – Jüdische Lebenswege in Nürnberg vor 1933"
- Stadtführung durch SchülerInnen des Helene-Lange-Gymnasiums Fürth durch das jüdische Nürnberg

**Archiv:**
- hebräische Druckerzeugnisse und Handschriften aus Franken aus dem 18. und 19. Jahrhundert
- Sammlungsbestand an Wimpeln

– Nachlass der Familie Ortenau

**Bibliothek:**
– 12.000 Medien
– Primär- und Forschungsliteratur zur jüdischen Geschichte und Kultur Süddeutschlands mit einem Schwerpunkt auf Franken
– Zeitschriftenbestände und aktuelle Periodika

**Datenbanken und Online-Resourcen:**
– Blog
– Podcasts

## Jüdisches Museum Frankfurt
Untermainkai 14/15
60311 Frankfurt am Main
Tel: +49 (0)69 212 35000
Fax: +49 (0)69 212 30705
info@juedischesmuseum.de
http://www.juedischesmuseum.de

Gründungsjahr: 1988

**Aufgaben/Ziele:**
Das Jüdische Museum Frankfurt im ehemaligen Rothschild-Palais am Untermainkai zeigt die historische Entwicklung und die religiöse Kultur der jüdischen Gemeinden in Frankfurt vom 12. bis zum 20. Jahrhundert. Mit dem Museum Judengasse am Börneplatz besitzt das Jüdische Museum eine Dependance im historischen Zentrum jüdischen Lebens in Frankfurt. Es wurde aus ausgegrabenen Hausfundamenten der Frankfurter Judengasse erbaut. Dazu gehören die Grundmauern von fünf Wohnhäusern, zwei Ritualbädern, zwei Brunnen und einem Kanal. Sie stammen überwiegend aus dem 18. Jahrhundert, die ältesten Teile reichen jedoch bis in das 15. Jahrhundert zurück. Die Anne Frank Fonds und ihr Präsident Buddy Elias überlassen dem Jüdischen Museum die umfangreichen Bestände (Gemälde, Fotos, Erinnerungsstücke und Möbel) aus dem Besitz der seit dem 16. Jahrhundert in Frankfurt ansässigen Familie von Anne Frank. Diese werden einen bedeutenden Teil der zukünftigen Dauerausstellung des Jüdischen Museums bilden.

**Forschungsfelder:**
– Kunstgeschichte der Werke deutscher Juden
– Wirtschaftsgeschichte und ihre jüdischen Einflüsse
– Regionalgeschichte Hessen
– Antisemitismus
– Emanzipation und Ausgrenzung
– Aufklärung und Erziehung
– Geistige Grundlagen des Judentums

**Besonderheiten/Forschungsschwerpunkte:**
– Pädagogisches Zentrum in Zusammenarbeit mit dem Fritz Bauer Institut
– Oskar und Emilie Schindler-Lernzentrum
– Sonderausstellung: „Juden in Argentinien. Porträts zum zweihundertjährigen Jubiläum. Judios argentinos. Retratos en elbicentenario." (5. Oktober 2010–20. März 2011)

- Sonderausstellung: „Die Frankfurter Schule und Frankfurt. Eine Rückkehr nach Deutschland" (17. September 2009–10. Januar 2010)
- Sonderausstellung: „Rettet die Kinder" Die Jugend-Aliyah 1933 bis 2003. Einwanderung und Jugendarbeit in Israel. (11. Dezember 2003–25. April 2004)
- Sonderausstellung „Reise an kein Ende der Welt. Judaica aus der Gross Family Collection Tel Aviv" (22. November 2001–24. Februar 2002)

**Archiv:**
- Abteilung Dokumentation mit 200 Metern Schriftgut und mehr als 21 000 Fotos mit Zeugnissen zur Geschichte der Juden in Frankfurt vom Spätmittelalter bis heute. Sammlung von Fritz Schlomo Ettlinger (1889–1964) zur Personengeschichte der Frankfurter Juden von 1241 bis 1830, der Nachlass von Eugen Mayer (1882–1967), dem letzten Syndikus der Vorkriegsgemeinde, und die Sammlung von Dora Edinger (1890–1977) betreffend Bertha Pappenheim (1859–1936). Nachlass von Paul Arnsberg (1899–1978) mit Sammlung von Fotografien zur jüdischen Geschichte Hessens. Nachlass des Rabbiners Bernhard Brilling (1906–1987), Nachlass von Hans Julius Wolff (1902–1983), Bildarchiv mit Bilddokumenten zur Geschichte und Kultur der Juden in Frankfurt am Main und Hessen
- Im Ludwig Meidner-Archiv zu dem Themenkomplex „Kunst im Exil" mit Nachlässen von Ludwig Meidner (1884–1966), Else Meidner (1901–1987), Kurt Levy (1911–1987), Arie Goral (1909–1996) und H. Henry Gowa (1901–1990).
- Judaica-Sammlung mit Chanukkaleuchter von Johann Valentin Schüler, einem Toraschild und mehreren Torazeigern aus dem ausgehenden 17. bzw. beginnenden 18. Jahrhundert, Ritualobjekte der Frankfurter jüdischen Gemeinde des 17.–20. Jahrhunderts, Besamimturm mit kleinen Figuren aus Kaltemail aus Lemberg wie auch ein Toraschild des Goldschmieds Eduard Schürmann aus dem 19. Jahrhundert, „Frankfurter Pessach-Haggada"
- Kunstsammlung mit Werken der Malerei des 19. Jahrhunderts, wie zum Beispiel von Moritz Daniel Oppenheim (1800–1882), von Eduard Julius Friedrich Bendemann (1811–1889), Kunst vor 1933 mit Werken des expressionistischen Künstlers Jakob Steinhardt (1887–1968), von Hanns Ludwig Katz (1892–1940), Samson Fritz Schames (1898–1967), grafische Sammlung mit Arbeiten von Jakob Nussbaum (1873–1936), Dichter- und Schriftstellerporträts von Marcel Reich-Ranicki, 40 Radierungen verschiedener Zyklen der Künstlerin Lea Grundig (1906–1977)
- Historische Sammlung mit Kunsthandwerk, Kinderspiele und Tischsilber, Zeugnisse des Antisemitismus, Objekte zur Wirtschaftsgeschichte, Objekte zu jüdischen schlagenden Studentenverbindungen wie Couleurbänder, Bierzipfel und andere Devotionalien

**Bibliothek:**
- 25 000 Bücher
- Broschüren und AV-Medieneinheiten sowie 210 Zeitschriften
- illustrierte Judaica-Literatur
- Ausstellungs- und Kunstkataloge
- Bücher-Nachlässe von Dr. Rudolf Heilbrunn, Prof. Dr. Bernhard Brilling und Rabbiner Kurt Wilhelm

**Datenbanken und Online-Ressourcen:**
- Fotoportal „vor-dem-Holocaust" mit historischen Fotografien aus mehr als dreihundert hessischen Dörfern und Städten.

**Publikationen:**
- Schriftenreihe des Jüdischen Museums Frankfurt

- Flucht und Verwandlung. Nelly Sachs, Schriftstellerin, Berlin / Stockholm (2010)
- Die Frankfurter Schule und Frankfurt. Eine Rückkehr nach Deutschland (2009)
- Leo Baeck 1873–1956. Aus dem Stamme von Rabbinern (2001)
- Lissabon / Lisboa 1933–1945. Fluchtstation am Rande Europas (1997)

## Jüdisches Museum Göppingen
Boller Straße 82
D-73035 Göppingen-Jebenhausen
Tel.: +49(0)7161 44600 (Museum)
Tel.: +49(0)7161 650-191 (Verwaltung)
Fax: +49(0)7161/650-195
museen@goeppingen.de
http://www.edjewnet.de/spuren/index.htm
http:www.goeppingen.de

Gründungsjahr: 1992

**Aufgaben/Ziele:**
1770 begann die jüdische Geschichte Jebenhausens, das im 19. Jahrhundert einer der größten jüdischen Gemeinden Württembergs besaß. Das Dorf teilte sich auf in einen jüdischen und in einen christlichen Teil; zeitweise war der jüdische größer als der christliche. 1850 lebten dort ca. 550 Juden. Im Ort gab es neben Wohnhäusern jüdischer Familien eine Synagoge, eine Mikwe, eine jüdische Schule, ein Rabbinatsgebäude, ein jüdisches Gasthaus „Zum König David" sowie eine Haus für arme Juden und einen jüdischen Friedhof. Die Jüdische Gemeinde von Jebenhausen ging später in der Jüdischen Gemeinde von Göppingen auf, das aufgrund seiner neu gegründeten Industrie für Zuzügler aus Jebenhausen zusehends attraktiv geworden war. In Göppingen gab es ein Bethaus, als Nachfolgerbau eine prächtige Synagoge, ein Rabbinerhaus sowie eine jüdische Abteilung auf dem städtischen Friedhof.

**Forschungsfelder:**
Geschichte der Juden in Jebenhausen und Göppingen

**Datenbanken und Online-Ressourcen:**
Online kann man sich über das Museum und die jüdische Geschichte von Jebenhausen und Göppingen informieren.

**Publikationen:**
Jüdisches Museum Göppingen. Begleitbuch zur Ausstellung. Weißenhorn 1992.

## Jüdisches Museum München
St.-Jakobs-Platz 16
D-80331 München
Tel:+49-89-233-96096
Fax: +49-89-233-989-96096
juedisches.museum@muenchen.de
http://www.juedisches-museum-muenchen.de

Gründungsjahr: 2007

**Aufgaben/Ziele:**
Das Jüdische Museum in München entstand im Rahmen des Baus des neuen Gemeindezentrums am St.-Jakobs-Platz. In der Dauerausstellung „Stimmen-Orte-Zeiten" wird die jüdische Geschichte der Stadt München erzählt. Mit sieben Installationen werden optisch und akustisch Aspekte des jüdischen Lebens vermittelt. Ein besonderer Schwerpunkt liegt auf der jüdischen Religion mit seinen Jahresfesten (Jom Kippur, Chanukka oder Pessach) und Übergangsriten (Beschneidung, Bar bzw. Bat Mitzwa, Hochzeit und Tod).

**Forschungsfelder:**
- Geschichte der Displaced Personen
- Jüdische Kunsthistoriker in München
- Jüdische Kunstsammler und Kunsthändler in München
- Jüdisches Kultgerät aus Süddeutschland
- Ausstellungen zu deutsch-jüdischem Exil in aller Welt: Orte des Exils 03: Munich and Washington Heights, Orte des Exils 02: Minchenve'Tel Aviv, Orte des Exils 01: Münihve Istanbul

**Bibliothek:**
- Spende von Leila und Dr. h.c. Karl Ribstein
- 3000 Bänden zu Literatur, zur Geschichte der Juden in München sowie jüdische Religion und Kultur
- Kinder- und Jugendbücher, Comics
- Biographien und Autobiographien Münchner Juden
- Sammlung von Ausstellungskatalogen anderer Jüdischer Museen in der Welt

**Datenbanken und Online-Resourcen:**
- Blog

**Publikationen:**
- Juden 45/ 90: Von ganz weit weg – Einwanderer aus der ehemaligen Sowjetunion, Ausstellungskatalog (2012)
- Das war spitze! Jüdisches in der deutschen Fernsehunterhaltung (2011)
- Einblicke – Ausblicke. Jüdische Kunsthistoriker in München (2010)
- Orte des Exils 03: Munich and Washington Heights, Ausstellungsbroschüre (2009)
- Orte des Exils 02: Minchenve'Tel Aviv, Ausstellungsbroschüre (2009)
- Orte des Exils 01: Münihve Istanbul, Ausstellungsbroschüre (2008)
- Sammelbilder 06: Die „Moderne Galerie" von Heinrich Thannhauser, Ausstellungskatalog (2008)
- Sammelbilder 05: Die Kunst und Antiquitätenfirma Bernheimer, Ausstellungskatalog (2007)
- Sammelbilder 04: Von Bayern nach Erez Israel – Auf den Spuren jüdischer Volkskunst, Ausstellungskatalog (2007)
- Sammelbilder 03: Dirndl, Truhen, Edelweiss – Die Volkskunst der Brüder Wallach, Ausstellungskatalog (2007)
- Sammelbilder 02: „Nichts als Kultur" – Die Pringsheims, Ausstellungskatalog (2007)
- Sammelbilder 01: Die jüdische Welt und die Wittelsbacher, Ausstellungskatalog (2007)
- Jüdisches Museum München, Museumskatalog (2007)

**Periodika/Newsletter:**
- Newsletter

## Jüdisches Museum Westfalen

Julius-Ambrunn-Straße 1
D-46282 Dorsten
Tel::+49-(0) 23 62-4 527 9
Fax::+49-(0) 23 62-4 53 86
info@jmw-dorsten.de
http://www.jmw-dorsten.de

Gründungsjahr: 1992

**Aufgaben/Ziele:**
Das Museum ist aus einer seit 1982 bestehenden Bürgerinitiative und Forschungsgruppe „Regionalgeschichte/Dorsten unterm Hakenkreuz" hervorgegangen und wird bis heute von einem Verein getragen. Vor der Gründung des Museums erarbeitete die Bürgerinitiative eine Buchreihe und eine lokalgeschichtliche Ausstellung. Das Museum hat sich die Vermittlung von Kenntnissen über die jüdische Geschichte in Westfalen und über jüdische Religion und Tradition im Allgemeinen zum Ziel gesetzt. 700 Jahre der regionalen jüdischen Geschichte werden anhand von 14 beispielhaften Lebensläufen vorgestellt. Neben der Regionalgeschichte thematisiert das Museum die Tora, jüdisches Leben in seinem Bezug zur Tora, aber auch seinen Wandel unter dem Einfluss sich ändernder gesellschaftlicher Bedingungen sowie die Shoa und die Geschichte des Antijudaismus bzw. des Antisemitismus. Das Museum versteht sich, in Anlehnung an die Tradition der jüdischen Lehrhäuser, als Lehr- und Lernort und hält bildende und kulturelle Angebote bereit.

**Forschungsfelder:**
- Antijudaismus – Antisemitismus
- Tora – Synagoge – Gemeinde
- Jüdische Regionalgeschichte Westfalen
- Neues jüdisches Leben in Westfalen
- Jüdische Familiengeschichten aus Westfalen
- Jüdische Zuwanderung seit 1990

**Bibliothek:**
- ca. 6.000 Bücher und Zeitschriften
- lokale und regionale Darstellungen zur jüdischen Geschichte in Westfalen
- Titel zur Geschichte des jüdischen Volkes, Judentum in Deutschland und Europa

**Datenbanken und Online-Ressourcen:**
- Jüdisches Leben in Europa jenseits der Metropolen
- The traces of an emigration from Dorsten/Germany to Chicago/USA

**Publikationen:**
- From Dorsten to Chicago. Lectures and contributions of the Eisendrath Family Reunion in Dorsten/Germany, hg. von Elisabeth Cosanne-Schulte-HuxelimAuftrag des Jüdischen Museums Westfalen (2012)
- Johanna Eichmann: „Du nix Jude, du blond, du deutsch". Erinnerungen 1926–1952. (2011)
- Svetlana Jebrak/Norbert Reichling (Hg.):Angekommen!? Lebenswege jüdischer Einwanderer (2010)
- Handreichung „Angekommen?! Jüdische Einwanderung 1990–2010" (2010)
- Rolf Abrahamsohn: „Was machen wir, wenn der Krieg zu Ende ist?" (2010)

- Johanna Eichmann u.a.: Von Bar Mizwa bis Zionismus. Jüdische Traditionen und Lebenswege in Westfalen. (2007)
- Zeitenbruch 1933–1945. Jüdische Existenz in Rheinland-Westfalen. Hg. von Marina Sassenberg (1999)

**Periodika/Newsletter:**
- Zeitung „Schalom" (zwei Mal jährlich)
- Monatlicher E-Mail-Newsletter „JMW aktuell"

## Jüdisches Kulturmuseum Augsburg-Schwaben
Halderstraße 6-8
D-86150 Augsburg
Tel::+49-(0)821-513658
Fax::+49-(0)821-513626
office@jkmas.de
http://www.jkmas.de

Gründungsjahr: 1985

**Aufgaben/Ziele:**
Das Jüdische Kulturmuseum wurde in einem Seitentrakt der Augsburger Synagoge eingerichtet. Diese wurde zwischen 1914 und 1917 gebaut. Das Museum ist das älteste selbstständige jüdische Museum in Deutschland. Es dokumentiert die Geschichte der Juden in Augsburg und Schwaben vom Mittelalter bis heute. Die im November 2006 eröffnete, neue Dauerausstellung präsentiert die jüdische Geschichte als Teil der Augsburger und der schwäbischen Geschichte. Ein zentrales Thema ist das Verhältnis von jüdischer Minderheit und christlicher Mehrheit sowie die Migrations- und Assimilierungsgeschichte der Juden in Schwaben.

**Forschungsfelder:**
- Juden in Augsburg und Bayerisch-Schwaben
- Biografie & Familiengeschichten
- Zeitzeugenerinnerungen („Lebenslinien-Projekt")
- Landjuden & Jüdisches Schwaben
- Shoa& Emigration
- Schwäbische Juden in der ganzen Welt
- Nachkriegsgeschichte der jüdischen Gemeinde Schwaben-Augsburg
- Architektur & Geschichte der Synagoge
- Geschichte der Vorortsgemeinde Kriegshaber
- Synagogen in Schwaben (Datenbank)

**Archiv:**
- (Teil-)Nachlässe ehemaliger Ausgburger Juden
- Audio- und Videodokumente mit Zeitzeugenerinnerungen

**Sammlung:**
- Ritual- und Kultgegenstände für Synagoge und häusliche Feiern aus dem 17. bis 20. Jahrhundert
- Augsburger Judaica aus Silber
- Judaica-Sammlung des Bayerischen Nationalmuseum München als dauerhafte Leihgabe
- Individuelle Erinnerungsobjekte

**Publikationen:**
- Publikationsreihe „Lebenslinien. Deutsch-Jüdische Familiengeschichten" (Mit Exilbiographien schwäbischer Juden)
- Publikationsreihe „Orte jüdischer Kultur", hrsg. von Klaus Schubert
- Katalog, z.B. zur Ausstellungsreihe Jüdisches Leben in Ausgburg nach der Shoa.

## Jüdisches Museum im Raschi-Haus Worms

Hintere Judengasse 6
D-67547 Worms
Tel.: +49(0)6241 / 8 53-47 01 und -47 07
Fax: +49(0)6241 / 8 53-47 10
stadtarchiv@worms.de
http://www.worms.de/de/tourismus/museen/juedisches_museum/index.php

Gründungsjahr: 1982

**Aufgaben/Ziele:**
Das Jüdische Museum in Worms befindet sich im Raschi-Haus, direkt hinter der berühmten Alten Synagoge und inmitten des ehemaligen Judenviertels. Bei diesem Gebäude handelt es sich um ein auf den Grundmauern des alten Tanz- und Hochzeitshauses der jüdischen Gemeinde neu errichtetes kulturelles Zentrum der Stadt Worms. Das Museum ist in den Räumen des Erd- und Kellergeschosses eingerichtet und befindet sich in städtischer Trägerschaft. In den Obergeschossen ist das Wormser Stadtarchiv mit seiner – auch bezüglich der jüdischen Geschichte – sehr reichhaltigen Fotoabteilung untergebracht.

Das Raschihaus steht an der Stelle, von der man annimmt, dass sich hier das Lehrhaus befunden hat, in dem der bedeutende jüdische Gelehrte Raschi in der Zeit um 1060 studiert hat. Die museal genutzten Kellergewölbe und einige Teile des Erdgeschosses stammen aus dem späten Mittelalter, das übrige Gebäude ist ein 1982 fertiggestellter Neubau, der dem früheren Haus nachempfunden wurde.

Die inzwischen vollständig inventarisierte Sammlung des Museums setzt sich zusammen aus wenigen alten Stücken der Vorkriegssammlung, Fotografien und Dokumenten des Stadtarchivs sowie Schenkungen vormaliger, in verschiedenste Länder emigrierter Juden aus Worms. Auf diese Weise besitzen fast alle Stücke einen örtlichen Bezug. Regelmäßig finden Sonderausstellungen und Veranstaltungen statt. Immer wieder kommen Schenkungen in das Museum.

**Forschungsfelder:**
- Geschichte der Wormser Jüdischen Gemeinde
- Vermittlung der Grundzüge der Jüdischen Religion und der wichtigsten jüdischen Feiertage im Jahresablauf

**Besonderheiten/Forschungsschwerpunkte:**
- Dauerausstellung zur jüdischen Geschichte von Worms, zur Geschichte der Jüdischen Gemeinde Worms, zur Jüdischen Religion sowie über Rabbi Salomon ben Isaak (Raschi), der am Wormser Lehrhaus studierte
- Temporäre Ausstellungen
- Die digitale Medienstation (seit 2013) bietet Beiträge, z. B.
  - Das jüdische Worms
  - Zeitzeugen-Interviews mit aus Worms stammenden Holocaust-Überlebenden

- Allgemeine Führung durch die Ausstellung
- Filmvorführung
- Pädagogische Angebote:
  - Museumspädagogik für Kinder und Jugendliche
- Vorträge

**Archiv:**
- Im Stadtarchiv kann zur jüdischen Geschichte von Worms geforscht werden.
- Im zweiten Stock des Hauses befindet sich der Magazinraum für einen Großteil der Urkunden, Akten, Karten und anderen städtischen Archivalien.
- Umfangreiche Fotoabteilung zur jüdischen Geschichte der Stadt Worms

**Datenbanken und Online-Ressourcen:**
- Links und Dokumente (pdf) zur Wormser jüdischen Geschichte können online abgerufen werden.

**Publikationen:**
- „Wormser jüdische Künstler, Kunstleben und Kunstförderung um 1900 bis 1933" – Bertha Strauß und Alfred Hüttenbach, bearbeitet von Gerold Bönnen, Begleitdokumentation zur Ausstellung des Jüdischen Museums Worms (Raschi-Haus) und des Kunstvereins Worms (31.5.–30.9.2007). Worms 2007.
- Die Wormser Juden 1933–1945. Dokumentation von Karl und Annelore Schlösser. Hrsg. vom Stadtarchiv Worms. (Elektronische Ressource) Worms 2002.
- Schlösser, Annelore/Schlösser, Karl: Keiner blieb verschont. Die Judenverfolgung 1933 - 1945 in Worms. Worms 1987.

## Liebermann-Villa am Wannsee

Colomierstraße 3
14109 Berlin
Tel.: +49(0)30-805 85 90-0
Fax: +49(0)30-805 85 90-19
presse@liebermann-villa.de
http: www.liebermann-villa.de

Gründungsjahr: 1995 (Max Liebermann-Gesellschaft e.V.) / 2006 (Museum)

**Aufgaben/Ziele:**
Die Max Liebermann-Gesellschaft Berlin e.V. ist Träger der Liebermann-Villa und wurde 1995 mit dem Ziel gegründet, das Sommerhaus und den Garten des Berliner Malers Max Liebermann (1847–1935) zu retten und zum Museum umzuwandeln. Nach zähem Kampf gelang es ihr, die Liebermann-Villa im Sommer 2002 zu übernehmen. Bei der restauratorischen Bestandsaufnahme des Hauses konnten viele originale Farbreste, Teile des alten Parketts und Reste der historischen Dachziegel gesichert werden. Mit diesen Informationen war es möglich, das Haus originalgetreu wieder herzustellen. Der Garten wurde auf der Grundlage historischer Quellen und der Gemälde Max Liebermanns rekonstruiert. In einem ersten Bauabschnitt konnte 2003 der Stauden- und Bauerngarten wiederhergestellt werden. Im selben Jahr wurde der berühmte Birkenweg neu angelegt. Als letztes konnten die drei Heckengärten mit ihren markanten Heckentoren und der Teepavillon am Wannseeufer wieder errichtet werden. Die Liebermann-Villa und ihr Garten wurden 2006 als Museum eröffnet.

**Forschungsfelder:**
- Betrieb und Erhaltung der denkmalgeschützten Villen- und Gartenanlage
- Erinnerung an Max Liebermann
- Sammlung von Werken Liebermanns sowie von Dokumenten und Büchern von und über den Künstler
- Dokumentation der Geschichte der Liebermann-Villa am Wannsee
- Erforschung des Lebens und Werkes Max Liebermanns und deren Vermittlung durch Ausstellungen, Veranstaltungen und Publikationen.
- Dauerausstellung zu Leben und Werk des Malers in den Räumen der Villa
- Temporäre Ausstellungen
- Pädagogische Angebote:
  - Führung durch Villa und Garten
  - Führung durch die jeweilige Sonderausstellung
  - Gartenführungen
  - Führungen für geschlossene Gruppen nach Voranmeldung
- Veranstaltungen zu ausgewählten Themen z.B.:
  - Buchvorstellungen
  - Lesungen
  - Vorträge
  - Ausstellungseröffnungen
- Neben Dauerleihgaben von Liebermann-Bildern verfügt die Gesellschaft über eine eigene Kunstsammlung von 154 Liebermann-Werken sowie von Liebermann-Porträts anderer Künstler, darunter von Georg Kolbe, Fritz Klimsch, Conrad Felixmüller und Oskar Kokoschka.
- Über den Pressebereich der Gesellschaft erhalten Journalisten die Möglichkeit, Informationen zur Liebermann-Villa und ihren Ausstellungen sowie hochauflösendes Bildmaterial herunterzuladen.
- Junge Freunde der Liebermann-Villa: Programm für junge Menschen bis zum Alter von 30
- Ehrenamtliche Mitarbeit in Haus, Laden und Garten
- Museumsladen
- Museums-Café

**Archiv:**
- Informationen zu den Ausstellungen vergangener Jahre können online abgerufen werden.

**Datenbanken und Online-Ressourcen:**
- Informationen zu den Ausstellungen vergangener Jahre können online abgerufen werden.

**Publikationen:**
- Ausstellungskataloge
- Faass, Martin (Hg.): Die Idee vom Haus im Grünen. Max Liebermann am Wannsee. Erschienen anlässlich des 100-jährigen Jubiläums der Liebermann-Villa 2010. Berlin 2010.
- Nedelykov, Nina/Moreira, Pedro (Hg.): Max Liebermann. Das Paradies am Wannsee. 3. veränderte und erweiterte Auflage. Berlin 2006.

**Periodika/Newsletter:**
Ein E-Mail Newsletter kann online abonniert werden.

## Moses Mendelssohn Akademie Halberstadt / Berend Lehmann Museum
Rosenwinkel 18
38820 Halberstadt
Tel.: +49(0)3941-6067-10
Fax: +49(0)3941- 6067-13
http://moses-mendelssohn-akademie.de

Gründungsjahr: 1995

**Aufgaben/Ziele:**
Die 1995 in Halberstadt gegründete Moses Mendelssohn Akademie (MMA) basiert auf einer Stiftung bürgerlichen Rechts und arbeitet eng mit dem Moses Mendelssohn Zentrum (MMZ) in Potsdam zusammen. Die Akademie vermittelt einer breiten interessierten Öffentlichkeit Kenntnisse über Grundlagen des Judentums und jüdische Geschichte und Kultur. In historischen Gebäuden befinden sich eine Internationale Begegnungsstätte mit vielfältigem Tagungs-, Seminar- und Veranstaltungsprogramm zur Förderung von Toleranz und interkultureller Kommunikation sowie das Berend Lehmann Museum für jüdische Geschichte und Kultur. Die Begegnungsstätte befindet sich im ehemaligen von Berend Lehmann gestifteten Rabbinerseminar, der Klaussynagoge.

**Forschungsfelder:**
– Geschichte der Juden in Halberstadt und im Harzraum
– Vermittlung der Grundzüge der Jüdischen Religion

**Besonderheiten/Forschungsschwerpunkte:**
– Die Moses Mendelssohn Akademie versteht sich als ein „Lehrhaus" in jüdischer Tradition. Die Klaussynagoge ist mit ihrer Bibliothek und dem Medienangebot ein Haus des Lernens. Begegnungen ermöglichen das Lernen im Dialog. Veranstaltungen, wie Vorträge, Lesungen, Wechsel-Ausstellungen, Seminare und Studienreisen ermöglichen Lernen auf vielfältige Art und Weise. Räumlichkeiten mit Tagungstechnik stehen in der Klaussynagoge zur Verfügung (max. 60 Personen). Das hauseigene MuseumsKaffee Hirsch übernimmt gern die Versorgung.
– Das Berend Lehmann Museum für jüdische Geschichte und Kultur ist nach dem Hofjuden Berend Lehmann (1661–1730) benannt, einem der bedeutendsten Hofjuden seiner Zeit. Von Halberstadt aus war er für die Höfe von Preußen, Hannover, Braunschweig und vor allem August den Starken in Sachsen tätig.
– Die Dauerausstellung des Berend Lehmann Museums umfasst die Themenbereiche:
    – Grundlagen des Judentums am Beispiel der Halberstädter Jüdischen Gemeinde
    – Die Politik des Großen Kurfürsten im Fall der Synagogenzerstörung 1669
    – Berend Lehmann (1661–1730) als Hofjude im europäischen Raum
    – Berend Lehmann als Mäzen der Halberstädter Jüdischen Gemeinde
    – Haskala (Jüdische Aufklärung)
    – Die Neoorthodoxie in Halberstadt
    – Das Ende der Gemeinde
– Führungen durch das jüdische Halberstadt
– Pädagogische Angebote: Lernen am authentischen Ort, auch für Schulklassen
– Besichtigung des historischen Mikwenhauses
– Kunstprojekt DenkOrt am Standort der 1938 zerstörten barocken Synagoge
– Museumscafé

**Archiv:**
– Historisches Archiv: Dokumente, Fotos und Objekte sind in den vergangenen Jahren als Leihgaben, Schenkungen oder Erwerbungen in den Bestand der Moses Mendelssohn Akademie mit dem Berend Lehmann Museum eingegangen. Häufig werden sie von jüdischen Familien, die aus Halberstadt oder der Region stammen zur Verfügung gestellt. Um die Objekte einordnen zu können, werden mit den ehemaligen jüdischen Halberstädtern Interviews durchgeführt, die auch dokumentiert werden. Damit verknüpft sind genealogische Forschungen.
– Der Bereich Archivierung und Digitalisierung hat sich erweitert um Quellen aus dem 17. und 18. Jahrhundert, die jüdische Gemeinde Halberstadt und den Harzraum betreffend. Es handelt sich im Wesentlichen um Quellenmaterial aus dem Geheimen Preußischen Staatsarchiv, dem Landesarchiv in Magdeburg und den Central Archives of the History of the Jewish People in Jerusalem. Die Quellen stehen als Kopie oder Filmmaterial zur Verfügung. Es handelt sich um Judenlisten, Verzeichnisse den Hausbesitz der Juden betreffend, Verfügungen etc.

**Bibliothek:**
– In der Klaussynagoge, in den Räumen der Wohnung im ersten Stock befindet sich die Bibliothek der Moses Mendelssohn Akademie, deren Kernbestand mit ca. 10.000 Bänden die Bibliothek der ehemaligen Jüdischen Gemeinde Ost-Berlin ist.
– Die Bibliothek steht als Präsenzbibliothek der interessierten Öffentlichkeit zu den Öffnungszeiten der Moses Mendelssohn Akademie zur Verfügung. Arbeitsplätze sind vorhanden.

**Publikationen:**
– Wegweiser durch das jüdische Sachsen-Anhalt, hg. v. Jutta Dick und Marina Sassenberg, Potsdam 1998
– „Hauptsache, wir bleiben gesund ...", Lillyan Rosenberg, 1928 geb. Cohn aus Halberstadt, Biografie hg. v. Jutta Dick, Halberstadt 2008

## Museum SchPIRA
Kleine Pfaffengasse 20/21
67346 Speyer
Tel::+49-(0) 62 32-29 19 71
info@verkehrsverein-speyer.de

**Aufgaben/Ziele:**
Das Museum SchPIRA präsentiert archäologische Exponate aus dem jüdischen Leben in Speyer im Mittelalter. Zentrale Exponate sind die Ruine der Synagoge, die Mikwe und der Friedhof. Friedhof und Wohnbebauung sind jedoch nicht mehr existent. Die mittelalterlichen Gebäude der „Alten Judengasse" (heute Kleine Pfaffengasse) wurden beim großen Stadtbrand 1689 zerstört; an ihrer Stelle entstand im 18. Jahrhundert eine neue Wohnbebauung. Erhalten blieben aber ein Rundbogenfragment aus dem 12. Jahrhundert, Grabsteine aus dem 14. Jahrhundert und ein Doppelbogenfenster aus den Jahren 1110/20, die in der Ausstellung zu sehen sind. Die Ruine der Speyerer Synagoge ist der älteste, noch sichtbare Überrest eines Synagogenhauses in Mitteleuropa. Das Museum zeigt die Judaica-Sammlung des Historischen Museums der Pfalz, das diese Sammlung als Dauerleihgabe an das SchPira-Museum übergeben hat. Zudem verfügt das Museum über Münzen aus dem „Schatz von Lingenfeld". Der „Schatz von Lingenfeld" kam vermutlich bei dem

Pestpogrom 1349 unter die Erde, als verfolgte Juden ihre Besitztümer vor plündernden Christen verstecken wollten. „Schpira" ist die historische hebräische Bezeichnung für den Namen Speyers „Spira" einer der drei SCHUM-Städte.

## Rabbinatsmuseum Braunsbach
Im Rabbinat
74542 Braunsbach
Tel.: +49(0)7906-8512
rabbinatsmuseum@braunsbach.de
http://www.rabbinatsmuseum-braunsbach.de

Gründungsjahr: 2008

**Aufgaben/Ziele:**
Das Rabbinatsmuseum Braunsbach im ehemaligen Rabbinatsgebäude des Ortes zeigt die wechselhafte Geschichte der jüdischen Gemeinde Braunsbach als integralen Bestandteil der Heimatgeschichte sowie die Geschichte des hiesigen Rabbinatsbezirks. Es informiert in interaktiver Weise über das Nebeneinander, Miteinander und Gegeneinander von Juden und Christen während ca. 350 Jahre, von ca. 1600 bis 1942. Ferner wird dargestellt, welche erneuten Annäherungen es zwischen der christlicher Bevölkerung Braunsbachs und den Nachfahren der ehemaligen jüdischen Mitbürger nach dem Ende des Zweiten Weltkrieges gegeben hat und bis auf den heutigen Tag gibt. Daneben werden Grundzüge der jüdischen Religion vorgestellt. Mit der Ausstellung wollen die Initiatoren des Museums die Erinnerung an die ehemaligen Mitbürger wach halten und die junge Generation Geschichte erleben lassen. Historische Dokumente gewähren einen tieferen Einblick; mittels moderner Medien kommen Zeitzeugen zu Wort, die ihre Erlebnisse und Schicksale darstellen; spielerische Angebote führen jüngere Besucher an die Thematik heran. Im Raum der ehemaligen israelitischen Schule wird Schulklassen die Möglichkeit geboten, sich anhand geeigneter Materialien und Medien sachgerecht mit diesem Teil der Geschichte zu beschäftigen. Der Besucher soll motiviert werden, sich mit der jüdischen Religion sowie der Lebenssituation der Landjuden während der 350 Jahre in der Region Hohenlohe auseinanderzusetzen. Seit dem 22. Juni 2014 trägt das Museumsgebäude den Namen „Simon Berlinger". Der 1914 geborene Simon Berlinger stammte aus Berlichingen und richtete 1936 im Gebäude die Israelitische Bezirksschule für Kinder aus Schwäbisch Hall, Dünsbach, Braunsbach und Künzelsau ein. 1939 floh der Leiter der Schule vor den Nationalsozialisten nach Palästina. Simon Berlinger lebte bis zu seinem Tod 2010 in Haifa.

Träger des Museums ist der 2004 gegründete Förderverein Kultur im Rabbinat Förderverein e.V.. Das Rabbinatsmuseum Braunsbach stellt das Herzstück des Vereins dar. Seine Aufgabe sieht er in der Pflege und Förderung des Museums. Er unterstützt es in ideeller und materieller Hinsicht. Darüber hinaus fördert er die lokale und regionale Kultur. Der Verein leistet Beiträge zum kulturellen Leben in der Gemeinde. So lädt er zu Vorträgen, Ausstellungen über Geschichte und Brauchtum und anderen Veranstaltungen ein, organisiert Besichtigungen sowie Ausflüge zu Ausstellungen und dergleichen mehr, die einen Bezug zu Braunsbachs Geschichte haben. Dabei bemüht er sich besonders um die Aufarbeitung der jüdischen Geschichte des Ortes.

**Forschungsfelder:**
– Geschichte der Juden in Braunsbach
– Vermittlung der Grundzüge der Jüdischen Religion

- Dauerausstellung „Geschichte der jüdischen Gemeinde Braunsbach und des Rabbinatsbezirks"
- Pädagogische Angebote:
  - Allgemeine Führung durch die Ausstellung
  - Themenführungen durch das Museum (Geschichte, Jüdische Religion, Jüdische Feste, Stellung der Frau im Judentum
  - Koscheres Buffet
  - Rundgänge durch den Ort auf den Spuren der Landjuden
  - Führungen über den jüdischen Friedhof Braunsbach
  - Für Kinder: Spielend das Judentum kennen lernen
  - Die jüdische Religion als Wurzel des Christentums
  - Für Schulklassen (ab 7. Klasse): Möglichkeiten zum entdeckenden Lernen, Workshops zu Judentum und Christentum, Antijudaismus und Antisemitismus, Auf den Spuren Braunsbacher jüdischer Familien
- Vorträge zu Themen nach Absprache mit dem Referenten (45–60 Minuten) z.B.:
  - Juden-Wege in und um Braunsbach
  - Stellung der Frau im Judentum
  - Simon Berlinger - Ein Leben in Deutschland und Israel
  - Immer voraus und immer entgegen: Bedeutende Juden in Kultur, Wirtschaft und Wissenschaft
  - Jüdisches Leben in Ungarn - Geschichte der Juden in Ungarn

**Archiv:**
- Informationen zu den Veranstaltungen vergangener Jahre können online abgerufen werden

**Publikationen:**
- Elisabeth M. Quirbach (Hg.): „Keine Wahl, keine Alternative ..." Simon Berlinger - Einblicke in sein Leben. Heft 10 der Schriftenreihe des Rabbinatsmuseums Braunsbach. hanseli-Verlag GbrR, Braunsbach 2014.
- Elisabeth M. Quirbach: Eine ehemalige Synagoge... ein Rabbinatsgebäude... ein Friedhof. Auf den Spuren der Landjuden in Braunsbach. Heft 3 der Schriftenreihe des Rabbinatsmuseums Braunsbach. hanseli Verlag Gbr, Braunsbach 2011, 5. veränderte Auflage.
- Elisabeth M. Quirbach: Die jüdische Gemeinde Braunsbach. Katalog zur Dauerausstellung, Band 1: Textfahnen und Vitrinen. Heft 7 der Schriftenreihe des Rabbinatsmuseums Braunsbach. hanseli-Verlag Gbr, Braunsbach 2011.
- Elisabeth M. Quirbach: Michael Löw Adler, gestorben in Braunsbach den 23. Kislew 5656. Lebensende, Bestattung und Trauer in der Jüdischen Gemeinde Braunsbach. Heft 2 der Schriftenreihe des Rabbinatsmuseums Braunsbach. hanseli Verlag Gbr, Braunsbach 2009.
- Elisabeth M. Quirbach: Braunsbach - Eine jüdische Landgemeinde von 1600 bis 1942. Schülerarbeitsblätter zur Ausstellung des Rabbinatsmuseums. Heft 5 der Schriftenreihe des Rabbinatsmuseums Braunsbach. hanseli-Verlag Gbr, Braunsbach 2009.
- Elisabeth M. Quirbach: Begegnungen in Israel ... mit Nathan Frey. Gespräch mit dem letzten Braunsbacher Juden, der die Shoa überlebte. Film, Spielzeit: ca. 20 Min. hanseli Verlag Gbr, Braunsbach 2009.
- Elisabeth M. Quirbach: Begegnungen in Israel ... mit Lea Neugebauer. Gespräch mit der Tochter einer während der NS-Zeit ausgewanderten Braunsbacher Jüdin. Film, Spielzeit: ca. 20 Min. hanseli Verlag Gbr, Braunsbach 2009.

- Elisabeth M. Quirbach: Begegnungen in Israel ... mit Simon Berlinger. Gespräch mit Simon Berlinger, Lehrer an der jüdischen Bezirksschule von 1936–1938. Film, Spielzeit: ca. 20 Min. hanseli Verlag Gbr, Braunsbach 2009.
- Elisabeth M. Quirbach: Rabbinatsmuseum Braunsbach. Begleitheft zur Ausstellung für Kinder. Heft 1 der Schriftenreihe des Rabbinatsmuseums Braunsbach. hanseli Verlag Gbr, Braunsbach 2008.
- Ulrich W. Sahm/Elisabeth M. Quirbach: Simon Berlinger - Von Berlichingen nach Haifa Der Nahostkorrespondenten Ulrich W. Sahm, Jerusalem, im Gespräch mit Simon Berlinger, dem Begründer der jüdischen Bezirksschule Braunsbach 1936. Film, Spielzeit: 60 Min. hanseli Verlag Gbr, Jerusalem/Braunsbach 2008.

## Stiftung Neue Synagoge Berlin – Centrum Judaicum

Oranienburger Straße 28–30
10117 Berlin
Tel.: Tel. +49(0)30 88028-300
Fax: +49(0)30 282 1176
office@centrumjudaicum.de
archiv@centrumjudaicum.de
bildarchiv@centrumjudaicum.de
http://www.centrumjudaicum.de

Gründungsjahr: 1988

**Aufgaben/Ziele:**
Im Juli 1988 wurde die Stiftung Neue Synagoge Berlin – Centrum Judaicum ins Leben gerufen mit der Aufgabe „die Neue Synagoge in der Berliner Oranienburger Straße für gegenwärtige und künftige Generationen als bleibendes Mahnmal wiederaufzubauen und ein Zentrum für die Pflege und Wahrung jüdischer Kultur zu schaffen." Am 10. November 1988 wurde symbolisch der Grundstein für den Wiederaufbau gelegt. Die Stiftung ließ in den nächsten sieben Jahren von der Synagoge nur das aufbauen, was noch vorhanden war. Die Räume der teilsanierten Neuen Synagoge und der angrenzenden Gebäude sollten zu einem Ort des Lernens, des Lehrens, der Begegnung und des Betens entwickelt werden. Seit 1995 zeigt die Stiftung neben der ständigen Ausstellung „Tuet auf die Pforten – Die Neue Synagoge Berlin 1866–1995" vielbeachtete temporäre Ausstellungen. Die Archiv- und Bibliotheksräume dienen der wissenschaftlichen Forschung. Jedes Jahr werden etwa 1.300 Anfragen aus dem In- und Ausland an das Archiv gerichtet. Mit seinen zahlreichen Aktivitäten bewährt sich das Centrum Judaicum als Bindeglied zwischen Vergangenheit und Zukunft. Das Centrum Judaicum ist eine Informationsstelle für jüdisches Leben und sieht sich als Brücke zwischen ost- und westeuropäischem Judentum, indem es jüdische Positionen zu Themen unserer Zeit formuliert.

**Forschungsfelder:**
- Geschichte der Juden in Berlin und seinem Umfeld
- Erinnerung an Leistungen der jüdischen Bevölkerung
- Gedenken an jüdische Opfer

**Besonderheiten:**
Die Stiftung Neue Synagoge Berlin – Centrum Judaicum veranstaltet regelmäßig in Kooperation mit anderen Institutionen zu jüdischen Themen:

- Dauerausstellung „Tuet auf die Pforten" zur Geschichte des Hauses und dem mit ihm verbundenen Leben
- Temporäre Ausstellungen, z. B.:
    - Ausstellung „Gisi Fleischmann (1892–1944): ein jüdisches Schicksal aus Bratislava", 11. September–16. November 2014
    - Ausstellung „Kurt Jacobowitz Jasen. Eine deutsch-amerikanische Lebensgeschichte", 7. September 2014–4. Januar 2015
    - Ausstellung „Jewish Child Survivors – Lost Childhood", 19. August 2014–31. August 2014
    - Ausstellung „Was stehen blieb – Zerstörte Synagogen im Berlin der Nachkriegszeit", 28. April–31. August 2014
    - Ausstellung „„Alles brannte!" – Jüdisches Leben und seine Zerstörung in den preußischen Provinzen Hannover und Ostpreußen", 28. April–31. August 2014
    - Ausstellung „VON INNEN NACH AUSSEN. Die Novemberpogrome 1938 in Diplomatenberichten aus Deutschland", 12. November 2013–3. August 2014
    - Ausstellung „Bleiben?! Juden im befreiten Berlin", 18. August–2. März 2014
    - Ausstellung „Was stehen blieb – Zerstörte Synagogen im Berlin der Nachkriegszeit", 8. November 2013–2. März 2014
    - Ausstellung „KEEP ME IN MIND", 15.–17. September 2014
    - Ausstellung „Geraubt und genutzt. Bücher von verfolgten und ermordeten Juden in Berliner Bibliotheken", 10. Mai–8. September 2013
    - Temporäre Ausstellungen im Themenjahr 2013 „Zerstörte Vielfalt – Berlin 1933–1938–1945"
    - Ausstellung „Moses Mendelssohn: Freunde, Feinde und Familie", 26. November 2012–7. April 2013
    - Ausstellung „Synagogen und Tempel – 200 Jahre jüdische Reformbewegung und ihre Architektur", 23. Mai 2012–8. Juli 2012
    - Ausstellung „Auf der Suche nach einer verlorenen Sammlung. Das Berliner Jüdische Museum 1933–1945", 10. September–30. Dezember 2011
    - Ausstellung „Fräulein Rabbiner Jonas" – 75 Jahre Ordination zur Rabbinerin, 4. Dezember 2010–14. April 2011
    - Ausstellung „Aliza Auerbach – Fotografien", 30. August 2010–27. Januar 2011
    - Ausstellung „Das Verhängnis der Mark Brandenburg – der Berliner Hostienschändungsprozess von 1510", 21. Juni 2010–30. Januar 2011
    - Ausstellung „Lotte Cohn – Baumeisterin im Land Israel", 29. August–18. Oktober 2009
- Wanderausstellungen:
    - „Jeckes. Die deutschsprachigen Juden in Israel"
    - „Feldrabbiner in den deutschen Streitkräften des Ersten Weltkrieges"
    - „... auf dem Dienstweg. Die Verfolgung von Beamten, Angestellten und Arbeitern der Stadt Berlin 1933 bis 1945"
    - „Vom Bosporus an die Spree. Türkische Juden in Berlin"
    - „Fräulein Rabbinerin Jonas – 75 Jahre Ordination zur Rabbinerin"
    - „Geraubt und Genutzt. Bücher von verfolgten und ermordeten Juden in Berliner Bibliotheken"
- Tagungen
- Buchvorstellungen und Lesungen
- Zeitzeugengespräche
- Konzerte

- Theateraufführungen
- Vorträge
- Führungen

**Archiv:**
- Gegenwärtig umfasst es rund 400 laufende Meter Archiv- und Sammlungsgut
- rund 2.500 Mikrofilme sowie über 10.300 Mikrofiches
- In seinen Sammelschwerpunkten lehnt sich das Archiv an das frühere Gesamtarchiv der deutschen Juden an, dessen in Deutschland erhalten gebliebene Akten zu den Archivbeständen gehören.
- Das Archiv des Centrum Judaicum enthält Archivalien und Sammlungsgut jüdischer Gemeinden, Verbände und Privatpersonen aus dem gesamten Deutschen Reich bis 1945, nach 1945 vor allem aus Berlin und den neuen Bundesländern.
- Das Archiv ist interessiert an weiteren Quellen zur Geschichte der jüdischen Gemeinden, Vereine, Stiftungen in Deutschland und an Nachlässen sowie größeren Konvoluten mit Familien- und Firmenpapieren.
- Die Sammlung des Bildarchivs im Centrum Judaicum beinhaltet zahlreiche historische Aufnahmen zur Geschichte der Neuen Synagoge und der Berliner jüdischen Gemeinde, Dokumente zum Zeitgeschehen, zu Personen des öffentlichen Lebens sowie zahlreiche Aufnahmen aus privaten Nachlässen.
- Die Nutzung und Bereitstellung von Fotomaterial erfolgt ausschließlich über schriftliche Anfragen nach eigener Gebührenordnung. Ein persönlicher Besuch ist nur nach Terminabsprache möglich.

**Bibliothek:**
- etwa 15.000 Bände zum Judentum, darunter etwa 1.500 in hebräischer oder jiddischer Sprache.
- Veröffentlichungen zur allgemeinen sowie zur Regional- und Lokalgeschichte der Juden in Deutschland und
- Veröffentlichungen zur jüdischen Religion
- Auch einzelne jüdische Zeitungen und Zeitschriften sind hier, wenn auch nicht lückenlos, überliefert.
- Der Bestand setzt sich zusammen aus Teilen der Bibliothek der Jüdischen Gemeinde Berlin (Ost), aus Übergaben durch die Zentral- und Landesbibliothek Berlin und die Staatsbibliothek Berlin, aus Privatnachlässen, Spenden, Schenkungen, antiquarischen Ankäufen etc.
- Die Erfassung des Bestandes in einem elektronischen Katalog wurde 2004/2005 durch die Alfried Krupp von Bohlen und Halbach-Stiftung gefördert.
- Als reine Präsenzbibliothek steht sie – nach vorheriger Anmeldung – Di.–Do. 10.00 Uhr bis 16.00 Uhr Benutzern mit vorrangig wissenschaftlichen Fragestellungen zur Verfügung.
- Im Bibliothekskatalog kann online vorab im gemeinsamen Katalog der Arbeitsgemeinschaft der Gedenkstättenbibliotheken (AGGB) recherchiert werden.

**Publikationen:**
- Die Stiftung Neue Synagoge Berlin – Centrum Judaicum ist Herausgeber zahlreicher wissenschaftlicher Publikationen.
- Es erscheinen sowohl Begleitpublikationen zu Ausstellungen als auch Veröffentlichungen zu jüdischer Geschichte, Kunst und Kultur.

- Die Bücher können sowohl vor Ort erworben als auch versandt werden.
- Hermann Simon [unter Mitarbeit von Daniela Gauding] Die Neue Synagoge Berlin"... zum Ruhme Gottes und zur Zierde der Stadt", Berlin 2011 [Jüdische Miniaturen Band 44].

## ARBEITSGEMEINSCHAFTEN/NGOS/E.V.S

### Alemannia Judaica - Arbeitsgemeinschaft für die Erforschung der Geschichte der Juden im süddeutschen und angrenzenden Raum

Kontaktadresse:
Dr. Joachim Hahn
Alemannia Judaica
Schulstraße 18
D-73207 Plochingen
mailbox@alemannia-judaica.de
http://www.alemannia-judaica.de/

Gründungsjahr: 1992

**Aufgaben/Ziele:**
Alemannia Judaica ist eine seit 1992 bestehende Arbeitsgemeinschaft von Einrichtungen (Trägervereine ehemaliger Synagogen, jüdische Museen, Dokumentations- und Forschungszentren für jüdische Regionalgeschichte, KZ-Gedenkstätten und andere Initiativen) sowie von Einzelpersonen, für die die Erforschung der jüdischen Geschichte und die Erinnerungsarbeit vor Ort eine zentrale Rolle spielt. Die Mitglieder kommen aus dem süddeutschen Raum sowie aus dem Elsass, der deutschsprachigen Schweiz und aus Vorarlberg/Österreich. Offizielles Gründungsdatum von Alemannia Judaica war - nach einer längeren informellen Tätigkeit im Rahmen regionalgeschichtlicher Arbeit an der Universität Freiburg im Breisgau - der 24. Mai 1992 anlässlich einer Tagung in Hohenems.

**Forschungsfelder:**
- Geschichte der Juden im süddeutschen und angrenzenden Raum
- Hauptsächliches Ziel der Arbeitsgemeinschaft ist die Koordination der Forschung zur Regionalgeschichte der Juden im süddeutschen Raum und den angrenzenden Gebieten.
- Jahrestagungen der Arbeitsgemeinschaft dienen dem gegenseitigen Austausch von Informationen und der Besichtigung der Erinnerungsstätten und der Aktivitäten an einem bestimmten Ort.
- Die in der Arbeitsgemeinschaft verbundenen deutschen Einrichtungen pflegen zudem eine enge Verbindung über die Landesarbeitsgemeinschaft der Gedenkstätten und Gedenkstätteninitiativen in Baden-Württemberg (bei der Landeszentrale für politische Bildung).

**Datenbanken und Online-Ressourcen:**
- Recherche auf den süddeutschen und angrenzenden Raum bezogen zu:
  - Jüdischen Friedhöfen
  - Früheren und bestehenden Synagogen
  - Jüdischen Kulturdenkmalen in der Region

- Jüdische Gemeinden in der Region
- Jüdische Museen
- Forschungsprojekte
- Literatur und Presseartikel
- Adressliste
- Digitale Postkarte
- Aktuelle Informationen und Veranstaltungshinweise
- Jahrestagungen der Alemannia Judaica
- Mitglieder der Arbeitsgemeinschaft
- Links
- Suchfunktion nach einzelnen Begriffen liegt vor

**Arbeitsgemeinschaft Jüdische Sammlungen**
c/o Abraham Geiger Kolleg
Postfach 120852
D-10598 Berlin
Tel.: +49(0)30 3180591-0
Fax: +49(0)30 3180591-10
marquardt@geiger-edu.de
http://juedische-sammlungen.de

Gründungsjahr: 1976

**Aufgaben/Ziele:**
Die Arbeitsgemeinschaft Jüdische Sammlungen ist ein 1976 in Köln gegründeter loser Zusammenschluss Jüdischer Museen und anderer Einrichtungen wie ehemalige Synagogen, Gedenkstätten, Bibliotheken, Archive und Forschungsinstitute, aber auch in diesem Bereich tätiger Einzelpersonen aus Deutschland, Österreich und der Schweiz. In den letzten Jahren kamen auch Institutionen aus Belgien, den Niederlanden, England, Israel, den USA und osteuropäischen Ländern hinzu. Ziel der jährlichen Treffen ist der fachliche Austausch und die Vernetzung von Einrichtungen und Projekten, die sich mit jüdischer Geschichte und Kultur befassen.

**Forschungsfelder:**
- Jüdische Geschichte und Kultur

**Besonderheiten/Forschungsschwerpunkte, z.B.:**
- Tagung AG Jüdische Sammlungen 2014 In Zürich und Basel/Schweiz, 16.–19.09.2014
- Workshop zur originalschriftlichen Katalogisierung von Hebraica in Potsdam, 19.–20.05.2014
- Jahrestagung der AG „Jüdische Sammlungen" 2013 in Dresden, 8.–11.10.2013

**Datenbanken und Online-Ressourcen:**
Folgende Kategorien können online durchsucht werden:
- Allgemeine Fachinformationen
- Bibliotheken und Archive
- Begegnungs- und Gedenkstätten
- Tagungen und Tagungsberichte
- Institute und Projekte
- Synagogen, Museen und Ausstellungen

- Fachspezifische Informationen
- Veranstaltungen
- Online-Veranstaltungs-Archiv der Arbeitsgemeinschaft Jüdische Sammlungen

## Gesellschaft zur Erforschung des Lebens und Wirkens deutschsprachiger jüdischer Architekten e.V.
Berlin
http://www.juedische-architekten.de

Gründungsjahr: 1992

**Aufgaben/Ziele:**
Die Gesellschaft will die Bauten deutschsprachiger jüdischer Architekten sichtbarmachen und helfen, diese zu bewahren. Darüber hinaus soll an die Architekten erinnert und über ihr Leben und Wirken informiert werden. Angeboten werden Führungen zu Bauten von jüdischen Architekten in Berlin und Umland.

**Forschungsfelder:**
- Leben und Wirken deutschsprachiger jüdischer Architekten

**Besonderheiten/Forschungsschwerpunkte:**
- Veranstaltungen und Führungen

**Archiv:**
- Informationen zu den Veranstaltungen vergangener Jahre können online abgerufen werden

**Datenbanken und Online-Ressourcen:**
Ein Veranstaltungskalender kann online abonniert werden.

## Nürnberger Institut für NS-Forschung und jüdische Geschichte des 20. Jahrhunderts e.V.
Postfach 210312
90121 Nürnberg
Tel: + 49(0) 911 519-37 37
info@nurinst.org
http://www.nurinst.org

Gründungsjahr: 2001

**Aufgaben/Ziele:**
Das Institut wurde als gemeinnütziger Verein zur Erforschung des Nationalsozialismus, der Geschichte der Juden in Deutschland im 20. Jahrhundert, insbesondere der Nachkriegsgeschichte und der Geschichte der jüdischen DisplacedPersons gegründet. Die Ergebnisse werden in wissenschaftlichen Publikationen und in journalistischen Artikeln veröffentlicht; sowie Dokumentarfilme produziert, die im Bildungsbereich zum Einsatz gebracht werden können.

**Forschungsfelder:**
- Jüdisches Leben in der Stadt der Reichsparteitage und der fränkischen Region
- Ausplünderung jüdischer Bürger durch die Finanzbehörden

- Geraubte jüdische Bücher – Julius Streichers Bibliothek
- Soziales und politisches Leben in den jüdischen DP-Camps Deutschlands
- Die Emigration jüdischer DisplacedPersons nach Australien 1946–51
- Zeitzeugenprojekt: Nürnberger Videoarchiv der Erinnerung mit Interviews von jüdischen Emigranten aus den USA und Israel

**Publikationen:**
- Tobias, Jim G.: Nach der Shoa: Neue Heimat „down under". Die Emigration jüdischer Displaced Persons nach Australien 1946–51 (erscheint 2014)
- Tobias, Jim G.: Zeilsheim. Eine jüdische Stadt in Frankfurt (2011)
- Zinke, Peter: „An allem ist Alljuda schuld". Antisemitismus während der Weimarer Republik in Franken (2009)
- Tobias, Jim G.: „Sie sind Bürger Israels". Die geheime Rekrutierung jüdischer Soldaten außerhalb von Palästina/Israel 1946 bis 1948 (2007)
- Nicola Schlichting, „Öffnet die Tore von Erez Israel". Das jüdische DP-Camp Belsen 1945–1948. (2005)

**Datenbanken und Online-Ressourcen:**
- Jüdische Ärzte aus Deutschland und ihr Anteil am Aufbau des israelischen Gesundheitswesens
- After the Shoah. Internetlexikon der DP-Camps in der US-Zone

**Newsletter/Periodika:**
- nurinst – Beiträge zur deutschen und jüdischen Geschichte (Jahrbuch, alle zwei Jahre)

## Warmaisa e.V.- Gesellschaft zur Förderung und Pflege jüdischer Kultur in Worms
Hintere Judengasse 7
67547 Worms
Tel.: +49(0)6241/27508
Fax: +49(0)6241/206839
r.graser@nexgo.de
http://www.warmaisa.de

Gründungsjahr: 1996

**Aufgaben/Ziele:**
Die Initiatoren bedauerten seit langem, dass es in Worms zwar beeindruckende Zeugnisse einer einstmals bedeutenden jüdischen Gemeinde gibt, dass dieser Zeugnisse sehr gut konserviert und dem interessierten Publikum zugänglich gemacht werden, dass darüber hinaus aber kaum Gelegenheit geboten wurde, etwas über alte und gegenwärtige jüdische Kultur zu erfahren. Die Wormser Bürgerinnen und Bürger sollten mehr erfahren über den unschätzbaren Beitrag, den Jüdinnen und Juden für unsere Kultur geleistet haben.

**Besonderheiten/Forschungsschwerpunkte:**
- Vermittlung jüdische Kultur
- Projekt Restaurierung der Trauerhalle auf dem jüdischen Friedhof Worms-Hochheim
- Projekt Restaurierung des Ehrenmals für jüdische Soldaten aus dem 1. Weltkrieg
- Jährliche Verleihung des Warmaisa-Preises an Schülerinnen und Schüler für ihre Auseinandersetzung mit dem Judentum

- Der museumspädagogische Arbeitskreis des Vereins erstellt für das jüdische Museum in Raschihaus Worms Begleitmaterial für Schülerinnen und Schüler der verschiedenen Stufen (Grundsschule, Sekundarstufe I und II).
- Programmgestaltung der Jüdischen Kulturtage Worms in Zusammenarbeit mit der Stadt Worms und der Jüdischen Gemeinde Mainz
- Teilnahme am Projekt „Stolpersteine" von Gunter Demnig
- Beteiligung am Antrag „Weltkulturerbe ShUM-Region"
- Exkursionen
- Gedenkveranstaltungen

**Publikationen:**
- Graser, Roland/Reuter, Fritz/Schäfer, Ulrike: „Vergiss uns nicht". Stolpersteine in Worms. Worms 2009
- Hrsg. v. Warmaisa e.V.: Reuter, Fritz/Schäfer,Ulrike: Wundergeschichten aus Warmaisa. Juspa Schammes, seine Ma'asseh nissim und das jüdische Worms im 17. Jahrhundert. Worms 2005.

# Österreich

### FORSCHUNGSEINRICHTUNGEN

### Centrum für Jüdische Studien der Karl-Franzens-Universität Graz
Attemsgasse 8/Heinrichstraße 22
A-8010 Graz
Tel.: +43 316 380 8072, 8073
Fax.: +43 316 380 9738
cjs.graz@uni-graz.at

Gründungsjahr: 2000

**Aufgaben/Ziele:**
Das Centrum für Jüdische Studien an Karl-Franzens-Universität Graz (CJS) wurde als Verein zur Förderung des David-Herzog-Centrums für Jüdische Studien gegründet. Nach einer Übergangsphase, in der der Bezug zur Universität nur durch den Vereinsvorstand in personaler Hinsicht bestand, wurde das CJS auf Beschluss des Senates im Jahre 2001 der Universität angegliedert. Gleichzeitig wurde ein Leistungsvertrag mit ihr geschlossen. Das CJS verpflichtet sich darin u. a. zu Forschung und Lehre in jüdischen Studien, zur Herausgabe einer Zeitschrift (transversal) und einer Buchreihe (Schriften des Centrums für Jüdische Studien) sowie zum Aufbau einer Bibliothek. Das CJS ist interdisziplinär und kulturwissenschaftlich ausgerichtet. Das Forschungsinteresse bezieht sich auf europäisches und außereuropäisches Judentum (im Besonderen mit Schwerpunkt auf die jüdische Regionalgeschichte).

**Forschungsfelder:**
- Jüdische Literatur
- Jüdische Regionalgeschichte
- Europäisches und außereuropäisches Judentum

**Forschungsprojekte (Auswahl):**
- der jüdische Friedhof von Graz: Erforschen – Bewahren – Erinnern
- Juden in der allgemeinen Populärkultur in Wien um 1900
- Deutschsprachig-jüdische Literatur im 1. Weltkrieg
- NS-Herrschaft im Bezirk Oberwart unter besonderer Berücksichtigung der Verfolgung der jüdischen Bevölkerung
- Neue Aspekte zur Geschichte der Juden Wiens im Fin de Siècle

**Archiv:**
- Biographisches Archiv der sterischer Juden und Jüdinnen

**Publikationen:**
- Adunka, Evelyn/Lamprecht, Gerald und Georg Traska (Hrsg.): Jüdisches Vereinswesen in Österreich im 19. und 20. Jahrhundert (Schriften des Centrums für jüdische Studien, B 18). Innsbruck – Wien – Bozen (2011)
- Hödl, Klaus: Kulturelle Grenzräume im jüdischen Kontext (Schriften des Centrums für Jüdische Studien, Bd. 14), Innsbruck – Wien – Bozen (2008)
- Wassermann, Heinz P.: Naziland Österreich? Studien zu Antisemitismus, Nation und Nationalsozialismus im öffentlichen Meinungsbild (Schriften des Centrums für Jüdische Studien, Bd. 2). Innsbruck – Wien – München – Bozen (2002)

**Periodika/Newsletter:**
- transversal – Zeitschrift des Centrums für jüdische Studien

## Dokumentationsarchiv des österreichischen Widerstandes
Altes Rathaus
Wipplinerstr. 6–8
A-1010 Wien
Tel: +43-1-22 89 469/319
office@doew.at

Gründungsjahr: 1963

**Aufgaben/Ziele:**
Das DÖW wurde von ehemaligen Widerstandskämpfern und Widerstandkämpferinnen und Verfolgten sowie von einigen engagierten Wissenschaftlern gegründet. Es entsprang – ebenso wie die von ihm ausgehende Widerstandsforschung – nicht der vom offiziellen Österreich vertretenen „Opfertheorie" (Österreich als erstes Opfer von Hitlers Aggressionspolitik), sondern dem Bemühen um Selbstdarstellung der WiderstandskämpferInnen und Verfolgten und deren Selbstbehauptung gegen Ignoranz und Verdrängung. Trotz dieser Fokussierung auf den österreichischen Widerstand umfasste die inhaltliche Tätigkeit des DÖW von Beginn an auch die Geschichte der Verfolgung, vor allem der Jüdinnen und Juden, aber auch anderer Gruppen. Es existiert eine namentliche Erfassung aller österreichischen Holocaustopfer, welche von der israelischen Gedenkstätte Yad Vashem und dem Wissenschaftsministerium initiiert worden sind. Darüber hinaus wurde im Jahr 2005 das Theresienstädter Gedenkbuch der österreichischen Juden von 1942–1945 in Theresienstadt herausgegeben, welches die Schicksale von über 18 000 Juden und Jüdinnen beinhaltet. Weitere große Forschungsschwerpunkte bilden die NS-Medizinverbrechen.

**Forschungsfelder:**
Exil:
- Vertreibung – Exil – Emigration. Die österreichischen NS-Vertriebenen im Spiegel der Sammlung der Rechtsanwaltskanzlei Dr. Hugo Ebner
- Biographisches Handbuch der österreichischen Opfer des Stalinismus (bis 1945)
- ÖsterreicherInnen im Exil. Die Rio de la Plata Staaten Argentinien und Uruguay 1938–1945
- Österreicher im Exil. Mexiko 1938–1947
- Widerstand und Verfolgung:
- Namentliche Erfassung der Opfer politischer Verfolgung 1938–1945
- Gedenken und Mahnen in Niederösterreich und in der Steiermark
- Widerstand und Verfolgung in der Steiermark
- Gedenktafeln in Wiener Städtischen Wohnhausanlagen (2010 abgeschlossen)
- Der SK Rapid in den Jahren 1938–1945
- Hochverrat, Landesverrat, Wehrkraftzersetzung. Politische NS-Strafjustiz in Österreich und Deutschland
- ZeitzeugInnenprojekt Mauthausen (Mauthausen SurvivorsDocumentation Project)
- Opfer des Terrors der NS-Bewegung in Österreich 1933–1938
- Holocaust
- Namentliche Erfassung der österreichischen Holocaustopfer (vorläufig abgeschlossen)
- Theresienstädter Gedenkbuch. Österreichische Jüdinnen und Juden in Theresienstadt. 1942–1945
- NS-Medizinverbrechen
- Anstaltspsychiatrie und Massenmord. Die Vernichtung von PatientInnen aus Wiener psychiatrischen Anstalten im Rahmen der „Aktion T4"
- Medizin, „Volk" und „Rasse". Gesundheits- und Wohlfahrtspolitik in Wien 1938 bis 1945
- Eugenik, Prävention und Volksgesundheit. Transformationen des Wiener öffentlichen Gesundheitsdienstes 1930–1960
- Erarbeitung der wissenschaftlichen Grundlagen über die NS-Euthanasie in Hartheim 1940–1945
- Erfassung der Spiegelgrund-Opfer

Volksgerichtsbarkeit nach 1945:
- Sammlung auszugsweiser Papierkopien aus Strafakten der Verfahren vor dem Volksgericht Wien (1945–1955) sowie Wiener Strafakten wegen NS-Verbrechen (1956–1975)
- Verfahren gegen Verbrechen an Juden und Jüdinnen vor dem Volksgericht Wien (1945–1955) sowie dem Wiener Straflandesgericht (seit 1956) in Kooperation mit Yad Vashem und dem US Holocaust Memorial Museum

**Archiv:**
- Polizei- und Justizakten und anderer Behörden zu Widerstand und Verfolgung
- Interviews mit ca. 1000 Personen, die am österreichischen Widerstand teilnahmen
- Ca. 70 Interviews mit Teilnehmern der Februarkämpfe 1937
- 42 000 Fotos mit den Themen: Österreichische Zwischenkriegszeit, Widerstand und Verfolgung in Österreich 1934–1945, Widerstand in Europa, Österreicher im Exil, Erster und Zweiter Weltkrieg, Konzentrationslager, Nachkriegszeit in Österreich, Rechtsextremismus in Österreich nach 1945
- Gedenkstätten des Widerstandes
- Unterlagen über die Lager Ravensbrück und Uckermark

- Akten über den Prozess gegen die Wachmannschaft und die SS-Ärzte des KZ Ravensbrück, Hamburg 1946-1948
- rund 3.000 Plakate, beginnend mit der Zeit des Ersten Weltkriegs bis in die Gegenwart
- Sammlungen zu rechtextremen Organisationen in Österreich und der Welt
- Spanienarchiv über die Österreichischen Teilnehmer am spanischen Bürgerkrieg
- Museumsgegenstände

**Bibliothek:**
- Ca. 44800 Titel
- thematische Schwerpunkte: NS-Verbrechen, Holocaust, Exil, Konzentrationslager, Widerstand und Verfolgung in Österreich und Europa, Rechtsextremismus nach 1945
- Spezialsammlungen: Flugblätter, Exil, Bibliothek der FIR, Spanischer Bürgerkrieg, Judaica

**Publikationen:**
- Österreicher im Exil. Eine Dokumentationsreihe des DÖW – bisher erschienen: Mexiko (2002), Sowjetunion (1999), USA (1995), Belgien (1987), Spanien (1986), Frankreich (1984)
- Freund, Florian/Safrian, Hans: Vertreibung und Ermordung. Das Projekt „Namentliche Erfassung der österreichischen Holocaustopfer". Wien 1993.
- Hindels, Josef: Erinnerungen eines linken Sozialisten. Wien 1996.
- Mang, Thomas: „Gestapo-Leitstelle Wien - Mein Name ist Huber". Wer trug die lokale Verantwortung an der Ermordung der Juden Wiens?. Wien 2003.
- Moser, Jonny: Demographie der jüdischen Bevölkerung Österreichs 1938–1945. Wien 1999.
- Niklas, Martin:"...die schönste Stadt der Welt". Österreichische Jüdinnen und Juden in Theresienstadt. Wien 2009.
- Plöchl, Gerhardt: Willibald Plöchl und Otto Habsburg in den USA Ringen um Österreichs „Exilregierung" 1941/42. Wien 2007.
- Institut Theresienstädter Initiative: Theresienstädter Gedenkbuch. Österreichische Jüdinnen und Juden in Theresienstadt 1942–1945. Prag 2005.

## Institut für Judaistik

Universität Wien
Spitalgasse 2
Hof 7.3
A-1090 Wien, Austria
Tel: +43-(0)1-4277 43301
Fax: +43-(0)1-4277 9433
judaistik@univie.ac.at

Gründungsjahr: 1966

**Aufgaben/Ziele:**
In Wien gab es dank Kurt Schubert erste Anfänge der Judaistik ab 1945, ein Ordinariat und Institut aber erst ab 1966. Die Aufgaben des Instituts umfassen die jüdische Geschichte, Literatur und Religionen von den Anfängen bis heute zu erforschen, Juden und Nicht-Juden ein umfassendes und sachlich fundiertes Bild des Judentums in allen Facetten zu vermitteln, sowie durch Forschung und Lehre über das Judentum zu informieren und so neuen Antisemitismus in seinen Anfängen zu verhindern und Vorurteile abzubauen.

In der Lehre wird besonderer Wert auf die Beherrschung der hebräischen Sprache sowie auf die Kenntnis der kulturellen, religiösen und literarischen Traditionen des Judentums in seinen vielfältigen Ausprägungen gelegt.

**Forschungsfelder:**
- Jüdische Kulturgeschichte in der Antike
- Judentum im Mittelalter
- rabbinische Literatur
- rezeptionsgeschichtliche Untersuchungen zu biblischen Texten
- Verarbeitung jüdischer Tradition in deutschsprachiger Literatur
- jüdisch-christliche „Begegnung" (Kulturtransfer etc.)
- Israelisches Alltagsleben

**Bibliothek:**
Der Fachbereich Judaistik befindet sich in der Universitätsbibliothek der Universität Wien unter: http://bibliothek.univie.ac.at/fb-judaistik/

Heute umfasst die Fachbereichsbibliothek Judaistik etwa 19.000 Druckschriftenbände (Monographien, Reihenwerke, Periodika), dazu 45 laufende Fachzeitschriften, 53 zeitschriftenartige Reihen, und einen wachsenden Bestand an CD-ROMs (dzt. ca. 70) sowie Filmmaterial (dzt. ca. 70 Videos und DVDs).

**Bestand:**
- Antike Geschichte des Judentums („Zweiter Tempel")
- Qumran und andere Aspekte der hebräischen Bibel
- Rabbinische Literatur
- Mittelalterliche Exegese und Philosophie
- Hebräische/Aramäische Wörterbücher und Grammatiken
- Kabbalah, Austriaca
- Jüdische Philosophie
- Geschlechterforschung und Homosexualität
- Medizin und Reproduktionstechnologie in Bezug zur jüdischen Ethik und praktischen Halakhah
- Geschichte und Kultur lokaler jüdischer Gemeinden innerhalb und außerhalb Europas
- Jüdische Geschichtsbetrachtung und -schreibung
- Kultur und Gesellschaft Israels

## Institut für Jüdische Geschichte Österreichs

Dr. Karl Renner-Promenade 22
A-3100 St. Pölten
Tel.: (+43-2742) 77171-0
Fax: (+43-2742) 77171-15
office@injoest.ac.at

Gründungsjahr: 1988

**Aufgaben/Ziele:**
Die Aufgabe des Instituts besteht in der umfassenden Erforschung der Geschichte und der Kultur der Juden in Österreich vom Mittelalter bis zur Gegenwart. Neben der Ausstellung und zahlreichen Publikationen, bietet das Institut auch Veranstaltungen zu den verschiedensten Themen

der jüdischen Geschichte an. Seit dem 1. Juli 2011 ist es an das Institut für österreichische Geschichtsforschung der Universität Wien gebunden. Das Institut wirkte an der Einrichtung der Dauerausstellung in der wiederhergestellten Synagoge St. Pölten mit. In dem Unterprojekt „Entwurzelt? Erzwungene Emigration im Familiengedächtnis" werden narrative, biografisch orientierte Interviews mit Nachkommen von österreichischen Verfolgten sowohl in Österreich als auch in Argentinien geführt. Für dieses wichtigste Emigrationsland der jüdischen Vertriebenen in Südamerika stehen bereits 70 Interviews mit der „ersten Generation" aus einem Vorgängerprojekt zur Verfügung.

**Forschungsfelder:**
- Kultur- und Sozialgeschichte der Juden im Spätmittelalter
- Quellen zur Geschichte der Juden im Mittelalter
- Geschichte der Juden in der Frühen Neuzeit
- Kultur- und Sozialgeschichte der österreichischen Juden in der Neuzeit
- Die NS-Zeit in Österreich und Skandinavien, Antisemitismus, Holocaust und die nationalsozialistischen Konzentrations- und Vernichtungslager mit Hauptfokus auf dem Konzentrationslager Mauthausen
- Geschichte der Juden in Niederösterreich
- Juden in Niederösterreich 1782–1938
- ÖsterreicherInnen im Exil: Argentinien 1938–1945
- Nationalsozialismus und Shoah im Familiengedächtnis
- Jüdische Geschichte der Neuzeit im Heiligen Römischen Reich
- Jüdische Geschichte in Österreich (Rechtsgeschichte, Kulturgeschichte)

**Publikationen:**
- Neuland – Migration mitteleuropäischer Juden 1850–1920. (2008)
- Erzwungene Emigration nach Argentinien. Österreichisch-jüdische Lebensgeschichten. (2010)
- Austria Judaica. Quellen zur Geschichte der Juden in Niederösterreich und Wien 1496–1671. (2011)
- Geschichte der Juden in Österreich (2006)
- Publikationsreihe „Spuren in der Zeit"
- Publikationsreihe „Augenzeugen berichten"

**Periodika/Newsletter:**
- Zeitschrift: Juden in Mitteleuropa (erscheint einmal jährlich)

## Österreichische Gesellschaft für Exilforschung
Engerthstr. 204/40
A–1020 Wien
Tel.: +43 (0)699/1093 34 11 (Assistenz der Geschäftsführung)
office@exilforschung.ac.at

Gründungsjahr: 2003

**Aufgaben/Ziele:**
Mit der Gründung der Österreichischen Gesellschaft für Exilforschung wurde ein Zeichen gesetzt, dass die Auseinandersetzung mit dem österreichischen Exil auch nach der Jahrtausendwende und nach der teilweise gelungenen Beilegung des Streits um Ersatz für die materiellen

Schäden Vertriebener keineswegs beendet ist. Aus vielen Ländern, in besonderem Ausmaß aus Österreich, wurden KünstlerInnen und WissenschaftlerInnen während der NS-Zeit vertrieben, in Konzentrationslager deportiert und dort ermordet. Bis heute gibt es in Österreich keinen einzigen Lehrstuhl für Exil- und Holocaustforschung, hat nie eine umfassende Exilausstellung stattgefunden, ist das Bewusstsein der Bedeutung und des Ausmaßes des Exils aus Österreich kaum in breitere Kreise gedrungen. Seit ca. 15 Jahren gibt es eine Vielzahl von Initiativen, Forschungsprojekten, Dissertationen und Diplomarbeiten, Buchpublikationen, Musikveranstaltungen und Ausstellungen, die sich mit dem Exil, dem Werk und dem Schicksal jener Menschen befassen. Die Österreichische Gesellschaft für Exilforschung, als ein ziviler, von staatlichen Instanzen unabhängiger Zusammenschluss von Exilierten und von auf dem Gebiet der Exilforschung Tätigen beziehungsweise Interessierten, stellt sich die Aufgabe, die vielen positiven Ansätze auf diesem Gebiet zu dokumentieren, sie auf ihrer Website allgemein zugänglich zu machen, und, wenn dies gewünscht wird, bei der Koordination von Projekten und Veranstaltungen mitzuhelfen.

Außerdem tritt die Gesellschaft für eine bessere Verankerung von Exilforschung in Universitäten und anderen Institutionen ein.

Darüber hinaus existiert eine Frauen-AG, die sich mit der marginalisierten Situation von Frauen im Exil beschäftigt.

**Forschungsfelder:**
Exilforschung
– Frauen im Exil
– jüdisches Exil
– die KPÖ im Exil
– Kunst-Exil
– Oral History in der Exilforschung
– Alltagsrassismus

**Forschungsprojekte (Auswahl):**
– „Jüdische Journalisten in Österreich 1848–1938"
– Geschlechterbeziehungen in Extremsituationen
– Donauwalter am Irawadi. Exil in England. Kampf in Burma. Rückkehr nach Wien

**Publikationen:**
– Brenner, Hedwig: Jüdische Frauen in der Bildenden Kunst. Band I-III. Konstanz 1998–2007.
– Dick, Jutta/Sassenberg, Marina (Hrsg.): Jüdische Frauen im 19. und 20. Jahrhundert. Reinbek 2003.
– Helmig, Martina: Ruth Schoenthal- Ein kompositorischer Werdegang im Exil. Hildesheim, Zürich, New York 1994.
– Handbuch der Österreichischen Exilforschung (in Vorbereitung).

## Zentrum für Jüdische Kulturgeschichte
Residenzplatz 1
A-5020 Salzburg
Tel.: 0662/8044/2961
zjk@sbg.ac.at

Gründungsjahr: 2004

**Aufgaben/Ziele:**
Das Zentrum für Jüdische Kulturgeschichte (ZJK) beschäftigt sich mit dem Judentum von den Anfängen bis zur Gegenwart, besonders in Bezug auf die Diaspora. Der Schwerpunkt der überfakultären und interdisziplinären Einrichtung liegt auf der Erfahrung von Zugehörigkeit und Fremdheit, dem Zusammenleben von Kulturen, Minderheiten und Mehrheiten, den Problemen der Migration und dem umfassenden kulturellen Austausch. Das führt zur Auseinandersetzung mit grundsätzlichen Fragen von Identität und Alterität, Migration, Integration/Akkulturation und Konfliktmanagement. Das Augenmerk wird gleichermaßen auf die unterschiedlichen Erscheinungsweisen von Religion, Politik, Sprachen, Literaturen, Künsten, Wissenschaften und Medien gerichtet. Das Zentrum bietet Vorlesungen zu Jüdischen Studien, Sommerkurse mit Themen zur jüdischen Kultur und regionalgeschichtliche Exkursionen an.

**Forschungsfelder:**
- Bedeutung des Judentums in der Diaspora
- Beziehungen des Judentums zu nicht-jüdischen Gesellschaften und Kulturen, Kulturtransfer und wechselseitige kulturelle Beeinflussungen
- Verwaltung von Kopien von Archiven mit Interviews/Berichten von Überlebenden des Holocausts bzw. deutschsprachigen Immigranten nach Israel
- Judentum in der Salzburger Regionalgeschichte
- „Austrian HeritageCollection": Schriftliche und Mündliche Erinnerungen von österreichisch-jüdischen ImmigrantInnen in den USA
- Jakob-Esau Konflikt über die Geschichte und die jüdische „Identität"
- Kinder der deutschsprachigen Einwanderer in Israel (2. und teilweise 3.Generation)
- Archivierung von Oral History-Interviews mit Opfern des Nationalsozialismus in Österreich
- Salzburg-Netzwerk von „Nationalsozialismus und Holocaust: Gedächtnis und Gegenwart", ein Vermittlungsprojekt für Lehrende an österreichischen Schulen
- Stefan Zweig Zentrum Salzburg

**Datenbanken und Online-Ressourcen:**
- Online-Plattform „Österreichische SchriftstellerInnen des Exils seit 1933. Texte und Kontexte" mit dem Schwerpunkt jüdische Emigration und jüdisches Exil
- Projekt Hörspuren: Audio-Touren in Wien mit Interviewausschnitten von ZeitzeugInnen zu Schauplätzen des Jahres 1938

**Publikationen:**
- Hecht, Dieter J. / Lichtblau, Albert: Mutterland – Vatersprache. Eine Dokumentation des Schicksals ehemaliger ÖsterreicherInnen in Israel. Tel Aviv 2005.
- Eidherr, Armin / Langer, Gerhard / Müller, Karl (Hg.): Diaspora – Exil als Krisenerfahrung. Jüdische Bilanzen und Perpektiven. Klagenfurt: Theodor Kramer Gesellschaft und Drava Verlag 2006.
- Lappin, Eleonore / Lichtblau, Albert (Hg.): Die „Wahrheit" der Erinnerung. Jüdische Lebensgeschichten. Innsbruck, Studien Verlag 2008.

**Periodika/Newsletter:**
- Chilufim. Zeitschrift für Jüdische Kulturgeschichte. Herausgegeben vom Zentrum für Jüdische Kulturgeschichte der Universität Salzburg (erscheint seit Oktober 2006 halbjährlich).
- Newsletter

# Museen

## Jüdisches Museum Hohenems
Villa Heimann-Rosenthal
Schweizer Straße 5
A-6845 Hohenems
Tel: (0043) 05576-73989-0
Fax: (0043) 05576-77793
office@jm-hohenems.at
http: www.jm-hohenems.at

Gründungsjahr: 1991

**Aufgaben/Ziele:**
Das Jüdische Museum Hohenems befindet sich in der Villa Heimann-Rosenthal im Zentrum des ehemaligen jüdischen Viertels. Die 2007 vollständig neu gestaltete Dauerausstellung präsentiert Spannungsfelder jüdischen Lebens im Fokus einer exemplarisch erzählten lokalen Geschichte und ihres Beziehungsraums. Konfrontiert mit den Fragen der Besucher entfaltet die Ausstellung die konkrete Lebenswirklichkeit der Diaspora im Kontext einer europäischen Geschichte von Migration und grenzüberschreitenden Beziehungen, Netzwerken und Globalisierung. Sie stellt Menschen in den Vordergrund, ihre Widersprüche und subjektiven Erfahrungen, ihre Lebensentwürfe und Bräuche: Menschen wie Salomon Sulzer, den Begründer der modernen europäischen Synagogenmusik genauso, wie Hausierer und Gastwirte, Rabbiner und Lehrer, Kaufleute und Fabrikanten, wie die Familie Rosenthal, in deren 1864 erbauter Villa das Museum untergebracht ist. Seit der Eröffnung des Museums, im Kontakt mit den Nachkommen der Hohenemser Juden in aller Welt und durch vielfache Schenkungen, ist eine große Sammlung von Alltagsgegenständen und persönlichen Dokumenten entstanden, die nun erstmals gezeigt werden können.

**Forschungsfelder:**
- Ansiedlung in Hohenems: „Warum sind wir hier?"
- Tradition und Aufklärung: „Wer sind wir?"
- Diaspora und Migration: „Was ist unsere Welt?"
- Identitäten: „Wer bin ich?"
- Integration und Ausschluss: „Gehören wir dazu?"
- Salomon Sulzer
- Jeanette Landauer
- Ivan Landauer
- Klara Heyman-Rosenthal
- Sophie Rosenthal – Sofie Steingraber – Zsofi Hauser
- Dr. Hans Elkan Rabbiner Dr. Aron Tänzer
- Harry Weil
- Nationalsozialismus
- Was nicht übrig blieb (Reichskristallnacht)
- Flucht der Hohenemser Juden
- Vernichtung
- Displaced Persons
- Nachkommen erzählen

- Erinnerung und Nicht-Erinnerung nach 1945

**Archiv:**
- Historische Dokumente, Fotografien und Objekte der jüdischen Gemeinde Hohenems bzw. zu dessen Beziehungsraum

**Bibliothek:**
- Ca. 9000 Bände und Zeitschriften
- Jüdische Regionalgeschichte
- Jüdische Volkskunde
- Wissenschaft des Judentums

**Datenbanken und Online-Ressourcen:**
- Verzeichnis der Grabsteine des jüdischen Friedhofs Hohenems
- Häuserdatei des jüdischen Viertels
- Dokumentenarchiv
- In Vorbereitung: Biographische Datenbank der jüdischen Bevölkerung in Tirol und Vorarlberg vor 1938 in Zusammenarbeit mit dem Institut für Zeitgeschichte der Universität Innsbruck

**Bibliothek:**
- Bibliothekskatalog
- (ca. 4000 Bände online verfügbar)

**Publikationen:**
- Heimann-Jelinek, Felicitas/ Kohlbauer-Fritz, Gabriele und Gerhard Milchram (Hrsg.): Die Türken in Wien. Geschichte einer jüdischen Gemeinde. (2010)
- Kleeberg-Laudage, Regina/Sulzenbacher, Hannes (Hrsg.): Treten Sie ein! Treten Sie aus! Warum Menschen ihre Religion wechseln. (2012)
- Loewy, Hanno/Milchram, Gerhard (Hrsg.): Hast du meine Alpen gesehen? Eine jüdische Beziehungsgeschichte. (2009)
- Loewy, Hanno (Hrsg.): Heimat Diaspora. Das Jüdische Museum Hohenems. (2008)
- Loewy, Hanno/Niedermair, Peter (Hrsg.): Hier. Gedächtnisorte in Vorarlberg 38–45. (2008)
- Loewy, Hanno (Hrsg.): Gerüchte über Juden. Antisemitismus, Philosemitismus und aktuelle Verschwörungstheorien. (2005)
- Wiesemann, Falk: Antijüdischer Nippes und populäre „Judenbilder". Die Sammlung Finkelstein. (2005)
- Zudrell, Petra (Hrsg.): Der abgerissene Dialog. Die intellektuelle Beziehung Gertrud Kantorowicz-- Margarete Susman oder die Schweizer Grenze bei Hohenems als Endpunkt eines Fluchtversuchs. (1999)

**Periodika/Newsletter:**
- Newsletter

## Jüdisches Museum der Stadt Wien

Dorotheergasse 11 (Palais Eskeles)
A-1010 Wien
Tel.: +43 1 535 04 31
Fax: +43 1 535 04 24
info@jmw.at

http://www.jmw.at

Gründungsjahr: 1988/1993(Eröffnung Standort Dorotheergasse), 2000 (Eröffnung Standort Judenplatz)

**Aufgaben/Ziele:**
Das Museum verfügt über zwei Standorte: Museum Judenplatz und Museum Dorotheergasse. Ziel des Museums ist, ein Bewusstsein für jüdische Geschichte, Religion und Kultur zu schaffen.

**Forschungsfelder:**
- Geschichte der Wiener Juden
- Geschichte der Juden in Österreich und in der ehemaligen Habsburger-Monarchie
- Vermittlung der Grundzüge der Jüdischen Religion
- Ausstellungen
  - Dauerausstellungen:
    - „Unsere Stadt! Jüdisches Wien bis heute" (seit November 2013), Museum Dorotheergasse
    - Jüdisches Leben im mittelalterlichen Wien; mittelalterliche Synagoge, Museum Judenplatz
    - Wien und die Welt: Das Schaudepot des JMW, Museum Dorotheergasse
    - Von Alef zu Tav - Vom Anfang zum Ende (Persönliche Feste im jüdischen Alltag), Museum Dorotheergasse
    - Installation der Erinnerung - Nancy Spero, Museum Dorotheergasse
    - Lichtinstallation „Museum" - Brigitte Kowanz, Museum Dorotheergasse
  - Sonderausstellungen (Auswahl):
    - Kosher for... Essen und Tradition im Judentum, 8. Okt. 2014 bis 8. Mär. 2015, Museum Dorotheergasse
    - Das Südbahnhotel. Am Zauberberg der Abwesenheit. Fotografien von Yvonne Oswald, 10. Sept. 2014 bis 11. Jan. 2015, Museum Judenplatz
    - Stoffe und Geschichten. Textilien aus den Sammlungen des Jüdischen Museums, 18. Jun. bis 16. Nov. 2014, Museum Dorotheergasse.
- Sammlungen
- Ausstellungsarchiv
- Führungen
- Museumspädagogik
- Provenienzforschung
- Archivierung
- Restaurierung
- Museumsshop
- Museumscafé

**Archiv:**
- Das Archiv des Museums kann seit 1998 von WissenschaftlerInnen genutzt werden.
- Nutzung auch für interessierte Privatpersonen möglich
- Anfragen unter: Tel.: +43 1 535 04 31-213

**Bibliothek:**
- 1994 eröffnet.

- Größte österreichische Fachbibliothek zum Judentum mit 45.000 Bänden
- Öffentlich zugängliche Präsenzbibliothek
- Arbeitsplätze
- Adresse: Seitenstettengasse 4, 1010 Wien, Tel.: +43 1 5350431-412, Fax: +43 1 5355046, bibliothek@jmw.at

**Datenbanken und Online-Ressourcen:**
- Online-Katalog des des Jüdischen Museums Wien (http://aleph20-prod-sh2.obvsg.at/F?func=find-b-0&CON_LNG=ger&local_base=jmw)

**Publikationen:**
- Ausstellungskataloge zu den Dauerausstellungen und Sonderausstellungen

**Perodika / Newsletter:**
Der Newsletter des Museums kann online abonniert werden.

## Österreichisches Jüdisches Museum

Unterbergstraße 6
Postfach 67
A-7000 Eisenstadt
Tel: +43 (0)2682 65145
Fax: +43 (0)2682 65145-4
info@ojm.at

Gründungsjahr: 1972 (erstes jüdisches Museum in Österreich nach 1945)

**Aufgaben/Ziele:**
Das Österreichische Jüdische Museum ist in einem historischen Gebäude der ehemaligen Judengasse von Eisenstadt untergebracht. Dort war über 250 Jahre eine jüdische Gemeinde angesiedelt. Bei einem Besuch kann man sich die ehemalige private Synagoge, die Sammlungen des Museums (vor allem zu jüdischen Festen und Lebensabschnitten), sowie Fotografien und Dokumente der berühmtesten Rabbiner des Burgenlandes ansehen. „Ver(BE)gangen" war die Outdoor-Ausstellung 2012 (17. Juni bis 26. Oktober 2012) des Österreichischen Jüdischen Museums anlässlich seines 40-Jahr-Jubiläums: 11 Text- und Bildfolien, verteilt auf die Eisenstädter Innenstadt, markierten diverse Schauplätze jüdischen Lebens und führten durch Geschichte und Gegenwart des jüdischen Eisenstadt.

**Forschungsfelder:**
- Privatsynagoge Samson Wertheimer
- Jüdische Fest- und Feiertage
- Jüdische Lebensabschnitte (z.B. Hochzeit)
- Geschichte der Juden des Burgenlandes
- Dokumente und Fotografien zu berühmten Rabbinern der Region

**Datenbanken und Online- Ressourcen:**
- Tafeln der Ausstellung „Ver(BE)gangen"
- Blog: Koschere Melange
- Genealogie-Forum

**Publikationen:**

- Akrap, Domagoj/ Jaschke Almut/ Krajnc Christa und Johannes Reiss: Nicht ganz koscher? (2000)
- Davidowicz, Klaus Samuel: Kabbala. Geheime Traditionen im Judentum. (1999)
- Krajnc, Christa: Schalom Dani. Eine spannende Geschichte für Kinder, Eltern und LehrerInnen. (2004)
- Reiss, Johannes: Hebräisch: Eine kurzweilige Reise durch das Alef-Bet (2012)
- Ders.: ...weil man uns die Heimatliebe ausgebläut hat ... Ein Spaziergang durch die jüdische Geschichte Eisenstadts. (2001)
- Ders. (Hrsg.): Aus den Sieben-Gemeinden. Ein Lesebuch über Juden im Burgenland. (1997)
- Ders.: Hier in der Heiligen jüdischen Gemeinde Eisenstadt. Die Grabinschriften des jüngeren jüdischen Friedhofes in Eisenstadt. (1995)
- Vielmetti, Nikolaus: Die Judengasse von Eisenstadt und das Wertheimerhaus. In: Das Österreichische Jüdische Museum. Hrsg. v. Österreichischen Jüdischen Museum in Eisenstadt (1988), S. 55–64.

**Bibliothek:**
- Ca. 10 000 Bände
- Faksimileausgaben berühmter Gebetbücher und Pesach-Haggadot
- Rabbinica
- Große Sammlung an jiddischer Literatur

**Periodika/Newsletter:**
- Newsletter

# Polen

### Forschungseinrichtungen

### Żydowski Instytut Historyczny Im. Emanuela Ringelbluma (The Emanuela Ringelblum Jewish Historical Institute)
ul. Tłomackie 3/5
PL-00-090 Warszawa
Tel.: (22) 827 92 21
Fax: (22) 827 83 72
RIK: 82/09
NIP: 525-24-45-827
REGON: 141689541
secretary@jhi.pl
http://www.jhi.pl

Gründungsjahr: 1947

**Aufgaben/Ziele:**
Aufgabe des Jüdischen Historischen Instituts in Warschau ist die wissenschaftliche Erforschung der Geschichte der Juden in Polen sowie in ganz Osteuropa. Das Institut beschäftigt sich mit der Dokumentation des Lebens der Juden in Polen nach dem zweiten Weltkrieg bis zur Gegenwart.

Es bietet außerdem Seminare zu verschiedenen Themen des jüdischen Lebens in der Vergangenheit bis zur Gegenwart an. Regelmäßig finden Konferenzen und Tagungen zu aktuellen wissenschaftlichen Schwerpunkten des Instituts statt.

**Besonderheiten/Forschungsschwerpunkte:**
- Dauerausstellung zum Thema Judaica
- Wechselnde Sonderausstellungen zu Themen wie: Juden in Warschau von 1861–1943, Polnische Juden, Synagogen und Friedhöfe im süd-osten Polens
- Hilfe bei der Recherche zu jüdischen Vorfahren in Polen

**Archive:**
- Das Ringelblum Archiv der Mitglieder des Untergrundes des Warschauer Ghettos
- Eine Kunstsammlung mit über 11.000 Einzelstücken
- Ein Bildarchiv mit 40.000 Fotografien von 1860–2011 über den Alltag und die Kultur der Juden in Polen

**Bibliothek:**
- Polens größte Bibliothek mit 80.000 Büchern, davon unter anderem:
- 1.130 Manuskripte über die Kultur und Geschichte der Juden
- 1.400 Alte Drucke
- 30.000 Bücher in Hebräisch und Jiddisch

**Datenbanken und Online-Ressourcen:**
- Bibliothekskatalog
- Archivkatalog

**Publikationen:**
- Doktór, Jan: Misjonarze i Żydzi w czasachmesjańskiej zawieruchy.1648–1792. 2013.
- The Emanuel Ringelblum Jewish Historical Institute: Rabi, rabin, rebe. Rabini w Polsce.2012.
- Cała, Alina: Żyd — wrógodwieczny? Antysemityzm w Polsceijegoźródła. 2012.

**Periodika / Newsletter:**
- Jewish History Quarterly

## Deutsches Historisches Institut Warschau (Niemiecki Instytut Historyczny w Warszawie)
Palac Karnickich
Aleje Ujazdowskie 39
PL-00-540 Warszawa
Tel.: +48-22-525 83-00
Fax: +48-22-525 83 37
dhi@dhi.waw.pl

Gründungsjahr: 1993

**Aufgaben/Ziele:**
Aufgabe des Deutschen Historischen Instituts in Warschau ist die wissenschaftliche Erforschung der Geschichte Polens und der deutsch-polnischen Beziehungen im europäischen und internationalen Kontext. In diesem Themenfeld betreibt das Institut Grundlagenforschung, welche die

polnische Geschichte in ihren europäischen Bezügen und die deutsch-polnische Beziehungsgeschichte in den Blick nimmt. In diesem Kontext steht ebenso die Erforschung der ehemaligen deutschen Gebiete in Polen, wie Posen oder Breslau, die zu den Zentren für deutsches Judentum gehörten.

**Forschungsfelder:**
- Piastische Herrschaft im europäischen Kontext
- Religion und Politik im vormodernen Polen
- Nationale Identität und transnationale Verflechtung
- Gewalt und Fremdherrschaft im ‚Zeitalter der Extreme'

**Besonderheiten:**
- Durchführung von deutsch-polnischen bzw. internationalen wissenschaftlichen Veranstaltungen
- Förderung der geschichtswissenschaftlichen Kommunikation und Kooperation auf nationaler und internationaler Ebene

**Bibliothek:**
- Präsenzbibliothek mit derzeit rund 75.000 Bänden und 315 Periodika.

**Datenbanken und Online-Ressourcen:**
- Bibliothekskatalog

**Publikationen:**
- Genesis des Genozids. Polen 1939–1941. Herausgegeben im Auftrag des Deutschen Historischen Instituts Warschau und der Forschungsstelle Ludwigsburg der Universität Stuttgart von Klaus-Michael Mallmann und Bogdan Musial. (2004)
- Totalitarian and Authoritarian Regimes in Europe. Legacies and Lessons from the Twentieth Century, ed. by Jerzy W. Borejsza and Klaus Ziemer, in cooperation with Magdalena Hułas. (2006)
- Jochen Böhler: Auftakt zum Vernichtungskrieg. Die Wehrmacht in Polen 1939. (2006)
- „Größte Härte…". Verbrechen der Wehrmacht in Polen September/Oktober 1939. Ausstellungskatalog. Herausgegeben vom Deutschen Historischen Institut Warschau; Redaktion und Konzeption: Jochen Böhler. (2005)

**Periodika / Newsletter:**
- Bulletin
- Newsletter
- Jahresbericht

## Stiftung Judaica – Zentrum für Jüdische Kultur (Fundacja Judaica – Centrum Kultury Żydowskiej)

ul. Meiselsa 17
PL-31-058 Kraków
Tel: +48 12 430 64 49, 430 64 52
Fax: +48 12 430 64 97
info1@judaica.pl

Gründungsjahr: 1991

**Aufgaben/Ziele:**
Die Stiftung Judaica betrachtet es als ihre Aufgabe das jüdische Erbe im Krakauer Stadtteil Kazimierz zu schützen, das Gedenken an die Anwesenheit der Juden in Polen, wie zum Beispiel in Galizien sowie an die polnisch-jüdische Nachbarschaft aufrechtzuerhalten. Es entstand im ehemaligen Gebetshaus BneEmuna am PlacŻydowski („Jüdischer Platz"). Besonderes Ziel ist die Vermittlung der Geschichte und Kultur der polnischen Juden an die junge Generation sowie die Möglichkeit einer Plattform für den polnisch-jüdischen Dialog zu schaffen.

**Forschungsfelder:**
- Geschichte, Kultur und Tradition der Juden und jüdischen Gemeinden in Polen
- Holocaust
- Begegnungen zwischen Judentum und Christentum
- Bibel und Geschichte

**Besonderheiten:**
- Das Veranstaltungsprogramm setzt sich zusammen aus: Vorträgen, Begegnungen, Buchpräsentationen, Konferenzen und Seminaren, Sommerprogramme, Filmvorführungen (sowohl von Dokumetarfilmen als auch Spielfilmen), Konzerten sowie Ausstellungen.
- Der Monat der Begegnung mit der Jüdischen Kultur BAJIT CHADASCH (NEUES HAUS) findet seit 1996 statt. Dieser ist einer Persönlichkeit wie Franz Kafka, MordechajGebirtig oder einer bestimmten Fragestellung, zum Beispiel dem jüdischen Galizien gewidmet. Die Aleksander und Alicja Hertz Annual Memorial Lecture– alljährlicher Vortrag, gewidmet dem Gedenken an Aleksander und Alicja Hertz – inhaltlich immer mit der polnisch-jüdischen Thematik verbunden.
- seit 2006 finden die Felix Mendelssohn Musiktage in Krakau statt.
- Das Zentrum beherbergt ein Antiquariat"NaKazimierzu". Dies verfügt über eine große Judaica-Sammlung, Bücher zur jüdischen Geschichte und Kultur, hebräische Altdrucke sowie Graphik und Gemälde

## Uniwersytet Jagielloński
Fakultät für Geschichte
Institut für Jüdische Studien
ul. Gołębia 24
PL-31-007 Kraków
Tel.: +48 12 633 63 77
Fax: +48 12 422 77 62
historia@adm.uj.edu.pl
http://www.uj.edu.pl/en_GB/wydzialy/whistoryczny

Gründungsjahr: 1992

## Zakład Studiów Żydowskich (Institut für Judaistik- Universität Wroclaw)
Uniwersytet Wrocławski
pl. Nankiera 15
PL-50-140 Wrocław
Tel.: +48-71-3752017
Fax: +48-71-3752811
http://www.judaistyka.uni.wroc.pl

Gründungsjahr: 2010

**Aufgaben/Ziele:**
Das 2010 gegründete Institut für Judaistik an der Universität Wroclaw zeigt von dem erwachsenden Interesse an der jüdischen Kultur und Geschichte in Polen. Es werden zwei Studiengänge angeboten: Judaistik sowie das Studium der jüdischen Kulturen und Sprachen. Das Institut veranstaltet verschiedene Projekte sowie Tagungen und Konferenzen die beispielsweise das Zusammenleben von Juden und Polen in der Vergangenheit beleuchten.

**Besonderheiten/Forschungsschwerpunkte:**
- Chassidismus in Polen
- Das moderne Judentum
- Frauen in der jiddischen Kultur
- Haskala
- Juden in Schlesien
- Jüdische Religion
- Juden in der polnischen Kultur

**Datenbanken und Online-Ressourcen:**
- Bibliothekskatalog


# Museen

## Żydowskie Muzeum Galicja / Galicia Jewish Museum / Jüdisches Museum Galizien

ul. Dajwór 18
PL-31-052 Krakau
Tel/Fax: +48 124 21 68 42
info@galiciajewishmuseum.org mail

Gründungsjahr: 2004

**Aufgaben/Ziele:**
Das Jüdische Museum Galizien existiert einerseits, um den Opfer des Holocaust zu gedenken und andererseits, um die jüdische Kultur im polnischen Galizien zu zelebrieren. Das Museum versucht, die jüdische Geschichte Galiziens aus einer neuen Perspektive darzustellen. Das Museum hat sich zur Aufgabe genommen Vorurteile infrage zu stellen, die typischerweise mit der jüdischen Vergangenheit in Polen assoziiert werden.

Das Museum ist dauerhafte Heimstätte der fotografischen Ausstellung „Traces of Memory" (Spuren der Erinnerung).

Des Weiteren werden temporäre Ausstellungen, die im Museum kreiert wurden, gezeigt sowie Ausstellungen aus aller Welt. Das Kultur- und Bildungsprogramm des Museums richtet sich sowohl für Einzelbesucher als auch an Gruppen.

**Besonderheiten:**
- Bildungsmaterial für internationale Studentinnen und Studenten
- Bereitstellung einer Auswahl an Poesie und Prosa an Holocaust-Literatur

- Workshops zur jüdischen Kultur
- Diese Workshops werden angeboten:
- Jüdischer Glaube, Feste und Rituale des Judentums
- Synagogen in Kazimierz, Krakau
- Rabbiner von Krakau
- Einführung in die jiddische Literatur des Vorkriegspolens
- Jüdische Kultur des Vorkriegspolens
- Einführung in die Hebräische Sprache
- Einführung in die Jiddische Sprache
- Jüdische Friedhöfe – Jüdische Rituale und Symbole auf jüdischen Friedhöfen.
- Zudem die Behandlung der Frage, wie man diesen Teil der polnisch- jüdischen Geschichte vor dem Vergessen bewahren kann
- Spuren der jüdischen Vergangenheit – Ein Blick auf jüdische Friedhöfe, in Synagogen und weitere wichtige Orte des jüdischen Lebens im heutigen Polen
- März-Unruhen '68 – die Antizionistische Kampagne in Polen
- Mediathek
- Filmarchiv mit Filmen zu den Themen Judentum und Holocaust
- Zeugenaussagen von Holocaustüberlebenden, aufgenommen durch die USC Visual HistoryFoundation.

**Publikationen:**
- A Guide to Oskar Schindler's Kraków
- Jewish Kazimierz: Sites of Jewish Interest in Contemporary Kazimierz
- The Kraków Ghetto Fighting for Dignity: Jewish Resistance in Kraków. Ausstellungskatalog
- Polish Heroes: Those Who Rescued Jews. Ausstellungskatalog
- The Holocaust – The Destruction of the Jews (Zeitlinie)
- The Holocaust: History and the Destruction of the Jews (DVD)
- The Holocaust: History and the Destruction of the Jews

### Stadtmuseum Wrocław (Muzeum Miejskie Wrocławia)
ul. Sukiennice 14/15
PL-50-107 Wroclaw
Tel.: +48(71) 347 16 90
sekretariat@mmw.pl

Gründungsjahr: seit 1988 ist der jüdische Friedhof ein Teil des Stadtmuseums Wrocław

**Aufgaben / Ziele:**
Das Stadtmuseum Wrocław hat eine Abteilung mit dem Namen SztukiCmentarnej. Hier wird der alte jüdische Friedhof Wrocławs, der einzige erhaltene jüdische Friedhof des 19. und 20. Jahrhunderts in Polen, näher erklärt und kann besichtigt werden. Eröffnet wurde der Friedhof 1856, die erste Bestattung führte Rabbiner Abraham Geiger durch. Das letzte Begräbnis fand 1942 statt. Seit 1975 steht der Friedhof im Register der Kunstdenkmäler der Stadt und seit 1988 ist er ein Museum. Der Friedhof umfasst eine Fläche von 5 Hektar mit ca. 12.000 Grabsteinen. Das Besondere an diesem Friedhof ist, dass er eines der wenigen heute noch erhaltenen Denkmäler ist, die mit der Geschichte der jüdischen Gemeinde in Wrocław verbunden sind. Die jüdische Gemeinde (zu der auch viele Deutsche zählten) hatte einen großen Einfluss auf die wirtschaftliche und kulturelle Entwicklung der Stadt. Im Vergleich zu anderen osteuropäischen jüdischen

Friedhöfen ist hier der Einfluss der Haskala aus Deutschland besonderes spürbar. Viele Grabmale ahmen Kunststile wie den Klassizismus, den Jugendstil oder moderne Kunstformen nach. Es gibt Grabmale in monumentaler Form aus teuren und wertvollen Materialien mit weltlicher und religiöser Symbolik. Die meisten sind mehrsprachig, auch deutsch, beschriftet. Viele herausragende Persönlichkeiten des öffentlichen Lebens aus Politik, Wissenschaft und Kultur, wie Ferdinand Lasalle, Heinrich Graetz oder Friederike Kempner sind hier begraben. In seiner Publikation: „Juden von Breslau 1850–1944. Vergessenes Kapitel der Geschichte" dokumentiert Maciej Łagiewski das Leben und Wirken dieser einflussreichen Gemeinde und ihrer Persönlichkeiten. Sie erscheint in immer neuen Auflagen, da Łagiewski immer mehr Material zur Verfügung steht. Weiterhin werden Dauerausstellung und Sonderausstellungen gezeigt.

**Forschungsfelder:**
Der Forschungsschwerpunkt des Museums ist die Stadtgeschichte Wroclaws. Geschichte, Archäologie, Kunst oder Militärgeschichte gehören zum Repertoire. Ein Teil der stadtgeschichtlichen Forschung beschäftigt sich unter der Federführung des Museumsdirektors Dr. Maciej Łagiewskis mit der Geschichte der Wrocławer Juden von 1850 bis 1944.

Erforschung berühmter jüdischer Persönlichkeiten und jüdischen Lebens im einstigen Zentrum jüdischer Aufklärung im Osten Europas.

**Datenbank und Onlineressourcen:**
– Museumsdatenbank

## Museum of History of Polnish Jews (Muzeum Historii Żydów Polskich)
ul. Anielewicza 6
PL-00-157 Warszawa
Telefon.: +48-22 471 0300
info@jewishmuseum.org.pl
http: www.olin.pl

Gründungsjahr: 2013

**Aufgaben/Ziele:**
Im Mittelpunkt der wissenschaftlichen Tätigkeit des Museum steht das Bewahren der Geschichte, das Aufzeigen der polnisch-jüdischen Vergangenheit. Das Ziel des kürzlich gegründeten Museums ist es zu einem wissenschaftlichen wie auch kulturellen Mittelpunkt, einer Plattform für einen lebendigen Austausch zu werden. Des Weiteren finden verschiedene Workshops wie, historische Führungen im neuem und ehemaligen jüdischen Warschau statt. Theaterprojekte oder Konzerte sind beispielhaft für das kulturelle Angebot.

**Besonderheiten/Forschungsfelder:**
– Dauerausstellung zur Geschichte der polnischen Juden (Eröffnung am 28.10.2014)
– Wechselnde Sonderausstellungen
– Konzerte
– Theatervorführungen
– Workshops
– Historische Führungen durch Warschau
– Bibliothek

# Schweiz

### ARCHIVE

### Archiv für Zeitgeschichte der ETH Zürich (AfZ)
Postadresse: Hirschengraben 62
CH-8092 Zürich
Temporärer Standort: Weinbergstraße 35
CH-8006 Zürich
Telefon +41 44 632 40 03
Fax +41 44 632 13 92
afz@history.gess.ethz.ch
https://www.afz.ethz.ch

Gründungsjahr: 1966 gegründet als Arbeitsgruppe für Zeitgeschichte

**Aufgaben/Ziele:**
Das Archiv für Zeitgeschichte ist seit 1974 Teil des Instituts für Geschichte der Eidgenössischen Technischen Hochschule Zürich (ETH Zürich) und sammelt Schrift-, Ton- und Bilddokumente aus privatem Besitz zur Geschichte der Schweiz vom späten 19. Jahrhundert bis in die Gegenwart und macht diese historischen Quellenbestände öffentlich zugänglich. Es macht mit seinen Dokumentationsstellen heute rund 400 Nachlässe, Archive von Institutionen, Zeitzeugnisse zur oral history und weitere Quellensammlungen zu einem breiten Themenspektrum von den 1920er Jahren bis in die Gegenwart zugänglich.

Mit der Sicherung und Pflege schweizerischen Kulturguts nimmt es im Rahmen der strategischen Ausrichtung der ETH Zürich eine Aufgabe von nationaler Bedeutung wahr und ergänzt als sogenanntes Spezialarchiv die staatliche Überlieferungsbildung. Das Archiv sichert und erschließt vorwiegend Nachlässe natürlicher Personen und Archive privater Organisationen zu den drei thematischen Schwerpunkten Politik, Wirtschaft und Geschichte der Juden in der Schweiz. Mit seinen Dienstleistungen fördert es die Lehre und Forschung zur schweizerischen Zeitgeschichte in ihrem internationalen Kontext.

Das Archiv für Zeitgeschichte ist ein modernes Dokumentations- und Forschungszentrum des Instituts für Geschichte der ETH Zürich. Es fördert mit seinen Dienstleistungen die Erforschung der schweizerischen Zeitgeschichte im europäischen und globalen Kontext. Es versteht Geschichte ganzheitlich und unterstützt ein vernetztes Forschen unter Einbezug aller Bereiche von gesamtgesellschaftlicher Relevanz.

**Forschungsfelder:**
– Jüdische Zeitgeschichte
– Politische Zeitgeschichte
– Wirtschaft und Zeitgeschichte

**Besonderheiten:**
– Mit seiner Dokumentationsstelle Jüdische Zeitgeschichte schließt es eine empfindliche Lücke in der schweizerischen Archivlandschaft. Als Forschungsstätte wider das Vergessen gehört es auch international zu den Archiven der Shoa und leistet im Verbund mit Institutionen aus vielen Ländern einen schweizerischen Beitrag zur Dokumentation des Holocaust.

- Die Dokumentationsstelle Jüdische Zeitgeschichte versteht sich als zentrale Archivstelle für die Sicherung von privaten Nachlässen und institutionellen Archiven mit Bezug zum jüdischen Leben in der Schweiz. Sie sichert Bestände von der zweiten Hälfte des 19. Jahrhunderts bis zur Gegenwart.
- Themenschwerpunkte:
  - Geschichte der Juden in der Schweiz
  - Antisemitismus und Rechtsextremismus in der Schweiz
  - Judenverfolgung, Holocaust und Emigration in die Schweiz/Weiterwanderung
  - Schweizerische Flüchtlingspolitik
  - Flüchtlingshilfe während und nach dem Zweiten Weltkrieg
- Im Vordergrund der Sammlungstätigkeit stehen Privatnachlässe und institutionelle Archive zu den oben genannten Themen. Der Fokus liegt auf Beständen jüdischer Herkunft von überregionaler, gesamtschweizerischer Bedeutung. In Zusammenarbeit mit dem Schweizerischen Israelitischen Gemeindebund (SIG) berät der Fachbereich zudem verschiedene jüdische Gemeinden in Archivierungsfragen.
- Quellen zur schweizerisch-jüdischen Zeitgeschichte finden sich in zahlreichen Kantons- und Gemeindearchiven. Als Kooperationspartner mit anderen Sammlungsprofilen zu erwähnen sind das „Florence Guggenheim-Archiv zur Geschichte, Sprache und Kultur der Juden in der Schweiz" mit seinem Schwerpunkt auf dem 18. bis 19. Jahrhundert und das „Jüdische Museum Basel", das neben seiner Objektsammlung auch zahlreiche Dokumente zum religiösen und kulturellen Leben der Juden beherbergt.
- Da sich wichtige Quellenbestände zur Geschichte der Juden in den USA und in Israel befinden, hat das Archiv für Zeitgeschichte mit Mikroverfilmungsprojekten die Möglichkeit geschaffen, einige dieser Quellen in seinem Lesesaal einzusehen. Unter den zahlreichen Kopienbeständen ausländischer Archive, die sich im Archiv für Zeitgeschichte befinden, sind folgende besonders erwähnenswert:
  - Das Saly Mayer Archiv (American Jewish Joint Distribution Committee, JOINT, New York)
  - Das Nathan Schwalb-Archiv (Pinchas Lavon Archiv, Tel Aviv)
  - Das Gerhart Riegner-Archiv (Central Zionist Archives, CZA, Jerusalem)
- Aktuelle Projekte
  - Bildarchiv Schweizer Juden (BASJ)
  - Jüdische Periodika Digital
  - Digitalisierungsprojekt mit dem US Holocaust Memorial Museum Washington (USHMM)
- Das Archiv für Zeitgeschichte macht Quellenmaterialien zu einem breiten Themenspektrum der schweizerischen und allgemeinen Zeitgeschichte von der Zwischenkriegszeit bis in die Gegenwart für die Forschung zugänglich und erbringt Dienstleistungen auch für die interessierte Öffentlichkeit.
- Sein Engagement gilt der Bewahrung von gefährdetem Kulturgut insbesondere privater und institutioneller Herkunft, dem gesamtschweizerische und internationale Bedeutung zukommt. Es setzt sich für eine Modernisierung im Archivbereich ein und übernimmt Archivierungsmandate von ausgewählten schweizerischen Spitzenorganisationen.
- Im Rahmen seines Dokumentationsbereichs Schweiz - Kalter Krieg (1945–1990) sichert und erschließt es Quellenbestände zur gesamten Epoche des Ost-West-Konflikts und schafft damit Grundlagen für künftige Forschungen insbesondere zur schweizerischen Sicherheitspolitik und zum Antikommunismus.
- Durch seine Dokumentationsstelle Wirtschaft und Zeitgeschichte macht es für die Forschung zentrale Quellenbestände der Privatwirtschaft zur schweizerischen Wirtschafts- und

Außenwirtschaftspolitik zugänglich und erbringt im Wirtschaftsraum Zürich wichtige archivische Dienstleistungen.
- Das Archiv für Zeitgeschichte unterstützt Ausstellungsmacher als Leihgeber seiner Bestände. Aus besonderem Anlass konzipiert und zeigt es kleinere Ausstellungen selbst.
- Als Teil des Instituts für Geschichte der ETH Zürich fördert das Archiv für Zeitgeschichte Lehre und Forschung. Dazu unterhält es Kooperationen mit Universitäten und Partnerinstitutionen im In- und Ausland.
- Es führt akademische und gymnasiale Lehrveranstaltungen durch und konzipiert archivfachliche Aus- und Weiterbildungsangebote
- Mit den historischen Seminaren der Universitäten Zürich und Basel bestehen feste Lehrkooperationen.

**Archiv: zu folgenden Bestandsgruppen kann recherchiert werden:**
- Nachlässe und Einzelbestände
- Institutionelle Archive und Bestände
- Forschungsdokumentationen
- Kopienbestände aus in- und ausländischen Archiven
- Sammlungen audiovisueller Quellen
- Sammlungen gedruckter Quellen
- Zeitungen und Zeitschriften

**Bibliothek:**
Die Bibliothek des Archivs für Zeitgeschichte (AfZ) versteht sich als Ergänzung zu seinen Archivbeständen. Exklusiv auf dem Platz Zürich finden sich hier zahlreiche ältere Publikationen, teils mit Quellencharakter. Auch die wichtigste aktuelle Sekundärliteratur ist greifbar.

Die rund 20.000 Titel umfassen sachthematische Monographien, Biografien und Eigenschriften, Handbücher und Nachschlagewerke, Broschüren, ungedruckte Forschungsarbeiten, Amtsdruckschriften, Presseorgane und Zeitschriften. Die AfZ-Bibliothek ist dem NEBIS-Verbund angeschlossen. Als reine Präsenzbibliothek kennt sie keine Ausleihe. Die Benutzung erfolgt vor Ort im Lesesaal. Die Buchtitel sind über das Wissensportal der ETH-Bibliothek unter http://www.library.ethz.ch abfragbar.

**Folgende Themenbereiche stehen im Vordergrund:**
- Zeitgeschichte Schweiz (v.a. Politik und Wirtschaft)
- Zeitgeschichte Deutschland, diverse Länder und international
- Jüdische Zeitgeschichte und Holocaust
- Rechtsextremismus (Nationalsozialismus, Revisionismus)

**Datenbanken und Online-Ressourcen:**
- AfZ Online Archives ermöglicht eine umfassende Recherche in den online zugänglichen Metadaten zum vorgehaltenen Archivgut (http://onlinearchives.ethz.ch).
  - Bestände: Metadaten zu rund 550 Nachlässen, institutionellen Archiven und Quellensammlungen (ca. 100% des Gesamtbestands)
  - Dossiers: Metadaten zu über 94.000 Dossiers in den Beständen (Akten, Fotos, Gegenstände, Plakate, Tondokumente, Filme, Videos usw., ca. 56% aller erfassten Einheiten)
- Die Buchtitel der Bibliothek sind über das Wissensportal der ETH-Bibliothek unter http://www.library.ethz.ch abfragbar.

**Publikationen:**
- Das Archiv für Zeitgeschichte publiziert Findmittel und ausgewählte Dokumente in digitaler Form in seinem Lesesaal AfZ Online Archives und im Archivportal, das es gemeinsam mit anderen Archiven betreibt. Mit öffentlichen Veranstaltungen, ausführlichen Jahresberichten, einer wissenschaftlichen Schriftenreihe, seiner Website und Ausstellungen informiert es über seine Tätigkeit, das Archivgut und neue Forschungsergebnisse.
- Das Archiv für Zeitgeschichte veröffentlicht seit 1997 im Rahmen einer wissenschaftlichen Schriftenreihe in Zusammenarbeit mit dem Chronos-Verlag Zürich in loser Folge Forschungsarbeiten zur Zeitgeschichte in der Publikationsreihe „Veröffentlichungen des Archivs für Zeitgeschichte ETH Zürich".
    - Bd. 8: Spuhler, Gregor (Hg.): Anstaltsfeind und Judenfreund. Carl Albert Looslis Einsatz für die Würde des Menschen. Veröffentlichungen des Archivs für Zeitgeschichte ETH Zürich, Band 8, Zürich 2013. 138 S.
    - Bd. 7: Spuhler, Gregor: Gerettet – zerbrochen. Das Leben des jüdischen Flüchtlings Rolf Merzbacher zwischen Verfolgung, Psychiatrie und Wiedergutmachung, Veröffentlichungen des Archivs für Zeitgeschichte ETH Zürich, Band 7, Zürich 2011. 229 S.
    - Bd. 6: Keller, Zsolt: Abwehr und Aufklärung. Antisemitismus in der Nachkriegszeit und der Schweizerische Israelitische Gemeindebund, Veröffentlichungen des Archivs für Zeitgeschichte ETH Zürich, Band 6, Zürich 2011. 348 S.
    - Bd. 5: Lerf, Madeleine: „Buchenwaldkinder" – eine Schweizer Hilfsaktion. Humanitäres Engagement, politisches Kalkül und individuelle Erfahrung, Veröffentlichungen des Archivs für Zeitgeschichte ETH Zürich, Band 5, Zürich 2010. 448 S.
    - Bd. 4: Kury, Patrick: Über Fremde reden. Überfremdungsdiskurs und Ausgrenzung in der Schweiz 1900–1945, Veröffentlichungen des Archivs für Zeitgeschichte ETH Zürich, Band 4, Zürich 2003. 271 S.
    - Bd. 3: Werner, Christian: Für Wirtschaft und Vaterland. Erneuerungsbewegungen und bürgerliche Interessengruppen in der Deutschschweiz 1928–1947, Veröffentlichungen des Archivs für Zeitgeschichte ETH Zürich, Band 3, Zürich 2000. 440 S.
    - Bd. 2: Huser, Karin: Schtetl an der Sihl. Einwanderung, Leben und Alltag der Ostjuden in Zürich 1880 1939, Veröffentlichungen des Archivs für Zeitgeschichte ETH Zürich, Band 2, Zürich 1998. 305 S.
    - Bd. 1: Gast, Uriel: Von der Kontrolle zur Abwehr. Die eidgenössische Fremdenpolizei im Spannungsfeld von Politik und Wirtschaft 1915–1933, Veröffentlichungen des Archivs für Zeitgeschichte ETH Zürich, Band 1, Zürich 1997. 438 S.
- Monographien über das Archiv für Zeitgeschichte und seine Bestände:
    - Urner, Klaus / Däniker, Marie-Claire / Ehrsam, Thomas / Hoerschelmann, Claudia: Das Archiv für Zeitgeschichte und seine Bestände. Zürich: NZZ Verlag, 1999, 359 S.
    - Nachlass Prof. Dr. Karl Schmid (1907–1974), bearbeitet von Marie-Claire Däniker und Klaus Urner, Zürich 1983. (Veröffentlichungen des Archivs für Zeitgeschichte: Bestände)
    - Dreißig Jahre Schweizerische Korea-Mission 1953–1983. Beiträge von Erhard Hürsch, Adolf Kaufmann, Peter Niederberger, Fritz Real, Klaus Urner, Zürich 1983. (Veröffentlichungen des Archivs für Zeitgeschichte: Beiträge)

**Periodika / Newsletter:**
- Wissenschaftliche Schriftenreihe
- Jahresbericht

## Breslauer Bibliothek (Schweizer Bestand) des Schweizerischen Israelitischen Gemeindebundes (SIG), zwei Standorte:

**Bibliothek der Israelitischen Cultusgemeinde Zürich (ICZ)**
Lavaterstrasse 33,
CH-8002 Zürich
Tel.: +41 (0)44 283 22 50
yvonne.domhardt@icz.org
http://www.icz.org
http://www.swissjews.ch/de/kultur/breslauerbibliothek/index.php

**Bibliothèque „Gérard Nordmann"**
Communauté Israélite de Genève (CIG)
Avenue Dumas 21
CH-1206 Genève
Tel.: +41 (0)22 317 89 70
markishj@comisra.ch
http://biblio.comisra.ch/biblio
http://www.swissjews.ch/de/kultur/breslauerbibliothek/index.php

Gründungsjahr: 1950

**Aufgaben/Ziele:**
Zu Beginn der fünfziger Jahre kamen nach Bemühungen des Schweizerischen Israelitischen Gemeindebunds (SIG)/Fédération suisse des communautés israélites (FSCI) wertvolle Bücher aus dem Bestand der ehemaligen Seminarbibliothek des Breslauer Rabbinerseminars in die Schweiz. Der SIG hat sich in den vergangenen 50 Jahren für die Erhaltung dieser Bücher eingesetzt. Heute sind sie in der Obhut der Bibliotheken der jüdischen Gemeinden Genf und Zürich, wo sie interessierten Kreisen zugänglich sind.

Das Jüdisch-Theologische Seminar in Breslau war 1854 aus dem Nachlass von Jonas Fraenckel (1773–1846) hervorgegangen und als Lehrstätte respektive „Seminar zur Heranbildung von Rabbinern und Lehrern" konzipiert worden. Als erster Leiter der Abteilung für die „jüdischen Wissenschaften" amtete Heinrich Graetz (1817–1891). Graetz war es auch, der den Grundstock der Breslauer Seminarbibliothek, die berühmte Saravalsche Sammlung, in Empfang nahm. Im November 1938 fiel auch das Breslauer Seminar den Gewaltakten der Nationalsozialisten zum Opfer. Die Bibliothek wurde weitgehend vernichtet, der Lehrbetrieb eingestellt.

1945 fanden die vorrückenden alliierten Truppen in Deutschland riesige Bestände jüdischen Kulturgutes - Bibliotheken, Kultgegenstände -, die vom so genannten „Einsatzstab Reichsleiter Rosenberg" aus dem nationalsozialistischen Einflussbereich zusammengetragen worden waren.1949 lagerten im Depot der Commission on European Jewish Cultural Reconstruction, Inc. (JCR) in Wiesbaden - einer Institution, die sich seit Beginn der 1940er Jahre der Bewahrung jüdischen Kulturgutes annahm - rund 11.000 der ursprünglich 30.000 Bände umfassenden Breslauer Seminarbibliothek.

Dieser Bestand sollte nach umfassenden Bemühungen von Vertretern des Schweizer Judentums in die Schweiz gebracht werden. Gegen diese Absicht legte jedoch die Hebrew Library in Jerusalem ihr Veto ein und setzte durch, dass die Reste der ehemaligen Breslauer Seminarbibliothek zwischen den USA, Israel und der Schweiz aufgeteilt werden sollten. Auf diese Weise gingen

1950 nach Angaben der JCR rund 6.000 Bände der ehemaligen Breslauer Seminarbibliothek in das Eigentum des Schweizerischen Israelitischen Gemeindebundes (SIG) über.

**Forschungsfelder:**
– Sicherung und Bewahrung des Schweizer Bestands der ehemaligen Bibliothek des Breslauer Rabbinerseminars

**Bibliothek:**
Die rund 3.400 Titel der Bibliothek werden heute in der Gemeindebibliothek der Israelitischen Cultusgemeinde Zürich (ICZ) sowie in der Bibliothèque „Gérard Nordmann" der Communauté Israélite de Genève (CIG) aufbewahrt. Die Bestände sind inventarisiert und katalogisiert.

Die in die Schweiz gelangten Bücher geben über fünf Jahrhunderte hinweg, vom 16. bis zum 20. Jahrhundert, einen Einblick in die Vielfalt der jüdischen Wissenschaften. Die Bibliothek enthält rabbinische Erklärungen, aggadische Werke mit Erbauungsliteratur und Predigten. Daneben lassen sich zum Teil künstlerisch verzierte Ausgaben des Tanach und des Talmuds finden. Mystische Literatur, Texte zur Chassidut sowie philosophische Schriften runden die Sammlung ab. Vereinzelt sind auch belletristische Werke, Dichtungen (Pijutim) sowie humoristische Literatur in der Sammlung erhalten geblieben.

**Publikationen:**
– Ein ausführlicher Artikel zur Breslauer Bibliothek ist 2011 erschienen in: Zentralbibliothek Zürich (Hg): Handbuch der historischen Buchbestände in der Schweiz. Hildesheim u.a. 2011.

## Zentralbibliothek Zürich
Fachgebiet Hebraistik, Judaistik
Zähringerplatz 6
CH-8001 Zürich
Tel.: +41 44 2683 100
Fax: +41 44 2683 290
zb@zb.uzh.ch
andrea.sommaruga@zb.uzh.ch (Fachreferentin für Judaistik/Hebraistik)
http://www.zb.uzh.ch/recherche/fachgebiete/hebraistik-judaistik/index.html.de

Gründungsjahr: 1916

**Aufgaben/Ziele:**
Die Zentralbibliothek Zürich ist die Kantons-, Stadt- und Universitätsbibliothek von Zürich. Die Bibliothek pflegt Judaica und Hebraica in besonderem Maße. Erworben werden Bücher und andere Medien aus allen Teilgebieten der Judaistik und Hebraistik.

Obwohl das Fach Judaistik an der Universität Zürich nicht gelehrt wird, ergänzt die judaistische Sammlung der Zentralbibliothek die Bestände verschiedener Universitätsfächer wie beispielsweise diejenigen der Germanistik, der Geschichte, der Theologie und anderer Fächer. Einen besonderen Schwerpunkt bilden Rabbinica im weiteren Sinne, d.h. rabbinische Literatur sowie mittelalterliche jüdische Bibelexegese und jüdische Religionsphilosophie. Dieser Sammelschwerpunkt orientiert sich an der Sammlung Heidenheim: Die Hebraica-Sammlung des Zürcher Privatdozenten und anglikanischen Kaplans Moritz Heidenheim (1824–1898) - Sohn eines Wormser Kantors und Schächters - gelangte 1899 als Geschenk der Israelitischen Cultusgemeinde Zürich in die Stadtbibliothek.

Der größere Teil der erworbenen Sekundärliteratur im Fach Judaistik/Hebraistik ist deutsch und englisch, aber auch der französische, italienische und spanische Bereich werden teilweise abgedeckt. Quellen und eine strenge Auswahl an Forschungsliteratur wird auch in hebräischer Sprache angeschafft. Neuhebräische Belletristik wird möglichst vollständig in deutscher Übersetzung gekauft. Nahezu unberücksichtigt bleibt neuhebräische Belletristik in der Originalsprache, die von der Bibliothek der Israelitischen Cultusgemeinde Zürich gesammelt wird.

**Forschungsfelder:**
- Hebraica
- Judaica
- Rabbinica

**Besonderheiten/Forschungsschwerpunkte:**
- Die Hebraica-Sammlung des Zürcher Privatdozenten und anglikanischen Kaplans Moritz Heidenheim (1824–1898) enthält 2614 zum Teil überaus wertvolle und seltene Ausgaben rabbinischer Literatur, mittelalterlicher jüdischer Bibelexegeten und Religionsphilosophen.
- Ein Autorenkatalog mit Kurztitelangaben befindet sich im Lesesaal unter der Signatur LS 89 JGS 726. Der von Joseph Prijs handschriftlich angelegte ausführliche Zettelkatalog ist in der Abteilung Alte Drucke einsehbar.
- Im zweiten Stock des Publikumsbereichs (Ebene P20, Nord) befinden sich – systematisch aufgestellt – fachspezifische Nachschlagewerke und Bibliographien. Außerdem stehen Ihnen wichtige Quellen für den hausinternen Gebrauch zur Verfügung.
- Neben ihrem Buchbestand bietet die ZB zahlreiche wissenschaftliche Fachzeitschriften an. Die jeweils neuesten (noch nicht ausleihbaren) Hefte des Fachbereichs Judaistik/Hebraistik liegen (alphabetisch nach Titeln) in der Zeitschriftengalerie auf (3. Obergeschoss, Fachgebiet 20). Ältere Jahrgänge (Signatur im Rechercheportal) können aus dem Freihand-Magazin 04 selbst entnommen und dort kopiert oder am Freihandschalter im Katalogsaal oder im Lesesaal zur Ausleihe verbucht werden.
- Für Auskünfte zum Fachgebiet steht nebst der Katalogsaal-Auskunft auch die Fachreferentin für Judaistik/Hebraistik zur Verfügung, die für den Sammlungsaufbau zuständig ist. Sie kann bei der fachspezifischen Literatursuche zusätzliche Hilfestellungen geben.

**Datenbanken und Online-Ressourcen:**
- Zu Moritz Heidenheim und seiner Hebraica-Sammlung: http://www.team4.ch/heidenheim.htm
- Fachspezifische Volltextzeitschriften in der elektronischen Zeitschriftenbibliothek: http://rzblx1.uni-regensburg.de/ezeit/fl.phtml?bibid=ZBZH&colors=7&lang=de&notation=B
- Topdatenbanken, Bibliographien, Nachschlagewerke und Volltextsammlungen sind im IP-Bereich der Zentralbibliothek Zürich und der Universität Zürich oder mit einem VPN-Client online durchsuchbar.

## FORSCHUNGSEINRICHTUNGEN

### Interfakultäre Forschungsstelle für Judaistik an der Universität Bern
Universität Bern, Theologische Fakultät
Länggassstraße 51

CH-3012 Bern
Tel.: +41 (0)31 631 3791
rene.bloch@theol.unibe.ch
http://www.judaistik.unibe.ch/content/forschung/interfakultaere_forschungsstelle/index_ger.html

Gründungsjahr: 2005

**Aufgaben/Ziele:**
Die Forschungsstelle ist ein Projekt der Theologischen und der Philosophisch-Historischen Fakultät der Universität Bern. Sie koordiniert judaistische Vorhaben der beiden Fakultäten in Forschung und Lehre.

**Forschungsfelder:**
– Antike
– Mittelalter

**Besonderheiten/Forschungsschwerpunkte:**
– Ringvorlesung „Selbstbilder-Fremdbilder. Imaginationen des Judentums in Antike, Mittelalter und Neuzeit", Sommersemester 2007
– Ringvorlesung „Juden in ihrer Umwelt", Wintersemester 2005/2006

**Bibliothek:**
– In der Theologischen Fakultät finden sich Publikationen zu judaistischen Themen unter der Signatur Theol-JD im ersten Stock an der Länggassstrasse 51. Die judaistische Bibliothek ist insbesondere zu Fragestellungen des antiken Judentums recht umfassend, ist aber auch für spätere Epochen eine verlässliche Anlaufstelle.
– Im Historischen Institut, Länggasstrasse 49, werden vorwiegend historisch ausgerichtete Publikationen mit Schwerpunkt Mittelalter unter der neuen Signatur Hist-JD versammelt, sie befinden sich im 1. Untergeschoss des Historischen Instituts.

**Publikationen:**
– Ross, Sarah/Levy, Gabriel/ Al-Suadi, Soham (Hg.): Judaism and Emotion. Texts, Performance, Experience. Studies in Judaism. Band 7. Peter Lang: NewYork u.a. 2013. (Publikation der Vorträge der gleichnamigen Tagung, die vom Institut für Judaistik und vom Institut für Musikwissenschaft der Universität Bern am 07.10.2010 gemeinsam organisiert wurde)
– Bloch, René/Haeberli, Simone/Schwinges, Rainer C. (Hg.): Fremdbilder - Selbstbilder. Imaginationen des Judentums von der Antike bis in die Neuzeit. Basel 2010.
– Konradt, Matthias/Schwinges, Rainer Christoph (Hg.): Juden in ihrer Umwelt. Akkulturation des Judentums in Antike und Mittelalter. Eine Publikation der Interfakultären Forschungsstelle für Judaistik der Universität Bern. Basel 2009.

## Institut für Judaistik der Universität Bern
Universität Bern, Theologische Fakultät
Länggassstraße 51
CH-3012 Bern
Tel.: +41 (0)31 631 37 91
rene.bloch@theol.unibe.ch
dekanat@theol.unibe.ch

http://www.judaistik.unibe.ch/content/index_ger.html

Gründungsjahr: 2008

**Aufgaben/Ziele:**
Judaistik ist die wissenschaftliche Erforschung des Judentums von den Anfängen bis in die Gegenwart. Das Fach beschäftigt sich in der gesamten Breite mit Religion, Geschichte, Literatur und Kunst des Judentums. Judaistische Lehrveranstaltungen eröffnen Einblicke in die Vielfalt und die Komplexität des Judentums.

In Bern steht vorzugsweise das antike und mittelalterliche Judentum im Vordergrund. Weitere vertiefende Studien können in der Schweiz in Basel, Lausanne, Luzern und Zürich betrieben werden.

An der Theologischen Fakultät ist die Teilnahme an judaistischen Lehrveranstaltungen obligatorischer Bestandteil des Studiums. Alle Studierenden der Theologie sollten wenigstens einen punktuellen Einblick in die Judaistik nehmen. Im Bereich Judaistik können zudem Seminar-, Bachelor- und Masterarbeiten sowie Dissertationen verfasst werden. Auch im Institut für Klassische Philologie der Philosophisch-historischen Fakultät ist Judaistik fester Bestandteil des Lehrangebots. Der Besuch von judaistischen Lehrveranstaltungen steht grundsätzlich Studierenden aller Fakultäten offen.

**Forschungsfelder:**
– Antike
– Mittelalter
– Gesamter Zeithorizont in Lehre und bei Projekten

**Besonderheiten:**
– Die Theologische Fakultät bietet einen Minor in Judaistik auf Bachelor-Stufe an. Dieser Minor ermöglicht es, einen tieferen Einblick in Geschichte, Religion und Kultur des Judentums zu gewinnen.
– Spezialisierter Masterstudiengang „Antikes Judentum"
– Forschungsprojekte:
  – Philon von Alexandrien
  – Juden in Bern
  – Lehrbuchreihe „Jüdische Studien"
– Public lecture: Prof. David Nirenberg (The University of Chicago): „Does Antijudaism have a history?", 18. November 2014, Universität Bern, Hochschulstrasse 4, Raum 501.
– Symposium der Universität Bern/Universität Freiburg: „Yehezkel Kaufmann und die Neuerfindung der jüdischen Bibelauslegung in Bern", 10.–11. Juni 2014
– Buchvernissage, Dienstag, 13. Mai 2014, 18.15 Uhr: Wie über Wolken. Jüdische Lebens- und Denkwelten in Stadt und Region Bern, 1200–2000 (René Bloch, Jacques Picard (Hg.)).
– Bücherapéro anlässlich von zwei Neuerscheinungen, 12. Dezember 2013, Theologische Fakultät, Institut für Judaistik. Es werden die beiden neuesten Publikationen vorgestellt, die unter Mitwirkung des Instituts für Judaistik entstanden sind: „Judaism and Emotion" von Dr. Sarah Ross, Prof. Gabriel Levy und Dr. Soham Al-Suadi (Publikation zur gleichnamigen Tagung des Instituts für Judaistik und des Instituts für Musikwissenschaft 2010) und „Jüdische Drehbühnen" von Prof. René Bloch (Tria Corda. Jenaer Vorlesungen zu Judentum, Antike und Christentum).
– Tagung „Judaism and Emotion" des Instituts für Judaistik und des Instituts für Musikwissenschaft, 7. Oktober 2010, Universität Bern.

**Bibliothek:**
- In der Theologischen Fakultät finden sich Publikationen zu judaistischen Themen unter der Signatur Theol-JD im ersten Stock an der Länggassstrasse 51. Die judaistische Bibliothek ist insbesondere zu Fragestellungen des antiken Judentums recht umfassend, ist aber auch für spätere Epochen eine verlässliche Anlaufstelle.
- Im Historischen Institut, Länggasstrasse 49, werden vorwiegend historisch ausgerichtete Publikationen mit Schwerpunkt Mittelalter unter der neuen Signatur Hist-JD versammelt, sie befinden sich im 1. Untergeschoss des Historischen Instituts.

**Datenbanken und Online-Ressourcen:**
Informationen zu aktuellen Veranstaltungen sowie zu denen vergangener Jahre können online abgerufen werden.

## Institut für Jüdisch-Christliche Forschung (IJCF)
Universität Luzern
Frohburgstrasse 3
Raum 3.B36
Postfach 4466
CH-6002 Luzern
Tel.: +41 (0)41 229 52 17
Fax: +41 (0)41 229 52 15
ijcf@unilu.ch
https://www.unilu.ch/fakultaeten/tf/institute/institut-fuer-juedisch-christliche-forschung-ijcf

Gründungsjahr: 1981

**Aufgaben/Ziele:**
Luzern war der erste Ort in der Schweiz, an dem Judaistik 1971 als universitäres Fach eingeführt wurde. Zehn Jahre später (1981) wurde hier das Institut für Jüdisch-Christliche Forschung (IJCF) von Prof. Dr. Clemens Thoma gegründet, das seit 2001 von Prof. Dr. Verena Lenzen geleitet wird. Zum besonderen Profil des IJCF gehören das Studium der Judaistik und der jüdisch-christliche Dialog. Die Einrichtung des Fachs Judaistik und des jüdisch-christlichen Gesprächs war und bleibt eine historische Pionierleistung nach der Katastrophe der Shoah. Gleichzeitig mit der Eröffnung des neuen Universitätsgebäudes konnte im Herbstsemester 2011 das 40-jährige Jubiläum des Fachs Judaistik und das 30-jährige Bestehen des IJCF als dem ältesten Institut der Universität Luzern mit einem wissenschaftlichen Symposium gefeiert werden.

Das Institut für Jüdisch-Christliche Forschung fördert judaistische Lehre und Forschung an der Universität Luzern, engagiert sich im jüdisch-christlichen Dialog und ermöglicht durch die Institutsstiftungen Studien- und Sprachaufenthalte in Israel.

**Forschungsfelder:**
- Jüdisch-christlicher Dialog
- Judaistik
- Jüdische Studien

**Forschungsschwerpunkte:**
- Buchprojekt von Prof. Verena Lenzen: Die Darstellung von Judentum, Zeugnis und Gedächtnis im Werk von W. G. Sebald (1944–2001)

## Schweizerische Gesellschaft für Judaistische Forschung (SGJF)
Zentrum für Jüdische Studien der Universität Basel
Leimenstr. 48
CH-4051 Basel
Tel.: +41 (0)61 205 16 39
erik.petry@unibas.ch
info.sgjf@gmail.com
http://www.sagw.ch/judaistik

### Zentrum für Jüdische Studien der Universität Basel
Leimenstr. 48
CH-4051 Basel
Tel.: +41 (0)61 205 16 34
info.sgjf@gmail.com
http://www.sagw.ch/judaistik

Gründungsjahr: 1982

**Aufgaben/Ziele:**
Die Schweizerische Gesellschaft für Judaistische Forschung (SGJF)/Société Suisse des Etudes Juives (SSEJ) ist die gemeinsame Vereinigung der judaistischen Forschungs- und Lehreinrichtungen an Schweizer Universitäten sowie aller an der Judaistik Interessierten. Sie hat es sich zum Ziel gesetzt hat, in der Schweiz die wissenschaftliche Erforschung von Judaistik, den Kontakt und den Austausch unter den Schweizer JudaistInnen zu fördern sowie gemeinsame Projekte zu realisieren. Die SGFJ ist Mitglied der Schweizerischen Akademie der Geistes- und Sozialwissenschaften (ASGW) und arbeitet zusammen mit der Europäischen Gesellschaft für jüdische Studien und mit der World Union of Jewish Studies.

**Besonderheiten/Forschungsschwerpunkte:**
- Herausgabe des „Bulletins der Schweizerischen Gesellschaft für Judaistische Forschung"
- Jahresversammlung mit Vortrag eines Referenten/einer Referentin aus dem In- oder Ausland
- Doktorandenkolloquium
- Organisation wissenschaftlicher Zusammenkünfte

**Datenbanken und Online-Ressourcen:**
Die Bulletins können online abgerufen werden.

**Publikationen:**
- Bulletin der Schweizerischen Gesellschaft für Judaistische Forschung (2010ff)

## Université de Lausanne
Institut religions, cultures, modernité (IRCM)
Bâtiment Anthropole - Bureau 5012
CH-1015 Lausanne
Tel.: +41 (0)21 692 28 83
aline.hostettler@unil.ch
www.unil.ch/ircm

Gründungsjahr: 2010

**Aufgaben/Ziele:**
Das Institut ist Teil der Fakultät für Theologie und Religionswissenschaften und besitzt vier Professuren: Geschichte der Juden und des Judaismus, Anthropologie und Modernes Christentum, Historiographie und Epistemologie der Religionsgeschichte und marginalisierter Traditionen sowie Geschichte und Anthropologie des politisch-religiösen Prozesses.

**Forschungsfelder:**
- Kulturgeschichte
- Anthropologie
- Religionsgeschichte
- Soziologie

**Forschungsschwerpunkte:**
- frankophone, italophone und germanophone Länder Europas
- Indien
- Lateinamerika

**Datenbanken und Online-Ressourcen:**
Eine Übersicht über Forschungsprojekte, Veranstaltungen und Veröffentlichungen von MitarbeiterInnen des Instituts kann online eingesehen werden.

## Universität Luzern
Kultur- und Sozialwissenschaftliche Fakultät
Theologische Fakultät
Judaistik
Frohburgstrasse 3
Postfach 4466
CH-6002 Luzern
Tel.: +41 (0)41 229 50 00
Fax: +41 (0)41 229 50 01
https://www.unilu.ch/fakultaeten/tf/professuren/judaistik-und-theologie/profil

Gründungsjahr: 1971

**Aufgaben/Ziele:**
An der Universität Luzern kann Judaistik an der Theologischen sowie an der Kultur- und Sozialwissenschaftlichen Fakultät belegt werden.

Judaistik ist die wissenschaftliche Erforschung des Judentums. Das Judentum wird dabei in seiner Eigenständigkeit als kulturelle, religiöse und soziale Grösse wahrgenommen. „Wissenschaft des Judentums", schrieb Ismar Elbogen 1930, „ist die Wissenschaft vom lebendigen, im Strom der Entwicklung stehenden Judentum als soziologischer und geschichtlicher Einheit; sie hat als solche alle Erscheinungs- und Betätigungsformen des Judentums aller Zeiten und Länder zu studieren und darzustellen."

Das Fach Judaistik vermittelt die Vielfalt und den Reichtum der jüdischen Überlieferung von der biblischen und der rabbinischen Zeit bis zur Moderne. Die Studierenden beschäftigen sich mit der Kultur, Geschichte, Religion, Ethik, Literatur und Philosophie des Judentums sowie mit seinen Sprachen von der Antike bis zur Gegenwart. Sie interpretieren jüdische oder das Judentum betreffende Texte, befassen sich mit Selbst- und Fremdwahrnehmungen von Juden und

Jüdinnen im Laufe ihrer Geschichte oder setzen sich mit ihrer sozialen und wirtschaftlichen Lage auseinander. Sie werden in das jüdische Recht eingeführt und untersuchen die gegenseitigen Einflüsse zwischen der jüdischen Bevölkerung und ihrer jeweiligen Umwelt.

**Forschungsfelder:**
- Wissenschaftlicher Überblick über Geschichte, Religion und Kultur des Judentums
- Vermittlung von Hebräischkenntnissen zum Verständnis von antiken, mittelalterlichen und modernen Texten

**Forschungsschwerpunkte:**
- Jüdische Ethik
- Moderne jüdische Geschichte und Kulturgeschichte
- Jüdisches Recht – Halacha
- Judentum und Islam

### Universität Zürich (UZH)
Religionswissenschaftliches Seminar
Sigi Feigel-Gastprofessur für Jüdische Studien
Kantonsschulstrasse 1
CH-8001 Zürich
Tel.: +41 (0)44 634 47 13
Fax +41 (0)44 634 49 91
marcia.bodenmann@uzh.ch
http://www.religionswissenschaft.uzh.ch/seminar/organisation/sigi-feigel-gastprofessur.html

Gründungsjahr: 2009

**Aufgaben/Ziele:**
Die Sigi Feigel-Gastprofessur für Jüdische Studien dient der Forschung und Lehre zu Themen jüdischer Religion und Kultur, Ethik und Philosophie in Geschichte und Gegenwart. Je nach Qualifikation der Bewerberinnen und Bewerber kann sie kultur-, geistes- und/oder sozialwissenschaftlich ausgerichtet sein. Sie wird von der Theologischen Fakultät der Universität Zürich jährlich vergeben und ist jeweils während des Frühjahrssemesters besetzt. Die Sigi Feigel-Gastprofessur für Jüdische Studien wurde im Sommer 2009 im Gedenken an die herausragende Persönlichkeit und das öffentliche Wirken des jüdischen Schweizers Sigi Feigel (1921–2004) gestiftet. Die Vermittlung der Finanzierung verdankt die Theologische Fakultät zwei von Feigel gegründeten Initiativen, der Gesellschaft Minderheiten in der Schweiz (GMS) und der Stiftung gegen Rassismus und Antisemitismus (GRA).

**Forschungsfelder:**
- Jüdische Religion und Kultur
- Jüdische Ethik
- Jüdische Philosophie

**Besonderheiten/Forschungsschwerpunkte:**
- Die Gastprofessur ist dem Religionswissenschaftlichen Seminar zugeordnet. Sie kooperiert mit anderen Instituten der Theologischen und anderer Fakultäten der Universität Zürich sowie dem Institut für Jüdische Studien der Universität Basel. Die Lehre erfolgt vornehmlich auf Masterstufe und soll jeweils mit einem laufenden Forschungsprojekt der

Stelleninhaberin bzw. des Stelleninhabers in Verbindung stehen. Das Lehrpensum umfasst 4 Semesterwochenstunden (eine Vorlesung und ein Seminar) an der Universität Zürich und 2 Semesterwochenstunden (Vorlesung oder Seminar) an der Universität Basel.
- Tagungen und Konferenzen:
  - Säkulares Judentum? Konferenz, 16.–17. Juni 2014
  - Women and the Maintenance, Growth and Renewal of Religious Communities. Internationales Symposium, 6.–7. Juni 2013
  - ICZ Lecture mit Prof. Dr. Moshe Zimmermann zu Ehren der Israelitischen Cultusgemeinde Zürich, welche ihr 150jähriges Bestehen feiert: Samson der Schwache - über die Schwierigkeit, mit jüdischen Geschichtsbildern umzugehen, 25. Oktober 2012
  - Judentum und Judentümer. Wie viel Pluralismus erträgt das Judentum? Tagung, 10.–12. Juni 2012
  - Religiöse Toleranz heute – und gestern. Tagung, 25.–26. November 2010
- Ringvorlesung im Herbstsemester 2014 „ „Zukunftskonzepte im Judentum", in Kooperation mit der Gastprofessur für Wissenschaft und Judentum an der ETH Zürich

**Bibliothek:**
Die Bibliothek des Theologischen und des Religionswissenschaftlichen Seminars umfasst rund 70.000 Medien. Sammelschwerpunkte sind Altes und Neues Testament, Kirchengeschichte, Systematik, Praktische Theologie und Religionswissenschaft (Mailadresse: bibliothek@theol.uzh.ch).

**Datenbanken und Online-Ressourcen:**
Einige Bestände des Instituts sind online durchsuchbar:
- Die Forschungsdatenbank der Universität Zürich
- Bibliothekskatalog des Theologischen und des Religionswissenschaftlichen Seminars
- Hinweise auf ausgewählte, recherchierte Artikel zu Themen der Religion in der Schweiz und weltweit

## Universität Zürich (UZH)
Theologische Fakultät
-Studiengang Antikes Judentum/Ancient Judaism-
Kirchgasse 9
CH-8001 Zürich
Tel.: +41 (0)44 634 47 11
sekretariat@theol.uzh.ch
http://www.antikesjudentum.uzh.ch

Gründungsjahr: 2010

**Aufgaben/Ziele:**
Der Studiengang Antikes Judentum dient der wissenschaftlich differenzierten Auseinandersetzung mit den historischen Erscheinungs- und Gestaltungsformen des Judentums in Kultur und Gesellschaft in persischer, hellenistischer, römischer, spätantiker und frühmittelalterlicher Zeit. Der Spezialisierte Masterstudiengang umfasst Geschichte, Literatur und Religion des Antiken Judentums von der Zeit des Zweiten Tempels bis und mit zur rabbinischen Zeit. Er beinhaltet das Studium ausgewählter hebräischer/aramäischer und griechischer Quellen sowie weitere fachrelevante Angebote aus den Lehrveranstaltungen der Theologischen und der Philosophischen

Fakultät der Universität Zürich bzw. der Theologischen und der Philosophisch-Historischen Fakultät der Universität Bern. Antikes Judentum kann als Vollzeitstudiengang oder als Hauptfach, ergänzt durch ein Nebenfach, studiert werden.

**Forschungsfelder:**
- Geschichte des Antiken Judentums
- Literatur des Antiken Judentums
- Religion des Antiken Judentums

**Besonderheiten/Forschungsschwerpunkte:**
- Das Programm ist konzipiert als ein Joint Master der Universitäten Bern und Zürich. Die allgemeinen Richtlinien sind in der Kooperationsvereinbarung zwischen den beteiligten Universitäten geregelt. Grundsätzlich gilt: Studierende des Spezialisierten Masterprogramms „Antikes Judentum" sind entweder in Bern oder Zürich eingeschrieben, der Einschreibestatus bestimmt, welche übergeordneten universitären Richtlinien gelten.
- Im Doktoratsstudiengang wird die Möglichkeit gegeben, ein ausgewähltes Thema aus dem Studiengebiet zu vertiefen und einen Beitrag zur Forschung im Fachgebiet zu leisten.

**Bibliothek:**
Die Bibliothek des Theologischen und des Religionswissenschaftlichen Seminars der Universität Zürich umfasst rund 70.000 Medien. Sammelschwerpunkte sind Altes und Neues Testament, Kirchengeschichte, Systematik, Praktische Theologie und Religionswissenschaft (Mailadresse: bibliothek@theol.uzh.ch).

**Datenbanken und Online-Ressourcen:**
Einige Bestände sind online durchsuchbar:
- Die Forschungsdatenbank der Universität Zürich
- Bibliothekskatalog des Theologischen und des Religionswissenschaftlichen Seminars der Universität Zürich
- Hinweise auf ausgewählte, recherchierte Artikel zu Themen der Religion in der Schweiz und weltweit
- Bibliothekskatalog für Theologie, Religionswissenschaft und Judaistik der Universität Bern

## Zentrum für Jüdische Studien der Universität Basel
Leimenstrasse 48
CH-4051 Basel
Tel.: +41 (0)61 205 16 36
Fax: +41 (0)61 205 16 40
juedischestudien@unibas.ch
http://www.jewishstudies.unibas.ch

Gründungsjahr: 1998

**Aufgaben/Ziele:**
Das Zentrum für Jüdische Studien (vormals Institut für Jüdische Studien) wurde von der Stiftung für Jüdische Studien zusammen mit der Universität Basel gegründet. Es hat im Oktober 1998 seine Arbeit aufgenommen. Seit Mai 2000 wird das Fach „Jüdische Studien" offiziell von der Universität anerkannt. Jüdische Studien können in der Theologie als Schwerpunkt sowie in der philosophisch-historischen Fakultät als Bachelor- oder als Masterstudienfach studiert werden.

**Forschungsfelder:**
Das Zentrum für Jüdische Studien versteht sich ausdrücklich als forschungszentrierte Institution mit einem Fokus auf kulturwissenschaftliche Fragen, vorab in der Moderne.

**Bibliothek:**
Die Fachbibliothek für Jüdische Studien ist eine Präsenzbibliothek und befindet sich derzeit im Aufbau. Bücher, Zeitschriften und digitale Medien können nicht ausgeliehen werden und dürfen ausschließlich vor Ort genutzt werden. Die katalogisierten Werke sind im Onlinekatalog der Uni Basel abrufbar.

**Publikationen:**
- Picard, Jacques: La Suisse et les Juifs 1933–1945, Lausanne 2000.
- Bodenheimer, Alfred: Die auferlegte Heimat. Else Lasker-Schülers Emigration in Palästina, Tübingen 1995.
- Lewinsky, Tamar: Displaced Poets. Jüdische Schriftsteller im Nachkriegsdeutschland, 1945–1951, Göttingen 2008.

**Periodika/Newsletter:**
- Jewish Studies Jahresbericht

## Museen

### Einstein-Haus Bern
Haus zum Untern Juker
Kramgasse 49
Postfach 638
CH-3000 Bern 8
Tel.: +41(0)31 312 00 91
Fax: +41(0)31 312 00 41
http://einstein-bern.ch

Gründungsjahr: 1979

**Aufgaben/Ziele:**
Albert Einstein lebte von 1903–1905 in der Wohnung im Haus Kramgasse 49. Der Physiker arbeitete hier an der Speziellen Relativitätstheorie und an den Grundlagen zur Allgemeinen Relativitätstheorie. In der Kramgasse 49 traf sich Einstein auch mit Interessierten zur wissenschaftlichen Diskussion. Das kleine Museum erinnert an die Zeit dieses Aufenthalts. Das Museum wird von der 1977 in Bern gegründeten Albert Einstein-Gesellschaft geführt, deren Ziel es ist, an Leben und Werk Einsteins während des Aufenthalts in der Schweiz zu erinnern. Die Gesellschaft verleiht jährlich die Albert Einstein-Medaille.

**Forschungsfelder:**
- Dokumentation der Berner Zeit von Albert Einstein, seiner Frau Mileva und dem Sohn Hans Albert

**Publikationen:**
- Die Zeitschrift Olympia informiert jährlich über die Arbeit der Albert Einstein-Gesellschaft; sie kann im Einstein-Haus erworben werden.

## Jüdisches Museum Der Schweiz
Kornhausgasse 8
CH-4051 Basel
Tel.: +41(0)61 261 95 14
info@juedisches-museum.ch
http://www.juedisches-museum.ch

Gründungsjahr: 1966

**Aufgaben/Ziele:**
Das Jüdische Museum der Schweiz wurde auf Initiative des als Beerdigungsgesellschaft (Chevra Kadischa) gegründeten Vereins Espérance 1966 eröffnet. Ausgangspunkt seiner Sammlung sind die vom *Schweizerischen Museum für Volkskunde* (jetzt dem Museum der Kulturen eingegliedert) erworbenen Judaica. Das Jüdische Museum Der Schweiz befasst sich mit dem Jüdisches Leben in der Schweiz und der Geschichte der Schweizerischen Juden. Die Jüdische Lehre, das jüdische Jahr und das tägliche Leben werden anhand von Objekten dargestellt. Ausgangspunkt seiner Sammlung sind die vom Schweizerischen Museum für Volkskunde erworbenen Judaica. Das Museum bietet Einblick in verschiedene in Basel erschienene hebräische Drucke und zeigt Objekte vom Ersten Zionistenkongress, der 1897 in Basel stattfand. Seit einigen Jahren finden wechselnde Sonderausstellungen statt.

**Forschungsfelder:**
- Jüdisches Leben in der Schweiz
- Geschichte der Schweizerischen Juden

**Besonderheiten/Forschungsschwerpunkte:**
- Dauerausstellung
- Temporäre Ausstellungen (Auswahl):
    - „Gesucht Gefunden. Partnerschaft und Liebe im Judentum", 7. September 2014–Ende 2015
    - „1001 Amulett. Schutz und Magie - Glaube oder Aberglaube? 1001 Amulettes. Protection et magie - foi ou superstition", 17. März 2013–20. Juli 2014
    - „Am Übergang - Bar und Bat Mizwa. Wie werden jüdische Kinder und Jugendliche erwachsen?", 4. September 2011–15. Februar 2013
    - „Von Neumond zu Vollmond", ab 21. Januar 2011 -
    - „HERZLichen Glückwunsch! Sonderausstellung zum 150. Geburtstag von Theodor Herzl", ab 21. April 2010
    - „Merkwürdig. Objekte, die aus der Reihe tanzen", 15. März 2009–31. Dezember 2010
    - „Endingen - Lengnau. Auf den Spuren der jüdischen Landgemeinden im Aargau", 2. September 2007 - 31. Dezember 2008
    - „Ins Licht gerückt. Sammlungszugänge der letzten zehn Jahre", 3. September 2006 bis 31. August 2007
    - „Truhe auf Wanderschaft. Eine jüdische Familiengeschichte aus Frankfurt und Basel", 4. September 2005 bis 30. März 2006

- „Anne Frank und Basel. Eine Familiengeschichte über Grenzen", 17. Juni 2004 bis 30. Januar 2005
- Museumsführungen
- Führungen durch die Synagoge
- Führung über den Friedhof der Israelitischen Gemeinde Basel
- Führungen für Schulklassen

**Bibliothek und Sammlung:**
Die Sammlung präsentiert Objekte verschiedener Herkunft, die den Besuchern abwechslungsreiche Einblicke in das jüdische Leben und die jüdische Geschichte bieten. Das Ausstellungsgut ist gemäß folgenden Themen gegliedert: jüdische Lehre, jüdischer Kult, jüdischer Alltag und jüdische Geschichte.

Die im Museumshof aufgestellten Grabsteine des jüdischen Friedhofs beim Petersplatz sowie Urkunden zu den beiden Basler Gemeinden im Mittelalter (1220–1397) verdienen besondere Beachtung. Eine Auswahl exklusiver hebräischer Basler Drucke des 16. bis 19. Jahrhunderts bezeugen die Bedeutung der Rheinstadt für die Geschichte des hebräischen Buchdrucks. Einen weiteren historischen Akzent setzen Schriften und Bildmaterial zu den Anfängen des Zionismus. Zeugnisse aus der Zeit des Zweiten Weltkriegs ergänzen das Ausstellungsgut. Ein besonderer Raum ist der jüdischen Hochzeit gewidmet.

**Publikationen:**
- Gesucht Gefunden. Partnerschaft und Liebe im Judentum. Jüdisches Museum der Schweiz, 2014
- 1001 Amulett. Schutz und Magie - Glaube oder Aberglaube? Jüdisches Museum der Schweiz, 2013
- Am Übergang - Bar und Bat Mizwa. Wie werden jüdische Kinder und Jugendliche erwachsen? Jüdisches Museum der Schweiz, 2011
- und Hanna und Sara. Installation von Renée Levi im Hof des Jüdischen Museums der Schweiz Jüdisches Museum Schweiz, 2010
- HERZlichen Glückwunsch. Sonderausstellung zum 150. Geburtstag von Theodor Herzl. Jüdisches Museum Schweiz, 2010
- Ausstellungsbroschüre: Merkwürdig. Objekte, die aus der Reihe tanzen. Jüdisches Museum Schweiz, 2009
- Texte zur Ausstellung: Endingen-Lengnau. Auf den Spuren der jüdischen Landgemeinden im Aargau. Jüdisches Museum Schweiz, 2008
- Ausstellungsbroschüre: Anne Frank und Basel. Jüdisches Museum Schweiz, 2004

**Periodika/Newsletter:**
Newsletter kann abonniert werden

## Gedenkstätte für Flüchtlinge – Bahnhof Riehen
Inzlingerstraße 44
CH-4125 Riehen bei Basel
Schweiz
Tel.: +41 (0)61 645 96 50
info@gedenkstaetteriehen.ch
http://www.gedenkstaetteriehen.ch

Gründungsjahr: 2011

**Aufgaben/Ziele:**
Die Gedenkstätte setzt den Flüchtlingen während des Zweiten Weltkriegs einen Stein des Nichtvergessens. Nach dem Erwerb des „Weichenwärterhauses" von der Deutschen Bundesbahn wurde den Initianten dieser Gedenkstätte bei der Beschäftigung mit der Geschichte des Hauses bewusst, dass der Weg vieler Flüchtlinge auch durch Riehen führte. Der ganze Schienenstrang durch Riehen gehörte – obwohl auf Schweizer Boden gelegen – zusammen mit diesem Haus der Deutschen Reichsbahn. Das gab dem Fluchtweg Riehen eine besondere Bedeutung, genauso wie die verwinkelte grüne Grenze. Persönliche Betroffenheit führte schließlich zu dem Plan einer Gedenkstätte, eines Ortes, der nicht anklagt, sondern der die persönliche Verarbeitung der Geschehnisse unterstützen möchte. Im Mittelpunkt steht der Stallanbau mit seinen Kunstwerken, welche von J. Rudolf Geigy und der Esther-Foundation finanziert wurden. Darüber hinaus findet der Besucher authentische Berichte von Zeitzeugen vor sowie eine kleine Bibliothek. Ein Leseraum lädt zum Verweilen, Besinnen und Entspannen ein. Es werden Veranstaltungen zum Thema und Momente der Begegnung organisiert. Der Förderverein Gedenkstätte Riehen hat sich zum Ziel gesetzt, diesen Ort für alle bei freiem Eintritt zugänglich zu machen und weiter zu entwickeln.

**Forschungsfelder:** Flucht während der Zeit des Zweiten Weltkriegs
Besonderheiten/Forschungsschwerpunkte:
Vorträge und Lesungen zu ausgewählten Themen

**Bibliothek:**
Eine kleine Bibliothek ist vorhanden.

**Datenbanken und Online-Ressourcen:**
– Presseberichte
– Interviews
– Zeitzeugenberichte
– Informationsmaterialien

# Israel

### ARCHIVE UND BIBLIOTHEKEN

### The Central Archives for the History of the Jewish People Jerusalem (CAHJP)
The Hebrew University of Jerusalem,
The Edmond J. Safra Campus on Giv'at Ram
P.O.B. 39077
Jerusalem 91390, Israel
Tel.: +972-2-6586249
Fax: +972-2-6535426
cahjp@nli.org.il
http://cahjp.huji.ac.il/

## Central Zionist Archive
POB 92, Jerusalem, 91920, Israel
972-2-620-4800 | Fax: 972-2-620-4837 |
cza@wzo.org.il
http://www.zionistarchives.org.il/en/

## The National Library of Israel (NLI)
The Hebrew University of Jerusalem
Edmond Safra Campus, Giv'at Ram
POB 39105
Jerusalem 91390, Israel
Tel.: +972-2- 074-7336336
reference@nli.org.il
http://web.nli.org.il/sites/NLI/English/Pages/default.aspx

## Yad Vashem - The Holocaust Martyrs' and Heroes' Remembrance Authority
Archives
P.O.B. 3477
Jerusalem 9103401, Israel
Tel.: +972-2-6443720
Fax: +972-2-6443719
general.information@yadvashem.org.il
research.institute@yadvashem.org.il
library@yadvashem.org.il
http://www.yadvashem.org/

## FORSCHUNGSEINRICHTUNGEN

## The Avraham Harman Institute of Contemporary Jewry
http://icj.huji.ac.il/about_us.asp

## The Hebrew University
Faculty of Humanities
Mount Scopus
Jerusalem 91905, Israel
Tel.: +972-2-5883465/5882465
Fax: +972-2-5881243
dalias@savion.huji.ac.il

## Bucerius Institute for Contemporary German History and Society
University of Haifa, Mount Carmel
Education Building, Room 646

31905 Haifa, Israel
Tel.: +972-4-8288232/3
Fax: +972-4-8288282
ldror@univ.haifa.ac.il

## Center for Austrian and German Studies (CAGS)
Ben-Gurion University of the Negev
P.O.B. 653
Beer Sheva 84105, Israel
www.bgu.ac.il/german

## The Franz Rosenzweig Research Center for German-Jewish Literature and Cultural History
The Hebrew University of Jerusalem
Goldsmith Building
Mt. Scopus
91905 Jerusalem, Israel
Tel.: +972-2-588-1909/-1686
rosenzweig@vms.huji.ac.il

## Joseph Carlebach Institut
Bar-Ilan Universität
Fakultät für Jüdische Studien
Ramat Gan 52900, Israel
Tel: +972-3-5318974
Fax: +972-3-6355234
gillism@mail.biu.ac.il
http://www.jci.co.il/index.php

**Aufgaben/Ziele:**
Das Joseph Carlebach Institut (JCI) an der Bar Ilan Universität ist ein akademisch-erzieherisches Institut in deutscher Sprache mit den Schwerpunkten: Judentum, Schoah und Jüdische Geschichte, Hebraistik, sowie Jüdischer und Israelischer Film. Das JCI möchte zum deutsch-jüdischen und deutsch-israelischen Verständnis beitragen und fördert gemeinsame Seminare und Konferenzen mit deutschsprachigen Universitäten, Instituten und Studentengruppen.

Das Joseph Carlebach Institut (JCI) wurde zum Andenken an Joseph Carlebach errichtet, an seine Familie, an jüdische Gemeinden und an die in der Schoa Umgekommenen. Das JCI hat sich zum Ziel gesetzt, Joseph Carlebachs Vermächtnis der Verbindung von Judentum und Kultur und von Erziehung zur Menschenliebe weiterzuführen.

**Forschungsfelder:**
- Veröffentlichung bzw. Wiederveröffentlichung der Schriften Joseph Carlebachs - in Originalfassung (Deutsch) und Übersetzungen (Hebräisch, Englisch)
- Aufbau eines computerisierten Carlebach-Archivs, durch das Carlebachs Schriften und Dokumente zugänglich gemacht werden

- „Deutsches Judentum und Judentum auf Deutsch": Anregung zu und Förderung von Forschung, die mit dem deutschen Judentum (Geschichte, Philosophie, Erziehung) bzw. der jüdischen Lehre zusammenhängt
- Anregung zu und Förderung von Forschung, die die Hebräische Sprache sowie den Jüdischen und Israelischen Film betrifft
- Förderung interdisziplinärer und interuniversitärer Zusammenarbeit in Seminaren und Konferenzen (vor allem mit deutschsprachigen Universitäten und Instituten)
- Organisation lokaler sowie internationaler Konferenzen, Seminare, Vorträge und Studientage

**Archiv:**
Das Joseph Carlebach Archiv mit seinen Schrift- und Dokumentensammlungen umfasst:
- Schriften, Manuskripte und Dokumente von Joseph Carlebach (nach Erscheinungsjahr bzw. Thema sortiert)
- Manuskript- und Dokumentensammlung des Leipziger Rabbiners Ephraim Carlebach
- Dokumentensammlung zum jüdischen Leben in Schleswig-Holstein
- Einzeldokumente

**Bibliothek:**
- Bibliothek mit ausgewählter Fachliteratur u.a. in hebräischer, deutscher sowie englischer Sprache
- Themenbereiche:
  - Jüdische Geschichte
  - Jüdische Religionsphilosophie
  - Deutsches Judentum
  - Holocaust

## Kantor Center for the Study of Contemporary European Jewry

Gilman Building, Room 454C, Tel Aviv University
P.O.B. 39040
Ramat Aviv,
Tel Aviv 6997801, Israel
Tel: +972-3-6406073
Fax: +972-3-6406034
kantorce@post.tau.ac.il

## Leo Baeck Institute Jerusalem for the Study of German and Central European Jewry

33 Bustenai Street, Jerusalem
Postanschrift:
P.O.B 8292
Jerusalem 91082, Israel
Tel.: +972-2-5633790
leobaeck@leobaeck.org

## Minerva Institute for German History

Tel Aviv University

Ramat Aviv
Tel Aviv 69978, Israel
Tel: +972-3-6409731
Fax: +972-3-6409464
hisgerm@post.tau.ac.il

**The Richard Koebner Minerva Center for German History**
The Hebrew University
Mount Scopus
Jerusalem 91905, Israel
Tel.: +972-2-5880135
mskoeb@pluto.mscc.huji.ac.il

**Yad Vashem - The Holocaust Martyrs' and Heroes' Remembrance Authority**
International Institute for Holocaust Research
P.O.B. 3477
Jerusalem 9103401, Israel
Tel.: + 972-2-6443480
Fax: + 972-2-6443479
general.information@yadvashem.org.il
research.institute@yadvashem.org.il
http://www.yadvashem.org/

## Museen

**Bauhaus Center Tel Aviv**
99 Dizengoff Street
Tel Aviv 64396, Israel
Tel.: +972-(0)3-522-02-49
info@bauhaus-center.com
http://www.bauhaus-center.com

**Bauhaus Foundation Museum**
21 Bialik Street
Tel Aviv 63324, Israel
Tel.:+972-(0)3-620–4664

**Beit Hatfutsot – Jewish History & Culture Museum**
Campus Tel Aviv University (Matatia gate), Ramat Aviv
Klausner Street
POB 39359
Tel Aviv 6139202, Israel

Tel.: +972-(0)3-7457808
Fax: +972-(0)3-7457811
info@bh.org.il
http://www.bh.org.il

## The German-Speaking Jewry Heritage Museum
Tefen Industrial Park
Postanschrift:
The Open Museum
P.O.B. 1
Migdal Tefen 24959, Israel
Tel.: +972-4-9109614

## Massuah Institute for Holocaust Studies
45805 Kibbuz Tel Jizchak, Israel
Tel.: +972-9-8999997

## Yad Vashem - The Holocaust Martyrs' and Heroes' Remembrance Authority
Museums
P.O.B. 3477
Jerusalem 9103401, Israel
Tel.: +972-2-6443600
Fax: +972-2-6443599
general.information@yadvashem.org.il
library@yadvashem.org.il
museum@yadvashem.org.il
international.school@yadvashem.org.il
http://www.yadvashem.org/

# Arbeitsgemeinschaften/NGOs/E.V.s

## Vereinigung der Israelis mitteleuropäischer Herkunft
15 Rambam Street
Tel Aviv 61014, Israel
Tel.: +972-3-5164461
info@irgun-jeckes.org

# Belgien

### FORSCHUNGSEINRICHTUNGEN

**Katholieke Universiteit Leuven**
Faculty of Theology and Religious Studies
Collegium Veteranorum

Sint-Michielsstraat 4 box 3100
BE-3000 Leuven, Belgium
Tel.: + 32(0) 16 32 38 73
Fax: + 32(0) 16 32 38 58
info@theo.kuleuven.be
http://theo.kuleuven.be/en

Gründungsjahr: 1432

### MUSEEN

**Musée Juif de Belgique - Joods Museum van België**
Rue de Minimes 21
BE-1000 Bruxelles, Belgium
Tel.: +32 (0) 2 512 19 63
Fax: +32 (0) 2 513 48 59
info@mjb-jmb.org
http://www.new.mjb-jmb.org

# Dänemark

### MUSEEN

**Dansk Jødisk Museum (Dänisches Jüdisches Museum)**
Proviantpassagen 6
DK- 1218 København K
Telefon.: +45 33 11 22 18
info@jewmus.dk
http://www.jewmus.dk

Gründungsjahr: 2004

**Aufgaben/Ziele:**
Das Museum präsentiert in einem von Daniel Libeskind entworfenen Museumsbau 400 Jahre jüdischer Geschichte in Dänemark.

# Frankreich

### Forschungseinrichtungen

### Université Paris-Sorbonne
Collège des études juives et de philosophie contemporaine - Centre Emmanuel Levinas
Contacts: Maison de la Recherche
28, rue Serpente
F-75006 Paris
Tel.: +33(0)1 53 10 57 00
http://www.paris-sorbonne.fr/college-des-etudes-juives-et-de

Gründungsjahr: 2008

**Forschungsfelder:**
- Jüdische Philosophie
- Kontakt und Austausch jüdischer Philosophen mit der abendländischen philosopischen Tradition
- Deutsch-jüdische Philosophen, z. B. Hermann Cohen, Franz Rosenzweig, Gershom Scholem, Leo Strauss, Martin Buber, Walter Benjamin

### Museen

### Musée d'art et d'histoire du Judaïsme
Hôtel de Saint-Aignan
71, rue du Temple
F-75003 Paris
Tel.: +33(0)1 53 01 86 60
Tel.: +33(0)1 53 01 86 53 (Verwaltung)
Fax: +33(0)1 42 72 97 47
info@mahj.org
http://www.mahj.org/fr/index.php

# Großbritannien

**FORSCHUNGSEINRICHTUNGEN**

**Centre for German-Jewish Studies**
Arts B, University of Sussex Falmer
Brighton BN1 9QN
Tel/Fax: +44 (0)1273 877344
g.reuveni@sussex.ac.uk

**MUSEEN**

**Jewish Museum**
Raymond Burton House
129-131 Albert Street
Camden Town
London NW1 7NB
Tel: +44 (0)20 7284 7384
barnett.thamar@jewishmuseum.org.uk

# Irland

**MUSEEN**

**Jewish Museum**
Raymond Burton House
129-131 Albert Street
Camden Town
London NW1 7NB
Tel: +44 (0)20 7284 7384
barnett.thamar@jewishmuseum.org.uk

# Niederlande

### Forschungseinrichtungen

### Internationaal Instituut voor Sociale Geschiedenis
Cruquiusweg 31
NL-1019 AT Amsterdam
Postadresse:
P. O. Box 2169
NL-1000 CD Amsterdam
Tel.: +31 (0)20 668 586 6
Fax: +31 (0)20 665 418 1
ula@iisg.nl

### Universiteit Leiden
Hebrew and Aramaic Studies
Postadresse:
Leiden University
PO Box 9500
NL-2300 RA Leiden
Besucheradresse:
Rapenburg 70
NL-2311 EZ Leiden
Telephone: +31 (0)71 527 27 27
Fax: +31 (0)71 527 31 18
cac@hum.leidenuniv.nl
http://www.leiden.edu

### Museen

### Anne Frank Haus
Prinsengracht 263-267
NL-Amsterdam
Postadresse:
Postbus 730
NL-1000 AS Amsterdam
Tel.: +31 (0)20-5567100
Fax: +31 (0)20-6207999
http://www.annefrank.org/de/Museum

**Joods historisch Museum – Jewish historical museum – Jüdisches Historisches Museum**
Nieuwe Amstelstraat 1
NL-1011 PL Amsterdam, Niederlande
Postadresse:
Postbus 16737
NL-1001 RE Amsterdam
Tel.: +31(0)20 531 0310
@communicatie@jhm.nl

http://www.jhm.nl

# Norwegen

**Holocaustsenteret – Zentrum für Studien des Holocaust und religiöse Minderheiten**
Villa Grande
Hukaveny 56
0287 Oslo
Norwegen
Tel: + 47 (0) 22 84 21 00
Fax: + 47 (0) 22 84 21 13
post@hlsenteret.no

# Portugal

**Jüdische Gemeinde Lissabon (Comunidade Israelita De Lisboa)**
Rua Monte Olivete 16
1200 Lisboa, Portugal (Metro-Station Rato)
Tel: +351 213 931 130
Fax: +351 213 931 139
administrativo@cilisboa.org
http://www.cilisboa.org/

# Russland

### Archive und Bibliotheken

### Russisches Staatliches Militärarchiv
### Sonderarchiv
### Rossijski Gosudartstwenny Wojenny Archiw (RGVA)
ul. Admirala Makarowa, 29
125212 Moskau
rgvarchiv@mailfrom.ru
http://www.rusarchives.ru/federal/rgva/

### Museen

### Jüdisches Museum und Toleranzzentrum
Moscow, Obraztsova st., 11, building 1A
Tel./Fax: +7 495 645-05-50
info@jewish-museum.ru
http://www.jewish-museum.ru

# Schweden

### Forum för levandehistoria
Stora Nygatan 10-12
Gamlastan, Sweden
Tel: +46 (0) 8 723 87 50
Fax: +46 (0) 8 723 87 59
info@levandehistoria.se
Forum förlevandehistoria
Box 2123
103 13 Stockholm

### Forum for Jewish Studies in Uppsala
English Park Campus, Thunbergsvägen 3 A
Box 511, 751 20 Uppsala
Tel: +46 18 471 15 38
Fax: + 46 18 710 170
fjs@teol.uu.se
http://www.teol.uu.se/About_us/Cooperation/fjs/

**Hugo Valentin Zentrum an der Universität Uppsala**
(Genozid- und Holocaustforschung)
Uppsala universitet
Box 521
SE-751 20 Uppsala
Tel: +46 18-4712359
info@valentin.uu.se
http://www.valentin.uu.se/

**Paideia**
**The European Institute for Jewish Studies in Sweden**
Box 5053
SE-102 42 Stockholm
Schweden
Tel: + 46 (0)8 679 55 55
Fax: + 46 (0)8 661 14 55
info@paideia-eu.org

**Utvandrarnas Hus – Schwedisches Emigrationsinstitut**
VilhelmMobergsGata 4
35243 Växjö
Tel: +46 470 201 20
Fax: +46 470 394 16
forckning@utvandrarnashus.se
Box 201
SE-351 04 Växjö

# Tschechien

**Franz Kafka Museum**
Hergetova Cihelná
Cihelná 2b
CZ-118 00 Praha 1 – Kleinseite
Tel.: +42(0)-257535373
Tel.: +42(0)-257535507
kafkashop@kafkamuseum.cz
www.kafkamuseum.cz

**Zidovské Muzeum V Praze (Jüdisches Museum in Prag)**
U Staré školy 1
CZ-110 00 Praha 1
Tel.: +42(0) 221 711 511
Fax: +42(0) 222 749 300

office@jewishmuseum.cz
http://www.jewishmuseum.cz

**Bildungs- und Kulturzentrum des Jüdischen Museums in Prag**
Maiselova 15
CZ-110 00 Prag 1, 3. Geschoss
Tel.: +42(0) 222 325 172
Fax: +42(0) 222 318 856
education@jewishmuseum.cz
http://www.jewishmuseum.cz

# Ukraine

**Czernowitzer Museum für jüdische Geschichte und Kultur der Bukowina**
Teatralna Platz 5
Zentraler Kulturpalast
(ehemaliges Jüdisches Nationalhaus)
58000 Czernowitz, Ukraine
Tel.: +38 0372 550666
jm.chernivtsi@gmail.com
http://muzejew.org.ua/Index-De.html

**The Museum of History of Odessa Jews „Migdal-Shorashim"**
66, Nejinskaya Str., apt 10
65045 Odessa, Ukraine
Tel.: +38 048 728 97 43
museum@migdal.ru
http://www.migdal.org.ua/museum
http://www.odessa.ua/museums/11849

# Kanada

**Jewish Heritage Center of Western Canada**
123 Doncaster Street, Winnipeg B2
Tel: 204.477.7460
Fax: 204.477.7465
http: www.jhcwc.org

**Museum of Jewish Montreal**
1590 Dr. Penfield Avenue, #215

Montréal, Québec H3G 1C5
http: imjm.ca

# USA

### Archive und Bibliotheken

**Jewish Women's Archive**
138 Harvard Street
Brookline, MA 02446
Tel: (617) 232-2258
Fax: (617) 975-0109

**The Library of Congress**
101 Independence Ave
SE Washington, DC 20540
Tel: (202) 707-5000
bdes@loc.gov

**The Magnes Collection of Jewish Art and Life**
**The Bancroft Library**
University of California, Berkeley
Berkeley, CA 94720-6000
Tel: 510.642.3781
magnes@library.berkeley.edu

**The New York Public Library**
Stephen A. Schwarzman Building
Fifth Avenue and 42nd Street
New York, NY 10018
Tel: 212-592-7201
live@nypl.org

### Forschungseinrichtungen

**American Jewish History Society**
15 West 16th St.
New York, NY 10011
Tel: 212-294-6160
smalbin@ajhs.org

**Center for Jewish History**
15 West 16th Street
New York, NY 10011
Tel: 212-294-8314
jsiegel@cjh.org

**Leo Baeck Institute**
Center for Jewish History
15 West 16th St.
New York, NY 10011
Tel: 212- 744-6400
carol@lbi.cjh.org
http://www.lbi.org/

**YIVO Institute for Jewish Research**
15 West 16th Street
New York, NY 10011
Tel: 212.246.6080
jbrent@yivo.cjh.org

## Museen

**Museum of Jewish Heritage – A Living Memorial to the Holocaust**
Edmond J. Safra Plaza
36 Battery Place New York, NY 10280
Tel: 646.437.4202
ebrumberg@mjhnyc.org

**Jewish Museum**
1109 5th Ave at 92nd St
New York, NY 10128
Tel: 212.423.3200
info@thejm.org
http://thejewishmuseum.org

# Mexiko

## Centro de Documentación e Investigación de la Comunidad Ashkenazí de México (CDICA)
(Zentrum für Dokumentation und Forschung über die aschkenasische Gemeinschaft in Mexiko)

Acapulco 70
Col. Roma.
Del. Cuauhtémoc C.P.
06700. Mexiko-Stadt
Tel: 52-11-56-88
cdica@cdica.com.mx
http://www.cdica.com.mx

Gründungsjahr: 1990

### Aufgaben/Ziele:
Das Zentrum für Dokumentation und Forschung zur aschkenasischen Gemeinschaft in Mexiko (CDICA) ergab sich aus der Notwendigkeit, einen Platz haben, um das historische Gedächtnis der aschkenasischen jüdischen Gemeinde in Mexiko zu bewahren und die aschkenasische Kultur zu retten, die durch den Holocaust zu verschwinden drohte. Seine Arbeit nahm das Zentrum 1990 mit der Rettung von Archiven und Dokumenten auf. Produkt dieser Arbeit ist die spanischsprachige Publikation in 7 Bänden mit dem Titel: Generationen von Juden in Mexiko, die Kehillah Ashkenazi (1922–1992).

### Forschungsfelder:
- Das CDICA ist ein Ort für alle an der Geschichte und der Kultur der Aschkenasim Interessierten - in all ihren Facetten.
- Dort arbeiten Forscher, Historiker, Archivare und Datenbankspezialisten, deren Ziel es ist, Historikern, Soziologen, Sozialwissenschaftlern und der gesamten Öffentlichkeit den Zugang zu allen Dokumenten, Büchern, Fotografien und Datenbanken zu ermöglichen.

### Besonderheiten/Forschungsschwerpunkte:
- Der Auftrag des CDICA ist es, die aschkenasische Kultur zu bewahren, zu schützen und zu verbreiten genauso wie das historische Gedächtnis an die Juden, die im späten 19. und frühen 20. Jahrhundert nach Mexiko eingewandert sind.
- Das Programm „Memory of the World" wurde im Jahre 1992 von der UNESCO gegründet. Ziele sind der Schutz und die Förderung dokumentarischen Erbes der Welt durch die Erhaltung und den Zugang zu diesen Dokumenten.
- Am 26. Februar 2008 beschloss die UNESCO das CDICA in das Register Mexico des Weltdokumentenerbes aufzunehmen als eine einzigartige Institution ihrer Art. Die Aufnahme erfolgte 2009.

### Archiv:
- Die Dokumentations-Sammlung des historischen Archivs führt die Sammlungen verschiedener Institutionen über die aschkenasische Gemeinschaft in Mexico zusammen und bewahrt das Gedächtnis der Gemeinde.

- Die Informationsquellen sind vielfältig, sowohl in ihrer Herkunft als auch in den Medien, auf denen sie hinterlegt sind. Sie stammen von säkularen, religiösen, sportlichen und pädagogischen Institutionen, aus persönlichen Erinnerungen, von Industrie und Handel, sowie von Flüchtlingen.
- Archiv für Mündlich Überlieferte Geschichte
Emigration ist eines der prominentesten Beispiele historischer Aktivität. Die Entscheidung von Millionen von Menschen ihre Heimat zu verlassen und sich in einem anderen Land niederzulassen – sie eröffnete dem jüdischen Volk neue Horizonte und führte zur aktuellen Karte der Diaspora. Ohne die mündliche Dokumentation bliebe das Studium dieses historischen Prozesses in der Mehrzahl der Fälle nur eine Dokumentation der Begleitumstände ohne den Hauptdarsteller vorzustellen: den Immigranten und seine Familie.

  Das Archiv für mündlich Überlieferte Geschichte verwaltet 220 Interviews mit Einwanderern, Intellektuellen, Aktivisten und Holocaust-Überlebenden. Die meisten Interviews sind von der jiddischen in die spanische Sprache übersetzt und andere direkt in spanischer Sprache. Auch wird das Alter der Interviewten mitgeteilt.
- Ton-Archiv
Das Ton-Archiv widmet sich der jüdischen Musik aus verschiedenen Regionen der Welt und ihren verschiedenen Stilen wie z. B. Folk, chassidische und liturgische Musik, Klezmer, Klassik, populäre Musik. Außerdem gibt es Filme von Hochzeiten und Feiern aus 13 Jahren von Immigranten genauso wie Filmdokumente, die in den ersten Jahren der Immigration entstanden sowie audiovisuelle Medien.
- Fotothek:
Die Sammlung von Fotografien, die das CDICA aufbewahrt, gibt Zeugnis von der Entstehung der jüdischen Gemeinschaft in Mexiko, von der Bildung ihrer säkularen und religiösen Institutionen und natürlich von der jüdischen Einwanderung nach Mexiko. Neben Bildern von Forschungsinteresse gibt es Schnappschüsse vom Alltag jüdischen Lebens im neuen Zuhause. Das Archiv enthält 8000 Fotografien, aufgeteilt in 32 Bestände und Sammlungen.
- Spezielle Materialien liegen vor zu:
  - Boris Rosen
  - Bertha Moss
  - Sergio Nudelstejer
- Zeitungsarchiv
Das Zeitungsarchiv ist auf Periodika mit jüdischen Themen spezialisiert wie Jahrbücher, Berichte, Broschüren, Zeitungen und Zeitschriften aus den Ländern Mexiko, USA, Israel, der Sowjetunion, Polen und andere. Es enthält die ersten publizierten Zeitungen und Zeitschriften für die Einwanderer, die im zweiten Jahrzehnt des 20. Jahrhunderts nach Mexiko kamen.

**Bibliothek:**
Spezialisierung auf jüdische Themen, die zwei Gebiete abdecken:
allgemeiner Bereich und spezieller Bereich/Bereich für Alt-Hebräisch.
- Der allgemeine Bereich mit rund 16.000 Büchern ist in folgende Themen katalogisiert: Geschichte, Literatur, Philosophie, Veröffentlichungen in Mexiko, Theater, Politische Wissenschaften, Religion, Holocaust, Israel, Kunst, Diaspora etc.. Die Bücher sind in den Sprachen Jiddisch, Hebräisch, Spanisch, Englisch, Deutsch, Französisch, Russisch und Litauisch geschrieben.
- Der Bereich für Alt-Hebräisch besteht aus 1400 Büchern. Die meisten von ihnen sind in Hebräisch geschrieben und stammen aus dem Zeitraum vom sechzehnten Jahrhundert

bis zum Jahr 1945. Darunter finden sich Bücher, die von den Alliierten nach dem Zweiten Weltkrieg gerettet und nach Mexiko geschickt wurden, weil sie die Bibliotheken in Europa damals nicht aufbewahren konnten.

**Datenbanken und Online-Ressourcen:**
Das CDICA bietet vier Datenbanken für Anfragen von Forschern, darunter die Register über die Einwanderer aus dem Landesgeneralarchiv, unterteilt in 23 Nationalitäten mit Informationen aus der Zeit zwischen 1876 und 1950. Dazu zählen 13.100 Register mit Informationen über jüdische Immigranten nach Mexiko aus allen Bereichen der Gemeinschaft.

Auch ist dort die Datenbank des Israelitischen Zentralkomitees angesiedelt, entwickelt auf der Basis der Akten dieser Organisation seit ihrer Gründung bis 1992. Hilfe bei der Recherche von Dokumenten in jiddischer und hebräischer Sprache wird angeboten.

**Publikationen:**
Die grundlegende Aufgabe des CDICA ist die Publikation von gewonnenen Forschungsergebnissen zu jüdischen Themen.

Einige Beispiele von Veröffentlichungen (in spanischer Sprache) sind:

- Generationen von Juden in Mexiko, die Kehilá Ashkenazí (1922–1992), 7 Bände
- Allgemeiner Leitfaden über den bibliographischen und dokumentarischen Bestand und der Leitfaden über den dokumentarischen Bestand
- Forschungsberichte, Erste Serie mit 11 Bänden, Zweite Serie mit 4 Bänden
- Bücher über:
  - Rabbiner Samuel Ekliezer Donschik, Oberhaupt und Pionier der Gemeinde
  - Die archivierte Erinnerung. Die Juden in der Gestaltung eines pluralen Mexiko
  - Die zweite Generation von Juden in Mexiko. Neue Herausforderungen, neue Projekte

# Argentinien

## Argentinisches Tageblatt
Ciudad de La Paz 1410
C1426 Ciudad de Buenos Aires, Argentina
Tel: (5411) 4782-5104 / (5411) 4785-0227
http://www.tageblatt.com.ar/kontakt.php

## Colegio Pestalozzi
Ramón Freire 1882
C1428CYB Ciudad de Buenos Aires
Tel: (5411) 4555-3688
Kontaktformular
admin@pestalozzi.edu.ar
direccion.general@pestalozzi.edu.ar

**Congregación Israelita de la República Argentina**
Libertad 769
C1012AAN Ciudad de Buenos Aires
Argentina
Tel: (5411) 4123-0832/0833
www.templolibertad.org.ar/contacto.html

**Fundación IWO**
Ayacucho 483
1026 Ciudad de Buenos Aires
Tel: (5411) 4953-0293
biblioteca@iwo.org.ar
archivos@iwo.org.ar

**Fundación Judaica**
Thames 1326
Ciudad de Buenos Aires
Tel: (5411) 4772-8132
info@judaica.org.ar

**Museo Judío de Buenos Aires**
Libertad 769
C1012AAN – Ciudad de Buenos Aires
Argentina
Tel: (5411) 4123-0102
fundacion@templolibertad.com.ar

# Brasilien

### Archive und Bibliotheken

**Arquivo Histórico Judaico Brasileiro (AHJB)**
Rua Estela Sezefreda, 76
CEP: 05415-070 - Pinheiros
São Paulo, Brasil
Tel.: +55(0)11 3088-0879
ahjb@ahjb.org.br
http://www.ahjb.org.br/

### Forschungseinrichtungen

**Centro de Estudos Judaicos (CEJ)**
Faculdade de Filosofia, Letras e Ciências Humanas
Departamento de Letras Orientais
Universidade de São Paulo
Av. Prof. Luciano Gualberto, 403
Prédio de Letras, Sala 105, Cidade Universitária
CEP: 05508-970
São Paulo – SP, Brasil
Tel.: +55(0)11 3813-6528
Fax:+55 11 3813-6528
cejudaic@usp.br
http://letrasorientais.fflch.usp.br/hebraico/256
http://cej.fflch.usp.br/cej

**Martius-Staden-Institut**
Rua Itapaiúna, Panamby
São Paulo, SP, Brasil
CEP: 05707-000
Tel.: +55(0)11 3744-1070
Fax: +55(0)11 3501-9488
diretoria@martiusstaden.org.br
contato@martiusstaden.org.br
http://www.martiusstaden.org.br

**Núcleo Interdisciplinar de Estudos Judaicos (NIEJ)**
Universidade Federal do Rio de Janeiro (UFRJ)
Rio de Janeiro, R.J., Brasil
labniej@gmail.com
http://niej.historia.ufrj.br/p/laboratorios.html

### Museen

**Centro da Cultura Judaica**
Rua Oscar Freire, 2500
São Paulo, SP, Brasil
Tel.: +55(0)11 3065 4333
Fax: +55(0)11 3065 4355
culturajudaica@culturajudaica.org.br
http://www.culturajudaica.org.br/

## Museu da Imigração do Estado de São Paulo
Rua Visconde de Parnaíba, 1316
São Paulo, SP, Brasil
CEP: 03164-300
Tel.: +55 (0)11 2692-1866
museudaimigracao@museudaimigracao.org.br
http://museudaimigracao.org.br/

## Museu Judaico de São Paulo
Rua Martinho Prado, 128
São Paulo, SP, Brasil
CEP 01306-040
Tel.: +55(0)11 2628-3977
administrativo@museujudaicosp.org.br
http://www.museujudaicosp.org.br/

## Museo Judaico do Rio de Janeiro
Rua México 90 - 1°. Andar
Rio RJ 20031-141 – Brasil
Tel.: +55(0) 21 2524 6451
Fax: +55(0) 21 2240 1598
secretaria@museujudaico.org.br
http://www.museujudaico.org.br/

## Museum Lasar Segall IBRAM – MINC (Museu Lasar Segall)
Rua Berta, 111 (Santa Cruz Metro)
São Paulo, SP, cep 04120-040, Brasil
Tel.: +55(0)11 2159 0400
Fax: +55(0)11 2159 0449
info@mls.gov.br
http: www.museusegall.org.br

## Casa Stefan Zweig Petrópolis
Rua Gonçalves Dias, 34
Petrópolis, Rio de Janeiro
tel: +55(0)24 2245-4316
Caixa postal 50060
20.050-971
Rio de Janeiro, RJ-Brasil
mail@casastefanzweig.org
http://www.casastefanzweig.org/index.php?language=de

# Chile

**Zentrum für Jüdische Studien, Fakultät Philosophie und Humanwissenschaft, Universität Chile (Centro de Estudios Judaicos (CEJ), Facultad de Filosofía y Humanidades, Universidad de Chile)**
Miraflores 579 (Metro Bellas Artes)
Santiago de Chile, Chile
Tel.: (56-2)9771550
cej@uchile.cl
http://www.estudiosjudaicos.cl

# Uruguay

**Nueva Congregación Israelita**
**Jüdische Gemeinde in Montevideo**
Payan 3030
Montevideo – Uruguay
Tel: (+598) 2709 0709
secretaria@nci.org.uy

**B'nai B'rith del Uruguay**
Canelones 1216
Montevideo – Uruguay
Tel: (+598) 2908 3385/2908 2012
bnaibrith@adinet.com.uy

# Australien

**Australian Centre for Jewish Civilisation (ACJC)**
Monash University
900 Dandenong Road
Caulfield East
Victoria 3145
http://artsonline.monash.edu.au/acjc/

**Jüdisches Museum Sydney (Sydney Jewish Museum)**
148 Darlinghurst Road
Darlinghurst, NSW Australia 2010
http: www.sydneyjewishmuseum.com.au

# Südafrika

**Bergtheil Museum**
16 Queens Avenue
Westville, 3630
South Africa

**Irma Stern Museum**
Cecil Road, Rosebank
Cape Town,
South Africa
Tel: +27(0)21 685 5686

**South African Friends of Beth Hatefutsoth**
Beyachad, Jewish community Centre
Raedene, Johannesburg
South Africa
museum@beyachad.co.za
Research Coordinator
elona.steinfeld@gmail.com

**South African Jewish Museum**
88 Hatfield Street
Gardens 8001, Cape Town
South Africa
Tel.: 27-21-465-1546
Fax: 27-21-465-0284
info@sajewishmuseum.co.za

**The South African Holocaust & Genocide Foundation**
88 Hatfield Street
Cape Town
8001
South Africa
Tel.: 27- (0)21-462 5553
Fax: 27- (0)21-462 5554
admin@ctholocaust.co.za
Durban:

**Durban Jewish Center**
K.E. Masinga & Playfair Rds
Durban 4001
South Africa
Tel: +27 31 3686833

Fax: +27 31 337 9600
dbnholocaust@djc.co.za
Johannesburg:

## Johannesburg Holocaust & Genocide Centre
Private Bag X6, Sandringham 2131
South Africa
Tel: (011) 640 3100/2148
Fax: (011) 640 7865

info@jhbholocaust.co.za

## South African Jewish Board of Deputies (SAJBD)
Cape Council:
PO Box 2009 Cape Town 8001
South Africa
Tel: +27 21464 6700
Fax: +27 21 461 5805
sajbd2@ctjc.co.za
–PO Box 10797 Marine Parade 4056
Tel: + 27 31 335 4452
Fax: +27 31 337 9600
cknj@djc.co.za

# Bibliographie (Auswahl)

## Allgemeine und übergreifende Literatur

Alicke, Klaus-Dieter: Lexikon der jüdischen Gemeinden im deutschen Sprachraum. Gütersloh 2008.
Battenberg, Friedrich J. (Hg.): Die Juden in Deutschland vom 16. bis zum Ende des 18. Jahrhunderts. München 2001.
Battenberg, Friedrich: Das Europäische Zeitalter der Juden. 2 Bde. Darmstadt 1990.
Beck, Wolfgang (Hg.): Die Juden in der europäischen Geschichte. Sieben Vorlesungen. München 1992.
Bein, Alex: Die Judenfrage. Biographie eines Weltproblems. 2 Bde. Stuttgart 1980.
Ben-Sasson, Haim H.: Geschichte des jüdischen Volkes. Von den Anfängen bis zur Gegenwart. Frankfurt am Main 1992.
Bohnke-Kollwitz, Jutta/Freimark, Peter/Seiler, Martin (Hg.): Jüdische Sammlungen in deutschen Bibliotheken. Ein Führer zu Judaica- und Hebraica-Beständen in Bibliotheken der Bundesrepublik Deutschland und West-Berlin. Köln 1981.
Brämer, Andreas/Schüler-Springorum, Stefanie/Studemund-Halévy, Michael (Hg.): Aus den Quellen. Beiträge zur deutsch-jüdischen Geschichte. Festschrift für Ina Lorenz. München u.a. 2005.
Brann, Marcus (Hg.): Germania Judaica. Bd. 1. Von den ältesten Zeiten bis 1238. Tübingen 1963.
Brenner, Michael (Hg.): Geschichte der Juden in Deutschland von 1945 bis zur Gegenwart. Politik, Kultur und Gesellschaft. München 2012.
Brocke, Michael/Pommerance, Aubrey/Schatz, Andrea (Hg.): Neuer Anbruch. Zur deutsch-jüdischen Geschichte und Kultur. Berlin 2001.
Cohen-Mushlin, Aliza/Thies, Harmen H. (Hg.): Synagogenarchitektur in Deutschland. Dokumentation zur Ausstellung „... und ich wurde ihnen zu einem kleinen Heiligtum ..." – Synagogen in Deutschland. 3. Aufl. Petersberg 2008.
Dan, Diner/Reuveni, Gideon/Weiss, Yfaat (Hg.): Deutsche Zeiten. Geschichte und Lebenswelt. Festschrift zur Emeritierung von Moshe Zimmermann. Göttingen u.a. 2012.
Diekmann, Irene A. (Hg.): Das Emanzipationsedikt von 1812 in Preußen. Der lange Weg der Juden zu „Einländern" und „preußischen Staatsbürgern". Berlin u.a. 2013.
Roth, Cecil (Hg.): Encyclopaedia Judaica. 16 Bde. Jerusalem/New York 1972.
Erler, Hans/Ehrlich, Ernst Ludwig (Hg.): Jüdisches Leben und jüdische Kultur in Deutschland. Geschichte, Zerstörung und schwieriger Neubeginn. Frankfurt am Main/New York 2000.
Eschwege, Helmut: Die Synagoge in der deutschen Geschichte. Eine Dokumentation. Dresden 1980.
Germania Judaica, Kölner Bibliothek zur Geschichte des Deutschen Judentums (Hg.): Bestandskatalog II: Regional- und Lokalgeschichte. Köln 1999.
Germania Judaica, Kölner Bibliothek zur Geschichte des Deutschen Judentums (Hg.): Bestandskatalog I: Regional- und Lokalgeschichte. Köln 1988.
Gotzmann, Andreas/Liedtke, Rainer/Rahden, Till van (Hg.): Juden, Bürger, Deutsche. Zur Geschichte von Vielfalt und Differenz 1800–1933. Tübingen 2001.
Grözinger, Karl Erich (Hg.): Jüdische Kultur in den SchUM-Städten. Literatur - Musik – Theater. Wiesbaden 2014.
Grözinger, Karl Erich: Jüdisches Denken. 3 Bde. Frankfurt am Main/New York 2004.

Heinsohn, Kirsten/Schüler-Springorum, Stefanie (Hg.): Deutsch-jüdische Geschichte als Geschlechtergeschichte. Studien zum 19. und 20. Jahrhundert. Göttingen 2006.
Herlitz, Georg/Kirschner, Bruno (Hg.): Jüdisches Lexikon. 5 Bde., Berlin 1927, Reprint Frankfurt am Main 1987.
Herzig, Arno/Rademacher, Cay (Hg.): Die Geschichte der Juden in Deutschland. Hamburg 2007.
Herzig, Arno: Jüdische Geschichte in Deutschland. Von den Anfängen bis zur Gegenwart. 2. Aufl. München 2002.
Heuer, Renate: Lexikon deutsch-jüdischer Autoren. 21 Bde. München/Berlin u.a. 1992–2013.
Homolka, Walter: Der moderne Rabbiner. Ein Rollenbild im Wandel. Berlin 2012.
Homolka, Walter/Füllenbach, Elias H.: Leo Baeck. Eine Skizze seines Lebens. Gütersloh 2006.
Jasper, Willi/Lezzi, Eva/Liebs, Elke/Peitsch, Helmut (Hg.): Juden und Judentum in der deutschsprachigen Literatur. Wiesbaden 2006.
Jersch-Wenzel, Stefi/Rürup, Reinhard (Hg.): Quellen zur Geschichte der Juden in den Archiven der neuen Bundesländer. Eine Bestandsübersicht. 6 Bde. München 1996–2000.
Kaplan, Marion/Meyer, Beate (Hg.): Jüdische Welten. Juden in Deutschland vom 18. Jahrhundert bis in die Gegenwart. Göttingen 2005.
Kaplan, Marion (Hg.): Geschichte des jüdischen Alltags in Deutschland. Vom 17. Jahrhundert bis 1945. München 2003.
Knufinke, Ulrich: Bauwerke jüdischer Friedhöfe in Deutschland. Petersberg 2007.
Kotowski, Elke-Vera/Schoeps, Julius H./Wallenborn, Hiltrud (Hg.): Handbuch zur Geschichte der Juden in Europa. 3. Aufl. Darmstadt 2013.
Leo Baeck Institute (Hg.): Leo Baeck Institute yearbook. Oxford (seit 1956).
Maimon, Arye/Breuer, Mordechai/Guggenheim, Yacov (Hg.): Germania Judaica. Bd. 3 (1350–1519). Teilband 3: Gebietsartikel, Einleitungsartikel und Indices. Tübingen 2003.
Maimon, Arye u.a. (Hg.): Germania Judaica. Bd. 3 (1350–1519). Teilband 2: Ortschaftsartikel Mährisch-Budwiz – Zwolle. Tübingen 1995.
Maimon, Arye (Hg.): Germania Judaica. Bd. 3 (1350–1519). Teilband 1: Ortschaftsartikel Aach – Lychen. Tübingen 1987.
Meyer, Michael A. et al. (Hg.): Deutsch-jüdische Geschichte in der Neuzeit. 4 Bde. München 1996–1997.
Müller-Jerina, Alwin: Germania Judaica – Kölner Bibliothek zur Geschichte des deutschen Judentums. Die Entwicklung und Bedeutung einer wissenschaftlichen Spezialbibliothek. Köln 1986.
Nachama, Andreas/Schoeps, Julius H./van Voolen, Edward (Hg.): Jüdische Lebenswelten. Essays. Frankfurt am Main 1992.
Richarz, Monika (Hg.): Jüdisches Leben in Deutschland. Selbstzeugnisse zur Sozialgeschichte 1918–1945. Stuttgart 1982.
Richarz, Monika (Hg.): Jüdisches Leben in Deutschland. Selbstzeugnisse zur Sozialgeschichte im Kaiserreich. Stuttgart 1979.
Richarz, Monika (Hg.): Jüdisches Leben in Deutschland. Selbstzeugnisse zur Sozialgeschichte 1780–1871. Stuttgart 1976.
Schoeps, Julius H.: Deutsch-jüdische Geschichte durch drei Jahrhunderte. 12 Bde. Hildesheim u.a. 2010–2013.
Schoeps, Julius H. (Hg.): Neues Lexikon des Judentums. Gütersloh u.a. 1998.
Schoeps, Julius H./Treß, Werner (Hg.): Orte der Bücherverbrennungen in Deutschland 1933. Hildesheim u.a. 2008.
Stern, Selma: Der preußische Staat und die Juden. 7 Bde. Tübingen 1962–1971.

Toch, Michael: Die Juden im mittelalterlichen Reich. 3. Aufl. München 2013.
Treue, Wolfgang: Germania Judaica. Historisches-topographisches Handbuch zur Geschichte der Juden im Alten Reich. Teil IV (1520–1650). Bd. 2: Landgrafschaft Hessen-Marburg. Tübingen 2009.
Volkov, Shulamit: Die Juden in Deutschland 1780–1918. 2. Aufl. München 2000.
Wiese, Christian/Homolka, Walter/Brechenmacher, Thomas (Hg.): Jüdische Existenz in der Moderne. Abraham Geiger und die Wissenschaft des Judentums. Berlin 2013.
Wischnitzer, Rachel: The Architecture of the European Synagogue. Philadelphia 1964.
Wolffsohn, Michael: Über den Abgrund der Geschichte hinweg. Deutsch-jüdische Blicke auf das 20. Jahrhundert. München 2012.
Wolffsohn, Michael/Brechenmacher, Thomas: Deutschland, jüdisch Heimatland: Die Geschichte der deutschen Juden vom Kaiserreich bis heute. München u.a. 2008.
Zimmermann, Moshe: Die deutschen Juden 1914–1945. München 1997.
Zvi, Avneri (Hg.): Germania Judaica. Bd. 2. Von 1238 bis zur Mitte des 14. Jahrhunderts. Halbband 1: Aachen – Luzern. Tübingen 1968.
Zvi, Avneri (Hg.): Germania Judaica. Bd. 2. Von 1238 bis zur Mitte des 14. Jahrhunderts. Halbband 2: Maastricht – Zwolle. Tübingen 1968.

# Emigration / Exil / Exilerfahrungen

Albrich, Thomas: Escape through Austria. Jewish refugees and the Austrian route to Palestine. London 2002.
Aktives Museum (Hg.): Letzte Zuflucht Mexiko. Gilberto Bosques und das deutschsprachige Exil nach 1939. Berlin 2013.
Appelius, Claudia: „Die schönste Stadt der Welt". Deutsch-jüdische Flüchtlinge in New York. Essen 2003.
Armbrüster, Georg/Kohlstruck, Michael/Mühlberger, Sonja (Hg.): Exil Shanghai 1938–1947. Jüdisches Leben in der Emigration. Berlin 2000.
Aschheim, Steven (Hg.): In times of crisis. Essays on European culture, Germans, and Jews. Wisconsin 2001.
Association of Jewish Refugees in Great Britain: Britain's new citizens. The story of the refugees from Germany and Austria. London 1951.
Appelius, Claudia: „Die schönste Stadt der Welt". Deutsch-jüdische Flüchtlinge in New York. Essen 2003.
Asmus, Sylvia/Eckl, Marlen (Hg.): „...mehr vorwärts als rückwärts schauen ...". Das deutschsprachige Exil in Brasilien 1933–1945. "... olhando mais para frente do que para trás ...". O exílio de língua alemã no Brasil 1933–1945. Zweisprachige Ausgabe Berlin 2013.
Azuélos, Daniel (Hg.): Alltag im Exil. Würzburg 2011.
Azuélos, Daniel (Hg.): Lion Feuchtwanger und die deutschsprachigen Emigranten in Frankreich von 1933 bis 1941. Lion Feuchtwanger et les exilés de langue allemande en France de 1933 à 1941. Zweisprachige Ausgabe Bern u.a. 2006.
Bahr, Ehrhard: Weimar on the Pacific. German exile culture in Los Angeles and the crisis of modernism. Berkeley 2008.
Banauch, Eugen: Fluid exile. Jewish exile writers in Canada 1940–2006. Heidelberg 2009.

Barkai, Avraham: Branching outGerman-Jewish immigration to the United States, 1820–1914. New York u.a. 1994.
Barron, Stephanie/mit Eckmann, Sabine (Hg.): Exil. Flucht und Emigration europäischer Künstler 1933–1945. Berlin 1997.
Barzel, Amnon/Braun, Helmuth F./Hoss, Christiane (Hg.): Leben im Wartesaal. Exil in Shanghai 1938–1947. Berlin 1997.
Beck-Braach, Heidi/Dienst-Demuth, Rosita (Hg.): 98 Briefe ins englische Exil. Die gewaltsame Trennung der jüdischen Familie Levi aus Friesenheim. Zum Gedenken an die Deportation Alfred und Brunhilde Levis nach Gurs, Rivesaltes und Auschwitz. Konstanz 2010.
Bennewitz, Susanne (Hg.): Ein Zimmer in den Tropen. Briefe aus dem Exil in Guatemala (1937–1940). Berlin 2013.
Benz, Wolfgang: Deutsche Juden im 20. Jahrhundert. Eine Geschichte in Porträts. München 2011.
Benz, Wolfgang/Neiss, Marion (Hg.): Die Erfahrung des Exils. Exemplarische Reflexionen. Berlin 1997.
Benz, Wolfgang/Neiss, Marion (Hg.): Deutsch-jüdisches Exil. Das Ende der Assimilation? Identitätsprobleme deutscher Juden in der Emigration. Berlin 1994.
Benz, Wolfgang (Hg.): Das Exil der kleine Leute: Alltagserfahrungen deutscher Juden in der Emigration, München 1991.
Benz, Wolfgang/Wetzel, Juliane (Hg.): Solidarität und Hilfe für Juden während der NS-Zeit. Regionalstudien 3. Dänemark, Niederlande, Spanien, Portugal, Ungarn, Albanien, Weißrußland. Berlin 1999.
Berger, Joseph: Displaced persons. Growing up American after the Holocaust. New York u.a. 2001.
Berghahn, Marion: German-Jewish refugees in England. The ambiguities of assimilation. London 1984.
Berna, Yves: Politische Aspekte der Flucht europäischer Juden nach China während des Zweiten Weltkriegs. Frankfurt am Main u.a. 2011.
Bernardini, Paolo (Hrsg.): The Jews and the Expansion of Europe to the West: 1450–1800. New York 2001.
Bieber León E.: Jüdisches Leben in Bolivien. Die Einwanderungswelle 1938–1940. Berlin 2012.
Blay, Eva Alterman: O Brasil como destino. Raízes da imigração judaica contemporânea para São Paulo. São Paulo 2013.
Boveland, Brigitta: Exil und Identität. Österreichisch-jüdische Emigranten in New York und ihre Suche nach der verlorenen Heimat. Gießen 2006.
Bozay, Kemal: Exil Türkei. Ein Forschungsbeitrag zur deutschsprachigen Emigration in der Türkei. Münster u.a. 2001.
Braun, Michael: Exil und Engagement. Untersuchungen zur Lyrik und Poetik Hilde Domins. Frankfurt am Main u.a. 1993.
Buxbaum, Elisabeth: Transit Shanghai. Ein Leben im Exil. Wien 2008.
Calvo, Silvana: A un passo dalla salvezza. La politica svizzera di respingimento degli ebrei durante le persecuzioni, 1933–1945. Torino 2010.
Caron, Vicki: Un easy asylum. France and the Jewish refugee crisis, 1933–1942. (Stanford studies in Jewish history and culture). Stanford 1999.
Cesarani, David: Survivors of Nazi persecution in Europe after the Second World War. London 2010.

Coetzee, Linda/Osrin, Myra/Pimstone, Millie (Hg.): Seeking refugee. German Jewish immigration to the Cape in the 1930s including aspects of Germany confronting its past. Cape Town 2003.
Cohen, Beth B.: Case closed: Holocaust survivors in postwar America. New Brunswick, N.J. u.a. 2007.
Cohen, Joseph Lewis: Salvaging German Jewry. A guide to those who wish to help. London 1939.
Conterno, Chiara/Busch, Walter (Hg.): Weibliche jüdische Stimmen deutscher Lyrik aus der Zeit von Verfolgung und Exil. Würzburg 2012.
Cremer, Jan/Przytulla, Horst: Exil Türkei. Deutschsprachige Emigranten in der Türkei 1933–1945. 2. Aufl. München 1991.
Dachs, Gisela (Hg.): Die Jeckes. Frankfurt am Main 2005.
Dähnhardt, Willy/Nielsen, Birgit S. (Hg.): Exil in Dänemark. Deutschsprachige Wissenschaftler, Künstler und Schriftsteller im dänischen Exil nach 1933. Heide 1993.
Dähnhardt, Willy/Nielsen, Birgit S.: Geflüchtet unter das dänische Strohdach. Schriftsteller und bildende Künstler im dänischen Exil nach 1933. Heide in Holstein 1988.
Decker, Ingrid: Jüdisches Exil. In Mexiko und der Dominikanischen Republik 1923–2010. Konstanz 2011.
Dereymez, Jean-William: Le refuge et le piège. Les Juifs dans les Alpes (1938–1945); [actes du colloque, Grenoble, décembre 2004]. Paris 2008.
Die Deutsche Bibliothek (Hg.): Deutsche Literatur im Exil in den Niederlanden. Eine Ausstellung des Deutschen Exilarchivs 1933–1945. Leipzig u.a. 1993.
Dillmann, Hans Ulrich/Heim, Susanne: Fluchtpunkt Karibik. Jüdische Emigranten in der Dominikanischen Republik. Berlin 2009.
Dines, Albert: Tod im Paradies. Die Tragödie des Stefan Zweig. Frankfurt am Main u.a. 2006.
Dinkelspiel, Frances: Towers of gold. How one Jewish immigrant named Isaias Hellman created California. 1st ed. New York 2008.
Dittrich, Kathinka/Würzner, Hans (Hg.): Die Niederlande und das deutsche Exil 1933–1940. Königstein/Ts. 1982.
Döblin, Alfred: Schicksalsreise. Bericht und Bekenntnis. Flucht und Exil 1940–1948. München 1986.
Domin, Hilde: Die Liebe im Exil. Briefe an Erwin Walter Palm aus den Jahren 1931–1959. Frankfurt am Main 2009.
Douer, Alisa: Neuland. Israelische Künstler österreichischer Herkunft. Wien 1997.
Dreyer, Stefan: Schriftstellerrollen und Schreibmodelle im Exil. Zur Periodisierung von Lion Feuchtwangers Romanwerk 1933–1945. Frankfurt am Main u.a. 1988.
Dümling, Albrecht: Die verschwundenen Musiker. Jüdische Flüchtlinge in Australien. Köln u.a. 2011.
Dwork, Debórah/van Pelt, Robert Jan: Flight from the Reich. Refugee Jews, 1933–1946. 1. ed. New York 2009.
Eber, Irene (Hg.): Voices from Shanghai. Jewish exiles in wartime China. Chicago u.a. 2008.
Eckert, Brita (Hg.): Die jüdische Emigration aus Deutschland 1933–1941: Die Geschichte einer Austreibung, Ausstellung der Dt. Bibliothek Frankfurt am Main unter Mitwirkung des Leo-Baeck-Instituts, New York, Frankfurt am Main 1985.
Eckl, Marlen: „Das Paradies ist überall verloren". Das Brasilienbild von Flüchtlingen des Nationalsozialismus. Frankfurt am Main 2010.

Eckl, Marlen (Hg.): „...auf brasilianischem Boden fand ich eine neue Heimat". Autobiographische Texte deutscher Flüchtlinge des Nationalsozialismus 1933–1945. Remscheid 2005.
Eidherr, Achim/Langer, Gerhard/Müller, Karl (Hg.): Zwischenwelt 10: Diaspora – Exil als Krisenerfahrung: jüdische Bilanzen und Perspektiven. Klagenfurt 2006.
Erel, Shlomo: Neue Wurzeln. 50 Jahre Immigration deutschsprachiger Juden in Israel. Gerlingen 1983.
Erel, Shlomo: Kaleidoskop Israel. Deutschsprachige Einwanderer in Israel erzählen. 2. Auflage Wien 2004.
Exil in der UDSSR. (Kunst und Literatur im antifaschistischen Exil 1933–1945. Band 1). Bandverantwortliche: Barck, Simone/Jarmatz, Klaus. Leipzig 1989.
[Werner Mittenzwei:] Exil in der Schweiz. (Kunst und Literatur im antifaschistischen Exil 1933–1945. Band 2). Leipzig 1981.
Exil in den USA. (Kunst und Literatur im antifaschistischen Exil 1933–1945. Band 3). Hrsg. von Eike Middell u.a. Leipzig 1983.
[Wolgang Kießling:] Exil in Lateinamerika. (Kunst und Literatur im antifaschistischen Exil 1933–1945. Band 4). Leipzig 1980.
Exil in der Tschechoslowakei, in Großbritannien, Skandinavien und Palästina. (Kunst und Literatur im antifaschistischen Exil 1933–1945. Band 5). Hrsg. von Ludwig Hoffmann u.a. Leipzig 1980.
Exil in den Niederlanden und in Spanien. (Kunst und Literatur im antifaschistischen Exil 1933–1945. Band 6). Hrsg. von Klaus Hermsdorf u.a. Leipzig 1981.
Exil in Frankreich. (Kunst und Literatur im antifaschistischen Exil 1933–1945. Band 7). Hrsg. von Dieter Schiller u.a. Leipzig 1979ff.
Falbel, Nachman: Judeus no Brasil. Estudos e notas. São Paulo 2008.
Feilchenfeld, Werner/Michaelis, Dolf/Pinner, Ludwig: Haavara-Transfer nach Palästina und Einwanderung deutscher Juden 1933–1939.Tübingen 1972.
Fast, Vera K.: Children's exodus. A history of the Kindertransport. London 2011.
Feder, Ernst: Heute sprach ich mit ... Tagebücher eines Berliner Publizisten 1926–1932. Hrsg. von Cécile Lowenthal-Hensel u. Arnold Paucker. Stuttgart 1971.
Feder, Ernst: Ernst Feder Collection 1851–1972. Leo Baeck Archives. Leo Baeck Institute. New York.
Feuchtwanger, Lion: Exil. Berlin 1956.
Fischer, Gudrun: „Unser Land spie uns aus". Jüdische Frauen auf der Flucht vor dem Naziterror nach Brasilien. Offenbach 1998.
Francini, Esther Tisa/Heuss, Anja/Kreis, Georg: Fluchtgut – Raubgut. Der Transfer von Kulturgütern in und über die Schweiz 1933–1945 und die Frage der Restitution. Zürich 2001.
Fischer-Defoy, Christine (Hg.): Walter Benjamin. Das Adressbuch des Exils 1933–1940. „... wie überall hin die Leute verstreut sind ...". Leipzig 2006.
Fittko, Lisa: Solidarität unerwünscht. Meine Flucht durch Europa. Erinnerungen 1933–1940. München u.a. 1992.
Franke, Julia: Paris – eine neue Heimat? Jüdische Emigranten aus Deutschland 1933–1939. Berlin 2000.
Frankenstein, Herbert: Brasilien als Aufnahmeland der jüdischen Auswanderung aus Deutschland. Berlin 1936.

Freud, Alexander: Aufbrüche nach dem Zusammenbruch. Die deutsche Nordamerika-Auswanderung nach dem Zweiten Weltkrieg. Göttingen 2004.
Furtado Kestler, Izabela Maria: Die Exilliteratur und das Exil deutschsprachiger Schriftsteller und Publizisten in Brasilien. Frankfurt am Main u.a. 1992.
Genizi, Haim: America's faire share. The admission and resettlement of displaced persons, 1945–1952. Detroit 1993.
Göpfelt, Rebecca: Der jüdische Kindertransport von Deutschland nach England 1938/1939. Geschichte und Erinnerung. Franfurt am Main u.a. 1999.
Goebel, Eckart/Weigel, Sigrid (Hg.): „Escape to life". German intellectuals in New York. A compendium on exile after 1933. Berlin u.a. 2012.
Greif, Gideon/McPherson, Colin/Weinbaum, Laurence: Die Jeckes. Deutsche Juden aus Israel erzählen. Köln u.a. 2000.
Grenville, Anthony: Jewish refugees from Germany and Austria in Britain, 1933–1970. Their image in AJR information. Edgware 2010.
Grossmann, Atina: Wege in der Fremde. Deutsch-jüdische Begegnungsgeschichte zwischen Feldafing, New York und Teheran. Göttingen 2012.
Groszman, Gabriel: Semi Uffenheimer. Jüdische Familiengeschichten aus Breisach, Lörrach, Bühl, Graben in Baden und in Argentinien 1902–1981–2013. Konstanz 2013.
Grubel Rosenthal, Manuel: Ecuador. Destino de migrantes. Una biografía de la comunidad judía del Ecuador. Quito 2010.
Guske, Iris: Trauma and attachment in the kindertransport context. German-Jewish child refugees' accounts of displacement and acculturation in Britain. Newcastle 2009.
Hansen-Schaberg, Inge/Thöner, Wolfgang/Feustel, Adriane (Hg.): Entfernt. Frauen des Bauhauses während der NS-Zeit – Verfolgung und Exil. München 2012.
Hansen-Schaberg, Inge/Häntzschel, Hiltrud (Hg.): Alma Maters Töchter im Exil. Zur Vertreibung von Wissenschaftlerinnen und Akademikerinnen in der NS-Zeit. München 2011.
Harris, Mark Jonathan/Oppenheimer, Deborah: Into the arms of strangers. Stories of the Kindertransport. 1st US ed. New York, London 2000.
Häsler, Alfred A.: The lifeboat is full. Switzerland and the refugees, 1933–1945. New York 1969.
Heilbut, Anthony: Exiled in paradise. German refugee artists and intellectuals in America from the 1930s to the present. (Weimar and now: German and Cultural Criticism). Berkeley 1997.
Heim, Susanne/Meyer, Beate/Nicosia Francis R. (Hg.): „Wer bleibt, opfert seine Jahre, vielleicht sein Leben". Deutsche Juden 1938–1941. Göttingen 2010.
Heuer, Renate/Heid, Ludger (Hg.): Deutsche Kultur – jüdische Ethik. Abgebrochene Lebenswege deutsch-jüdischer Schriftsteller nach 1933. Frankfurt am Main/New York 2011.
Heusler, Andreas/Sinn, Andrea (Hg.): Die Erfahrung des Exils. Vertreibung, Emigration und Neuanfang. Ein Lesebuch. München 2013.
Hillebrecht, Sabine (Hg.): Haymatloz – Exil in der Türkei 1933–1945. [Begleitband zur Ausstellung des Vereins Aktives Museum und des Goethe-Institutes mit der Akademie der Künste]. Berlin 2000.
Höchtl, Daniela: Buenos Aires – eine neue Heimat? Die Integration der deutschen Juden in der argentinischen Hauptstadt 1933–1945. München 2008.
Jahn, Hajo (Hg.): Wo soll ich hin? Zuflucht Zürich – Fluchtpunkt Poesie. Almanach zum XIII. Else-Lasker-Schüler-Forum in Zürich „Jedes Wort hab ich vergoldet". Wuppertal 2007.
Holleuffer, Henriette von: Zwischen Fremde und Fremde: Displaced Persons in Australien, den USA und Kanada 1946 - 1952. Göttingen 2005.

Horch, Hans Otto/Mittelmann, Hanni/Neuburger, Karin (Hg.): Exilerfahrung und Konstruktion von Identität 1933–1945. Berlin u.a. 2013.
Instituto Hans Staden São Paulo (Hg.): Staden-Jahrbuch. Beiträge zur Brasilkunde und zum brasilianisch-deutschen Kultur- und Wirtschaftsaustausch. Veröffentlichungen des Instituto Hans Staden de Ciências, Letras e Intercâmbio Cultural Brasileiro-Alemão. São Paulo 1952–1996.
Instituto Martius-Staden São Paulo (Hg.): Jahrbuch. São Paulo 1998–2003.
Instituto Martius-Staden São Paulo (Hg.): Martius-Staden-Jahrbuch. São Paulo 2004–.
Jacobs, Jack: Ein Freund in Not. Das jüdische Arbeiterkomitee in New York und die Flüchtlinge aus den deutschsprachigen Ländern, 1933–1945. Bonn: Historisches Forschungszentrum der Friedrich-Ebert-Stiftung 1993.
Jason, Philip K./Posner, Iris: Don't wave goodbye. The children's flight from Nazi persecution to American freedom. Westport, Conn. 2004.
Jütte, Robert: Die Emigration der deutschsprachigen „Wissenschaft des Judentums". Die Auswanderung jüdischer Historiker nach Palästina 1933–1945. Stuttgart 1991.
Kaplan, Marion: Zuflucht in der Karibik. Die jüdische Flüchtlingssiedlung in der Dominikanischen Republik 1940–1945. Göttingen 2010.
Kapronczay, Károly: Refugees in Hungary. Shelter from storm during World War II. Toronto 1999.
Kassewitz de Vilar, Eva Marianne: Wenn du es doch erlebt hättest, Vater. Lebenserinnerungen einer jüdischen Emigrantin zwischen Europa und Bolivien. Pforzheim u. Brasov 2004.
Katz, Richard: Mein Inselbuch. Erlenbach-Zürich 1951.
Katz, Richard: Seltsame Fahrten in Brasilien. Erlenbach-Zürich 1947.
Katz, Richard: Begegnungen in Rio. Erlenbach-Zürich 1945.
Klengel, Susanne/Siever, Holger (Hg.): Das Dritte Ufer. Vilém Flusser und Brasilien. Kontexte – Migration – Übersetzungen. Würzburg 2009.
Kochavi, Arieh J.: Post-Holocaust politics. Britain, the United States & Jewish refugees, 1945–1948. Online verfügbar unter http://site.ebrary.com/lib/academiccompletetitles/home.action (2010).
Koebner, Thomas/Koepke, Wulf/Krohn, Claus-Dieter/Schneider, Sigrid (Hg.): Das jüdische Exil und andere Themen. München 1986.
Kohut, Karl/Zur Mühlen, Patrik von (Hg.): Alternative Lateinamerika. Das deutsche Exil in der Zeit des Nationalsozialismus. Frankfurt am Main 1994.
Kotowski, Elke-Vera (Hg.): Aufbau. Sprachrohr. Heimat. Mythos. Geschichte(n) einer deutschjüdischen Zeitung aus New York 1934 bis heute. [Jüdische Miniaturen Bd. 109]. Berlin 2011.
Krohn, Claus-Dieter/Winckler, Lutz (Hg.): Bibliotheken und Sammlungen im Exil. Hrsg. im Auftr. der Gesellschaft für Exilforschung. München 2011.
Krohn, Claus-Dieter/Rotermund, Erwin/Winckler, Lutz/Koepke, Wulf (Hg.): Kindheit und Jugend im Exil. Ein Generationenthema. Hrsg. im Auftr. der Gesellschaft für Exilforschung. München 2006.
Krohn, Claus-Dieter/Rotermund, Erwin/Winckler, Lutz/Koepke, Wulf unter Mitarbeit von Hansen-Schaberg, Inge (Hg.): Kindheit und Jugend im Exil. Ein Generationenthema. Hrsg. im Auftr. der Gesellschaft für Exilforschung. München 2006.
Krohn, Claus-Dieter/ Rotermund, Erwin/ Winckler, Lutz/Wojak, Irmtrud/Koepke, Wulf (Hg.): Film und Fotografie. Hrsg. im Auftr. der Gesellschaft für Exilforschung. München 2003.
Krohn, Claus-Dieter/Rotermund, Erwin/Winckler, Lutz/Koepke, Wulf (Hg.): Metropolen des Exils. Hrsg. im Auftr. der Gesellschaft für Exilforschung. München 2002.

Krohn, Claus-Dieter/Rotermund, Erwin/Winckler, Lutz/Wojak, Irmtrud/Koepke, Wulf (Hg.): Jüdische Emigration zwischen Assimilation und Verfolgung, Akkulturation und jüdischer Identität. Hrsg. im Auftr. der Gesellschaft für Exilforschung. München 2001.

Krohn, Claus-Dieter/ zur Mühlen, Patrik von/Paul, Gerhard/Winckler, Lutz (Hg.): Handbuch der deutschsprachigen Emigration 1933–1945. Sonderausg. 2. unveränd. Aufl. Darmstadt 2008.

Krohn, Claus-Dieter/Rotermund, Erwin/Winckler, Lutz/Koepke, Wulf (Hg.): Kulturtransfer im Exil. Hrsg. im Auftr. der Gesellschaft für Exilforschung. München 1995.

Kugelmann, Cilly: Heimat und Exil: Emigration der deutschen Juden nach 1933. Begleitbuch zur Ausstellung „Heimat und Exil. Stiftung Jüdisches Museum Berlin und der Stiftung Haus der Geschichte der Bundesrepublik Deutschland (Hrsg.). Frankfurt am Main 2006.

Laqueur, Walter: Geboren in Deutschland. Der Exodus der jüdischen Jugend nach 1933. Berlin u.a. 2000.

Lege, Klaus-Wilhelm/Deutsch-Brasilianische Industrie- und Handelskammer, São Paulo (Hg): A História Alemã do Brasil. Die deutsche Geschichte Brasiliens. Text in portugiesischer und deutscher Sprache. São Paulo 2001.

Lehrstuhl für Jüdische Geschichte und Kultur, Michael Brenner (Hg.): Briefe im Exil. Jüdische Emigranten in den USA. (Kommentierte Briefe von Leo Strauss, Arthur Rosenberg, Fritz Bamberger, Ernst Cassirer, Hannah Arendt, Friedrich Torberg, Selma Stern). Münchner Beiträge zur jüdischen Geschichte und Kultur 2 (2013).

Lesser, Jeffrey: Welcoming the undesirables. Brazil and the Jewish question. Berkeley, Calif. 1994.

Levine, Robert M.: Tropical Diaspora. The jewish experience in Cuba. Princeton N.J. 2010.

Linde, Apel/David, Klaus/Schüler-Springorum, Stefanie (Hg.): Aus Hamburg in alle Welt. Lebensgeschichten jüdischer Verfolgter aus der „Werkstatt der Erinnerung". Hamburg 2011.

Litsauer, Alexander/Litsauer, Barbara (Hg.): Verlorene Nachbarschaft. Jüdische Emigration von der Donau an den Rio de la Plata. Wien 2010.

Lohff, Brigitte/Conrads, Hinderk/Mellor-Stapelberg, Anthony: From Berlin to New York. Life and work of the almost forgotten German-Jewish biochemist Carl Neuberg (1877–1956). (Medizingeschichte, 5). Stuttgart 2007.

Losa, Ilse: Unter fremden Himmeln. Freiburg 1991.

Luft, Gerda, Heimkehr ins Unbekannte. Eine Darstellung der Einwanderung von Juden aus Deutschland nach Palästina vom Aufstieg Hitlers zur Macht bis zum Ausbruch des Zweiten Weltkrieges 1933–1939, Wuppertal 1977.

Malet, Marian: Changing countries. The experience and achievement of German-speaking exiles from Hitler in Britain, from 1933 to today. London 2002.

Mann, Erika/Mann, Klaus: Escape to life. Deutsche Kultur im Exil. 3. Aufl. Reinbek bei Hamburg 2009.

Mann, Klaus: Der Wendepunkt. Ein Lebensbericht. Mit unbekannten Texten aus dem Nachlass. 2. Aufl. Reinbek bei Hamburg 2008.

Mauch, Christof/Salmons, Joseph (Hg.): German-Jewish identities in America. Madison, Wisconsin 2003.

Mendelsohn, Richard/Shain, Milton: The Jews in South Africa. An illustrated history. Johannesburg/Cape Town 2008.

Miller, Marc: Representing the Immigrant Experience: Morris Rosenfeld and the Emergence of Yiddish Literature in America. Syracuse 2007.

Mizrahi, Rachel: Judeus. Do Descobrimento aos dias atuais. São Paulo 2005.
Möller, Horst: Exodus der Kultur. Schriftsteller, Wissenschaftler u. Künstler in der Emigration nach 1933. München 1984.
Mössinger, Ingrid (Hg.): Destination Schanghai. Die jüdische Gemeinde Schanghai 1933–1949. Chemnitz 2013.
Moreira, Pedro: A Cultura Arquitetônica dos países de língua alemã e seus reflexos no desenvolvimento da Arquitetura Moderna no Brasil – 1880–1945. In: Martius-Staden-Jahrbuch 52 (2005), S. 37–61.
Moreira, Pedro: Alexandre Altberg e a Arquitetura Nova no Rio de Janeiro. http://www.vitruvius.com.br/revistas/read/arquitextos/05.058/484 (24.08.2014).
Nauwelaerts, Mandy: One foot in America. The Jewish emigrants of the Red Star Line and Eugeen Van Mieghem. Wommelgem: BAI 2009.
Nemtsov, Jascha: Doppelt vertrieben. Deutsch-jüdische Komponisten aus dem östlichen Europa in Palästina/Israel. Wiesbaden 2013.
O'Donnell, Krista/Bridenthal, Renate/Reagin, Nancy (Hg.): The Heimat abroad. The boundaries of Germanness. Ann Arbor, Mich. 2005.
Olden, Rudolf/Olden, Ika: In tiefem Dunkel liegt Deutschland: Von Hitler vertrieben, ein Jahr deutsche Emigration (Dokumente, Texte, Materialien / Zentrum für Antisemitismusforschung der Technischen Universität Berlin. Berlin 1994.
Peitsch, Helmut: "No politics"? Die Geschichte des deutschen PEN-Zentrums in London 1933–2002. Göttingen 2006.
Pfeiffer, Lorenz/Zimmermann, Moshe (Hg.): Sport als Element des Kulturtransfers: Jüdische Sportler zwischen NS-Deutschland und Palästina. Göttingen 2013.
Pimentel, Irene Flunser: Judeus em Portugal durante a II Guerra Mundial. Em fuga de Hitler e do Holocausto. Lisboa 2006.
Póvoa, Carlos Alberto: A territorializção dos judeus na cidade de São Paulo. São Paulo 2010.
Quack, Sibylle: Zuflucht Amerika: zur Sozialgeschichte der Emigration deutsch-jüdischer Frauen in die USA: 1933–1945. Bonn 1993.
Reitz, Dirk (Hg.): „Exodus der Wissenschaften und der Literatur". Dokumentation der Ringvorlesung des Evenari-Forums für Technik-, Natur-, Geschichts- und Kulturwissenschaften an der Technischen Universität Darmstadt im Wintersemester 2003/04. Darmstadt 2004.
Röder, Werner/Strauss, Herbert A. (Hg.): Biographisches Handbuch der deutschsprachigen Emigration nach 1933. International biographical dictionary of Central European emigrés 1933–1945. 3 Bde. (Politik, Wirtschaft, Öffentliches Leben; The Arts, Sciences, and Literature; Gesamtregister). München u.a. 1980–1983.
Rosenstock, Werner: Exodus 1933–1939. A survey of jewish emigration from Germany. In: Leo Baeck Institute yearbook 1 (1956). S. 373–390.
Rothmund, Doris: Lion Feuchtwanger und Frankreich. Exilerfahrung und deutsch-jüdisches Selbstverständnis. Frankfurt am Main u.a. 1990.
Rott, Joachim: „Ich gehe meinen Weg ungehindert geradeaus". Dr. Bernhard Weiß (1880–1951) Polizeivizepräsident in Berlin. Leben und Wirken. Berlin 2010.
Saint Saveur-Henn, Anne (Hg.): Migrations, intégrations et identités multiples. Le cas de l'Allemagne au vingtième siècle. Paris 2011.
Saint Saveur-Henn, Anne (Hg.): Fluchtziel Paris. Die deutschsprachige Emigration 1933–1940. Berlin 2002.

Saint Saveur-Henn, Anne (Hg.): Zweimal verjagt. Die deutschsprachige Emigration und der Fluchtweg Frankreich – Lateinamerika 1933–1945. Berlin 1998.
Schatz, Andrea/Wiese, Christian (Hg.): Janusfiguren. „Jüdische Heimstätte", Exil und Nation im deutschen Zionismus. Berlin 2006.
Schirp, Kerstin E.: Die Wochenzeitung „Semanario Israelita". Sprachohr der deutsch-jüdischen Emigranten in Argentinien. Hamburg 2001.
Schirrmeister, Sebastian: Das Gastspiel. Friedrich Lobe und das hebräische Theater, 1933–1950. Berlin 2012.
Schlör, Joachim: Endlich im gelobten Land? Deutsche Juden unterwegs in eine neue Heimat. Berlin 2003.
Schmidinger, Veit Johannes/Schoeller, Wilfried F.: Transit Amsterdam. Deutsche Künstler im Exil 1933–1945. München 2007.
Schoppmann, Claudia (Hg.): Im Fluchtgepäck die Sprache. Deutschsprachige Schriftstellerinnen im Exil. Berlin 1991.
Schrader, Achim/Rengstorf, Karl Heinrich (Hg.): Europäische Juden in Lateinamerika. St. Ingbert 1989.
Schubert, Günther: Der Fleck auf Uncle Sams weißer Weste. Amerika und die jüdischen Flüchtlinge 1938–1945. Frankfurt am Main 2003.
Schwarcz, Alfredo José: Trotz allem … . Die deutschsprachigen Juden in Argentinien. 2. Aufl. Baden-Baden 2010.
Schwarz, Emma: Emmendingen - Gurs – Johannesburg. Bericht der Emmendinger Jüdin Emma Schwarz über ihren NS-Leidensweg und ihre nachfolgende Auswanderung zu ihrem Sohn nach Südafrika. Emmendingen 1999 (erhältlich im Jüdischen Museum Emmendingen).
Schwebel, Bruno: De Viena a México. La otra suerte. México D.F. 2006.
Schwersenz, Jizchak: Zwischen Heimat und Exil. Ein jüdischer Lehrer erzählt Geschichte. Neun Vorträge, Mit einer Einf. von Barbara Zillmann und der Laudatio von Fulbert Steffensky zur Ehrenpromotion 1994, Berlin 1995.
Schwertfeger, Ruth: In transit. Narratives of German Jews in exile, flight, and internment during "The Dark Years" of France. Berlin 2012.
Seghers, Anna: Transit. Berlin 1985.
Sellmer, Izabela: „Warum schreibe ich das alles?". Zur Rolle des Tagebuchs für deutschsprachige Exilschriftsteller 1933–1945. Frankfurt am Main u.a. 1997.
Singer, Isaac Bashevis: Shadows on the Hudson. New York, NY 2008.
Soares, Marco Antonio Neves: Da Alemanha aos trópicos. Identidades judaicas na terra vermelha (1933–2003). Londrina 2012.
Spalek, John M./Feilchenfeldt, Konrad/Hawrylchak, Sandra H. (Hg.): Deutschsprachige Exilliteratur seit 1933. 4 Bde. Bern u.a. 1976–2005.
Spitzer, Leo: Hotel Bolivia. Auf den Spuren der Erinnerung an eine Zuflucht vor dem Nationalsozialismus. Wien 2003.
Srubar, Ilja (Hg.): Exil, Wissenschaft, Identität. Die Emigration deutscher Sozialwissenschaftler 1933–1945. Frankfurt am Main 1988.
Stadler, Friedrich (Hg.): Vertriebene Vernunft I. Emigration und Exil vertriebener Wissenschaft 1930–1940. 2. Aufl. Münster u.a. 2004.
Stadler, Friedrich (Hg.): Vertriebene Vernunft II. Emigration und Exil vertriebener Wissenschaft 1930–1940. 2. Aufl. Münster u.a. 2004.
Stern, Frank (Hg.): Feuchtwanger und Exil. Glaube und Kultur 1933–1945. „Der Tag wird kommen". Oxford u.a. 2011.

Stiftung Jüdisches Museum Berlin/Stiftung Haus der Geschichte der Bundesrepublik Deutschland (Hg.): Heimat und Exil. Emigration der deutschen Juden nach 1933. Frankfurt am Main 2006.

Strauss, Herbert A.: Jewish emigration from Germany. Nazi policies and jewish responses. In: Leo Baeck Institute yearbook 25 (1980). S. 313–358.

Strauss, Lotte: Über den grünen Hügel. Erinnerungen an Deutschland. Berlin 1997.

Susanek, Corinne: Neue Heimat Schweden. Cordelia Edvardsons und Ebba Sörboms Autobiografik zur Shoah. Köln/Weimar/Wien 2008.

Tausig, Franziska: Shanghai Passage. Emigration ins Ghetto. Wien 2007.

Täubert, Klaus: „Eingesammeltes. Literatur der Exilierten und Vergessenen". Neuer Titel in der Reihe „Veröffentlichungen der Universitätsbibliothek". [o.O. u. J.; Fernuniversität Hagen].

Traber, Habakuk/Weingarten, Elmar (Hg.): Verdrängte Musik. Berliner Komponisten im Exil. Berlin 1987.

Tucci Carneiro, Maria Luiza: Weltbürger. Brasilien und die Flüchtlinge des Nationalsozialismus, 1933–1948. Wien u.a. 2014.

Tucci Carneiro, Maria Luiza: Recordações dos Primórdios da Imigração Judaica em São Paulo. São Paulo 2013.

Tucci Carneiro, Maria Luiza: Brasilien. Fluchtpunkt in den Tropen. Lebenswege der Flüchtlinge des Nazi-Faschismus. Brasil, um Refúgio nos Trópicos. A Trajetória dos refugiados do Nazi-Fascismo (Zweisprachige Ausgabe). São Paulo 1996.

US Displaced Persons Commission: Phrase book for USA emigrants. Washington, D.C. 1950.

Wall, Renate: Lexikon deutschsprachiger Schriftstellerinnen im Exil 1933–1945. Gießen 2004.

Wegner, Sonja: Zuflucht in einem fremden Land. Exil in Uruguay 1933–1945. Berlin u.a. 2013.

Weiser Varon, Benno: Ich war Europäer. Roman einer Generation. Wien 2008.

Weiss, Ruth: „A Path through Hard Grass". A Journalist´s memories of exile and apartheid. Basel 2014.

Wende, Frank: Deutschsprachige Schriftsteller im Schweizer Exil 1933–1950: Eine Ausstellung des Deutschen Exilarchivs 1933–1945 der Deutschen Bibliothek. Wiesbaden 2002.

Wendland, Ulrike: Biographisches Handbuch deutschsprachiger Kunsthistoriker im Exil: Leben und Werk der unter dem Nationalsozialismus verfolgten und vertriebenen Wissenschaftler. 2 Bde. München 1999.

Werner, Klaus Ulrich: Dichter-Exil und Dichter-Roman. Studien zur verdeckten Exilthematik in der deutschen Exilliteratur 1933–1945. Frankfurt am Main u.a. 1987.

Widmann, Horst: Exil und Bildungshilfe. Die deutschsprachige akademische Emigration in die Türkei nach 1933. Mit einer Bio-Bibliographie der emigrierten Hochschullehrer im Anhang. Bern/Frankfurt am Main 1973.

Wilhelm, Cornelia: Deutsche Juden in Amerika. Bürgerliches Selbstbewusstsein und jüdische Identität in den Orden B´nai B´rith und Treue Schwestern, 1843–1914. Stuttgart 2007.

Witte, Bernd (Hg.): Benjamin und das Exil. Würzburg 2006.

Wojak, Irmtrud/Hepner, Lore (Hg.): „Geliebte Kinder ...". Briefe aus dem Amsterdamer Exil in die Neue Welt 1939–1943. Essen 1995.

Wojak, Imtrud: Exil in Chile. Die deutsch-jüdische und politische Emigration während des Nationalsozialismus, 1933–1945. Berlin 1994.

Wolff, Egon/Wolff, Frieda: Dicionário biográfico. 7 Bde. (Judaizantes e judeus ao Brasil: 1500–1808; Judeus no Brasil – século XIX; Testamentos e inventários; Processos de Naturalização de Israelitas, Século XIX; Judaismo e Judeus na bibliografia em lingua

Portuguesa; Genealogias Judaicas; Processos de inquisição de Lisboa referentes a pessoas nascidas ou residentes no Brasil e outros estudos). Rio de Janeiro 1986–1992.
Wolff, Egon/Wolff, Frieda: Participação e contribuição de judeus ao desenvolvimento do Brasil. Rio de Janeiro 1985.
Worcman, Susane (Hg.): Heranças e lembranças. Imigrantes judeus no Rio de Janeiro. Rio de Janeiro 1991.
Zabel, Hermann (Hg.): Zweifache Vertreibung. Erinnerungen an Walter A. Berendsohn, Nestor der Exil-Forschung, Förderer von Nelly Sachs. Essen 2000.
Zadek, Alice: Mit dem letzten Zug nach England. Opposition, Exil, Heimkehr. Berlin 1992.
Zaich, Katja B.: „Ich bitte dringend um ein Happyend". Deutsche Bühnenkünstler im niederländischen Exil 1933–1945. Frankfurt am Main u.a. 2001.
Ziege, Eva-Maria: Antisemitismus und Gesellschaftstheorie. Die Frankfurter Schule im amerikanischen Exil. Frankfurt am Main 2009.
Zimmermann, Moshe/Hotam, Yotam (Hg.): Zweimal Heimat. Die Jeckes zwischen Mitteleuropa und Nahost. Frankfurt am Main 2005.
Zucker, Bat-Ami: In search of refuge: Jews and US consuls in Nazi Germany, 1933–1941. London 2001.
Zur Mühlen, Patrik von: Fluchtweg Spanien–Portugal. Die deutsche Emigration und der Exodus aus Europa 1933–1945. Bonn 1992.
Zur Mühlen, Patrik von: Fluchtziel Lateinamerika. Die deutsche Emigration 1933–1945. Politische Aktivitäten und soziokulturelle Integration. Bonn 1988.
Zweig, Stefan: Brasilien. Ein Land der Zukunft. 2. Aufl. Berlin 2013.
Zweig, Stefan: Die Welt von gestern. Erinnerungen eines Europäers. Frankfurt am Main 1947.
Zytnicki, Colette: Terre d'exile, terre d'asile. Migrations juives en France aux XIXème et XXièmes siècles. Paris 2010.

## Identität / Heimat

Albanis, Elisabeth: German-Jewish cultural identity from 1900 to the aftermath of the First World War. A comparative study of Moritz Goldstein, Julius Bab und Ernst Lissauer. Tübingen 2002.
Altenhofer, Norbert/Heuer, Renate (Hg.): Probleme deutsch jüdischer Identität. Frankfurt am Main 1986.
Baader, Benjamin Maria/Gillerman, Sharon/Lerner, Paul (Hg.): Jewish masculinities. German Jews, gender and history. Bloomington, Indiana 2012.
Baader, Benjamin Maria: Gender, Judaism and bourgeois culture in Germany 1800–1870. Bloomington, Indiana 2006.
Baeck, Leo: Das Wesen des Judentums. Frankfurt 1966.
Barboza, Amalia/Henning, Christoph (Hg.): Deutsch-jüdische Wissenschaftsschicksale. Studien über Identitätskonstruktionen in der Sozialwissenschaft. Bielefeld 2006.
Battegay, Caspar: Das andere Blut. Gemeinschaft im deutsch-jüdischen Schreiben 1830–1930. Köln/Weimar/Wien 2011.
Benjamin, Walter: Berliner Kindheit um neunzehnhundert. Fassung letzter Hand. Frankfurt am Main 2000.

Benz, Wolfgang/Neiss, Marion (Hg.): Deutsch-jüdisches Exil: das Ende der Assimilation? Identitätsprobleme deutscher Juden in der Emigration. Berlin 1994.

Bergbauer, Knut/Schüler-Springorum, Stefanie: „Wir sind jung, die Welt ist offen...". Eine Jüdische Jugendgruppe im 20. Jahrhundert. Berlin 2002.

Berger, Michael/Römer-Hillebrecht, Gideon (Hg.): Juden und Militär in Deutschland. Zwischen Integration, Assimilation, Ausgrenzung und Vernichtung. Baden-Baden 2009.

Bethke, Carl: (K)eine gemeinsame Sprache? Aspekte deutsch-jüdischer Beziehungsgeschichte in Slawonien, 1900–1945. Münster 2013.

Bloch, René/Picard, Jacques (Hg.): Wie über Wolken. Jüdische Lebens- und Denkwelten in Stadt und Region Bern, 1200–2000. Zürich 2014.

Blumenfeld, Kurt: Erlebte Judenfrage. Ein Vierteljahrhundert deutscher Zionismus. Stuttgart 1962.

Bodemann, Y. Michal/Brumlik, Micha (Hg.): Juden in Deutschland – Deutschland in den Juden. Neue Perspektiven. Göttingen 2010.

Bodenheimer, Alfred/Breysach, Barbara (Hg.): In den Himmel gebissen. Aufsätze zur europäisch-jüdischen Literatur. München 2011.

Borchard, Beatrix/Zimmermann, Heidy (Hg.): Musikwelten – Lebenswelten. Jüdische Identitätssuche in der Deutschen Musikkultur. Köln/Weimar/Wien 2009.

Boveland, Brigitta: Exil und Identität. Österreichisch-jüdische Emigranten in New York und ihre Suche nach der verlorenen Heimat. Gießen 2006.

Braese, Stephan: Eine europäische Sprache. Deutsche Sprachkultur von Juden 1760–1930. Göttingen 2010.

Braun, Christina von: Stille Post. Eine andere Familiengeschichte. 2. Aufl. Berlin 2007.

Brechenmacher, Thomas: Identität und Erinnerung. Schlüsselthemen deutsch-jüdischer Geschichte und Gegenwart. München 2009.

Brunschwig, Annette: Heimat Biel. Geschichte der Juden in einer Schweizer Stadt vom Spätmittelalter bis 1945. Zürich 2011.

Campagner, Elisabeth: Judentum, Nationalitätenprinzip und Identität. Die jüdische Revolutionspresse von 1848. Frankfurt am Main u.a. 2004.

Cooper, Allana E.: Negotiating Identity in the Context of Diaspora, Dispersion and Reunion. The Bukharan Jews and Jewish Peoplehood. Ann Arbor 2000.

Dickel, Manfred: „Ein Dilettant des Lebens will ich nicht sein". Felix Salten zwischen Zionismus und Jungwiener Moderne. Heidelberg 2007.

Dietrich, Christian: Verweigerte Anerkennung. Selbstbestimmungsdebatten im „Centralverein deutscher Staatsbürger jüdischen Glaubens" vor dem Ersten Weltkrieg. Berlin 2014.

Dohrn, Verena/Pickhan, Gertrud (Hg.): Transit und Transformation. Osteuropäisch-jüdische Migranten in Berlin 1918–1939. Göttingen 2010.

Feierstein, Liliana Ruth: Von Schwelle zu Schwelle. Einblicke in den didaktisch-historischen Umgang mit dem Anderen aus der Perspektive jüdischen Denkens. Bremen 2010.

Fleermann, Bastian: Marginalisierung und Emanzipation. Jüdische Alltagskultur im Herzogtum Berg 1779–1847. Neustadt an der Aisch 2007.

Fraiman-Morris, Sarah (Hg.): Jüdische Aspekte Jung-Wiens im Kulturkontext des „Fin de Siècle". Tübingen 2005.

Friedländer, Saul: Das Dritte Reich und die Juden. Die Jahre der Verfolgung 1933–1939. München 2000.

Frühauf, Tina: Orgel und Orgelmusik in deutsch-jüdischer Kultur. Hildesheim u.a. 2005.

Geissbühler, Simon: Like shells on a shore. Synagogues and Jewish cemeteries of Northern Moldavia. Bern 2010.
Goldenberg, Olga: Neubeginn in der Fremde. Lebenssituation und Identitätskonstruktionen jüdischer Migranten aus der ehemaligen UDSSR. Stuttgart 2011.
Gronemann, Sammy: Erinnerungen an meine Jahre in Berlin. Aus dem Nachlaß herausgegeben von Joachim Schlör. Berlin u.a. 2004.
Gronemann, Sammy: Erinnerungen. Aus dem Nachlaß herausgegeben von Joachim Schlör. Berlin u.a. 2002.
Grossmann, Atina: Juden, Deutsche, Alliierte. Begegnungen im besetzten Deutschland. Göttingen 2012.
Haber, Peter/Petry, Erik/Wildmann, Daniel: Jüdische Identität und Nation. Fallbeispiele aus Mitteleuropa. Köln/Weimar/Wien 2006.
Herweg, Nikola: „Nur ein Land, mein Sprachland". Heimat erschreiben bei Elisabeth Augustin, Hilde Domin und Anna Maria Jokl. Würzburg 2011.
Herzl, Theodor: Briefe und Tagebücher. Hrsg. v. Alex Bein u.a. 7 Bde. Berlin u.a. 1983–1996.
Hessing, Jakob: Die Heimkehr einer jüdischen Emigrantin. Else Lasker-Schülers mythisierende Rezeption 1945 bis 1971. Tübingen 1993.
Heuer, Renate/Heid, Ludger (Hg.): Deutsche Kultur – jüdische Ethik. Abgebrochene Lebenswege deutsch-jüdischer Schriftsteller nach 1933. Frankfurt am Main/New York 2011.
Heuser, Andrea: Vom Anderen zum Gegenüber. „Jüdischkeit" in der deutschen Gegenwartsliteratur. Köln/Weimar/Wien 2011.
Hödl, Klaus (Hg.): Nicht nur Bildung, nicht nur Bürger: Juden in der Populärkultur. Innsbruck/Wien/Bozen 2013.
Hödl, Klaus (Hg.): Kulturelle Grenzräume im jüdischen Kontext. Innsbruck/Wien/Bozen 2008.
Hödl, Klaus: Wiener Juden – jüdische Wiener. Identität, Gedächtnis und Performanz im 19. Jahrhundert. Innsbruck/Wien/Bozen 2006.
Hödl, Klaus (Hg.): Historisches Bewußtsein im jüdischen Kontext. Strategien – Aspekte – Diskurse. Innsbruck/Wien/Bozen 2004.
Homolka, Walter: Leo Baeck. Jüdisches Denken – Perspektiven für heute. Freiburg u.a. 2006.
Homolka, Walter: Jüdische Identität in der modernen Welt. Leo Baeck und der deutsche Protestantismus. Gütersloh 1994.
Honsza, Norbert/Sznurkowski, Przemyslaw (Hg.): Deutsch-jüdische Identität. Mythos und Wirklichkeit. Ein neuer Diskurs? Frankfurt am Main u.a. 2013.
Horch, Hans Otto/Mittelmann, Hanni/Neuburger, Karin (Hg.): Exilerfahrung und Konstruktion von Identität 1933–1945. Berlin u.a. 2013.
Kaplan, Marion: Jüdisches Bürgertum. Frau, Familie und Identität im Kaiserreich. (Studien zur jüdischen Geschichte, Bd.3) Hamburg 1997.
Katz, Jacob: Zwischen Messianismus und Zionismus. Zur jüdischen Sozialgeschichte. Frankfurt am Main 1994.
Katz, Jacob: Vom Vorurteil zur Vernichtung. Der Antisemitismus 1700–1933. München 1989.
Kauders, Marie: Vollständiges israelitisches Kochbuch mit Berücksichtigung der österreichischen, ungarischen, deutschen, französischen und englischen Küche, sowie der Osterküche. Enthaltend 1000 auf mehr als fünfzigjähriger Erfahrung gegr. Original-Küchenrezepte. Nebst Observanzen für den jüdischen Haushalt. Prag u. Breslau 1903.
Kaufmann, Uri (Hg.): Jüdisches Leben heute in Deutschland. Bonn 1993.

Koeltzsch, Ines: Geteilte Kulturen. Eine Geschichte der tschechisch-jüdisch-deutschen Beziehungen in Prag (1918–1938). München 2012.
Kremer, Arndt: Deutsche Juden – Deutsche Sprache. Jüdische und judenfeindliche Sprachkonzepte und -konflikte 1893–1933. Berlin u.a. 2007.
Kreppel, Lena: Deutsch. Jüdisch. Israelisch. Identitätskonstruktionen in autobiographischen und essayistischen Texten von Erich Bloch, Jenny Cramer und Fritz Wolf. Würzburg 2012.
Kuschel, Anna: Transitorische Identitäten. Zur Identitätsproblematik in Barbara Honigmanns Prosa. München 2009.
Landauer, Georg: Der Zionismus im Wandel dreier Jahrzehnte. Hg. von Max Kreutzberger. Tel Aviv 1957.
Lesser, Jeffrey: Vom Antisemitismus zum Philosemitismus. Das wechselnde Bild deutschjüdischer Einwanderer in Brasilien 1935–1945. In: Alternative Lateinamerika. Das deutsche Exil in der Zeit des Nationalsozialismus. Hrsg. von Karl Kohut u. Patrik von zur Mühlen. Frankfurt am Main 1994. S. 89–104.
Leuenberger, Stefanie: Schrift-Raum Jerusalem. Identitätsdiskurse im Werk deutsch-jüdischer Autoren. Köln/Weimar/Wien 2007.
Lindenstraus, Jerry: Eine unglaubliche Reise. Von Ostpreußen über Schanghai und Kolumbien nach New York. Jüdische Familiengeschichte 1929–1999. Hrsg. von Erhard Roy Wiehn. Konstanz 1999.
Lorenz-Lindemann, Karin: „Meine Wurzeln treiben hier und dort". Studien zum Werk jüdischer Autoren des 20. Jahrhunderts. Göttingen 2009.
Lowenstein, Steven M. u.a.: Umstrittene Integration 1871–1918. München 1997.
Ludewig, Anna-Dorothea: Zwischen Czernowitz und Berlin. Deutsch-jüdische Identitätskonstruktionen im Leben und Werk von Karl Emil Franzos (1847–1904). Hildesheim u.a. 2008.
Lühe, Irmela von der/Schildt, Axel/Schüler-Springorum, Stefanie (Hg.): „Auch in Deutschland waren wir nicht wirklich zu Hause". Jüdische Remigration nach 1945. Göttingen 2008.
Malo, Markus: Behauptete Subjektivität. Eine Skizze zur deutschsprachigen jüdischen Autobiographie im 20. Jahrhundert. Tübingen 2009.
Mauch, Christof: German-Jewish identities in America. Madison, Wis.: Max Kade Inst. for German-American Studies (Studies of the Max Kade Institute for German-American Studies) 2003.
Meining, Stefan: Kommunistische Judenpolitik. Die DDR, die Juden und Israel. Münster u.a. 2002.
Mendes-Flohr, Paul. R.: Jüdische Identität. Die zwei Seelen der deutschen Juden. München 2004.
Meyer, Michael A.: Die Anfänge des modernen Judentums. Jüdische Identität in Deutschland 1749–1824, übersetzt von Ernst-Peter Wieckenberg. München 2011.
Meyer, Michael A.: Response to Modernity. A History of the Reform Movement in Judaism. New York/Oxford 1988.
Meyer, Michael A.: Von Moses Mendelssohn zu Leopold Zunz. Jüdische Identität in Deutschland 1749–1824. München 1994.
Militärgeschichtliches Forschungsamt (Hg.): Deutsche Jüdische Soldaten 1914–1945. Freiburg 1982.
Müller-Commichau, Wolfgang: Identitätslernen. Jüdische Erwachsenenbildung in Deutschland vom Kaiserreich bis zur Berliner Republik. Baltmannsweiler 2009.
Nekula, Marek/Koschmal, Walter (Hg.): Juden zwischen Deutschen und Tschechen. Sprachliche und kulturelle Identitäten in Böhmen 1800–1945. München 2006.

Nemtsov, Jascha: Deutsch-jüdische Identität und Überlebenskampf. Jüdische Komponisten im Berlin der NS-Zeit. Wiesbaden 2010.
Oehler Brunnschweiler, Marlen: Schweizer Judentümer. Identitätsbilder und Geschichten des Selbst in der schweizerisch-jüdischen Presse der 1930er Jahre. Köln/Weimar/Wien 2013.
Otte, Marline: Jewish identities in German popular entertainment, 1890–1933. Cambridge u.a. 2006.
Papp, Kornélia: Auserwählt und verfolgt. Deutsch-jüdische Identitätsstrategien im Vorfeld des Holocaust. Münster 2009.
Pedersen, Ena: Writer on the run. German-Jewish identity and the experience of exile in the life and work of Henry William Katz. Tübingen 2001.
Picard, Jacques/Gerson, Daniel (Hg.): Schweizer Judentum im Wandel. Religion und Gemeinschaft zwischen Integration, Selbstbehauptung und Abgrenzung. Zürich 2014
Pyka, Marcus: Jüdische Identität bei Heinrich Graetz. Göttingen 2009.
Rolinek, Susanne: Jüdische Lebenswelten 1945–1955. Flüchtlinge in der amerikanischen Zone Österreichs. Innsbruck/Wien/Bozen 2007.
Rosenthal, Gilbert S./ Homolka, Walter: Das Judentum hat viele Gesichter. Die religiösen Strömungen der Gegenwart. Bergisch Gladbach 2006.
Ruppin, Arthur: Soziologie der Juden. 2 Bde. Berlin 1931.
Shaked, Gershon: Die Macht der Identität. Essays über jüdische Schriftsteller. Frankfurt am Main 1992.
Simon, Heinrich/Simon, Marie: Geschichte der jüdischen Philiosophie. München 1984.
Schatz, Andrea/Wiese, Christian (Hg.): Janusfiguren. „Jüdische Heimstätte", Exil und Nation im deutschen Zionismus. Berlin 2006.
Schochat, Asriel: Der Ursprung der jüdischen Aufklärung in Deutschland. Frankfurt am Main, New York 2000.
Schoeps, Julius H.: Deutsch-Jüdische Symbiose oder die mißglückte Emanzipation. Darmstadt 1996.
Schönborn, Susanne: Im Wandel – Entwürfe jüdischer Identität in den 1980er und 1990er Jahren. München 2010.
Schulte, Christoph: Die jüdische Aufklärung. München 2002.
Schulte, Christoph: Deutschtum und Judentum. Ein Disput unter Juden aus Deutschland, Stuttgart 1993.
Schreckenberg, Heinz: Die Juden in der Kunst Europas. Ein historischer Bildatlas. Göttingen 1996.
Seydel, Olaf: Jüdisch-christliche Symbolik in der 70-jährigen Geschichte Supermans. Jena 2009.
Shchyhlevska, Natalia: Deutschsprachige Autoren aus der Bukowina: die kulturelle Herkunft als bleibendes Motiv in der Identitätssuche deutschsprachiger Autoren aus der Bukowina, untersucht anhand der Lyrik von Paul Celan, Rose Ausländer, Alfred Kittner, Alfred Gong, Moses Rosenkranz, Immanuel Weißglas, Alfred Margul-Sperber, Selma Meerbaum-Eisinger, Klara Blum, Else Keren. Frankfurt am Main u.a. 2004.
Stern, Frank/Eichinger, Barbara (Hg.): Wien und die jüdische Erfahrung 1900–1938. Akkulturation – Antisemitismus – Zionismus. Wien u.a. 2009.
Sucker, Juliane/Wohl von Haselberg, Lea (Hg.): Bilder des Jüdischen. Selbst- und Fremdzuschreibungen im 20. und 21. Jahrhundert. Berlin u.a. 2013.

Susemihl, Geneviève: „... and it became my home". Die Assimilation und Integration der deutsch-jüdischen Hitlerflüchtlinge in New York und Toronto. (Studien zu Geschichte, Politik und Gesellschaft Nordamerikas, 21). Münster 2004.
Tauchert, Stephanie: Jüdische Identitäten in Deutschland. Das Selbstverständnis von Juden in der Bundesrepublik und der DDR 1950 bis 2000. Berlin 2007.
Tayim, Constantin Sonkwé: Narrative der Emanzipation. Autobiographische Identitätsentwürfe deutschsprachiger Juden aus der Emanzipationszeit. Berlin u.a. 2013.
Theisohn, Philipp: Die Urbarkeit der Zeichen. Zionismus und Literatur – eine andere Poetik der Moderne. Stuttgart, Weimar 2005.
Tobias, Jim G.: „... und wir waren Deutsche!" Jüdische Emigranten erinnern sich. Ein Lesebuch. Nürnberg 2009.
Treuenfeld, Andrea von: In Deutschland eine Jüdin, eine Jeckete in Israel. Geflohene Frauen erzählen ihr Leben. Gütersloh 2011.
Voigts, Manfred: Die deutsch-jüdische Symbiose. Zwischen deutschem Sonderweg und Idee Europa. Tübingen 2006.
Volkov, Shulamit: Jüdisches Leben und Antisemitismus. München 1990.
Volkov, Shulamit: Das jüdische Projekt der Moderne. München 2001.
Wagner, Ulrich (Hg.): „Denn das Sterben des Menschen hört nie auf ...". Aspekte jüdischen Lebens in Vergangenheit und Gegenwart. Würzburg 1997.
Weissberg, Liliane: Über Haschisch und Kabbala. Gershom Scholem, Siegfried Unseld und das Werk von Walter Benjamin. Marbach am Neckar 2012.
Weissberg, Liliane (Hg.): Affinität wider Willen? Hannah Arendt, Theodor W. Adorno und die Frankfurter Schule. Frankfurt am Main u.a. 2011.
Wilhelm, Cornelia: Deutsche Juden in Amerika. Bürgerliches Selbstbewusstsein und jüdische Identität in den Orden B'naiB'rith und Treue Schwestern, 1843–1914. Stuttgart 2007.
Wilhelm, Cornelia: German Jews in the United States. A guide to archival collections. Washington, DC 2009.
Wirtz, Michaela: Patriotismus und Weltbürgertum. Eine begriffsgeschichtliche Studie zur deutsch-jüdischen Literatur 1750–1850. Tübingen 2006.
Wolffsohn, Michael/Brechenmacher, Thomas (Hg.): Geschichte als Falle. Deutschland und die jüdische Welt. Neuried 2001.
Würzner, Hans/Kröhnke, Karl (Hg.): Deutsche Literatur im Exil in den Niederlanden 1933–1940. [Internationales Symposium, 30. September - 2. Oktober 1993, Frankfurt am Main]. Amsterdam u.a. 1994.
Zabel, Hermann (Hg.): Stimmen aus Jerusalem. Zur deutschen Sprache und Literatur in Palästina/Israel. Berlin u.a. 2006.
Zabel, Hermann (Hg.): Nächstes Jahr in Jerusalem. Gespräche mit Israelis deutscher Muttersprache. Essen 2004.
Zabel, Hermann (Hg.): In der Erinnerung liegt das Geheimnis der Erlösung. Gespräche mit Israelis deutscher Muttersprache. Essen 2002.
Zimmermann, Moshe: Deutsche gegen Deutsche. Das Schicksal der Juden 1938–1945. Berlin 2008.
Zimmermann, Moshe/Hotam, Yotam (Hg.): Zweimal Heimat. Die Jeckes zwischen Mitteleuropa und Nahost. Frankfurt am Main 2005.
Zweig, Stefan: Die Welt von gestern. Erinnerungen eines Europäers. Stockholm 1942.

## Kultur / Wirtschaft / Wissenschaft

Alföldi, Maria R./Lahusen, Margarita C. (Hg.): Ernest Nash. Ernst Nathan. 1898–1974. Photographie. Potsdam – Rom – New York – Rom. Berlin 2000.
Barkai, Avraham: Jüdische Minderheit und Industrialisierung. Demographie, Berufe und Einkommen der Juden in Westdeutschland 1850–1914. Tübingen 1988.
Becker, Ingeborg/Kanowski, Claudia (Hg.): Avantgarde für den Alltag. Jüdische Keramikerinnen in Deutschland 1919–1933. Marguerite Friedlaender-Wildenhain, Margarete Heymann-Marks, Eva Stricker-Zeisel. Berlin 2013.
Bergmann, Gretel: „Ich war die grosse jüdische Hoffnung". Erinnerungen einer aussergewöhnlichen Sportlerin. Karlsruhe 2003.
Bischoff, Frank M./Honigmann, Peter (Hg.): Jüdisches Archivwesen. Beiträge zum Kolloquium aus Anlass des 100. Jahrestags der Gründung des Gesamtarchivs der Deutschen Juden. Marburg 2007.
Borchard, Beatrix/Zimmermann, Heidy (Hg.): Musikwelten – Lebenswelten. Jüdische Identitätssuche in der Deutschen Musikkultur. Köln/Weimar/Wien 2009.
Braun, Christina von: Gibt es eine „jüdische" und eine „christliche" Sexualwissenschaft? Sexualität und Säkularisierung. Wien 2004.
Brenner, Michael/Reuveni, Gideon (Hg.): Emanzipation durch Muskelkraft. Juden und Sport in Europa. Göttingen 2006.
Brömsel, Sven/Küppers, Patrick/Reichhold, Clemens (Hg.): Walther Rathenau im Netzwerk der Moderne. Berlin u.a. 2014.
Charpa, Ulrich/Deichmann, Ute: Jews and Sciences in German Contexts. Case Studies from the 19th and 20th Centuries. Tübingen 2007.
Colin, Amy-Diana/Kotowski, Elke-Vera/Ludewig, Anna-Dorothea (Hg.): Spuren eines Europäers. Karl Emil Franzos als Mittler zwischen den Kulturen. Hildesheim u.a. 2008.
Collins, Kenneth: Go and Learn the International Story of Jews and Medicine in Scotland. Aberdeen 1988.
Deichmann, Ute: Proteinforschung an Kaiser-Wilhelm-Instituten von 1930 bis 1950 im internationalen Vergleich. Ergebnisse Nr. 21 der Schriftenreihe Forschungsprogramm Geschichte der Kaiser-Wilhelm-Gesellschaft im Nationalsozialismus. Berlin 2004.
Deichmann, Ute: Flüchten, Mitmachen, Vergessen. Chemiker und Biochemiker in der NS-Zeit. Weinheim u.a. 2001.
Deichmann, Ute: Biologen unter Hitler. Vertreibung, Karrieren, Forschung. Frankfurt am Main/New York 1992.
Dose, Ralf: Magnus Hirschfeld. Deutscher – Jude – Weltbürger. Teetz 2005.
Faber, Richard/Ziege, Eva-Maria (Hg.): Das Feld der Frankfurter Kultur- und Sozialwissenschaften vor 1945. Würzburg 2007.
Fritsch-Vivié, Gabriele: Gegen alle Widerstände. Der Jüdische Kulturbund 1933–1941. Fakten, Daten, Analysen, biographische Notizen und Erinnerungen. Berlin 2013.
Gelber, Mark H./Hessing, Jakob/Jütte, Robert (Hg.): Integration und Ausgrenzung. Studien zur deutsch-jüdischen Literatur- und Kulturgeschichte von der Frühen Neuzeit bis zur Gegenwart. Tübingen 2009.
Gelber, Yoav/Goldstern, Walter: Vertreibung und Emigration deutschsprachiger Ingenieure nach Palästina 1933–1945. Düsseldorf 1988.
Gotzmann, Andreas/Wendehorst, Stephan (Hg.): Juden im Recht. Neue Zugänge zur Rechtsgeschichte der Juden im Alten Reich. Berlin 2007.

Grill, Tobias: Der Westen im Osten. Deutsches Judentum und jüdische Bildungsreform in Osteuropa (1783–1939). Göttingen u.a. 2013.
Hansen-Schaberg, Inge/Thöner, Wolfgang/Feustel, Adriane (Hg.): Entfernt. Frauen des Bauhauses während der NS-Zeit – Verfolgung und Exil. München 2012.
Hansen-Schaberg, Inge/Häntzschel, Hiltrud (Hg.): Alma Maters Töchter im Exil. Zur Vertreibung von Wissenschaftlerinnen und Akademikerinnen in der NS-Zeit. München 2011.
Hassler, Marianne (Hg.): Der Exodus aus Nazideutschland und die Folgen. Jüdische Wissenschaftler im Exil. Tübingen 1997.
Haus der Geschichte Baden-Württemberg (Hg.): Jüdische Künstler und Kulturschaffende aus Südwestdeutschland. Laupheimer Gespräche 2003. Red.: Irene Pill. Heidelberg 2009.
Heinze-Greenberg, Ita: Erich Mendelsohn: „Bauen ist Glückseligkeit". [Jüdische Miniaturen Bd. 116]. Berlin 2011.
Hermand, Jost: Judentum und deutsche Kultur. Beispiele einer schmerzhaften Symbiose. Köln u.a. 1996.
Hessing, Jakob: Verlorene Gleichnisse. Heine, Kafka, Celan. Göttingen u.a. 2011.
Hessing, Jakob: Else Lasker-Schüler „… die größte Lyrikerin, die Deutschland je hatte …" (Gottfried Benn). 2. Aufl. München 1992.
Hessing, Jakob: Else Lasker-Schüler: Biographie einer deutsch-jüdischen Dichterin. Karlsruhe 1985.
Heynick, Frank: Jews and Medicine: An Epic Saga. Hoboken N.J. 2002.
Hirschfeld, Magnus: Testament. Heft II. Hrsg. v. Ralf Dose. Berlin 2013.
Jasper, Willi/Lezzi, Eva/Liebs, Elke/Peitsch, Helmut (Hg.): Juden und Judentum in der deutschsprachigen Literatur. Wiesbaden 2006.
Jütte, Robert: Die Emigration der deutschsprachigen „Wissenschaft des Judentums". Die Auswanderung jüdischer Historiker nach Palästina 1933–1945. Stuttgart 1991.
Koebner, Thomas: Vertreibung der Wissenschaften und andere Themen, Exilforschung. Ein internationales Jahrbuch. Bd. 6 München 1988.
Kotowski, Elke-Vera: Valeska Gert. Ein Leben in Tanz, Film und Kabarett. [Jüdische Miniaturen Bd. 123]. Berlin 2012.
Kotowski, Elke-Vera (Hg.): „Ich warf eine einsame Flaschenpost in das unermessliche Dunkel". Theodor Lessing 1872–1933. Hildesheim u.a. 2008.
Kotowski, Elke-Vera/Schoeps, Julius H. (Hg.): Herzls Utopie - Israels Gegenwart. The utopia of Herzl – the present of Israel. Texte in deutscher, englischer u. hebräischer Sprache. Berlin 2008.
Kotowski, Elke-Vera/Schoeps, Julius H. (Hg.): Der Sexualreformer Magnus Hirschfeld. Ein Leben im Spannungsfeld von Wissenschaft, Politik und Gesellschaft. Berlin 2004.
Lässig, Simone: Jüdische Wege ins Bürgertum. Kulturelles Kapital und sozialer Aufstieg im 19. Jahrhundert. Göttingen 2004.
Leimkugel, Frank und Müller-Jahncke, Wolf-Dieter: Vertriebene Pharmazie: Wissenstransfer durch deutsche und österreichisch-ungarische Apotheker nach 1933, Stuttgart 1999.
Ludewig, Anna-Dorothea: Zwischen Czernowitz und Berlin. Deutsch-jüdische Identitätskonstruktionen im Leben und Werk von Karl Emil Franzos (1847–1904). Hildesheim u.a. 2008.
Lühe, Barbara von der: Die Emigration deutschsprachiger Musikschaffender in das britische Mandatsgebiet Palästina. Ihr Beitrag zur Entwicklung des israelischen Rundfunks, der Oper und der Musikpädagogik seit 1933. Frankfurt am Main 1999.

Lutter, Marcus (Hg.): Der Einfluß deutscher Emigranten auf die Rechtsentwicklung in den USA und in Deutschland. Vorträge und Referate des Bonner Symposions im September 1991. Tübingen 1993.

Lohff, Brigitte/Conrads, Hinderk/Mellor-Stapelberg, Anthony: From Berlin to New York. Life and work of the almost forgotten German-Jewish biochemist Carl Neuberg (1877–1956). Stuttgart (Medizingeschichte, 5)2007.

Lorenz-Lindemann, Karin: Widerstehen im Wort. Studien zu den Dichtungen Gertrud Kolmars. Göttingen 1996.

Möller, Horst: Exodus der Kultur. Schriftsteller, Wissenschaftler u. Künstler in der Emigration nach 1933. München 1984.

Mosse, Werner E.: The German-Jewish Economic Élite 1820–1935. A Socio-cultural Profile. Oxford 1989

Müller-Commichau, Wolfgang: Identitätslernen. Jüdische Erwachsenenbildung in Deutschland vom Kaiserreich bis zur Berliner Republik. Baltmannsweiler 2009.

Münzel, Martin: Die jüdischen Mitglieder der deutschen Wirtschaftselite 1927–1955. Verdrängung – Emigration – Rückkehr. Paderborn u.a. 2006.

Nemtsov, Jascha: Deutsch-jüdische Identität und Überlebenskampf. Jüdische Komponisten im Berlin der NS-Zeit. Wiesbaden 2010.

Pauly, Walter (Hg.): Hallesche Rechtsgelehrte jüdischer Herkunft. Köln, München 1996.

Prinz, Arthur: Juden im deutschen Wirtschaftsleben. Soziale und wirtschaftliche Struktur im Wandel 1850–1914. Tübingen 1984.

Rauschenberger, Katharina: Jüdische Tradition im Kaiserreich und in der Weimarer Republik. Zur Geschichte des jüdischen Museumswesens in Deutschland. Hannover 2002.

Reitz, Dirk (Hg.): „Exodus der Wissenschaften und der Literatur". Dokumentation der Ringvorlesung des Evenari-Forums für Technik-, Natur-, Geschichts- und Kulturwissenschaften an der Technischen Universität Darmstadt im Wintersemester 2003/04. Darmstadt 2004.

Schirrmeister, Sebastian: Das Gastspiel. Friedrich Lobe und das hebräische Theater, 1933–1950. Berlin 2012.

Schlör, Joachim: Das Ich der Stadt. Debatten über Judentum und Urbanität, 1822–1938. Göttingen 2005.

Schoeps, Julius H./Ludewig, Anna-Dorothea/Sonder, Ines (Hg.): Aufbruch in die Moderne. Sammler, Mäzene und Kunsthändler in Berlin 1880–1933. Köln 2012.

Schütz, Chana/Simon, Hermann (Hg.): Das Berliner Rabbinerseminar 1873–1938. Seine Gründungsgeschichte – seine Studenten / Mordechai Eliav; Esriel Hildesheimer. Teetz 2008.

Schütz, Chana C./Simon, Hermann (Hg.): Jüdische Kunst – jüdische Künstler. Erinnerungen des ersten Direktors des Berliner Jüdischen Museums / Karl Schwarz. Teetz 2001.

Schulte, Christoph: Die jüdische Aufklärung. Philodophie, Religion, Geschichte. München 2002.

Schulze-Marmeling, Dietrich (Hg.): Davidstern und Lederball. Die Geschichte der Juden im deutschen und internationalen Fußball. Göttingen 2003.

Silló-Seidl, Georg: Pioniere der modernen Medizin. Jüdische Ärzte deutscher Sprache. Koblenz 1991.

Sonder, Ines/Bürger, Karin/Wallmeier, Ursula (Hg.): „Wie würde ich ohne Bücher leben und arbeiten können?" Privatbibliotheken jüdischer Intellektueller im 20. Jahrhundert. Berlin 2008.

Sonder, Ines: Lotte Cohn. Baumeisterin des Landes Israel. Eine Biographie. Berlin 2010.
Srubar, Ilja (Hg.): Exil, Wissenschaft, Identität. Die Emigration deutscher Sozialwissenschaftler 1933–1945. Frankfurt am Main 1988.
Stadler, Friedrich (Hg.): Vertriebene Vernunft I. Emigration und Exil vertriebener Wissenschaft 1930–1940. 2. Aufl. Münster u.a. 2004.
Stadler, Friedrich (Hg.): Vertriebene Vernunft II. Emigration und Exil vertriebener Wissenschaft 1930–1940. 2. Aufl. Münster u.a. 2004.
Stern, Frank/Gierlinger, Maria (Hg.): Ludwig Börne. Deutscher, Jude, Demokrat. Berlin 2003.
Warhaftig, Myra: They laid the foundation. Lives and works of German-speaking Jewish architects in Palestine 1918–1948. Tübingen u.a. 2007.
Warhaftig, Myra: Deutsche jüdische Architekten vor und nach 1933 – Das Lexikon. 500 Biographien. Berlin 2005.
Warhaftig, Myra: Sie legten den Grundstein. Leben und Wirken deutschsprachiger jüdischer Architekten in Palästina 1918–1948. Tübingen u.a. 1996.
Wendehorst, Stephan (Hg.): Bausteine einer jüdischen Geschichte der Universität Leipzig. Leipzig 2006.
Wieler, Joachim (Hg.): Emigrierte Sozialarbeit. Portraits vertriebener SozialarbeiterInnen, Freiburg im Breisgau 1995.
Wiese, Christian/Homolka, Walter/Brechenmacher, Thomas (Hg.): Jüdische Existenz in der Moderne. Abraham Geiger und die Wissenschaft des Judentums. Berlin 2013.
Wilhelm, Kurt (Hg.): Wissenschaft des Judentums im deutschen Sprachbereich. Ein Querschnitt. 2 Bde. Tübingen 1967.
Winkler, Markus: Jüdische Identitäten im kommunikativen Raum. Presse, Sprache und Theater in Czernowitz bis 1923. Bremen 2007.
Wistrich, Robert S. (Hrsg.): Terms of survival: the Jewish World since 1945. London 1995.

# Regionalia

Ackermann, Aron: Geschichte der Juden in Brandenburg a. H.. Berlin 1906.
Arendt, Ludwig: Zur Geschichte der Eberswalder Synagogen-Gemeinde. Hrsg. v. Stadt- und Kreismuseum Eberswalde. Eberswalde 1993.
Arlt, Klaus/Beyer, Constantin/Ehlers, Ingrid/ Etzold, Alfred/ Fahning, Kerstin Antje: Zeugnisse jüdischer Kultur. Erinnerungsstätten in Mecklenburg-Vorpommern, Brandenburg, Berlin, Sachsen-Anhalt, Sachsen und Thüringen. Berlin 1992.
Bähr, Oscar: Aus der älteren Geschichte der Juden in Prenzlau. Sonderdruck Prenzlau 1901. Reprint Prenzlau 1993.
Ball-Kaduri, Kurt J.: Jüdisches Leben einst und jetzt. Das Calauer Judenhaus – Erlebtes Israel. München 1961.
Bauer, Richard/Brenner, Michael (Hg.): Jüdisches München. Vom Mittelalter bis zur Gegenwart. München 2006.
Becker, Bodo: Das „Jüdische Erholungsheim Lehnitz". „Ein Heim wie dieses ist nicht nur eine leibliche Wohltat". [Jüdische Miniaturen Bd. 130]. Berlin 2013.
Becker, Erich: Lindow. Stadt, Kloster und Umgegend in Vergangenheit und Gegenwart. Lindow 1929.

Benjamin, Walter: Berliner Kindheit um neunzehnhundert. Fassung letzter Hand. Frankfurt am Main 2000.
Berger, Maria/Faber, Uri/Grützmann, Felicitas/Koch, Matthias Albert/Kotowski, Elke-Vera (Hg.): Synagogen in Brandenburg. Spurensuche. Berlin 2013.
Böthig, Peter/Oswalt, Stefanie (Hg.): Juden in Rheinsberg. Eine Spurensuche. Karwe 2005.
Bohnke-Kollwitz, Jutta (Hg.): Köln und das rheinische Judentum. Festschrift Germania Judaica 1959–1984. Köln 1984.
Brenner, Michael/Ullmann, Sabine (Hg.): Die Juden in Schwaben. München 2013.
Brenner, Michael/Eisenstein, Daniela F. (Hg.): Die Juden in Franken. München 2012.
Brenner, Michael/Höpfinger, Renate (Hg.): Die Juden in der Oberpfalz. München 2009.
Brocke, Michael/Heitmann, Margret/Lordick, Harald (Hg.): Zur Geschichte und Kultur der Juden in Ost- und Westpreußen. Hildesheim u.a. 2000.
Dick, Jutta/Sassenberg, Marina (Hg.): Wegweiser durch das jüdische Sachsen-Anhalt. Potsdam 1998.
Diekmann, Irene A./Götze, Bettina: Vom Schutzjuden Levin zum Staatsbürger Lesser. Das preußische Emanzipationsedikt von 1812. Berlin 2012.
Diekmann, Irene A. (Hg.): Das Emanzipationsedikt von 1812 in Preußen. Der lange Weg der Juden zu „Einländern" und „preußischen Staatsbürgern". Berlin u.a. 2013.
Diekmann, Irene A. (Hg.): Juden in Berlin. Bilder, Dokumente, Selbstzeugnisse. Leipzig 2009.
Diekmann, Irene A. (Hg.): Jüdisches Brandenburg. Geschichte und Gegenwart. Berlin 2008.
Diekmann, Irene (Hg.): Wegweiser durch das jüdische Mecklenburg-Vorpommern. Potsdam 1998.
Diekmann, Irene/Schoeps, Julius H. (Hg.): Wegweiser durch das jüdische Brandenburg. Berlin 1995.
Ernst, Rainer (Hg.): „Gestern sind wir hier gut angekommen". Beiträge zur jüdischen Geschichte in der Niederlausitz. Görlitz 2006.
Fleermann, Bastian: Marginalisierung und Emanzipation. Jüdische Alltagskultur im Herzogtum Berg 1779–1847. Neustadt an der Aisch 2007.
Förderverein des Potsdam-Museums e.V. (Hg.): „Heilig dem Ewigen". Die Potsdamer Synagoge von Julius Otto Kerwien. Potsdam 2012.
Freudenthal, Joseph: Chronik der Synagogengemeinde zu Luckenwalde und deren Vorgeschichte. Zum 50jährigen Jubiläum der Synagogengemeinde 1919. Leipzig 1919. Reprint Potsdam 1997.
Freund, Ismar: Die Emanzipation der Juden in Preußen unter besonderer Berücksichtigung des Gesetzes vom 11. März 1812. Ein Beitrag zur Rechtsgeschichte der Juden in Preußen. 2 Bde. Berlin 1912.
Geiger, Ludwig: Geschichte der Juden in Berlin. Festschrift zur zweiten Säkular-Feier. Anmerkungen, Ausführungen, urkundliche Beilagen und zwei Nachträge. Berlin 1871–1890, Reprint Berlin 1988.
Ginsburger, Moses: Das Jüdische Museum für Elsaß-Lothringen. Gebweiler i. E. 1909.
Goldberg, Bettina: Abseits der Metropolen. Die jüdische Minderheit in Schleswig-Holstein. Neumünster 2011.
Götze, Bettina u.a.: Zur Geschichte der Juden in Rathenow. Nicht verdrängen, sich erinnern hilft weiter. Hrsg. v. Kreismuseum Rathenow. Rathenow 1992.
Grübel, Monika/Mölich, Georg (Hg.): Jüdisches Leben im Rheinland. Vom Mittelalter bis zur Gegenwart. Köln u.a. 2005.

Hahn, Joachim: Synagogen in Baden-Württemberg. „Hier ist nichts anderes als Gottes Haus ...". Teilband 2: Orte und Einrichtungen. Stuttgart 2007.
Hahn, Joachim: Synagogen in Baden-Württemberg. Stuttgart 1987.
Haus der Geschichte Baden-Württemberg (Hg.): „Vergessen die vielen Medaillen, vergessen die Kameradschaft": Juden und Sport im deutschen Südwesten. Laupheimer Gespräche 2006. Red.: Irene Pill. Heidelberg 2010.
Haus der Geschichte Baden-Württemberg (Hg.): Jüdische Künstler und Kulturschaffende aus Südwestdeutschland. Laupheimer Gespräche 2003. Red.: Irene Pill. Heidelberg 2009.
Haus der Geschichte Baden-Württemberg (Hg.): „Welche Welt ist meine Welt?" - Jüdische Frauen im deutschen Südwesten. Laupheimer Gespräche 2004 / Red.: Irene Pill. Heidelberg 2009.
Heberer, Pia/Reuter, Ursula (Hg.): Die SchUM-Gemeinden Speyer, Worms, Mainz. Auf dem Weg zum Welterbe. Regensburg 2013.
Heidenhain, Brigitte: Juden in Wriezen. Ihr Leben in der Stadt von 1677 bis 1940 und ihr Friedhof. Potsdam 2007.
Heise, Werner: Die Juden in der Mark Brandenburg bis zum Jahre 1571. Berlin 1932.
Heidenhain, Brigitte: Juden in Schwedt. Ihr Leben in der Stadt von 1672 bis 1942 und ihr Friedhof. Potsdam 2010.
Herzfeld, Erika: Juden in Brandenburg-Preussen. Beiträge zu ihrer Geschichte im 17. und 18. Jahrhundert. Hrsg. v. Diekmann, Irene/Simon, Hermann. Teetz 2001.
Hödl, Klaus: Wiener Juden – jüdische Wiener. Identität, Gedächtnis und Performanz im 19. Jahrhundert. Innsbruck/Wien/Bozen 2006.
Hoffmann-Axthelm, Dieter: Jüdisches Perleberg. Einladung zu einem Rundgang. Haigerloch 2005.
Institut für die Geschichte der Deutschen Juden (Hg.): Das jüdische Hamburg. Ein historisches Nachschlagewerk. Göttingen 2006.
Jugendprojekt „Jüdischer Friedhof Templin": Spuren jüdischen Lebens in Templin. 2. erweiterte Auflage Templin 2009. Erhältlich bei der Stadtinformation Templin.
Kaelter, Robert: Geschichte der jüdischen Gemeinde zu Potsdam. Potsdam 1903. Reprint Berlin 1993.
Kaufmann, Uri: Kleine Geschichte der Juden in Baden. Karlsruhe 2007.
Keßler, Katrin: Die Bauwerke der jüdischen Gemeinde in Schwedt/Oder. Petersberg 2007.
Klem, Ekkehard: Geschichte der Juden in Friesenheim. Erinnerungsplätze und Spuren. Haigerloch 2009.
Kotowski, Elke-Vera/Schoeps, Julius H. (Hg.): Vom Hekdesch zum Hightech. 250 Jahre Jüdisches Krankenhaus im Spiegel der Geschichte der Juden in Berlin. Berlin 2007.
Kotowski, Elke-Vera (Hg.): Juden in Berlin. Biografien. Berlin 2005.
Krüger, Jürgen: Synagogen in Baden-Württemberg. „Hier ist nichts anderes als Gottes Haus ...". Teilband 1: Geschichte und Architektur. Stuttgart 2007.
Kuhrau, Sven/Winkler, Kurt (Hg.): Juden, Bürger, Berliner. Das Gedächtnis der Familie Beer-Meyerbeer-Richter. Berlin 2004.
Kurtze, Ralf: Das jiddische Theater in Berlin um die Jahrhundertwende. Köln 2001.
Landesgeschichtliche Vereinigung für die Mark Brandenburg e.V. (Hg.): Themenheft Jüdisches Brandenburg. In: Mitteilungsblatt, Heft 2 (2012).
Lehnardt, Andreas: Die Jüdische Bibliothek an der Johannes-Gutenberg-Universität Mainz 1938–2008. Eine Dokumentation. Stuttgart 2009.
Lorenz, Ina (Hg.): Zerstörte Geschichte. Vierhundert Jahre jüdisches Leben in Hamburg. Hamburg 2005.

Lund, Hannah Lotte: Der Berliner „Jüdische Salon" um 1800. Emanzipation in der Debatte. Berlin u.a. 2012.
Maimon, Arye/Breuer, Mordechai/Guggenheim, Yacov (Hg.): Germania Judaica. Bd. 3 (1350–1519). Teilband 3: Gebietsartikel, Einleitungsartikel und Indices. Tübingen 2003.
Maimon, Arye u.a. (Hg.): Germania Judaica. Bd. 3 (1350–1519). Teilband 2: Ortschaftsartikel Mährisch-Budwiz – Zwolle. Tübingen 1995.
Maimon, Arye (Hg.): Germania Judaica. Bd. 3 (1350–1519). Teilband 1: Ortschaftsartikel Aach – Lychen. Tübingen 1987.
Meiners, Werner/Obenaus, Herbert (Hg.): Juden in Niedersachsen auf dem Weg in die bürgerliche Gesellschaft. Vorträge des Arbeitskreises Geschichte der Juden in der Historischen Kommission für Niedersachsen und Bremen. Göttingen 2014.
Meissner, Jürgen/Wilking, Dirk: Zur Geschichte der Juden in Forst. Forst 1998.
Mentgen, Gerd: Studien zur Geschichte der Juden im mittelalterlichen Elsaß. Hannover 1995.
Mohr, Günther: Neben, mit Undt bey Catholischen. Jüdische Lebenswelten in der Markgrafschaft Baden-Baden 1648–1771. Köln/Weimar/Wien 2011.
Nachama, Andreas: Jiddisch im Berliner Jargon oder Hebräische Sprachelemente im deutschen Wortschatz. Berlin 1995.
Nachama, Andreas/Schoeps, Julius H./Simon, Hermann (Hg.): Juden in Berlin. Berlin 2001.
Nedelykov, Nina/Moreira, Pedro (Hg.): Max Liebermann. Das Paradies am Wannsee. 3. veränderte und erweiterte Auflage. Berlin 2006.
Oberrat der Israeliten Badens (Hg.): Jüdisches Leben in Baden 1809 bis 2009. 200 Jahre Oberrat der Israeliten Badens. Festschrift. Ostfildern 2009.
Panwitz, Sebastian: Die Gesellschaft der Freunde 1792–1935. Berliner Juden zwischen Aufklärung und Hochfinanz. Hildesheim 2007.
Paul, Gerhard/Goldberg, Bettina: Matrosenanzug – Davidstern. Bilder jüdischen Lebens aus der Provinz. Neumünster 2002.
Peter, Andreas: Nachbarn von einst. Bilder und Dokumente jüdischen Lebens in Guben. Guben 1999.
Peters, Leo (Hg.): Eine jüdische Kindheit am Niederrhein. Die Erinnerungen des Julius Grunewald (1860 bis 1929). Köln/Weimar/Wien 2009.
Posner, Salomon: Geschichte der Juden in Cottbus. Cottbus 1908.
Post, Bernhard (Bearb.): Jüdische Geschichte in Hessen erforschen. Ein Wegweiser zu Archiven, Forschungsstätten und Hilfsmitteln. Wiesbaden 1994.
Pracht-Jörns, Elfi (Bearbeiter): Jüdische Lebenswelten im Rheinland. Kommentierte Quellen von der Frühen Neuzeit bis zur Gegenwart. Köln/Weimar/Wien 2011.
Rebiger, Bill: Das jüdische Berlin. Kultur, Religion und Alltag gestern und heute. Berlin 2010.
Reicher, Benno (Hg.): Jüdische Geschichte und Kultur in NRW. Ein Handbuch. Essen 1993.
Reuter, Fritz: Warmaisa. 1000 Jahre Juden in Worms. 2. Auflage Frankfurt am Main 1987.
Rieger, Paul/Moegle, Willi: Jüdische Gotteshäuser und Friedhöfe in Württemberg. Augsburg 1932.
Schäbitz, Michael: Juden in Sachsen – jüdische Sachsen? Emanzipation, Akkulturation und Integration 1700–1914. Hannover 2006.
Schellinger, Uwe (Hg.): Gedächtnis aus Stein. Die Synagoge in Kippenheim 1852–2002. Heidelberg u.a. 2002.
Schilling, Konrad (Hg.): Monumenta Judaica. 2000 Jahre Geschichte und Kultur der Juden am Rhein. Katalog. 3. Aufl. Köln 1964.

Schindler, Angelika: Der verbrannte Traum. Jüdische Bürger und Gäste in Baden-Baden. Baden-Baden 1992.
Schmidt, Rudolf: Zur Geschichte unserer heimischen jüdischen Gemeinden. Eberswalde 1929.
Schmölz-Häberlein, Michaela: Juden in Bamberg (1633–1802/03). Lebensverhältnisse und Handlungsspielräume einer städtischen Minderheit. Würzburg 2014.
Schüler-Springorum, Stefanie: Die jüdische Minderheit in Königsberg/Preußen, 1871–1945. Göttingen 1996.
Schütte, Sven/Gechter, Marianne (Hg.): Köln: Archäologische Zone/Jüdisches Museum. Von der Ausgrabung zum Museum – Kölner Archäologie zwischen Rathaus und Praetorium. Ergebnisse und Materialien 2006–2012. 2. Aufl. Bramsche 2012.
Schütz, Chana/Simon, Hermann (Hg.): Das Berliner Rabbinerseminar 1873–1938. Seine Gründungsgeschichte – seine Studenten / Mordechai Eliav; Esriel Hildesheimer. Teetz 2008.
Simon, Hermann/Thies, Harmen H. (Hg.): Moritz Stern. Geschichte der Alten Synagoge zu Berlin. Teetz 2007.
Simon, Jacob: Ein jüdisches Leben in Thüringen. Lebenserinnerungen bis 1930. Köln u.a. 2009.
Stadtmuseum Schwedt/Oder u.a. (Hg.): Gestern: Jüdische Bürger in Schwedt. Rückblick und Spurensicherung. Texte zur Ausstellung. Schwedt/Oder 2012.
Steinecke, Hartmut/Nölle-Hornkamp, Iris (Hg.): Jüdisches Kulturerbe in Westfalen. Spurensuche zu jüdischer Kultur in Vergangenheit und Gegenwart. Bielefeld 2009.
Stude, Jürgen: Die jüdische Gemeinde Friesenheim. Geschichte – Schicksale – Dokumente. Lahr 1988.
Thoma, Matthias: „Wir waren die Juddebube". Eintracht Frankfurt in der NS-Zeit. Göttingen 2007.
Treue, Wolfgang: Germania Judaica. Historisches-topographisches Handbuch zur Geschichte der Juden im Alten Reich. Teil IV (1520–1650). Bd. 2: Landgrafschaft Hessen-Marburg. Tübingen 2009.
Trieloff, Salka: Jüdische Bürger in Eberswalde. Interviews und Dokumente. Hrsg. v. Evangelisches Landesjugendpfarramt der Mark Brandenburg. Eberswalde 1993.
Twiehaus, Christiane: Synagogen im Großherzogtum Baden (1806 1918). Eine Untersuchung zu ihrer Rezeption in den öffentlichen Medien. Heidelberg 2012.
Ulbricht, Gunda/Glöckner, Olaf (Hg.): Juden in Sachsen. Leipzig 2013.
Weißleder, Wolfgang: Der Gute Ort. Jüdische Friedhöfe im Land Brandenburg. Potsdam 2002.
Wichmann, Manfred (Hg.): Jüdisches Leben in Rotenburg. Begleitbuch zur Ausstellung in der Cohn-Scheune. Heidenau 2010.
Wiesemann, Falk: Judaica bavarica. Neue Bibliographie zur Geschichte der Juden in Bayern. Essen 2007.
Wolbe, Eugen: Geschichte der Juden in Berlin und in der Mark Brandenburg. Berlin 1937.
Zimmermann, Moshe: Hamburgischer Patriotismus und deutscher Nationalismus. Die Emanzipation der Juden in Hamburg 1830–1865. Hamburg 1979.
Zucht, Olaf: Die Geschichte der Juden in Erfurt von der Wiedereinbürgerung 1810 bis zum Ende des Kaiserreiches. Ein Beitrag zur deutsch-jüdischen Geschichte Thüringens; [zum Gedenken der Einweihung der neuen Synagoge am 31. August 1952]. Erfurt 2001.
Zvi, Avneri (Hg.): Germania Judaica. Bd. 2. Von 1238 bis zur Mitte des 14. Jahrhunderts. Halbband 1: Aachen – Luzern. Tübingen 1968.
Zvi, Avneri (Hg.): Germania Judaica. Bd. 2. Von 1238 bis zur Mitte des 14. Jahrhunderts. Halbband 2: Maastricht – Zwolle. Tübingen 1968.

# Bildnachweis

**Einleitung**
Berlin-Brandenburgische Akademie der Wissenschaften, Berlin
Richard Landman Collection, New York

**Beitrag von Liliane Weissberg**
Hannah Arendt Collection, Bard College Archives and Special Collections, Annandale-on Hudson
Nachlass Günther Anders, Österreichische Nationalbibliothek, Wien

**Beitrag von Christine Holste**
Archiv Christine Holste, Berlin

**Beitrag von Matthias Albert Koch**
Sammlung Matthias Albert Koch, Potsdam

**Beitrag von Gabrielle Rossmer Gropaman und Sonya Gropman**
Sonya Gropman Collection, New York

# Autorinnen und Autoren

**Anna-Carolin Augustin** studierte Geschichte, Jüdische Studien und Kunstgeschichte an der Universität Potsdam und der Freien Universität zu Berlin. Sie war Projektmitarbeiterin am Moses Mendelssohn Zentrum für europäisch-jüdische Studien (2010/11) und ist Stipendiatin des Walther-Rathenau-Kollegs (MMZ Graduate School). Der Arbeitstitel ihrer Dissertation lautet: „Berliner Kunstmatronage. Zum Sammeln, Stiften und Fördern bildender Kunst durch Frauen. 1871–1933". Publikationen u.a.: „Apostel des unbekannten Heiligen". Die Van Gogh-Übersetzerin und Sammlerin Margarete Mauthner, in: Julius H. Schoeps/Anna-Dorothea Ludewig/Ines Sonder (Hg.): Aufbruch in die Moderne. Sammler, Mäzene und Kunsthändler in Berlin 1880–1933 (Köln 2012, S. 136–159); Raubkunst und Restitution in israelischen Museen, in: Ludewig, Anna-Dorothea/ Schoeps, Julius H. (Hg.): Eine Debatte ohne Ende? Raubkunst und Restitution im deutschsprachigen Raum (Berlin 2014, S. 133–147).

**Thomas Brechenmacher**, Professor für Neuere Geschichte mit dem Schwerpunkt deutschjüdische Geschichte am Historischen Institut der Universität Potsdam. Studium der Geschichte, Germanistik und Philosophie in München. Wissenschaftlicher Mitarbeiter und Lehrbeauftragter am Historischen Institut der Universität der Bundeswehr mit Schwerpunkten auf dem 19. und frühen 20. Jahrhundert. Seit 1998 zweiter Vorstand der „Forschungsstelle deutsch-jüdische Zeitgeschichte e. V."; derzeit Dekan der Philosophischen Fakultät der Universität Potsdam. Publikationen u.a. Deutsche Geschichte im 20. Jahrhundert, Bonner Republik von 1949–1990 (Berlin 2010); Deutschland, jüdisch Heimatland. Die Geschichte der deutschen Juden vom Kaiserreich bis heute (mit Michael Wolffsohn; München/Zürich 2008); Der Vatikan und die Juden. Geschichte einer unheiligen Beziehung (München 2005).

**Iwan D'Aprile**, Juniorprofessor für Europäische Aufklärung an der Universität Potsdam. Studium der Geschichte, Germanistik und Philosophie an der Technischen Universität Berlin und der Freien Universität Berlin. U.a. wissenschaftlicher Mitarbeiter am Frankreich-Zentrum der Technischen Universität Berlin, am Forschungszentrum Europäische Aufklärung e.V. (FEA) in Potsdam, am Lehrstuhl Kulturgeschichte der Neuzeit an der Universität Potsdam. 2010 Fellow am Center for Advanced Studies (CAS) der Ludwig-Maximilians-Universität München; 2013 Karl Ferdinand Werner Fellowship am Deutschen Historischen Institut Paris. Veröffentlichungen u.a. Die Erfindung der Zeitgeschichte. Geschichtsschreibung und Journalismus zwischen Aufklärung und Vormärz (2013); Aufklärung – Evolution – Globalgeschichte (2010); Das 18. Jahrhundert. Zeitalter der Aufklärung (2008).

**Ute Deichmann** (Prof. Dr. ), Wissenschaftshistorikerin und Biologin. Leiterin des Jacques Loeb Centre for the History and Philosophy of the Life Sciences an der Ben Gurion University of the Negev (Beer Sheva). Davor u .a. Research Professor am Leo Baeck Institute (London); a.o. Professur an der Universität Köln. Forschungsschwerpunkte: Geschichte der biologischen und chemischen Wissenschaften des 20. Jahrhunderts, insbesondere die Entwicklung von Experimenten und Theorien der frühen Molekularbiologie, die Vertreibung jüdischer Wissenschaftler aus der biologischen und chemischen Forschung Deutschlands im Nationalsozialismus sowie die Bedeutung jüdischer Wissenschaftler im deutschsprachigen Raum im 19. und 20. Jahrhundert.

**Christian Dietrich** (Dr. phil.), Koordinator des DFG-Forschungsprojektes „Multimediales Archiv jüdischer Autorinnen und Autoren in Berlin 1933–1945" am Axel Springer-Stiftungslehrstuhl für deutsch-jüdische Literatur- und Kulturgeschichte, Exil und Migration an der Europa-Universität

Viadrina, Frankfurt (Oder). Studium der Soziologie, Zeitgeschichte und Politikwissenschaft an der Martin-Luther-Universität Halle-Wittenberg. Publikationen u.a. Verweigerte Anerkennung: Selbstverortungs- und Identitätsbildungsprozesse des „Centralvereins deutscher Staatsbürger jüdischen Glaubens" in den Jahren von 1893 bis 1914 (Berlin 2014); Tote und Tabu. Zur Tabuisierungsschwelle und (kommunikativen) Verbreitung des Antisemitismus in Deutschland (Stuttgart 2009).

**Ralf Dose**, Studium der Publizistik, Erwachsenenbildung, Philosophie und Psychologie in Göttingen und an der Freien Universität (FU) Berlin. Magister 1979. Lehrbeauftragter für Sexualpädagogik an der FU Berlin und der Universität Hannover. 1980–87 und 1993–95 in verschiedenen Funktionen im Wissenschaftszentrum Berlin für Sozialforschung; danach wechselnde Tätigkeiten als Lektor, Sekretär, wissenschaftlicher Mitarbeiter und Verwaltungsleiter in Berlin und Potsdam. Seit 2005 freiberuflicher Erbenermittler. Mitbegründer und Geschäftsführer der Magnus-Hirschfeld-Gesellschaft seit 1982. Publikationen u.a. Magnus Hirschfeld. Deutscher – Jude – Weltbürger (Teetz 2005); Magnus Hirschfeld: Testament. Heft II. Herausgegeben und annotiert von Ralf Dose (Berlin 2013); The Origins of the Gay Liberation Movement (New York 2014).

**Liliana Ruth Feierstein**, Juniorprofessorin für die transkulturelle Geschichte des Judentums am Institut für Kulturwissenschaft der Humboldt-Universität zu Berlin und am Zentrum Jüdische Studien Berlin-Brandenburg. Ihre Forschungsschwerpunkte sind jüdische Kultur, Geschichte und Literatur in romanischsprachigen Ländern (v.a. in Lateinamerika) sowie Theorien der Diaspora. Publikationen u.a. Von Schwelle zu Schwelle. Einblicke in den didaktisch-historischen Umgang mit dem Anderen aus der Perspektive jüdischen Denkens. (Dissertation, Bremen 2010); Das portative Vaterland: Das Buch als Territorium. In: Bernd Witte (Hrsg.): Topografien der Erinnerung. (Würzburg 2008); Die Reise nach Jerusalem. Darstellungen von Juden, Judentum und Israel in deutschen Schulbüchern (2008).

**Sonya Gropman**, New Yorker Künstlerin und Schriftstellerin. Erarbeitet mit ihrer Mutter Gabrielle Rossmer Gropman ein Kochbuch der deutsch-jüdischen Küche vor dem Zweiten Weltkrieg. Betreibt einen eigenen Blog eat+art+word (eatartword.wordpress.com).

**Felicitas Grützmann** (M.A.). Nach einem Freiwilligen Sozialen Jahr in Israel Studium der Jüdischen Studien und Semitistik in Heidelberg und Potsdam. Mitarbeit im Zentralarchiv zur Erforschung der Geschichte der Juden in Deutschland. Derzeit Promotion an der Universität Potsdam, Stipendiatin des Ernst Ludwig Ehrlich Studienwerkes. Mitarbeit an der Ausstellung „Synagogen in Brandenburg" und am Forschungsprojekt „Deutsch-jüdisches Kulturerbe" am Moses Mendelssohn Zentrum.

**Klaus Hödl** (Dr. phil.), Historiker, Universitätsdozent für Neuere Geschichte und Zeitgeschichte an der Karl Franzens Universität Graz sowie Leiter des David-Herzog-Centrums für Jüdische Studien. Autor von zahlreichen Publikationen mit dem Schwerpunkt osteuropäisches Judentum, Antisemitismus und der Wiener Judenschaft. Publikationen u.a. Nicht nur Bildung, nicht nur Bürger. Juden in der Populärkultur. Schriften des Centrums für Jüdische Studien, Band 23 (Innsbruck 2013); Kultur und Gedächtnis. Perspektiven deutsch-jüdischer Geschichte (Paderborn 2012); Kulturelle Grenzräume im jüdischen Kontext. Schriften des Centrums für Jüdische Studien, Band 14 (Innsbruck 2008); Vom Shtetl an die Lower East Side. Galizische Juden in New York (Dissertation, Wien 1991).

**Christine Holste** (Dr. phil.), Studium der Geschichte, Soziologie und Kunstwissenschaft in Heidelberg und Berlin; freiberufliche Lehrtätigkeit im Bereich Allgemeine und Architektursoziologie, Kunstwissenschaft, Film und Kulturanthropologie. Seit 2009 Dozentin an der Kunst- und Medienuniversität Linz. Veröffentlichungen u.a.: Der Forte-Kreis (1910–1915). Rekonstruktion eines utopischen Versuchs (Stuttgart 1991); Kreise – Gruppen – Bünde. Zur Soziologie moderner Intellektuellenassoziation, (hg. mit Richard Faber, Würzburg 1999); Kracauers Blick. Anstöße zu einer Ethnographie des Städtischen (Hamburg 2006); Arkadische Kulturlandschaft und Gartenkunst. Eine Tour d'Horizon, (hg. mit Richard Faber, Würzburg 2010); Leidenschaft der Vernunft. Die öffentliche Intellektuelle Susan Sontag (hg. mit Richard Faber und Jan Engelmann, Würzburg 2010).

**Walter Homolka**, Rektor des Abraham Geiger Kollegs und Professor an der Universität Potsdam. Mitgliedschaft im Executive Board der World Union for progressive Judaism Jerusalem, Vizepräsident der European Union for Progressive Judaism, Chairman der Leo Baeck Foundation sowie Vorsitzender des Ernst-Ludwig-Ehrlich-Studienwerks. 1997 erfolgte die Ordination zum Rabbiner. Herausgeber zahlreicher Publikationen zur deutsch-jüdischen Geschichte, Theologie wie zum jüdisch-christlichen Dialogs. Publikationen u.a. Jesus Reclaimed – Jewish Perspectives on the Nazarene (New York/Oxford 2015); Basiswissen Judentum (Hrsg. Mit Andreas Nachama und Hartmut Bomhoff, Freiburg 2014); Theologie(n) an der Universität – Akademische Herausforderung im säkularen Umfeld. Hrsg. mit Hans-Gert Pöttering (Berlin 2013); Das Jüdische Eherecht (Berlin 2009); Leo Baeck. Jüdisches Denken – Perspektiven für heute (Freiburg 2006).

**Matthias Albert Koch** studierte Betriebswirtschaftslehre, Sinologie und Psychologie an der Freien Universität Berlin und an der Universidade Católica Portuguesa (UCP) in Lissabon. Nach Abschluss von Diplom- und Magisterstudiengang und sich anschließender Berufstätigkeit studiert er Jüdische Religion, Geschichte und Kultur an der Universität Potsdam mit dem Fokus auf hebräischer und jüdischer Literatur, jüdischer Kultur, Religion und Philosophie. Unter Leitung der Kuratorin Dr. Elke-Vera Kotowski war er zusammen mit Mitstudierenden an Konzeption und Durchführung der Ausstellung „Synagogen in Brandenburg – Auf Spurensuche" beteiligt.

**Elke-Vera Kotowski** (Dr. phil.) forscht und lehrt am Moses Mendelssohn Zentrum für europäisch-jüdische Studien, Potsdam. Forschungsschwerpunkte: europäisch-jüdische Kultur- und Sozialgeschichte. Zudem als Ausstellungskuratorin tätig, seit 2009 wissenschaftliche Koordinatorin das Walther Rathenau Graduiertenkollegs. Derzeitig leitet sie das Forschungsprojekt „Kultur und Identität. Deutsch-jüdisches Kulturerbe im In- und Ausland" Publikationen u.a. Handbuch zur Geschichte der Juden in Europa, gemeinsam hrsg. mit Julius H. Schoeps und Hiltrud Wallenborn (Darmstadt 2001/2013); Valeska Gert. Ein Leben in Tanz, Film und Kabarett (Berlin 2012); Aufbau. Sprachrohr, Heimat, Mythos. Geschichte(n) einer deutsch-jüdischen Zeitung aus New York 1934 bis heute (Herausgeberin, Berlin 2011), Feindliche Dioskuren. Theodor Lessing und Ludwig Klages – Das Scheitern einer Jugendfreundschaft. 1885–1899 (Dissertation, Berlin 2000).

**Doris Maja Krüger** studierte Philosophie, Neuere und Neueste Geschichte sowie Politikwissenschaft an der Humboldt-Universität zu Berlin und der University of Haifa. Sie schloss ihr Studium mit einer Arbeit über die antisemitismustheoretischen Schriften Leo Löwenthals ab und promoviert derzeit über dessen Kritische Theorie an der Freien Universität Berlin. Zudem ist sie Co-Autorin der von Elke-Vera Kotowski herausgegebenen Jüdischen Miniatur „Aufbau: Sprachrohr. Heimat. Mythos. Geschichte(n) einer deutsch-jüdischen Zeitung aus New York 1934 bis heute" (Berlin 2011).

**Anna-Dorothea Ludewig**, Studium der Allgemeinen und Vergleichenden Literaturwissenschaft, Buchwissenschaft und Rechtswissenschaft an den Universitäten Bonn und Mainz, Promotion 2007 an der Universität Potsdam mit einer Arbeit über Karl Emil Franzos. Seit 2007 wissenschaftliche Mitarbeiterin am Moses Mendelssohn Zentrum für europäisch-jüdische Studien. Forschungsschwerpunkt: Europäisch-jüdische Literatur- und Kulturgeschichte im 20. Jahrhundert. Publikationen u.a.: Orientalism, Gender, and the Jews: Literary and Artistic Transformations of European National Discourses (Mitherausgeberin, Berlin/Boston 2014); Der Dandy. Ein kulturhistorisches Phänomen im 19. und frühen 20. Jahrhundert (Mitherausgeberin, Berlin/Boston 2013); Im Anfang war der Mord. Juden und Judentum im Detektivroman (Herausgeberin, Berlin 2012).

**Frank Mecklenburg** (Dr. phil), Director of Research and Chief Archivist des Leo Baeck Institute New York. Promotion in der Neueren Geschichte 1981 an der Technischen Universität Berlin. 1981–1984 Mitherausgeber des semiotext(e) Magazin. Bei der Konzeption, Entwicklung und Umsetzung des Digitalen Archives (DigiBaeck) beteiligt. Außerdem ist er als Übersetzer tätig. Publikationen u.a. The Face of Samaria. The History and Life of Jews in the Heartland of Israel (Jerusalem 2013); Deutsche Juristen im amerikanischen Exil, 1933–1950 (Hrsg. mit Ernst C. Stiefel, Tübingen 1991); German Essays on Socialism in the Nineteenth Century. Theory, History and Political Organization, 1844–1914 (Hrsg. mit Manfred Stassen, New York 1990); Prison Reform in the first half of the Nineteenth Century in Germany (Dissertation, Berlin 1981).

**Michael A. Meyer** (Prof. Dr.) Historiker der neuzeitlichen jüdischen Geschichte. Studium der Geschichte an der University of California (Los Angeles) mit anschließender Promotion am Hebrew Union College (Cincinnati), wo er auch die Adolph S. Ochs Professur für Jüdische Geschichte erhielt. Von 1991 bis 2013 amtierte er als Präsident des Leo Baeck Institute. Sein Forschungsschwerpunkt liegt auf den Themengebiet des Reformjudentums und der allgemeinen jüdisch-europäischen Geschichte. Publikationen u.a. Die Anfänge des modernen Judentums. Jüdische Identität in Deutschland 1749–1824 (München 2011); Deutsch-jüdische Geschichte in der Neuzeit. Gesamtwerk 4 Bände (Mitherausgeber, München 1996); Response to Modernity. A History of the Reform Movement in Judaism (Detroit 1995); Jüdische Identität in der Moderne (Frankfurt 1992).

**Pedro Moreira**, Architekt; in São Paulo geboren. Neben der Arbeit im eigenen Architekturbüro Vorträge und Beiträge über Architektur, Städtebau und Baugeschichte in Fachzeitschriften, Symposien etc. Korrespondent der brasilianischen Zeitschrift Oculum und des Internet-Portals Vitruvius-Arquitextos. Beteiligt an der Rekonstruktion der Max- Liebermann-Villa in Berlin-Wannsee.

**Martin Münzel** (Dr. phil.) Studium der Geschichtswissenschaft und Sozialwissenschaften anfangs in Kassel, dann an der Universität Bielefeld; 2003 Aufenthalt am Institut für Europäische Geschichte in Mainz; 2004 Promotion in Bielefeld; nach Tätigkeit als Archivmitarbeiter in der Bertelsmann Stiftung in Gütersloh, Durchführung eines Forschungsprojekts zur Emigration deutscher Unternehmer nach New York City nach 1933; seit 2008 verantwortlicher Redakteur der Fachzeitschrift „Archiv und Wirtschaft"; 2010/11 Lehrbeauftragter an der Universität Potsdam; seit 2014 wissenschaftlicher Mitarbeiter in der Unabhängigen Historikerkommission zur Aufarbeitung der Geschichte des Reichsarbeitsministeriums in der Zeit des Nationalsozialismus an der Humboldt-Universität zu Berlin. Veröffentlichungen u.a.: Die jüdischen Mitglieder der deutschen Wirtschaftselite 1927–1955. Verdrängung – Emigration – Rückkehr (Paderborn u.a. 2006), sowie Aufsätze zur Unternehmer- und Emigrationsgeschichte.

**Jascha Nemtsov**, Pianist und Professor für Jüdische Musik an der Hochschule für Musik Franz Liszt Weimar. Seit 2009 Studienleiter des Kantorenseminars des Abraham Geiger Kollegs. Promotion 2004, Habilitation 2007. Themenschwerpunkt seiner Forschung: jüdische Musik und jüdischen Komponisten im 20. Jahrhundert, den Zionismus in der Musik oder auch die Neue Jüdische Schule. Publikationen u.a. Die Neue Jüdische Schule in der Musik (Wiesbaden 2004); Jüdische Kunstmusik im 20. Jahrhundert (Wiesbaden 2006); Arno Nadel (1878–1943). Sein Beitrag zur jüdischen Musikkultur (Berlin 2009); Louis Lewandowski. „Liebe macht das Lied unsterblich" (Berlin 2011).

**Sebastian Panwitz** (Dr. phil.), selbständiger Historiker. Forschungsschwerpunkte: Berlingeschichte, deutsches Judentum, russisch/sowjetisch-deutsche Beziehungen. Publikationen u.a. Die Gesellschaft der Freunde 1792–1935. Berliner Juden zwischen Aufklärung und Hochfinanz (Dissertation, Hildesheim 2007).

**Helmut Peitsch** (Prof. Dr.), Germanist und Literaturwissenschaftler. Dissertation über Georg Forsters „Ansichten vom Niederrhein". Zum Problem des Übergangs vom bürgerlichen Humanismus zum revolutionären Demokratismus. Habilitationsschrift „Deutschlands Gedächtnis an seine dunkelste Zeit". Zur Funktion der Autobiographik in den Westzonen Deutschlands und den Westsektoren von Berlin 1945 bis 1949. Von 1985 bis 1992 war er (Visiting) Lecturer an der University of Leeds und der University of Wales, Swansea. 1992 übernahm er eine Gastprofessur an der New York University. Von 1995 bis 2001 war er Professor für European Studies an der Cardiff University. 2001 wurde er Professor für Neuere deutsche Literatur (19./20. Jahrhundert) an der Universität Potsdam. Publikationen u.a. Nachkriegsliteratur 1945–1989 (Göttingen 2009); „No Politics"? Die Geschichte des deutschen PEN-Zentrums in London 1933–2002 (Göttingen 2006), Vom Faschismus zum Kalten Krieg. Auch eine deutsche Literaturgeschichte. Literaturverhältnisse, Genres, Themen (Berlin 1996).

**Gabrielle Rossmer Gropman**, Künstlerin. Geboren in Bamberg, aufgewachsen in der deutsch-jüdischen Gemeinde in Washington Heights in New York. Studium der Politischen Wissenschaft an der Brandeis University. Seit den 1990er Jahren arbeitet sie zur Geschichte der Bamberger Juden. Gemeinsam mit ihrer Tochter Sonya Gropman arbeitet sie derzeit an einem Kochbuch der deutsch-jüdischen Küche vor dem Zweiten Weltkrieg.

**Joachim Rott** (Dr. jur.), Studium der Rechtswissenschaft in Saarbrücken, Bielefeld und Mainz. Erste und zweite juristische Staatsprüfung beim Ministerium der Justiz Rheinland-Pfalz. Seit 1977 Ministerialrat im Bundesministerium des Innern. Publikationen u.a. „Ich gehe meinen Weg ungehindert geradeaus": Dr. Bernhard Weiß (1880–1951) Polizeivizepräsident in Berlin. Leben und Wirken (Berlin 2010), Bernhard Weiß (1880–1951) Polizeivizepräsident in Berlin – Preussischer Jude – Kämferischer Demokrat (Teetz 2008).

**Sebastian Schirrmeister**, Wissenschaftlicher Mitarbeiter am Institut für Germanistik II / Walter A. Berendsohn Forschungsstelle für deutsche Exilliteratur an der Universität Hamburg bei Prof. Dr. Doerte Bischoff. Studium der Jüdischen Studien in Haifa und Potsdam. Publikationen u.a. Das Gastspiel. Friedrich Lobe und das hebräische Theater 1933–1950 (Berlin 2012).

**Julius H. Schoeps**, Professor em. für Neuere Geschichte an der Universität Potsdam und Direktor des Moses Mendelssohn Zentrums für europäisch-jüdische Studien. Zahlreiche Gastprofessuren u.a. in Budapest, Tel-Aviv, New York und Oxford. Gründungsdirektor des Jüdischen Museums in Wien (1993–1997), Gründungssenatsmitglied der Universität Potsdam (1991–1994) und Gründungsdirektor der Moses Mendelssohn Akademie in Halberstadt sowie dem Zentrum Jüdische Studien Berlin-Brandenburg. Publikationen u.a. Deutsch-jüdische Geschichte durch drei Jahrhunderte. Ausgewählte Schriften. 10 Bände (Hildesheim u.a. 2010–2013); Das Erbe der Mendelssohns. Biografie einer Familie (Frankfurt am Main 2009); Handbuch zur Geschichte der Juden Europas. Hrsg. mit Elke-Vera Kotowski und Hiltrud Wallenborn (Darmstadt 2001/2013).

**Stefanie Schüler-Springorum**, Leiterin des Zentrums für Antisemitismusforschung und Professorin an der Technischen Universität Berlin; Mitglied im Direktorium des Zentrums Jüdische Studien Berlin-Brandenburg. Ihr Forschungsschwerpunkt liegt in der deutsch-jüdischen Geschichte, Spanischen Geschichte sowie der Kultur und Geschlechtergeschichte des 19. und 20. Jahrhunderts. Hierzu hat sie zahlreiche Publikationen und Beiträge veröffentlicht. Publikationen u.a. Krieg und Frieden. Die Legion Condor im Spanischen Bürgerkrieg. Hrsg. mit K. Bergbauer und S. Fröhlich (Paderborn 2010); Denkmalsfigur. Biografische Annäherung an Hans Litten (Göttingen 2008), Die jüdische Minderheit in Königsberg/Preußen, 1871–1945 (Göttingen 1996).

**Chana Schütz**, Kunsthistorikerin und stellvertretende Direktorin der Stiftung Neue Synagoge Berlin – Centrum Judaicum. Ausstellungskuratorin, Mitherausgeberin und Autorin von Publikationen des Centrum Judaicum. Studium der Kunstgeschichte und Geschichte an der Hebräischen Universität Jerusalem (B.A.), Promotion an der Universität Bonn. Publikationen u.a. Preußen in Jerusalem (1800–1861). Karl Friedrich Schinkels Entwurf der Grabeskirche und die Jerusalempläne Friedrich Wilhelms IV., (Dissertation Berlin 1988); Max Liebermann – Impressionistischer Maler, Gründer der Berliner Secession (Teetz 2004, 2010); Karl Schwarz and Tel Aviv Museum's Early Days, 1933–1947 (mit Ruth Feldmann, Tel Aviv 2010).

**Alfredo Schwarcz**, Psychologe und Gerontologe; Sohn eines 1938 aus Wien vertriebenen Arztes und einer im Jahre 1940 aus Berlin zwangsweise ausgewanderten Mutter. Forschungsschwerpunkt: deutsch-jüdische Emigration nach Argentinien und der Beschreibung der dort vorhandenen jüdischen Institutionen, insbesondere das persönliche Erleben der deutsch-jüdischen Emigranten und ihrer Familien. Er legt zudem den Fokus auf den Terror des Nazismus, die Ängste infolge der erzwungenen Emigration, den Kulturschock, die Integration im Aufnahmeland, die Beziehungen zum Heimatland usw. Durch die Methode der „oral history" war es ihm möglich, die Betroffenen selbst zu Wort kommen zu lassen und gleichzeitig stets wiederkehrende Muster in deren Leben herauszuarbeiten. In intensiven Einzel- und Gruppengesprächen versucht er, die Lebensgeschichten der in Argentinien lebenden deutschsprachigen Juden zu rekonstruieren, ihre einmalige historische Erfahrung als „Schicksalsgemeinschaft" darzustellen und die weitere Entwicklung dieser besonderen Geschichte in der zweiten und dritten Generation der schon in Argentinien Geborenen zu verfolgen. Publikation u.a. Trotz alledem ... Die deutschsprachigen Juden in Argentinien (Wien/Köln/Weimar 1995).

**Mandy Seidler** (M.A.), studierte bis 2009 an der Friedrich-Schiller-Universität in Jena Germanistische Literaturwissenschaft, Volkskunde/ Kulturgeschichte und Interkulturelle Wirtschaftskommunikation. Von August 2009 bis Januar 2010 arbeitete sie als wissenschaftliche Mitarbeiterin innerhalb des Forschungsprojektes „Akademische Frauen in den Naturwissenschaften 1904–1945" im Auftrag des Gleichstellungsbüros der FSU. Seit November 2010 ist sie Stipendiatin im Walther Rathenau Kolleg Potsdam und forscht an dem Dissertationsprojekt: Der Blick von der Peripherie. Transnationale Positionen deutschsprachig-jüdischer Schriftsteller aus Wien vor und nach der Schoa.

**Ines Sonder** (Dr. phil), Kunst- und Architekturhistorikerin. Wissenschaftliche Mitarbeiterin am Moses Mendelssohn Zentrum, Potsdam. Sie studierte Kunstgeschichte und Hebraistik/Israelwissenschaften an der HU Berlin, war von 2000–2003 Stipendiatin der Heinrich Böll Stiftung und promovierte 2004 an der Universität Potsdam zum Thema „Gartenstädte für Erez Israel". Als Visiting Research Fellow war sie 2005 am Franz Rosenzweig Zentrum der Hebräischen Universität Jerusalem, 2006–2009 wurde sie von der DFG zum Projekt über die deutsch-israelische Architektin Lotte Cohn gefördert. Ihr derzeitiges Forschungsthema widmet sich den deutschsprachigen Zionisten, die vor 1933 in Palästina lebten. Publikationen u.a. Kibbuz und Bauhaus. Pioniere des Kollektivs. Bauhaus Taschenbuch 3, hg. Stiftung Bauhaus Dessau (in Zusammenarbeit mit Galia Bar Or, Nicole Minten-Jung, Werner Möller, Yuval Yasky, Katja Lehmann, Ines Sonder, Philipp Oswalt, Leipzig 2012), Lotte Cohn – Baumeisterin des Landes Israel. Eine Biographie (Berlin 2010); „Wie würde ich ohne Bücher leben und arbeiten können?" Privatbibliotheken jüdischer Intellektueller im 20. Jahrhundert (Mitherausgeberin, Berlin 2008).

**Frank Stern** (Prof. Dr.), Geschichts- und Kulturwissenschaftler mit den Schwerpunkten deutschjüdische und österreichisch-jüdische Literatur- und Filmgeschichte. Studium in politischer Wissenschaft, englischer und amerikanischer Literatur sowie jüdischer Geschichte. Er war langjähriger Leiter des Zentrums für deutsche und österreichische Studien an der Ben-Gurion Universität in Beer-Sheva und lehrt heute am Institut für Zeitgeschichte an der Universität Wien mit dem Schwerpunkt visuelle Kultur- und Zeitgeschichte. Publikationen u.a. Wien und die jüdische Erfahrung 1900–1938. Akkulturation – Antisemitismus – Zionismus (Mitherausgeber, Wien u.a. 2009); Filmische Gedächtnisse. Geschichte – Archiv – Riss (Wien 2007); Ludwig Börne. Deutscher, Jude, Demokrat (Berlin 2003); Am Anfang war Auschwitz. Antisemitismus und Philosemitismus im deutschen Nachkrieg (Tel Aviv 1991).

**Werner Treß** (Dr. phil.), Post-Doc am Zentrum Jüdische Studien Berlin-Brandenburg und Wissenschaftlicher Mitarbeiter am Moses Mendelssohn Zentrum, Potsdam; Lehrbeauftragter an der Humboldt-Universität zu Berlin und der Universität der Bundeswehr München. Forschungsgebiete u. a. Universitäts- und Wissenschaftsgeschichte des 19. Jahrhunderts, Kulturpolitik im Nationalsozialismus, Antisemitismusforschung und jüdische Emanzipationsgeschichte. Publikationen u. a. Akademischer Nationalismus und jüdische Wissenschaftsbewegung. Die Kontroverse um die judenfeindlichen Schriften von Friedrich Rühs, Jakob Friedrich Fries und die Entstehung der Wissenschaft des Judentums 1815–1824, in: Christina von Braun et al. (Hrsg.): Von der jüdischen Aufklärung über die Wissenschaft des Judentums zu den Jüdischen Studien (Berlin 2014, S. 13–43); Professoren. Der Lehrkörper und seine Praxis zwischen Wissenschaft, Politik und Gesellschaft, in: Heinz-Elmar Tenorth und Charles McClelland (Hrsg.), Die Geschichte der Universität Unter den Linden 1810–2010, Bd. 1 (Berlin 2012, S. 131–208).

**Liliane Weissberg**, Christopher H. Browne Distinguished Professor in the Arts Science und Professor of German and Comparative Literature an der University of Pennsylvania. Als Literaturwissenschaftlertin ist sie Autorin zahlreicher Bücher sowie Aufsätze zur deutsch-jüdischen Literatur und Philosophie. Ein weiterer Forschungsschwerpunkt ist die deutsche und amerikanische Romantik. Publikationen u.a. Affinität wider Willen? Hannah Arendt, Theodor W. Adorno und die Frankfurter Schule (Frankfurt/New York 2011); Hannah Ahrendt, Charlie Chaplin und die verborgene jüdische Tradition (Graz 2009); Romancing the Shadow. Poe and Race (New York 2001).

**Barbara Welker**, Archivarin in der Stiftung Neue Synagoge – Centrum Judaicum. Publikationen u.a. Das Gesamtarchiv der deutschen Juden, in: „Tuet auf die Pforten". Die Neue Synagoge 1866.1995. Begleitbuch zur ständigen Ausstellung der Stiftung „Neue Synagoge Berlin – Centrum

Judaicum", hg. von Hermann Simon und Jochen Boberg (Berlin 1995, S. 227–234), Das Gesamtarchiv der deutschen Juden – Zentralisierungsbemühungen in einem föderalen Staat, in: Jüdisches Archivwesen. Beiträge zum Kolloquium aus Anlass des 100. Jahrestages der Gründung des Gesamtarchivs der deutschen Juden, zugleich 10. Archivwissenschaftliches Kolloquium der Archivschule Marburg, 13.–15. Sept. 2005, hg. von Frank M. Bischoff und Peter Honigmann (Marburg 2007, S. 39–73).

**Michael Wolffsohn**, Historiker und Publizist; Professor em. für Neuere Geschichte an der Universität der Bundeswehr in München. 1975 erfolgte die Promotion an der Freien Universität Berlin. 1979 Habilitation in Politikwissenschaft und 1980 in Zeitgeschichte. Autor zahlreicher Bücher und Aufsätze. Forschungsschwerpunkte sind die deutsch-jüdische Geschichte, internationale Beziehungen und der Nahe Osten. Publikationen u.a. Über den Abgrund der Geschichte hinweg. Deutsch-jüdische Blicke auf das 20. Jahrhundert (München 2012); Wem gehört das Heilige Land? (München 2011); Deutschland, jüdisch Heimatland. Die Geschichte der deutschen Juden vom Kaiserreich bis heute (hg. mit Thomas Brechenmacher (München 2008); Israel. Geschichte, Politik, Gesellschaft, Wirtschaft (Wiesbaden 2007).

**Michael Zeuske**, Historiker; Professur für Iberische und Lateinamerikanische Geschichte an der Universität zu Köln. 1992–1993 Professur für Vergleichende Geschichte/Ibero-Amerika an der Universität Leipzig. Visiting Fellow an Universitäten in den USA (Indiana, Bloomington, Yale, New Haven, Michigan, Ann Arbor). Forschungsschwerpunkt: Geschichte Lateinamerikas, Geschichte des Atlantiks, die Geschichte der Sklaven und der Sklavenhändler sowie die Geschichte Kubas, Venezuelas und der Karibik. Seit 2005 forscht er auch zu atlantischem Sklavenhandel und Menschenschmuggel sowie Sklavenschiffen (La Amistad) im 19. Jahrhundert. Publikationen u.a. Handbuch Geschichte der Sklaverei. Eine Globalgeschichte von den Anfängen bis heute (New York/Berlin 2013), Kuba im 21. Jahrhundert. Revolution und Reform auf der Insel der Extreme (Berlin 2012), Geschichte der Amistad. Sklavenhandel und Menschenschmuggel auf dem Atlantik im 19. Jahrhundert (Ditzingen 2012).

**Eva-Maria Ziege**, Professorin an der Universität Bayreuth. Studium der Politologie und Soziologie an den Universitäten Bonn und Potsdam. Promotion über die Diskursanalyse des völkischen Antisemitismus. Wissenschaftliche Mitarbeiterin am Seminar für Kulturwissenschaft der Humboldt-Universität Berlin. Visiting Associate Professor des DAAD an die University of Washington in Seattle; Visiting Fellow am Centre for the Study of Jewish-Christian Relations (CJCR) des Woolf Institute der Universität Cambridge. Publikationen u.a. Antisemitismus und Gesellschaftstheorie: die Frankfurter Schule im amerikanischen Exil (Frankfurt a. Main 2009); Mythische Kohärenz: Diskursanalyse des völkischen Antisemitismus (Konstanz 2002).

**Moshe Zimmermann**, Professor für Neuere Geschichte an der Hebrew University Jerusalem. Forschungsschwerpunkte: deutsche Sozialgeschichte des 18. bis 20. Jahrhunderts, die Geschichte der deutschen Juden, Antisemitismus, Film und Geschichte sowie Sport in der Geschichte. Publikationen u.a. Das Amt und die Vergangenheit. Deutsche Diplomaten im Dritten Reich und in der Bundesrepublik. Hrsg. u.a. mit Eckart Conze, Norbert Frey und Peter Hayes (München 2010); Die Angst vor dem Frieden. Das israelische Dilemma (Berlin 2010); Deutsche gegen Deutsche. Das Schicksal der Juden 1938–1945 (Berlin 2008).

# Personenregister

Abelshauser, Werner 168
Abraham, Fritz 54
Abramowitsch, Shalom-Jankew 61
Abusch, Alexander 120, 125, 128, 129, 130
Adler, Elkan Nathan 190
Adler, Hermann 190
Adler, Hugo 166
Adler, Marcus Nathan 190
Adler, Nathan Marcus 190
Adler, Samuel 188, 189
Adorno, Theodor W. 7, 95, 112, 249, 250, 251, 262, 265, 266, 360, 364
Agnon, S. Y. 205, 206, 260
Ahlbeck, Leo 166
Ahlheim, Hannah 171
Ahlwardt, Art 47
Ahrends, Bruno 307
Ahrends, Steffen 307
Aichinger, Ilse 85, 88, 89, 90
Alejchem, Sholem 61
Alemann, Ernesto 364, 365
Alemann, Johann 364
Alexander, FL 307
Alexander II. von Russland 515
Alsberg-Alssur, Paul Abraham 332
Altschuler, José 391
Álvares Cabral, Pedro 411
Aly, Götz 500, 507
Andreae, Edith 516
An-Ski, Salomon 311
Arbousse Bastide, Paul 427
Arendt, Hannah 12, 102, 103, 104, 105, 106, 107, 108, 109, 110, 111, 112, 113, 114, 115, 150, 185, 437, 473
Arens, Karl 427
Argens, Marquis d' 33
Arnau, Frank 432
Arnhold, Eduard 168
Arons, Ruth 441, 442, 449, 452
Aschheim, Steven 279, 288, 305, 308
Assmann, Aleida 56
Assmann, Jan 57, 601
Ast, Friedrich 102
Atlasz, Robert 346

Aub, Max 368
Auerbach, Elias 341
Ausländer, Rose 83, 94, 95, 96
Awerbuch, Marianne 323
Azariah, Sonia 419

Baar, Arthur 347
Bab, Julius 96
Babo, Alexandre 441, 445, 446, 450, 451, 452
Bachofen, Johann Jakob 265
Baeck, Leo 179, 235, 246, 368, 369, 453, 458, 459, 460, 461, 462, 464, 466, 490, 527, 595, 598
Baerwald, Alex 350, 351
Baerwald, Paul 203
Baeyer, Adolf von 209
Bähr, Jacob 274, 277
Baker, Ernest 102
Baliño y López, Carlos 380
Bamberger, Ludwig 494, 513
Bamberger, Seligman Bär 264
Bamberg, Ludwig 416
Barnato, Barney 296
Barnay, Ludwig 317
Bar-On, Dan 485
Bartetzko, Dieter 231, 232
Barthel, Kurt 131, 132, 133, 134, 135, 136
Bartók, Béla 161
Bastian, Adolf 196
Bastide, Roger 427
Batista, Fulgencio 384, 387, 391
Baudrillard, Jean 481
Bauer, Victor 558
Baumann, Max 425
Baumgardt, Manfred 536
Baum, Vicky 585
Becker, Arthur 529
Becker, Heiner 545
Becker, Moritz 529
Beethoven, Ludwig van 303, 497
Behar, Israel 391
Bein, Alex 330, 331, 332, 497
Beit, Alfred 292, 293, 294, 295
Beit, Otto 292

Benario, Eugenie 428
Benario, Leo 428
Benario, Olga 428, 429
Ben-Chorin, Schalom 91
Ben-Chorin, Tovia 465
Bendavid, Lazarus 42
Ben-Gurion, David 321, 322, 454
Benhabib, Seyla 115
Ben Hanan, Michael 346
Benjamin, Walter 29, 56, 112, 262, 264, 513
Bensemann, Walther 338
Berezowski, Riva 419
Bergmann, Gretl 340
Bergmann, Hugo 353
Bergmann, Hugo Shmuel 334, 335
Bergmann, Máximo 391
Bergner, Elisabeth 318
Bergtheil, Jonas 290
Berlak, Ruth 458
Bernatzky, Ralph 59
Bernstein, Philip S. 454
Bertens, Rosa 318
Beyer, Frank 590
Biale, David 63
Bialik, Chaim Nahman 206, 312, 315, 322
Bien, Heinrich 325
Biller, Maxim 144, 145, 146, 148, 152
Biram, Arthur 344, 345
Bismarck, Otto von 160, 283
Bloch, Ernest 166
Blücher, Heinrich 108
Blumenfeld, Kurt 54, 107
Blumenthal, Max 425
Blumenthal-Weiss, Ilse 99
Boas, Franz 204
Boas, Franziska 204
Boas, Meier 195
Boas, Sophie 195
Bode, Wilhelm 293
Boehlich, Walter 497
Bogoras, Wladimir Germanowitsch 200
Boll, Uwe 591
Bondi, August 375
Borkenau, Franz 387
Bormann, Martin 86
Börne, Ludwig 489, 491, 493, 495
Born, Max 185

Borowski, Tadeusz 132
Borthman, Regina 419
Boschwitz, Klara 311
Bosques, Gilberto 365
Böß, Gustav 246
Botta, Mario 224, 227
Boxer, Oswald 417
Brahm, Otto 317
Brandler, Heinrich 382
Brandstetter, Yehoshua 319
Brandt, Henry G. 465, 468
Brandys, Kazimierz 222
Braumann, Max 443
Brecht, Bertolt 14, 88, 311
Breitscheid, Rudolf 501
Brenner, Frédéric 373
Brenner, Michael 63, 255, 260, 456
Brenner, Sydney 212
Bresslau, Ernst 427
Bresslau, Harry 520
Breuer, Marcel 229
Brieger, Friedrich Gustav 427
Brilling, Bernhard 332
Brod, Max 113, 311, 312, 315
Brown, John 375
Bruch, Max 161
Bruckner, Ferdinand 99
Brunner, Detlev 386
Buber, Martin 29, 43, 55, 158, 255, 257, 259, 260, 261, 264, 335, 494, 598
Büchner, Georg 83, 311
Bunke, Erich 371
Bunke, Tamara 371
Burchard, Hermann 416
Burchard, Kurt 166
Burchard, Martin 416
Burle, Cecília 418
Burle-Marx, Haroldo 418
Burle-Marx, Roberto 418, 433
Burle-Marx, Walter 418
Burnstein, Jacobo 381
Bush, George H. W. 390
Bush, George W. 390

Caner, Elisa 411
Canetti, Elias 84
Caprivi, Leo von 244

Cárdenas, Lázaro 360
Caro, Herbert 425
Caro, Nina 425
Carossa, Hans 129, 130
Cassirer, Reinhold 307
Castro, Fidel 15, 387, 390, 391, 392, 393
Caygill, Howard 113
Celan, Paul 83, 84, 158
Chagall, Marc 371
Chain, Ernst Boris 185
Chaplin, Charlie 110, 111, 112, 113
Chargaff, Erwin 209
Charles, Daniel 213, 214
Charpa, Ulrich 211
Chasanowitz, Joseph 334
Chávez, Hugo 390
Chazan, Chone 381
Christians, Mady 587
Ciechanover, Aron 220
Clifford, James 477
Cluß, Adolf 193
Cohen, Daniel 332
Cohen, Gaby 541
Cohen, Hermann 23, 28, 256, 264, 337, 492
Cohen, Leon 541
Cohn, Emil Bernhard 530
Cohn, Lotte 355, 530
Cohn, Sylvia 216
Conrad, Ernst 460
Coser, Lewis A. 267, 268
Costa, Lucio 418
Costa, Mania 419
Crosby, Bing 390
Curtiz, Michael 584

Dam, Hendrik George van 464
Dang, Alfred 365
Dantas, Souza 430, 431
Danzel, Theodor 203
Davidsohn, Ruth 448
Dawison, Bogumil 317
Dessauer, Ludwig 317
Dessau, Paul 162
Deutsch, Ernst 9
Deutsch, Judith 343
Diamant, Max 367
Diem, Carl 344

Diner, Dan 57, 150
Dischereit, Esther 144, 148, 152
Disch, Lisa 115
Disraeli, Benjamin 111
Dizengoff, Meir 323
Djurick, Louis 378
Döblin, Alfred 88, 437, 438, 442
Dohm, Christian 33
Domin, Hilde 97, 367
Dreyer, Carl Theodor 586
Dubiel, Helmut 249, 253, 260, 261
Dutra, Eurico Gaspar 434
Dworin, Adela 391, 392
Dworin, Jossif 391, 392
Dymont, Jakob 165, 166, 167
Dymont, Lily 166
Dymont, Rosa 166

Ebel, Toni 555
Eckermann, Willy 370
Eckl, Marlen 411
Edel, Helga 139
Edelmuth, Berhold 509
Edelmuth, Hedwig 508
Edel, Peter 136, 138, 139
Ehrlich, Ernst Ludwig 458, 459, 460, 461, 462
Ehrlich, Hugo 460
Ehrlich, Paul 8, 208, 212, 216, 218, 506, 510
Eichberger, Willy. Siehe Esmond, Carl
Eichendorff, Joseph von 473, 593
Eichmann, Adolf 115, 385, 486
Einhorn, David 187, 188, 189, 191
Einstein, Albert 7, 8, 185, 215, 337, 338, 365, 421, 431
Einstein, Elsa 8
Eisler, Gerhart 385
Eisler, Hanns 385
Elsasser, Marie 575
Emanuel, Jonas 306
Emeneslau, Johann 412
Engels, Friedrich 122, 191, 192
Epstein, Siegfried 425
Eschelbacher, Max 463
Esmond, Carl 587
Ettinger, Max 166
Ewert, Arthur Ernest 428
Ewert, Elise 428, 429

Eyck, Peter van 587

Falbel, Anat 411
Falbel, Nachmann 411
Fantin-Latour, Henri 294
Feder, Ernst 431, 432, 513, 514
Feigl, Fritz 428
Feinberg, Salomon 278
Feingold, Sinai 421
Fein, Karl 538
Feist, Sigmund 530
Feldman, Gerald 506
Felsenthal, Bernhard 5
Feuchtwanger, Lion 88, 121, 261, 365, 437, 501
Feuchtwanger, Ludwig 261
Feuchtwanger, Marta 437, 449
Fichte, Johann Gottlieb 44, 54, 55, 73
Fichter, Tilman 118
Ficker, Clara 419
Fineberg, Max 421
Fineberg, Sara 419
Fischer, Emil 212, 218
Fischer, Ruth 382, 385
Fischer, Theobald 195
Fischer, Theodor 349, 353
Fittko, Hans 385, 386
Fittko, Lisa 385, 386
Flatow, Alfred 339, 340
Flatow, Gustav 339, 340
Fleischer, Kurt 323, 325
Flesch, Georg 343
Flusser, Vilém 367, 433
Fogarasi, Bela 125
Fraenkel, Ernst 178, 253
Franck, James 8
Franco, Francisco 439
Frankel, Patricia 408
Frankel, Zacharias 190
Frank, Josef 222, 223
Frank, Leo 325
Franz I. von Österreich 76
Franz Joseph I. von Österreich 75
Franz Joseph I. von Österreich 75
Franzos, Heinrich 75
Franzos, Karl Emil 83
Franz, Wilhelm 350

Freeden, Oswald von 426
Freud, Anna 370
Freud, Sigmund 57, 255, 263, 265, 266, 267, 370
Freund, Karl 585, 586
Friedlaender, Heinrich E. 388
Friedländer, David 42
Friedländer, Erna 323
Friedländer, Günter 369
Friedman, Herbert 454, 457, 458
Friedrich II. von Preußen 34, 35
Friedrichs, Henny 552
Frischauer, Paul 432
Frischknecht, Beat 551
Fröhlich, Peter Joachim. Siehe Gay, Peter
Fromm, Erich 185, 258, 260, 261, 269
Frumkin, Gad 354
Fuchs, Eugen 28, 47, 49, 51
Fuchs, Gottfried 339
Fuchs, Richard 163
Fuechtner, Veronika 551
Fugger, Jacob 412
Fürstenberg, Carl 168, 174
Fürstenberg-Cassirer, Lotte 307
Furtado Kestler, Maria 411

Gabbay, Yehuda 312, 313
Gama, Gaspar da 412
Gans, Eduard 186, 187
Ganz, Oscar 390
Garbo, Greta 584
García, Isaac 365
Gaus, Günter 105
Gay, Peter 185, 390
Gebhardt, P. 369
Geertz, Clifford 478
Gehry, Frank O. 227
Geiger, Abraham 30, 187, 492
Geiger, Ludwig 497
Geis, Manfred 319
Geis, Robert Raphael 459, 462
Gellhorn, Alfred 229
Gerchunoff, Alberto 361
Geyerhahn, Norbert 432
Giese, Karl 538, 554, 557
Gilman, Sander 143
Ginsburg, Golde 252

Glette, Friedrich 416
Glusberg, Samuel 361
Gneist, Rudolf von 236, 238, 242, 245
Goebbels, Joseph 317
Goethe, Johann Wolfgang von 2, 43, 95, 96, 126, 129, 257, 303, 319, 352, 473, 491, 593
Goldberger, Ludwig Max 9
Goldenberg, Boris 386, 387, 389
Goldfinger, Arnon 473
Goldfinger, Ernö 229
Goldmann, Felix 51
Goldmann, Heinz 341
Goldmann, Nahum 55
Goldstein, Julius 49, 50, 51, 52, 53
Goldstein, Lothar 369
Goldstein, Moritz 44, 48, 49, 50, 52, 53, 73
Gorbatschow, Michail 598
Gordin, Jacob 62
Gordon, A. D. 340
Gordon, Rosita 419
Gorelik, Lena 152, 601, 602
Gorenstein, Polly Anna 419
Gottgetreu, Erich 312, 313
Gottlieb, Bertha 530
Gottlieb, Denny 530
Götz, Berndt 324
Goyer, David S. 591
Graetz, Heinrich 26
Granach, Alexander 9
Grillparzer, Franz 61, 62
Grimberg, Yoshke 381
Grjasnowa, Olga 152
Grobart, Fabio 381, 382, 383, 391
Groehler, Olaf 118
Gronemann, Sammy 311
Gropius, Walter 356
Gross, Bernhard 427
Grossmann, Kurt 501
Grossmann, Wassilij 125
Grotte, Alfred 513
Gruber, Samuel D. 228
Grünberg, Carlos M. 361
Grundig, Lea 140, 141, 142
Grzesinski, Albert 501
Grzyb, Wilhelm 456
Guédiguian, Robert 583

Guelmann, Salomon 421
Guevara, Ernesto Che 371, 391
Guimarães Rosa, Aracy 430
Gumbel, Emil 501
Gumpertz, Aron Salomon 33, 42
Gurland, Henny 267
Gurlitt, Wolfgang 298
Gurvich, Felix 381
Gutmann, Eugen 168
Guttmann, Oskar 166

Haber, Fritz 8, 213, 214, 215, 216, 217, 505
Habermas, Jürgen 32
Habricht, Luise 252, 253
Hadida, Manuel 378
Haeberle, Erwin J. 558
Haeberlin, Herman Karl 204
Hain, Ludwig 425
Haire, Norman 544, 553
Halbwachs, Maurice 601
Haleví, Josef 420
Halevi, Moshe 311
Hall, Lesley 548
Hallo, Rudolf 257
Hamburger, Hans 424
Hamburger, Karl 163
Hamburger, Wolfgang 460
Hameiri, Avigdor 318
Hammerstein, Hans Herbert. Siehe Shiloni, Israel
Hansen, Erwin 556
Hansen, Marcus Lee 486
Hardenberg, Karl August von 39
Harden, Maximilian 517
Harf, Hans 368
Harries, Katrine 307
Hartewig, Karin 120, 121
Harwood, Jonathan 219
Hašek, Jaroslav 315
Hauck, Günter Rudi 541
Hauptmann, Gerhart 506, 510
Hauptmann, Heinrich 427
Hecht, Auguste 307
Heckel, Erich 298
Hecker, Zvi 224, 227
Hegel, Georg Wilhelm Friedrich 25, 187, 249
Heidegger, Martin 102, 107, 116

Heine, Heinrich 5, 27, 30, 43, 93, 111, 112, 113, 123, 126, 136, 261, 337, 352, 360, 361, 362, 368, 373, 473, 489, 491, 493, 495, 571
Heinrich Prinz von Preußen 416
Henoch, Lilli 341
Henriques, Rose 455
Hepner-Schwartz, Ruth 371, 372
Herbert, Ulrich 118
Herlitz, Georg 232, 330, 331
Hermann, Ernst 341
Hermann, Matthias 144
Hermlin, Stephan 120, 121, 125, 127, 131
Herrn, Rainer 556
Hertwig, Oscar 216
Hertz, Gustav 8
Herzer, Manfred 534
Herzfelder, Franz 539
Herz, Henriette 40
Herzl, Theodor 10, 49, 54, 91, 417, 517
Herz, Markus 33, 40
Herzog, David 513
Heschel, Abraham Joshua 369
Hess, Lajos 341
Hess, Moses 30
Hess, Samuel 425
Heuss, Theodor 426, 432, 458
Heydt, August von der 415
Heymann, Michael 331
Heymann, Stefan 130
Heym, Stefan 120
Hildesheimer, Azriel 333
Hildesheimer, Esriel 256
Hiller, Kurt 535, 546
Hilsenrath, Edgar 144
Himmler, Heinrich 429
Hindenburg, Paul von 203
Hinkel, Hans 163
Hirschberg, Alfred 424
Hirschfeld, C. L. 363
Hirschfeld, Eduard 540, 541
Hirschfeld, Hermann 540, 541, 556
Hirschfeld, Magnus 17, 559
Hirsch, Julius 339, 341
Hirsch, Luciene de 362
Hirsch, Maurice de 10, 362, 363, 364, 366, 417

Hirsch, Paul 369
Hirsch, Samson Raphael 26, 190, 256
Hirsch, Samuel 23, 187, 188, 189
Hirsch, Süssmann 375, 376
Hirzel, Georg 517
Hitchcock, Henry-Russell 358
Hitler, Adolf 31, 86, 91, 99, 105, 122, 126, 129, 130, 131, 133, 143, 267, 397, 439, 454, 492, 502
Hodann, Max 538, 545, 559
Hoefft, Carl Theodor 547
Hoffmann-Harnisch, Wolfgang 432
Hoineff, Sima 419
Holland, Arnual von 412
Holländer, Ludwig 28, 29
Holleben, Theodor von 244
Hölz, Max 501
Homburger, Fritz 306
Homer 100, 102, 104
Honigmann, Barbara 144
Horkheimer, Max 7, 249, 251, 264, 265, 266, 364
Horney, Karen 265, 266
Horowitz, Eduardo 421
Humboldt, Wilhelm von 42

Ihne, Ernst Eberhard von 350
Isherwood, Christopher 556, 557
Israel, Manasseh ben 33
Itô Hirobumi 238, 240

Jacobi, Abraham 195, 203, 204
Jacobi, Friedrich Heinrich 40
Jacobi, Kate Rosalie 195
Jacobi, Mary Corinna Putnam 195
Jacob, Martha 340
Jacob, Paul Walter 369
Jacobsohn, Israel 160
Jacobsohn, Kurt 443
Jacobson, Jacob 520, 522, 523, 524
Jacoby, Alfred 224
Jacoby, Johann 489
Jaffe, Edgar 503
Jahn, Friedrich Ludwig 15, 338
Jahoda, Marie 185
Jakubowska, Wanda 590
Jaretzki, Franz Ludwig 307

Jaspers, Karl 97, 102, 107, 150
Jay, Martin 249
Jelzin, Boris 516
Jessner, Leopold 311
João IV. von Portugal 414
Jochelson, Waldemar 200
Johann Moritz von Nassau-Siegen 413
Johnson, Philip 358
Johnston, Joe 591
Jonas, Hans 185
Jonas, Regina 527
Joseph II. von Österreich 68
Juhn, Egon 347

Kadmon, Stella 319
Kafka, Franz 5, 110, 112, 113, 148, 157
Kahn, Máximo José 368
Kahn, Siegbert 128, 130
Kaléko, Mascha 92, 93, 94
Kalmar, Fritz 369
Kalter, Sabine 317
Kaminer, Wladimir 152
Kamp, Alexander 433
Kann, Emma 386
Kant, Immanuel 28, 32, 106, 273, 473
Kantorowicz, Alfred 130, 360
Kaplan, Marion 63, 574
Kaplan, Zvi 380
Karavan, Dani 224
Karsten, Gustav 195
Kästner, Erich 548
Kastro, Ofélia 419
Katzenellenbogen, Ludwig 171
Katz, Hans Ludwig 307
Katz, Otto 360
Katz, Richard 432
Kauffmann, Richard 353, 354
Kaufmann, Oskar 317
Kaufmann, Richard 355
Kaus, Gina 585
Keilson-Lauritz, Marita 550, 558
Kelsen, Hans 185
Kennedy, Eugene 220
Kennedy, John F. 9
Kerner, Aaron 588
Kerr, Alfred 501
Kertész, Imre 588

Kessler, Harry Graf 431
Kessler, Judith 597
Kiepert, Heinrich 198
Kinkel, Walter 252
Kinsey, Alfred 547
Kirchheim, Hans 426
Kirchheim, Martha 426
Kirchheim, Moritz 426
Kirchner, Ernst Ludwig 298
Kirchner, Renate 121
Kirschner, Bruno 232
Kisch, Egon Erwin 360
Kissinger, Henry 8, 96
Kissinger, Walter 8
Klabin, Berta 419
Klabin, Clara 419
Klabin, Emanuel 418
Klabin, Eugenia 418, 422, 432
Klabin, Luba 419, 422
Klabin, Luiza 418, 424
Klabin, Maurice Freeman 418, 421
Klabin, Mina 418
Klabin, Nesel 419
Klabin, Salomon 422
Klabin, Wolf 425
Klausner, Abraham 454
Klausner, Margot 319
Kleemann, Wilhelm 175
Klein, Esteban Vegahzi 369
Klein, Martin 391
Kleist, Heinrich von 39
Klerk, Frederik de 308
Klinghofer, Hans 432
Köbner, Richard 353
Koch, Eduard 258
Koch, Ernst 432
Koch, Richard 257, 260
Koch-Weser, Erich 425, 426
Koerner, Ignaz H. 341, 346
Kohansky, Mendel 319
Kohl, Helmut 516
Kohn, Isidor 421
Kokula, Ilse 545
Kolmar, Gertrud 529
Komp, Albert 193
König, Samuel 35
Kopf, Leo 166

Korda, Alexander 586, 587
Korngold, Erich Wolfgang 584, 585
Kornitzer, Richard 387
Korn, Salomon 595
Koslovski, Moisés 421
Koslowski, Peter 249
Kotowski, Elke-Vera 227, 496
Kracauer, Siegfried 257, 260, 264
Krackowitzer, Ernst 198
Krackowitzer, Marie 198, 204
Krauz, Guilherme 424
Krechel, Ursula 379, 385, 387, 388
Krischanitz, Adolf 227
Kroeber, Alfred 204
Krönker, Fritz 549
Kuczynski, Jürgen 126, 128
Kugelmann, Louis 191
Kwasnik, Erika 553

Laabs, Lilo 553
Lafer, Nessel 419
Lamm, Fritz 386, 387
Lamping, Dieter 143
Lampl de Groot, Jeanne 370
Landauer, Gustav 431
Landau, Eugen 174
Landau, Leo 298
Lange, Karl Julius 39
Langer, Marie 370
Lang, Fritz 584
Lanzmann, Claude 589, 590, 591
Lasker-Schüler, Else 90, 91, 92, 93, 94, 97
Lassalle, Ferdinand 260
Latour, Bruno 478
Laufer, Berthold 201
Lavater, Johann Caspar 34, 40
Lazar, Auguste 140, 141, 142
Lazare, Bernard 110, 112, 113
Le Corbusier 357, 358
Leeser, Isaac 189, 190
Lehfeldt, Hans 553
Lehmann, Edmund 465
Lehrmann, Cuno Chanan 465
Leinz, Victor 427
Leiser, Fritz 341
Leiserowitsch, Simon 341
Lemle, Heinrich 369, 425

Lenz, Reinhold 83
Lepsius, M. Rainer 118
Le Riverend Brusone, Julio 388
Lerner, Julio 421
Lesnick, Max 390
Lesser, Jeffrey 411
Lessing, Gotthold Ephraim 11, 32, 33, 34, 35, 36, 37, 38, 39, 40, 42, 75, 94, 126
Lessing, Theodor 31, 501
Levi, Far 96
Levine, Robert 385, 388
Levin, Kurt 343
Levin, Shmarjahu 274, 276, 282
Levinson, Nathan Peter 460, 461, 462, 466, 467
Levi, Paul 122, 123
Lévi-Strauss, Claude 204, 427, 478
Levy, Henriette 236
Levy-Lenz, Ludwig 557, 559
Levy, Samuel 452
Lewandowski, Herbert 535
Lewandowski, Louis 160, 166, 492
Lewin, Jehoshua Heschel 334
Lewinsky, Charles 144
Lewinsohn, Richard 432
Libeskind, Daniel 223, 227
Lichtwark, Alfred 293
Liebermann, Carl 209
Liebermann, Josef 341
Liebermann, Max 5
Limor, Micha 326, 327
Lincoln, Abraham 130
Lind, Jakov 144
Lindtberg, Leopold 311
Lins, Sebald 412
Lipmann, Fritz 208
Li Shiu Tong 538, 539, 547
Lissauer, Ernst 48
Liszt, Franz 160, 161
Lobe, Friedrich 14, 311, 313, 314, 315, 316, 317, 318, 319
Löbenstein, Sam 306
Loeb, Jacques 208, 210
Loewe, Heinrich 333, 334, 335
Loewenstein, Kurt 501
Loewy, Ronny 585
Löhnberg, Erhart 535

López, Narciso 375, 376
Lorch, Ludwig 418, 424, 425, 432
Loronha, Fernão de 412
Lorre, Peter 587
Losa, Ilse 438, 442, 443, 445, 448, 450, 451, 452
Losser, Hugo 448
Losser, Lily 448
Louvain, Richier de 35
Löwenstein, Egon 369
Löwenstein, Hilde. Siehe Domin, Hilde
Lowenthal, E. G. 501
Lowenthal, Egon Gottfried 458
Löwenthal, Leo 14, 262
Löwenthal, Richard 387
Löwenthal, Victor 250
Löwith, Karl 185
Lubitsch, Ernst 337, 586, 588, 589
Lubliner, Manfred 369, 464
Ludwig XIV. von Frankreich 35
Lukács, Georg 126, 128, 130
Lukas, Paul 587
Luther, Hans 425

Maass, Ernst 538, 542, 547
Maass, Robert 542, 551
Maccoby, Michael 268
Machado, Gerardo 384
Mackay, John Henry 122
Maeder, Günter 535
Magonet, Jonathan 466
Maimon, Salomon 39, 41, 42, 260
Malan, Daniel F. 299
Mamorek, Oskar 68
Man, Luis 381
Mann, Erika 443, 446, 450
Mann, Franz 541
Mann, Franziska 540, 541, 556, 558
Mann, Heinrich 88, 501
Mann, Klaus 439
Mann, Thomas 88, 365
Mannheim, Karl 97
Manning, Fred 338
Manning, Gus 338
Mansfeld, Achim 227
Marcus, Alois 505
Marcuse, Herbert 249

Marcuse, Ludwig 87, 88
Marcus, Marcel 466
Margaliot, Reuven 333
Margalit, Meir 315
Markus, Ernst Gustav Gotthelf 427
Markus, Eveline 427
Marmorek, Oskar 67
Martí, José 376, 380
Martínez Villena, Rubén 380, 382
Marx, Ellen 372
Marx, Emma 574, 575
Marx, Erna 575
Marx, Karl 122, 127, 191, 192, 193, 260, 370, 418
Marx, Kurt 344
Marx, Sigmund 574, 575
Marx, Wilhelm 417
Maser, Peter 121
Maslow, Arkadi 382
Mason, Otis T. 201
Massing, Paul 363
Maté, Rudolph 585, 586
Maupertuis, Pierre-Louis Maureau de 34, 35
Mauthner, Margarete 307
Mayer, Eugen 257, 259
Mayer, Hermann 88
Mayer, Ludwig 88
Mayer, Rafi 88
Mazzeo Barbosa, Renata 411
McCain, John 390
McCarthy, Joseph 585
McNarney, Joseph T. 455
Mead, Margaret 204
Mehring, Walter 437
Meisl, Joseph 331
Meitner, Herbert 341
Melchior, Carl 179
Mella, Julio Antonio 380, 381
Menasse, Eva 144
Menasse, Robert 144, 145, 152
Mendelsohn, Erich 223, 229, 351, 352, 357, 358
Mendelsohn, Luise 352
Mendelssohn Bartholdy, Albrecht 494
Mendelssohn Bartholdy, Felix 5, 161, 489, 493

Mendelssohn, Moses 5, 11, 24, 32, 33, 34, 35, 36, 37, 38, 39, 40, 41, 42, 75, 94, 261, 337, 489, 492, 495, 598
Menten, Maud 217
Menzel, Adolph 498
Menzies, William Cameron 586
Merton, Robert 206
Messenberg, Karl 416
Meyerbeer, Giacomo 161, 489
Meyer, Fanny 191, 195
Meyer, Hannes 357
Meyerhof, Otto 8, 208, 217
Meyer, Manfred 416
Meyer, Marshall 369
Meyerowitz, Eva 307
Meyerowitz, Herbert Vladimir 307
Meyer, Siegmund 237
Meyer, Victor 209
Michaelis, Johann David 34
Michaelis, Leonor 208, 218
Michaelis, Max 292, 294
Michael, Jacob 174
Michael, Max 257
Miller, Daniel 478
Mindlin, Fanny 419
Miquel, Johannes 191
Mist, Jacob de 289
Mitzscherlich, Beate 476
Molière 315
Möller, Julius 281
Mommsen, Theodor 83
Monet, Claude 294
Montagu, Lily 460
Morell de Santa Cruz y de Lora, Pedro Agustín 374, 375
Moreno Fraginals, Manuel 388
Moritz, Karl Philipp 39, 40, 41, 42
Mosenthal, Adolph 290
Mosenthal, Joseph 290
Mosse, Albert 14, 235, 248
Mosse, Caroline 236, 248
Mosse, Dorothea 240
Mosse, George L. 501
Mosse, Hans 243, 247, 248
Mosse, Marcus 235, 237
Mosse, Martha 240, 247
Mosse, Maximus 237

Mosse, Rudolf 196
Mosse, Salomon 236
Mosse, Theodor 236, 241
Mosse, Ulrike 235
Mosse, Walther 243
Mosse, Werner E. 501
Mozart, Wolfgang Amadeus 303
Mühlen, Patrik von zur 443
Müller, Filinto 428, 429
Müller, Horst H. W. 546
Müller-Wille, Ludger 197
Münzenberg, Willi 501

Nachmann, Werner 466
Napoleon III. von Frankreich 238
Nathan, Paul 513
Naumann, Friedrich 426
Navé, Pnina 467
Nebel, Olga 419
Neppach, Nelli 340
Netter, Olga 419
Neuberg, Carl 208
Neufeld, Ferenz 341
Neufeld, Siegbert 457
Neumann, Franz 253
Neumann, Josef 425
Neumeyer, Georg von 196
Neutra, Richard J. 229
Nicolai, Friedrich 37, 38, 39
Niemeyer, Oscar 418
Niethammer, Lutz 483
Nietzsche, Friedrich 473
Nishri, Zwi 339
Niven, Bill 119
Nixdorf, Oswald 426
Nobel, Josef 256
Nobel, Nehemias Anton 250, 256, 257, 258, 260, 264
Noll, Chaim 144
Nordau, Max 340
Nothmann, Hugo 462
Nothmann, Maximilian 416
Nothmann, Victor 416
Nouveau, Henri 557
Novalis 91, 352

Oltuski Osachki, Enrique 390, 391

Ophüls, Max 584
Oppenheimer, Franz 494
Oppenheimer, Max 131
Oppenheim, Gertrud 257
Orska, Maria 318
Ostodowski, Pedro 381
Oswald, Laura 482

Padura, Leonardo 395
Palm, Erwin Walter 97
Pappenheim, Berta 260, 598
Paucker, Arnold 501
Payton, Charles A. 292
Pechstein, Max 298
Pedro II. von Brasilien 414
Pedro I. von Brasilien 414
Peisson, Jacobo 391
Pérez, David 421
Perez, Jizchok Leib 61
Phillips, Florence 294
Phillips, Lionel 294, 296
Picard, Jacques 372
Pieck, Wilhelm 501
Pieper, Wilhelm 191
Pinkasowicz, Salomo 165
Pinkus, Hans 506
Pinkus, Lazar Felix 45
Pinkus, Max 506
Pinkuss, Fritz 369, 424, 425
Pinkuss, Kurt 425
Pirandello, Luigi 319
Platon 100, 101, 102, 103, 104, 105, 106, 111, 114
Plaut, Walter 460
Plaut, W. Gunther 453, 454, 460, 595
Pleskow, Eric 584
Poelzig, Hans 229, 349
Polanyi, Karl 388
Pollack, Egon 341
Pommer, Erich 586
Posener, Julius 228, 229, 230, 233, 357, 358
Powell, John W. 201
Prager, Joseph 257
Praunheim, Rosa von 541
Preiss, Emil 416
Preminger, Otto 584, 586
Prenn, Daniel 340

Prestes, Luiz Carlos 428
Prestes, Lydia 429
Preston, David 211
Preuß, Hugo 426
Prieberg, Fred K. 162
Putnam, Frederic Ward 199

Quast, Anke 456
Quidde, Ludwig 253

Rabinkow, Salman Baruch 263
Rabinovici, Doron 143, 144, 145, 148, 150, 152
Ramos, Theodoro 427
Rasch, Albertina 584
Rathenau, Emil 168, 517
Rathenau, Erich 518
Rathenau, Walther 168, 426, 497, 504, 505, 513, 514, 515, 516, 517, 518
Rau, Johannes 458
Rawitscher, Felix Kurt 427
Reagan, Ronald 390
Rechter, Zeev 358
Redol, Alves 446, 447, 450
Reichmann, Eva G. 501
Reichmann, Frieda 264, 265
Reich, Otto Juan 390
Reich-Ranicki, Marcel 84, 85, 87
Reich, Walter 390
Reich, Wilhelm 185
Reimann, Hans 315
Reinhardt, Max 14, 96, 316, 317, 337, 496, 586
Reinhart, Harold 466
Reinhart, Max 317
Remak, Robert 208, 210
Rennhack, Adelheid 538, 552
Reuter, Ernst 431
Rheinboldt, Heinrich 427
Rhodes, Cecil 111, 292
Riesser, Gabriel 27, 30, 235, 489, 492
Rieur, Jacques 384
Rittermann, Michael 554
Ritvo, Herman 425
Rivet, Paul 204
Robinson, Jacob 115
Roesler, Hermann 241
Rojas Blanquier, Angelina 381

Rolland, Akiva 376
Roloff, Carlos 376, 377
Roosevelt, Franklin D. 130, 429
Rosenmann, Max 421
Rosenstein, Paul 432
Rosenthal, Gabriele 483, 484, 485
Rosenthal, Hans 529
Rosenzweig, Franz 28, 29, 255, 257, 259, 260, 264
Rossheimer, Erna 574
Rossheimer, Hugo 574
Rossheimer, Rosa 574
Rossheimer, Stefan 574
Rossich, Alejandro 378
Roth, Joseph 148
Roth, Philip 59, 337
Rotner, Simon 341
Rousseau, Jean-Jacques 35, 36
Rowbotham, Sheila 545
Rubens, Horacio 376
Rubin, Carl 323
Ruppin, Arthur 354, 504
Rus, Daniel 372
Rus, Sara 372
Russell, Dora 545, 546
Rüttimann, Benedikt 392

Saalheimer, Justus 86, 88, 91, 96
Saalheimer, Michael 86
Sachs, Angeli 227
Sachs, Hanns 265
Sachs, Nelly 88, 89, 90, 95
Sachs, Siegfried 530
Safdie, Mosche 227
Sahl, Hans 437
Salazar, António de Oliveira 438, 439, 443, 452
Salomonsohn, Adolph 426
Salzberger, Georg 259, 260, 463
Sanderling, Kurt 159
Sanger, Margaret 553
Sapir, Edward 204
Schäffer, Hans 179
Schalit, Heinrich 166
Schäuble, Wolfgang 453
Schay, Rudolf 504
Schechter, Maurice 378

Schechter, Solomon 378
Scheidemann, Philipp 501
Schetz, Erasmus 412
Schiff, Jacob 181
Schiller, Friedrich 2, 43, 85, 86, 95, 303, 311, 473, 491, 593
Schindel, Robert 144, 145, 147, 148, 149, 150, 151, 152
Schlagdenhauffen, Régis 546
Schleiermacher, Friedrich 25, 101
Schlesinger, Georg 350
Schlesinger, Louis 375
Schlesinger, Wilhelm 368
Schmerler, Abraham 513
Schmidt, Horst 86
Schmidt-Ott, Friedrich 214
Schmidt-Rottluff, Karl 298
Schneider, Jacob 421
Schneider, Scylla 419
Schnitzler, Arthur 315
Schochow, Werner 328
Schocken, Lilly 352
Schocken, Salman 175, 351, 352
Schoeps, Julius H. 42
Scholem, Gershom 158, 260, 264, 335, 353, 454, 490
Schönberg, Arnold 162, 496
Schönberg, Jakob 162
Schönheimer, Rudolf 208
Schopenhauer, Arthur 473
Schopflocher, Robert 2, 366, 599, 600, 601
Schreiber, Hermann 462
Schröder, Gerhard 469
Schubert, Franz 160
Schulman, Baruch 421
Schulte, Christoph 43
Schulz, Adelheid 555, 557
Schünzel, Reinhold 583
Schurz, Carl 193
Schütze, Fritz 483
Schwartz, Leon 421
Schwartz, Sabina 419
Schwartz, Simche 371
Schwarz, Karl 323
Schwarzmann, Lev 468
Schwarzschild, Steven S. 460, 461
Scorsese, Martin 591

Seelig-Bass, Werner 163
Segall, Lasar 418, 422, 432
Segal, Walter 229
Seghers, Anna 120, 125, 126, 127, 128, 360, 361
Seligmann, Caesar 260
Seligmann, Rafael 144
Semper, Gottfried 226
Sharon, Arieh 356, 357
Shechtman, Dan 205, 220
Shiloni, Israel 11
Sichel, Frieda 302, 303, 304, 306
Sichel, Karl Hermann 307
Silver, Joe 296
Simchovich, Avraham 381
Simon, Emmanuel Ernst 344, 345
Simon, Ernst 257, 260, 261, 353, 497
Simon, Heinrich 121
Simon, Hugo 431, 432
Simon, Isidor 278
Simon, James 168, 174
Simon, Leo 513
Simonow, Konstantin 125
Singer, Bryan 591
Sisley, Alfred 294
Skerry, Peter 486
Smuts, Jan C. 293, 294, 302
Socarras, Prío 390
Soden, Kristine von 553
Soetaert, Hans 538
Sokrates 102, 106, 115
Solmsen, Georg 426
Sombart, Werner 44, 45, 46, 47, 48, 49, 51, 53, 176, 263
Sonnenberg, Max 300
Sonnenthal, Adolf 317
Sorge, Friedrich 193
Sousa Mendes, Aristides de 437
Spiegel, Paul 469, 594
Spielberg, Steven 590
Stalin, Josef 105, 598
Stammreiche, Hans 427
Stanislawski, Konstantin 311, 315
Staudigel, Bernhard 416
Steer, Martina 477
Steinberg, Joseph 377
Steiner, Gabor 67

Steiner, Max 584
Stein, Ernst Max 465
Steinhardt, Frank 377
Stein-Lessing, Maria 307
Steinthal, Fritz Leopold 369
Stern, Alfred 513
Stern, Grete 371
Stern, Günther 108
Stern, Hans 433, 434
Stern, Irma 297, 298
Stern, Leopold 432
Stettiner, Herbert 427
Stolzenberg, Julius 421
Strauss, Bruno 257
Strauss, Eduard 257, 260
Strauss, Herbert A. 460
Strauss, Jean 425
Strauss, Johann jr. 59
Strauss, Leo 185, 260
Strauss, Levi 10
Stutschewsky, Joachim 162
Subirana, Ricardo. Siehe Wolf, Richard Riegel
Suchoff, David 113
Sullivan, Harry Stack 265, 266
Sulzer, Solomon 160
Sunshine, Ela 381

Tabakow, Olga 419
Talbar, Adin 346
Täubler, Eugen 330, 522
Tchornei, Sara 419
Teilhaber, Felix 346
Tein, Edith 343
Teller, Abraham 38
Tergit, Gabriele 355
Tessenow, Heinrich 229
Thalheimer, August 382, 387
Thalheimer, Siegfried 513
Thalwitzer, Maximilian 290
Thau, Daniela 466
Theilhaber, Felix 504
Themal, Uri 466
Thon, Jakob 354
Tiempo, César 361
Tietz, Leonhard 176
Tillinger, Eugen 441, 444
Toch, Ernst 585, 586

Toller, Ernst 501
Toro, Guillermo del 591
Towbin, Jakob 278
Trietsch, Davis 355, 356
Trujillo, Rafael 367
Tucci Carneiro, Maria Luiza 411
Tuchler, Gerda 473, 474
Tuchler, Kurt 473
Tucholsky, Kurt 5, 29, 337, 501, 548

Ullmann, Ernest 307
Ullstein, Karl 182
Ulmer, Edgar G. 584

Vainstock, Dora 382
Valentiner, Otto 544
Vargas, Getúlio 423, 424, 429, 430, 432
Varnhagen, Rahel 107, 111, 497
Vejmelka, Marcel 411
Vertlib, Vladimir 144
Vespucci, Amerigo 412
Victor, Walther 122, 123, 124, 125, 136
Vierecks, George Sylvester 558
Viertel, Salka 584
Virchow, Rudolf 196
Vogel, Bruno 535, 546
Voigts, Manfred 54
Volkov, Shulamit 43, 211, 293
Voltaire 34, 35, 36, 438
Voolen, Edward van 227
Vriess, Jan de. Siehe Lobe, Friedrich

Wagner, Richard 91, 493
Walker, William 375
Wallach, Otto 8, 209
Wallich, Anna 175
Wallich, Hermann 175
Wallich, Paul 175
Warburg, Aby 56
Warburg, Eric M. 455
Warburg, Felix 180
Warburg, Max 176, 179, 180
Warburg, Max d.J. 455
Warburg, Otto 8, 208
Warchavchic, Gregori Ilitch 418, 422
Warman, Belisa 391
Warschawski, José 425

Wassermann, Jakob 28, 158, 254
Wassermann, Oscar 178
Watsmann, Boris 381
Waxmann, Franz 584, 585
Weber, Alfred 263, 264, 503
Weber, Marianne 503
Weber, Max 47, 109, 263, 426, 503
Weigler, Ernst 343
Weike, Wilhelm 196
Weiler, Moses 307
Weil, Félix José 362, 363, 364
Weil, Gotthold 335, 336
Weil, Hermann 362
Weil, Kurt 425
Weinberg, Jacob 166
Weinberg, Wilhelm 463
Weiskopf, F. C. 120
Weiß, Bernhard 501
Weiss, Desiderius 389
Weiss, Robert 257
Weizsäcker, Viktor von 260
Wels, Otto 501
Weltsch, Robert 54, 55, 501
Welzing, Bianca 548
Werfel, Franz 495
Wermuth, Adolf 246
Werner, Arthur 458
Wertheimer, Jack 284, 285
Wertheimer, Max 185
Wertheimer, Stef 10, 11
Weydemeyer, Joseph 193
Weyprecht, Carl 196
Wiedemann, Conrad 32
Wiener, Max 30
Wilder, Billy 337, 584, 585, 587
Wilhelm, Eugen 546, 547
Wilhelm II. von Deutschland 174, 337
Wilhelm, Kurt 464
Willamowitz-Moellendorff, Ulrich von 102
Willstätter, Richard 8, 209, 215
Wimmer, Franz 552
Windmüller, David 425
Windmüller, José 425
Winkler, Heinrich August 58
Winter, Fritz 369
Winter, Leon de 356
Wise, Louise Waterman 454

Wise, Stephen S. 454, 455
Wissmann, Salo 424
Wittig, Joseph 260
Witzel, Andreas 483
Witzthum, David 326
Wiznitzer, Arnold Aharon 410
Wolf, Alfred 311, 319
Wolff, Egon 410
Wolff, Frieda 410
Wolf, Friedrich 311, 584
Wolffsohn, Max 95
Wolffsohn, Michael 120
Wolff, Theodor 431
Wolff, William 465
Wolf, Konrad 590
Wolf, Leopold 393
Wolf, Moritz 393
Wolf, Richard Riegel 392, 393
Wolfskehl, Karl 494
Wolfsohn, Juliusz 162
Wolf, Stefan 76
Wolpe, Stefan 162
Wormann, Curt David 333, 336

Yalob, Noske 381
Yaron, Reuven 336
Yelin, Saúl 391
Yerushalmi, Yosef Hayim 227

Zammert, Edmond 544
Zausmer, Frederico 424
Zielenziger, Kurt 503
Zille, Heinrich 288
Zille, Helen 288, 308
Zimmermann, Moshe 476
Zinnemann, Fred 584
Zippin, Esther 419
Zivier, Ezechiel 521
Zoller, John 378
Zunz, Leopold 492
Zweig, Arnold 120, 125, 127, 128
Zweig, Lotte 432
Zweig, Max 311
Zweig, Stefan 365, 367, 431, 432, 434
Zyl, Werner van der 466

www.ingramcontent.com/pod-product-compliance
Lightning Source LLC
Chambersburg PA
CBHW052006290426
44112CB00014B/2151